VADE MECUM
de Legislação
PGE-CE

Caio Vinícius Sousa e Souza
Alan de Oliveira Dantas Cruz
Eloise Moreira Campos Monteiro Barreto

VADE MECUM de Legislação PGE-CE

2022

EDITORA JusPODIVM
www.editorajuspodivm.com.br

EDITORA *Jus*PODIVM
www.editorajuspodivm.com.br

Rua Canuto Saraiva, 131 – Mooca – CEP: 03113-010 – São Paulo – São Paulo
Tel: (11) 3582.5757
• Contato: https://www.editorajuspodivm.com.br/sac

Diagramação: Ana Paula Lopes Corrêa *(aninha_lopescorrea@hotmail.com)*

Capa: Ana Caquetti

V123 Vade Mecum de Legislação: PGE-CE / Caio Vinicius Sousa e Souza, Alan de Oliveira Dantas Cruz, Eloise Moreira Campos Monteiro Barreto – São Paulo: Editora Juspodivm, 2022.
704 p.

Índices
ISBN 978-65-5680-870-3.

1. Concursos. 2. Provas de seleção. I. Souza, Caio Vinicius Sousa e. II. Cruz, Alan de Oliveira Dantas. III. Barreto, Eloise Moreira Campos Monteiro. IV. Título.

CDD 341.33312

ÍNDICE CRONOLÓGICO

ÍNDICE ALFABÉTICO-REMISSIVO GERAL

A

B

C

D

L

Q

R

SERVIÇO EXTRAORDINÁRIO - Estatuto dos Servidores - Lei Estadual nº 9.826/1974

» *gratificação - (art. 132, I e 133)*

» *valor da hora do serviço noturno - (art. 133, § 3º)*

SERVIÇO ININTERRUPTO - Estatuto dos Servidores - Lei Estadual nº 9.826/1974

» *definição - (art. 105, § 2º)*

SERVIDOR PÚBLICO

T

V

DIREITO CONSTITUCIONAL

CONSTITUIÇÃO DO ESTADO DO CEARÁ

ATUALIZADA ATÉ A EMENDA CONSTITUCIONAL ESTADUAL NO 110, DE 04/05/2021.

ÍNDICE

PREÂMBULO

Em nome do povo cearense, no exercício da atividade constituinte, derivada da expressa reserva de poder da representação soberana da Nação brasileira, a Assembleia Estadual Constituinte, invocando a proteção de Deus, adota e promulga a presente Constituição, ajustada ao Estado Democrático de Direito, implantado na República Federativa do Brasil

TÍTULO I
DOS PRINCÍPIOS FUNDAMENTAIS

Art. 1º O Estado do Ceará, unidade integrante da República Federativa do Brasil, exerce a sua autonomia política no âmbito das competências que lhe são conferidas pela Constituição da República, regendo-se por esta Constituição e as leis que adotar.

Art. 2º O povo é a fonte única de legitimidade do poder, que o exerce diretamente ou por seus representantes eleitos, na forma estabelecida na Constituição da República e nesta Constituição.

Art. 3º São Poderes do Estado, independentes e harmônicos entre si, o Legislativo, o Executivo e o Judiciário.

§ 1º O Poder Legislativo é exercido pela Assembleia Legislativa.

§ 2º O Poder Executivo é exercido pelo Governador do Estado, auxiliado pelos Secretários de Estado.

§ 3º O Poder Judiciário é exercido pelo Tribunal de Justiça e pelos juízes estaduais.

§ 4º (Revogado).

Art. 4º O território cearense, para os fins das políticas governamentais de estímulo e desenvolvimento, será constituído por conformações regionais resultantes da aglutinação de municípios limítrofes, com base nas suas peculiaridades fisiográficas, socioambientais, socioespaciais, socioeconômicas e socioculturais para fins de planejamento e gestão das ações do governo.

§ 1º (Revogado).

§ 2º (Revogado).

I - (Revogado).

II - (Revogado).

III - (Revogado).

§ 3º (Revogado).

I - (Revogado).

II - (Revogado).

III - (Revogado).

IV - (Revogado).

V - (Revogado).

Parágrafo único. Com o objetivo de buscar o desenvolvimento e integração regional sustentável, o crescimento econômico com distribuição de renda e riqueza e a conquista de uma sociedade justa e solidária, as conformações de que trata este artigo são assim classificadas:

a) regiões metropolitanas;

b) microrregiões; e

c) aglomerações urbanas.

TÍTULO II
DA PARTICIPAÇÃO POPULAR

Art. 5º O povo é titular do poder de sufrágio, que o exerce em caráter universal, por voto direto e secreto, com igual valor, na localidade do domicílio eleitoral, nos termos da lei, mediante:

I - eleição dos representantes políticos federais, estaduais e municipais;

II - plebiscito;

III - referendo.

IV - iniciativa popular;

V - iniciativa compartilhada.

Art. 6º A iniciativa popular será exercida pela apresentação, à Assembleia Legislativa, de projeto de lei e de emenda à Constituição, subscrito por, no mínimo, um por cento do eleitorado cearense, distribuído pelo menos por cinco municípios, com não menos de três décimos por cento dos eleitores de cada um deles.

§ 1º Os projetos de iniciativa popular tramitarão no prazo de quarenta e cinco dias, em regime de prioridade, turno único de votação e discussão, para suprir omissão legislativa, constituindo causa prejudicial à aplicabilidade de mandado de injunção.

§ 2º O regimento interno da Assembleia aplicar-se-á nas demais hipóteses de iniciativa popular, observado o disposto no art. 62 e no seu parágrafo único.

Art. 7º Todos os órgãos e instituições dos poderes estadual e municipal são acessíveis ao indivíduo, por petição ou representação, em defesa do direito ou em salvaguarda cívica do interesse coletivo e do meio ambiente.

§ 1º A autoridade, a quem for dirigida a petição ou representação, deverá oficializar o seu ingresso, assegurando-lhe tramitação rápida, dando-lhe fundamento legal, ao exarar a decisão.

§ 2º O interessado deverá ser informado da solução aprovada, por correspondência oficial, no prazo de sessenta dias, a contar do protocolo, sendo-lhe fornecida certidão, se a requerer.

§ 3º É facultado a todos o acesso gratuito às informações do que constar a seu respeito nos registros em bancos de dados estaduais e municipais, públicos ou privados, bem como do fim a que se destinam essas informações, podendo exigir, a qualquer tempo, sua retificação e atualização.

§ 4º Pode o cidadão, diante de lesão ao patrimônio público estadual e nas demais hipóteses previstas no art. 5º, inciso LXXIII, da Constituição da República, promover ação popular.

Art. 8º (Revogado).

§ 1º (Revogado).

§ 2º (Revogado).

§ 3º (Revogado).

a) (Revogado).

b) (Revogado).

§ 4º (Revogado).

Art. 9º A Assembleia Legislativa, através de comissão específica, de caráter permanente, de ofício ou à vista de representação de paciente, de abuso de poder cometido por autoridade policial, instaurará procedimento de controle político, para fazer aplicável a sanção do art. 37, § 4º, da Constituição da República.

Parágrafo único. No exercício dessa atividade de controle podem ser adotadas as seguintes medidas, tendentes à elucidação dos fatos:

I - convocar o Secretário de Estado responsável pelo assunto em pendência ou o Comandante-Geral da Polícia Militar;

II - solicitar o depoimento de qualquer autoridade ou cidadão;

III - examinar o funcionamento de setor público sobre problema específico ou para avaliação de distorções que o estejam afetando, verificando a ocorrência de falhas e ministrando indicações conclusivas;

IV - submeter a plenário, conforme a gravidade do problema ou em face da natureza das medidas, a matéria em causa, podendo ser constituída comissão parlamentar de inquérito, caso não estejam configurados, de logo, os elementos elucidativos ao encaminhamento do assunto para os fins contemplados no *caput* deste artigo;

V - cientificar o Tribunal de Justiça ou o Procurador-Geral da Justiça, em caso, respectivamente, de conduta omissiva de magistrado ou de membro do Ministério Público.

Art. 10. É direito de todos o ensino de 1º e 2º graus, devendo o Estado e os Municípios dar condições ao setor educacional para o alcance desse objetivo.

Art. 11. Qualquer cidadão, partido político, associação ou sindicato de classe é parte legítima para denunciar irregularidades ou ilegalidades perante o Tribunal de Contas do Estado, exigir-lhe completa apuração e devida aplicação das sanções legais aos responsáveis, ficando a autoridade que receber a denúncia ou requerimento de providências, obrigada a manifestar-se sobre a matéria.

§ 1º A denúncia deverá ser instruída com documentos que revelem indícios suficientes à existência e à apuração dos fatos.

§ 2º Assiste ao cidadão legitimidade para postular, perante os órgãos públicos estaduais ou municipais, a apuração de responsabilidade, em caso de danos ao meio ambiente, conforme o disposto em lei.

Art. 12. (Revogado).

§ 1º (Revogado).

§ 2º (Revogado).

Art. 13. A criação de associações e, na forma da lei, a de cooperativas, independem de autorização, sendo vedada a interferência estatal em seu funcionamento.

Parágrafo único. As associações só poderão ser compulsoriamente dissolvidas ou ter suas atividades suspensas por decisão judicial, exigindo-se, no primeiro caso, o trânsito em julgado.

TÍTULO III
DA ORGANIZAÇÃO ESTADUAL

CAPÍTULO I
DISPOSIÇÕES GERAIS

Art. 14. O Estado do Ceará, pessoa jurídica de direito público interno, exerce em seu território as competências que, explícita ou implicitamente, não lhe sejam vedadas pela Constituição Federal, observados os seguintes princípios:

I - respeito à Constituição Federal e à unidade da Federação;

II - promoção da justiça social e extinção de todas as formas de exploração e opressão, procurando assegurar a todos uma vida digna, livre e saudável;

III - defesa da igualdade e combate a qualquer forma de discriminação em razão de nacionalidade, condição e local de nascimento, raça, cor, religião, origem étnica, convicção política ou filosófica, deficiência física ou mental, doença, idade, atividade profissional, estado civil, classe social, sexo e orientação sexual;

IV - respeito à legalidade, impessoalidade, à moralidade, à publicidade, à eficiência e à probidade administrativa;

V - colaboração e cooperação com os demais entes que integram a Federação, visando ao desenvolvimento econômico e social de todas as regiões do país e de toda a sociedade brasileira;

VI - defesa do patrimônio histórico, cultural e artístico;

VII - defesa do meio ambiente;

VIII - eficiência na prestação dos serviços públicos, garantida a modicidade das tarifas;

IX - desenvolvimento dos serviços sociais e programas destinados à garantia de habitação digna, com adequada infraestrutura, de educação gratuita em todos os níveis, bem como compatível atendimento na área de saúde pública;

X - prestação de assistência social aos necessitados e à defesa dos direitos humanos;

XI - promoção do livre acesso a fontes culturais e o incentivo ao desenvolvimento científico, à pesquisa e à capacitação tecnológica;

XII - incentivo ao lazer e ao desporto, prioritariamente, através de programas e atividades voltadas à população carente;

XIII - remuneração condigna e valorização profissional dos servidores públicos;

XIV - respeito à autonomia dos Municípios;

XV - contribuição para a política de integração nacional e de redução das desigualdades socioeconômicas regionais do Brasil e internamente em seu próprio território;

XVI - elaboração e execução de planos estaduais de ordenação do território e desenvolvimento socioeconômico, socioambiental e socioespacial, ajustando os delineamentos nacionais às peculiaridades do ambiente estadual;

XVII - promoção de medidas de caráter preventivo sobre o fenômeno das secas, utilizando estudos e pesquisas desenvolvidos pelos órgãos competentes, nos níveis federal, regional e estadual, repassando os dados aos Municípios, prestando-lhes apoio técnico e financeiro;

XVIII - exploração, diretamente ou mediante autorização, concessão ou permissão através de concorrência pública, dos serviços de transporte rodoviário intermunicipal de passageiros que não transponham os limites do Estado;

XIX - prestação de assessoria e apoio financeiro, quando solicitado, aos Municípios que apresentarem carência de recursos técnicos para a elaboração e implantação dos serviços públicos básicos.

XX - o Estado prestará assistência jurídica integral e gratuita aos que comprovarem insuficiência de recursos.

Art. 15. São competências do Estado, exercidas em comum com a União, o Distrito Federal e os Municípios:

I - zelar pela guarda da Constituição, das leis e das instituições democráticas e conservar o patrimônio público;

II - cuidar da saúde e assistência pública, da proteção e garantia aos portadores de deficiência;

III - proteger os documentos, as obras e outros bens de valor histórico, artístico e cultural, os monumentos, as paisagens naturais notáveis e os sítios arqueológicos;

IV - impedir a evasão, a destruição e a descaracterização de obra de arte e de outros bens de valor histórico, artístico e cultural;

V - proporcionar os meios de acesso à cultura, à educação e à ciência;

VI - proteger o meio ambiente e combater a poluição em qualquer de suas formas;

VII - preservar as florestas, a fauna e a flora;

VIII - fomentar a produção agropecuária e organizar o abastecimento alimentar;

IX - promover programas de construção de moradias e a melhoria das condições habitacionais e de saneamento básico;

X - combater as causas da pobreza e os fatores de marginalização, promovendo a integração social dos setores desfavorecidos;

XI - registrar, acompanhar e fiscalizar as concessões de direito de pesquisa e exploração de recursos hídricos e minerais em seu território;

XII - estabelecer e implantar política de educação para a segurança do trânsito.

Parágrafo único. O sistema de cooperação entre as entidades políticas para aplicação das normas previstas neste artigo far-se-á em conformidade com lei complementar federal.

Art. 16. O Estado legislará concorrentemente, nos termos do art. 24 da Constituição da República, sobre:

I - direito tributário, financeiro, penitenciário, econômico e urbanístico;

II - orçamento;

III - juntas comerciais;

IV - custas dos serviços forenses;

V - produção e consumo;

VI - florestas, caça, pesca, fauna, conservação da natureza, defesa do solo e dos recursos naturais, proteção do meio ambiente e controle da poluição;

VII - proteção do patrimônio histórico, cultural, artístico, turístico e paisagístico;

VIII - responsabilidade por dano ao meio ambiente, ao consumidor, a bens e direitos de valor artístico, estético, histórico, turístico e paisagístico;

IX - educação, cultura, ensino e desporto;

X - criação, funcionamento e processo do juizado de pequenas causas;

» *Os juizados de pequenas causas, atualmente, têm sua nomenclatura como juizados cíveis e criminais.*

XI - procedimentos em matérias processuais;

XII - previdência social, proteção e defesa da saúde;

XIII - assistência jurídica e defensoria pública;

XIV - proteção e integração social das pessoas portadoras de deficiência;

XV - proteção à infância, à juventude e à velhice;

XVI - organização, garantias, direitos e deveres das polícias civis.

§ 1º A competência da União, em caráter concorrente, limitar-se-á a estabelecer as normas gerais e, à sua falta, não ficará o Estado impedido de exercer atividade legislativa plena.

§ 2º A competência da União para legislar sobre normas gerais não exclui a competência suplementar dos Estados.

§ 3º A superveniência de lei federal sobre normas gerais suspende a eficácia da Lei Estadual, no que lhe for contrário.

Art. 17. A cidade de Fortaleza é a capital do Estado do Ceará e a sede do Governo.

Parágrafo único. Em caso de eventual mudança do Executivo ou Judiciário, deverá esta ser precedida de comunicação à Assembleia Legislativa e consequente publicação no Diário Oficial.

Art. 18. São símbolos estaduais a bandeira, o hino e as armas do Ceará.

Parágrafo único. O dia 25 de março fica estabelecido como data magna do Estado do Ceará.

» *Parágrafo único acrescido pela Emenda Constitucional nº 73, de 01.12.2011, DOE de 06.12.2011, em vigor na data de sua publicação.*

CAPÍTULO II
DOS BENS

Art. 19. Incluem-se entre os bens do Estado:

I - os que atualmente lhe pertencem;

II - os lagos e os rios em terrenos de seu domínio e os que têm nascente e foz em seu território;

III - as ilhas fluviais, lacustres e as terras devolutas não compreendidas entre os bens da União;

IV - a dívida ativa proveniente de receita não arrecadada;

V - os que tenham sido ou venham a ser, a qualquer título, incorporados ao seu patrimônio.

§ 1º Exceto nas hipóteses previstas nas letras b e c, do inciso V do art. 316, a alienação de bens imóveis do Estado dependerá, em cada caso, de prévia autorização legislativa; nas alienações onerosas, salvo os casos especialmente previstos em lei, observar-se-á o princípio da licitação, desde que o adquirente não seja pessoa jurídica de direito público interno, empresa pública, sociedade de economia mista ou fundação pública; a lei disporá sobre as concessões e permissões de uso de bens móveis e imóveis do Estado.

§ 2º Os bens públicos estaduais são impenhoráveis, não podendo, ainda, ser objeto de arresto ou qualquer medida de apreensão judicial, ressalvada a hipótese de que trata o § 2º, do art. 100 da Constituição da República.

Art. 20. É vedado ao Estado:

I - recusar fé aos documentos públicos;

II - estabelecer qualquer tipo de discriminação ou privilégios entre cidadãos brasileiros;

III - fazer concessões de isenções fiscais, bem como prescindir de receitas, sem que haja notório interesse público;

IV - subvencionar cultos religiosos ou igrejas, ou dificultar-lhes seu funcionamento;

V - atribuir nome de pessoa viva à avenida, praça, rua, logradouro, ponte, reservatório de água, viaduto, praça de esporte, biblioteca, hospital, maternidade, edifício público, auditórios, cidades e salas de aula.

Parágrafo único. Entende-se por dificultar o funcionamento previsto no inciso IV deste artigo, quaisquer atos de agentes públicos que venham impedir, ameaçar ou embaraçar o livre funcionamento dos templos e espaços de comunidades religiosas, inclusive com a exigência de documentos ou outros meios, sob o pretexto de condição necessária para seu regular funcionamento, devendo ser punidos os autores, especialmente se ocorrer prática de ato, fiscalizatório ou não, que venha a interferir de forma a impedir ou perturbar a realização de momentos de oração, celebração, cultos e liturgias.

» *Parágrafo único acrescido pela Emenda Constitucional nº 83, de 02.07.2015, DOE de 14.07.2015, em vigor na data de sua publicação.*

Art. 21. Ao Estado do Ceará cabe explorar diretamente, ou mediante concessão, na forma da lei, os serviços de gás canalizado em seu território, incluído o fornecimento direto a partir de gasodutos de transporte, de maneira a atender às necessidades dos setores industrial, domiciliar, comercial, automotivo e outros.

Parágrafo único. Os serviços de transporte coletivo devem utilizar, preferencialmente, o gás canalizado, referido no *caput* deste artigo.

Art. 22. É assegurada, nos termos da lei, ao Estado e aos Municípios, a participação do resultado da exploração de petróleo e gás natural, de recursos hídricos, para fins de geração de energia e de outros recursos minerais no respectivo território, plataforma continental, mar territorial ou zona econômica exclusiva, ou compensação financeira por essa exploração.

Art. 23. As praias são bens públicos de uso comum, inalienáveis e destinadas perenemente à utilidade geral dos seus habitantes, cabendo ao Estado e a seus Municípios costeiros compartilharem das responsabilidades de promover a sua defesa e impedir, na forma da lei estadual, toda obra humana que as possam desnaturar, prejudicando as suas finalidades essenciais, na expressão de seu patrimônio natural, histórico, étnico e cultural, incluindo, nas áreas de praias:

I - recursos naturais, renováveis ou não renováveis;

II - recifes, parcéis e bancos de algas;

III - restingas e dunas;

IV - florestas litorâneas, manguezais e pradarias submersas;

V - sítios ecológicos de relevância cultural e demais unidades de preservação permanente;

VI - promontórios, costões e grutas marinhas;

VII - sistemas fluviais, estuários e lagunas, baías e enseadas;

VIII - monumentos que integram o patrimônio natural, histórico, paleontológico, espeleológico, étnico, cultural e paisagístico.

Parágrafo único. Entende-se por praia a área coberta e descoberta periodicamente pelas águas marítimas, fluviais e lacustres, acrescidas da faixa de material detrítico, tal como areias, cascalhos, seixos e pedregulhos, até o limite onde se inicie a vegetação natural ou outro ecossistema, ficando garantida uma faixa livre, com largura mínima de trinta e três metros, entre a linha da maré máxima local e o primeiro logradouro público ou imóvel particular decorrente de loteamento aprovado pelo Poder Executivo Municipal e registrado no Registro de Imóveis do respectivo Município, nos termos da lei.

Art. 24. O Estado, respeitada a Lei Federal, e seus Municípios costeiros, respeitadas as Leis Federal e Estadual, deverão elaborar planos, convertidos em leis, que definirão as diretrizes de gerenciamento costeiro e de meio ambiente, velando por sua execução.

§ 1º Os planos compreenderão as seguintes matérias:

I - urbanização;

II - ocupação, uso do solo, do subsolo e das águas;

III - restingas e dunas;

IV - atividades produtivas;

V - habitação e saneamento básico;

VI - turismo, recreação e lazer.

§ 2º Os processos concernentes aos incisos precedentes devem tramitar pelos órgãos estaduais e municipais indicados, sem prejuízo da audiência obrigatória dos órgãos públicos federais que compartilham das responsabilidades da área costeira.

§ 3º Qualquer infração determinará imediata medida de embargo, com lavratura dos autos correspondentes, para aplicação das sanções legais cabíveis nas esferas administrativas, civil e penal.

TÍTULO IV - DO MUNICÍPIO

CAPÍTULO I - DISPOSIÇÕES GERAIS

Art. 25. O Estado do Ceará se constitui de Municípios, politicamente autônomos, nos termos previstos na Constituição da República.

Art. 26. O Município reger-se-á por Lei Orgânica, votada em dois turnos, com interstício mínimo de dez dias, e aprovada por dois terços dos membros da Câmara Municipal, que a promulgará, atendidos os princípios estabelecidos nesta Constituição e na Constituição Federal.

Art. 27. A Lei Orgânica é elaborada e promulgada pela Câmara Municipal, após aprovação em dois turnos, com interstício mínimo de dez dias, por maioria de dois terços de seus membros.

Parágrafo único. As alterações na Lei Orgânica estão sujeitas às mesmas formalidades previstas no *caput* deste artigo, sendo incorporadas mediante emendas em ordem numérica crescente.

Art. 28. Compete aos Municípios:

I - legislar sobre assuntos de interesse local;

II - suplementar a legislação federal e estadual, no que couber;

III - instituir e arrecadar os tributos de sua competência, bem como aplicar suas rendas, sem prejuízo da obrigatoriedade de prestar contas e publicar balancetes nos prazos fixados em lei;

IV - organizar e prestar, diretamente ou sob regime de concessão e ou permissão, os serviços públicos de interesse local, incluído o de transporte coletivo, que tem caráter essencial;

V - manter, com a cooperação técnica e financeira da União e do Estado, programas de educação pré-escolar e de ensino fundamental;

VI - prestar, com a cooperação técnica e financeira da União e do Estado, serviços de atendimento à saúde da população;

VII - promover, no que couber, adequado ordenamento territorial, mediante planejamento e controle do uso, do parcelamento e da ocupação do solo urbano;

VIII - criar, organizar e suprimir distritos, observada a legislação estadual;

IX - promover a proteção do patrimônio histórico-cultural local, observada a legislação e a ação fiscalizadora federal e estadual;

X - dar ampla publicidade a leis, decretos, editais e demais atos administrativos, através dos meios de que dispuser.

XI - O direito de liberdade de decisão quanto à associação ou não à Associação de Municípios, em nível estadual e em nível federal, inclusive com pagamento de contribuição, prevista em lei.

» *Inciso XI acrescido pela Emenda Constitucional nº 79, de 05.12.2013, DOE de 11.12.2013, em vigor na data da sua publicação.*

XII - garantir a liberação de crença, não dificultando o funcionamento de cultos religiosos ou igrejas.

» *Inciso XII acrescido pela Emenda Constitucional nº 83, de 02.07.2015, DOE de 14.07.2015, em vigor na data de sua publicação.*

§ 1º Entende-se por dificultar o funcionamento previsto no inciso XII deste artigo, quaisquer atos de agentes públicos que venham impedir, ameaçar ou embaraçar o livre funcionamento dos templos e espaços de comunidades religiosas, inclusive com a exigência de documentos ou outros meios, sob o pretexto de condição necessária para seu regular funcionamento, devendo ser punidos os autores, especialmente se ocorrer prática de ato, fiscalizatório ou não, que venha a interferir de forma a impedir ou perturbar a realização de momentos de oração, celebração, cultos e liturgias.

» *Parágrafo 1º acrescido pela Emenda Constitucional nº 83, de 02.07.2015, DOE de 14.07.2015, em vigor na data de sua publicação.*

§ 2º Os preços dos serviços, de que trata o inciso IV, do art. 28, serão fixados por uma comissão municipal, encarregada da política de tarifas e qualidades dos serviços prestados pelo transporte coletivo urbano, que será composta por representantes:

- Concessionários ou Permissionários;

- Trabalhadores;

- Estudantes;

- Câmara Municipal;

- Secretário de Transporte Coletivo.

» *Primitivo parágrafo único renumerado para parágrafo 2º pela Emenda Constitucional nº 83, de 02.07.2015, DOE de 14.07.2015, em vigor na data de sua publicação.*

Art. 29. As divulgações oficiais, pelos Municípios, para conhecimento coletivo, devem ficar circunscritas a matérias de caráter educativo, informativo ou de orientação social, vedada a promoção pessoal de autoridades ou servidores públicos.

Art. 30. Constitui encargo das administrações municipais transportar da zona rural para a sede do Município, ou para o Distrito mais próximo, alunos carentes, matriculados a partir da 5ª série do 1º grau.

» *STF – ADIN 307 - Decisão: O Tribunal, à unanimidade, julgou parcialmente procedente a ação direta para reconhecer a inconstitucionalidade do artigo 30; do § 3º do artigo 35; dos §§ 6º a 9º do artigo 37, e dos §§ 2º e 3º do artigo 38, todos da Constituição do Estado do Ceará. Em relação ao artigo 33, §§ 1º e 2º, e ao artigo 42, caput e § 1º, da mesma Constituição, o Tribunal, à unanimidade, julgou prejudicada a ação, não a conhecendo relativamente ao artigo 25 do Ato das Disposições Constitucionais Transitórias. E, quanto ao artigo 20, inciso V, o Tribunal, também à unanimidade, julgou-a improcedente. Tudo nos termos do voto do relator. Votou a Presidente, Ministra Ellen Gracie. Ausente, licenciado, o Senhor Ministro Joaquim Barbosa. Plenário, 13.02.2008.*

Art. 31. A criação, a incorporação, a fusão e o desmembramento de Municípios, far-se-ão por lei estadual e dependerão de consulta prévia, mediante plebiscito, às populações dos Municípios envolvidos, após divulgação dos Estudos de Viabilidade Municipal, apresentados e publicados na forma da lei.

Art. 32. O Estado e os Municípios atuarão conjuntamente nas microrregiões, nas aglomerações urbanas e nas regiões metropolitanas visando integrar, articular e compatibilizar as ações governamentais, com base:

I - no planejamento e na gestão do desenvolvimento urbano, local e regional sustentável e participativo;

II - compatibilização de planos, programas e projetos;

III - articulação do sistema viário em que se inserem os Municípios.

Art. 33. O número de Vereadores será proporcional à população do Município, observados os limites estabelecidos na Constituição Federal.

CAPÍTULO II
- DA CÂMARA MUNICIPAL

Art. 34. Compete à Câmara Municipal:

I - legislar sobre matérias do peculiar interesse do Município;

II - deliberar sobre a realização de referendo, destinado a todo o seu território ou limitado a distritos, bairros ou aglomerados urbanos;

III - fixar os seus tributos;

IV - elaborar o seu sistema orçamentário, compreendendo:

a) plano plurianual;

b) lei de diretrizes orçamentárias;

c) orçamento anual.

V - representar contra irregularidades administrativas;

VI - exercer controle político da administração;

VII - dar curso à iniciativa popular que seja regularmente formulada, relativa às cidades e aos aglomerados urbanos e rurais;

VIII - celebrar reuniões com comunidades locais;

IX - convocar autoridades municipais para prestarem esclarecimentos;

X - requisitar dos órgãos executivos informações pertinentes aos negócios administrativos;

XI - apreciar o veto a projeto de lei emanado do Executivo, podendo rejeitá-lo por maioria absoluta de votos;

XII - fazer-se representar, singularmente, por Vereadores das respectivas forças políticas majoritárias e minoritárias, nos conselhos das microrregiões ou região metropolitana;

XIII - compartilhar com outras Câmaras Municipais de proposta de emenda à Constituição Estadual;

XIV - emendar a Lei Orgânica do Município, com observância do requisito da maioria de dois terços, com aprovação em dois turnos;

XV - ingressar perante os órgãos judiciários competentes com procedimentos para a preservação ou reivindicação dos interesses que lhe são afetos;

XVI - deliberar sobre a adoção do plano diretor, com audiência, sempre que necessário, de entidades comunitárias;

XVII - exercer atividade de fiscalização administrativa e financeira.

Art. 35. Os recursos correspondentes às dotações orçamentárias, destinados às Câmaras Municipais, serão entregues até o dia vinte de cada mês.

§ 1º As Câmaras Municipais terão organização contábil própria, devendo prestar contas ao Plenário dos recursos que lhes forem consignados, respondendo os seus membros por qualquer ilícito em sua aplicação.

§ 2º Aplicam-se aos balancetes mensais e às prestações de contas anuais das Câmaras Municipais todos os procedimentos e dispositivos previstos para matérias correspondentes relacionadas com o Poder Executivo Municipal.

§ 3º As Câmaras Municipais funcionarão em prédio próprio ou público, independente da sede do Poder Executivo.

» *STF – ADIN 307 - Decisão: O Tribunal, à unanimidade, julgou parcialmente procedente a ação direta para reconhecer a inconstitucionalidade do artigo 30; do § 3º do artigo 35; dos §§ 6º a 9º do artigo 37, e dos §§ 2º e 3º do artigo 38, todos da Constituição do Estado do Ceará. Em relação ao artigo 33, §§ 1º e 2º, e ao artigo 42, caput e § 1º, da mesma Constituição, o Tribunal, à unanimidade, julgou prejudicada a ação, não a conhecendo relativamente ao artigo 25 do Ato das Disposições Constitucionais Transitórias. E, quanto ao artigo 20, inciso V, o Tribunal, também à unanimidade, julgou-a improcedente. Tudo nos termos do voto do relator. Votou a Presidente, Ministra Ellen Gracie. Ausente, licenciado, o Senhor Ministro Joaquim Barbosa. Plenário, 13.02.2008.*

§ 4º Os Vereadores deverão enviar anualmente declaração de seus bens, dos bens de seus cônjuges e dos descendentes até o primeiro grau ou por adoção, ao Tribunal de Contas do Estado do Ceará, que adotará as providências cabíveis em caso de suspeita de enriquecimento ilícito ou outras irregularidades.

§ 5º As declarações de bens a que se refere o parágrafo anterior deverão ser publicadas no Diário Oficial do Estado e postas à disposição de qualquer interessado, mediante requerimento devidamente justificado.

Art. 36. Os Vereadores, na circunscrição de seus Municípios, gozam de inviolabilidade por suas opiniões, palavras e votos no exercício do mandato.

CAPÍTULO III - DO EXECUTIVO MUNICIPAL

Art. 37. O Prefeito é o chefe do Executivo Municipal.

§ 1º O Prefeito e o Vice-Prefeito serão eleitos mediante sufrágio direto, secreto e universal, em pleito simultaneamente realizado, em todo o País, até noventa dias antes do término dos mandatos daqueles a que devam suceder.

§ 2º Em caso de Municípios com mais de duzentos mil eleitores, aplicar-se-ão as regras do art. 77 da Constituição Federal.

§ 3º Os mandatos de Prefeito e Vice-Prefeito serão de quatro anos e a posse verificar-se-á em 1º de janeiro do ano subsequente à eleição.

§ 4º Perderá o mandato o Prefeito que assumir outro cargo ou função na administração pública direta ou indireta, ressalvada a investidura decorrente de concurso público, observado o disposto no art. 38, I, IV e V, da Constituição da República.

§ 5º O Prefeito será julgado perante o Tribunal de Justiça.

§ 6º A remuneração do Prefeito é composta de subsídio e representação, fixada pela Câmara Municipal, cujo total não poderá exceder a um quinto, um terço, dois quintos, metade e quatro quintos da remuneração do Governador para Municípios com população, respectivamente, igual ou inferior a quinze mil, quarenta mil, setenta mil, quinhentos mil e acima de quinhentos mil habitantes, observados os dados populacionais mais recentes fornecidos pela Fundação Instituto Brasileiro de Geografia e Estatística.

» *STF – ADIN 307 - Decisão: O Tribunal, à unanimidade, julgou parcialmente procedente a ação direta para reconhecer a inconstitucionalidade do artigo 30; do § 3º do artigo 35; dos §§ 6º a 9º do artigo 37, e dos §§ 2º e 3º do artigo 38, todos da Constituição do Estado do Ceará. Em relação ao artigo 33, §§ 1º e 2º, e ao artigo 42, caput e § 1º, da mesma Constituição, o Tribunal, à unanimidade, julgou prejudicada a ação, não a conhecendo relativamente ao artigo 25 do Ato das Disposições Constitucionais Transitórias. E, quanto ao artigo 20, inciso V, o Tribunal, também à unanimidade, julgou-a improcedente. Tudo nos termos do voto do relator. Votou a Presidente, Ministra Ellen Gracie. Ausente, licenciado, o Senhor Ministro Joaquim Barbosa. Plenário, 13.02.2008.*

§ 7º Os valores dos subsídios e da representação do Prefeito, a serem fixados pela Câmara Municipal, serão reajustados na data e na razão dos aumentos concedidos ao Governador do Estado.

» *STF – ADIN 307 - Decisão: O Tribunal, à unanimidade, julgou parcialmente procedente a ação direta para reconhecer a inconstitucionalidade do artigo 30; do § 3º do artigo 35; dos §§ 6º a 9º do artigo 37, e dos §§ 2º e 3º do artigo 38, todos da Constituição do Estado do Ceará. Em relação ao artigo 33, §§ 1º e 2º, e ao artigo 42, caput e § 1º, da mesma Constituição, o Tribunal, à unanimidade, julgou prejudicada a ação, não a conhecendo relativamente ao artigo 25 do Ato das Disposições Constitucionais Transitórias. E, quanto ao artigo 20, inciso V, o Tribunal, também à unanimidade, julgou-a improcedente. Tudo nos termos do voto do relator. Votou a Presidente, Ministra Ellen Gracie. Ausente, licenciado, o Senhor Ministro Joaquim Barbosa. Plenário, 13.02.2008.*

§ 8º Se a Câmara Municipal não fixar os valores do subsídio e representação do Prefeito, prevalecerão os limites previstos no parágrafo anterior.

» *STF – ADIN 307 - Decisão: O Tribunal, à unanimidade, julgou parcialmente procedente a ação direta para reconhecer a inconstitucionalidade do artigo 30; do § 3º do artigo 35; dos §§ 6º a 9º do artigo 37, e dos §§ 2º e 3º do artigo 38, todos da Constituição do Estado do Ceará. Em relação ao artigo 33, §§ 1º e 2º, e ao artigo 42, caput e § 1º, da mesma Constituição, o Tribunal, à unanimidade, julgou prejudicada a ação, não a conhecendo relativamente ao artigo 25 do Ato das Disposições Constitucionais Transitórias. E, quanto ao artigo 20, inciso V, o Tribunal, também à unanimidade, julgou-a improcedente. Tudo nos termos do voto do relator. Votou a Presidente, Ministra Ellen Gracie. Ausente, licenciado, o Senhor Ministro Joaquim Barbosa. Plenário, 13.02.2008.*

§ 9º O Prefeito não pode ausentar-se do Município, por tempo superior a dez dias, sem prévia licença da Câmara Municipal, sujeito à perda do cargo.

» *STF – ADIN 307 - Decisão: O Tribunal, à unanimidade, julgou parcialmente procedente a ação direta para reconhecer a inconstitucionalidade do artigo 30; do § 3º do artigo 35; dos §§ 6º a 9º do artigo 37, e dos §§ 2º e 3º do artigo 38, todos da Constituição do Estado do Ceará. Em relação ao artigo 33, §§ 1º e 2º, e ao artigo 42, caput e § 1º, da mesma Constituição, o Tribunal, à unanimidade, julgou prejudicada a ação, não a conhecendo relativamente ao artigo 25 do Ato das Disposições Constitucionais Transitórias. E, quanto ao artigo 20, inciso V, o Tribunal, também à unanimidade, julgou-a improcedente. Tudo nos termos do voto do relator. Votou a Presidente, Ministra Ellen Gracie. Ausente, licenciado, o Senhor Ministro Joaquim Barbosa. Plenário, 13.02.2008.*

§ 10. Os Prefeitos e Vice-Prefeitos deverão enviar anualmente declaração de seus bens, dos bens de seus cônjuges e dos descendentes até o primeiro grau ou por adoção, ao Tribunal de Contas do Estado do Ceará, que adotará as providências cabíveis em caso de suspeita de enriquecimento ilícito ou outras irregularidades.

§ 11. As declarações de bens a que se refere o parágrafo anterior deverão ser publicadas no Diário Oficial do Estado e postas à disposição de qualquer interessado, mediante requerimento devidamente justificado.

Art. 38. As competências dos Prefeitos devem constar da Lei Orgânica do Município, incluídas, dentre outras, as seguintes:

I - representar o Município;

II - apresentar projetos de lei à Câmara Municipal;

III - sancionar e promulgar as leis aprovadas pela Câmara Municipal;

IV - apor veto, total ou parcial, a projetos de lei, por razões de conveniência, oportunidade ou inconstitucionalidade;

V - prover os cargos públicos na forma da lei;

VI - elaborar os projetos:

a) do plano plurianual;

b) da lei de diretrizes orçamentárias;

c) do orçamento anual.

VII - participar, com direito a voto, dos órgãos colegiados que compõem o sistema de gestão da região metropolitana, das aglomerações urbanas e microrregiões a que estiver vinculado o Município.

§ 1º Ao Vice-Prefeito compete substituir o titular nas ausências e suceder-lhe em caso de vaga, representar o Município e exercer outras atividades por delegação do Prefeito, auxiliando-o em diferentes misteres político-administrativos.

§ 2º (Revogado).

§ 3º Ao Vice-Prefeito será assegurado representação equivalente a dois terços da remuneração atribuída ao Prefeito, cabendo-lhe, quando no exercício deste cargo, por mais de quinze dias, a remuneração integral assegurada ao titular efetivo do cargo.

» *STF – ADIN 307 - Decisão: O Tribunal, à unanimidade, julgou parcialmente procedente a ação direta para reconhecer a inconstitucionalidade do artigo 30; do § 3º do artigo 35; dos §§ 6º a 9º do artigo 37, e dos §§ 2º e 3º do artigo 38, todos da Constituição do Estado do Ceará. Em relação ao artigo 33, §§ 1º e 2º, e ao artigo 42, caput e § 1º, da mesma Constituição, o Tribunal, à unanimidade, julgou prejudicada a ação, não a conhecendo relativamente ao artigo 25 do Ato das Disposições Constitucionais Transitórias. E, quanto ao artigo 20, inciso V, o Tribunal, também à unanimidade, julgou-a improcedente. Tudo nos termos do voto do relator. Votou a Presidente, Ministra Ellen Gracie. Ausente, licenciado, o Senhor Ministro Joaquim Barbosa. Plenário, 13.02.2008.*

CAPÍTULO IV
DA INTERVENÇÃO NO MUNICÍPIO

Art. 39. O Estado não intervirá no Município, exceto quando:

I - deixar de ser paga, sem motivo de força maior, por dois anos consecutivos, a dívida fundada;

II - não forem prestadas contas devidas, na forma da lei;

III - não tiver sido aplicado o mínimo exigido da receita municipal na manutenção e desenvolvimento do ensino;

IV - o Tribunal de Justiça der provimento a representação para assegurar a observância de princípios indicados na Constituição Estadual ou para prover a execução de lei, ordem ou decisão judicial.

Art. 40. A intervenção far-se-á mediante decreto do Governador, submetido ao referendo da Assembleia Legislativa, por maioria absoluta de votos em escrutínio secreto.

§ 1º O pedido de intervenção encaminhado pelo Tribunal de Contas do Estado do Ceará ou mediante solicitação da Câmara Municipal, aprovada pelo voto da maioria absoluta de seus membros, será feito conforme representação fundamentada ao Governador do Estado.

§ 2º O decreto de intervenção, que especificará a amplitude, o prazo e as condições de execução e que, se couber, designará o interventor, será submetido à apreciação da Assembleia Legislativa no prazo de vinte e quatro horas.

§ 3º Em caso de rejeição do nome indicado, o Executivo disporá de vinte e quatro horas para indicar outro nome.

§ 4º Se não estiver funcionando a Assembleia Legislativa, far-se-á a convocação extraordinária no mesmo prazo de vinte e quatro horas.

§ 5º Na hipótese do art. 39, IV, dispensada a apreciação pela Assembleia Legislativa, limitar-se-á o decreto a suspender a execução do ato impugnado, se essa medida for suficiente ao restabelecimento da normalidade.

§ 6º Em caso de solicitação pelo Poder Judiciário, nos termos da Constituição, a intervenção deverá limitar-se a dar garantia à ação dos órgãos judiciários.

§ 7º Cessados os motivos da intervenção, as autoridades afastadas de seus cargos a esses retornarão, no prazo máximo de trinta dias, salvo impedimento legal.

CAPÍTULO V
DA FISCALIZAÇÃO FINANCEIRA

Art. 41. A fiscalização contábil, financeira, orçamentária e patrimonial dos Municípios far-se-á na forma disciplinada por suas respectivas Leis Orgânicas e os princípios desta Constituição.

§ 1º O controle externo da Câmara de Vereadores será exercido com auxílio do Tribunal de Contas do Estado do Ceará.

§ 2º A fiscalização, de que trata o parágrafo anterior, será realizada mediante tomada ou prestação de contas de governo, de responsabilidade do Chefe do Executivo e de gestão, a cargo dos ordenadores de despesa.

§ 3º O controle interno relativo aos atos e fatos da gestão orçamentária, financeira e patrimonial, será regulamentada por lei municipal.

§ 4º Prestará contas qualquer pessoa física ou jurídica, pública ou privada, inclusive fundos e instituições civis sem fins lucrativos, que utilize, arrecade, guarde, gerencie ou administre dinheiro, bens e valores públicos ou pelos quais os Municípios respondam, ou que, em nome destes, assuma obrigações de natureza pecuniária.

Art. 42. Os Prefeitos Municipais são obrigados a enviar às respectivas Câmaras e ao Tribunal de Contas do Estado do Ceará, até o dia 30 do mês subsequente, as prestações de contas mensais relativas à aplicação dos recursos recebidos e arrecadados por todas as Unidades Gestoras da administração municipal, mediante Sistema Informatizado, e de acordo com os critérios estabelecidos pelo Tribunal de Contas do Estado do Ceará, e composta, ainda, dos balancetes demonstrativos e da respectiva documentação comprobatória das receitas e despesas e dos créditos adicionais.

§ 1º A inobservância do disposto neste artigo, implicará a proibição para realizar novos convênios e contratos com o Governo Estadual e na suspensão das transferências de receitas voluntárias do Estado para os municípios infratores, sem prejuízo das demais sanções previstas na legislação vigente, ressalvada a hipótese do § 1º-H deste artigo.

§ 1º-A. Os agentes responsáveis por dinheiro, bens e valores públicos da Administração Municipal Indireta, incluídas as Fundações e Sociedades instituídas pelo poder público, bem como os Presidentes das Câmaras Municipais, deverão, também no prazo definido no *caput* deste artigo, remeter prestações de contas mensais, de acordo com os critérios estabelecidos no mesmo dispositivo.

§ 1º-B. As prestações de Contas mensais relativas à aplicação dos recursos destinados aos Fundos Especiais bem como as suas respectivas Prestações de Contas anuais, deverão ser enviadas, separadamente, das demais Unidades Gestoras, respeitadas as disposições do inciso II do art. 71 da Constituição Federal e inciso II, do art. 78, da Constituição Estadual.

§ 1º-C. As Prestações de Contas referentes ao FUNDEB, deverão ser enviadas, também, dentro do mesmo prazo, ao respectivo Conselho Municipal de acompanhamento da aplicação dos recursos do FUNDEB.

§ 1º-D. O Conselho Municipal de Acompanhamento Social do FUNDEB, ao detectar irregularidades na aplicação dos recursos do Fundo, deverá comunicar o fato ao Tribunal de Contas do Estado do Ceará e este adotará as providências cabíveis.

§ 1º-E. O Tribunal de Contas do Estado do Ceará poderá, a qualquer tempo, requisitar das prefeituras, das câmaras, suas unidades gestoras e aos demais órgãos e entidades da administração direta e indireta, incluídas as fundações e sociedades instituídas e mantidas pelo Poder Público Municipal, quaisquer documentos e demonstrativos contábeis relativos à aplicação dos recursos recebidos e arrecadados.

§ 1º-F. (Revogado).

§ 1º-G. Recebida a prestação de contas de que trata o *caput* deste artigo, o TCM emitirá relatórios quadrimestrais, os quais serão enviados para os respectivos Gestores e disponibilizados para qualquer contribuinte quando solicitados.

§ 1º-H. A inadimplência de que trata o § 1º do art. 42 será suspensa, sem qualquer ressalva, e certificada pelo Tribunal de Contas do Estado do Ceará expressamente, caso a nova gestão municipal mantiver-se adimplente com todas as suas obrigações de prestações de contas, relativas às competências de seu mandato, e tiver comprovado perante o Tribunal de Contas do Estado do Ceará, o ajuizamento de ação para apurar as responsabilidades pelo descumprimento daquelas obrigações de prestação de contas devidas por seus antecessores, ressalvando-se os casos em que o gestor municipal seja reeleito.

§ 2º O parecer prévio do Tribunal de Contas do Estado do Ceará sobre as contas que o Prefeito deve prestar anualmente, só deixará de prevalecer por decisão de 2/3 (dois terços) dos membros da Câmara Municipal, a qual, no prazo máximo de 10 (dez) dias após o julgamento, comunicará o resultado ao TCE.

§ 2º-A. A Câmara Municipal disciplinará sobre os prazos para apresentação de defesa quanto ao julgamento das prestações de contas do Executivo Municipal.

§ 3º O controle interno relativo aos atos e fatos da gestão orçamentária, financeira e patrimonial, será regulamentada por lei municipal.

I - desaprovadas as contas anuais pela Câmara, o Presidente desta, no prazo de dez dias, sob pena de responsabilidade, remeterá cópia autêntica dos autos ao Ministério Público, para os fins legais.

II - no caso de omissão do Presidente da Câmara na remessa da cópia prevista no inciso anterior, caberá ao Tribunal de Contas do Estado do Ceará comunicar a desaprovação das contas ao Ministério Público.

§ 4º As contas anuais do Município, Poderes Executivo e Legislativo, serão apresentadas à Câmara Municipal até o dia 31 de janeiro do ano subsequente, ficando, durante sessenta dias, à disposição de qualquer contribuinte, para exame e apreciação, o qual poderá questionar-lhe a legitimidade, nos termos da lei e, decorrido este prazo, as contas serão, até o dia 10 de abril de cada ano, enviadas pela Presidência da Câmara Municipal ao Tribunal de Contas do Estado do Ceará para que este emita o competente parecer.

§ 5º O projeto de lei orçamentária anual será encaminhado pelo Poder Executivo, até o dia 1º de outubro de cada ano, à Câmara Municipal, que apreciará a matéria no prazo improrrogável de trinta dias, e a Lei Orçamentária deverá ser encaminhada pelo Prefeito ao Tribunal de Contas do Estado do Ceará até o dia 30 de dezembro.

§ 6º As disponibilidades provenientes de receitas de qualquer natureza terão, de acordo com o § 3º do art. 164, da Constituição Federal, que ser depositadas em bancos oficiais no próprio Município, ou em Municípios vizinhos quando não existirem, e os pagamentos deverão ser realizados mediante ordem bancária nominal ao credor.

§ 7º Entende-se por unidade gestora todo órgão ou entidade da administração municipal autorizado a ordenar despesas públicas, incluindo-se neste conceito os fundos especiais e a Câmara Municipal.

§ 8º Os balancetes mensais e a documentação comprobatória correspondente relativos à aplicação de Contas anuais deverão ser enviados separadamente das demais Unidades Gestoras, respeitados os dispostos no Inciso II do art. 71 da Constituição Federal e Inciso II do art. 78 da Constituição Estadual.

§ 9º Os documentos referidos no parágrafo anterior, no que diz respeito ao FUNDEB, deverão ser enviados, também, dentro do mesmo prazo, ao Conselho Municipal de Acompanhamento Social do FUNDEB.

§ 10. Equipara-se aos ordenadores de despesas, na obrigação de prestar contas ao Tribunal, qualquer pessoa física ou jurídica, pública ou privada, inclusive fundos e instituições civis sem fins lucrativos, que utilize, arrecade, guarde, gerencie ou administre dinheiro, bens e valores públicos ou pelos quais o Município responda, ou que, em nome deste, assuma obrigações de natureza pecuniária.

§ 11. Todos os documentos e demonstrativos contábeis relativos à aplicação dos recursos recebidos e arrecadados deverão permanecer na sede do Município, à disposição irrestrita dos cidadãos e dos controles interno e externo.

§ 12. As Câmaras Municipais podem se valer do disposto no § 3º, relativamente às respectivas Prefeituras, suas unidades gestoras e aos demais órgãos e entidades da administração direta e indireta, incluídas as fundações e sociedades instituídas e mantidas pelo poder público municipal.

CAPÍTULO VI
A INTEGRAÇÃO REGIONAL

Art. 43. O desenvolvimento regional se realiza por meio dos processos de descentralização, afirmando-se a individualidade política do Município, compreendendo a auto-organização, o autogoverno e a integração, aglutinando municípios limítrofes que se identifiquem por suas afinidades geoambientais, socioespaciais, socioeconômicas e socioculturais, visando a utilização dos potenciais locais e das regiões, sem prejuízo de ações exógenas, para buscar inibir os fatores que provocam desequilíbrios e desigualdades inter e intrarregionais.

I - (Revogado).

II - (Revogado).

a) (Revogado).

b) (Revogado).

c) (Revogado).

§ 1º Para a realização do desenvolvimento e integração regional, os Municípios poderão aglutinar-se nas seguintes conformações:

I - regiões metropolitanas, formada por Municípios limítrofes, para integrar a organização, o planejamento e a execução de funções públicas de interesse comum;

II - microrregiões, formadas pelos Municípios com peculiaridades fisiográficas, socioeconômicas e socioculturais comuns;

III - aglomerados urbanos, definidos por agrupamentos de Municípios limítrofes que possuam função pública de interesse comum.

§ 2º Lei Complementar disporá sobre a composição e alterações da Região Metropolitana, aglomerados urbanos e das microrregiões.

§ 3º Cada Município integrante da Região Metropolitana, das aglomerações urbanas e das microrregiões participará, igualitariamente, do órgão regional denominado Conselho Deliberativo, com composição e funções definidas em Lei Complementar.

Art. 44. Os Municípios que compõem a Região Metropolitana de Fortaleza deverão, também, ser contemplados em todos os programas específicos de desenvolvimento rural, oriundos dos Governos Federal e Estadual.

TÍTULO V
DOS PODERES ESTADUAIS

CAPÍTULO I
DO PODER LEGISLATIVO

SEÇÃO I
DISPOSIÇÕES GERAIS

Art. 45. O Poder Legislativo é exercido pela Assembleia Legislativa, constituída por representantes do povo, eleitos, pelo sistema proporcional e investidos na forma da lei, para uma legislatura de quatro anos.

§ 1º O número de Deputados corresponde ao triplo dos representantes eleitos à Câmara dos Deputados, e, após atingir o número de trinta e seis, o acréscimo será de tantos quantos forem os Deputados Federais acima de doze.

§ 2º A elevação da representação somente vigorará para a legislatura subsequente.

Art. 46. Ao Poder Legislativo é assegurada autonomia financeira e administrativa, cabendo-lhe, pelo menos, três por cento da receita estadual.

Parágrafo único. Os recursos correspondentes às dotações orçamentárias, compreendidos os créditos suplementares e especiais, serão repassados, obrigatoriamente, até o dia vinte de cada mês, com as atualizações decorrentes do excesso na arrecadação, em face da previsão orçamentária.

Art. 47. A Assembleia Legislativa reunir-se-á, anualmente, de 2 de fevereiro a 17 de julho e de 1º de agosto a 22 de dezembro.

§ 1º As reuniões marcadas para essas datas serão transferidas para o primeiro dia útil subsequente, quando recaírem em sábados, domingos ou feriados.

§ 2.º No primeiro ano da legislatura, serão realizadas sessões preparatórias, no dia 1º. de fevereiro, para posse dos Deputados diplomados e eleição da Mesa Diretora, com mandato de 2 (dois) anos, vedada a recondução para o mesmo cargo na eleição imediatamente subsequente.

» *Redação dada pela Emenda Constitucional 105, de 22/12/2020.*

§ 3º A sessão legislativa não será interrompida sem a aprovação do projeto de lei de diretrizes orçamentárias.

§ 4º Durante o recesso, haverá comissão representativa da Assembleia Legislativa, respeitado o critério da proporcionalidade das representações partidárias, observados os condicionamentos seguintes:

a) seus membros serão eleitos na última reunião de cada Sessão Legislativa ordinária, admitida a recondução para o posterior período de recesso; e

b) suas atribuições serão definidas no regimento interno.

§ 5º A convocação extraordinária da Assembleia Legislativa far-se-á:

I - pelo Presidente em caso de intervenção em Município e para compromisso e posse do Governador e Vice-Governador do Estado;

II - pelo Governador, pelo seu Presidente, ou a requerimento da maioria dos seus membros, em caso de urgência ou de interesse público relevante e urgente, em todas as hipóteses deste inciso com aprovação da maioria absoluta da Assembleia.

§ 6º No período extraordinário, restringir-se-á a Assembleia a deliberar sobre a matéria para a qual tenha sido convocada, vedado o pagamento de parcela indenizatória, em razão da convocação.

Art. 48. Salvo disposição constitucional em contrário, a Assembleia Legislativa funcionará em sessões públicas, e as deliberações serão tomadas por maioria de votos.

Parágrafo único. A sessão somente poderá ser secreta por deliberação da maioria absoluta de seus membros, no interesse da segurança ou do decoro parlamentar, com voto a descoberto.

SEÇÃO II
DAS ATRIBUIÇÕES DA ASSEMBLEIA LEGISLATIVA

Art. 49. É da competência exclusiva da Assembleia Legislativa:

I - autorizar referendo e convocar plebiscito de amplitude estadual;

II - aprovar a intervenção estadual em Município;

III - aprovar previamente, por voto secreto, após arguição pública, a escolha de:

a) três sétimos dos Conselheiros do Tribunal de Contas do Estado;

b) interventores do Estado, em Municípios;

c) (Revogado).

d) titulares de outros cargos que a lei determinar;

IV - escolher quatro sétimos dos Conselheiros do Tribunal de Contas do Estado;

V - autorizar, previamente, o afastamento do Governador e do Vice-Governador, para fora do País;

VI - sustar os atos normativos emanados do Poder Executivo e do Tribunal de Contas do Estado do Ceará que exorbitem do poder regulamentar ou dos limites da delegação legislativa;

VII - mudar temporariamente a sua sede;

VIII - fixar por lei a remuneração de seus membros, observadas as limitações constitucionais;

IX - fixar para cada exercício financeiro a remuneração do Governador e do Vice-Governador, observados os disciplinamentos constitucionais;

X - julgar as contas apresentadas, anualmente, pelo Governador do Estado, a prestação de contas dos Interventores, apreciar os relatórios sobre a execução dos planos governamentais e suas correlações aos planos plurianuais;

XI - fiscalizar e controlar, diretamente, os atos do Poder Executivo, incluídos os da administração indireta, e os do Tribunal de Contas do Estado do Ceará.

XII - velar pela preservação de sua competência legislativa, em face da competência normativa dos outros Poderes;

XIII - aprovar, previamente, a alienação ou concessão de terras públicas, exceto nas hipóteses previstas nas letras b e c do inciso V do art. 316;

XIV - convocar, por sua iniciativa ou de qualquer de suas comissões, os Secretários de Estado, Conselheiros do Tribunal de Contas do Estado do Ceará, dirigentes de autarquias, empresa pública, sociedade de economia mista e de fundações, para prestar, pessoalmente, informações sobre assunto específico, com atendimento no prazo de 30 (trinta) dias, sob pena de responsabilidade;

XV - encaminhar, por seus Deputados, Comissões ou Mesa, pedidos escritos de informação aos Secretários de Estado, importando crime de responsabilidade a recusa, ou o não atendimento no prazo de trinta dias, bem como a prestação de informações falsas;

XVI - proceder à tomada de contas do Governador do Estado, quando não apresentadas à Assembleia Legislativa dentro de sessenta dias após a abertura da sessão legislativa;

XVII - eleger a Mesa Diretora;

XVIII - elaborar o regimento interno;

XIX - dispor sobre sua organização, funcionamento, criação, transformação ou extinção de cargos, empregos e funções de seus serviços e fixação, por lei, da respectiva remuneração de seu pessoal, observados os parâmetros estabelecidos na Lei de Diretrizes Orçamentárias;

XX - processar e julgar, na forma da lei, o Governador e Secretários de Estado nos crimes de responsabilidade;

XXI - exercer poder de polícia em seus recintos e para assegurar o cumprimento de requisições e diligências emanadas de suas comissões parlamentares de inquérito;

XXII - aprovar, por maioria absoluta e voto secreto, a exoneração, de ofício, do Procurador-Geral da Justiça, antes do término de seu mandato;

XXIII - suspender a execução, no todo ou em parte, na medida em que se der a declaração judicial de lei ou ato normativo estadual ou municipal declarado inconstitucional por decisão definitiva do Tribunal de Justiça, na hipótese de controle incidental;

XXIV - processar o Procurador-Geral de Justiça e o Procurador-Geral do Estado;

XXV - autorizar o Governador a efetuar ou a contrair empréstimos;

XXVI - ordenar a sustação de contrato impugnado pelo Tribunal de Contas;

XXVII - dispor sobre limites e condições para a concessão de garantias pelo Estado, em operações de crédito, bem como sobre condições para os empréstimos realizados pelo Estado;

XXVIII - solicitar a intervenção federal no Estado para garantir o livre exercício de suas funções e prerrogativas;

XXIX - dar posse aos Deputados, receber a renúncia e declarar a perda de mandato;

XXX - (Revogado).

XXXI - propor, em conjunto com outras Assembleias Legislativas, emenda à Constituição Federal;

XXXII - (Revogado).

XXXIII - julgar as contas apresentadas, anualmente, pelo Tribunal de Contas do Estado do Ceará;

XXXIV - proceder à tomada de contas do Tribunal de Contas do Estado do Ceará, quando não apresentadas à Assembleia Legislativa dentro de 60 (sessenta) dias após a abertura da sessão legislativa;

XXXV - anular os atos administrativos do Tribunal de Contas do Estado do Ceará, por 2/3 (dois terços) de seus membros, quando eivados de vícios que os tornem ilegais, sem prejuízo da competência prevista no art. 76, inciso XIII, desta Constituição.

» *Incisos XXXIII a XXXV acrescidos pela Emenda Constitucional nº 87, de 21.12.2016, DOE de 21.12.2016, em vigor na data de sua publicação. A Emenda Constitucional 87 foi revogada em 16/08/2017, pela EC 92.*

Parágrafo único. (Revogado).

§ 1º A Assembleia Legislativa manterá, como instituição de apoio a seu desempenho, o Instituto de Estudos e Pesquisas sobre o Desenvolvimento do Estado do Ceará, com programas de participação popular e fortalecimento da representação política, fornecendo subsídios, sempre que solicitado, sobre elaboração e discussão dos planos plurianuais.

§ 2º A Assembleia Legislativa do Estado do Ceará manterá a Universidade do Parlamento Cearense, com o objetivo de aperfeiçoar o serviço público, de promover e de manter atividades voltadas para formação, qualificação profissional dos servidores públicos em geral e dos cidadãos e notadamente voltada às reivindicações profissionais dos parlamentares e agentes políticos vinculados às Assembleias Legislativas e às Câmaras Municipais conveniadas.

§ 3º À Procuradoria da Assembleia Legislativa cabe exercer a assessoria e a consultoria jurídica do Poder Legislativo, na forma da lei, observadas as competências da Procuradoria Geral do Estado.

Art. 50. Cabe à Assembleia Legislativa, com a sanção do Governador do Estado, dispor acerca de todas as matérias de competência do Estado do Ceará, especialmente sobre:

I - sistema tributário, arrecadação e distribuição de rendas;

II - plano plurianual, diretrizes orçamentárias, orçamento anual, operações de crédito e dívida pública;

III - fixação e modificação do efetivo da Polícia Militar e do Corpo de Bombeiros;

IV - planos e programas regionais e setoriais de desenvolvimento;

V - limites dos territórios estaduais e municipais;

VI - criação, incorporação, subdivisão ou desmembramento de Municípios, ouvidas em plebiscito as populações interessadas;

VII - transferência temporária da sede do Governo Estadual;

VIII - criação, transformação e extinção de cargos, empregos e funções públicas;

IX - criação, estruturação e atribuições das Secretarias de Estado e órgãos da administração pública estadual;

X - atividades financeiras em geral;

XI - fixação das custas judiciais;

XII - planos e programas regionais e setoriais de investimento e de desenvolvimento;

XIII - bens de domínio do Estado e proteção do patrimônio público;

XIV - organização administrativa, judiciária, do Ministério Público, da Defensoria Pública e da Procuradoria-Geral do Estado;

XV - fiscalização das tarifas do serviço público.

SEÇÃO III
DOS DEPUTADOS

Art. 51. Os Deputados Estaduais são invioláveis, civil e penalmente, por quaisquer de suas opiniões, palavras e votos.

§ 1º Os Deputados Estaduais serão, desde a expedição do diploma, processados e julgados pelo Tribunal de Justiça.

§ 2º Desde a expedição do diploma, os Deputados Estaduais não poderão ser presos, salvo em flagrante de crime inafiançável, devendo os autos dessa prisão ser remetidos, dentro de vinte e quatro horas, à Assembleia Legislativa, para que, pelo voto da maioria de seus membros, resolva sobre a prisão.

§ 3º Recebida a denúncia, por crime ocorrido após a diplomação, o Tribunal dará ciência à Assembleia Legislativa, que, por iniciativa de partido político nela representado e pelo voto da maioria de seus membros, poderá, até a decisão final, sustar o andamento da ação.

§ 4º O pedido de sustação será apreciado pela Assembleia Legislativa no prazo improrrogável de quarenta e cinco dias do seu recebimento pela Mesa Diretora.

§ 5º A sustação do processo suspende a prescrição, enquanto durar o mandato.

§ 6º Os Deputados Estaduais não serão obrigados a testemunhar sobre informações recebidas ou prestadas em razão do exercício do mandato, nem sobre as pessoas que lhes confiaram ou deles receberam informações.

§ 7º A incorporação às Forças Armadas de Deputados Estaduais, embora militares e ainda que em tempo de guerra, dependerá de prévia licença da Assembleia Legislativa.

§ 8º As imunidades dos Deputados Estaduais subsistirão durante o estado de sítio, só podendo ser suspensas mediante o voto de dois terços dos membros da Assembleia Legislativa, nos casos de atos, praticados fora do recinto da Assembleia, que sejam incompatíveis com a execução da medida.

Art. 52. Os Deputados não poderão:

I - desde a expedição do diploma:

a) firmar ou manter contrato com pessoa jurídica de direito público, autarquia, empresa pública, sociedade de economia mista ou empresa concessionária de serviço público, salvo quando o contrato obedecer a cláusulas uniformes;

b) aceitar ou exercer cargo, função ou emprego remunerado, inclusive os de que sejam demissíveis ad nutum, nas entidades constantes da alínea anterior.

II - desde a posse:

a) ser proprietários, controladores ou diretores de empresa que goze de favor decorrente de contrato com pessoa jurídica de direito público, ou nela exercer função remunerada;

b) ocupar cargo ou função de que sejam demissíveis ad nutum, nas entidades a que se refere o inciso I, a;

c) patrocinar causa em que seja interessada qualquer das entidades a que se refere o inciso I, a;

d) ser titulares de mais de um cargo ou mandato público eletivo.

§ 1º Os Deputados Estaduais deverão enviar anualmente declaração de seus bens, dos bens de seus cônjuges e dos descendentes até o primeiro grau ou por adoção, à Mesa Diretora da Assembleia Legislativa, que adotará as providências cabíveis em caso de suspeita de enriquecimento ilícito ou outras irregularidades.

§ 2º As declarações de bens a que se refere o parágrafo anterior deverão ser publicadas no Diário Oficial do Estado e postas à disposição de qualquer interessado, mediante requerimento devidamente justificado.

Art. 53. Perderá o mandato o Deputado:

I - que infringir qualquer das proibições estabelecidas no artigo anterior;

II - cujo procedimento for declarado incompatível com o decoro parlamentar;

III - que deixar de comparecer, em cada sessão legislativa, a terça parte das sessões ordinárias da Assembleia, salvo licença ou missão, por esta autorizada;

IV - que perder ou tiver suspensos seus direitos políticos;

V - que, por decisão da Justiça Eleitoral, for condenado por abuso do poder econômico ou do poder político;

VI - que sofrer condenação criminal em sentença transitada em julgado.

§ 1º É incompatível com o decoro parlamentar o abuso das prerrogativas asseguradas aos Deputados ou a percepção de vantagens indevidas, além dos casos definidos no regimento da Assembleia Legislativa.

§ 2º No caso do inciso III, a perda de mandato será decidida pela Assembleia Legislativa, mediante provocação de qualquer de seus membros, da respectiva Mesa ou de partido político, assegurada ampla defesa.

§ 3º Nos casos previstos nos incisos IV a VI, a perda ou suspensão de mandato será automática e declarada pela Mesa da Assembleia Legislativa.

Art. 54. Não perderá o mandato o Deputado:

I - investido no cargo de Ministro de Estado, Governador de Território, Secretário de Estado, do Distrito Federal, de Território, da Prefeitura da Capital ou Chefe de Missão Diplomática Temporário, ou a eles equiparados.

II - licenciado por motivo de doença, licença-maternidade, ou para tratar, sem remuneração, de interesse particular, desde que, nessa hipótese, o afastamento não transponha 120 (cento e vinte) dias por sessão legislativa;

» *Inciso II com redação dada pela Emenda Constitucional nº 82, de 28.05.2015, DOE de 29.05.2015, em vigor na data de sua publicação.*

§1º Far-se-á a convocação do suplente, respeitada a ordem da diplomação na respectiva legenda partidária, nos casos de vaga, de investidura nas funções previstas neste artigo ou de licença por prazo igual ou superior a cento e vinte dias.

§ 2º Ocorrendo vaga, sem que haja suplente, deverá realizar-se eleição para preenchê-la, se faltarem mais de quinze meses para o término do mandato.

§ 3º Na hipótese do inciso I, poderá o Deputado optar pela remuneração parlamentar.

§ 4º Será de 120 (cento e vinte) dias o afastamento por licença-maternidade, prorrogável por 60 (sessenta) dias.

» *Parágrafo 4º acrescido pela Emenda Constitucional nº 82, de 28.05.2015, DOE de 29.05.2015, em vigor na data de sua publicação.*

SEÇÃO IV DAS COMISSÕES

Art. 55. Na Assembleia Legislativa funcionarão comissões permanentes e temporárias, constituídas na forma e com as atribuições previstas nesta Constituição, no regimento interno ou no ato legislativo de que resultar sua criação.

§ 1º Na constituição da Mesa e na de cada comissão, é assegurada, tanto quanto possível, a participação proporcional dos partidos políticos ou dos blocos parlamentares com representação na Assembleia Legislativa.

§ 2º Às comissões, em razão da matéria de sua competência, cabe:

I - discutir e votar o projeto de lei que dispensar, na forma do regimento interno, a competência do plenário, salvo se houver, para decisão deste, recurso de um décimo dos membros da Assembleia;

II - realizar audiências públicas com entidades organizadas da sociedade civil, na forma do regimento interno;

III - realizar audiências públicas em regiões do Estado para subsidiar o processo legislativo;

IV - convocar Secretários de Estado para prestar informações sobre assuntos inerentes às suas atribuições;

V - convocar dirigentes de órgãos públicos estaduais, civis e militares, de autarquia, de empresa pública e sociedade de economia mista e de fundações, instituídas ou mantidas pelo poder público, dentre outras autoridades, ficando estes com prazo de trinta dias para cumprimento;

VI - receber petições, reclamações, representações ou queixa de qualquer pessoa contra ato ou omissão de autoridade pública, de concessionário ou de permissionário de serviço público;

VII - acompanhar, junto ao Poder Executivo, a elaboração da proposta orçamentária, bem como a sua posterior execução;

VIII - apreciar e acompanhar programas de obras, planos estaduais, regionais e setoriais de desenvolvimento e sobre eles emitir parecer;

IX - solicitar depoimento de qualquer autoridade ou cidadão.

Art. 56. A Assembleia Legislativa criará comissões parlamentares de inquérito para apuração de fato determinado, sempre que o requerer a quarta parte dos seus membros, observada na sua composição a proporcionalidade de representação partidária, ficando obrigatório, sob pena de sanção definida em lei complementar, o comparecimento de autoridades, servidores e quaisquer pessoas convocadas.

§ 1º As comissões parlamentares de inquérito terão poderes de investigação próprios das autoridades judiciais, cumulativamente com os de natureza parlamentar, podendo inclusive decretar, motivadamente, a quebra de sigilo bancário dos investigados.

§ 2º As conclusões, se for o caso, serão encaminhadas ao Ministério Público, para que promova a responsabilidade civil ou criminal dos infratores.

Art. 57. A Assembleia Legislativa e suas comissões, pelo voto de um terço dos seus membros, podem convocar Secretário de Estado para prestar, pessoalmente, informações sobre assunto previamente determinado, importando crime de responsabilidade a ausência sem justificação adequada.

SEÇÃO V DO PROCESSO LEGISLATIVO

Art. 58. O processo legislativo compreende a elaboração de:

I - emendas à Constituição;

II - leis complementares;

III - leis ordinárias;

IV - leis delegadas;

V - decretos legislativos; e

VI - resoluções.

§ 1º Não cabendo no Processo Legislativo proposição de interesse Público, o Deputado poderá sugerir ao Poder Executivo a adoção do competente Projeto de Lei, na forma de Indicação.

§ 2º Uma vez recebida a Indicação, aprovada em Plenário, o Governador do Estado, no prazo de 90 (noventa) dias, dará ciência à Assembleia Legislativa de sua conveniência ou não.

§ 3º As entidades da sociedade civil, legalmente constituídas, poderão, nos termos do disposto em Resolução da Assembleia Legislativa, apresentar projetos de iniciativa compartilhada, os quais tramitarão, se acolhidos, como proposição da Mesa Diretora.

SUBSEÇÃO I
DA EMENDA CONSTITUCIONAL

Art. 59. A Constituição poderá ser emendada mediante proposta:

I - de um terço, no mínimo, dos membros da Assembleia Legislativa;

II - do Governador do Estado;

III - de mais da metade das Câmaras Municipais, manifestando-se cada uma delas pela maioria relativa de seus membros; e

IV - de cidadãos, mediante iniciativa popular assinada, no mínimo, por um por cento dos eleitores.

§ 1º A Constituição não poderá ser emendada na vigência de intervenção federal, estado de defesa ou estado de sítio.

§ 2º A proposta será discutida e votada pela Assembleia Legislativa, em dois turnos, considerando-se aprovada se obtiver, em ambos, três quintos dos votos dos seus membros.

§ 3º A emenda à Constituição será promulgada pela Mesa da Assembleia, com respectivo número de ordem.

§ 4º Não será objeto de deliberação a proposta que vise modificar as regras atinentes à alteração constitucional nem aquela tendente a abolir:

I - a autonomia dos Municípios;

II - o voto direto, secreto, universal, igual e periódico; e

III - a independência e a harmonia dos Poderes.

§ 5º A matéria constante de emenda rejeitada ou havida por prejudicada não pode ser objeto de nova proposta na mesma sessão legislativa.

SUBSEÇÃO II
DAS LEIS

Art. 60. Cabe a iniciativa de leis:

I - aos Deputados Estaduais;

II - ao Governador do Estado;

III - ao Presidente do Tribunal de Justiça, em matérias de sua competência privativa, previstas nesta Constituição;

IV - aos cidadãos, mediante proposta de projeto de lei à Assembleia Legislativa, subscrito por no mínimo um por cento do eleitorado estadual;

V - ao Ministério Público, à Defensoria Pública e ao Tribunal de Contas do Estado do Ceará, em matérias de sua competência privativa, previstas nesta Constituição;

VI - a entidades da sociedade civil, por meio dos projetos de lei de iniciativa compartilhada, nos termos do § 3º do art. 58 desta Constituição.

§ 1º Não será admitido aumento da despesa, prevista:

I - nos projetos de iniciativa exclusiva do Governador do Estado;

II - nos projetos sobre organização dos serviços administrativos da Assembleia Legislativa, do Poder Judiciário, do Ministério Público Estadual, da Defensoria Pública Estadual e do Tribunal de Contas do Estado do Ceará.

§ 2º São de iniciativa privativa do Governador do Estado as leis que disponham sobre:

a) criação de cargos, funções ou empregos públicos na administração direta, autárquica e fundacional, e de empregos nas empresas públicas e sociedades de economia mista prestadoras de serviços públicos, ou aumento de sua remuneração;

b) servidores públicos da administração direta, autárquica e fundacional, seu regime jurídico, provimento de cargos, estabilidade e aposentadoria de civis e militares, seu regime jurídico, ingresso, limites de idade, estabilidade, direitos e deveres, reforma e transferência de policiais militares e de bombeiros militares para a inatividade;

c) criação, organização, estruturação e competências das Secretarias de Estado, órgãos e entidades da administração pública direta e indireta, concessão, permissão, autorização, delegação e outorga de serviços públicos;

d) concessão de subsídio ou isenção, redução de base de cálculo, concessão de crédito presumido, anistia ou remissão, relativos a impostos, taxas e contribuições;

» *STF – ADIN 5768 - Decisão: O Tribunal, por unanimidade, julgou procedente o pedido formulado na ação direta para declarar, sob o ângulo formal, a inconstitucionalidade do artigo 60, § 2º, alínea d, da Constituição do Estado do Ceará, na redação dada pela Emenda nº 61, de 19 de dezembro de 2008, nos termos do voto do Relator. Ausentes, justificadamente, os Ministros Celso de Mello, Luiz Fux e Roberto Barroso. Presidência do Ministro Dias Toffoli. Plenário, 11.9.2019.*

§ 3º Ressalvadas as hipóteses previstas no § 2º deste artigo, a iniciativa de leis que disponham sobre as matérias da competência comum e concorrente da União e Estados, previstas na Constituição Federal, poderá ser exercida, concorrentemente, pelo Governador do Estado e Deputados Estaduais.

Art. 61. As leis complementares serão aprovadas por maioria absoluta dos votos dos membros da Assembleia Legislativa, observados os demais termos de votação das leis ordinárias.

Art. 62. As propostas de iniciativa popular serão inicialmente submetidas à apreciação da Comissão de Constituição, Justiça e Redação da Assembleia Legislativa, que deverá manifestar-se sobre sua admissibilidade e constitucionalidade.

Parágrafo único. A proposta, se aprovada pela Comissão, seguirá o rito do processo legislativo ordinário.

Art. 63. O Governador do Estado poderá solicitar que os projetos de lei e de lei complementar de sua iniciativa sejam apreciados dentro de quarenta e cinco dias pela Assembleia Legislativa, em regime de urgência.

§ 1º O pedido de apreciação de projeto de lei e de projeto de lei complementar dentro do prazo estabelecido neste artigo, deverá ser solicitado na mensagem de seu encaminhamento à Assembleia Legislativa.

§ 2º Na falta de deliberação dentro do prazo estabelecido neste artigo, o projeto será automaticamente incluído na ordem do dia, em regime de urgência, nas dez sessões consecutivas; se ao final dessas não for apreciado, considerar-se-á rejeitado.

§ 3º O prazo estabelecido neste artigo não correrá nos períodos de recesso da Assembleia Legislativa.

Art. 64. As leis delegadas serão elaboradas pelo Governador do Estado ou por comissão da Assembleia Legislativa.

§ 1º Não poderão ser objeto de delegação a matéria reservada à Lei Complementar, as matérias de competência exclusiva da Assembleia Legislativa, nem as de iniciativa do Poder Judiciário, do Ministério Público, da Defensoria Pública e do Tribunal de Contas do Estado do Ceará.

§ 2º No caso de delegação à comissão da Assembleia, que será constituída nos termos do regimento interno da Casa, será o projeto aprovado remetido à sanção do Governador do Estado.

§ 3º A delegação ao Governador, que dependerá de solicitação deste, terá a forma de resolução da Assembleia, que especificará o seu conteúdo e os termos de seu exercício.

§ 4º Se a resolução determinar a apreciação do projeto pela Assembleia, esta o fará em votação única, vedada qualquer emenda.

Art. 65. Concluída a votação de um projeto, será este remetido ao Governador do Estado que, aquiescendo, sancioná-lo-á.

§ 1º Se o Governador considerar o projeto, no todo ou em parte, inconstitucional ou contrário ao interesse público, vetá-lo-á, total ou parcialmente, no prazo de quinze dias úteis, contados da data do recebimento, e comunicará, dentro de quarenta e oito horas, ao Presidente da Assembleia, os motivos do veto.

§ 2º O veto parcial só poderá incidir sobre texto integral de artigo, de parágrafo, de inciso ou de alínea.

§ 3º Decorrido o prazo de quinze dias, o silêncio do Governador importará sanção.

§ 4º O veto será apreciado dentro de trinta dias, a contar do seu recebimento, só podendo ser rejeitado pelo voto da maioria absoluta dos Deputados, em escrutínio secreto.

§ 5º Se o veto não for mantido, será o projeto enviado ao Governador, para promulgação.

§ 6º Esgotado sem deliberação o prazo estabelecido no § 4º, o veto será colocado na ordem do dia da sessão imediata, sobrestadas todas as demais proposições, até sua votação final.

§ 7º Se a lei não for promulgada dentro de quarenta e oito horas pelo Governador, nos casos dos §§ 3º e 5º, o Presidente da Assembleia a promulgará, e se não o fizer em igual prazo, caberá ao Vice-Presidente fazê-lo.

Art. 66. A matéria constante de projeto de lei rejeitado somente poderá constituir objeto de novo projeto, na mesma sessão legislativa, mediante proposta da maioria absoluta dos membros da Assembleia Legislativa.

SEÇÃO VI
DA FISCALIZAÇÃO CONTÁBIL, FINANCEIRA E ORÇAMENTÁRIA

SUBSEÇÃO I
DISPOSIÇÕES GERAIS

Art. 67. (Revogado pela Emenda Constitucional nº 75, de 20.12.2012)

Art. 68. A fiscalização contábil, financeira, orçamentária, operacional e patrimonial do Estado e das entidades da administração direta e indireta, quanto à legalidade, legitimidade, economicidade, aplicação das subvenções e renúncia de receitas, será exercida pela Assembleia Legislativa, mediante o controle externo, e pelo sistema de controle interno de cada Poder.

Parágrafo único. Prestará contas qualquer pessoa física ou jurídica, de direito público ou de direito privado que utilize, arrecade, guarde, gerencie ou administre dinheiro, bens e valores públicos ou pelos quais o Estado responda, ou que, em nome deste, assuma obrigações de natureza pecuniária.

Art. 69. O controle externo, a cargo da Assembleia Legislativa, será exercido com o auxílio do Tribunal de Contas do Estado.

Art. 70. A comissão permanente da Assembleia Legislativa, incumbida de emitir parecer sobre os projetos de lei relativos ao plano plurianual, às diretrizes orçamentárias, ao orçamento anual e aos créditos adicionais, diante de indícios de despesas não autorizadas, ainda que sob a forma de investimentos não programados ou de subsídios não aprovados, poderá solicitar à autoridade governamental responsável que, no prazo de cinco dias, preste os esclarecimentos necessários.

§ 1º Não prestados os esclarecimentos, ou considerados estes insuficientes, a comissão solicitará ao Tribunal de Contas pronunciamento conclusivo sobre a matéria, no prazo de trinta dias.

§ 2º Entendendo o Tribunal irregular a despesa, a comissão, se julgar que o gasto possa causar dano irreparável ou grave lesão à economia pública, proporá à Assembleia Legislativa sua sustação.

SUBSEÇÃO II
DO TRIBUNAL DE CONTAS

Art. 71. O Tribunal de Contas do Estado, integrado por sete Conselheiros, tem sede na Capital do Estado, quadro próprio de pessoal e jurisdição em todo o território estadual.

§ 1º Os Conselheiros do Tribunal de Contas do Estado serão nomeados pelo Governador do Estado dentre brasileiros que satisfaçam os seguintes requisitos:

I - mais de trinta e cinco e menos de sessenta e cinco anos de idade;

II - idoneidade moral e reputação ilibada;

III - notórios conhecimentos jurídicos, contábeis econômicos e financeiros ou de administração pública;

IV - mais de dez anos no exercício de função ou de efetiva atividade profissional que exija os conhecimentos mencionados no inciso anterior.

§ 2º Os Conselheiros do Tribunal de Contas do Estado serão escolhidos:

I - três pelo Governador do Estado, com aprovação da Assembleia Legislativa, sendo dois alternadamente dentre auditores e membros do Ministério Público Especial junto ao Tribunal de Contas do Estado, indicados em lista tríplice pelo Tribunal, observando-se os critérios de antiguidade e merecimento;

II - quatro pela Assembleia Legislativa, obedecidos os requisitos previstos no § 1º deste artigo.

» *Parágrafo 2º com redação dada pela Emenda Constitucional nº 87, de 21.12.2016, DOE de 21.12.2016, em vigor na data de sua publicação. A Emenda Constitucional 87 foi revogada em 16/08/2017, pela EC 92.*

» *O parágrafo alterado dispunha o seguinte:*

» *"§ 2º Os Conselheiros do Tribunal de Contas do Estado serão escolhidos: I - três pelo Governador do Estado, com aprovação da Assembleia Legislativa, sendo dois alternadamente dentre auditores e membros do Ministério Público Especial junto ao Tribunal de Contas do Estado, indicados em lista tríplice pelo Tribunal, observando-se os critérios de antiguidade e merecimento; II - quatro pela Assembleia Legislativa."*

§ 3º O processo de escolha dos Conselheiros do Tribunal de Contas do Estado, em caso de vaga ocorrida na vigência desta Constituição, atendidos os requisitos previstos no § 1º deste artigo, obedecerá aos seguintes critérios:

I - na primeira, na quarta e na sétima vaga, a escolha caberá ao Governador do Estado, com aprovação da Assembleia Legislativa, sendo que:

a) a primeira vaga será de sua livre escolha; e

b) a quarta vaga recairá em auditor e a sétima vaga recaíra em membro do Ministério Público Especial junto ao Tribunal de Contas do Estado, segundo os critérios de antiguidade e merecimento, alternadamente.

» *Alínea "b" com redação dada pela Emenda Constitucional nº 67, de 02.12.2009.*

II - na segunda, terceira, quinta e sexta vaga, a escolha caberá à Assembleia Legislativa do Estado.

§ 4º Os cargos preenchidos na vigência desta Constituição serão providos, quando vagarem, por indicação de quem escolheu originalmente os seus ocupantes, sempre com aprovação da Assembleia Legislativa.

§ 5º Os Conselheiros do Tribunal de Contas do Estado terão as mesmas garantias, prerrogativas, impedimentos, subsídios, direitos e vantagens dos Desembargadores do Tribunal de Justiça Estadual, aplicando-se-

-lhes, quanto à aposentadoria e pensão, as normas constantes do art. 40 da Constituição Federal.

§ 6º Os Conselheiros do Tribunal de Contas do Estado deverão enviar anualmente declaração de seus bens, dos bens de seus cônjuges e dos descendentes até o primeiro grau ou por adoção, a Mesa Diretora da Assembleia Legislativa, que adotará as providências cabíveis em caso de suspeita de enriquecimento ilícito ou outras irregularidades.

§ 7º As declarações de bens a que se refere o parágrafo anterior deverão ser publicadas no Diário Oficial do Estado e postas à disposição de qualquer interessado, mediante requerimento devidamente justificado.

Art. 72. Os Auditores, em número de 6 (seis), serão nomeados pelo Governador do Estado, dentre cidadãos que preencham as qualificações exigidas para o cargo de Conselheiro, mediante concurso de provas e títulos, promovido pelo Tribunal de Contas, observada a ordem de classificação.

» *Caput com redação dada pela Emenda Constitucional nº 92, de 16.08.2017.*

§ 1º O Auditor, quando em substituição a Conselheiro, terá as mesmas garantias e impedimentos do titular e, quando no exercício das demais atribuições da judicatura, as de juiz de direito da mais elevada entrância.

§ 2º As atribuições do Auditor, quando não estiver substituindo Conselheiro, serão definidas na Lei Orgânica do Tribunal de Contas.

Art. 73. Haverá uma Procuradoria de Contas junto ao Tribunal de Contas do Estado, integrada por seis Procuradores de Contas, organizados em carreira, nomeados pelo Governador do Estado, escolhidos mediante concurso público de provas e títulos, dentre brasileiros e bacharéis em Direito, com inscrição na Ordem dos Advogados do Brasil.

» *Caput com redação dada pela Emenda Constitucional nº 87, de 21.12.2016, DOE de 21.12.2016, em vigor na data de sua publicação. A Emenda Constitucional 87 foi revogada em 16/08/2017, pela EC 92.*

> *O caput alterado dispunha o seguinte:*
>
> *"Art. 73. Haverá uma Procuradoria de Contas, em número igual de Auditores, junto ao Tribunal de Contas do Estado, integrada por Procuradores de Contas, organizados em carreira, nomeados pelo Governador do Estado, escolhidos mediante concurso público de provas e títulos, dentre brasileiros e bacharéis em Direito, com participação da Ordem dos Advogados do Brasil."*

§ 1º A Procuradoria de Contas será dirigida pelo Procurador-Geral de Contas, nomeado dentre os Procuradores de Contas, pelo Presidente do Tribunal de Contas do Estado.

§ 2º Aos Procuradores de Contas aplicam-se, subsidiariamente, no que couber, as disposições da Lei Orgânica do Ministério Público do Estado, pertinentes a direitos, subsídios, garantias, vedações, regime disciplinar e forma de investidura; aplicando-se ainda, quanto à carreira, à competência e às atribuições, o disposto na Lei Orgânica do Tribunal de Contas do Estado e na Lei Federal nº 8.443, de 16 de julho de 1992.

Art. 74. Ao Tribunal de Contas do Estado, garantida a sua autonomia administrativa e financeira, serão asseguradas as seguintes atribuições:

a) eleger seus órgãos diretivos e elaborar seu regimento interno;

b) organizar sua secretaria e serviços auxiliares, provendo-lhes os cargos por concurso público de provas, ou de provas e títulos, obedecidas as regras estabelecidas nesta Constituição;

c) conceder licença, férias e outros afastamentos a seus membros, auditores e servidores;

d) propor à Assembleia Legislativa, respeitados os limites estabelecidos em lei, a criação de cargos; e

e) elaborar sua proposta de orçamento, dentro dos limites estipulados na lei de diretrizes orçamentárias.

Parágrafo único. A assessoria e a consultoria jurídica do Tribunal de Contas do Estado serão exercidas por sua Procuradoria Jurídica, observada as competências da Procuradoria Geral do Estado.

Art. 75. Os recursos correspondentes às dotações orçamentárias, compreendidos os créditos suplementares e especiais, destinados ao Tribunal de Contas, ser-lhe-ão entregues até o dia vinte de cada mês, na forma da respectiva lei complementar.

Art. 76. Compete ao Tribunal de Contas:

I - apreciar as contas prestadas anualmente pelo Governador do Estado, mediante parecer prévio que deverá ser elaborado em sessenta dias, a contar do seu recebimento;

II - julgar as contas dos administradores e demais responsáveis por dinheiro, bens e valores públicos da administração direta e indireta, incluídas as fundações e sociedades instituídas e mantidas pelo Poder Público Estadual, e as contas daqueles que deram causa a perda, extravio ou outra irregularidade de que resulte prejuízo à Fazenda Estadual;

III - apreciar, para fins de registro, a legalidade dos atos de admissão de pessoal, a qualquer título, na administração direta e indireta, incluídas as fundações instituídas e mantidas pelo Poder Público, excetuadas as nomeações para cargo de provimento em comissão, bem como a das concessões das aposentadorias, reformas e pensões, ressalvadas as melhorias posteriores que não alterem o fundamento legal do ato concessório;

IV - realizar, de ofício, ou por iniciativa da Assembleia Legislativa, de suas comissões técnicas ou de inquérito, inspeções e auditorias de natureza contábil, financeira, orçamentária, operacional e patrimonial, nas unidades administrativas dos Poderes Legislativo, Executivo e Judiciário, e demais entidades referidas no inciso II;

V - fiscalizar as contas estaduais de empresas ou consórcios interestaduais, de cujo capital social o Estado participe, de forma direta ou indireta, nos termos de acordo, convênio ou ato constitutivo;

VI - fiscalizar a aplicação de quaisquer recursos repassados pelo Estado, mediante convênio, acordo, ajuste ou outros instrumentos congêneres;

VII - prestar as informações solicitadas pela Assembleia Legislativa, ou por qualquer das suas comissões, sobre a fiscalização contábil, financeira, orçamentária, operacional e patrimonial e sobre resultados de auditorias e inspeções realizadas;

VIII - aplicar aos responsáveis, em caso de ilegalidade de despesa, irregularidade de contas ou descumprimento de suas decisões, as sanções previstas em lei, que estabelecerá, entre outras cominações, multa proporcional ao dano causado ao erário;

IX - assinar prazo para que o órgão ou entidade adote as providências necessárias ao exato cumprimento da lei, se verificada ilegalidade;

X - sustar, se não atendido, a execução do ato impugnado, comunicando a decisão à Assembleia Legislativa;

XI - homlogar os cálculos das cotas do ICMS devidas aos Municípios; e

XII - representar ao Poder competente sobre irregularidades ou abusos apurados.

XIII - anular seus próprios atos administrativos, quando eivados de vícios que os tornem ilegais, ou revogá-los, por motivo de conveniência ou oportunidade, salvo aqueles decorrentes de processos de apreciação de contas, sujeitos, exclusivamente, a julgamento nos estritos termos da Constituição do Estado e de sua Lei Orgânica;

XIV - editar atos, instruções normativas e resoluções, no âmbito de suas atribuições, para o completo desempenho do controle externo, os quais deverão ser observados pelas administrações estaduais e municipais, sendo-lhe vedado estabelecer obrigações ou sanções distintas das previstas em Lei.

» *Incisos XIII e XIV acrescidos pela Emenda Constitucional nº 87, de 21.12.2016, DOE de 21.12.2016, em vigor na data de sua publicação. A Emenda Constitucional 87 foi revogada em 16/08/2017, pela EC 92.*

§ 1º No caso de contrato, o ato de sustação será adotado diretamente pela Assembleia Legislativa, que solicitará, de imediato, ao Poder Executivo as medidas cabíveis.

§ 2º Se a Assembleia Legislativa ou Poder Executivo, no prazo de noventa dias, não efetivar as medidas previstas no parágrafo anterior, o Tribunal decidirá a esse respeito.

§ 3º As decisões do Tribunal de que resulte imputação de débito ou multa terão eficácia de título executivo.

§ 4º O Tribunal de Contas do Estado prestará suas contas, anualmente, à Assembleia Legislativa, dentro de 60 (sessenta) dias após a abertura da Sessão Legislativa, bem como remeterá, trimestral e anualmente, relatório de suas atividades.

§ 4º-A Compete à Comissão Permanente da Assembleia Legislativa incumbida da fiscalização e controle emitir parecer prévio sobre as contas prestadas anualmente pelo Tribunal de Contas do Estado do Ceará, no prazo de 60 (sessenta) dias, submetendo-as, em seguida, a julgamento pelo plenário.

» *Parágrafo 4º-A acrescido pela Emenda Constitucional nº 87, de 21.12.2016, DOE de 21.12.2016, em vigor na data de sua publicação. A Emenda Constitucional 87 foi revogada em 16/08/2017, pela EC 92.*

§ 5º O Tribunal de Contas do Estado, no exercício de suas competências, observará os institutos da prescrição e da decadência, no prazo de cinco anos, nos termos da legislação em vigor.

» *Parágrafo 5º acrescido pela Emenda Constitucional nº 76, de 21.12.2012.*

SUBSEÇÃO III
DA FISCALIZAÇÃO CONTÁBIL, FINANCEIRA E ORÇAMENTÁRIA DO MUNICÍPIO

» *Subseção III com redação dada pela Emenda Constitucional nº 92, de 16.08.2017*

Art. 77. A fiscalização contábil, financeira, orçamentária, operacional e patrimonial dos municípios e das entidades da administração direta e indireta, quanto à legalidade, legitimidade, moralidade, economicidade, aplicação das subvenções e renúncia de receitas, será exercida pelas respectivas Câmaras Municipais, mediante controle externo, e pelo sistema de controle interno dos Poderes Municipais.

§ 1º Prestará contas qualquer pessoa física ou entidade pública que utilize, arrecade, guarde, gerencie ou administre dinheiro, bens e valores públicos ou pelos quais os Municípios respondam, ou que, em nome destes, assuma obrigações de natureza pecuniária.

» *Primitivo parágrafo único transformado em parágrafo 1º pela Emenda Constitucional nº 87, de 21.12.2016, DOE de 21.12.2016, em vigor na data de sua publicação. A Emenda Constitucional 87 foi revogada em 16/08/2017, pela EC 92.*

§ 2º O controle externo da Câmara Municipal será exercido com o auxílio do Tribunal de Contas do Estado.

§ 3º O parecer prévio, emitido pelo Tribunal de Contas do Estado, sobre as contas que o Prefeito deve prestar anualmente, só deixará de prevalecer por decisão de dois terços dos membros da Câmara Municipal.

§ 4º A apreciação das contas pela Câmara Municipal se dará no prazo de 60 (sessenta) dias após o recebimento do parecer prévio do Tribunal de Contas do Estado do Ceará, contados do início da sessão legislativa imediata.

§ 5º Decorrido o prazo previsto no § 4º deste artigo, sem que as contas tenham sido julgadas pela Câmara Municipal, serão elas tidas como aprovadas ou rejeitadas conforme a conclusão do parecer do Tribunal de Contas do Estado, inclusive para os fins de incidência da inelegibilidade prevista no art. 1º, inciso I, alínea "g", da Lei Complementar Federal nº 64, de 18 de maio de 1990, com a redação que lhe deu a Lei Complementar Federal nº 135, de 4 de junho de 2010.

§ 6º É vedada a criação de Tribunais, Conselhos ou órgãos de contas municipais.

» *Parágrafos 2º a 7º acrescidos pela Emenda Constitucional nº 87, de 21.12.2016, DOE de 21.12.2016, em vigor na data de sua publicação. A Emenda Constitucional 87 foi revogada em 16/08/2017, pela EC 92.*

Art. 78. Compete ao Tribunal de Contas do Estado do Ceará:

I - apreciar as contas prestadas pelos Prefeitos Municipais, mediante parecer prévio, que deverá ser elaborado no prazo de doze meses, a contar do seu recebimento;

II - julgar as contas dos administradores, das Mesas das Câmaras Municipais e demais responsáveis por dinheiro, bens e valores públicos da administração direta e indireta, incluídas as fundações e sociedades instituídas e mantidas pelo Poder Público Municipal e as contas daqueles que derem causa a perda, extravio ou outra irregularidade de que resulte prejuízo ao Erário;

III - apreciar, para fim de registro, a legalidade dos atos de admissão de pessoal, a qualquer título, na administração direta e indireta, incluídas as fundações instituídas e mantidas pelos municípios, excetuadas as nomeações para cargo de provimento em comissão, e as concessões de aposentadorias, reformas e pensões, ressalvadas as melhorias posteriores que não alterem o fundamento legal do ato concessório;

IV - realizar, por iniciativa própria, ou da Câmara Municipal, inspeções e auditorias de natureza contábil, financeira, orçamentária, operacional e patrimonial, nas unidades administrativas do Poder Legislativo e Executivo Municipal, e demais entidades referidas no inciso II;

V - prestar as informações solicitadas pela Câmara Municipal sobre a fiscalização contábil, financeira, orçamentária, operacional e patrimonial e sobre resultados de auditorias e inspeções realizadas;

VI - aplicar aos responsáveis, em caso de ilegalidade de despesas ou irregularidade de contas, as sanções previstas em lei, que estabelecerá, entre outras cominações, multa proporcional ao dano causado ao erário;

VII - assinar prazo para que o órgão ou entidade adote as providências necessárias ao exato cumprimento da lei, se verificada a ilegalidade;

VIII - propor à Câmara Municipal a sustação de execução de ato impugnado por irregularidade;

IX - representar ao Poder competente sobre irregularidades ou abusos apurados;

X - comunicar à Câmara Municipal, para fins de direito, a falta de remessa, dentro do prazo, das contas anuais;

XI - examinar as demonstrações contábeis e financeiras constantes de balancetes mensais, determinando as regularizações necessárias na forma que a lei estabelecer;

XII - editar atos, instruções normativas e resoluções, no âmbito de suas atribuições, para o completo desempenho do controle externo, os quais deverão ser observados pelas administrações municipais.

§ 1º No caso de contrato, o ato de sustação será expedido pela Câmara Municipal, que solicitará, de imediato, ao Poder Executivo, as medidas cabíveis.

§ 2º Se a Câmara Municipal ou o Poder Executivo, no prazo de 30 (trinta) dias, não efetivar as medidas previstas no parágrafo anterior, o Tribunal de Contas do Estado do Ceará adotará as medidas legais cabíveis.

§ 3º As decisões do Tribunal de Contas do Estado do Ceará de que resulte imputação de delito ou multa, terão eficácia de título executivo, cabendo ao próprio Tribunal de Contas do Estado do Ceará exigir a devolução do processo dentro do prazo improrrogável de 40 (quarenta) dias para a adoção de medidas cabíveis junto à Procuradoria-Geral de Justiça, Tribunal de Justiça e Tribunal Regional Eleitoral.

§ 4º O Tribunal de Contas do Estado do Ceará encaminhará à Assembleia Legislativa Estadual, anualmente, até 120 (cento e vinte) dias após o início do exercício financeiro, relatório de atividades, prestando informações, sempre que lhe forem requisitadas.

§ 5º Qualquer pessoa física ou jurídica é parte legítima para, na forma da lei, denunciar irregularidades ou ilegalidades perante o Tribunal de Contas do Estado do Ceará.

§ 6º A assessoria e a consultoria jurídica do Tribunal de Contas do Estado do Ceará serão exercidas por sua Procuradoria Jurídica, observada as competências da Procuradoria-Geral do Estado.

§ 7º O Tribunal de Contas do Estado do Ceará, no exercício de suas competências, observará os institutos da prescrição e da decadência, no prazo de 5 (cinco) anos, nos termos da legislação em vigor.

» *Parágrafo acrescido pela Emenda Constitucional nº 76, de 21.12.2012.*

Art. 79. (Revogado pela Emenda Constitucional nº 92, de 16.08.2017, DOE de 21.08.2017).

Art. 80. Os Poderes Públicos Municipais manterão de forma integrada, sistema de controle interno com a finalidade de:

I - avaliar o cumprimento das metas previstas no plano de Governo e do orçamento do Município;

II - comprovar a legalidade e avaliar os resultados, quanto à eficácia e eficiência, da gestão orçamentária, financeira e patrimonial nos órgãos e entidades da administração municipal, bem como da aplicação de recursos públicos por entidades de direito privado;

III - exercer o controle das operações de crédito, avais e garantias, bem como dos direitos e deveres do Município;

IV - apoiar o controle externo no exercício de sua missão institucional.

§ 1º Os responsáveis pelo controle interno, para tal fim designados pelo Prefeito Municipal, ao tomarem conhecimento de qualquer irregularidade ou ilegalidade, dela darão ciência ao Tribunal de Contas dos Municípios, sob pena de responsabilidade solidária.

§ 2º Qualquer cidadão, partido político, associação ou sindicato é parte legítima para, na forma da lei, denunciar irregularidades ou ilegalidades perante o Tribunal de Contas dos Municípios.

Art. 81. (Revogado pela Emenda Constitucional nº 92, de 16.08.2017, DOE de 21.08.2017, em vigor na data de sua publicação).

CAPÍTULO II
DO PODER EXECUTIVO

SEÇÃO I
DO GOVERNADOR E DO VICE-GOVERNADOR DO ESTADO

Art. 82. O Governador do Estado, eleito para um mandato de quatro anos, por sufrágio direto e secreto, exerce a Chefia do Poder Executivo.

§ 1º A eleição do Governador e do Vice-Governador realizar-se-á no primeiro domingo de outubro, em primeiro turno, e no último domingo de outubro, em segundo turno, se houver, do ano anterior ao do término do mandato de seus antecessores, e a posse ocorrerá em primeiro de janeiro do ano subsequente.

§ 2º A eleição do Governador importará na do Vice-Governador do Estado, com ele conjuntamente registrado.

§ 3º São condições de elegibilidade para Governador e Vice-Governador:

I - a nacionalidade brasileira;

II - o pleno exercício dos direitos políticos;

III - o alistamento eleitoral;

IV - o domicílio eleitoral na circunscrição;

V - a filiação partidária; e

VI - a idade mínima de trinta anos.

§ 4º Será considerado eleito Governador o candidato que, registrado por partido político, obtiver a maioria absoluta de votos, não computados os em branco e os nulos.

§ 5º No segundo turno, se houver, concorrerão os dois candidatos mais votados, declarando-se eleito o que obtiver a maioria dos votos válidos.

§ 6º Se, antes de efetivado o segundo turno, ocorrer morte, renúncia ou impedimento legal de candidato, convocar-se-á, dentre os remanescentes, o de maior votação.

§ 7º Havendo em segundo lugar mais de um candidato com equivalente votação, qualificar-se-á para a disputa, em segundo turno, o mais idoso.

Art. 83. O Governador e o Vice-Governador do Estado tomam posse em sessão da Assembleia Legislativa, prestando compromisso de manter e defender a Constituição Federal, a Constituição Estadual, observar as leis, promover o bem geral do povo cearense, respeitar e sustentar a autonomia dos Municípios, sujeitar-se ao Estado Democrático de Direito e à ordem federativa.

§ 1º Se, decorridos dez dias da data fixada para a posse, o Governador ou o Vice-Governador, salvo comprovado motivo de força maior, não tiver assumido o cargo, será este declarado vago.

§ 2º O Governador e o Vice-Governador deverão, no ato da posse e anualmente, fazer declaração pública de seus bens, dos bens de seus cônjuges e dos descendentes até o primeiro grau ou por adoção, a ser publicada no Diário Oficial do Estado e posta à disposição de qualquer interessado, mediante requerimento devidamente justificado.

Art. 84. O Vice-Governador substituirá o Governador do Estado em suas ausências do território estadual superiores a sete dias, do País por qualquer tempo e em caso de impedimentos, sucedendo-lhe no caso de vacância.

§ 1º O Vice-Governador, além das atribuições definidas nesta Constituição, colaborará com o Chefe do Poder Executivo em missões e atividades especiais que lhe sejam por este conferidas.

§ 2º O Vice-Governador perceberá representação equivalente a dois terços da remuneração atribuída ao Governador.

§ 3º Aplica-se aos substitutos, referidos no art. 86 desta Constituição, o prazo estabelecido no *caput* deste artigo.

Art. 85. Aplicam-se ao Governador, desde a diplomação, as proibições e impedimentos estabelecidos para os Deputados Estaduais.

Art. 86. Em caso de impedimento do Governador e do Vice-Governador, ou vacância conjunta dos respectivos cargos, serão sucessivamente chamados ao exercício da Governadoria, pela ordem, o Presidente da Assembleia Legislativa e o Presidente do Tribunal de Justiça.

§ 1º O Governador e o Vice-Governador do Estado não poderão, sem licença da Assembleia Legislativa, ausentar-se do Estado e do País, por período superior a quinze dias, implicando a infração em crime de responsabilidade.

§ 2º Não pode o Governador, a partir da posse, sob pena de perda do cargo:

a) aceitar mandato ou emprego da União, dos Estados ou dos Municípios;

b) ser proprietário ou sócio de empresa concessionária de serviço público ou que goze de favores decorrentes de contrato com pessoas jurídicas de direito público, ou nela exercer função remunerada de qualquer natureza;

c) ocupar cargo ou função de que seja demissível ad nutum de pessoa jurídica de direito público, autarquia, empresa pública, sociedade de economia mista, salvo quando o contrato obedecer a cláusulas uniformes;

d) patrocinar causas contra a União, Estados ou Municípios ou favorecer interesses privados na administração pública em geral.

§ 3º Aplicam-se ao Vice-Governador as vedações contidas nas alíneas "a", "b" e "d", do parágrafo anterior.

Art. 87. Vagando os cargos de Governador e Vice-Governador do Estado, proceder-se-á eleição noventa dias depois de aberta a última vaga.

§ 1º Ocorrendo a vacância nos últimos dois anos do período governamental, a eleição para ambos os cargos será feita trinta dias depois da última vaga, pela Assembleia Legislativa, na forma da lei, devendo, em qualquer dos casos, os eleitos completarem o período de seus antecessores.

§ 2º (Revogado).

SEÇÃO II
DAS ATRIBUIÇÕES DO GOVERNADOR DO ESTADO

Art. 88. Compete privativamente ao Governador do Estado:

I - nomear e exonerar os Secretários de Estado;

II - exercer, com o auxílio dos Secretários de Estado e dos Comandantes da Polícia Militar e do Corpo de Bombeiros, a direção superior da administração estadual;

III - iniciar o processo legislativo, na forma e nos casos previstos nesta Constituição;

IV - sancionar, promulgar e fazer publicar as leis, bem como expedir decretos e regulamentos para a sua fiel execução;

V - vetar projetos de lei, total ou parcialmente;

VI - dispor sobre a organização e o funcionamento do Poder Executivo e da administração estadual, na forma da lei;

VII - decretar e executar a intervenção estadual em Municípios;

VIII - remeter mensagem acompanhada de plano de governo à Assembleia Legislativa para leitura na abertura da sessão legislativa, expondo a situação estadual e solicitando as medidas que reconhecer consentâneas;

IX - exercer o comando supremo das organizações militares estaduais - Polícia Militar e Corpo de Bombeiros – promover seus oficiais e nomeá-los para os cargos que lhes são privativos;

X - nomear, após aprovação da Assembleia Legislativa, o Defensor-Geral da Defensoria Pública;

XI - (Revogado).

XII - nomear os magistrados nos termos desta Constituição;

XIII - nomear os membros do Tribunal de Contas, observadas as disposições do art. 71, § 2º, desta Constituição;

» *- Inciso XIII com redação dada pela Emenda Constitucional nº 92, de 16.08.2017, DOE de 21.08.2017, em vigor na data de sua publicação.*

XIV - conferir condecorações e distinções honoríficas;

XV - enviar à Assembleia Legislativa o plano plurianual, o projeto de lei de diretrizes orçamentárias e as propostas de orçamentos previstos nesta Constituição;

XVI - prestar, anualmente, à Assembleia Legislativa, dentro de 60 (sessenta) dias após abertura da sessão legislativa, contas referentes ao exercício anterior e, em caso de decretação de calamidade pública, este prazo será de até 120 (cento e vinte) dias após abertura da sessão legislativa". (NR)

» *- Inciso com redação dada pela Emenda Constitucional 108, de 30/03/2021.*

XVII - prover e extinguir os cargos públicos estaduais, na forma da lei;

XVIII - celebrar ou autorizar convênios, na forma prevista em lei;

XIX - decretar as situações de emergência e estado de calamidade pública;

XX - convocar extraordinariamente a Assembleia Legislativa, nos casos previstos nesta Constituição; e

XXI - exercer outras atribuições previstas nesta Constituição.

Parágrafo único. O Governador do Estado poderá delegar a atribuição mencionada no inciso XVII, primeira parte, aos Secretários de Estado, que observarão os limites traçados nas respectivas delegações.

» *Parágrafo único acrescido pela Emenda Constitucional nº 66, de 18.11.2009, em vigor na data da sua publicação.*

SEÇÃO III
DAS RESPONSABILIDADES DO GOVERNADOR E DO VICE-GOVERNADOR DO ESTADO

Art. 89. São crimes de responsabilidade os atos do Governador do Estado que atentem contra a Constituição Estadual e, especialmente, contra:

I - o livre exercício dos Poderes Legislativo, Judiciário, do Ministério Público, da Defensoria Pública e dos Poderes dos Municípios.

II - o exercício dos direitos políticos, individuais e sociais;

III - a ordem pública no âmbito estadual;

IV - a probidade administrativa;

V - a lei orçamentária; e

VI - o cumprimento das leis, das decisões judiciais e deliberações legislativas.

Art. 90. O Governador será julgado nos crimes de responsabilidade pela Assembleia Legislativa e, nos comuns, pelo Superior Tribunal de Justiça, após admitida a acusação por dois terços dos membros da Assembleia.

§ 1º O Governador será afastado de suas funções:

I - nos crimes comuns, após recebida a acusação pelo Superior Tribunal de Justiça; e

II - nos crimes de responsabilidade, após instaurado o processo pela Assembleia, acolhida a acusação por dois terços dos seus membros.

§ 2º O afastamento cessará, se o julgamento não estiver concluído no prazo de cento e vinte dias, sem prejuízo do regular andamento do processo.

§ 3º Será assegurada ao acusado ampla defesa, somente prevalecendo a acusação se por ela se pronunciarem dois terços dos Deputados.

§ 4º Declarada procedente a acusação limitar-se-á a condenação à perda do cargo, com inabilitação, por oito anos, para o exercício de função pública, sem prejuízo das sanções penais.

§ 5º Aplicam-se ao Vice-Governador, no que couber, as normas constantes desta seção.

SEÇÃO IV
DOS SECRETÁRIOS DE ESTADO

Art. 91. Os Secretários de Estado são auxiliares de confiança do Governador, responsáveis pelos atos que praticarem ou referendarem no exercício do cargo.

Art. 92. Os Secretários de Estado serão escolhidos dentre brasileiros maiores de vinte e um anos de idade, no exercício dos direitos políticos, sendo vedada a nomeação daqueles considerados inelegíveis em razão de atos ilícitos, nos termos da Lei Complementar de que trata o § 9º do art. 14 da Constituição Federal.

§ 1º Os Secretários de Estado deverão, no ato da posse e anualmente, fazer declaração pública de seus bens, dos bens de seus cônjuges e dos descendentes até o primeiro grau ou por adoção, a ser publicada no Diário Oficial do Estado e posta à disposição de qualquer interessado, mediante requerimento devidamente justificado.

§ 2º As mesmas condições e vedações previstas no *caput* deste artigo aplicam-se à nomeação para os cargos de Secretário Adjunto e de outras autoridades que detenham, nos termos da lei, atribuições equiparadas ao de Secretário de Estado ou ao de Secretário Adjunto.

Art. 93. Compete aos Secretários de Estado, além das atribuições que lhes sejam conferidas por lei:

I - orientar, coordenar, dirigir e fazer executar os serviços correlacionados à respectiva área funcional;

II - referendar os atos e decretos assinados pelo Governador;

III - expedir atos e instruções para fiel execução da Constituição, das leis e regulamentos;

IV - fazer, anualmente, a estimativa orçamentária de sua Secretaria e apresentar relatório de sua gestão;

V - comparecer à Assembleia Legislativa ou perante as suas comissões para esclarecimentos, por sua direta solicitação ou quando regularmente convocados;

VI - prestar informações que lhes sejam solicitadas pelo Legislativo no prazo de trinta dias, implicando o não atendimento ou a prestação de informações falsas em crime de responsabilidade; e

VII - praticar atos decorrentes de delegação do Governador.

Parágrafo único. Nos crimes comuns, os Secretários de Estado serão julgados pelo Tribunal de Justiça e nos de responsabilidade, pela Assembleia Legislativa.

CAPÍTULO III *PODER JUDICIÁRIO*

SEÇÃO I *DISPOSIÇÕES GERAIS*

Art. 94. São órgãos do Poder Judiciário Estadual:

I - Tribunal de Justiça;

II - (Revogado).

III - (Revogado).

IV - Tribunais do Júri;

V - Juízes de Direito;

VI - Juízes Substitutos;

VII - Auditoria Militar;

VIII - Juizados Especiais;

IX - revogado;

X - Juizados de Paz; e

XI - Outros órgãos criados por lei.

Art. 95. Os órgãos judiciários são independentes em seus desempenhos, ressalvada a estrutura recursal e observado o sistema de relações entre os poderes estabelecidos na Constituição da República e nesta Constituição.

Art. 96. A Lei de Organização Judiciária, de iniciativa do Tribunal de Justiça, disporá sobre a estrutura e funcionamento do Poder Judiciário do Estado e a carreira da magistratura, adotados os seguintes princípios:

I - ingresso na carreira, no cargo de juiz substituto, mediante concurso público de provas e títulos, com participação da Ordem dos Advogados do Brasil em todas as suas fases, exigindo-se do bacharel em direito, ao se inscrever no concurso, três anos de atividade jurídica, obedecendo-se, nas nomeações, à ordem de classificação;

II - promoção de entrância para entrância, alternadamente, por antiguidade e merecimento, atendidas as seguintes normas ou condições:

a) obrigatoriedade da promoção do juiz que figurar por três vezes consecutivas, ou em cinco alternadas, em listas tríplices de merecimento;

b) preexistência de dois anos de exercício na respectiva entrância e integração do juiz na primeira quinta parte da lista de antiguidade desta, salvo inexistindo quem, dentre os que disponham desses requisitos, aceite o lugar vago, caso em que concorrerão os integrantes da segunda quinta parte, e assim sucessivamente;

c) a aferição do merecimento conforme o desempenho e pelos critérios de produtividade e presteza no exercício da jurisdição, bem como pela frequência e aproveitamento em cursos oficiais ou reconhecidos de aperfeiçoamento.

d) a lista de merecimento será formada pelos três juízes mais votados, cabendo ao presidente do Tribunal de Justiça a escolha do provimento no prazo de três dias;

e) havendo mais de uma vaga a ser preenchida pelo critério de merecimento, a lista será formada por tantos juízes quantas vagas houver, mais dois;

f) na apuração da antiguidade, o tribunal somente poderá recusar o juiz mais antigo pelo voto fundamentado de dois terços de seus membros, conforme procedimento próprio, assegurada a ampla defesa e se repetindo a votação até fixar-se a indicação;

g) a aplicação alternada dos critérios de promoção atenderá a ordem numérica dos atos de vacância dos cargos a serem preenchidos; e

h) não será promovido o juiz que, injustificadamente, retiver autos em seu poder além do prazo legal, não podendo devolvê-los ao cartório sem o devido despacho ou decisão;

III - precedência de remoção ao provimento inicial e à promoção, ressalvado o direito de opção de juízes da mesma comarca;

IV - publicação de edital de remoção ou promoção no prazo de dez dias, contado da data de vacância do cargo a ser preenchido;

V - o acesso aos tribunais de segundo grau far-se-á por antiguidade e merecimento, alternadamente, apurados na última ou única entrância;

VI - (Revogado).

VII - o subsídio dos magistrados será fixado com diferença não superior a dez por cento ou inferior a cinco por cento de uma para outra entrância a partir dos subsídios dos membros do Tribunal de Justiça, estes não excedentes a noventa e cinco por cento do subsídio mensal dos Ministros dos Tribunais Superiores, observado, em qualquer caso, o disposto nos arts. 37, inciso XI e 39, § 4º, da Constituição Federal;

VIII - a aposentadoria dos magistrados e a pensão dos seus dependentes observarão o disposto no art. 40 da Constituição Federal;

IX - o juiz titular residirá na respectiva comarca;

X - o ato de remoção, disponibilidade e aposentadoria do magistrado, por interesse público, fundar-se-á em decisão por voto da maioria absoluta do Tribunal de Justiça ou do Conselho Nacional de Justiça, assegurada a ampla defesa;

XI - todos os julgamentos dos órgãos judiciários serão públicos e fundamentadas as suas decisões, sob pena de nulidade, podendo a lei limitar a presença, em determinados atos, às próprias partes e a seus advogados, ou somente a estes, nos casos em que a preservação do direito à intimidade do interessado no sigilo não prejudique o interesse público à informação;

XII - as decisões administrativas dos tribunais serão motivadas e em sessão pública, sendo as disciplinares tomadas pelo voto da maioria absoluta de seus membros;

XIII - distribuição de varas cíveis e criminais proporcionalmente à efetiva demanda judicial e à densidade populacional;

XIV - alcançado, pelo Tribunal de Justiça do Ceará, o número de vinte e cinco integrantes, poderá o mesmo constituir, para os fins do art. 93, inciso XI, da Constituição Federal, seu Órgão Especial;

XV - a remoção a pedido ou a permuta de magistrados de comarca de igual entrância atenderá, no que couber, ao disposto nas alíneas "a", "b", "c" e "e" do inciso II, do art. 96;

XVI - a atividade jurisdicional será ininterrupta, vedadas férias coletivas nos juízos e nos tribunais de segundo grau, funcionando, nos dias em que não houver expediente normal, juízes em plantão permanente;

XVII - o número de juízes na unidade jurisdicional será proporcional à efetiva demanda judicial e à respectiva população;

XVIII - os servidores receberão delegação para a prática de atos de administração e atos de mero expediente, sem caráter decisório;

XIX - a distribuição de processos será imediata, em todos os graus de jurisdição;

XX - previsão de cursos oficiais de preparação, aperfeiçoamento e promoção de magistrados, constituindo etapa obrigatória do processo de vitaliciamento a participação em curso oficial ou reconhecido por escola nacional de formação e aperfeiçoamento de magistrados;

XXI - será assegurada a permanência ininterrupta de juízes nas comarcas de mais de uma vara, fora do funcionamento externo do foro, devendo o Tribunal organizar e manter atualizado o sistema rotativo de plantão aos sábados, domingos e feriados para conhecimento, com a devida presteza, de habeas corpus, mandado de segurança e outras medidas judiciais de urgência.

§ 1º (Revogado).

§ 2º Nas comarcas com mais de um órgão judicante, é vedada a utilização simultânea de férias no mesmo período.

§ 3º Os membros do Poder Judiciário Estadual deverão enviar anualmente declaração de seus bens, dos bens de seus cônjuges e dos descendentes até o primeiro grau ou por adoção, ao Conselho de Magistratura e à Corregedoria do Tribunal de Justiça, que adotarão as providências cabíveis em caso de suspeita de enriquecimento ilícito ou outras irregularidades.

§ 4º As declarações de bens a que se refere o parágrafo anterior deverão ser publicadas no Diário Oficial do Estado e postas à disposição de qualquer interessado, mediante requerimento devidamente justificado.

Art. 97. (Revogado).

Parágrafo único. (Revogado).

Art. 98. Os juízes gozam das seguintes garantias:

I - vitaliciedade, que, no primeiro grau, só será adquirida após dois anos de exercício, dependendo a perda do cargo, nesse período, de deliberação do Tribunal de Justiça e, nos demais casos, de sentença judicial transitada em julgado, assegurado em qualquer hipótese o direito a ampla defesa;

II - inamovibilidade, salvo por motivo de interesse público, na forma do art. 96, inciso X, desta Constituição;

III - irredutibilidade do subsídio, ressalvado o disposto nos arts. 37, incisos X e XI, 39, § 4º, 150, inciso II, 153, inciso III e § 2º, inciso I, da Constituição Federal.

Parágrafo único. Aos juízes é vedado:

I - exercer, ainda que em disponibilidade, outro cargo, emprego ou função remunerada, salvo uma de magistério;

II - receber, a qualquer título ou pretexto, custas ou participações em processo;

III - participar de atividades político-partidárias.

IV - receber, a qualquer título ou pretexto, auxílios ou contribuições de pessoas físicas, entidades públicas ou privadas, ressalvadas as exceções previstas em lei; e

V - exercer a advocacia no juízo ou tribunal do qual se afastou, antes de decorridos três anos do afastamento do cargo por aposentadoria ou exoneração.

Art. 99. Ao Poder Judiciário é assegurada autonomia administrativa e financeira.

§1º O Tribunal de Justiça elaborará sua proposta orçamentária anual nos limites estipulados conjuntamente com os demais Poderes na Lei de Diretrizes Orçamentárias, a qual será encaminhada à Assembleia Legislativa.

§ 2º Não encaminhada a proposta no prazo previsto na Lei de Diretrizes Orçamentárias, o Poder Executivo deve considerar, para fim de consolidação da proposta orçamentária, os valores aprovados na lei em execução, ajustados de acordo com os limites estipulados na forma do § 1º deste artigo, aplicáveis ainda, à proposta orçamentária do Tribunal, e à sua execução, o disposto nos §§ 4º e 5º do art. 99 da Constituição Federal.

§ 3º (Revogado).

§ 4º (Revogado).

§ 5º (Revogado).

§ 6º Os recursos correspondentes às dotações orçamentárias destinadas ao Poder Judiciário serão entregues até o dia vinte de cada mês.

Art. 100. Os processos de mandados de segurança, habeas corpus, habeas data, mandado de injunção e ação popular e respectivos recursos serão inteiramente gratuitos, ressalvadas as hipóteses de sucumbência, nos termos da legislação federal.

Parágrafo único. (Revogado).

Art. 101. (Revogado).

Art. 101-A. À exceção dos créditos de natureza alimentícia, os pagamentos devidos pela Fazenda Estadual ou Municipal, em virtude de sentença judiciária, far-se-ão exclusivamente na ordem cronológica de apresentação dos precatórios e à conta dos créditos respectivos, proibida a designação de casos ou de pessoas nas dotações orçamentárias e nos créditos adicionais abertos para este fim.

§ 1º É obrigatória a inclusão, no orçamento das entidades de direito público, de verba necessária ao pagamento de seus débitos oriundos de sentenças transitadas em julgado, constantes de precatórios judiciários, apresentados até 1º de julho, fazendo-se o pagamento até o final do exercício seguinte, quando terão seus valores atualizados monetariamente.

§ 2º Os débitos de natureza alimentícia compreendem aqueles decorrentes de salários, vencimentos, subsídios, proventos, pensões e suas complementações, benefícios previdenciários e indenizações por morte ou invalidez, fundadas na responsabilidade civil, em virtude de sentença transitada em julgado.

§ 3º As dotações orçamentárias e os créditos abertos serão consignados diretamente ao Poder Judiciário, cabendo ao Presidente do Tribunal de Justiça determinar o pagamento segundo as possibilidades do depósito, e autorizar, a requerimento do credor, e exclusivamente para o caso de preterimento de seu direito de precedência, o sequestro da quantia necessária à satisfação do débito.

§ 4º O disposto no *caput* deste artigo, relativamente à expedição de precatórios, não se aplica aos pagamentos de obrigações definidas em lei como de pequeno valor, que a Fazenda Estadual ou Municipal deva fazer em virtude de sentença judicial transitada em julgado.

§ 5º São vedados a expedição de precatório complementar ou suplementar de valor pago, bem como fracionamento, repartição ou quebra do valor da execução, a fim de que seu pagamento não se faça, em parte, na forma estabelecida no § 4º deste artigo e, em parte, mediante expedição de precatório.

§ 6º A lei poderá fixar valores distintos para o fim previsto no § 4º deste artigo, segundo as diferentes capacidades dos entes de direito público.

§ 7º O Presidente do Tribunal competente que, por ato comissivo ou omissivo, retardar ou tentar frustrar a liquidação regular de precatório incorrerá em crime de responsabilidade.

§ 8º Lei, de iniciativa do Chefe do Poder Executivo, poderá dispor sobre a cessão de créditos representados por precatórios, vedada a previsão do poder liberatório do pagamento de tributos, salvo nas hipóteses previstas na Constituição Federal.

Art. 102. Compete privativamente ao Tribunal de Justiça:

I - eleger seus órgãos diretivos;

II - elaborar seus regimentos internos, com observância das normas de processo e das garantias processuais das partes, dispondo sobre a competência e o funcionamento dos respectivos órgãos jurisdicionais e administrativos;

III - organizar suas secretarias e serviços auxiliares e dos órgãos administrativos do primeiro grau;

IV - prover, por concurso público de provas e títulos, os cargos de juiz da respectiva jurisdição, assim como os demais necessários à administração da justiça, dependentes, ou não, de concurso público, vedado processo de seleção interna; e

V - conceder licença, férias e outros afastamentos a seus membros e aos servidores que lhes forem imediatamente subordinados.

Art. 103. (Revogado).

Art. 104. Em cada município haverá sede de comarca, dependendo a sua implantação do cumprimento dos requisitos estabelecidos na Lei da Organização e Divisão Judiciária, mediante apuração pelo Tribunal de Justiça.

Parágrafo único. (revogado)

Art. 105. As custas dos serviços forenses, inclusive diligências de oficial de justiça, serão elaboradas pelo Tribunal de Justiça com a aprovação do Poder Legislativo.

§ 1º (Revogado).

§ 2º As custas de transferência de imóveis não podem exceder o valor do imposto inter vivos, arrecadado pelo Município.

§ 3º (Revogado).

Art. 106. (Revogado).

SEÇÃO II
DO TRIBUNAL DE JUSTIÇA

Art. 107. O Tribunal de Justiça, com sede na Capital e jurisdição em todo o território do Estado, compõe-se de desembargadores, nomeados dentre os juízes de última entrância, observado o quinto constitucional.

§ 1º Um quinto do Tribunal de Justiça será composto de membros do Ministério Público com mais de dez anos de carreira, e de advogados de notório saber jurídico e de reputação ilibada, com mais de dez anos de efetiva atividade profissional, indicados em lista sêxtupla pelos órgãos de representação das respectivas classes.

§ 2º Recebidas as indicações, o Tribunal formará lista tríplice, enviando-a ao Poder Executivo que, nos vinte dias subsequentes, nomeará um dos seus integrantes.

Art. 108. Compete ao Tribunal de Justiça:

I - propor à Assembleia Legislativa, observado o disposto no art. 169 da Constituição Federal:

a) a alteração do número de seus membros;

b) a criação, extinção ou alteração do número de membros dos Tribunais inferiores, que serão previamente ouvidos, nos últimos casos;

c) a criação e a extinção de cargos e a fixação de subsídios de magistrados do Estado;

d) dispor sobre a regulamentação e remuneração dos juízes de paz e dos serviços auxiliares;

e) a alteração, mediante lei, da organização e da divisão judiciária;

II - prover, na forma desta Constituição, os cargos da magistratura estadual de carreira, de primeiro e segundo graus;

III - aposentar os magistrados e os servidores da Justiça;

IV - conceder licença, férias e outros afastamentos aos juízes que lhe forem vinculados;

V - encaminhar as propostas orçamentárias do Poder Judiciário Estadual ao Poder Executivo;

VI - solicitar, quando cabível, a intervenção federal no Estado, nas hipóteses de sua competência;

VII - processar e julgar, originariamente:

a) Nos crimes comuns e de responsabilidade, o Vice-Governador, os Deputados Estaduais, os Juízes Estaduais, os membros do Ministério Público, os membros da Defensoria Pública, os Prefeitos, o Comandante Geral da Polícia Militar e o Comandante Geral do Corpo de Bombeiros Militar, ressalvada a competência da Justiça Eleitoral;

» *Plenário do STF, ADI 6514, 29/03/2021 - Ação direta de inconstitucionalidade julgada procedente para declarar inconstitucional a expressão "os membros da Defensoria Pública" na al. a do inc. VII do art. 108 da Constituição do Ceará, alterada pela Emenda n. 80/2014, com eficácia ex nunc a contar da publicação da ata de julgamento.*

b) os mandados de segurança e os habeas data contra atos do Governador do Estado, da Mesa e Presidência da Assembleia Legislativa, do próprio Tribunal ou de algum de seus órgãos, dos Secretários de Estado, do Tribunal de Contas do Estado ou de algum de seus órgãos, do Procurador-Geral de Justiça, no exercício de suas atribuições administrativas, ou na qualidade de presidente dos órgãos colegiados do Ministério Público, do Procurador-Geral do Estado, do Chefe da Casa Militar, do Chefe do Gabinete do Governador, do Controlador e do Ouvidor-Geral do Estado, do Defensor Público-Geral do Estado, do Comandante-Geral da Polícia Militar e do Comandante-Geral do Corpo de Bombeiros Militar;

c) os mandados de injunção contra omissão das autoridades referidas na alínea anterior;

d) os habeas corpus nos processos, cujos recursos forem de sua competência, ou quando o coator ou paciente for autoridade diretamente sujeita à sua jurisdição;

e) as ações rescisórias de seus julgados e as revisões criminais nos processos de sua competência;

f) as ações diretas de inconstitucionalidade, nos termos do art. 128 desta Constituição;

g) as representações para intervenção em Municípios;

h) a execução de sentença nas causas de sua competência originária, facultada a delegação de atribuição para a prática de atos processuais; e

i) a reclamação para a preservação de sua competência e garantia da autoridade de suas decisões;

VIII - julgar, em grau de recurso, as causas não atribuídas por esta Constituição expressamente à competência dos órgãos recursais dos juizados especiais;

IX - velar pelo exercício da atividade correicional respectiva; e

X - exercer as demais funções que lhe forem atribuídas por lei.

Art. 109. (Revogado).

§ 1º (Revogado).

§ 2º (Revogado).

§ 3º (Revogado).

§ 4º (Revogado).

SEÇÃO III
DOS TRIBUNAIS DE ALÇADA

Art. 110. (Revogado).

Art. 111. (Revogado).

Art. 112. (Revogado).

Art. 113. (Revogado).

SEÇÃO IV
DO TRIBUNAL DO JÚRI

Art. 114. O Tribunal do Júri, com a organização prevista na legislação processual penal, é competente para julgamento dos crimes dolosos contra a vida, consumados ou tentados, sendo soberanos os seus veredictos, com observância da plenitude de defesa e do sigilo das votações.

SEÇÃO V
DOS JUÍZES DE DIREITO

Art. 115. Os juízes de direito integram a magistratura de carreira, no exercício da jurisdição comum de primeiro grau nas comarcas e juízos, observadas as discriminações de competências estatuídas na Lei da Organização e Divisão Judiciária.

Art. 116. (Revogado).

Art. 117. (Revogado).

Art. 118. Para conhecer e julgar conflitos fundiários, o Tribunal de Justiça, por ato de seu Presidente, designará juízes de entrância final, atribuindo-lhes competência exclusiva para questões agrárias.

§1º Para o efeito previsto neste artigo, considera-se final a entrância mais alta de primeiro grau.

§2º Sempre que entender necessário à eficiente prestação da tutela jurisdicional, o juiz irá ao local do litígio.

Art. 119. O Tribunal de Justiça designará juiz de entrância final, com competência exclusiva para conhecer e julgar danos e crimes ecológicos, lesivos ao meio ambiente.

Parágrafo único. Aplica-se a este artigo o disposto nos §§ 1º e 2º do art. 118.

Art. 120. O Tribunal de Justiça designará juiz de entrância final, com competência exclusiva para conhecer e julgar processos resultantes dos inquéritos instaurados pela delegacia especializada em crimes contra a mulher.

Parágrafo único. Tal medida será progressivamente estendida às demais entrâncias.

Art. 121. (Revogado).

SEÇÃO VI
DOS JUÍZES SUBSTITUTOS

Art. 122. O ingresso na carreira judiciária de primeiro grau far-se-á mediante concurso público, conforme o disposto no art. 96, I, fazendo-se o provimento para juiz substituto.

Parágrafo único. Expirado o prazo de dois anos, fará o Tribunal de Justiça a avaliação do desempenho e integração vocacional, com base no acompanhamento de suas atividades judicantes e do decoro funcional exigido, quando será emitido ato declaratório de vitaliciedade na categoria de juiz de direito.

SEÇÃO VII
DA JUSTIÇA MILITAR

Art. 123. A Justiça Militar é competente para processo e julgamento dos integrantes das organizações militares estaduais - Polícia Militar e Corpo de Bombeiros - nos crimes militares definidos em lei, compondo-se:

I - em primeiro grau, da Auditoria e Conselho de Justiça Militar; e

II - em segundo grau, pelo Tribunal de Justiça, ao qual cabe decidir sobre a privação do posto e patente dos oficiais, sobre a perda da graduação de praças de ambas as corporações militares.

SEÇÃO VIII
DOS JUÍZES ESPECIAIS

Art. 124. Os Juizados Especiais serão providos por juízes togados, ou togados e leigos, para atividade de conciliação, julgamento e execução de causas cíveis de menor complexidade e infrações penais de maior potencial ofensivo, mediante procedimento oral e sumaríssimo, admitida a transação.

Parágrafo único. A Lei da Organização e Divisão Judiciária disporá sobre as suas competências, prevendo os recursos de seus julgados.

SEÇÃO IX
DOS JUIZADOS DE PEQUENAS CAUSAS

Art. 125. (Revogado).

SEÇÃO X
DOS JUIZADOS DE PAZ

Art. 126. A Justiça de Paz, remunerada, será composta de cidadãos eleitos pelo voto direto, universal e secreto, com mandato de quatro anos e competência para celebrar casamentos, verificar de ofício ou em face de impugnação apresentada o processo de habilitação, exercer atribuições conciliatórias e outras, sem caráter jurisdicional, conforme dispuser a Lei da Organização e Divisão Judiciária.

SEÇÃO XI
DO CONTROLE DIRETO DE INCONSTITUCIONALIDADE

Art. 127. São partes legítimas para propor a ação direta de inconstitucionalidade de lei ou de ato normativo estadual, contestado em face desta Constituição, ou por omissão de medida necessária para tornar efetiva norma ou princípio desta Constituição:

I - o Governador do Estado;

II - a Mesa da Assembleia Legislativa;

III - o Procurador-Geral da Justiça;

IV - o Defensor-Geral da Defensoria Pública;

V - o Prefeito, a Mesa da Câmara ou entidade de classe e organização sindical, se se tratar de lei ou de ato normativo do respectivo Município;

VI - os partidos políticos com representação na Assembleia Legislativa, ou, tratando-se de norma municipal, na respectiva Câmara;

VII - o Conselho Estadual da Ordem dos Advogados do Brasil; e

VIII - organização sindical ou entidade de classe de âmbito estadual ou intermunicipal.

§ 1º Quando o Tribunal de Justiça apreciar a inconstitucionalidade, em tese, de lei ou ato normativo, citará previamente o Procurador-Geral do Estado, que se pronunciará sobre a lei ou ato impugnado.

§ 2º Declarada a inconstitucionalidade por omissão de medida necessária para tornar efetiva norma ou princípio constitucional, será dada ciência da decisão ao Poder competente para a adoção de providências necessárias e, em se tratando de órgão administrativo, para fazê-lo no prazo de trinta dias.

§ 3º Declarada em ação direta ou, incidentalmente, em última instância, a inconstitucionalidade de lei ou ato normativo, a decisão será comunicada pelo Tribunal à Assembleia Legislativa ou à Câmara Municipal para a suspensão da execução, no todo ou em parte, da norma impugnada.

§ 4º Os legitimados referidos nos incisos I, II, III, IV, VI (parte inicial), VII e VIII poderão propor ação declaratória de constitucionalidade, de lei ou ato normativo estadual em face desta Constituição.

Art. 128. Somente pelo voto da maioria absoluta de seus membros, os Tribunais poderão declarar a inconstitucionalidade de lei ou ato normativo estadual ou municipal, incidentalmente ou em ação direta.

Parágrafo único. As decisões definitivas de mérito, proferidas pelo Tribunal de Justiça, nas ações diretas de inconstitucionalidade e nas ações declaratórias de constitucionalidade desta Constituição, produzirão eficácia contra todos e efeito vinculante relativamente aos demais órgãos do Poder Judiciário estadual e aos órgãos e entidades da administração pública direta e indireta, nas esferas estadual e municipal.

Art. 128-A. Os órgãos do Poder Judiciário do Estado, em qualquer grau de jurisdição em suas respectivas esferas de competência, podem, nos termos da lei, ser provocados por quem tiver legítimo interesse a defender, particular ou público.

§ 1º Sempre que necessário à eficiente prestação jurisdicional, far-se-á presente o juiz no local do litígio.

§ 2º Aos necessitados será assegurada assistência integral e gratuita perante a jurisdição estadual, por intermédio da Defensoria Pública.

§ 3º Serão gratuitos para os reconhecidamente pobres, na forma da lei:

a) o registro civil de nascimento; e

b) a certidão de óbito.

§ 4º Nenhum serventuário da Justiça, sob pena de responsabilidade, poderá receber custas, emolumentos ou qualquer tipo de remuneração nos procedimentos intentados por pessoas beneficiadas com assistência gratuita.

TÍTULO VI
DAS ATIVIDADES ESSENCIAIS DOS PODERES ESTADUAIS

CAPÍTULO I
DO MINISTÉRIO PÚBLICO

Art. 129. O Ministério Público é instituição permanente, essencial à função jurisdicional do Estado, incumbindo-lhe a defesa da ordem jurídica, do regime democrático e dos interesses sociais e individuais indisponíveis.

Parágrafo único. São princípios inerentes ao Ministério Público a unidade, a indivisibilidade e a independência funcional.

Art. 130. São funções institucionais do Ministério Público:

I - promover, privativamente, a ação penal pública, na forma da lei;

II - zelar pelo efetivo respeito dos poderes públicos e dos serviços de relevância pública aos direitos constitucionalmente assegurados, adotando as medidas necessárias a sua garantia;

III - promover o inquérito civil e a ação civil pública para a proteção do patrimônio público e social, do meio ambiente e de outros interesses difusos e coletivos;

IV - promover a ação declaratória de inconstitucionalidade ou representação para fins de intervenção do Estado em Municípios, nos casos previstos nesta Constituição;

V - expedir notificações nos procedimentos administrativos de sua competência, requisitando informações e documentos para instituí-los;

VI - exercer o controle externo da atividade policial para o primado da ordem jurídica;

VII - requisitar diligências investigatórias e a instauração de inquérito policial, indicando os fundamentos jurídicos de suas manifestações processuais;

VIII - exercer a fiscalização dos estabelecimentos prisionais e dos que abrigam idosos, menores, incapazes ou pessoas portadoras de deficiência;

IX - exercer outras funções que forem conferidas por lei, compatíveis com as suas responsabilidades institucionais, sendo-lhe vedada a representação judicial e a consultoria jurídica de órgãos e entidades públicas.

Art. 131. São órgãos do Ministério Público:

I - o Procurador-Geral de Justiça; e

II - o Colégio de Procuradores de Justiça;

III - o Conselho Superior do Ministério Público;

IV - a Corregedoria-Geral do Ministério Público;

V - os Procuradores de Justiça;

VI - os Promotores de Justiça.

§ 1º O Ministério Público tem por Chefe o Procurador-Geral de Justiça, nomeado pelo Governador do Estado, dentre integrantes da carreira, maiores de trinta e cinco anos, indicados em lista tríplice, mediante escrutínio secreto pelos membros, em atividade, da instituição, para mandato de dois anos, permitida uma recondução.

§ 2º Recebida a lista tríplice, o Governador do Estado, nos vinte dias subsequentes, nomeará um dos seus integrantes, que será empossado pelo Colégio de Procuradores de Justiça.

§ 3º O Procurador-Geral de Justiça poderá ser destituído por deliberação da maioria absoluta do Poder Legislativo, na forma da lei complementar respectiva.

Art. 132. O Conselho Superior do Ministério Público, sob a presidência do Procurador-Geral de Justiça, exercerá o controle hierárquico de ordem administrativa e disciplinar sobre todos os membros da instituição e será constituído por sete componentes do Ministério Público, eleitos pelos demais integrantes, em votação secreta.

Art. 133. Integram a estrutura organizacional do Ministério Público as seguintes curadorias:

I - do meio ambiente;

II - do consumidor;

III - dos grupos socialmente discriminados;

IV - de acidentes do trabalho; e

V - de ausentes e incapazes.

§1º A essas curadorias devem ser submetidas as comunicações relativas a violações a direitos e desrespeitos às leis que tutelam seus interesses, cabendo-lhes efetuar as diligências que se façam necessárias para obtenção de adequados elementos de instrução e promover compatíveis medidas de proteção jurídica.

§ 2º Qualquer autoridade pública que tiver conhecimento de ato que exija a intervenção de curadores é obrigada a fazer o devido encaminhamento, sob pena de responsabilidade.

Art. 134. Lei complementar, de iniciativa reservada, privativamente, ao Procurador-Geral de Justiça, estabelecerá a organização, as atribuições e o estatuto do Ministério Público, observadas, relativamente aos seus membros, as garantias, direitos, deveres e vedações estabelecidas na Constituição da República.

Art. 135. Ao Ministério Público é assegurada autonomia funcional, administrativa e financeira, cabendo-lhe, através do Procurador-Geral de Justiça:

I - propor ao Poder Legislativo a criação e a extinção dos cargos e serviços auxiliares, a fixação dos vencimentos dos membros e dos servidores de seus órgãos auxiliares;

II - expedir atos de provimento dos cargos da carreira e dos serviços auxiliares, de promoção, remoção, readmissão, disponibilidade e de reversão;

III - editar atos de aposentadoria, exoneração, demissão e outros que importem em vacância de cargos da carreira ou dos serviços auxiliares;

IV - editar atos, para, na forma da lei, organizar a secretaria e os serviços auxiliares da Procuradoria-Geral da Justiça.

Art. 136. O Ministério Público elaborará a sua proposta orçamentária dentro dos limites estabelecidos pela Lei de Diretrizes Orçamentárias, sendo-lhe repassados os recursos correspondentes às suas dotações até o dia vinte de cada mês.

§ 1º Se o Ministério Público não encaminhar a respectiva proposta orçamentária dentro do prazo estabelecido na Lei de Diretrizes Orçamentárias, o Poder Executivo considerará, para fins de consolidação da proposta orçamentária anual, os valores aprovados na lei orçamentária vigente, ajustados de acordo com os limites estipulados na forma prevista no *caput*.

§ 2º Se a proposta orçamentária, de que trata este artigo, for encaminhada em desacordo com os limites estipulados na forma do *caput*, o Poder Executivo procederá aos ajustes necessários, para fins de consolidação da proposta orçamentária anual.

§ 3º Durante a execução orçamentária do exercício, não poderá haver a realização de despesas ou a assunção de obrigações que extrapolem os limites estabelecidos na Lei de Diretrizes Orçamentárias, exceto se previamente autorizadas, mediante abertura de créditos suplementares ou especiais.

Art. 137. A atividade do Ministério Público perante o Tribunal de Contas do Estado é exercida por Procurador de Justiça, designado pelo Procurador-Geral da Justiça.

Art. 138. O ingresso na carreira do Ministério Público far-se-á mediante concurso público de provas e títulos, assegurada a participação da Ordem dos Advogados do Brasil em sua realização, exigindo-se do bacharel em direito, no mínimo, três anos de atividade jurídica e observando-se, nas nomeações, a ordem de classificação.

Art. 139. A promoção na carreira do Ministério Público dar-se á de entrância para entrância ou classe, alternadamente, por antiguidade e merecimento, aplicando-se, no que couber, o disposto no art. 93 da Constituição Federal.

Art. 140. Os subsídios dos membros do Ministério Público serão fixados por lei, não podendo a diferença entre uma e outra ser superior a dez por cento ou inferior a cinco por cento de uma para outra entrância ou classe.

Parágrafo único. Na fixação dos subsídios dos membros do Ministério Público observar-se-á o disposto no art. 93, inciso V, da Constituição Federal.

Art. 141. Aos membros do Ministério Público são asseguradas as seguintes garantias:

I - vitaliciedade, após dois anos de exercício, somente sendo passíveis de perda do cargo, mediante sentença judicial transitada em julgado;

II - inamovibilidade, salvo por motivo de interesse público, mediante decisão do órgão colegiado competente do Ministério Público, pelo voto da maioria absoluta dos seus membros, assegurada ampla defesa;

III - irredutibilidade de subsídios, observado, quanto à remuneração, o disposto na Constituição Federal.

Art. 142. Os membros do Ministério Público sujeitam-se, entre outras previstas em lei, às seguintes vedações:

I - receber, a qualquer título e sob qualquer pretexto, honorários, percentagens ou custas processuais;

II - exercer a advocacia, ainda que em disponibilidade;

III - exercer o comércio ou participar de sociedade comercial, na forma da lei;

IV - exercer, ainda que em disponibilidade, qualquer outra função pública, salvo uma de magistério;

V - exercer atividade político-partidária;

VI - receber, a qualquer título ou pretexto, auxílios ou contribuições de pessoas físicas, entidades públicas ou privadas, ressalvadas as exceções previstas em lei;

VII - é vedado exercer a advocacia no juízo ou tribunal do qual se afastou, antes de decorridos três anos do afastamento do cargo por aposentadoria ou exoneração.

§ 1º Os membros do Ministério Público Estadual deverão enviar anualmente declaração de seus bens, dos bens de seus cônjuges e dos descendentes até o primeiro grau ou por adoção, ao Colégio de Procuradores e à Corregedoria do Ministério Público, que adotarão as providências cabíveis em caso de suspeita de enriquecimento ilícito ou outras irregularidades.

§ 2º As declarações de bens a que se refere o parágrafo anterior deverão ser publicadas no Diário Oficial do Estado e postas à disposição de qualquer interessado, mediante requerimento devidamente justificado.

Art. 143. As funções do Ministério Público só podem ser exercidas por integrantes da carreira, que deverão residir na comarca da respectiva lotação, salvo autorização do chefe da instituição.

Art. 144. A aposentadoria dos membros do Ministério Público e a pensão de seus dependentes obedecerão ao disposto no art. 40 da Constituição Federal.

Art. 145. (Revogado).

CAPÍTULO II
DA DEFENSORIA PÚBLICA

Art. 146. A Defensoria Pública é instituição permanente, essencial à função jurisdicional, incumbida da prestação gratuita de assistência judicial e extrajudicial aos necessitados, compreendendo a orientação e patrocínio dos seus direitos e interesses à tutela jurídica em todos os graus e instâncias.

Parágrafo único. Em todas as comarcas haverá representante da Defensoria Pública, assegurando aos carentes o acesso à Justiça e o respeito a seus direitos à cidadania.

Art. 147. A Defensoria Pública é organizada em carreira, com ingresso de seus integrantes na classe inicial, mediante concurso público de provas e títulos, chefiada pelo Defensor-Geral nomeado pelo Governador do Estado, entre os membros da instituição, maiores de trinta anos e com mais de dez anos de efetivo exercício, escolhido em lista tríplice pelos integrantes da carreira, e previamente aprovado o nome pela Assembleia Legislativa, com o mandato de dois anos, permitida uma recondução.

§ 1º São aplicáveis aos Defensores Públicos o regime de garantias, vencimentos, vantagens e impedimentos do Ministério Público e da Procuradoria-Geral do Estado.

§ 2º O Defensor-Geral poderá ser destituído por maioria absoluta de votos da Assembleia Legislativa, por sua própria iniciativa ou proposta do Governador do Estado.

§ 3º Os membros da Defensoria Pública deverão enviar anualmente declaração de seus bens, dos bens de seus cônjuges e dos descendentes até o primeiro grau ou por adoção, ao Defensor Geral, que adotará as providências cabíveis em caso de suspeita de enriquecimento ilícito ou outras irregularidades.

§ 4º As declarações de bens a que se refere o parágrafo anterior deverão ser publicadas no Diário Oficial do Estado e postas à disposição de qualquer interessado, mediante requerimento devidamente justificado.

Art. 148. São funções institucionais da Defensoria Pública:

I - promover, extrajudicialmente, a conciliação entre as partes, em conflito de interesses;

II - promover ação penal privada e a ação subsidiária pública;

III - promover ação civil;

IV - promover defesa em ação penal;

V - promover defesa em ação civil e reconvir;

VI - atuar como curador especial, previsto em lei;

VII - atuar junto aos estabelecimentos policiais e penitenciários, visando a assegurar à pessoa, sob qualquer circunstância, o exercício dos direitos e garantias individuais;

VIII - assegurar aos seus assistidos, em processo judicial ou administrativo, e aos acusados em geral, o contraditório e ampla defesa, com os recursos de meios a ela inerentes.

§ 1º A defesa do menor caberá, especialmente, nas hipóteses previstas no artigo 227, § 3º, da Constituição Federal.

§ 2º A Defensoria Pública, na forma da lei, poderá ser encarregada, também, de prestar assistência judiciária, que for devida ao servidor público.

§ 3º A aposentadoria dos membros da Defensoria Pública e a pensão dos seus dependentes obedecerão ao disposto no art. 40 da Constituição Federal.

Parágrafo julgado inconstitucional pelo STF na ADIN nº 749-1.

§ 4º Os cargos de Defensor Público, junto às instâncias superiores em número igual aos de Procuradores de Justiça, serão ocupados pelos integrantes da carreira pertencentes à classe mais elevada da categoria, de acordo com os critérios fixados na lei complementar ou na lei de organização da carreira.

Art. 148-A. À Defensoria Pública é assegurada autonomia funcional, financeira e administrativa, dentro dos limites estabelecidos na Lei de Diretrizes Orçamentárias e subordinação ao disposto no art. 99, § 2º, da Constituição Federal, cabendo-lhe especialmente:

I - praticar atos próprios de gestão;

II - decidir sobre situação funcional e administrativa de seus membros e do serviço auxiliar ativo, organizados em quadro próprio;

III - apresentar sua proposta orçamentária;

IV - propor privativamente ao Poder Legislativo a criação e a extinção de seus cargos da carreira e serviços auxiliares, bem como a fixação, revisão e reajuste dos subsídios de seus membros e dos vencimentos de seus servidores;

V - propor ao Poder Legislativo a criação e a alteração da legislação de interesse institucional;

VI - expedir atos de provimento dos cargos da carreira e dos serviços auxiliares, de promoção, remoção, readmissão, disponibilidade e de reversão;

VII - editar atos de aposentadoria, exoneração, demissão e outros que importem em vacância de cargos da carreira e dos serviços auxiliares, bem como os de disponibilidade de membros da Defensoria Pública do Estado e de seus servidores dos serviços auxiliares;

VIII - exercer outras competências decorrentes de sua autonomia na forma da lei.

§ 1º Os recursos correspondentes às dotações orçamentárias, compreendidos os créditos suplementares e os especiais, consignados à Defensoria Pública, ser-lhe-ão repassados em duodécimos até o dia vinte de cada mês.

§ 2º O Defensor Público-Geral poderá, justificadamente, solicitar créditos suplementares e especiais ao Chefe do Poder Executivo.

§ 3º Cabe à Lei Complementar organizar a Defensoria Pública, dispondo sobre sua competência, estrutura e funcionamento, bem como sobre a carreira de seus membros, observando as normas previstas na legislação federal e nesta Constituição, respeitada, obrigatoriamente, sua competência para:

I - praticar atos e decidir sobre a situação funcional dos membros da carreira e dos serviços auxiliares que serão organizados em quadros próprios.

Art. 149. Será criado junto à Defensoria-Geral Pública o Centro de Orientação Jurídica e Encaminhamento da Mulher, com o objetivo de proporcionar à mulher orientação e acompanhamento jurídicos adequados, na medida em que estará voltado para os seus problemas específicos.

CAPÍTULO III
DA PROCURADORIA GERAL DO ESTADO

Art. 150. A Procuradoria Geral do Estado é uma instituição permanente, essencial ao exercício das funções administrativa e jurisdicional do Estado, sendo responsável, em toda sua plenitude, pela defesa de seus interesses em juízo e fora dele, bem como pelas suas atividades de consultoria e assessoria jurídica, à exceção de suas autarquias, sob a égide dos princípios da legalidade, da moralidade, da eficiência, da publicidade, da impessoalidade e da indisponibilidade dos interesses públicos.

§1º A Procuradoria Geral do Estado gozará de autonomia administrativa e financeira, com dotação orçamentária própria e quadro de carreira adequados à instituição.

§2º Lei Orgânica, de natureza complementar, disporá sobre a Procuradoria Geral do Estado, disciplinará suas competências e o funcionamento dos órgãos que a integram, regionalizando sua atuação, bem como estabelecerá o regime jurídico dos integrantes da carreira de Procurador do Estado.

Art. 151. Compete, privativamente, à Procuradoria Geral do Estado:

I - representar judicial e extrajudicialmente o Estado, em defesa de seu patrimônio e da Fazenda Pública, observadas as competências das procuradorias autárquicas, podendo intervir nos processos administrativos e judiciais da Administração Indireta, nas hipóteses de relevante interesse público;

II - representar os interesses do Estado junto ao Contencioso Administrativo Tributário e ao Tribunal de Contas do Estado;

III - exercer as atividades de consultoria e assessoria jurídica do ente federado, observado o final do inciso I;

IV - realizar processos administrativo-disciplinares, instaurados contra servidores civis da administração direta e fundacional do Estado, inclusive os da Polícia Civil;

V - propor ações judiciais em defesa dos interesses e do patrimônio público estadual, da Administração Direta e Indireta, na forma da lei processual pertinente;

VI - fiscalizar a legalidade dos atos da Administração Pública Estadual Direta e Indireta, cabendo-lhe propor, quando se fizer necessário, as ações judiciais competentes;

VII - exercer outras funções que lhe forem conferidas por lei, compatíveis com a natureza da instituição.

Art. 152. A carreira de Procurador do Estado será estruturada com observância do disposto nos arts. 132 e 135 da Constituição da República e dos seguintes princípios e garantias:

I - ingresso no cargo inicial da carreira exclusivamente por concurso público de provas e títulos, realizado pela Procuradoria Geral do Estado, com a participação obrigatória da Ordem dos Advogados do Brasil;

II - promoção, por critérios de merecimento e antiguidade, alternadamente, vedadas as transformações ou transposição de cargos;

III - estabilidade, após três anos de efetivo exercício, mediante avaliação de desempenho, após relatório circunstanciado da Corregedoria;

IV - irredutibilidade de vencimentos, fixados em lei, com diferença não excedente a dez por cento de uma para outra categoria;

V - inamovibilidade, salvo por interesse público, na forma prevista em lei.

Parágrafo único. O Governador do Estado, no prazo de cento e vinte dias, contado a partir da promulgação desta Constituição, encaminhará à Assembleia Legislativa projetos de lei, dispondo sobre a organização e o funcionamento da Procuradoria Geral do Estado e das procuradorias autárquicas.

» *ADIn nº 145, do STF, que declarou a inconstitucionalidade da expressão "procuradorias autárquicas" contida no parágrafo único.*

» *Decisão: (ED) O Tribunal, por unanimidade, conheceu dos embargos declaratórios opostos pela Assembleia Legislativa do Estado do Ceará e pelo Governador do Estado do Ceará (e-Docs. 51 e 53, respectivamente) e deu- lhes parcial provimento para, modulando os efeitos do acórdão recorrido no ponto em que declarou inconstitucional a expressão "procuradorias autárquicas" contida no parágrafo único do art. 152 da Constituição do Estado do Ceará, com fundamento no art. 27 da Lei nº 9.868/99: (i) ressalvar dos efeitos da declaração de inconstitucionalidade todos os atos praticados pelos Procuradores Autárquicos até a data da publicação da ata do julgamento dos presentes embargos declaratórios; (ii) colocar em extinção a(s) carreira(s) de Procurador Autárquico do Estado do Ceará; (iii) impedir que seus atuais ocupantes exerçam funções relativas à representação judicial, permitindo-lhes que, excepcionalmente, realizem atribuições de consultoria jurídica, desde que sob supervisão técnica do Procurador-Geral do Estado do Ceará, nos termos do voto do Relator. Plenário, Sessão Virtual de 6.8.2021 a 16.8.2021.*

» *Decisão: (ED-segundos) O Tribunal, por unanimidade, conheceu dos embargos declaratórios opostos pela Assembleia Legislativa do Estado do Ceará e pelo Governador do Estado do Ceará (e-Docs. 51 e 53, respectivamente) e deu-lhes parcial provimento para, modulando os efeitos do acórdão recorrido no ponto em que declarou inconstitucional a expressão "procuradorias autárquicas" contida no parágrafo único do art. 152 da Constituição do Estado do Ceará, com fundamento no art. 27 da Lei nº 9.868/99: (i) ressalvar dos efeitos da declaração de inconstitucionalidade todos os atos praticados pelos Procuradores Autárquicos até a data da publicação da ata do julgamento dos presentes embargos declaratórios; (ii) colocar em extinção a(s) carreira(s) de Procurador Autárquico do Estado do Ceará; (iii) impedir que seus atuais ocupantes exerçam funções relativas à representação judicial, permitindo-lhes que, excepcionalmente, realizem atribuições de consultoria jurídica, desde que sob supervisão técnica do Procurador-Geral do Estado do Ceará, nos termos do voto do Relator. Plenário, Sessão Virtual de 6.8.2021 a 16.8.2021.*

Art. 153. O Procurador Geral do Estado, chefe da Procuradoria-Geral do Estado, e o Procurador Geral Adjunto, serão nomeados pelo Governador do Estado, dentre advogados com pelo menos dez anos de prática forense e de notório saber jurídico e reputação ilibada, com idade mínima de trinta anos.

» *Caput com redação dada pela Emenda Constitucional nº 68, de 14.10.2010. O caput alterado dispunha o seguinte:*

» *Art. 153. O Procurador-Geral do Estado, chefe da Procuradoria Geral do Estado, e o Procurador-Geral Adjunto, serão nomeados pelo Governador do Estado, dentre advogados com pelo menos dez anos de prática forense e de notório saber jurídico e reputação ilibada, com idade mínima de trinta e cinco anos."*

§ 1º As atribuições da Procuradoria Geral do Estado só podem ser exercidas pelo Procurador-Geral, pelo Procurador-Geral Adjunto e pelos integrantes da carreira de Procurador do Estado;

§ 2º O Procurador-Geral, o Procurador-Geral Adjunto e os Procuradores do Estado, serão submetidos a julgamento perante o Tribunal de Justiça, das infrações penais comuns, ressalvadas as competências previstas na Constituição da República.

§ 3º O Procurador do Estado, no exercício das funções do seu cargo, goza de independência e das prerrogativas inerentes à atividade advocatícia, cabendo-lhe, ainda, a faculdade de requisitar informações escritas, exames e diligências que julgar necessárias ao desempenho de suas atividades, além do auxílio da força policial e a instauração de procedimentos policiais para apuração das infrações penais praticadas contra bens, serviços ou interesses do Estado.

CAPÍTULO III-A
DA ADMINISTRAÇÃO FAZENDÁRIA
CAPÍTULO III-A ACRESCIDO PELA EMENDA CONSTITUCIONAL Nº 81, DE 26.08.2014.

Art. 153-A. A Administração Fazendária é instituição permanente, essencial ao funcionamento do Estado, competindo-lhe a gestão tributária e das finanças estaduais, com dotação orçamentária própria, assegurada autonomia administrativa, funcional e financeira, nos termos, limites e condições estabelecidos na lei complementar de que trata o §1º deste artigo, sendo ainda observado:

I - precedência sobre os demais setores administrativos, na forma da lei;

II - será composta por servidores de carreira específica, terá recursos prioritários para a realização de suas atividades e atuará de forma integrada com a dos demais entes federados, inclusive com o compartilhamento de cadastros e informações fiscais, na forma da lei ou convênio;

III - as atividades exercidas pelos integrantes da carreira da Administração Fazendária Estadual são consideradas essenciais e típicas de Estado.

§ 1º Lei orgânica, de natureza complementar, de iniciativa exclusiva do Chefe do Poder Executivo, disporá sobre a Administração Fazendária Estadual, disciplinará suas competências e estabelecerá o regime jurídico dos integrantes da carreira, suas prerrogativas, garantias e vedações.

§ 2º O Estado destinará à Administração Fazendária, anualmente, percentual do total de sua receita de impostos, a ser estabelecido na lei complementar de que trata o § 1º deste artigo, para a realização de suas atividades, em conformidade com o disposto no inciso IV do art. 167 da Constituição Federal.

§ 3º O ingresso na carreira far-se-á mediante concurso público de provas e títulos, nos termos definidos na lei complementar de que trata o § 1º deste artigo.

§ 4º Os integrantes da Administração Fazendária deverão enviar, anualmente, declaração de seus bens, dos bens de seus cônjuges e dos descendentes até primeiro grau ou por adoção, à unidade de gestão de pessoas competente, que adotará as providências cabíveis em caso de suspeita de enriquecimento ilícito ou outras irregularidades.

§ 5º Compete exclusivamente aos integrantes da Administração Fazendária, o lançamento do crédito tributário, nos termos definidos na lei de que trata o § 1º do art. 153-A.

CAPÍTULO IV
DA ADMINISTRAÇÃO PÚBLICA

SEÇÃO I
DISPOSIÇÕES GERAIS

Art. 154. A administração pública direta, indireta e fundacional de quaisquer dos Poderes do Estado do Ceará obedecerá aos princípios da legalidade, da impessoalidade, da moralidade, da publicidade e da eficiência, e ao seguinte:

I - os cargos, funções e empregos públicos são acessíveis aos brasileiros e estrangeiros que preencham os requisitos estabelecidos em lei;

II - a investidura em cargo ou emprego público, na administração direta, indireta e fundacional, depende de prévia aprovação em concurso público de provas ou de provas e títulos, ressalvadas apenas as nomeações para cargo em comissão, declarados em lei de livre nomeação e exoneração;

III - o prazo de validade do concurso público será de até dois anos, prorrogável, uma vez, por igual período;

IV - durante o prazo improrrogável, previsto no edital de convocação, aquele aprovado em concurso público de provas ou de provas e títulos será convocado com prioridade sobre novos concursados para assumir cargo ou emprego, objeto do concurso;

V - as funções de confiança, exercidas exclusivamente por servidores ocupantes de cargo efetivo, e os cargos em comissão, a serem preenchidos por servidores de carreira nos casos, condições e percentuais mínimos previstos em lei, destinam-se apenas às atribuições de direção, chefia e assessoramento;

VI - é garantido ao servidor público civil o direito à livre associação sindical;

VII - o direito de greve será exercido nos termos e limites definidos em lei específica, prevista no art. 37, inciso VII, da Constituição da República;

VIII - o não cumprimento dos encargos trabalhistas pelas prestadoras de serviços, apurado na forma da legislação específica, importará na rescisão do contrato sem direito a indenização;

IX - fica estabelecido, como limite remuneratório único aplicável aos servidores públicos do Estado do Ceará, de quaisquer Poderes, inclusive do Ministério Público e da Defensoria Pública, o subsídio mensal dos Desembargadores do Tribunal de Justiça do Estado, limitado a 90,25% (noventa inteiros e vinte e cinco centésimos por cento) do subsídio mensal dos Ministros do Supremo Tribunal Federal, não se aplicando o disposto neste artigo aos subsídios dos Deputados Estaduais e dos Vereadores.

» *Inciso IX com redação dada pela Emenda Constitucional nº 90, de 01.06.2017, em vigor na data de sua publicação.*

X - a revisão geral da remuneração dos servidores públicos, sem distinção de índices entre civis e militares, far-se-á sempre na mesma data;

XI - os vencimentos dos cargos do Poder Legislativo e do Poder Judiciário não poderão ser superiores aos pagos pelo Poder Executivo;

XII - é vedada a vinculação ou equiparação de quaisquer espécies remuneratórias para o efeito de remuneração de pessoal do serviço público;

XIII - o subsídio e os vencimentos dos ocupantes de cargos e empregos públicos são irredutíveis, ressalvado o disposto nos incisos XI e XIV do art. 37 e nos arts. 39, § 4º, 150, inciso II, 153, inciso III e 153, § 2º, inciso I, todos da Constituição Federal;

XIV - Lei Complementar estabelecerá os casos de contratação por tempo determinado, para atender à necessidade temporária, de excepcional interesse público, fixando prazo de até doze meses, prorrogável, no máximo, por doze meses;

» *Emenda Constitucional 109, de 20 de abril de 2021:*

» *Art. 1.º Fica autorizada a prorrogação excepcional, até o dia 31 de outubro de 2021, dos contratos temporários ainda vigentes por ocasião desta Emenda, celebrados pelo Estado do Ceará, por meio da Secretaria da Educação, com professores da rede pública estadual de ensino, nos termos do inciso IX do art. 37 da Constituição Federal.*

» *- Emenda Constitucional 110, de 04 de maio de 2021:*

» *Art. 1.º Fica autorizada a prorrogação excepcional, até o dia 31 de outubro de 2021, dos contratos de professores temporários celebrados pelas instituições de ensino superior do Estado, nos termos do inciso IX do art. 37 da Constituição Federal, que estejam vigentes por ocasião da publicação desta Emenda.*

XV - é vedada a acumulação remunerada de cargos públicos, permitida apenas, e quando houver compatibilidade de horários, observado, em qualquer caso, o disposto no inciso XI:

a) a de dois cargos de professor; e

b) a de um cargo de professor com outro técnico ou científico;

c) a de dois cargos privativos de profissionais de saúde, com profissões regulamentadas;

XVI - a proibição de acumular estende-se a empregos e funções e abrange autarquias, fundações, empresas públicas, sociedades de economia mista, suas subsidiárias e sociedades controladas, direta ou indiretamente, pelo poder público;

XVII - (Revogado pela Emenda Constitucional nº 81, de 26.08.2014).

XVIII - somente por lei específica poderá ser criada autarquia e autorizada a instituição de empresa pública, sociedade de economia mista e fundação, cabendo à lei complementar, neste último caso, definir as áreas de atuação;

XIX - depende de autorização legislativa, em qualquer caso, a criação de subsidiárias das entidades mencionadas no inciso anterior, assim como a participação de qualquer delas em empresa privada;

XX - ressalvados os casos de dispensa e inexigibilidade, previstos em lei, as obras, serviços, compras e alienações serão contratados mediante processo de licitação pública, que assegure igualdade de condições a todos os concorrentes, com cláusulas que estabeleçam obrigações de pagamento, mantidas as condições efetivas da proposta, nos termos da lei, a qual somente permitirá as exigências de qualificação técnica e econômica indispensáveis à garantia do cumprimento das obrigações;

XXI - nenhuma pensão paga aos dependentes de servidor público falecido poderá ter valor mensal inferior ao salário mínimo;

XXII - o tempo de serviço dos servidores públicos na administração direta, nas autarquias e nas fundações públicas, será contado como título, quando se submeterem a concurso público para fins de efetivação na forma da lei;

XXIII - a lei reservará percentual de cargos e empregos públicos para pessoas portadoras de deficiência e definirá os critérios de sua admissão.

XXIV - a remuneração dos servidores públicos e o subsídio de que trata o § 4º, do art. 39, da Constituição da República, somente poderão ser fixados ou alterados por lei específica, observada a iniciativa privativa em cada caso, assegurada a revisão anual, sempre na mesma data e sem distinção de índices, vedada remuneração inferior ao salário mínimo nacional;

XXV - os acréscimos pecuniários percebidos por servidor público não serão computados nem acumulados para fins de concessão de acréscimos ulteriores;

XXVI - (Revogado pela Emenda Constitucional nº 81, de 26.08.2014).

XXVII - as atividades de controle da Administração Pública Estadual, essenciais ao seu funcionamento, contemplarão, em especial, as funções de ouvidoria, controladoria, auditoria governamental e correição.

§ 1º Nenhum servidor poderá receber contraprestação inferior ao salário mínimo.

§ 2º Os valores dos cargos comissionados serão fixados, obedecendo-se a uma diferença nunca excedente a dez por cento de um para o outro em seu escalonamento hierárquico, não podendo exceder ao valor da remuneração correspondente ao do Símbolo DNS-1.

» *ADIn nº 145, do STF, que declarou a inconstitucionalidade do parágrafo 2º.*

§ 3º Os atos de improbidade administrativa importarão na suspensão dos direitos políticos, na perda da função pública, na indisponibilidade de bens e no ressarcimento do erário, na forma e gradação previstas em lei, sem prejuízo da ação penal cabível.

§ 4º As pessoas jurídicas de direito público e as de direito privado prestadoras de serviço público, responderão pelos danos que seus agentes, nessa qualidade, causarem a terceiros, assegurado o direito de regresso contra o responsável, nos casos de dolo ou culpa.

§ 5º Por força do art. 37, XIV, da Constituição Federal em combinação com o seu art. 17 do Ato das Disposições Constitucionais Transitórias, os percentuais ou valores relativos às gratificações ou quaisquer vantagens pecuniárias, inclusive as de caráter pessoal, são calculados e aplicados de modo singelo, incidindo exclusivamente sobre o vencimento base ou soldo, dos servidores públicos da Administração Direta, das Autarquias e das Fundações Públicas, bem como de quaisquer categorias de agentes públicos do Estado do Ceará.

§ 6º Excluem-se do limite máximo previsto no inciso IX, somente a Progressão Horizontal por Tempo de Serviço, o Salário-Família e o Adicional de Férias.

§ 7º Os servidores ocupantes de cargos comissionados e funções de confiança dos Poderes Executivo, Legislativo e Judiciário do Ceará deverão enviar anualmente declaração de seus bens, dos bens de seus cônjuges e dos descendentes até o primeiro grau ou por adoção, aos seus superiores, que adotarão as providências cabíveis em caso de suspeita de enriquecimento ilícito ou outras irregularidades.

§ 8º Os auditores e auditores-adjuntos da Secretaria da Fazenda do Estado do Ceará deverão enviar anualmente declaração de seus bens, dos bens de seus cônjuges e dos descendentes até o primeiro grau ou por adoção, aos seus superiores, que adotarão as providências cabíveis em caso de suspeita de enriquecimento ilícito ou outras irregularidades.

§ 9º As declarações de bens a que se referem os §§ 7º e 8º deverão ser publicadas no Diário Oficial do Estado e postas à disposição de qualquer interessado, mediante requerimento devidamente justificado.

§ 10. Nas hipóteses do inciso XIV deste artigo, quando se tratar de Contratos Temporários de Professores, ocorrendo paralisações ou força maior, devidamente justificadas, que suspendam o calendário acadêmico ou escolar, impedindo o cumprimento da carga horária do semestre dentro do prazo de contratação, os respectivos Professores Substitutos poderão ter seus contratos prorrogados no limite necessário da reposição das aulas, sem criação de qualquer vínculo; no caso dos temporários da área de defesa agropecuária, de arquitetura, de engenharia, de cargos técnicos inerentes a essas áreas, bem como de cargos cujo desempenho esteja relacionado a projetos estaduais de habitação e de desenvolvimento urbano, os contratos poderão ser prorrogados por mais 12 (doze) meses, contados do prazo final da primeira prorrogação; nos demais casos, poderão ser prorrogados por mais 120 (cento e vinte) dias contados do prazo final da primeira prorrogação, quando já autorizada nova contratação temporária por lei específica ou quando já autorizado concurso público para provimento de cargo efetivo.

» *Redação dada pela Emenda Constitucional nº 89, de 11.05.2017.*

» *Redação da Emenda Constitucional 100, de 29/04/2020:*

» *Art. 1.º Ficam autorizadas as prorrogações por mais 12 (doze) meses de contratos ou atos de admissões para atendimento à necessidade temporária de pessoal, de excepcional interesse público, dos órgãos da Administração Direta ou das entidades da Administração Indireta estadual, fundamentados no art. 154, caput ou respectivo §10, da Constituição do Estado do Ceará, e que tenham termo final de prorrogação anterior durante o período previsto no Decreto Legislativo n.º 543, de 3 de abril de 2020.*

» *Parágrafo único. Estende-se a prorrogação de que trata o caput deste artigo aos Agentes Técnicos Rurais participantes do Programa Agente Rural instituído pela Lei Estadual n.º 15.170, de 18 de junho de 2012.*

§ 11. A não observância do disposto nos incisos II e III implicará a nulidade do ato e a punição da autoridade responsável, na forma da lei;

§ 12. A publicidade dos atos, programas, obras, serviços e campanhas dos órgãos públicos deverão ter caráter educativo, informativo ou de orientação social, dela não podendo constar nomes, símbolos ou imagens que caracterizem promoção pessoal de autoridades, de servidores públicos.

§ 13. A lei disciplinará as formas de participação do usuário na administração pública direta e indireta, regulando especialmente:

I - as reclamações relativas à prestação dos serviços públicos em geral, asseguradas a manutenção de serviços de atendimento ao usuário e a avaliação periódica, externa e interna, da qualidade dos serviços;

II - o acesso dos usuários a registros administrativos e a informações sobre atos de governo, observado o disposto no art. 5º, incisos X e XXXIII, da Constituição da República; e

III - a disciplina da representação contra o exercício negligente ou abusivo de cargo, emprego ou função na administração pública.

§14. Fica vedada a nomeação ou a designação para cargos de provimento em comissão daqueles considerados inelegíveis, em razão de atos ilícitos nos termos da Lei Complementar de que trata o § 9º do art. 14 da Constituição Federal, no âmbito da Administração direta e indireta dos Poderes Executivo, Judiciário e Legislativo do Estado do Ceará, incluídos o Tribunal de Contas do Estado do Ceará e o Ministério Público.

§ 15. É vedada, ainda, a nomeação direta para membros do Tribunal de Contas do Estado do Ceará, bem como para compor listas para efeitos de investidura e promoção no âmbito do Poder Executivo, Poder Judiciário e do Ministério Público, daqueles inelegíveis em razão de atos ilícitos, nos termos da Lei Complementar de que trata o § 9º do art. 14 da Constituição Federal, integrando critérios inarredáveis na escolha e nomeação de autoridades nos casos previstos nesta Constituição.

» *Parágrafos 14 e 15 acrescidos pela Emenda Constitucional nº 74, de 19.04.2012, DOE de 23.04.2012, em vigor na data de sua publicação.*

Art. 155. Fica assegurada a maiores de dezesseis anos a participação nos concursos públicos para ingresso nos serviços da administração direta e indireta.

Art. 156. (Revogado).

I - (Revogado).

II - (Revogado).

III - (Revogado).

Art. 157. Os órgãos que compõem a administração direta e indireta, autarquias, sociedades de economia mista e suas entidades vinculadas e as fundações, deverão reservar dez por cento do total de suas verbas publicitárias, destinadas à televisão, para a Televisão Educativa - TVE - Canal 5.

Art. 158. É assegurado o controle popular na prestação dos serviços públicos mediante direito de petição.

Parágrafo único. As pessoas responsáveis pela prestação dos serviços públicos, sempre que solicitadas por órgãos públicos, sindicatos ou associações de usuários, prestarão, no prazo definido em lei, informações detalhadas sobre planos, projetos, investimentos, custos, desempenhos e demais aspectos pertinentes à sua execução, sob pena de responsabilidade.

Art. 159. (Revogado).

Art. 160. Qualquer cidadão, partido político, associação ou sindicato, na forma e prazo previstos em lei, poderá obter informações a respeito da execução de contratos ou convênios firmados por órgãos ou entidades integrantes da administração direta, indireta e fundacional do Estado, para a execução de obras ou serviços, podendo, ainda, denunciar quaisquer irregularidades ou ilegalidades perante o Tribunal de Contas do Estado ou a Assembleia Legislativa.

Parágrafo único. Para efeito do disposto neste artigo, os órgãos e entidades contratantes deverão remeter ao Tribunal de Contas e à Assembleia cópias do inteiro teor dos contratos ou convênios respectivos, no prazo de cinco dias após a sua assinatura.

Art. 161. Compete ao Estado e Municípios fiscalizar, na forma da legislação vigente, a aplicação por suas entidades da administração direta, indireta e fundações, dos recursos federais, que lhes forem transferidos, mediante convênio, acordos ou ajustes, sem elidir a fiscalização de competência dos órgãos do controle interno e externo da União.

Art. 162. É obrigatória a fixação de quadro com lotação numérica de cargos e funções, sem o que não será permitida a nomeação ou contratação de servidores.

§ 1º A despesa com pessoal ativo e inativo dos Poderes Estaduais, Ministério Público, fundos, órgãos e entidades da administração indireta, mantidos pelo Poder Público, não poderá exceder os limites estabelecidos em lei complementar.

§ 2º A concessão de qualquer vantagem ou aumento de remuneração, bem como a admissão de pessoal, a qualquer título, pelos órgãos e entidades da administração direta ou indireta, inclusive fundações instituídas e mantidas pelo Poder Público, só poderão ser feitas:

I - se houver dotação orçamentária suficiente para atender às projeções de despesas de pessoal e aos acréscimos dela decorrentes; e

II - se houver autorização específica na lei de diretrizes orçamentárias, ressalvadas as empresas públicas e as sociedades de economia mista.

§ 3º As autarquias, empresas públicas, sociedade de economia mista e fundação terão quadro de lotação próprio, sendo vedada a nomeação ou contratação de pessoas sem a existência de vaga.

§ 4º (Revogado).

Art. 162-A. Os Poderes Legislativo, Executivo e Judiciário, o Tribunal de Contas do Estado do Ceará, o Ministério Público, as Autarquias e as Fundações Públicas do Estado do Ceará publicarão, dentro do ano civil, no Diário Oficial do Estado, relação dos servidores públicos e militares, ativos e inativos, e pensionistas, devendo a identificação ser por nome, sem abreviações, cargo efetivo ou função, cargo em comissão ou função gratificada, posto ou graduação, matrícula, órgão de lotação e de exercício.

§ 1º A obrigação imposta por este artigo abrange os servidores públicos dos Quadros permanentes e transitórios.

§ 2º Nas relações mencionadas no *caput* deste artigo, deve ainda constar, separadamente, a identificação de todas as pessoas físicas que, nos doze meses anteriores ao mês das publicações, prestaram serviços de natureza eventual ou permanente aos Poderes e órgãos do Estado do Ceará, e que por eles foram diretamente remunerados, e de estagiários e bolsistas, devendo a identificação ser por nome, sem abreviações, função, atividade ou serviço prestado, matrícula, CPF, esse se inexistir matrícula, datas de início e término da função, atividade ou serviço prestado.

§ 3º O não cumprimento do disposto neste artigo configura lesão ao patrimônio público estadual, à moralidade e à publicidade administrativas.

Art. 162-B. Os Poderes Legislativo, Executivo e Judiciário, o Tribunal de Contas do Estado do Ceará, o Ministério Público, as Autarquias e as Fundações Públicas do Estado do Ceará publicarão, dentro do ano civil, no Diário Oficial do Estado, os valores dos subsídios e da remuneração dos cargos e empregos públicos.

Parágrafo único. O não cumprimento do disposto neste artigo configura lesão ao patrimônio público estadual, à moralidade e à publicidade administrativas.

Art. 162-C. Os Poderes Legislativo, Executivo e Judiciário, o Tribunal de Contas do Estado do Ceará, o Ministério Público, as Autarquias e as Fundações Públicas do Estado do Ceará publicarão, dentro do ano civil, no Diário Oficial do Estado, os valores gastos, em cada um dos 12 (doze) meses anteriores ao mês de publicação, com o pagamento dos servidores públicos e militares, ativos e inativos, e pensionistas, e com o pagamento das pessoas físicas que, no mesmo período, prestaram serviços de natureza eventual ou permanente aos Poderes e órgãos do Estado do Ceará, e que por eles foram diretamente remunerados.

Parágrafo único. O não cumprimento do disposto neste artigo configura lesão ao patrimônio público estadual, à moralidade e à publicidade administrativas.

Art. 163. O Estado responsabilizará os seus servidores por alcance e outros danos causados à administração, ou por pagamentos efetuados em desacordo com as normas legais, sujeitando-os ao sequestro e perdimento de bens, nos termos da legislação pertinente.

Art. 164. É gratuita, para os reconhecidamente pobres, na forma da lei, além dos atos previstos no art. 5º, inciso LXXVI, da Constituição Federal, a expedição de cédula de identidade individual.

Art. 165. (Revogado)

SEÇÃO II
DOS SERVIDORES PÚBLICOS CIVIS

Art. 166. Os servidores da administração pública direta, das autarquias e das fundações públicas estarão sujeitos a regime jurídico de direito público administrativo, instituído em lei, a qual também instituirá planos de carreira.

§ 1º A lei assegurará aos servidores da administração pública direta, das autarquias e das fundações, isonomia de vencimentos para cargos de atribuições iguais ou assemelhadas do mesmo Poder ou entre servidores dos Poderes Executivo, Legislativo e Judiciário, ressalvadas as vantagens de caráter individual e as relativas à natureza ou ao local de trabalho.

» *ADIn nº 145, do STF, declarou a inconstitucionalidade da expressão "das autarquias e das fundações" contida no parágrafo 1º.*

§ 2º A fixação dos padrões de vencimento e dos demais componentes do sistema remuneratório observará:

I - a natureza, o grau de responsabilidade e a complexidade dos cargos componentes de cada carreira;

II - os requisitos para a investidura; e

III - as peculiaridades dos cargos.

§ 3º O Estado manterá Escola de Governo para a formação e o aperfeiçoamento dos servidores públicos, constituindo-se a participação nos cursos um dos requisitos para a promoção na carreira, facultada, para tanto, a celebração de convênios com os demais entes federados.

§ 4º Aplica-se a esses servidores o disposto no art. 7º, incisos IV, VII, VIII, IX, XII, XIII, XV, XVI, XVII, XVIII, XIX, XX, XXII e XXX, da Constituição da República.

§ 5º O membro de Poder, o detentor de mandato eletivo e os Secretários de Estado serão remunerados exclusivamente por subsídio fixado em parcela única, vedado o acréscimo de qualquer gratificação, adicional, abono, prêmio, verba de representação ou outra espécie remuneratória, obedecido em qualquer caso, o disposto no art. 37, incisos X e XI, da Constituição Federal.

§ 6º A remuneração dos servidores públicos organizados em carreira poderá ser fixada nos termos do parágrafo anterior.

§ 7º A lei poderá estabelecer a relação entre a maior e a menor remuneração dos servidores públicos, respeitado, em qualquer caso, o disposto no art. 37, inciso XI, da Constituição Federal.

§ 8º Os Poderes Executivo, Legislativo e Judiciário publicarão, anualmente, os valores dos subsídios e da remuneração dos cargos e empregos públicos.

§ 9º A lei disciplinará a aplicação dos recursos orçamentários provenientes da economia de despesas correntes em cada órgão, autarquia e fundação, para aplicação no desenvolvimento de programas de qualidade e produtividade, treinamento e desenvolvimento, modernização, reaparelhamento e racionalização do serviço público, inclusive sob a forma de adicional ou prêmio de produtividade.

Art. 167. São direitos do servidor público, entre outros:

I - décimo terceiro salário com base na remuneração integral ou no valor da aposentadoria;

II - remuneração do trabalho noturno superior à do diurno;

III - salário-família para os seus dependentes;

IV - duração do trabalho normal não superior a oito horas diárias e quarenta e quatro semanais;

V - repouso semanal remunerado;

VI - remuneração do serviço extraordinário superior, no mínimo, em cinquenta por cento à do normal;

VII - gozo de férias anuais remuneradas com, pelo menos, um terço a mais do salário normal;

VIII - licença à gestante, sem prejuízo do emprego e do salário, com duração de cento e vinte dias;

IX - participação de funcionários públicos na gerência de fundos e entidades para os quais contribuem, a ser regulamentada por lei;

X - direito de reunião em locais de trabalho, desde que não exista comprometimento de atividades funcionais regulares;

XI - liberdade de filiação político-partidária;

XII - licença especial de três meses, após a implementação de cada cinco anos de efetivo exercício;

» *ADIn nº 145, do STF, que declarou a inconstitucionalidade do inciso XII.*

XIII - servidor que contar tempo igual ou superior ao fixado para aposentadoria voluntária terá provento calculado no nível de carreira ou cargo de acesso, imediatamente superior, dentro do quadro a que pertencer;

» *ADIn nº 145, do STF, que declarou a inconstitucionalidade do inciso XIII.*

XIV - a gratificação natalina dos aposentados e pensionistas terá por base o valor dos proventos do mês de dezembro de cada ano.

§ 1º O servidor que contar tempo de serviço igual ou superior ao fixado para aposentadoria voluntária com proventos integrais, ou aos setenta anos de idade, aposentar-se-á com as vantagens do cargo em comissão em cujo exercício se encontrar, desde que o haja ocupado, durante cinco anos ininterruptos, ou que o tenha incorporado.

» *ADIn nº 145, do STF, que declarou a inconstitucionalidade do parágrafo 1º.*

§ 2º O servidor, ao aposentar-se, terá o direito de perceber na inatividade, como provento básico, o valor pecuniário correspondente ao padrão de vencimento imediatamente superior ao da sua classe funcional, e, se já ocupara o último escalão, fará jus à gratificação adicional de vinte por cento sobre a sua remuneração, estendendo-se o benefício aos que já se encontram na inatividade.

» *ADIn nº 145, do STF, declarou a inconstitucionalidade do parágrafo 2º.*

Art. 168. Os servidores abrangidos pelo regime próprio de previdência social de que trata o art. 330, *caput*, desta Constituição serão aposentados e deixarão pensão aos seus dependentes, na forma do art. 40 da Constituição Federal.

Art. 169. O servidor público do Estado quando investido nas funções de direção máxima de entidade representativa de classe ou conselheiro de entidade de fiscalização do exercício das profissões liberais, não poderá ser impedido de exercer suas funções nesta entidade, nem sofrerá prejuízos nos seus salários e demais vantagens na sua instituição de origem.

§ 1º Ao servidor afastado do cargo de carreira/função, do qual é titular, fica assegurado o direito de contar o período de exercício das funções das entidades referidas no *caput* deste artigo, ocorrido durante o afastamento, como efetivo exercício do cargo.

§ 2º Sendo a direção máxima da entidade representativa de classe, associação ou sindicato, exercida de forma presidencialista ou colegiada, a garantia prevista no *caput* deste artigo será exercida no mínimo por 1 (um) representante para a associação e 3 (três) para o sindicato, sendo acrescida de mais um representante por cada 750 (setecentos e cinquenta) servidores em atividade, não podendo ultrapassar a 3 (três) membros para a associação e a 6 (seis) membros para o sindicato, devidamente indicados, permitindo o rodízio periódico ou substituição da indicação.

» *Parágrafos 1º e 2º com redação dada pela Emenda Constitucional nº 72, de 01.12.2011, DOE de 06.12.2011, em vigor na data de sua publicação.*

Art. 170. As empresas, fundações, autarquias e sociedades de economia mista, que integram a organização estadual, terão conselho representativo, constituído por servidores das respectivas entidades, e por esses escolhidos em votação direta e secreta.

Art. 171. A lei concederá tratamento remuneratório isônomo aos membros titulares de conselhos integrantes da administração direta estadual.

Art. 172. São estáveis, após três anos de efetivo exercício, os servidores estaduais nomeados para o cargo de provimento efetivo em virtude de concurso público.

§ 1º O servidor público estável só perderá o cargo:

I - em virtude de sentença judicial transitada em julgado;

II - mediante processo administrativo disciplinar em que lhe seja assegurada ampla defesa; e

III - mediante procedimento de avaliação periódica de desempenho, na forma de lei complementar, assegurada ampla defesa.

§ 2º Invalidada por sentença judicial a demissão de servidor estável, será ele reintegrado, e o eventual ocupante da vaga reconduzido ao cargo de origem, sem direito a indenização, aproveitado em outro cargo ou posto em disponibilidade com remuneração proporcional ao tempo de serviço.

§ 3º Extinto o cargo ou declarada sua desnecessidade, o servidor estável ficará em disponibilidade, com remuneração proporcional ao tempo de serviço, até seu adequado aproveitamento em outro cargo.

§ 4º Como condição para aquisição da estabilidade, é obrigatória a avaliação especial de desempenho por comissão instituída para essa finalidade.

Art. 173. Somente por lei específica poderão ser fixados subsídios, vencimentos, gratificações, adicionais ou quaisquer outras vantagens pecuniárias dos servidores públicos.

Art. 174. Os escrivães de entrância especial terão seus vencimentos fixados de modo que não excedam a oitenta por cento do que for atribuído aos juízes da entrância inferior, aplicando-se o mesmo limite percentual para os escrivães das demais entrâncias.

» *ADIn nº 145, do STF, declarou a inconstitucionalidade desse artigo.*

Art. 175. Ao servidor público da administração direta, autárquica e fundacional, no exercício de mandato eletivo aplicam-se as seguintes disposições:

I - tratando-se de mandato eletivo federal, estadual ou distrital, ficará afastado de seu cargo, emprego ou função;

II - investido no mandato de Prefeito, será afastado do cargo, emprego ou função, sendo-lhe facultado optar pela sua remuneração;

III - investido no mandato de Vereador, havendo compatibilidade de horário, perceberá as vantagens de seu cargo, emprego ou função, sem prejuízo da remuneração do cargo eletivo, e, não havendo compatibilidade, será aplicada a norma do inciso anterior;

IV - em qualquer caso que exija o afastamento para o exercício de mandato eletivo, seu tempo de serviço será contado para todos os efeitos legais, exceto para promoção por merecimento; e

V - para efeito de benefício previdenciário no caso de afastamento, os valores serão determinados como se em efetivo exercício.

SEÇÃO III
DOS SERVIDORES PÚBLICOS MILITARES

Art. 176. São servidores públicos militares estaduais os integrantes da Polícia Militar e do Corpo de Bombeiros.

§ 1º As patentes, com prerrogativas, direitos e deveres a elas inerentes, são asseguradas em plenitude aos oficiais da ativa, da reserva ou reformados da Polícia Militar e do Corpo de Bombeiros, sendo-lhes privativos os títulos, postos e uniformes militares.

§ 2º As patentes dos oficiais da Polícia Militar e do Corpo de Bombeiros são conferidas pelo Governador do Estado.

§ 3º O militar em atividade que aceitar cargo público civil permanente será transferido para a reserva.

§ 4º O militar da ativa que aceitar cargo, emprego ou função pública temporária, ainda que da administração indireta, ficará agregado ao respectivo quadro e somente poderá, enquanto permanecer nessa situação, ser promovido por antiguidade, sendo contado o tempo de serviço apenas para a promoção e transferência para a reserva; depois de dois anos de afastamento, contínuos ou não, será transferido para a inatividade.

§ 5º Ao servidor militar são proibidas a sindicalização e a greve.

§ 6º O militar, enquanto em efetivo serviço, não pode estar filiado a partidos políticos.

§ 7º Ao se candidatar a cargo eletivo, os integrantes das duas corporações militares estaduais - Polícia Militar e Corpo de Bombeiros:

I - tendo menos de dez anos de serviço, deverão afastar-se da atividade; e

II - com mais de dez anos de serviço, serão agregados pela autoridade superior à respectiva corporação e, se eleitos, passarão à inatividade, automaticamente, no ato da diplomação.

§ 8º O oficial da Polícia Militar e do Corpo de Bombeiros só perderá o posto e a patente, se for julgado indigno do oficialato ou com ele incompatível, por decisão do Tribunal de Justiça.

§ 9º O oficial judicialmente condenado à pena privativa de liberdade superior a dois anos, por sentença transitada em julgado, será submetido ao julgamento previsto no parágrafo anterior.

§ 10. Os direitos, deveres e prerrogativas dos servidores militares do Estado, em serviço ativo ou na inatividade, constarão em leis ou regulamentos.

§ 11. É vedada qualquer forma de discriminação, inclusive em razão de estado civil, no acesso a cursos e concursos que possibilitem a promoção do militar no seio da corporação.

§ 12. A praça condenada na Justiça Militar à pena privativa de liberdade superior a dois anos, por sentença transitada em julgado, só perderá a graduação por decisão do Tribunal de Justiça.

§ 13. Aos servidores militares ficam assegurados todos os direitos garantidos, nesta Constituição, aos servidores civis, ressalvados aqueles, cuja extensão aos militares colida com a Constituição Federal.

§ 14. Fica vedada a concessão administrativa ou legal de todo e qualquer tipo de anistia ou perdão por infrações disciplinares cometidas por servidores militares envolvidos em movimentos ilegítimos ou antijurídicos de paralisação, motim, revolta ou outros crimes de natureza militar que atentem contra a autoridade ou a disciplina militar.

» *Acrescido pela Emenda Constitucional 99, de 03/03/2020.*

§ 15. A comprovada participação de militares em ilegítimo movimento paredista ou motim, ocasionando a paralisação parcial ou total das respectivas atividades, em fundado prejuízo à continuidade dos serviços de segurança pública, implica a vedação à tramitação legislativa de qualquer mensagem ou proposição que visem a conceder aumento remuneratório ou até mesmo vantagens funcionais para a categoria.

» *Acrescido pela Emenda Constitucional 99, de 03/03/2020.*

§ 16. A vedação a que se refere o § 15 deste artigo inicia-se com a deflagração do movimento ilegítimo, perdurando pelo prazo de até 6 (seis) meses após o total e pleno restabelecimento da ordem, assim reconhecido em ato expedido pela Mesa Diretora da Assembleia Legislativa do Estado". (NR)

» *Acrescido pela Emenda Constitucional 99, de 03/03/2020.*

Art. 177. (Revogado).

CAPÍTULO V
DA SEGURANÇA PÚBLICA, PENITENCIÁRIA E DEFESA CIVIL

SEÇÃO I
DISPOSIÇÕES GERAIS

Art. 178. A segurança pública, penitenciária e a defesa civil são cumpridas pelo Estado do Ceará para proveito geral, com a responsabilidade cívica de todos na preservação da ordem coletiva, e com direito que a cada pessoa assiste receber legítima proteção para sua incolumidade e socorro, em caso de infortúnio e calamidade, e garantia ao patrimônio público ou privado e à tranquilidade geral da sociedade, mediante sistema assim constituído:

I - Polícia Civil;

II - Organizações Militares:

a) Polícia Militar;

b) Corpo de Bombeiros;

III - Polícia Penal.

Parágrafo único. Todos os órgãos que integram o sistema de segurança pública, penitenciária e a defesa civil estão identificados pelo comum objetivo de proteger a pessoa humana, e combater os atos atentatórios aos seus direitos, adotando as medidas legais adequadas à contenção de danos físicos e patrimoniais, velando pela paz social, prestando recíproca colaboração à salvaguarda dos postulados do Estado Democrático de Direito.

» *Redação dada pela Emenda Constitucional 101, de 13/08/2020.*

Art. 179. A atividade policial é submetida ao controle externo do Ministério Público, deste devendo atender às notificações, requisições de diligências investigatórias e instauração de inquéritos, em estrita observância dos disciplinamentos constitucionais e processuais.

Art. 180. O Conselho de Segurança Pública é órgão com funções consultivas e fiscalizadoras da política de segurança pública.

§ 1.º A lei disporá sobre a estrutura, composição e competência do Conselho, garantida a representação de membros indicados pela Polícia Civil, pelo Corpo de Bombeiros, pela Polícia Penal, pelo Ministério Público, pela Defensoria Pública, pela Ordem dos Advogados do Brasil – Secção do Ceará e pelas entidades representativas da sociedade civil, dedicadas à preservação da dignidade da pessoa humana.

» *Redação dada pela Emenda Constitucional 101, de 13/08/2020.*

§2º O Conselho gozará de autonomia administrativa e financeira, com quadro próprio de pessoal e dotações orçamentárias que lhe sejam diretamente vinculadas.

Art. 180-A. O Poder Executivo instituirá, na forma da lei, a Controladoria Geral de Disciplina dos Órgãos de Segurança Pública e Sistema Penitenciário, de controle externo disciplinar, com autonomia administrativa e financeira, com objetivo exclusivo de apurar a responsabilidade disciplinar e aplicar as sanções cabíveis, aos militares da Polícia Militar, militares do Corpo de Bombeiro Militar, membros das carreiras de Polícia Judiciária, e membros da carreira de Segurança Penitenciária.

Parágrafo único. O titular do Órgão previsto no *caput* deste artigo é considerado Secretário de Estado.

Art. 181. Fica criado o Conselho Estadual de Defesa da Pessoa Humana, constituído exclusivamente por representantes da comunidade, com a incumbência de apurar violação a direitos humanos em todo o território cearense para posterior encaminhamento ao Ministério Público, a fim de que seja promovida a responsabilidade dos infratores.

§ 1º O Conselho gozará de autonomia administrativa e financeira, com quadro próprio de pessoal e dotações orçamentárias que lhe sejam diretamente vinculadas.

§ 2º A lei poderá conferir a órgãos da sociedade civil e das comunidades interessadas atribuições consultivas na elaboração da política de segurança pública do Estado, com especificações regionais.

Art. 182. A legislação estadual sobre Polícia Militar e Corpo de Bombeiros sujeitar-se-á às normas gerais de organização, efetivo, material bélico, garantias, convocação, mobilização, nas latitudes fixadas em lei complementar federal.

SEÇÃO II
DA POLÍCIA CIVIL

Art. 183. A Polícia Civil, instituição permanente orientada com base na hierarquia e disciplina, subordinada ao Governador do Estado do Ceará, é organizada em carreira, sendo os órgãos de sua atividade-fim dirigidos por delegados, cujo cargo integra, para todos os fins, inclusive de limites remuneratórios, as carreiras jurídicas do Estado.

» *Caput com redação dada pela Emenda Constitucional nº 91, de 06.06.2017, em vigor na data de sua publicação, com efeitos financeiros a partir de 1º de janeiro de 2018.*

§ 1º A Chefia da Polícia Civil é privativa de delegado de carreira, de livre escolha do Governador do Estado.

§ 2º Os Delegados de carreira da Polícia Civil deverão enviar anualmente declaração de seus bens, dos bens de seus cônjuges e dos descendentes até o primeiro grau ou por adoção, à Superintendência de Polícia Civil e à Corregedoria Geral dos Órgãos de Segurança Pública, que adotarão as providências cabíveis em caso de suspeita de enriquecimento ilícito ou outras irregularidades.

§ 3º As declarações de bens a que se refere o parágrafo anterior deverão ser publicadas no Diário Oficial do Estado e postas à disposição de qualquer interessado, mediante requerimento devidamente justificado.

Art. 184. Compete à Polícia Civil exercer com exclusividade as funções de polícia judiciária e a apuração de infrações penais, exceto militares, realizando as investigações por sua própria iniciativa, ou mediante requisições emanadas das autoridades judiciárias ou do Ministério Público.

§ 1º Os delegados de polícia de classe inicial percebem idêntica remuneração aos promotores de primeira entrância, prosseguindo na equivalência entre as demais classes pelo escalonamento das entrâncias judiciárias.

» *- ADIn nº 145, do STF, declarou a inconstitucionalidade do parágrafo 1º.*

§ 2º Os integrantes das carreiras policiais civis são mantidos em regime de uniformidade de remuneração para os cargos de equivalentes níveis nos cursos especializados das diferentes carreiras das áreas profissionais que as integram.

» *- ADIn nº 145, do STF, declarou a inconstitucionalidade do parágrafo 2º.*

§ 3º Os vencimentos dos integrantes das carreiras policiais civis serão fixados com diferença não superior a dez por cento de uma para outra das classes da carreira.

» *- ADIn nº 145, do STF, declarou a inconstitucionalidade do parágrafo 3º.*

Art. 185. Para garantia do direito constitucional de atendimento a mulher, vítima de qualquer forma de violência, deve o Estado instituir delegacias especializadas de atendimento à mulher em todos os municípios com mais de sessenta mil habitantes.

Parágrafo único. O corpo funcional das delegacias especializadas de atendimento à mulher será composto, preferencialmente, por servidores do sexo feminino.

Art. 186. O delegado titular residirá na respectiva circunscrição policial.

SEÇÃO III
DA POLÍCIA MILITAR

Art. 187. A Polícia Militar do Ceará é instituição permanente, orientada com base nos princípios da legalidade, da probidade administrativa, da hierarquia e da disciplina, constituindo-se força auxiliar e reserva do Exército, subordinada ao Governador do Estado, tendo por missão fundamental exercer a polícia ostensiva, preservar a ordem pública e garantir os poderes constituídos no regular desempenho de suas competências, cumprindo as requisições emanadas de qualquer destes.

§ 1º Os títulos, postos, graduações, uniformes, símbolos e distintivos são privativos dos integrantes da corporação.

§ 2º O Comando da Polícia Militar é privativo de coronel da corporação, em serviço ativo, observadas as condições indicadas em Lei, de livre escolha do Governador do Estado.

Art. 188. Incumbe à Polícia Militar a atividade da preservação da ordem pública em todas as suas modalidades e proteção individual, com desempenhos ostensivos para inibir os atos atentatórios a pessoas e bens.

Parágrafo único. A lei disciplinará o efetivo da Polícia Militar, dispondo sobre sua organização, funcionamento e medidas aplicáveis, para garantir a sua eficiência operacional, distribuindo as responsabilidades em consonância com os graus hierárquicos.

SEÇÃO IV
DA POLÍCIA PENAL

» *Acrescentada pela Emenda Constitucional 101, de 13/08/2020.*

Art. 188-A. A Polícia Penal de natureza permanente, com função indelegável de Estado, vinculada ao órgão administrador do sistema penal da unidade federativa a que pertencem, cabe a segurança dos estabelecimentos penais.

Art. 188-B. O preenchimento do quadro de servidores das polícias penais será feito, exclusivamente, por meio de concurso público e por meio da transformação dos cargos isolados, dos cargos de carreira dos atuais agentes penitenciários e dos cargos públicos equivalentes.

Parágrafo único. Lei disporá sobre a regulamentação da Polícia Penal.

SEÇÃO V
DO CORPO DE BOMBEIROS

» *Redação dada pela Emenda Constitucional 101, de 13/08/2020.*

Art. 189. O Corpo de Bombeiros Militar é instituição permanente orientada com base nos princípios da legalidade da probidade administrativa, da hierarquia e da disciplina, constituindo-se força auxiliar e reserva do Exército, subordinada ao Governador do Estado, sendo organizado em carreira, tendo por missão fundamental a proteção da pessoa, visando sua incolumidade em situações de risco, infortúnio ou de calamidade, devendo cumprimento às requisições emanadas dos Poderes Estaduais.

§ 1º Os títulos, postos, graduações, uniformes, símbolos e distintivos são privativos dos integrantes da corporação.

§ 2º O Comando do Corpo de Bombeiros Militar é privativo de coronel da corporação, em serviço ativo, observadas as condições indicadas em Lei, de livre escolha do Governador do Estado.

Art. 190. Incumbe ao Corpo de Bombeiros, no âmbito estadual, a coordenação da defesa civil e o cumprimento entre outras das atividades seguintes:

I - prevenção e combate a incêndio;

II - proteção, busca e salvamento;

III - socorro médico de emergência pré-hospitalar;

IV - proteção e salvamento aquáticos;

V - pesquisas científicas em seu campo de atuação funcional;

VI - controle da observância dos requisitos técnicos contra incêndios de projetos de edificações, antes de sua liberação ao uso; e

VII - atividades educativas de prevenção de incêndio, pânico coletivo, proteção ao meio ambiente e atividades socioculturais.

Parágrafo único. A lei disciplinará o efetivo do Corpo de Bombeiros, dispondo sobre sua organização, funcionamento e medidas aplicáveis, para garantir a sua eficiência operacional, distribuindo as responsabilidades em consonância com os graus hierárquicos.

CAPÍTULO VI
DO CONTROLE INTERNO DA ADMINISTRAÇÃO PÚBLICA ESTADUAL

» *Capítulo VI acrescido pela Emenda Constitucional nº 75, de 20.12.2012, DOE de 27.12.2012.*

Art. 190-A. Os Poderes Legislativo, Executivo e Judiciário manterão, de forma integrada, sistema de controle interno com a finalidade de:

I - avaliar o cumprimento das metas previstas no plano plurianual, a execução dos programas de governo e dos orçamentos do Estado;

II - comprovar a legalidade e avaliar os resultados, quanto à eficácia e à eficiência da gestão orçamentária, financeira e patrimonial nos órgãos e entidades da administração estadual, bem como da aplicação de recursos públicos por entidades de direito privado;

III - realizar o acompanhamento da execução da receita e da despesa e a fiscalização da execução física das ações governamentais;

IV - criar condições para o exercício do controle social sobre os programas contemplados com recursos do orçamento do Estado;

V - exercer o controle das operações de crédito, avais e garantias, bem como dos direitos e deveres do Estado, na forma da lei;

VI - apoiar o controle externo no exercício de sua missão institucional, respeitada a legislação de organização e funcionamento do sistema de controle interno de cada Poder, de iniciativa exclusiva do respectivo Poder.

§ 1º As atividades de controle interno serão desempenhadas por órgãos de natureza permanente e exercidas por servidores organizados em carreiras específicas, na forma de lei complementar.

§ 2º O controle interno poderá ser exercido de forma descentralizada, sob a coordenação do órgão central do sistema de controle interno de cada Poder, na forma de lei complementar.

§ 3º Os responsáveis pelo sistema de controle interno de cada Poder, ao tomarem conhecimento de qualquer irregularidade ou ilegalidade, dela darão ciência ao Tribunal de Contas do Estado, sob pena de responsabilidade solidária, na forma de lei complementar.

Art. 190-B. Os entes e entidades públicas, as pessoas jurídicas do setor privado e as pessoas físicas que recebam recursos para execução de projetos em parceria com a Administração Pública Estadual, mediante convênios e quaisquer instrumentos congêneres, deverão comprovar a boa e regular aplicação, na forma de lei complementar.

Parágrafo único. A inobservância do disposto no *caput* implicará a proibição de celebrar novos convênios e instrumentos congêneres, inclusive termos aditivos de valor, na forma de lei complementar.

Art. 190-C. Lei Complementar disporá sobre regras para transferências de recursos por meio de convênios e instrumentos congêneres, no âmbito do Poder Executivo Estadual.

TÍTULO VII
DA TRIBUTAÇÃO E DO ORÇAMENTO

CAPÍTULO I
DISPOSIÇÕES GERAIS

Art. 191. O Estado pode instituir:

I - os impostos referidos no art. 155, incisos I a III, da Constituição Federal;

II - taxas, em razão do exercício do poder de polícia ou pela utilização, efetiva ou potencial, de serviços públicos específicos e divisíveis, prestados ao contribuinte ou postos à sua disposição;

III - contribuição de melhoria, decorrente de obras públicas;

IV - (Revogado).

V - contribuição, cobrada de seus servidores, para o custeio, em benefício destes, do regime previdenciário, na forma do art. 149, § 1º, da Constituição Federal.

§ 1º Sempre que possível, os impostos terão caráter pessoal e serão graduados segundo a capacidade econômica do contribuinte, facultado à administração tributária, especialmente para conferir efetividade a esses objetivos, identificar, respeitados os direitos individuais e nos termos da lei, o patrimônio, os rendimentos e as atividades econômicas do contribuinte.

§ 2º As taxas não poderão ter base de cálculo própria de impostos.

§ 3º O requerimento destinado à obtenção de guias de recolhimento de débitos tributários exonerará o contribuinte de correção monetária, juro de mora e sanções pecuniárias, se não lhe for dado ciência, no prazo referido no § 2º do art. 7º desta Constituição, do despacho exarado de indeferimento ou acolhida.

Art. 192. A lei poderá isentar, reduzir ou agravar tributos, com finalidades extrafiscais por incentivo a atividades socialmente úteis ou desestimular práticas inconvenientes ao interesse público, observados os disciplinamentos federais.

§ 1º O ato cooperativo, praticado entre o associado e sua cooperativa, não implica em operação de mercado.

§ 2º Concede-se isenção tributária de ICMS aos implementos e equipamentos destinados aos deficientes físicos auditivos, visuais, mentais e múltiplos, bem como aos veículos automotores de fabricação nacional com até 90 HP de potência adaptados para o uso de pessoas portadoras de deficiência.

» *STF, ADI 429 - Decisão: Pedido de inconstitucionalidade julgado parcialmente procedente para declarar: (i) inconstitucional o parágrafo 2º do art. 192, sem a pronúncia de nulidade, por um prazo de doze meses (ii) parcialmente inconstitucional o caput do art. 193, dando-lhe interpretação conforme para excluir de seu âmbito de incidência o ICMS; (iii) inconstitucional o parágrafo único do artigo 193; (iv) inconstitucional o artigo 201, caput, e seu parágrafo único; (v) inconstitucional o parágrafo único do artigo 273; (vi) inconstitucional o inciso III do artigo 283; julgar improcedente o pedido quanto ao caput e §1º do artigo 192, todos os artigos da Constituição cearense.*

Art. 193. As microempresas são isentas de tributos estaduais nos limites definidos pela União, como elemento indicativo dessa categoria.

Parágrafo único. A isenção tributária se estende a operações relativas à circulação de mercadorias para destinatário localizado neste ou em outro Estado e sobre prestação de transportes interestaduais, intermunicipais e comunicações.

» *STF, ADI 429 - Decisão: Pedido de inconstitucionalidade julgado parcialmente procedente para declarar: (i) inconstitucional o parágrafo 2º do art. 192, sem a pronúncia de nulidade, por um prazo de doze meses (ii) parcialmente inconstitucional o caput do art. 193, dando-lhe interpretação conforme para excluir de seu âmbito de incidência o ICMS; (iii) inconstitucional o parágrafo único do artigo 193; (iv) inconstitucional o artigo 201, caput, e seu parágrafo único; (v) inconstitucional o parágrafo único do artigo 273; (vi) inconstitucional o inciso III do artigo 283; julgar improcedente o pedido quanto ao caput e §1º do artigo 192, todos os artigos da Constituição cearense.*

Art. 194. (Revogado).

Art. 195. O processo administrativo tributário será disciplinado em lei, assegurando amplo e igualitário direito de defesa.

CAPÍTULO II
DOS IMPOSTOS ESTADUAIS

Art. 196. Compete ao Estado instituir:

I - impostos sobre:

a) transmissão causa mortis e doação de quaisquer bens ou direitos;

b) operações relativas à circulação de mercadorias e prestações de serviços de transporte interestadual e intermunicipal e de comunicação, ainda que as operações e as prestações se iniciem no Exterior;

c) propriedade de veículos automotores;

d) (Revogado).

II - taxas, em razão do exercício do poder de polícia ou pela utilização, efetiva ou potencial, de serviços públicos específicos e divisíveis, prestados ao contribuinte ou postos à sua disposição; e

III - contribuição de melhoria, decorrente de obras públicas.

§ 1º A competência para instituição de impostos prevista na alínea a do inciso I, quando se tratar das hipóteses mencionadas no inciso III do art. 155 da Constituição da República, será regulada em lei complementar federal.

§ 2º A instituição e a cobrança dos tributos referidos neste artigo obedecerão aos princípios e às normas gerais de direito tributário previstos na Constituição Federal.

Art. 197. O imposto previsto no art. 196, I, a, será devido ao Estado:

I - relativamente a bens imóveis e respectivos direitos, quando situados no Estado; e

II - relativamente a bens móveis, títulos e créditos, quando o inventário ou arrolamento se processar em seu território, ou nele tiver domicílio o doador.

Parágrafo único. O Estado respeitará, na fixação da alíquota do imposto de que trata o *caput*, o índice máximo estabelecido pelo Senado Federal.

Art. 198. Em relação aos impostos de competência do Estado, na repartição das respectivas receitas, pertencem aos Municípios:

I - cinquenta por cento do produto da arrecadação do Imposto sobre a Propriedade de Veículos Automotores, licenciados em seus territórios;

II - vinte e cinco por cento do produto da arrecadação do Imposto sobre Operações Relativas à Circulação de Mercadorias e sobre Prestações de Serviços de Transporte Interestadual e Intermunicipal e de Comunicação;

III - vinte e cinco por cento dos recursos recebidos pelo Estado em razão do disposto no art. 159, inciso II, observados os critérios estabelecidos no art. 158, parágrafo único, incisos I e II, todos da Constituição Federal;

IV - as parcelas que lhes forem devidas serão creditadas em contas nos dias dez e vinte e cinco do referido mês, sob pena de incorrer em crime de responsabilidade.

V - vinte e cinco por cento do produto da arrecadação da contribuição de intervenção no domínio econômico que couber ao Estado, nos termos do § 4º do art. 159 da Constituição Federal e na forma da lei a que se refere o inciso III do mesmo artigo.

Art. 199. Aplicam-se ao Imposto sobre Circulação de Mercadorias e sobre Prestação de Serviços de Transporte Interestadual e Intermunicipal e de Comunicação as seguintes normas:

I - será não cumulativo, compensando-se o que for devido em cada operação relativa à circulação de mercadorias ou prestação de serviços com o montante cobrado nas anteriores por este ou outro Estado;

II - a isenção ou não incidência, salvo determinação em contrário da legislação:

a) não implicará em crédito para compensação com o montante devido nas operações ou prestações seguintes;

b) acarretará a anulação do crédito relativo às operações anteriores;

III - poderá ser seletivo, em função da essencialidade das mercadorias e dos serviços;

IV - serão aplicáveis a operações e prestações interestaduais e de exportação as alíquotas estabelecidas em resolução do Senado Federal;

V - fixará o Estado as alíquotas para as operações internas, observado o seguinte:

a) limite mínimo não inferior ao estabelecido pelo Senado Federal para as operações interestaduais, salvo:

1 - deliberação em contrário estabelecida na forma da lei complementar federal, conforme previsto no art. 155, § 3º, XII, g da Constituição da República;

2 - por resolução do Senado Federal, na forma da alínea a do inciso V do § 2º do art. 155 da Constituição da República;

b) limite máximo, na hipótese de resolução do Senado Federal, para a solução de conflito específico que envolva interesse de Estados;

VI - para as operações que destinem bens e serviços a consumidor final localizado em outro Estado, adotar-se-á:

a) a alíquota interestadual, quando o destinatário for contribuinte do imposto; e

b) a alíquota interna, quando o destinatário não for contribuinte de imposto;

VII - nas operações e prestações interestaduais que destinem mercadorias e serviços a contribuinte do imposto, na qualidade de consumidor final, caberá ao Estado a diferença entre a alíquota interna e a interestadual;

VIII - incidirá, ainda, o imposto sobre a entrada de mercadoria importada do Exterior, ainda quando se tratar de bem destinado a consumo ou ativo fixo do estabelecimento, assim como sobre serviço prestado no Exterior, se no Estado estiver situado o estabelecimento da mercadoria ou do serviço;

IX - não haverá incidência do imposto:

a) sobre operações que destinem ao Exterior produtos industrializados, salvo os semielaborados, assim definidos em lei complementar federal;

b) sobre operações que destinem a outros Estados petróleo, lubrificantes, combustíveis líquidos e gasosos dele derivados, e energia elétrica; e

c) sobre o ouro, quando definido em lei como ativo financeiro ou instrumento cambial;

X - não compreenderá, em sua base de cálculo, o montante do Imposto sobre Produtos Industrializados, quando a operação realizada entre contribuintes e relativa a produto destinado à industrialização ou à comercialização configure fato gerador dos dois impostos;

XI - as isenções, os incentivos e os benefícios fiscais serão concedidos ou revogados com base em deliberações dos Estados e do Distrito Federal, na forma prevista no art. 155, § 2º, inciso XII, alínea g, da Constituição Federal;

XII - com exceção deste imposto, nenhum outro tributo estadual incidirá sobre operações relativas à energia elétrica, combustíveis líquidos e gasosos, lubrificantes e minerais.

Art. 200. O Estado divulgará, no Diário Oficial, até o último dia do mês subsequente ao da arrecadação, o montante de cada um dos tributos arrecadados, os recursos recebidos, os recursos transferidos sob forma de convênio, os valores de origem tributária entregues e a entregar e a expressão numérica dos critérios e de rateio.

Parágrafo único. Os dados divulgados serão discriminados por Municípios.

Art. 201. Não incidirá imposto, conforme a lei dispuser, sobre todo e qualquer produto agrícola pertencente à cesta básica, produzido por pequenos e micro produtores rurais que utilizam apenas a mão de obra familiar, vendido diretamente aos consumidores finais.

Parágrafo único. A não incidência abrange produtos oriundos de associações e cooperativas de produção e de produtores, cujos quadros sociais sejam compostos exclusivamente por pequenos e micro produtores e trabalhadores rurais sem terra.

» *STF, ADI 429 - Decisão: Pedido de inconstitucionalidade julgado parcialmente procedente para declarar: (i) inconstitucional o parágrafo 2º do art. 192, sem a pronúncia de nulidade, por um prazo de doze meses (ii) parcialmente inconstitucional o caput do art. 193, dando-lhe interpretação conforme para excluir de seu âmbito de incidência o ICMS; (iii) inconstitucional o parágrafo único do artigo 193; (iv) inconstitucional o artigo 201, caput, e seu parágrafo único; (v) inconstitucional o parágrafo único do artigo 273; (vi) inconstitucional o inciso III do artigo 283; julgar improcedente o pedido quanto ao caput e §1º do artigo 192, todos os artigos da Constituição cearense.*

CAPÍTULO III
DOS IMPOSTOS DOS MUNICÍPIOS

Art. 202. Compete aos Municípios instituir impostos sobre:

I - propriedade predial e territorial urbana;

II - transmissão inter vivos, a qualquer título, por ato oneroso, de bens imóveis por natureza ou acessão física, e de direitos reais sobre imóveis, exceto os de garantia, bem como cessão de direitos à sua aquisição;

III - vendas a varejo de combustíveis líquidos e gasosos, exceto óleo diesel; e

IV - serviços de qualquer natureza, não compreendidos no art. 155, inciso I, alínea b, da Constituição da República, definidos em lei complementar federal.

Parágrafo único. O imposto previsto no inciso I poderá ser progressivo nos termos de lei municipal, de forma a assegurar o cumprimento da função social da propriedade, conforme o disposto no art. 182 da Constituição Federal.

CAPÍTULO IV
DOS ORÇAMENTOS

Art. 203. O Estado programará as suas atividades financeiras mediante leis de iniciativa do Poder Executivo, abrangendo:

I - plano plurianual;

II - diretrizes orçamentárias; e

III - orçamentos anuais.

§ 1º O plano plurianual, editado por lei, contemplará as diretrizes, objetivos e metas da política financeira estadual para as despesas de capital e outras delas decorrentes e para cumprimento de programas de continuada duração, será expresso em forma regionalizada, tendo como elementos dimensionadores a região metropolitana e as microrregiões, objetivando reduzir as desigualdades internas, tomando por critério, para maior alocação de recursos, as carências populacionais, observadas as regras seguintes:

I - o plano conterá projeções exequíveis no prazo de quatro anos para o desenvolvimento integral e harmônico de todo o espaço cearense;

II - a mensagem do Executivo deverá ter ingresso na Assembleia até trinta de setembro do ano que precederá o exercício inicial a ser atingido pela sua vigência;

III - recebendo o projeto, determinará a Assembleia a extração de avulsos, distribuindo-se para exame e oferecimento de sugestões emanadas das microrregiões e região metropolitana, a estas cabendo assegurar a participação populacional, através de suas entidades representativas, submetendo-as à apreciação do respectivo Conselho Deliberativo, que deverão ser encaminhadas dentro de quarenta e cinco dias.

IV - o projeto, com as modificações apresentadas pelas comissões técnicas, será incluído em pauta, devendo estar concluída a votação e devolvido para sanção até o encerramento da sessão legislativa do ano que precederá o exercício inicial a ser atingido pela sua vigência e aprovado por maioria absoluta.

V - transcorrido o prazo previsto no inciso III, devem as comissões técnicas oferecer parecer com as reformulações consideradas pertinentes, no prazo de quinze dias;

VI - (Revogado).

§ 2º A Lei de Diretrizes Orçamentárias definirá as metas e prioridades deduzidas do plano plurianual, a serem aplicáveis no exercício de atividades administrativas em geral, incluindo as despesas de capital para o exercício financeiro subsequente, orientará a elaboração da lei orçamentária anual, assegurada a ordem cronológica prevista no plano plurianual, disporá sobre as alterações na legislação tributária e estabelecerá as diretrizes políticas para observância pelas agências financeiras oficiais de fomento, observadas as seguintes normas:

I - o projeto de Lei de Diretrizes Orçamentárias deverá ser encaminhado pelo Executivo à Assembleia até dois de maio do ano que precederá à vigência do orçamento anual subsequente;

II - a elaboração deverá estar concluída em sessenta dias, exigindo-se maioria absoluta para a sua aprovação, regendo-se em tudo o mais pelas normas do processo legislativo;

III - o Poder Executivo publicará, no prazo de trinta dias, após a expiração de cada bimestre, relatório resumido da execução orçamentária, prestando esclarecimentos que lhe sejam requisitados pela Assembleia Legislativa ou pelo Tribunal de Contas;

IV - os planos e programas estaduais serão elaborados, refletindo as conformações regionais e setoriais, em consonância com o plano plurianual, sendo apreciados pela Assembleia, que assegurará a sua compatibilização.

§ 3º A Lei Orçamentária Anual compreenderá:

I - o orçamento fiscal referente aos Poderes Estaduais, Ministério Público, fundos, órgãos e entidades da administração direta e indireta, inclusive as fundações legalmente instituídas e mantidas pelo Poder Público;

II - o orçamento de investimento das empresas em que o Estado, direta ou indiretamente, detenha a maioria do capital social com direito a voto;

III - os orçamentos previstos nos incisos I e II, compatibilizados com o plano plurianual, terão por prioritário objetivo eliminar as desigualdades microrregionais, implicando a ação governamental, em seu conjunto, no processo de desenvolvimento harmônico da região metropolitana e das microrregiões, em quantitativos proporcionais ao vulto das carências populacionais;

IV - o orçamento da seguridade social, abrangendo todas as entidades e órgãos estaduais a ela vinculados, da administração direta ou indireta, incluindo os fundos e fundações oriundos ou mantidos pelo Estado;

V - o Projeto de Lei Orçamentária será encaminhado ao Legislativo, acompanhado de demonstrativo regionalizado do efeito sobre as receitas e despesas decorrentes de isenções, anistias, remições, subsídios e benefícios de natureza financeira, tributária e creditícia;

VI - o Projeto de Lei Orçamentária anual será submetido pelo Executivo à Assembleia Legislativa, observando o prazo máximo de setenta e cinco dias do início de sua vigência, cumprindo-se as normas atinentes às do processo legislativo, conciliada às deste capítulo;

VII - os recursos que, em decorrência de veto, emenda ou rejeição do projeto de lei orçamentária anual, ficarem sem despesas correspondentes poderão ser utilizados, conforme o caso, mediante créditos especiais ou suplementares, com prévia e específica autorização legislativa.

Art. 204. Os projetos de lei relativos ao Plano Plurianual, às diretrizes orçamentárias, ao orçamento anual e aos créditos adicionais devem observar as normas dispostas no processo legislativo ordinário e as deste capítulo.

§ 1º Somente são admissíveis emendas ao projeto de lei do orçamento anual ou aos projetos que o modifiquem, quando:

I - reconhecida a compatibilidade com o plano plurianual e com a lei de diretrizes orçamentárias;

II - houver indicação dos recursos, admitidos apenas os decorrentes de despesas anuladas, excluídas as que versem sobre:

a) dotações para pessoal e seus encargos;

b) serviço da dívida; e

c) transferências tributárias constitucionais para Municípios; ou

III - sejam relacionadas:

a) à correção de erros ou omissões; ou

b) aos dispositivos do texto do projeto de lei.

§ 2º As emendas do projeto de lei de diretrizes orçamentárias não poderão ser aprovadas, se houver incompatibilidade com o plano plurianual.

§ 3º O Governador do Estado, enquanto não tiver havido apreciação pela comissão incumbida das atividades financeiras e orçamentárias, poderá dirigir mensagem, propondo modificações nos projetos cogitados neste capítulo.

Art. 205. São vedados:

I - o início de programas ou projetos não incluídos na lei orçamentária anual;

II - a realização de despesas ou a assunção de obrigações diretas que excedam os critérios orçamentários ou adicionais;

III - a vinculação de receita de impostos a órgão, fundo ou despesa, ressalvadas a repartição com os Municípios do produto de arrecadação de impostos, a destinação de recursos para manutenção e desenvolvimento do ensino e para o fomento à pesquisa científica e tecnológica, além da prestação de garantias às operações de crédito por antecipação de receita, de acordo com os arts. 158, 159, 212, 218 e 165 da Constituição Federal;

IV - a abertura de crédito suplementar ou especial sem prévia autorização legislativa e sem indicação dos recursos correspondentes;

V - a transposição, o remanejamento ou a transferência de recursos de uma categoria de programação para outra ou de um órgão para outro, sem prévia autorização do legislativo;

VI - a concessão ou utilização de créditos ilimitados;

VII - a utilização, sem a autorização legislativa específica, dos recursos do orçamento fiscal e da seguridade social para suprir necessidade ou cobrir déficit de empresas, fundações e fundos; e

VIII - a instituição de fundos de qualquer natureza, sem prévia autorização legislativa.

§ 1º Nenhum investimento, cuja execução ultrapasse um exercício financeiro, poderá ser iniciado sem prévia inclusão no plano plurianual, ou sem lei que autorize a inclusão, sob pena de crime de responsabilidade.

§ 2º A Lei de Diretrizes Orçamentárias estabelecerá meta anual de investimentos a serem custeados com recursos provenientes da receita de arrecadação tributária do Estado.

» *Parágrafo 2º com redação dada pela Emenda Constitucional nº 98, de 19.12.2019, DOE de 19.12.2019, em vigor na data de sua publicação.*

» *O parágrafo alterado dispunha o seguinte:*

» *"§ 2º O Estado despenderá um mínimo de vinte por cento da sua arrecadação tributária com investimentos."*

§ 3º Os créditos especiais e extraordinários terão vigência no exercício financeiro em que forem autorizados, salvo se o ato de autorização for promulgado nos últimos quatro meses daquele exercício, caso em que, reabertos nos limites de seus saldos, serão incorporados ao orçamento do exercício financeiro subsequente.

§ 4º A abertura de crédito extraordinário somente será admitida para atender às despesas imprevisíveis e urgentes, como as decorrentes de guerra, comoção interna ou calamidade pública.

§ 5º Os recursos correspondentes às dotações orçamentárias, compreendidos os créditos suplementares e especiais, destinados aos órgãos dos Poderes Legislativo e Judiciário, do Ministério Público e da Defensoria Pública, ser-lhes-ão entregues até o dia 20 de cada mês, em duodécimos, na forma da Lei Complementar a que se refere o art. 165, § 9º, da Constituição Federal.

§ 6º A criação ou a extensão de qualquer benefício ou vantagem funcional ou, ainda, de outras despesas referentes a agentes públicos estaduais, no âmbito dos três Poderes, incluídos o Ministério Público, a Defensoria Pública e os Tribunais de Contas, dependem, quando importar em gasto público, da aprovação em lei e da prévia previsão, na lei orçamentária anual e créditos adicionais, dos recursos necessários ao custeio da despesa correspondente, aplicando-se esta última exigência de previsão orçamentária prévia também para nomeação de pessoal e provimento de cargos no serviço público.

Art. 206. Cabe à lei complementar estadual:

I - dispor sobre o exercício financeiro, a vigência, os prazos, a elaboração e organização do plano plurianual, da lei de diretrizes orçamentárias anuais; e

II - estabelecer normas de gestão financeira e patrimonial da administração direta e indireta, bem como as condições para a instituição e funcionamento de fundos.

Parágrafo único. Deverão constar, obrigatoriamente, das premissas orçamentárias, previstas no inciso VIII, § 3º, art. 216, mecanismos que assegurem o efetivo controle sobre a receita e despesas públicas da administração direta, indireta e fundações do Poder Público Estadual.

Art. 207. Os planos e programas estaduais, regionais e setoriais previstos nesta Constituição serão elaborados em consonância com o plano plurianual e apreciados pelo Poder Legislativo.

Parágrafo único. Serão incluídos nas dotações orçamentárias da Assembleia recursos para viabilizar o programa de ação cultural e operativo do Instituto de Estudos e Pesquisas sobre o Desenvolvimento do Estado do Ceará, contemplado no art. 49, parágrafo único desta Constituição.

Art. 208. O Estado criará incentivos para a desconcentração das atividades produtivas na Região Metropolitana de Fortaleza, de modo a favorecer a interiorização do desenvolvimento.

Art. 209. O Estado aportará recursos para constituição e manutenção de fundo destinado ao fomento e ao incremento de micro empreendedorismo, inclusive mediante a disponibilização de crédito popular, objetivando a geração de novas oportunidades de empregos e renda para a população.

Parágrafo único. Os recursos aportados para o fundo de constituição e manutenção para o fomento e o incremento do micro empreendedorismo no Estado do Ceará obrigatoriamente serão destinados no importe de até 10% (dez por cento) aos microempreendedores com deficiência, bem como às mulheres microempreendedoras chefes de família.

» *Redação dada pela Emenda Constitucional 107, de 25/02/2021.*

Art. 210. A Lei de Orçamento do Estado observará, para investimentos do setor público estadual do Interior, dotação nunca inferior a cinquenta por cento do valor global consignado para esse fim.

Parágrafo único. Excluem-se da classificação de Municípios do Interior, para fins do *caput* deste artigo, os Municípios integrantes da Região Metropolitana de Fortaleza.

Art. 211. O Poder Executivo publicará, até trinta dias após o encerramento de cada semestre, relatório resumido da execução orçamentária, bem como apresentará trimestralmente ao Poder Legislativo a caracterização sobre o Estado e suas finanças públicas, devendo constar do demonstrativo:

I - as receitas e despesas da administração direta, indireta e fundações do Poder Público Estadual, constantes do orçamento em seus valores mensais;

II - os valores ocorridos desde o início do exercício até o último mês do trimestre, objeto da análise financeira;

III - a comparação mensal entre os valores do inciso II com seus correspondentes previstos no orçamento já atualizados por suas alterações; e

IV - as previsões atualizadas de seus valores até o final do exercício financeiro.

Parágrafo único. Os trimestres, objeto de análise financeira, deverão ser, de: janeiro a março, abril a junho, julho a setembro e outubro a dezembro.

Art. 211-A. Lei de iniciativa do Poder Executivo estabelecerá normas de finanças públicas no âmbito do Estado do Ceará, às quais se sujeitarão todos os Poderes, incluídos Ministério Público e Defensoria Pública, com o objetivo de preservar a responsabilidade da gestão e cidadania fiscal, bem como de promover o equilíbrio financeiro das contas públicas, elevando o padrão e a qualidade dos investimentos.

» *Artigo 211-A acrescido pela Emenda Constitucional nº 94, de 17.12.2018.*

Art. 212. As informações sobre as finanças do Estado são públicas, devendo ser acessíveis a qualquer cidadão.

Parágrafo único. As informações solicitadas serão fornecidas no prazo da lei, sob pena de responsabilidade.

Art. 213. Incumbe ao Poder Público Estadual firmar contratos, inclusive de concessão ou permissão de serviços públicos, ou para alienar ou adquirir bens, mediante prévia licitação, salvo nos casos expressamente previstos em lei.

§ 1º Os contratos de concessão para a prestação de serviços públicos poderão conter expressa cláusula de reversibilidade, incorporando, ao término do prazo contratual, ao patrimônio do poder concedente, os bens vinculados à prestação do serviço independente de qualquer indenização.

§ 2º Quando a execução de serviço público é delegada a particulares, considerar-se-á implícita no contrato a cláusula de prevalência do interesse público, importando à entidade concedente o direito de proceder, a qualquer tempo, à revisão do contrato para adaptá-lo às exigências do interesse coletivo, respeitado o equilíbrio econômico e financeiro do contrato.

§ 3º A comprovação da idoneidade financeira dos licitantes, assim como a de sua qualificação técnica far-se-á na forma prescrita em lei.

§ 4º (Revogado).

§ 5º (Revogado).

TÍTULO VIII
DAS RESPONSABILIDADES CULTURAIS, SOCIAIS E ECONÔMICAS

CAPÍTULO I
DISPOSIÇÕES GERAIS

Art. 214. O Estado conjuga-se às responsabilidades sociais da Nação soberana para superar as disparidades cumulativas internas, incrementando a modernização nos aspectos cultural, social, econômico e político, com a elevação do nível de participação do povo, em correlações dialéticas de competição e cooperação, articulando a sociedade aos seus quadros institucionais, cultivando recursos materiais e valores culturais para o digno e justo viver do homem.

Parágrafo único. Todos são iguais perante a lei, sem distinção de qualquer natureza, garantindo-se aos brasileiros e estrangeiros a inviolabilidade do direito à vida, à liberdade, à igualdade, à segurança e à propriedade.

CAPÍTULO II
DA EDUCAÇÃO

Art. 215. A Educação, baseada nos princípios democráticos na liberdade de expressão, na sociedade livre e participativa, no respeito ao meio ambiente e aos direitos humanos e garantindo formação básica comum e respeito aos valores culturais e artísticos nacionais e regionais, é um dos agentes do desenvolvimento, visando a plena realização da pessoa, seu preparo para o exercício da cidadania e sua qualificação para o trabalho, contemplando o ensino as seguintes diretrizes básicas:

I - igualdade de condições para o acesso e permanência na escola;

II - pluralismo de ideias e concepções pedagógicas e coexistência de instituições públicas e privadas de ensino;

III - gratuidade do ensino público em estabelecimentos oficiais;

IV - valorização dos profissionais do ensino com planos de carreira, na forma da lei, para o magistério público, com piso salarial profissional e ingresso exclusivamente por concurso público de provas e títulos, assegurada a isonomia salarial para docentes em exercício, com titulação idêntica, respeitando-se o grau de ensino em que estiver atuando;

V - gestão democrática da instituição escolar na forma de lei, garantidos os princípios de participação de representantes da comunidade;

VI - garantia de padrão de qualidade;

VII - formação de seres humanos plenamente desenvolvidos, capazes de compreender os direitos e deveres da pessoa, do cidadão, do Estado e dos diferentes organismos da sociedade;

VIII - fortalecimento da unidade nacional e da solidariedade internacional, assim como a preservação do meio ambiente, bem como resguardar, expandir e difundir o patrimônio cultural da humanidade;

IX - preparação dos indivíduos para o domínio dos recursos científicos e tecnológicos, que permitem utilizar as possibilidades do meio em função do bem comum;

X - currículos voltados para os problemas brasileiros e suas peculiaridades regionais;

XI - ensino religioso facultativo;

XII - liberdade de organização dos alunos, professores, funcionários e pais de alunos, sendo facultada a utilização das instalações do estabelecimento de ensino para atividade das associações.

§ 1º Serão ministradas, obrigatoriamente, nos estabelecimentos de ensino público e privado, com o envolvimento da comunidade, noções de:

a) direitos humanos;

b) defesa civil;

c) regras de trânsito;

d) efeito das drogas, do álcool e do tabaco;

e) direito do consumidor;

f) sexologia;

g) ecologia;

h) higiene e profilaxia sanitária;

i) cultura cearense, abrangendo os aspectos histórico, geográfico, econômico e sociológico do Estado e seus Municípios;

j) sociologia; e

l) folclore.

§ 2º Serão também incluídas, como disciplinas obrigatórias dos currículos nas escolas públicas e privadas de 1º e 2º graus, matérias sobre cooperativismo e associativismo.

§ 3º As escolas de 1º e 2º graus deverão incluir nas disciplinas da área de Humanidades, História, Geografia, Educação Artística e OSPB, temas voltados para a conscientização da necessidade de se preservar o patrimônio cultural.

Art. 216. O Estado do Ceará destinará, anualmente, no orçamento do Estado, verbas a serem aplicadas com a educação, em montante nunca inferior a vinte e cinco por cento da arrecadação.

§ 1º Serão garantidos mecanismos de controle social sobre a arrecadação e utilização dos recursos destinados à educação.

§ 2º É vedada a cobrança de taxas e contribuições, a qualquer título, nas escolas públicas, criadas e mantidas pelo Estado e Municípios.

Art. 217. O Poder Público organizará o sistema estadual de ensino, com normas gerais de funcionamento para as escolas públicas estaduais, municipais e para as particulares sob sua jurisdição, e com assistência técnica e financeira aos Municípios, para o desenvolvimento dos seus próprios sistemas.

Art. 218. O sistema estadual de ensino será organizado, em colaboração com a União e os Municípios, sendo planejado e executado em forma regionalizada, com diretrizes, objetivos e metas definidos nos planos plurianuais, mediante garantia de:

I - ensino fundamental, obrigatório e gratuito, extensivo aos que a ele não tiverem acesso na idade própria;

II - melhoria de qualidade de ensino;

III - atuação prioritária dos Municípios no ensino fundamental e pré-escolar, aplicando o percentual de vinte e cinco por cento da receita com que estão comprometidos, conforme o disposto no art. 212 da Constituição Federal;

IV - atendimento em creches e pré-escolar às crianças de zero a cinco anos de idade;

V - ensino noturno regular, adequado às condições do educando;

VI - atendimento educacional especializado aos portadores de deficiência em qualquer idade, preferencialmente na rede regular de ensino;

VII - atendimento ao educando, no ensino fundamental, através de programas suplementares, de material didático escolar, transporte, alimentação e saúde;

VIII - acesso aos níveis mais elevados do ensino, segundo a capacidade de cada um;

IX - estímulo à criação artística e às atividades de pesquisa e extensão;

X - oferta do ensino profissionalizante, segundo as aptidões do educando e as necessidades do mercado de trabalho;

XI - erradicação do analfabetismo;

XII - universalização do atendimento escolar;

XIII - promoção humanística, científica e tecnológica do Estado;

XIV - recenseamento pelos Municípios dos educandos do ensino fundamental, zelando-se pela sua frequência;

XV - manutenção do ensino fundamental, através de rede própria estadual ou em colaboração com os Municípios;

XVI - escolas com corpo docente habilitado;

XVII - ensino público e gratuito a todos, através de programas sociais devidamente orçados, vedado o uso de salário educação;

XVIII - integração da Escola que oferece ensino fundamental e médio aos serviços de saúde, mediante ensino e difusão das noções básicas de Educação para a saúde pública.

§ 1º Sempre que os Municípios não tiverem condições de oferecer o atendimento previsto nos incisos IV e VI, cabe ao Estado suplementar as verbas para corrigir desníveis regionais.

§ 2º As classes de alfabetização para a criança a partir de seis anos serão mantidas, com prioridade, ensejando o aprendizado da leitura e da escrita, garantindo-se acesso efetivo ao 1º grau.

§ 3º O não oferecimento do ensino obrigatório pelo Poder Público, ou sua oferta irregular, importa responsabilidade da autoridade competente, suscetível do exercício do direito de representação por qualquer cidadão e iniciativa de ofício pelo Ministério Público.

§ 4º O Estado construirá e manterá escolas preparatórias profissionalizantes, que funcionarão em regime de internato, para abrigarem menores abandonados.

§ 5º O Poder Público incentivará o desenvolvimento e a veiculação de programas de ensino a distância, em todos os níveis e modalidades de ensino.

Art. 219. As universidades estaduais gozam de autonomia didático-científica, administrativa, financeira, patrimonial e de gestão democrática, disciplinada em seus estatutos e regimentos.

Art. 220. A organização democrática do ensino é garantida, através de eleições, para as funções de direção nas instituições de ensino, na forma que a lei estabelecer.

Art. 221. As instituições de ensino superior serão necessariamente orientadas pelo princípio de indissociabilidade do ensino, da pesquisa e da extensão dos serviços à comunidade.

Art. 222. As instituições educacionais de nível superior, criadas e mantidas pelo Poder Público estadual, adotarão a natureza jurídica de fundação de direito público.

Art. 223. Fica instituído o regime jurídico estatutário para docentes e demais servidores das fundações educacionais públicas de nível superior, nos termos do art. 39 da Constituição Federal, respeitado, quanto aos docentes, o estabelecido no art. 206, inciso V, da Constituição Federal.

Art. 224. O Governo Estadual aplicará, mensalmente, nunca menos de um quinto da parcela a que se refere o art. 212 da Constituição Federal para despesas de capital do sistema de ensino superior público do Estado do Ceará, respeitada a proporcionalidade dos recursos repassados às universidades públicas estaduais nos últimos dois anos anteriores à promulgação desta Constituição.

Parágrafo único. Ficam as universidades públicas estaduais autorizadas, para fins de assegurar a autonomia da gestão financeira, a transferir e utilizar, na medida de suas necessidades, os recursos estabelecidos neste artigo, para despesas com material de consumo, serviços de terceiros e encargos, remuneração de serviços pessoais, outros serviços e encargos, diversas despesas de custeio, despesas de exercícios anteriores e vice-versa.

Art. 225. Caberá ao Poder Público Estadual dispor sobre a criação e funcionamento das instituições de ensino superior municipais e particulares, promovendo a articulação desse nível com os demais.

Art. 226. O estatuto e o plano de carreira do Magistério Público serão elaborados com a participação de entidades representativas da classe, observados:

I - piso salarial único para todo o magistério, de acordo com o grau de formação;

II - condições plenas de reciclagem e atualização permanentes, com direito a afastamento das atividades docentes, sem perda da remuneração;

III - progressão funcional na carreira, baseada na titulação;

IV - paridade de proventos entre ativos e aposentados;

V - concurso público para o provimento de cargos; e

VI - estabilidade no emprego, nos termos da Constituição Estadual;

§ 1º O plano de carreira para o pessoal técnico-administrativo será elaborado com a participação de entidades representativas da classe, garantindo:

a) piso salarial;

b) condições plenas para reciclagem e atualização permanentes com direito a afastamento das atividades, sem perda da remuneração;

c) progressão funcional na carreira, baseada na titulação.

§ 2º Professor é todo profissional com a devida titulação que exerça atividade de magistério, incluindo-se nesta, além da docência, as decorrentes das funções de direção, planejamento, supervisão, inspeção, coordenação, acompanhamento, controle, avaliação, orientação e pesquisa.

§ 3º O professor, em qualquer dos níveis, será aposentado com vencimentos integrais, satisfeito o requisito de tempo de serviço, independentemente da natureza de sua investidura.

Art. 227. Os Municípios responsabilizar-se-ão, prioritariamente, pelo ensino fundamental, devendo manter e expandir o atendimento às crianças de zero a cinco anos, só podendo atuar no nível superior de ensino quando a demanda dos ensinos fundamental e médio estiver plena e satisfatoriamente atendida, quantitativa e qualitativamente.

§ 1º O Estado prestará assistência técnica e financeira aos Municípios que mantenham o ensino fundamental, devendo decretar a medida de intervenção, ao verificar não haver sido aplicado o mínimo exigido da receita municipal.

§ 2º Os poderes públicos providenciarão para que as escolas, progressivamente, sejam convertidas em centros educacionais dotados de infraestrutura técnica e de serviços necessários ao desenvolvimento de todas as etapas da educação fundamental.

§ 3º Os poderes públicos providenciarão para que as escolas adotem, progressivamente, o sistema de ensino de tempo integral de oito horas diárias.

Art. 228. O ensino médio visa assegurar formação humanística científica e tecnológica, voltada para o desenvolvimento de uma consciência crítica em todas as modalidades do ensino em que se apresentar.

§ 1º O Poder Público Estadual responsabilizar-se-á pela manutenção e expansão do ensino médio, público e gratuito, tomando providências para sua progressiva universalização.

Art. 229. Fica assegurada às pessoas com necessidades especiais educação em todos os graus escolares, quer em classes comuns, quer em classes especiais, quando isto se fizer necessário.

§ 1º Nas bibliotecas públicas será proposta a criação de um centro de informações de assuntos sobre a problemática social das deficiências, como estímulo à pesquisa, à ciência e às políticas transformadoras.

§ 2º As bibliotecas devem adquirir acervos de livros com escrita braile, como estímulo à formação cultural dos deficientes visuais.

§ 3º Toda entidade de reabilitação mantida pelo Estado, além de sua destinação, deve manter curso pré-escolar e de ensino fundamental, bem como ensino profissionalizante, compatíveis com a deficiência de seus frequentadores, de forma gratuita e obrigatória, sem limite de idade, desde o nascimento.

§ 4º Em se tratando de órgão privado, com finalidade filantrópica, o Estado deve prover os meios para que seja atingido o seu objetivo.

§ 5º O Estado promoverá, pelo menos uma vez por ano, em suas campanhas permanentes de conscientização, esclarecimentos sobre a problemática das pessoas deficientes.

Art. 230. O Conselho de Educação do Ceará, órgão normativo, consultivo e deliberativo do sistema de ensino do Estado do Ceará, será entidade autônoma e constituir-se-á em unidade orçamentária e de despesa.

§ 1º (Revogado).

§ 2º Compete ao Conselho de Educação do Ceará, sem prejuízo de outras atribuições que lhe sejam conferidas em lei e observadas as diretrizes e bases estabelecidas pela União:

I - baixar normas disciplinadoras do sistema estadual de ensino;

II - interpretar a legislação de ensino;

III - autorizar o funcionamento do ensino particular e avaliar-lhe a qualidade; e

IV - desconcentrar suas atribuições, por meio de comissões de âmbito municipal.

§ 3º A competência, a organização e as diretrizes do funcionamento do Conselho serão estabelecidas em lei.

Art. 231. Os recursos públicos serão destinados às escolas comunitárias, confessionais e filantrópicas, definidas em lei, que:

I - comprovem finalidade não lucrativa e apliquem seus excedentes financeiros na educação;

II - assegurem a destinação de seu patrimônio a outra escola comunitária, filantrópica ou confessional ou ao poder público, no caso de encerramento de suas atividades.

§ 1º Os recursos de que trata este artigo poderão ser destinados a bolsa de estudo para o ensino fundamental e médio, na forma da lei, para os que demonstrem insuficiência de recursos, quando houver falta de vagas e cursos regulares da rede pública na localidade de residência do educando, ficando o poder público obrigado a investir, prioritariamente, na expansão de sua rede na localidade.

§ 2º As atividades universitárias de pesquisa e extensão poderão receber apoio financeiro do poder público.

§ 3º A distribuição dos recursos públicos assegurará prioridade ao atendimento das necessidades do ensino fundamental.

§ 4º Serão criados mecanismos de controle democrático da arrecadação e utilização dos recursos destinados à educação.

§ 5º As instituições universitárias estaduais poderão estabelecer, mediante convênios, programas de ação para esses fins, com o Instituto de Estudos e Pesquisas sobre o Desenvolvimento do Estado do Ceará, definido no art. 49, parágrafo único desta Constituição.

§ 6º As escolas rurais do Estado devem obrigatoriamente instituir o ensino de cursos profissionalizantes.

§ 7º O Estado firmará convênio com as universidades e centros de pesquisa, visando aprimorar o ensino, regionalizando-o de acordo com as características de cada microrregião.

§ 8º Em cada microrregião do Estado será implantada uma escola técnica agrícola que deve ter os currículos e o calendário escolar adequados à realidade da microrregião.

§ 9º O Estado, em conjunto com os Municípios e com a participação da comunidade, implantará o sistema estadual de bibliotecas públicas, tendo como unidade central a Biblioteca Pública Governador Menezes Pimentel.

§ 10. O Estado e os Municípios preservarão a documentação governamental e histórica, assegurando o acesso aos interessados.

Art. 232. Lei estadual disporá sobre os critérios para a municipalização do ensino.

Parágrafo único. O Estado garantirá a municipalização do ensino fundamental, por meio de:

I - incentivo à criação de conselhos municipais de educação, onde houver condições;

II - transferência da capacidade decisória e de ação aos Municípios, nas áreas de ensino fundamental;

III - criação e fortalecimento de estruturas municipais de educação, e preparação destas para assumirem os encargos educacionais do ensino fundamental;

IV - transferência progressiva de encargos e serviços relativos ao ensino fundamental aos Municípios, na medida de suas reais disponibilidades; e

V - criação de mecanismos, visando o fortalecimento das ações municipais e ampliação do repasse de recursos financeiros.

CAPÍTULO III
DA CULTURA

Art. 233. O Estado do Ceará promoverá a valorização e a proteção das manifestações e expressões culturais, advindas dos diversos indivíduos, grupos e coletividades participantes do processo de construção da cultura cearense, observados os seguintes princípios dos direitos culturais:

I - defesa e valorização do patrimônio cultural;

II - valorização da diversidade étnica e regional;

III - respeito à diversidade e ao pluralismo cultural;

IV - resguardo da memória coletiva;

V - promoção da cidadania cultural;

VI - promoção da inclusão social;

VII - universalização do acesso aos bens culturais;

VIII - autonomia das entidades culturais; e

IX - gestão democrática.

Art. 234. Constituem patrimônio cultural do Estado do Ceará os bens de natureza material e imaterial, considerados individualmente ou em conjunto, portadores de referência à identidade, à ação, à memória dos diferentes grupos e coletividades formadores da sociedade cearense, nos quais se incluem:

I - as formas de expressão;

II - os modos de criar, fazer e viver;

III - as criações científicas, artísticas e tecnológicas;

IV - as obras, objetos, documentos, edificações e demais espaços destinados às manifestações artístico-culturais; e

V - os conjuntos urbanos e sítios de valor histórico, paisagístico, artístico, arqueológico, paleontológico, ecológico e científico.

§ 1º (Revogado).

§ 2º (Revogado).

Art. 235. O Poder Público, com a colaboração da comunidade, promoverá e protegerá o patrimônio cultural do Estado do Ceará, por meio de inventário, registros, vigilância, tombamento e desapropriação, e de outras formas de acautelamento e preservação.

Art. 236. A gestão pública da cultura no Estado do Ceará será feita por intermédio da Secretaria da Cultura, de forma sistêmica, com participação de órgãos colegiados, na forma da lei.

§ 1º A lei disporá sobre o Fundo Estadual de Cultura, a ser administrado pela Secretaria da Cultura, com a colaboração de órgão colegiado.

§ 2º O Conselho Estadual da Cultura terá natureza autônoma, consultiva, deliberativa e normativa, de composição majoritária da sociedade civil, atendendo a critérios democráticos na escolha de seus membros, na forma da lei.

Art. 237. O Poder Público assegurará os meios e as condições para o funcionamento eficiente e democrático dos sistemas e subsistemas estaduais de cultura, na forma da lei.

Art. 237-A. O Estado do Ceará incentivará a promoção da cultura no âmbito dos Municípios.

Art. 237-B. Será instituído, na forma da lei, o sistema estadual de arquivos, integrado pelos arquivos estaduais e municipais, para a guarda, gestão, conservação e preservação dos documentos públicos.

§ 1º Nenhuma repartição pública destruirá ou desviará sua documentação, sem antes submetê-la ao setor competente para a triagem.

§ 2º Aos interessados será assegurado amplo acesso aos documentos referidos neste artigo, respeitadas as restrições constitucionais.

Art. 237-C. A lei estabelecerá incentivos para produção e conhecimento de bens e valores culturais.

§ 1º O Estado do Ceará poderá adotar modelo de Orçamento Participativo para a alocação de recursos públicos destinados à cultura e elaboração de Plano Plurianual correspondente.

§ 2º A lei estabelecerá o Plano Estadual de Cultura, de duração plurianual, visando o desenvolvimento do Estado e à integração das ações do poder público, respeitados os princípios dos direitos culturais elencados neste capítulo.

CAPÍTULO IV
DO DESPORTO E DO TURISMO

Art. 238. É dever do Estado fomentar e apoiar práticas desportivas formais e não formais, em suas diferentes manifestações, educação física, desporto, lazer e recreação, como direito de todos.

§ 1º Será assegurada prioridade, em termos de recursos humanos, financeiros e materiais, ao desporto educacional, em suas atividades, meios e fins.

§ 2º O Poder Público reconhece a educação física como disciplina obrigatória no ensino público e privado.

Art. 239. É dever do Estado incentivar a pesquisa sobre educação física, desporto e lazer, criar e manter instalações esportivas e recreativas nos projetos de urbanização e instituições escolares públicas, e exigir igual participação da iniciativa privada.

Parágrafo único. Fica criado o Fundo de Desenvolvimento do Esporte Amador, devendo a lei definir a origem dos recursos e o órgão a que caberá a sua administração.

Art. 240. O Poder Público criará estrutura organizacional dotada de recursos próprios, que terá competência para organizar, executar e supervisionar as atividades desportivas educacionais do Estado.

§ 1º O Poder Público garantirá ao portador de necessidade especial atendimento especializado no que se refere à educação física e à prática de atividades desportivas, sobretudo no âmbito escolar.

§ 2º O Poder Público apoiará e incentivará o lazer e o desporto como forma de promoção social, com tratamento diferenciado para o desporto profissional e amador.

Art. 241. As empresas vinculadas ao Governo do Estado do Ceará deverão aplicar no mínimo dez por cento de suas verbas publicitárias em comerciais que incentivem o esporte amador e o educacional.

Parágrafo único. As verbas deverão ser utilizadas na cobertura de atividades esportivas amadorísticas, no patrocínio de atletas, no apoio à realização de competições, na contratação de atletas para comerciais ou em outras atividades semelhantes.

Art. 241-A. O Estado promoverá e incentivará o turismo como fator de desenvolvimento econômico e social, de divulgação, de valorização e preservação do patrimônio cultural e natural, respeitando as peculiaridades locais, coibindo a desagregação das comunidades envolvidas e assegurando o respeito ao meio ambiente e à cultura das localidades exploradas, estimulando sua autossustentabilidade.

§ 1º O Estado definirá a política estadual de turismo proporcionando condições necessárias para o desenvolvimento da atividade.

§ 2º O instrumento básico de intervenção do Estado, decorrente da norma estatuída no *caput* deste artigo, será o plano diretor de turismo, estabelecido em lei, considerado o potencial turístico das diferentes regiões, com a participação dos municípios envolvidos, direcionando as ações de planejamento, promoção e execução da política estadual de turismo.

§ 3º Para o cumprimento do disposto no parágrafo anterior, caberá ao Estado, em ação conjunta com os municípios, promover especialmente:

I - o inventário e a regulamentação do uso, ocupação e fruição dos bens naturais e culturais de interesse turístico do Estado;

II - a infraestrutura básica necessária à prática do turismo, apoiando e realizando investimentos no fomento dos empreendimentos, equipamentos e instalações e na qualificação dos serviços;

III - a promoção de intercâmbio permanente, em âmbito nacional e internacional, visando ao aumento do fluxo turístico e a elevação da média de permanência do turista;

IV - medidas específicas para o desenvolvimento dos recursos humanos para o setor;

V - elaboração sistemática de pesquisas sobre oferta e demanda turística, com análise dos fatores de oscilação do mercado;

VI - fomento ao intercâmbio permanente com outros Estados da Federação e com o exterior, em especial com os países da América do Sul, visando ao fortalecimento do espírito de fraternidade e aumento do fluxo turístico nos dois sentidos, bem como a elevação da média de permanência do turista em território do Estado; e

VII - construção de albergues populares, favorecendo o lazer das camadas pobres da população.

CAPÍTULO V
DA COMUNICAÇÃO SOCIAL

Art. 242. Os órgãos públicos da administração direta e indireta são obrigados a atender a pedidos de informação dos profissionais de comunicação social, dos veículos de comunicação de massa ou de quaisquer cidadãos interessados em questões de relevante interesse público.

§ 1º Nenhuma lei conterá dispositivo que possa constituir embaraço à plena liberdade de informação jornalística em qualquer veículo, empresa e assessoria de comunicação social, observados os incisos IV, V, X, XIII e XIV, do art. 5º da Constituição Federal.

§ 2º É vedada toda e qualquer censura de natureza política, ideológica ou artística.

Art. 243. As emissoras de rádio e televisão mantidas pelo Estado, ou com ele conveniadas, na forma da lei, realizarão programas de ensino público e gratuito para o 1º, 2º e 3º graus, de modo a combinar a massificação do ensino com critérios de qualidade, de acordo com a Lei de Diretrizes e Bases da Educação, promovendo, ainda, manifestações populares, folclóricas e de lazer.

Art. 244. As emissoras de rádio e televisão sob controle do Estado ou da entidade da administração indireta atuarão, prioritariamente, nas áreas de educação e cultura, reservando horário para a divulgação das atividades dos Poderes do Estado, devendo difundir:

I - programa de ação do Governo relativo à preservação e proteção do meio ambiente;

II - relatório das atividades efetivamente desenvolvidas durante o exercício anterior, a título de prestação de contas.

Parágrafo único. O relatório de atividades de que trata este artigo ficará durante sessenta dias, a partir de sua divulgação, à disposição de qualquer cidadão ou entidade representativa para exame e apreciação, podendo-se questionar sua legitimidade, no exercício do direito de petição ou representação.

CAPÍTULO VI
DA SAÚDE

Art. 245. A saúde é direito de todos e dever do Estado, garantido mediante políticas sociais e econômicas que visem à eliminação de doenças e outros agravos e ao acesso universal e igualitário às suas ações e serviços.

Art. 246. As ações e serviços públicos e privados de saúde integram a rede regionalizada e hierarquizada e constituem um sistema único de saúde no Estado, organizado de acordo com as seguintes diretrizes:

I - descentralização político-administrativa com direção única em cada nível de governo;

II - municipalização dos recursos, serviços e ações de saúde de abrangência municipal, podendo os Municípios constituir consórcios para desenvolver as ações de saúde que lhes correspondam;

III - integralidade na prestação das ações de saúde preventivas e curativas, adequadas às realidades epidemiológicas;

IV - universalização da assistência, com acesso igualitário a todos, nos níveis de complexidade dos serviços de saúde;

V - participação de entidades representativas de usuários e servidores de saúde na formulação, acompanhamento e fiscalização das políticas e das ações de saúde nos níveis estadual e municipal, através de conselhos municipais e estaduais de saúde; e

VI - assistência à saúde, livre à iniciativa privada.

§ 1º As entidades filantrópicas e sem fins lucrativos poderão participar do sistema único de saúde, mediante contrato de direito público ou convênio.

§ 2º São vedados:

I - incentivos fiscais ou recursos públicos para instituições privadas; e

II - participação direta ou indireta de empresas ou capitais estrangeiros na assistência à saúde, salvo nos casos previstos em lei, ficando sua instalação no Estado condicionada à aprovação pelo Conselho Estadual de Saúde.

Art. 247. O sistema único estadual de saúde será financiado com recursos do orçamento do Estado, da seguridade social, da União, dos Municípios, além de outras fontes.

§ 1º Os recursos financeiros do Sistema Único de Saúde no Estado serão administrados através dos fundos estadual e municipal de saúde, pelas secretarias estadual e municipal de saúde.

§ 2º O fundo estadual é formado por recursos provenientes de dotações orçamentárias federais, estaduais e de outras fontes.

Art. 248. Compete ao Sistema Único Estadual de Saúde, além de outras atribuições:

I - gerir, planejar, coordenar, controlar e avaliar a política estadual de saúde, estabelecida em consonância com os níveis federal e municipal;

II - administrar o Fundo Estadual de Saúde de acordo com o art. 198 da Constituição da República;

III - prestar serviços de saúde, de vigilância sanitária e epidemiológica, e outros necessários ao alcance dos objetivos dos sistemas, em coordenação com os sistemas municipais;

IV - assumir a responsabilidade pelos serviços de abrangência estadual ou regional, ou por programas, projetos e atividades que não possam, por seu custo, especialização ou grau de complexidade, ser executados pelos Municípios;

V - participar da formulação da política e da execução das ações de saneamento básico;

VI - ordenar a formação, aperfeiçoamento e utilização de recursos humanos na área de saúde em interação com o Ministério da Educação e as secretarias estadual e municipal de Educação;

VII - fiscalizar e inspecionar alimentos, inclusive controlar seu teor nutricional, bem como bebidas e águas para consumo humano;

VIII - promover a fluoretação dos abastecimentos públicos de água e assegurar o seu controle nos níveis compatíveis;

IX - promover o desenvolvimento de novas tecnologias e a produção de medicamentos, matérias-primas, imunobiológicos e biotecnológicos, de preferência por laboratórios estatais, com rigoroso controle de qualidade, e torná-los acessíveis à população;

X - desenvolver o sistema estadual público regionalizado de coleta, processamento e transfusão de sangue e hemoderivados;

XI - estabelecer normas, fiscalizar e controlar estabelecimentos, produtos, substâncias e equipamentos utilizados na assistência à saúde;

XII - proceder à atualização periódica do código sanitário;

XIII - desenvolver o sistema de informações de saúde, sob controle público, visando a um melhor planejamento e avaliação das ações e da política de saúde;

XIV - estruturar e controlar os serviços de verificação de óbitos;

XV - assegurar o acesso à educação e à informação e aos métodos de planejamento familiar que não atentem contra a saúde, respeitando o direito de opção pessoal;

XVI - participar do controle e da fiscalização de produção, transporte, guarda e utilização de substâncias e produtos psicoativos, tóxicos e radioativos;

XVII - promover a implantação de centros de reabilitação orofacial, de ortodontia e odontologia preventiva;

XVIII - colaborar com a proteção do meio ambiente e do trabalho;

XIX - atuar em relação ao processo produtivo, garantindo:

a) medidas que visem à eliminação de riscos de acidentes, doenças profissionais e do trabalho e que ordenem o processo produtivo, de modo a garantir a saúde dos trabalhadores e acionar os órgãos incumbidos da prevenção de acidente no trabalho para apuração de responsabilidade;

b) obrigação das empresas de ministrar cursos sobre riscos e prevenção de acidentes, ficando a cargo do Estado exercer permanente fiscalização sobre as condições locais de trabalho, meio ambiente, maquinaria, meios e equipamentos de proteção oferecidos ao trabalhador;

c) direito de recusa ao trabalho em ambientes que tiverem seus controles de riscos à vida e à saúde em desacordo com as normas em vigor, com a garantia de permanência no emprego, sem redução salarial;

XX - desenvolver, em integração com o sistema educacional, ações educativas de saúde nos locais de prestação de serviço, nas escolas ou onde sejam necessárias, visando ao esclarecimento à informação e à discussão, com os usuários;

XXI - implantar e garantir as ações do programa de assistência integral à saúde da mulher que atenda às especificidades da população feminina do Estado, em todas as fases da vida da mulher, desde o nascimento à terceira idade;

XXII - elaborar planejamento global na área de odontologia, incluindo sua supervisão a cargo, exclusivamente, de cirurgiões-dentistas;

XXIII - criar e implantar departamentos odontológicos em hospitais do Sistema Único de Saúde Estadual;

XXIV - criar, na área de saúde, programa de assistência médico-odontológica às crianças de zero a seis anos e a jovens; e

XXV - fomentar o estudo, a pesquisa, a incorporação e a aplicação de novas tecnologias no âmbito da saúde.

§ 1º Cabe ao Estado montar, em toda sua rede hospitalar e ambulatorial, leitos, espaços, equipamentos para atendimento gratuito às pessoas portadoras de deficiência.

§ 2º O Estado deverá fazer convênio com instituições que tenham leitos equipados para tratamento dos portadores de deficiência.

Art. 249. Cabe ao Estado, no âmbito do seu território, a coordenação e gerenciamento do Sistema Único de Saúde - SUS.

Parágrafo único. Garantir-se-á ao órgão coordenador pleno acesso às informações junto a entidades privadas da área, relativas à saúde da população.

Art. 249-A. Fica instituído o Fundo Estadual de Atenção Secundária à Saúde, de natureza contábil e financeira, destinado à manutenção dos serviços de saúde de média complexidade, em urgência e emergência, em atendimentos móveis de urgência e emergência, de odontologia especializada e de rede ambulatorial especializada.

§ 1º O Fundo previsto no *caput* é constituído:

I - por quinze por cento dos recursos a que se referem os incisos III e IV do art. 158 da Constituição Federal e os incisos I e II do art. 198 desta Constituição;

II - por recursos depositados pelo Estado na conta específica do Fundo, correspondentes a dois terços do valor previsto no inciso I;

III - por outros recursos previstos em Lei específica.

§ 2º O Fundo Estadual de Atenção Secundária à Saúde é subordinado à Secretaria da Saúde do Estado do Ceará.

§ 3º O Conselho Estadual da Saúde estabelecerá a disciplina geral para a utilização dos recursos do Fundo, no atendimento de seus objetivos, a ser formalizada por Decreto do Governador do Estado.

§ 4º Outros serviços de saúde de média complexidade, previstos em Decreto do Governador do Estado, poderão ser mantidos por recursos do Fundo Estadual de Atenção Secundária à Saúde.

Art. 250. Toda informação ou publicidade, que atente contra a saúde ou induza a consumo nocivo, deverá incluir observação explícita dos riscos, sob a responsabilidade dos promotores e fabricantes por eventuais danos.

Art. 251. Fica sujeita à fiscalização de órgão competente a comercialização de substâncias toxico inebriantes, nos termos da legislação vigente.

Art. 252. O Estado estabelecerá política de saneamento, tanto no meio urbano como no rural, em função das respectivas realidades locais e regionais, observados os princípios da Constituição Federal.

§ 1º Assegurar-se-á a participação das comunidades, das instituições e das três esferas do Governo no planejamento, na organização dos serviços e na execução das ações.

§ 2º Os padrões técnicos das obras e serviços de saneamento deverão ser adequados tanto ao meio físico quanto ao nível socioeconômico das comunidades, garantindo-se o mínimo de condições sanitárias.

§ 3º O Estado assegurará os recursos necessários aos programas de saneamento, com vistas à expansão e melhoramento do setor.

CAPÍTULO VII
DA CIÊNCIA E TECNOLOGIA

Art. 253. O Estado promoverá o desenvolvimento científico e tecnológico, incentivando a pesquisa básica e aplicada, a autonomia e capacitação tecnológicas e a difusão dos conhecimentos técnicos e científicos, tendo em vista o bem-estar da população e o progresso das ciências.

§ 1º A política científica e tecnológica tem por objetivos o respeito à vida e à saúde humana, o aproveitamento racional e não predatório dos recursos naturais, a preservação e a recuperação do meio ambiente, bem como o respeito aos valores éticos e culturais.

§ 2º As universidades e demais instituições públicas de pesquisa devem participar do processo de formulação da política científica e tecnológica e ser seus agentes primordiais.

Art. 254. Compete ao Estado estabelecer uma política de desenvolvimento científica e tecnológica que possibilite o norteamento das prioridades de ciência e tecnologia em consonância com as políticas regional e nacional.

§ 1º A pesquisa básica receberá tratamento prioritário do Estado, tendo em vista o bem público e o progresso da ciência.

§ 2º A pesquisa tecnológica voltar-se-á preponderantemente para a solução dos problemas regionais e expansão do conhecimento, visando o desenvolvimento do sistema produtivo.

§ 3º O Estado apoiará a formação de recursos humanos nas áreas de ciência, pesquisa e tecnologia, e concederá, aos que deles se ocupem, meios e condições especiais de trabalho.

§ 4º Será facultada às universidades e demais instituições públicas de pesquisa a criação da carreira de pesquisador, a ser disciplinada por lei.

Art. 255. A lei disciplinará o apoio e estímulo às empresas que invistam em pesquisa, criação de tecnologia adequada à região, inovação tecnológica com competitividade internacional, formação e aperfeiçoamento de seus recursos humanos e que desenvolvam projetos integrados com universidades e institutos de pesquisa.

Parágrafo único. A lei instituirá incentivos ao investimento e à fixação de atividades econômicas no território do Estado, objetivando desenvolver lhe as potencialidades e observadas as peculiaridades regionais.

Art. 256. O Conselho Estadual de Ciência, Tecnologia e Inovação, integrante da Secretaria da Ciência, Tecnologia e Ensino Superior, será composto por representantes das entidades da sociedade civil e de organismos públicos e privados envolvidos com a educação superior, a geração e aplicação do conhecimento científico e tecnológico, e com as consequências e impactos delas resultantes, cuja estrutura, competência e composição serão disciplinados por Lei.

Parágrafo único. Caberá ao Conselho Estadual de Ciência e Tecnologia o desempenho das seguintes funções, entre outras que a lei dispuser:

I - dar apoio ao Governador do Estado sobre propostas, ideias e políticas da Ciência, Tecnologia e Inovação de relevância para o desenvolvimento da economia cearense;

II - realizar estudos temáticos, setoriais e prospectivos, de curto e longo prazo, cujos resultados ajudem a formular as diretrizes de política e os planos estaduais de ciência, tecnologia e inovação;

III - (Revogado).

IV - avaliar, quando solicitado, o resultado das políticas de ciência, tecnologia e inovação e as atividades delas decorrentes realizadas no território cearense;

V - orientar as instituições de Pesquisa e Desenvolvimento (P&D), vinculadas ao Governo Estadual, e subsidiar as demais instituições dessa natureza situadas no território cearense, que apresentem propostas que contribuam para o desenvolvimento da política estadual de Ciência e Tecnologia.

Art. 257. O Conselho Estadual de Ciência, Tecnologia e Inovação contribuirá, com os planos estaduais de ciência e tecnologia, abrangendo os componentes da pesquisa científica, da pesquisa tecnológica, do desenvolvimento e da inovação e indicará com precisão as formas e ações prioritárias a serem empreendidas, mediante a aplicação de recursos federais, estaduais, municipais ou privados.

§ 1º Os trabalhos do Conselho deverão assegurar a compatibilidade das ações que resultem das pesquisas científicas, das atividades tecnológicas ou de inovação, com as metas globais de desenvolvimento econômico e social do Estado e do País.

§ 2º A dotação orçamentária para execução das atividades das instituições estaduais de pesquisa será determinada de acordo com as diretrizes e prioridades estabelecidas no plano e constará do orçamento geral do Estado.

§ 3º Compete à Secretaria da Ciência, Tecnologia e Ensino Superior responsabilidade pela captação das sugestões e propostas emanadas do Conselho, para inserção nos planos estaduais, cuidando para que estes se articulem com os planos de desenvolvimento socioeconômico, científico e tecnológico do Estado e do País, como também com os mecanismos de fomento e demais ações de incentivos promovidas pelos Governos Estadual e Federal.

Art. 258. O Estado manterá uma fundação de amparo à pesquisa, para o fomento das atividades de pesquisa científica e tecnológica, atribuindo-lhe dotação mínima, correspondente a dois por cento da receita tributária como renda de sua administração privada.

§ 1º A dotação prevista neste artigo será calculada sobre a renda obtida através de impostos e transferida em duodécimos, mensalmente, no mesmo exercício.

§ 2º A despesa com pessoal da Fundação de Amparo à Pesquisa não poderá exceder os cinco por cento do seu orçamento global.

CAPÍTULO VIII
DO MEIO AMBIENTE

Art. 259. O meio ambiente equilibrado e uma sadia qualidade de vida são direitos inalienáveis do povo, impondo-se ao Estado e à comunidade o dever de preservá-los e defendê-los.

Parágrafo único. Para assegurar a efetividade desses direitos, cabe ao Poder Público, nos termos da lei estadual:

I - manter um órgão próprio destinado ao estudo, controle e planejamento da utilização do meio ambiente;

II - manter o Conselho Estadual do Meio Ambiente - COEMA;

III - delimitar, em todo o território do Estado, zonas específicas para desapropriação, segundo critérios de preservação ambiental e organizados de acordo com um plano geral de proteção ao meio ambiente;

IV - estabelecer, dentro do planejamento geral de proteção do meio ambiente, áreas especificamente protegidas, criando, através de lei, parques, reservas, estações ecológicas e outras unidades de conservação, implantando-os e mantendo-os com os serviços públicos indispensáveis às suas finalidades;

V - delimitar zonas industriais do território estadual para a instalação de parques fabris, estabelecendo-os mediante legislação ordinária, vedada a concessão de subsídios ou incentivos de qualquer espécie, para a instalação de novas indústrias fora dessas áreas;

VI - conservar os ecossistemas existentes nos seus limites territoriais, caracterizados pelo estágio de equilíbrio atingido entre as condições físico-naturais e os seres vivos, com o fim de evitar a ruptura desse equilíbrio;

VII - adotar nas ações de planejamento uma visão integrada dos elementos que compõem a base física do espaço;

VIII - preservar e restaurar os processos ecológicos essenciais e promover o manejo ecológico das espécies e ecossistemas concomitantemente com a União e os Municípios, de forma a garantir a conservação da natureza, em consonância com as condições de habitabilidade humana;

IX - preservar a diversidade e a integridade do patrimônio genético do Estado e fiscalizar as entidades dedicadas à pesquisa e manipulação de material genético, no âmbito estadual e municipal;

X - controlar a produção, a comercialização e o emprego de técnicas, métodos e substâncias que comportem risco para a vida e o meio ambiente;

XI - proteger a fauna e a flora, vedadas, na forma da lei, as práticas que coloquem em risco sua função ecológica, provoquem a extinção de espécies ou submetam os animais a crueldade, fiscalizando a extração, captura, produção, transporte, comercialização e consumo de seus espécimes e subprodutos;

XII - proteger o meio ambiente e combater a poluição em qualquer de suas formas;

XIII - fomentar o florestamento e o reflorestamento nas áreas críticas em processo de degradação ambiental, bem como em todo o território estadual;

XIV - controlar, pelos órgãos estaduais e municipais, os defensivos agrícolas, o que far-se-á apenas mediante receita agronômica;

XV - definir as áreas destinadas a reservas florestais, criando condições de manutenção, fiscalização, reflorestamento e investimento em pesquisas, sobretudo na Chapada do Araripe;

XVI - proibir, no território do Estado, a estocagem, a circulação e o livre comércio de alimentos ou insumos contaminados por acidentes graves de qualquer natureza, ocorridos fora do Estado;

XVII - implantar delegacias policiais especializadas na prevenção e combate aos crimes ambientais;

XVIII - desenvolver estudos e estimular projetos, visando à utilização de fontes naturais de energia e à substituição de combustíveis atualmente utilizados em indústrias e veículos por outros menos poluentes;

XIX - embargar a instalação de reatores nucleares, com exceção daqueles destinados exclusivamente à pesquisa científica e ao uso terapêutico, cuja localização e especificação serão definidas em lei;

XX - proteger os documentos, as obras e outros bens de valor histórico, artístico e cultural, os monumentos, as paisagens naturais notáveis e os sítios arqueológicos;

XXI - registrar, acompanhar e fiscalizar as concessões de direito de pesquisa e exploração de recursos hídricos e minerais em seu território, autorizadas pela União, ouvidos os Municípios.

Art. 260. O processo de planejamento para o meio ambiente deverá ocorrer de forma articulada entre Estado, Municípios e entidades afins, em nível federal e regional.

Parágrafo único. O Sistema Estadual de Meio Ambiente orientar-se-á para a recuperação, preservação da qualidade ambiental, visando ao desenvolvimento socioeconômico, dentro de parâmetros a serem definidos em lei ordinária que assegurem a dignidade humana e a proteção à natureza.

Art. 261. Os resíduos líquidos, sólidos, gasosos ou em qualquer estado de agregação de matéria, provenientes de atividades industriais, comerciais, agropecuárias, domésticas, públicas, recreativas e outras, exercidas no Estado do Ceará, só poderão ser despejados em águas interiores ou costeiras, superficiais ou subterrâneas existentes no Estado, ou lançadas à atmosfera ou ao solo, se não causarem ou tenderem a causar poluição.

Art. 262. Será prioritário o uso de gás natural por parte do sistema de transporte público.

Art. 263. O Estado e os Municípios deverão promover educação ambiental em todos os níveis de ensino, com vistas à conscientização pública da preservação e recuperação do meio ambiente.

Art. 264. Qualquer obra ou atividade pública ou privada, para as quais a Superintendência Estadual do Meio Ambiente - SEMACE, exigir Estudo de Impacto Ambiental, deverá ter o parecer técnico apreciado pelo Conselho Estadual do Meio Ambiente - COEMA, com a publicação da resolução, aprovada ou não, publicada no Diário Oficial do Estado.

§ 1º A lei estabelecerá os tipos de obra ou atividades que podem ser potencialmente causadoras de significante degradação do meio ambiente e/ou que comportem risco à vida e à qualidade de vida, e disporá sobre o Conselho Estadual do Meio Ambiente, órgão subordinado diretamente ao Governador do Estado, em que é garantida a participação da comunidade através das entidades representativas de classe de profissionais de nível superior das áreas de engenharia, arquitetura, agronomia, biologia, medicina e direito.

§ 2º Só será licitada, aprovada ou executada a obra ou atividade, cujo relatório conclusivo do estudo prévio de que trata o *caput* deste artigo, apreciado pelo Conselho Estadual do Meio Ambiente, for favorável à licitação, aprovação ou execução.

Art. 265. A política de desenvolvimento urbano, executada pelos Poderes Públicos Estadual e Municipal, adotará, na forma da lei estadual, as seguintes providências:

I - desapropriação de áreas destinadas à preservação dos mangues, lagoas, riachos e rios da Região Metropolitana de Fortaleza e do Cariri e de outras que venham a ser criadas, vedadas nas áreas desapropriadas construções de qualquer espécie, exceção feita aos polos de lazer, sem exploração comercial;

II - desapropriação de áreas definidas em lei estadual, assegurando o valor real da indenização;

III - garantia, juntamente com o Governo Federal, de recursos destinados à recomposição da fauna e da flora em áreas de preservação ecológica;

IV - proibição da pesca em açudes públicos, rios e lagoas, no período de procriação da espécie;

V - proibição a indústrias, comércio, hospitais e residências despejarem, nos mangues, lagos e rios do Estado, resíduos químicos e orgânicos não tratados;

VI - proibição da caça de aves silvestres no período de procriação, e, a qualquer tempo, do abate indiscriminado;

VII - proibição do uso indiscriminado de agrotóxicos de qualquer espécie nas lavouras, salvo produtos liberados por órgãos competentes;

VIII - articulação com órgãos federais e municipais para a criação, a curto, médio e longo prazos, de mecanismos para resgatar as espécies em extinção da fauna e da flora;

IX - fiscalização, conjuntamente com a União e Municípios, objetivando a efetiva proteção da flora e da fauna;

X - instalação, em cada Município, de órgão auxiliar dos órgãos federais e estaduais, na preservação da ecologia e do meio ambiente; e

XI - proibição de desmatamentos indiscriminados, bem como de queimadas criminosas e derrubadas de árvores para madeira ou lenhas, punindo-se o infrator, na forma da lei.

Art. 266. O zoneamento ecológico-econômico do Estado deverá permitir:

I - áreas de preservação permanente;

II - localização de áreas ideais para a instalação de parques, florestas, estações ecológicas, jardins botânicos e hortos florestais ou quaisquer unidades de preservação estaduais ou municipais;

III - localização de áreas com problemas de erosão, que deverão receber especial atenção dos governos estadual e municipal;

IV - localização de áreas ideais para o reflorestamento.

Art. 267. As condutas e atividades lesivas ao meio ambiente sujeitarão os infratores a sanções administrativas na forma determinada pela lei.

Art. 268. A irrigação deverá ser desenvolvida em harmonia com a política de recursos hídricos e com os programas de conservação do solo e da água.

Art. 269. Na formulação de sua política energética, o Estado dará especial ênfase aos aspectos de preservação do meio ambiente, utilidade social e uso racional dos recursos disponíveis, obedecendo às seguintes prioridades:

I - redução da poluição ambiental, em especial nos projetos destinados à geração de energia elétrica;

II - poupança de energia, mediante aproveitamento mais racional e uso mais consciente;

III - maximização do aproveitamento de reservas energéticas existentes no Estado; e

IV - exploração dos recursos naturais renováveis e não renováveis com fins energéticos, que deverão ser administrados por empresas do Estado ou sob seu controle.

Art. 270. O Estado estabelecerá um plano plurianual de saneamento, com a participação dos Municípios, determinando diretrizes e programas, atendidas as particularidades das bacias hidrográficas e os respectivos recursos hídricos.

Art. 271. Cabe ao Estado e aos Municípios promover programas que assegurem, progressivamente, os benefícios do saneamento à população urbana e rural.

CAPÍTULO IX
DA FAMÍLIA, DA CRIANÇA, DO ADOLESCENTE, DO IDOSO E DA MULHER

Art. 272. É dever da família, da sociedade e do Estado promover ações que visem assegurar à criança e ao adolescente, com prioridade, o direito à vida, à saúde, à alimentação, à educação, ao lazer, à profissionalização, à cultura, à dignidade, ao respeito, à liberdade e à convivência familiar e comunitária, além de colocá-los a salvo de toda forma de negligência, discriminação, exploração, violência, crueldade e opressão.

Parágrafo único. As diretrizes orçamentárias e os orçamentos anuais do Estado consignarão, entre as prioridades da administração pública, metas e indicação de recursos necessários para os programas de duração continuada, em benefício das pessoas portadoras de deficiência, menores carentes e idosos.

Art. 273. Toda entidade pública ou privada que inclua o atendimento à criança e ao adolescente, inclusive os órgãos de segurança, têm por finalidade prioritária assegurar-lhes os direitos fundamentais.

Parágrafo único. As empresas privadas que absorvam contingentes de até cinco por cento de deficientes no seu quadro funcional gozarão de incentivos fiscais de redução de um por cento no ICMS.

» *STF, ADI 429 - Decisão: Pedido de inconstitucionalidade julgado parcialmente procedente para declarar: (i) inconstitucional o parágrafo 2º do art. 192, sem a pronúncia de nulidade, por um prazo de doze meses (ii) parcialmente inconstitucional o caput do art. 193, dando-lhe interpretação conforme para excluir de seu âmbito de incidência o ICMS; (iii) inconstitucional o parágrafo único do artigo 193; (iv) inconstitucional o artigo 201, caput, e seu parágrafo único; (v) inconstitucional o parágrafo único do artigo 273; (vi) inconstitucional o inciso III do artigo 283; julgar improcedente o pedido quanto ao caput e §1º do artigo 192, todos os artigos da Constituição cearense.*

Art. 274. A criança e o adolescente têm o direito de viver e de ser educados na sua família natural e, excepcionalmente, em uma família substituta.

Art. 275. O Estado tomará as medidas que visem a assegurar o pleno desenvolvimento e progresso da mulher, com o objetivo de garantir-lhe o exercício e o gozo dos direitos humanos e liberdades fundamentais, em igualdade com o homem.

Art. 276. O Estado criará mecanismos que garantam uma educação não diferenciada para ambos os sexos, desde as primeiras séries escolares, de forma a propiciar a formação de cidadãos conscientes de igualdade de direitos e oportunidades entre homens e mulheres.

§ 1º O Conselho Cearense dos Direitos da Mulher - CCDM terá assento no Conselho de Educação do Ceará.

§ 2º Será implantado, dentro da estrutura organizacional da Secretaria de Educação do Estado, o setor Mulher e Educação, destinado a tomar, juntamente com o CCDM, medidas apropriadas para garantir a igualdade de direitos da mulher, tais como:

I - combate a conceitos discriminatórios e estereotipados do papel do homem e da mulher contidos nos livros didáticos, nos programas e nos métodos de ensino, como forma de estímulo à educação mista;

II - igualdade de oportunidades, acesso à educação complementar, inclusive a programas de alfabetização funcional e de adultos;

III - orientação vocacional e a capacitação profissional com acesso a qualquer nível de estudo, tanto nas zonas urbanas como nas rurais;

IV - redução de taxas de evasão e organização de programas para continuação dos estudos das jovens mulheres que os tenham abandonado prematuramente;

V - oportunidade de participação ativa nos esportes e educação física;

VI - adoção de outras medidas com vistas a reduzir, com a maior brevidade, a diferença de conhecimentos entre o homem e a mulher no Estado do Ceará.

Art. 277. O Conselho Cearense dos Direitos da Mulher, órgão que objetiva propor medidas e ações que possibilitem o exercício dos direitos da mulher e sua participação no desenvolvimento social, político, econômico e cultural do Estado do Ceará, será consultado com prioridade e obrigatoriamente, quando da elaboração de políticas públicas, a ela referentes em todas as instâncias da administração estadual.

Parágrafo único. O Conselho Cearense dos Direitos da Mulher gozará de autonomia financeira e administrativa.

Art. 278. As crianças e os adolescentes respeitados em sua dignidade, liberdade e consciência, gozarão da proteção especial do Estado e da sociedade, na forma da lei.

Art. 279. O Estado deverá assumir, prioritariamente, o amparo e a proteção às crianças e adolescentes em situação de risco, zelando para que os programas atendam às características culturais e socioeconômicas locais.

Parágrafo único. São consideradas em situação de risco crianças e adolescentes:

I - privados das condições essenciais de sobrevivência no que concerne à alimentação, higiene, saúde, moradia e educação obrigatória;

II - explorados profissionalmente no mundo do trabalho;

III - envolvidos em atividades ilícitas como: roubo, tráfico de drogas, mendicância e prostituição;

IV - forçados a fazerem da rua o seu espaço de trabalho e habitação;

V - envolvidos com o uso de drogas;

VI - confinados em instituições.

Art. 280. A redução das taxas de mortalidade infantil até índices aceitáveis pela Organização Mundial de Saúde será considerada prioritária dentre todas as políticas governamentais.

Art. 281. A família, a sociedade e o Poder Público têm o dever de amparar as pessoas idosas, assegurando sua participação na comunidade, defendendo sua dignidade, bem-estar e garantindo-lhes o direito à vida.

§ 1º Os programas de amparo aos idosos serão executados preferencialmente em seus lares.

§ 2º Aos maiores de sessenta e cinco anos é garantida a gratuidade dos transportes coletivos urbanos.

Art. 282. O idoso terá direito à saúde, à proteção, à assistência social, ao trabalho, à educação, ao lazer, à justiça e à vida coletiva.

§ 1º Para assegurar a efetividade desses direitos, incumbe ao poder público:

I - adotar medidas para garantir ao idoso sua participação na comunidade;

II - implementar uma política social para idosos em todo o Estado;

III - criar organismo responsável pela coordenação de programas destinados às pessoas idosas no âmbito estadual e municipal.

§ 2º Constarão, obrigatoriamente, no orçamento anual do Estado, dotações para entidades sem fins lucrativos, devidamente cadastradas e dedicadas ao amparo e assistência à terceira idade.

Art. 283. Para estimular a confecção e comercialização de aparelhos de fabricação alternativa para as pessoas portadoras de deficiência, o Estado concederá:

I - subsídios financeiros à pesquisa;

II - orientação técnica através de órgãos específicos do Estado ou por este indicado;

III - isenção de cem por cento do ICMS;

» *STF, ADI 429 - Decisão: Pedido de inconstitucionalidade julgado parcialmente procedente para declarar: (i) inconstitucional o parágrafo 2º do art. 192, sem a pronúncia de nulidade, por um prazo de doze meses (ii) parcialmente inconstitucional o caput do art. 193, dando-lhe interpretação conforme para excluir de seu âmbito de incidência o ICMS; (iii) inconstitucional o parágrafo único do artigo 193; (iv) inconstitucional o artigo 201, caput, e seu parágrafo único; (v) inconstitucional o parágrafo único do artigo 273; (vi) inconstitucional o inciso III do artigo 283; julgar improcedente o pedido quanto ao caput e §1º do artigo 192, todos os artigos da Constituição cearense.*

IV - apoio de planejamento técnico, implantação e acompanhamento desses empreendimentos incentivados pelo Estado.

Art. 284. O Estado assegurará ao maior de sessenta e cinco anos:

I - atendimento preferencial em seus postos de saúde, estabelecimentos de crédito, e quaisquer órgãos da administração pública direta e indireta;

II - assistência médica, odontológica e social;

III - proteção contra a violência, através de órgãos especializados da Secretaria de Segurança Pública;

IV - programas preventivos contra o envelhecimento precoce.

Art. 285. O Poder Público assegurará aos idosos e às pessoas portadoras de deficiência:

I - acesso aos serviços de saúde com atendimento humanitário, especializado e integrado, inclusive a distribuição de medicamentos, próteses, órteses e implementos aos idosos e deficientes carentes;

II - alfabetização;

III - acesso aos cursos de extensão universitária, proporcionando-lhes formas de relacionamento social;

IV - programas culturais que viabilizem e estimulem sua participação e integração na comunidade;

V - assistência domiciliar ao idoso carente e abandonado.

VI - acesso adequado aos logradouros e edifícios públicos.

Parágrafo único. O Poder Público dispensará apoio técnico-social e financeiro e material às entidades sociais filantrópicas de utilidade pública, devidamente legalizadas com mais de cinco anos de serviço.

Art. 286. O planejamento familiar é livre decisão do casal, competindo ao Estado propiciar recursos educacionais e científicos para o exercício desse direito, vedada qualquer forma coercitiva por parte de instituições oficiais ou privadas.

Art. 287. O Estado respeitará e fará respeitar os direitos, bens materiais, crenças, tradições e garantias reconhecidas aos índios pela Constituição da República.

§ 1º O órgão do Ministério Público designará um de seus membros para, em caráter permanente, dar assistência jurídica e judiciária aos índios do Estado, suas comunidades e organizações, nos termos do art. 232 da Constituição da República.

§ 2º O Estado proporcionará aos índios de seu território, desde que lhe seja solicitado por suas comunidades e organizações, e sem interferir em seus hábitos, crenças e costumes, assistência técnica e meios de sobrevivência e de preservação física e cultural.

CAPÍTULO X
DA POLÍTICA URBANA

Art. 288. A política urbana, executada pelo Poder Público Municipal, conforme diretrizes gerais fixadas em lei, tem por objetivo ordenar o pleno desenvolvimento das funções sociais da cidade e garantir o bem-estar de seus habitantes.

Art. 289. A execução da política urbana está condicionada ao direito de todo cidadão a moradia, transporte público, saneamento, energia elétrica, gás, abastecimento, iluminação pública, comunicação, educação, saúde, lazer e segurança.

Parágrafo único. A propriedade urbana cumpre sua função social, quando atende às exigências fundamentais de ordenação da cidade, expressas no plano diretor.

Art. 290. O plano diretor do Município deverá conter:

I - a delimitação de áreas destinadas à implantação de atividades com potencial poluidor hídrico e atmosférico, que atendam aos padrões de controle de qualidade sanitária estadual;

II - a delimitação de áreas destinadas à habitação popular, que atenderão aos seguintes critérios:

a) contiguidade à área de rede de abastecimento de água e energia elétrica, no caso de conjuntos habitacionais;

b) localização acima da cota máxima de cheias;

c) declividade inferior a trinta por cento, salvo se inexistirem no perímetro urbano áreas que atendam a este requisito, quando será admitida uma declividade de até cinquenta por cento, desde que sejam obedecidos padrões especiais de projetos, a serem definidos em lei estadual;

III - a identificação das áreas urbanas para o atendimento ao disposto no art. 182, § 4º, da Constituição Federal;

IV - o estabelecimento de parâmetros máximos para parcelamento do solo e para a edificação, que assegurem o adequado aproveitamento do solo;

V - as diretrizes orçamentárias e os orçamentos anuais, consignando prioridades da administração pública, metas e indicação de recursos necessários para os programas de duração continuada, em benefício das pessoas portadoras de deficiência, menores carentes e idosos;

VI - a eliminação das barreiras arquitetônicas em logradouros e edifícios de uso público extensivo aos terminais rodoviários, ferroviários, metroviários, aeroviários e portuários, bem como aos veículos de transporte coletivo;

VII - a exigência, para a liberação de toda e qualquer obra pública, de estrita observância das necessidades e dos direitos das pessoas deficientes ao acesso a banheiros adaptados e rampas, com indicação em braile ou alto relevo;

VIII - a garantia de participação dos deficientes através de seus movimentos representativos, em sua feitura, bem como no acompanhamento de sua execução.

Art. 291. Nas diretrizes e normas relativas ao desenvolvimento urbano, o Estado e os Municípios assegurarão:

I - regularização dos loteamentos irregulares, inclusive os clandestinos, abandonados ou não titulados;

II - preservação das áreas de exploração agrícola e pecuária e o estímulo a essas atividades primárias;

III - criação de áreas de especial interesse urbanístico, social, ambiental e turístico e de utilidade pública;

IV - livre acesso especialmente aos deficientes a edifícios públicos e particulares de frequência aberta ao público, a logradouros públicos e ao transporte coleti vo, mediante a eliminação de barreiras arquitetônicas e ambientais e a adaptação dos meios de transporte.

Art. 292. O imposto progressivo, a contribuição de melhoria e a edificação compulsória não poderão incidir sobre terreno de até duzentos e cinquenta metros quadrados, destinado à moradia do proprietário que não tenha outro imóvel urbano ou rural.

Art. 293. As limitações do direito de construir e o condicionamento ao uso do solo urbano serão especificados, exclusivamente, em lei.

§ 1º Excetuadas as edificações de preservação histórica, declaradas por lei, as restrições ao direito de construir e ao uso do solo urbano permitirão, no mínimo, a possibilidade de duas categorias de construção no imóvel e de uso do solo urbano, estabelecidos no plano diretor da cidade de que trata o art. 182 da Constituição Federal.

§ 2º A petição, para fins de aprovação de projetos de edificações e licenças de obras, somente será passível de indeferimento por infringência a dispositivos legais ou a decretos regulamentares, nos limites autorizados por lei e no prazo contemplado no art. 7º, § 2º desta Constituição, não servindo de fundamentação normas contidas em portarias, resoluções ou instruções administrativas.

Art. 294. Para assegurar as funções sociais da propriedade, o Poder Público usará, principalmente, os seguintes instrumentos:

I - imposto progressivo sobre imóvel;

II - desapropriação por interesse social ou utilidade pública, com prévia e justa indenização em dinheiro;

III - discriminação de terras públicas destinadas, prioritariamente, a assentamentos de pessoas de baixa renda; e

IV - inventário, registros, vigilância e tombamentos de imóveis.

Art. 295. As terras devolutas, patrimônio do Estado, somente poderão ser utilizadas para:

I - áreas de reserva ecológica e de proteção ao meio ambiente;

II - projetos de reforma agrária; e

III - loteamentos populares.

Parágrafo único. É obrigação do Estado e dos Municípios manter os cadastros de suas terras atualizados.

Art. 296. É facultado ao Poder Público Municipal, mediante lei específica para a área incluída no plano diretor, exigir, nos termos da lei federal, do proprietário do solo urbano não edificado, subutilizado ou não utilizado, que promova seu adequado aproveitamento, sob pena, sucessivamente, de:

I - parcelamento ou edificação compulsórios;

II - imposto sobre a propriedade predial e territorial urbana, progressivo no tempo; e

III - desapropriação, com pagamento mediante título da dívida pública de emissão previamente aprovada pelo Senado Federal, com prazo de resgate de até dez anos, em parcelas anuais, iguais e sucessivas, assegurados o valor real da indenização e os juros legais.

Art. 297. A Lei Orgânica dos Municípios definirá as áreas destinadas à criação do cinturão verde, para a produção de hortifrutigranjeiros pelas comunidades periféricas.

Art. 298. Para assegurar a todos os cidadãos o direito de moradia, fica o Poder Público obrigado a formular políticas habitacionais que permitam:

I - acesso a programas públicos de habitação ou a financiamento público para aquisição ou construção de habitação própria; e

II - assessoria técnica à construção da casa própria.

Art. 299. A execução da política habitacional do Estado será realizada por órgão estadual responsável pela:

I - elaboração do programa de construção de moradias populares e saneamento básico;

II - avaliação e aprimoramento de soluções tecnológicas para problemas habitacionais.

Art. 300. Cabe ao Poder Público garantir a destinação de recursos orçamentários para a implantação de habitação de interesse da população de baixa renda.

Art. 301. Cabe ao Estado e aos Municípios garantir a implantação dos serviços, de equipamentos e infraestrutura básica, visando à distribuição equilibrada e proporcional à concentração e à densidade populacional, tais como:

I - rede de água e esgoto;

II - energia e sistema telefônico;

III - sistema viário e transporte; e

IV - equipamento educacional, de saúde e de lazer.

Art. 302. O transporte sob responsabilidade do Estado, localizado no meio urbano, deve ser planejado e operado de acordo com a política de transporte dos Municípios e do plano diretor.

Art. 303. Compete ao Estado o controle dos serviços de transportes intermunicipais de passageiros, incluindo-se o estabelecimento de linhas, concessões, tarifas e fiscalização do nível de serviço apresentado.

Art. 304. Na elaboração dos respectivos orçamentos e dos planos plurianuais, o Estado e os Municípios deverão prever as dotações necessárias ao cumprimento do disposto neste Capítulo.

Art. 305. Para a elaboração do projeto do plano diretor do município, o órgão técnico municipal realizará zoneamento ambiental, compreendido como ambiente natural e social, que norteará o parcelamento, uso e ocupação do solo, as construções e edificações, visando conjuntamente à melhoria do desempenho das funções sociais urbanas, da qualidade de vida e preservação do meio ambiente, na forma da lei.

Art. 306. Na elaboração do plano de uso e ocupação do solo e do de transporte, bem como na gestão dos serviços públicos, o Poder Municipal deverá buscar a aprovação do Legislativo e a participação da comunidade, através de suas entidades representativas.

Art. 307. O não cumprimento das normas estabelecidas neste capítulo implicará na imputação de responsabilidade civil e penal da autoridade omissa.

Art. 308. Fica assegurado o amplo acesso da população às informações sobre planos de uso e ocupação do solo, de transporte e gestão dos serviços públicos.

CAPÍTULO XI
DA POLÍTICA AGRÍCOLA E FUNDIÁRIA

Art. 309. O Estado disporá, por lei, sobre o planejamento da política agrícola, ouvidos os proprietários, parceiros, posseiros, arrendatários e trabalhadores rurais, com os seguintes objetivos principais:

I - propiciar o aumento da produção e da produtividade, bem como a ocupação estável do campo; e

II - orientar a utilização racional de recursos naturais de forma sustentável, compatível com a preservação do meio ambiente, especialmente quanto à proteção e conservação do solo e da água.

Art. 310. A assistência técnica e a extensão rural serão organizadas em níveis estadual e municipal.

§ 1º A política de assistência técnica e de extensão rural promoverá a capacitação do produtor rural, visando à melhoria de suas condições de vida e das de suas famílias, observados:

I - a difusão de tecnologia agrícola e de administração rural;

II - o apoio à organização do produtor rural;

III - a informação de medidas de caráter econômico, social, ambiental e de política agrícola;

IV - a difusão de conhecimentos sobre saúde, alimentação e habitação;

V - a orientação do uso racional dos recursos naturais; e

VI - a diversificação e rotação de culturas.

§ 2º A assistência técnica e a extensão rural de órgãos públicos devem voltar-se prioritariamente para os pequenos produtores, adequando os meios de produção aos recursos e condições técnicas e socioeconômicas do produtor rural.

Art. 311. O Estado apoiará as organizações dos produtores rurais, especialmente dos pequenos e médios, e disporá de um plano estadual de produção e abastecimento, que será elaborado na forma da lei pelo órgão estadual de planejamento agrícola.

§ 1º O Poder Público Estadual prestará assistência obrigatória ao pequeno produtor, adotará medidas de valorização e defesa da economia rural, simplificando as exigências burocráticas, para fins de empréstimos em bancos oficiais, bem como proporcionará a distribuição de sementes selecionadas, implementos agrícolas, adubos e defensivos.

§ 2º A lei disporá sobre a criação do Fundo de Eletrificação Rural do Estado do Ceará.

Art. 312. O Estado apoiará e estimulará o cooperativismo e associativismo como forma de desenvolvimento socioeconômico dos trabalhadores rurais e urbanos, em especial nos assentamentos para fins de reforma agrária e urbana, bem como estimulará mecanismos de produção, consumo, serviços, crédito e educação, cooperados e associados, nas áreas rurais e urbanas como formas de desenvolvimento preferencial.

Parágrafo único. O Estado destinará, entre outros recursos, percentual definido por lei dos tributos, recolhidos pelas cooperativas e associações para a constituição do Fundo de Desenvolvimento, Fomento e Educação para a Cooperação e Associação.

Art. 313. Para assegurar a efetividade dos projetos de assentamento e beneficiar os trabalhadores rurais, incumbe ao Estado:

I - criar mecanismos especiais de crédito, com juros subsidiados e programas de assistência e de extensão rural;

II - assegurar a comercialização da produção; e

III - criar fundo ou seguro para indenizar a produção dos trabalhadores rurais, em caso de seca.

Art. 314. O Estado, nas áreas de assentamento, garantirá, gratuitamente, o ensino fundamental e o atendimento de saúde.

Art. 315. O Estado, através do órgão competente, mediante ação discriminatória, promoverá o levantamento geral de suas terras devolutas, nelas assentando os trabalhadores rurais sem-terra, compreendidos os posseiros, arrendatários, subarrendatários, parceiros e assalariados permanentes e temporários.

§ 1º Os projetos de assentamento serão executados por órgão específico, com a participação na deliberação de entidades representativas de trabalhadores rurais, como sindicatos e associações correlatas.

§ 2º Os órgãos estaduais encarregados da política agrícola do Estado devem determinar um percentual de suas verbas para o desenvolvimento das áreas de assentamento.

Art. 316. A política fundiária do Estado do Ceará tem como base:

I - democratização do acesso à terra, promovendo redistribuição fundiária, para a solução dos problemas sociais no campo;

II - indisponibilidade de terras públicas, inclusive devolutas, necessárias à construção de reservas florestais;

III - alienação aos ocupantes, com base em procedimento discriminatório, envolvendo critérios, tais como o grau e a forma de utilização da terra, as relações de trabalho, a preservação dos recursos naturais, a dimensão da gleba, a localização, os recursos hídricos, que definirão o próprio valor da terra, para efeito de compra e venda;

IV - redistribuição de setenta e cinco por cento das terras públicas, devolutas, arrecadadas, preferencialmente aos trabalhadores sem terra ou aos que só tenham o local de moradia, organizados em associações de trabalhadores;

V - lei de terras, com observância da escala de prioridade, de acordo com os seguintes princípios:

a) outorga de título de domínio, ou de concessão de uso aos beneficiários de terras devolutas, a uma ou mais pessoas ou grupos organizados;

b) as terras públicas, inclusive as devolutas, apuradas através de arrecadação sumária ou de processo discriminatório administrativo ou judicial, destinadas a projetos de assentamento ou reassentamento, ou ainda as regularizações fundiárias terão suas titulações concedidas pela entidade integrante da Administração Pública Estadual, responsável pela política fundiária do Estado do Ceará, independentemente de prévia autorização legislativa, estabelecido o limite máximo de 200ha (duzentos hectares) de terras, por beneficiário, ainda que parceladamente;

c) garantia de simplificação dos procedimentos administrativos, quando a área envolvida, adquirida para projetos de assentamento ou de reassentamento de trabalhadores rurais, ligados à associação ou à entidade de representação de classe, tiver dimensão igual ou inferior a quinze módulos fiscais.

Art. 317. A política agrícola do Estado será planejada e executada na forma da lei, com a participação efetiva dos setores de produção, envolvendo produtores e trabalhadores rurais, e setores de comercialização, armazenamento e de transportes, com base nos seguintes princípios:

I - preservação e restauração ambiental, mediante:

a) controle de uso de agrotóxico;

b) uso de tecnologias adequadas ao manejo do solo;

c) exploração integrada e diversificada dos estabelecimentos agrícolas, objetivando uma racional utilização dos recursos naturais;

d) controle biológico das pragas;

e) reflorestamento diversificado com espécies nativas, principalmente nas encostas e cabeceiras de rios;

f) critérios no processo de ocupação e utilização do solo;

g) preservação e recuperação dos manguezais;

h) garantia do equilíbrio ecológico;

II - adoção dos seguintes programas regionalizados, priorizando as peculiaridades socioeconômicas e climáticas:

a) eletrificação rural;

b) irrigação;

c) incentivo à pesquisa e difusão de tecnologia;

d) política educacional, currículos e calendários escolares; e

e) infraestrutura de produção e comercialização;

f) modalidades de crédito, com preferência para os pequenos e miniprodutores rurais;

III - fomento à produção agropecuária, para apoio aos pequenos produtores, assistência aos trabalhadores e estímulo à produção alimentar destinada ao mercado interno, assegurando aos produtores organizados em cooperativas ou associações:

a) infraestrutura de produção e comercialização;

b) crédito;

c) assistência técnica e extensão rural;

d) preços mínimos, compatíveis com os custos da produção, em complementação à política federal; e

e) garantia de comercialização, principalmente através de estreitamento dos laços entre produtores e consumidores organizados, como também pela compra de produtos para distribuição à população carente dentro de programas específicos;

IV - organização do abastecimento alimentar, visando a:

a) apoio a programas regionais e municipais de abastecimento popular;

b) estímulo à organização de consumidores em associações de consumo ou em outros modos não convencionais de comercialização de alimentos, tais como os sistemas de compras comunitárias, diretamente dos produtores;

c) distribuição de alimento a preços diferenciados, dentro de programas especiais;

d) articulação de órgãos federais, estaduais e municipais responsáveis pela implementação de programas de abastecimento e alimentação; e

e) manutenção e acompanhamento técnico-operacional de feiras livres e feiras de produtores;

V - incentivo à exploração integrada e diversificada dos estabelecimentos produtivos como forma de minimizar preços de insumos e produtos agrícolas, além de lhes proporcionar sua exploração mais racional;

VI - apoio ao pescador artesanal, objetivando:

a) melhorar as condições técnicas para o exercício da sua atividade;

b) estimular sua organização em colônias ou em projetos específicos, buscando eliminar os laços de dependência que lhe têm comprometido a renda e sua condição como pescador artesanal; e

c) regularizar as posses dos pescadores, ameaçados pela especulação imobiliária;

VII - elaboração de programas de construção de moradia e melhoria das condições habitacionais e de saneamento básico da população rural, para fixação do homem no campo;

VIII - fomento à criação de cursos formais e informais para formação de técnicos agrícolas para atender às diversas regiões socioeconômicas do Estado, com currículo e calendário escolares compatíveis com as necessidades de cada microrregião;

IX - adequação da política creditícia, buscando sua definição através dos seguintes mecanismos:

a) garantia de concessão direta de crédito rural a posseiros e arrendatários;

b) atribuição de prioridade ao crédito rural para investimento e custeio, levando em consideração as necessidades apuradas em função da integração global das atividades produtivas existentes na propriedade, sem sua vinculação a uma cultura específica;

c) prioridade de recursos de investimentos para a agricultura alimentar, principalmente para os produtores que lidam prioritariamente com a força do trabalho familiar;

d) não concessão de crédito a estabelecimentos e projetos que não atendam às recomendações para a preservação do meio ambiente;

e) criação de mecanismos que proíbam a urbanização de lagoas, rios e mangues;

X - assistência creditícia às cooperativas, que detenham no seu quadro social, mais de cinquenta por cento de pequenos e miniprodutores rurais, com utilização do Fundo de Desenvolvimento do Cooperativismo;

XI - coordenação dos órgãos regionais de desenvolvimento e das suas atividades no Estado;

XII - promoção de gestões junto ao sistema nacional de seguro agrícola, a fim de garantir a sua concessão de exploração prioritariamente às associações de seguro, no âmbito do Estado, objetivando a implementação de uma política estadual neste setor;

XIII - destinação de recursos orçamentários a serem aplicados para as seguintes prioridades:

a) criação e apoio aos assentamentos de trabalhadores rurais sem-terra;

b) produção de alimento para o mercado interno pelos pequenos e miniprodutores rurais;

c) pesquisa e assistência técnica procurando atender às peculiaridades regionais; e

d) criação e apoio às associações de trabalhadores rurais.

Parágrafo único. Lei ordinária disporá sobre a execução do estabelecido neste artigo.

Art. 318. O Estado e os Municípios têm o dever de preservar as águas e promover seu racional aproveitamento.

Art. 319. O Estado, mediante convênio com os Municípios e a União, conjugará recursos para viabilização dos programas de desenvolvimento para aproveitamento social das reservas hídricas, compreendendo:

I - o fornecimento de água potável e de saneamento básico em todo o aglomerado urbano com mais de mil habitantes, observados os critérios de regionalização da atividade governamental e a correspondente alocação de recursos;

II - a expansão do sistema de represamento de águas com edificação, nas jusantes de açudes públicos, de barragens, bem como a instalação de sistemas irrigatórios, com prioridade para as populações mais assoladas pelas secas; e

III - o aproveitamento das reservas subterrâneas, contribuindo para minorar o flagelo das secas.

§ 1º Os grandes proprietários beneficiados em decorrência de investimentos públicos contra as secas deverão, através de contribuição de melhoria, compensar o custo das obras realizadas, na forma estabelecida na lei.

§ 2º O Estado apresentará, periodicamente, relatório à União para mantê-la atualizada e capacitada a atender a regiões atingidas pelas secas, conforme o disposto no art. 21, XVIII, da Constituição Federal.

§ 3º Os serviços de mobilização populacional nos períodos de seca deverão concentrar-se, prioritariamente, em obras de aproveitamento econômico e social dos rios e das massas de água represadas ou em regiões de baixa renda.

§ 4º O Estado aproveitará os recursos que lhe sejam repassados pela União, conforme indicação prioritária consubstanciada no art. 43, § 3º, da Constituição Federal, em trabalhos de recuperação de terras áridas, cooperando com os pequenos e médios proprietários rurais para a implantação em suas glebas de fontes de água e de irrigação de pequeno porte.

§ 5º Na articulação com a União, quando da exploração dos serviços e instalações de energia elétrica, e do aproveitamento energético dos cursos de água em seu território, o Estado levará em conta os usos múltiplos e o controle das águas, a drenagem, a correta utilização das várzeas, a flora e a fauna aquática e a preservação do meio ambiente.

§ 6º A proteção das águas deverá ser considerada na elaboração de normas legais relativas a florestas, caça, pesca, fauna, conservação da natureza, defesa do solo e demais recursos naturais e ao meio ambiente.

Art. 320. Constarão das leis orgânicas municipais disposições relativas ao uso, à conservação, à proteção e ao controle dos recursos hídricos, superficiais e subterrâneos, no sentido:

I - de serem obrigatórias a conservação e a proteção das águas e a inclusão, nos planos diretores municipais, de áreas de preservação daquelas utilizáveis para abastecimento das populações;

II - do zoneamento de áreas inundáveis, com restrições à edificação naquelas sujeitas a inundações frequentes;

III - da manutenção da capacidade de infiltração do solo, para evitar inundações;

IV - da implantação de sistema de alerta e defesa civil, para garantir a segurança e a saúde públicas, quando da ocorrência de secas, inundações e de outros eventos críticos;

V - da implantação de matas ciliares, para proteger os corpos de água;

VI - do condicionamento e aprovação prévia, por organismos estaduais de controle ambiental e de gestão de recursos hídricos, dos atos de outorga, pelos Municípios, a terceiros, de direitos que possam influir na qualidade ou quantidade das águas, superficiais e subterrâneas; e

VII - da implantação de programas permanentes de racionalização do uso das águas para abastecimento público, industrial e para irrigação.

Art. 321. O Governo do Estado deverá instituir incentivos e prover outros meios para assegurar viabilização e o desenvolvimento da agricultura irrigada, bem como estimular a introdução de culturas nobres, conforme regulamentação em lei ordinária.

Art. 322. Fica criado o Conselho Estadual de Ações Permanentes contra as Secas.

§ 1º O referido Conselho terá como objetivo compatibilizar as ações de órgãos federais, estaduais e municipais, tornando-as permanentes e evitando paralelismo de programas afins.

§ 2º O Conselho Estadual de Ações Permanentes contra as Secas será constituído por membros indicados pelas comunidades rurais, sindicatos de trabalhadores, defesa civil, Secretaria de Estado da Agricultura e Meio Ambiente, DNOCS, Sudene e órgãos afins, cujas normas serão definidas em lei complementar.

Art. 323. O Estado deverá elaborar política especial para as áreas secas, contemplando, dentre outras medidas, a aquisição de áreas para perfuração de poços profundos, açudes, barragens, cisternas e outros pontos d'água e projetos de produção com pequena irrigação.

Art. 324. As bacias ou regiões hidrográficas com mais de um Município terão os planos e programas de preservação e proteção dos recursos naturais nelas contidos, elaborados conjuntamente pelo Estado e Município envolvidos.

Parágrafo único. O Estado celebrará convênio com os Municípios para a gestão, por estes, do uso das águas de interesse exclusivamente locais.

Art. 325. As áreas de vazantes dos açudes públicos estaduais deverão ser cedidas em comodato pelo Estado para plantio por parte dos trabalhadores rurais sem terra da região.

Parágrafo único. (Revogado).

§ 1º A gestão dos recursos hídricos deve privilegiar a produção de alimentos para consumo interno, especialmente de pequenos produtores familiares e assentamentos rurais;

§ 2º Os proprietários de terras contíguas aos espelhos d'água de açudes e canais hídricos construídos com participação do Estado, ou totalmente públicos, ficarão obrigados a estabelecer servidões com a finalidade de coletivizar o uso da água.

Art. 326. A administração manterá atualizado o plano estadual de recursos hídricos e instituirá, por lei, seu sistema de gestão, congregando organismos estaduais e municipais e a sociedade civil e assegurará recursos financeiros e mecanismos institucionais necessários para garantir:

I - a utilização racional das águas superficiais e subterrâneas;

II - o aproveitamento múltiplo dos recursos hídricos e o rateio dos custos das respectivas obras na forma da lei;

III - a proteção das águas contra ações que possam comprometer o seu uso atual ou futuro; e

IV - a defesa contra eventos críticos, que ofereçam riscos à saúde, e à segurança pública, e ocasionem prejuízos econômicos ou sociais.

§ 1º A gestão dos recursos hídricos deverá:

I - propiciar o uso múltiplo das águas e reduzir seus efeitos adversos;

II - ser descentralizada, participativa e integrada em relação aos demais recursos naturais;

III - adotar a bacia hidrográfica como base e considerar o ciclo hidrológico, em todas as suas fases.

§ 2º As diretrizes da política estadual de recursos hídricos serão estabelecidas por lei.

§ 3º Aos proprietários ou agricultores, que trabalham em áreas irrigadas, será obrigatoriedade do Governo do Estado subsidiar a energia elétrica consumida para tal atividade, de acordo com lei regulamentar.

Art. 327. O Estado dispensará às microempresas e às empresas de pequeno porte, assim definidas em lei, tratamento jurídico diferenciado, visando incentivá-las pela simplificação de suas obrigações administrativas, tributárias, previdenciárias e creditícias, ou pela eliminação ou redução destas por meio de lei.

Art. 328. O Estado levará em conta o problema específico da mulher na zona rural, relativamente ao papel que desempenha na sobrevivência econômica da família, e à remuneração de seu trabalho.

Parágrafo único. O Estado adotará medidas apropriadas para assegurar o direito da mulher do campo a:

I - participar na elaboração e execução de planos de desenvolvimento em todos os níveis; e

II - ter acesso às ações de programas de assistência integral à saúde da mulher, inclusive às de planejamento familiar.

CAPÍTULO XII
DA PREVIDÊNCIA E ASSISTÊNCIA SOCIAIS

Art. 329. O Estado promoverá programa de prevenção, integração social e atendimento especializado para os portadores de deficiência física, sensorial ou mental, mediante treinamento para o trabalho e a convivência e a facilitação de acesso aos bens e serviços coletivos com a eliminação de preconceitos e obstáculos arquitetônicos.

§ 1º A lei reservará percentual de cargos e empregos públicos estaduais para as pessoas portadoras de deficiência e definirá os critérios de sua admissão.

§ 2º A lei disporá, com vistas a facilitar a locomoção de pessoas portadora de deficiência, a previsão de rebaixamentos, rampas e outros meios adequados de acesso, em logradouros, edificações em geral e demais locais de uso público, bem como a adaptação das já existentes.

§ 3º A prevenção da excepcionalidade mental será objeto da atenção máxima do Estado, observados seus aspectos de profilaxia (causas sociais, biológicas, nutricionais, acidentais, medicamentosas, radioativas); de diagnóstico precoce; de tratamento e de desenvolvimento da pesquisa especializada.

§ 4º Fica criado o Fundo de Atenção à Excepcionalidade Mental - FAEM, para efeito do cumprimento do disposto no *caput* deste artigo.

Art. 330. A previdência social dos servidores estaduais, detentores de cargos efetivos, dos militares, dos membros de Poder, ativos, inativos e pensionistas dos Poderes Executivo, incluídas suas autarquias e fundações, Legislativo e Judiciário, dos Tribunais de Contas do Estado e dos Municípios e do Ministério Público, será organizada em sistema único e terá caráter contributivo e solidário, mediante contribuição do Estado do Ceará, dos segurados e dos pensionistas, observadas as normas gerais de contabilidade e atuária e critérios que preservem o equilíbrio financeiro e atuarial, conforme o art. 40 da Constituição Federal e o disposto em lei complementar.

§ 1º Instituído o Sistema Único de que trata o *caput* deste artigo, ficam extintos, na Administração Pública Estadual, todos os Montepios existentes, institutos de aposentadoria e pensão e a Pensão Policial Militar, ficando vedada a instituição de quaisquer novos benefícios de montepio ou previdenciários, a qualquer título, diversos do disposto neste Capítulo, ressalvando-se a manutenção e o pagamento dos benefícios atualmente concedidos, os quais serão suportados pelo Sistema Único, nos termos da Lei, respeitado, em qualquer caso, o teto remuneratório aplicável.

§ 2º Os Deputados Estaduais não serão contribuintes do Sistema Único de que trata o *caput* deste artigo e poderão ter sistema próprio de previdência social, mantido por contribuição dos segurados e pensionistas e por recursos do Estado, nos termos da Lei.

§ 3º Os Poderes Executivo, Legislativo e Judiciário disponibilizarão, mensalmente, a partir de noventa dias da publicação desta emenda, os dados, relativos aos seus servidores, necessários ao gerenciamento do Sistema Único de Previdência.

§ 4º A contribuição previdenciária cobrada dos servidores públicos para o custeio, em benefício destes, do regime previdenciário de que trata o *caput* deste artigo, não poderá ter alíquotas inferiores à da contribuição dos servidores titulares de cargos efetivos da União.

§ 5º São também alcançados pelo *caput* deste artigo, os servidores estáveis abrangidos pelo art. 39, *caput* da Constituição Federal, na redação original, c/c o art. 19 do Ato das Disposições Constitucionais Transitórias da Constituição Federal, e o admitido até 5 de outubro de 1988, que não tenha cumprido, naquela data, o tempo previsto para aquisição da estabilidade no serviço público, desde que subordinados ao regime jurídico estatutário.

§ 6º A idade mínima para aposentadoria no serviço público estadual corresponderá à prevista para o servidor público federal, no art. 40, § 1º, inciso III, da Constitucional Federal.

» *Parágrafo 6º acrescido pela Emenda Constitucional nº 97, de 19.12.2019, DOE de 19.12.2019.*

Art. 331. Fica vedada a existência de mais de um regime próprio de previdência social para os servidores titulares de cargos efetivos e de mais de uma unidade gestora do respectivo regime, ressalvado o disposto no art. 142, § 3º, da Constituição Federal.

§ 1º O Sistema Único de Previdência Social, mantido por contribuição previdenciária, atenderá, nos termos da Lei, a:

I - aposentadoria do segurado;

II - pensão por morte do segurado, na forma definida em lei;

III - (Revogado pela Emenda Constitucional nº 97, de 19.12.2019, DOE de 19.12.2019).

IV - (Revogado pela Emenda Constitucional nº 85, de 10.12.2015).

V - (Revogado pela Emenda Constitucional nº 85, de 10.12.2015).

§ 2º Nenhuma aposentadoria ou pensão terá valor mensal inferior ao salário mínimo.

§ 3º A pensão por morte será calculada, na forma da lei, com base no subsídio, vencimentos ou proventos do segurado falecido, independentemente do número de dependentes inscritos, respeitado, em qualquer caso, o teto remuneratório aplicável, e observado o disposto nº § 7º do art. 40, da Constituição Federal.

§ 4º (Revogado).

§ 5º Lei definirá a forma de concessão, rateio e o marco inicial do benefício de pensão, inclusive as causas de sua cessação e o rol de dependentes.

§ 6º (Revogado).

§ 7º (Revogado).

§ 8º (Revogado).

§ 9º (Revogado).

§ 10. (Revogado).

§ 11. Nenhum benefício de previdência social poderá ser criado majorado ou estendido, sem a correspondente fonte de custeio total.

§ 12. (Revogado).

§ 13. O servidor público civil ativo, os agentes públicos ativos e os membros de Poder ativos do Estado do Ceará, que permanecerem em atividade após completar as exigências para inativação, farão jus a abono de permanência nos termos e limites estabelecidos pela Constituição Federal e respectivas Emendas.

§ 14. Integram o Sistema Único de Previdência os servidores estaduais que, embora não estáveis, nem estabilizados excepcionalmente pelo art. 19, do ADCT, da Constituição Federal, hajam contribuído e estejam a contribuir para o referido Sistema.

Art. 332. São direitos dos trabalhadores urbanos e rurais do Estado e dos Municípios:

I - assistência gratuita aos filhos e dependentes desde o nascimento até seis anos de idade em creches e pré-escolas; e

II - local apropriado, nos estabelecimentos públicos e privados em que trabalhem, pelo menos, trinta mulheres, para guardarem sob vigilância e assistência os seus filhos no período de amamentação.

Art. 333. A prevenção da excepcionalidade física e sensorial será objeto de assistência do Estado, observados aspectos de profilaxia, de diagnóstico precoce, de tratamento e de desenvolvimento da pesquisa especializada.

Parágrafo único. Fica criado o Fundo de Assistência à Excepcionalidade Física e Sensorial - FAES, para efeito do cumprimento do disposto no *caput* deste artigo.

Art. 334. O Estado institucionalizará casas de abrigos e albergues para mulheres vítimas de violência.

Art. 335. Nenhum provento ou pensão, pago pelo Sistema Único de Previdência Social do Estado do Ceará, poderá ser superior a cem por cento da totalidade do subsídio ou vencimento do segurado quando na atividade.

Art. 336. São direitos sociais: a educação, a habitação, a saúde, o trabalho, o lazer, a segurança, a previdência social, a proteção à maternidade e à infância, a assistência aos desamparados, na forma desta Constituição.

ATO DAS DISPOSIÇÕES CONSTITUCIONAIS TRANSITÓRIAS

Art. 1º Ficam definidas como funções públicas de interesse comum na Região Metropolitana de Fortaleza, até determinação posterior em lei ordinária, as seguintes:

- desenvolvimento econômico e social integrado;

- cartografia e informações básicas;

- saneamento básico (abastecimento de água, esgotamento sanitário, limpeza pública e drenagem);

- uso do solo;

- habitação;

- transporte coletivo e sistema viário metropolitano;

- proteção do meio ambiente.

Art. 2º Em razão da construção do Açude Público do Castanhão, deverá ser redefinido o espaço físico do Município de Juaguaribara, passando a ter as seguintes delimitações:

I - ao Norte, confinando com os Municípios de Morada Nova, São João do Jaguaribe e alto Santo, coincidindo com os limites do distrito de Castanhão descritos na Lei nº 3.814, de 13 de setembro de 1957, partindo desse limite em linha reta até encontrar o riacho do Livramento, ponto extremo de Morada Nova;

II - Ao Oeste, confinando com os Municípios de Morada Nova e Jaguaretama, no ponto do riacho do Livramento, referido no item anterior, subindo no mesmo riacho, atravessando ao meio o açude Poço do Barro, prosseguindo pelo riacho do Deserto, até encontrar a paralela 5º, 30', daí em diante permanecem os limites indicados na Lei nº 3.550, de 9 de março de 1957;

III - ao Sul, confinando com o Município de Jaguaribe, permanecendo inalterado o limite da lei anteriormente citada (Lei nº 3.550, de 9 de março de 1957);

IV - ao Leste, confinando com os Municípios de Iracema e Alto Santo, persiste o limite da Lei nº 3.550, de 9 de março de 1957, avançando a seguir nas linhas limítrofes do distrito do Castanhão, conforme a Lei 3.814, de 13 de setembro de 1957, até então sujeito à jurisdição do Município de Alto Santo. (Nesta redação havia uma arguição de inconstitucionalidade através da ADIn nº 188-4 a qual foi considerada prejudicada).

A) Ao Norte com o município de Morada Nova: Começa na interseção da Reta que liga a foz do riacho Junqueiro, no Rio Jaguaribe, à foz do riacho Mão Quebrada, no riacho Desterro, com a reta que liga o ponto de latitude 5º 26' 48" e longitude 38º 31' 45" ao ponto de latitude 5º 26' 07" e longitude 38º 30' 06", seguindo em linha reta até este último ponto; daí segue por outra reta até o ponto de latitude 5º 23' 45" e longitude 38º 26' 26", de onde, por outra reta tirada para o ponto de latitude 5º 24' 40" S e longitude 38º 22' 31" W, que incide com o divisor de águas entre o Rio Jaguaribe e o riacho do Livramento.

B) Ao Leste com o município de Alto Santo: Começa na interseção da reta tirada entre o ponto de latitude 5º 23' 45" e longitude 38º 26' 26" e o ponto de latitude 5º 24' 40" S e longitude 38º 22' 31" W, que incide com o divisor de águas entre o rio Jaguaribe e o riacho do Livramento, segue por este divisor até o ponto de latitude 5º 25' 16" S e longitude 38º 25' 50" W, situado na linha de divisa do Projeto Xique-Xique, segue esta divisa até o ponto de latitude 5º 24' 51" S e longitude 38º 26' 08" W, continua por esta linha de divisa até o ponto de latitude 5º 25' 35" S e longitude 38º 26' 55" W, seguindo em linha reta para o ponto de latitude 5º 26' 08" S e longitude 38º 26' 10" W, que incide na linha de divisa do Projeto Xique-Xique, daí segue pela mesma reta até o ponto de latitude 5º 26' 40" S e longitude 38º 25' 27" W, situado na margem do Rio Jaguaribe.

C) Ainda a Leste com o município de Iracema: Permanece a mesma divisa definida na alínea "C" da Lei 3.550 de 9 de março de 1957. Alínea "C" com redação dada pela Emenda Constitucional nº 30, de 13 de maio de 1997, DO de 20.05.1997.

D) Ao Sul com o município de Jaguaribe: Permanece a mesma divisa definida na Lei 3.550/57, alínea "d".

E) A Oeste com o município de Jaguaretama: Começa no cruzamento da estrada que liga as cidades de Jaguaribe e Jaguaretama no riacho Manoel Lopes, daí em linha reta vai à fazenda Riacho dos Bois, de onde por outra vai à foz do Riacho dos Cavalos no riacho do Sangue pelo qual sobe até o ponto situado à meia-légua do rio Jaguaribe; deste ponto segue pela linha equidistante meia-légua do rio Jaguaribe até o ponto de Latitude 5º 29' 23" e Longitude 38º 31' 36", daí segue em linha reta até o ponto de Latitude 5º 28' 06" e Longitude 38º 33' 04"; daí por outra reta vai ao ponto de Latitude 5º 26' 48" e Longitude 38º 31' 45", por outra reta tirada para o ponto de Latitude 5º 26' 07" e Longitude 3 8º 30' 06" até sua interseção com a reta tirada da foz do riacho Junqueiro no Rio Jaguaribe para a foz do riacho Mão Quebrada no riacho Desterro.

§ 1º A área descrita e delimitada nos incisos deste Artigo, passa a ser o novo espaço territorial do município de Jaguaribara, para cumprimento da relocalização e reurbanização do distrito-sede de Jaguaribara e da sede do distrito de Poço Comprido.

§ 2º O disposto no "*caput*" deste Artigo fica a depender de consulta prévia, mediante plebiscito, às populações diretamente interessadas.

§ 3º No caso de resultado desfavorável, na consulta prevista no parágrafo anterior, os limites municipais serão redefinidos, nos termos da Lei, observados os requisitos previstos em Lei Complementar Estadual, e dependendo de nova consulta prévia, mediante plebiscito às populações diretamente interessadas.

Art. 3º Fica criado o Campus Industrial Avançado do Cariri, obrigando-se o Governo Estadual a desapropriar área de cem hectares nos Municípios de Crato, Juazeiro do Norte ou Barbalha, para a instalação de uma Zona de Processamento para a Exportação - ZPE, como apêndice agregado à ZPE CEARÁ S/A que utilizará as facilidades de alfandegamento do porto e aeroporto de Fortaleza.

Art. 4º Fica o povoado de Jericoacoara transformado em espaço territorial ecológico, a ser especialmente protegido nos termos do art. 225, III, da Constituição Federal, devendo o Estado em conjunto com os Municípios da microrregião promover a preservação ambiental.

Art. 5º Após a promulgação da Constituição Estadual, as indústrias poluentes que não possuírem filtros e outros equipamentos que evitem a contaminação ambiental, terão o prazo de seis meses, prorrogáveis por igual período, para adoção das providências necessárias.

§ 1º O Poder Público Estadual apresentará projeto complementar, dispondo sobre a manutenção ou a restauração do meio ambiente, com a indicação das obras públicas a serem expandidas.

§ 2º O projeto complementar de que trata este artigo deverá ser previamente submetido à apreciação dos órgãos de fiscalização do meio ambiente.

§ 3º O Banco do Estado do Ceará assegurará prioridade de atendimento às empresas que solicitaram empréstimos para cumprimento das disposições precedentes.

Art. 6º A Imprensa Oficial e demais gráficas do Estado, da administração direta ou indireta, promoverão edição popular do texto integral desta Constituição, que será posta, gratuitamente, à disposição das escolas, dos cartórios, dos sindicatos, dos quartéis, das igrejas e de outras instituições representativas da comunidade e das ligadas diretamente às áreas estudantis e jurídicas.

Art. 7º A Fundação Cearense de Amparo à Pesquisa, de que trata o artigo 258, será criada por lei especial dentro do prazo de doze meses, a contar da data da promulgação desta Constituição.

Art. 8º A Assembleia Legislativa, dentro do prazo de cento e vinte dias da promulgação da Constituição, elaborará código de defesa do consumidor, em consonância com o art. 48-DT, da Constituição Federal.

Art. 9º Ficam reabilitados os Deputados Estaduais, Suplentes de Deputados Estaduais e Vereadores que, no período de 1º de abril de 1964 a 31 de dezembro de 1970, tiveram no Estado do Ceará, os seus mandatos cassados por motivos políticos, embora a formalização dos atos tenha invocados outras fundamentações jurídicas.

Art. 10. Dentro de noventa dias, a contar da data de promulgação desta Constituição, o Governador enviará à Assembleia Legislativa a estrutura organizacional do Poder Executivo, na qual constarão todos os órgãos do Poder Público, das empresas estatais e de economia mista e fundações.

Art. 11. Os serviços notariais, de registro e escrivanias são exercidos, em caráter privado, por delegado do Poder Público.

§ 1º Lei regulará as atividades, disciplinará a responsabilidade civil e criminal dos notários, dos oficiais de registro e de seus prepostos, e definirá a fiscalização de seus atos pelo Poder Judiciário.

§ 2º Lei definirá normas gerais para fixação das taxas de serviços relativos aos atos praticados pelos serviços notariais, de registro e escrivania.

§ 3º O ingresso na atividade notarial, de registro e escrivania far-se-á por concurso público de provas e títulos.

§ 4º Não se permitirá que qualquer cartório notarial, de registro e escrivania fique vago por mais de seis meses, sem a abertura de concurso público de provimento ou de remoção.

§ 5º Fica assegurada aos substitutos das serventias extrajudiciais e judiciais na vacância a efetivação, no cargo de titular, desde que, investidos na forma da lei, na data da promulgação desta Constituição, contem ou venham a contar cinco anos de exercício, nessa condição e na mesma serventia.

» *Parágrafo declarado inconstitucional na ADIN nº 251.*

Art. 12. São considerados estáveis no serviço público todos os servidores das serventias judiciais, conforme a Emenda à Constituição nº 22, de vinte e nove de julho de 1982, que contem pelo menos cinco anos de serviço e até cinco de outubro de 1989.

» *Artigo declarado inconstitucional na ADIN nº 251.*

Art. 13. O Tribunal de Alçada a que se refere o art. 113 desta Constituição deverá ser instalado no prazo máximo de seis meses, a contar da data da promulgação da Constituição Estadual.

Parágrafo único. O *caput* deste artigo determina o prazo fixado para efetivar-se o aumento de Desembargadores no Tribunal de Justiça e instalação do Tribunal de Alçada, Juizados Especiais e de Pequenas Causas.

Art. 14. O cargo de Promotor de Justiça Militar passa a integrar a carreira do Ministério Público, de entrância especial, com a denominação de Promotor de Justiça Militar.

Parágrafo único. O atual ocupante do cargo de que trata este artigo passa a integrar o Ministério Público, com o tempo de serviço exercido no citado cargo.

Art. 15. O Conselho Estadual de Justiça será instalado até seis meses após a data da promulgação desta Constituição, cabendo ao Tribunal de Justiça adotar as providências necessárias, inclusive requisitando recursos financeiros e meios materiais à autoridade executiva, respondendo esta por eventuais embaraços às requisições.

Parágrafo único. Não havendo, no prazo acima referido, lei complementar regulamentando a atuação do Conselho, este será convocado pelo seu presidente dentro de trinta dias, passando a reger-se pelo regimento que adotar, até o advento da mencionada lei.

Art. 16. Os atuais ocupantes dos cargos de Procurador junto ao Tribunal de Contas dos Municípios neles permanecerão até quando se aposentarem, e passarão a se denominar Procuradores de Justiça, integrantes do Ministério Público Estadual.

Parágrafo único. Aplica-se o disposto neste artigo Procuradores do Tribunal de Contas dos Municípios com processo de aposentadoria em tramitação no Tribunal de Contas do Estado, bem como aos aposentados.

Art. 17. Aos Conselheiros do Tribunal de Contas dos Municípios, nomeados antes da vigência da Constituição Federal de 1988, não se aplica o art. 79, § 3º, parte final.

Parágrafo único. Para as duas vagas adicionais ao Tribunal de Contas dos Municípios, de que trata o art. 79, os Conselheiros serão indicados pela Assembleia Legislativa.

Art. 18. Ficam criadas a Universidade Regional de Itapipoca - URIT, a Universidade Vale do Poti - UVAP - com sede em Crateús, a Universidade Regional de Quixadá - UREQ e a Universidade Regional do Planalto da Ibiapaba - URPI.

§ 1º Lei estabelecerá as regras de funcionamento das universidades e os cursos por elas adotados, disseminando-se as suas unidades e encargos por todo o espaço das respectivas microrregiões.

§ 2º O Governador do Estado terá um prazo de três anos para implantá-las, contados a partir de três meses da promulgação da Constituição.

Art. 19. O Instituto de Estudos Políticos e Atividades Parlamentares, criado pela Resolução nº 200, de 31/12/88, publicada no Diário Oficial de 5/1/89, passa a denominar-se Instituto de Estudos e Pesquisas sobre o Desenvolvimento do Estado do Ceará, nos termos do art. 49, parágrafo único desta Constituição, permanecendo inalterados os seus objetivos.

Parágrafo único. Os mandatos de seus atuais dirigentes terão a duração de dois anos, contados da promulgação da Constituição, sem óbice à recondução.

Art. 20. Ao ex-combatente que tenha efetivamente participado de operações bélicas durante a Segunda Guerra Mundial, nos termos da Lei nº 5.315/67, de 12 de setembro de 1967, serão assegurados os seguintes direitos:

I - aproveitamento no serviço público, sem exigência de concurso, com estabilidade;

II - assistência médica, hospitalar e educacional gratuita, extensiva aos dependentes;

III - aposentadoria, com proventos integrais, aos vinte e cinco anos de serviço efetivo, se servidor público estadual da administração direta, indireta, autárquica ou fundacional, independente do regime jurídico;

IV - prioridade na aquisição da casa própria para os que não a possuam ou para suas viúvas ou companheiras.

Art. 21. Os professores e servidores dos quadros da Universidade Estadual do Ceará - UECE, Universidade Regional do Cariri - URCA e Universidade Vale do Acaraú - UVA terão regime jurídico único.

Parágrafo único. Os professores e servidores das instituições referidas neste artigo, com sua aquiescência, poderão prestar serviços em qualquer dessas entidades, preservando-se o vínculo originário.

Art. 22. O Estado orientará o tratamento a ser dispensado a seus servidores, no sentido de que seja observado o princípio da isonomia correspondendo equivalentes deveres e responsabilidades a iguais salários.

Art. 23. Todos os servidores públicos e empregados do Estado, salvo os ocupantes de cargos em comissão, integrarão quadros de carreira, sendo assegurada a ascensão funcional, atendidos os requisitos desta Constituição.

§ 1º É assegurado o exercício cumulativo de dois cargos ou empregos privativos de médico que estejam sendo exercidos por médicos militares na administração pública direta ou indireta.

§ 2º É assegurado o exercício cumulativo de dois cargos ou empregos privativos de profissionais de saúde, que estejam sendo exercidos na administração pública direta ou indireta.

Art. 24. Fica assegurado aos servidores públicos estatutários dos municípios que não disponham de previdência e assistência médica, odontológica, farmacêutica e hospitalar, o direito de filiar-se aos correspondentes órgãos do Estado, na forma da lei estadual complementar, que estabelecerá os critérios necessários.

Art. 25. Os servidores públicos do Estado e dos Municípios, da administração direta, de autarquia, empresas públicas, sociedades de economia mista e das fundações públicas, na data da promulgação desta Constituição, há pelo menos cinco anos, e que não tenham sido admitidos mediante aprovação prévia em concursos públicos de provas e títulos, são considerados estáveis no serviço público.

§ 1º O tempo de serviço dos servidores será contado como título quando submetidos a concurso, para fins de efetivação, na forma da lei.

§ 2º O disposto no *caput* deste artigo não se aplica aos ocupantes de cargos, funções e empregos de confiança ou em comissão, nem aos que a lei declare de livre exoneração, cujo tempo de serviço não será computado para os fins deste artigo, exceto se se tratar de servidor.

§ 3º Com a estabilidade de que trata o *caput* deste artigo, as funções de caráter eventual dos servidores em geral passam a ser de natureza permanente, caracterizando-se como cargos, devendo como tais ser considerados, para todos os efeitos.

» *O STF, na ADIn nº 289, por unanimidade, declarou a inconstitucionalidade deste artigo. - Plenário, 09.02.2007.*

Art. 26. Os servidores públicos civis do Estado e dos Municípios que ingressaram na administração direta por processo seletivo de caráter público e de provas eliminatórias, em exercício profissional, há pelo menos dois anos, são considerados efetivos de pleno direito.

» *O STF, na ADIn nº 289, por unanimidade, declarou a inconstitucionalidade deste artigo. - Plenário, 09.02.2007.*

Art. 27. Fica extensiva aos Técnicos de Programação Educacional, a vantagem de que trata o art. 3º da Lei nº 9.375, de 10 de julho de 1970 com a alteração constante do art. 1º da Lei nº 10.165, de 21 de março de 1978, bem como os ocupantes do cargo de profissional de relações públicas, de provimento efetivo, nos quadros da administração direta e indireta, a vantagem de que trata o artigo 3º e parágrafo único da Lei nº 9.375, de 10 de julho de 1970, com a alteração constante do art. 1º e seu parágrafo da único da Lei nº 10.165, de 21 de março de 1978 e com a alteração constante do art. 1º e seus parágrafos da Lei nº 11.243, de 12 de dezembro de 1986.

» *Artigo declarado inconstitucional pelo STF, na ADIN nº 145.*

Art. 28. Fica extensiva aos ocupantes dos cargos técnicos de programação educacional, de provimento efetivo de quadro de pessoal a que se refere a Lei nº 10.776, de 17 de dezembro de 1982, com a alteração do art. 7º da Lei nº 11.463, de 17 de julho de 1988, bem como aos ocupantes dos cargos de assistente técnico de educação, auditor de educação e técnico de educação de que tratam as Leis nºs 10.703, de 13 de agosto de 1982 e 10.876, de 26 de dezembro de 1983, a vantagem de que trata o art. 3º, da Lei nº 9.375, de 10 de julho de 1970 com a alteração constante no art. 1º da Lei nº 10.165, de 21 de março de 1978.

» *Artigo declarado inconstitucional pelo STF, na ADIN nº 145.*

Art. 29. Ficam efetivados os servidores públicos civis do Estado e dos Municípios, da administração direta, de autarquias e das fundações públicas, em exercício na data da promulgação desta Constituição há pelo menos cinco anos continuados, e que não tenham sido admitidos na forma regulada no art. 37 da Constituição Federal, tornando-se estáveis no serviço público.

» *Artigo declarado inconstitucional pelo STF, na ADIN nº 289.*

Art. 30. Os servidores da administração direta e indireta, colocados à disposição, remanejados ou prestando serviço a qualquer órgão dos Poderes do Estado, passam a integrar o quadro no emprego ou cargo pertinente à respectiva prestação de serviço e ao regime jurídico correspondente, desde que façam opção até noventa dias após a promulgação desta Constituição, perante o órgão a que estão agregados.

» *Artigo declarado inconstitucional pelo STF, na ADIN nº 289.*

Art. 31. Será criado, dentro de trinta dias da promulgação da Constituição, grupo de trabalho, com dez membros, sendo cinco indicados pelo Poder Executivo e o restante pelo Poder Legislativo, com a finalidade de apresentar estudos necessários à construção de um novo Aeroporto para Fortaleza.

Parágrafo único. Um dos membros a ser indicado pelo executivo será representante do Ministério da Aeronáutica.

Art. 32. No primeiro exercício financeiro a partir da promulgação da Constituição, não poderá o Estado despender com pessoal mais do que setenta e cinco por cento do valor da sua receita corrente, conforme determina a Constituição Federal.

Art. 33. Fica criada, nos termos da lei, a Escola Técnica Estadual de Itapipoca, para dar suporte ao ensino profissionalizante na região Norte do Estado, instituindo-se:

I - ensino de primeiro grau profissionalizante para as carreiras de: torneiro mecânico, serralheiro, pintor, marceneiro, pedreiro, mestre de obras, eletricista, bombeiro hidráulico;

II - ensino profissionalizante de 2º grau para carreira de: técnico agrícola e pecuário, técnico em química industrial, técnico em edificações, técnico em pesca e processamento do peixe e seus derivados.

Parágrafo único. A Assembleia Legislativa do Estado do Ceará editará a lei de criação prevista no *caput* deste artigo até noventa dias após a promulgação da Carta Magna Estadual.

Art. 34. Após cinco anos da promulgação da Constituição Estadual, será realizada sua revisão constitucional, pelo voto da maioria absoluta dos membros da Assembleia.

Parágrafo único. A iniciativa popular de emenda à Constituição Estadual será assegurada, quando da revisão constitucional.

Art. 35. Serão revistas pela Assembleia Legislativa, no prazo de dois anos da promulgação desta Constituição, todas as doações, vendas, concessões, autorizações e permissões de uso de terras públicas com área superior a cinquenta hectares, realizadas no período de 1º de janeiro de 1962 até 05 de outubro de 1991.

Art. 36. O Governo do Estado, trinta dias após a promulgação da Constituição, determinará estudos à Empresa Cearense de Telecomunicações - Ecetel, para a implantação de canais de transmissão de áudio e vídeo em número suficiente para atendimento a todas as emissoras de televisão de Fortaleza, incluindo um canal reserva.

§ 1º As despesas decorrentes dessa providência serão divididas entre as emissoras de televisão interessadas na futura exploração dos canais, para retransmissão ao Interior do Estado.

§ 2º A TV Educativa terá prioridade de utilização para um dos atuais canais da Ecetel.

§ 3º Lei definirá os critérios para exploração dos canais de televisão para o Interior por parte das emissoras interessadas de Fortaleza.

Art. 37. As empresas individuais ou coletivas, em débito com a Fazenda Estadual, com total de autos de infração lavrados até 30.3.89, cujo valor não ultrapasse a cinco mil OTNs, do dia da lavratura, ajuizados ou não, poderão liquidar sua dívida até 31.12.89, sem multa e sem atualização monetária.

Parágrafo único. Tratando-se de microempresa, independe a anistia, ora concedida, do limite estabelecido do *caput* deste artigo e de qualquer formalidade.

Art. 38. A lei agrícola a ser promulgada no prazo de um ano disporá, nos termos da Constituição, sobre os objetivos, instrumentos de política agrícola, prioridades, planejamento de safras, abastecimento interno e mercado externo.

Art. 39. Aos bombeiros militares fica garantido o direito de opção pela permanência nos Quadros da Polícia Militar do Ceará.

§ 1º O prazo da opção será de cento e oitenta dias, a contar da promulgação da presente Constituição, mediante requerimento escrito ao Chefe do Poder Executivo.

§ 2º Ao optar pela permanência no efetivo da Polícia Militar do Ceará, o bombeiro militar ocupará vaga no quadro de organização da corporação, na qualificação policial militar parcial correlata ou, na falta desta, na qualificação de combatente.

§ 3º Inexistindo vaga nas qualificações citadas no parágrafo anterior, o bombeiro militar será incluído na qualificação de combatente na condição de excedente.

Art. 40. Caberá ao Estado constituir o Conselho Estadual de Energia, no prazo de um ano, a partir da data da promulgação desta Constituição, com atribuição de estabelecer a política energética estadual, promover e acompanhar sua implementação.

Parágrafo único. O Conselho será paritariamente composto por membros nomeados pelo Governo do Estado e representantes da sociedade civil organizada.

Art. 41. Os Municípios, no prazo de doze meses, adotarão providências no sentido de dotar suas administrações públicas, de legislação específica suplementar à Lei Federal nº 4.320, de 17 de março de 1964, nos termos do inciso II, do art. 30, da Constituição Federal.

Art. 41 acrescido pela Emenda Constitucional nº 35, de 30 de junho de 1998, DO 13.07.1998.

Art. 42. Fica instituído o Novo Regime Fiscal no âmbito dos orçamentos Fiscal e da Seguridade Social do Estado, que vigorará por dez exercícios financeiros, nos termos dos arts. 43 a 49 deste Ato das Disposições Constitucionais Transitórias.

» *Artigo 42 acrescido pela Emenda Constitucional nº 88, de 21.12.2016, DOE de 21.12.2016, em vigor na data de sua publicação.*

Art. 43. Ficam estabelecidos, para cada exercício, limites individualizados para as despesas primárias correntes:

I - do Poder Executivo;

II - do Poder Judiciário;

III - da Assembleia Legislativa;

IV - do Ministério Público do Estado;

V - da Defensoria Pública do Estado;

VI - do Tribunal de Contas do Estado.

§ 1º Cada um dos limites a que se refere o *caput* deste artigo equivalerá:

I - para o exercício de 2017, à despesa primária corrente paga no exercício de 2016, incluídos os restos a pagar pagos, corrigida em 7,0% (sete inteiros por cento);

II - para os exercícios posteriores, segundo definido na Lei de Diretrizes Orçamentárias, ao valor do limite referente ao exercício imediatamente anterior, corrigido pela variação do Índice Nacional de Preços ao Consumidor Amplo - IPCA, publicado pelo Instituto Brasileiro de Geografia e Estatística, ou de outro índice que vier a substituí-lo, ou 90% (noventa por cento) da variação positiva da Receita Corrente Líquida, ambos para o período de 12 (doze) meses, encerrado em junho do exercício anterior a que se refere à Lei Orçamentária.

§ 2º Os limites estabelecidos na forma do art. 46, do § 1º do art. 99, alínea "e" do art. 74, parágrafo único do art. 81, art. 136 e art. 148-A da Constituição Estadual não poderão ser superiores aos estabelecidos nos termos deste artigo.

§ 3º A mensagem que encaminhar o projeto de Lei Orçamentária demonstrará os valores máximos de programação compatíveis com os limites individualizados calculados na forma dos incisos I e II do § 1º deste artigo.

§ 4º As despesas primárias correntes autorizadas na Lei Orçamentária Anual sujeitas aos limites de que trata este artigo não poderão exceder os valores máximos demonstrados nos termos do § 3º deste artigo.

§ 5º É vedada a abertura de crédito suplementar ou especial que amplie o montante total autorizado da despesa primária corrente sujeita aos limites de que trata este artigo.

§ 6º Não se incluem na base de cálculo e nos limites estabelecidos neste artigo:

I - transferências constitucionais estabelecidas nos incisos III e IV do art. 158 da Constituição Federal;

II - créditos extraordinários a que se refere o § 3º do art. 167 da Constituição Federal e a situação prevista no art. 88, inciso XIX, da Constituição Estadual do Ceará;

III - despesas com aumento de capital de empresas estatais não dependentes.

§ 7º Para fins de verificação do cumprimento dos limites de que trata este artigo, serão consideradas as despesas primárias correntes pagas, incluídos os restos a pagar pagos.

§ 8º O pagamento de restos a pagar inscritos até 31 de dezembro de 2015 poderá ser excluído da verificação do cumprimento dos limites de que trata este artigo, até o excesso de resultado primário dos Orçamento Fiscal e da Seguridade Social do exercício em relação à meta fixada na Lei de Diretrizes Orçamentárias.

§ 9º Não se incluem na base de cálculo e nos limites estabelecidos nesta Lei:

I - despesas relativas à saúde, inclusive as aplicações mínimas de recursos, no caso do Estado do Ceará, do produto de arrecadação dos impostos a que se refere o art. 155 e dos recursos de que tratam os arts. 157 e 159, inciso I, alínea "a", e inciso II, da Constituição Federal, deduzidas as parcelas que foram transferidas aos respectivos Municípios, bem como os critérios de rateio de recursos da União vinculados à saúde destinados ao Estado do Ceará, e do Estado aos seus respectivos Municípios, objetivando a progressiva redução das disparidades regionais;

II - despesas relativas à Educação, inclusive as aplicações mínimas de recursos a que se refere o art. 212 da Constituição Federal e art. 216 da Constituição Estadual do Ceará.

§ 10. As limitações dispostas neste artigo não se aplicam a fundos cuja operacionalização aconteça com recursos exclusivamente próprios, sem suplementação com recursos do Tesouro Estadual, ainda que haja previsão de dotação orçamentária na lei que instituiu.

» *Artigo 43 acrescido pela Emenda Constitucional nº 88, de 21.12.2016.*

Art. 43-A. Fica criado o Conselho de Governança Fiscal do Estado, com o objetivo precípuo de zelar pelo equilíbrio fiscal do Estado, composto pelos seguintes membros:

I - Governador do Estado;

II - Presidente da Assembleia Legislativa;

III - Presidente do Tribunal de Justiça;

IV - Procurador-Geral de Justiça;

V - Presidente do Tribunal de Contas do Estado;

VI - Defensor Público-Geral.

§ 1º Compete ao Conselho de Governança Fiscal do Estado:

I - promover a harmonização e coordenação de ações entre os Poderes e Órgãos representados por seus integrantes, no que se refere à Gestão Fiscal;

II - estabelecer diretrizes de distribuição equânime de esforços e medidas de eficiência fiscal;

III - acompanhar e avaliar os resultados do Novo Regime Fiscal, instituído nos termos do art. 43 deste Ato das Disposições Constitucionais Transitórias;

IV - propor alteração nos limites a que se refere o inciso II do § 1º do art. 43 deste Ato das Disposições Constitucionais Transitórias, caso se mostre necessário ao equilíbrio fiscal do Estado;

V - propor a prorrogação do Novo Regime Fiscal, caso se mostre necessário ao equilíbrio fiscal do Estado;

VI - disseminar práticas que resultem em maior eficiência na alocação e execução do gasto público, na arrecadação de receitas, no controle do endividamento e na transparência da gestão fiscal.

§ 2º O Conselho de Governança Fiscal do Estado se reunirá, no mínimo, 3 (três) vezes ao ano, preferencialmente nos meses de maio, setembro e fevereiro, após a emissão dos Relatórios de Gestão Fiscal previstos no art. 54 da Lei Complementar Federal nº 101, de 4 de maio de 2000, ocasiões em que deverá dentre outras ações decorrentes de suas competências, proceder ao acompanhamento e a avaliação dos resultados do Novo Regime Fiscal, conforme o inciso III do § 1º do *caput*.

§ 3º A alteração nos limites nos termos do inciso IV, § 1º, do *caput*, a prorrogação do Novo Regime Fiscal nos termos do inciso V, § 1º, do *caput* e a alteração do método de correção dos limites a que se refere o inciso II do § 1º do art. 43 deste Ato das Disposições Constitucionais Transitórias, deverão ser realizadas por meio de projeto de lei complementar.

§ 4º Ouvido o Conselho de Governança Fiscal do Estado, o Governador do Estado poderá propor projeto de lei complementar para alteração do método de correção dos limites a que se refere o inciso II do § 1º do art. 43 deste Ato das Disposições Constitucionais Transitórias.

§ 5º Nas atividades de acompanhamento e avaliação dos resultados da gestão fiscal, o Conselho de Governança Fiscal terá o assessoramento técnico dos responsáveis pelo órgão central do sistema de controle interno, de cada Poder e Órgão citados no art. 43-A do *caput*.

§ 6º Ato do Conselho disporá sobre a sua composição e forma de funcionamento, respeitados os mandamentos desta Constituição.

» *Artigo 43-A acrescido pela Emenda Constitucional nº 94, de 17.12.2018.*

Art. 43-B. Para fins de observância ao disposto no art. 43 deste Ato de Disposições Constitucionais Transitórias, ficam redefinidos, nos termos deste artigo, os limites individualizados para as despesas primárias correntes no âmbito da Defensoria Pública do Estado, observado o seguinte:

I – para os exercícios de 2017, 2018 e 2019, fica reconhecido o atendimento, para todos os efeitos, inclusive de convalidação, dos limites de gastos pela Defensoria Pública do Estado, conforme previsão do art. 43 deste Ato de Disposições Constitucionais Transitórias;

II – a partir do exercício de 2020, o limite de gastos da Defensoria Pública do Estado equivalerá:

a) para o exercício de 2020, à despesa primária corrente prevista na Lei orçamentária do respectivo ano, acrescida de seus créditos adicionais e dos restos a pagar pagos;

b) para os exercícios subsequentes, segundo definido no inciso II do § 1.º do art. 43 deste Ato de Disposições Constitucionais Transitórias.

» *Artigo acrescentado pela Emenda Constitucional 102, de 03/12/2020.*

Art. 44. O Governador do Estado poderá propor, a partir do sexto exercício da vigência do Novo Regime Fiscal, projeto de Lei Complementar para alteração do método de correção dos limites a que se refere o inciso II do § 1º do art. 43 deste Ato das Disposições Constitucionais Transitórias.

Parágrafo único. Será admitida apenas uma alteração do método de correção dos limites por mandato governamental.

» *Artigo 44 acrescido pela Emenda Constitucional nº 88, de 21.12.2016.*

Art. 45. No caso de descumprimento de limite individualizado, aplicam-se, até o final do exercício de retorno das despesas aos respectivos limites, aos Poderes e Órgãos elencados nos incisos I a VII do *caput* do art. 43 deste Ato das Disposições Constitucionais Transitórias que o descumpriu, sem prejuízo de outras medidas, as seguintes vedações:

I - concessão, a qualquer título, de vantagem, aumento, reajuste ou adequação de remuneração de membros do Poder ou de órgão, de servidores e empregados públicos e militares, exceto dos derivados de sentença judicial ou de determinação legal decorrente de atos anteriores à entrada em vigor desta Emenda Constitucional;

II - criação de cargo, emprego ou função que implique aumento de despesa;

III - alteração de estrutura de carreira que implique aumento de despesa;

IV - admissão ou contratação de pessoal, a qualquer título, ressalvadas as reposições de cargos de chefia e de direção que não acarretem aumento de despesa e aquelas decorrentes de vacâncias de cargos efetivos ou vitalícios;

V - realização de concurso público, exceto para as reposições de vacâncias previstas no inciso IV;

VI - criação ou majoração de auxílios, vantagens, bônus, abonos, verbas de representação ou benefícios de qualquer natureza em favor de membros de Poder, do Ministério Público, da Defensoria Pública, do Tribunal de Contas do Estado, e de servidores e empregados públicos e militares;

VII - criação de despesa obrigatória;

VIII - adoção de medida que implique reajuste de despesa obrigatória acima da variação da inflação, observada a preservação do poder aquisitivo referida no inciso IV do *caput* do art. 7º da Constituição Federal.

§ 1º Adicionalmente ao disposto no *caput*, no caso de descumprimento do limite de que trata o inciso I do *caput* do art. 43 deste Ato das Disposições Constitucionais Transitórias, ficam vedadas:

I - a criação ou expansão de programas e linhas de financiamento, bem como a remissão, renegociação ou refinanciamento de dívidas que impliquem ampliação das despesas com subsídios e subvenções;

II - a concessão ou ampliação de incentivos ou benefício de natureza tributária, excetuado aqueles que impactem positivamente a arrecadação.

§ 2º No caso de descumprimento de qualquer dos limites individualizados de que trata o *caput* do art. 43 deste Ato das Disposições Constitucionais Transitórias, fica vedada a concessão da revisão geral prevista no inciso X do *caput* do art. 37 da Constituição Federal.

§ 3º As vedações previstas neste artigo aplicam-se também a proposições legislativas.

» *Artigo 45 acrescido pela Emenda Constitucional nº 88, de 21.12.2016.*

Art. 46. As disposições introduzidas pelo Novo Regime Fiscal:

I - não constituirão obrigação de pagamento futuro pelo Estado ou direitos de outrem sobre o erário;

II - não revogam, dispensam ou suspendem o cumprimento de dispositivos constitucionais e legais que disponham sobre metas fiscais ou limites máximos de despesas.

» *Artigo 46 acrescido pela Emenda Constitucional nº 88, de 21.12.2016.*

Art. 47. A proposta de lei que crie ou altere despesa obrigatória deverá ser acompanhada da estimativa do seu impacto orçamentário e financeiro.

» *Artigo 47 acrescido pela Emenda Constitucional nº 88, de 21.12.2016.*

Art. 48. A proposta de lei que crie ou amplie renúncia de receita deverá ser acompanhada da estimativa do seu impacto orçamentário e financeiro e de pelo menos uma das seguintes condições:

I - demonstração pelo proponente de que a renúncia foi considerada na estimativa de receita da Lei Orçamentária e de que não afetará as metas de resultados fiscais previstas no anexo próprio da Lei de Diretrizes Orçamentárias;

II - estar acompanhada de medidas de compensação, por meio do aumento de receita, proveniente da elevação de alíquotas, ampliação da base de cálculo, majoração ou criação de tributo ou contribuição, expansão da atividade econômica, modernização dos controles fiscais, implementação da substituição tributária, dentre outras.

Parágrafo único. O disposto neste artigo não se aplica a anistia, remissão, subsídio, crédito presumido, concessão de isenção, alteração de alíquota ou modificação de base de cálculo que implique redução de tributos ou contribuições, e outros benefícios, quando concedidos em caráter geral.

» *Artigo 48 acrescido pela Emenda Constitucional nº 88, de 21.12.2016.*

Art. 49. A tramitação de proposição elencada no *caput* do art. 58 da Constituição Estadual, quando acarretar aumento de despesa ou renúncia de receita, será suspensa por até vinte dias, a requerimento de um quarto dos membros da Casa, nos termos regimentais, para análise de sua compatibilidade com o Novo Regime Fiscal.

» *Artigo 49 acrescido pela Emenda Constitucional nº 88, de 21.12.2016.*

Fortaleza, 5 de outubro de 1989.

EMENDA CONSTITUCIONAL FEDERAL Nº 111, DE 28 DE SETEMBRO DE 2021

– ALTERA A CONSTITUIÇÃO FEDERAL PARA DISCIPLINAR A REALIZAÇÃO DE CONSULTAS POPULARES CONCOMITANTES ÀS ELEIÇÕES MUNICIPAIS, DISPOR SOBRE O INSTITUTO DA FIDELIDADE PARTIDÁRIA, ALTERAR A DATA DE POSSE DE GOVERNADORES E DO PRESIDENTE DA REPÚBLICA E ESTABELECER REGRAS TRANSITÓRIAS PARA DISTRIBUIÇÃO ENTRE OS PARTIDOS POLÍTICOS DOS RECURSOS DO FUNDO PARTIDÁRIO E DO FUNDO ESPECIAL DE FINANCIAMENTO DE CAMPANHA (FEFC) E PARA O FUNCIONAMENTO DOS PARTIDOS POLÍTICOS

As Mesas da Câmara dos Deputados e do Senado Federal, nos termos do § 3º do art. 60 da Constituição Federal, promulgam a seguinte Emenda ao texto constitucional:

Art. 1º A Constituição Federal passa a vigorar com as seguintes alterações:

"Art.14...

§ 12. Serão realizadas concomitantemente às eleições municipais as consultas populares sobre questões locais aprovadas pelas Câmaras Municipais e encaminhadas à Justiça Eleitoral até 90 (noventa) dias antes da data das eleições, observados os limites operacionais relativos ao número de quesitos.

§ 13. As manifestações favoráveis e contrárias às questões submetidas às consultas populares nos termos do § 12 ocorrerão durante as campanhas eleitorais, sem a utilização de propaganda gratuita no rádio e na televisão." (NR)

"Art. 17...

§ 6º Os Deputados Federais, os Deputados Estaduais, os Deputados Distritais e os Vereadores que se desligarem do partido pelo qual tenham sido eleitos perderão o mandato, salvo nos casos de anuência do partido ou de outras hipóteses de justa causa estabelecidas em lei, não computada, em qualquer caso, a migração de partido para fins de distribuição de recursos do fundo partidário ou de outros fundos públicos e de acesso gratuito ao rádio e à televisão." (NR)

"Art. 28. A eleição do Governador e do Vice-Governador de Estado, para mandato de 4 (quatro) anos, realizar-se-á no primeiro domingo de outubro, em primeiro turno, e no último domingo de outubro, em segundo turno, se houver, do ano anterior ao do término do mandato de seus antecessores, e a posse ocorrerá em 6 de janeiro do ano subsequente, observado, quanto ao mais, o disposto no art. 77 desta Constituição.

...." (NR)

"Art. 82. O mandato do Presidente da República é de 4 (quatro) anos e terá início em 5 de janeiro do ano seguinte ao de sua eleição." (NR)

Art. 2º Para fins de distribuição entre os partidos políticos dos recursos do fundo partidário e do Fundo Especial de Financiamento de Campanha (FEFC), os votos dados a candidatas mulheres ou a candidatos negros para a Câmara dos Deputados nas eleições realizadas de 2022 a 2030 serão contados em dobro.

Parágrafo único. A contagem em dobro de votos a que se refere o *caput* somente se aplica uma única vez.

Art. 3º Até que entre em vigor lei que discipline cada uma das seguintes matérias, observar-se-ão os seguintes procedimentos:

I - nos processos de incorporação de partidos políticos, as sanções eventualmente aplicadas aos órgãos partidários regionais e municipais do partido incorporado, inclusive as decorrentes de prestações de contas, bem como as de responsabilização de seus antigos dirigentes, não serão aplicadas ao partido incorporador nem aos seus novos dirigentes, exceto aos que já integravam o partido incorporado;

II - nas anotações relativas às alterações dos estatutos dos partidos políticos, serão objeto de análise pelo Tribunal Superior Eleitoral apenas os dispositivos objeto de alteração.

Art. 4º O Presidente da República e os Governadores de Estado e do Distrito Federal eleitos em 2022 tomarão posse em 1º de janeiro de 2023, e seus mandatos durarão até a posse de seus sucessores, em 5 e 6 de janeiro de 2027, respectivamente.

Art. 5º As alterações efetuadas nos arts. 28 e 82 da Constituição Federal constantes do art. 1º desta Emenda Constitucional, relativas às datas de posse de Governadores, de Vice-Governadores, do Presidente e do Vice-Presidente da República, serão aplicadas somente a partir das eleições de 2026.

Art. 6º Esta Emenda Constitucional entra em vigor na data de sua publicação.

Brasília, em 28 de setembro de 2021

ADCT – DESVINCULAÇÃO DE RECEITAS

Art. 76. São desvinculados de órgão, fundo ou despesa, até 31 de dezembro de 2023, 30% (trinta por cento) da arrecadação da União relativa às contribuições sociais, sem prejuízo do pagamento das despesas do Regime Geral da Previdência Social, às contribuições de intervenção no domínio econômico e às taxas, já instituídas ou que vierem a ser criadas até a referida data. (Nova redação dada por Emenda Constitucional nº 93 de 08/09/2016)

§ 1º (Revogado por Emenda Constitucional nº 93 de 08/09/2016)

§ 2º Excetua-se da desvinculação de que trata o *caput* a arrecadação da contribuição social do salário-educação a que se refere o § 5º do art. 212 da Constituição Federal. (Nova redação dada por Emenda Constitucional nº 68 de 21/12/2011)

§ 3º (Revogado por Emenda Constitucional nº 93 de 08/09/2016)

§ 4º A desvinculação de que trata o *caput* não se aplica às receitas das contribuições sociais destinadas ao custeio da seguridade social. (Incluído por Emenda Constitucional nº 103 de 12/11/2019)

Art. 76-A. São desvinculados de órgão, fundo ou despesa, até 31 de dezembro de 2023, 30% (trinta por cento) das receitas dos Estados e do Distrito Federal relativas a impostos, taxas e multas, já instituídos ou que vierem a ser criados até a referida data, seus adicionais e respectivos acréscimos legais, e outras receitas correntes. (Incluído por Emenda Constitucional nº 93 de 08/09/2016)

Parágrafo único. Excetuam-se da desvinculação de que trata o *caput*: (Incluído por Emenda Constitucional nº 93 de 08/09/2016)

I – recursos destinados ao financiamento das ações e serviços públicos de saúde e à manutenção e desenvolvimento do ensino de que tratam, respectivamente, os incisos II e III do § 2º do art. 198 e o art. 212 da Constituição Federal; (Incluído por Emenda Constitucional nº 93 de 08/09/2016)

II – receitas que pertencem aos Municípios decorrentes de transferências previstas na Constituição Federal; (Incluído por Emenda Constitucional nº 93 de 08/09/2016)

III – receitas de contribuições previdenciárias e de assistência à saúde dos servidores; (Incluído por Emenda Constitucional nº 93 de 08/09/2016)

IV – demais transferências obrigatórias e voluntárias entre entes da Federação com destinação especificada em lei; (Incluído por Emenda Constitucional nº 93 de 08/09/2016)

V – fundos instituídos pelo Poder Judiciário, pelos Tribunais de Contas, pelo Ministério Público, pelas Defensorias Públicas e pelas Procuradorias-Gerais dos Estados e do Distrito Federal. (Incluído por Emenda Constitucional nº 93 de 08/09/2016)

Art. 76-B. São desvinculados de órgão, fundo ou despesa, até 31 de dezembro de 2023, 30% (trinta por cento) das receitas dos Municípios relativas a impostos, taxas e multas, já instituídos ou que vierem a ser criados até a referida data, seus adicionais e respectivos acréscimos legais, e outras receitas correntes. (Incluído por Emenda Constitucional nº 93 de 08/09/2016)

Parágrafo único. Excetuam-se da desvinculação de que trata o *caput*: (Incluído por Emenda Constitucional nº 93 de 08/09/2016)

I – recursos destinados ao financiamento das ações e serviços públicos de saúde e à manutenção e desenvolvimento do ensino de que tratam, respectivamente, os incisos II e III do § 2º do art. 198 e o art. 212 da Constituição Federal; (Incluído por Emenda Constitucional nº 93 de 08/09/2016)

II – receitas de contribuições previdenciárias e de assistência à saúde dos servidores; (Incluído por Emenda Constitucional nº 93 de 08/09/2016)

III – transferências obrigatórias e voluntárias entre entes da Federação com destinação especificada em lei; (Incluído por Emenda Constitucional nº 93 de 08/09/2016)

IV – fundos instituídos pelo Tribunal de Contas do Município. (Incluído por Emenda Constitucional nº 93 de 08/09/2016)

DIREITO ADMINISTRATIVO

LEI ESTADUAL Nº 9.826, DE 14 DE MAIO DE 1974

DISPÕE SOBRE O ESTATUTO DOS FUNCIONÁRIOS PÚBLICOS CIVIS DO ESTADO DO CEARÁ

ATUALIZADA ATÉ A LEI ESTADUAL Nº 17.507, DE 27-05-2021.

ÍNDICE

TÍTULO I
DO REGIME JURÍDICO DO FUNCIONÁRIO

CAPÍTULO ÚNICO
DOS PRINCÍPIOS GERAIS

Art. 1º - Regime Jurídico do Funcionário Civil é o conjunto de normas e princípios, estabelecidos por este Estatuto e legislação complementar, reguladores das relações entre o Estado e o ocupante de cargo público.

Art. 2º - Aplica-se o regime jurídico de que trata esta lei:

I - aos funcionários do Poder Executivo;

II - aos funcionários autárquicos do Estado;

III - aos funcionários administrativos do Poder Legislativo;

IV - aos funcionários administrativos do Tribunal de Contas do Estado e do Conselho de Contas dos Municípios.

Art. 3º - Funcionário Público Civil é o ocupante de cargo público, ou o que, extinto ou declarado desnecessário o cargo, é posto em disponibilidade.

Art. 4º - Cargo público é o lugar inserido no Sistema Administrativo Civil do Estado, caracterizando-se, cada um, por determinado conjunto de atribuições e responsabilidades de natureza permanente.

Parágrafo único - Exclui-se da regra conceitual deste artigo o conjunto de empregos que, inserido no Sistema Administrativo Civil do Estado, se subordina à legislação trabalhista.

Art. 5º - Para os efeitos deste Estatuto, considera-se Sistema Administrativo o complexo de órgãos dos Poderes Legislativo e Executivo e suas entidades autárquicas.

TÍTULO II
DO PROVIMENTO DOS CARGOS

CAPÍTULO I
DAS DISPOSIÇÕES PRELIMINARES

Art. 6º - Os cargos públicos do Estado do Ceará são acessíveis a todos brasileiros, observadas as condições prescritas em lei e regulamento.

Art. 7º - De acordo com a natureza dos cargos, o seu provimento pode ser em caráter efetivo ou em comissão.

Art. 8º - Os cargos em comissão serão providos, por livre nomeação da autoridade competente, dentre pessoas que possuam aptidão profissional e reúnam as condições necessárias à sua investidura, conforme se dispuser em regulamento.

» *Ver Constituição Federal art. 37, inciso V*

§ 1º - A escolha dos ocupantes de cargos em co- missão poderá recair, ou não, em funcionário do Estado, na forma do regulamento.

§ 2º - No caso de recair a escolha em servidor de entidade da Administração Indireta, ou em funcionário não subordinado à autoridade competente para nomear, o ato de nomeação será precedido da necessária requisição.

§ 3º - A posse em cargo em comissão determina o concomitante afastamento do funcionário do cargo efetivo de que for titular, ressalvados os casos de comprovada acumulação legal.

Art. 9º - Os cargos públicos são providos por:

I - nomeação;

II - promoção;

III - acesso;

» *Ver Constituição Federal art. 37, inciso II e Constituição Estadual art. 154, inciso II.*

IV - transferência;

» *Ver Constituição Federal art. 37, inciso II e Constituição Estadual art. 154, inciso II.*

V - reintegração;

VI - aproveitamento;

VII - reversão;

VIII - transposição;

IX - transformação.

Art. 10 - O ato de provimento deverá indicar a existência de vaga, com os elementos capazes de identificá-la.

Art. 11 - O disciplinamento normativo das formas de provimento dos cargos públicos referidos nos itens VIII e IX do art. 9º é objeto de legislação específica.

CAPÍTULO II
DO CONCURSO

Art. 12 - Compete a cada Poder e a cada Autarquia ou órgão auxiliar, autônomo, a iniciativa dos concursos para provimento dos cargos vagos.

Art. 13 - A realização dos concursos para provimento dos cargos da Administração Direta do Poder Executivo competirá ao Órgão Central do Sistema de Pessoal.

§ 1º - A execução dos concursos para provimento dos cargos da lotação do Tribunal de Contas do Estado, do Conselho de Contas dos Municípios e das Autarquias receberá a orientação normativa e supervisão técnica do órgão central referido neste artigo.

§ 2º - O Órgão Central do Sistema de Pessoal poderá delegar a realização dos concursos aos órgãos setoriais e seccionais de pessoal das diversas repartições e entidades, desde que estes apresentem condições técnicas para efetivação das atividades de recrutamento e seleção, permanecendo, sempre, o órgão delegante, com a responsabilidade pela perfeita execução da atividade delegada.

Art. 14 - É fixada em cinquenta (50) anos a idade máxima para inscrição em concurso público destinado a ingresso nas categorias funcionais instituídas de acordo com a Lei Estadual nº. 9.634, de 30 de outubro de 1972, ressalvadas as exceções a seguir indicadas:

I - para a inscrição em concurso para o Grupo de Tributação e Arrecadação a idade limite é de trinta e cinco (35) anos.

II - e para inscrição em concurso destinado ao ingresso nas categorias funcionais do Grupo Segurança Pública, são fixados os seguintes limites máximos de idade:

a) de vinte e cinco (25) anos, quando se tratar de ingresso em categoria funcional que importe em exigência de curso de nível médio; e

b) de trinta e cinco (35) anos, quando se tratar de ingresso nas demais categorias;

c) independerá dos limites previstos nas alíneas anteriores a inscrição do candidato que já ocupe cargo integrante do Grupo Segurança Pública.

§ 1º - Das inscrições para o concurso constarão, obrigatoriamente:

I - o limite de idade dos candidatos, que poderá variar de dezoito (18) anos completos até cinquenta (50) anos incompletos, na forma estabelecida no *caput* deste artigo;

» *Ver Constituição Estadual, art. 155.*

II - o grau de instrução exigível, mediante apresentação do respectivo certificado;

III - a quantidade de vagas a serem preenchidas, distribuídas por especialização da disciplina, quando referentes a cargo do Magistério e de atividades de nível superior ou outros de denominação genérica;

IV - o prazo de validade do concurso, de dois (2) anos, prorrogável a juízo da autoridade que o abriu ou o iniciou;

V - descrição sintética do cargo, incluindo exemplificação de tarefas típicas, horário, condições de trabalho e retribuição;

VI - tipos e Programa das Provas;

VII - exigências outras, de acordo com as especificações do cargo.

§ 2º - Independerá de idade, a inscrição do candidato que seja servidor de Órgãos da Administração Estadual Direta ou Indireta.

§ 3º - Na hipótese do parágrafo anterior, a habilitação no concurso somente produzirá efeito se, no momento da posse ou exercício no novo cargo ou emprego, o candidato ainda possuir a qualidade de servidor ativo, vedada a aposentadoria concomitante para elidir a acumulação do cargo.

Art. 15 - Encerradas as inscrições, legalmente processadas, para concurso destinado ao provimento de qualquer cargo, não se abrirão novas inscrições antes da realização do concurso.

Art. 16 - Ressalvado o caso de expressa condição básica para provimento de cargo prevista em regulamento, independerá de limite de idade a inscrição, em concurso, de ocupante em cargo público.

CAPÍTULO III
DA NOMEAÇÃO

Art. 17 - A nomeação será feita:

I - em caráter vitalício, nos casos expressamente previstos na Constituição;

II - em caráter efetivo, quando se tratar de nomeação para cargo da classe inicial ou singular de determinada categoria funcional;

III - em comissão, quando se tratar de cargo que assim deve ser provido.

Parágrafo único - Em caso de impedimento temporário do titular do cargo em comissão, a autoridade competente nomeará o substituto, exonerando-o, findo o período da substituição.

Art. 18 - Será tornada sem efeito a nomeação quando, por ato ou omissão do nomeado, a posse não se verificar no prazo para esse fim estabelecido.

CAPÍTULO IV
DA POSSE

Art. 19 - Posse é o fato que completa a investidura em cargo público.

Parágrafo único - Não haverá posse nos casos de promoção, acesso e reintegração.

Art. 20 - Só poderá ser empossado em cargo público quem satisfizer os seguintes requisitos:

I - ser brasileiro;

II - ter completado 18 anos de idade;

» *Ver Constituição Estadual - art. 155.*

III - estar no gozo dos direitos políticos;

IV - estar quite com as obrigações militares e eleitorais;

V - ter boa conduta;

VI - gozar saúde, comprovada em inspeção médica, na forma legal e regulamentar;

VII - possuir aptidão para o cargo;

VIII - ter-se habilitado previamente em concurso, exceto nos casos de nomeação para cargo em comissão ou outra forma de provimento para a qual não se exija o concurso;

IX - ter atendido às condições especiais, prescritas em lei ou regulamento para determinados cargos ou categorias funcionais.

§ 1º - A prova das condições a que se refere os itens I e II deste artigo não será exigida nos casos de transferência, aproveitamento e reversão.

§ 2º - Ninguém poderá ser empossado em cargo efetivo sem declarar, previamente, que não ocupa outro cargo ou exerce função ou emprego público da União, dos Estados, dos Municípios, do Distrito Federal, dos Territórios, de Autarquias, empresas públicas e sociedades de economia mista, ou apre- sentar comprovante de exoneração ou dispensa do outro cargo que ocupava, ou da função ou emprego que exerce, ou, ainda, nos casos de acumulação legal, comprovante de ter sido a mesma julgada lícita pelo órgão competente.

Art. 21 - São competentes para dar posse:

I - o Governador do Estado, às autoridades que lhe são diretamente subordinadas;

II - os Secretários de Estado, aos dirigentes de repartições que lhes são diretamente subordinadas;

III - os dirigentes das Secretarias Administrativas, ou unidades de administração geral equivalente, da Assembleia Legislativa, do Tribunal de Contas do Estado, e do Conselho de Contas dos Municípios, aos seus funcionários, se de outra maneira não estabelecerem as respectivas leis orgânicas e regi- mentos internos;

IV - o Diretor-Geral do órgão central do sistema de pessoal, aos demais funcionários da Administração Direta;

V - os dirigentes das Autarquias, aos funcionários dessas entidades.

Art. 22 - No ato da posse será apresentada declaração, pelo funcionário empossado, dos bens e valores que constituem o seu patrimônio, nos termos da regulamentação própria.

Art. 23 - Poderá haver posse por procuração, quando se tratar de funcionário ausente do País ou do Estado, ou, ainda, em casos especiais, a juízo da autoridade competente.

Art. 24 - A autoridade de que der posse verificará, sob pena de responsabilidade:

I - se foram satisfeitas as condições legais para a posse;

II - se do ato de provimento consta a existência de vaga, com os elementos capazes de identificá-la;

III - em caso de acumulação, se pelo órgão competente foi declarada lícita.

Art. 25 - A posse ocorrerá no prazo de 30 (trinta) dias da publicação do ato de provimento no órgão oficial.

Parágrafo único - A requerimento do funcionário ou de seu representante legal, a autoridade competente para dar posse poderá prorrogar o prazo previsto neste artigo, até o máximo de 60 (sessenta) dias contados do seu término.

CAPÍTULO V
DA FIANÇA

Art. 26 - O funcionário nomeado para cargo cujo provimento dependa de prestação de fiança não poderá entrar em exercício sem a prévia satisfação dessa exigência.

§ 1º - A fiança poderá ser prestada em:

I - dinheiro;

II - título da divida pública da União ou do Estado, ações de sociedade de economia mista que o Estado participe como acionista, e

III - apólice de seguro-fidelidade funcional, emitida por instituição oficial ou legalmente autorizada para esse fim.

§ 2º - O seguro poderá ser feito pela própria repartição em que terá exercício o funcionário.

§ 3º - Não se admitirá o levantamento da fiança antes de tomada de contas do funcionário.

§ 4º - O responsável por alcance ou desvio de bens do Estado não ficará isento da ação administrativa que couber, ainda que o valor da fiança seja superior ao dano verificado ao patrimônio público.

CAPÍTULO VI
DO ESTÁGIO PROBATÓRIO

Art. 27 - Estágio probatório é o triênio de efetivo exercício no cargo de provimento efetivo, contado do início do exercício funcional, durante o qual é observado o atendimento dos requisitos necessários à confirmação do servidor nomeado em virtude de concurso público.

» *Redação dada pela Lei nº 13.092, de 8.1.2001*

§ 1º - Como condição para aquisição da estabilidade, é obrigatória a avaliação especial de desempenho por comissão instituída para essa finalidade.

» *Redação dada pela Lei nº 13.092, de 8.1.2001*

§ 2º - A avaliação especial de desempenho do servidor será realizada:

a) extraordinariamente, ainda durante o estágio probatório, diante da ocorrência de algum fato dela motivador, sem prejuízo da avaliação ordinária;

b) ordinariamente, logo após o término do estágio probatório, devendo a comissão ater-se exclusivamente ao desempenho do servidor durante o período do estágio.

» *Redação dada pela Lei nº 13.092, de 8.1.2001.*

§ 3º - Além de outros específicos indicados em lei ou regulamento, os requisitos de que trata este artigo são os seguintes:

I - adaptação do servidor ao trabalho, verificada por meio de avaliação da capacidade e qualidade no desempenho das atribuições do cargo;

II - equilíbrio emocional e capacidade de integração;

III - cumprimento dos deveres e obrigações do servidor público, inclusive com observância da ética profissional.

» *Redação dada pela Lei nº 13.092, de 8.1.2001*

§ 4º - O estágio probatório corresponderá a uma complementação do concurso público a que se submeteu o servidor, devendo ser obrigatoriamente acompanhado e supervisionado pelo Chefe Imediato.

» *Acrescentado pela Lei nº 13.092, de 8.1.2001*

§ 5º - Durante o estágio probatório, os cursos de treinamento para formação profissional ou aperfeiçoamento do servidor, promovidos gratuitamente pela Administração, serão de participação obrigatória e o resultado obtido pelo servidor será considerado por ocasião da avaliação especial de desempenho, tendo a reprovação caráter eliminatório.

» *Acrescentado pela Lei nº 13.092, de 8.1.2001*

§ 6º Fica vedada qualquer espécie de afastamento dos servidores em estágio probatório, ressalva- dos os casos previstos nos incisos I, II, III, IV, V, VI, VIII, IX, X, XII, XIII, XV, XVI, XVII e XXI do art. 68 da Lei nº 9.826, de 14 de maio de 1974.

» *Redação dada pela Lei nº 15.744, de 29.12.2014*

§ 7º - O servidor em estágio probatório não fará jus a ascensão funcional.

» *Acrescentado pela Lei nº 13.092, de 8.1.2001*

§ 8º - As faltas disciplinares cometidas pelo servidor após o decurso do estágio probatório e antes da conclusão da avaliação especial de desempenho serão apuradas por meio de processo administrativo-disciplinar, precedido de sindicância, esta quando necessária.

» *Acrescentado pela Lei nº 13.092, de 8.1.2001*

§ 9º - São independentes as instâncias administrativas da avaliação especial de desempenho e do processo administrativo-disciplinar, na hipótese do parágrafo anterior, sendo que resultando exoneração ou demissão do servidor, em qualquer dos procedimentos, restará prejudicado o que estiver ainda em andamento.

» *Acrescentado pela Lei nº 13.092, de 8.1.2001*

§ 10. Na hipótese de afastamento do servidor em estágio probatório para os fins previstos no incisos V, VI, VIII, IX, X, XIII, XV, XVI, XVIII e XIX do art. 68, fica suspenso o estágio probatório durante o período de afastamento, retornando o cômputo após retorno ao exercício efetivo, pelo prazo correspondente ao afastamento.

» *Acrescido pela Lei nº 15.744, de 29.12.2014*

§ 11. O servidor em estágio probatório poderá exercer cargo de provimento em comissão ou função de direção, chefia ou assessoramento no seu órgão ou entidade de origem, com função ou funções similares ao cargo para o qual foi aprovado em concurso público, computando-se o tempo para avaliação essencial de desempenho do estágio probatório.

» *Acrescido pela Lei nº 15.819, de 27.07.2015 - D.O. 30.07.2015*

§ 12. O servidor em estágio probatório poderá ser cedido para órgão da Administração Pública direta ou indireta para exercer quaisquer cargos de provimento em comissão ou funções de direção, chefia ou assessoramento no âmbito Federal, Municipal ou Estadual, com ônus para o destino, restando suspenso o computo do estágio probatório, voltando este a ser contado a partir do término da cessão e, consequente retorno à origem.

» *Acrescido pela Lei nº 15.927, de 29.12.2015*

Art. 28 - O servidor que durante o estágio probatório não satisfizer qualquer dos requisitos previstos no § 3º do artigo anterior, será exonerado, nos casos dos itens I e II, e demitido na hipótese do item III.

Parágrafo único - O ato de exoneração ou de demissão do servidor em razão de reprovação na avaliação especial de desempenho será expedido pela autoridade competente para nomear.

» *Alterado pela Lei nº 13.092, de 8.1.2001*

Art. 29 – O ato administrativo declaratório da estabilidade do servidor no cargo de provimento efetivo, após cumprimento do estágio probatório e aprovação na avaliação especial de desempenho, será expedido pela autoridade competente para nomear, retroagindo seus efeitos à data do término do período do estágio probatório.

» *Alterado pela Lei nº 13.092, de 8.1.2001*

Art. 30 - O funcionário estadual que, sendo está- vel, tomar posse em outro cargo para cuja confirmação se exige estágio probatório, será afastado do exercício das atribuições do cargo que ocupava, com suspensão do vínculo funcional nos termos do artigo 66, item I, alíneas a, b e c desta lei.

Parágrafo único - Não se aplica o disposto neste artigo aos casos de acumulação lícita.

CAPÍTULO VII
DO EXERCÍCIO

Art. 31 - O início, a interrupção e o reinício do exercício das atribuições do cargo serão registrados no cadastro individual do funcionário.

Art. 32 - Ao dirigente da repartição para onde for designado o funcionário compete dar-lhe exercício.

Art. 33 - O exercício funcional terá início no prazo de trinta dias, contados da data:

I - da publicação oficial do ato, no caso de reintegração;

II - da posse, nos demais casos.

Art. 34 - O funcionário terá exercício na repartição onde for lotado o cargo por ele ocupado, não podendo dela se afastar, salvo nos casos previstos em lei ou regulamento.

§ 1º - O afastamento não se prolongará por mais de quatro anos consecutivos, salvo:

I - quando para exercer as atribuições de cargo ou função de direção ou de Governo dos Estados, da União, Distrito Federal, Territórios e Municípios e respectivas entidades da administração indireta;

II - quando à disposição da Presidência da República;

III - quando para exercer mandato eletivo, estadual, federal ou municipal, observado, quanto a este, o disposto na legislação especial pertinente;

IV - quando convocado para serviço militar obrigatório;

V - quando se tratar de funcionário no gozo de licença para acompanhar o cônjuge.

§ 2º - Preso preventivamente, pronunciado por crime comum ou denunciado por crime inafiançável, em processo do qual não haja pronúncia, o funcionário será afastado do exercício, até sentença passada em julgado.

§ 3º O funcionário afastado nos termos do parágrafo anterior terá direito à percepção do benefício do auxílio-reclusão, nos termos desta Lei.

» *Redação dada pela Lei Complementar nº 159, de 14.01.2016*

Art. 35 - Para os efeitos deste Estatuto, entende-se por lotação a quantidade de cargos, por grupo, categoria funcional e classe, fixada em regulamento como necessária ao desenvolvimento das atividades das unidades e entidades do Sistema Administrativo Civil do Estado.

Art. 36 - Para entrar em exercício, o funcionário é obrigado a apresentar ao órgão de pessoal os elementos necessários à atualização de seu cadastro individual.

CAPÍTULO VIII
DA REMOÇÃO

Art. 37 - Remoção é o deslocamento do funcionário de uma para outra unidade ou entidade do Sistema Administrativo, processada de ofício ou a pedido do funcionário, atendidos o interesse público e a conveniência administrativa.

§ 1º - A remoção respeitará a lotação das unidades ou entidades administrativas interessadas e será realizada, no âmbito de cada uma, pelos respectivos dirigentes e chefes, conforme se dispuser em regulamento.

§ 2º - O funcionário estadual cujo cônjuge, também servidor público, for designado ex-officio para ter exercício em outro ponto do território estadual ou nacional ou for detentor de mandato eletivo, tem direito a ser removido ou posto à disposição da unidade de serviço estadual que houver no lugar de domicílio do cônjuge ou em que funcionar o órgão sede do mandato eletivo, com todos os direitos e vantagens do cargo.

Art. 38 - A remoção por permuta será processada a pedido escrito de ambos os interessados e de acordo com as demais disposições deste Capítulo.

CAPÍTULO IX
DA SUBSTITUIÇÃO

Art. 39 - Haverá substituição nos casos de impedimento legal ou afastamento de titular de cargo em comissão.

Art. 40 - A substituição será automática ou dependerá de nomeação.

§ 1º - A substituição automática é estabelecida em lei, regulamento, regimento ou manual de serviço, e proceder-se-á independentemente de lavratura de ato.

§ 2º - Quando depender de ato da administração, o substituto será nomeado pelo Governador, Presidente da Assembleia, Presidente do Tribunal de Contas, Presidente do Conselho de Contas dos Municípios, ou dirigente autárquico, conforme o caso.

§ 3º - A substituição, nos termos dos parágrafos anteriores, será gratuita, salvo se exceder de 30 dias, quando então será remunerada por todo o período.

Art. 41 - Em caso de vacância do cargo em comissão e até seu provimento, poderá ser designado, pela autoridade imediatamente superior, um funcionário para responder pelo expediente.

Parágrafo único - Ao responsável pelo expediente se aplicam as disposições do art. 40, § 3º.

Art. 42 - Pelo tempo da substituição remunerada, o substituto perceberá o vencimento e a gratificação de representação do cargo, ressalvado o caso de opção, vedada, porém, a percepção cumulativa de vencimento, gratificações e vantagens.

CAPÍTULO X
DA PROGRESSÃO E ASCENSÃO FUNCIONAIS

SEÇÃO I
DA PROGRESSÃO HORIZONTAL

» *Revogada a SEÇÃO I, compreendendo os artigos 43 a 45, pela Lei nº 12.913, de 17.6.1999*

SEÇÃO II
DA ASCENSÃO FUNCIONAL

Art. 46 - Ascensão funcional é a elevação do funcionário de um cargo para outro de maiores responsabilidades e atribuições mais complexas, ou que exijam maior tempo de preparação profissional, de nível de vencimento mais elevado, ou de atribuições mais compatíveis com as suas aptidões.

Art. 47 - São formas de ascensão funcional:

I - a promoção;

II - o acesso;

» *Ver Constituição Federal art. 37, inciso II - Constituição Estadual art. 154, inciso II.*

III - a transferência.

Art. 48 - A promoção é a elevação do funcionário à classe imediatamente superior àquela em que se encontra dentro da mesma série de classes na categoria funcional a que pertencer.

Art. 49 - Acesso é a ascensão do funcionário de classe final da série de classes de uma categoria funcional para a classe inicial da série de classes ou de outra categoria profissional afim.

Art. 50 - Transferência é a passagem do funcionário de uma para outra categoria funcional, dentro do mesmo quadro, ou não, e atenderá sempre aos aspectos da vocação profissional.

Art. 51 - As formas de ascensão funcional obedecerão sempre a critério seletivo, mediante provas que sejam capazes de verificar a qualificação e aptidão necessárias ao desempenho das atribuições do novo cargo, conforme se dispuser em regulamento.

CAPÍTULO XI
DO REINGRESSO NO SISTEMA ADMINISTRATIVO ESTADUAL

SEÇÃO I
DA REINTEGRAÇÃO

Art. 52 - A reintegração, que decorrerá de decisão administrativa ou judicial, é o reingresso do funcionário no serviço administrativo, com ressarcimento dos vencimentos relativos ao cargo.

Parágrafo único - A decisão administrativa que determinar a reintegração será proferida em recurso ou em virtude de reabilitação funcional determinada em processo de revisão nos termos deste Estatuto.

Art. 53 - A reintegração será feita no cargo anteriormente ocupado, o qual será restabelecido caso tenha sido extinto.

Art. 54 - Reintegrado o funcionário, quem lhe hou- ver ocupado o lugar será reconduzido ao cargo anteriormente ocupado, sem direito a qualquer indenização, ou ficará como excedente da lotação.

Art. 55 - O funcionário reintegrado será submetido a inspeção médica e aposentado, se julgado incapaz.

SEÇÃO II
DO APROVEITAMENTO

Art. 56 - Aproveitamento é o retorno ao exercício do cargo do funcionário em disponibilidade.

Art. 57 - A juízo e no interesse do Sistema Administrativo, os funcionários estáveis, ocupantes de cargos extintos ou declarados desnecessários, poderão ser compulsoriamente aproveitados em outros cargos compatíveis com a sua aptidão funcional, mantido o vencimento do cargo, ou postos em disponibilidade nos termos do art. 109, parágrafo único da Constituição do Estado.

» *Ver § 3º do art. 41 da Constituição Federal e § 3º do art. 172 da Constituição Estadual.*

§ 1º - O aproveitamento dependerá de provas de habilitação, de sanidade e capacidade física mediante exames de suficiência e inspeção médica.

§ 2º - Quando o aproveitamento ocorrer em cargo cujo vencimento for inferior ao do anteriormente ocupado, o funcionário perceberá a diferença a título de vantagem pessoal, incorporada ao vencimento para fins de progressão horizontal, disponibilidade e aposentadoria.

§ 3º - Não se abrirá concurso público, nem se preencherá vaga no Sistema Administrativo Estadual sem que se verifique, previamente, a inexistência de funcionário a aproveitar, possuidor da necessária habilitação.

Art. 58 - Na ocorrência de vagas nos quadros de pessoal do Estado o aproveitamento terá precedência sobre as demais formas de provimento, ressalvadas as destinadas à promoção e acesso.

Parágrafo único - Havendo mais de um concorrente à mesma vaga, preferência pela ordem:

I - o de melhor classificação em prova de habilitação;

II - o de maior tempo de disponibilidade;

III - o de maior tempo de serviço público;

IV - o de maior prole.

Art. 59 - Será tornado sem efeito o aproveitamento e cassada a disponibilidade do funcionário, se este, cientificado, expressamente, do ato de aproveitamento, não tomar posse no prazo legal, salvo caso de doença comprovada em inspeção médica.

Parágrafo único - Provada em inspeção médica a incapacidade definitiva, a disponibilidade será convertida em aposentadoria, com a sua consequente decretação.

SEÇÃO III
DA REVERSÃO

Art. 60 - Reversão é o reingresso no Sistema Administrativo do aposentado por invalidez, quando insubsistentes os motivos da aposentadoria.

Art. 61 - A reversão far-se-á de ofício ou a pedido, de preferência no mesmo cargo ou naquele em que se tenha transformado, ou em cargo de vencimentos e atribuições equivalentes aos do cargo anteriormente ocupado, atendido o requisito da habilitação profissional.

Parágrafo único - São condições essenciais para que a reversão se efetive:

a) que o aposentado não haja completado 60 (sessenta) anos de idade;

b) que o inativo seja julgado apto em inspeção médica;

c) que a Administração considere de interesse do Sistema Administrativo o reingresso do aposentado na atividade.

d) Revogada pela Lei Complementar nº 159, de 14.01.2016 - D.O. 18.01.2016

TÍTULO III
DA EXTINÇÃO E DA SUSPENSÃO DO VÍNCULO FUNCIONAL

CAPÍTULO I
DA VACÂNCIA DOS CARGOS

Art. 62 - A vacância do cargo resultará de:

I - exoneração;

II - demissão;

III - ascensão funcional;

IV - aposentadoria;

V - falecimento.

Art. 63 - Dar-se-á exoneração:

I - a pedido do funcionário;

II - de ofício, nos seguintes casos:

a) quando se tratar de cargo em comissão;

b) quando se tratar de posse em outro cargo ou emprego da União, do Estado, do Município, do Distrito

Federal, dos Territórios, de Autarquia, de Empresas Públicas ou de Sociedade de Economia Mista, ressalvados os casos de substituição, cargo de Governo ou de direção, cargo em comissão e acumulação legal desde que, no ato de provimento, seja mencionada esta circunstância;

c) na hipótese do não atendimento do prazo para início de exercício, de que trata o artigo 33;

d) na hipótese do não cumprimento dos requisitos do estágio, nos termos do art. 27.

Art. 64 - A vaga ocorrerá na data:

I - da vigência do ato administrativo que lhe der causa;

II - da morte do ocupante do cargo;

III - da vigência do ato que criar e conceder dotação para o seu provimento ou do que determinar esta última medida, se o cargo já estiver criado;

IV - da vigência do ato que extinguir cargo e autorizar que sua dotação permita o preenchimento de cargo vago.

Parágrafo único - Verificada a vaga serão consideradas abertas, na mesma data, todas as que decorrerem de seu preenchimento.

CAPÍTULO II
DA SUSPENSÃO DO VÍNCULO FUNCIONAL

Art. 65 - O regime jurídico estabelecido neste Estatuto não se aplicará, temporariamente, ao funcionário estadual:

I - Revogado pela Lei nº 15.744, de 29.12.2014

II - no caso de opção em caráter temporário, pelo regime a que alude o art. 106 da Constituição Federal ou pelo regime da legislação trabalhista;

» *Ver art. 37, inciso IX, da Constituição Federal.*

III - no caso de disponibilidade;

IV - no caso de autorização para o trato de interesses particulares.

Art. 66 - Os casos indicados no artigo anterior implicam em suspensão do vínculo funcional, acarre- tando os seguintes efeitos:

I - Revogado pela Lei nº 15.744, de 29.12.2014

II - na hipótese do item II do artigo anterior, o funcionário não fará jus à percepção dos vencimentos, computando-se, entretanto, o período de suspensão do vínculo para fins de disponibilidade e aposentadoria, obrigando o funcionário a continuar a pagar a sua contribuição de previdência com base nos vencimentos do cargo de cujas atribuições se desvinculou;

III - Revogado pela Lei Complementar nº 159, de 14.01.2016

IV - na hipótese de autorização de afastamento para o trato de interesses particulares, o servidor não fará jus à percepção de vencimentos, tendo porém que recolher mensalmente o percentual de 33% (trinta e três por cento) incidente sobre o valor de sua última remuneração para fins de contribuição previdenciária, que será destinada ao Sistema Único de Previdência Social e dos Membros de Poder do Estado do Ceará – SUPSEC.

» *Redação dada pela Lei nº 13.578, de 21.1.2005*

§ 1° - A autorização de afastamento, de que trata o inciso IV deste artigo, poderá ser concedida sem a obrigatoriedade do recolhimento mensal da alíquota de 33 % (trinta e três por cento), não sendo, porém, o referido tempo computado para obtenção de qualquer benefício previdenciário, inclusive aposentadoria.

» *Acrescentado pela Lei nº 13.578, de 21.1.2005*

§ 2° - Os valores de contribuição, referidos no inciso IV deste artigo, serão reajustados nas mesmas proporções da remuneração do servidor no respectivo cargo.

» *Acrescentado pela Lei nº 13.578, de 21.1.2005*

TÍTULO IV
DOS DIREITOS, VANTAGENS E AUTORIZAÇÕES

CAPÍTULO I
DO CÔMPUTO DO TEMPO DE SERVIÇO

» *Ver § 9º do art. 40 da Constituição Federal*

Art. 67 - Tempo de serviço, para os efeitos deste Estatuto, compreende o período de efetivo exercício das atribuições de cargo ou emprego público.

Art. 68 - Será considerado de efetivo exercício o afastamento em virtude de:

I - férias;

II - casamento, até oito dias;

III - luto, até oito dias, por falecimento de cônjuge ou companheiro, parentes, consanguíneos ou afins, até o 2º grau, inclusive madrasta, padrasto e pais adotivos;

IV - luto, até dois dias, por falecimento de tio e cunhado;

V - exercício das atribuições de outro cargo esta- dual de provimento em comissão, inclusive da Administração Indireta do Estado;

VI - convocação para o Serviço Militar;

VII - júri e outros serviços obrigatórios;

VIII - desempenho de função eletiva federal, estadual ou municipal, observada quanto a esta, a legislação pertinente;

IX - exercício das atribuições de cargo ou função de Governo ou direção, por nomeação do Governador do Estado;

X - licença por acidente no trabalho, agressão não provocada ou doença profissional;

XI - licença especial;

XII - licença à funcionária gestante;

XIII - licença para tratamento de saúde;

XIV - licença para tratamento de moléstias que impossibilitem o funcionário definitivamente para o trabalho, nos termos em que estabelecer Decreto do Chefe do Poder Executivo;

XV - doença, devidamente comprovada, até 36 dias por ano e não mais de 3 (três) dias por mês;

XVI - missão ou estudo noutras partes do território nacional ou no estrangeiro, quando o afasta- mento houver sido expressamente autorizado pelo Governador do Estado, ou pelos Chefes dos Poderes Legislativo e Judiciário;

XVII - decorrente de período de trânsito, de viagem do funcionário que mudar de sede, contado da data do desligamento e até o máximo de 15 dias;

XVIII - prisão do funcionário, absolvido por sentença transitada em julgado;

XIX - prisão administrativa, suspensão preventiva, e o período de suspensão, neste último caso, quando o funcionário for reabilitado em processo de revisão;

XX - Revogado pela Lei Complementar nº 159, de 14.01.2016

XXI - nascimento de filho, até um dia, para fins de registro civil.

» *Ver Constituição Federal, art. 10, inciso II, § 1º dos ADCT.*

§ 1º - Para os efeitos deste Estatuto, entende-se por acidente de trabalho o evento que cause dano físico ou mental ao funcionário, por efeito ou ocasião do serviço, inclusive no deslocamento para o trabalho ou deste para o domicílio do funcionário.

§ 2º - Equipara-se a acidente no trabalho a agres- são, quando não provocada, sofrida pelo funcionário no serviço ou em razão dele.

§ 3º - Por doença profissional, para os efeitos deste Estatuto, entende-se aquela peculiar ou inerente ao trabalho exercido, comprovada, em qualquer hipótese, a relação de causa e efeito.

§ 4º - Nos casos previstos nos §§ 1º, 2º e 3º deste artigo, o laudo resultante da inspeção médica deverá estabelecer, expressamente, a caracterização do acidente no trabalho da doença profissional.

Art. 69 – Será computado para efeito de disponibilidade e aposentadoria:

» *Redação dada pela Lei nº 13.578, de 21.1.2005*

I - o tempo de contribuição para o Regime Geral de Previdência Social – RGPS, bem como para os Regimes Próprios de Previdência Social – RPPS;

» *Redação dada pela Lei nº 13.578, de 21.1.2005*

II - o período de serviço ativo das Forças Armadas;

» *Redação dada pela Lei nº 13.578, de 21.1.2005*

III – o tempo de aposentadoria, desde que ocorra reversão;

IV – a licença por motivo de doença em pessoa da família, conforme previsto no art. 99 desta Lei, desde que haja contribuição.

§ 1° - No caso previsto no inciso IV, o afastamento superior a 6 (seis) meses obedecerá o previsto no inciso IV, do art. 66, desta Lei.

» *Redação dada pela Lei nº 13.578, de 21.1.2005*

§ 2° - Na contagem do tempo, de que trata este artigo, deverá ser observado o seguinte:

» *Redação dada pela Lei nº 13.578, de 21.1.2005 D. O. 25.1.2005*

I - não será admitida a contagem em dobro ou em outras condições especiais;

II - é vedada a contagem de tempo de contribuição, quando concomitantes;

III - não será contado, por um sistema, o tempo de contribuição utilizado para a concessão de algum benefício, por outro.

§ 3° - O tempo de contribuição, a que alude o inciso I deste artigo, será computado à vista de certidões passadas com base em folha de pagamento.

» *Redação dada pela Lei nº 13.578, de 21.1.2005*

Art. 70 – A apuração do tempo de contribuição será feita em anos, meses e dias.

» *Redação dada pela Lei nº 13.578, de 21.1.2005*

§ 1° - O ano corresponderá a 365 (trezentos e sessenta e cinco) dias e o mês aos 30 (trinta) dias.

» *Modificado pela Lei nº 13.578, de 21.1.2005*

§ 2° - Para o cálculo de qualquer benefício, depois de apurado o tempo de contribuição, este será convertido em dias, vedado qualquer forma de arredondamento.

» *Acrescentado pela Lei nº 13.578, de 21.1.2005*

Art. 71 – É vedado:

» *Redação dada pela Lei nº 13.578, de 21.1.2005*

I - o cômputo de tempo fictício para o cálculo de benefício previdenciário;

» *Acrescentado pela Lei nº 13.578, de 21.1.2005*

II - a concessão de aposentadoria especial, nos termos no art. 40, §4° da Constituição Federal, até que Lei Complementar Federal discipline a matéria;

» *Acrescentado pela Lei nº 13.578, de 21.1.2005*

III - a percepção de mais de uma aposentadoria à conta do Sistema Único de Previdência Social dos Servidores Públicos Civis e Militares, dos Agentes Públicos e dos Membros de Poder do Estado do Ceará – SUPSEC, ressalvadas as decorrentes dos cargos acumuláveis previstos na Constituição Federal;

» *Acrescentado pela Lei nº 13.578, de 21.1.2005*

IV - a percepção simultânea de proventos de aposentadoria decorrente de regime próprio de servidor titular de cargo efetivo, com a remuneração de cargo, emprego ou função pública, ressalvados os cargos acumuláveis previstos na Constituição Federal, os eletivos e os cargos em comissão declarados em Lei de livre nomeação e exoneração.

» *Acrescentado pela Lei nº 13.578, de 21.1.2005*

§ 1° - Não se considera fictício o tempo definido em Lei como tempo de contribuição para fins de concessão de aposentadoria quando tenha havido, por parte do servidor, a prestação de serviço ou a correspondente contribuição.

» *Acrescentado pela Lei nº 13.578, de 21.1.2005*

§ 2° - A vedação prevista no inciso IV, não se aplica aos membros de Poder e aos inativos, servidores e militares que, até 16 de dezembro de 1998, tenham ingressado novamente no serviço público por concurso público de provas ou de provas e títulos, e pelas demais formas previstas na Constituição Federal, sendo-lhes proibida a percepção de mais de uma aposentadoria pelo Sistema Único de Previdência Social dos Servidores Públicos Civis e Militares, dos Agentes Públicos e dos Membros de Poder do Estado do Ceará – SUPSEC, exceto se decorrentes de cargos acumuláveis previstos na Constituição Federal.

» *Acrescentado pela Lei nº 13.578, de 21.1.2005*

§ 3° - O servidor inativo para ser investido em cargo público efetivo não acumulável com aquele que gerou a aposentadoria deverá renunciar aos proventos desta.

» *Acrescentado pela Lei nº 13.578, de 21.1.2005*

§ 4° - O aposentado pelo Sistema Único de Previdência Social dos Servidores Públicos Civis e Militares, dos Agentes Públicos e dos Membros de Poder do Estado do Ceará – SUPSEC, que estiver exercendo ou que voltar a exercer atividade abrangida por este regime é segurado obrigatório em relação a esta atividade, ficando sujeito às contribuições, de que trata esta Lei, para fins de custeio da Previdência Social, na qualidade de contribuinte solidário.

» *Acrescentado pela Lei nº 13.578, de 21.1.2005*

Art. 72 - Observadas as disposições do artigo anterior, o servidor poderá desaverbar, em qualquer época, total ou parcialmente, seu tempo de contribuição, desde que não tenha sido computado este tempo para a concessão de qualquer benefício.

» *O artigo 72 teve sua redação original alterada pela Lei 10.226, de 12.12.1978, e, posteriormente pela Lei 10.340, de 22.11.1979*

CAPÍTULO II
DA ESTABILIDADE E DA VITALICIEDADE

Art. 73 - Estabilidade é o direito que adquire o funcionário efetivo de não ser exonerado ou demitido, senão em virtude de sentença judicial ou inquérito administrativo, em que se lhe tenha sido assegurada a ampla defesa.

Art. 74 - A estabilidade assegura a permanência do funcionário no Sistema Administrativo.

Art. 75 - O funcionário nomeado em virtude de concurso público adquire estabilidade depois de decorridos dois anos de efetivo exercício.

Parágrafo único - A estabilidade funcional é incompatível com o cargo em comissão.

Art. 76 - O funcionário perderá o cargo vitalício somente em virtude de sentença judicial.

CAPÍTULO III
DA DISPONIBILIDADE

Art. 77 - Disponibilidade é o afastamento de exercício de funcionário estável em virtude da extinção do cargo, ou da decretação de sua desnecessidade.

» *Ver § 3º do art. 41 da Constituição Federal*

§ 1º - Extinto o cargo ou declarada sua desnecessidade, o servidor ficará em disponibilidade percebendo remuneração proporcional por cada ano de serviço, à razão de:

» *Redação dada pela Lei nº 13.578, de 21.1.2005*

I - 1/12.775 (um doze mil, setecentos e setenta e cinco avos) da remuneração por cada dia trabalha- do, se homem; e

» *Redação dada pela Lei nº 13.578, de 21.1.2005*

II - 1/10.950 (hum dez mil, novecentos e cinquenta avos) da remuneração por cada dia trabalhado, se mulher.

» *Redação dada pela Lei nº 13.578, de 21.1.2005*

§ 2º - A apuração do tempo de serviço será feita em dias, sendo o número de dias convertido em anos, considerando-se o ano de 365 (trezentos e sessenta e cinco) dias, permitido o arredondamento para um ano, na conclusão da conversão, o que exceder a 182 (cento e oitenta e dois) dias.

» *Redação dada pela Lei nº 12.913, de 17.6.1999*

§ 3º - Aplicam-se aos vencimentos da disponibilidade os mesmos critérios de atualização, estabelecidos para os funcionários ativos em geral.

CAPÍTULO IV
DAS FÉRIAS

Art. 78 - O funcionário gozará trinta dias consecutivos, ou não, de férias por ano, de acordo com a escala organizada pelo dirigente da Unidade Administrativa, na forma do regulamento.

» *Ver art. 7º, inciso XVII da Constituição Federal e art. 167, inciso VII da Constituição Estadual*

§ 1º - Se a escala não tiver sido organizada, ou houver alteração do exercício funcional, com a movimentação do funcionário, a este caberá requerer, ao superior hierárquico, o gozo das férias, podendo a autoridade, apenas, fixar a oportunidade do deferimento do pedido, dentro do ano a que se vincular o direito do servidor.

§ 2º - O funcionário não poderá gozar, por ano, mais de dois períodos de férias.

§ 3º - O funcionário terá direito a férias após cada ano de exercício no Sistema Administrativo.

§ 4º - É vedado levar à conta de férias qualquer falta ao serviço.

§ 5º - Revogado o § 5º pelo art. 2º da Lei nº 12.913, de 17.6.1999

Art. 79 - A promoção, o acesso, a transferência e a remoção não interromperão as férias.

CAPÍTULO V
DAS LICENÇAS

SEÇÃO I
DAS DISPOSIÇÕES PRELIMINARES

Art. 80 - Será licenciado o funcionário:

I - para tratamento de saúde;

II - por acidente no trabalho, agressão não provocada e doença profissional;

III - por motivo de doença em pessoa da família;

IV - quando gestante;

V - para serviço militar obrigatório;

VI - para acompanhar o cônjuge;

VII - em caráter especial.

Art. 81 - A licença dependente de inspeção médica terá a duração que for indicada no respectivo laudo.

§ 1º - Findo esse prazo, o paciente será submetido a nova inspeção, devendo o laudo concluir pela volta do funcionário ao exercício, pela prorrogação da licença ou, se for o caso, pela aposentadoria.

§ 2º - Terminada a licença o funcionário reassumirá imediatamente o exercício.

Art. 82 - A licença poderá ser determinada ou prorrogada, de ofício ou a pedido.

Parágrafo único - O pedido de prorrogação deverá ser apresentado antes de finda a licença, e, se indeferido, contar-se-á como licença o período compreendido entre a data do término e a do conhecimento oficial do despacho.

Art. 83 - A licença gozada dentro de sessenta dias, contados da determinação da anterior será considerada como prorrogação.

Art. 84 - O funcionário não poderá permanecer em licença por prazo superior a vinte e quatro meses, salvo nos casos dos itens II, III, V e VI do art. 80, deste Estatuto.

Art. 85 – Revogado pela Lei nº 13.578, de 21.1.2005

Art. 86 - São competentes para licenciar o funcionário os dirigentes do Sistema Administrativo Estadual, admitida a delegação, na forma do Regulamento.

Art. 87 - VETADO.

§ 1º - VETADO.

§ 2º - VETADO.

§ 3º - VETADO.

SEÇÃO II
DA LICENÇA PARA TRATAMENTO DE SAÚDE

Art. 88 - A licença para tratamento de saúde precederá a inspeção médica, nos termos do Regulamento.

Art. 89 – O servidor será compulsoriamente licenciado quando sofrer uma dessas doenças graves, contagiosas ou incuráveis: tuberculose ativa, alienação mental, neoplasia maligna, cegueira, hanseníase, paralisia irreversível e incapacitante, cardiopatia grave, doença de Parkson, espondiloartrose anquilosante, epilepsia vera, nefropatia grave, estado avançado da doença de Paget (osteite deformante), síndrome da deficiência imunológica adquirida – Aids, contaminação por radiação, com base em conclusão da medicina especializada, hepatopatia e outras que forem disciplinadas em Lei.

» *Redação dada pela Lei nº 13.578, de 21.1.2005*

Art. 90 - Verificada a cura clínica, o funcionário licenciado voltará ao exercício, ainda quando deva continuar o tratamento, desde que comprovada por inspeção médica capacidade para a atividade funcional.

Art. 91 - Expirado o prazo de licença previsto no laudo médico, o funcionário será submetido a nova inspeção, e aposentado, se for julgado inválido.

» *Redação dada pela Lei nº 13.578, de 21.1.2005*

Parágrafo único – Na hipótese prevista neste artigo, o tempo necessário para a nova inspeção será considerado como de prorrogação da licença e, no caso de invalidez, a inspeção ocorrerá a cada 2 (dois) anos.

Art. 92 - No processamento das licenças para tratamento de saúde será observado sigilo no que diz respeito aos laudos médicos.

Art. 93 - No curso da licença, o funcionário abster-se-á de qualquer atividade remunerada, sob pena de interrupção imediata da mesma licença, com perda total dos vencimentos, até que reassuma o exercício.

Art. 94 - O funcionário não poderá recusar a inspeção médica determinada pela autoridade competente, sob pena de suspensão do pagamento dos vencimentos, até que seja realizado exame.

Art. 95 - Considerado apto em inspeção médica, o funcionário reassumirá o exercício imediatamente, sob pena de se apurarem como faltas os dias de ausência.

Art. 96 - No curso da licença poderá o funcionário requerer inspeção médica, caso se julgue em condições de reassumir o exercício.

Art. 97 - Serão integrais os vencimentos do funcionário licenciado para tratamento de saúde.

Parágrafo único. O pagamento dos vencimentos do servidor licenciado para tratamento de saúde é mantido por recursos do respectivo órgão de origem.

» *Acrescido pela Lei Complementar nº 159, de 14.01.2016*

Art. 98 – Revogado pela Lei n° 13.578, de 21.1.2005

SEÇÃO III
DA LICENÇA POR MOTIVO DE DOENÇA EM PESSOA DA FAMÍLIA

Art. 99 – O servidor poderá ser licenciado por motivo de doença na pessoa dos pais, filhos, cônjuge do qual não esteja separado e de companheiro(a), desde que prove ser indispensável a sua assistência pessoal e esta não possa ser prestada simultaneamente com exercício funcional.

» *Redação dada pela Lei nº 13.578, de 21.1.2005*

§ 1º - Provar-se-á a doença mediante inspeção médica realizada conforme as exigências contidas neste Estatuto quanto à licença para tratamento de saúde.

§ 2º - A necessidade de assistência ao doente, na forma deste artigo, será comprovada mediante parecer do Serviço de Assistência Social, nos termos do Regulamento.

§ 3° - O funcionário licenciado, nos termos desta seção, perceberá vencimentos integrais até 6 (seis) meses. Após este prazo o servidor obedecerá o disposto no inciso IV, do art. 66 desta Lei, até o limite de 4 (quatro) anos, devendo retornar a suas atividades funcionais imediatamente ao fim do período.

» *Redação dada pela Lei nº 13.578, de 21.1.2005*

SEÇÃO IV
DA LICENÇA À GESTANTE

Art. 100 – Fica garantida a possibilidade de prorrogação, por mais 60 (sessenta) dias, da licença-maternidade, prevista nos art. 7º, inciso XVIII, e 39, §3º, da Constituição Federal destinada às servidoras públicas estaduais.

» *Redação dada pela Lei nº 13.881, de 24.4.2007*

§1° - A prorrogação de que trata este artigo será assegurada à servidora estadual mediante requerimento efetivado até o final do primeiro mês após o parto, e concedida imediatamente após a fruição da licença-maternidade de que trata o art. 7º, inciso XVIII, da Constituição Federal.(NR)

§ 2° - Durante o período de prorrogação da licença-maternidade, a servidora estadual terá direito à sua remuneração integral.

» *Redação dada pela Lei Complementar nº 159, de 14.01.2016*

§3° - É vedado durante a prorrogação da licença-maternidade tratada neste artigo o exercício de qualquer atividade remunerada Pela servidora beneficiária, e a criança não poderá ser mantida em creches ou organização similar, sob pena da perda do direito do benefício e consequente apuração da responsabilidade funcional.(NR)

§ 4º O pagamento dos vencimentos da servidora em licença-maternidade, inclusive no período de prorrogação, é mantido por recursos do respectivo órgão de origem.

» *Acrescido pela Lei Complementar nº 159, de 14.01.2016*

SEÇÃO V
DA LICENÇA PARA SERVIÇO MILITAR OBRIGATÓRIO

Art. 101 - O funcionário que for convocado para o serviço militar será licenciado com vencimentos integrais, ressalvado o direito de opção pela retribuição financeira do serviço militar.

§1° - Ao servidor desincorporado conceder-se-á prazo não excedente a 30 (trinta) dias para que reassuma o exercício do cargo, sem perda de venci- mentos.

» *Redação dada pela Lei nº 13.578, de 21.1.2005*

§2° - O servidor, de que trata o *caput* deste artigo, contribuirá para o Sistema Único de Previdência Social dos Servidores Públicos Civis e Militares, dos Agentes Públicos e dos Membros de Poder do Estado do Ceará – SUPSEC, mesmo que faça opção pela retribuição financeira do serviço militar.

» *Acrescentado pela Lei nº 13.578, de 21.1.2005*

Art. 102 - O funcionário, Oficial da Reserva não remunerada das Forças Armadas, será licenciado, com vencimentos integrais, para cumprimento dos estágios previstos pela legislação militar, garantido o direito de opção.

SEÇÃO VI
DA LICENÇA DO FUNCIONÁRIO PARA ACOMPANHAR O CÔNJUGE

Art. 103 - O funcionário terá direito a licença sem vencimento, para acompanhar o cônjuge, também servidor público, quando, de ofício, for mandado servir em outro ponto do Estado, do Território Nacional, ou no Exterior.

§ 1º - A licença dependerá do requerimento devidamente instruído, admitida a renovação, independentemente de reassunção do exercício.

§ 2º - Finda a causa da licença, o funcionário retornará ao exercício de suas funções, no prazo de trinta dias, após o qual sua ausência será considerada abandono de cargo.

§ 3º - Existindo no novo local de residência repartição estadual, o funcionário nela será lotado, enquanto durar a sua permanência ali.

Art. 104 - Nas mesmas condições estabelecidas no artigo anterior o funcionário será licenciado quando o outro cônjuge esteja no exercício de mandato eletivo fora de sua sede funcional.

SEÇÃO VII
DA LICENÇA ESPECIAL

» *Revogado a Seção VII, compreendendo os artigos 105 a 108, pela Lei nº 12.913, de 17.6.1999*

Art. 109 - VETADO.

Parágrafo único – VETADO.

CAPÍTULO VI
DAS AUTORIZAÇÕES

SEÇÃO I
DAS DISPOSIÇÕES PRELIMINARES

Art. 110 - Os dirigentes do Sistema Administrativo Estadual autorizarão o funcionário a se afastar do exercício funcional de acordo com o disposto em Regulamento:

I - sem prejuízo dos vencimentos quando:

a) for estudante, para incentivo à sua formação profissional e dentro dos limites estabelecidos neste Estatuto;

b) for estudar em outro ponto do território nacional ou no estrangeiro;

» *Redação dada pela Lei nº 13.578, de 21.1.2005*

c) por motivo de casamento, até o máximo de 8 (oito) dias;

d) por motivo de luto até 8 (oito) dias, em decorrência de falecimento de cônjuge ou companheiro, parentes consanguíneos ou afins, até o 2º grau, inclusive madrasta, padrasto e pais adotivos;

e) por luto, até 2 (dois) dias, por falecimento de tio e cunhado;

f) for realizar missão oficial em outro ponto do território nacional ou no estrageiro.

» *Acrescida pela Lei nº 13.578, de 21.1.2005*

II - sem direito à percepção dos vencimentos, quando se tratar de afastamento para trato de interesses particulares;

III - com ou sem direito à percepção dos vencimentos, conforme se dispuser em regulamento, quando para o exercício das atribuições de cargo, função ou emprego em entidades e órgãos estranhos ao Sistema Administrativo Estadual.

§1° - Nos casos previstos nas alíneas a e b, o servidor só poderá solicitar exoneração após o seu retorno, desde que trabalhe no mínimo o dobro do tempo em que esteve afastado, ou reembolse o montante corrigido monetariamente que o Estado desembolsou durante seu afastamento.

» *Redação dada pela Lei nº 13.578, de 21.1.2005*

§ 2° - Os dirigentes do Sistema Administrativo Estadual poderão, ainda, autorizar o servidor, ocupante do cargo efetivo ou em comissão, a integrar ou assessorar comissões, grupos de trabalho ou programas, com ou sem afastamento do exercício funcional e sem prejuízo dos vencimentos.

» *Acrescentado pela Lei nº 13.578, de 21.1.2005*

SEÇÃO II
DAS AUTORIZAÇÕES PARA INCENTIVO À FORMAÇÃO PROFISSIONAL DO FUNCIONÁRIO

Art. 111 - Poderá ser autorizado o afastamento, até duas horas diárias, ao funcionário que frequente curso regular de 1º e 2º graus ou de ensino superior.

Parágrafo único - A autorização prevista neste artigo poderá dispor que a redução do horário dar-se-á por prorrogação do início ou antecipação do término do expediente, diário, conforme considerar mais conveniente ao estudante e aos interesses da repartição.

Art. 112 - Será autorizado o afastamento do exercício funcional nos dias em que o funcionário tiver que prestar exames para ingresso em curso regular de ensino, ou que, estudante, se submeter a provas.

Art. 113 - O afastamento para missão ou estudo fora do Estado em outro ponto do território nacional ou no estrangeiro será autorizado nos mesmos atos que designarem o funcionário a realizar a missão ou estudo, quando do interesse do Sistema Administrativo Estadual.

Art. 114 - As autorizações previstas nesta Seção dependerão de comprovação, mediante documento oficial, das condições previstas para as mesmas, podendo a autoridade competente exigi-la prévia ou posteriormente, conforme julgar conveniente.

Parágrafo único - Concedida a autorização, na dependência da comprovação posterior, sem que esta tenha sido efetuada no prazo estipulado, a autoridade anulará a autorização, sem prejuízo de outras providências que considerar cabíveis.

SEÇÃO III
DO AFASTAMENTO PARA O TRATO DE INTERESSES PARTICULARES

Art. 115 - Depois de três anos de efetivo exercício e após declaração de aquisição de estabilidade no cargo de provimento efetivo, o servidor poderá obter autorização de afastamento para tratar de interesses particulares, por um período não superior a quatro anos e sem percepção de remuneração.

» *Redação dada pela Lei nº 13.092, de 8.1.2001*

Parágrafo único - O funcionário aguardará em exercício a autorização do seu afastamento.

Art. 116 - Não será autorizado o afastamento do funcionário removido antes de ter assumido o exercício.

Art. 117 - O funcionário poderá, a qualquer tempo, desistir da autorização concedida, reassumindo o exercício das atribuições do seu cargo.

Art. 118 - Quando o interesse do Sistema Administrativo o exigir, a autorização poderá ser cassada, a juízo da autoridade competente, devendo, neste caso, o funcionário ser expressamente notificado para apresentar-se ao serviço no prazo de 30 (trinta) dias, prorrogável por igual período, findo o qual caracterizar-se-á o abandono do cargo.

Art. 119 - A autorização para afastamento do exercício para o trato de interesses particulares somente poderá ser prorrogada por período necessário para complementar o prazo previsto no art. 115 deste Estatuto.

Art. 120. O funcionário somente poderá receber nova autorização para o afastamento previsto nesta Seção após decorrido pelo menos um ano do efetivo exercício, contado da data em que reassumiu, em decorrência do término do prazo autorizado ou por motivo de desistência ou de cassação da autorização concedida.

» *Redação dada pela Lei nº 15.744, de 29.12.2014*

CAPÍTULO VII
DA RETRIBUIÇÃO

SEÇÃO I
DISPOSIÇÕES PRELIMINARES

Art. 121 - Todo funcionário, em razão do vínculo que mantém com o Sistema Administrativo Estadual, tem direito a uma retribuição pecuniária, na forma deste Estatuto.

Art. 122 - As formas de retribuição são as seguintes:

I - vencimento;

II - ajuda de custo;

III - diária;

IV - Revogado pela Lei nº 12.913, de 17.6.1999

V - gratificações.

§ 1º - O conjunto das retribuições constitui os vencimentos funcionais.

§ 2º - A retribuição do funcionário disponível constitui vencimentos para todos os efeitos legais.

§ 3º - A retribuição pecuniária atribuída ao funcionário não sofrerá descontos além dos previstos expressamente em lei, nem serão objetos de arresto, sequestro ou penhora, salvo quando se tratar de:

I - prestação de alimentos determinada judicialmente;

II - reposição de indenização devida à Fazenda Estadual;

III - auxílios e benefícios instituídos pela Administração Pública. (Acrescentado pela Lei nº 13.369, de 22.9.2003)

§ 4º - As reposições e indenizações devidas à Fazenda Pública Estadual serão descontadas em parcelas mensais, não excedentes da décima parte da remuneração do servidor, assim entendida como o vencimento-base, acrescido das vantagens fixas e de caráter pessoal.

» *Redação alterada pela Lei nº 13.369, de 22.9.2003*

§ 5º - Se o funcionário for exonerado ou demitido, a quantia por ele devida será inscrita como dívida ativa para os efeitos legais.

SEÇÃO II
DO VENCIMENTO

Art. 123 - Considera-se vencimento a retribuição correspondente ao padrão, nível ou símbolo do cargo a que esteja vinculado o funcionário, em razão do efetivo exercício de função pública.

» *Ver art. 7º, inciso VIII, da Constituição Federal e art. 167, incisos I e XIV da Constituição Estadual,*

Art. 124 - O funcionário perderá:

I - o vencimento do cargo efetivo, quando nomeado para cargo em comissão, salvo o direito de opção e de acumulação lícita;

II - o vencimento do cargo efetivo, quando no exercício de mandato eletivo, federal ou estadual;

III - o vencimento do cargo efetivo, quando dele afastado para exercer mandato eletivo municipal remunerado;

» *Ver art. 38, inciso III da Constituição Federal e art. 175, inciso III da Constituição Estadual.*

IV - o vencimento do dia, se não comparecer ao serviço, salvo motivo legal ou doença comprovada, de acordo com o disposto neste Estatuto;

V - um terço do vencimento do dia, se comparecer ao serviço dentro da hora seguinte à fixação para o início do expediente, quando se retirar antes de findo o período de trabalho;

VI - um terço do vencimento, durante o afasta- mento por motivo de prisão administrativa, prisão preventiva, pronúncia por crime comum, denúncia por crime funcional ou condenação por crime inafiançável em processo no qual não haja pronúncia, tendo direito à diferença, se absolvido;

VII - dois terços do vencimento durante o período de afastamento em virtude de condenação por sentença passada em julgado à pena de que não resulte em demissão.

Parágrafo único - O funcionário investido em mandato gratuito de vereador fará jus à percepção dos seus vencimentos nos dias em que comparecer às sessões da Câmara.

SEÇÃO III
DA AJUDA DE CUSTO

Art. 125 - Será concedida ajuda de custo ao funcionário que for designado, de ofício, para ter exercício em nova sede, mesmo fora do Estado.

Parágrafo único - A ajuda de custo destina-se à indenização das despesas de viagem e de nova instalação do funcionário.

Art. 126 - A ajuda de custo não excederá de três meses de vencimentos, salvo nos casos de designação do funcionário para:

a) ter exercício fora do Estado;

b) serviço fora do Estado.

Parágrafo único - A ajuda de custo será arbitrada, dentro das respectivas áreas de competência, pelo Governador do Estado, Presidente da Assembleia Legislativa, do Tribunal de Justiça, do Tribunal de Contas, do Conselho de Contas dos Municípios e das Autarquias.

Art. 127 - A ajuda de custo para serviço fora do Estado será calculada na forma disposta em Regulamento.

Art. 128 - O funcionário restituirá a ajuda de custo:

I - quando não se transportar para a nova sede no prazo determinado;

II - quando, antes de terminada a incumbência, regressar, pedir exoneração ou abandonar o serviço.

§ 1º - A restituição é de exclusiva responsabilidade pessoal e poderá ser feita parceladamente.

§ 2º - Não haverá obrigação de restituir, quando o regresso do funcionário for determinado de ofício ou por doença comprovada, ou quando o mesmo for exonerado a pedido, após 90 (noventa) dias de exercício na nova sede.

SEÇÃO IV
DAS DIÁRIAS

Art. 129 - Ao funcionário que se deslocar da sua repartição em objeto de serviço, conceder-se-á diária a título de indenização das despesas de alimentação e hospedagem, na forma do Regulamento.

Art. 130 - O funcionário que receber diária indevida será obrigado a restituí-la de uma só vez, ficando, ainda, sujeito à punição disciplinar.

SEÇÃO V
DO AUXÍLIO PARA DIFERENÇA DE CAIXA

» *Revogada a SEÇÃO V, do Capítulo VII, do Título IV, compreendendo o art. 131 e seu parágrafo único, pela Lei nº 12.913 de 17.6.1999*

SEÇÃO VI
DAS GRATIFICAÇÕES

Art. 132 - Ao funcionário conceder-se-á gratificação em virtude de:

I - prestação de serviços extraordinários;

II - representação de Gabinete;

III - exercício funcional em determinados locais;

IV - execução de trabalho relevante, técnico ou científico;

V - serviço ou estudo fora do Estado ou do País;

VI - execução de trabalho em condições especiais, inclusive com risco de vida ou saúde;

VII - participação em órgão de deliberação coletiva;

VIII - participação em comissão examinadora de concurso;

IX - exercício de magistério, em regime de tempo complementar; ou em cursos especiais, legalmente instituídos, inclusive para treinamento de funcionários;

X - representação;

XI - regime de tempo integral;

XII - de aumento de produtividade;

XIII - exercício em órgãos fazendários.

Parágrafo único - As gratificações não definidas nesta lei serão objeto de regulamento.

Art. 133 - A gratificação pela prestação de serviço extraordinário é a retribuição de serviço cuja execução exija dedicação além do expediente normal a que estiver sujeito o servidor e será paga proporcionalmente:

I - por hora de trabalho adicional; ou,

II - por tarefa especial, levando-se em conta estimativa do número de dias e de horas necessários para sua realização.

§ 1º - O valor da hora de trabalho adicional será 50% (cinquenta por cento) maior que o da hora normal de trabalho, apurado através da divisão do valor da remuneração mensal do servidor por 30 (trinta) e este resultado pelo número de horas correspondentes à carga horária ou regime do servidor.

§ 2º - No caso do inciso II, a gratificação será arbi- trada previamente pelo dirigente do órgão ou entidade da administração pública de qualquer dos Poderes, através de ato que demonstre a proporcionalidade do pagamento, com indicação da estimativa dos dias e dos horários que serão necessários à consecução dos serviços.

§ 3º - A despesa total mensal com o pagamento da gratificação de que trata este artigo em nenhuma hipótese poderá exceder a 1,5% (um e meio por cento) do valor total da despesa mensal com paga- mento de pessoal, do órgão ou entidade considerado.

§ 4º - O descumprimento ao disposto neste artigo acarretará responsabilidade para o dirigente do órgão ou entidade e seus subordinados envolvidos, que ficarão solidariamente obrigados a restituir ao tesouro estadual as quantias pagas a maior.

» *Redação dada pela Lei nº 12.913, de 17.6.1999*

» *Ver art. 7º, XVI, da Constituição Federal e art. 167, VI, da Constituição Estadual.*

Art. 134 - A gratificação pela representação de Gabinete poderá ser concedida a funcionários e a pessoas estranhas ao Sistema Administrativo, sem qualquer vínculo, com exercício nos gabinetes e órgãos de assessoramento técnico do referido Sistema, na forma do Regulamento.

Art. 135 - A gratificação pela elaboração ou execução de trabalho relevante, técnico ou científico, será arbitrada e atribuída pelos dirigentes do Sistema Administrativo Estadual.

Art. 136 - A gratificação pela execução de trabalho em condições especiais, inclusive com risco de vida ou de saúde, será atribuída pelos dirigentes do Sistema Administrativo Estadual, observado o disposto em Regulamento.

Art. 137 - A gratificação de representação é uma indenização atribuída aos ocupantes de cargos em comissão e outros que a lei determinar, tendo em vista despesas de natureza social e profissional determinadas pelo exercício funcional.

Art. 138 - A gratificação por regime de tempo integral, que se destina ao incremento das atividades de investigação científica, ou tecnológica, e aumento da produtividade, no Sistema Administrativo Estadual, será objeto de regulamentação específica.

§ 1º - No Regulamento de que trata este artigo serão obedecidas as seguintes diretrizes gerais;

I - proporcionalidade que variará de 60 % (sessenta por cento) a 100 % (cem por cento) do valor do nível de vencimento ou função, observando-se os seguintes fatores de variação;

a) complexidade da tarefa;

b) deslocamentos exigidos para execução das tarefas;

c) a situação no mercado de trabalho;

d) as condições de trabalho;

e) as prioridades dos programas, do cargo ou grupo de cargos; e

f) a especialização exigida do funcionário.

II - A atribuição da gratificação a ocupantes de cargos ou grupos de cargos será condicionada a procedimentos administrativos que possibilitem a verificação das prioridades dos programas, para aumento da produtividade ou incremento à investigação científica ou tecnológica, com as justificativas dos programas e subprogramas, a relação dos servidores indispensáveis à sua execução, o prazo de duração do regime e a despesa dele decorrente.

§ 2º - Excepcionalmente e até a aplicação do Plano de Classificação de Cargos de que trata a Lei nº 9.634, de 30 de outubro de 1972, o regime de tempo integral poderá ser atribuído a servidores mensalistas, remanescentes das extintas Tabelas Numéricas de Mensalistas, inclusive tendo como base de cálculo o nível de vencimentos do cargo correspondente à respectiva qualificação profissional.

Art. 139 - A gratificação de produtividade destina-se a incentivar o aumento de arrecadação dos tributos estaduais, devendo ser objeto de Regulamentação.

Art. 140 - A gratificação de exercício, atribuída aos funcionários fazendários, constantes da Lei nº 9.375, de 10.07.70, será objeto de regulamentação própria.

CAPÍTULO VIII
DO DIREITO DE PETIÇÃO

Art. 141 - É assegurado ao funcionário e ao aposentado o direito de requerer, representar, pedir reconsideração e recorrer.

Art. 142 - A petição será dirigida à autoridade competente para decidir do pedido e encaminhada por intermédio daquela a quem estiver imediatamente subordinado o requerente se for o caso.

Art. 143 - O direito de pedir reconsideração, que será exercido perante a autoridade que houver expedido o ato, ou proferido a primeira decisão, decairá após 60 (sessenta) dias da ciência do ato pelo peticionante, ou de sua publicação quando esta for obrigatória.

§ 1º - O requerimento e o pedido de reconsideração de que tratam os artigos anteriores deverão ser despachados no prazo de 5 (cinco) dias e decididos dentro de 30 (trinta) dias improrrogáveis.

§ 2º - É vedado repetir pedido de reconsideração ou recurso perante a mesma autoridade.

Art. 144 - Caberá recurso:

I - do indeferimento do pedido de reconsideração;

II - das decisões sobre os recursos sucessivamente interpostos, nos termos do § 1º deste artigo.

§ 1º - O recurso, interposto, perante a autoridade que tiver praticado o ato ou proferido a decisão, será dirigido à autoridade imediatamente superior e, sucessivamente, em escala ascendente, às de- mais autoridades.

§ 2º - No encaminhamento do recurso observar-se-á o disposto na parte final do art. 142.

Art. 145 - O pedido de reconsideração e o recurso não têm efeito suspensivo, salvo disposição em contrário, e o que for provido retroagirá, nos efeitos, à data do ato impugnado.

Art. 146 - O direito de pleitear na esfera administrativa prescreverá em 120 (cento e vinte) dias, salvo estipulação em contrário, prevista expressamente em lei ou regulamento.

Art. 147 - Os prazos estabelecidos neste Capítulo são fatais e improrrogáveis, e o pedido de reconsideração e o recurso, quando cabíveis, interrompem a prescrição.

Art. 148 - Ao funcionário ou ao seu representante legalmente constituído é assegurado, para efeito de recurso ou pedido de reconsideração, o direito de vista ao processo na repartição competente durante todo o expediente regulamentar, assegurado o livre manuseio do processo em local conveniente. Se o representante do funcionário for advogado, aplica-se o disposto na Lei Federal pertinente.

Art. 149 - O disposto neste Capítulo se aplica, no que couber, aos procedimentos disciplinares.

TÍTULO V
DA PREVIDÊNCIA E DA ASSISTÊNCIA

CAPÍTULO I
DAS DISPOSIÇÕES PRELIMINARES

Art. 150 – O Estado assegurará um sistema de previdência público que será mantido com a contribuição de seus servidores, ativos, inativos, pensionistas e do orçamento do Estado, o qual compreenderá os seguintes benefícios:

I – quanto ao servidor:

a) aposentadoria;

b) salário-família do servidor aposentado;

» *Redação dada pela Lei Complementar nº 159, de 14.01.2016*

c) Revogada pela Lei Complementar nº 159, de 14.01.2016

d) Revogada pela Lei Complementar nº 159, de 14.01.2016

II - quanto ao dependente:

a) pensão por morte;

b) Revogada pela Lei Complementar nº 159, de 14.01.2016

§ 1º - Revogado pela Lei nº 13.578, de 21.1.2005

§ 2º - Revogado pela Lei nº 13.578, de 21.1.2005

Art. 151 - O Estado assegurará a manutenção de um sistema de assistência que, dentre outros, preste os seguintes benefícios e serviços aos servidores e aos seus dependentes:

I - assistência médica;

II - assistência hospitalar;

III - assistência odontológica;

IV - assistência social;

V - auxílio funeral.

» *Redação dada pela Lei nº 13.578, de 21.1.2005*

VI - auxílio-reclusão.

» *Acrescido pela Lei Complementar nº 159, de 14.01.2016*

§ 1º - A triagem dos casos apresentados para internamento hospitalar e consequente fiscalização e controle será realizado por um Grupo de Trabalho, cuja composição e atribuições será determinado pelo Governo do Estado através do Instituto de Previdência do Estado - IPEC, mediante ato próprio.

» *Redação dada pela Lei nº 13.578, de 21.1.2005*

§ 2º - É assegurado assistência médica gratuita ao servidor acidentado em serviço ou que tenha contraído doença profissional, através do Estado.

» *Redação dada pela Lei nº 13.578, de 21.1.2005*

§ 3º - VETADO.

CAPÍTULO II
DA APOSENTADORIA

Art. 152 - O servidor será aposentado, conforme as regras estabelecidas no art. 40 da Constituição Federal.

Parágrafo único - A aposentadoria por invalidez será sempre precedida de licença por período contínuo não inferior a 24 (vinte e quatro) meses, salvo quando a junta médica declarar a incapacidade definitiva para o serviço, ou na hipótese prevista no art. 68, inciso X.

» *Redação dada pela Lei nº 13.578, de 21.1.2005*

§ 1º - Revogado pela Lei nº 13.578, de 21.1.2005

§ 2º - Revogado pela Lei nº 13.578, de 21.1.2005

Art. 153 - O processo de aposentadoria se inicia:

» *Redação dada pela Lei Complementar nº 92, de 25.1.2011*

I - com o requerimento do interessado, no caso de inatividade voluntária;

» *Redação dada pela Lei Complementar nº 92, de 25.1.2011*

II - automaticamente, quando o servidor atinge a idade de 70 (setenta) anos;

» *Redação dada pela Lei Complementar nº 92, de 25.1.2011*

III - automaticamente, quando o servidor for considerado inválido, na data fixada em laudo emitido pela Perícia Médica Oficial do Estado ou na ocasião, em que verificada as demais hipóteses do art. 152, parágrafo único, desta Lei. (NR)

» *Redação dada pela Lei Complementar nº 92, de 25.1.2011*

IV - Revogado pela Lei Complementar nº 92. de 25.1.2011

Art. 154 - O funcionário quando aposentado por invalidez terá provento integral, correspondente aos vencimentos, incorporáveis do cargo efetivo, se a causa for doença grave, incurável ou contagiosa, a que se refere o artigo 89, ou acidente no trabalho, ou doença profissional, nos termos do inciso X do artigo 68; o provento será proporcional ao tempo de serviço, nos demais casos.

§ 1º - Somente nos casos de invalidez decorrente de acidente no trabalho ou doença profissional, como configurados nos §§ 1º, 2º, 3º e 4º do artigo 68, será aposentado o ocupante do cargo de provimento em comissão, hipótese em que o respectivo provento será integral.

§ 2º - O funcionário aposentado em decorrência da invalidez por acidente em serviço, por moléstia profissional, ou por doença grave contagiosa ou incurável, especificada em Lei, é considerado como em efetivo exercício, assegurando-se-lhe todos os direitos e vantagens atribuídas aos ocupantes de cargo de igual categoria em atividade, ainda que o mencionado cargo tenha ou venha a mudar a de- nominação de nível de classificação ou padrão de vencimento.

» *O § 2º do art. 154 foi acrescentado pela Lei nº 10.361, de 6.12.1979, tendo sua redação atual pela Lei nº 10.932, de 3.10.1984*

Art. 155 - Revogado pelo art. 2º da Lei nº 12.913, de 17.6.1999

Art. 156 - O servidor aposentado compulsoriamente por motivo de idade, ou nos termos do art. 154, terá os seus proventos proporcionais ao tempo de contribuição.

» *Redação dada pela Lei nº 13.578, de 21.1.2005*

§ 1º - A proporcionalidade dos proventos, com base no tempo de contribuição, é a fração, cujo numerador corresponde ao total de dias de contribuição e o denominador, o tempo de dias necessários à respectiva aposentadoria voluntária com proventos integrais.

» *Redação dada pela Lei nº 13.578, de 21.1.2005*

§ 2º - A fração de que trata o parágrafo anterior será aplicada sobre o valor dos proventos calculados conforme a média aritmética simples das maiores remunerações ou subsídios, observando-se, previamente, que o valor encontrado não poderá exceder à remuneração do servidor no cargo efetivo em que se der a aposentadoria.

» *Redação pela Lei nº 13.578, de 21.1.2005*

Art. 157 - Os proventos de aposentadoria e as pensões serão reajustados na mesma data em que se der o reajuste dos benefícios do regime geral de previdência social, ressalvadas as aposentadorias concedidas conforme os arts. 6º e 7º da Emenda Constitucional Estadual nº 56, de 7 de janeiro de 2004. (NR).

» *Redação dada pela Lei nº 13.578, de 21.1.2005*

CAPÍTULO III
DO SALÁRIO-FAMÍLIA

Art. 158 - O salário-família é o auxílio pecuniário especial concedido pelo Estado ao funcionário ativo e ao aposentado como contribuição ao custeio das despesas de manutenção de seus dependentes.

Art. 159. O salário-família será pago ao servidor, em quotas, na proporção do respectivo número de filhos ou equiparados, aplicando-se os mesmos parâmetros adotados pelo Instituto Nacional do Seguro Social, quanto à referida prestação assistencial, conforme definido em lei.

» *Redação dada pela Lei Complementar nº 159, de 14.01.2016*

Art. 160 - Revogado pela Lei Complementar nº 159, de 14.01.2016

Art. 161 - O salário-família será pago, ainda, nos casos em que o funcionário deixar de perceber vencimento ou proventos, sem perda do cargo.

Art. 162 - Revogado pela Lei Complementar nº 159, de 14.01.2016

Art. 163 - O salário-família não servirá de base para qualquer contribuição, ainda que para fim de previdência social.

Art. 164 - Será suspenso o pagamento do salário-família ao funcionário que comprovadamente descurar da subsistência e educação dos seus dependentes.

§1º - Mediante autorização judicial a pessoa que estiver mantendo os dependentes do funcionário poderá receber o salário-família enquanto durar a situação prevista neste artigo.

§2º - O pagamento voltará a ser feito ao funcionário tão logo comprovado o desaparecimento dos motivos determinantes da suspensão.

Art. 165 - Para se habilitar à concessão do salário-família o funcionário, o disponível, ou o aposentado apresentarão uma declaração de dependentes, indicando o cargo que exercer, ou no qual estiver aposentado ou em disponibilidade, mencionando em relação a cada dependente:

I - nome completo, data e local de nascimento, comprovado por certidão do registro civil;

II - grau de parentesco ou dependência;

III - no caso de se tratar de maior de 14 (quatorze) anos, se total e permanentemente inválido para o trabalho, hipótese em que informará a causa e a espécie de invalidez;

» *Redação dada pela Lei Complementar nº 159, de 14.01.2016*

IV - Revogado pela Lei Complementar nº 159, de 14.01.2016

Art. 166 - A declaração do servidor será prestada a seu chefe imediato que a examinará e, após o seu visto, a encaminhará ao órgão competente para o processamento e atendimento da concessão.

Art. 167 - O salário-família será concedido à vista das declarações prestadas, mediante simples despacho que será comunicado ao órgão incumbido da elaboração de folhas de pagamento.

§1º - Será concedido ao declarante ativo ou inativo o prazo de 120 (cento e vinte) dias para o esclarecimento de qualquer dúvida na declaração, o que poderá ser feito por meio de quaisquer provas admitidas em direito.

§2º - Não sendo apresentado no prazo o esclarecimento de que trata o § 1º, a autoridade concedente determinará a imediata suspensão do pagamento do salário-família, até que seja satisfeita a exigência.

Art. 168 - Verificada, a qualquer tempo, a inexatidão das declarações prestadas, será suspensa a concessão do salário-família e determinada a reposição do indevidamente recebido, mediante o desconto mensal de 10% (dez por cento) da remuneração líquida, em folha de pagamento.

» *Redação dada pela Lei nº 13.369, de 22 .9.2003*

Art. 169 - O funcionário e o aposentado são obrigados a comunicar a autoridade concedente, dentro do prazo de quinze dias, qualquer alteração que se verifique na situação dos dependentes, da qual de- corra supressão ou redução do salário-família.

Parágrafo único - A não observância desta disposição acarretará as mesmas providências indicadas no artigo anterior.

Art. 170 - O salário-família será devido em relação a cada dependente, a partir do mês em que tiver ocorrido o ato ou fato que lhe der origem, deixando de ser devido igualmente em relação a cada dependente no mês seguinte ao ato ou fato que determinar a sua supressão.

Art. 171 - O salário-família será pago juntamente com os vencimentos ou proventos, pelos órgãos pagadores, independentemente de publicação do ato de concessão.

CAPÍTULO IV
DO AUXÍLIO-DOENÇA

Art. 172 – Revogado.

» *Revogado pelo Art. 16 da Lei nº 13.578, de 21.1.2005*

CAPÍTULO V
DO AUXÍLIO-FUNERAL

Art. 173 - Será concedido auxílio funeral à família do funcionário falecido, correspondente a 01 (um) mês de seus vencimentos ou proventos, limitado o pagamento à quantia de R$ 1.200,00 (um mil e duzentos reais).

Parágrafo único - Quando não houver pessoa da família do funcionário no local do falecimento, o auxílio-funeral será pago a quem promover o enterro, mediante comprovação das despesas.

» *Redação dada pela Lei nº 12.913, de 17.6.1999*

CAPÍTULO VI
DO AUXÍLIO-RECLUSÃO

» *Acrescido pela Lei Complementar nº 159, de 14.01.2016*

Art. 173-A O auxílio-reclusão é devido pelo órgão de origem aos dependentes do servidor de baixa renda recolhido à prisão e que, nessa condição, não esteja recebendo remuneração decorrente do seu cargo.

» *Acrescido pela Lei Complementar nº 159, de 14.01.2016*

§ 1º Para fins de definição da baixa renda e da qualificação dos dependentes, aplicam-se os mesmos parâmetros adotados pelo Instituto Nacional do Seguro Social, quanto à referida prestação assistencial.

» *Acrescido pela Lei Complementar nº 159, de 14.01.2016*

§ 2º O auxílio-reclusão corresponde ao valor da remuneração do servidor, observado o limite da baixa renda, sendo devido pelo período máximo de 12 (doze) meses e, somente, durante o tempo em que estiver recolhido à prisão sob regime fechado ou semiaberto, e enquanto for titular desse cargo.

» *Acrescido pela Lei Complementar nº 159, de 14.01.2016*

§ 3º O pagamento do auxílio-reclusão deve estar fundamentado em certidão de efetivo recolhimento à prisão, sendo obrigatória, para a manutenção do pagamento, a apresentação de declaração de permanência na condição de presidiário.

» *Acrescido pela Lei Complementar nº 159, de 14.01.2016*

TÍTULO VI
DO REGIME DISCIPLINAR

CAPÍTULO I
DOS PRINCÍPIOS FUNDAMENTAIS

Art. 174 - O funcionário público é administrativamente responsável, perante seus superiores hierárquicos, pelos ilícitos que cometer.

Art. 175 - Considera-se ilícito administrativo a conduta comissiva ou omissiva, do funcionário, que im porte em violação de dever geral ou especial, ou de proibição, fixado neste Estatuto e em sua legislação complementar, ou que constitua comportamento incompatível com o decoro funcional ou social.

Parágrafo único - O ilícito administrativo é punível, independentemente de acarretar resultado per- turbador do serviço estadual.

Art. 176 - A apuração da responsabilidade funcional será promovida, de ofício, ou mediante representação, pela autoridade de maior hierarquia no órgão ou na entidade administrativa em que tiver ocorrido a irregularidade. Se se tratar de ilícito administrativo praticado fora do local de trabalho, a apuração da responsabilidade será promovida pela autoridade de maior hierarquia no órgão ou na entidade a que pertencer o funcionário a quem se imputar a prática da irregularidade.

Parágrafo único - Se se imputar a prática do ilícito a vários funcionários lotados em órgãos diversos do Poder Executivo, a competência para deter- minar a apuração da responsabilidade caberá ao Governador do Estado.

Art. 177 - A responsabilidade civil decorre de conduta funcional, comissiva ou omissiva, dolosa ou culposa, que acarrete prejuízo para o patrimônio do Estado, de suas entidades ou de terceiros.

§1º - A indenização de prejuízo causado ao Estado ou às suas entidades, no que exceder os limites da fiança, quando for o caso, será liquidada mediante prestações mensais descontadas em folha de pagamento, não excedentes da décima parte do vencimento, à falta de outros bens que respondam pelo ressarcimento.

§2º - Em caso de prejuízo a terceiro, o funcionário responderá perante o Estado ou suas entidades, através de ação regressiva proposta depois de transitar em julgado a decisão judicial, que houver condenado a Fazenda Pública a indenizar o terceiro prejudicado.

Art. 178 - A responsabilidade penal abrange os crimes e contravenções imputados, por lei, ao funcionário, nesta qualidade.

Art. 179 - São independentes as instâncias administrativas civil e penal, e cumuláveis as respectivas cominações.

§1º - Sob pena de responsabilidade, o funcionário que exercer atribuições de chefia, tomando conhecimento de um fato que possa vir a se configurar, ou se configure como ilícito administrativo, é obrigado a representar perante a autoridade competente, a fim de que esta promova a sua apuração.

§2º - A apuração da responsabilidade funcional será feita através de sindicância ou de inquérito.

§3º - Se o comportamento funcional irregular configurar, ao mesmo tempo, responsabilidade administrativa, civil e penal, a autoridade que determinou o procedimento disciplinar adotará providências para a apuração do ilícito civil ou penal, quando for o caso, durante ou depois de concluídos a sindicância ou o inquérito.

§4º - Fixada a responsabilidade administrativa do funcionário, a autoridade competente aplicará a sanção que entender cabível, ou a que for tipificada neste Estatuto para determinados ilícitos. Na aplicação da sanção, a autoridade levará em conta os antecedentes do funcionário, as circunstâncias em que o ilícito ocorreu, a gravidade da infração e os danos que dela provierem para o serviço estatal de terceiros.

§5º - A legítima defesa e o estado de necessidade excluem a responsabilidade administrativa.

§6º - A alienação mental, comprovada através de perícia médica oficial excluirá, também, a responsabilidade administrativa, comunicando o sindicante ou a Comissão Permanente de Inquérito à autoridade competente o fato, a fim de que seja providenciada a aposentadoria do funcionário.

§7º - Considera-se legítima defesa o revide moderado e proporcional à agressão ou à iminência de agressão moral ou física, que atinja ou vise a atingir o funcionário, ou seus superiores hierárquicos ou colegas, ou o patrimônio da instituição administrativa a que servir.

§8º - Considera-se em estado de necessidade o funcionário que realiza atividade indispensável ao atendimento de uma urgência administrativa, inclusive para fins de preservação do patrimônio público.

§9º - O exercício da legítima defesa e de atividades em virtude do estado de necessidade não serão excludentes de responsabilidade administrativa quando houver excesso, imoderação ou desproporcionalidade, culposos ou dolosos, na conduta do funcionário.

Art. 180 - A apuração da responsabilidade do funcionário processar-se-á mesmo nos casos de alteração funcional, inclusive a perda do cargo.

Art. 181 - Extingue-se a responsabilidade administrativa:

I - com a morte do funcionário;

II - pela prescrição do direito de agir do Estado ou de suas entidades em matéria disciplinar.

Art. 182. O direito ao exercício do poder disciplinar prescreve passados 5 (cinco) anos da data em que o fato se tornou conhecido.

» *Redação dada pela Lei Estadual 17.507, de 27.05.2021*

§ 1º Para fins interpretativos, a abertura de sindicância ou a instauração de processo disciplinar são consideradas fatores interruptivos da prescrição, que volta a correr da decisão final proferida pela autoridade competente.

» *Acrescido pela Lei Estadual 17.507, de 27.05.2021*

§ 2º Suspensa a tramitação de sindicância ou de processo administrativo disciplinar por qualquer motivo imperioso devidamente justificado pela autoridade competente, inclusive em razão de incidente de insanidade mental, o curso da prescrição também se considerará suspenso, sendo retomado após o definitivo julgamento do incidente ou quando findo o impedimento que motivou a suspensão.

» *Acrescido pela Lei Estadual 17.507, de 27.05.2021*

§ 3º São imprescritíveis o ilícito de abandono de cargo e a respectiva sanção.

» *Redação dada pela Lei Estadual 17.507, de 27.05.2021*

Art. 183 - O inquérito administrativo para apuração da responsabilidade do funcionário produzirá, preliminarmente, os seguintes efeitos:

I - afastamento do funcionário indiciado de seu cargo ou função, nos casos de prisão preventiva ou prisão administrativa;

II - sobrestamento do processo de aposentadoria voluntária;

III - proibição do afastamento do exercício, salvo o caso do item I deste artigo;

IV - proibição de concessão de licença, ou o seu sobrestamento, salvo a concedida por motivo de saúde;

V - cessação da disposição, com retorno do funcionário ao seu órgão de origem.

Art. 184 - Assegurar-se-á ao funcionário, no procedimento disciplinar, ampla defesa, consistente, sobretudo:

» *Ver art. 5º, inciso LV, da Constituição Federal.*

I - no direito de prestar depoimento sobre a imputação que lhe é feita e sobre os fatos que a geraram;

II - no direito de apresentar razões preliminares e finais, por escrito, nos termos deste Estatuto;

III - no direito de ser defendido por advogado, de sua indicação, ou por defensor público, também ad- vogado, designado pela autoridade competente;

IV - no direito de arrolar e inquirir, reinquirir e contraditar testemunhas, e requerer acareações;

V - no direito de requerer todas as provas em direito permitidas, inclusive as de natureza pericial;

VI - no direito de arguir prescrição;

VII - no direito de levantar suspeições e arguir impedimentos.

Art. 185 - A defesa do funcionário no procedimento disciplinar, que é de natureza contraditória, é privativa de advogado, que a exercitará nos termos deste Estatuto e nos da legislação federal pertinente (Estatuto da Ordem dos Advogados do Brasil).

§ 1º - A autoridade competente designará defensor para o funcionário que, pobre na forma da lei, ou revel, não indicar advogado, podendo a indicação recair em advogado do Instituto de Previdência do Estado do Ceará (IPEC).

§2º - O funcionário poderá defender-se, pessoalmente, se tiver a qualidade de advogado.

Art. 186 - O funcionário público fica sujeito ao poder disciplinar desde a posse ou, se esta não for exi- gida, desde o seu ingresso no exercício funcional.

Art. 187 - Se no transcurso do procedimento disciplinar outro funcionário for indiciado, o sindicante ou a Comissão Permanente de Inquérito, conforme o caso, reabrirá os prazos de defesa para o novo indiciado.

Art. 188 - A inobservância de qualquer dos preceitos deste Capítulo relativos à forma do procedi- mento, à competência e ao direito de ampla defesa acarretará a nulidade do procedimento disciplinar.

Art. 189 - Aplica-se o disposto neste Título ao procedimento em que for indiciado aposentado ou funcionário em disponibilidade.

CAPÍTULO II
DOS DEVERES

Art. 190 - Os deveres do funcionário são gerais, quando fixados neste Estatuto e legislação complementar, e especiais, quando fixados tendo em vista as peculiaridades das atribuições funcionais.

Art. 191 - São deveres gerais do funcionário:

I - lealdade e respeito às instituições constitucionais e administrativas a que servir;

II - observância das normas constitucionais, legais e regulamentares;

III - obediência às ordens de seus superiores hierárquicos;

IV - continência de comportamento, tendo em vista o decoro funcional e social;

V - levar, por escrito, ao conhecimento da autoridade superior irregularidades administrativas de que tiver ciência em razão do cargo que ocupa, ou da função que exerça;

VI - assiduidade;

VII - pontualidade;

VIII - urbanidade;

IX - discrição;

X - guardar sigilo sobre a documentação e os assuntos de natureza reservada de que tenha conhecimento em razão do cargo que ocupa, ou da função que exerça;

XI - zelar pela economia e conservação do material que lhe for confiado;

XII - atender às notificações para depor ou realizar perícias ou vistorias, tendo em vista procedimentos disciplinares;

XIII - atender, nos prazos de lei ou regulamentares, as requisições para defesa da Fazenda Pública;

XIV - atender, nos prazos que lhe forem assinados por lei ou regulamento, os requerimentos de certidões para defesa de direitos e esclarecimentos de situações;

XV - providenciar para que esteja sempre em ordem, no assentamento individual, sua declaração de família;

XVI - atender, prontamente, e na medida de sua competência, os pedidos de informação do Poder Legislativo e às requisições do Poder Judiciário;

XVII - cumprir, na medida de sua competência, as decisões judiciais ou facilitar-lhes a execução.

Art. 192 - O funcionário deixará de cumprir ordem de autoridade superior quando:

I - a autoridade de quem emanar a ordem for incompetente;

II - não se contiver a ordem na área da competência do órgão a que servir o funcionário seu destinatário, ou não se referir a nenhuma das atribuições do servidor;

III - for a ordem expedida sem a forma exigida por lei;

IV - não tiver sido a ordem publicada, quando tal formalidade for essencial à sua validade;

V - não tiver a ordem como causa uma necessidade administrativa ou pública, ou visar a fins não estipulados na regra de competência da autoridade da qual promanou ou do funcionário a quem se dirige;

VI - a ordem configurar abuso ou excesso de poder ou de autoridade.

§ 1º - Em qualquer dos casos referidos neste artigo, o funcionário representará contra a ordem, fundamentadamente, à autoridade imediatamente superior a que ordenou.

§ 2º - Se se tratar de ordem emanada do Presidente da Assembleia Legislativa, do Chefe do Poder Executivo, do Presidente do Tribunal de Contas e do Presidente do Conselho de Contas dos Municípios, o funcionário justificará perante essas autoridades a escusa da obediência.

CAPÍTULO III
DAS PROIBIÇÕES

Art. 193 - Ao funcionário é proibido:

I - salvo as exceções constitucionais pertinentes, acumular cargos, funções e empregos públicos remunerados, inclusive nas entidades da Administração Indireta (autarquias, empresas públicas e sociedades de economia mista);

» *Ver art. 37 inciso XVI e XVII da Constituição Federal.*

II - referir-se de modo depreciativo às autoridades em qualquer ato funcional que praticar, ressalvado o direito de crítica doutrinária aos atos e fatos administrativos, inclusive em trabalho público e assinado;

III - retirar, modificar ou substituir qualquer documento oficial, com o fim de constituir direito ou obrigação, ou de alterar a verdade dos fatos, bem como apresentar documento falso com a mesma finalidade;

IV - valer-se do exercício funcional para lograr proveito ilícito para si, ou para outrem;

V - promover manifestação de desapreço ou fazer circular ou subscrever lista de donativos, no recinto do trabalho;

VI - coagir ou aliciar subordinados com objetivos político-partidários;

VII - participar de diretoria, gerência, administração, conselho técnico ou administrativo, de empresa ou sociedades mercantis;

VIII - pleitear, como procurador ou intermediário, junto aos órgãos e entidades estaduais, salvo quando se tratar de percepção de vencimentos, proventos ou vantagens de parente consanguíneo ou afim, até o segundo grau civil;

IX - praticar a usura;

X - receber propinas, vantagens ou comissões pela prática de atos de ofício;

XI - revelar fato de natureza sigilosa, de que tenha ciência em razão do cargo ou função, salvo quando se tratar de depoimento em processo judicial, policial ou administrativo;

XII - cometer a outrem, salvo os casos previstos em lei ou ato administrativo, o desempenho de sua atividade funcional;

XIII - entreter-se, nos locais e horas de trabalho, com atividades estranhas às relacionadas com as suas atribuições, causando prejuízos a estas;

XIV - deixar de comparecer ao trabalho sem causa justificada;

XV - ser comerciante;

XVI - contratar com o Estado, ou suas entidades, salvo os casos de prestação de serviços técnicos ou científicos, inclusive os de magistério em caráter eventual;

XVII - empregar bens do Estado e de suas entidades em serviço particular;

XVIII - atender pessoas estranhas ao serviço, no local de trabalho, para o trato de assuntos particulares;

XIX - retirar bens de órgãos ou entidades estaduais, salvo quando autorizado pelo superior hierárquico e desde que para atender a interesse público.

Parágrafo único - Excluem-se da proibição do item XVI os contratos de cláusulas uniformes e os de emprego, em geral, quando, no último caso, não configurarem acumulação ilícita.

Art. 194 - É ressalvado ao funcionário o direito de acumular cargo, funções e empregos remunerados, nos casos excepcionais da Constituição Federal.

§1º - Verificada, em inquérito administrativo, acumulação proibida e provada a boa-fé, o funcionário optará por um dos cargos, funções ou empregos, não ficando obrigado a restituir o que houver percebido durante o período da acumulação vedada.

§2º - Provada a má-fé, o funcionário perderá os cargos, funções ou empregos acumulados ilicitamente devolvendo ao Estado o que houver percebido no período da acumulação.

Art. 195 - O aposentado compulsoriamente ou por invalidez não poderá acumular seus proventos com a ocupação de cargo ou o exercício de função ou emprego público.

Parágrafo único - Não se compreendem na proibição de acumular nem estão sujeitos a quaisquer limites:

I - a percepção conjunta de pensões civis e militares;

II - a percepção de pensões com vencimento ou salário;

III - a percepção de pensões com vencimentos de disponibilidade e proventos de aposentadoria e reforma;

IV - a percepção de proventos, quando resultantes de cargos legalmente acumuláveis.

CAPÍTULO IV
DAS SANÇÕES DISCIPLINARES E SEUS EFEITOS

Art. 196 - As sanções aplicáveis ao funcionário são as seguintes:

I - repreensão;

II - suspensão;

III - multa;

IV - demissão;

V - cassação de disponibilidade;

VI - cassação de aposentadoria.

Art. 197 - Aplicar-se-á a repreensão, sempre por escrito, ao funcionário que, em caráter primário, a juízo da autoridade competente, cometer falta leve, não cominável, por este Estatuto, com outro tipo de sanção.

Art. 198 - Aplicar-se-á a suspensão, através de ato escrito, por prazo não superior a 90 (noventa) dias, nos casos de reincidência de falta leve, e nos de ilícito grave, salvo a expressa cominação, por lei, de outro tipo de sanção.

Parágrafo único - Por conveniência do serviço, a suspensão poderá ser convertida em multa, na base de 50% (cinquenta por cento) por dia de vencimento, obrigado, neste caso, o funcionário a permanecer em exercício.

Art. 199 - A demissão será obrigatoriamente aplicada nos seguintes casos:

I - crime contra a administração pública;

II - crime comum praticado em detrimento de dever inerente à função pública ou ao cargo público, quando de natureza grave, a critério da autoridade competente;

III - abandono de cargo;

IV - incontinência pública e escandalosa e prática de jogos proibidos;

V - insubordinação grave em serviço;

VI - ofensa física ou moral em serviço contra funcionário ou terceiros;

VII - aplicação irregular dos dinheiros públicos, que resultem em lesão para o Erário Estadual ou dilapidação do seu patrimônio;

VIII - quebra do dever de sigilo funcional;

IX - corrupção passiva, nos termos da lei penal;

X - falta de atendimento ao requisito do estágio probatório estabelecido no art. 27, § 1º, item III;

XI - desídia funcional;

XII - descumprimento de dever especial inerente a cargo em comissão.

§ 1° - Considera-se abandono de cargo a deliberada ausência ao serviço, sem justa causa, por trinta (30) dias consecutivos ou 60 (sessenta) dias, interpoladamente, durante 12 (doze) meses.

§ 2º - Entender-se-á por ausência ao serviço com justa causa não só a autorizada por lei, regulamento ou outro ato administrativo, como a que assim for considerada após comprovação em inquérito ou justificação administrativa, esta última requerida ao superior hierárquico pelo funcionário interessado, valendo a justificação, nos termos deste parágrafo, apenas para fins disciplinares.

Art. 200 - Tendo em vista a gravidade do ilícito, a demissão poderá ser aplicada com a nota "a bem do serviço público", a qual constará sempre nos casos de demissão referidos nos itens I e VII do artigo 199.

Parágrafo único - Salvo reabilitação obtida em processo disciplinar de revisão, o funcionário demitido com a nota a que se refere este artigo não poderá reingressar nos quadros funcionais do Estado ou de suas entidades, a qualquer título.

Art. 201 - Ao ato que cominar sanção, precederá sempre procedimento disciplinar, assegurada ao funcionário indiciado ampla defesa, nos termos deste Estatuto, pena de nulidade da cominação imposta.

» *Ver art. 5º, inciso LV da Constituição Federal.*

Parágrafo único - As sanções referidas nos itens II e VI do artigo 196 serão cominadas por escrito e fundamentalmente, pena de nulidade.

Art. 202 - São competentes para aplicação das sanções disciplinares:

I - os Chefes dos Poderes Legislativo e Executivo, em qualquer caso, e privativamente, nos casos de demissão e cassação de aposentadoria ou disponibilidade, salvo se se tratar de punição de funcionário autárquico;

II - os dirigentes superiores das autarquias, em qualquer caso, e, privativamente, nos casos de demissão e cassação, da aposentadoria ou disponibilidade;

III - os Secretários de Estado e demais dirigentes de órgãos subordinados ou auxiliares, em todos os casos, salvo os referidos nos itens I e II;

IV - os chefes de unidades administrativas em geral, nos casos de repreensão, suspensão até 30 (trinta) dias e multa correspondente.

Art. 203 - Além da pena judicial que couber, serão considerados como de suspensão os dias em que o funcionário, notificado deixar de atender à convocação para prestação de serviços estatais compulsórios, salvo motivo justificado.

Art. 204 - Será cassada a aposentadoria ou disponibilidade se ficar provado, em inquérito administrativo, que o aposentado ou disponível:

I - praticou, quando no exercício funcional, ilícito punível com demissão;

II - aceitou cargo ou função que, legalmente, não poderia ocupar, ou exercer, provada a má-fé;

III - não assumiu o disponível, no prazo legal, o lugar funcional em que foi aproveitado, salvo motivo de força maior;

IV - perdeu a nacionalidade brasileira.

Parágrafo único - A cassação da aposentadoria ou disponibilidade extingue o vínculo do aposentado ou do disponível com o Estado ou suas entidades autárquicas.

Art. 205 - A suspensão preventiva será ordenada pela autoridade que determinar a abertura do inquérito administrativo, se, no transcurso deste, a entender indispensável, nos termos do § 1º deste artigo.

§ 1º - A suspensão preventiva não ultrapassará o prazo de 90 (noventa) dias e somente será determinada quando o afastamento do funcionário for necessário, para que, como indiciado, não venha a influir na apuração de sua responsabilidade.

§ 2º - Suspenso preventivamente, o funcionário terá, entretanto, direito:

I - a computar o tempo de serviço relativo ao período de suspensão para todos os efeitos legais;

II - a computar o tempo de serviço para todos os fins de lei, relativo ao período que ultrapassar o prazo da suspensão preventiva;

III - a perceber os vencimentos relativos ao período de suspensão, se reconhecida a sua inocência no inquérito administrativo;

IV - a perceber as gratificações por tempo de serviço já prestado e o salário-família.

Art. 206 - Os Chefes dos Poderes Legislativo, Executivo e Judiciário, os Presidentes do Tribunal de Contas e do Conselho de Contas dos Municípios, os Secretários de Estado e os dirigentes das Autarquias poderão ordenar a prisão administrativa do funcionário responsável direto pelos dinheiros e valores públicos, ou pelos bens que se encontrarem sob a guarda do Estado ou de suas Autarquias, no caso de alcance ou omissão no recolhimento ou na entrega a quem de direito nos prazos e na forma da lei.

§ 1º - Recolhida aos cofres públicos a importância desviada, a autoridade que ordenou a prisão revogará imediatamente o ato gerador da custódia.

§ 2º - A autoridade que ordenar a prisão, que não poderá ultrapassar a 90 (noventa) dias, comunicará imediatamente o fato à autoridade judiciária competente e providenciará a abertura e realização urgente do processo de tomada de contas.

Art. 207 - A prisão, a que se refere o artigo anterior, será cumprida em local especial.

Art. 208 - Aplica-se à prisão administrativa o disposto no § 2º do art. 205 deste Estatuto.

CAPÍTULO V
DA SINDICÂNCIA

Art. 209 - A sindicância é o procedimento sumário através do qual o Estado ou suas autarquias reúnem elementos informativos para determinar a verdade em torno de possíveis irregularidades que possam configurar, ou não, ilícitos administrativos, aberta pela autoridade de maior hierarquia, no órgão em que ocorreu a irregularidade, ressalvadas em qual- quer caso, permitida a delegação de competência:

I - do Governador, em qualquer caso;

II - dos Secretários de Estado, dos dirigentes autárquicos e dos Presidentes da Assembleia Legislativa, Tribunal de Contas e do Conselho de Contas dos Municípios, em suas respectivas áreas funcionais.

§ 1º - Abrir-se-á, também, sindicância para apuração das aptidões do funcionário, no estágio probatório, para fins de demissão ou exoneração, quando for o caso, assegurada ao indiciado ampla defesa, nos termos dos artigos estatutários que disciplinam o inquérito administrativo, reduzidos os prazos neles estabelecidos, à metade.

§ 2º - Aberta a sindicância, suspende-se a fluência do período do estágio probatório.

§ 3º - A sindicância será realizada por funcionário estável, designado pela autoridade que determinar a sua abertura.

§ 4º - A sindicância precede o inquérito administrativo, quando for o caso, sendo-lhe anexada como peça informativa e preliminar.

§ 5º - A sindicância será realizada no prazo máximo de 15 (quinze) dias, prorrogável por igual período, a pedido do sindicante, e a critério da autoridade que determinou a sua abertura.

§ 6º - Havendo ostensividade ou indícios fortes de autoria do ilícito administrativo, o sindicante indiciará o funcionário, abrindo-lhe o prazo de 3 (três) dias para defesa prévia. A seguir, com o seu relatório, encaminhará o processo de sindicância à autoridade que determinou a sua abertura.

§ 7º - O sindicante poderá ser assessorado por técnicos, de preferência pertencentes aos quadros funcionais, devendo todos os atos da sindicância serem reduzidos a termo por secretário designado pelo sindicante, dentre os funcionários do órgão a que pertencer.

§ 8º - Ultimada a sindicância, não apurada a responsabilidade administrativa, ou o descumprimento dos requisitos do estágio probatório, o processo será arquivado, fixada a responsabilidade funcional, a autoridade que determinou a sindicância encaminhará os respectivos autos para a Comissão Permanente de Inquérito Administrativo, que funcionará:

I - no Poder Executivo, na Governadoria, nas Secretarias de Estado, órgãos desconcentrados e nas autarquias;

II - no Poder Legislativo, na Diretoria Geral;

III - no Tribunal de Contas e no Conselho de Contas dos Municípios.

CAPÍTULO VI
DO INQUÉRITO ADMINISTRATIVO

Art. 210 - O inquérito administrativo é o procedimento através do qual os órgãos e as autarquias do Estado apuram a responsabilidade disciplinar do funcionário.

Parágrafo único - São competentes para instaurar o inquérito:

I - o Governador, em qualquer caso;

II - os Secretários de Estado, os dirigentes das Autarquias e os Presidentes da Assembleia Legislativa, do Tribunal de Contas e do Conselho de Contas dos Municípios, em suas áreas funcionais, permitida a delegação de competência.

Art. 211 - O inquérito administrativo será realizado por Comissões Permanentes, instituídas por atos do Governador, do Presidente da Assembleia Legislativa, do Presidente do Tribunal de Contas, do Presidente do Conselho de Contas dos Municípios, dos dirigentes das Autarquias e dos órgãos desconcentrados, permitida a delegação de poder, no caso do Governador, ao Secretário de Administração.

Art. 212 - As Comissões Permanentes de Inquérito Administrativo compor-se-ão de três membros, todos funcionários estáveis do Estado ou de suas autarquias, presidida pelo servidor que for designado pela autoridade competente, que colocará à disposição das Comissões o pessoal necessário ao desenvolvimento de seus trabalhos, inclusive os de secretário e assessoramento.

Art. 213 - Instaurado o inquérito administrativo, a autoridade encaminhará seu ato para a Comissão de Inquérito que for competente, tendo em vista o local da ocorrência da irregularidade verificada, ou a vinculação funcional do servidor a quem se pretende imputar a responsabilidade administrativa.

Art. 214 - Abertos os trabalhos do inquérito, o Presidente da Comissão mandará citar o funcionário acusado, para que, como indiciado, acompanhe, na forma do estabelecido neste Estatuto, todo o procedimento, requerendo o que for do interesse da defesa.

Parágrafo único - A citação será pessoal, mediante protocolo, devendo o servidor dele encarregado consignar, por escrito, a recusa do funcionário em recebê-la. Em caso de não ser encontrado o funcionário, estando ele em lugar incerto e não sabido, a citação far-se-á por edital, publicado no Diário Oficial do Estado, com prazo de 15 (quinze) dias, depois do que, não comparecendo o citado, ser-lhe-á designado defensor, nos termos do art. 184, item III e § 1º do art. 185.

Art. 215 - Citado, o indiciado poderá requerer suas provas no prazo de 5 (cinco) dias, podendo renovar o pedido, no curso do inquérito, se necessário para demonstração de fatos novos.

Art. 216 - A falta de notificação do indiciado ou de seu defensor, para todas as fases do inquérito, determinará a nulidade do procedimento.

Art. 217 - Encerrada a fase probatória, o indiciado será notificado para apresentar, por seu defensor, no prazo de 10 (dez) dias, suas razões finais de defesa.

Art. 218 - Apresentadas as razões finais de defesa, a Comissão encaminhará os autos do inquérito, com relatório circunstanciado e conclusivo, à autoridade competente para o seu julgamento.

Art. 219 - Sob pena de nulidade, as reuniões e as diligências realizadas pela Comissão de Inquérito serão consignadas em atas.

Art. 220 - Da decisão de autoridade julgadora cabe recurso no prazo de 10 (dez) dias, com efeito suspensivo, para a autoridade hierárquica imediata- mente superior, ou para a que for indicada em regulamento ou regimento.

Parágrafo único - Das decisões dos Secretários de Estado e do Presidente do Conselho de Contas dos Municípios caberá recurso, com efeito suspensivo, no prazo deste artigo, para o Governador. Das de- cisões do Presidente da Assembleia Legislativa e do Tribunal de Contas caberá recurso, com os efeitos deste parágrafo, para o Plenário da Assembleia e do Tribunal, respectivamente.

Art. 221 - O inquérito administrativo será concluí- do no prazo máximo de 90 (noventa) dias, podendo ser prorrogado por igual período, a pedido da Comissão, ou a requerimento do indiciado, dirigido à autoridade que determinou o procedimento.

Art. 222 - Em qualquer fase do inquérito será permitida a intervenção do indiciado, por si, ou por seu defensor.

Art. 223 - Havendo mais de um indiciado e diversidade de sanções caberá o julgamento à autoridade competente para imposição da sanção mais grave. Neste caso, os prazos assinados aos indiciados correrão em comum.

Art. 224 - O funcionário só poderá ser exonerado, estando respondendo a inquérito administrativo, depois de julgado este com a declaração de sua inocência.

Art. 225 - Recebidos os autos do inquérito, a autoridade julgadora proferirá sua decisão no prazo improrrogável de 20 (vinte) dias.

Art. 226 - Declarada a nulidade do inquérito, no todo ou em parte, por falta do cumprimento de formalidade essencial, inclusive o reconhecimento de direito de defesa, novo procedimento será aberto.

Art. 227 - No caso do artigo anterior e no de esgotamento do prazo para a conclusão do inquérito, o indiciado, se tiver sido afastado de seu cargo, retornará ao seu exercício funcional.

CAPÍTULO VII
DA REVISÃO

Art. 228 - A qualquer tempo poderá ser requerida a revisão do procedimento administrativo de que resultou sanção disciplinar, quando se aduzam fatos ou circunstâncias que possam justificar a inocência do requerente, mencionados ou não no procedimento original.

Parágrafo único - Tratando-se de funcionário falecido ou desaparecido, a revisão poderá ser requerida pelo cônjuge, companheiro, descendente, ascendente colateral consanguíneo até o 2º grau civil.

Art. 229 - Processar-se-á a revisão em apenso ao processo original.

Parágrafo único - Não constitui fundamento para a revisão a simples alegação de injustiça da sanção.

Art. 230 - O requerimento devidamente instruído será dirigido à autoridade que aplicou a sanção, ou àquela que a tiver confirmado, em grau de recurso.

Parágrafo único - Para processar a revisão, a autoridade que receber o requerimento nomeará uma comissão composta de três funcionários efetivos, de categoria igual ou superior à do requerente.

Art. 231 - Na inicial, o requerente pedirá dia e hora para inquirição das testemunhas que arrolar.

Parágrafo único - Será considerada informante a testemunha que, residindo fora da sede onde funcionar a comissão, prestar depoimento por escrito.

Art. 232 - Concluído o encargo da comissão, no prazo de 60 (sessenta) dias, prorrogável por trinta

(30) dias, nos casos de força maior, será o processo, com o respectivo relatório, encaminhado à autoridade competente para o julgamento.

Parágrafo único - O prazo para julgamento será de 20 (vinte) dias, prorrogável por igual período, no caso de serem determinadas novas diligências.

Art. 233 - Das decisões proferidas em procedimento de revisão cabe recurso, na forma do art. 220.

TÍTULO VII
DAS DISPOSIÇÕES FINAIS

CAPÍTULO ÚNICO
DAS DISPOSIÇÕES GERAIS E TRANSITÓRIAS

Art. 234 - O órgão central do sistema de pessoal do Poder Executivo e os assemelhados do Poder Legislativo e entidades autárquicas fornecerão ao funcionário cartão de identidade, dele devendo constar o retrato, a impressão digital, a filiação, a data de nascimento e a qualificação funcional do identificado.

Parágrafo único - Será recolhido o cartão do funcionário que for exonerado, demitido ou aposentado.

Art. 235 - Salvo disposição expressa em contrário, os prazos previstos neste Estatuto somente correrão nos dias úteis, excluindo-se o dia inicial.

Art. 236 - Nos dias úteis, só por determinação dos Chefes dos Poderes Executivo e Legislativo poderão deixar de funcionar os órgãos e entidades estaduais.

Art. 237 - É assegurado aos funcionários o direito de se agruparem em associação de classe, sem caráter sindical ou político-partidário.

Parágrafo único - Essas Associações, que deverão ter personalidade jurídica de direito privado, representarão os que integrarem o seu quadro social perante as autoridades administrativas, em matéria de interesse da coletividade funcional.

Art. 238 - O dia 28 de outubro será consagrado ao funcionário público estadual e comemorado, oficialmente, na forma do que for disposto em Regulamento.

Art. 239 - Ressalvadas as exceções constantes de disposição expressa em lei, bem como os casos de acumulação lícita, o funcionário não poderá receber, mensalmente, importância total superior a noventa por cento da percebida pelos Secretários de Estado.

O art. 239 teve sua redação alterada pelo art. 25 da Lei nº 10.416, de 8.9.1980

§ 1º - Ficam excluídas do limite deste artigo:

I - a gratificação representação;

II - salário-família;

III - progressão horizontal;

IV - diárias e ajuda de custo;

V - gratificação pela participação em órgão de deliberação coletiva;

VI - gratificação de exercício;

VII - gratificação por prestação de serviço extraordinário.

§ 2º - O funcionário não perceberá, a qualquer título, importância mensal superior à recebida pelo Governador do Estado, não se computando, entretanto, no cálculo, diárias, ajudas de custo, gratificação por serviço ou estudo fora do Estado e a progressão horizontal.

Art. 240 - É vedado pôr o funcionário à disposição de entidade de direito privado, estranha no Sistema Administrativo, salvo em caso de convênio, ou para exercer função considerada pelo sistema de relevante interesse social.

Art. 241 - São isentos de qualquer tributo ou emolumentos os requerimentos, certidões e outros papéis que interessem ao funcionário público ou a aposentado, nessas qualidades.

Art. 242 - Nenhum tributo estadual incidirá sobre os vencimentos, proventos ou qualquer vantagem do funcionário ou do aposentado, nem sobre os atos ou títulos referentes à sua vida funcional.

Art. 243 - As normas do regime disciplinar previstas neste Estatuto, salvo as de natureza adjetiva, não se aplicam aos casos pendentes.

Art. 244 - O afastamento do funcionário ocupante de cargo de chefia, direção, fiscalização ou arrecadação, para disputar mandato eletivo, dar-se-á nos termos da legislação eleitoral pertinente.

Parágrafo único - Durante o afastamento de que trata este artigo o funcionário não perceberá os vencimentos ou vantagens do cargo que momentaneamente detinha ou de que for ocupante efetivo, exceto o salário-família, considerando-se o afastamento como autorização para o trato de interesses particulares.

Art. 245 - Ao ex-combatente da Força do Exército, da Expedicionária Brasileira, da Força Aérea Brasileira, da Marinha de Guerra e da Marinha Mercante do Brasil, que tenha participado efetivamente de operações bélicas na segunda Guerra Mundial, e cuja situação se encontra definida na Lei Federal nº 5.315, de 12 de setembro de 1967, são assegurados os seguintes direitos:

I - estabilidade, se funcionário público;

II - aproveitamento no serviço público, sem a exigência do disposto no art. 106, § 1º da Constituição do Estado;

III - aposentadoria com proventos integrais aos 25 (vinte e cinco) anos de serviço efetivo, se funcionário público da Administração direta ou autárquica;

IV - benefício do Instituto de Previdência;

V - promoção após interstício legal, e se houver vaga;

VI - assistência médica, hospitalar e educacional, se carente de recurso.

Art. 246 - As atuais funções gratificadas passam à categoria de cargos em comissão, convertendo-se automaticamente os valores das gratificações em gratificações de representação, mantida a simbologia vigente até definição regulamentar.

Art. 247 - Aplica-se o regime desta lei aos estabilizados nos termos do § 2º do Art. 177 da Constituição Federal de 1967, com a redação dada pelo art. 194 da Emenda Constitucional nº 1, de 17 de outubro de 1969, desde que sujeitos ao regime do Estatuto anterior, quando da aquisição da estabilidade.

Parágrafo único - Com a estabilidade, as funções de caráter eventual dos servidores em geral passam a ser de natureza permanente, caracterizando-se como cargo, devendo como tal, serem consideradas, para todos os efeitos.

Art. 248 - O funcionário que esteja com o seu vínculo funcional suspenso, ou no gozo de licença, poderá ser, a qualquer tempo, citado para se defender em procedimento disciplinar, ou notificado para nele prestar depoimento, ou realizar ou se submeter a provas de natureza pericial, salvo manifesta impossibilidade por motivo de doença, justificada perante o sindicante ou Comissão Permanente de Inquérito.

Art. 249 - São considerados concursos públicos, gerando todos os efeitos que lhe são atinentes, os exames de provas de habilitação ou seleção realizados para a admissão de candidatos a funções das extintas TNM e que se revestiram das características essenciais dos concursos públicos, consideradas, como tais, a acessibilidade a todos os brasileiros, o caráter competitivo e eliminatório e ampla divulgação.

Parágrafo único - A declaração de equivalência será feita pelo órgão central do sistema de pessoal, mediante provocação do interessado.

Art. 250 - Reduzida a capacidade do funcionário para o exercício das atribuições do cargo que ocupa, comprovada através de perícia médica oficial, será ele readaptado, mediante transferência, em cargo de atribuições compatíveis com o seu novo estado psíquico ou somático.

Parágrafo único - A readaptação obedecerá ao disposto nos arts. 50 e 51 deste Estatuto.

Art. 251 – É permitida a consignação facultativa em folha de pagamento inerente à remuneração, subsídios, proventos.

» *Redação dada pela Lei nº 13.369, de 22.9.2003*

§ 1º - A soma das consignações facultativas não excederá de 40% (quarenta por cento) da remuneração, subsídios e proventos, deduzidas as consignações obrigatórias.

» *Redação dada pela Lei nº 13.369, de 22.9.2003*

§ 2º - Serão computados, para efeito do cálculo previsto neste artigo, o vencimento-base, as vantagens fixas e as de caráter pessoal.

» *Redação dada pela Lei nº 13.369, de 22.9.2003*

§ 3º - Não se aplica o disposto neste artigo aos ocupantes exclusivamente de cargo de provimento em comissão, bem como aos contratados por tempo determinado, de que trata o inciso XIV do art. 154 da Constituição do Estado do Ceará.

» *Redação dada pela Lei nº 13.369, de 22.9.2003*

Art. 252 - A partir de 1º. de janeiro de 1974, todas as gratificações adicionais por tempo de serviço percebidas pelos funcionários deverão ser convertidas na progressão horizontal prevista no Capítulo X, Seção I, do Titulo II, deste Estatuto.

Art. 253 - O Estado, na forma que dispuser Decreto do Governador do Estado, poderá assegurar bolsa de estudo ao funcionário, como incentivo à sua profissionalização, em cursos não regulares de formação, treinamento, aperfeiçoamento e de especialização profissionais, mantidos por entidades oficiais ou particulares, de reconhecida e notória idoneidade.

Parágrafo único - O Decreto a que se refere este artigo poderá dispor sobre a concessão de bolsas de estudo para funcionários em cursos de extensão universitária e de pós-graduação.

Art. 254 – A carga horária de trabalho de trinta (30) horas semanais, a que estão obrigados os servidores públicos do Sistema Administrativo Estadual, será prestada, em período e tempo corrido das segundas às sextas-feiras.

Parágrafo único – Os servidores que ocupam cargo de magistrado, procurador, assessor jurídico, professor, médico, engenheiro, agrônomo, servidores públicos estatutários e demais atividades assemelhadas, bem como os que exercem cargo em comissão terão seus regimes de trabalho definidos em regulamento próprio.

» *O art. 254 teve sua redação alterada pela Lei nº 10.647, de 13.5.1982*

Art. 255 - Continuam em vigor as Leis e Regulamentos que disciplinam os institutos previstos neste Estatuto, desde que com ele não colidam, até que novas normas sejam expedidas.

Art. 256 - Os Poderes Legislativo e Executivo, no âmbito de suas respectivas competências, expedirão os atos necessários a complementação e explicitação deste Estatuto.

Art. 257 - Aplicam-se as disposições deste Estatuto subsidiariamente, no que couber, ao Magistério Estadual em todos os graus de ensino, ao pessoal da Polícia Civil de carreira e aos funcionários administrativos do Poder Judiciário.

Art. 258 - Esta lei entrará em vigor a 1º de janeiro 1974, ficando revogadas todas as disposições legais ou regulamentares que, implícita ou explicitamente, colidam com este Estatuto, especialmente a Lei nº 4.196, de 5 de setembro de 1958; a Lei nº 4.658, de 19 de novembro de 1959; a Lei nº 7.999, de 11 de maio de 1965; a Lei nº 8.384, de 10 de janeiro de 1966; a Lei nº 9.226, de 27 de novembro de 1968; a Lei nº 9.260, de 12 de dezembro de 1968, no que diz respeito ao funcionário autárquico; a Lei nº 9.381, de 27 de julho de 1970; a Lei nº 9.443, de 9 de março de 1971 e a Lei nº 9.496, de 19 julho de 1971.

PALÁCIO DO GOVERNO DO ESTADO DO CEARÁ, em Fortaleza, 14 de maio de 1974.

LEI COMPLEMENTAR ESTADUAL Nº 58, DE 31 DE MARÇO DE 2006

- LEI ORGÂNICA DA PROCURADORIA-GERAL DO ESTADO DO CEARÁ

ATUALIZADA ATÉ LEI COMPLEMENTAR Nº 254, DE 25-08-2021

ÍNDICE

TÍTULO I
DISPOSIÇÕES PRELIMINARES

Art. 1º Esta Lei Complementar, nos termos do § 2.º do art. 150 da Constituição do Estado do Ceará, dispõe sobre a competência, a estrutura e a organização da Procuradoria-Geral do Estado, bem como sobre o regime jurídico dos Procuradores do Estado.

Art. 2º A Procuradoria-Geral do Estado, em sua atuação institucional, deve obedecer, dentre outros, aos princípios da legalidade, da moralidade, da publicidade, da impessoalidade, da eficiência, da motivação, da proporcionalidade, do contraditório, da ampla defesa e do interesse público.

Art. 3º A Procuradoria-Geral do Estado tem nível hierárquico de Secretaria de Estado, subordinando-se diretamente ao Chefe do Poder Executivo, integrando a Governadoria.

TÍTULO II
DA COMPETÊNCIA, DA ESTRUTURA E DA ORGANIZAÇÃO DA PROCURADORIA-GERAL DO ESTADO

CAPÍTULO I
DA COMPETÊNCIA

Art. 4º A Procuradoria-Geral do Estado é instituição permanente, essencial ao exercício das funções administrativa e jurisdicional do Estado, responsável pela defesa dos interesses deste em juízo e fora dele, assim como pelas atividades de representação jurídica, judicial e extrajudicial, e de consultoria jurídica do ente federado.

Parágrafo único. São membros da Procuradoria-Geral do Estado: o Procurador-Geral do Estado, os Procuradores-Gerais Adjuntos, o Procurador Executivo e os integrantes da carreira de Procurador do Estado. (Nova redação dada pela Lei Complementar n.º 95, de 27.01.11)

Art. 5º Compete à Procuradoria-Geral do Estado:

I - representar privativamente o Estado, nos âmbitos judicial e extrajudicial, defendendo seus interesses, bens e serviços, nas ações em que este for autor, réu, terceiro interveniente ou tiver interesse na causa;

II - exercer as funções de consultoria e assessoramento jurídico do Estado;

III - inscrever e controlar a dívida ativa, tributária ou não, do Estado;

IV - promover, privativamente, a cobrança extrajudicial e judicial da dívida ativa, tributária ou não, da Fazenda Pública Estadual, funcionando em todos os processos em que haja interesse fiscal do Estado;

V - representar o Estado junto ao Contencioso Administrativo Tributário, ao Tribunal de Contas do Estado e ao Tribunal de Contas dos Municípios;

VI - elaborar minutas de informações a serem prestadas ao Poder Judiciário em mandados de segurança, mandados de injunção e habeas data nos quais o Governador, o Vice-governador, os Secretários de Estado e as demais autoridades da administração direta forem apontados como coatores, produzindo as defesas dos procedimentos adotados pelos agentes, e órgãos da Administração Estadual, salvo na hipótese de manifesta ilegalidade ou ilegitimidade por desvio de finalidade;

VII - elaborar minutas de informações a serem prestadas ao Poder Judiciário e petições iniciais em ações diretas de inconstitucionalidade, representações de inconstitucionalidade e argüições de descumprimento de preceito fundamental nas quais se questionem normas e outros atos do poder público;

VIII - impetrar mandados de segurança em que o promovente seja o Estado do Ceará, bem como atuar e adotar medidas judiciais, inclusive habeas corpus, e extrajudiciais em defesa de autoridades e servidores públicos estaduais, quando injustamente coagidos ou ameaçados em razão do regular exercício de suas funções, ainda que não mais as exerçam, sempre que tais atuações e medidas forem consideradas de interesse do Estado, como salvaguarda da própria autoridade do poder público e da dignidade das funções exercidas pelos agentes públicos estaduais;

IX - representar ao Governador do Estado sobre providências de ordem jurídica que lhe pareçam reclamadas pelo interesse público, para aplicação da Constituição Federal, da Constituição Estadual e das leis vigentes;

X - propor ao Governador do Estado e às demais autoridades estaduais a adoção das medidas consideradas necessárias à uniformização da legislação e da jurisprudência administrativa;

XI - conduzir processos administrativo-disciplinares em que se atribua a prática de ilícitos administrativos a servidores da Administração direta e fundacional, inclusive da Polícia Civil;

XI - conduzir processos administrativo-disciplinares em que se atribua a prática de ilícitos administrativos a servidores da Administração direta e fundacional, inclusive da Polícia Civil, ressalvada a competência da Controladoria-Geral de Disciplina dos Órgãos de Segurança Pública e Sistema Penitenciário do Estado do Ceará; (Nova redação dada pela Lei Complementar n.º 134, de 07.04.14)

XII - requisitar aos dirigentes de órgãos e entidades da Administração Estadual certidões, cópias, exames, informações, diligências e esclarecimentos necessários ao cumprimento de suas finalidades institucionais, devendo as respectivas autoridades prestar imediato auxílio e atender às requisições em prazo razoável, ou naquele indicado na requisição, quando alegada urgência;

XIII - fiscalizar a legalidade dos atos administrativos de quaisquer dos Poderes estaduais, recomendando, quando for o caso, a decretação de sua nulidade ou a sua anulação, e promovendo, se necessário, as ações judiciais cabíveis;

XIV - ajuizar, com autorização do Procurador-Geral do Estado, ações de improbidade administrativa em face de agentes públicos estaduais, quando for o caso, nos termos da legislação federal pertinente;

XV - celebrar convênios, com órgãos públicos e entidades públicas ou privadas, que tenham por objeto a troca de informações e o exercício de atividades de interesse comum, bem como o aperfeiçoamento e a especialização dos Procuradores do Estado e dos servidores da Procuradoria-Geral do Estado e da Administração Estadual;

XVI - manter estágio para estudantes de cursos correlatos às atividades-meio e às atividades-fim da Procuradoria-Geral do Estado, conforme disposto em Regulamento;

XVII - propor ao Governador do Estado medidas de caráter jurídico que visem proteger o patrimônio público e aperfeiçoar as práticas administrativas estaduais;

XVIII - representar e assessorar o Governador do Estado nas ações diretas de inconstitucionalidade e nas representações de inconstitucionalidade de autoria deste;

XIX - ajuizar ações civis públicas em que seja promovente o Estado do Ceará, visando à proteção do meio ambiente e do patrimônio histórico, artístico-cultural, turístico, urbanístico e paisagístico estaduais;

XX - coordenar, orientar e supervisionar as atividades de representação judicial e de consultoria jurídica das entidades da Administração indireta;

XXI - desenvolver atividades de relevante interesse estadual, das quais especificamente a encarregue o Governador do Estado;

XXII - atuar em ações judiciais movidas em face do Governador do Estado, promovendo-lhe a defesa quanto a atos relacionados à gestão e praticados no exercício de suas atribuições constitucionais, legais ou regulamentares, podendo, ainda, quanto a esses atos, e também no interesse público do Estado, impetrar habeas corpus, mandado de segurança e promover ação penal privada ou representação perante o Ministério Público, quando vítima de crime; (redação dada pela Lei Complementar n.º 199, de 10.05.19)

XXIII - exercer outras funções que se lhe sejam atribuídas por lei complementar. (acrescido pela Lei Complementar n.º 199, de 10.05.19)

Parágrafo único. Os pronunciamentos da Procuradoria-Geral do Estado, nos processos sujeitos a seu exame e parecer, esgotam a apreciação da matéria no âmbito da Administração Pública Estadual, deles só podendo discordar o Governador.

CAPÍTULO II
DA ESTRUTURA

Art. 6º A Procuradoria-Geral do Estado tem autonomia administrativa e financeira, com dotação orçamentária própria, apresentando a seguinte estrutura organizacional:

I – DIREÇÃO SUPERIOR

1. Procurador-Geral;

2. Conselho Superior da Procuradoria-Geral do Estado;

II - GERÊNCIA SUPERIOR

1. Procuradores-Gerais Adjuntos;

2. Procurador Executivo;

III – ÓRGÃOS DE ASSESSORAMENTO

1. Gabinete do Procurador-Geral;

1.1. Assessoria de Comunicação e Relações Públicas;

1.2. Ouvidoria;

1.3. Assessoria de Desenvolvimento Institucional;

1.4. Assessoria de Acompanhamento de Publicações de Intimações e Notificações;

1.5. Assessoria Legislativa;

1.6. Assessoria de Controle de Mandados Judiciais;

2. Assessoria de Análise, Elaboração e Revisão de Cálculos Judiciais e Extrajudiciais;

3. Corregedoria;

IV – ÓRGÃOS DE EXECUÇÃO PROGRAMÁTICA

4. Procuradoria Judicial;

5. Procuradoria Fiscal;

5.1. Núcleo de Pesquisa, Investigação e Avaliação de Bens;

6. Consultoria-Geral;

7. Procuradoria de Processo Administrativo-Disciplinar;

8. Procuradoria do Patrimônio e do Meio-Ambiente;

8.1. Comissão Central de Desapropriação e Perícia;

9. Procuradoria da Administração Indireta e de Políticas Públicas;

10. Procuradoria da Dívida Ativa;

10.1. Célula da Dívida Ativa;

11. Procuradoria de Licitações, Contratos Administrativos e Controle Externo;

12. Procuradorias Regionais;

13. Representação da Procuradoria-Geral no Distrito Federal;

14. Central de Licitações;

14.1. Comissão Central de Concorrências;

14.2. Comissões Especiais de Licitações;

14.3. Equipes de Pregoeiros e Membros de Apoio;

V – ÓRGÃOS DE EXECUÇÃO INSTRUMENTAL

15. Centro de Estudos e Treinamento;

15.1. Célula da Biblioteca;

15.2. Escola Superior de Formação Jurídica;

16. Coordenadoria Administrativo-Financeira;

16.1. Célula Financeira;

16.2. Célula de Recursos Humanos;

16.3. Célula Administrativa;

16.4. Célula de Contratos e Controle dos Serviços Terceirizados;

17. Coordenadoria de Tecnologia da Informação, Inovação e Governança;

17.1. Célula de Sistemas, Processos, Orçamentos, Aquisições, Contratos, Projetos, Resultados e Informações de TI;

17.2. Célula de Qualidade, Segurança, Infraestrutura e Suporte de TI. (Nova redação dada pela Lei Complementar n.º 134, de 07.04.14)

CAPÍTULO III
DA ORGANIZAÇÃO

SEÇÃO I
DOS ÓRGÃOS DE DIREÇÃO E GERÊNCIA SUPERIOR

SUBSEÇÃO I
DO PROCURADOR-GERAL

Art. 7° A Procuradoria-Geral do Estado tem por chefe o Procurador-Geral do Estado, de livre nomeação pelo Governador do Estado, dentre advogados com pelo menos 10 (dez) anos de atividade profissional e 30 (trinta) anos de idade, de notável saber jurídico e reputação ilibada. (Nova redação dada pela Lei Complementar n.º 95, de 27.01.11)

§ 1º O Procurador-Geral do Estado, o mais elevado órgão de direção e assessoramento jurídico do Estado, é Secretário de Estado, submetido à direta, pessoal e imediata supervisão do Governador.

§ 2° O Procurador-Geral do Estado, nos casos de vacância do cargo, ausência, impedimento ou suspeição, será substituído por um dos Procuradores-Gerais Adjuntos, designado, na primeira hipótese, por ato do Governador do Estado e, nas demais, por portaria do Procurador-Geral do Estado. (Nova redação dada pela Lei Complementar n.º 95, de 27.01.11)

Art. 8º Compete ao Procurador-Geral do Estado:

I - superintender os serviços jurídicos e administrativos da Procuradoria-Geral do Estado, exercendo, inclusive, o juízo de valor acerca da conveniência e oportunidade de atuação da Procuradoria-Geral, nos casos previstos nesta Lei Complementar;

II - representar o Estado em qualquer Juízo ou instância, de caráter civil, penal, fiscal, trabalhista, falimentar ou especial, nas ações em que o mesmo seja parte como autor, réu ou terceiro interveniente;

III - receber pessoalmente, quando não delegar tal atribuição ao Procurador-Geral Adjunto, ou, de modo expresso, a Procurador do Estado, as citações relativas a quaisquer ações ajuizadas contra o Estado ou em que o mesmo seja parte interessada;

IV - autorizar a propositura de ação judicial pelo Estado, bem como a denunciação da lide por parte do Estado, e, ainda, desistir de recursos, dispensar a interposição de recursos, renunciar a prazos, entre eles os recursais, dispensar a apresentação de contestação e embargos à execução, bem como o comparecimento a audiência e a prática de outros atos processuais;

V - desistir, firmar compromissos ou acordos e, ainda, confessar, nas ações de interesse do Estado, as duas últimas hipóteses quando autorizado pelo Governador do Estado;

VI - representar o Estado do Ceará junto aos Contenciosos Administrativo-Tributários, aos Tribunais de Contas e ao Ministério Público, pessoalmente ou através de Procurador do Estado que designar; (Nova redação dada pela Lei Complementar n.º 134, de 07.04.14)

VII - minutar, pessoalmente ou por Procurador do Estado que designar, informações em mandados de segurança, mandados de injunção ou habeas data nos quais o Governador, o Vice-Governador, os Secretários de Estado e as demais autoridades da Administração direta forem apontados como coatores, bem como impetrar habeas corpus em favor dessas autoridades, quando ameaçadas ou coagidas em razão do regular exercício de suas atribuições, ainda que não mais as exerçam, sempre que tais atuações e medidas forem consideradas de interesse do Estado, como salvaguarda da própria autoridade do poder público e da dignidade das funções exercidas pelos agentes públicos estaduais;

VIII - sugerir ao Governador do Estado a propositura de ação direta de inconstitucionalidade e de representação por inconstitucionalidade;

XI – conceder férias, autorizar afastamentos, organizar e regulamentar os serviços administrativos, expedir instruções e provimentos para os Procuradores e servidores da Procuradoria-Geral, sobre o exercício das respectivas funções; (Nova redação dada pela Lei Complementar n.º 134, de 07.04.14)

X – delegar atribuições de sua competência aos Procuradores-Gerais Adjuntos, ao Procurador Executivo e aos Procuradores do Estado; (Nova redação dada pela Lei Complementar n.º 95, de 27.01.11)

XI - expedir instruções e provimentos para os Procuradores e servidores da Procuradoria-Geral, sobre o exercício das respectivas funções;

XII - propor ao Governador do Estado a decretação de nulidade ou a anulação de atos administrativos que considere inconstitucionais ou ilegais;

XIII - submeter a despacho do Governador do Estado o expediente que depender de decisão deste;

XIV - designar os órgãos da Procuradoria-Geral do Estado em que devem ter exercício os Procuradores do Estado e os servidores da Procuradoria;

XV - apresentar anualmente ao Governador do Estado relatório das atividades da Procuradoria-Geral;

XVI - requisitar, com atendimento prioritário, aos Secretários de Estado e dirigentes de órgãos e entidades da Administração direta e indireta, exames, diligências ou esclarecimentos necessários ao exercício de suas atribuições;

XVII - ajuizar as ações civis competentes, nos casos de crimes praticados em detrimento de interesses, bens e serviços da Administração direta;

XVIII - avocar processo administrativo, para a emissão de despacho ou parecer, ou processo judicial, para patrocínio direto, inclusive os de mandado de segurança, mandado de injunção, habeas corpus e habeas data;

XIX - reunir, quando julgar conveniente, sob a sua presidência, o Procurador-Geral Adjunto, o Procurador Executivo e os Procuradores do Estado, para exame e debate de matéria considerada de alta relevância jurídica; (Nova redação dada pela Lei Complementar n.º 134, de 07.04.14)

XX - exercer a atividade correicional da Procuradoria-Geral do Estado, diretamente ou por meio dos Procuradores do Estado que designar;

XXI - (Revogado pela Lei Complementar n.º 134, de 07.04.14)

XXII - exercer a direção superior, coordenar, orientar e supervisionar, diretamente ou através da Procuradoria da Administração Indireta, as atividades de representação judicial e de consultoria jurídica das entidades da Administração indireta, inclusive das procuradorias autárquicas e fundacionais;

XXIII – designar preposto para comparecimento nas audiências de reclamações trabalhistas em que o Estado do Ceará seja parte ou terceiro interessado, o qual, na eventual ausência do Procurador do Estado, prestará as informações sobre os fatos objeto da reclamação.

XXIV – exercer outras atribuições inerentes às funções de seu cargo. (Nova redação dada pela Lei n.º 189, de 2.6.12.18)

Parágrafo único. ~~O Procurador-Geral do Estado terá à sua disposição um Assessor Técnico, símbolo DAS-1, de livre nomeação pelo Governador do Estado, com atribuições previstas em Regulamento.~~ (Revogado pela Lei Complementar n.º 134, de 07.04.14)

SUBSEÇÃO II
DOS PROCURADORES EXECUTIVOS

Art. 9º Os Procuradores Executivos são de livre nomeação pelo Governador do Estado dentre Procuradores do Estado com pelo menos 10 (dez) anos na respectiva carreira.

Parágrafo único. Nos casos de vacância do cargo, ausência, impedimento ou suspeição, o substituto será designado pelo Procurador-Geral do Estado dentre os demais Procuradores Executivos.

Art. 10. Compete ao Procurador-Geral Executivo de Consultoria e Contencioso Tributário: (redação dada pela Lei Complementar n.º 193, de 02.04.19)

I - coordenar as atividades da Procuradoria Fiscal e da Procuradoria da Dívida Ativa;

II - assessorar o Procurador-Geral do Estado em assuntos técnico-jurídicos referentes aos assuntos de ordem tributária;

III - assessorar o Procurador-Geral e emitir pareceres em matéria de relevante interesse, ainda que não delimitada a aspectos tributários, facultando-se a remessa dos processos respectivos diretamente ao Gabinete do Procurador-Geral para análise, mediante ato do Procurador-Geral do Estado;

IV - receber as citações dirigidas ao Estado e exercer outras atribuições que lhe sejam delegadas pelo Procurador-Geral do Estado;

V - atuar, por delegação do Procurador-Geral do Estado, no planejamento e na gestão interna da Procuradoria-Geral do Estado.

Art. 10-A. Compete ao Procurador-Geral Executivo de Contencioso Geral e Administrativo: (redação dada pela Lei Complementar n.º 193, de 02.04.19)

I - coordenar as atividades da Procuradoria Judicial, da Procuradoria da Administração Indireta e de Políticas Públicas, da Procuradoria de Processo Administrativo-Disciplinar, da Procuradoria do Meio Ambiente e Patrimônio e da Procuradoria de Licitações, Contratos Administrativos e Controle Externo;

II - assessorar o Procurador-Geral do Estado em assuntos técnico-jurídicos não referentes aos assuntos de sua atribuição;

III - assessorar o Procurador-Geral do Estado e emitir pareceres em matéria de relevante interesse, facultando-se a remessa dos processos respectivos diretamente ao Gabinete do Procurador-Geral para análise, mediante ato do Procurador-Geral do Estado;

IV - receber as citações dirigidas ao Estado e exercer outras atribuições que lhe sejam delegadas pelo Procurador-Geral do Estado;

V – atuar, por delegação do Procurador-Geral do Estado, no planejamento e na gestão interna da Procuradoria-Geral do Estado.

Parágrafo único. (Revogado pela Lei Complementar n.º 134, de 07.04.14)

Art. 10-B. Compete ao Procurador-Geral Executivo Assistente: (redação dada pela Lei Complementar n.º 193, de 02.04.19)

I - coordenar as atividades da Consultoria-Geral;

II - elaborar pareceres, minutas de atos, leis e decretos, bem como realizar estudos, pesquisas e outras atividades de interesse da Procuradoria-Geral do Estado, conforme designação do Procurador-Geral do Estado;

III - assessorar o Procurador-Geral do Estado em assuntos técnico-jurídicos referentes à sua esfera de atribuição;

IV - assessorar o Procurador-Geral do Estado e emitir pareceres em matéria de relevante interesse, facultando-se a remessa dos processos respectivos diretamente ao Gabinete do Procurador-Geral para análise, mediante ato do Procurador-Geral do Estado;

V - receber as citações dirigidas ao Estado e exercer outras atribuições que lhe sejam delegadas pelo Procurador-Geral do Estado;

VI – atuar, por delegação do Procurador-Geral do Estado, no planejamento e na gestão interna da Procuradoria-Geral do Estado.

Art. 10-C. Ato interno do Procurador-Geral do Estado poderá alterar a atribuição dos Procuradores Executivos de que trata esta Subseção no que diz respeito à distribuição dos órgãos de execução programática da Procuradoria-Geral cujas atividades compete a cada um coordenar, desde que conveniente ao interesse público e à otimização do desempenho institucional. (Nova redação dada pela Lei Complementar n.º 189, de 26.12.18)

SUBSEÇÃO III
DO CONSELHO SUPERIOR DA PROCURADORIA-GERAL DO ESTADO

Art. 11. O Conselho Superior da Procuradoria-Geral do Estado tem caráter deliberativo, consultivo e disciplinar e é composto pelos seguintes membros: Procurador-Geral do Estado, Procuradores-Gerais Adjuntos, Corregedor-Geral, Procuradores-Chefes dos Órgãos de Execução Programática com atuação em Fortaleza, Procurador-Chefe do CETREI e Procuradores do Estado eleitos, em número fixado no seu regimento interno, dentre os integrantes de quaisquer dos níveis da carreira, desde que estáveis.

§ 1º A primeira reunião do Conselho Superior da Procuradoria-Geral do Estado no mês, realizada na data fixada pelo Procurador-Geral do Estado, será considerada ordinária, e as demais, extraordinárias, podendo estas ocorrer sempre que convocadas pelo Procurador-Geral do Estado ou pela maioria simples de seus membros.

§ 2º O Conselho será presidido pelo Procurador-Geral do Estado e, na sua falta eventual, por um dos Procuradores-Adjuntos, ocasião na qual exercerá o direito de voto concernente ao Procurador-Geral do Estado. (Nova redação dada pela Lei Complementar n.º 134, de 07.04.14)

§3° As deliberações do Conselho serão tomadas pela maioria simples de seus membros presentes à reunião, atribuindo-se igual medida a seus votos, que serão sempre apurados em votação aberta e devidamente motivados.

Art. 12. Compete ao Conselho Superior da Procuradoria-Geral do Estado:

I - analisar matérias de interesse da Procuradoria-Geral do Estado ou concernente a carreira de Procurador do Estado, propondo as medidas necessárias para resolução das mesmas, inclusive o ajuizamento de ações;

II - elaborar e reexaminar, com aprovação do Procurador-Geral do Estado, súmulas para uniformização da jurisprudência administrativa do Estado;

III - resolver conflitos de atribuições entre os órgãos de execução programática da Procuradoria-Geral do Estado, e, se submetido à sua deliberação pelo Procurador-Geral do Estado, conflitos de teses; (Nova redação dada pela Lei Complementar n.º 134, de 07.04.14)

IV - revisar seus pronunciamentos divergentes sobre a mesma matéria, com a finalidade de assegurar a unicidade na orientação jurídica do Estado;

V - sugerir alterações na estrutura da Procuradoria-Geral do Estado, inclusive distribuição de competências;

VI - propor a realização de concurso público;

VII - reexaminar, mediante provocação, a decisão da comissão especial de avaliação de desempenho do estágio probatório e da comissão de avaliação de títulos para promoção de integrantes da carreira de Procurador do Estado;

VIII - examinar e deliberar acerca de recurso decorrente de remoção, restrita esta competência às remoções ex officio de Procurador do Estado; (Nova redação dada pela Lei Complementar n.º 134, de 07.04.14)

IX - sugerir, independentemente da iniciativa de outras autoridades, a instauração de sindicâncias e processos disciplinares para a apuração de irregularidades que envolvam integrantes da carreira de Procurador do Estado;

X - deliberar acerca da punição aplicável, conforme o caso, nos processos disciplinares em que Procurador do Estado figura como indiciado;

XI - deliberar sobre o arquivamento de representações alusivas à prática de irregularidades formuladas à Procuradoria-Geral do Estado por qualquer do povo no exercício do direito de petição;

XII - promover, a pedido ou de ofício, o desagravo de Procurador do Estado que tenha sido afrontado ou desrespeitado no exercício de suas funções, sem prejuízo de outras medidas que recomendar a espécie;

XIII - propor o reconhecimento da competência profissional de Procurador do Estado, nos termos definidos no art.73. inciso I, desta Lei Complementar;

XIV - elaborar seu regimento onde serão fixadas as suas normas de funcionamento;

XV - funcionar como Órgão recursal último em matéria administrativa no âmbito da Procuradoria-Geral do Estado, salvo quanto ao disposto no art. 8º, incisos IV, V e XIV e respeitado o disposto no inciso VIII deste art. 12; (Nova redação dada pela Lei Complementar n.º 134, de 07.04.14)

XVI - elaborar, juntamente com o Procurador-Geral do Estado instruções e provimentos para os Procuradores e servidores da Procuradoria-Geral, sobre o exercício das respectivas funções,

XVII - exercer as demais atribuições que lhe sejam designadas por lei ou em razão de delegação do Procurador-Geral do Estado, efetuada mediante Portaria;

XVIII - exercer outras atividades previstas em lei ou correlatas ao desempenho das atribuições dispostas neste artigo.

§1º. As pretensões recursais dirigidas ao Conselho Superior da Procuradoria-Geral do Estado deverão ser protocoladas em até 10 (dez) dias da ciência do ato recorrido.

§2º. O Conselho Superior da Procuradoria-Geral do Estado atuará como Comitê Gestor do Fundo Estadual de Fortalecimento ao Controle Administrativo de que cuida a Lei nº 16.192, de 28 de dezembro de 2016. (Nova redação dada pela Lei Complementar n.º 189, de 26.12.18)

SEÇÃO II
DOS ÓRGÃOS DE ASSESSORAMENTO

SUBSEÇÃO I
DO GABINETE DO PROCURADOR-GERAL

Art. 13. Ao Assessor Especial do Gabinete do Procurador-Geral do Estado, de livre nomeação, compete assessorar o Procurador-Geral do Estado e os Procuradores-Gerais Executivos em assuntos de interesse técnico-administrativo da Procuradoria-Geral do Estado. (redação dada pela Lei Complementar nº 200, de 08.07.19)

» *Lei Complementar nº 200/19, Art. 3.º O cargo de Procurador Executivo, previsto no art. 13 da Lei Complementar n.º 58, de 31 de março de 2006, em sua redação anterior à publicação desta Lei, fica redenominado para Assessor Especial do Gabinete do Procurador-Geral do Estado, sendo remunerado pela representação correspondente à simbologia GAS-1, na forma do Anexo I, da Lei n.º 16.710, de 31 de dezembro de 2018.*

Parágrafo único. Compete ainda ao Procurador Executivo assessorar o Procurador-Geral em assuntos técnicos, administrativos e jurídicos. (Nova redação dada pela Lei Complementar n.º 95, de 27.01.11)

Art. 14. Compete ao Gabinete do Procurador-Geral do Estado:

I - prestar assistência administrativa ao Procurador-Geral do Estado;

II - propor a expedição de normas sobre assuntos inerentes a seu âmbito de atribuições;

III - encaminhar ao Procurador-Geral do Estado assuntos, processos e correspondências cuja solução dependa da apreciação deste;

IV - preparar o expediente a ser despachado pelo Procurador-Geral do Estado;

V - preparar a agenda do Procurador-Geral do Estado, avisando-o, com antecedência, sobre os atos e as solenidades a que deva comparecer;

VI - atender os interessados que buscam contato com o Procurador-Geral do Estado;

VII - coordenar e controlar as suas atividades;

VIII - manter cadastro e informações atualizadas sobre todos os órgãos e entidades das administrações federal, estaduais e municipais, normalmente contatados pela Procuradoria;

IX - fazer o encaminhamento aos demais órgãos da Procuradoria-Geral do Estado, conforme a respectiva competência, dos processos que recebam despacho do Procurador-Geral do Estado ou do Procurador-Geral Adjunto;

X - determinar a realização de trabalhos de digitação ou de caráter datilográfico, bem como o arquivamento de cópias de expedientes e outros documentos do Gabinete;

XI - desempenhar outras atribuições que lhe sejam conferidas pelo Procurador-Geral do Estado.

SUBSEÇÃO II
DA ASSESSORIA DE COMUNICAÇÃO E RELAÇÕES PÚBLICAS

Art. 15. A Assessoria de Comunicação e Relações Públicas, funcionalmente vinculada ao Gabinete do Procurador-Geral do Estado, será ocupada pelo Assessor de Comunicação e Relações Públicas, nomeado em comissão pelo Governador do Estado, dentre bacharéis em Comunicação Social ou Relações Públicas, devidamente credenciados junto ao Sindicato dos Jornalistas ou à Associação Brasileira de Relações Públicas.

Art. 16. Compete à Assessoria de Comunicação e Relações Públicas:

I - divulgar, externamente, a imagem da Procuradoria-Geral do Estado;

II - realizar o acompanhamento do material oficialmente enviado para divulgação e publicação;

III - editar boletim ou jornal periódico, em cooperação com o Centro de Estudos e Treinamento;

IV - efetuar a leitura diária dos principais jornais e revistas, de âmbito local e nacional, selecionando as matérias de interesse da Procuradoria-Geral do Estado e elaborando sinopse a ser divulgada internamente;

V - realizar o acompanhamento e a montagem de entrevistas e reportagens prestadas por membros da Procuradoria-Geral do Estado, orientando o entrevistado, quando por este solicitado, em relação às técnicas de comunicação;

VI - coordenar todo o trabalho jornalístico e de relações públicas da Procuradoria-Geral do Estado.

SUBSEÇÃO III
DA OUVIDORIA DA PROCURADORIA-GERAL DO ESTADO

Art. 17. A Ouvidoria da Procuradoria-Geral do Estado, funcionalmente vinculada ao gabinete do Procurador Geral do Estado, será exercida por Ouvidor, nomeado em comissão pelo Governador do Estado, dentre servidores públicos estaduais, para atuação no sistema de atividades de ouvidoria da Administração Pública Estadual. (Nova redação dada pela Lei Complementar n.º 134, de 07.04.14)

Art. 18. Compete à Ouvidoria da Procuradoria-Geral do Estado:

I - ouvir todos os cidadãos-usuários dentro dos princípios e valores éticos da Administração Pública;

II - conscientizar os cidadãos-usuários dos serviços públicos de seus direitos e deveres;

III - representar o cidadão-usuário ante a Instituição Pública demandada;

IV - receber, analisar e apurar as manifestações dos usuários do serviço público que lhes forem dirigidas ou colhidas em veículo de comunicação formal e informal, notificando os órgãos/setores envolvidos para os esclarecimentos necessários;

V - providenciar o encaminhamento das manifestações recebidas;

VI - acompanhar as providências adotadas, solicitando soluções;

VII - manter o cidadão manifestante informado das providências adotadas;

VIII - garantir o retorno das providências adotadas a partir dos resultados alcançados;

IX - atuar mediando divergências, buscando a satisfação do cidadão quanto ao serviço solicitado;

X - ofertar atendimento e retorno em prazo razoável, célere, com procedimentos simplificados;

XI - assegurar aos solicitantes o caráter de sigilo, discrição e de fidedignidade nas informações transmitidas;

XII - funcionar como um canal permanente de acesso, comunicação rápida eficiente entre o Poder Público e o cidadão-usuário;

XIII - garantir o equilíbrio harmônico e salutar na relação entre Instituição e usuário;

XIV - estimular a participação do servidor público com vistas a prestação de serviço público satisfatório ao usuário;

XV - racionalizar recursos públicos, minimizando despesas;

XVI - garantir a qualidade e eficiência dos serviços públicos prestados;

XVII - aprimorar o relacionamento entre as instituições e o cidadão-usuário no cumprimento de direitos e deveres face à administração pública;

XVIII - atuar na prevenção de conflitos e no aprimoramento de fluxos e procedimentos internos;

XIX - manter o Titular da Instituição informado através de relatórios circunstancias das manifestações recebidas e seus respectivos encaminhamentos, dados referenciais quantitativos e qualitativos, fornecendo assim um diagnóstico dos pontos de excelência da Instituição, bem como os carentes de aperfeiçoamento, seguido de sugestões gerenciais concretas de correções;

XX - manter a Controladoria e Ouvidoria Geral do Estado, como gestora do sistema, informada das atividades, programas e dificuldades;

XXI - participar das estratégias de atuação estabelecida pela Controladoria e Ouvidoria Geral do Estado visando a unicidade e otimização de procedimentos. (Nova redação dada pela Lei Complementar n.º 134, de 07.04.14)

SUBSEÇÃO IV
DA ASSESSORIA DE DESENVOLVIMENTO INSTITUCIONAL

Art. 19. À Assessora de Desenvolvimento Institucional – ADINS, compete:

I - prestar assessoramento técnico ao Procurador-Geral, ao Procurador-Geral Adjunto, ao Procurador Assistente e ao Procurador Assistente Executivo; (Nova redação dada pela Lei Complementar n.º 61, de 14.02.07)

II - participar da elaboração e acompanhar a execução dos planos de trabalho das coordenadorias administrativo-financeiras e da tecnologia da informação, visando o desempenho integrado das suas ações; (Nova redação dada pela Lei Complementar n.º 60, de 06.12.06)

III - coordenar e avaliar o planejamento estratégico da Procuradoria;

IV - conhecer as experiências bem sucedidas na área institucional, dentro e fora do Estado, compartilhando informações, experiências e conhecimentos;

V - responder as mensagens encaminhadas à PGE via portal do Governo;

VI - prestar apoio, quando necessário, às unidades orgânicas da PGE;

VII - elaborar, em parceria com a Célula de Recursos Humanos, propostas e/ou medidas necessárias à formação dos servidores na perspectiva do seu melhor desempenho e qualidade;

VIII - exercer outras competências inerentes à sua área de atuação, designadas pela autoridade competente.

Parágrafo único. (Revogado pela Lei Complementar n.º 134, de 07.04.14)

SUBSEÇÃO V-A
DA ASSESSORIA DE ACOMPANHAMENTO DE PUBLICAÇÕES DE INTIMAÇÕES E NOTIFICAÇÕES

Art. 19-A. Compete à Assessoria de Acompanhamento de Publicações de Intimações e Notificações:

I - promover a leitura diária dos Diários do Poder Judiciário, discriminando as publicações de interesse da Procuradoria-Geral do Estado e classificando-as de acordo com os órgãos de execução programática;

II - realizar a leitura das publicações contidas nos arquivos fornecidos pelas empresas contratadas para a realização de leitura digital, discriminando as publicações de interesse da Procuradoria-Geral do Estado e classificando-as de acordo com os órgãos de execução programática;

III - guardar e conservar os arquivos de leitura de Diários do Poder Judiciário;

IV - pesquisar e anexar nas pastas correspondentes às publicações de interesse da Procuradoria-Geral do Estado, e proceder ao envio das pastas, com as publicações anexadas, ao órgão de execução programática interessado:

a) a pedido de Procurador;

b) quando da chegada de mandados, guias do Sistema de Protocolo Único, ofícios, entre outros;

V - cadastrar os novos processos;

VI - atualizar as pastas de acordo com as ocorrências;

VII - exercer outras competências inerentes à sua área de atuação, ou que lhes forem conferidas ou delegadas.

SUBSEÇÃO V-B
DA ASSESSORIA LEGISLATIVA

Art. 19-B. Compete à Assessoria Legislativa:

I – receber e registrar as mensagens acompanhadas de projetos de lei, enviadas pelos órgãos da Administração Pública, enviando-os à Assembleia Legislativa do Estado do Ceará para deliberação;

II – receber, registrar e preparar para análise os Autógrafos de Lei encaminhados pela Assembleia Legislativa;

III – preparar, registrar e encaminhar a Lei sancionada para publicação no Diário Oficial;

IV – registrar e encaminhar de vetos à Assembleia Legislativa do Estado do Ceará;

V – receber e registrar os Projetos de Indicação aprovados pela Assembleia Legislativa;

VI – encaminhar aos órgãos da Administração Pública Estadual as solicitações de análises técnicas sobre Autógrafos de Lei recebidos.

SUBSEÇÃO V-C
DA ASSESSORIA DE CONTROLE
DE MANDADOS JUDICIAIS

Art. 19-C. Compete à Assessoria de Controle de Mandados Judiciais:

I - acompanhar o sistema "PJe", 1º e 2º graus e os mandados e ofícios referentes a processos físicos da Justiça Estadual, 1º e 2º graus;

II - acompanhar os processos da Justiça do Trabalho, 1º e 2º graus e os mandados e ofícios referentes a processos físicos da Justiça do Trabalho, 1º e 2º graus;

III - acompanhar o sistema "Creta", 1º e 2º graus;

IV - receber as intimações, mandados e demais expedientes processuais via Empresa Brasileira de Correios e Telégrafos;

V - receber os Oficiais de Justiça pertinentes aos processos referidos nos incisos I, II e III;

VI - exercer outras competências correlatas. (Nova redação dada pela Lei Complementar n.º 134, de 07.04.14)

SUBSEÇÃO V
DA ASSESSORIA DE ANÁLISE, ELABORAÇÃO E
REVISÃO DE CÁLCULOS JUDICIAIS E EXTRAJUDICIAIS

Art. 20. Compete à Assessoria de Análise, Elaboração, e Revisão de Cálculos Judiciais e Extrajudiciais:

I - proceder ao exame, elaboração e revisão pericial de cálculos judiciais e extrajudiciais relativos a atividades desenvolvidas pela Procuradoria-Geral do Estado, no interesse da Administração Pública Estadual direta e indireta;

II - supervisionar, coordenar e acompanhar os trabalhos técnicos de cálculo e periciais referentes aos feitos de interesse do Estado e entidades da administração estadual indireta, às liquidações de sentença e aos processos de execução;

III - examinar os cálculos constantes dos precatórios judiciários de responsabilidade do Estado e das entidades da administração estadual indireta.

§1º A Assessoria de Análise, Elaboração e Revisão de Cálculos Judiciais e Extrajudiciais será integrada por Procuradores do Estado, de carreira, e técnicos peritos em cálculos, bacharéis em ciências contábeis, economia, matemática, direito ou administração, cargos de provimento efetivo pertencentes ao quadro de pessoal da Procuradoria-Geral do Estado, tendo por Coordenador um Procurador do Estado, de carreira. (Nova redação dada pela Lei Complementar n.º 95, de 27.01.11)

§ 2º A Assessoria de Análise, Elaboração e Revisão de Cálculos Judiciais e Extrajudiciais terá sua organização e funcionamento definidos em regulamento, pelo Governador do Estado.

§ 3º O cargo de provimento em comissão de Coordenador da Assessoria de Análise, Elaboração e Revisão de Cálculos Judiciais e Extrajudiciais, de livre nomeação pelo Governador do Estado, dentre Procuradores do Estado, de carreira, corresponde à simbologia DNS-2.

SUBSEÇÃO V-A
DA CORREGEDORIA

Art. 20-A. Compete à Corregedoria:

I - acompanhar o exercício do Procurador do Estado durante o estágio probatório, opinando, motivadamente, pela confirmação ou exoneração do cargo, mediante relatório circunstanciado à comissão de Procuradores do Estado constituída para a avaliação especial de desempenho;

II - promover correição ordinária e extraordinária nos órgãos de execução da Procuradoria-Geral do Estado, na forma de Regulamento aprovado por Decreto;

III - propor, motivadamente, ao Procurador-Geral do Estado a instauração de sindicância ou de processo administrativo-disciplinar para apuração de infrações imputadas a servidor lotado ou em exercício na Procuradoria-Geral ou a Procurador do Estado;

IV - propor ao Procurador-Geral medidas de aprimoramento dos serviços.

Parágrafo único. O Corregedor, a quem compete o exercício das atribuições previstas neste artigo, será nomeado pelo Governador do Estado, em cargo de provimento em comissão, simbologia DNS-2, para mandato de 2 (dois) anos, admitida a recondução, dentre Procuradores do Estado estáveis, ativos ou inativos, podendo suas funções, conforme o caso, ser exercidas com ou sem prejuízo, total ou parcial, das demais atribuições funcionais, segundo o estabelecido no ato de nomeação. (Nova redação dada pela Lei Complementar n.º 134, de 07.04.14)

SEÇÃO III
DOS ÓRGÃOS DE EXECUÇÃO PROGRAMÁTICA

SUBSEÇÃO I
DISPOSIÇÕES GERAIS

Art. 21. Os órgãos de execução programática da Procuradoria-Geral do Estado, diretamente subordinados ao Procurador-Geral do Estado, são responsáveis pelas atividades de representação extrajudicial e judicial do Estado, de consultoria jurídica da administração direta e, quando for o caso, da indireta e de preservação dos princípios de hierarquia e disciplina da Administração Pública Estadual.

Art. 21-A Os Órgãos de execução programática da Procuradoria-Geral do Estado poderão ser divididos em núcleos, na forma estabelecida em Portaria do Procurador-Geral do Estado.

§ 1º Fica autorizada a designação, por ato do Procurador-Geral do Estado, de Procurador do Estado para atuar como responsável por Núcleo dos Órgãos de execução programática, com ou sem prejuízo de suas atribuições. (Nova redação dada pela Lei Complementar n.º 134, de 07.04.14)

§2º O Procurador a que se refere o §1º deste artigo terá suas atribuições estabelecidas por delegação do respectivo Procurador-Chefe, mediante Portaria.

§ 3º Fica autorizada a concessão de Gratificação por Encargos em Núcleo de Órgão de Execução Programática, no valor de R$ 1.977,08 (mil, novecentos e setenta e sete reais e oito centavos), ao Procurador do Estado responsável por Núcleo de órgão de execução programática, que será paga proporcionalmente aos dias de efetivo exercício, sem prejuízo dos vencimentos, salários, direitos e vantagens inerentes ao cargo efetivo de origem, e revista na mesma data e no mesmo índice da revisão geral dos servidores públicos do Estado do Ceará, não podendo servir de base e nem computada para o cálculo de qualquer vantagem ou acréscimo financeiro, não sendo incorporada para qualquer fim, inclusive aposentadoria. (Nova redação dada pela Lei Complementar n.º 134, de 07.04.14)

Art. 21-B. Cada Órgão de execução programática poderá ter um Procurador encarregado de auxiliar o Procurador-Chefe respectivo, nomeado por Portaria do Procurador-Geral do Estado dentre os Procuradores integrantes do próprio Órgão, a quem compete exercer as funções delegadas pelo Procurador-Chefe e substituí-lo, automaticamente, nos casos de ausência, impedimento ou suspeição. (Nova redação dada pela Lei Complementar n.º 134, de 07.04.14)

Art. 21-C. A lotação máxima dos Procuradores nos Órgãos de execução programática ou instrumental instalados na Capital do Estado obedecerá aos limites estabelecidos em Portaria do Conselho Superior da Procuradoria-Geral do Estado.

Art. 21-D. A remoção de Procuradores dentre os Órgãos de execução programática ou instrumental na Capital do Estado pode ocorrer:

I - a pedido, desde que existindo vaga no Órgão de execução programática destinatário, conforme os limites fixados no art. 21-C;

II - ex officio, nos casos de necessidade de serviços, devidamente justificada em Portaria do Procurador-Geral do Estado, desde que existindo vaga no Órgão de execução programática ou instrumental destinatário, conforme os limites fixados no art.21-C. (Nova redação dada pela Lei Complementar n.º 134, de 07.04.14)

III – ex officio, por conveniência administrativa, e independente de vaga no órgão de execução programática ou instrumental destinatário, nos casos de inadequação funcional do Procurador no órgão de execução programática que esteja em exercício, apurada mediante processo administrativo, na forma disciplinada por ato do Procurador-Geral. (Nova redação dada pela Lei Complementar n.º 134, de 07.04.14)

§1º A remoção a pedido será precedida da publicação de Portaria do Procurador-Geral do Estado, noticiando a existência de vagas e abrindo o procedimento de remoção, com prazo mínimo de 15 (quinze) dias para que os Procuradores apresentem os respectivos requerimentos.

§2º Havendo mais de um Procurador interessado em remoção a pedido para o mesmo Órgão de execução programática e não existindo vagas suficientes, terá preferência o mais antigo no Órgão de execução programática em que se encontre no momento da remoção, não se admitindo, para cômputo da antiguidade, a consideração de lapsos temporais descontínuos.

§3º Na hipótese do §2º deste artigo, sendo todos os Procuradores interessados na remoção, a pedido, portadores da mesma antiguidade nos respectivos órgãos de execução programática de origem, terá preferência o mais antigo na carreira e, persistindo o empate em tais condições, o mais idoso.

§ 4º A remoção precederá a lotação exclusivamente na hipótese da lotação de novos Procuradores aprovados em concurso público, considerando para efeito de lotação dos últimos apenas as vagas restantes após o procedimento de remoção interna.

§ 5º O Procurador removido ex officio nos termos do inciso II deste artigo terá preferência sobre todos os demais, inclusive os indicados nos §§2º e 3º, nas hipóteses de remoção a pedido. (Nova redação dada pela Lei Complementar n.º 134, de 07.04.14)

Art. 21-E. Os Procuradores do Estado que estiverem, por ato do Chefe do Poder Executivo, exercendo funções nos órgãos de Direção Superior ou de Gerência Superior da Procuradoria-Geral do Estado deverão, ao fim do período de exercício da respectiva função, retornar ao setor em que se encontravam lotados no período imediatamente anterior, salvo se houverem ocupado as funções referidas neste artigo por prazo pelo menos igual a 2 (dois) anos, hipótese na qual serão lotados em um dos órgãos de execução programática, a critério do Procurador-Geral do Estado, na forma determinada pelo art. 8º, inciso XIV, respeitados os limites fixados no art. 21-C. (Redação dada pela Lei Complementar n.º 189, de 26.12.18)

Parágrafo único. Para o cômputo de antiguidade estabelecido no art. 21-D, §2º, serão considerados lapsos temporais contínuos os de exercício no órgão de execução programática de origem, o de exercício nos órgãos de Direção Superior ou de Gerência Superior, e o de exercício no órgão de execução programática para o qual o Procurador do Estado tiver sido designado, na forma prevista no *caput*. (Nova redação dada pela Lei Complementar n.º 134, de 07.04.14)

Art. 22. Os órgãos de execução programática e o Centro de Estudos e Treinamento da Procuradoria-Geral do Estado serão dirigidos por Procuradores-Chefes, nomeados em comissão pelo Governador do Estado, dentre integrantes da carreira de Procurador do Estado. (Nova redação dada pela Lei Complementar n.º 61, de 14.02.07)

Parágrafo único. Compete aos Procuradores-Chefes:

I - orientar, fiscalizar e distribuir os serviços do respectivo órgão;

II - atribuir encargos especiais, compatíveis com suas funções, a Procuradores do Estado do respectivo órgão;

III - definir, mediante portaria, as atribuições que são delegadas ao Procurador encarregado dos núcleos do Órgão de execução programática, bem como aquelas pertinentes ao Procurador Auxiliar da Chefia; (Nova redação dada pela Lei Complementar n.º 95, de 27.01.11)

IV - editar normas sobre serviços internos;

V - assessorar o Procurador-Geral nos assuntos jurídicos referentes ao âmbito de atuação do respectivo órgão;

VI - estabelecer o critério de distribuição, entre os Procuradores do Estado, de processos, ações ou serviços de competência do respectivo órgão;

VII - apresentar, semestralmente ou sempre que solicitado, ao Procurador-Geral do Estado, relatório das atividades do respectivo órgão;

VIII - exercer outras atribuições que lhes sejam conferidas pelo Procurador-Geral do Estado. (Nova redação dada pela Lei Complementar n.º 95, de 27.01.11)

SUBSEÇÃO II
DA PROCURADORIA JUDICIAL

Art. 23. Compete à Procuradoria Judicial:

I - patrocinar, judicial e extrajudicialmente, os interesses do Estado nas causas e interesses mencionados no inciso I do art. 5.º desta Lei Complementar, salvo nos feitos de competência de outros órgãos da Procuradoria-Geral do Estado;

II - promover ações do Estado em face da União, de Estados e de Municípios, bem assim em face de pessoas físicas e jurídicas de direito público ou de direito privado, observado o disposto no inciso IV do art. 8.º desta Lei Complementar, e defendê-lo nas ações que lhe forem movidas;

III - ajuizar ações regressivas em face de agentes públicos estaduais, observado o disposto no inciso IV do art. 8.º desta Lei Complementar;

IV - elaborar minutas de informações e acompanhar processos de mandado de segurança, mandado de injunção e habeas data nos quais o Governador, o Vice-Governador, os Secretários de Estados e as demais autoridades da Administração direta forem apontados como coatores, bem assim propor habeas corpus em favor das mesmas autoridades, quando for o caso, ressalvada a competência de outros órgãos da Procuradoria-Geral do Estado;

V - exercer outras atividades correlatas ao desempenho das atribuições dispostas neste artigo.

Parágrafo único. A competência prevista no inciso I, deste artigo, abrange o patrocínio judicial e extrajudicial de interesse do Estado em quaisquer ações que envolvam a discussão de matérias relacionadas à aposentadoria, ao abono de permanência, à transferência para a reserva ou a reforma, bem como a pensões decorrentes do óbito de militares e servidores estaduais, observado o disposto nos arts. 24 e 24-A desta Lei. (acrescido pela Lei Complementar nº 242, 03 de maio de 2021)

SUBSEÇÃO III
DA PROCURADORIA FISCAL

Art. 24. Compete à Procuradoria Fiscal:

I - ~~promover a cobrança judicial da dívida ativa do Estado, de qualquer natureza, tributária ou não, ressalvado o disposto nos incisos IV e VI do art. 24-A desta Lei Complementar~~; (Revogado pela Lei Complementar n.º 189, de 26.12.18)

II – realizar trabalhos relacionados com o estudo e a divulgação da legislação tributária, inclusive de natureza previdenciária, atuando em colaboração com o Centro de Estudos e Treinamento; (redação dada pela Lei Complementar nº 242, 03 de maio de 2021)

III – defender os interesses do Estado nas ações ou nos processos de natureza tributária e financeira, inclusive de natureza previdenciária, ainda que em mandados de segurança, mandados de injunção e habeas data, bem assim propor habeas corpus e produzir defesas criminais em favor das autoridades estaduais constrangidas em razão de sua atuação no interesse do Fisco Estadual, observado o disposto no inciso VIII do art. 5.º desta Lei Complementar; (redação dada pela Lei Complementar nº 242, 03 de maio de 2021)

IV – representar o Estado em ações ou processos que versem sobre matéria financeira relacionada com a arrecadação tributária, inclusive de natureza previdenciária; (redação dada pela Lei Complementar nº 242, 03 de maio de 2021)

V - representar o Estado nos processos de inventário, arrolamento e partilha, arrecadação de bens de ausente e herança jacente, bem como requerer abertura de inventário, arrolamento ou partilha, decorrido o prazo legal sem que os demais interessados o façam;

VI – emitir pareceres sobre matéria tributária, financeira e orçamentária, inclusive de natureza previdenciária, aplicando-se o disposto no art. 27 desta Lei Complementar; (redação dada pela Lei Complementar nº 242, 03 de maio de 2021)

VII – examinar as decisões judiciais, em matéria tributária, inclusive previdenciária, cujo cumprimento incumba ao Secretário da Fazenda ou dependa de sua autorização; (redação dada pela Lei Complementar nº 242, 03 de maio de 2021)

VIII - exercer outras atividades correlatas ao desempenho das atribuições dispostas neste artigo.

Parágrafo único. Na estrutura da Procuradoria Fiscal haverá uma Célula de Pesquisa, Investigação e Avaliação de Bens, com composição e atribuições previstas em Regulamento. (Nova redação dada pela Lei Complementar n,º 96, de 04.02.11)

SUBSEÇÃO III-A
DA PROCURADORIA DA DÍVIDA ATIVA

Art. 24-A Compete à Procuradoria da Dívida Ativa:

I – administrar, fiscalizar e supervisionar a Dívida Ativa do Estado, inclusive de natureza previdenciária; (redação dada pela Lei Complementar nº 242, 03 de maio de 2021)

II - proceder a inscrição de devedores nos cadastros de restrição ao crédito;

III - atuar em processos judiciais que tenham por objeto questionar a inscrição nos cadastros de restrição ao crédito;

IV - atuar em processos judiciais e administrativos referentes a grandes devedores, definidos mediante critérios fixados em Portaria do Procurador-Geral do Estado;

V - atuar juntamente com o Ministério Público Estadual, a Secretaria da Fazenda Estadual e outros órgãos e entes no combate à sonegação fiscal;

VI – ajuizar processo de execução fiscal, inclusive em relação a tributo de natureza previdenciária; (redação dada pela Lei Complementar nº 242, 03 de maio de 2021)

VII – promover a cobrança judicial ou extrajudicial da Dívida Ativa do Estado, de qualquer natureza, inclusive previdenciária, tributária ou não; (redação dada pela Lei Complementar nº 242, 03 de maio de 2021)

VIII - emitir pareceres sobre questões atinentes ao disposto nos incisos anteriores;

IX - superintender os trabalhos da Célula de Dívida Ativa;

X - exercer outras atividades correlatas às atividades previstas neste artigo. (Nova redação dada pela Lei Complementar n.º 96, de 04.02.11)

SUBSEÇÃO IV
DA CÉLULA DA DÍVIDA ATIVA

Art. 25. Compete à Célula da Dívida Ativa:

I - apurar a liquidez e a certeza dos créditos da Fazenda Pública Estadual, inscrevendo e controlando, com exclusividade, a dívida ativa, tributária ou não;

II - efetuar, em conjunto com a Procuradoria da Dívida Ativa, a cobrança extrajudicial da dívida ativa, tributária ou não, do Estado;

III - exercer outras atividades correlatas ao desempenho das atribuições dispostas neste artigo.

§ 1º A Célula da Dívida Ativa terá atuação orientada pela Procuradoria da Dívida Ativa e será chefiada por um coordenador, nomeado em comissão pelo Governador do Estado, dentre servidores públicos estaduais estáveis, ocupantes de cargo efetivo, de nível superior.

§ 2º Na estrutura da Célula da Dívida Ativa haverá um Núcleo de Apoio Administrativo, dirigido por servidor público estável, com formação de nível superior, de livre nomeação pelo Governador do Estado.

§ 3º ~~Na Célula da Dívida Ativa serão lotados servidores integrantes do quadro de pessoal da Procuradoria-Geral do Estado, com formação de nível superior, para os cargos de técnico da dívida ativa, e de nível médio, para funções de apoio.~~ (Revogado pela Lei Complementar n.º 134, de 07.04.14)

§ 4º ~~A Célula da Dívida Ativa terá sua organização e funcionamento definidos em Regulamento, pelo Governador do Estado.~~ (Nova redação dada pela Lei Complementar n.º 96, de 04.02.11) (Revogado pela Lei Complementar n.º 134, de 07.04.14)

SUBSEÇÃO V
DA CONSULTORIA-GERAL

Art. 26. Compete à Consultoria-Geral:

I - emitir pareceres sobre matérias submetidas ao exame da Procuradoria-Geral do Estado por meio de consulta formulada pelos Governador, Vice-Governador ou Secretário de Estado, Defensor Público Geral, Procurador-Geral de Justiça, Presidente ou Mesa Diretora da Assembléia Legislativa do Estado, Presidente do Tribunal de Justiça do Estado, Presidente do Tribunal de Contas do Estado e Presidente do Tribunal de Contas dos Municípios, ressalvadas as competências de outros órgãos da Procuradoria-Geral do Estado;

II - assessorar o Procurador-Geral do Estado;

III – examinar os processos de aposentadoria, transferência para a reserva, reformas, abonos de permanência e pensões, relativos a servidores e militares estaduais da Administração, que serão encaminhados para análise com os atos respectivos devidamente assinados pelas autoridades competentes; (Nova redação dada pela Lei Complementar n.º 134, de 07.04.14)

IV – elaborar ou examinar projetos de emendas constitucionais, leis, decretos, contratos e convênios, por solicitação do Governador ou do Procurador-Geral do Estado;

V - sugerir a adoção das medidas necessárias à pronta adequação das leis e dos atos normativos da Administração Estadual às regras e aos princípios constitucionais vigentes;

VI - elaborar súmulas de seus pareceres, para uniformizar a jurisprudência administrativa estadual, solucionando divergências entre órgãos jurídicos da Administração;

VII - elaborar instruções normativas, submetidas à homologação do Procurador-Geral do Estado, referentes à adoção de medidas destinadas a adequar a conduta administrativa aos preceitos legais; (Nova redação dada pela Lei Complementar n.º 134, de 07.04.14)

VIII – exercer outras atividades correlatas ao desempenho das atribuições dispostas neste artigo. (Nova redação dada pela Lei Complementar n.º 134, de 07.04.14)

§ 1º As consultas formuladas à Procuradoria-Geral do Estado devem ser acompanhadas dos autos pertinentes e instruídas adequadamente com pareceres conclusivos de assessoria jurídica dos órgãos interessados.

§ 2º As exigências previstas no § 1.º deste artigo podem ser dispensadas, nas hipóteses de comprovada urgência ou de impedimento ou suspeição dos agentes públicos integrantes dos órgãos de assessoria jurídica das repartições interessadas, bem como em outros casos, a critério do Procurador-Geral do Estado.

§ 3º A aprovação definitiva dos Pareceres em consulta poderá ser delegada, mediante portaria do Procurador-Geral do Estado, ao Procurador-Chefe da Consultoria-Geral. (Nova redação dada pela Lei Complementar n.º 134, de 07.04.14)

§ 4º A aprovação definitiva das concessões de abonos de permanência, bem como dos atos concessivos de aposentadorias, pensões, reservas e reformas poderá ser delegada pelo Procurador-Geral do Estado a qualquer dos Procuradores integrantes da Consultoria-Geral, mediante portaria. (Nova redação dada pela Lei Complementar n.º 134, de 07.04.14)

§ 5º As Instruções Normativas previstas no inciso VII deste artigo, homologadas pelo Procurador-Geral, são de observância obrigatória pela Administração Pública, Direta e Indireta.(Nova redação dada pela Lei Complementar n.º 134, de 07.04.14)

§ 6º O Chefe do Núcleo de Aposentadorias e Pensões exercerá as funções de Sub-Chefe da Consultoria Geral. (Redação dada pela Lei Complementar n.º 65, de 03.01.08)

Art. 27. Os pareceres da Procuradoria-Geral do Estado, exarados pela Consultoria-Geral ou por outro Órgão de execução programática, após aprovação do Procurador-Geral, encerram o assunto examinado na via administrativa e, normalmente, conterão ementa, relatório, fundamentação e conclusão. (Nova redação dada pela Lei Complementar n.º 95, de 27.01.11)

§ 1º Os pareceres da Procuradoria-Geral do Estado, após despacho do Procurador-Geral do Estado, devem ser submetidos à aprovação do Governador, quando for o caso de atribuição de efeito normativo.

§ 2º Por sugestão do Procurador-Geral do Estado, o Governador poderá conferir ao parecer efeito normativo em relação aos órgãos e às entidades da Administração Estadual, devendo sua íntegra, em tal caso, ser publicada no Diário Oficial do Estado, com o respectivo número de ordem, e o despacho governamental a ele relativo.

§ 3º O reexame de qualquer parecer pela Procuradoria-Geral do Estado depende de expressa autorização do Procurador-Geral do Estado, a vista de requerimento fundamentado em que se aponte fato ou circunstância nova, não submetida ao conhecimento da Procuradoria-Geral do Estado quando da emissão do parecer cuja revisão é pleiteada. (Nova redação dada pela Lei Complementar n.º 95, de 27.01.11)

§ 4º A Procuradoria-Geral do Estado emitirá parecer sobre matéria jurídica de interesse da Administração indireta, quando expressamente determinado pelo Procurador-Geral.

§ 5º Os pareceres proferidos pelos Procuradores do Estado, nos processos que lhe forem distribuídos, podem ser desaprovados mediante despacho fundamentado do Procurador-Chefe respectivo ou do Procurador-Geral do Estado.

§ 6º Os originais dos pareceres, depois de despachados, devem ser anexados aos autos dos processos respectivos, deles se extraindo cópias destinadas a arquivamento.

SUBSEÇÃO VI
DA PROCURADORIA DE PROCESSO ADMINISTRATIVO-DISCIPLINAR

Art. 28. Compete à Procuradoria de Processo Administrativo-Disciplinar:

I - conduzir os processos administrativo-disciplinares em que se atribua a prática de ilícitos administrativos a servidores públicos civis da Administração direta, autárquica e fundacional, inclusive da Polícia Civil, respeitada a competência da Controladoria-Geral de Disciplina dos Órgãos de Segurança Pública e Sistema Penitenciário do Estado do Ceará. (Nova redação dada pela Lei Complementar n.º 134, de 07.04.14)

II - conduzir processo de revisão de processo administrativo-disciplinar, em caso de pedido de renovação da instância administrativa, nas hipóteses previstas em lei;

III - assegurar ampla defesa aos indiciados revéis e aos que não tenham condições de constituir advogado, nomeando-se-lhes defensor;

IV - expedir citações, notificações e intimações nos processos de sua competência, requisitando informações e documentos para instruí-los;

V - requisitar e realizar diligências investigatórias;

VI - exercer outras atividades correlatas ao desempenho das atribuições dispostas neste artigo.

Art. 29. A Procuradoria de Processo Administrativo-Disciplinar é constituída por:

I - Comissões Processantes, encarregadas de realizar os processos administrativo-disciplinares mencionados no inciso I do artigo anterior;

II - Comissão de Revisão, encarregada de realizar processo de revisão, conforme mencionado no inciso II do artigo anterior.

§ 1º As Comissões Processantes, de caráter permanente, devem ser compostas por 3 (três) membros titulares, designados pelo Procurador-Geral do Estado, para mandato de 2 (dois) anos, permitida a recondução, sendo um Procurador do Estado, responsável por sua Presidência, e 2 (dois) servidores estaduais estáveis bacharéis em direito.

§ 2º Cada Comissão Processante deve ter 3 (três) membros suplentes, designados pelo Procurador-Geral do Estado, dentre Procuradores e servidores estaduais estáveis bacharéis em direito. (Nova redação dada pela Lei Complementar n.º 134, de 07.04.14)

§ 3º A Comissão de Revisão, de caráter provisório, constituída pelo Governador do Estado quando se fizer necessária sua atuação, deve ser composta por três Procuradores do Estado, com mais de três anos de efetivo exercício do cargo, escolhidos dentre os que não tenham funcionado na Comissão Processante que presidiu o processo administrativo-disciplinar a ser revisto.

§ 4º Cada comissão processante terá um Assistente Técnico para secretariar as audiências, nomeado em comissão pelo Governador do Estado dentre servidores lotados na Procuradoria Geral do Estado. (Nova redação dada pela Lei Complementar n.º 60, de 06.12.06)

Art. 30. Os membros das Comissões Processantes oriundos de outros órgãos ou de outras entidades da Administração estadual devem ser colocados à disposição da Procuradoria-Geral do Estado, tendo a obrigação de dedicar todo o seu empenho funcional, exclusivamente, à execução dos trabalhos de sua competência, assegurando-se-lhes a percepção dos vencimentos e das vantagens dos cargos efetivos que ocupem na Administração estadual, sem prejuízo da gratificação a que se refere o art. 32 desta Lei Complementar.

Art. 31. O Governador do Estado colocará à disposição da Procuradoria-Geral do Estado, em número suficiente, com ônus para a origem, servidores de órgãos e entidades da Administração estadual que sejam bacharéis em direito inscritos na Ordem dos Advogados do Brasil, aos quais incumbirá a defesa dos indiciados revéis e dos indiciados que não tenham condições de constituir advogado.

Art. 32. Aos membros das Comissões Processantes e da Comissão de Revisão, bem como aos servidores colocados à disposição da Procuradoria-Geral do Estado para atuarem como defensores em processos administrativo-disciplinares, será concedida Gratificação pela Execução de Encargos na Procuradoria de Processo Administrativo-Disciplinar, no valor de R$ 2.218,16 (dois mil, duzentos e dezoito reais e dezesseis centavos) para Presidente e membro, e de R$ 1.462,79 (mil, quatrocentos e sessenta e dois reais e setenta e nove centavos) para Defensores, que será paga proporcionalmente aos dias de efetivo exercício, sem prejuízo dos vencimentos, salários, diretos e vantagens inerentes aos cargos ou funções de origem, e revista na mesma data e no mesmo índice da revisão geral dos servidores públicos do Estado do Ceará, não podendo servir de base e nem computada para o cálculo de qualquer vantagem ou acréscimo financeiro, não sendo incorporada para qualquer fim, inclusive aposentadoria. (Nova redação dada pela Lei Complementar n.º 134, de 07.04.14)

Art. 33. A autoridade que determinar a instauração de processo administrativo-disciplinar remeterá, de imediato, à Procuradoria-Geral do Estado, a portaria correspondente, devidamente publicada no Diário Oficial do Estado, acompanhada da ficha funcional respectiva e das demais peças informativas acerca do indiciado, além de elementos probatórios dos fatos objeto da imputação, inclusive os autos da sindicância, quando houver.

Art. 34. Sob pena de responsabilidade, inclusive por desídia funcional, os dirigentes dos órgãos e das entidades da Administração estadual devem atender, no prazo fixado pela Comissão Processante, às solicitações, diligências investigatórias e requisições, comunicando prontamente, em caso de força maior, a razão da impossibilidade do atendimento.

Art. 35. Tem caráter urgente e prioritário o fornecimento dos meios de transporte e estada aos encarregados da realização do processo administrativo-disciplinar, correndo as respectivas despesas à conta do órgão ao qual o indiciado se encontra vinculado.

Art. 36. Concluída a fase de instrução, os autos do processo administrativo disciplinar devem ir com vistas ao defensor do indiciado, pelo prazo de 10 (dez) dias, para oferecimento das razões finais.

Art. 37. Ultrapassado o prazo a que se refere o artigo anterior, oferecidas ou não as razões finais, e não havendo outras diligências a serem cumpridas, o Presidente da Comissão Processante deve distribuir o processo a um dos membros da Comissão, para relatar no prazo de 15 (quinze) dias.

Parágrafo único. O relatório das Comissões Processantes conterá:

I - histórico das imputações feitas ao indiciado;

II - análise dos fatos e fundamentos jurídicos da acusação;

III - conclusão, opinando pela absolvição ou pela punição do indiciado, apontando, neste último caso, a pena a ser aplicada e a disposição legal em que se fundamenta.

Art. 38. As Comissões Processantes deliberarão por maioria, ressalvada a competência privativa de seu Presidente, definida em Regulamento.

Art. 39. A inobservância dos prazos estabelecidos para o trâmite e a conclusão do processo administrativo-disciplinar não importa em nulidade.

Art. 40. As normas pertinentes à condução do processo administrativo-disciplinar pelas Comissões Processantes aplicam-se, no que couber, ao processo de revisão conduzido pela Comissão de Revisão.

Parágrafo único. Aplicam-se subsidiariamente às regras procedimentais do processo administrativo-disciplinar, previstas nesta Lei Complementar e nas leis estaduais aplicáveis, as normas do Código de Processo Penal e do Código de Processo Civil.

Art. 41. O Governador do Estado, mediante exposição justificada do Procurador-Geral do Estado, poderá, a qualquer tempo, extinguir ou criar comissões de processamento, de acordo com as necessidades da Administração, observadas as normas previstas nesta Subseção.

SUBSEÇÃO VII
DA PROCURADORIA DO PATRIMÔNIO E DO MEIO AMBIENTE

Art. 42. Compete à Procuradoria do Patrimônio e do Meio Ambiente:

I - promover a defesa e a proteção, em juízo ou fora dele, dos direitos e interesses relativos ao patrimônio imobiliário do Estado;

II - organizar e acompanhar, mediante autorização, os processos administrativos e judiciais de desapropriação por utilidade pública, necessidade pública ou interesse social, em que o Estado seja o promovente;

III - funcionar, judicial ou extrajudicialmente, em casos de locação, arrendamento, enfiteuse, concessão de direito de superfície e compra e venda relativos a bens imóveis do Estado;

IV - prestar assistência técnico-jurídica quando da realização de atos ou negócios jurídicos relativos a bens imóveis do Estado, inclusive elaborando minutas e contratos;

V - acompanhar os processos de usucapião em que o Estado tenha sido instado a manifestar seu interesse;

VI - providenciar junto aos Cartórios de Registro de Imóveis competentes o registro de títulos e a regularização da situação jurídica de imóveis pertencentes ou adquiridos pelo Estado ou por entidade da Administração Pública Estadual;

VII - patrocinar judicialmente os interesses do Estado nas causas relacionadas ao meio ambiente e às políticas de quantidade e qualidade de águas;

VIII - promover ações do Estado, com prévia autorização do Procurador-Geral, em face da União, dos Estados e dos Municípios, bem como em face das respectivas entidades da Administração indireta, e de pessoas físicas ou jurídicas de direito privado, nas questões relacionadas com o patrimônio e com o meio ambiente e com o domínio e aproveitamento das águas, nas suas diversas modalidades de uso e conservação, defendendo o Estado nas ações que lhe forem movidas nesse campo de atuação;

IX - ajuizar ações possessórias, demarcatórias, divisórias e de proteção do patrimônio ambiental e das águas do domínio do Estado;

X - defender os interesses do Estado nas ações ou processos de natureza tributária, inclusive nos mandados de segurança, mandados de injunção e habeas data, quando prevalente a matéria ou o interesse patrimonial imobiliário ou ambiental, podendo atuar em conjunto com a Procuradoria Fiscal;

XI - ajuizar, com prévia autorização do Procurador-Geral, ações civis públicas em que seja promovente o Estado do Ceará, visando à proteção do meio ambiente e do patrimônio histórico, artístico-cultural, turístico, urbanístico e paisagístico estaduais;

XII - emitir pareceres sobre matéria relativa ao patrimônio imobiliário estadual, sobre domínio, aproveitamento e outorga do uso de águas, sobre questões de natureza ambiental, bem como sobre planos de urbanização, aplicando-se o disposto no art. 27 desta Lei Complementar;

XIII - fiscalizar a legalidade dos atos da Administração estadual relacionados ao patrimônio público, ao uso das águas e ao meio ambiente;

XIV - exercer outras atividades correlatas ao desempenho das atribuições dispostas neste artigo.

SUBSEÇÃO VIII
DA COMISSÃO CENTRAL DE DESAPROPRIAÇÕES E PERÍCIAS

Art. 43. A Comissão Central de Desapropriações e Perícias – CCDP, integra a estrutura organizacional da Procuradoria do Patrimônio e Meio Ambiente, da Procuradoria-Geral do Estado, com competência para promover os atos executórios relativos às desapropriações decretadas de interesse da Administração Pública direta, autárquica e fundacional do Estado do Ceará, e realizar ou acompanhar perícias em bens imóveis urbanos e rurais. (Nova redação dada pela Lei Complementar n.º 134, de 07.04.14)

§ 1º A Comissão Central de Desapropriação e Perícias é composta de:

I - 1 (um) Presidente, que será o Procurador-Chefe da Procuradoria do Patrimônio e Meio Ambiente;

II - 2 (dois) Vices-Presidentes, e; (Nova redação dada pela Lei Complementar n.º 134, de 07.04.14)

III - até 10 (dez) membros, designados dentre servidores estaduais.

§ 2º O Presidente da Comissão Central de Desapropriações e Perícias poderá ser um Procurador do Estado, em exercício na Procuradoria do Patrimônio e Meio Ambiente, designado pelo Procurador Geral do Estado.

§ 3º Aos componentes da Comissão Central de Desapropriações e Perícias poderá ser concedida gratificação por encargos de desapropriações ou perícias, no valor de R$ 1.687,47 (um mil, seiscentos e oitenta e sete reais e quarenta e sete centavos), que será paga proporcionalmente aos dias de efetivo exercício, sem prejuízo dos vencimentos, salários, diretos e vantagens inerentes aos cargos, funções ou empregos de origem.

§ 4º A gratificação prevista no § 3º será revista exclusivamente na mesma data e no mesmo índice da revisão geral dos servidores públicos do Estado do Ceará, não podendo servir de base e nem computada para o cálculo de qualquer vantagem ou acréscimo financeiro, não sendo incorporada para qualquer fim, inclusive aposentadoria.

§ 5º Os cargos de provimento em comissão de Vice-Presidente da Comissão Central de Desapropriações e Perícias, de livre nomeação pelo Governador do

Estado, correspondem à simbologia DNS-3, podendo seu ocupante perceber cumulativamente a gratificação prevista no §3º. (Nova redação dada pela Lei Complementar n.º 134, de 07.04.14)

§ 6º Poderão ser constituídos Grupos de Trabalho responsáveis pelas atividades necessárias à organização, execução e acompanhamento de desapropriações de maior complexidade e extensão, vinculados à Comissão Central de Desapropriações e Perícias, a serem compostos por servidores estaduais, ocupantes de cargos efetivos ou em comissão, funções ou empregos.

§ 7º Os servidores designados para os fins do § 6º permanecerão lotados no seu órgão ou entidade de origem, e exercerão suas atividades no Grupo de Trabalho para o qual foram designados, com ou sem prejuízo das atividades de seu cargo efetivo, função ou emprego, conforme disposto no Decreto de designação.

§ 8º Os servidores designados para fins do § 6º, se titulares de cargos em comissão, permanecerão lotados no seu órgão ou entidade de origem, e exercerão suas atividades no Grupo de Trabalho sem prejuízo das atividades de seu cargo em comissão.

§ 9º Aos servidores designados na forma do § 6º poderá ser paga a gratificação prevista no §3º, sendo vedada a percepção cumulativa dessa mesma gratificação.

§ 10. A gratificação por encargos de licitação ou perícia deverá ser concedida por ato do Procurador-Geral. (Nova redação dada pela Lei Complementar n.º 134, de 07.04.14)

Art. 44. ~~São competentes para homologar a avaliação procedida pela Comissão Central de Desapropriações e Perícias os titulares dos órgãos e entidades diretamente interessados na desapropriação~~. (Revogado pela Lei Complementar n.º 134, de 07.04.14)

SUBSEÇÃO IX
DA PROCURADORIA DA ADMINISTRAÇÃO INDIRETA E DE POLÍTICAS PÚBLICAS

Art. 45. Compete à Procuradoria da Administração Indireta e de Políticas Públicas:

I - representar o Procurador-Geral do Estado, exercendo as funções de direção superior, coordenação, orientação e supervisão das atividades de representação judicial das entidades da Administração Pública Estadual Indireta, inclusive das procuradorias autárquicas e fundacionais;

II – representar o Estado, quando autorizado pelo Procurador-Geral, em litisconsórcio ou assistência nos processos que entidades da Administração Indireta sejam partes, ou para outras formas de atuação judicial em defesa do interesse público estadual;

III - representar o Procurador-Geral do Estado, exercendo as funções de direção superior, coordenação, orientação e supervisão das atividades de consultoria jurídica da Administração Pública Indireta, inclusive das procuradorias autárquicas e fundacionais;

IV - emitir pareceres sobre questões concernentes exclusivamente à Administração Indireta, sobre questões concernentes ao relacionamento entre a Administração Direta e a Indireta, ou sobre questões que repercutam em ambas, aplicando-se o disposto no art. 27 desta Lei Complementar, sem prejuízo da distribuição da matéria, pelo Procurador-Geral ou Procurador-Geral Adjunto, à análise da Consultoria-Geral, de forma exclusiva ou não;

V - avocar os processos em que for parte entidade da Administração Indireta, representando-a, quando for considerado relevante o interesse do Estado na causa;

VI - exercer a representação judicial em processos relacionados a Políticas Públicas concernentes à Administração Direta ou Indireta, definidas em ato do Procurador-Geral;

VII - outras atividades correlatas ao desempenho das atribuições dispostas neste artigo. (Nova redação dada pela Lei Complementar n.º 134, de 07.04.14)

Parágrafo único. Os procuradores, advogados e/ou representantes das entidades da Administração Pública Estadual Indireta deverão submeter à orientação do Procurador-Chefe da Administração Indireta as petições iniciais, contestações, reconvenções e recursos a serem apresentados na defesa das respectivas entidades, sob pena de falta funcional, cabendo ao Procurador-Chefe apor o seu visto na peça aprovada.

SUBSEÇÃO IX-A
DA PROCURADORIA DE LICITAÇÕES, CONTRATOS ADMINISTRATIVOS E CONTROLE EXTERNO

Art. 45-A. Compete à Procuradoria de Licitações, Contratos Administrativos e Controle Externo:

I - patrocinar, judicial e extrajudicialmente, os interesses do Estado nas causas e interesses relacionados a licitações, contratos administrativos, convênios e demais formas de ajuste firmados pelo Estado do Ceará, salvo nos feitos de competência de outros órgãos da Procuradoria-Geral do Estado;

II - patrocinar, judicial e extrajudicialmente, os interesses do Estado nas causas e interesses relacionados aos Tribunais de Contas;

III - exercer outras atividades correlatas ao desempenho das atribuições dispostas neste artigo. (Nova redação dada pela Lei Complementar n.º 134, de 07.04.14)

SUBSEÇÃO X
DAS PROCURADORIAS REGIONAIS

Art. 46. A Procuradoria-Geral do Estado terá até 5 (cinco) Procuradorias Regionais instaladas no interior do Estado, por ato do Procurador-Geral.

§ 1º As Procuradorias Regionais poderão exercer, no limite de seus respectivos âmbitos territoriais de atuação, as competências previstas para as Procuradorias Fiscal, Judicial, do Patrimônio e do Meio Ambiente, da Administração Indireta e de Políticas Públicas, e de Licitações, Contratos Administrativos e Controle Externo, devendo agir em harmonia funcional e de diretrizes com estas.

§ 2º A organização, a estruturação, a localização e o âmbito territorial de atuação das Procuradorias Regionais serão estabelecidos em ato do Procurador-Geral.

§ 3º As Procuradorias Regionais, sediadas no interior do Estado, serão integradas por Procuradores do Estado do nível inicial da carreira, com o menor tempo de serviço no cargo.

§ 4º Na hipótese de Procuradores do Estado dos demais níveis da carreira interessados em lotação nas Procuradorias Regionais, estes terão preferência sobre os previstos no §3º, devendo a lotação observar o critério de antiguidade, com preferência para o mais antigo.

§ 5º É de livre nomeação e exoneração entre quaisquer integrantes da carreira, mesmo que ainda não estável, o cargo de Procurador-Chefe de Procuradoria Regional. (Nova redação dada pela Lei Complementar n.º 134, de 07.04.14)

§ 6º A atuação dos Procuradores lotados nas Procuradorias Regionais não desobriga os Procuradores lotados na sede da Capital do cumprimento de suas missões no interior do Estado. (Nova redação dada pela Lei Complementar n.º 60, de 06.12.06)

SUBSEÇÃO XI
DA REPRESENTAÇÃO NO DISTRITO FEDERAL

Art. 47. A Procuradoria-Geral do Estado terá representação no Distrito Federal, para atuação junto aos Poderes e aos órgãos e entidades da Administração Pública ali estabelecidos, podendo exercer as atribuições próprias das Procuradorias Fiscal, Judicial, do Patrimônio e do Meio Ambiente, da Administração Indireta e Políticas Públicas, da Consultoria-Geral e de Licitações, Contratos e Controle Externo, podendo agir em conjunto com estas, conforme determinação do Procurador-Geral.

§ 1º Os Procuradores do Estado a terem exercício na Capital Federal serão designados pelo Procurador-Geral do Estado, fazendo jus percepção de gratificação de cargo de provimento em comissão, símbolo DNS 2.

§2º O ato de remoção dos Procuradores em exercício na Capital Federal deverá ser motivado e obedecer ao disposto no art. 21-D desta Lei Complementar. (Nova redação dada pela Lei Complementar n.º 189, de 26.12.18)

Parágrafo único. Os Procuradores do Estado a terem exercício na Capital Federal serão designados pelo Procurador-Geral do Estado, fazendo jus à percepção de gratificação de cargo de provimento em comissão, símbolo DNS -2.

SUBSEÇÃO XI-A
DA CENTRAL DE LICITAÇÕES

Art. 47-A. A Central de Licitações, vinculada operacionalmente à Procuradoria-Geral do Estado, é composta de pregoeiros e membros de apoio, e de até 12 (doze) comissões especiais de licitação, incluindo a Comissão Central de Concorrências, sendo sua competência processar e julgar, respectivamente, as modalidades de licitação Pregão, presencial e eletrônico, Concorrência, Tomada de Preços, Convite, Leilão, as formas de disputas e procedimentos licitatórios das empresas públicas, das sociedades de economia mista e de suas subsidiárias na forma da Lei Federal nº 13.303, de 30 de junho de 2016, licitações com financiamento de instituições financeiras internacionais, bem como as demais modalidades e formas de licitação a serem instituídas para os órgãos da Administração Direta do Poder Executivo e para as suas autarquias, fundações, empresas públicas e sociedades de economia mista. (Nova redação dada pela Lei Complementar n.º 179, de 28.06.18)

Parágrafo único. As licitações do Regime Diferenciado de Contratação – RDC, instituído pela Lei Federal nº 12.462, de 4 de agosto de 2011, serão processadas pela Comissão Central de Concorrências ou por uma das Comissões Especiais de Licitação previstas no *caput* deste artigo.

SUBSEÇÃO XI-B
DAS COMISSÕES ESPECIAIS DE LICITAÇÃO

Art. 47-B. Compete às Comissões Especiais de Licitação processar as licitações nas modalidades Tomada de Preços, Convite e Leilão, para todos os órgãos da Administração Direta do Poder Executivo, bem como para suas autarquias, fundações, empresas públicas e sociedades de economia mista.

Parágrafo único. Pelo menos uma das Comissões Especiais previstas neste artigo será destinada exclusivamente às licitações com financiamento de instituições financeiras internacionais.

SUBSEÇÃO XI-C
DAS EQUIPES DE PREGOEIROS E MEMBROS DE APOIO

Art. 47-C. Compete aos Pregoeiros da Central de Licitações:

I – o processamento das licitações da modalidade Pregão, presencial e eletrônico;

II - conduzir os trabalhos da equipe de apoio;

III - receber, examinar e decidir as impugnações e consultas ao edital, apoiado pela área responsável pela elaboração do Termo de Referência ou do Projeto Básico do órgão de origem da licitação;

IV - receber as propostas de preços;

V - abrir e examinar as propostas de preços e classificar os proponentes;

VI - conduzir os procedimentos relativos à etapa de lances e escolher a proposta ou o lance de menor preço;

VII - verificar a conformidade das propostas com os requisitos estabelecidos no instrumento convocatório;

VIII - receber a documentação de habilitação;

IX - verificar e julgar as condições de habilitação;

X - declarar o vencedor;

XI - receber, examinar e decidir sobre a pertinência dos recursos, com a assistência encaminhando-os ao ordenador de despesas do quando mantiver sua decisão;

XII - adjudicar o objeto ao licitante vencedor, quando não houver recurso;

XIII - elaborar e publicar a ata do pregão;

XIV - encaminhar o processo devidamente instruído à Autoridade Competente e propor a homologação.

Art. 47-D. Compete ao membro de equipe de apoio auxiliar o pregoeiro em todas as fases do processo licitatório. (Nova redação dada pela Lei Complementar n.º 134, de 07.04.14)

SUBSEÇÃO XII
DA COMISSÃO CENTRAL DE CONCORRÊNCIAS

Art. 48. Compete à Comissão Central de Concorrências processar e julgar as licitações realizadas na modalidade de Concorrência e as licitações do Regime Diferenciado de Contratações Públicas – RDC, instituído pela Lei Federal nº 12.462, de 4 de agosto de 2011, pela Administração Direta, autarquias, fundações, empresas públicas e sociedades de economia mista, exceto licitações de publicidade dos órgãos e entidades da Administração Estadual. (redação dada pela Lei Complementar n.º 121, de 15.04.13)

§ 1º A Comissão Central de Concorrências tem como presidente nato o Procurador-Geral do Estado, assumindo o Vice-Presidente da Comissão Central de Concorrências a condução dos trabalhos nos casos de ausência, impedimentos e suspeição do presidente. (Nova redação dada pela Lei Complementar n.º 134, de 07.04.14)

§ 2º No caso de vacância do cargo de Procurador-Geral do Estado, a presidência da Comissão Central de Concorrências será exercida pelo Procurador-Geral Adjunto.

§ 3º ~~A Comissão Central de Concorrências terá suas competência, organização e funcionamento definidos em regulamento, pelo Governador do Estado, atribuindo-se a cada um de seus membros gratificação pela execução de trabalho relevante, técnico ou científico, prevista no art. 132 da Lei n.º 9.826, de 14 de maio de 1974, sem prejuízo dos vencimentos, salários, direitos e vantagens inerentes aos cargos, funções ou empregos de origem~~. (Revogado pela Lei Complementar n.º 134, de 07.04.14)

§ 4º O cargo de provimento em comissão de Vice-Presidente da Comissão Central de Concorrência, de livre nomeação pelo Governador do Estado, corresponde à simbologia DNS-2. (Nova redação dada pela Lei Complementar n.º 134, de 07.04.14)

Art. 49. São competentes para homologar o julgamento das licitações processadas e julgadas pela Comissão Central de Concorrências os titulares dos órgãos e entidades diretamente interessados na licitação.

SEÇÃO IV
DOS ÓRGÃOS DE EXECUÇÃO INSTRUMENTAL

SUBSEÇÃO I
DISPOSIÇÃO GERAL

Art. 50. Os órgãos de execução instrumental da Procuradoria-Geral do Estado, diretamente subordinados ao Procurador-Geral do Estado, são responsáveis pelas atividades administrativas auxiliares da Procuradoria--Geral do Estado.

SUBSEÇÃO II
DO CENTRO DE ESTUDOS E TREINAMENTO

Art. 51. Compete ao Centro de Estudos e Treinamento, designado pela sigla CETREI:

I - promover o aperfeiçoamento do pessoal técnico, administrativo e operacional da Procuradoria Geral do Estado, bem como de servidores da Administração Pública Estadual;

II - organizar seminários, cursos, estágios, treinamentos e atividades correlatas; (Nova redação dada pela Lei Complementar n.º 60, de 06.12.06)

III - organizar e manter banco de dados informatizado da legislação estadual;

IV - divulgar matéria doutrinária, legislativa e jurisprudencial de interesse do Estado;

V - elaborar estudos e pesquisas bibliográficas e legislativas;

VI - preparar, publicar e distribuir a Revista da Procuradoria-Geral do Estado, destinada a divulgar pareceres e outros trabalhos jurídicos;

VII - elaborar boletim ou jornal periódico em parceria com a Assessoria de Comunicação e Relações Públicas da Procuradoria-Geral do Estado;

VIII - efetuar a catalogação sistemática e informatizada dos pareceres emitidos pela Procuradoria-Geral do Estado;

IX - manter, sob a sua coordenação e supervisão, a Biblioteca da Procuradoria-Geral do Estado;

X - estabelecer intercâmbio com centros universitários, órgãos e entidades congêneres; (Nova redação dada pela Lei Complementar n.º 95, de 27.01.11)

XI - elaborar e divulgar sistematicamente a programação de cursos, palestras e treinamentos;

XII – criar comendas para homenagear juristas de renome, mediante critérios definidos em Portaria do Procurador-Geral do Estado;

XIII - estimular a pesquisa científica, jurídica e tecnológica;

XIV - exercer outras atribuições previstas em Regulamento. (Nova redação dada pela Lei Complementar n.º 95, de 27.01.11)

§ 1º O CETREI será chefiado por Procurador do Estado, nomeado em comissão pelo Governador do Estado, dentre os integrantes da carreira.

§ 2º Na estrutura do CETREI haverá uma Secretaria de Registro e Controle de Eventos, dirigida por técnico de nível médio, de livre nomeação pelo Governador do Estado.

§ 3º A Biblioteca da Procuradoria-Geral do Estado será dirigida por um bacharel em biblioteconomia, de livre nomeação pelo Governador do Estado.

§ 4º Na realização ou patrocínio das atividades previstas no inciso II deste artigo, o CETREI poderá cobrar taxas de inscrição dos participantes, desde que não sejam Procuradores do Estado, servidores ou estagiários da Procuradoria-Geral do Estado, cuja arrecadação será destinada ao Fundo de Desenvolvimento Institucional – FUNEDINS, sendo essa arrecadação aplicada exclusivamente em despesas da Procuradoria-Geral do Estado.

§ 5º Fica criada a Escola Superior de Formação Jurídica, destinada à organização de cursos de extensão universitária e de pós-graduação, cujo funcionamento observará os critérios definidos em Portaria do Procurador-Geral do Estado, competindo-lhe realizar:

I - cursos, seminários, congressos, simpósios, pesquisas, atividades de estudos e palestras;

II - qualquer tipo de atividade cultural ligada ao campo do Direito e ciências correlatas, bem como relacionadas ao conteúdo interdisciplinar, abertas aos membros da Procuradoria-Geral do Estado e, excepcionalmente, a profissionais de outras carreiras ou categorias jurídicas ou não jurídicas, desde que vinculadas às atribuições institucionais da Procuradoria-Geral do Estado;

III - projetos e atividades de ensino e pesquisas que se relacionem com o aprimoramento dos membros e servidores da Procuradoria-Geral do Estado;

IV - intercâmbio cultural e científico com instituições públicas e privadas, nacionais e estrangeiras, para o aprimoramento técnico científico, inclusive na forma de pós-graduação strito e lato sensu;

V - convênios com entidades de ensino, nacionais e estrangeiros, segundo os seus fins;

VI - promover curso de pós-graduação nas áreas jurídicas e correlatas às atribuições institucionais;

VII - promover Curso de Preparação para Concurso Público da Procuradoria do Estado;

VIII - promover cursos abertos à comunidade sobre temas afetos às atribuições da instituição, bem como de divulgação de suas atividades, como forma de educação em direitos e cidadania. (Nova redação dada pela Lei Complementar n.º 134, de 07.04.14)

SUBSEÇÃO III
DA COORDENADORIA ADMINISTRATIVO-FINANCEIRA

Art. 52. A Coordenadoria Administrativo-Financeira, chefiada por um coordenador, nomeado em comissão pelo Governador do Estado, dentre profissionais formados em administração, economia ou contabilidade, é responsável pela execução das funções administrativas da Procuradoria-Geral do Estado.

Art. 53. Compete à Coordenadoria Administrativo-Financeira:

I - coordenar, orientar e supervisionar os serviços administrativos e financeiros da Procuradoria Geral do Estado, bem como sugerir ao Procurador Geral Adjunto, a elaboração de normas sobre assuntos de administração geral; (Nova redação dada pela Lei Complementar n.º 60, de 06.12.06)

II - executar as atividades-meio da Procuradoria-Geral do Estado;

III - assessorar, em assuntos de sua competência, a administração superior e os demais órgãos da Procuradoria-Geral do Estado;

IV - exercer outras atribuições previstas em Regulamento.

Art. 54. Integram a estrutura da Coordenadoria Administrativo-Financeira: a Célula Financeira, a Célula de Recursos Humanos e a Célula Administrativa, dirigidas por Orientadores, de livre nomeação pelo Governador do Estado. (Nova redação dada pela Lei Complementar n.º 60, de 06.12.06)

Art. 55. A Coordenadoria Administrativo-Financeira e suas Células terão seu funcionamento, estrutura e atribuições detalhados por Decreto do Governador.

SUBSEÇÃO IV
DA COORDENADORIA DE TECNOLOGIA E INFORMAÇÃO

Art. 56. Compete à Coordenadoria de Tecnologia da Informação, Inovação e Governança.

I - garantir o cumprimento das competências da CTI, através de planejamento, captação de recursos, coordenação, monitoramento e avaliação contínua dos indicadores de desempenho e de resultados das células;

II - prestar assessoramento ao Procurador-Geral, Procuradores Adjuntos e Procurador Executivo sobre assuntos inerentes à Coordenadoria de Tecnologia da Informação e Inovação;

III - manter atualizado o Plano Diretor de Tecnologia da Informação e Inovação da Procuradoria-Geral do Estado;

IV - elaborar e acompanhar o Planejamento Estratégico de Tecnologia da Informação da Procuradoria-Geral do Estado;

V - disseminar a cultura de Tecnologia da Informação, Governança de TI, certificação digital e Inovação para o negócio na Procuradoria-Geral do Estado e vinculadas;

VI - acompanhar, sistematicamente, em conjunto com as demais Coordenadorias, os Programas da Procuradoria-Geral do Estado e de suas vinculadas, tomando como parâmetro a Gestão Pública por Resultados;

VII - apoiar os gestores da PGE, fornecendo consultoria referente a criação, manutenção e apresentação de indicadores de desempenho e de resultados, visando subsidiar processos decisórios e prestação de contas, relativos à Procuradoria-Geral do Estado, bem como viabilizando a modernização de serviços, processos e atividades relacionados à gestão;

VIII - implementar as ações do Programa Nacional de Gestão Pública e Desburocratização – Gespública, na PGE;

IX - garantir as conformidades dos produtos e serviços de TI com a legislação vigente;

X - exercer outras competências correlatas.

Parágrafo único. A Coordenadoria de Tecnologia e Informação será chefiada por 1 (um) Coordenador, tendo 1 (um) Orientador de Célula e 1 (um) Assistente Técnico, cargos de provimento em comissão de simbologias DNS-2, DNS-3 e DAS-2, respectivamente. (Nova redação dada pela Lei Complementar n.º 134, de 07.04.14)

SUBSEÇÃO V
DO REGISTRO E CONTROLE DE FEITOS

Art. 57. Na estrutura de cada órgão de execução programática, no Centro de Estudos e Treinamento e na Coordenadoria da Dívida Ativa haverá 1 (um) Assessor Técnico, cargo em comissão de simbologia DAS-1, responsável pelo registro e controle de feitos. (Nova redação dada pela Lei Complementar n.º 134, de 07.04.14)

Parágrafo único. ~~Compete ao Assessor Técnico de Registro e Controle de Feitos:~~

I - ~~receber, registrar e controlar a movimentação de documentos e processos judiciais e administrativos de competência dos respectivos órgãos;~~

II - ~~manter atualizados os registros de ações e feitos em curso, promovidos ou contestados pelas respectivas Procuradorias;~~

III - ~~organizar e manter atualizados os fichários de acompanhamento de processos, ações, bem como colecionar em acervo cópias dos trabalhos elaborados pelos Procuradores;~~

IV - ~~manter atualizadas as pastas correspondentes aos processos administrativos e ações ajuizadas e eventos realizados;~~

V - ~~prestar informações aos interessados, desde que não vedadas em lei ou norma regulamentar e previamente autorizadas pela respectiva chefia;~~

VI - ~~colaborar na elaboração do relatório semestral dos respectivos órgãos;~~

VII - ~~organizar e manter atualizado um arquivo de pareceres proferidos pelas respectivas Procuradorias em processos administrativos;~~

~~VIII - organizar e manter atualizado arquivo de legislação e de jurisprudência de interesse das respectivas Procuradorias.~~

» *(Revogado pela Lei Complementar n.º 134, de 07.04.14)*

TÍTULO III
DO REGIME JURÍDICO DOS PROCURADORES DO ESTADO

CAPÍTULO I
DO INGRESSO NA CARREIRA

Art. 58. Os cargos da classe inicial da carreira de Procurador do Estado serão providos por concurso público de provas e títulos, realizado pela Procuradoria-Geral do Estado, diretamente ou por meio de entidade especializada contratada especificamente para esse fim.

Parágrafo único. O ingresso em qualquer dos níveis da carreira de Procurador do Estado não pode ocorrer por transformação, transferência ou qualquer outro meio de provimento que não os previstos nesta Lei Complementar.

Art. 59. A Comissão do Concurso, nomeada pelo Procurador-Geral do Estado, será composta de 3 (três) membros, escolhidos dentre bacharéis em Direito de reconhecido saber jurídico e notória idoneidade moral, sendo um deles indicado pela Ordem dos Advogados do Brasil, Seção Ceará, mediante solicitação do Procurador-Geral do Estado, sendo presidida por um Procurador do Estado.

§ 1º Compete à Comissão do Concurso, dentre outras atribuições:

I - organizar o calendário das provas e determinar o local de sua realização;

II - coordenar e supervisionar, em todas as fases, a realização do concurso, adotando todas as providências que julgar necessárias ao seu normal processamento;

III - apresentar ao Procurador Geral do Estado relatório circunstanciado dos seus trabalhos e a proclamação do resultado do concurso, para fins de homologação.

§ 2º Para secretariar a Comissão do Concurso, o Procurador-Geral do Estado designará um servidor da Procuradoria-Geral do Estado.

§ 3º A Banca Examinadora do Concurso será designada pelo Procurador-Geral, quando o certame for realizado diretamente pela Procuradoria-Geral.

Art. 60. Do edital constarão as matérias das provas, os respectivos programas, os títulos compatíveis e os critérios de sua avaliação, a escala de notas, as normas a serem observadas em caso de empate, o prazo para os recursos e as demais disposições regulamentares sobre o concurso.

§1º O concurso será anunciado por edital, publicado no Diário Oficial do Estado, e suas provas não poderão se realizar antes de decorridos 45 (quarenta e cinco) dias, contados da data da publicação do edital no Diário Oficial do Estado. (Nova redação dada pela lei Complementar n.º 64, de 25.10.07)

§ 2º O concurso compreenderá a realização de provas escritas eliminatórias em, pelo menos, duas etapas, compreendendo etapa de múltipla escolha e etapa discursiva, e avaliação de títulos.

§3º As provas versarão sobre as disciplinas: Direito Constitucional, Direito Administrativo, Direito Financeiro, Direito Tributário, Direito Penal, Direito Processual Penal, Direito Ambiental, Direito Civil, Direito Processual Civil, Direito do Trabalho, Direito Processual do Trabalho, Direito Comercial e Direito Previdenciário. (Nova redação dada pela Lei Complementar n.º 64, de 25.10.07)

§4º Somente serão admitidos os seguintes títulos:

I - exercício do magistério superior, por mais de 2 (dois) anos, em curso de Direito, desenvolvido em Instituição de Ensino Superior pública ou particular reconhecida;

II - exercício profissional de atividades, por mais de 2 (dois) anos, nas carreiras da Magistratura, do Ministério Público, da Defensoria Pública e em cargos de representação ou de assessoramento jurídico na Administração Direta ou Indireta da União, de Estado, do Distrito Federal ou de Município, este último desde que organizada em carreira;

III - produção cultural de autoria exclusiva do candidato, no âmbito da ciência jurídica, constante de publicação especializada de: a) monografias, teses ou livros; b) artigos e publicações em revistas jurídicas ou em periódicos de circulação estadual ou nacional; c) comentários; d) pareceres; e) outros trabalhos jurídicos demonstrativos de cultura geral;

IV - diploma, devidamente registrado, de conclusão de doutorado ou mestrado em Direito, ministrado por estabelecimento de ensino devidamente credenciado ou por escola de Direito estrangeira cujo diploma ou certificado tenha sido revalidado, na forma da lei brasileira;

V - certificado ou Declaração de conclusão de curso de pós-graduação em nível de especialização na área jurídica, ministrado por estabelecimento de ensino devidamente credenciado ou por escola de Direito estrangeira cujo diploma ou certificado tenha sido revalidado, na forma da lei brasileira, com carga-horária mínima de 360 horas;

VI - certificado ou Declaração de conclusão de curso de aperfeiçoamento na área jurídica, ministrado por estabelecimento de ensino devidamente credenciado ou por escola de Direito estrangeira cujo diploma ou certificado tenha sido revalidado, na forma da lei brasileira, com carga-horária mínima de 160 horas;

VII - aprovação em concurso público para provimento de vagas em qualquer dos cargos das carreiras da Advocacia-Geral da União ou em cargo de: Magistratura, Magistério Superior em curso de Direito, Promotor de Justiça, Procurador da República, Defensor Público, Procurador de Estado ou do Distrito Federal, Procurador de Município e da Administração Indireta de qualquer dos entes, estas duas últimas desde que organizadas em carreira;

VIII - exercício de cargo privativo de bacharel em Direito, no âmbito de qualquer dos Poderes da União, dos Estados, do Distrito Federal e dos Municípios, por mais de 2 (dois) anos;

IX - exercício da advocacia privada por mais de 2 (dois) anos;

X - aprovação em seleção pública para desempenho de estágio de aluno de curso de Direito no âmbito do Judiciário, do Ministério Público Federal ou Estadual, da Advocacia-Geral da União, da Procuradoria-Geral de Estado ou do Distrito Federal ou de Município, esta última desde que tenha os Procuradores organizados em carreira, comprovada a efetiva participação pelo período nunca inferior a 12 (doze) meses. (Nova redação dada pela Lei Complementar n.º 64, de 25.10.07)

§ 5º A pontuação dos títulos indicados no parágrafo anterior é a constante do anexo XI desta Lei Complementar.

§ 6º O Edital disporá, ainda, sobre outras regras do concurso para provimento de cargos de Procurador do Estado.

Art. 61. A classificação final dos candidatos obedecerá ordem decrescente do total dos pontos obtidos e será proclamado pela Comissão do Concurso, homologada pelo Procurador Geral do Estado, devendo o respectivo edital ser publicado no Diário Oficial do Estado.

§ 1º Do resultado do julgamento das provas e dos títulos poderá o interessado reclamar, perante a Comissão do Concurso, no prazo de 3 (três) dias, desde que fundamentada a reclamação em possível erro de contagem de pontos ou de identificação.

§ 2º O provimento dos cargos obedecerá à ordem de classificação e será feita em caráter efetivo, nos termos da legislação vigente.

§ 3º Os membros da Comissão do Concurso, da Banca Examinadora e o pessoal auxiliar poderão fazer jus a uma gratificação, a ser fixada por ato do Procurador Geral do Estado.

Art. 62. São requisitos para o ingresso na carreira de Procurador do Estado:

I - nacionalidade brasileira;

II - capacidade civil plena;

III - graduação em direito, em instituição de ensino oficialmente autorizada e credenciada;

IV - inscrição na Ordem dos Advogados do Brasil;

V - quitação do serviço militar, para os homens;

VI - gozo dos direitos políticos e quitação eleitoral.

Art. 63. O candidato aprovado no concurso público para provimento de cargos de Procurador do Estado pode, respeitado o respectivo prazo de validade do concurso, requerer que seu nome passe a figurar no último lugar da lista de classificação, sendo vedado, nesse caso, o retorno à posição de origem.

CAPÍTULO II
DA NOMEAÇÃO, DA POSSE, DO COMPROMISSO, DO EXERCÍCIO E DA ESTABILIDADE

Art. 64. O Procurador do Estado será nomeado por ato do Governador do Estado, tendo como pressuposto a comprovação de idoneidade moral e de bom comportamento social.

Art. 65. A posse no cargo de Procurador do Estado deve ocorrer no prazo de 30 (trinta) dias, contados da publicação do ato de nomeação no Diário Oficial do Estado.

Parágrafo único. O prazo para a posse no cargo de Procurador do Estado pode ser prorrogado por igual período, a pedido do interessado e a critério do Procurador-Geral do Estado.

Art. 66. A posse do Procurador do Estado dar-se-á perante o Procurador-Geral do Estado, mediante assinatura de termo em que o empossando prometa cumprir fielmente os deveres do cargo.

Art. 67. Na ocasião da posse, a Procuradoria-Geral do Estado deve exigir que o empossando comprove reunir tanto os requisitos previstos no art. 62 desta Lei Complementar, por meio dos documentos pertinentes, como as condições de saúde para o regular desempenho do cargo, mediante a apresentação de laudo do serviço médico do Estado.

§ 1º Caso o empossando não seja inscrito na Ordem dos Advogados do Brasil deverá obter tal inscrição no prazo de 60 (sessenta) dias, prorrogável a critério do Procurador-Geral, mediante requerimento e justificativa em que o interessado comprove ser a omissão devido à demora da própria OAB.

§ 2º Findo o prazo a que se refere o § 1.º deste artigo, sem que o interessado providencie sua inscrição na Ordem dos Advogados do Brasil, torna-se sem efeito o respectivo ato de nomeação.

Art. 68. O Procurador do Estado, regularmente nomeado e empossado, deve entrar em exercício no prazo de 30 (trinta) dias, contados da data da posse.

Parágrafo único. O prazo a que se refere o *caput* deste artigo pode ser prorrogado pelo Procurador-Geral do Estado, a requerimento do interessado, desde que haja motivo justo.

Art. 69. O Procurador do Estado adquirirá a estabilidade após 3 (três) anos de efetivo exercício no cargo, caso aprovado em avaliação especial de desempenho por comissão de três Procuradores do Estado instituída pelo Procurador-Geral para essa finalidade.

Art. 69-A. Fica assegurado ao Procurador do Estado em exercício de função de Procurador-Chefe de órgão de execução programática, Procurador-Chefe de órgão de execução instrumental, de Procurador Auxiliar, Procurador Executivo, Procurador-Geral Adjunto, Procurador-Geral do Estado, bem como de chefe de Procuradoria Jurídica de ente da Administração Indireta ou do Poder Legislativo, do Poder Judiciário, dos Tribunais de Contas do Estado do Ceará, ou de Secretário de Estado, Secretário Adjunto e Secretário Executivo, o direito de acrescer o período de exercício do cargo comissionado ao efetivamente cumprido no órgão de origem, para efeitos de remoção por antiguidade. (Nova redação dada pela Lei Complementar n.º 149, de 29.12.14)

CAPÍTULO III
DA CARREIRA

Art. 70. A carreira de Procurador do Estado escalona-se em 5 (cinco) classes, assim designadas:

I - Procurador do Estado de Classe Especial, classe final da carreira;

II - Procurador do Estado de Classe A, classe intermediária imediatamente inferior a Classe Especial;

III - Procurador do Estado de Classe B, classe intermediária imediatamente inferior a Classe A;

IV – Procurador do Estado de Classe C, classe intermediária imediatamente inferior a Classe B;

V – Procurador do Estado de Classe D, classe inicial da carreira.

Parágrafo único. A quantificação dos cargos integrantes da carreira de Procurador do Estado é estabelecida no anexo VIII desta Lei Complementar. (Nova redação dada pela Lei Complementar n.º 95, de 27.01.11)

CAPÍTULO IV
DA ASCENSÃO FUNCIONAL

Art. 71. A ascensão funcional do Procurador do Estado far-se-á através de promoção.

§ 1º Promoção é a elevação do Procurador do Estado de uma para outra classe imediatamente superior na carreira, atendendo, alternadamente, aos critérios de merecimento e de antiguidade, observando-se sempre a sequência, ditada pela última promoção ocorrida na classe considerada.

§ 2º Somente poderão ser promovidos, para vaga existente na classe subsequente, os procuradores estáveis que contêm com, pelo menos, 2 (dois) anos de efetivo exercício na respectiva classe. (Nova redação dada pela Lei Complementar n.º 149, de 29.12.14)

§ 3º As promoções serão realizadas por ato do Governador do Estado, com eficácia a partir do primeiro dia dos meses de abril e outubro de cada ano e, quando não efetuadas no prazo legal, as promoções produzem efeitos a partir do respectivo semestre.

§ 4º Para todos os efeitos, deve ser considerado promovido o Procurador do Estado que vier a falecer sem que tenha sido decretada, no prazo legal, a promoção por antiguidade a que tinha direito.

Art. 72. Somente o Procurador do Estado com efetivo exercício na Procuradoria-Geral do Estado pode concorrer à promoção por merecimento, ressalvados os casos de Procurador nomeado:

I - para o exercício de atribuições de chefia de assessoria jurídica de órgão da Administração Direta ou ente da Administração Indireta, nos 2 (dois) casos, do Estado do Ceará;

II - Secretário de Estado, Secretário-Adjunto de Estado ou Secretário Executivo, em todos os casos, do Estado do Ceará;

III - titular máximo de ente da Administração Indireta. (Nova redação dada pela Lei Complementar n.º 95, de 27.01.11)

Art. 73. Para efeito de promoção, a apuração dos títulos de merecimento do Procurador do Estado obedecerá aos seguintes parâmetros:

I - competência profissional, demonstrada através de trabalhos que superem a execução das atividades usuais do Procurador e representem proveito institucional, conforme reconhecimento por ato do Conselho Superior da Procuradoria-Geral do Estado: 1 (um) a 3 (três) pontos por trabalho, limitados ao máximo de 9 (nove) pontos por promoção; (Nova redação dada pela Lei Complementar n.º 108, de 24.05.12)

II - trabalhos jurídicos publicados em revistas, periódicos coletâneas ou sites especializados, estes últimos desde que atendam, no que couber, as exigências técnicas dos meios físicos assemelhados, em número não excedente de 10 (dez) por promoção: 0,5 (meio) ponto por cada trabalho;

III - publicação de livro jurídico, de autoria exclusiva ou compartilhada: 3 (três) pontos por livro, divididos pelo número de autores, sendo o mínimo de 1 (um) ponto, limitados ao máximo de 9 (nove) pontos por promoção;

IV - exercício de magistério jurídico superior: 0,5 (meio) ponto por ano, até o máximo de 2 (dois) pontos;

V - participação em comissão ou grupo de trabalho de interesse da Administração Estadual: 1 (um) a 2 (dois) pontos, conforme atribuído pelo Procurador-Geral, limitada a pontuação ao máximo de 10 (dez) pontos por promoção;

VI - participação em cursos de extensão, congressos e seminários em que se discuta matéria jurídica de interesse da Procuradoria-Geral do Estado: 0,5 (meio) ponto por cada participação, até o máximo de 2 (dois) pontos por promoção;

VII - participação em cursos de extensão, congressos e seminários em que se discuta matéria jurídica de interesse da Procuradoria-Geral do Estado, na condição de expositor, debatedor ou assemelhado: 1 (um) ponto por cada participação, até o máximo de 4 (quatro) pontos por promoção;

VIII - conclusão de curso de aperfeiçoamento: 0,5 (meio) ponto, até o máximo de 1 (um) ponto por promoção;

IX - obtenção da qualificação de especialista em área jurídica de relevância para a Procuradoria-Geral do Estado: 1 (um) ponto, até o máximo de 1 (um) ponto por promoção;

X - obtenção de grau de mestre em Direito: 2 (dois) pontos, até o máximo de 2 (dois) pontos por promoção;

XI - obtenção do grau de doutor em Direito: 4 (quatro) pontos, até o máximo de 4 (quatro) pontos por promoção;

XII - exercício de cargo em comissão de chefia de órgão de execução programática ou instrumental, de Procurador-Geral do Estado, de Coordenador da Assessoria de Análise, Elaboração e Revisão de Cálculos Judiciais e Extrajudiciais, ou de Procurador-Geral Adjunto: 5 (cinco) pontos por ano, até o máximo de 15 (quinze) pontos por promoção. (Nova redação dada pela Lei Complementar n.º 97, de 24.05.11)

XIII - exercício das atribuições de Procurador Executivo, Procurador Auxiliar do Gabinete do Procurador-Geral do Estado, Procurador Auxiliar dos órgãos de execução programática ou de encarregado dos núcleos em que subdividido o respectivo órgão de execução programática, bem como, quando couber, das atribuições de Procurador Assistente e Procurador Assistente Executivo: 2,5 (dois pontos e meio) por ano, até o máximo de 7,5 (sete pontos e meio) por promoção. (Redação dada pela Lei Complementar n.º 108, de 24.05.12)

XIV - exercício de funções em comarcas diversas do local de lotação, demonstrado através de atos de designação expedidos pelo Procurador-Geral do Estado, em número não excedente a 20 (vinte): ¼ (um quarto) de ponto por cada ato de designação;

XV - participação, na condição de Procurador do Estado, em conselhos e outros órgãos colegiados por designação ou nomeação do Procurador-Geral do Estado: 2 (dois) pontos por ano, até o máximo de 6 (seis) pontos por promoção.

§1º A atribuição de pontuação nos casos dos incisos I e II obedecerá à gradação estabelecida em regulamento, assegurando-se, na ausência de norma regulamentadora, a atribuição de pontuação mínima para os atos que obtenham reconhecimento conjunto do Conselho Superior da Procuradoria-Geral do Estado e do Procurador-Geral do Estado até a abertura do processo de promoção.

§2º Os pontos adquiridos por um Procurador em determinado período poderão ser utilizados em promoções subsequentes, desde que não previamente contabilizados para fins de ascensão da qual se tenha beneficiado, aplicando-se esse permissivo aos pontos que excederem os limites máximos dos incisos deste artigo. (Nova redação dada pela Lei Complementar n.º 108, de 24.05.12)

§3º A aquisição de pontuação nos casos em que o fato gerador seja dependente de fator temporal admitirá o cômputo de períodos descontínuos para sua integralização.

§4º Nos casos em que a pontuação dependa de ato formal de reconhecimento, o último deve preceder o início do processo de promoção, verificado pela portaria de abertura do Procurador-Geral do Estado.

Art. 74. A apuração dos títulos do Procurador do Estado, para fins de promoção por merecimento, deve ser feita por comissão de Procuradores designada pelo Procurador-Geral do Estado.

Art. 75. Para efeito de promoção por antiguidade, o tempo do Procurador do Estado deve ser contado do dia inicial do exercício na respectiva classe ou nível, prevalecendo, em igualdade de condições:

I - a antiguidade na carreira;

II - o maior tempo de serviço público para o Estado do Ceará;

III - o maior tempo de serviço público;

IV - a idade mais avançada. (Nova redação dada pela Lei Complementar n.º 95, de 27.01.11).

Parágrafo único. O desempate em casos de promoção por merecimento obedecerá à mesma regra de prevalência fixada para o critério de antiguidade, de modo que terá preferência o Procurador mais antigo, respectivamente, na classe/nível, na carreira, no serviço público para o Estado do Ceará e no serviço público em geral, preferindo-se, caso persista o empate, o Procurador com idade mais avançada. (Redação dada pela Lei Complementar n.º 108, de 24.05.12)

Art. 76. A apuração da antiguidade na classe, bem como na carreira, deve ser feita por dia, com base nas informações prestadas pela Coordenadoria Administrativo-Financeira da Procuradoria-Geral do Estado.

Art. 77. Fica suspensa a contagem do tempo de serviço do Procurador do Estado, para fins de promoção por antiguidade, na ocorrência de:

I - licença sem vencimentos;

II - suspensão de vínculo, com base no art. 65 da Lei Estadual n.º 9.826, de 14 de maio de 1974;

III - afastamento para o trato de interesse particular;

IV - exercício em órgão ou entidade diversos ao de origem, ressalvados os casos de nomeação ou designação para cargo de direção e assessoramento, de designação para compor comissão ou grupo de trabalho ou de cessão, através de convênio, para prestação de serviço no âmbito da Administração direta estadual.

Art. 78. Implementado o tempo de serviço na classe, pelo Procurador do Estado, na forma prevista nesta Lei Complementar, a Coordenadoria Administrativo-Financeira deve proceder à apuração de antiguidade.

Art. 79. A comissão de avaliação de títulos e a Coordenadoria Administrativo-Financeira devem remeter relatórios ao Procurador-Geral do Estado, a quem compete elaborar listas de promoção de Procuradores do Estado por merecimento e antiguidade, a serem enviadas ao Governador.

Art. 79-A. A promoção para a Classe Especial se fará observando os critérios alternados de antiguidade e merecimento. (Redação dada pela Lei Complementar n.º 108, de 24.05.12)

Parágrafo único. O provimento da vaga inicial da primeira promoção para a classe referida no *caput* se dará pelo critério de merecimento, aplicando-se sempre a alternância entre os critérios para as demais vagas, contemporâneas ou futuras àquela primeira.

Art. 79-B. Somente podem concorrer à promoção para a Classe Especial os Procuradores do Estado que, além de atenderem ao disposto no art. 71, §2º, desta Lei Complementar, não tenham sofrido sanção disciplinar nos 5 (cinco) anos anteriores ao surgimento da vaga, nem tenham sido condenados criminalmente, de forma definitiva, no mesmo período. (Redação dada pela Lei Complementar n.º 108, de 24.05.12)

Art. 79-C. O critério de antiguidade para fins de promoção à Classe Especial observará o disposto nos arts. 75 a 79 desta Lei Complementar. (Redação dada pela Lei Complementar n.º 108, de 24.05.12)

Art. 79-D. O critério de merecimento para fins de promoção à Classe Especial observará o disposto nos arts. 72, 74 e 79 desta Lei Complementar, regendo-se pelos seguintes parâmetros de aferição: (Redação dada pela Lei Complementar n.º 108, de 24.05.12)

I - competência profissional, demonstrada através de trabalhos que superem a execução das atividades usuais do Procurador e representem proveito institucional, conforme reconhecimento por ato do Conselho Superior da Procuradoria-Geral do Estado: 1 (um) a 3 (três) pontos por trabalho, limitados ao máximo de 12 (doze) pontos;

II - trabalhos jurídicos publicados em revistas, periódicos coletâneas ou sites especializados, estes últimos desde que atendam, no que couber, as exigências técnicas dos meios físicos assemelhados, em número não excedente de 15 (quinze) por promoção: 0,5 (meio) ponto por cada trabalho;

III - publicação de livro jurídico, de autoria exclusiva ou compartilhada: 3 (três) pontos por livro, divididos pelo número de autores, sendo o mínimo de 1 (um) ponto, limitados ao máximo de 12 (doze) pontos;

IV - exercício de magistério jurídico superior: 0,5 (meio) ponto por ano, até o máximo de 3 (três) pontos;

V - participação em comissão ou grupo de trabalho de interesse da Administração Estadual: 1 (um) a 2 (dois) pontos, conforme atribuído pelo Procurador-Geral, limitada a pontuação ao máximo de 16 (dezesseis) pontos;

VI - participação em cursos de extensão, congressos e seminários em que se discuta matéria jurídica de interesse da Procuradoria-Geral do Estado: 0,5 (meio) ponto por cada participação, até o máximo de 3 (três) pontos;

VII - participação em cursos de extensão, congressos e seminários em que se discuta matéria jurídica de interesse da Procuradoria-Geral do Estado, na condição de expositor, debatedor ou assemelhado: 1 (um) ponto por cada participação, até o máximo de 5 (cinco) pontos;

VIII - conclusão de curso de aperfeiçoamento: 0,5 (meio) ponto, até o máximo de 1,5 (um e meio) ponto;

IX - obtenção da qualificação de especialista em área jurídica de relevância para a Procuradoria-Geral do Estado: 1 (um) ponto, até o máximo de 2 (dois) pontos;

X - obtenção de grau de mestre em Direito: 2 (dois) pontos, até o máximo de 4 (quatro) pontos;

XI - obtenção do grau de doutor em Direito: 4 (quatro) pontos, até o máximo de 8 (oito) pontos;

XII - exercício de cargo em comissão de chefia de órgão de execução programática ou instrumental, de Procurador-Geral do Estado, de Coordenador da Assessoria de Análise, Elaboração e Revisão de Cálculos Judiciais e Extrajudiciais, ou de Procurador-Geral Adjunto: 5 (cinco) pontos por ano, até o máximo de 20 (vinte) pontos;

XIII - exercício das atribuições de Procurador Executivo, Procurador Auxiliar do Gabinete do Procurador-Geral do Estado, Procurador Auxiliar dos órgãos de execução programática ou de encarregado dos núcleos em que subdividido o respectivo órgão de execução programática, bem como, quando couber, das atribuições de Procurador Assistente e Procurador Assistente Executivo: 2,5 (dois pontos e meio) por ano, até o máximo de 10 (dez pontos);

XIV - exercício de funções em comarcas diversas do local de lotação, demonstrado através de atos de designação expedidos pelo Procurador-Geral do Estado, em número não excedente a 30 (trinta): ¼ (um quarto) de ponto por cada ato de designação;

XV - participação, na condição de Procurador do Estado, em conselhos e outros órgãos colegiados por designação ou nomeação do Procurador-Geral do Estado: 2 (dois) pontos por ano, até o máximo de 8 (oito) pontos.

§1º A atribuição de pontuação nos casos dos incisos I e V obedecerá à gradação estabelecida em regulamento, assegurando-se, na ausência de norma regulamentadora, a atribuição de pontuação mínima para os atos que obtenham reconhecimento formal até a abertura do processo de promoção.

§2º Os pontos adquiridos por Procurador, a qualquer tempo, até o surgimento da vaga em disputa ou até que exista Procurador em condição de suprir a vaga já existente, desde que não previamente contabilizados para fins de ascensão pretérita de que se tenha beneficiado, poderão ser utilizados para efeito da promoção à Classe Especial, aplicando-se esse permissivo aos pontos que excederem os limites máximos dos incisos do art.73 desta Lei Complementar.

§3º A aquisição de pontuação nos casos em que o fato gerador seja dependente de fator temporal admitirá o cômputo de períodos descontínuos para sua integralização.

§4º Nas hipóteses em que a pontuação dependa de ato formal de reconhecimento, o último deve preceder o início do processo de promoção, verificado pela portaria de abertura do Procurador-Geral do Estado.

Art. 79-E. A promoção referente as 12 (doze) primeiras vagas da Classe Especial terá eficácia a partir de setembro de 2011, ocasião na qual se consideram abertas as mesmas vagas, aplicando-se, para as fu-

ADMINISTRATIVO

turas ascensões àquela Classe, o disposto no art. 71, §3º desta Lei Complementar. (Redação dada pela Lei Complementar n.º 108, de 24.05.12)

CAPÍTULO V
DO VENCIMENTO E DA REMUNERAÇÃO

Art. 80. O Procurador do Estado faz jus a uma remuneração composta de:

I – vencimento – base;

II – gratificação de defesa judicial e de consultoria jurídica da Administração Direta;

III – prêmio de desempenho;

IV – auxílio-moradia;

V – gratificação de titulação. (Nova redação dada pela Lei Complementar n.º 69, de 10.11.08)

Art. 81. O valor do vencimento-base do cargo de Procurador do Estado será fixado em lei, devendo ser observado, para fins do disposto no inciso XI do art. 37 da Constituição Federal, igual tratamento dispensado à Advocacia-Geral da União. (redação dada pela Lei Complementar nº 242, 03 de maio de 2021)

» *Lei Complementar nº 242, 03 de maio de 2021, Art. 5.º Esta Lei Complementar entra em vigor na data de sua publicação, salvo quanto à nova redação atribuída pelo seu art. 1.º ao art. 81 da Lei Complementar n.º 58, de 31 de março de 2006, cuja vigência iniciar-se-á a partir de 1.º de janeiro de 2022.*

Art. 82. A gratificação de defesa judicial e de consultoria jurídica da Administração Direta fica fixada em 10% (dez por cento) incidente exclusivamente sobre o vencimento – base.

Art. 83. O prêmio de desempenho a que se refere o inciso III do art. 80 será custeado exclusivamente pelo Fundo de Modernização e Reaparelhamento da Procuradoria Geral do Estado - FUNPECE, a ser criado e disciplinado por Lei Complementar específica, tendo como limite máximo o valor mensal de R$ 4.000,00 (quatro mil reais), respeitado o disposto no art. 37, incisos XI, parte final, e XIV, da Constituição Federal.

§ 1º A forma, as condições e os critérios de apuração e desembolso do prêmio de desempenho serão disciplinados em Decreto, levando em consideração a assiduidade, produtividade, eficiência e qualidade.

§ 2º O prêmio de desempenho será considerado para fins de cálculo dos valores pertinentes ao adicional de férias e décima terceira remuneração, devendo, em relação ao primeiro, incidir sobre o valor pago no referido mês de gozo e, quanto ao segundo, ser calculado sobre a média anual percebida.

§ 3º O valor do prêmio considerado para fins de adicional de férias e décima terceira remuneração será custeado exclusivamente pelo Fundo de Modernização e Reaparelhamento da Procuradoria Geral do Estado.

§4° É vedada a percepção do prêmio por desempenho em caso de afastamento do Procurador do Estado, exceto nas seguintes situações:

I - férias;

II - licença para tratamento de saúde;

III - licença quando acidentado ou vítima de agressão não provocada, em decorrência ou no exercício das atribuições do cargo;

IV - licença-gestante;

V - cessão para chefia das Assessorias Jurídicas das Secretarias de Estado e das Entidades da Administração indireta, e de outros Poderes e órgãos autônomos; (Nova redação dada pela Lei Complementar n.º 134, de 07.04.14)

VI - casamento, por até 8 (oito) dias;

VII - luto, até 8 (oito) dias, por falecimento de cônjuge ou companheiro, parentes, consanguíneos ou afins, até o 2° grau, inclusive madrasta, padrasto e pais adotivos;

IX - licença paternidade;

X - nascimento de filho, até um dia;

XI - licença para acompanhar pessoa da família, por razões de saúde, limitado a 60 (sessenta) dias o período de percepção do prêmio;

XII - afastamento para exercício dos cargos de Secretário de Estado ou Secretário Adjunto do Estado do Ceará;

XIII - afastamento para exercício dos cargos de Secretário-Geral e Secretário Judiciário do Tribunal de Justiça do Estado do Ceará. (Nova redação dada pela Lei Complementar n.º 95, de 27.01.11)

XIV – licença para aperfeiçoamento técnico-profissional pelo período de 12 (doze) meses, observada, nos casos de prorrogação da licença, a necessidade de autorização do Conselho Superior da Procuradoria-Geral do Estado para a continuidade da percepção do prêmio de desempenho. (Nova redação dada pela Lei Complementar n.º 134, de 07.04.14)

XV - cessão para o cargo de provimento em comissão de Secretário Executivo da estrutura organizacional do Fórum Clóvis Beviláqua. (Nova redação dada pela Lei Complementar n.º 149, de 29.12.14)

§ 5º O pagamento do prêmio nas situações de afastamento previstas nos incisos II e III do § 4º será limitado ao prazo máximo de 90 (noventa) dias.

§ 6º O prêmio de desempenho referido no *caput* será incorporado aos proventos de aposentadoria do Procurador do Estado que o perceba e venha a se aposentar após a publicação desta Lei Complementar:

I - para os que implementarem as regras dos arts. 3º ou 6º da Emenda Constitucional nº 41, de 19 de dezembro de 2003, ou do art. 3º da Emenda Constitucional nº 47, de 5 de julho de 2005, a gratificação corresponderá ao valor do prêmio de desempenho percebido por ocasião do pedido de aposentadoria; (Nova redação dada pela Lei Complementar n.º 134, de 07.04.14)

II - para os que implementarem as regras dos arts. 3º ou 6º da Emenda Constitucional nº 41, de 19 de dezembro de 2003, ou do art. 3º da Emenda Constitucional nº 47, de 5 de julho de 2005, cujo período de percepção por ocasião do pedido de aposentadoria seja menor do que 60 (sessenta) meses, será observada a média aritmética do período de percepção, multiplicado pela fração cujo numerador será o número correspondente ao total de meses trabalhado e o denominador será sempre o numeral 60;

III - para os que implementarem os requisitos de aposentadoria previstos no art. 40 da Constituição Federal, com a redação dada pela Emenda Constitucional nº 41, de 19 de dezembro de 2003, nos termos da legislação federal.

§ 7º Os valores utilizados para o cálculo do prêmio de desempenho a ser incorporado nos termos do inciso II do §6º, serão atualizados pelo índice de correção empregado para o cálculo da média de remuneração a que se refere o art. 40, §3º, da Constituição Federal, com a redação dada pela Emenda Constitucional nº 41, de 19 de dezembro de 2003. (Nova redação dada pela Lei Complementar n.º 134, de 07.04.14)

Art. 84. O auxílio-moradia será devido:

I - aos Procuradores do Estado lotados nas Procuradorias Regionais no valor correspondente a 8% (oito por cento) incidente exclusivamente sobre o vencimento - base do Procurador do Estado de Classe B;

II - ~~aos Procuradores do Estado designados para Representação no Distrito Federal no valor correspondente a 15% (quinze por cento) incidente exclusivamente sobre o vencimento - base do Procurador do Estado de Classe B~~. (revogado pela Lei Complementar nº 208, de 19.12.19)

Art. 84-A A gratificação de titulação conferida ao ocupante do cargo de Procurador do Estado, nos percentuais de 5% (cinco por cento) para o título de Especialista, 10% (dez por cento) para o título de Mestre e 15% (quinze por cento) para o título de Doutor, incidirá exclusivamente sobre o vencimento-base do cargo.

§ 1º Serão aceitos para os fins deste artigo somente títulos relacionados com as funções do cargo de Procurador do Estado;

§ 2º A gratificação de que trata este artigo não é cumulativa, prevalecendo a titulação de maior percentual.

§ 3º A gratificação referida no *caput* será incorporada aos proventos de aposentadoria do ocupante do cargo de procurador de Estado que a perceba e venha a se aposentar após a publicação desta Lei Complementar:

I - pelo seu percentual integral para aposentadorias concedidas conforme o art. 3º ou 6º da Emenda Constitucional nº 41, de 19 de dezembro de 2003, ou art. 3º da Emenda Constitucional nº 47, de 5 de julho de 2005;

II - nos termos da legislação federal para os demais Procuradores de Estado não enquadrados na regra do inciso I.

Art. 84-B. No caso de o Procurador do Estado se deslocar, no cumprimento de suas funções, ao interior do Estado, fará jus à percepção de diária, correspondente ao valor de 1,0% (um por cento) do vencimento-base do Procurador do Estado de Classe Especial, limitadas a 20 (vinte) diárias mensais. (Nova redação dada pela Lei Complementar n.º 134, de 07.04.14)

Art. 84-C. Aos Procuradores do Estado designados para Representação no Distrito Federal será devida, a título indenizatório e pelo período de permanência na designação, ajuda de custo para Representação nos Tribunais Superiores, no valor de 15% (quinze por cento) sobre o vencimento básico. (acrescido pela Lei Complementar nº 208, de 19.12.19)

CAPÍTULO VI
DAS GARANTIAS E PRERROGATIVAS

Art. 85. O Procurador do Estado, no exercício das funções de seu cargo, goza de independência e das prerrogativas inerentes à atividade advocatícia, inclusive no que se refere a imunidade funcional, quanto às opiniões de natureza técnico-científicas emitidas em parecer, petição ou qualquer outro tipo de arrazoado produzido em processo administrativo ou judicial.

§ 1º O Procurador do Estado tem o poder de requisitar a órgãos e entidades da Administração estadual informações escritas, exames e diligências que considerar necessárias ao desempenho de suas atividades.

§ 2º. A autoridade administrativa, civil ou militar, integrante da Administração Estadual, atenderá no prazo de 5 (cinco) dias, ou em outro que seja fixado em razão da urgência da situação, à requisição a que se refere o § 1.° deste artigo.

§ 3°. O descumprimento dos prazos indicados no § 2° deste artigo ensejará a abertura de procedimento administrativo para apurar as razões da ocorrência e, não havendo justificativa plausível, aplicar a sanção disciplinar pertinente. (Nova redação dada pela Lei Complementar n.º 95, de 27.01.11)

Art. 86. São asseguradas ao Procurador do Estado as seguintes garantias e prerrogativas:

I - receber o mesmo tratamento dispensado aos membros do Poder Judiciário perante o qual oficiem;

II - não ser preso, senão por ordem escrita de autoridade judicial competente, salvo em caso de flagrante delito de crime inafiançável;

III - não ser recolhido preso antes de sentença transitada em julgado, senão em cela especial;

IV - aposentar-se de acordo com as normas constitucionais previdenciárias aplicáveis aos servidores públicos.

§1º Aos Procuradores do Estado das Classes Especial, A e B é garantida a inamovibilidade, quanto a sua lotação na sede da Capital, ressalvado o disposto no §2º deste artigo ou a verificação de motivo de interesse público, reconhecido pelo Conselho Superior da Procuradoria-Geral do Estado e aprovado pelo Procurador-Geral do Estado, assegurada a ampla defesa e o contraditório, no devido processo legal.

§2° A lotação de Procurador do Estado na Capital Federal será objeto de deliberação do Procurador-Geral do Estado, ratificado pelo Conselho Superior da Procuradoria-Geral do Estado.(Nova redação dada pela Lei Complementar n.º 95, de 27.01.11)

Art. 87. O Procurador-Geral, o Procurador-Geral Adjunto e os Procuradores do Estado, quando acusados da prática de infrações penais comuns, serão submetidos a julgamento perante o Tribunal de Justiça do Estado, conforme previsto no art. 153, § 2.o, da Constituição Estadual.

Art. 88. O Procurador-Geral, o Procurador-Geral Adjunto e os Procuradores do Estado terão carteira funcional expedida consoante modelo definido em Regulamento, válida em todo o território estadual como cédula de identidade e como porte de arma permanente para defesa pessoal, dela constando autorização de trânsito livre.

Art. 89. É assegurado ao Procurador do Estado, uma vez adquirida a estabilidade, suspender, sem remuneração, seu vínculo funcional com o Estado, pelo prazo de dois anos, prorrogável por igual período, a critério do Governador.

Art. 90. O Procurador do Estado poderá ser cedido a outros órgãos ou a outras entidades públicas, mediante ato do Governador do Estado, ouvido o Procurador-Geral do Estado.

Parágrafo único. A cessão do Procurador do Estado a outros órgãos ou outras entidades públicas deve ser feita sem ônus para a origem ou mediante ressarcimento previsto em convênio, observada a legislação de regência, inclusive no que se refere ao pagamento da contribuição previdenciária respectiva.

Art. 91. Aplica-se subsidiariamente aos integrantes da carreira de Procurador do Estado o regime jurídico geral dos servidores públicos civis estaduais.

CAPÍTULO VII
DAS LICENÇAS

Art. 92. Podem ser concedidas ao Procurador do Estado as seguintes licenças:

I - licença para tratamento de saúde;

II - licença quando acidentado ou vítima de agressão não provocada, em decorrência ou no exercício das atribuições do cargo;

III - licença por motivo de doença em pessoa da família;

IV - licença-gestante;

V - licença-paternidade;

VI - licença para trato de interesse particular;

VII - licença para aperfeiçoamento técnico-profissional.

§1º As licenças de que tratam os incisos I e II deste artigo, quando por tempo superior a 30 (trinta) dias, devem ser concedidas pelo órgão ou entidade competente, nos termos da legislação respectiva. (Nova redação dada pela Lei Complementar n.º 189, de 26.12.18)

§ 2º As licenças de que tratam os incisos III, IV, V, VI e VII deste artigo são concedidas de conformidade com a legislação de regência.

§ 3º A licença de que trata o inciso VII deste artigo somente pode ser concedida com ônus para a origem quando o curso de pós-graduação for relacionado com a atividade funcional do Procurador do Estado, devendo ser deferida pelo Procurador-Geral do Estado mediante autorização do Governador.

§ 4º O Procurador do Estado que obtiver a licença de que trata o inciso VII deste artigo, com ônus para a origem, fica obrigado a permanecer em exercício na

Procuradoria-Geral do Estado por período igual ao da licença.

CAPÍTULO VIII
DAS FÉRIAS

Art. 93. O Procurador do Estado tem direito a 30 (trinta) dias, consecutivos ou não, de férias individuais, em cada ano civil.

Parágrafo único. As férias do Procurador do Estado são gozadas de acordo com escala organizada pelo Procurador-Geral do Estado, respeitada a conveniência do serviço.

Art. 94. O direito a férias individuais é adquirido depois de um ano de efetivo exercício.

§ 1º As férias individuais podem ser gozadas no ano subseqüente à admissão, permitido o seu fracionamento em até duas parcelas, a critério do Procurador-Geral do Estado.

§ 2º Os períodos de férias podem ser alterados a qualquer tempo pelo Procurador-Geral do Estado, de ofício ou a requerimento do interessado, observada, em qualquer caso, a conveniência do serviço.

§ 3º No caso de alteração do período de férias pelo Procurador-Geral do Estado, permite-se ao Procurador do Estado interessado completar, no mesmo ano ou no exercício seguinte, as férias interrompidas.

§ 4º As férias têm início na data em que o Procurador do Estado interessado tiver ciência de sua concessão, salvo na hipótese de pedido para gozo em data certa, quando deferido.

§ 5º Fica limitado a 30 % (trinta por cento) dos integrantes dos núcleos que compõem o órgão de execução programática, o número de Procuradores que poderão entrar no gozo de férias no mesmo mês, considerada a conveniência e a oportunidade da Chefia imediata em conjunto com o Procurador-Geral do Estado, observados os seguintes critérios de desempate:

I - tempo na carreira e antiguidade;

II - antiguidade no serviço público;

III - maior número de filhos menores estudantes;

IV - sorteio.

§ 6º Os Procuradores ocupantes de cargos de Chefia poderão gozar férias sem a limitação prevista no §5º deste artigo, mediante autorização do Procurador-Geral do Estado. (Nova redação dada pela Lei Complementar n.º 134, de 07.04.14)

Art. 95. ~~O Procurador do Estado deve comunicar ao Procurador-Geral do Estado tanto o lugar de sua eventual residência durante as férias, como a reassunção do exercício, ao término destas~~. (Revogado pela Lei Complementar n.º 189, de 26.12.18)

CAPÍTULO IX
DO TEMPO DE CONTRIBUIÇÃO

Art. 96. A apuração do tempo de contribuição do Procurador do Estado, para efeito de aposentadoria e disponibilidade, deve ser feita de acordo com as normas previdenciárias aplicáveis aos servidores públicos civis estaduais.

Parágrafo único. Não se admite qualquer forma de contagem de tempo de contribuição fictício, para efeito de aposentadoria e disponibilidade.

CAPÍTULO X
DO REGIME DISCIPLINAR

SEÇÃO I
DAS ATRIBUIÇÕES E DOS DEVERES DO PROCURADOR DO ESTADO

Art. 97. Ao Procurador do Estado incumbe desempenhar as atribuições previstas nesta Lei Complementar e em Regulamento, além das que lhe forem expressamente delegadas.

Art. 98. O Procurador do Estado deve cumprir o expediente normal de 6 (seis) horas diárias, num total de 30 (trinta) horas semanais.

Parágrafo único. O controle de freqüência dos Procuradores do Estado deve ser feito pelo Procurador-Chefe do órgão em que esteja lotado o Procurador do Estado.

Art. 98-A. Ao Procurador do Estado, quando designado por autoridade do Gabinete do Procurador-Geral do Estado, incumbe integrar comissão, conselho, comitê ou grupo de trabalho instituído no âmbito de órgão ou entidade do Poder Executivo estadual, bem como participar, para fins de assessoramento jurídico, de reuniões, da realização de atos ou de outros trabalhos de interesse institucional. (acrescido pela Lei Complementar nº 242, 03 de maio de 2021)

Art. 99. Ao Procurador do Estado é defeso propor ação ou fazer denunciação da lide em nome do Estado, confessar, desistir, acordar ou deixar de usar todos os recursos cabíveis em processo judiciais, salvo quando expressamente autorizado pelo Procurador-Geral do Estado, nos termos desta Lei Complementar.

Art. 100. O Procurador do Estado responde disciplinarmente pelos danos que causar ao Estado em virtude de negligência no exercício de suas atribuições.

§ 1º O Procurador do Estado tem o prazo de até 60 (sessenta) dias úteis, salvo se prazo menor lhe for fixado, para a propositura das ações judiciais a ele distribuídas, e o prazo de até 10 (dez) dias úteis para emitir parecer em processo administrativo, exceto nos casos de maior complexidade ou quando se verificar inegável acúmulo de serviço, hipóteses em que o prazo pode ser dilatado pelo Procurador-Chefe do respectivo órgão de execução programática, ou pelo Procurador-Geral do Estado.

§ 2º Em casos de manifesta urgência, a critério do Procurador-Geral do Estado, pode ser por este determinada a redução dos prazos indicados no parágrafo anterior.

§ 3º Quando a matéria esteja na dependência de documentos ou informações oriundos de outros setores da Administração, os prazos a que alude o § 1.º deste artigo devem ser definidos pelo Procurador-Geral do Estado ou pelo Procurador-Chefe do órgão de execução programática correspondente.

Art. 101. Ao Procurador do Estado é proibido, sob pena de responsabilidade disciplinar com possibilidade de perda do cargo, após regular apuração em processo administrativo-disciplinar, na forma prevista nesta Lei Complementar: (Nova redação dada pela Lei Complementar n.º 95, de 27.01.11)

I - receber, a qualquer título e sob qualquer pretexto, percentagens ou vantagens indevidas nos processos submetidos a seu exame ou patrocínio;

II - patrocinar dolosamente a defesa de terceiros em qualquer processo judicial ou administrativo em que haja interesse contrário direto da Administração, Direta ou Indireta, do Estado do Ceará.

Parágrafo único. Na hipótese de interesse contrário direto superveniente da Administração Direta ou Indireta Estadual em causa na qual o Procurador do Estado atue na condição de advogado de uma das partes ou de terceiro interessado, aquele tem o prazo de 15 (quinze) dias a contar de sua ciência do fato para renunciar ao mandato judicial. (Nova redação dada pela Lei Complementar n.º 95, de 27.01.11)

SEÇÃO II
DAS PENALIDADES

Art. 102. O Procurador do Estado é passível das seguintes penalidades:

I - advertência;

II - repreensão;

III - suspensão de até 60 (sessenta) dias;

IV - demissão;

V - cassação de aposentadoria ou disponibilidade.

§ 1º As penas previstas nos incisos I, II e III podem ser aplicadas pelo Procurador-Geral do Estado ou pelo Governador do Estado, e a pena prevista nos incisos IV e V deve ser aplicada, privativamente, pelo Governador do Estado, observado o disposto no artigo seguinte.

§ 2º O ato que aplicar sanção administrativo-disciplinar deve ser precedido de procedimento administrativo-disciplinar, sob pena de nulidade.

Art. 103. As penalidades previstas no artigo anterior são cabíveis nos seguintes casos:

I - a penalidade de advertência, aplicada em caráter reservado, por escrito, é cabível nos casos de falta leve;

II - a penalidade de repreensão, aplicada em caráter reservado, por escrito, é cabível nos casos de desobediência, de descumprimento do dever, de reincidência em falta leve ou de procedimento reprovável não considerado de natureza grave;

III - a penalidade de suspensão é cabível nos casos de falta de natureza grave, de reincidência em falta já punida com pena de repreensão ou de procedimento reprovável considerado de natureza grave;

IV - a penalidade de demissão é cabível nos casos de prática de ato doloso, comissivo ou omissivo, cuja gravidade incompatibilize o Procurador do Estado, com o desempenho de sua função; (Nova redação dada pela Lei Complementar n.º 95, de 27.01.11)

V - as penalidades de demissão, cassação de aposentadoria e de disponibilidade são cabíveis nos demais casos em que essa pena é prevista no regime jurídico geral dos servidores públicos civis estaduais.

Parágrafo único. A penalidade de suspensão importa, enquanto durar, na perda dos direitos e das vantagens inerentes ao exercício do cargo.

Art. 104. Extingue-se em dois anos, a contar da data do ilícito, a punibilidade das faltas disciplinares do Procurador do Estado, salvo no caso do ilícito de abandono do cargo, que é imprescritível enquanto perdurar o abandono, bem como nos casos em que o ilícito administrativo constitui crime, caso em que a prescrição será regulada pela lei penal.

SEÇÃO III
DO PROCEDIMENTO DISCIPLINAR

Art. 105. A apuração de infrações funcionais imputadas ao Procurador do Estado deve ser feita por meio de procedimento disciplinar, consistente em sindicância ou processo administrativo-disciplinar, instaurado por determinação do Procurador-Geral do Estado, observado o disposto nesta Seção.

SUBSEÇÃO I
DA SINDICÂNCIA

Art. 106. A sindicância deve ser realizada por comissão de dois Procuradores do Estado, designados pelo Procurador-Geral do Estado, com a incumbência de reunir elementos informativos para apurar a verdade em torno de possíveis irregularidades que possam configurar ilícitos administrativos, devendo o ato de designação indicar um deles para presidir os trabalhos.

§ 1º O Procurador-Geral do Estado deve designar também um servidor da Procuradoria-Geral do Estado para secretariar os trabalhos da comissão de sindicância.

§ 2º A comissão e o seu secretário devem dedicar todo o seu tempo funcional, exclusivamente, à execução dos trabalhos de sua competência.

§ 3º O prazo para conclusão da sindicância será de 30 (trinta) dias, prorrogável por igual período, a pedido do presidente da comissão e a critério do Procurador-Geral do Estado.

Art. 107. Quando não for necessária a instauração de processo administrativo-disciplinar, a comissão, colhidos os elementos relativos à comprovação dos fatos e indicativos da autoria, deve elaborar relatório sucinto de indiciamento do Procurador do Estado, que será interrogado, abrindo-se-lhe, em seguida, prazo de 5 (cinco) dias para oferecimento de defesa prévia e indicação de provas de seu interesse.

§ 1º Negando-se o Procurador do Estado indiciado a comparecer perante a comissão ou a produzir sua defesa, pessoalmente ou por advogado, ou mesmo demonstrando desinteresse em apresentar defesa, ele será declarado revel, e a comissão sindicante nomear-lhe-á um defensor advogado para promover sua defesa.

§ 2º Ainda na hipótese do *caput* deste artigo, concluída a produção de provas, o sindicado será intimado para, dentro de 5 (cinco) dias, oferecer defesa final por escrito.

Art. 108. Apresentada a defesa final do Procurador do Estado indiciado, na hipótese prevista no artigo anterior, ou após concluídas as investigações da sindicância, a comissão sindicante deve elaborar relatório conclusivo, no qual sejam examinados todos os elementos colhidos, esclarecendo-se acerca da responsabilidade administrativa e do enquadramento legal do sindicado, opinando:

I - pelo arquivamento do procedimento, quando não apurada a responsabilidade administrativa ou o descumprimento dos requisitos do estágio probatório;

II - pela aplicação da penalidade cabível, quando não for necessária a instauração de processo administrativo-disciplinar;

III - pela instauração de processo administrativo-disciplinar.

Parágrafo único. Em seguida, a comissão sindicante deve fazer a remessa dos autos ao Procurador-Geral do Estado.

Art. 109. Deve instaurar-se sindicância, também, para apuração de aptidão do Procurador do Estado, no estágio probatório, para fins de demissão ou exoneração, quando for o caso, assegurada ao sindicado a ampla defesa, nos termos desta Lei Complementar e da legislação aplicável, ficando suspensa a fluência do prazo do estágio probatório até a decisão final do Procurador-Geral do Estado.

SUBSEÇÃO II
DO PROCESSO ADMINISTRATIVO DISCIPLINAR

Art. 110. O processo administrativo-disciplinar deve ser realizado por uma comissão composta por três Procuradores do Estado, preferencialmente de classe igual ou superior à do indiciado, designados pelo Procurador-Geral do Estado, com a incumbência de apurar a responsabilidade administrativo-disciplinar do Procurador do Estado apontado como possível autor de ilícito administrativo, quando se cogitar da aplicação de pena de demissão.

§ 1º O Procurador-Geral do Estado deve, no ato de designação, indicar um dos membros da comissão para presidi-la, bem como um funcionário da Procuradoria-Geral do Estado para secretariar os trabalhos da comissão processante.

§ 2º A comissão e o seu secretário devem dedicar todo o seu tempo funcional, exclusivamente, à execução dos trabalhos de sua competência.

Art. 111. O prazo para conclusão do processo administrativo-disciplinar é de 60 (sessenta) dias, prorrogável por igual período, a pedido do presidente da comissão e a critério do Procurador-Geral do Estado.

Art. 112. Após a publicação do ato de sua designação, a comissão deve fazer a instalação dos trabalhos e mandar citar o Procurador do Estado acusado para que, como indiciado, acompanhe todo o procedimento e requeira o que for de interesse da defesa, intimando-o para comparecer à audiência de interrogatório.

§ 1º A citação será pessoal, mediante protocolo, devendo o servidor dela encarregado consignar, por escrito, o ocorrido.

§ 2º Havendo recusa do indiciado em receber a citação, ou quando não for encontrado, ou quando estiver o indiciado dificultando a realização do ato citatório, a citação deve ser feita por edital resumido, do qual há de constar somente o nome do Procurador do Estado, o número do processo e a convocação para comparecer perante a comissão para tratar de assunto de seu interesse. O edital deve ser publicado no Diário Oficial do Estado, com prazo de 15 (quinze) dias, findo o qual, não comparecendo o indiciado, deve este ser declarado revel, sendo-lhe nomeado, pela comissão, um defensor advogado para promover a sua defesa.

§ 3º Também deve ser declarado revel o indiciado, com as providências mencionadas no § 2.º deste artigo, quando o Procurador do Estado negar-se a comparecer perante a comissão ou a produzir sua defesa, pessoalmente ou por advogado, e mesmo quando demonstrar desinteresse em apresentar defesa.

Art. 113. Realizado o interrogatório, deve ser concedido ao Procurador do Estado indiciado o prazo de 5 (cinco) dias para a apresentação de defesa prévia, na qual pode requerer as provas que julgar necessárias à sua defesa, sendo-lhe permitido renovar o pedido no curso do processo, sempre que necessário à demonstração de fatos novos.

Art. 114. Iniciada a instrução, a comissão pode determinar, de ofício, a realização das diligências que julgar necessárias, recorrendo, inclusive, a técnicos e peritos.

§ 1º Os órgãos estaduais devem atender, com a máxima presteza, às solicitações da comissão, comunicando prontamente, em caso de força maior, a razão da impossibilidade do atendimento, sob pena de responsabilidade do servidor que houver dado causa ao fato.

§ 2º Para a realização de todas as provas e diligências, o indiciado, ou seu advogado, deve ser previamente notificado.

§ 3º As testemunhas arroladas pela comissão devem ser ouvidas primeiramente, salvo no caso de testemunha cujo depoimento somente se mostre necessário após a ouvida das testemunhas de defesa.

§ 4º Podem ser inquiridas no máximo quatro testemunhas de defesa, para cada indiciado, salvo quando mais de quatro testemunhas sejam arroladas pela comissão processante, caso em que igual número poderá ser arrolado pela defesa, em relação a cada indiciado. Não se computam as testemunhas arroladas pela comissão que nada saibam de útil ao esclarecimento dos fatos.

§ 5º Em qualquer fase do processo podem ser juntados documentos.

Art. 115. Encerrada a fase probatória, o indiciado, ou seu advogado, deve ser intimado para apresentar, no prazo de 10 (dez) dias, suas razões finais.

§ 1º Havendo mais de um acusado, os prazos fixados nesta Lei Complementar devem ser computados em dobro.

§ 2º Na hipótese de não serem apresentadas as razões finais no prazo mencionado no *caput* deste artigo, o presidente da comissão deve designar um defensor advogado para apresentá-las no mesmo prazo.

Art. 116. Findo o prazo de que trata o artigo anterior a comissão deve examinar o processo e apresentar, no prazo de 15 (quinze) dias, relatório conclusivo, no qual se apreciem as irregularidades imputadas ao acusado, as diligências relacionadas, as provas colhidas e as razões de defesa, fazendo-se, justificadamente, na conclusão, a proposta de absolvição ou de punição do Procurador do Estado, indicando-se, neste último caso, os dispositivos legais em que o indiciado se acha incurso.

Parágrafo único. No relatório, pode ainda a Comissão sugerir quaisquer outras providências que lhe pareçam de interesse do serviço público.

Art. 117. Recebido o processo com o relatório conclusivo, o Procurador-Geral do Estado deve:

I - quando for a autoridade competente, proferir julgamento no prazo de 15 (quinze) dias;

II - quando a competência for do Governador do Estado, a este remeter os autos, em 5 (cinco) dias, para o julgamento no prazo a que alude o inciso I deste artigo.

§ 1º Na aplicação das penalidades disciplinares, devem ser consideradas a natureza e a gravidade da infração, os danos que dela provenham para o serviço público e os antecedentes do infrator.

§ 2º Havendo mais de um acusado e diversidade de sanções aplicáveis, cabe o julgamento à autoridade competente para imposição da sanção mais grave.

§ 3º A autoridade que julgar o processo deve promover a expedição dos atos decorrentes do julgamento, bem como as providências necessárias à sua execução.

Art. 118. Ao procedimento disciplinar regulado nesta Subseção aplicam-se subsidiariamente as normas do Código de Processo Penal, do Código de Processo Civil e do Estatuto dos Servidores Públicos Civis do Estado.

Parágrafo único. A inobservância dos prazos fixados nesta seção não implica nulidade do processo, constituindo mera irregularidade processual.

SEÇÃO IV
DOS RECURSOS E DA REVISÃO

Art. 119. Da decisão do Procurador-Geral do Estado em procedimento administrativo-disciplinar instaurado em face de Procurador do Estado cabe recurso, com efeito suspensivo, para o Governador, a ser interposto no prazo de 5 (cinco) dias, contados da ciência do resultado pelo interessado.

Parágrafo único. Não caberá recurso das decisões do Governador do Estado.

Art. 120. O recurso deve ser apresentado em petição fundamentada ao Procurador-Geral do Estado, que, recebendo-o e mandando juntá-lo aos autos do respectivo procedimento, há de encaminhá-lo ao Governador do Estado no prazo de 5 (cinco) dias, caso não reconsidere sua decisão.

Art. 121. Os recursos devem ser julgados no prazo de 20 (vinte) dias.

Art. 122. A qualquer tempo, pode ser requerida revisão de procedimento administrativo-disciplinar de que haja resultado aplicação de sanção disciplinar, quando se aduzirem fatos ou circunstâncias suscetíveis de justificar a inocência do requerente, mencionados ou não no procedimento originário.

§ 1º O cônjuge, descendente ou ascendente, ou qualquer pessoa constante dos assentamentos individuais do Procurador do Estado falecido, desaparecido ou incapacitado, pode solicitar a revisão de que trata o *caput* deste artigo.

§ 2º Não constitui fundamento para a revisão a simples alegação de injustiça da penalidade.

§ 3º Não é admissível a reiteração do pedido de revisão, salvo se fundado em novas provas.

TÍTULO IV
DO GRUPO OCUPACIONAL ATIVIDADES DE APOIO DA PROCURADORIA-GERAL DO ESTADO

CAPÍTULO I
DAS DISPOSIÇÕES PRELIMINARES

Art. 123. Fica criado o Grupo Ocupacional Atividades de Apoio da Procuradoria-Geral do Estado - APGE, no Quadro I - Poder Executivo.

Parágrafo único. Integram o Grupo de que trata o *caput* deste artigo, os cargos e funções de: Técnico da Representação Judicial; Assistente da Representação Judicial; e Auxiliar da Representação Judicial.

Art. 124. Fica aprovado o Plano de Cargos e Carreiras do Grupo Ocupacional Atividades de Apoio da Procuradoria-Geral do Estado - APGE, obedecendo às disposições contidas nesta Lei Complementar.

Art. 125. O Plano de Cargos e Carreiras do Grupo Ocupacional Atividades de Apoio da Procuradoria-Geral do Estado - APGE, contém os seguintes elementos básicos:

I - CARGO PÚBLICO - conjunto de atribuições, deveres e responsabilidades de natureza permanente, cometidos ou cometíveis a um servidor público com as características essenciais de criação por lei, denominação própria, número certo e pagamento pelos cofres públicos, de provimento em caráter efetivo ou em comissão;

II - FUNÇÃO PÚBLICA - conjunto de atribuições, deveres e responsabilidades cometidos a um servidor público, cuja extinção dar-se-á quando vagar;

III - CLASSE - conjunto de cargos ou funções da mesma natureza funcional e semelhantes quanto aos graus de complexidade a elas inerentes, para desenvolvimento do servidor nas classes dos cargos e funções que a integram;

IV - CARREIRA - conjunto de classes da mesma natureza funcional e hierarquizadas segundo o grau de responsabilidade e complexidade a elas inerentes, para desenvolvimento do servidor nas classes dos cargos e funções que a integram;

V - REFERÊNCIA - nível vencimental integrante da faixa de vencimentos fixados para a classe e atribuído ao ocupante do cargo ou dos que exercem funções em decorrência do seu progresso salarial;

VI - CATEGORIA FUNCIONAL - conjunto de carreiras agrupadas pela natureza das atividades e pelo grau de conhecimento exigível para o seu desempenho;

VII - GRUPO OCUPACIONAL - conjunto de categorias funcionais reunidas segundo a correlação e afinidade existentes entre elas quanto à natureza do trabalho e/ou o grau de conhecimento.

CAPÍTULO II
DA ESTRUTURA

Art. 126. O Plano de Cargos e Carreiras do Grupo Ocupacional Atividades de Apoio da Procuradoria Geral do Estado - APGE, aprovado por esta Lei Complementar, fica assim organizado:

I - Estrutura e composição do Plano de Cargos e Carreiras do Grupo Ocupacional Atividades de Apoio da Procuradoria-Geral do Estado - APGE, da Categoria Funcional, das Carreiras, dos Cargos e Funções, das Classes, das Referências e da Qualificação Exigida para o Ingresso;

II - Linhas de redenominação dos Cargos e Funções;

III - Linhas de Promoção;

IV - Requisitos para Promoção;

V - Hierarquização dos Cargos e Funções;

VI - Nível de Complexidade das Atividades dos Cargos e Funções;

VII - Tabela de Vencimentos;

VIII - Quantificação dos Cargos e Funções.

Art. 127. O Plano de Cargos e Carreiras do Grupo Ocupacional Atividades de Apoio da Procuradoria-Geral do Estado - APGE, fica organizado em Categorias Funcionais, Carreiras, Cargos, Funções, Classes, Referências e Qualificação Exigida para o Ingresso, na forma do anexo I desta Lei Complementar.

Art. 128. Linhas de Redenominação, as Linhas de Promoção, os Requisitos para Promoção, a Hierarquização dos Cargos e Funções e o Nível de Complexidade das Atividades dos Cargos e Funções, ficam definidos conforme dispõem os anexos II, III, IV, V e VI, partes integrantes desta Lei Complementar.

Parágrafo único. Os atuais cargos e funções serão redenominados na forma do anexo II, parte integrante desta Lei Complementar.

Art. 129. A Tabela de Vencimentos e a Quantificação dos Cargos e Funções ficam determinados nos anexos VII e VIII desta Lei Complementar.

Art. 130. Segundo a correlação e afinidade, a natureza dos trabalhos e o nível de conhecimentos aplicados, o Plano de Cargos e Carreiras do Grupo Ocupacional Atividades de Apoio da Procuradoria-Geral do Estado - APGE, compreende carreiras e/ou classes abrangendo atividades inerentes a cargos ou funções de Técnicos de Representação Judicial, Assistente da Representação Judicial e Auxiliar de Representação Judicial, caracterizadas como apoio Técnico, Administrativo e Operacional aos Procuradores do Estado, nas ações de competência da Procuradoria-Geral.

CAPÍTULO III
DA ORGANIZAÇÃO

Art. 131. Integram o Plano de Cargos e Carreiras do Grupo Ocupacional Atividades de Apoio da Procuradoria-Geral do Estado - APGE, as carreiras de Técnico da Representação Judicial, de Assistente da Representação Judicial e de Auxiliar da Representação Judicial.

Art. 132. Integram o Sistema de Carreiras:

I - Carreira de nível superior, contendo 3 (três) classes;

II - Carreira de nível médio contendo 3 (três) classes;

III- Carreira de nível elementar contendo 3 (três) classes.

Art. 133. Os cargos efetivos e funções públicas do Grupo Ocupacional Atividades de Apoio da Procuradoria-Geral do Estado - APGE, são os indicados e qualificados no anexo I desta Lei Complementar.

Art. 134. As carreiras são organizadas em classes integradas por cargos de provimento efetivo e funções, dispostas de acordo com a natureza profissional e a complexidade de suas atribuições.

Parágrafo único. Estão estabelecidos para cada classe os requisitos de formação, experiência, os cursos de capacitação, bem como o nível de complexidade das atividades dos cargos e funções, conforme anexos IV e VI desta Lei Complementar.

Art. 135. As carreiras são interdisciplinares, compreendendo atividades que exigem integração de diferentes formações.

CAPÍTULO IV
DO INGRESSO NOS CARGOS DE TÉCNICO DA REPRESENTAÇÃO JUDICIAL, ASSISTENTE DA REPRESENTAÇÃO JUDICIAL E AUXILIAR DA REPRESENTAÇÃO JUDICIAL

Art. 136. O ingresso nos cargos de Técnico da Representação Judicial, de Assistente da Representação Judicial e de Auxiliar da Representação Judicial dar-se-á por nomeação em cargo de provimento efetivo, mediante Concurso Público, na classe e referência iniciais de cada carreira.

Art. 137. O concurso público será de provas ou de provas e títulos, sempre de caráter competitivo, eliminatório e classificatório e poderá ser realizado em etapas, quando a natureza do cargo exigir complementação de formação ou de especialização.

§ 1º A primeira etapa, necessariamente, de caráter eliminatório, constituir-se-á de provas escritas.

§ 2º As demais etapas, de caráter eliminatório ou classificatório, constarão do cômputo de títulos e/ou de programas de capacitação profissional, quando o exercício do cargo assim o exigir, cujo tipo e duração serão indicados no edital do respectivo concurso.

Art. 138. No edital de abertura de concurso público constarão o programa das disciplinas e a área de atuação profissional do recrutado e, quando a natureza do cargo o exigir, a definição dos cursos de especialização ou formação técnica e a respectiva carga horária.

Art. 139. A realização do concurso público para provimento dos cargos competirá à Procuradoria-Geral do

Estado, diretamente ou através de entidade especializada, contratada para esse fim.

CAPÍTULO V
DA NOMEAÇÃO, DA POSSE, DO COMPROMISSO E DO EXERCÍCIO

Art. 140. O Técnico, o Assistente e o Auxiliar da Representação Judicial serão nomeados por ato do Governador do Estado, devendo a posse ocorrer no prazo de 30 (trinta) dias, contados da publicação do ato de nomeação no Diário Oficial, prorrogável por igual período, a critério do Procurador-Geral do Estado.

§ 1º A posse será dada pelo Procurador-Geral do Estado, mediante assinatura de termo em que o empossado prometa cumprir fielmente os deveres do cargo, devendo ele, no ato da posse, fazer prova de que reúne condições de saúde para o regular desempenho do cargo , mediante a apresentação de laudo do serviço médico do Estado.

§ 2º Ao candidato aprovado é conferida a prerrogativa de, respeitado o prazo de validade do concurso, solicitar que seu nome passe a figurar no último lugar na lista de classificação, vedado, neste caso, o retorno à posição de origem.

Art. 141. Os ocupantes dos cargos de Técnico, de Assistente e de Auxiliar da Representação Judicial deverão entrar em exercício em até 30 (trinta) dias, contados da data da posse, salvo motivo de força maior, devidamente comprovado, prorrogável por igual período, a requerimento do interessado.

Parágrafo único. A jornada de trabalho dos servidores integrantes do Grupo Ocupacional Atividades de Apoio da Procuradoria-Geral do Estado - APGE, é de 40 (quarenta) horas semanais.

Art. 142. Durante o período do estágio probatório, o servidor da Procuradoria-Geral do Estado não poderá ser afastado do seu órgão de origem, nem fará jus à ascensão funcional.

CAPÍTULO VI

SEÇÃO I
DA ASCENSÃO FUNCIONAL DO TÉCNICO, DO ASSISTENTE E DO AUXILIAR DA REPRESENTAÇÃO JUDICIAL

» *No site da Assembleia Legislativa do Ceará não consta informação sobre o nome do Capítulo VI.*

Art. 143. A ascensão funcional do Técnico, do Assistente e do Auxiliar da Representação Judicial far-se-á através de progressão e de promoção, ocorrendo anualmente, conforme Decreto do Chefe do Poder Executivo.

Parágrafo único. O período avaliativo da Ascensão Funcional do Técnico, do Assistente e do Auxiliar da Representação Judicial será de 1º de abril a 31 de março do ano subsequente, com vigência após o período de avaliação, a partir de 1º de abril. (Nova redação dada pela Lei Complementar n.º 135, de 07.04.14)

Art. 144. Progressão é a passagem do servidor de uma referência para outra imediatamente superior dentro da faixa vencimental da mesma classe, obedecidos os critérios de desempenho ou antigüidade e o cumprimento do interstício de 365 (trezentos e sessenta e cinco) dias, a contar da data da implantação do Plano de Cargos e Carreiras.

§ 1º Serão elevados anualmente, mediante progressão, 60% (sessenta por cento) dos servidores de cada referência, excluídos os da última referência, reservando-se 50% (cinqüenta por cento) para cada um dos critérios referidos neste artigo.

§ 2º Se o quociente for fracionado e a fração superior a 0,5 (cinco décimos), será acrescido mais um servidor.

§ 3º A progressão por antigüidade recairá no servidor que contar maior tempo de serviço na classe.

§ 4º Para efeito da progressão por antigüidade a apuração do tempo de serviço na referência obedecerá às disposições contidas no Estatuto dos Funcionários Públicos Civis do Estado e legislação posterior.

§ 5º Em caso de empate na classificação da progressão por desempenho ou antigüidade, proceder-se-á o desempate de acordo com os seguintes critérios:

I - maior tempo de serviço na referência;

II - maior tempo de serviço público estadual;

III - maior tempo de serviço público;

IV - maior prole;

V - maior idade.

Art. 145. Promoção é a elevação do servidor de uma para outra classe imediatamente superior dentro da mesma carreira e observará, cumulativamente, o preenchimento dos requisitos constantes no anexo IV desta Lei Complementar e ao seguinte:

I - o número de servidores a serem promovidos corresponderá a 40% (quarenta por cento) do total dos integrantes de cada referência;

II -somente concorrerão os servidores que se encontrarem na última referência de sua respectiva classe;

III - se o quociente for fracionário e a fração superior a 0,5 (cinco décimos), será promovido mais um servidor.

Art. 146. O processo de ascensão funcional far-se-á através de comissão formada por 3 (três) servidores, preferencialmente de classe superior à dos promovíveis, para proceder, no prazo de 10 (dez) dias, à avaliação dos títulos relativos à promoção por desempenho e à apuração da antigüidade, esta com base nos dados fornecidos pela Coordenadoria Administrativo-Financeira.

§ 1º Esgotado o prazo indicado no *caput* deste artigo, a Comissão apresentará ao Procurador-Geral do Estado os respectivos relatórios, com as listas dos servidores aptos a ascenderem funcionalmente.

§ 2º A progressão e a promoção serão efetivadas por meio de Portaria do Procurador-Geral do Estado.

§ 3º As Portarias de ascensão funcional deverão conter, obrigatoriamente, o Grupo Ocupacional, o nome e matrícula do servidor, cargos e/ou função e o tipo de ascensão. (Nova redação dada pela Lei Complementar n.º 135, de 07.04.14)

§ 4º Uma vez atingida a classe e referência final da carreira, segundo a estrutura estabelecida na lotação do órgão, cessa definitivamente a ascensão do servidor.

§ 5º Para efeito de progressão por desempenho e promoção, a apuração do desempenho obedecerá aos seguintes critérios: (Nova redação dada pela Lei Complementar n.º 135, de 07.04.14)

I - competência profissional, demonstrada por meio de trabalhos executados no exercício de suas atividades – 5 (cinco) a 10 (dez) pontos;

II - assiduidade - 1 (um) a 5 (cinco) pontos;

III - pontualidade - 1 (um) a 5 (cinco) pontos;

IV - capacidade de iniciativa e interesse demonstrado na melhoria dos serviços técnicos administrativos do órgão - 5 (cinco) a 10 (dez) pontos;(Nova redação dada pela Lei Complementar n.º 134, de 07.04.14)

V – capacidade para trabalhar em equipe e de contribuir positivamente nos relacionamentos interpessoais, e entre órgãos internos, visando o desenvolvimento organizacional – 1 (um) a 5 (cinco) pontos;

VI - participação em Grupos de Trabalho ou Comissão de interesse da Administração Estadual - 2 (dois) pontos por cada participação, até o máximo de 10 (dez) pontos;

VII - participação em congressos, seminários, fóruns, palestras e outros eventos equiparados voltados à capacitação profissional do servidor, dentro do interstício – 1 (um) ponto por cada participação, limitado a 2 (dois) por ascensão, comprovado mediante cópia e original de certificados ou certidão do órgão promovente do evento; (Nova redação dada pela Lei Complementar n.º 135, de 07.04.14)

VIII – participação em cursos, treinamentos, dentro do interstício, voltados à capacitação profissional do servidor, quando correlato com as atividades funcionais ou com a missão do órgão, conforme intervalo de carga horária a seguir, para cada carreira, limitado a 1 (um) certificado para cada intervalo, comprovado mediante cópia e original de certificados ou certidão do órgão/entidade promovente do evento, com os devidos registros de carga horária, período, entidade promovente, frequência e data atual, assinada pelo titular do órgão ou entidade promovente: (Nova redação dada pela Lei Complementar n.º 135, de 07.04.14)

a) Nível Superior:

1. de 15 (quinze) a 30 (trinta) horas – 1 (um) ponto;

2. de 31 (trinta e uma) a 40 (quarenta) horas – 2 (dois) pontos;

3. a partir de 41 (quarenta e uma) horas – 3 (três) pontos.

b) Nível Médio:

1. de 10 (dez) a 20 (vinte) horas – 1 (um) ponto;

2. de 21 (vinte e uma) a 30 (trinta) horas – 2 (dois) pontos;

3. a partir de 31 (trinta e uma) horas – 3 (três) pontos.

c) Nível Elementar:

1. de 5 (cinco) a 15 (quinze) horas – 1 (um) ponto;

2. de 16 (dezesseis) a 20 (vinte) horas - 2 (dois) pontos;

3. a partir de 21 (vinte e uma) horas – 3 (três) pontos.

IX – participação como instrutor/tutor/facilitador em programa de capacitação, desenvolvido no âmbito do Poder Executivo, dentro do interstício, comprovado mediante cópia e original de certificado - 2 (dois) pontos por participação, limitado a 1 (um) por ascensão;

X – especialização quando correlata com as atividades funcionais ou com a missão do órgão - 2 (dois) pontos;

XI - mestrado quando correlato com as atividades funcionais ou com a missão do órgão - 3 (três) pontos;

XII - doutorado quando correlato com as atividades funcionais ou com a missão do órgão - 4 (quatro) pontos;

XIII – exercício de cargo em comissão no âmbito da Procuradoria-Geral do Estado - 2 (dois) pontos por nomeação ou permanência no cargo, dentro de cada interstício, a partir da vigência da Lei Complementar nº 58, de 31 de março de 2006;

XIV – substituição do titular do cargo em comissão no âmbito da Procuradoria-Geral do Estado - 2 (dois) pontos por substituição no cargo, dentro de cada interstício, a partir da vigência da Lei Complementar nº 58, de 31 de março de 2006;

XV – elogio, dentro do interstício - 2 (dois) pontos, limitado a 1 (um) por ascensão, comprovado mediante publicação no Diário Oficial do Estado.

§ 6º A participação em eventos de capacitação e treinamento a partir da data da vigência da última promoção por Avaliação de Desempenho que tenha beneficiado o servidor, será considerada para formação dos requisitos para promoção constantes do anexo IV, desta Lei Complementar.

§ 7º Os cursos de pós-graduação utilizados para pontuação em processo de ascensão funcional serão considerados independentemente do período de sua realização.

§ 8º A pontuação do desempenho funcional do servidor previstas nos incisos I, II, III, IV e V do § 5º deste artigo, deverá obrigatoriamente ser feita pelo chefe imediato, que, logo após, dará retorno ao servidor, identificando os pontos fortes e pontos fracos, com a finalidade de melhorar os pontos fracos, sugerindo desenvolvimento através de capacitação, e enaltecer os pontos fortes, como forma de motivação e reconhecimento.

§ 9º Os servidores designados para compor a Comissão de que trata o *caput* deste artigo poderão ser dispensados de suas atividades em um dos turnos do expediente, mediante ato do Procurador-Geral do Estado, que definirá os termos da dispensa. (Nova redação dada pela Lei Complementar n.º 135, de 07.04.14)

Art. 147. Caso o servidor esteja respondendo a processo administrativo-disciplinar ou tenha sofrido pena disciplinar durante o interstício, fica este interrompido para efeito de ascensão funcional, na seguinte forma:

I - relativamente ao processo, enquanto não estiver concluído, iniciando-se na data da publicação da portaria instauradora do procedimento;

II - a pena de repreensão interrompe por 180 (cento e oitenta) dias a contagem do interstício para a ascensão funcional, desprezado o tempo de duração do processo;

III - a pena de suspensão interrompe por 360 (trezentos e sessenta) dias a contagem do interstício para a ascensão funcional a cada grupo de até 30 (trinta) dias de suspensão, desprezado o tempo de duração do processo.

Art. 148. Fica também interrompido o interstício para efeito de ascensão funcional na ocorrência de:

I - licença ou afastamento sem vencimentos;

II - suspensão de vínculo, prevista no art. 65, da Lei n.o 9.826, de 14 de maio de 1974;

III - licença extraordinária prevista na Lei n.º 12.783, de 30 de dezembro de 1997;

IV - prisão administrativa ou decorrente de decisão judicial;

V - exercício em órgão ou entidade diverso do de origem, ressalvados os casos de nomeação ou designação para cargo de Direção e Assessoramento ou designação para compor Comissão ou Grupo de Trabalho e Cessão, através de convênio, para prestação de serviço no âmbito da Administração Pública Estadual;

VI - desempenho de mandato eletivo, quando sem ônus para a origem.

SEÇÃO II
DA CAPACITAÇÃO E DO APERFEIÇOAMENTO DO SERVIDOR

Art. 149. As atividades de capacitação e aperfeiçoamento do servidor da Procuradoria-Geral do Estado, como parte integrante do Sistema de Recursos Humanos, serão planejadas e organizadas, de forma integrada e sistêmica pela Secretaria da Administração - Órgão Central e pelo Centro de Estudos e Treinamento da Procuradoria-Geral do Estado (Cetrei).

Art. 150. A execução dos programas de capacitação, estágios, treinamentos em serviços estabelecidos para as áreas de atividades finalísticas competirá à Procuradoria-Geral do Estado, diretamente ou através de entidades públicas ou privadas especializadas na capacitação de Recursos Humanos, mediante convênios ou contratos, observadas as normas pertinentes à matéria.

Art. 151. O servidor habilitado em cursos com a duração, conteúdo e nível equivalentes aos dos programas de treinamento executados pela Procuradoria-Geral do Estado, poderá ser dispensado de freqüentá-los, sujeitando-se sua habilitação a reconhecimento pelo órgão competente, conforme se dispuser em regulamento.

CAPÍTULO VII

SEÇÃO I
DO QUADRO DE PESSOAL

» *No site da Assembleia Legislativa do Ceará não consta informação sobre o nome do Capítulo VII.*

Art. 152. A quantificação dos cargos e/ou funções necessários ao Grupo Ocupacional Atividades de Apoio da Procuradoria-Geral do Estado - APGE, constitui sua lotação numérica, a qual é indicada no anexo VIII desta Lei Complementar.

SEÇÃO II
DO ENQUADRAMENTO

Art. 153. Os atuais cargos e funções da lotação de pessoal do serviço de apoio da Procuradoria-Geral do Estado ficam redenominados e enquadrados no Quadro do Grupo Ocupacional Atividades de Apoio da Procuradoria-Geral do Estado - APGE, de acordo com seus atributos e requisitos.

§ 1º O enquadramento dos atuais ocupantes dos cargos efetivos e dos que exercem funções na Procuradoria-Geral do Estado no Grupo Ocupacional Atividades de Apoio da Procuradoria-Geral do Estado - APGE, na nova estrutura remuneratória das carreiras, será feito nas seguintes formas:

I - Enquadramento Funcional - designação do servidor para a função que lhe couber, de acordo com a nova denominação recebida, mantidas as atuais atribuições até que vague o cargo ou função;

II - Enquadramento Salarial - lotação do servidor na referência que corresponder ao valor de seu vencimento atual, mantidas as atuais atribuições até que vague o cargo ou função;

III - Enquadramento por Descompressão - consiste no deslocamento do servidor de uma referência para outra dentro de uma mesma classe ou para outra classe quando o vencimento correspondente for superior a última referência da respectiva classe, em função do tempo de serviço público, avançando uma referência por cada 5 (cinco) anos de serviço público, completados até a data de publicação desta Lei, mantidas as atuais atribuições até que vague o cargo ou função.

§ 2º O enquadramento Funcional dar-se-á na forma do anexo II da presente Lei, sendo estabelecido da seguinte forma:

I - o cargo de Auxiliar da Representação Judicial é composto de 3 (três) classes A, B e C, iniciando-se na referência A1 da Classe A.

II - o cargo de Assistente da Representação Judicial é composto de 3 (três) classes A, B e C iniciando-se na referência C1 da Classe A;

III - o cargo de Técnico da Representação Judicial é composto de três 3 (três) classes A, B e C, iniciando-se na referência F1 da Classe A.

§ 3º O enquadramento no cargo Técnico da Representação Judicial será feito para o servidor cujo ingresso no cargo ou função anterior dependeu de qualificação de nível superior; no cargo de Assistente da Representação Judicial será feito para o servidor cujo ingresso no cargo ou função anterior dependeu de qualificação de nível médio e no de Auxiliar da Representação Judicial será feito para o servidor cujo ingresso no cargo ou função anterior dependeu de qualificação de nível elementar.

~~VETADO - § 4º Observado o disposto no parágrafo anterior, os servidores que comprovem, por documento hábil, possuir a escolaridade necessária ao enquadramento correspondente ao cargo ou função de Assistente da Representação Judicial do Grupo Ocupacional Atividades de Apoio da Procuradoria-Geral do Estado, poderão ser enquadrados nesse cargo ou função.~~

~~VETADO - § 5º Os servidores enquadrados no cargo/função de Assistente da Representação Judicial que tenham nível superior, serão enquadrados na referência inicial da classe C, da respectiva carreira.~~

§ 6º Os servidores cujo salário não encontre correspondência com o previsto para enquadramento por perceberem remuneração superior à prevista na última referência da classe a que pertencer, ficarão despadronizados, sendo os cargos/funções, extintos quando vagarem.

§ 7º Os servidores que, após a efetivação do enquadramento por descompressão ficaram na última referência da classe do cargo respectivo, para fins da primeira promoção à classe seguinte, ficam dispensados do interstício previsto no anexo IV desta Lei Complementar. (Redação dada pela Lei Complementar n.º 60, de 06.12.06)

Art. 154. A formalização dos enquadramentos funcional, salarial e por descompressão, se efetivarão mediante Portaria do Procurador-Geral do Estado, dentro do prazo de 90 (noventa) dias, contados da data da publicação desta Lei Complementar.

Art. 155. Os servidores, que se encontrarem afastados na data da publicação desta Lei Complementar, terão seu enquadramento e respectivo efeito financeiro efetivados por ocasião do retorno ao exercício de suas funções na Procuradoria Geral do Estado, excetuando-se aqueles que estejam usufruindo as licenças previstas nos incisos I, II, IV e VI do art. 80 da Lei nº 9.826, de 14 de maio de 1974. (Nova redação dada pela Lei Complementar n.º 60, de 06.12.06)

Art. 156. O Plano de Cargos e Carreiras do Grupo Ocupacional Atividades de Apoio da Procuradoria-Geral do

Estado - APGE, instituído nesta Lei Complementar aplica-se aos servidores da Procuradoria-Geral do Estado ativo e inativos, na forma prevista nos arts. 153 a 155 desta Lei Complementar, desde que optem pelo novo regime previsto nesta Lei Complementar, devendo, neste caso, e para esse efeito, manifestarem expressa opção, em caráter irretratável e irrevogável, sendo incompatível o regime remuneratório do Plano previsto nesta Lei Complementar com o regime remuneratório em que se deu a aposentadoria e com o que hoje se encontra o servidor em atividade.

§ 1º Fica assegurado aos aposentados que permanecerem no regime remuneratório de suas aposentadorias, o reajuste de seus proventos, nos mesmos percentuais e datas fixados para os servidores ativos dos serviços de apoio da Procuradoria Geral do Estado.

§ 2º A opção prevista neste artigo, assim como no art. 155 desta Lei, deverá ocorrer no prazo máximo de 6 (seis) meses a contar da data da publicação desta Lei, observado, quanto aos efeitos financeiros, a data da respectiva opção, vedada a sua retroatividade. (Nova redação dada pela Lei Complementar n.º 60, de 06.12.06)

Art. 157. Os servidores da Administração Direta, Autárquica e Fundacional, regidos pela Lei n.o 9.826, de 14 de maio de 1974, que se encontrem, na data da publicação desta Lei Complementar, à disposição da Procuradoria-Geral do Estado, há pelo menos um ano, inclusive em razão de acordos, ajustes ou convênios ou para exercício junto à Comissão Central de Concorrência do Estado, ou Comissão de Processo Administrativo Disciplinar, passarão a integrar o Grupo Ocupacional Atividades de Apoio da Procuradoria-Geral do Estado - APGE, mediante expressa opção a ser feita no prazo máximo de até 60 (sessenta) dias, sendo enquadrados na forma dos arts. 152 e 154 desta Lei Complementar.

§ 1º A remoção dos servidores de que trata este artigo será feita por meio de Decreto do Chefe do Poder Executivo.

§ 2º Fica vedada a remoção de servidores de outros órgãos/entidades para a Procuradoria-Geral do Estado.

CAPÍTULO VIII
DA REMUNERAÇÃO

Art. 158. A remuneração dos servidores do Grupo Ocupacional Atividades de Apoio da Procuradoria-Geral do Estado - APGE, é fixada de acordo com o valor de enquadramento previsto na Tabela de Vencimento constante do anexo VII desta Lei, observada a carga horária exercida, acrescido da progressão horizontal e demais vantagens pessoais e/ou gratificações percebidas, à exceção da gratificação de exercício que será somada ao vencimento-base para fins de enquadramento, sendo incompatível a sua percepção com o atual regime de remuneração previsto nesta Lei.

§ 1º Poderá haver alteração de carga horária de 30 (trinta) para 40 (quarenta) horas, mediante expressa solicitação do servidor interessado, a ser exercitada no prazo máximo de 6 (seis) meses, a contar da data de publicação desta Lei. (Nova redação dada pela lei Complementar n.º 60, de 06.12.06)

§ 2º O servidor de que trata o parágrafo anterior somente poderá ir para a inatividade após transcorridos cinco anos de efetivo exercício no cargo/função respectiva, contados da data do enquadramento.

Art. 159. O regime de trabalho dos servidores enquadrados no Plano de Cargos e Carreiras instituído nesta Lei, observará a jornada prevista no anexo VII desta Lei, podendo ser alterada nos termos previstos no artigo anterior.

Art. 160. Será criada uma comissão formada por servidores da Procuradoria-Geral do Estado para proceder à implantação do PCC instituído nesta Lei.

Art. 161. Fica instituída a gratificação de titulação conferida aos ocupantes dos cargos/funções de Técnico de Representação Judicial, desde que relacionada com o cargo/função exercida, nos percentuais de 15% (quinze por cento) para o título de especialista, 30% (trinta por cento) para o título de Mestre e 60% (sessenta por cento) para o título de Doutor.

TÍTULO V
DAS DISPOSIÇÕES GERAIS E TRANSITÓRIAS

CAPÍTULO I
DISPOSIÇÕES GERAIS

Art. 162. O Procurador do Estado inativo poderá, desde que não haja atingido o limite de idade constitucionalmente previsto para a aposentadoria compulsória, reverter ao serviço ativo nas seguintes hipóteses:

I - de ofício, se cessadas as causas determinantes da decretação da aposentadoria por invalidez;

II - a pedido, dependendo da conveniência e oportunidade administrativas, assim como da existência de vaga na classe da carreira em que ele se encontrava no momento da aposentação.

Parágrafo único. As reversões previstas neste artigo dependerão, necessariamente, de prova de aptidão física e mental, mediante a apresentação de laudo do serviço médico do Estado, operando-se para o mesmo cargo anteriormente ocupado e preservados o vencimento e demais vantagens remuneratórias dantes asseguradas ao seu ocupante, inclusive as incorporadas, na forma da lei.

Art. 163. Os melhores ensaios jurídicos, trabalhos forenses e pareceres, elaborados por Procuradores do Estado, serão anualmente objeto de premiação, na forma prevista em Regulamento.

Art. 164. Ficam criados e incluídos na estrutura organizacional da Procuradoria-Geral do Estado os Cargos de Direção e Assessoramento, de provimento em comissão, indicados e distribuídos na forma do anexo IX desta Lei Complementar.

Art. 165. Ficam extintos os cargos de Direção e Assessoramento integrantes da estrutura organizacional da Procuradoria-Geral do Estado, indicados no anexo X desta Lei Complementar.

Art. 165 - A. Os procuradores do Estado e os servidores integrantes do quadro de pessoal da Procuradoria-Geral do Estado que respondam a processo disciplinar, condição que os impede de participar de processo de ascensão na carreira, nos termos desta Lei e do art. 59, inciso I, do Decreto n.º 22.793, de 1.º de outubro de 1993, c/c a Lei n.º 11.966, de 17 de junho de 1992, terão assegurada a ascensão posteriormente, caso verificado o direito à época da disputa, uma vez findo o processo disciplinar com a improcedência da imputação. (acrescido pela Lei Complementar n º254, 25 de agosto de 2021)

Parágrafo único. Inexistindo vaga para a promoção em ressarcimento de preterição na forma do *caput*, ficará o servidor ou o procurador do Estado como excedente na correspondente classe, ocupando a próxima vaga imediatamente aberta". (acrescido pela Lei Complementar n º254, 25 de agosto de 2021)

CAPÍTULO II
DISPOSIÇÕES TRANSITÓRIAS

Art. 166. Enquanto não forem criados e providos os cargos de perito em cálculos da Assessoria de Análise, Elaboração e Revisão de Cálculos Judiciais e Extrajudiciais, as atividades respectivas deverão ser exercidas por servidores públicos estaduais estáveis, ocupantes de cargo efetivo, com formação de nível superior, atribuindo-se a cada um de seus membros a Gratificação por Encargo de Análise e Cálculo Judicial, conforme dispõe o art. 166-A, sem prejuízo dos vencimentos, salários, direitos e vantagens inerentes aos cargos ou funções ou emprego de origem, inclusive relativamente ao prêmio de desempenho fiscal dos servidores da Secretaria da Fazenda, sendo assegurados todos os direitos e vantagens que lhes são ou que vierem a ser concedidos, como se estivessem em efetivo exercício no órgão de origem. (Nova redação dada pela Lei Complementar n.º 95, de 27.01.11)

Art. 166-A. Fica instituída a Gratificação por Encargo de Análise e Cálculo Judicial, devida pelo exercício das atribuições de membro da Assessoria de Análise, Elaboração e Revisão de Cálculos Judiciais e Extrajudiciais que será concedida no valor de R$ 1.769,14 (um mil setecentos e sessenta e nove reais e quatorze centavos).

§ 1º O valor estabelecido neste artigo será revisto exclusivamente no mesmo índice geral de revisão dos servidores públicos civis do Estado do Ceará, não sendo incorporado para qualquer fim, inclusive aposentadoria.

§ 2º O valor estabelecido neste artigo será devido proporcionalmente aos dias de efetivo exercício.(Redação dada pela Lei Complementar n.º 95, de 27.01.11)

Art. 167. ~~Enquanto não forem criados e providos os cargos de técnico da dívida ativa, e de nível médio, para funções de apoio da Célula da Dívida Ativa, a organização e o funcionamento desta serão definidos em regulamento, pelo Governador do Estado, atribuindo-se a cada um de seus integrantes gratificação pela execução de trabalho relevante, técnico ou científico, prevista no art. 132 da Lei n.º 9.826, de 14 de maio de 1974, sem prejuízo dos vencimentos, salários, direitos e vantagens inerentes aos cargos, funções ou empregos de origem, inclusive relativamente à gratificação de produtividade dos servidores oriundos da Secretaria da Fazenda.~~ (Revogado pela Lei Complementar n.º 1354, de 07.04.14)

Art. 168. Enquanto não for editada a lei de que trata o art. 83 desta Lei Complementar, a gratificação de aumento de produtividade devida aos Procuradores do Estado observará aos termos da legislação e normas de regência atualmente em vigor.

TÍTULO VI
DISPOSIÇÕES FINAIS

Art. 169. Fazem parte desta Lei os seguintes anexos:

Anexo I - Estrutura e composição, segundo a Categoria Funcional, Carreiras, Cargos e Funções, Classes, Referências e Qualificação Exigida para o Ingresso;

Anexo II - Linha de Redenominação dos Cargos e Funções;

Anexo III - Linhas de Promoção;

Anexo IV - Requisitos para Promoção;

Anexo V - Hierarquização dos Cargos e Funções;

Anexo VI - Nível de Complexidade das Atividades dos Cargos e Funções;

Anexo VII - Tabela de Vencimentos dos Cargos/funções de Técnico, Assistente Auxiliar da Representação Judicial, com jornada de 30 (trinta) e 40 (quarenta) horas;

Anexo VIII - Quantificação dos Cargos e Funções existentes;

Anexo IX - Distribuição dos Cargos de Direção e Assessoramento da PGE;

Anexo X - Quantificação dos Cargos de Direção e Assessoramento da PGE;

Anexo XI - Critérios para Aferição dos Títulos apresentados para o Concurso Público para o cargo de Procurador do Estado.

Art. 169-A. Os servidores de órgãos ou entidades da Administração direta e indireta estadual, quando cedidos ou à disposição, sob qualquer modalidade, para exercício funcional na Procuradoria-Geral do Estado, incluída a Central de Licitação, desempenharão suas atividades sem prejuízo à percepção de toda e qualquer retribuição a que faziam jus no órgão ou na entidade de origem antes do deslocamento, estendendo-se esse direito a gratificações de produtividade ou de desempenho, gratificações decorrentes do exercício funcional em condições especiais ou outras gratificações de natureza propter laborem. (acrescido pela Lei Complementar n.º 193, de 02.04.19)

» *Lei Complementar n.º 193, de 02.04.19, Art. 5.º Ficam convalidados os pagamentos realizados anteriormente à publicação desta Lei, na forma do art. 169-A, acrescido à Lei Complementar n.º 58, de 31 de março de 2006, pelo art. 1.º desta Lei Complementar, a servidores de outros órgãos ou outras entidades, em exercício na Procuradoria-Geral do Estado, incluída a Central de Licitação.*

Art. 170. As despesas decorrentes da execução desta Lei Complementar correrão por conta das dotações orçamentárias próprias da Procuradoria-Geral do Estado, as quais devem ser suplementadas, se insuficientes, observado o disposto na Lei Complementar Federal n.° 101, de 4 de maio de 2000.

Art. 171. O Governador do Estado regulamentará o disposto nesta Lei Complementar, no que for necessário.

Art. 172. As disposições do Título IV desta Lei Complementar equivalem às de lei ordinária.

Art. 173. As disposições dos arts. 5.º, inciso XX, 8.º, inciso XXII, e 45 desta Lei Complementar não se aplicam à Agência Reguladora de Serviços Públicos Delegados do Estado do Ceará - ARCE, autarquia especial.

Art. 174. Esta Lei Complementar entra em vigor na data de sua publicação.

Art. 175. Revogadas as disposições em contrário, especialmente a Lei Complementar n.º 2, de 24 de maio de 1994, e a Lei Complementar n.° 7, de 11 de julho de 1997, respeitado o disposto nos arts. 83 e 168 desta Lei Complementar.

PALÁCIO IRACEMA DO ESTADO DO CEARÁ, em Fortaleza, 31 de março de 2006.

LEI FEDERAL Nº 9.491, DE 9 DE SETEMBRO DE 1997

- ALTERA PROCEDIMENTOS RELATIVOS AO PROGRAMA NACIONAL DE DESESTATIZAÇÃO

Art. 1º O Programa Nacional de Desestatização – PND tem como objetivos fundamentais:

I - reordenar a posição estratégica do Estado na economia, transferindo à iniciativa privada atividades indevidamente exploradas pelo setor público;

II - contribuir para a reestruturação econômica do setor público, especialmente através da melhoria do perfil e da redução da dívida pública líquida;

III - permitir a retomada de investimentos nas empresas e atividades que vierem a ser transferidas à iniciativa privada;

IV - contribuir para a reestruturação econômica do setor privado, especialmente para a modernização da infra-estrutura e do parque industrial do País, ampliando sua competitividade e reforçando a capacidade empresarial nos diversos setores da economia, inclusive através da concessão de crédito;

V - permitir que a Administração Pública concentre seus esforços nas atividades em que a presença do Estado seja fundamental para a consecução das prioridades nacionais;

VI - contribuir para o fortalecimento do mercado de capitais, através do acréscimo da oferta de valores mobiliários e da democratização da propriedade do capital das empresas que integrarem o Programa.

Art. 2º Poderão ser objeto de desestatização, nos termos desta Lei:

I - empresas, inclusive instituições financeiras, controladas direta ou indiretamente pela União, instituídas por lei ou ato do Poder Executivo; (Vide ADIN nº 3.577)

II - empresas criadas pelo setor privado e que, por qualquer motivo, passaram ao controle direto ou indireto da União; (Vide ADIN nº 3.577)

III - serviços públicos objeto de concessão, permissão ou autorização;

IV - instituições financeiras públicas estaduais que tenham tido as ações de seu capital social desapropriadas, na forma do Decreto-lei n° 2.321, de 25 de fevereiro de 1987. (Vide ADIN nº 3.577)

V - bens móveis e imóveis da União. (Incluído pela Medida Provisória nº 2.161-35, de 2001).

§ 1º Considera-se desestatização:

a) a alienação, pela União, de direitos que lhe assegurem, diretamente ou através de outras controladas, preponderância nas deliberações sociais e o poder de eleger a maioria dos administradores da sociedade;

b) a transferência, para a iniciativa privada, da execução de serviços públicos explorados pela União, diretamente ou através de entidades controladas, bem como daqueles de sua responsabilidade.

c) a transferência ou outorga de direitos sobre bens móveis e imóveis da União, nos termos desta Lei. (Incluído pela Medida Provisória nº 2.161-35, de 2001)

§ 2º Aplicam-se os dispositivos desta Lei, no que couber, às participações minoritárias diretas e indiretas da União no capital social de quaisquer outras sociedades e às ações excedentes à participação acionária detida pela União representativa do mínimo necessário à manutenção do controle acionário da Petróleo Brasileiro S.A. - Petrobrás, nos termos do artigo 62 da Lei nº 9.478, de 06.08.97.

§ 3º O Banco Nacional de Desenvolvimento Econômico e Social - BNDES, por determinação do Conselho Nacional de Desestatização, definido nesta Lei, e por solicitação de Estados ou Municípios, poderá firmar com eles ajuste para supervisionar o processo de desestatização de empresas controladas por aquelas unidades federadas, detentoras de concessão, permissão ou autorização para prestação de serviços públicos, observados, quanto ao processo de desestatização, os procedimentos estabelecidos nesta Lei.

§ 4º Na hipótese do parágrafo anterior, a licitação para a outorga ou transferência da concessão do serviço a ser desestatizado poderá ser realizada na modalidade de leilão.

§ 5º O Gestor do Fundo Nacional de Desestatização deverá observar, com relação aos imóveis da União incluídos no Programa Nacional de Desestatização, a legislação aplicável às desestatizações e, supletivamente, a relativa aos bens imóveis de domínio da União, sem prejuízo do disposto no inciso VII do art. 6º. (Incluído pela Medida Provisória nº 2.161-35, de 2001)

§ 6º (Revogado pela Lei nº 11.483, de 2007)

Art. 3º Não se aplicam os dispositivos desta Lei ao Banco do Brasil S.A., à Caixa Econômica Federal, e a empresas públicas ou sociedades de economia mista que exerçam atividades de competência exclusiva da União, de que tratam os incisos XI e XXIII do art. 21 e a alínea "c" do inciso I do art. 159 e o art. 177 da Constituição Federal, não se aplicando a vedação aqui prevista às participações acionárias detidas por essas entidades, desde que não incida restrição legal à alienação das referidas participações.

Art. 4º As desestatizações serão executadas mediante as seguintes modalidades operacionais:

I - alienação de participação societária, inclusive de controle acionário, preferencialmente mediante a pulverização de ações;

II - abertura de capital;

III - aumento de capital, com renúncia ou cessão, total ou parcial, de direitos de subscrição;

IV - alienação, arrendamento, locação, comodato ou cessão de bens e instalações;

V - dissolução de sociedades ou desativação parcial de seus empreendimentos, com a conseqüente alienação de seus ativos;

VI - concessão, permissão ou autorização de serviços públicos.

VII - aforamento, remição de foro, permuta, cessão, concessão de direito real de uso resolúvel e alienação mediante venda de bens imóveis de domínio da União. (Incluído pela Medida Provisória nº 2.161-35, de 2001)

§ 1º A transformação, a incorporação, a fusão ou a cisão de sociedades e a criação de subsidiárias integrais poderão ser utilizadas a fim de viabilizar a implementação da modalidade operacional escolhida.

§ 2º Na hipótese de dissolução, caberá ao Ministro de Estado do Planejamento, Orçamento e Gestão acompanhar e tomar as medidas cabíveis à efetivação da liquidação da empresa. (Redação dada pela Medida Provisória nº 2.161-35, de 2001)

§ 3º Nas desestatizações executadas mediante as modalidades operacionais previstas nos incisos I, IV, V, VI e VII deste artigo, a licitação poderá ser realizada na modalidade de leilão. (Redação dada pela Medida Provisória nº 2.161-35, de 2001)

§ 4º O edital de licitação poderá prever a inversão da ordem das fases de habilitação e julgamento, hipótese em que: (Incluído pela Lei nº 13.360, de 2016)

I - encerrada a fase de classificação das propostas ou de oferecimento de lances, será aberto o invólucro com os documentos de habilitação do licitante mais bem classificado, para verificação do atendimento das condições fixadas no edital; (Incluído pela Lei nº 13.360, de 2016)

II - verificado o atendimento das exigências do edital, o licitante será declarado vencedor; (Incluído pela Lei nº 13.360, de 2016)

III - inabilitado o licitante mais bem classificado, serão analisados os documentos de habilitação do licitante com a proposta classificada em segundo lugar, e assim sucessivamente, até que um licitante classificado atenda às condições fixadas no edital; (Incluído pela Lei nº 13.360, de 2016)

IV - proclamado o resultado do certame, o objeto será adjudicado ao vencedor nas condições técnicas e econômicas por ele ofertadas. (Incluído pela Lei nº 13.360, de 2016)

Art. 5º O Programa Nacional de Desestatização terá como órgão superior de decisão o Conselho Nacional de Desestatização - CND, diretamente subordinado ao Presidente da República, integrado pelos seguintes membros:

I - Ministro de Estado do Desenvolvimento, Indústria e Comércio Exterior, na qualidade de Presidente; (Redação dada pela Medida Provisória nº 2.161-35, de 2001)

II - Chefe da Casa Civil da Presidência da República; (Redação dada pela Medida Provisória nº 2.161-35, de 2001)

III - Ministro de Estado da Fazenda; (Redação dada pela Medida Provisória nº 2.161-35, de 2001)

IV - Ministro de Estado do Planejamento, Orçamento e Gestão. (Redação dada pela Medida Provisória nº 2.161-35, de 2001)

§ 1º Das reuniões para deliberar sobre a desestatização de empresas ou serviços públicos participará, com direito a voto, o titular do Ministério ao qual a empresa ou serviço se vincule.

§ 2º Quando se tratar de desestatização de instituições financeiras, participará das reuniões, com direito a voto, o Presidente do Banco Central do Brasil.

§ 3º Participará também das reuniões, sem direito a voto, um representante do Banco Nacional de Desenvolvimento Econômico e Social – BNDES.

§ 4º O Conselho deliberará mediante resoluções, cabendo ao Presidente, além do voto de qualidade, a prerrogativa de deliberar, nos casos de urgência e relevante interesse, ad referendum do colegiado.

§ 5º Quando deliberar ad referendum do Conselho, o Presidente submeterá a decisão ao colegiado, na primeira reunião que se seguir àquela deliberação.

§ 6º O Presidente do Conselho poderá convidar Ministros de Estado, bem como representantes de entidades públicas ou privadas, para participar das reuniões, sem direito a voto.

§ 7º O Conselho reunir-se-á, ordinariamente, uma vez por mês, e, extraordinariamente, sempre que for convocado por seu Presidente.

§ 8° Nas ausências ou impedimentos do Ministro de Estado do Desenvolvimento, Indústria e Comércio Exterior, as reuniões do Conselho serão presididas pelo Chefe da Casa Civil da Presidência da República. (Vide Medida Provisória nº 2.161-35, de 2001)

§ 9º Nas suas ausências ou impedimentos, os membros do Conselho serão representados por substitutos por eles designados.

Art. 6º Compete ao Conselho Nacional de Desestatização:

I - recomendar, para aprovação do Presidente da República, meios de pagamento e inclusão ou exclusão de empresas, inclusive instituições financeiras, serviços públicos e participações minoritárias, bem como a inclusão de bens móveis e imóveis da União no Programa Nacional de Desestatização; (Redação dada pela Medida Provisória nº 2.161-35, de 2001)

II - aprovar, exceto quando se tratar de instituições financeiras:

a) a modalidade operacional a ser aplicada a cada desestatização;

b) os ajustes de natureza societária, operacional, contábil ou jurídica e o saneamento financeiro, necessários às desestatizações;

c) as condições aplicáveis às desestatizações;

d) a criação de ação de classe especial, a ser subscrita pela União;

e) a fusão, incorporação ou cisão de sociedades e a criação de subsidiária integral, necessárias à viabilização das desestatizações;

f) a contratação, pelo Gestor do Fundo Nacional de Desestatização, de pareceres ou estudos especializados necessários à desestatização de setores ou segmentos específicos.

g) a exclusão de bens móveis e imóveis da União incluídos no PND. (Incluída pela Medida Provisória nº 2.161-35, de 2001)

III - determinar a destinação dos recursos provenientes da desestatização, observado o disposto no art. 13 desta Lei;

IV - expedir normas e resoluções necessárias ao exercício de sua competência;

V - deliberar sobre outras matérias relativas ao Programa Nacional de Desestatização, que venham a ser encaminhadas pelo Presidente do Conselho;

VI - fazer publicar o relatório anual de suas atividades.

VII - estabelecer as condições de pagamento à vista e parcelado aplicáveis às desestatizações de bens móveis e imóveis da União. (Incluído pela Medida Provisória nº 2.161-35, de 2001)

§ 1º Na desestatização dos serviços públicos, o Conselho Nacional de Desestatização deverá recomendar, para aprovação do Presidente da República, o órgão da Administração direta ou indireta que deverá ser o responsável pela execução e acompanhamento do correspondente processo de desestatização, ficando esse órgão, no que couber, com as atribuições previstas no art. 18 desta Lei. (Vide Decreto nº 8.094, de 2013)

§ 2º O Conselho Nacional de Desestatização poderá baixar normas regulamentadoras da desestatização de serviços públicos, objeto de concessão, permissão ou autorização, bem como determinar sejam adotados procedimentos previstos em legislação específica, conforme a natureza dos serviços a serem desestatizados.

§ 3º A desestatização de empresas de pequeno e médio portes, conforme definidas pelo Conselho Nacional de Desestatização, poderá ser coordenada pelo Departamento de Coordenação e Controle das Empresas Estatais, da Secretaria-Executiva do Ministério do Planejamento, Orçamento e Gestão, competindo-lhe, no que couber, as atribuições previstas no art. 18 desta Lei. (Redação dada pela Medida Provisória nº 2.161-35, de 2001)

§ 4° Compete ao Presidente do Conselho Nacional de Desestatização:

a) presidir as reuniões do Conselho;

b) coordenar e supervisionar a execução do Programa Nacional de Desestatização;

c) encaminhar à deliberação do Conselho as matérias previstas no *caput* e nos §§ 1°, 2° e 3° deste artigo;

d) requisitar aos órgãos competentes a designação de servidores da Administração Pública direta e indireta, para integrar os grupos de trabalho de que trata o inciso III do art. 18 desta Lei.

§ 5° A desestatização de instituições financeiras será coordenada pelo Banco Central do Brasil, competindo-lhe, nesse caso, exercer, no que couber, as atribuições previstas no art. 18 desta Lei.

§ 6° A competência para aprovar as medidas mencionadas no inciso II deste artigo, no caso de instituições financeiras, é do Conselho Monetário Nacional, por proposta do Banco Central do Brasil.

§ 7° Fica a União autorizada a adquirir ativos de instituições financeiras federais, financiar ou garantir os ajustes prévios imprescindíveis para a sua privatização, inclusive por conta dos recursos das Reservas Monetárias, de que trata o art. 12, da Lei n° 5.143, de 20 de outubro de 1966, com a redação dada pelo art. 1° do Decreto-lei n° 1.342, de 28 de agosto de 1974.

§ 8° O disposto no parágrafo anterior se estende às instituições financeiras federais que, dentro do Programa Nacional de Desestatização, adquiram ativos de outra instituição financeira federal a ser privatizada, caso em que fica, ainda, a União autorizada a assegurar à instituição financeira federal adquirente:

a) a equalização da diferença apurada entre o valor desembolsado na aquisição dos ativos e o valor que a instituição financeira federal adquirente vier a pagar ao Banco Central do Brasil pelos recursos recebidos em linha de financiamento específica, destinada a dar suporte à aquisição dos ativos, aí considerados todos os custos incorridos, inclusive os de administração, fiscais e processuais;

b) a equalização entre o valor despendido pela instituição financeira federal na aquisição dos ativos e o valor efetivamente recebido em sua liquidação final;

c) a assunção, pelo Tesouro Nacional, da responsabilidade pelos riscos de crédito dos ativos adquiridos na forma deste parágrafo, inclusive pelas eventuais insubsistências ativas identificadas antes ou após havê-los assumido, respondendo, ainda, pelos efeitos financeiros referentes à redução de seus valores por força de pronunciamento judicial de qualquer natureza.

§ 9° A realização da equalização ou assunção pelo Tesouro Nacional, de que trata o parágrafo anterior, dar-se-ão sem prejuízo da responsabilidade civil e penal decorrente de eventual conduta ilícita ou gestão temerária na concessão do crédito pertinente.

§ 10. Fica a Agência Nacional de Energia Elétrica - ANEEL autorizada a anuir com a repactuação, que venha a gerar benefícios potenciais à prestação do serviço público de distribuição de energia, de dívidas setoriais em moeda estrangeira, das empresas incluídas no Programa Nacional de Desestatização - PND, para que seja convertida em moeda nacional, com remuneração mensal pela variação da taxa do Sistema Especial de Liquidação e Custódia - SELIC e prazo máximo de cento e vinte meses considerando períodos de carência e de amortização. (Incluído pela Lei nº 13.182, de 2015)

§ 11. Será considerado como data-base da repactuação de que trata o § 10 o primeiro dia útil do ano em que se deu a inclusão da empresa no PND. (Incluído pela Lei nº 13.182, de 2015)

Art. 7º A desestatização dos serviços públicos, efetivada mediante uma das modalidades previstas no art. 4° desta Lei, pressupõe a delegação, pelo Poder Público, de concessão ou permissão do serviço, objeto da exploração, observada a legislação aplicável ao serviço.

Parágrafo único. Os princípios gerais e as diretrizes específicas aplicáveis à concessão, permissão ou autorização, elaborados pelo Poder Público, deverão constar do edital de desestatização.

Art. 8º Sempre que houver razões que justifiquem, a União deterá, direta ou indiretamente, ação de classe especial do capital social da empresa ou instituição financeira objeto da desestatização, que lhe confira poderes especiais em determinadas matérias, as quais deverão ser caracterizadas nos seus estatutos sociais.

Art. 9º Fica criado o Fundo Nacional de Desestatização - FND, de natureza contábil, constituído mediante vinculação a este, a título de depósito, das ações ou cotas de propriedade direta ou indireta da União, emitidas por sociedades que tenham sido incluídas no Programa Nacional de Desestatização.

§ 1º As ações representativas de quaisquer outras participações societárias, incluídas no Programa Nacional de Desestatização, serão, igualmente, depositadas no Fundo Nacional de Desestatização.

§ 2º Serão emitidos Recibos de Depósitos de Ações - RDA, intransferíveis e inegociáveis a qualquer título, em favor dos depositantes das ações junto ao Fundo Nacional de Desestatização.

§ 3º Os Recibos de Depósitos de Ações, de cada depositante, serão automaticamente cancelados quando do encerramento do processo de desestatização.

§ 4º Os titulares das ações que vierem a ser vinculadas ao Fundo Nacional de Desestatização manterão as ações escrituradas em seus registros contábeis, sem alteração de critério, até que se encerre o processo de desestatização.

Art. 10. A União e as entidades da Administração Indireta, titulares das participações acionárias que vierem a ser incluídas no Programa Nacional de Desestatização, deverão, no prazo máximo e improrrogável de cinco dias, contados da data da publicação, no Diário Oficial da União, da decisão que determinar a inclusão no referido programa, depositar as suas ações no Fundo Nacional de Desestatização.

Parágrafo único. O mesmo procedimento do *caput* deverá ser observado para a emissão de ações decorrentes de bonificações, de desdobramentos, de subscrições ou de conversões de debêntures, quando couber.

Art. 11. Para salvaguarda do conhecimento público das condições em que se processará a alienação do controle acionário da empresa, inclusive instituição financeira incluída no Programa Nacional de Desestatização, assim como de sua situação econômica, financeira e operacional, será dada ampla divulgação das informações necessárias, mediante a publicação de edital, no Diário Oficial da União e em jornais de notória circulação nacional, do qual constarão, pelo menos, os seguintes elementos:

a) justificativa da privatização, indicando o percentual do capital social da empresa a ser alienado;

b) data e ato que determinou a constituição da empresa originariamente estatal ou, se estatizada, data, ato e motivos que determinaram sua estatização;

c) passivo das sociedades de curto e de longo prazo;

d) situação econômico-financeira da sociedade, especificando lucros ou prejuízos, endividamento interno e externo, nos cinco últimos exercícios;

e) pagamento de dividendos à União ou a sociedades por essa controladas direta ou indiretamente, e aporte de recursos à conta capital, providos direta ou indiretamente pela União, nos últimos quinze anos;

f) sumário dos estudos de avaliação;

g) critério de fixação do valor de alienação, com base nos estudos de avaliação;

h) modelagem de venda e valor mínimo da participação a ser alienada;

i) a indicação, se for o caso, de que será criada ação de classe especial e os poderes nela compreendidos.

Art. 12. A alienação de ações a pessoas físicas ou jurídicas estrangeiras poderá atingir cem por cento do capital votante, salvo disposição legal ou manifestação expressa do Poder Executivo, que determine percentual inferior.

Art. 13. Observados os privilégios legais, o titular dos recursos oriundos da venda de ações ou de bens deverá utilizá-los, prioritariamente, na quitação de suas dívidas vencidas e vincendas perante a União.

Art. 13-A. (VETADO). (Incluído pela Lei nº 13.360, de 2016)

Art. 14. Os pagamentos para aquisição de bens e direitos no âmbito do Programa Nacional de Desestatização serão realizados por meio de moeda corrente. (Redação dada pela Lei nº 13.360, de 2016)

I - (revogado); (Redação dada pela Lei nº 13.360, de 2016)

II - (revogado); (Redação dada pela Lei nº 13.360, de 2016)

III - (revogado). (Redação dada pela Lei nº 13.360, de 2016)

Parágrafo único. O Presidente da República, por recomendação do Conselho Nacional de Desestatização, poderá autorizar outros meios de pagamento, no âmbito do Programa Nacional de Desestatização. (Redação dada pela Lei nº 13.360, de 2016)

Art. 15. O preço mínimo de alienação das ações deverá ser submetido à deliberação do órgão competente do titular das ações.

§ 1° A Resolução do Conselho Nacional de Desestatização que aprovar as condições gerais de desestatização será utilizada pelo representante do titular das ações como instrução de voto para deliberação do órgão competente a que alude o *caput* deste artigo.

§ 2° O disposto neste artigo não se aplica aos casos de alienação de ações, bens ou direitos quando diretamente detidos pela União.

Art. 16. As empresas incluídas no Programa Nacional de Desestatização que vierem a integrar o Fundo Nacional de Desestatização terão sua estratégia voltada para atender os objetivos da desestatização.

Art. 17. O Fundo Nacional de Desestatização será administrado pelo Banco Nacional de Desenvolvimento Econômico e Social - BNDES, designado Gestor do Fundo.

Art. 18. Compete ao Gestor do Fundo:

I - fornecer apoio administrativo e operacional, necessário ao funcionamento do Conselho Nacional de Desestatização, aí se incluindo os serviços de secretaria;

II - divulgar os processos de desestatização, bem como prestar todas as informações que vierem a ser solicitadas pelos poderes competentes;

III - constituir grupos de trabalho, integrados por funcionários do BNDES e suas subsidiárias e por servidores da Administração direta ou indireta requisitados nos termos da alínea "d" do § 4° do art. 6º, desta Lei, para o fim de prover apoio técnico à implementação das desestatizações;

IV - promover a contratação de consultoria, auditoria e outros serviços especializados necessários à execução das desestatizações;

V - submeter ao Presidente do Conselho Nacional de Desestatização as matérias de que trata o inciso II do art. 6º, desta Lei;

VI - promover a articulação com o sistema de distribuição de valores mobiliários e as Bolsas de Valores;

VII - selecionar e cadastrar empresas de reconhecida reputação e tradicional atuação na negociação de capital, transferência de controle acionário, venda e arrendamento de ativos;

VIII - preparar a documentação dos processos de desestatização, para apreciação do Tribunal de Contas da União;

IX - submeter ao Presidente do Conselho outras matérias de interesse do Programa Nacional de Desestatização.

Parágrafo único. Na contratação dos serviços a que se refere o inciso IV deste artigo, poderá o Gestor do Fundo estabelecer, alternativa ou cumulativamente, na composição da remuneração dos contratados, pagamento a preço fixo ou comissionado, sempre mediante licitação.

Art. 19. Os acionistas controladores e os administradores das empresas incluídas no Programa Nacional de Desestatização adotarão, nos prazos estabelecidos, as providências que vierem a ser determinadas pelo Conselho Nacional de Desestatização, necessárias à implantação dos processos de alienação.

Art. 20. Será de responsabilidade exclusiva dos administradores das sociedades incluídas no Programa Nacional de Desestatização o fornecimento, em tempo hábil, das informações sobre as mesmas, necessárias à execução dos processos de desestatização.

Parágrafo único. Será considerada falta grave a ação ou omissão de empregados ou servidores públicos que, injustificadamente, opuserem dificuldades ao fornecimento de informações e outros dados necessários à execução dos processos de desestatização.

Art. 21. Ao Gestor do Fundo Nacional de Desestatização caberá uma remuneração de 0,2% (dois décimos por cento) do valor líquido apurado nas alienações para cobertura de seus custos operacionais, bem como o ressarcimento dos gastos efetuados com terceiros, necessários à execução dos processos de desestatização previstos nesta Lei.

Parágrafo único. Na hipótese de alienação de participações minoritárias, cujo valor seja de pequena monta, a juízo do Gestor do Fundo Nacional de Desestatização, poderão ser dispensados a cobrança de remuneração e o ressarcimento dos gastos de que trata este artigo.

Art. 22. O Fundo Nacional de Desestatização será auditado por auditores externos independentes registrados na Comissão de Valores Mobiliários, a serem contratados mediante licitação pública pelo Gestor do Fundo.

Art. 23. Será nula de pleno direito a venda, a subscrição ou a transferência de ações que impliquem infringência desta Lei.

Art. 24. No caso de o Conselho Nacional de Desestatização deliberar a dissolução de sociedade incluída no Programa Nacional de Desestatização, aplicar-se-ão, no que couber, as disposições da Lei n° 8.029, de 12 de abril de 1990.

Art. 25. O Gestor do Fundo manterá assistência jurídica aos ex-membros da Comissão Diretora do Programa Nacional de Desestatização, na hipótese de serem demandados em razão de prática de atos decorrentes do exercício das suas respectivas funções no referido órgão.

Art. 26. A União transferirá ao Banco Nacional de Desenvolvimento Econômico e Social - BNDES 94.953.982 (noventa e quatro milhões, novecentos e cinqüenta e três mil, novecentos e oitenta e duas) ações ordinárias nominativas e 4.372.154 (quatro milhões, trezentos e setenta e duas mil, cento e cinqüenta e quatro) ações preferenciais nominativas, de sua propriedade no capital da Companhia Vale do Rio Doce.

§ 1° O BNDES, em contrapartida à transferência das ações pela União, pelo valor nominal equivalente ao valor de venda das ações, deverá, alternativa ou conjuntamente, a critério do Ministro de Estado da Fazenda:

a) assumir dívidas, caracterizadas e novadas da União, nos termos dos atos legais em vigor, relativas ao Fundo de Compensação de Variações Salariais - FCVS;

b) transferir à União debêntures de emissão da BNDES Participações S. A. - BNDESPAR, de sua propriedade, com as mesmas condições de rentabilidade e prazo das dívidas a que se refere a alínea anterior.

§ 2° Não se aplica ao produto da alienação das ações de que trata o *caput* deste artigo o disposto no inciso III do art. 6° e no art. 13 desta Lei, e na alínea "a" do § 1° do art. 30 da Lei n° 8.177, de 1º de março de 1991, alterada pela Lei n° 8.696, de 26 de agosto de 1993, com a redação ora vigente.

§ 3° As ações de que trata este artigo permanecerão depositadas no Fundo Nacional de Desestatização, em nome do BNDES.

§ 4° Até vinte dias antes da realização do leilão público especial de desestatização da Companhia Vale do Rio Doce será efetivada a transferência de 62.000.000 (sessenta e dois milhões) de ações ordinárias nominativas do total de que trata o *caput* deste artigo, devendo as ações remanescentes ser transferidas no dia útil seguinte ao da liquidação financeira do leilão.

§ 5° As condições complementares à concretização da operação de que trata este artigo serão regulamentadas por decreto do Presidente da República.

Art. 27. O BNDES destinará o produto da alienação das ações que lhe forem transferidas na forma do art. 26, à concessão de crédito para a reestruturação econômica nacional, de forma a atender os objetivos fundamentais do Programa Nacional de Desestatização, estabelecidos no art. 1° desta Lei, observado ainda que:

I - as operações serão registradas no BNDES, em conta específica;

II - as disponibilidades de caixa serão aplicadas conforme as normas emanadas do Conselho Monetário Nacional;

III - é vedada a concessão de empréstimo ou a concessão de garantias à Administração direta, indireta ou fundacional, excetuando-se:

a) o repasse às empresas subsidiárias integrais do BNDES para a realização dos respectivos objetivos sociais;

b) os empréstimos ao setor privado de que participem, na qualidade de agentes repassadores, instituições financeiras públicas.

Art. 28. Aos empregados e aposentados de empresas controladas, direta ou indiretamente pela União, incluídas no Programa Nacional de Desestatização, é assegurada a oferta de parte das ações representativas de seu capital, segundo os princípios estabelecidos nesta Lei e condições específicas a serem aprovadas pelo Conselho Nacional de Desestatização, inclusive quanto à: (Redação dada pela Lei nº 9.700, de 1998)

I - disponibilidade posterior das ações;

II - quantidade a ser individualmente adquirida.

Parágrafo único. A oferta de que trata o *caput* deste artigo será de, pelo menos, 10 % (dez por cento) das ações do capital social detidas, direta ou indiretamente, pela União, podendo tal percentual mínimo ser revisto pelo Conselho Nacional de Desestatização, caso o mesmo seja incompatível com o modelo de desestatização aprovado.

Art. 29. A participação dos empregados na aquisição de ações far-se-á, opcionalmente, por intermédio de clube de investimento que constituírem para representá-los legalmente, inclusive como substituto processual, observada a regulamentação baixada pela Comissão de Valores Mobiliários - CVM.

Art. 30. São nulos de pleno direito contratos ou negócios jurídicos de qualquer espécie onde o empregado figure como intermediário de terceiro na aquisição de ações com incentivo, em troca de vantagem pecuniária ou não.

§ 1º O clube de investimento tem legitimidade ativa para propor ação contra os envolvidos nessa operação fraudulenta, retendo os correspondentes títulos mobiliários, se estatutariamente disponíveis.

§ 2º O Ministério Público, em tomando conhecimento dessa ação judicial ou instado por representação, adotará as providências necessárias à determinação da responsabilidade criminal, bem como solicitará fiscalização por parte da Receita Federal, do Ministério do Trabalho e Emprego e do Instituto Nacional do

Seguro Social, sem prejuízo de inspeções por órgãos estaduais, distritais e municipais, no âmbito de suas competências, com vistas à identificação dos efeitos produzidos pela mesma operação. (Redação dada pela Medida Provisória nº 2.161-35, de 2001)

Art. 31. Os art. 7°, o *caput* e os §§ 1º e 3º do art. 18 e o art. 20 da Lei n° 8.036, de 11 de maio de 1990, passam a vigorar com as seguintes alterações e acréscimos: (Regulamento)

"Art. 7° ....

VIII - (VETADO)"

"Art. 18. Ocorrendo rescisão do contrato de trabalho, por parte do empregador, ficará este obrigado a depositar na conta vinculada do trabalhador no FGTS os valores relativos aos depósitos referentes ao mês da rescisão e ao imediatamente anterior, que ainda não houver sido recolhido, sem prejuízo das cominações legais.

§ 1º Na hipótese de despedida pelo empregador sem justa causa, depositará este, na conta vinculada do trabalhador no FGTS, importância igual a quarenta por cento do montante de todos os depósitos realizados na conta vinculada durante a vigência do contrato de trabalho, atualizados monetariamente e acrescidos dos respectivos juros.

....

§ 3° As importâncias de que trata este artigo deverão constar da documentação comprobatória do recolhimento dos valores devidos a título de rescisão do contrato de trabalho, observado o disposto no art. 477 da CLT, eximindo o empregador, exclusivamente, quanto aos valores discriminados."

"Art. 20. ....

I - despedida sem justa causa, inclusive a indireta, de culpa recíproca e de força maior, comprovada com o depósito dos valores de que trata o artigo 18.

XII - aplicação em quotas de Fundos Mútuos de Privatização, regidos pela Lei n° 6.385, de 7 de dezembro de 1976, permitida a utilização máxima de 50 % (cinqüenta por cento) do saldo existente e disponível em sua conta vinculada do Fundo de Garantia do Tempo de Serviço, na data em que exercer a opção.

§ 6° Os recursos aplicados em quotas dos Fundos Mútuos de Privatização, referidos no inciso XII deste artigo, serão destinados a aquisições de valores mobiliários, no âmbito do Programa Nacional de Desestatização, instituído pela Lei n° 8.031, de 12 de abril de 1990, e de programas estaduais de desestatização, desde que, em ambos os casos, tais destinações sejam aprovadas pelo Conselho Nacional de Desestatização.

§ 7° Os valores mobiliários de que trata o parágrafo anterior só poderão ser integralmente vendidos, pelos respectivos Fundos, seis meses após sua aquisição, podendo ser alienada, em prazo inferior, parcela equivalente a 10 % (dez por cento) do valor adquirido, autorizada a livre aplicação do produto dessa alienação, nos termos da Lei n° 6.385, de 1976.

§ 8° As aplicações em Fundos Mútuos de Privatização são nominativas, impenhoráveis e, salvo as hipóteses previstas nos incisos I a IV e VI a XI deste artigo e o disposto na Lei n° 7.670, de 8 de setembro de 1988, indisponíveis por seus titulares.

§ 9° Decorrido o prazo mínimo de doze meses, contados da efetiva transferência das quotas para os Fundos Mútuos de Privatização, os titulares poderão optar pelo retorno para sua conta vinculada no Fundo de Garantia do Tempo de Serviço.

§ 10. A cada período de seis meses, os titulares das aplicações em Fundos Mútuos de Privatização poderão transferi-las para outro fundo de mesma natureza.

§ 11. O montante das aplicações de que trata o § 6° deste artigo ficará limitado ao valor dos créditos contra o Tesouro Nacional de que seja titular o Fundo de Garantia do Tempo de Serviço.

§ 12. Desde que preservada a participação individual dos quotistas, será permitida a constituição de clubes de investimento, visando a aplicação em quotas de Fundos Mútuos de Privatização.

§ 13. A garantia a que alude o § 4° do art. 13 desta Lei não compreende as aplicações a que se refere o inciso XII deste artigo.

§ 14. O Imposto de Renda incidirá exclusivamente sobre os ganhos dos Fundos Mútuos de Privatização que excederem a remuneração das contas vinculadas do Fundo de Garantia do Tempo de Serviço, no mesmo período.

§ 15. Os recursos automaticamente transferidos da conta do titular no Fundo de Garantia do Tempo de Serviço em razão da aquisição de ações não afetarão a base de cálculo da multa rescisória de que tratam os parágrafos 1° e 2° do art. 18 desta Lei."

Art. 32. Ficam convalidados os atos praticados com base na Medida Provisória n° 1.481-52, de 8 de agosto de 1997.

Art. 33. O Poder Executivo regulamentará o disposto nesta Lei, no prazo de sessenta dias, baixando as instruções necessárias à sua execução.

Art. 34. Esta Lei entra em vigor na data de sua publicação.

Art. 35. Revoga-se a Lei n° 8.031, de 12 de abril de 1990, e demais disposições em contrário.

DECRETO FEDERAL Nº 2.594, DE 15 DE MAIO DE 1998

– REGULAMENTA A LEI Nº 9.491, DE 9 DE SETEMBRO DE 1997, QUE DISPÕE SOBRE O PROGRAMA NACIONAL DE DESESTATIZAÇÃO

ÍNDICE

CAPÍTULO I
DO PROGRAMA NACIONAL DE DESESTATIZAÇÃO

SEÇÃO I
DOS OBJETIVOS

Art. 1º O Programa Nacional de Desestatização - PND tem por objetivos fundamentais:

I - reordenar a posição estratégica do Estado na economia, transferindo à iniciativa privada atividades indevidamente exploradas pelo setor público;

II - contribuir para a reestruturação econômica do setor público, especialmente através da melhoria do perfil e da redução da dívida pública líquida;

III - permitir a retomada de investimentos nas empresas e atividades que vierem a ser transferidas à iniciativa privada;

IV - contribuir para a reestruturação econômica do setor privado, especialmente para a modernização da infra-estrutura e do parque industrial do País, ampliando sua competitividade e reforçando a capacidade empresarial nos diversos setores da economia, inclusive através da concessão de crédito;

V - permitir que a Administração Pública concentre seus esforços nas atividades em que a presença do Estado seja fundamental para a consecução das prioridades nacionais;

VI - contribuir para o fortalecimento do mercado de capitais, através do acréscimo da oferta de valores mobiliários e da democratização da propriedade do capital das empresas que integrarem o PND.

SEÇÃO II
DO OBJETO DA DESESTATIZAÇÃO

Art. 2º Poderão ser objeto de desestatização, nos termos da Lei nº 9.491, de 9 de setembro de 1997:

I - empresas, inclusive instituições financeiras, controladas direta ou indiretamente pela União, instituídas por lei ou ato do Poder Executivo;

II - empresas criadas pelo setor privado e que, por qualquer motivo, passaram ao controle direto ou indireto da União;

III - serviços públicos objeto de concessão, permissão ou autorização;

IV - instituições financeiras públicas estaduais que tenham tido as ações de seu capital social desapropriadas, na forma do Decreto-lei nº 2.321, de 25 de fevereiro de 1987.

Art. 3º Aplicam-se os dispositivos deste Decreto, no que couber, às participações minoritárias diretas e indiretas da União no capital social de quaisquer outras sociedades e às ações excedentes à participação acionária detida pela União representativa do mínimo necessário à manutenção do controle acionário da Petróleo Brasileiro S.A. - Petrobrás, nos termos do art. 62 da Lei nº 9.478, de 6 de agosto de 1997.

Art. 4º O Banco Nacional de Desenvolvimento Econômico e Social - BNDES, por determinação do Conselho Nacional de Desestatização - CND, definido na Lei nº 9.491/97, e por solicitação de Estados ou Municípios, poderá firmar com eles ajuste para supervisionar o processo de desestatização de suas empresas controladas, detentoras de concessão, permissão ou autorização para prestação de serviços públicos, observados, quanto ao processo de desestatização, os procedimentos estabelecidos neste Decreto.

Parágrafo único. Na hipótese prevista no *caput* deste artigo, a licitação para a outorga ou transferência da concessão do serviço a ser desestatizado poderá ser realizada na modalidade de leilão.

SECÃO III
DO CONCEITO DE DESESTATIZAÇÃO

Art. 5º Considera-se desestatização:

I - a alienação, pela União, de direitos que lhe assegurem, diretamente ou através de outras controladas, preponderância nas deliberações sociais e o poder de eleger a maioria dos administradores da sociedade;

II - a transferência, para a iniciativa privada, da execução de serviços públicos explorados pela União, diretamente ou através de entidades controladas, bem como daqueles de sua responsabilidade.

SEÇÃO IV
DAS SOCIEDADES EXCLUÍDAS DO PROGRAMA NACIONAL DE DESESTATIZAÇÃO

Art. 6º Não se aplicam os dispositivos deste Decreto:

I - às empresas públicas ou sociedades de economia mista que exerçam atividades de competência exclusiva da União, de que tratam os incisos XI e XXIII do art. 21, a alínea "c" do inciso I do art. 159 e o art. 177 da Constituição;

II - ao Banco do Brasil S.A. e à Caixa Econômica Federal.

Parágrafo único. A vedação prevista no *caput* deste artigo não se aplica às participações acionárias detidas pelas entidades enumeradas em seus incisos, desde que não incida restrição legal à alienação das referidas participações.

SEÇÃO V
DAS MODALIDADES OPERACIONAIS

Art. 7º As desestatizações serão executadas mediante as seguintes modalidades operacionais:

I - alienação de participação societária, inclusive de controle acionário, preferencialmente mediante a pulverização de ações;

II - abertura de capital;

III - aumento de capital, com renúncia ou cessão, total ou parcial, de direitos de subscrição;

IV - alienação, arrendamento, locação, comodato ou cessão de bens e instalações;

V - dissolução de sociedades ou desativação parcial de seus empreendimentos, com a conseqüente alienação de seus ativos;

VI - concessão, permissão ou autorização de serviços públicos.

§ 1º A transformação, a incorporação, a fusão ou a cisão de sociedades e a criação de subsidiárias integrais poderão ser utilizadas a fim de viabilizar a implementação da modalidade operacional escolhida.

§ 2º Na hipótese de dissolução, caberá ao Ministro de Estado da Administração Federal e Reforma do Estado acompanhar e tomar as medidas cabíveis à efetivação da liquidação da empresa.

§ 3º Nas desestatizações executadas mediante as modalidades operacionais previstas nos incisos I, IV, V e VI deste artigo, a licitação poderá ser realizada na modalidade de leilão.

CAPÍTULO II
DO CONSELHO NACIONAL DE DESESTATIZAÇÃO

SEÇÃO I
DA COMPOSIÇÃO

Art. 8º O PND terá como órgão superior de decisão o CND, diretamente subordinado ao Presidente da República, integrado pelos seguintes membros:

I - Ministro de Estado do Planejamento e Orçamento, na qualidade de Presidente;

II - Ministro de Estado Chefe da Casa Civil da Presidência da República;

III - Ministro de Estado da Fazenda;

IV - Ministro de Estado da Administração Federal e Reforma do Estado;

V - Ministro de Estado da Indústria, do Comércio e do Turismo.

§ 1º Nas ausências ou impedimentos do Ministro de Estado do Planejamento e Orçamento, as reuniões do CND serão presididas pelo Ministro de Estado Chefe da Casa Civil da Presidência da República.

§ 2º Nas suas ausências ou impedimentos, os membros do CND serão representados por substitutos por eles designados.

SEÇÃO II
DAS REUNIÕES

Art. 9º O CND reunir-se-á, ordinariamente, uma vez por mês, e, extraordinariamente, sempre que for convocado por seu Presidente.

§ 1º Das reuniões para deliberar sobre a desestatização de empresas ou serviços públicos participará, com direito a voto, o titular do Ministério ao qual a empresa ou serviço se vincule.

§ 2º Quando se tratar de desestatização de instituições financeiras, participará das reuniões, com direito a voto, o Presidente do Banco Central do Brasil.

§ 3º Participará também das reuniões, sem direito a voto, um representante do BNDES.

§ 4º O Presidente do CND poderá convidar Ministros de Estado, bem como representantes de entidades públicas ou privadas para participar das reuniões, sem direito a voto.

SEÇÃO III
DA COMPETÊNCIA

Art. 10. Compete ao CND:

I - recomendar, para aprovação do Presidente da República, meios de pagamento e inclusão ou exclusão de empresas, inclusive instituições financeiras, serviços públicos e participações minoritárias no PND;

II - aprovar, exceto quando se tratar de instituições financeiras:

a) a modalidade operacional a ser aplicada a cada desestatização;

b) os ajustes de natureza societária, operacional, contábil ou jurídica e o saneamento financeiro, necessário às desestatizações;

c) as condições aplicáveis às desestatizações, especialmente no que diz respeito a preço mínimo, objeto de venda, forma de pagamento e critérios de participação, inclusive fixando limites;

d) a criação de ação de classe especial, a ser subscrita pela União, especificando sua quantidade, as matérias passíveis de veto e estabelecendo, quando for o caso, a forma de sua aquisição;

e) a fusão, incorporação ou cisão de sociedades e a criação de subsidiária integral necessárias à viabilização das desestatizações;

f) a contratação, pelo Gestor do Fundo Nacional de Desestatização - FND ou pelos órgãos responsáveis de que tratam os §§ 1º e 2º deste artigo, de pareceres ou estudos especializados necessários à desestatização de setores ou segmentos específicos;

III - determinar a destinação dos recursos provenientes da desestatização, observando o disposto nos arts. 43 e 44 deste Decreto;

IV - expedir normas e resoluções necessárias ao exercício de sua competência;

V - deliberar sobre outras matérias relativas ao PND que venham a ser encaminhadas pelo Presidente do CND, inclusive a apreciação dos relatórios de auditoria externa independente referentes ao FND, e tomar as providências cabíveis;

VI - fazer publicar o relatório anual detalhado de suas atividades.

§ 1º Na desestatização dos serviços públicos, o CND deverá recomendar, para aprovação do Presidente da República, o órgão da Administração direta ou indireta, que poderá ser diferente do Gestor do FND, para ser o responsável pela execução e acompanhamento do correspondente processo de desestatização.

§ 2º A desestatização de empresas de pequeno e médio portes, conforme definidas pelo CND, poderá ser coordenada pela Secretaria de Coordenação e Controle das Empresas Estatais - SEST do Ministério do Planejamento e orçamento, a critério do CND.

§ 3º Nos casos previstos nos parágrafos anteriores, competirá, no que couber, aos órgãos responsáveis, o exercício das atribuições previstas no art. 24 deste Decreto, salvo manifestação expressa em contrário do CND.

§ 4º O CND poderá baixar normas regulamentadoras da desestatização de serviços públicos, objeto de concessão, permissão ou autorização, bem como determinar sejam adotados procedimentos previstos em legislação especifica, conforme a natureza dos serviços a serem desestatizados.

§ 5º Para efeito do disposto no inciso VI deste artigo, os alienantes de bens e direitos e os órgãos responsáveis pela concessão de serviços públicos, no âmbito do PND, ficam obrigados a enviar ao Gestor do FND as informações correspondentes em até trinta dias após a liquidação da desestatização.

§ 6º O CND, para fins da recomendação de inclusão de empresas no PND, ressalvada a prerrogativa de exercício a qualquer tempo da competência de que trata o inciso I do *caput*, deverá: (Incluído pelo Decreto nº 10.263, de 2020)

I - avaliar, quadrienalmente, a sustentabilidade econômico-financeira de todas as empresas estatais com controle direto da União, além de verificar se permanecem as razões de imperativo à segurança nacional ou de relevante interesse público que justificaram a sua criação; e (Incluído pelo Decreto nº 10.263, de 2020)

II - avaliar, bienalmente, a sustentabilidade econômico-financeira de todas as empresas estatais dependentes, observado o disposto no inciso III do *caput* do art. 2º da Lei Complementar nº 101, de 4 de maio de 2000, além de verificar se permanecem as razões de imperativo à segurança nacional ou relevante interesse público que justificaram a sua criação. (Incluído pelo Decreto nº 10.263, de 2020)

SEÇÃO IV
DA COMPETÊNCIA DO PRESIDENTE

Art. 11. Compete ao Presidente do CND:

I - presidir as reuniões do CND;

II - coordenar e supervisionar a execução do PND;

III - encaminhar à deliberação do CND as matérias previstas no art. 1º deste Decreto;

IV - requisitar, aos órgãos competentes, a designação de servidores da Administração Pública direta ou indireta para integrar os grupos de trabalho de que trata o inciso III do art. 24 deste Decreto.

SEÇÃO V
DAS DELIBERAÇÕES

Art. 12. O CND deliberará mediante resoluções, cabendo ao Presidente, além do voto de qualidade, a prerrogativa de deliberar, nos casos de urgência e relevante interesse, ad referendum do colegiado.

Parágrafo único. Quando deliberar ad referendum do CND, o Presidente submeterá a decisão ao colegiado, na primeira reunião que se seguir àquela deliberação.

CAPÍTULO III
DA DESESTATIZAÇÃO DE INSITUIÇÕES FINANCEIRAS

Art. 13. A desestatização de instituições financeiras será coordenada pelo Banco Central do Brasil.

§ 1º Na hipótese prevista no *caput* deste artigo, compete ao Banco Central do Brasil, no que couber, as atribuições previstas no art. 24 deste Decreto.

§ 2º A competência para aprovar as medidas mencionadas no inciso II do art. 10 deste Decreto, no caso de instituições financeiras, é do Conselho Monetário Nacional - CMN, por proposta do Banco Central do Brasil.

§ 3º Caberá ao Banco Central do Brasil expedir e fazer publicar no Diário Oficial da União as normas e resoluções aprovadas pelo CMN, relativas às desestatizações de instituições financeiras.

Art. 14. A União poderá adquirir ativos de instituições financeiras federais, financiar ou garantir os ajustes prévios imprescindíveis para a sua privatização, inclusive por conta dos recursos das Reservas Monetárias, de que trata o art. 12 da Lei nº 5.143, de 20 de outubro de 1966, com a redação dada pelo art. 1º do Decreto-Lei nº 1.342, de 28 de agosto de 1974.

§ 1º O disposto no *caput* deste artigo se estende às instituições financeiras federais que, dentro do PND, adquiram ativos de outra instituição financeira federal a ser privatizada, caso em que fica, ainda, a União autorizada a assegurar à instituição financeira federal adquirente:

I - a equalização da diferença apurada entre o valor desembolsado na aquisição dos ativos e o valor que a instituição financeira federal adquirente vier a pagar ao Banco Central do Brasil pelos recursos recebidos em linha de financiamento específica, destinada a dar suporte à aquisição dos ativos, aí considerados todos os custos incorridos, inclusive os de administração fiscais e processuais;

II - a equalização entre o valor despendido pela instituição financeira federal na aquisição dos ativos e o valor efetivamente recebido em sua liquidação final;

III - a assunção, pelo Tesouro Nacional, da responsabilidade pelos riscos de crédito dos ativos adquiridos na forma deste parágrafo, inclusive pelas eventuais insubsistências ativas identificadas antes ou após havê-los assumido, respondendo, ainda, pelos efeitos financeiros referentes à redução de seus valores, por força de pronunciamento judicial de qualquer natureza.

§ 2º A realização da equalização ou assunção pelo Tesouro Nacional, de que trata o parágrafo anterior, dar-se-á sem prejuízo da responsabilidade civil e penal decorrente de eventual conduta ilícita ou gestão temerária na concessão do crédito pertinente.

CAPÍTULO IV
DA DESESTATIZAÇÃO DE SERVIÇOS PÚBLICOS

Art. 15. A desestatização dos serviços públicos, efetivada mediante uma das modalidades previstas no art. 7º deste Decreto, pressupõe a delegação, pelo Poder Público, de concessão ou permissão do serviço, objeto da exploração, observada a legislação aplicável ao serviço.

Parágrafo único. Os princípios gerais e as diretrizes específicas aplicáveis à concessão, permissão ou autorização, elaborados pelo Poder Público, deverão constar do edital de desestatização.

CAPÍTULO V
DAS AÇÕES DE CLASSE ESPECIAL

Art. 16. Sempre que houver razões que justifiquem, a União deterá, direta ou indiretamente, ação de classe especial do capital social da empresa ou instituição financeira objeto da desestatização, que lhe confira poderes especiais em determinadas matérias, as quais deverão ser caracterizadas nos seus estatutos sociais.

CAPÍTULO VI
DO FUNDO NACIONAL DE DESESTATIZAÇÃO

SEÇÃO I
DE NATUREZA E CONSTITUIÇÃO

Art. 17. O FND tem natureza contábil, sendo constituído pela vinculação, a título de depósito, das ações ou cotas de propriedade direta ou indireta da União, emitidas por sociedades que tenham sido incluídas no PND.

Parágrafo único. As ações representativas de quaisquer outras participações societárias, incluídas no PND serão, igualmente, depositadas no FND.

SEÇÃO II
DO DEPÓSITO DE AÇÕES E DA EMISSÃO DO RECIBO

Art. 18. A União e as entidades da Administração indireta, titulares das participações acionárias que vierem a ser incluídas no PND, deverão, no prazo máximo e improrrogável de cinco dias, contados da data da publicação do Decreto que determinar a inclusão no referido Programa, depositar as suas ações no FND.

§ 1º O mesmo procedimento do *caput* deverá ser observado para a emissão de ações decorrentes de bonificações, de desdobramentos, de subscrições ou de conversões de debêntures, quando couber.

§ 2º Contra o depósito das ações, o Gestor do FND emitirá, em favor do depositante, Recibo de Depósito de Ações - RDA, que:

I - será intransferível e inegociável a qualquer título;

II - identificará os certificados, ou títulos múltiplos das ações objeto do depósito, bem como a espécie e a quantidade das ações.

§ 3º Juntamente com o depósito das ações, o depositante outorgará mandato ao Gestor do FND, com poderes para aliená-las nas condições aprovadas pelo CND, e indicará o capital social realizado da sociedade e o percentual correspondente das ações objeto do depósito.

§ 4º O RDA emitido em favor do depositante será cancelado automaticamente, para todos os eleitos, quando do encerramento do processo de desestatização.

§ 5º Na hipótese de exclusão do PND, da sociedade cujas ações representativas do capital social tenham sido objeto de depósito, além do cancelamento do RDA, ficará revogado de pleno direito o mandato referido no § 3º deste artigo.

§ 6º Os titulares de ações depositadas deverão mantê-las escrituradas em seus registros contábeis, sem alteração de critério, até que seja encerrado o processo de desestatização, observado o disposto nos §§ 4º e 5º deste artigo.

SEÇÃO III
DAS QUOTAS DE SOCIEDADES LIMITADAS

Art. 19. No caso de sociedade por quotas de responsabilidade limitada, o titular das quotas outorgará mandato ao Gestor do FND, com poderes para aliená-las nas condições aprovadas pelo CND, bem como para assinar os atos de alteração do contrato social.

§ 1º Na hipótese de que trata este artigo, o Gestor do FND fornecerá ao titular das quotas recibo do mandato, que conterá:

I - a denominação e o capital social realizado da sociedade;

II - o percentual da participação do titular das quotas, em relação ao capital social realizado da sociedade;

III - outros elementos determinados pelo CND.

§ 2º O mandato referido neste artigo não poderá ser exercido pelo Gestor do FND, nos seguintes casos:

I - em desacordo com as condições de alienação das quotas aprovadas pelo CND;

II - no caso de transformação da sociedade por quotas em companhia;

III - se for declarada insubsistente a inclusão da sociedade no PND.

SEÇÃO IV
DA ALIENAÇÃO DE ATIVOS

Art. 20. No caso de o processo de desestatização abranger apenas a alienação de ativos incluídos no PND, caberá ao CND estabelecer a forma de procedimento e definir os atos que devam ser praticados pelos respectivos administradores.

Parágrafo único. O disposto no *caput* deste artigo aplica-se às hipóteses de alienação, arrendamento, locação, comodato, cessão de bens e instalações e de desativação parcial de empreendimentos de sociedade incluída no PND.

SEÇÃO V
DAS AUDITORIAS EXTERNAS

Art. 21. O FND será auditado por auditor externo independente, registrado na Comissão de Valores Mobiliários - CVM, que será contratado mediante licitação pública promovida pelo Gestor do FND.

Parágrafo único. O auditor externo do FND prestará, por escrito, os esclarecimentos sobre o seu parecer que forem solicitados pelo CND e, quando convocado, comparecerá às suas reuniões.

Art. 22. Os processos de desestatização serão auditados, a partir da publicação do respectivo edital, por auditor externo independente, registrado na CVM.

§ 1º Em cada processo de desestatização será feita licitação pública para a contratação de auditor externo independente.

§ 2º Ao auditor externo independente competirá verificar e atestar a lisura e a observância das regras estabelecidas no edital de alienação, prestar os demais serviços previstos no respectivo contrato e apresentar, ao final do processo, relatório que será submetido à apreciação do CND.

§ 3º O CND poderá, conforme o caso, determinar a contratação de auditor para o acompanhamento de outras fases do processo de desestatização, anteriores à publicação do edital.

CAPÍTULO VII
DO GESTOR DO FUNDO NACIONAL DE DESESTATIZAÇÃO

SEÇÃO I
DA DESIGNAÇÃO

Art. 23. O FND será administrado pelo BNDES.

Parágrafo único. O exercício das atribuições do administrador de que trata o *caput* decorre diretamente do disposto na Lei nº 9.491, de 1997, hipótese em que não será cabível a assinatura de contrato com o titular do ativo para a sua execução. (Incluído pelo Decreto nº 10.263, de 2020)

SEÇÃO II
DA COMPETÊNCIA

Art. 24. Compete ao Gestor do FND:

I - fornecer apoio administrativo e operacional, necessário ao funcionamento do CND, aí se incluindo os serviços de secretaria;

II - divulgar os processos de desestatização, bem como prestar todas as informações que vierem a ser solicitadas pelos poderes competentes;

III - constituir grupos de trabalho, integrados por funcionários do BNDES e suas subsidiárias e por servidores da Administração direta e indireta requisitados nos termos do inciso IV do art. 11 deste Decreto, para o fim de prover apoio técnico à implementação das desestatizações;

IV - promover a contratação de consultaria, auditoria e outros serviços especializados necessários à execução das desestatizações;

V - submeter ao Presidente do CND as matérias de que trata o inciso II do art. 10 deste Decreto;

VI - promover a articulação com o sistema de distribuição de valores mobiliários e as Bolsas de Valores;

VII - selecionar e cadastrar empresas de reconhecida reputação e tradicional atuação na negociação de capital, transferência de controle acionário, venda e arrendamento de ativos;

VIII - preparar a documentação dos processos de desestatização, para apreciação do Tribunal de Contas da União;

IX - apresentar prestação de contas ao CND, no encerramento de cada processo de desestatização;

X - submeter ao Presidente do CND outras matérias de interesse do PND.

Parágrafo único. Na contratação dos serviços a que se refere o inciso IV deste artigo poderá o Gestor do FND estabelecer, alternativa ou cumulativamente, na composição da remuneração dos contratados, pagamento a preço fixo ou comissionado, sempre mediante licitação.

SEÇÃO III
DA REMUNERAÇÃO DO GESTOR E DO RESSARCIMENTO DAS DESPESAS

Art. 25. Pelo exercício da função de administrador, o Gestor do FND fará jus à remuneração de dois décimos por cento do valor líquido apurado em cada alienação, para cobertura de seus custos operacionais.

§ 1º Para efeito de determinação da base de cálculo da remuneração de que trata este artigo, considera-se valor liquido o apurado nas alienações, deduzidos os gastos efetuados com terceiros, de acordo com os critérios estabelecidos pelo CND.

§ 2º A remuneração do Gestor do FND, será paga quando da liquidação financeira de cada alienação, observadas as normas aprovadas pelo CND.

Art. 26. Serão ressarcidos, pelo titular do RDA ou pelo titular das quotas do capital de sociedade incluída no PND, os gastos com serviços de terceiros, incorridos pelo Gestor do FND, ou por órgão da Administração direta ou indireta responsável pela execução e acompanhamento do processo de desestatização e relativos a:

I - publicação e publicidade do programa de desestatização da sociedade;

II - corretagem e preço de serviços de empresas de consultoria técnica, auditoria ou de outro ramo de atividade necessários à execução do projeto de desestatização da sociedade;

III - taxas, emolumentos e demais encargos ou despesas relativos ao processo de desestatização, inclusive outros custos especificados pelo CND.

§ 1º Os gastos de que trata o *caput* deste artigo, acrescidos de encargos, serão ressarcidos quando da liquidação financeira de cada alienação, observadas as normas aprovadas pelo CND.

§ 2º Nos casos em que a alienação não venha a ser concretizada, os gastos serão cobrados por ocasião da devolução das ações ao seu titular ou da decisão do CND que aprovar a alienação das mesmas, de acordo com os procedimentos simplificados definidos para as ações depositadas no FND, conforme o Decreto nº 1.068, de 2 de março de 1994.

Art. 26-A. Serão ressarcidos pela União os gastos efetuados pelo Gestor do FND com a contratação de pareceres ou de estudos especializados necessários à desestatização de setores ou segmentos específicos, de que trata a alínea "f" do inciso II do *caput* do art. 6º da Lei nº 9.491, de 1997, inclusive quando prévios à entrada de ativos no PND, observadas as disponibilidades orçamentária e financeira. (Incluído pelo Decreto nº 10.459, de 2020)

§ 1º O ressarcimento de que trata o *caput* será autorizado apenas quando a contratação de pareceres ou de estudos for previamente aprovada pelo CND. (Incluído pelo Decreto nº 10.459, de 2020)

§ 2º Observadas as Resoluções do CND, os gastos de que trata o *caput* serão ressarcidos na data da entrega dos estudos e da comprovação das despesas pelo Gestor do FND. (Incluído pelo Decreto nº 10.459, de 2020)

Art. 27. Na hipótese de alienação de participações minoritárias, cujo valor seja de pequena monta, a juízo do Gestor do FND, poderão ser dispensados a cobrança de remuneração e o ressarcimento dos gastos de que tratam os arts. 25 e 26 deste Decreto.

CAPÍTULO VIII
DO PROCESSO DE DESESTATIZAÇÃO

SEÇÃO I
DA DIVULGAÇÃO E DOS EDITAIS

Art. 28. Para salvaguarda do conhecimento público das condições em que se processará a alienação do controle acionário da empresa, inclusive instituição financeira, incluída no PND, assim como de sua situação econômica, financeira e operacional, será dada ampla divulgação das informações necessárias, mediante a publicação do edital, no Diário Oficial da União e em jornais de notória circulação nacional, do qual constarão, pelo menos, os seguintes elementos:

I - justificativa da desestatização, com indicação do percentual do capital social da sociedade a ser alienado;

II - a data e o ato que determinou a constituição da empresa originariamente estatal ou, se estatizada, data, ato e motivos que determinaram sua estatização;

III - o passivo de curto e longo prazo das sociedades;

IV - a situação econômico-financeira da sociedade, especificando lucros ou prejuízos, endividamento interno e externo, nos cinco últimos exercícios;

V - pagamento de dividendos à União ou a sociedades por essa controladas direta ou indiretamente, e aporte de recursos à conta capital, providos direta ou indiretamente pela União, nos últimos quinze anos;

VI - sumário dos estudos de avaliação;

VII - critério de fixação do valor de alienação, com base nos estudos de avaliação;

VIII - modelagem de venda o valor mínimo da participação a ser alienada;

IX - indicação, se for o caso, de que será criada ação de classe especial e os poderes nela compreendidos.

§ 1º Excluídas as informações que digam respeito a matérias relacionadas, com segredo de indústria ou de comércio, o CND assegurará, a qualquer interessado, acesso aos estudos de avaliação econômica e patrimonial, após a publicação do respectivo edital das ações ou bens e a apreciação dos referidos estudos pelo Conselho.

§ 2º O disposto no parágrafo anterior não se aplica quando se tratar de alienação de participações minoritárias.

§ 3º Nos casos em que o processo de desestatização requerer a abertura de sala de informações contendo dados e documentos de interesse da empresa, poderá o CND determinar que apenas grupos qualificados tenham acesso à mesma.

§ 4º O CND fixará o prazo a ser observado entre a publicação do edital e a data de alienação, respeitado o intervalo mínimo de quinze dias.

§ 5º Eventuais alterações deverão ser divulgadas no Diário Oficial da União e nos jornais em que o edital houver sido originalmente publicado, hipótese em que a alienação realizar-se-á, no mínimo, quinze dias após a referida divulgação.

Art. 29. A alienação de participações minoritárias, através de negociação normal ou pregão especial em bolsa de valores, será divulgada pelos meios próprios do mercado de capitais com a publicação, conforme o caso, dos editais exigidos segundo regras fixadas pela CVM.

SEÇÃO II
DOS PROCEDIMENTOS DE AVALIAÇÃO

Art. 30. A determinação do preço mínimo dos ativos incluídos no PND, para desestatização mediante as modalidades operacionais previstas no art. 7º deste Decreto, levará em consideração os estudos elaborados com base na análise detalhada das condições de mercado, da situação econômico-financeira e das perspectivas de rentabilidade da sociedade.

§ 1º Os estudos a que se refere o *caput* deste artigo deverão indicar o valor econômico da empresa bem como outros parâmetros que venham a ser julgados necessários à fixação do valor de alienação.

§ 2º O valor de liquidação da sociedade objeto de desestatização somente deverá ser calculado para os efeitos do § 1º deste artigo nos casos em que for adequado recomendar a liquidação da sociedade.

§ 3º Para os efeitos do disposto neste artigo, considera-se valor econômico da empresa aquele calculado a partir da projeção do seu fluxo de caixa operacional, ajustado pelos valores dos direitos o obrigações não vinculados às suas atividades operacionais, bem como pelos valores que reflitam contingências e outros efeitos.

§ 4º As ações de sociedade incluída no PND ofertadas a empregados e ao público em geral, mediante distribuição no mercado acionário, bem como em bloco de ações que forem a leilão, poderão ter preços e condições diferenciados daquelas objeto da alienação do controle acionário ou da oferta de bloco estratégico.

§ 5º Para os efeitos do disposto no parágrafo anterior, o CND deverá fixar o preço mínimo das demais ações a serem ofertadas, de forma a compensar a redução no valor das ações objeto das ofertas especiais.

§ 6º Nas ofertas ao público em geral, quando as ações objeto de alienação forem de espécies ou classes diferentes ou quando as mesmas já forem negociadas em bolsas de valores, poderá o CND fixar o preço mínimo por outros critérios, considerando as características dos valores mobiliários objeto de cada oferta.

§ 7º Poderá o CND recorrer a outros critérios para fixação do preço mínimo no caso das ações que remanescerem no FND por prazo superior a doze meses contados da data da alienação do controle ou bloco estratégico das ações de emissão da empresa desestatizada.

§ 8º Na fixação do preço mínimo de alienação de participação societária em sociedade concessionária ou permissionária de serviços públicos ou de bens do seu ativo patrimonial, serão levados em conta os critérios de fixação e revisão tarifária e outras condições previstas nos atos de concessão ou permissão existentes ou que vierem a ser expedidos.

§ 9º- A competência prevista nos §§ 5º, 6º e 7º deste artigo, no caso de instituições financeiras, é do CMN, por proposta do Banco Central do Brasil.

Art. 31. O preço mínimo será fixado com base em estudos de avaliação, elaborados por duas empresas contratadas mediante licitação pública promovida pelo Gestor do FND ou pelos órgãos responsáveis de que tratam o § 1º do art. 10 e o art. 13 deste Decreto.

§ 1º Havendo divergência quanto ao preço mínimo recomendado nas avaliações, superior a vinte por cento, será facultado ao CND determinar a contratação de terceiro avaliador, para se manifestar, em até sessenta dias, sobre as avaliações, hipótese em que o respectivo estudo também servirá de base para a determinação do preço mínimo.

§ 2º Na hipótese de contratação de terceiro avaliador, o órgão contratante colocará à disposição do contratado toda a documentação referente aos estudos e serviços já elaborados.

§ 3º O CND poderá determinar a revisão dos estudos de avaliação, no caso de eventos relevantes ocorridos após a elaboração dos mesmos.

Art. 32. O preço mínimo de alienação, aprovado pelo CND, será submetido à homologação do órgão de deliberação competente da empresa titular das ações ou quotas incluídas no PND.

§ 1º A Resolução do CND que aprovar as condições gerais de desestatização será utilizada pelo representante do titular das ações ou bens como instrução de voto para deliberação do órgão competente a que alude o *caput* deste artigo.

§ 2º O disposto neste artigo não se aplica aos casos de alienação de ações, bens ou direitos quando diretamente detidos pela União.

SEÇÃO III
DOS PROCEDIMENTOS SIMPLIFICADOS

Art. 33. O CND poderá estabelecer procedimentos simplificados para os processos de desestatização, inclusive para fixação do preço mínimo ou do preço de emissão das ações, conforme o caso, em hipóteses tais como: (Redação dada pelo Decreto nº 7.380, de 2010)

I - desestatização de empresas de pequeno e médio porte;

II - desestatização de empresas com ações negociadas em bolsa de valores;

III - desestatização de participações minoritárias;

IV - alienação, arrendamento, locação, comodato ou cessão de bens e instalações;

V - desestatização de serviços públicos objeto de concessão, permissão ou autorização, cujo porte ou outras características especificas, a critério do CND, indiquem ser esse o procedimento adequado ao caso; e (Redação dada pelo Decreto nº 7.380, de 2010)

VI - desestatização sob a modalidade operacional de aumento de capital com renúncia ou cessão, total ou parcial, de direitos de subscrição, prevista no inciso III do art. 7º deste Decreto. (Incluído pelo Decreto nº 7.380, de 2010)

Parágrafo único. Para os efeitos do disposto neste artigo, a definição de empresa de pequeno e médio porte será aquela adotada pelo BNDES.

SEÇÃO IV
DA ALIENAÇÃO DE AÇÕES

Art. 34. A alienação de ações das companhias a serem desestatizadas será efetuada mediante:

I - leilão público, em pregão especial ou através de envelopes fechados, ou através de uma combinação destas formas, em bolsa de valores do País;

II - distribuição de ações a preço fixo, no País ou no exterior, preferencialmente de modo a propiciar sua pulverização ao público, inclusive aos acionistas minoritários, aos empregados, aos fornecedores e aos consumidores;

III - outra forma de oferta pública admitida pela legislação do mercado de capitais.

§ 1º No caso de pulverização do bloco de ações de controle, o CND tomará as providências para que sejam instituídos mecanismos de preservação da estabilidade dos órgãos administrativos da sociedade.

§ 2º O CND poderá fixar, em cada processo de desestatização, o limite máximo de ações do capital da sociedade que poderá ser adquirido por participante ou grupo de participante no processo de desestatização.

SEÇÃO V
DA ALIENAÇÃO DE QUOTAS

Art. 35. O disposto no artigo anterior aplica-se, no que couber, à desestatização de sociedade por quotas de responsabilidade limitada.

SEÇÃO VI
DA DISSOLUÇÃO, LIQUIDAÇÃO E EXTINÇÃO

Art. 36. A dissolução e a liquidação de sociedade incluída no PND observarão as disposições legais aplicáveis à matéria, e, no que couber, as disposições da Lei nº 8.029, de 12 de abril de 1990.

Parágrafo único. No caso de o CND deliberar sobre a dissolução de empresa incluída no PND, deverá comunicar tal decisão ao Ministério da Administração e Reforma do Estado, devendo este, nos trinta dias seguintes ao recebimento da comunicação, tomar as medidas legais cabíveis para a nomeação do liquidante, fixando, inclusive, prazo para o término da liquidação.

SEÇÃO VII
DA PARTICIPAÇÃO DE ESTRANGEIROS

Art. 37. A alienação de ações a pessoas físicas ou jurídicas estrangeiras poderá atingir cem por cento do capital votante, salvo disposição legal ou manifestação expressa do Poder Executivo, que determine percentual inferior.

SEÇÃO VIII
DA PARTICIPAÇÃO DOS EMPREGADOS

Art. 38. Aos empregados de empresas controladas, direta ou indiretamente pela União, incluídas no PND, é assegurada a oferta de parte das ações representativas de seu capital, segundo os princípios estabelecidos neste Decreto e condições específicas a serem aprovadas pelo CND, inclusive quanto a:

I - disponibilidade posterior das ações;

II - quantidade a ser individualmente adquirida.

Parágrafo único. A oferta de que trata o *caput* deste artigo será de pelo menos dez por cento das ações do capital social detidas direta ou indiretamente, pela União, podendo tal percentual mínimo ser revisto pelo CND, caso o mesmo seja incompatível com o modelo de desestatização aprovado.

Art. 39. A participação dos empregados na aquisição de ações far-se-á opcionalmente, por intermédio do clube de investimento de que trata o Decreto nº 2.430, de 17 de dezembro de 1997, constituído para representá-los legalmente, inclusive como substituto processual.

Art. 40. São nulos de pleno direito contratos ou negócios jurídicos de qualquer espécie onde o empregado figure como intermediário de terceiro na aquisição de ações com incentivo, em troca de vantagem pecuniária ou não.

§ 1º O clube de investimento tem legitimidade ativa para propor ação contra os envolvidos nessa operação fraudulenta, retendo os correspondentes títulos mobiliários, se estatutariamente disponíveis.

§ 2º O Ministério Público, em tomando conhecimento dessa ação judicial ou instado por representação, adotará as providências necessárias à determinação da responsabilidade criminal, bem como solicitará fiscalização por parte da Secretaria da Receita Federal, do Ministério do Trabalho e do Instituto Nacional do Seguro Social, sem prejuízo de inspeções por órgãos estaduais e municipais, no âmbito de suas competências, com vistas à identificação dos efeitos produzidos pela mesma operação.

SEÇÃO IX
DOS MEIOS DE PAGAMENTO

Art. 41. Os pagamentos para aquisição de bens e direitos no âmbito do PND serão realizados por meio de moeda corrente. (Redação dada pelo Decreto nº 8.945, de 2016)

Parágrafo único. O Presidente da República, por recomendação do CND, poderá autorizar outros meios de pagamento, no âmbito do PND. (Incluído pelo Decreto nº 8.945, de 2016)

SEÇÃO X
DA UTILIZAÇÃO DOS RECURSOS DA ALIENAÇÃO

Art. 42. Os recursos recebidos em cada alienação deverão ser colocados à disposição do aliciante, pelo valor líquido, deduzidas a remuneração e os custos previstos nos arts. 25 e 26 deste Decreto, ou, quando for o caso, transferidos ao Tesouro Nacional, no prazo máximo de trinta dias a contar da data do efetivo recebimento dos recursos pelo Gestor do FND, acrescidos do rendimento liquido de aplicação financeira efetuada de acordo com os critérios estabelecidos pelo CND.

Art. 43. Observados os privilégios legais, o titular dos recursos oriundos da venda de ações ou de bens deverá utilizá-los, prioritariamente, na quitação de suas dívidas vencidas e vincendas perante a União.

Parágrafo único. As condições e critérios para a quitação das dívidas de que trata o *caput* deste artigo serão estabelecidos pelo Ministério da Fazenda, em cada caso, considerando as características de cada dívida.

Art. 44. (Revogado pelo Decreto nº 8.945, de 2016)

CAPÍTULO IX
DISPOSIÇÕES GERAIS

SEÇÃO I
DA RESPONSABILIDADE DOS SERVIDORES E DAS INFORMAÇÕES SOBRE AS SOCIEDADES

Art. 45. Os servidores da Administração Pública Federal direta e autárquica responderão, nos termos da lei, por eventuais ações ou omissões que impeçam ou prejudiquem o curso dos processos de desestatização.

Art. 46. Os administradores das sociedades incluídas no PND são responsáveis pela exatidão e pelo fornecimento, em tempo hábil, das informações necessárias à instrução do processo de desestatização.

SEÇÃO II
DOS ATOS DEPENDENTES DE AUTORIZAÇÃO DO CONSELHO NACIONAL DE DESESTATIZAÇÃO

Art. 47. A partir de sua inclusão no PND, a sociedade não poderá: (Vide Decreto nº 10.670, de 2021)

I - alienar elementos do seu ativo permanente ou adquirir bens que nele venham a ser registrados sem prévia autorização do CND, exceto os necessários à manutenção e operação da empresa;

II - contrair obrigações financeiras sem prévia autorização do CND, exceto aquelas necessárias à manutenção e operação da empresa.

Parágrafo único. A partir da fixação, pelo CND, do preço mínimo das ações ou bens objeto de alienação, a sociedade não poderá praticar atos que impliquem diminuição do seu patrimônio líquido, inclusive distribuição de dividendos e redução de capital mediante distribuição de reservas, sem prévia autorização do CND.

SEÇÃO III
DAS PROIBIÇÕES

Art. 48. É vedado aos servidores que participem dos trabalhos do CND, aos servidores dos órgãos de que tratam os §§ 1º e 2º do art. 10 e o art. 13 deste Decreto, aos funcionários do Gestor do FND, e respectivos cônjuges e parentes até segundo grau, diretamente ou por intermédio de sociedade sob seu controle:

I - participar das licitações promovidas no âmbito do PND;

II - adquirir participações societárias ou elementos do ativo patrimonial de sociedades incluídas no PND.

§ 1º O disposto neste artigo aplica-se às modalidades operacionais de privatização mediante alienação, arrendamento, locação, comodato ou cessão de bens e instalações de sociedade incluída no PND.

§ 2º Não se aplica o disposto no inciso II deste artigo quando se tratar de aquisição de ações por subscrição ou outras formas de oferta pública.

SEÇÃO IV
USO DE INFORMAÇÕES PRIVILEGIADAS

Art. 49. É vedado aos servidores que participem dos trabalhos do CND, bem como aos administradores das sociedades e funcionários do Gestor do FND, valer-se de informações sobre o processo de privatização, às quais tenham acesso privilegiado em razão do exercício de seu cargo, relativas a fato ou ato relevante não divulgado ao mercado.

Parágrafo único. Os participantes guardarão sigilo sobre as informações relativas a ato ou fato referente aos processos de privatização, até sua divulgação ao público, e não se utilizarão de informações às quais tenham acesso em razão do exercício do cargo, de modo a obter, para si ou para outrem, vantagem de qualquer natureza.

SEÇÃO V
DA RESPONSABILIDADE DO ADMINISTRADOR E DO ACIONISTA

Art. 50. Os acionistas controladores e os administradores das empresas incluídas no PND adotarão, nos prazos estabelecidos, as providências que vierem a ser determinadas pelo CND, necessárias à implantação dos processos de alienação.

§ 1º Serão pessoalmente responsáveis, na forma da lei, pela realização do depósito e pela outorga do mandato previstos no art. 18 deste Decreto:

I - os administradores das empresas detentoras de ações de sociedades incluídas no PND e os dos seus acionistas controladores;

II - os administradores das entidades titulares de participação societária minoritária incluída no PND.

§ 2º Será considerada falta grave a ação ou omissão de empregados ou servidores públicos que, injustificadamente, opuserem dificuldades ao fornecimento, em tempo hábil, das informações sobre as mesmas, necessárias à execução dos processos de desestatização.

SEÇÃO VI
DA QUESTÃO AMBIENTAL

Art. 51. Os adquirentes de ações representativas do controle acionário obrigar-se-ão, expressamente, a:

I - fazer com que a sociedade desestatizada realize os investimentos necessários e vinculados à recuperação ou preservação do meio ambiente;

II - liquidar as multas e demais penalidades cominadas à sociedade desestatizada, por infração à legislação do meio ambiente, consideradas na fixação do preço mínimo de alienação.

Parágrafo único. Caberá aos órgãos ambientais competentes exigir e acompanhar o cumprimento das obrigações previstas neste artigo.

SEÇÃO VII
DA DEFESA DA CONCORRÊNCIA

Art. 52. Os adquirentes de ações representativas do controle acionário da empresa desestatizada obrigar-se-ão a fazer com que a sociedade preste à Secretaria de Direito Econômico - SDE, após a liquidação financeira da operação de compra, as informações que possibilitem aferir a aplicabilidade do disposto na Lei nº 8.884, de 11 de junho de 1994.

SEÇÃO VIII
DA QUESTÃO PREVIDENCIÁRIA

Art. 53. Os adquirentes de ações representativas do controle acionário comprometer-se-ão a fazer com que a sociedade desestatizada satisfaça, prontamente, as obrigações de natureza previdenciária.

Parágrafo único. Caberá aos órgãos previdenciários competentes exigir e acompanhar o cumprimento das obrigações previstas neste artigo.

SEÇÃO IX
DO TRATAMENTO DA MÃO-DE-OBRA

Art. 54. No caso de os adquirentes do controle acionário deliberarem pela dissolução e liquidação da sociedade desestatizada em prazo inferior a um ano, contado a partir da liquidação financeira da aquisição, deverão oferecer aos empregados o treinamento necessário à sua absorção pelo mercado de trabalho.

§ 1º O treinamento previsto no *caput* deste artigo será oferecido, igualmente, aos empregados que forem demitidos, sem justa causa, nos seis meses que se seguirem à liquidação financeira.

§ 2º Caberá ao Ministério do Trabalho fiscalizar o cumprimento do disposto neste artigo.

SEÇÃO X
DO ATENDIMENTO AOS OBJETIVOS DA DESESTATIZAÇÃO

Art. 55. As empresas incluídas no PND que vierem a integrar o FND terão sua estratégia voltada para atender os objetivos da desestatização.

SEÇÃO XI
DA ASSISTÊNCIA JURÍDICA

Art. 56. O Gestor do FND manterá assistência jurídica aos ex-membros da Comissão Diretora do PND, na hipótese de serem demandados em razão da prática de atos decorrentes do exercício das suas respectivas funções no referido órgão.

CAPÍTULO X
DAS DISPOSIÇÕES FINAIS

SEÇÃO I
DA REPRESENTAÇÃO DE UNIÃO

Art. 57. Compete à Procuradoria-Geral da Fazenda Nacional, de acordo com a legislação pertinente, representar a União nas assembléias gerais de sociedade de cujo capital o Tesouro Nacional participe, bem assim na outorga do mandato ao Gestor do FND e nos atos de transferência de ações ou cessão de direitos de subscrição.

SEÇÃO II
DA NÃO INCIDÊNCIA DOS EFEITOS

Art. 58. Ficam excluídas da vedação prevista pelo art. 1º e seu parágrafo único do Decreto nº 96.915, de 3 de outubro de 1988, todas as entidades da Administração Federal ou sob controle, direto ou indireto, da União, incluídas no PND, nos termos da Lei nº 9.491/97.

§ 1º O disposto neste artigo somente se aplica às dívidas vincendas das entidades nele referidas.

§ 2º O Banco Central do Brasil expedirá as normas necessárias à execução do disposto neste artigo.

SEÇÃO III
DA VINCULAÇÃO DAS EMPRESAS INCLUÍDAS NO PROGRAMA NACIONAL DE DESESTATIZAÇÃO

Art. 59. Sem prejuízo da vinculação de que trata o Decreto nº 9.660, de 1º de janeiro de 2019, as empresas incluídas no PND e as empresas titulares de participações acionárias incluídas no referido Programa ficarão administrativamente subordinadas ao Ministério da Economia, que, no âmbito de suas competências, adotará as medidas necessárias à efetivação dos processos de desestatização. (Redação dada pelo Decreto nº 10.006, de 2019) (Vide Decreto nº 10.669, de 2021) (Vide Decreto nº 10.670, de 2021)

§ 1º Para cumprimento do disposto neste artigo, compete ao Ministro de Estado da Economia: (Redação dada pelo Decreto nº 10.006, de 2019)

I - indicar, nas vagas destinadas aos representantes da União, membros do conselho de administração a serem eleitos em assembleia de acionistas; (Redação dada pelo Decreto nº 10.006, de 2019)

II - indicar os membros da diretoria-executiva ao conselho de administração, para avaliação e posterior eleição; e (Redação dada pelo Decreto nº 10.006, de 2019)

III - autorizar previamente a empresa para que esta possa praticar os seguintes atos: (Redação dada pelo Decreto nº 10.006, de 2019)

a) proceder à abertura de capital, aumentar o capital social por subscrição de novas ações, renunciar a direitos de subscrição, lançar debêntures conversíveis em ações ou emitir outros valores mobiliários, no País ou no exterior; (Incluído pelo Decreto nº 10.006, de 2019)

b) promover operações de cisão, fusão ou incorporação; (Incluído pelo Decreto nº 10.006, de 2019)

c) firmar acordos de acionistas ou compromissos de natureza societária ou renunciar a direitos neles previstos; (Incluído pelo Decreto nº 10.006, de 2019)

d) firmar ou repactuar contratos de financiamentos ou de acordos comerciais por prazo superior a três meses ou transações que não correspondam a operações e giro normal dos negócios da empresa; e (Incluído pelo Decreto nº 10.006, de 2019)

e) adquirir ou alienar ativos em montante igual ou superior a cinco por cento do patrimônio líquido da empresa. (Incluído pelo Decreto nº 10.006, de 2019)

IV - (Revogado pelo Decreto nº 10.006, de 2019)

V - (Revogado pelo Decreto nº 10.006, de 2019)

§ 2º Aplicam-se, no que couber, as disposições deste artigo às participações acionárias, de caráter minoritário, depositadas no FND.

§ 3º O depositante de ações no PND titular de participações minoritárias em companhia privada que, em decorrência de acordo de acionistas, integre o respectivo grupo controlador deverá, quando se tratar de deliberação sobre as matérias de que trata o § 1º, submeter o seu voto, nas matérias em deliberação nos órgãos societários daquelas companhias, à anuência prévia do Ministro de Estado da Economia. (Redação dada pelo Decreto nº 10.006, de 2019)

Art. 60. Caberá ao Ministério do Planejamento e Orçamento coordenar, supervisionar e fiscalizar a execução do PND.

Art. 61. Este Decreto entra em vigor na data de sua publicação.

Art. 62. Revogam-se o Decreto nº 1.204, de 29 de julho de 1994, o Decreto nº 1.227, de 22 de agosto de 1994, o Decreto nº 2.077, de 21 de novembro de 1996, e o Decreto nº 2.274, de 15 de julho de 1997.

DECRETO FEDERAL Nº 6.017, DE 17 DE JANEIRO DE 2007

- REGULAMENTA A LEI Nº 11.107, DE 6 DE ABRIL DE 2005, QUE DISPÕE SOBRE NORMAS GERAIS DE CONTRATAÇÃO DE CONSÓRCIOS PÚBLICOS

ÍNDICE

O PRESIDENTE DA REPÚBLICA, no uso da atribuição que lhe confere o art. 84, inciso IV, da Constituição, e tendo em vista o disposto no art. 20 da Lei no 11.107, de 6 de abril de 2005,

DECRETA:

CAPÍTULO I
DO OBJETO E DAS DEFINIÇÕES

Art. 1º Este Decreto estabelece normas para a execução da Lei no 11.107, de 6 de abril de 2005.

Art. 2º Para os fins deste Decreto, consideram-se:

I - consórcio público: pessoa jurídica formada exclusivamente por entes da Federação, na forma da Lei no 11.107, de 2005, para estabelecer relações de cooperação federativa, inclusive a realização de objetivos de interesse comum, constituída como associação pública, com personalidade jurídica de direito público e natureza autárquica, ou como pessoa jurídica de direito privado sem fins econômicos;

II - área de atuação do consórcio público: área correspondente à soma dos seguintes territórios, independentemente de figurar a União como consorciada:

a) dos Municípios, quando o consórcio público for constituído somente por Municípios ou por um Estado e Municípios com territórios nele contidos;

b) dos Estados ou dos Estados e do Distrito Federal, quando o consórcio público for, respectivamente, constituído por mais de um Estado ou por um ou mais Estados e o Distrito Federal; e

c) dos Municípios e do Distrito Federal, quando o consórcio for constituído pelo Distrito Federal e Municípios.

III - protocolo de intenções: contrato preliminar que, ratificado pelos entes da Federação interessados, converte-se em contrato de consórcio público;

IV - ratificação: aprovação pelo ente da Federação, mediante lei, do protocolo de intenções ou do ato de retirada do consórcio público;

V - reserva: ato pelo qual ente da Federação não ratifica, ou condiciona a ratificação, de determinado dispositivo de protocolo de intenções;

VI - retirada: saída de ente da Federação de consórcio público, por ato formal de sua vontade;

VII - contrato de rateio: contrato por meio do qual os entes consorciados comprometem-se a fornecer recursos financeiros para a realização das despesas do consórcio público;

VIII - convênio de cooperação entre entes federados: pacto firmado exclusivamente por entes da Federação, com o objetivo de autorizar a gestão associada de serviços públicos, desde que ratificado ou previamente disciplinado por lei editada por cada um deles;

IX - gestão associada de serviços públicos: exercício das atividades de planejamento, regulação ou fiscalização de serviços públicos por meio de consórcio público ou de convênio de cooperação entre entes federados, acompanhadas ou não da prestação de serviços públicos ou da transferência total ou parcial de encargos, serviços, pessoal e bens essenciais à continuidade dos serviços transferidos;

X - planejamento: as atividades atinentes à identificação, qualificação, quantificação, organização e orientação de todas as ações, públicas e privadas, por meio das quais um serviço público deve ser prestado ou colocado à disposição de forma adequada;

XI - regulação: todo e qualquer ato, normativo ou não, que discipline ou organize um determinado serviço público, incluindo suas características, padrões de qualidade, impacto socioambiental, direitos e obrigações dos usuários e dos responsáveis por sua oferta ou prestação e fixação e revisão do valor de tarifas e outros preços públicos;

XII - fiscalização: atividades de acompanhamento, monitoramento, controle ou avaliação, no sentido de garantir a utilização, efetiva ou potencial, do serviço público;

XIII - prestação de serviço público em regime de gestão associada: execução, por meio de cooperação federativa, de toda e qualquer atividade ou obra com o objetivo de permitir aos usuários o acesso a um serviço público com características e padrões de qualidade determinados pela regulação ou pelo contrato de programa, inclusive quando operada por transferência total ou parcial de encargos, serviços, pessoal e bens essenciais à continuidade dos serviços transferidos;

XIV - serviço público: atividade ou comodidade material fruível diretamente pelo usuário, que possa ser remunerado por meio de taxa ou preço público, inclusive tarifa;

XV - titular de serviço público: ente da Federação a quem compete prover o serviço público, especialmente por meio de planejamento, regulação, fiscalização e prestação direta ou indireta;

XVI - contrato de programa: instrumento pelo qual devem ser constituídas e reguladas as obrigações que um ente da Federação, inclusive sua administração indireta, tenha para com outro ente da Federação, ou para com consórcio público, no âmbito da prestação de serviços públicos por meio de cooperação federativa;

XVII - termo de parceria: instrumento passível de ser firmado entre consórcio público e entidades qualificadas como Organizações da Sociedade Civil de Interesse Público, destinado à formação de vínculo de cooperação entre as partes para o fomento e a execução de atividades de interesse público previstas no art. 3º da Lei no 9.790, de 23 de março de 1999; e

XVIII - contrato de gestão: instrumento firmado entre a administração pública e autarquia ou fundação qualificada como Agência Executiva, na forma do art. 51 da Lei no 9.649, de 27 de maio de 1998, por meio do qual se estabelecem objetivos, metas e respectivos indicadores de desempenho da entidade, bem como os recursos necessários e os critérios e instrumentos para a avaliação do seu cumprimento.

Parágrafo único. A área de atuação do consórcio público mencionada no inciso II do *caput* deste artigo refere-se exclusivamente aos territórios dos entes da Federação que tenham ratificado por lei o protocolo de intenções.

CAPÍTULO II
DA CONSTITUIÇÃO DOS CONSÓRCIOS PÚBLICOS

SEÇÃO I
DOS OBJETIVOS

Art. 3º Observados os limites constitucionais e legais, os objetivos dos consórcios públicos serão determinados pelos entes que se consorciarem, admitindo-se, entre outros, os seguintes:

I - a gestão associada de serviços públicos;

II - a prestação de serviços, inclusive de assistência técnica, a execução de obras e o fornecimento de bens à administração direta ou indireta dos entes consorciados;

III - o compartilhamento ou o uso em comum de instrumentos e equipamentos, inclusive de gestão, de manutenção, de informática, de pessoal técnico e de procedimentos de licitação e de admissão de pessoal;

IV - a produção de informações ou de estudos técnicos;

V - a instituição e o funcionamento de escolas de governo ou de estabelecimentos congêneres;

VI - a promoção do uso racional dos recursos naturais e a proteção do meio-ambiente;

VII - o exercício de funções no sistema de gerenciamento de recursos hídricos que lhe tenham sido delegadas ou autorizadas;

VIII - o apoio e o fomento do intercâmbio de experiências e de informações entre os entes consorciados;

IX - a gestão e a proteção de patrimônio urbanístico, paisagístico ou turístico comum;

X - o planejamento, a gestão e a administração dos serviços e recursos da previdência social dos servidores de qualquer dos entes da Federação que integram o consórcio, vedado que os recursos arrecadados em um ente federativo sejam utilizados no pagamento de benefícios de segurados de outro ente, de forma a atender o disposto no art. 1º, inciso V, da Lei no 9.717, de 1998;

XI - o fornecimento de assistência técnica, extensão, treinamento, pesquisa e desenvolvimento urbano, rural e agrário;

XII - as ações e políticas de desenvolvimento urbano, socioeconômico local e regional; e

XIII - o exercício de competências pertencentes aos entes da Federação nos termos de autorização ou delegação.

§ 1º Os consórcios públicos poderão ter um ou mais objetivos e os entes consorciados poderão se consorciar em relação a todos ou apenas a parcela deles.

§ 2º Os consórcios públicos, ou entidade a ele vinculada, poderão desenvolver as ações e os serviços de saúde, obedecidos os princípios, diretrizes e normas que regulam o Sistema Único de Saúde - SUS.

SEÇÃO II
DO PROTOCOLO DE INTENÇÕES

Art. 4º A constituição de consórcio público dependerá da prévia celebração de protocolo de intenções subscrito pelos representantes legais dos entes da Federação interessados.

Art. 5º O protocolo de intenções, sob pena de nulidade, deverá conter, no mínimo, cláusulas que estabeleçam:

I - a denominação, as finalidades, o prazo de duração e a sede do consórcio público, admitindo-se a fixação de prazo indeterminado e a previsão de alteração da sede mediante decisão da Assembléia Geral;

II - a identificação de cada um dos entes da Federação que podem vir a integrar o consórcio público, podendo indicar prazo para que subscrevam o protocolo de intenções;

III - a indicação da área de atuação do consórcio público;

IV - a previsão de que o consórcio público é associação pública, com personalidade jurídica de direito público e natureza autárquica, ou pessoa jurídica de direito privado;

V - os critérios para, em assuntos de interesse comum, autorizar o consórcio público a representar os entes da Federação consorciados perante outras esferas de governo;

VI - as normas de convocação e funcionamento da assembléia geral, inclusive para a elaboração, aprovação e modificação dos estatutos do consórcio público;

VII - a previsão de que a assembléia geral é a instância máxima do consórcio público e o número de votos para as suas deliberações;

VIII - a forma de eleição e a duração do mandato do representante legal do consórcio público que, obrigatoriamente, deverá ser Chefe do Poder Executivo de ente da Federação consorciado;

IX - o número, as formas de provimento e a remuneração dos empregados do consórcio público;

X - os casos de contratação por tempo determinado para atender a necessidade temporária de excepcional interesse público;

XI - as condições para que o consórcio público celebre contrato de gestão, nos termos da Lei no 9.649, de 1998, ou termo de parceria, na forma da Lei no 9.790, de 1999;

XII - a autorização para a gestão associada de serviço público, explicitando:

a) competências cuja execução será transferida ao consórcio público;

b) os serviços públicos objeto da gestão associada e a área em que serão prestados;

c) a autorização para licitar e contratar concessão, permissão ou autorizar a prestação dos serviços;

d) as condições a que deve obedecer o contrato de programa, no caso de nele figurar como contratante o consórcio público; e

e) os critérios técnicos de cálculo do valor das tarifas e de outros preços públicos, bem como os critérios gerais a serem observados em seu reajuste ou revisão;

XIII - o direito de qualquer dos contratantes, quando adimplentes com as suas obrigações, de exigir o pleno cumprimento das cláusulas do contrato de consórcio público.

§ 1º O protocolo de intenções deve definir o número de votos que cada ente da Federação consorciado possui na assembléia geral, sendo assegurado a cada um ao menos um voto.

§ 2º Admitir-se-á, à exceção da assembléia geral:

I - a participação de representantes da sociedade civil nos órgãos colegiados do consórcio público;

II - que órgãos colegiados do consórcio público sejam compostos por representantes da sociedade civil ou por representantes apenas dos entes consorciados diretamente interessados nas matérias de competência de tais órgãos.

§ 3º Os consórcios públicos deverão obedecer ao princípio da publicidade, tornando públicas as decisões que digam respeito a terceiros e as de natureza orçamentária, financeira ou contratual, inclusive as que digam respeito à admissão de pessoal, bem como permitindo que qualquer do povo tenha acesso a suas reuniões e aos documentos que produzir, salvo, nos termos da lei, os considerados sigilosos por prévia e motivada decisão.

§ 4º O mandato do representante legal do consórcio público será fixado em um ou mais exercícios financeiros e cessará automaticamente no caso de o eleito não mais ocupar a Chefia do Poder Executivo do ente da Federação que representa na assembléia geral, hipótese em que será sucedido por quem preencha essa condição.

§ 5º Salvo previsão em contrário dos estatutos, o representante legal do consórcio público, nos seus impedimentos ou na vacância, será substituído ou sucedido por aquele que, nas mesmas hipóteses, o substituir ou o suceder na Chefia do Poder Executivo.

§ 6º É nula a cláusula do protocolo de intenções que preveja determinadas contribuições financeiras ou econômicas de ente da Federação ao consórcio público, salvo a doação, destinação ou cessão do uso de bens móveis ou imóveis e as transferências ou cessões de direitos operadas por força de gestão associada de serviços públicos.

§ 7º O protocolo de intenções deverá ser publicado na imprensa oficial.

§ 8º A publicação do protocolo de intenções poderá dar-se de forma resumida, desde que a publicação indique o local e o sítio da rede mundial de computadores - internet em que se poderá obter seu texto integral.

SEÇÃO III
DA CONTRATAÇÃO

Art. 6º O contrato de consórcio público será celebrado com a ratificação, mediante lei, do protocolo de intenções.

§ 1º A recusa ou demora na ratificação não poderá ser penalizada.

§ 2º A ratificação pode ser realizada com reserva que deverá ser clara e objetiva, preferencialmente vinculada à vigência de cláusula, parágrafo, inciso ou alínea do protocolo de intenções, ou que imponha condições para a vigência de qualquer desses dispositivos.

§ 3º Caso a lei mencionada no *caput* deste artigo preveja reservas, a admissão do ente no consórcio público dependerá da aprovação de cada uma das reservas pelos demais subscritores do protocolo de intenções ou, caso já constituído o consórcio público, pela assembléia geral.

§ 4º O contrato de consórcio público, caso assim esteja previsto no protocolo de intenções, poderá ser celebrado por apenas uma parcela dos seus signatários, sem prejuízo de que os demais venham a integrá-lo posteriormente.

§ 5º No caso previsto no § 4º deste artigo, a ratificação realizada após dois anos da primeira subscrição do protocolo de intenções dependerá da homologação dos demais subscritores ou, caso já constituído o consórcio, de decisão da assembléia geral.

§ 6º Dependerá de alteração do contrato de consórcio público o ingresso de ente da Federação não mencionado no protocolo de intenções como possível integrante do consórcio público.

§ 7º É dispensável a ratificação prevista no *caput* deste artigo para o ente da Federação que, antes de subscrever o protocolo de intenções, disciplinar por lei a sua participação no consórcio público, de forma a poder assumir todas as obrigações previstas no protocolo de intenções.

SEÇÃO IV
DA PERSONALIDADE JURÍDICA

Art. 7º O consórcio público adquirirá personalidade jurídica:

I - de direito público, mediante a vigência das leis de ratificação do protocolo de intenções; e

II - de direito privado, mediante o atendimento do previsto no inciso I e, ainda, dos requisitos previstos na legislação civil.

§ 1º Os consórcios públicos, ainda que revestidos de personalidade jurídica de direito privado, observarão as normas de direito público no que concerne à realização de licitação, celebração de contratos, admissão de pessoal e à prestação de contas.

§ 2º Caso todos os subscritores do protocolo de intenções encontrem-se na situação prevista no § 7º do art. 6º deste Decreto, o aperfeiçoamento do contrato de consórcio público e a aquisição da personalidade jurídica pela associação pública dependerão apenas da publicação do protocolo de intenções.

§ 3º Nas hipóteses de criação, fusão, incorporação ou desmembramento que atinjam entes consorciados ou subscritores de protocolo de intenções, os novos entes da Federação, salvo disposição em contrário do protocolo de intenções, serão automaticamente tidos como consorciados ou subscritores.

SEÇÃO V
DOS ESTATUTOS

Art. 8º O consórcio público será organizado por estatutos cujas disposições, sob pena de nulidade, deverão atender a todas as cláusulas do seu contrato constitutivo.

§ 1º Os estatutos serão aprovados pela assembléia geral.

§ 2º Com relação aos empregados públicos do consórcio público, os estatutos poderão dispor sobre o exercício do poder disciplinar e regulamentar, as atribuições administrativas, hierarquia, avaliação de eficiência, lotação, jornada de trabalho e denominação dos cargos.

§ 3º Os estatutos do consórcio público de direito público produzirão seus efeitos mediante publicação na imprensa oficial no âmbito de cada ente consorciado.

§ 4º A publicação dos estatutos poderá dar-se de forma resumida, desde que a publicação indique o local e o sítio da rede mundial de computadores - internet em que se poderá obter seu texto integral.

CAPÍTULO III
DA GESTÃO DOS CONSÓRCIOS PÚBLICOS

SEÇÃO I
DISPOSIÇÕES GERAIS

Art. 9º Os entes da Federação consorciados respondem subsidiariamente pelas obrigações do consórcio público.

Parágrafo único. Os dirigentes do consórcio público responderão pessoalmente pelas obrigações por ele contraídas caso pratiquem atos em desconformidade com a lei, os estatutos ou decisão da assembléia geral.

Art. 10. Para cumprimento de suas finalidades, o consórcio público poderá:

I - firmar convênios, contratos, acordos de qualquer natureza, receber auxílios, contribuições e subvenções sociais ou econômicas;

II - ser contratado pela administração direta ou indireta dos entes da Federação consorciados, dispensada a licitação; e

III - caso constituído sob a forma de associação pública, ou mediante previsão em contrato de programa, promover desapropriações ou instituir servidões nos termos de declaração de utilidade ou necessidade pública, ou de interesse social.

Parágrafo único. A contratação de operação de crédito por parte do consórcio público se sujeita aos limites e condições próprios estabelecidos pelo Senado Federal, de acordo com o disposto no art. 52, inciso VII, da Constituição.

SEÇÃO II
DO REGIME CONTÁBIL E FINANCEIRO

Art. 11. A execução das receitas e das despesas do consórcio público deverá obedecer às normas de direito financeiro aplicáveis às entidades públicas.

Art. 12. O consórcio público está sujeito à fiscalização contábil, operacional e patrimonial pelo Tribunal de Contas competente para apreciar as contas do seu representante legal, inclusive quanto à legalidade, legitimidade e economicidade das despesas, atos, contratos e renúncia de receitas, sem prejuízo do controle externo a ser exercido em razão de cada um dos contratos que os entes da Federação consorciados vierem a celebrar com o consórcio público.

SEÇÃO III
DO CONTRATO DE RATEIO

Art. 13. Os entes consorciados somente entregarão recursos financeiros ao consórcio público mediante contrato de rateio.

§ 1º O contrato de rateio será formalizado em cada exercício financeiro, com observância da legislação orçamentária e financeira do ente consorciado contratante e depende da previsão de recursos orçamentários que suportem o pagamento das obrigações contratadas.

§ 2º Constitui ato de improbidade administrativa, nos termos do disposto no art. 10, inciso XV, da Lei no 8.429, de 2 de junho de 1992, celebrar contrato de rateio sem suficiente e prévia dotação orçamentária, ou sem observar as formalidades previstas em Lei.

§ 3º As cláusulas do contrato de rateio não poderão conter disposição tendente a afastar, ou dificultar a fiscalização exercida pelos órgãos de controle interno e externo ou pela sociedade civil de qualquer dos entes da Federação consorciados.

§ 4º Os entes consorciados, isolados ou em conjunto, bem como o consórcio público, são partes legítimas para exigir o cumprimento das obrigações previstas no contrato de rateio.

Art. 14. Havendo restrição na realização de despesas, de empenhos ou de movimentação financeira, ou qualquer outra derivada das normas de direito financeiro, o ente consorciado, mediante notificação escrita, deverá informá-la ao consórcio público, apontando as medidas que tomou para regularizar a situação, de modo a garantir a contribuição prevista no contrato de rateio.

Parágrafo único. A eventual impossibilidade de o ente consorciado cumprir obrigação orçamentária e financeira estabelecida em contrato de rateio obriga o consórcio público a adotar medidas para adaptar a execução orçamentária e financeira aos novos limites.

Art. 15. É vedada a aplicação dos recursos entregues por meio de contrato de rateio, inclusive os oriundos de transferências ou operações de crédito, para o atendimento de despesas classificadas como genéricas.

§ 1º Entende-se por despesa genérica aquela em que a execução orçamentária se faz com modalidade de aplicação indefinida.

§ 2º Não se considera como genérica as despesas de administração e planejamento, desde que previamente classificadas por meio de aplicação das normas de contabilidade pública.

Art. 16. O prazo de vigência do contrato de rateio não será superior ao de vigência das dotações que o suportam, com exceção dos que tenham por objeto exclusivamente projetos consistentes em programas e ações contemplados em plano plurianual.

Art. 17. Com o objetivo de permitir o atendimento dos dispositivos da Lei Complementar no 101, de 4 de maio de 2000, o consórcio público deve fornecer as informações financeiras necessárias para que sejam consolidadas, nas contas dos entes consorciados, todas as receitas e despesas realizadas, de forma a que possam ser contabilizadas nas contas de cada ente da Federação na conformidade dos elementos econômicos e das atividades ou projetos atendidos.

SEÇÃO IV
DA CONTRATAÇÃO DO CONSÓRCIO POR ENTE CONSORCIADO

Art. 18. O consórcio público poderá ser contratado por ente consorciado, ou por entidade que integra a administração indireta deste último, sendo dispensada a licitação nos termos do art. 2º, inciso III, da Lei no 11.107, de 2005.

Parágrafo único. O contrato previsto no *caput*, preferencialmente, deverá ser celebrado sempre quando o consórcio fornecer bens ou prestar serviços para um determinado ente consorciado, de forma a impedir que sejam eles custeados pelos demais.

SEÇÃO V
DAS LICITAÇÕES COMPARTILHADAS

Art. 19. Os consórcios públicos, se constituídos para tal fim, podem realizar licitação cujo edital preveja contratos a serem celebrados pela administração direta ou indireta dos entes da Federação consorciados, nos termos do § 1º do art. 112 da Lei no 8.666, de 21 de junho de 1993.

SEÇÃO VI
DA CONCESSÃO, PERMISSÃO OU AUTORIZAÇÃO DE SERVIÇOS PÚBLICOS OU DE USO DE BENS PÚBLICOS

Art. 20. Os consórcios públicos somente poderão outorgar concessão, permissão, autorização e contratar a prestação por meio de gestão associada de obras ou de serviços públicos mediante:

I - obediência à legislação de normas gerais em vigor; e

II - autorização prevista no contrato de consórcio público.

§ 1º A autorização mencionada no inciso II do *caput* deverá indicar o objeto da concessão, permissão ou autorização e as condições a que deverá atender, inclusive metas de desempenho e os critérios para a fixação de tarifas ou de outros preços públicos.

§ 2º Os consórcios públicos poderão emitir documentos de cobrança e exercer atividades de arrecadação de tarifas e outros preços públicos pela prestação de serviços ou pelo uso ou outorga de uso de bens públicos ou, no caso de específica autorização, serviços ou bens de ente da Federação consorciado.

Art. 21. O consórcio público somente mediante licitação contratará concessão, permissão ou autorizará a prestação de serviços públicos.

§ 1º O disposto neste artigo aplica-se a todos os ajustes de natureza contratual, independentemente de serem denominados como convênios, acordos ou termos de cooperação ou de parceria.

§ 2º O disposto neste artigo não se aplica ao contrato de programa, que poderá ser contratado com dispensa de licitação conforme o art. 24, inciso XXVI, da Lei no. 8.666, de 21 de junho de 1993.

SEÇÃO VII
DOS SERVIDORES

Art. 22. A criação de empregos públicos depende de previsão do contrato de consórcio público que lhe fixe a forma e os requisitos de provimento e a sua respectiva remuneração, inclusive quanto aos adicionais, gratificações, e quaisquer outras parcelas remuneratórias ou de caráter indenizatório.

Art. 23. Os entes da Federação consorciados, ou os com eles conveniados, poderão ceder-lhe servidores, na forma e condições da legislação de cada um.

§ 1º Os servidores cedidos permanecerão no seu regime originário, somente lhe sendo concedidos adicionais ou gratificações nos termos e valores previstos no contrato de consórcio público.

§ 2º O pagamento de adicionais ou gratificações na forma prevista no § 1º deste artigo não configura vínculo novo do servidor cedido, inclusive para a apuração de responsabilidade trabalhista ou previdenciária.

§ 3º Na hipótese de o ente da Federação consorciado assumir o ônus da cessão do servidor, tais pagamentos poderão ser contabilizados como créditos hábeis para operar compensação com obrigações previstas no contrato de rateio.

CAPÍTULO IV
DA RETIRADA E DA EXCLUSÃO DE ENTE CONSORCIADO

SEÇÃO I
DISPOSIÇÃO GERAL

Art. 24. Nenhum ente da Federação poderá ser obrigado a se consorciar ou a permanecer consorciado.

SEÇÃO II
DO RECESSO

Art. 25. A retirada do ente da Federação do consórcio público dependerá de ato formal de seu representante na assembléia geral, na forma previamente disciplinada por lei.

§ 1º Os bens destinados ao consórcio público pelo consorciado que se retira somente serão revertidos ou retrocedidos no caso de expressa previsão do contrato de consórcio público ou do instrumento de transferência ou de alienação.

§ 2º A retirada não prejudicará as obrigações já constituídas entre o consorciado que se retira e o consórcio público.

§ 3º A retirada de um ente da Federação do consórcio público constituído por apenas dois entes implicará a extinção do consórcio.

SEÇÃO III
DA EXCLUSÃO

Art. 26. A exclusão de ente consorciado só é admissível havendo justa causa.

§ 1º Além das que sejam reconhecidas em procedimento específico, é justa causa a não inclusão, pelo ente consorciado, em sua lei orçamentária ou em créditos adicionais, de dotações suficientes para suportar as despesas que, nos termos do orçamento do consórcio público, prevê-se devam ser assumidas por meio de contrato de rateio.

§ 2º A exclusão prevista no § 1º deste artigo somente ocorrerá após prévia suspensão, período em que o ente consorciado poderá se reabilitar.

Art. 27. A exclusão de consorciado exige processo administrativo onde lhe seja assegurado o direito à ampla defesa e ao contraditório.

Art. 28. Mediante previsão do contrato de consórcio público, poderá ser dele excluído o ente que, sem autorização dos demais consorciados, subscrever protocolo de intenções para constituição de outro consórcio com finalidades, a juízo da maioria da assembléia geral, iguais, assemelhadas ou incompatíveis.

CAPÍTULO V
DA ALTERAÇÃO E DA EXTINÇÃO DOS CONTRATOS DE CONSÓRCIO PÚBLICO

Art. 29. A alteração ou a extinção do contrato de consórcio público dependerá de instrumento aprovado pela assembléia geral, ratificado mediante lei por todos os entes consorciados.

§ 1º Em caso de extinção:

I - os bens, direitos, encargos e obrigações decorrentes da gestão associada de serviços públicos custeados por tarifas ou outra espécie de preço público serão atribuídos aos titulares dos respectivos serviços;

II - até que haja decisão que indique os responsáveis por cada obrigação, os entes consorciados responderão solidariamente pelas obrigações remanescentes, garantido o direito de regresso em face dos entes beneficiados ou dos que deram causa à obrigação.

§ 2º Com a extinção, o pessoal cedido ao consórcio público retornará aos seus órgãos de origem, e os empregados públicos terão automaticamente rescindidos os seus contratos de trabalho com o consórcio.

CAPÍTULO VI
DO CONTRATO DE PROGRAMA

SEÇÃO I
DAS DISPOSIÇÕES PRELIMINARES

Art. 30. Deverão ser constituídas e reguladas por contrato de programa, como condição de sua validade, as obrigações contraídas por ente da Federação, inclusive entidades de sua administração indireta, que tenham por objeto a prestação de serviços por meio de gestão associada ou a transferência total ou parcial de encargos, serviços, pessoal ou de bens necessários à continuidade dos serviços transferidos.

§ 1º Para os fins deste artigo, considera-se prestação de serviço público por meio de gestão associada aquela em que um ente da Federação, ou entidade de sua administração indireta, coopere com outro ente da Federação ou com consórcio público, independentemente da denominação que venha a adotar, exceto quando a prestação se der por meio de contrato de concessão de serviços públicos celebrado após regular licitação.

§ 2º Constitui ato de improbidade administrativa, a partir de 7 de abril de 2005, celebrar contrato ou outro instrumento que tenha por objeto a prestação de serviços públicos por meio de cooperação federativa sem a celebração de contrato de programa, ou sem que sejam observadas outras formalidades previstas em lei, nos termos do disposto no art. 10, inciso XIV, da Lei no 8.429, de 1992.

§ 3º Excluem-se do previsto neste artigo as obrigações cujo descumprimento não acarrete qualquer ônus, inclusive financeiro, a ente da Federação ou a consórcio público.

Art. 31. Caso previsto no contrato de consórcio público ou em convênio de cooperação entre entes federados, admitir-se-á a celebração de contrato de programa de ente da Federação ou de consórcio público com autarquia, empresa pública ou sociedade de economia mista.

§ 1º Para fins do *caput*, a autarquia, empresa pública ou sociedade de economia mista deverá integrar a administração indireta de ente da Federação que, por meio de consórcio público ou de convênio de cooperação, autorizou a gestão associada de serviço público.

§ 2º O contrato celebrado na forma prevista no *caput* deste artigo será automaticamente extinto no caso de o contratado não mais integrar a administração indireta do ente da Federação que autorizou a gestão associada de serviços públicos por meio de consórcio público ou de convênio de cooperação.

§ 3º É lícito ao contratante, em caso de contrato de programa celebrado com sociedade de economia mista ou com empresa pública, receber participação societária com o poder especial de impedir a alienação da empresa, a fim de evitar que o contrato de programa seja extinto na conformidade do previsto no § 2º deste artigo.

§ 4º O convênio de cooperação não produzirá efeitos entre os entes da Federação cooperantes que não o tenham disciplinado por lei.

SEÇÃO II
DA DISPENSA DE LICITAÇÃO

Art. 32. O contrato de programa poderá ser celebrado por dispensa de licitação nos termos do art. 24, inciso XXVI, da Lei no 8.666, de 1993.

Parágrafo único. O termo de dispensa de licitação e a minuta de contrato de programa deverão ser previamente examinados e aprovados por assessoria jurídica da Administração.

SEÇÃO III
DAS CLÁUSULAS NECESSÁRIAS

Art. 33. Os contratos de programa deverão, no que couber, atender à legislação de concessões e permissões de serviços públicos e conter cláusulas que estabeleçam:

I - o objeto, a área e o prazo da gestão associada de serviços públicos, inclusive a operada por meio de transferência total ou parcial de encargos, serviços, pessoal e bens essenciais à continuidade dos serviços;

II - o modo, forma e condições de prestação dos serviços;

III - os critérios, indicadores, fórmulas e parâmetros definidores da qualidade dos serviços;

IV - o atendimento à legislação de regulação dos serviços objeto da gestão associada, especialmente no que se refere à fixação, revisão e reajuste das tarifas ou de outros preços públicos e, se necessário, as normas complementares a essa regulação;

V - procedimentos que garantam transparência da gestão econômica e financeira de cada serviço em relação a cada um de seus titulares, especialmente de apuração de quanto foi arrecadado e investido nos territórios de cada um deles, em relação a cada serviço sob regime de gestão associada de serviço público;

VI - os direitos, garantias e obrigações do titular e do prestador, inclusive os relacionados às previsíveis necessidades de futura alteração e expansão dos serviços e conseqüente modernização, aperfeiçoamento e ampliação dos equipamentos e instalações;

VII - os direitos e deveres dos usuários para obtenção e utilização dos serviços;

VIII - a forma de fiscalização das instalações, dos equipamentos, dos métodos e práticas de execução dos serviços, bem como a indicação dos órgãos competentes para exercê-las;

IX - as penalidades contratuais e administrativas a que se sujeita o prestador dos serviços, inclusive quando consórcio público, e sua forma de aplicação;

X - os casos de extinção;

XI - os bens reversíveis;

XII - os critérios para o cálculo e a forma de pagamento das indenizações devidas ao prestador dos serviços, inclusive quando consórcio público, especialmente do valor dos bens reversíveis que não foram amortizados por tarifas e outras receitas emergentes da prestação dos serviços;

XIII - a obrigatoriedade, forma e periodicidade da prestação de contas do consórcio público ou outro prestador dos serviços, no que se refere à prestação dos serviços por gestão associada de serviço público;

XIV - a periodicidade em que os serviços serão fiscalizados por comissão composta por representantes do titular do serviço, do contratado e dos usuários, de forma a cumprir o disposto no art. 30, parágrafo único, da Lei no 8.987, de 13 de fevereiro de 1995;

XV - a exigência de publicação periódica das demonstrações financeiras relativas à gestão associada, a qual deverá ser específica e segregada das demais demonstrações do consórcio público ou do prestador de serviços; e

XVI - o foro e o modo amigável de solução das controvérsias contratuais.

§ 1º No caso de transferência total ou parcial de encargos, serviços, pessoal e bens essenciais à continuidade dos serviços transferidos, o contrato de programa deverá conter também cláusulas que prevejam:

I - os encargos transferidos e a responsabilidade subsidiária do ente que os transferiu;

II - as penalidades no caso de inadimplência em relação aos encargos transferidos;

III - o momento de transferência dos serviços e os deveres relativos à sua continuidade;

IV - a indicação de quem arcará com o ônus e os passivos do pessoal transferido;

V - a identificação dos bens que terão apenas a sua gestão e administração transferidas e o preço dos que sejam efetivamente alienados ao prestador dos serviços ou ao consórcio público; e

VI - o procedimento para o levantamento, cadastro e avaliação dos bens reversíveis que vierem a ser amortizados mediante receitas de tarifas ou outras emergentes da prestação dos serviços.

§ 2º O não pagamento da indenização prevista no inciso XII do *caput*, inclusive quando houver controvérsia de seu valor, não impede o titular de retomar os serviços ou adotar outras medidas para garantir a continuidade da prestação adequada do serviço público.

§ 3º É nula a cláusula de contrato de programa que atribuir ao contratado o exercício dos poderes de planejamento, regulação e fiscalização dos serviços por ele próprio prestados.

SEÇÃO IV
DA VIGÊNCIA E DA EXTINÇÃO

Art. 34. O contrato de programa continuará vigente mesmo quando extinto o contrato de consórcio público ou o convênio de cooperação que autorizou a gestão associada de serviços públicos.

Art. 35. A extinção do contrato de programa não prejudicará as obrigações já constituídas e dependerá do prévio pagamento das indenizações eventualmente devidas.

CAPÍTULO VII
DAS NORMAS APLICÁVEIS À UNIÃO

Art. 36. A União somente participará de consórcio público em que também façam parte todos os Estados em cujos territórios estejam situados os Municípios consorciados.

Art. 37. Os órgãos e entidades federais concedentes darão preferência às transferências voluntárias para Estados, Distrito Federal e Municípios cujas ações sejam desenvolvidas por intermédio de consórcios públicos.

Art. 38. Quando necessário para que sejam obtidas as escalas adequadas, a execução de programas federais de caráter local poderá ser delegada, no todo ou em parte, mediante convênio, aos consórcios públicos.

Parágrafo único. Os Estados e Municípios poderão executar, por meio de consórcio público, ações ou programas a que sejam beneficiados por meio de transferências voluntárias da União.

Art. 39. A partir de 1º de janeiro de 2008 a União somente celebrará convênios com consórcios públicos constituídos sob a forma de associação pública ou que para essa forma tenham se convertido.

§ 1º A celebração dos convênios de que trata o *caput* está condicionada à comprovação do cumprimento das exigências legais pelo consórcio público, conforme o disposto no parágrafo único do art. 14 da Lei nº 11.107, de 2005. (Redação dada pelo Decreto nº 10.243, de 2020)

§ 2º A comprovação do cumprimento das exigências legais para a celebração de convênios poderá ser feita por meio de extrato emitido no Serviço Auxiliar de Informações para Transferências Voluntárias - CAUC ou por outro meio que venha a ser estabelecido por ato do Secretário do Tesouro Nacional da Secretaria Especial de Fazenda do Ministério da Economia. (Redação dada pelo Decreto nº 10.243, de 2020)

CAPÍTULO VIII
DAS DISPOSIÇÕES FINAIS E TRANSITÓRIAS

Art. 40. Para que a gestão financeira e orçamentária dos consórcios públicos se realize na conformidade dos pressupostos da responsabilidade fiscal, a Secretaria do Tesouro Nacional do Ministério da Fazenda:

I - disciplinará a realização de transferências voluntárias ou a celebração de convênios de natureza financeira ou similar entre a União e os demais Entes da Federação que envolvam ações desenvolvidas por consórcios públicos;

II - editará normas gerais de consolidação das contas dos consórcios públicos, incluindo:

a) critérios para que seu respectivo passivo seja distribuído aos entes consorciados;

b) regras de regularidade fiscal a serem observadas pelos consórcios públicos.

Art. 41. Os consórcios constituídos em desacordo com a Lei no 11.107, de 2005, poderão ser transformados em consórcios públicos de direito público ou de direito privado, desde que atendidos os requisitos de celebração de protocolo de intenções e de sua ratificação por lei de cada ente da Federação consorciado.

Parágrafo único. Caso a transformação seja para consórcio público de direito público, a eficácia da alteração estatutária não dependerá de sua inscrição no registro civil das pessoas jurídicas.

Art. 42. Este Decreto entra em vigor na data de sua publicação.

Brasília, 17 de janeiro de 2007; 186º da Independência e 119º da República.

DECRETO FEDERAL Nº 7.892, DE 23 DE JANEIRO DE 2013

- REGULAMENTA O SISTEMA DE REGISTRO DE PREÇOS PREVISTO NO ART. 15 DA LEI Nº 8.666, DE 21 DE JUNHO DE 1993

ÍNDICE

A PRESIDENTA DA REPÚBLICA, no uso da atribuição que lhe confere o art. 84, *caput*, inciso IV, da Constituição, e tendo em vista o disposto no art. 15 da Lei nº 8.666, de 21 de junho de 1993, e no art. 11 da Lei nº 10.520, de 17 de julho de 2002,

DECRETA:

CAPÍTULO I *DISPOSIÇÕES GERAIS*

Art. 1º As contratações de serviços e a aquisição de bens, quando efetuadas pelo Sistema de Registro de Preços - SRP, no âmbito da administração pública federal direta, autárquica e fundacional, fundos especiais, empresas públicas, sociedades de economia mista e demais entidades controladas, direta ou indiretamente pela União, obedecerão ao disposto neste Decreto.

Art. 2º Para os efeitos deste Decreto, são adotadas as seguintes definições:

I - Sistema de Registro de Preços - conjunto de procedimentos para registro formal de preços relativos à prestação de serviços e aquisição de bens, para contratações futuras;

II - ata de registro de preços - documento vinculativo, obrigacional, com característica de compromisso para futura contratação, em que se registram os preços, fornecedores, órgãos participantes e condições a serem praticadas, conforme as disposições contidas no instrumento convocatório e propostas apresentadas;

III - órgão gerenciador - órgão ou entidade da administração pública federal responsável pela condução do conjunto de procedimentos para registro de preços e gerenciamento da ata de registro de preços dele decorrente;

IV - órgão participante - órgão ou entidade da administração pública que participa dos procedimentos iniciais do Sistema de Registro de Preços e integra a ata de registro de preços; (Redação dada pelo Decreto nº 8.250, de 2.014)

V - órgão não participante - órgão ou entidade da administração pública que, não tendo participado dos procedimentos iniciais da licitação, atendidos os requisitos desta norma, faz adesão à ata de registro de preços.

VI - compra nacional - compra ou contratação de bens e serviços, em que o órgão gerenciador conduz os procedimentos para registro de preços destinado à execução descentralizada de programa ou projeto federal, mediante prévia indicação da demanda pelos entes federados beneficiados; e (Incluído pelo Decreto nº 8.250, de 2.014)

VII - órgão participante de compra nacional - órgão ou entidade da administração pública que, em razão de participação em programa ou projeto federal, é contemplado no registro de preços independente de manifestação formal. (Incluído pelo Decreto nº 8.250, de 2.014)

Art. 3º O Sistema de Registro de Preços poderá ser adotado nas seguintes hipóteses:

I - quando, pelas características do bem ou serviço, houver necessidade de contratações frequentes;

II - quando for conveniente a aquisição de bens com previsão de entregas parceladas ou contratação de serviços remunerados por unidade de medida ou em regime de tarefa;

III - quando for conveniente a aquisição de bens ou a contratação de serviços para atendimento a mais de um órgão ou entidade, ou a programas de governo; ou

IV - quando, pela natureza do objeto, não for possível definir previamente o quantitativo a ser demandado pela Administração.

CAPÍTULO II
DA INTENÇÃO PARA REGISTRO DE PREÇOS

Art. 4º Fica instituído o procedimento de Intenção de Registro de Preços - IRP, a ser operacionalizado por módulo do Sistema de Administração e Serviços Gerais - SIASG, que deverá ser utilizado pelos órgãos e entidades integrantes do Sistema de Serviços Gerais - SISG, para registro e divulgação dos itens a serem licitados e para a realização dos atos previstos nos incisos II e V do *caput* do art. 5º e dos atos previstos no inciso II e *caput* do art. 6º .

§ 1 º A divulgação da intenção de registro de preços poderá ser dispensada, de forma justificada pelo órgão gerenciador. (Redação dada pelo Decreto nº 8.250, de 2.014)

§ 1º-A O prazo para que outros órgãos e entidades manifestem interesse em participar de IRP será de oito dias úteis, no mínimo, contado da data de divulgação da IRP no Portal de Compras do Governo federal. (Incluído pelo Decreto nº 9.488, de 2018) (Vigência)

§ 2º O Ministério do Planejamento, Orçamento e Gestão editará norma complementar para regulamentar o disposto neste artigo.

§ 3 º Caberá ao órgão gerenciador da Intenção de Registro de Preços - IRP: (Incluído pelo Decreto nº 8.250, de 2.014)

I - estabelecer, quando for o caso, o número máximo de participantes na IRP em conformidade com sua capacidade de gerenciamento; (Incluído pelo Decreto nº 8.250, de 2.014)

II - aceitar ou recusar, justificadamente, os quantitativos considerados ínfimos ou a inclusão de novos itens; e (Incluído pelo Decreto nº 8.250, de 2.014)

III - deliberar quanto à inclusão posterior de participantes que não manifestaram interesse durante o período de divulgação da IRP. (Incluído pelo Decreto nº 8.250, de 2.014)

§ 4 º Os procedimentos constantes dos incisos II e III do § 3 º serão efetivados antes da elaboração do edital e de seus anexos. (Incluído pelo Decreto nº 8.250, de 2.014)

§ 5 º Para receber informações a respeito das IRPs disponíveis no Portal de Compras do Governo Federal, os órgãos e entidades integrantes do SISG se cadastrarão no módulo IRP e inserirão a linha de fornecimento e de serviços de seu interesse. (Incluído pelo Decreto nº 8.250, de 2.014)

§ 6 º É facultado aos órgãos e entidades integrantes do SISG, antes de iniciar um processo licitatório, consultar as IRPs em andamento e deliberar a respeito da conveniência de sua participação. (Incluído pelo Decreto nº 8.250, de 2.014)

CAPÍTULO III
DAS COMPETÊNCIAS DO ÓRGÃO GERENCIADOR

Art. 5º Caberá ao órgão gerenciador a prática de todos os atos de controle e administração do Sistema de Registro de Preços, e ainda o seguinte:

I - registrar sua intenção de registro de preços no Portal de Compras do Governo federal;

II - consolidar informações relativas à estimativa individual e total de consumo, promovendo a adequação dos respectivos termos de referência ou projetos básicos encaminhados para atender aos requisitos de padronização e racionalização;

III - promover atos necessários à instrução processual para a realização do procedimento licitatório;

IV - realizar pesquisa de mercado para identificação do valor estimado da licitação e, consolidar os dados das pesquisas de mercado realizadas pelos órgãos e entidades participantes, inclusive nas hipóteses previstas nos §§ 2 º e 3 º do art. 6 º deste Decreto; (Redação dada pelo Decreto nº 8.250, de 2.014)

V - confirmar junto aos órgãos participantes a sua concordância com o objeto a ser licitado, inclusive quanto aos quantitativos e termo de referência ou projeto básico;

VI - realizar o procedimento licitatório;

VII - gerenciar a ata de registro de preços;

VIII - conduzir eventuais renegociações dos preços registrados;

IX - aplicar, garantida a ampla defesa e o contraditório, as penalidades decorrentes de infrações no procedimento licitatório; e

X - aplicar, garantida a ampla defesa e o contraditório, as penalidades decorrentes do descumprimento do pactuado na ata de registro de preços ou do descumprimento das obrigações contratuais, em relação às suas próprias contratações.

XI - autorizar, excepcional e justificadamente, a prorrogação do prazo previsto no § 6 º do art. 22 deste Decreto, respeitado o prazo de vigência da ata, quando solicitada pelo órgão não participante. (Incluído pelo Decreto nº 8.250, de 2.014)

§ 1º A ata de registro de preços, disponibilizada no Portal de Compras do Governo federal, poderá ser assinada por certificação digital.

§ 2º O órgão gerenciador poderá solicitar auxílio técnico aos órgãos participantes para execução das atividades previstas nos incisos III, IV e VI do *caput*.

CAPÍTULO IV
DAS COMPETÊNCIAS DO ÓRGÃO PARTICIPANTE

Art. 6º O órgão participante será responsável pela manifestação de interesse em participar do registro de preços, providenciando o encaminhamento ao órgão gerenciador de sua estimativa de consumo, local de entrega e, quando couber, cronograma de contratação e respectivas especificações ou termo de referência ou projeto básico, nos termos da Lei nº 8.666, de 21 de junho de 1993, e da Lei nº 10.520, de 17 de julho de 2002, adequado ao registro de preços do qual pretende fazer parte, devendo ainda:

I - garantir que os atos relativos a sua inclusão no registro de preços estejam formalizados e aprovados pela autoridade competente;

II - manifestar, junto ao órgão gerenciador, mediante a utilização da Intenção de Registro de Preços, sua concordância com o objeto a ser licitado, antes da realização do procedimento licitatório; e

III - tomar conhecimento da ata de registros de preços, inclusive de eventuais alterações, para o correto cumprimento de suas disposições.

§ 1 º Cabe ao órgão participante aplicar, garantida a ampla defesa e o contraditório, as penalidades decorrentes do descumprimento do pactuado na ata de registro de preços ou do descumprimento das obrigações contratuais, em relação às suas próprias contratações, informando as ocorrências ao órgão gerenciador. (Incluído pelo Decreto nº 8.250, de 2.014)

§ 2 º No caso de compra nacional, o órgão gerenciador promoverá a divulgação da ação, a pesquisa de mercado e a consolidação da demanda dos órgãos e entidades da administração direta e indireta da União, dos Estados, do Distrito Federal e dos Municípios. (Incluído pelo Decreto nº 8.250, de 2.014)

§ 3 º Na hipótese prevista no § 2 º , comprovada a vantajosidade, fica facultado aos órgãos ou entidades participantes de compra nacional a execução da ata de registro de preços vinculada ao programa ou projeto federal. (Incluído pelo Decreto nº 8.250, de 2.014)

§ 4 º Os entes federados participantes de compra nacional poderão utilizar recursos de transferências legais ou voluntárias da União, vinculados aos processos ou projetos objeto de descentralização e de recursos próprios para suas demandas de aquisição no âmbito da ata de registro de preços de compra nacional. (Incluído pelo Decreto nº 8.250, de 2.014)

§ 5 º Caso o órgão gerenciador aceite a inclusão de novos itens, o órgão participante demandante elaborará sua especificação ou termo de referência ou projeto básico, conforme o caso, e a pesquisa de mercado, observado o disposto no art. 6 º . (Incluído pelo Decreto nº 8.250, de 2.014)

§ 6 º Caso o órgão gerenciador aceite a inclusão de novas localidades para entrega do bem ou execução do serviço, o órgão participante responsável pela demanda elaborará, ressalvada a hipótese prevista no § 2º , pesquisa de mercado que contemple a variação de custos locais ou regionais. (Incluído pelo Decreto nº 8.250, de 2.014)

ADMINISTRATIVO

CAPÍTULO V
DA LICITAÇÃO PARA REGISTRO DE PREÇOS

Art. 7º A licitação para registro de preços será realizada na modalidade de concorrência, do tipo menor preço, nos termos da Lei nº 8.666, de 1993, ou na modalidade de pregão, nos termos da Lei nº 10.520, de 2002, e será precedida de ampla pesquisa de mercado.

§ 1 º O julgamento por técnica e preço, na modalidade concorrência, poderá ser excepcionalmente adotado, a critério do órgão gerenciador e mediante despacho fundamentado da autoridade máxima do órgão ou entidade. (Redação dada pelo Decreto nº 8.250, de 2.014)

§ 2º Na licitação para registro de preços não é necessário indicar a dotação orçamentária, que somente será exigida para a formalização do contrato ou outro instrumento hábil.

Art. 8º O órgão gerenciador poderá dividir a quantidade total do item em lotes, quando técnica e economicamente viável, para possibilitar maior competitividade, observada a quantidade mínima, o prazo e o local de entrega ou de prestação dos serviços.

§ 1 º No caso de serviços, a divisão considerará a unidade de medida adotada para aferição dos produtos e resultados, e será observada a demanda específica de cada órgão ou entidade participante do certame. (Redação dada pelo Decreto nº 8.250, de 2.014)

§ 2º Na situação prevista no § 1º, deverá ser evitada a contratação, em um mesmo órgão ou entidade, de mais de uma empresa para a execução de um mesmo serviço, em uma mesma localidade, para assegurar a responsabilidade contratual e o princípio da padronização.

Art. 9º O edital de licitação para registro de preços observará o disposto nas Leis nº 8.666, de 1993, e nº 10.520, de 2002, e contemplará, no mínimo:

I - a especificação ou descrição do objeto, que explicitará o conjunto de elementos necessários e suficientes, com nível de precisão adequado para a caracterização do bem ou serviço, inclusive definindo as respectivas unidades de medida usualmente adotadas;

II - estimativa de quantidades a serem adquiridas pelo órgão gerenciador e órgãos participantes;

III - estimativa de quantidades a serem adquiridas por órgãos não participantes, observado o disposto no § 4º do art. 22, no caso de o órgão gerenciador admitir adesões;

IV - quantidade mínima de unidades a ser cotada, por item, no caso de bens;

V - condições quanto ao local, prazo de entrega, forma de pagamento, e nos casos de serviços, quando cabível, frequência, periodicidade, características do pessoal, materiais e equipamentos a serem utilizados, procedimentos, cuidados, deveres, disciplina e controles a serem adotados;

VI - prazo de validade do registro de preço, observado o disposto no *caput* do art. 12;

VII - órgãos e entidades participantes do registro de preço;

VIII - modelos de planilhas de custo e minutas de contratos, quando cabível;

IX - penalidades por descumprimento das condições;

X - minuta da ata de registro de preços como anexo; e

XI - realização periódica de pesquisa de mercado para comprovação da vantajosidade.

§ 1º O edital poderá admitir, como critério de julgamento, o menor preço aferido pela oferta de desconto sobre tabela de preços praticados no mercado, desde que tecnicamente justificado.

§ 2º Quando o edital previr o fornecimento de bens ou prestação de serviços em locais diferentes, é facultada a exigência de apresentação de proposta diferenciada por região, de modo que aos preços sejam acrescidos custos variáveis por região.

§ 3º A estimativa a que se refere o inciso III do *caput* não será considerada para fins de qualificação técnica e qualificação econômico-financeira na habilitação do licitante.

§ 4 º O exame e a aprovação das minutas do instrumento convocatório e do contrato serão efetuados exclusivamente pela assessoria jurídica do órgão gerenciador. (Incluído pelo Decreto nº 8.250, de 2.014)

Art. 10. Após o encerramento da etapa competitiva, os licitantes poderão reduzir seus preços ao valor da proposta do licitante mais bem classificado.

Parágrafo único. A apresentação de novas propostas na forma do *caput* não prejudicará o resultado do certame em relação ao licitante mais bem classificado.

CAPÍTULO VI
DO REGISTRO DE PREÇOS E DA VALIDADE DA ATA

Art. 11. Após a homologação da licitação, o registro de preços observará, entre outras, as seguintes condições:

I - serão registrados na ata de registro de preços os preços e quantitativos do licitante mais bem classificado durante a fase competitiva; (Redação dada pelo Decreto nº 8.250, de 2.014)

II - será incluído, na respectiva ata na forma de anexo, o registro dos licitantes que aceitarem cotar os bens ou serviços com preços iguais aos do licitante vencedor na sequência da classificação do certame, excluído o percentual referente à margem de preferência, quando o objeto não atender aos requisitos previstos no art. 3º da Lei nº 8.666, de 1993 ; (Redação dada pelo Decreto nº 8.250, de 2.014)

III - o preço registrado com indicação dos fornecedores será divulgado no Portal de Compras do Governo Federal e ficará disponibilizado durante a vigência da ata de registro de preços; e (Redação dada pelo Decreto nº 8.250, de 2.014)

IV - a ordem de classificação dos licitantes registrados na ata deverá ser respeitada nas contratações. (Redação dada pelo Decreto nº 8.250, de 2.014)

§ 1º O registro a que se refere o inciso II do *caput* tem por objetivo a formação de cadastro de reserva no caso de impossibilidade de atendimento pelo primeiro colocado da ata, nas hipóteses previstas nos arts. 20 e 21. (Redação dada pelo Decreto nº 8.250, de 2.014)

§ 2º Se houver mais de um licitante na situação de que trata o inciso II do *caput*, serão classificados segundo a ordem da última proposta apresentada durante a fase competitiva. (Redação dada pelo Decreto nº 8.250, de 2.014)

§ 3º A habilitação dos fornecedores que comporão o cadastro de reserva a que se refere o inciso II do *caput* será efetuada, na hipótese prevista no parágrafo único do art. 13 e quando houver necessidade de contratação de fornecedor remanescente, nas hipóteses previstas nos arts. 20 e 21. (Redação dada pelo Decreto nº 8.250, de 2.014)

§ 4º O anexo que trata o inciso II do *caput* consiste na ata de realização da sessão pública do pregão ou da concorrência, que conterá a informação dos licitantes que aceitarem cotar os bens ou serviços com preços iguais ao do licitante vencedor do certame. (Incluído pelo Decreto nº 8.250, de 2.014)

Art. 12. O prazo de validade da ata de registro de preços não será superior a doze meses, incluídas eventuais prorrogações, conforme o inciso III do § 3º do art. 15 da Lei nº 8.666, de 1993.

§ 1º É vedado efetuar acréscimos nos quantitativos fixados pela ata de registro de preços, inclusive o acréscimo de que trata o § 1º do art. 65 da Lei nº 8.666, de 1993.

§ 2º A vigência dos contratos decorrentes do Sistema de Registro de Preços será definida nos instrumentos convocatórios, observado o disposto no art. 57 da Lei nº 8.666, de 1993.

§ 3º Os contratos decorrentes do Sistema de Registro de Preços poderão ser alterados, observado o disposto no art. 65 da Lei nº 8.666, de 1993.

§ 4º O contrato decorrente do Sistema de Registro de Preços deverá ser assinado no prazo de validade da ata de registro de preços.

CAPÍTULO VII
DA ASSINATURA DA ATA E DA CONTRATAÇÃO COM FORNECEDORES REGISTRADOS

Art. 13. Homologado o resultado da licitação, o fornecedor mais bem classificado será convocado para assinar a ata de registro de preços, no prazo e nas condições estabelecidos no instrumento convocatório, podendo o prazo ser prorrogado uma vez, por igual período, quando solicitado pelo fornecedor e desde que ocorra motivo justificado aceito pela administração. (Redação dada pelo Decreto nº 8.250, de 2.014)

Parágrafo único. É facultado à administração, quando o convocado não assinar a ata de registro de preços no prazo e condições estabelecidos, convocar os licitantes remanescentes, na ordem de classificação, para fazê-lo em igual prazo e nas mesmas condições propostas pelo primeiro classificado.

Art. 14. A ata de registro de preços implicará compromisso de fornecimento nas condições estabelecidas, após cumpridos os requisitos de publicidade.

Parágrafo único. A recusa injustificada de fornecedor classificado em assinar a ata, dentro do prazo estabelecido neste artigo, ensejará a aplicação das penalidades legalmente estabelecidas.

Art. 15. A contratação com os fornecedores registrados será formalizada pelo órgão interessado por intermédio de instrumento contratual, emissão de nota de empenho de despesa, autorização de compra ou outro instrumento hábil, conforme o art. 62 da Lei nº 8.666, de 1993.

Art. 16. A existência de preços registrados não obriga a administração a contratar, facultando-se a realização de licitação específica para a aquisição pretendida, assegurada preferência ao fornecedor registrado em igualdade de condições.

CAPÍTULO VIII
DA REVISÃO E DO CANCELAMENTO DOS PREÇOS REGISTRADOS

Art. 17. Os preços registrados poderão ser revistos em decorrência de eventual redução dos preços praticados no mercado ou de fato que eleve o custo dos serviços ou bens registrados, cabendo ao órgão gerenciador promover as negociações junto aos fornecedores, observadas as disposições contidas na alínea "d" do inciso II do *caput* do art. 65 da Lei nº 8.666, de 1993.

Art. 18. Quando o preço registrado tornar-se superior ao preço praticado no mercado por motivo superveniente, o órgão gerenciador convocará os fornecedores para negociarem a redução dos preços aos valores praticados pelo mercado.

§ 1º Os fornecedores que não aceitarem reduzir seus preços aos valores praticados pelo mercado serão liberados do compromisso assumido, sem aplicação de penalidade.

§ 2º A ordem de classificação dos fornecedores que aceitarem reduzir seus preços aos valores de mercado observará a classificação original.

Art. 19. Quando o preço de mercado tornar-se superior aos preços registrados e o fornecedor não puder cumprir o compromisso, o órgão gerenciador poderá:

I - liberar o fornecedor do compromisso assumido, caso a comunicação ocorra antes do pedido de fornecimento, e sem aplicação da penalidade se confirmada a veracidade dos motivos e comprovantes apresentados; e

II - convocar os demais fornecedores para assegurar igual oportunidade de negociação.

Parágrafo único. Não havendo êxito nas negociações, o órgão gerenciador deverá proceder à revogação da ata de registro de preços, adotando as medidas cabíveis para obtenção da contratação mais vantajosa.

Art. 20. O registro do fornecedor será cancelado quando:

I - descumprir as condições da ata de registro de preços;

II - não retirar a nota de empenho ou instrumento equivalente no prazo estabelecido pela Administração, sem justificativa aceitável;

III - não aceitar reduzir o seu preço registrado, na hipótese deste se tornar superior àqueles praticados no mercado; ou

IV - sofrer sanção prevista nos incisos III ou IV do *caput* do art. 87 da Lei nº 8.666, de 1993, ou no art. 7º da Lei nº 10.520, de 2002.

Parágrafo único. O cancelamento de registros nas hipóteses previstas nos incisos I, II e IV do *caput* será formalizado por despacho do órgão gerenciador, assegurado o contraditório e a ampla defesa.

Art. 21. O cancelamento do registro de preços poderá ocorrer por fato superveniente, decorrente de caso fortuito ou força maior, que prejudique o cumprimento da ata, devidamente comprovados e justificados:

I - por razão de interesse público; ou

II - a pedido do fornecedor.

CAPÍTULO IX
DA UTILIZAÇÃO DA ATA DE REGISTRO DE PREÇOS POR ÓRGÃO OU ENTIDADES NÃO PARTICIPANTES

Art. 22. Desde que devidamente justificada a vantagem, a ata de registro de preços, durante sua vigência, poderá ser utilizada por qualquer órgão ou entidade da administração pública federal que não tenha participado do certame licitatório, mediante anuência do órgão gerenciador.

§ 1º Os órgãos e entidades que não participaram do registro de preços, quando desejarem fazer uso da ata de registro de preços, deverão consultar o órgão gerenciador da ata para manifestação sobre a possibilidade de adesão.

§ 1º-A A manifestação do órgão gerenciador de que trata o § 1º fica condicionada à realização de estudo, pelos órgãos e pelas entidades que não participaram do registro de preços, que demonstre o ganho de eficiência, a viabilidade e a economicidade para a administração pública federal da utilização da ata de registro de preços, conforme estabelecido em ato do Secretário de Gestão do Ministério do Planejamento, Desenvolvimento e Gestão. (Incluído pelo Decreto nº 9.488, de 2018) (Vigência)

§ 1º-B O estudo de que trata o § 1º-A, após aprovação pelo órgão gerenciador, será divulgado no Portal de Compras do Governo federal. (Incluído pelo Decreto nº 9.488, de 2018) (Vigência)

§ 2º Caberá ao fornecedor beneficiário da ata de registro de preços, observadas as condições nela estabelecidas, optar pela aceitação ou não do fornecimento decorrente de adesão, desde que não prejudique as obrigações presentes e futuras decorrentes da ata, assumidas com o órgão gerenciador e órgãos participantes.

§ 3º As aquisições ou as contratações adicionais de que trata este artigo não poderão exceder, por órgão ou entidade, a cinquenta por cento dos quantitativos dos itens do instrumento convocatório e registrados na ata de registro de preços para o órgão gerenciador e para os órgãos participantes. (Redação dada pelo Decreto nº 9.488, de 2018) (Vigência)

§ 4º O instrumento convocatório preverá que o quantitativo decorrente das adesões à ata de registro de preços não poderá exceder, na totalidade, ao dobro do quantitativo de cada item registrado na ata de registro de preços para o órgão gerenciador e para os órgãos participantes, independentemente do número de órgãos não participantes que aderirem. (Redação dada pelo Decreto nº 9.488, de 2018) (Vigência)

§ 4º-A Na hipótese de compra nacional: (Incluído pelo Decreto nº 9.488, de 2018) (Vigência)

I - as aquisições ou as contratações adicionais não excederão, por órgão ou entidade, a cem por cento dos quantitativos dos itens do instrumento convocatório e registrados na ata de registro de preços para o órgão gerenciador e para os órgãos participantes; e (Incluído pelo Decreto nº 9.488, de 2018) (Vigência)

II - o instrumento convocatório da compra nacional preverá que o quantitativo decorrente das adesões à ata de registro de preços não excederá, na totalidade, ao quíntuplo do quantitativo de cada item registrado na ata de registro de preços para o órgão gerenciador e para os órgãos participantes, independentemente do número de órgãos não participantes que aderirem. (Incluído pelo Decreto nº 9.488, de 2018) (Vigência)

§ 5º ~~O órgão gerenciador somente poderá autorizar adesão à ata após a primeira aquisição ou contratação por órgão integrante da ata, exceto quando, justificadamente, não houver previsão no edital para aquisição ou contratação pelo órgão gerenciador.~~ (Revogado pelo Decreto nº 8.250, de 2.014)

§ 6º Após a autorização do órgão gerenciador, o órgão não participante deverá efetivar a aquisição ou contratação solicitada em até noventa dias, observado o prazo de vigência da ata.

§ 7º Compete ao órgão não participante os atos relativos à cobrança do cumprimento pelo fornecedor das obrigações contratualmente assumidas e a aplicação, observada a ampla defesa e o contraditório, de eventuais penalidades decorrentes do descumprimento de cláusulas contratuais, em relação às suas próprias contratações, informando as ocorrências ao órgão gerenciador.

§ 8º É vedada aos órgãos e entidades da administração pública federal a adesão a ata de registro de preços gerenciada por órgão ou entidade municipal, distrital ou estadual.

§ 9º É facultada aos órgãos ou entidades municipais, distritais ou estaduais a adesão a ata de registro de preços da Administração Pública Federal.

§ 9º-A Sem prejuízo da observância ao disposto no § 3º, à hipótese prevista no § 9º não se aplica o disposto nos § 1º-A e § 1º-B no caso de órgãos e entidades de outros entes federativos. (Incluído pelo Decreto nº 9.488, de 2018) (Vigência)

§ 10. É vedada a contratação de serviços de tecnologia da informação e comunicação por meio de adesão a ata de registro de preços que não seja: (Incluído pelo Decreto nº 9.488, de 2018) (Vigência)

I - gerenciada pelo Ministério do Planejamento, Desenvolvimento e Gestão; ou (Incluído pelo Decreto nº 9.488, de 2018) (Vigência)

II - gerenciada por outro órgão ou entidade e previamente aprovada pela Secretaria de Tecnologia da Informação e Comunicação do Ministério do Planejamento, Desenvolvimento e Gestão. (Incluído pelo Decreto nº 9.488, de 2018) (Vigência)

§ 11. O disposto no § 10 não se aplica às hipóteses em que a contratação de serviços esteja vinculada ao fornecimento de bens de tecnologia da informação e comunicação constante da mesma ata de registro de preços. (Incluído pelo Decreto nº 9.488, de 2018) (Vigência)

CAPÍTULO X
DISPOSIÇÕES FINAIS E TRANSITÓRIAS

Art. 23. A Administração poderá utilizar recursos de tecnologia da informação na operacionalização do disposto neste Decreto e automatizar procedimentos de controle e atribuições dos órgãos gerenciadores e participantes.

Art. 24. As atas de registro de preços vigentes, decorrentes de certames realizados sob a vigência do Decreto nº 3.931, de 19 de setembro de 2001, poderão ser utilizadas pelos órgãos gerenciadores e participantes, até o término de sua vigência.

Art. 25. Até a completa adequação do Portal de Compras do Governo federal para atendimento ao disposto no § 1º do art. 5º, o órgão gerenciador deverá:

I - providenciar a assinatura da ata de registro de preços e o encaminhamento de sua cópia aos órgãos ou entidades participantes; e

II - providenciar a indicação dos fornecedores para atendimento às demandas, observada a ordem de classificação e os quantitativos de contratação definidos pelos órgãos e entidades participantes.

Art. 26. Até a completa adequação do Portal de Compras do Governo federal para atendimento ao disposto nos incisos I e II do *caput* do art. 11 e no inciso II do § 2º do art. 11, a ata registrará os licitantes vencedores, quantitativos e respectivos preços.

Art. 27. O Ministério do Planejamento, Orçamento e Gestão poderá editar normas complementares a este Decreto.

Art. 28. Este Decreto entra em vigor trinta dias após a data de sua publicação.

Art. 29. Ficam revogados:

I - o Decreto nº 3.931, de 19 de setembro de 2001 ; e

II - o Decreto nº 4.342, de 23 de agosto de 2002.

Brasília, 23 de janeiro de 2013; 192º da Independência e 125º da República.

LEI FEDERAL Nº 14.133, DE 1º DE ABRIL DE 2021

- LEI DE LICITAÇÕES E CONTRATOS ADMINISTRATIVOS

ÍNDICE

O PRESIDENTE DA REPÚBLICA Faço saber que o Congresso Nacional decreta e eu sanciono a seguinte Lei:

TÍTULO I
DISPOSIÇÕES PRELIMINARES

CAPÍTULO I
DO ÂMBITO DE APLICAÇÃO DESTA LEI

Art. 1º Esta Lei estabelece normas gerais de licitação e contratação para as Administrações Públicas diretas, autárquicas e fundacionais da União, dos Estados, do Distrito Federal e dos Municípios, e abrange:

I - os órgãos dos Poderes Legislativo e Judiciário da União, dos Estados e do Distrito Federal e os órgãos do Poder Legislativo dos Municípios, quando no desempenho de função administrativa;

II - os fundos especiais e as demais entidades controladas direta ou indiretamente pela Administração Pública.

§ 1º Não são abrangidas por esta Lei as empresas públicas, as sociedades de economia mista e as suas subsidiárias, regidas pela Lei nº 13.303, de 30 de junho de 2016, ressalvado o disposto no art. 178 desta Lei.

§ 2º As contratações realizadas no âmbito das repartições públicas sediadas no exterior obedecerão às peculiaridades locais e aos princípios básicos estabelecidos nesta Lei, na forma de regulamentação específica a ser editada por ministro de Estado.

§ 3º Nas licitações e contratações que envolvam recursos provenientes de empréstimo ou doação oriundos de agência oficial de cooperação estrangeira ou de organismo financeiro de que o Brasil seja parte, podem ser admitidas:

I - condições decorrentes de acordos internacionais aprovados pelo Congresso Nacional e ratificados pelo Presidente da República;

II - condições peculiares à seleção e à contratação constantes de normas e procedimentos das agências ou dos organismos, desde que:

a) sejam exigidas para a obtenção do empréstimo ou doação;

b) não conflitem com os princípios constitucionais em vigor;

c) sejam indicadas no respectivo contrato de empréstimo ou doação e tenham sido objeto de parecer favorável do órgão jurídico do contratante do financiamento previamente à celebração do referido contrato;

d) (VETADO).

§ 4º A documentação encaminhada ao Senado Federal para autorização do empréstimo de que trata o § 3º deste artigo deverá fazer referência às condições contratuais que incidam na hipótese do referido parágrafo.

§ 5º As contratações relativas à gestão, direta e indireta, das reservas internacionais do País, inclusive as de serviços conexos ou acessórios a essa atividade, serão disciplinadas em ato normativo próprio do Banco Central do Brasil, assegurada a observância dos princípios estabelecidos no *caput* do art. 37 da Constituição Federal.

Art. 2º Esta Lei aplica-se a:

I - alienação e concessão de direito real de uso de bens;

II - compra, inclusive por encomenda;

III - locação;

IV - concessão e permissão de uso de bens públicos;

V - prestação de serviços, inclusive os técnico-profissionais especializados;

VI - obras e serviços de arquitetura e engenharia;

VII - contratações de tecnologia da informação e de comunicação.

Art. 3º Não se subordinam ao regime desta Lei:

I - contratos que tenham por objeto operação de crédito, interno ou externo, e gestão de dívida pública, incluídas as contratações de agente financeiro e a concessão de garantia relacionadas a esses contratos;

II - contratações sujeitas a normas previstas em legislação própria.

Art. 4º Aplicam-se às licitações e contratos disciplinados por esta Lei as disposições constantes dos arts. 42 a 49 da Lei Complementar nº 123, de 14 de dezembro de 2006.

§ 1º As disposições a que se refere o *caput* deste artigo não são aplicadas:

I - no caso de licitação para aquisição de bens ou contratação de serviços em geral, ao item cujo valor estimado for superior à receita bruta máxima admitida para fins de enquadramento como empresa de pequeno porte;

II - no caso de contratação de obras e serviços de engenharia, às licitações cujo valor estimado for superior à receita bruta máxima admitida para fins de enquadramento como empresa de pequeno porte.

§ 2º A obtenção de benefícios a que se refere o *caput* deste artigo fica limitada às microempresas e às empresas de pequeno porte que, no ano-calendário de realização da licitação, ainda não tenham celebrado contratos com a Administração Pública cujos valores somados extrapolem a receita bruta máxima admitida para fins de enquadramento como empresa de pequeno porte, devendo o órgão ou entidade exigir do licitante declaração de observância desse limite na licitação.

§ 3º Nas contratações com prazo de vigência superior a 1 (um) ano, será considerado o valor anual do contrato na aplicação dos limites previstos nos §§ 1º e 2º deste artigo.

CAPÍTULO II
DOS PRINCÍPIOS

Art. 5º Na aplicação desta Lei, serão observados os princípios da legalidade, da impessoalidade, da moralidade, da publicidade, da eficiência, do interesse público, da probidade administrativa, da igualdade, do planejamento, da transparência, da eficácia, da segregação de funções, da motivação, da vinculação ao edital, do julgamento objetivo, da segurança jurídica, da razoabilidade, da competitividade, da proporcionalidade, da celeridade, da economicidade e do desenvolvimento nacional sustentável, assim como as disposições do Decreto-Lei nº 4.657, de 4 de setembro de 1942 (Lei de Introdução às Normas do Direito Brasileiro).

CAPÍTULO III
DAS DEFINIÇÕES

Art. 6º Para os fins desta Lei, consideram-se:

I - órgão: unidade de atuação integrante da estrutura da Administração Pública;

II - entidade: unidade de atuação dotada de personalidade jurídica;

III - Administração Pública: administração direta e indireta da União, dos Estados, do Distrito Federal e dos Municípios, inclusive as entidades com personalidade jurídica de direito privado sob controle do poder público e as fundações por ele instituídas ou mantidas;

IV - Administração: órgão ou entidade por meio do qual a Administração Pública atua;

V - agente público: indivíduo que, em virtude de eleição, nomeação, designação, contratação ou qualquer outra forma de investidura ou vínculo, exerce mandato, cargo, emprego ou função em pessoa jurídica integrante da Administração Pública;

VI - autoridade: agente público dotado de poder de decisão;

VII - contratante: pessoa jurídica integrante da Administração Pública responsável pela contratação;

VIII - contratado: pessoa física ou jurídica, ou consórcio de pessoas jurídicas, signatária de contrato com a Administração;

IX - licitante: pessoa física ou jurídica, ou consórcio de pessoas jurídicas, que participa ou manifesta a intenção de participar de processo licitatório, sendo-lhe equiparável, para os fins desta Lei, o fornecedor ou o prestador de serviço que, em atendimento à solicitação da Administração, oferece proposta;

X - compra: aquisição remunerada de bens para fornecimento de uma só vez ou parceladamente, considerada imediata aquela com prazo de entrega de até 30 (trinta) dias da ordem de fornecimento;

XI - serviço: atividade ou conjunto de atividades destinadas a obter determinada utilidade, intelectual ou material, de interesse da Administração;

XII - obra: toda atividade estabelecida, por força de lei, como privativa das profissões de arquiteto e engenheiro que implica intervenção no meio ambiente por meio de um conjunto harmônico de ações que, agregadas, formam um todo que inova o espaço físico da natureza ou acarreta alteração substancial das características originais de bem imóvel;

XIII - bens e serviços comuns: aqueles cujos padrões de desempenho e qualidade podem ser objetivamente definidos pelo edital, por meio de especificações usuais de mercado;

XIV - bens e serviços especiais: aqueles que, por sua alta heterogeneidade ou complexidade, não podem ser descritos na forma do inciso XIII do *caput* deste artigo, exigida justificativa prévia do contratante;

XV - serviços e fornecimentos contínuos: serviços contratados e compras realizadas pela Administração Pública para a manutenção da atividade administrativa, decorrentes de necessidades permanentes ou prolongadas;

XVI - serviços contínuos com regime de dedicação exclusiva de mão de obra: aqueles cujo modelo de execução contratual exige, entre outros requisitos, que:

a) os empregados do contratado fiquem à disposição nas dependências do contratante para a prestação dos serviços;

b) o contratado não compartilhe os recursos humanos e materiais disponíveis de uma contratação para execução simultânea de outros contratos;

c) o contratado possibilite a fiscalização pelo contratante quanto à distribuição, controle e supervisão dos recursos humanos alocados aos seus contratos;

XVII - serviços não contínuos ou contratados por escopo: aqueles que impõem ao contratado o dever de realizar a prestação de um serviço específico em período predeterminado, podendo ser prorrogado, desde que justificadamente, pelo prazo necessário à conclusão do objeto;

XVIII - serviços técnicos especializados de natureza predominantemente intelectual: aqueles realizados em trabalhos relativos a:

a) estudos técnicos, planejamentos, projetos básicos e projetos executivos;

b) pareceres, perícias e avaliações em geral;

c) assessorias e consultorias técnicas e auditorias financeiras e tributárias;

d) fiscalização, supervisão e gerenciamento de obras e serviços;

e) patrocínio ou defesa de causas judiciais e administrativas;

f) treinamento e aperfeiçoamento de pessoal;

g) restauração de obras de arte e de bens de valor histórico;

h) controles de qualidade e tecnológico, análises, testes e ensaios de campo e laboratoriais, instrumentação e monitoramento de parâmetros específicos de obras e do meio ambiente e demais serviços de engenharia que se enquadrem na definição deste inciso;

XIX - notória especialização: qualidade de profissional ou de empresa cujo conceito, no campo de sua especialidade, decorrente de desempenho anterior, estudos, experiência, publicações, organização, aparelhamento, equipe técnica ou outros requisitos relacionados com suas atividades, permite inferir que o seu trabalho é essencial e reconhecidamente adequado à plena satisfação do objeto do contrato;

XX - estudo técnico preliminar: documento constitutivo da primeira etapa do planejamento de uma contratação que caracteriza o interesse público envolvido e a sua melhor solução e dá base ao anteprojeto, ao termo de referência ou ao projeto básico a serem elaborados caso se conclua pela viabilidade da contratação;

XXI - serviço de engenharia: toda atividade ou conjunto de atividades destinadas a obter determinada utilidade, intelectual ou material, de interesse para a Administração e que, não enquadradas no conceito de obra a que se refere o inciso XII do *caput* deste artigo, são estabelecidas, por força de lei, como privativas das profissões de arquiteto e engenheiro ou de técnicos especializados, que compreendem:

a) serviço comum de engenharia: todo serviço de engenharia que tem por objeto ações, objetivamente padronizáveis em termos de desempenho e qualidade, de manutenção, de adequação e de adaptação de bens móveis e imóveis, com preservação das características originais dos bens;

b) serviço especial de engenharia: aquele que, por sua alta heterogeneidade ou complexidade, não pode se enquadrar na definição constante da alínea "a" deste inciso;

XXII - obras, serviços e fornecimentos de grande vulto: aqueles cujo valor estimado supera R$ 200.000.000,00 (duzentos milhões de reais);

XXIII - termo de referência: documento necessário para a contratação de bens e serviços, que deve conter os seguintes parâmetros e elementos descritivos:

a) definição do objeto, incluídos sua natureza, os quantitativos, o prazo do contrato e, se for o caso, a possibilidade de sua prorrogação;

b) fundamentação da contratação, que consiste na referência aos estudos técnicos preliminares correspondentes ou, quando não for possível divulgar esses estudos, no extrato das partes que não contiverem informações sigilosas;

c) descrição da solução como um todo, considerado todo o ciclo de vida do objeto;

d) requisitos da contratação;

e) modelo de execução do objeto, que consiste na definição de como o contrato deverá produzir os resultados pretendidos desde o seu início até o seu encerramento;

f) modelo de gestão do contrato, que descreve como a execução do objeto será acompanhada e fiscalizada pelo órgão ou entidade;

g) critérios de medição e de pagamento;

h) forma e critérios de seleção do fornecedor;

i) estimativas do valor da contratação, acompanhadas dos preços unitários referenciais, das memórias de cálculo e dos documentos que lhe dão suporte, com os parâmetros utilizados para a obtenção dos preços e para os respectivos cálculos, que devem constar de documento separado e classificado;

j) adequação orçamentária;

XXIV - anteprojeto: peça técnica com todos os subsídios necessários à elaboração do projeto básico, que deve conter, no mínimo, os seguintes elementos:

a) demonstração e justificativa do programa de necessidades, avaliação de demanda do público-alvo, motivação técnico-econômico-social do empreendimento, visão global dos investimentos e definições relacionadas ao nível de serviço desejado;

b) condições de solidez, de segurança e de durabilidade;

c) prazo de entrega;

d) estética do projeto arquitetônico, traçado geométrico e/ou projeto da área de influência, quando cabível;

e) parâmetros de adequação ao interesse público, de economia na utilização, de facilidade na execução, de impacto ambiental e de acessibilidade;

f) proposta de concepção da obra ou do serviço de engenharia;

g) projetos anteriores ou estudos preliminares que embasaram a concepção proposta;

h) levantamento topográfico e cadastral;

i) pareceres de sondagem;

j) memorial descritivo dos elementos da edificação, dos componentes construtivos e dos materiais de construção, de forma a estabelecer padrões mínimos para a contratação;

XXV - projeto básico: conjunto de elementos necessários e suficientes, com nível de precisão adequado para definir e dimensionar a obra ou o serviço, ou o complexo de obras ou de serviços objeto da licitação, elaborado com base nas indicações dos estudos técnicos preliminares, que assegure a viabilidade técnica e o adequado tratamento do impacto ambiental do empreendimento e que possibilite a avaliação do custo da obra e a definição dos métodos e do prazo de execução, devendo conter os seguintes elementos:

a) levantamentos topográficos e cadastrais, sondagens e ensaios geotécnicos, ensaios e análises laboratoriais, estudos socioambientais e demais dados e levantamentos necessários para execução da solução escolhida;

b) soluções técnicas globais e localizadas, suficientemente detalhadas, de forma a evitar, por ocasião da elaboração do projeto executivo e da realização das obras e montagem, a necessidade de reformulações ou variantes quanto à qualidade, ao preço e ao prazo inicialmente definidos;

c) identificação dos tipos de serviços a executar e dos materiais e equipamentos a incorporar à obra, bem como das suas especificações, de modo a assegurar os melhores resultados para o empreendimento e a segurança executiva na utilização do objeto, para os fins a que se destina, considerados os riscos e os perigos identificáveis, sem frustrar o caráter competitivo para a sua execução;

d) informações que possibilitem o estudo e a definição de métodos construtivos, de instalações provisórias e de condições organizacionais para a obra, sem frustrar o caráter competitivo para a sua execução;

e) subsídios para montagem do plano de licitação e gestão da obra, compreendidos a sua programação, a estratégia de suprimentos, as normas de fiscalização e outros dados necessários em cada caso;

f) orçamento detalhado do custo global da obra, fundamentado em quantitativos de serviços e fornecimentos propriamente avaliados, obrigatório exclusivamente para os regimes de execução previstos nos incisos I, II, III, IV e VII do *caput* do art. 46 desta Lei;

XXVI - projeto executivo: conjunto de elementos necessários e suficientes à execução completa da obra, com o detalhamento das soluções previstas no projeto básico, a identificação de serviços, de materiais e de equipamentos a serem incorporados à obra, bem como suas especificações técnicas, de acordo com as normas técnicas pertinentes;

XXVII - matriz de riscos: cláusula contratual definidora de riscos e de responsabilidades entre as partes e caracterizadora do equilíbrio econômico-financeiro inicial do contrato, em termos de ônus financeiro decorrente de eventos supervenientes à contratação, contendo, no mínimo, as seguintes informações:

a) listagem de possíveis eventos supervenientes à assinatura do contrato que possam causar impacto em seu equilíbrio econômico-financeiro e previsão de eventual necessidade de prolação de termo aditivo por ocasião de sua ocorrência;

b) no caso de obrigações de resultado, estabelecimento das frações do objeto com relação às quais haverá liberdade para os contratados inovarem em soluções metodológicas ou tecnológicas, em termos de modificação das soluções previamente delineadas no anteprojeto ou no projeto básico;

c) no caso de obrigações de meio, estabelecimento preciso das frações do objeto com relação às quais não haverá liberdade para os contratados inovarem em soluções metodológicas ou tecnológicas, devendo haver obrigação de aderência entre a execução e a solução predefinida no anteprojeto ou no projeto básico, consideradas as características do regime de execução no caso de obras e serviços de engenharia;

XXVIII - empreitada por preço unitário: contratação da execução da obra ou do serviço por preço certo de unidades determinadas;

XXIX - empreitada por preço global: contratação da execução da obra ou do serviço por preço certo e total;

XXX - empreitada integral: contratação de empreendimento em sua integralidade, compreendida a totalidade das etapas de obras, serviços e instalações necessárias, sob inteira responsabilidade do contratado até sua entrega ao contratante em condições de entrada em operação, com características adequadas às finalidades para as quais foi contratado e atendidos os requisitos técnicos e legais para sua utilização com segurança estrutural e operacional;

XXXI - contratação por tarefa: regime de contratação de mão de obra para pequenos trabalhos por preço certo, com ou sem fornecimento de materiais;

XXXII - contratação integrada: regime de contratação de obras e serviços de engenharia em que o contratado é responsável por elaborar e desenvolver os projetos básico e executivo, executar obras e serviços de engenharia, fornecer bens ou prestar serviços especiais e realizar montagem, teste, pré-operação e as demais operações necessárias e suficientes para a entrega final do objeto;

XXXIII - contratação semi-integrada: regime de contratação de obras e serviços de engenharia em que o contratado é responsável por elaborar e desenvolver o projeto executivo, executar obras e serviços de engenharia, fornecer bens ou prestar serviços especiais e realizar montagem, teste, pré-operação e as demais operações necessárias e suficientes para a entrega final do objeto;

XXXIV - fornecimento e prestação de serviço associado: regime de contratação em que, além do fornecimento do objeto, o contratado responsabiliza-se por sua operação, manutenção ou ambas, por tempo determinado;

XXXV - licitação internacional: licitação processada em território nacional na qual é admitida a participação de licitantes estrangeiros, com a possibilidade de cotação de preços em moeda estrangeira, ou licitação na qual o objeto contratual pode ou deve ser executado no todo ou em parte em território estrangeiro;

XXXVI - serviço nacional: serviço prestado em território nacional, nas condições estabelecidas pelo Poder Executivo federal;

XXXVII - produto manufaturado nacional: produto manufaturado produzido no território nacional de acordo com o processo produtivo básico ou com as regras de origem estabelecidas pelo Poder Executivo federal;

XXXVIII - concorrência: modalidade de licitação para contratação de bens e serviços especiais e de obras e serviços comuns e especiais de engenharia, cujo critério de julgamento poderá ser:

a) menor preço;

b) melhor técnica ou conteúdo artístico;

c) técnica e preço;

d) maior retorno econômico;

e) maior desconto;

XXXIX - concurso: modalidade de licitação para escolha de trabalho técnico, científico ou artístico, cujo critério de julgamento será o de melhor técnica ou conteúdo artístico, e para concessão de prêmio ou remuneração ao vencedor;

XL - leilão: modalidade de licitação para alienação de bens imóveis ou de bens móveis inservíveis ou legalmente apreendidos a quem oferecer o maior lance;

XLI - pregão: modalidade de licitação obrigatória para aquisição de bens e serviços comuns, cujo critério de julgamento poderá ser o de menor preço ou o de maior desconto;

XLII - diálogo competitivo: modalidade de licitação para contratação de obras, serviços e compras em que a Administração Pública realiza diálogos com licitantes previamente selecionados mediante critérios objetivos, com o intuito de desenvolver uma ou mais alternativas capazes de atender às suas necessidades, devendo os licitantes apresentar proposta final após o encerramento dos diálogos;

XLIII - credenciamento: processo administrativo de chamamento público em que a Administração Pública convoca interessados em prestar serviços ou fornecer bens para que, preenchidos os requisitos necessários, se credenciem no órgão ou na entidade para executar o objeto quando convocados;

XLIV - pré-qualificação: procedimento seletivo prévio à licitação, convocado por meio de edital, destinado à análise das condições de habilitação, total ou parcial, dos interessados ou do objeto;

XLV - sistema de registro de preços: conjunto de procedimentos para realização, mediante contratação direta ou licitação nas modalidades pregão ou concorrência, de registro formal de preços relativos a prestação de serviços, a obras e a aquisição e locação de bens para contratações futuras;

XLVI - ata de registro de preços: documento vinculativo e obrigacional, com característica de compromisso para futura contratação, no qual são registrados o objeto, os preços, os fornecedores, os órgãos participantes e as condições a serem praticadas, conforme as disposições contidas no edital da licitação, no aviso ou instrumento de contratação direta e nas propostas apresentadas;

XLVII - órgão ou entidade gerenciadora: órgão ou entidade da Administração Pública responsável pela condução do conjunto de procedimentos para registro de preços e pelo gerenciamento da ata de registro de preços dele decorrente;

XLVIII - órgão ou entidade participante: órgão ou entidade da Administração Pública que participa dos procedimentos iniciais da contratação para registro de preços e integra a ata de registro de preços;

XLIX - órgão ou entidade não participante: órgão ou entidade da Administração Pública que não participa dos procedimentos iniciais da licitação para registro de preços e não integra a ata de registro de preços;

L - comissão de contratação: conjunto de agentes públicos indicados pela Administração, em caráter permanente ou especial, com a função de receber, examinar e julgar documentos relativos às licitações e aos procedimentos auxiliares;

LI - catálogo eletrônico de padronização de compras, serviços e obras: sistema informatizado, de gerenciamento centralizado e com indicação de preços, destinado a permitir a padronização de itens a serem adquiridos pela Administração Pública e que estarão disponíveis para a licitação;

LII - sítio eletrônico oficial: sítio da internet, certificado digitalmente por autoridade certificadora, no qual o ente federativo divulga de forma centralizada as informações e os serviços de governo digital dos seus órgãos e entidades;

LIII - contrato de eficiência: contrato cujo objeto é a prestação de serviços, que pode incluir a realização de obras e o fornecimento de bens, com o objetivo de proporcionar economia ao contratante, na forma de redução de despesas correntes, remunerado o contratado com base em percentual da economia gerada;

LIV - seguro-garantia: seguro que garante o fiel cumprimento das obrigações assumidas pelo contratado;

LV - produtos para pesquisa e desenvolvimento: bens, insumos, serviços e obras necessários para atividade de pesquisa científica e tecnológica, desenvolvimento de tecnologia ou inovação tecnológica, discriminados em projeto de pesquisa;

LVI - sobrepreço: preço orçado para licitação ou contratado em valor expressivamente superior aos preços referenciais de mercado, seja de apenas 1 (um) item, se a licitação ou a contratação for por preços unitários de serviço, seja do valor global do objeto, se a licitação ou a contratação for por tarefa, empreitada por preço global ou empreitada integral, semi-integrada ou integrada;

LVII - superfaturamento: dano provocado ao patrimônio da Administração, caracterizado, entre outras situações, por:

a) medição de quantidades superiores às efetivamente executadas ou fornecidas;

b) deficiência na execução de obras e de serviços de engenharia que resulte em diminuição da sua qualidade, vida útil ou segurança;

c) alterações no orçamento de obras e de serviços de engenharia que causem desequilíbrio econômico-financeiro do contrato em favor do contratado;

d) outras alterações de cláusulas financeiras que gerem recebimentos contratuais antecipados, distorção do cronograma físico-financeiro, prorrogação injustificada do prazo contratual com custos adicionais para a Administração ou reajuste irregular de preços;

LVIII - reajustamento em sentido estrito: forma de manutenção do equilíbrio econômico-financeiro de contrato consistente na aplicação do índice de correção monetária previsto no contrato, que deve retratar a variação efetiva do custo de produção, admitida a adoção de índices específicos ou setoriais;

LIX - repactuação: forma de manutenção do equilíbrio econômico-financeiro de contrato utilizada para serviços contínuos com regime de dedicação exclusiva de mão de obra ou predominância de mão de obra, por meio da análise da variação dos custos contratuais, devendo estar prevista no edital com data vinculada à apresentação das propostas, para os custos decorrentes do mercado, e com data vinculada ao acordo, à convenção coletiva ou ao dissídio coletivo ao qual o orçamento esteja vinculado, para os custos decorrentes da mão de obra;

LX - agente de contratação: pessoa designada pela autoridade competente, entre servidores efetivos ou empregados públicos dos quadros permanentes da Administração Pública, para tomar decisões, acompanhar o trâmite da licitação, dar impulso ao procedimento licitatório e executar quaisquer outras atividades necessárias ao bom andamento do certame até a homologação.

CAPÍTULO IV
DOS AGENTES PÚBLICOS

Art. 7º Caberá à autoridade máxima do órgão ou da entidade, ou a quem as normas de organização administrativa indicarem, promover gestão por competências e designar agentes públicos para o desempenho das funções essenciais à execução desta Lei que preencham os seguintes requisitos:

I - sejam, preferencialmente, servidor efetivo ou empregado público dos quadros permanentes da Administração Pública;

II - tenham atribuições relacionadas a licitações e contratos ou possuam formação compatível ou qualificação atestada por certificação profissional emitida por escola de governo criada e mantida pelo poder público; e

III - não sejam cônjuge ou companheiro de licitantes ou contratados habituais da Administração nem tenham com eles vínculo de parentesco, colateral ou por afinidade, até o terceiro grau, ou de natureza técnica, comercial, econômica, financeira, trabalhista e civil.

§ 1º A autoridade referida no *caput* deste artigo deverá observar o princípio da segregação de funções, vedada a designação do mesmo agente público para atuação simultânea em funções mais suscetíveis a riscos, de modo a reduzir a possibilidade de ocultação de erros e de ocorrência de fraudes na respectiva contratação.

§ 2º O disposto no *caput* e no § 1º deste artigo, inclusive os requisitos estabelecidos, também se aplica aos órgãos de assessoramento jurídico e de controle interno da Administração.

Art. 8º A licitação será conduzida por agente de contratação, pessoa designada pela autoridade competente, entre servidores efetivos ou empregados públicos dos quadros permanentes da Administração Pública, para tomar decisões, acompanhar o trâmite da licitação, dar impulso ao procedimento licitatório e executar quaisquer outras atividades necessárias ao bom andamento do certame até a homologação.

§ 1º O agente de contratação será auxiliado por equipe de apoio e responderá individualmente pelos atos que praticar, salvo quando induzido a erro pela atuação da equipe.

§ 2º Em licitação que envolva bens ou serviços especiais, desde que observados os requisitos estabelecidos no art. 7º desta Lei, o agente de contratação poderá ser substituído por comissão de contratação formada por, no mínimo, 3 (três) membros, que responderão solidariamente por todos os atos praticados pela comissão, ressalvado o membro que expressar posição individual divergente fundamentada e registrada em ata lavrada na reunião em que houver sido tomada a decisão.

§ 3º As regras relativas à atuação do agente de contratação e da equipe de apoio, ao funcionamento da comissão de contratação e à atuação de fiscais e gestores de contratos de que trata esta Lei serão estabelecidas em regulamento, e deverá ser prevista a possibilidade de eles contarem com o apoio dos órgãos de assessoramento jurídico e de controle interno para o desempenho das funções essenciais à execução do disposto nesta Lei.

§ 4º Em licitação que envolva bens ou serviços especiais cujo objeto não seja rotineiramente contratado pela Administração, poderá ser contratado, por prazo determinado, serviço de empresa ou de profissional especializado para assessorar os agentes públicos responsáveis pela condução da licitação.

§ 5º Em licitação na modalidade pregão, o agente responsável pela condução do certame será designado pregoeiro.

Art. 9º É vedado ao agente público designado para atuar na área de licitações e contratos, ressalvados os casos previstos em lei:

I - admitir, prever, incluir ou tolerar, nos atos que praticar, situações que:

a) comprometam, restrinjam ou frustrem o caráter competitivo do processo licitatório, inclusive nos casos de participação de sociedades cooperativas;

b) estabeleçam preferências ou distinções em razão da naturalidade, da sede ou do domicílio dos licitantes;

c) sejam impertinentes ou irrelevantes para o objeto específico do contrato;

II - estabelecer tratamento diferenciado de natureza comercial, legal, trabalhista, previdenciária ou qualquer outra entre empresas brasileiras e estrangeiras, inclusive no que se refere a moeda, modalidade e local de pagamento, mesmo quando envolvido financiamento de agência internacional;

III - opor resistência injustificada ao andamento dos processos e, indevidamente, retardar ou deixar de praticar ato de ofício, ou praticá-lo contra disposição expressa em lei.

§ 1º Não poderá participar, direta ou indiretamente, da licitação ou da execução do contrato agente público de órgão ou entidade licitante ou contratante, devendo ser observadas as situações que possam configurar conflito de interesses no exercício ou após o exercício do cargo ou emprego, nos termos da legislação que disciplina a matéria.

§ 2º As vedações de que trata este artigo estendem-se a terceiro que auxilie a condução da contratação na qualidade de integrante de equipe de apoio, profissional especializado ou funcionário ou representante de empresa que preste assessoria técnica.

Art. 10. Se as autoridades competentes e os servidores públicos que tiverem participado dos procedimentos relacionados às licitações e aos contratos de que trata esta Lei precisarem defender-se nas esferas administrativa, controladora ou judicial em razão de ato praticado com estrita observância de orientação constante em parecer jurídico elaborado na forma do § 1º do art. 53 desta Lei, a advocacia pública promoverá, a critério do agente público, sua representação judicial ou extrajudicial.

§ 1º Não se aplica o disposto no *caput* deste artigo quando:

I - (VETADO);

II - provas da prática de atos ilícitos dolosos constarem nos autos do processo administrativo ou judicial.

§ 2º Aplica-se o disposto no *caput* deste artigo inclusive na hipótese de o agente público não mais ocupar o cargo, emprego ou função em que foi praticado o ato questionado.

TÍTULO II
DAS LICITAÇÕES

CAPÍTULO I
DO PROCESSO LICITATÓRIO

Art. 11. O processo licitatório tem por objetivos:

I - assegurar a seleção da proposta apta a gerar o resultado de contratação mais vantajoso para a Administração Pública, inclusive no que se refere ao ciclo de vida do objeto;

II - assegurar tratamento isonômico entre os licitantes, bem como a justa competição;

III - evitar contratações com sobrepreço ou com preços manifestamente inexequíveis e superfaturamento na execução dos contratos;

IV - incentivar a inovação e o desenvolvimento nacional sustentável.

Parágrafo único. A alta administração do órgão ou entidade é responsável pela governança das contratações e deve implementar processos e estruturas, inclusive de gestão de riscos e controles internos, para avaliar, direcionar e monitorar os processos licitatórios e os respectivos contratos, com o intuito de alcançar os objetivos estabelecidos no *caput* deste artigo, promover um ambiente íntegro e confiável, assegurar o alinhamento das contratações ao planejamento estratégico e às leis orçamentárias e promover eficiência, efetividade e eficácia em suas contratações.

Art. 12. No processo licitatório, observar-se-á o seguinte:

I - os documentos serão produzidos por escrito, com data e local de sua realização e assinatura dos responsáveis;

II - os valores, os preços e os custos utilizados terão como expressão monetária a moeda corrente nacional, ressalvado o disposto no art. 52 desta Lei;

III - o desatendimento de exigências meramente formais que não comprometam a aferição da qualificação do licitante ou a compreensão do conteúdo de sua proposta não importará seu afastamento da licitação ou a invalidação do processo;

IV - a prova de autenticidade de cópia de documento público ou particular poderá ser feita perante agente da Administração, mediante apresentação de original ou de declaração de autenticidade por advogado, sob sua responsabilidade pessoal;

V - o reconhecimento de firma somente será exigido quando houver dúvida de autenticidade, salvo imposição legal;

VI - os atos serão preferencialmente digitais, de forma a permitir que sejam produzidos, comunicados, armazenados e validados por meio eletrônico;

VII - a partir de documentos de formalização de demandas, os órgãos responsáveis pelo planejamento de cada ente federativo poderão, na forma de regulamento, elaborar plano de contratações anual, com o objetivo de racionalizar as contratações dos órgãos e entidades sob sua competência, garantir o alinhamento com o seu planejamento estratégico e subsidiar a elaboração das respectivas leis orçamentárias.

§ 1º O plano de contratações anual de que trata o inciso VII do *caput* deste artigo deverá ser divulgado e mantido à disposição do público em sítio eletrônico oficial e será observado pelo ente federativo na realização de licitações e na execução dos contratos.

§ 2º É permitida a identificação e assinatura digital por pessoa física ou jurídica em meio eletrônico, mediante certificado digital emitido em âmbito da Infraestrutura de Chaves Públicas Brasileira (ICP-Brasil).

Art. 13. Os atos praticados no processo licitatório são públicos, ressalvadas as hipóteses de informações cujo sigilo seja imprescindível à segurança da sociedade e do Estado, na forma da lei.

Parágrafo único. A publicidade será diferida:

I - quanto ao conteúdo das propostas, até a respectiva abertura;

II - quanto ao orçamento da Administração, nos termos do art. 24 desta Lei.

Art. 14. Não poderão disputar licitação ou participar da execução de contrato, direta ou indiretamente:

I - autor do anteprojeto, do projeto básico ou do projeto executivo, pessoa física ou jurídica, quando a licitação versar sobre obra, serviços ou fornecimento de bens a ele relacionados;

II - empresa, isoladamente ou em consórcio, responsável pela elaboração do projeto básico ou do projeto executivo, ou empresa da qual o autor do projeto seja dirigente, gerente, controlador, acionista ou detentor de mais de 5% (cinco por cento) do capital com direito a voto, responsável técnico ou subcontratado, quando a licitação versar sobre obra, serviços ou fornecimento de bens a ela necessários;

III - pessoa física ou jurídica que se encontre, ao tempo da licitação, impossibilitada de participar da licitação em decorrência de sanção que lhe foi imposta;

IV - aquele que mantenha vínculo de natureza técnica, comercial, econômica, financeira, trabalhista ou civil com dirigente do órgão ou entidade contratante ou com agente público que desempenhe função na licitação ou atue na fiscalização ou na gestão do contrato, ou que deles seja cônjuge, companheiro ou parente em linha reta, colateral ou por afinidade, até o terceiro grau, devendo essa proibição constar expressamente do edital de licitação;

V - empresas controladoras, controladas ou coligadas, nos termos da Lei nº 6.404, de 15 de dezembro de 1976, concorrendo entre si;

VI - pessoa física ou jurídica que, nos 5 (cinco) anos anteriores à divulgação do edital, tenha sido condenada judicialmente, com trânsito em julgado, por exploração de trabalho infantil, por submissão de trabalhadores a condições análogas às de escravo ou por contratação de adolescentes nos casos vedados pela legislação trabalhista.

§ 1º O impedimento de que trata o inciso III do *caput* deste artigo será também aplicado ao licitante que atue em substituição a outra pessoa, física ou jurídica, com o intuito de burlar a efetividade da sanção a ela aplicada, inclusive a sua controladora, controlada ou coligada, desde que devidamente comprovado o ilícito ou a utilização fraudulenta da personalidade jurídica do licitante.

§ 2º A critério da Administração e exclusivamente a seu serviço, o autor dos projetos e a empresa a que se referem os incisos I e II do *caput* deste artigo poderão participar no apoio das atividades de planejamento da contratação, de execução da licitação ou de gestão do contrato, desde que sob supervisão exclusiva de agentes públicos do órgão ou entidade.

§ 3º Equiparam-se aos autores do projeto as empresas integrantes do mesmo grupo econômico.

§ 4º O disposto neste artigo não impede a licitação ou a contratação de obra ou serviço que inclua como encargo do contratado a elaboração do projeto básico e do projeto executivo, nas contratações integradas, e do projeto executivo, nos demais regimes de execução.

§ 5º Em licitações e contratações realizadas no âmbito de projetos e programas parcialmente financiados por agência oficial de cooperação estrangeira ou por organismo financeiro internacional com recursos do financiamento ou da contrapartida nacional, não poderá participar pessoa física ou jurídica que integre o rol de pessoas sancionadas por essas entidades ou que seja declarada inidônea nos termos desta Lei.

Art. 15. Salvo vedação devidamente justificada no processo licitatório, pessoa jurídica poderá participar de licitação em consórcio, observadas as seguintes normas:

I - comprovação de compromisso público ou particular de constituição de consórcio, subscrito pelos consorciados;

II - indicação da empresa líder do consórcio, que será responsável por sua representação perante a Administração;

III - admissão, para efeito de habilitação técnica, do somatório dos quantitativos de cada consorciado e, para efeito de habilitação econômico-financeira, do somatório dos valores de cada consorciado;

IV - impedimento de a empresa consorciada participar, na mesma licitação, de mais de um consórcio ou de forma isolada;

V - responsabilidade solidária dos integrantes pelos atos praticados em consórcio, tanto na fase de licitação quanto na de execução do contrato.

§ 1º O edital deverá estabelecer para o consórcio acréscimo de 10% (dez por cento) a 30% (trinta por cento) sobre o valor exigido de licitante individual para a habilitação econômico-financeira, salvo justificação.

§ 2º O acréscimo previsto no § 1º deste artigo não se aplica aos consórcios compostos, em sua totalidade, de microempresas e pequenas empresas, assim definidas em lei.

§ 3º O licitante vencedor é obrigado a promover, antes da celebração do contrato, a constituição e o registro do consórcio, nos termos do compromisso referido no inciso I do *caput* deste artigo.

§ 4º Desde que haja justificativa técnica aprovada pela autoridade competente, o edital de licitação poderá estabelecer limite máximo para o número de empresas consorciadas.

§ 5º A substituição de consorciado deverá ser expressamente autorizada pelo órgão ou entidade contratante e condicionada à comprovação de que a nova empresa do consórcio possui, no mínimo, os mesmos quantitativos para efeito de habilitação técnica e os mesmos valores para efeito de qualificação econômico-financeira apresentados pela empresa substituída para fins de habilitação do consórcio no processo licitatório que originou o contrato.

Art. 16. Os profissionais organizados sob a forma de cooperativa poderão participar de licitação quando:

I - a constituição e o funcionamento da cooperativa observarem as regras estabelecidas na legislação aplicável, em especial a Lei nº 5.764, de 16 de dezembro de 1971, a Lei nº 12.690, de 19 de julho de 2012, e a Lei Complementar nº 130, de 17 de abril de 2009;

II - a cooperativa apresentar demonstrativo de atuação em regime cooperado, com repartição de receitas e despesas entre os cooperados;

III - qualquer cooperado, com igual qualificação, for capaz de executar o objeto contratado, vedado à Administração indicar nominalmente pessoas;

IV - o objeto da licitação referir-se, em se tratando de cooperativas enquadradas na Lei nº 12.690, de 19 de julho de 2012, a serviços especializados constantes do objeto social da cooperativa, a serem executados de forma complementar à sua atuação.

Art. 17. O processo de licitação observará as seguintes fases, em sequência:

I - preparatória;

II - de divulgação do edital de licitação;

III - de apresentação de propostas e lances, quando for o caso;

IV - de julgamento;

V - de habilitação;

VI - recursal;

VII - de homologação.

§ 1º A fase referida no inciso V do *caput* deste artigo poderá, mediante ato motivado com explicitação dos benefícios decorrentes, anteceder as fases referidas nos incisos III e IV do *caput* deste artigo, desde que expressamente previsto no edital de licitação.

§ 2º As licitações serão realizadas preferencialmente sob a forma eletrônica, admitida a utilização da forma presencial, desde que motivada, devendo a sessão pública ser registrada em ata e gravada em áudio e vídeo.

§ 3º Desde que previsto no edital, na fase a que se refere o inciso IV do *caput* deste artigo, o órgão ou entidade licitante poderá, em relação ao licitante provisoriamente vencedor, realizar análise e avaliação da conformidade da proposta, mediante homologação de amostras, exame de conformidade e prova de conceito, entre outros testes de interesse da Administração, de modo a comprovar sua aderência às especificações definidas no termo de referência ou no projeto básico.

§ 4º Nos procedimentos realizados por meio eletrônico, a Administração poderá determinar, como condição de validade e eficácia, que os licitantes pratiquem seus atos em formato eletrônico.

§ 5º Na hipótese excepcional de licitação sob a forma presencial a que refere o § 2º deste artigo, a sessão pública de apresentação de propostas deverá ser gravada em áudio e vídeo, e a gravação será juntada aos autos do processo licitatório depois de seu encerramento.

§ 6º A Administração poderá exigir certificação por organização independente acreditada pelo Instituto Nacional de Metrologia, Qualidade e Tecnologia (Inmetro) como condição para aceitação de:

I - estudos, anteprojetos, projetos básicos e projetos executivos;

II - conclusão de fases ou de objetos de contratos;

III - material e corpo técnico apresentados por empresa para fins de habilitação.

CAPÍTULO II

DA FASE PREPARATÓRIA

SEÇÃO I

DA INSTRUÇÃO DO PROCESSO LICITATÓRIO

Art. 18. A fase preparatória do processo licitatório é caracterizada pelo planejamento e deve compatibilizar-se com o plano de contratações anual de que trata o inciso VII do *caput* do art. 12 desta Lei, sempre que elaborado, e com as leis orçamentárias, bem como abordar todas as considerações técnicas, mercadológicas e de gestão que podem interferir na contratação, compreendidos:

I - a descrição da necessidade da contratação fundamentada em estudo técnico preliminar que caracterize o interesse público envolvido;

II - a definição do objeto para o atendimento da necessidade, por meio de termo de referência, anteprojeto, projeto básico ou projeto executivo, conforme o caso;

III - a definição das condições de execução e pagamento, das garantias exigidas e ofertadas e das condições de recebimento;

IV - o orçamento estimado, com as composições dos preços utilizados para sua formação;

V - a elaboração do edital de licitação;

VI - a elaboração de minuta de contrato, quando necessária, que constará obrigatoriamente como anexo do edital de licitação;

VII - o regime de fornecimento de bens, de prestação de serviços ou de execução de obras e serviços de engenharia, observados os potenciais de economia de escala;

VIII - a modalidade de licitação, o critério de julgamento, o modo de disputa e a adequação e eficiência da forma de combinação desses parâmetros, para os fins de seleção da proposta apta a gerar o resultado de contratação mais vantajoso para a Administração Pública, considerado todo o ciclo de vida do objeto;

IX - a motivação circunstanciada das condições do edital, tais como justificativa de exigências de qualificação técnica, mediante indicação das parcelas de maior relevância técnica ou valor significativo do objeto, e de qualificação econômico-financeira, justificativa dos critérios de pontuação e julgamento das propostas técnicas, nas licitações com julgamento por melhor técnica ou técnica e preço, e justificativa das regras pertinentes à participação de empresas em consórcio;

X - a análise dos riscos que possam comprometer o sucesso da licitação e a boa execução contratual;

XI - a motivação sobre o momento da divulgação do orçamento da licitação, observado o art. 24 desta Lei.

§ 1º O estudo técnico preliminar a que se refere o inciso I do *caput* deste artigo deverá evidenciar o problema a ser resolvido e a sua melhor solução, de modo a permitir a avaliação da viabilidade técnica e econômica da contratação, e conterá os seguintes elementos:

I - descrição da necessidade da contratação, considerado o problema a ser resolvido sob a perspectiva do interesse público;

II - demonstração da previsão da contratação no plano de contratações anual, sempre que elaborado, de modo a indicar o seu alinhamento com o planejamento da Administração;

III - requisitos da contratação;

IV - estimativas das quantidades para a contratação, acompanhadas das memórias de cálculo e dos documentos que lhes dão suporte, que considerem interdependências com outras contratações, de modo a possibilitar economia de escala;

V - levantamento de mercado, que consiste na análise das alternativas possíveis, e justificativa técnica e econômica da escolha do tipo de solução a contratar;

VI - estimativa do valor da contratação, acompanhada dos preços unitários referenciais, das memórias de cálculo e dos documentos que lhe dão suporte, que poderão constar de anexo classificado, se a Administração optar por preservar o seu sigilo até a conclusão da licitação;

VII - descrição da solução como um todo, inclusive das exigências relacionadas à manutenção e à assistência técnica, quando for o caso;

VIII - justificativas para o parcelamento ou não da contratação;

IX - demonstrativo dos resultados pretendidos em termos de economicidade e de melhor aproveitamento dos recursos humanos, materiais e financeiros disponíveis;

X - providências a serem adotadas pela Administração previamente à celebração do contrato, inclusive quanto à capacitação de servidores ou de empregados para fiscalização e gestão contratual;

XI - contratações correlatas e/ou interdependentes;

XII - descrição de possíveis impactos ambientais e respectivas medidas mitigadoras, incluídos requisitos de baixo consumo de energia e de outros recursos, bem como logística reversa para desfazimento e reciclagem de bens e refugos, quando aplicável;

XIII - posicionamento conclusivo sobre a adequação da contratação para o atendimento da necessidade a que se destina.

§ 2º O estudo técnico preliminar deverá conter ao menos os elementos previstos nos incisos I, IV, VI, VIII e XIII do § 1º deste artigo e, quando não contemplar os demais elementos previstos no referido parágrafo, apresentar as devidas justificativas.

§ 3º Em se tratando de estudo técnico preliminar para contratação de obras e serviços comuns de engenharia, se demonstrada a inexistência de prejuízo para a aferição dos padrões de desempenho e qualidade almejados, a especificação do objeto poderá ser realizada apenas em termo de referência ou em projeto básico, dispensada a elaboração de projetos.

Art. 19. Os órgãos da Administração com competências regulamentares relativas às atividades de administração de materiais, de obras e serviços e de licitações e contratos deverão:

I - instituir instrumentos que permitam, preferencialmente, a centralização dos procedimentos de aquisição e contratação de bens e serviços;

II - criar catálogo eletrônico de padronização de compras, serviços e obras, admitida a adoção do catálogo do Poder Executivo federal por todos os entes federativos;

III - instituir sistema informatizado de acompanhamento de obras, inclusive com recursos de imagem e vídeo;

IV - instituir, com auxílio dos órgãos de assessoramento jurídico e de controle interno, modelos de minutas de editais, de termos de referência, de contratos padronizados e de outros documentos, admitida a adoção das minutas do Poder Executivo federal por todos os entes federativos;

V - promover a adoção gradativa de tecnologias e processos integrados que permitam a criação, a utilização e a atualização de modelos digitais de obras e serviços de engenharia.

§ 1º O catálogo referido no inciso II do *caput* deste artigo poderá ser utilizado em licitações cujo critério de julgamento seja o de menor preço ou o de maior desconto e conterá toda a documentação e os procedimentos próprios da fase interna de licitações, assim como as especificações dos respectivos objetos, conforme disposto em regulamento.

§ 2º A não utilização do catálogo eletrônico de padronização de que trata o inciso II do *caput* ou dos modelos de minutas de que trata o inciso IV do *caput* deste artigo deverá ser justificada por escrito e anexada ao respectivo processo licitatório.

§ 3º Nas licitações de obras e serviços de engenharia e arquitetura, sempre que adequada ao objeto da licitação, será preferencialmente adotada a Modelagem da Informação da Construção (Building Information Modelling - BIM) ou tecnologias e processos integrados similares ou mais avançados que venham a substituí-la.

Art. 20. Os itens de consumo adquiridos para suprir as demandas das estruturas da Administração Pública deverão ser de qualidade comum, não superior à necessária para cumprir as finalidades às quais se destinam, vedada a aquisição de artigos de luxo.

§ 1º Os Poderes Executivo, Legislativo e Judiciário definirão em regulamento os limites para o enquadramento dos bens de consumo nas categorias comum e luxo.

§ 2º A partir de 180 (cento e oitenta) dias contados da promulgação desta Lei, novas compras de bens de consumo só poderão ser efetivadas com a edição, pela autoridade competente, do regulamento a que se refere o § 1º deste artigo.

§ 3º (VETADO).

Art. 21. A Administração poderá convocar, com antecedência mínima de 8 (oito) dias úteis, audiência pública, presencial ou a distância, na forma eletrônica, sobre licitação que pretenda realizar, com disponibilização prévia de informações pertinentes, inclusive de estudo técnico preliminar e elementos do edital de licitação, e com possibilidade de manifestação de todos os interessados.

Parágrafo único. A Administração também poderá submeter a licitação a prévia consulta pública, mediante a disponibilização de seus elementos a todos os interessados, que poderão formular sugestões no prazo fixado.

Art. 22. O edital poderá contemplar matriz de alocação de riscos entre o contratante e o contratado, hipótese em que o cálculo do valor estimado da contratação poderá considerar taxa de risco compatível com o objeto da licitação e com os riscos atribuídos ao contratado, de acordo com metodologia predefinida pelo ente federativo.

§ 1º A matriz de que trata o *caput* deste artigo deverá promover a alocação eficiente dos riscos de cada contrato e estabelecer a responsabilidade que caiba a cada parte contratante, bem como os mecanismos que afastem a ocorrência do sinistro e mitiguem os seus efeitos, caso este ocorra durante a execução contratual.

§ 2º O contrato deverá refletir a alocação realizada pela matriz de riscos, especialmente quanto:

I - às hipóteses de alteração para o restabelecimento da equação econômico-financeira do contrato nos casos em que o sinistro seja considerado na matriz de riscos como causa de desequilíbrio não suportada pela parte que pretenda o restabelecimento;

II - à possibilidade de resolução quando o sinistro majorar excessivamente ou impedir a continuidade da execução contratual;

III - à contratação de seguros obrigatórios previamente definidos no contrato, integrado o custo de contratação ao preço ofertado.

§ 3º Quando a contratação se referir a obras e serviços de grande vulto ou forem adotados os regimes de contratação integrada e semi-integrada, o edital obrigatoriamente contemplará matriz de alocação de riscos entre o contratante e o contratado.

§ 4º Nas contratações integradas ou semi-integradas, os riscos decorrentes de fatos supervenientes à contratação associados à escolha da solução de projeto básico pelo contratado deverão ser alocados como de sua responsabilidade na matriz de riscos.

Art. 23. O valor previamente estimado da contratação deverá ser compatível com os valores praticados pelo mercado, considerados os preços constantes de bancos de dados públicos e as quantidades a serem contratadas, observadas a potencial economia de escala e as peculiaridades do local de execução do objeto.

§ 1º No processo licitatório para aquisição de bens e contratação de serviços em geral, conforme regulamento, o valor estimado será definido com base no melhor preço aferido por meio da utilização dos seguintes parâmetros, adotados de forma combinada ou não:

I - composição de custos unitários menores ou iguais à mediana do item correspondente no painel para consulta de preços ou no banco de preços em saúde disponíveis no Portal Nacional de Contratações Públicas (PNCP);

II - contratações similares feitas pela Administração Pública, em execução ou concluídas no período de 1 (um) ano anterior à data da pesquisa de preços, inclusive mediante sistema de registro de preços, observado o índice de atualização de preços correspondente;

III - utilização de dados de pesquisa publicada em mídia especializada, de tabela de referência formalmente aprovada pelo Poder Executivo federal e de sítios eletrônicos especializados ou de domínio amplo, desde que contenham a data e hora de acesso;

IV - pesquisa direta com no mínimo 3 (três) fornecedores, mediante solicitação formal de cotação, desde que seja apresentada justificativa da escolha desses fornecedores e que não tenham sido obtidos os orçamentos com mais de 6 (seis) meses de antecedência da data de divulgação do edital;

V - pesquisa na base nacional de notas fiscais eletrônicas, na forma de regulamento.

§ 2º No processo licitatório para contratação de obras e serviços de engenharia, conforme regulamento, o valor estimado, acrescido do percentual de Benefícios e Despesas Indiretas (BDI) de referência e dos Encargos Sociais (ES) cabíveis, será definido por meio da utilização de parâmetros na seguinte ordem:

I - composição de custos unitários menores ou iguais à mediana do item correspondente do Sistema de Custos Referenciais de Obras (Sicro), para serviços e obras de infraestrutura de transportes, ou do Sistema Nacional de Pesquisa de Custos e Índices de Construção Civil (Sinapi), para as demais obras e serviços de engenharia;

II - utilização de dados de pesquisa publicada em mídia especializada, de tabela de referência formalmente aprovada pelo Poder Executivo federal e de sítios eletrônicos especializados ou de domínio amplo, desde que contenham a data e a hora de acesso;

III - contratações similares feitas pela Administração Pública, em execução ou concluídas no período de 1 (um) ano anterior à data da pesquisa de preços, observado o índice de atualização de preços correspondente;

IV - pesquisa na base nacional de notas fiscais eletrônicas, na forma de regulamento.

§ 3º Nas contratações realizadas por Municípios, Estados e Distrito Federal, desde que não envolvam recursos da União, o valor previamente estimado da contratação, a que se refere o *caput* deste artigo, poderá ser definido por meio da utilização de outros sistemas de custos adotados pelo respectivo ente federativo.

§ 4º Nas contratações diretas por inexigibilidade ou por dispensa, quando não for possível estimar o valor do objeto na forma estabelecida nos §§ 1º, 2º e 3º deste artigo, o contratado deverá comprovar previamente que os preços estão em conformidade com os praticados em contratações semelhantes de objetos de mesma natureza, por meio da apresentação de notas fiscais emitidas para outros contratantes no período de até 1 (um) ano anterior à data da contratação pela Administração, ou por outro meio idôneo.

§ 5º No processo licitatório para contratação de obras e serviços de engenharia sob os regimes de contratação integrada ou semi-integrada, o valor estimado da contratação será calculado nos termos do § 2º deste artigo, acrescido ou não de parcela referente à remuneração do risco, e, sempre que necessário e o anteprojeto o permitir, a estimativa de preço será baseada em orçamento sintético, balizado em sistema de custo definido no inciso I do § 2º deste artigo, devendo a utilização de metodologia expedita ou paramétrica e de avaliação aproximada baseada em outras contratações similares ser reservada às frações do empreendimento não suficientemente detalhadas no anteprojeto.

§ 6º Na hipótese do § 5º deste artigo, será exigido dos licitantes ou contratados, no orçamento que compuser suas respectivas propostas, no mínimo, o mesmo nível de detalhamento do orçamento sintético referido no mencionado parágrafo.

Art. 24. Desde que justificado, o orçamento estimado da contratação poderá ter caráter sigiloso, sem prejuízo da divulgação do detalhamento dos quantitativos e das demais informações necessárias para a elaboração das propostas, e, nesse caso:

I - o sigilo não prevalecerá para os órgãos de controle interno e externo;

II - (VETADO).

Parágrafo único. Na hipótese de licitação em que for adotado o critério de julgamento por maior desconto, o preço estimado ou o máximo aceitável constará do edital da licitação.

Art. 25. O edital deverá conter o objeto da licitação e as regras relativas à convocação, ao julgamento, à habilitação, aos recursos e às penalidades da licitação, à fiscalização e à gestão do contrato, à entrega do objeto e às condições de pagamento.

§ 1º Sempre que o objeto permitir, a Administração adotará minutas padronizadas de edital e de contrato com cláusulas uniformes.

§ 2º Desde que, conforme demonstrado em estudo técnico preliminar, não sejam causados prejuízos à competitividade do processo licitatório e à eficiência do respectivo contrato, o edital poderá prever a utilização de mão de obra, materiais, tecnologias e matérias-primas existentes no local da execução, conservação e operação do bem, serviço ou obra.

§ 3º Todos os elementos do edital, incluídos minuta de contrato, termos de referência, anteprojeto, projetos e outros anexos, deverão ser divulgados em sítio eletrônico oficial na mesma data de divulgação do edital, sem necessidade de registro ou de identificação para acesso.

§ 4º Nas contratações de obras, serviços e fornecimentos de grande vulto, o edital deverá prever a obrigatoriedade de implantação de programa de integridade pelo licitante vencedor, no prazo de 6 (seis) meses, contado da celebração do contrato, conforme regulamento que disporá sobre as medidas a serem adotadas, a forma de comprovação e as penalidades pelo seu descumprimento.

§ 5º O edital poderá prever a responsabilidade do contratado pela:

I - obtenção do licenciamento ambiental;

II - realização da desapropriação autorizada pelo poder público.

§ 6º Os licenciamentos ambientais de obras e serviços de engenharia licitados e contratados nos termos desta Lei terão prioridade de tramitação nos órgãos e entidades integrantes do Sistema Nacional do Meio Ambiente (Sisnama) e deverão ser orientados pelos princípios da celeridade, da cooperação, da economicidade e da eficiência.

§ 7º Independentemente do prazo de duração do contrato, será obrigatória a previsão no edital de índice de reajustamento de preço, com data-base vinculada à data do orçamento estimado e com a possibilidade de ser estabelecido mais de um índice específico ou setorial, em conformidade com a realidade de mercado dos respectivos insumos.

§ 8º Nas licitações de serviços contínuos, observado o interregno mínimo de 1 (um) ano, o critério de reajustamento será por:

I - reajustamento em sentido estrito, quando não houver regime de dedicação exclusiva de mão de obra ou predominância de mão de obra, mediante previsão de índices específicos ou setoriais;

II - repactuação, quando houver regime de dedicação exclusiva de mão de obra ou predominância de mão de obra, mediante demonstração analítica da variação dos custos.

§ 9º O edital poderá, na forma disposta em regulamento, exigir que percentual mínimo da mão de obra responsável pela execução do objeto da contratação seja constituído por:

I - mulheres vítimas de violência doméstica;

II - oriundos ou egressos do sistema prisional.

Art. 26. No processo de licitação, poderá ser estabelecida margem de preferência para:

I - bens manufaturados e serviços nacionais que atendam a normas técnicas brasileiras;

II - bens reciclados, recicláveis ou biodegradáveis, conforme regulamento.

§ 1º A margem de preferência de que trata o *caput* deste artigo:

I - será definida em decisão fundamentada do Poder Executivo federal, no caso do inciso I do *caput* deste artigo;

II - poderá ser de até 10% (dez por cento) sobre o preço dos bens e serviços que não se enquadrem no disposto nos incisos I ou II do *caput* deste artigo;

III - poderá ser estendida a bens manufaturados e serviços originários de Estados Partes do Mercado Comum do Sul (Mercosul), desde que haja reciprocidade com o País prevista em acordo internacional aprovado pelo Congresso Nacional e ratificado pelo Presidente da República.

§ 2º Para os bens manufaturados nacionais e serviços nacionais resultantes de desenvolvimento e inovação tecnológica no País, definidos conforme regulamento do Poder Executivo federal, a margem de preferência a que se refere o *caput* deste artigo poderá ser de até 20% (vinte por cento).

§ 3º (VETADO).

§ 4º (VETADO).

§ 5º A margem de preferência não se aplica aos bens manufaturados nacionais e aos serviços nacionais se a capacidade de produção desses bens ou de prestação desses serviços no País for inferior:

I - à quantidade a ser adquirida ou contratada; ou

II - aos quantitativos fixados em razão do parcelamento do objeto, quando for o caso.

§ 6º Os editais de licitação para a contratação de bens, serviços e obras poderão, mediante prévia justificativa da autoridade competente, exigir que o contratado promova, em favor de órgão ou entidade integrante da Administração Pública ou daqueles por ela indicados a partir de processo isonômico, medidas de compensação comercial, industrial ou tecnológica ou acesso a condições vantajosas de financiamento, cumulativamente ou não, na forma estabelecida pelo Poder Executivo federal.

§ 7º Nas contratações destinadas à implantação, à manutenção e ao aperfeiçoamento dos sistemas de tecnologia de informação e comunicação considerados estratégicos em ato do Poder Executivo federal, a licitação poderá ser restrita a bens e serviços com tecnologia desenvolvida no País produzidos de acordo com o processo produtivo básico de que trata a Lei nº 10.176, de 11 de janeiro de 2001.

Art. 27. Será divulgada, em sítio eletrônico oficial, a cada exercício financeiro, a relação de empresas favorecidas em decorrência do disposto no art. 26 desta Lei, com indicação do volume de recursos destinados a cada uma delas.

SEÇÃO II
DAS MODALIDADES DE LICITAÇÃO

Art. 28. São modalidades de licitação:

I - pregão;

II - concorrência;

III - concurso;

IV - leilão;

V - diálogo competitivo.

§ 1º Além das modalidades referidas no *caput* deste artigo, a Administração pode servir-se dos procedimentos auxiliares previstos no art. 78 desta Lei.

§ 2º É vedada a criação de outras modalidades de licitação ou, ainda, a combinação daquelas referidas no *caput* deste artigo.

Art. 29. A concorrência e o pregão seguem o rito procedimental comum a que se refere o art. 17 desta Lei, adotando-se o pregão sempre que o objeto possuir padrões de desempenho e qualidade que possam ser objetivamente definidos pelo edital, por meio de especificações usuais de mercado.

Parágrafo único. O pregão não se aplica às contratações de serviços técnicos especializados de natureza predominantemente intelectual e de obras e serviços de engenharia, exceto os serviços de engenharia de que trata a alínea "a" do inciso XXI do *caput* do art. 6º desta Lei.

Art. 30. O concurso observará as regras e condições previstas em edital, que indicará:

I - a qualificação exigida dos participantes;

II - as diretrizes e formas de apresentação do trabalho;

III - as condições de realização e o prêmio ou remuneração a ser concedida ao vencedor.

Parágrafo único. Nos concursos destinados à elaboração de projeto, o vencedor deverá ceder à Administração Pública, nos termos do art. 93 desta Lei, todos os direitos patrimoniais relativos ao projeto e autorizar sua execução conforme juízo de conveniência e oportunidade das autoridades competentes.

Art. 31. O leilão poderá ser cometido a leiloeiro oficial ou a servidor designado pela autoridade competente da Administração, e regulamento deverá dispor sobre seus procedimentos operacionais.

§ 1º Se optar pela realização de leilão por intermédio de leiloeiro oficial, a Administração deverá selecioná-lo mediante credenciamento ou licitação na modalidade pregão e adotar o critério de julgamento de maior desconto para as comissões a serem cobradas, utilizados como parâmetro máximo os percentuais definidos na lei que regula a referida profissão e observados os valores dos bens a serem leiloados.

§ 2º O leilão será precedido da divulgação do edital em sítio eletrônico oficial, que conterá:

I - a descrição do bem, com suas características, e, no caso de imóvel, sua situação e suas divisas, com remissão à matrícula e aos registros;

II - o valor pelo qual o bem foi avaliado, o preço mínimo pelo qual poderá ser alienado, as condições de pagamento e, se for o caso, a comissão do leiloeiro designado;

III - a indicação do lugar onde estiverem os móveis, os veículos e os semoventes;

IV - o sítio da internet e o período em que ocorrerá o leilão, salvo se excepcionalmente for realizado sob a forma presencial por comprovada inviabilidade técnica ou desvantagem para a Administração, hipótese em que serão indicados o local, o dia e a hora de sua realização;

V - a especificação de eventuais ônus, gravames ou pendências existentes sobre os bens a serem leiloados.

§ 3º Além da divulgação no sítio eletrônico oficial, o edital do leilão será afixado em local de ampla circulação de pessoas na sede da Administração e poderá, ainda, ser divulgado por outros meios necessários para ampliar a publicidade e a competitividade da licitação.

§ 4º O leilão não exigirá registro cadastral prévio, não terá fase de habilitação e deverá ser homologado assim que concluída a fase de lances, superada a fase recursal e efetivado o pagamento pelo licitante vencedor, na forma definida no edital.

Art. 32. A modalidade diálogo competitivo é restrita a contratações em que a Administração:

I - vise a contratar objeto que envolva as seguintes condições:

a) inovação tecnológica ou técnica;

b) impossibilidade de o órgão ou entidade ter sua necessidade satisfeita sem a adaptação de soluções disponíveis no mercado; e

c) impossibilidade de as especificações técnicas serem definidas com precisão suficiente pela Administração;

II - verifique a necessidade de definir e identificar os meios e as alternativas que possam satisfazer suas necessidades, com destaque para os seguintes aspectos:

a) a solução técnica mais adequada;

b) os requisitos técnicos aptos a concretizar a solução já definida;

c) a estrutura jurídica ou financeira do contrato;

III - (VETADO).

§ 1º Na modalidade diálogo competitivo, serão observadas as seguintes disposições:

I - a Administração apresentará, por ocasião da divulgação do edital em sítio eletrônico oficial, suas necessidades e as exigências já definidas e estabelecerá prazo mínimo de 25 (vinte e cinco) dias úteis para manifestação de interesse na participação da licitação;

II - os critérios empregados para pré-seleção dos licitantes deverão ser previstos em edital, e serão admitidos todos os interessados que preencherem os requisitos objetivos estabelecidos;

III - a divulgação de informações de modo discriminatório que possa implicar vantagem para algum licitante será vedada;

IV - a Administração não poderá revelar a outros licitantes as soluções propostas ou as informações sigilosas comunicadas por um licitante sem o seu consentimento;

V - a fase de diálogo poderá ser mantida até que a Administração, em decisão fundamentada, identifique a solução ou as soluções que atendam às suas necessidades;

VI - as reuniões com os licitantes pré-selecionados serão registradas em ata e gravadas mediante utilização de recursos tecnológicos de áudio e vídeo;

VII - o edital poderá prever a realização de fases sucessivas, caso em que cada fase poderá restringir as soluções ou as propostas a serem discutidas;

VIII - a Administração deverá, ao declarar que o diálogo foi concluído, juntar aos autos do processo licitatório os registros e as gravações da fase de diálogo, iniciar a fase competitiva com a divulgação de edital contendo a especificação da solução que atenda às suas necessidades e os critérios objetivos a serem utilizados para seleção da proposta mais vantajosa e abrir prazo, não inferior a 60 (sessenta) dias úteis, para todos os licitantes pré-selecionados na forma do inciso II deste parágrafo apresentarem suas propostas, que deverão conter os elementos necessários para a realização do projeto;

IX - a Administração poderá solicitar esclarecimentos ou ajustes às propostas apresentadas, desde que não impliquem discriminação nem distorçam a concorrência entre as propostas;

X - a Administração definirá a proposta vencedora de acordo com critérios divulgados no início da fase competitiva, assegurada a contratação mais vantajosa como resultado;

XI - o diálogo competitivo será conduzido por comissão de contratação composta de pelo menos 3 (três) servidores efetivos ou empregados públicos pertencentes aos quadros permanentes da Administração, admitida a contratação de profissionais para assessoramento técnico da comissão;

XII - (VETADO).

§ 2º Os profissionais contratados para os fins do inciso XI do § 1º deste artigo assinarão termo de confidencialidade e abster-se-ão de atividades que possam configurar conflito de interesses.

SEÇÃO III
DOS CRITÉRIOS DE JULGAMENTO

Art. 33. O julgamento das propostas será realizado de acordo com os seguintes critérios:

I - menor preço;

II - maior desconto;

III - melhor técnica ou conteúdo artístico;

IV - técnica e preço;

V - maior lance, no caso de leilão;

VI - maior retorno econômico.

Art. 34. O julgamento por menor preço ou maior desconto e, quando couber, por técnica e preço considerará o menor dispêndio para a Administração, atendidos os parâmetros mínimos de qualidade definidos no edital de licitação.

§ 1º Os custos indiretos, relacionados com as despesas de manutenção, utilização, reposição, depreciação e impacto ambiental do objeto licitado, entre outros fatores vinculados ao seu ciclo de vida, poderão ser considerados para a definição do menor dispêndio, sempre que objetivamente mensuráveis, conforme disposto em regulamento.

§ 2º O julgamento por maior desconto terá como referência o preço global fixado no edital de licitação, e o desconto será estendido aos eventuais termos aditivos.

Art. 35. O julgamento por melhor técnica ou conteúdo artístico considerará exclusivamente as propostas técnicas ou artísticas apresentadas pelos licitantes, e o edital deverá definir o prêmio ou a remuneração que será atribuída aos vencedores.

Parágrafo único. O critério de julgamento de que trata o *caput* deste artigo poderá ser utilizado para a contratação de projetos e trabalhos de natureza técnica, científica ou artística.

Art. 36. O julgamento por técnica e preço considerará a maior pontuação obtida a partir da ponderação, segundo fatores objetivos previstos no edital, das notas atribuídas aos aspectos de técnica e de preço da proposta.

§ 1º O critério de julgamento de que trata o *caput* deste artigo será escolhido quando estudo técnico preliminar demonstrar que a avaliação e a ponderação da qualidade técnica das propostas que superarem os requisitos mínimos estabelecidos no edital forem relevantes aos fins pretendidos pela Administração nas licitações para contratação de:

I - serviços técnicos especializados de natureza predominantemente intelectual, caso em que o critério de julgamento de técnica e preço deverá ser preferencialmente empregado;

II - serviços majoritariamente dependentes de tecnologia sofisticada e de domínio restrito, conforme atestado por autoridades técnicas de reconhecida qualificação;

III - bens e serviços especiais de tecnologia da informação e de comunicação;

IV - obras e serviços especiais de engenharia;

V - objetos que admitam soluções específicas e alternativas e variações de execução, com repercussões significativas e concretamente mensuráveis sobre sua qualidade, produtividade, rendimento e durabilidade, quando essas soluções e variações puderem ser adotadas à livre escolha dos licitantes, conforme critérios objetivamente definidos no edital de licitação.

§ 2º No julgamento por técnica e preço, deverão ser avaliadas e ponderadas as propostas técnicas e, em seguida, as propostas de preço apresentadas pelos licitantes, na proporção máxima de 70% (setenta por cento) de valoração para a proposta técnica.

§ 3º O desempenho pretérito na execução de contratos com a Administração Pública deverá ser considerado na pontuação técnica, observado o disposto nos §§ 3º e 4º do art. 88 desta Lei e em regulamento.

Art. 37. O julgamento por melhor técnica ou por técnica e preço deverá ser realizado por:

I - verificação da capacitação e da experiência do licitante, comprovadas por meio da apresentação de atestados de obras, produtos ou serviços previamente realizados;

II - atribuição de notas a quesitos de natureza qualitativa por banca designada para esse fim, de acordo com orientações e limites definidos em edital, considerados a demonstração de conhecimento do objeto, a metodologia e o programa de trabalho, a qualificação das equipes técnicas e a relação dos produtos que serão entregues;

III - atribuição de notas por desempenho do licitante em contratações anteriores aferida nos documentos comprobatórios de que trata o § 3º do art. 88 desta Lei e em registro cadastral unificado disponível no Portal Nacional de Contratações Públicas (PNCP).

§ 1º A banca referida no inciso II do *caput* deste artigo terá no mínimo 3 (três) membros e poderá ser composta de:

I - servidores efetivos ou empregados públicos pertencentes aos quadros permanentes da Administração Pública;

II - profissionais contratados por conhecimento técnico, experiência ou renome na avaliação dos quesitos especificados em edital, desde que seus trabalhos sejam supervisionados por profissionais designados conforme o disposto no art. 7º desta Lei.

§ 2º Ressalvados os casos de inexigibilidade de licitação, na licitação para contratação dos serviços técnicos especializados de natureza predominantemente intelectual previstos nas alíneas "a", "d" e "h" do inciso XVIII do *caput* do art. 6º desta Lei cujo valor estimado da contratação seja superior a R$ 300.000,00 (trezentos mil reais), o julgamento será por:

I - melhor técnica; ou

II - técnica e preço, na proporção de 70% (setenta por cento) de valoração da proposta técnica."

Art. 38. No julgamento por melhor técnica ou por técnica e preço, a obtenção de pontuação devido à capacitação técnico-profissional exigirá que a execução do respectivo contrato tenha participação direta e pessoal do profissional correspondente.

Art. 39. O julgamento por maior retorno econômico, utilizado exclusivamente para a celebração de contrato de eficiência, considerará a maior economia para a Administração, e a remuneração deverá ser fixada em percentual que incidirá de forma proporcional à economia efetivamente obtida na execução do contrato.

§ 1º Nas licitações que adotarem o critério de julgamento de que trata o *caput* deste artigo, os licitantes apresentarão:

I - proposta de trabalho, que deverá contemplar:

a) as obras, os serviços ou os bens, com os respectivos prazos de realização ou fornecimento;

b) a economia que se estima gerar, expressa em unidade de medida associada à obra, ao bem ou ao serviço e em unidade monetária;

II - proposta de preço, que corresponderá a percentual sobre a economia que se estima gerar durante determinado período, expressa em unidade monetária.

§ 2º O edital de licitação deverá prever parâmetros objetivos de mensuração da economia gerada com a execução do contrato, que servirá de base de cálculo para a remuneração devida ao contratado.

§ 3º Para efeito de julgamento da proposta, o retorno econômico será o resultado da economia que se estima gerar com a execução da proposta de trabalho, deduzida a proposta de preço.

§ 4º Nos casos em que não for gerada a economia prevista no contrato de eficiência:

I - a diferença entre a economia contratada e a efetivamente obtida será descontada da remuneração do contratado;

II - se a diferença entre a economia contratada e a efetivamente obtida for superior ao limite máximo estabelecido no contrato, o contratado sujeitar-se-á, ainda, a outras sanções cabíveis.

SEÇÃO IV
DISPOSIÇÕES SETORIAIS

SUBSEÇÃO I
DAS COMPRAS

Art. 40. O planejamento de compras deverá considerar a expectativa de consumo anual e observar o seguinte:

I - condições de aquisição e pagamento semelhantes às do setor privado;

II - processamento por meio de sistema de registro de preços, quando pertinente;

III - determinação de unidades e quantidades a serem adquiridas em função de consumo e utilização prováveis, cuja estimativa será obtida, sempre que possível, mediante adequadas técnicas quantitativas, admitido o fornecimento contínuo;

IV - condições de guarda e armazenamento que não permitam a deterioração do material;

V - atendimento aos princípios:

a) da padronização, considerada a compatibilidade de especificações estéticas, técnicas ou de desempenho;

b) do parcelamento, quando for tecnicamente viável e economicamente vantajoso;

c) da responsabilidade fiscal, mediante a comparação da despesa estimada com a prevista no orçamento.

§ 1º O termo de referência deverá conter os elementos previstos no inciso XXIII do *caput* do art. 6º desta Lei, além das seguintes informações:

I - especificação do produto, preferencialmente conforme catálogo eletrônico de padronização, observados os requisitos de qualidade, rendimento, compatibilidade, durabilidade e segurança;

II - indicação dos locais de entrega dos produtos e das regras para recebimentos provisório e definitivo, quando for o caso;

III - especificação da garantia exigida e das condições de manutenção e assistência técnica, quando for o caso.

§ 2º Na aplicação do princípio do parcelamento, referente às compras, deverão ser considerados:

I - a viabilidade da divisão do objeto em lotes;

II - o aproveitamento das peculiaridades do mercado local, com vistas à economicidade, sempre que possível, desde que atendidos os parâmetros de qualidade; e

III - o dever de buscar a ampliação da competição e de evitar a concentração de mercado.

§ 3º O parcelamento não será adotado quando:

I - a economia de escala, a redução de custos de gestão de contratos ou a maior vantagem na contratação recomendar a compra do item do mesmo fornecedor;

II - o objeto a ser contratado configurar sistema único e integrado e houver a possibilidade de risco ao conjunto do objeto pretendido;

III - o processo de padronização ou de escolha de marca levar a fornecedor exclusivo.

§ 4º Em relação à informação de que trata o inciso III do § 1º deste artigo, desde que fundamentada em estudo técnico preliminar, a Administração poderá exigir que os serviços de manutenção e assistência técnica sejam prestados mediante deslocamento de técnico ou disponibilizados em unidade de prestação de serviços localizada em distância compatível com suas necessidades.

Art. 41. No caso de licitação que envolva o fornecimento de bens, a Administração poderá excepcionalmente:

I - indicar uma ou mais marcas ou modelos, desde que formalmente justificado, nas seguintes hipóteses:

a) em decorrência da necessidade de padronização do objeto;

b) em decorrência da necessidade de manter a compatibilidade com plataformas e padrões já adotados pela Administração;

c) quando determinada marca ou modelo comercializados por mais de um fornecedor forem os únicos capazes de atender às necessidades do contratante;

d) quando a descrição do objeto a ser licitado puder ser mais bem compreendida pela identificação de determinada marca ou determinado modelo aptos a servir apenas como referência;

II - exigir amostra ou prova de conceito do bem no procedimento de pré-qualificação permanente, na fase de julgamento das propostas ou de lances, ou no período de vigência do contrato ou da ata de registro de preços, desde que previsto no edital da licitação e justificada a necessidade de sua apresentação;

III - vedar a contratação de marca ou produto, quando, mediante processo administrativo, restar comprovado que produtos adquiridos e utilizados anteriormente pela Administração não atendem a requisitos indispensáveis ao pleno adimplemento da obrigação contratual;

IV - solicitar, motivadamente, carta de solidariedade emitida pelo fabricante, que assegure a execução do contrato, no caso de licitante revendedor ou distribuidor.

Parágrafo único. A exigência prevista no inciso II do *caput* deste artigo restringir-se-á ao licitante provisoriamente vencedor quando realizada na fase de julgamento das propostas ou de lances.

Art. 42. A prova de qualidade de produto apresentado pelos proponentes como similar ao das marcas eventualmente indicadas no edital será admitida por qualquer um dos seguintes meios:

I - comprovação de que o produto está de acordo com as normas técnicas determinadas pelos órgãos oficiais competentes, pela Associação Brasileira de Normas Técnicas (ABNT) ou por outra entidade credenciada pelo Inmetro;

II - declaração de atendimento satisfatório emitida por outro órgão ou entidade de nível federativo equivalente ou superior que tenha adquirido o produto;

III - certificação, certificado, laudo laboratorial ou documento similar que possibilite a aferição da qualidade e da conformidade do produto ou do processo de fabricação, inclusive sob o aspecto ambiental, emitido por instituição oficial competente ou por entidade credenciada.

§ 1º O edital poderá exigir, como condição de aceitabilidade da proposta, certificação de qualidade do produto por instituição credenciada pelo Conselho Nacional de Metrologia, Normalização e Qualidade Industrial (Conmetro).

§ 2º A Administração poderá, nos termos do edital de licitação, oferecer protótipo do objeto pretendido e exigir, na fase de julgamento das propostas, amostras do licitante provisoriamente vencedor, para atender a diligência ou, após o julgamento, como condição para firmar contrato.

§ 3º No interesse da Administração, as amostras a que se refere o § 2º deste artigo poderão ser examinadas por instituição com reputação ético-profissional na especialidade do objeto, previamente indicada no edital.

Art. 43. O processo de padronização deverá conter:

I - parecer técnico sobre o produto, considerados especificações técnicas e estéticas, desempenho, análise de contratações anteriores, custo e condições de manutenção e garantia;

II - despacho motivado da autoridade superior, com a adoção do padrão;

III - síntese da justificativa e descrição sucinta do padrão definido, divulgadas em sítio eletrônico oficial.

§ 1º É permitida a padronização com base em processo de outro órgão ou entidade de nível federativo igual ou superior ao do órgão adquirente, devendo o ato que decidir pela adesão a outra padronização ser devidamente motivado, com indicação da necessidade da Administração e dos riscos decorrentes dessa decisão, e divulgado em sítio eletrônico oficial.

§ 2º As contratações de soluções baseadas em software de uso disseminado serão disciplinadas em regulamento que defina processo de gestão estratégica das contratações desse tipo de solução.

Art. 44. Quando houver a possibilidade de compra ou de locação de bens, o estudo técnico preliminar deverá considerar os custos e os benefícios de cada opção, com indicação da alternativa mais vantajosa.

SUBSEÇÃO II
DAS OBRAS E SERVIÇOS DE ENGENHARIA

Art. 45. As licitações de obras e serviços de engenharia devem respeitar, especialmente, as normas relativas a:

I - disposição final ambientalmente adequada dos resíduos sólidos gerados pelas obras contratadas;

II - mitigação por condicionantes e compensação ambiental, que serão definidas no procedimento de licenciamento ambiental;

III - utilização de produtos, de equipamentos e de serviços que, comprovadamente, favoreçam a redução do consumo de energia e de recursos naturais;

IV - avaliação de impacto de vizinhança, na forma da legislação urbanística;

V - proteção do patrimônio histórico, cultural, arqueológico e imaterial, inclusive por meio da avaliação do impacto direto ou indireto causado pelas obras contratadas;

VI - acessibilidade para pessoas com deficiência ou com mobilidade reduzida.

Art. 46. Na execução indireta de obras e serviços de engenharia, são admitidos os seguintes regimes:

I - empreitada por preço unitário;

II - empreitada por preço global;

III - empreitada integral;

IV - contratação por tarefa;

V - contratação integrada;

VI - contratação semi-integrada;

VII - fornecimento e prestação de serviço associado.

§ 1º É vedada a realização de obras e serviços de engenharia sem projeto executivo, ressalvada a hipótese prevista no § 3º do art. 18 desta Lei.

§ 2º A Administração é dispensada da elaboração de projeto básico nos casos de contratação integrada, hipótese em que deverá ser elaborado anteprojeto de acordo com metodologia definida em ato do órgão competente, observados os requisitos estabelecidos no inciso XXIV do art. 6º desta Lei.

§ 3º Na contratação integrada, após a elaboração do projeto básico pelo contratado, o conjunto de desenhos, especificações, memoriais e cronograma físico-financeiro deverá ser submetido à aprovação da Administração, que avaliará sua adequação em relação aos parâmetros definidos no edital e conformidade com as normas técnicas, vedadas alterações que reduzam a qualidade ou a vida útil do empreendimento e mantida a responsabilidade integral do contratado pelos riscos associados ao projeto básico.

§ 4º Nos regimes de contratação integrada e semi-integrada, o edital e o contrato, sempre que for o caso, deverão prever as providências necessárias para a efetivação de desapropriação autorizada pelo poder público, bem como:

I - o responsável por cada fase do procedimento expropriatório;

II - a responsabilidade pelo pagamento das indenizações devidas;

III - a estimativa do valor a ser pago a título de indenização pelos bens expropriados, inclusive de custos correlatos;

IV - a distribuição objetiva de riscos entre as partes, incluído o risco pela diferença entre o custo da desapropriação e a estimativa de valor e pelos eventuais danos e prejuízos ocasionados por atraso na disponibilização dos bens expropriados;

V - em nome de quem deverá ser promovido o registro de imissão provisória na posse e o registro de propriedade dos bens a serem desapropriados.

§ 5º Na contratação semi-integrada, mediante prévia autorização da Administração, o projeto básico poderá ser alterado, desde que demonstrada a superioridade das inovações propostas pelo contratado em termos de redução de custos, de aumento da qualidade, de redução do prazo de execução ou de facilidade de manutenção ou operação, assumindo o contratado a responsabilidade integral pelos riscos associados à alteração do projeto básico.

§ 6º A execução de cada etapa será obrigatoriamente precedida da conclusão e da aprovação, pela autoridade competente, dos trabalhos relativos às etapas anteriores.

§ 7º (VETADO).

§ 8º (VETADO).

§ 9º Os regimes de execução a que se referem os incisos II, III, IV, V e VI do *caput* deste artigo serão licitados por preço global e adotarão sistemática de medição e pagamento associada à execução de etapas do cronograma físico-financeiro vinculadas ao cumprimento de metas de resultado, vedada a adoção de sistemática de remuneração orientada por preços unitários ou referenciada pela execução de quantidades de itens unitários.

SUBSEÇÃO III
DOS SERVIÇOS EM GERAL

Art. 47. As licitações de serviços atenderão aos princípios:

I - da padronização, considerada a compatibilidade de especificações estéticas, técnicas ou de desempenho;

II - do parcelamento, quando for tecnicamente viável e economicamente vantajoso.

§ 1º Na aplicação do princípio do parcelamento deverão ser considerados:

I - a responsabilidade técnica;

II - o custo para a Administração de vários contratos frente às vantagens da redução de custos, com divisão do objeto em itens;

III - o dever de buscar a ampliação da competição e de evitar a concentração de mercado.

§ 2º Na licitação de serviços de manutenção e assistência técnica, o edital deverá definir o local de realização dos serviços, admitida a exigência de deslocamento de técnico ao local da repartição ou a exigência de que o contratado tenha unidade de prestação de serviços em distância compatível com as necessidades da Administração.

Art. 48. Poderão ser objeto de execução por terceiros as atividades materiais acessórias, instrumentais ou complementares aos assuntos que constituam área de competência legal do órgão ou da entidade, vedado à Administração ou a seus agentes, na contratação do serviço terceirizado:

I - indicar pessoas expressamente nominadas para executar direta ou indiretamente o objeto contratado;

II - fixar salário inferior ao definido em lei ou em ato normativo a ser pago pelo contratado;

III - estabelecer vínculo de subordinação com funcionário de empresa prestadora de serviço terceirizado;

IV - definir forma de pagamento mediante exclusivo reembolso dos salários pagos;

V - demandar a funcionário de empresa prestadora de serviço terceirizado a execução de tarefas fora do escopo do objeto da contratação;

VI - prever em edital exigências que constituam intervenção indevida da Administração na gestão interna do contratado.

Parágrafo único. Durante a vigência do contrato, é vedado ao contratado contratar cônjuge, companheiro ou parente em linha reta, colateral ou por afinidade, até o terceiro grau, de dirigente do órgão ou entidade contratante ou de agente público que desempenhe função na licitação ou atue na fiscalização ou na gestão do contrato, devendo essa proibição constar expressamente do edital de licitação.

Art. 49. A Administração poderá, mediante justificativa expressa, contratar mais de uma empresa ou instituição para executar o mesmo serviço, desde que essa contratação não implique perda de economia de escala, quando:

I - o objeto da contratação puder ser executado de forma concorrente e simultânea por mais de um contratado; e

II - a múltipla execução for conveniente para atender à Administração.

Parágrafo único. Na hipótese prevista no *caput* deste artigo, a Administração deverá manter o controle individualizado da execução do objeto contratual relativamente a cada um dos contratados.

Art. 50. Nas contratações de serviços com regime de dedicação exclusiva de mão de obra, o contratado deverá apresentar, quando solicitado pela Administração, sob pena de multa, comprovação do cumprimento das obrigações trabalhistas e com o Fundo de Garantia do Tempo de Serviço (FGTS) em relação aos empregados diretamente envolvidos na execução do contrato, em especial quanto ao:

I - registro de ponto;

II - recibo de pagamento de salários, adicionais, horas extras, repouso semanal remunerado e décimo terceiro salário;

III - comprovante de depósito do FGTS;

IV - recibo de concessão e pagamento de férias e do respectivo adicional;

V - recibo de quitação de obrigações trabalhistas e previdenciárias dos empregados dispensados até a data da extinção do contrato;

VI - recibo de pagamento de vale-transporte e vale-alimentação, na forma prevista em norma coletiva.

SUBSEÇÃO IV
DA LOCAÇÃO DE IMÓVEIS

Art. 51. Ressalvado o disposto no inciso V do *caput* do art. 74 desta Lei, a locação de imóveis deverá ser precedida de licitação e avaliação prévia do bem, do seu estado de conservação, dos custos de adaptações e do prazo de amortização dos investimentos necessários.

SUBSEÇÃO V
DAS LICITAÇÕES INTERNACIONAIS

Art. 52. Nas licitações de âmbito internacional, o edital deverá ajustar-se às diretrizes da política monetária e do comércio exterior e atender às exigências dos órgãos competentes.

§ 1º Quando for permitido ao licitante estrangeiro cotar preço em moeda estrangeira, o licitante brasileiro igualmente poderá fazê-lo.

§ 2º O pagamento feito ao licitante brasileiro eventualmente contratado em virtude de licitação nas condições de que trata o § 1º deste artigo será efetuado em moeda corrente nacional.

§ 3º As garantias de pagamento ao licitante brasileiro serão equivalentes àquelas oferecidas ao licitante estrangeiro.

§ 4º Os gravames incidentes sobre os preços constarão do edital e serão definidos a partir de estimativas ou médias dos tributos.

§ 5º As propostas de todos os licitantes estarão sujeitas às mesmas regras e condições, na forma estabelecida no edital.

§ 6º Observados os termos desta Lei, o edital não poderá prever condições de habilitação, classificação e julgamento que constituam barreiras de acesso ao licitante estrangeiro, admitida a previsão de margem de preferência para bens produzidos no País e serviços nacionais que atendam às normas técnicas brasileiras, na forma definida no art. 26 desta Lei.

CAPÍTULO III
DA DIVULGAÇÃO DO EDITAL DE LICITAÇÃO

Art. 53. Ao final da fase preparatória, o processo licitatório seguirá para o órgão de assessoramento jurídico da Administração, que realizará controle prévio de legalidade mediante análise jurídica da contratação.

§ 1º Na elaboração do parecer jurídico, o órgão de assessoramento jurídico da Administração deverá:

I - apreciar o processo licitatório conforme critérios objetivos prévios de atribuição de prioridade;

II - redigir sua manifestação em linguagem simples e compreensível e de forma clara e objetiva, com apreciação de todos os elementos indispensáveis à contratação e com exposição dos pressupostos de fato e de direito levados em consideração na análise jurídica;

III - (VETADO).

§ 2º (VETADO).

§ 3º Encerrada a instrução do processo sob os aspectos técnico e jurídico, a autoridade determinará a divulgação do edital de licitação conforme disposto no art. 54.

§ 4º Na forma deste artigo, o órgão de assessoramento jurídico da Administração também realizará controle prévio de legalidade de contratações diretas, acordos, termos de cooperação, convênios, ajustes, adesões a

ADMINISTRATIVO

atas de registro de preços, outros instrumentos congêneres e de seus termos aditivos.

§ 5º É dispensável a análise jurídica nas hipóteses previamente definidas em ato da autoridade jurídica máxima competente, que deverá considerar o baixo valor, a baixa complexidade da contratação, a entrega imediata do bem ou a utilização de minutas de editais e instrumentos de contrato, convênio ou outros ajustes previamente padronizados pelo órgão de assessoramento jurídico.

§ 6º (VETADO).

Art. 54. A publicidade do edital de licitação será realizada mediante divulgação e manutenção do inteiro teor do ato convocatório e de seus anexos no Portal Nacional de Contratações Públicas (PNCP).

§ 1º Sem prejuízo do disposto no *caput*, é obrigatória a publicação de extrato do edital no Diário Oficial da União, do Estado, do Distrito Federal ou do Município, ou, no caso de consórcio público, do ente de maior nível entre eles, bem como em jornal diário de grande circulação.

§ 2º É facultada a divulgação adicional e a manutenção do inteiro teor do edital e de seus anexos em sítio eletrônico oficial do ente federativo do órgão ou entidade responsável pela licitação ou, no caso de consórcio público, do ente de maior nível entre eles, admitida, ainda, a divulgação direta a interessados devidamente cadastrados para esse fim.

§ 3º Após a homologação do processo licitatório, serão disponibilizados no Portal Nacional de Contratações Públicas (PNCP) e, se o órgão ou entidade responsável pela licitação entender cabível, também no sítio referido no § 2º deste artigo, os documentos elaborados na fase preparatória que porventura não tenham integrado o edital e seus anexos.

CAPÍTULO IV
DA APRESENTAÇÃO DE PROPOSTAS E LANCES

Art. 55. Os prazos mínimos para apresentação de propostas e lances, contados a partir da data de divulgação do edital de licitação, são de:

I - para aquisição de bens:

a) 8 (oito) dias úteis, quando adotados os critérios de julgamento de menor preço ou de maior desconto;

b) 15 (quinze) dias úteis, nas hipóteses não abrangidas pela alínea "a" deste inciso;

II - no caso de serviços e obras:

a) 10 (dez) dias úteis, quando adotados os critérios de julgamento de menor preço ou de maior desconto, no caso de serviços comuns e de obras e serviços comuns de engenharia;

b) 25 (vinte e cinco) dias úteis, quando adotados os critérios de julgamento de menor preço ou de maior desconto, no caso de serviços especiais e de obras e serviços especiais de engenharia;

c) 60 (sessenta) dias úteis, quando o regime de execução for de contratação integrada;

d) 35 (trinta e cinco) dias úteis, quando o regime de execução for o de contratação semi-integrada ou nas hipóteses não abrangidas pelas alíneas "a", "b" e "c" deste inciso;

III - para licitação em que se adote o critério de julgamento de maior lance, 15 (quinze) dias úteis;

IV - para licitação em que se adote o critério de julgamento de técnica e preço ou de melhor técnica ou conteúdo artístico, 35 (trinta e cinco) dias úteis.

§ 1º Eventuais modificações no edital implicarão nova divulgação na mesma forma de sua divulgação inicial, além do cumprimento dos mesmos prazos dos atos e procedimentos originais, exceto quando a alteração não comprometer a formulação das propostas.

§ 2º Os prazos previstos neste artigo poderão, mediante decisão fundamentada, ser reduzidos até a metade nas licitações realizadas pelo Ministério da Saúde, no âmbito do Sistema Único de Saúde (SUS).

Art. 56. O modo de disputa poderá ser, isolada ou conjuntamente:

I - aberto, hipótese em que os licitantes apresentarão suas propostas por meio de lances públicos e sucessivos, crescentes ou decrescentes;

II - fechado, hipótese em que as propostas permanecerão em sigilo até a data e hora designadas para sua divulgação.

§ 1º A utilização isolada do modo de disputa fechado será vedada quando adotados os critérios de julgamento de menor preço ou de maior desconto.

§ 2º A utilização do modo de disputa aberto será vedada quando adotado o critério de julgamento de técnica e preço.

§ 3º Serão considerados intermediários os lances:

I - iguais ou inferiores ao maior já ofertado, quando adotado o critério de julgamento de maior lance;

II - iguais ou superiores ao menor já ofertado, quando adotados os demais critérios de julgamento.

§ 4º Após a definição da melhor proposta, se a diferença em relação à proposta classificada em segundo lugar for de pelo menos 5% (cinco por cento), a Administração poderá admitir o reinício da disputa aberta, nos termos estabelecidos no instrumento convocatório, para a definição das demais colocações.

§ 5º Nas licitações de obras ou serviços de engenharia, após o julgamento, o licitante vencedor deverá reelaborar e apresentar à Administração, por meio eletrônico, as planilhas com indicação dos quantitativos e dos custos unitários, bem como com detalhamento das Bonificações e Despesas Indiretas (BDI) e dos Encargos Sociais (ES), com os respectivos valores adequados ao valor final da proposta vencedora, admitida a utilização dos preços unitários, no caso de empreitada por preço global, empreitada integral, contratação semi-integrada e contratação integrada, exclusivamente para eventuais adequações indispensáveis no cronograma físico-financeiro e para balizar excepcional aditamento posterior do contrato.

Art. 57. O edital de licitação poderá estabelecer intervalo mínimo de diferença de valores entre os lances, que incidirá tanto em relação aos lances intermediários quanto em relação à proposta que cobrir a melhor oferta.

Art. 58. Poderá ser exigida, no momento da apresentação da proposta, a comprovação do recolhimento de quantia a título de garantia de proposta, como requisito de pré-habilitação.

§ 1º A garantia de proposta não poderá ser superior a 1% (um por cento) do valor estimado para a contratação.

§ 2º A garantia de proposta será devolvida aos licitantes no prazo de 10 (dez) dias úteis, contado da assinatura do contrato ou da data em que for declarada fracassada a licitação.

§ 3º Implicará execução do valor integral da garantia de proposta a recusa em assinar o contrato ou a não apresentação dos documentos para a contratação.

§ 4º A garantia de proposta poderá ser prestada nas modalidades de que trata o § 1º do art. 96 desta Lei.

CAPÍTULO V
DO JULGAMENTO

Art. 59. Serão desclassificadas as propostas que:

I - contiverem vícios insanáveis;

II - não obedecerem às especificações técnicas pormenorizadas no edital;

III - apresentarem preços inexequíveis ou permanecerem acima do orçamento estimado para a contratação;

IV - não tiverem sua exequibilidade demonstrada, quando exigido pela Administração;

V - apresentarem desconformidade com quaisquer outras exigências do edital, desde que insanável.

§ 1º A verificação da conformidade das propostas poderá ser feita exclusivamente em relação à proposta mais bem classificada.

§ 2º A Administração poderá realizar diligências para aferir a exequibilidade das propostas ou exigir dos licitantes que ela seja demonstrada, conforme disposto no inciso IV do *caput* deste artigo.

§ 3º No caso de obras e serviços de engenharia e arquitetura, para efeito de avaliação da exequibilidade e de sobrepreço, serão considerados o preço global, os quantitativos e os preços unitários tidos como relevantes, observado o critério de aceitabilidade de preços unitário e global a ser fixado no edital, conforme as especificidades do mercado correspondente.

§ 4º No caso de obras e serviços de engenharia, serão consideradas inexequíveis as propostas cujos valores forem inferiores a 75% (setenta e cinco por cento) do valor orçado pela Administração.

§ 5º Nas contratações de obras e serviços de engenharia, será exigida garantia adicional do licitante vencedor cuja proposta for inferior a 85% (oitenta e cinco por cento) do valor orçado pela Administração, equivalente à diferença entre este último e o valor da proposta, sem prejuízo das demais garantias exigíveis de acordo com esta Lei.

Art. 60. Em caso de empate entre duas ou mais propostas, serão utilizados os seguintes critérios de desempate, nesta ordem:

I - disputa final, hipótese em que os licitantes empatados poderão apresentar nova proposta em ato contínuo à classificação;

II - avaliação do desempenho contratual prévio dos licitantes, para a qual deverão preferencialmente ser utilizados registros cadastrais para efeito de atesto de cumprimento de obrigações previstos nesta Lei;

III - desenvolvimento pelo licitante de ações de equidade entre homens e mulheres no ambiente de trabalho, conforme regulamento;

IV - desenvolvimento pelo licitante de programa de integridade, conforme orientações dos órgãos de controle.

§ 1º Em igualdade de condições, se não houver desempate, será assegurada preferência, sucessivamente, aos bens e serviços produzidos ou prestados por:

I - empresas estabelecidas no território do Estado ou do Distrito Federal do órgão ou entidade da Administração Pública estadual ou distrital licitante ou, no caso de licitação realizada por órgão ou entidade de Município, no território do Estado em que este se localize;

II - empresas brasileiras;

III - empresas que invistam em pesquisa e no desenvolvimento de tecnologia no País;

IV - empresas que comprovem a prática de mitigação, nos termos da Lei nº 12.187, de 29 de dezembro de 2009.

§ 2º As regras previstas no *caput* deste artigo não prejudicarão a aplicação do disposto no art. 44 da Lei Complementar nº 123, de 14 de dezembro de 2006.

Art. 61. Definido o resultado do julgamento, a Administração poderá negociar condições mais vantajosas com o primeiro colocado.

§ 1º A negociação poderá ser feita com os demais licitantes, segundo a ordem de classificação inicialmente estabelecida, quando o primeiro colocado, mesmo após a negociação, for desclassificado em razão de sua proposta permanecer acima do preço máximo definido pela Administração.

§ 2º A negociação será conduzida por agente de contratação ou comissão de contratação, na forma de regulamento, e, depois de concluída, terá seu resultado divulgado a todos os licitantes e anexado aos autos do processo licitatório.

CAPÍTULO VI
DA HABILITAÇÃO

Art. 62. A habilitação é a fase da licitação em que se verifica o conjunto de informações e documentos necessários e suficientes para demonstrar a capacidade do licitante de realizar o objeto da licitação, dividindo-se em:

I - jurídica;

II - técnica;

III - fiscal, social e trabalhista;

IV - econômico-financeira.

Art. 63. Na fase de habilitação das licitações serão observadas as seguintes disposições:

I - poderá ser exigida dos licitantes a declaração de que atendem aos requisitos de habilitação, e o declarante responderá pela veracidade das informações prestadas, na forma da lei;

II - será exigida a apresentação dos documentos de habilitação apenas pelo licitante vencedor, exceto quando a fase de habilitação anteceder a de julgamento;

III - serão exigidos os documentos relativos à regularidade fiscal, em qualquer caso, somente em momento posterior ao julgamento das propostas, e apenas do licitante mais bem classificado;

IV - será exigida do licitante declaração de que cumpre as exigências de reserva de cargos para pessoa com deficiência e para reabilitado da Previdência Social, previstas em lei e em outras normas específicas.

§ 1º Constará do edital de licitação cláusula que exija dos licitantes, sob pena de desclassificação, declaração de que suas propostas econômicas compreendem a integralidade dos custos para atendimento dos direitos trabalhistas assegurados na Constituição Federal, nas leis trabalhistas, nas normas infralegais, nas convenções coletivas de trabalho e nos termos de ajustamento de conduta vigentes na data de entrega das propostas.

§ 2º Quando a avaliação prévia do local de execução for imprescindível para o conhecimento pleno das condições e peculiaridades do objeto a ser contratado, o edital de licitação poderá prever, sob pena de inabilitação, a necessidade de o licitante atestar que conhece o local e as condições de realização da obra ou serviço, assegurado a ele o direito de realização de vistoria prévia.

§ 3º Para os fins previstos no § 2º deste artigo, o edital de licitação sempre deverá prever a possibilidade de substituição da vistoria por declaração formal assinada pelo responsável técnico do licitante acerca do conhecimento pleno das condições e peculiaridades da contratação.

§ 4º Para os fins previstos no § 2º deste artigo, se os licitantes optarem por realizar vistoria prévia, a Administração deverá disponibilizar data e horário diferentes para os eventuais interessados.

Art. 64. Após a entrega dos documentos para habilitação, não será permitida a substituição ou a apresentação de novos documentos, salvo em sede de diligência, para:

I - complementação de informações acerca dos documentos já apresentados pelos licitantes e desde que necessária para apurar fatos existentes à época da abertura do certame;

II - atualização de documentos cuja validade tenha expirado após a data de recebimento das propostas.

§ 1º Na análise dos documentos de habilitação, a comissão de licitação poderá sanar erros ou falhas que não alterem a substância dos documentos e sua validade jurídica, mediante despacho fundamentado registrado e acessível a todos, atribuindo-lhes eficácia para fins de habilitação e classificação.

§ 2º Quando a fase de habilitação anteceder a de julgamento e já tiver sido encerrada, não caberá exclusão de licitante por motivo relacionado à habilitação, salvo em razão de fatos supervenientes ou só conhecidos após o julgamento.

Art. 65. As condições de habilitação serão definidas no edital.

§ 1º As empresas criadas no exercício financeiro da licitação deverão atender a todas as exigências da habilitação e ficarão autorizadas a substituir os demonstrativos contábeis pelo balanço de abertura.

§ 2º A habilitação poderá ser realizada por processo eletrônico de comunicação a distância, nos termos dispostos em regulamento.

Art. 66. A habilitação jurídica visa a demonstrar a capacidade de o licitante exercer direitos e assumir obrigações, e a documentação a ser apresentada por ele limita-se à comprovação de existência jurídica da pessoa e, quando cabível, de autorização para o exercício da atividade a ser contratada.

Art. 67. A documentação relativa à qualificação técnico-profissional e técnico-operacional será restrita a:

I - apresentação de profissional, devidamente registrado no conselho profissional competente, quando for o caso, detentor de atestado de responsabilidade técnica por execução de obra ou serviço de características semelhantes, para fins de contratação;

II - certidões ou atestados, regularmente emitidos pelo conselho profissional competente, quando for o caso, que demonstrem capacidade operacional na execução de serviços similares de complexidade tecnológica e operacional equivalente ou superior, bem como documentos comprobatórios emitidos na forma do § 3º do art. 88 desta Lei;

III - indicação do pessoal técnico, das instalações e do aparelhamento adequados e disponíveis para a realização do objeto da licitação, bem como da qualificação de cada membro da equipe técnica que se responsabilizará pelos trabalhos;

IV - prova do atendimento de requisitos previstos em lei especial, quando for o caso;

V - registro ou inscrição na entidade profissional competente, quando for o caso;

VI - declaração de que o licitante tomou conhecimento de todas as informações e das condições locais para o cumprimento das obrigações objeto da licitação.

§ 1º A exigência de atestados será restrita às parcelas de maior relevância ou valor significativo do objeto da licitação, assim consideradas as que tenham valor individual igual ou superior a 4% (quatro por cento) do valor total estimado da contratação.

§ 2º Observado o disposto no *caput* e no § 1º deste artigo, será admitida a exigência de atestados com quantidades mínimas de até 50% (cinquenta por cento) das parcelas de que trata o referido parágrafo, vedadas limitações de tempo e de locais específicos relativas aos atestados.

§ 3º Salvo na contratação de obras e serviços de engenharia, as exigências a que se referem os incisos I e II do *caput* deste artigo, a critério da Administração, poderão ser substituídas por outra prova de que o profissional ou a empresa possui conhecimento técnico e experiência prática na execução de serviço de características semelhantes, hipótese em que as provas alternativas aceitáveis deverão ser previstas em regulamento.

§ 4º Serão aceitos atestados ou outros documentos hábeis emitidos por entidades estrangeiras quando acompanhados de tradução para o português, salvo se comprovada a inidoneidade da entidade emissora.

§ 5º Em se tratando de serviços contínuos, o edital poderá exigir certidão ou atestado que demonstre que o licitante tenha executado serviços similares ao objeto da licitação, em períodos sucessivos ou não, por um prazo mínimo, que não poderá ser superior a 3 (três) anos.

§ 6º Os profissionais indicados pelo licitante na forma dos incisos I e III do *caput* deste artigo deverão participar da obra ou serviço objeto da licitação, e será admitida a sua substituição por profissionais de experiência equivalente ou superior, desde que aprovada pela Administração.

§ 7º Sociedades empresárias estrangeiras atenderão à exigência prevista no inciso V do *caput* deste artigo por meio da apresentação, no momento da assinatura do contrato, da solicitação de registro perante a entidade profissional competente no Brasil.

§ 8º Será admitida a exigência da relação dos compromissos assumidos pelo licitante que importem em diminuição da disponibilidade do pessoal técnico referido nos incisos I e III do *caput* deste artigo.

§ 9º O edital poderá prever, para aspectos técnicos específicos, que a qualificação técnica seja demonstrada por meio de atestados relativos a potencial subcontratado, limitado a 25% (vinte e cinco por cento) do objeto a ser licitado, hipótese em que mais de um licitante poderá apresentar atestado relativo ao mesmo potencial subcontratado.

§ 10. Em caso de apresentação por licitante de atestado de desempenho anterior emitido em favor de consórcio do qual tenha feito parte, se o atestado ou o contrato de constituição do consórcio não identificar a atividade desempenhada por cada consorciado individualmente, serão adotados os seguintes critérios na avaliação de sua qualificação técnica:

I - caso o atestado tenha sido emitido em favor de consórcio homogêneo, as experiências atestadas deverão ser reconhecidas para cada empresa consorciada na proporção quantitativa de sua participação no consórcio, salvo nas licitações para contratação de serviços técnicos especializados de natureza predominantemente intelectual, em que todas as experiências atestadas deverão ser reconhecidas para cada uma das empresas consorciadas;

II - caso o atestado tenha sido emitido em favor de consórcio heterogêneo, as experiências atestadas deverão ser reconhecidas para cada consorciado de acordo com os respectivos campos de atuação, inclusive nas licitações para contratação de serviços técnicos especializados de natureza predominantemente intelectual.

§ 11. Na hipótese do § 10 deste artigo, para fins de comprovação do percentual de participação do consorciado, caso este não conste expressamente do atestado ou da certidão, deverá ser juntada ao atestado ou à certidão cópia do instrumento de constituição do consórcio.

§ 12. Na documentação de que trata o inciso I do *caput* deste artigo, não serão admitidos atestados de responsabilidade técnica de profissionais que, na forma de regulamento, tenham dado causa à aplicação das sanções previstas nos incisos III e IV do *caput* do art. 156 desta Lei em decorrência de orientação proposta, de prescrição técnica ou de qualquer ato profissional de sua responsabilidade.

Art. 68. As habilitações fiscal, social e trabalhista serão aferidas mediante a verificação dos seguintes requisitos:

I - a inscrição no Cadastro de Pessoas Físicas (CPF) ou no Cadastro Nacional da Pessoa Jurídica (CNPJ);

II - a inscrição no cadastro de contribuintes estadual e/ou municipal, se houver, relativo ao domicílio ou sede do licitante, pertinente ao seu ramo de atividade e compatível com o objeto contratual;

III - a regularidade perante a Fazenda federal, estadual e/ou municipal do domicílio ou sede do licitante, ou outra equivalente, na forma da lei;

IV - a regularidade relativa à Seguridade Social e ao FGTS, que demonstre cumprimento dos encargos sociais instituídos por lei;

V - a regularidade perante a Justiça do Trabalho;

VI - o cumprimento do disposto no inciso XXXIII do art. 7º da Constituição Federal.

§ 1º Os documentos referidos nos incisos do *caput* deste artigo poderão ser substituídos ou supridos, no todo ou em parte, por outros meios hábeis a comprovar a regularidade do licitante, inclusive por meio eletrônico.

§ 2º A comprovação de atendimento do disposto nos incisos III, IV e V do *caput* deste artigo deverá ser feita na forma da legislação específica.

Art. 69. A habilitação econômico-financeira visa a demonstrar a aptidão econômica do licitante para cumprir as obrigações decorrentes do futuro contrato, devendo ser comprovada de forma objetiva, por coeficientes e índices econômicos previstos no edital, devidamente justificados no processo licitatório, e será restrita à apresentação da seguinte documentação:

I - balanço patrimonial, demonstração de resultado de exercício e demais demonstrações contábeis dos 2 (dois) últimos exercícios sociais;

II - certidão negativa de feitos sobre falência expedida pelo distribuidor da sede do licitante.

§ 1º A critério da Administração, poderá ser exigida declaração, assinada por profissional habilitado da área contábil, que ateste o atendimento pelo licitante dos índices econômicos previstos no edital.

§ 2º Para o atendimento do disposto no *caput* deste artigo, é vedada a exigência de valores mínimos de faturamento anterior e de índices de rentabilidade ou lucratividade.

§ 3º É admitida a exigência da relação dos compromissos assumidos pelo licitante que importem em diminuição de sua capacidade econômico-financeira, excluídas parcelas já executadas de contratos firmados.

§ 4º A Administração, nas compras para entrega futura e na execução de obras e serviços, poderá estabelecer no edital a exigência de capital mínimo ou de patrimônio líquido mínimo equivalente a até 10% (dez por cento) do valor estimado da contratação.

§ 5º É vedada a exigência de índices e valores não usualmente adotados para a avaliação de situação econômico-financeira suficiente para o cumprimento das obrigações decorrentes da licitação.

§ 6º Os documentos referidos no inciso I do *caput* deste artigo limitar-se-ão ao último exercício no caso de a pessoa jurídica ter sido constituída há menos de 2 (dois) anos.

Art. 70. A documentação referida neste Capítulo poderá ser:

I - apresentada em original, por cópia ou por qualquer outro meio expressamente admitido pela Administração;

II - substituída por registro cadastral emitido por órgão ou entidade pública, desde que previsto no edital e que o registro tenha sido feito em obediência ao disposto nesta Lei;

III - dispensada, total ou parcialmente, nas contratações para entrega imediata, nas contratações em valores inferiores a 1/4 (um quarto) do limite para dispensa de licitação para compras em geral e nas contratações de produto para pesquisa e desenvolvimento até o valor de R$ 300.000,00 (trezentos mil reais).

Parágrafo único. As empresas estrangeiras que não funcionem no País deverão apresentar documentos equivalentes, na forma de regulamento emitido pelo Poder Executivo federal.

CAPÍTULO VII
DO ENCERRAMENTO DA LICITAÇÃO

Art. 71. Encerradas as fases de julgamento e habilitação, e exauridos os recursos administrativos, o processo licitatório será encaminhado à autoridade superior, que poderá:

I - determinar o retorno dos autos para saneamento de irregularidades;

II - revogar a licitação por motivo de conveniência e oportunidade;

III - proceder à anulação da licitação, de ofício ou mediante provocação de terceiros, sempre que presente ilegalidade insanável;

IV - adjudicar o objeto e homologar a licitação.

§ 1º Ao pronunciar a nulidade, a autoridade indicará expressamente os atos com vícios insanáveis, tornando sem efeito todos os subsequentes que deles dependam, e dará ensejo à apuração de responsabilidade de quem lhes tenha dado causa.

§ 2º O motivo determinante para a revogação do processo licitatório deverá ser resultante de fato superveniente devidamente comprovado.

§ 3º Nos casos de anulação e revogação, deverá ser assegurada a prévia manifestação dos interessados.

§ 4º O disposto neste artigo será aplicado, no que couber, à contratação direta e aos procedimentos auxiliares da licitação.

CAPÍTULO VIII
DA CONTRATAÇÃO DIRETA

SEÇÃO I
DO PROCESSO DE CONTRATAÇÃO DIRETA

Art. 72. O processo de contratação direta, que compreende os casos de inexigibilidade e de dispensa de licitação, deverá ser instruído com os seguintes documentos:

I - documento de formalização de demanda e, se for o caso, estudo técnico preliminar, análise de riscos, termo de referência, projeto básico ou projeto executivo;

II - estimativa de despesa, que deverá ser calculada na forma estabelecida no art. 23 desta Lei;

III - parecer jurídico e pareceres técnicos, se for o caso, que demonstrem o atendimento dos requisitos exigidos;

IV - demonstração da compatibilidade da previsão de recursos orçamentários com o compromisso a ser assumido;

V - comprovação de que o contratado preenche os requisitos de habilitação e qualificação mínima necessária;

VI - razão da escolha do contratado;

VII - justificativa de preço;

VIII - autorização da autoridade competente.

Parágrafo único. O ato que autoriza a contratação direta ou o extrato decorrente do contrato deverá ser divulgado e mantido à disposição do público em sítio eletrônico oficial.

Art. 73. Na hipótese de contratação direta indevida ocorrida com dolo, fraude ou erro grosseiro, o contratado e o agente público responsável responderão solidariamente pelo dano causado ao erário, sem prejuízo de outras sanções legais cabíveis.

SEÇÃO II
DA INEXIGIBILIDADE DE LICITAÇÃO

Art. 74. É inexigível a licitação quando inviável a competição, em especial nos casos de:

I - aquisição de materiais, de equipamentos ou de gêneros ou contratação de serviços que só possam ser fornecidos por produtor, empresa ou representante comercial exclusivos;

II - contratação de profissional do setor artístico, diretamente ou por meio de empresário exclusivo, desde que consagrado pela crítica especializada ou pela opinião pública;

III - contratação dos seguintes serviços técnicos especializados de natureza predominantemente intelectual com profissionais ou empresas de notória especialização, vedada a inexigibilidade para serviços de publicidade e divulgação:

a) estudos técnicos, planejamentos, projetos básicos ou projetos executivos;

b) pareceres, perícias e avaliações em geral;

c) assessorias ou consultorias técnicas e auditorias financeiras ou tributárias;

d) fiscalização, supervisão ou gerenciamento de obras ou serviços;

e) patrocínio ou defesa de causas judiciais ou administrativas;

f) treinamento e aperfeiçoamento de pessoal;

g) restauração de obras de arte e de bens de valor histórico;

h) controles de qualidade e tecnológico, análises, testes e ensaios de campo e laboratoriais, instrumentação e monitoramento de parâmetros específicos de obras e do meio ambiente e demais serviços de engenharia que se enquadrem no disposto neste inciso;

IV - objetos que devam ou possam ser contratados por meio de credenciamento;

V - aquisição ou locação de imóvel cujas características de instalações e de localização tornem necessária sua escolha.

§ 1º Para fins do disposto no inciso I do *caput* deste artigo, a Administração deverá demonstrar a inviabilidade de competição mediante atestado de exclusividade, contrato de exclusividade, declaração do fabricante ou outro documento idôneo capaz de comprovar que o objeto é fornecido ou prestado por produtor, empresa ou representante comercial exclusivos, vedada a preferência por marca específica.

§ 2º Para fins do disposto no inciso II do *caput* deste artigo, considera-se empresário exclusivo a pessoa física ou jurídica que possua contrato, declaração, carta ou outro documento que ateste a exclusividade permanente e contínua de representação, no País ou em Estado específico, do profissional do setor artístico, afastada a possibilidade de contratação direta por inexigibilidade por meio de empresário com representação restrita a evento ou local específico.

§ 3º Para fins do disposto no inciso III do *caput* deste artigo, considera-se de notória especialização o profissional ou a empresa cujo conceito no campo de sua especialidade, decorrente de desempenho anterior, estudos, experiência, publicações, organização, aparelhamento, equipe técnica ou outros requisitos relacionados com suas atividades, permita inferir que o seu trabalho é essencial e reconhecidamente adequado à plena satisfação do objeto do contrato.

§ 4º Nas contratações com fundamento no inciso III do *caput* deste artigo, é vedada a subcontratação de empresas ou a atuação de profissionais distintos daqueles que tenham justificado a inexigibilidade.

§ 5º Nas contratações com fundamento no inciso V do *caput* deste artigo, devem ser observados os seguintes requisitos:

I - avaliação prévia do bem, do seu estado de conservação, dos custos de adaptações, quando imprescindíveis às necessidades de utilização, e do prazo de amortização dos investimentos;

II - certificação da inexistência de imóveis públicos vagos e disponíveis que atendam ao objeto;

III - justificativas que demonstrem a singularidade do imóvel a ser comprado ou locado pela Administração e que evidenciem vantagem para ela.

SEÇÃO III
DA DISPENSA DE LICITAÇÃO

Art. 75. É dispensável a licitação:

I - para contratação que envolva valores inferiores a R$ 100.000,00 (cem mil reais), no caso de obras e serviços de engenharia ou de serviços de manutenção de veículos automotores;

II - para contratação que envolva valores inferiores a R$ 50.000,00 (cinquenta mil reais), no caso de outros serviços e compras;

III - para contratação que mantenha todas as condições definidas em edital de licitação realizada há menos de 1 (um) ano, quando se verificar que naquela licitação:

a) não surgiram licitantes interessados ou não foram apresentadas propostas válidas;

b) as propostas apresentadas consignaram preços manifestamente superiores aos praticados no mercado ou incompatíveis com os fixados pelos órgãos oficiais competentes;

IV - para contratação que tenha por objeto:

a) bens, componentes ou peças de origem nacional ou estrangeira necessários à manutenção de equipamentos, a serem adquiridos do fornecedor original desses equipamentos durante o período de garantia técnica, quando essa condição de exclusividade for indispensável para a vigência da garantia;

b) bens, serviços, alienações ou obras, nos termos de acordo internacional específico aprovado pelo Congresso Nacional, quando as condições ofertadas forem manifestamente vantajosas para a Administração;

c) produtos para pesquisa e desenvolvimento, limitada a contratação, no caso de obras e serviços de engenharia, ao valor de R$ 300.000,00 (trezentos mil reais);

d) transferência de tecnologia ou licenciamento de direito de uso ou de exploração de criação protegida, nas contratações realizadas por instituição científica, tecnológica e de inovação (ICT) pública ou por agência de fomento, desde que demonstrada vantagem para a Administração;

e) hortifrutigranjeiros, pães e outros gêneros perecíveis, no período necessário para a realização dos processos licitatórios correspondentes, hipótese em que a contratação será realizada diretamente com base no preço do dia;

f) bens ou serviços produzidos ou prestados no País que envolvam, cumulativamente, alta complexidade tecnológica e defesa nacional;

g) materiais de uso das Forças Armadas, com exceção de materiais de uso pessoal e administrativo, quando houver necessidade de manter a padronização requerida pela estrutura de apoio logístico dos meios navais, aéreos e terrestres, mediante autorização por ato do comandante da força militar;

h) bens e serviços para atendimento dos contingentes militares das forças singulares brasileiras empregadas em operações de paz no exterior, hipótese em que a contratação deverá ser justificada quanto ao preço e à escolha do fornecedor ou executante e ratificada pelo comandante da força militar;

i) abastecimento ou suprimento de efetivos militares em estada eventual de curta duração em portos, aeroportos ou localidades diferentes de suas sedes, por motivo de movimentação operacional ou de adestramento;

j) coleta, processamento e comercialização de resíduos sólidos urbanos recicláveis ou reutilizáveis, em áreas com sistema de coleta seletiva de lixo, realizados por associações ou cooperativas formadas exclusivamente de pessoas físicas de baixa renda reconhecidas pelo poder público como catadores de materiais recicláveis, com o uso de equipamentos compatíveis com as normas técnicas, ambientais e de saúde pública;

k) aquisição ou restauração de obras de arte e objetos históricos, de autenticidade certificada, desde que inerente às finalidades do órgão ou com elas compatível;

l) serviços especializados ou aquisição ou locação de equipamentos destinados ao rastreamento e à obtenção de provas previstas nos incisos II e V do *caput* do art. 3º da Lei nº 12.850, de 2 de agosto de 2013, quando houver necessidade justificada de manutenção de sigilo sobre a investigação;

m) aquisição de medicamentos destinados exclusivamente ao tratamento de doenças raras definidas pelo Ministério da Saúde;

V - para contratação com vistas ao cumprimento do disposto nos arts. 3º, 3º-A, 4º, 5º e 20 da Lei nº 10.973, de 2 de dezembro de 2004, observados os princípios gerais de contratação constantes da referida Lei;

VI - para contratação que possa acarretar comprometimento da segurança nacional, nos casos estabelecidos pelo Ministro de Estado da Defesa, mediante demanda dos comandos das Forças Armadas ou dos demais ministérios;

VII - nos casos de guerra, estado de defesa, estado de sítio, intervenção federal ou de grave perturbação da ordem;

VIII - nos casos de emergência ou de calamidade pública, quando caracterizada urgência de atendimento de situação que possa ocasionar prejuízo ou comprometer a continuidade dos serviços públicos ou a segurança de pessoas, obras, serviços, equipamentos e outros bens, públicos ou particulares, e somente para aquisição dos bens necessários ao atendimento da situação emergencial ou calamitosa e para as parcelas de obras e serviços que possam ser concluídas no prazo máximo de 1 (um) ano, contado da data de ocorrência da emergência ou da calamidade, vedadas a prorrogação dos respectivos contratos e a recontratação de empresa já contratada com base no disposto neste inciso;

IX - para a aquisição, por pessoa jurídica de direito público interno, de bens produzidos ou serviços prestados por órgão ou entidade que integrem a Administração Pública e que tenham sido criados para esse fim específico, desde que o preço contratado seja compatível com o praticado no mercado;

X - quando a União tiver que intervir no domínio econômico para regular preços ou normalizar o abastecimento;

XI - para celebração de contrato de programa com ente federativo ou com entidade de sua Administração Pública indireta que envolva prestação de serviços públicos de forma associada nos termos autorizados em contrato de consórcio público ou em convênio de cooperação;

XII - para contratação em que houver transferência de tecnologia de produtos estratégicos para o Sistema Único de Saúde (SUS), conforme elencados em ato da direção nacional do SUS, inclusive por ocasião da aquisição desses produtos durante as etapas de absorção tecnológica, e em valores compatíveis com aqueles definidos no instrumento firmado para a transferência de tecnologia;

XIII - para contratação de profissionais para compor a comissão de avaliação de critérios de técnica, quando se tratar de profissional técnico de notória especialização;

XIV - para contratação de associação de pessoas com deficiência, sem fins lucrativos e de comprovada idoneidade, por órgão ou entidade da Administração Pública, para a prestação de serviços, desde que o preço contratado seja compatível com o praticado no mercado e os serviços contratados sejam prestados exclusivamente por pessoas com deficiência;

XV - para contratação de instituição brasileira que tenha por finalidade estatutária apoiar, captar e executar atividades de ensino, pesquisa, extensão, desenvolvimento institucional, científico e tecnológico e estímulo à inovação, inclusive para gerir administrativa e financeiramente essas atividades, ou para contratação de instituição dedicada à recuperação social da pessoa presa, desde que o contratado tenha inquestionável reputação ética e profissional e não tenha fins lucrativos;

XVI - para aquisição, por pessoa jurídica de direito público interno, de insumos estratégicos para a saúde produzidos por fundação que, regimental ou estatutariamente, tenha por finalidade apoiar órgão da Administração Pública direta, sua autarquia ou fundação em projetos de ensino, pesquisa, extensão, desenvolvimento institucional, científico e tecnológico e de estímulo à inovação, inclusive na gestão administrativa e financeira necessária à execução desses projetos, ou em parcerias que envolvam transferência de tecnologia de produtos estratégicos para o SUS, nos termos do inciso XII do *caput* deste artigo, e que tenha sido criada para esse fim específico em data anterior à entrada em vigor desta Lei, desde que o preço contratado seja compatível com o praticado no mercado.

§ 1º Para fins de aferição dos valores que atendam aos limites referidos nos incisos I e II do *caput* deste artigo, deverão ser observados:

I - o somatório do que for despendido no exercício financeiro pela respectiva unidade gestora;

II - o somatório da despesa realizada com objetos de mesma natureza, entendidos como tais aqueles relativos a contratações no mesmo ramo de atividade.

§ 2º Os valores referidos nos incisos I e II do *caput* deste artigo serão duplicados para compras, obras e serviços contratados por consórcio público ou por autarquia ou fundação qualificadas como agências executivas na forma da lei.

§ 3º As contratações de que tratam os incisos I e II do *caput* deste artigo serão preferencialmente precedidas de divulgação de aviso em sítio eletrônico oficial, pelo prazo mínimo de 3 (três) dias úteis, com a especificação do objeto pretendido e com a manifestação de interesse da Administração em obter propostas adicionais de eventuais interessados, devendo ser selecionada a proposta mais vantajosa.

§ 4º As contratações de que tratam os incisos I e II do *caput* deste artigo serão preferencialmente pagas por meio de cartão de pagamento, cujo extrato deverá ser divulgado e mantido à disposição do público no Portal Nacional de Contratações Públicas (PNCP).

§ 5º A dispensa prevista na alínea "c" do inciso IV do *caput* deste artigo, quando aplicada a obras e serviços de engenharia, seguirá procedimentos especiais instituídos em regulamentação específica.

§ 6º Para os fins do inciso VIII do *caput* deste artigo, considera-se emergencial a contratação por dispensa com objetivo de manter a continuidade do serviço público, e deverão ser observados os valores praticados pelo mercado na forma do art. 23 desta Lei e adotadas as providências necessárias para a conclusão do processo licitatório, sem prejuízo de apuração de responsabilidade dos agentes públicos que deram causa à situação emergencial.

§ 7º Não se aplica o disposto no § 1º deste artigo às contratações de até R$ 8.000,00 (oito mil reais) de serviços de manutenção de veículos automotores de propriedade do órgão ou entidade contratante, incluído o fornecimento de peças.

CAPÍTULO IX
DAS ALIENAÇÕES

Art. 76. A alienação de bens da Administração Pública, subordinada à existência de interesse público devidamente justificado, será precedida de avaliação e obedecerá às seguintes normas:

I - tratando-se de bens imóveis, inclusive os pertencentes às autarquias e às fundações, exigirá autorização legislativa e dependerá de licitação na modalidade leilão, dispensada a realização de licitação nos casos de:

a) dação em pagamento;

b) doação, permitida exclusivamente para outro órgão ou entidade da Administração Pública, de qualquer esfera de governo, ressalvado o disposto nas alíneas "f", "g" e "h" deste inciso;

c) permuta por outros imóveis que atendam aos requisitos relacionados às finalidades precípuas da Administração, desde que a diferença apurada não ultrapasse a metade do valor do imóvel que será ofertado pela União, segundo avaliação prévia, e ocorra a torna de valores, sempre que for o caso;

d) investidura;

e) venda a outro órgão ou entidade da Administração Pública de qualquer esfera de governo;

f) alienação gratuita ou onerosa, aforamento, concessão de direito real de uso, locação e permissão de uso de bens imóveis residenciais construídos, destinados ou efetivamente usados em programas de habitação ou de regularização fundiária de interesse social desenvolvidos por órgão ou entidade da Administração Pública;

g) alienação gratuita ou onerosa, aforamento, concessão de direito real de uso, locação e permissão de uso de bens imóveis comerciais de âmbito local, com área de até 250 m² (duzentos e cinquenta metros quadrados) e destinados a programas de regularização fundiária de interesse social desenvolvidos por órgão ou entidade da Administração Pública;

h) alienação e concessão de direito real de uso, gratuita ou onerosa, de terras públicas rurais da União e do Instituto Nacional de Colonização e Reforma Agrária (Incra) onde incidam ocupações até o limite de que trata o § 1º do art. 6º da Lei nº 11.952, de 25 de junho de 2009, para fins de regularização fundiária, atendidos os requisitos legais;

i) legitimação de posse de que trata o art. 29 da Lei nº 6.383, de 7 de dezembro de 1976, mediante iniciativa e deliberação dos órgãos da Administração Pública competentes;

j) legitimação fundiária e legitimação de posse de que trata a Lei nº 13.465, de 11 de julho de 2017;

II - tratando-se de bens móveis, dependerá de licitação na modalidade leilão, dispensada a realização de licitação nos casos de:

a) doação, permitida exclusivamente para fins e uso de interesse social, após avaliação de oportunidade e conveniência socioeconômica em relação à escolha de outra forma de alienação;

b) permuta, permitida exclusivamente entre órgãos ou entidades da Administração Pública;

c) venda de ações, que poderão ser negociadas em bolsa, observada a legislação específica;

d) venda de títulos, observada a legislação pertinente;

e) venda de bens produzidos ou comercializados por entidades da Administração Pública, em virtude de suas finalidades;

f) venda de materiais e equipamentos sem utilização previsível por quem deles dispõe para outros órgãos ou entidades da Administração Pública.

§ 1º A alienação de bens imóveis da Administração Pública cuja aquisição tenha sido derivada de procedimentos judiciais ou de dação em pagamento dispensará autorização legislativa e exigirá apenas avaliação prévia e licitação na modalidade leilão.

§ 2º Os imóveis doados com base na alínea "b" do inciso I do *caput* deste artigo, cessadas as razões que justificaram sua doação, serão revertidos ao patrimônio da pessoa jurídica doadora, vedada sua alienação pelo beneficiário.

§ 3º A Administração poderá conceder título de propriedade ou de direito real de uso de imóvel, admitida a dispensa de licitação, quando o uso destinar-se a:

I - outro órgão ou entidade da Administração Pública, qualquer que seja a localização do imóvel;

II - pessoa natural que, nos termos de lei, regulamento ou ato normativo do órgão competente, haja implementado os requisitos mínimos de cultura, de ocupação mansa e pacífica e de exploração direta sobre área rural, observado o limite de que trata o § 1º do art. 6º da Lei nº 11.952, de 25 de junho de 2009.

§ 4º A aplicação do disposto no inciso II do § 3º deste artigo será dispensada de autorização legislativa e submeter-se-á aos seguintes condicionamentos:

I - aplicação exclusiva às áreas em que a detenção por particular seja comprovadamente anterior a 1º de dezembro de 2004;

II - submissão aos demais requisitos e impedimentos do regime legal e administrativo de destinação e de regularização fundiária de terras públicas;

III - vedação de concessão para exploração não contemplada na lei agrária, nas leis de destinação de terras públicas ou nas normas legais ou administrativas de zoneamento ecológico-econômico;

IV - previsão de extinção automática da concessão, dispensada notificação, em caso de declaração de utilidade pública, de necessidade pública ou de interesse social;

V - aplicação exclusiva a imóvel situado em zona rural e não sujeito a vedação, impedimento ou inconveniente à exploração mediante atividade agropecuária;

VI - limitação a áreas de que trata o § 1º do art. 6º da Lei nº 11.952, de 25 de junho de 2009, vedada a dispensa de licitação para áreas superiores;

VII - acúmulo com o quantitativo de área decorrente do caso previsto na alínea "i" do inciso I do *caput* deste artigo até o limite previsto no inciso VI deste parágrafo.

§ 5º Entende-se por investidura, para os fins desta Lei, a:

I - alienação, ao proprietário de imóvel lindeiro, de área remanescente ou resultante de obra pública que se tornar inaproveitável isoladamente, por preço que não seja inferior ao da avaliação nem superior a 50% (cinquenta por cento) do valor máximo permitido para dispensa de licitação de bens e serviços previsto nesta Lei;

II - alienação, ao legítimo possuidor direto ou, na falta dele, ao poder público, de imóvel para fins residenciais construído em núcleo urbano anexo a usina hidrelétrica, desde que considerado dispensável na fase de operação da usina e que não integre a categoria de bens reversíveis ao final da concessão.

§ 6º A doação com encargo será licitada e de seu instrumento constarão, obrigatoriamente, os encargos, o prazo de seu cumprimento e a cláusula de reversão, sob pena de nulidade do ato, dispensada a licitação em caso de interesse público devidamente justificado.

§ 7º Na hipótese do § 6º deste artigo, caso o donatário necessite oferecer o imóvel em garantia de financiamento, a cláusula de reversão e as demais obrigações serão garantidas por hipoteca em segundo grau em favor do doador.

Art. 77. Para a venda de bens imóveis, será concedido direito de preferência ao licitante que, submetendo-se a todas as regras do edital, comprove a ocupação do imóvel objeto da licitação.

CAPÍTULO X
DOS INSTRUMENTOS AUXILIARES

SEÇÃO I
DOS PROCEDIMENTOS AUXILIARES

Art. 78. São procedimentos auxiliares das licitações e das contratações regidas por esta Lei:

I - credenciamento;

II - pré-qualificação;

III - procedimento de manifestação de interesse;

IV - sistema de registro de preços;

V - registro cadastral.

§ 1º Os procedimentos auxiliares de que trata o *caput* deste artigo obedecerão a critérios claros e objetivos definidos em regulamento.

§ 2º O julgamento que decorrer dos procedimentos auxiliares das licitações previstos nos incisos II e III do *caput* deste artigo seguirá o mesmo procedimento das licitações.

SEÇÃO II
DO CREDENCIAMENTO

Art. 79. O credenciamento poderá ser usado nas seguintes hipóteses de contratação:

I - paralela e não excludente: caso em que é viável e vantajosa para a Administração a realização de contratações simultâneas em condições padronizadas;

II - com seleção a critério de terceiros: caso em que a seleção do contratado está a cargo do beneficiário direto da prestação;

III - em mercados fluidos: caso em que a flutuação constante do valor da prestação e das condições de contratação inviabiliza a seleção de agente por meio de processo de licitação.

Parágrafo único. Os procedimentos de credenciamento serão definidos em regulamento, observadas as seguintes regras:

I - a Administração deverá divulgar e manter à disposição do público, em sítio eletrônico oficial, edital de chamamento de interessados, de modo a permitir o cadastramento permanente de novos interessados;

II - na hipótese do inciso I do *caput* deste artigo, quando o objeto não permitir a contratação imediata e simultânea de todos os credenciados, deverão ser adotados critérios objetivos de distribuição da demanda;

III - o edital de chamamento de interessados deverá prever as condições padronizadas de contratação e, nas hipóteses dos incisos I e II do *caput* deste artigo, deverá definir o valor da contratação;

IV - na hipótese do inciso III do *caput* deste artigo, a Administração deverá registrar as cotações de mercado vigentes no momento da contratação;

V - não será permitido o cometimento a terceiros do objeto contratado sem autorização expressa da Administração;

VI - será admitida a denúncia por qualquer das partes nos prazos fixados no edital.

SEÇÃO III
DA PRÉ-QUALIFICAÇÃO

Art. 80. A pré-qualificação é o procedimento técnico-administrativo para selecionar previamente:

I - licitantes que reúnam condições de habilitação para participar de futura licitação ou de licitação vinculada a programas de obras ou de serviços objetivamente definidos;

II - bens que atendam às exigências técnicas ou de qualidade estabelecidas pela Administração.

§ 1º Na pré-qualificação observar-se-á o seguinte:

I - quando aberta a licitantes, poderão ser dispensados os documentos que já constarem do registro cadastral;

II - quando aberta a bens, poderá ser exigida a comprovação de qualidade.

§ 2º O procedimento de pré-qualificação ficará permanentemente aberto para a inscrição de interessados.

§ 3º Quanto ao procedimento de pré-qualificação, constarão do edital:

I - as informações mínimas necessárias para definição do objeto;

II - a modalidade, a forma da futura licitação e os critérios de julgamento.

§ 4º A apresentação de documentos far-se-á perante órgão ou comissão indicada pela Administração, que deverá examiná-los no prazo máximo de 10 (dez) dias úteis e determinar correção ou reapresentação de documentos, quando for o caso, com vistas à ampliação da competição.

§ 5º Os bens e os serviços pré-qualificados deverão integrar o catálogo de bens e serviços da Administração.

§ 6º A pré-qualificação poderá ser realizada em grupos ou segmentos, segundo as especialidades dos fornecedores.

§ 7º A pré-qualificação poderá ser parcial ou total, com alguns ou todos os requisitos técnicos ou de habilitação necessários à contratação, assegurada, em qualquer hipótese, a igualdade de condições entre os concorrentes.

§ 8º Quanto ao prazo, a pré-qualificação terá validade:

I - de 1 (um) ano, no máximo, e poderá ser atualizada a qualquer tempo;

II - não superior ao prazo de validade dos documentos apresentados pelos interessados.

§ 9º Os licitantes e os bens pré-qualificados serão obrigatoriamente divulgados e mantidos à disposição do público.

§ 10. A licitação que se seguir ao procedimento da pré-qualificação poderá ser restrita a licitantes ou bens pré-qualificados.

SEÇÃO IV
DO PROCEDIMENTO DE MANIFESTAÇÃO DE INTERESSE

Art. 81. A Administração poderá solicitar à iniciativa privada, mediante procedimento aberto de manifestação de interesse a ser iniciado com a publicação de edital de chamamento público, a propositura e a realização de estudos, investigações, levantamentos e projetos de soluções inovadoras que contribuam com questões de relevância pública, na forma de regulamento.

§ 1º Os estudos, as investigações, os levantamentos e os projetos vinculados à contratação e de utilidade para a licitação, realizados pela Administração ou com a sua autorização, estarão à disposição dos interessados, e o vencedor da licitação deverá ressarcir os dispêndios correspondentes, conforme especificado no edital.

§ 2º A realização, pela iniciativa privada, de estudos, investigações, levantamentos e projetos em decorrência do procedimento de manifestação de interesse previsto no *caput* deste artigo:

I - não atribuirá ao realizador direito de preferência no processo licitatório;

II - não obrigará o poder público a realizar licitação;

III - não implicará, por si só, direito a ressarcimento de valores envolvidos em sua elaboração;

IV - será remunerada somente pelo vencedor da licitação, vedada, em qualquer hipótese, a cobrança de valores do poder público.

§ 3º Para aceitação dos produtos e serviços de que trata o *caput* deste artigo, a Administração deverá elaborar parecer fundamentado com a demonstração de que o produto ou serviço entregue é adequado e suficiente à compreensão do objeto, de que as premissas adotadas são compatíveis com as reais necessidades do órgão e de que a metodologia proposta é a que propicia maior economia e vantagem entre as demais possíveis.

§ 4º O procedimento previsto no *caput* deste artigo poderá ser restrito a startups, assim considerados os microempreendedores individuais, as microempresas e as empresas de pequeno porte, de natureza emergente e com grande potencial, que se dediquem à pesquisa, ao desenvolvimento e à implementação de novos produtos ou serviços baseados em soluções tecnológicas inovadoras que possam causar alto impacto, exigida, na seleção definitiva da inovação, validação prévia fundamentada em métricas objetivas, de modo a demonstrar o atendimento das necessidades da Administração.

SEÇÃO V
DO SISTEMA DE REGISTRO DE PREÇOS

Art. 82. O edital de licitação para registro de preços observará as regras gerais desta Lei e deverá dispor sobre:

I - as especificidades da licitação e de seu objeto, inclusive a quantidade máxima de cada item que poderá ser adquirida;

II - a quantidade mínima a ser cotada de unidades de bens ou, no caso de serviços, de unidades de medida;

III - a possibilidade de prever preços diferentes:

a) quando o objeto for realizado ou entregue em locais diferentes;

b) em razão da forma e do local de acondicionamento;

c) quando admitida cotação variável em razão do tamanho do lote;

d) por outros motivos justificados no processo;

IV - a possibilidade de o licitante oferecer ou não proposta em quantitativo inferior ao máximo previsto no edital, obrigando-se nos limites dela;

V - o critério de julgamento da licitação, que será o de menor preço ou o de maior desconto sobre tabela de preços praticada no mercado;

VI - as condições para alteração de preços registrados;

VII - o registro de mais de um fornecedor ou prestador de serviço, desde que aceitem cotar o objeto em preço igual ao do licitante vencedor, assegurada a preferência de contratação de acordo com a ordem de classificação;

VIII - a vedação à participação do órgão ou entidade em mais de uma ata de registro de preços com o mesmo objeto no prazo de validade daquela de que já tiver participado, salvo na ocorrência de ata que tenha registrado quantitativo inferior ao máximo previsto no edital;

IX - as hipóteses de cancelamento da ata de registro de preços e suas consequências.

§ 1º O critério de julgamento de menor preço por grupo de itens somente poderá ser adotado quando for demonstrada a inviabilidade de se promover a adjudicação por item e for evidenciada a sua vantagem técnica e econômica, e o critério de aceitabilidade de preços unitários máximos deverá ser indicado no edital.

§ 2º Na hipótese de que trata o § 1º deste artigo, observados os parâmetros estabelecidos nos §§ 1º, 2º e 3º do art. 23 desta Lei, a contratação posterior de item específico constante de grupo de itens exigirá prévia pesquisa de mercado e demonstração de sua vantagem para o órgão ou entidade.

§ 3º É permitido registro de preços com indicação limitada a unidades de contratação, sem indicação do total a ser adquirido, apenas nas seguintes situações:

I - quando for a primeira licitação para o objeto e o órgão ou entidade não tiver registro de demandas anteriores;

II - no caso de alimento perecível;

III - no caso em que o serviço estiver integrado ao fornecimento de bens.

§ 4º Nas situações referidas no § 3º deste artigo, é obrigatória a indicação do valor máximo da despesa e é vedada a participação de outro órgão ou entidade na ata.

§ 5º O sistema de registro de preços poderá ser usado para a contratação de bens e serviços, inclusive de obras e serviços de engenharia, observadas as seguintes condições:

I - realização prévia de ampla pesquisa de mercado;

II - seleção de acordo com os procedimentos previstos em regulamento;

III - desenvolvimento obrigatório de rotina de controle;

IV - atualização periódica dos preços registrados;

V - definição do período de validade do registro de preços;

VI - inclusão, em ata de registro de preços, do licitante que aceitar cotar os bens ou serviços em preços iguais aos do licitante vencedor na sequência de classificação da licitação e inclusão do licitante que mantiver sua proposta original.

§ 6º O sistema de registro de preços poderá, na forma de regulamento, ser utilizado nas hipóteses de inexigibilidade e de dispensa de licitação para a aquisição de bens ou para a contratação de serviços por mais de um órgão ou entidade.

Art. 83. A existência de preços registrados implicará compromisso de fornecimento nas condições estabelecidas, mas não obrigará a Administração a contratar, facultada a realização de licitação específica para a aquisição pretendida, desde que devidamente motivada.

Art. 84. O prazo de vigência da ata de registro de preços será de 1 (um) ano e poderá ser prorrogado, por igual período, desde que comprovado o preço vantajoso.

Parágrafo único. O contrato decorrente da ata de registro de preços terá sua vigência estabelecida em conformidade com as disposições nela contidas.

Art. 85. A Administração poderá contratar a execução de obras e serviços de engenharia pelo sistema de registro de preços, desde que atendidos os seguintes requisitos:

I - existência de projeto padronizado, sem complexidade técnica e operacional;

II - necessidade permanente ou frequente de obra ou serviço a ser contratado.

Art. 86. O órgão ou entidade gerenciadora deverá, na fase preparatória do processo licitatório, para fins de registro de preços, realizar procedimento público de intenção de registro de preços para, nos termos de regulamento, possibilitar, pelo prazo mínimo de 8 (oito) dias úteis, a participação de outros órgãos ou entidades na respectiva ata e determinar a estimativa total de quantidades da contratação.

§ 1º O procedimento previsto no *caput* deste artigo será dispensável quando o órgão ou entidade gerenciadora for o único contratante.

§ 2º Se não participarem do procedimento previsto no *caput* deste artigo, os órgãos e entidades poderão aderir à ata de registro de preços na condição de não participantes, observados os seguintes requisitos:

I - apresentação de justificativa da vantagem da adesão, inclusive em situações de provável desabastecimento ou descontinuidade de serviço público;

II - demonstração de que os valores registrados estão compatíveis com os valores praticados pelo mercado na forma do art. 23 desta Lei;

III - prévias consulta e aceitação do órgão ou entidade gerenciadora e do fornecedor.

§ 3º A faculdade conferida pelo § 2º deste artigo estará limitada a órgãos e entidades da Administração Pública federal, estadual, distrital e municipal que, na condição de não participantes, desejarem aderir à ata de registro de preços de órgão ou entidade gerenciadora federal, estadual ou distrital.

§ 4º As aquisições ou as contratações adicionais a que se refere o § 2º deste artigo não poderão exceder, por órgão ou entidade, a 50% (cinquenta por cento) dos quantitativos dos itens do instrumento convocatório registrados na ata de registro de preços para o órgão gerenciador e para os órgãos participantes.

§ 5º O quantitativo decorrente das adesões à ata de registro de preços a que se refere o § 2º deste artigo não poderá exceder, na totalidade, ao dobro do quantitativo de cada item registrado na ata de registro de preços para o órgão gerenciador e órgãos participantes, independentemente do número de órgãos não participantes que aderirem.

§ 6º A adesão à ata de registro de preços de órgão ou entidade gerenciadora do Poder Executivo federal por órgãos e entidades da Administração Pública estadual, distrital e municipal poderá ser exigida para fins de transferências voluntárias, não ficando sujeita ao limite de que trata o § 5º deste artigo se destinada à execução descentralizada de programa ou projeto federal e comprovada a compatibilidade dos preços registrados com os valores praticados no mercado na forma do art. 23 desta Lei.

§ 7º Para aquisição emergencial de medicamentos e material de consumo médico-hospitalar por órgãos e entidades da Administração Pública federal, estadual, distrital e municipal, a adesão à ata de registro de preços gerenciada pelo Ministério da Saúde não estará sujeita ao limite de que trata o § 5º deste artigo.

§ 8º Será vedada aos órgãos e entidades da Administração Pública federal a adesão à ata de registro de preços gerenciada por órgão ou entidade estadual, distrital ou municipal.

SEÇÃO VI
DO REGISTRO CADASTRAL

Art. 87. Para os fins desta Lei, os órgãos e entidades da Administração Pública deverão utilizar o sistema de registro cadastral unificado disponível no Portal Nacional de Contratações Públicas (PNCP), para efeito de cadastro unificado de licitantes, na forma disposta em regulamento.

§ 1º O sistema de registro cadastral unificado será público e deverá ser amplamente divulgado e estar permanentemente aberto aos interessados, e será obrigatória a realização de chamamento público pela internet, no mínimo anualmente, para atualização dos registros existentes e para ingresso de novos interessados.

§ 2º É proibida a exigência, pelo órgão ou entidade licitante, de registro cadastral complementar para acesso a edital e anexos.

§ 3º A Administração poderá realizar licitação restrita a fornecedores cadastrados, atendidos os critérios, as condições e os limites estabelecidos em regulamento, bem como a ampla publicidade dos procedimentos para o cadastramento.

§ 4º Na hipótese a que se refere o § 3º deste artigo, será admitido fornecedor que realize seu cadastro dentro do prazo previsto no edital para apresentação de propostas.

Art. 88. Ao requerer, a qualquer tempo, inscrição no cadastro ou a sua atualização, o interessado fornecerá os elementos necessários exigidos para habilitação previstos nesta Lei.

§ 1º O inscrito, considerada sua área de atuação, será classificado por categorias, subdivididas em grupos, segundo a qualificação técnica e econômico-financeira avaliada, de acordo com regras objetivas divulgadas em sítio eletrônico oficial.

§ 2º Ao inscrito será fornecido certificado, renovável sempre que atualizar o registro.

§ 3º A atuação do contratado no cumprimento de obrigações assumidas será avaliada pelo contratante, que emitirá documento comprobatório da avaliação realizada, com menção ao seu desempenho na execução contratual, baseado em indicadores objetivamente definidos e aferidos, e a eventuais penalidades aplicadas, o que constará do registro cadastral em que a inscrição for realizada.

§ 4º A anotação do cumprimento de obrigações pelo contratado, de que trata o § 3º deste artigo, será condicionada à implantação e à regulamentação do cadastro de atesto de cumprimento de obrigações, apto à realização do registro de forma objetiva, em atendimento aos princípios da impessoalidade, da igualdade, da isonomia, da publicidade e da transparência, de modo a possibilitar a implementação de medidas de incentivo aos licitantes que possuírem ótimo desempenho anotado em seu registro cadastral.

§ 5º A qualquer tempo poderá ser alterado, suspenso ou cancelado o registro de inscrito que deixar de satisfazer exigências determinadas por esta Lei ou por regulamento.

§ 6º O interessado que requerer o cadastro na forma do *caput* deste artigo poderá participar de processo licitatório até a decisão da Administração, e a celebração do contrato ficará condicionada à emissão do certificado referido no § 2º deste artigo.

TÍTULO III
DOS CONTRATOS ADMINISTRATIVOS

CAPÍTULO I
DA FORMALIZAÇÃO DOS CONTRATOS

Art. 89. Os contratos de que trata esta Lei regular-se-ão pelas suas cláusulas e pelos preceitos de direito público, e a eles serão aplicados, supletivamente, os princípios da teoria geral dos contratos e as disposições de direito privado.

§ 1º Todo contrato deverá mencionar os nomes das partes e os de seus representantes, a finalidade, o ato que autorizou sua lavratura, o número do processo da licitação ou da contratação direta e a sujeição dos contratantes às normas desta Lei e às cláusulas contratuais.

§ 2º Os contratos deverão estabelecer com clareza e precisão as condições para sua execução, expressas em cláusulas que definam os direitos, as obrigações e as responsabilidades das partes, em conformidade com os termos do edital de licitação e os da proposta vencedora ou com os termos do ato que autorizou a contratação direta e os da respectiva proposta.

Art. 90. A Administração convocará regularmente o licitante vencedor para assinar o termo de contrato ou para aceitar ou retirar o instrumento equivalente, dentro do prazo e nas condições estabelecidas no edital de licitação, sob pena de decair o direito à contratação, sem prejuízo das sanções previstas nesta Lei.

§ 1º O prazo de convocação poderá ser prorrogado 1 (uma) vez, por igual período, mediante solicitação da parte durante seu transcurso, devidamente justificada, e desde que o motivo apresentado seja aceito pela Administração.

§ 2º Será facultado à Administração, quando o convocado não assinar o termo de contrato ou não aceitar ou não retirar o instrumento equivalente no prazo e nas condições estabelecidas, convocar os licitantes remanescentes, na ordem de classificação, para a celebração do contrato nas condições propostas pelo licitante vencedor.

§ 3º Decorrido o prazo de validade da proposta indicado no edital sem convocação para a contratação, ficarão os licitantes liberados dos compromissos assumidos.

§ 4º Na hipótese de nenhum dos licitantes aceitar a contratação nos termos do § 2º deste artigo, a Administração, observados o valor estimado e sua eventual atualização nos termos do edital, poderá:

I - convocar os licitantes remanescentes para negociação, na ordem de classificação, com vistas à obtenção de preço melhor, mesmo que acima do preço do adjudicatário;

II - adjudicar e celebrar o contrato nas condições ofertadas pelos licitantes remanescentes, atendida a ordem classificatória, quando frustrada a negociação de melhor condição.

§ 5º A recusa injustificada do adjudicatário em assinar o contrato ou em aceitar ou retirar o instrumento equivalente no prazo estabelecido pela Administração caracterizará o descumprimento total da obrigação assumida e o sujeitará às penalidades legalmente estabelecidas e à imediata perda da garantia de proposta em favor do órgão ou entidade licitante.

§ 6º A regra do § 5º não se aplicará aos licitantes remanescentes convocados na forma do inciso I do § 4º deste artigo.

§ 7º Será facultada à Administração a convocação dos demais licitantes classificados para a contratação de remanescente de obra, de serviço ou de fornecimento em consequência de rescisão contratual, observados os mesmos critérios estabelecidos nos §§ 2º e 4º deste artigo.

Art. 91. Os contratos e seus aditamentos terão forma escrita e serão juntados ao processo que tiver dado origem à contratação, divulgados e mantidos à disposição do público em sítio eletrônico oficial.

§ 1º Será admitida a manutenção em sigilo de contratos e de termos aditivos quando imprescindível à segurança da sociedade e do Estado, nos termos da legislação que regula o acesso à informação.

§ 2º Contratos relativos a direitos reais sobre imóveis serão formalizados por escritura pública lavrada em notas de tabelião, cujo teor deverá ser divulgado e mantido à disposição do público em sítio eletrônico oficial.

§ 3º Será admitida a forma eletrônica na celebração de contratos e de termos aditivos, atendidas as exigências previstas em regulamento.

§ 4º Antes de formalizar ou prorrogar o prazo de vigência do contrato, a Administração deverá verificar a regularidade fiscal do contratado, consultar o Cadastro Nacional de Empresas Inidôneas e Suspensas (Ceis) e o Cadastro Nacional de Empresas Punidas (Cnep), emitir as certidões negativas de inidoneidade, de impedimento e de débitos trabalhistas e juntá-las ao respectivo processo.

Art. 92. São necessárias em todo contrato cláusulas que estabeleçam:

I - o objeto e seus elementos característicos;

II - a vinculação ao edital de licitação e à proposta do licitante vencedor ou ao ato que tiver autorizado a contratação direta e à respectiva proposta;

III - a legislação aplicável à execução do contrato, inclusive quanto aos casos omissos;

IV - o regime de execução ou a forma de fornecimento;

V - o preço e as condições de pagamento, os critérios, a data-base e a periodicidade do reajustamento de preços e os critérios de atualização monetária entre a data do adimplemento das obrigações e a do efetivo pagamento;

VI - os critérios e a periodicidade da medição, quando for o caso, e o prazo para liquidação e para pagamento;

VII - os prazos de início das etapas de execução, conclusão, entrega, observação e recebimento definitivo, quando for o caso;

VIII - o crédito pelo qual correrá a despesa, com a indicação da classificação funcional programática e da categoria econômica;

IX - a matriz de risco, quando for o caso;

X - o prazo para resposta ao pedido de repactuação de preços, quando for o caso;

XI - o prazo para resposta ao pedido de restabelecimento do equilíbrio econômico-financeiro, quando for o caso;

XII - as garantias oferecidas para assegurar sua plena execução, quando exigidas, inclusive as que forem oferecidas pelo contratado no caso de antecipação de valores a título de pagamento;

XIII - o prazo de garantia mínima do objeto, observados os prazos mínimos estabelecidos nesta Lei e nas normas técnicas aplicáveis, e as condições de manutenção e assistência técnica, quando for o caso;

XIV - os direitos e as responsabilidades das partes, as penalidades cabíveis e os valores das multas e suas bases de cálculo;

XV - as condições de importação e a data e a taxa de câmbio para conversão, quando for o caso;

XVI - a obrigação do contratado de manter, durante toda a execução do contrato, em compatibilidade com as obrigações por ele assumidas, todas as condições exigidas para a habilitação na licitação, ou para a qualificação, na contratação direta;

XVII - a obrigação de o contratado cumprir as exigências de reserva de cargos prevista em lei, bem como em outras normas específicas, para pessoa com deficiência, para reabilitado da Previdência Social e para aprendiz;

XVIII - o modelo de gestão do contrato, observados os requisitos definidos em regulamento;

XIX - os casos de extinção.

§ 1º Os contratos celebrados pela Administração Pública com pessoas físicas ou jurídicas, inclusive as domiciliadas no exterior, deverão conter cláusula que declare competente o foro da sede da Administração para dirimir qualquer questão contratual, ressalvadas as seguintes hipóteses:

I - licitação internacional para a aquisição de bens e serviços cujo pagamento seja feito com o produto de financiamento concedido por organismo financeiro internacional de que o Brasil faça parte ou por agência estrangeira de cooperação;

II - contratação com empresa estrangeira para a compra de equipamentos fabricados e entregues no exterior precedida de autorização do Chefe do Poder Executivo;

III - aquisição de bens e serviços realizada por unidades administrativas com sede no exterior.

§ 2º De acordo com as peculiaridades de seu objeto e de seu regime de execução, o contrato conterá cláusula que preveja período antecedente à expedição da ordem de serviço para verificação de pendências, liberação de áreas ou adoção de outras providências cabíveis para a regularidade do início de sua execução.

§ 3º Independentemente do prazo de duração, o contrato deverá conter cláusula que estabeleça o índice de reajustamento de preço, com data-base vinculada à data do orçamento estimado, e poderá ser estabelecido mais de um índice específico ou setorial, em conformidade com a realidade de mercado dos respectivos insumos.

§ 4º Nos contratos de serviços contínuos, observado o interregno mínimo de 1 (um) ano, o critério de reajustamento de preços será por:

I - reajustamento em sentido estrito, quando não houver regime de dedicação exclusiva de mão de obra ou predominância de mão de obra, mediante previsão de índices específicos ou setoriais;

II - repactuação, quando houver regime de dedicação exclusiva de mão de obra ou predominância de mão de obra, mediante demonstração analítica da variação dos custos.

§ 5º Nos contratos de obras e serviços de engenharia, sempre que compatível com o regime de execução, a medição será mensal.

§ 6º Nos contratos para serviços contínuos com regime de dedicação exclusiva de mão de obra ou com predominância de mão de obra, o prazo para resposta ao pedido de repactuação de preços será preferencialmente de 1 (um) mês, contado da data do fornecimento da documentação prevista no § 6º do art. 135 desta Lei.

Art. 93. Nas contratações de projetos ou de serviços técnicos especializados, inclusive daqueles que contemplem o desenvolvimento de programas e aplicações de internet para computadores, máquinas, equipamentos e dispositivos de tratamento e de comunicação da informação (software) - e a respectiva documentação técnica associada -, o autor deverá ceder todos os direitos patrimoniais a eles relativos para a Administração Pública, hipótese em que poderão ser livremente utilizados e alterados por ela em outras ocasiões, sem necessidade de nova autorização de seu autor.

§ 1º Quando o projeto se referir a obra imaterial de caráter tecnológico, insuscetível de privilégio, a cessão dos direitos a que se refere o *caput* deste artigo incluirá o fornecimento de todos os dados, documentos e elementos de informação pertinentes à tecnologia de concepção, desenvolvimento, fixação em suporte físico de qualquer natureza e aplicação da obra.

§ 2º É facultado à Administração Pública deixar de exigir a cessão de direitos a que se refere o *caput* deste artigo quando o objeto da contratação envolver atividade de pesquisa e desenvolvimento de caráter científico, tecnológico ou de inovação, considerados os princípios e os mecanismos instituídos pela Lei nº 10.973, de 2 de dezembro de 2004.

§ 3º Na hipótese de posterior alteração do projeto pela Administração Pública, o autor deverá ser comunicado, e os registros serão promovidos nos órgãos ou entidades competentes.

Art. 94. A divulgação no Portal Nacional de Contratações Públicas (PNCP) é condição indispensável para a eficácia do contrato e de seus aditamentos e deverá ocorrer nos seguintes prazos, contados da data de sua assinatura:

I - 20 (vinte) dias úteis, no caso de licitação;

II - 10 (dez) dias úteis, no caso de contratação direta.

§ 1º Os contratos celebrados em caso de urgência terão eficácia a partir de sua assinatura e deverão ser publicados nos prazos previstos nos incisos I e II do *caput* deste artigo, sob pena de nulidade.

§ 2º A divulgação de que trata o *caput* deste artigo, quando referente à contratação de profissional do setor artístico por inexigibilidade, deverá identificar os custos do cachê do artista, dos músicos ou da banda, quando houver, do transporte, da hospedagem, da infraestrutura, da logística do evento e das demais despesas específicas.

§ 3º No caso de obras, a Administração divulgará em sítio eletrônico oficial, em até 25 (vinte e cinco) dias úteis após a assinatura do contrato, os quantitativos e os preços unitários e totais que contratar e, em até 45 (quarenta e cinco) dias úteis após a conclusão do contrato, os quantitativos executados e os preços praticados.

§ 4º (VETADO).

§ 5º (VETADO).

Art. 95. O instrumento de contrato é obrigatório, salvo nas seguintes hipóteses, em que a Administração poderá substituí-lo por outro instrumento hábil, como carta-contrato, nota de empenho de despesa, autorização de compra ou ordem de execução de serviço:

I - dispensa de licitação em razão de valor;

II - compras com entrega imediata e integral dos bens adquiridos e dos quais não resultem obrigações futuras, inclusive quanto a assistência técnica, independentemente de seu valor.

§ 1º Às hipóteses de substituição do instrumento de contrato, aplica-se, no que couber, o disposto no art. 92 desta Lei.

§ 2º É nulo e de nenhum efeito o contrato verbal com a Administração, salvo o de pequenas compras ou o de prestação de serviços de pronto pagamento, assim entendidos aqueles de valor não superior a R$ 10.000,00 (dez mil reais).

CAPÍTULO II
DAS GARANTIAS

Art. 96. A critério da autoridade competente, em cada caso, poderá ser exigida, mediante previsão no edital, prestação de garantia nas contratações de obras, serviços e fornecimentos.

§ 1º Caberá ao contratado optar por uma das seguintes modalidades de garantia:

I - caução em dinheiro ou em títulos da dívida pública emitidos sob a forma escritural, mediante registro em sistema centralizado de liquidação e de custódia autorizado pelo Banco Central do Brasil, e avaliados por seus valores econômicos, conforme definido pelo Ministério da Economia;

II - seguro-garantia;

III - fiança bancária emitida por banco ou instituição financeira devidamente autorizada a operar no País pelo Banco Central do Brasil.

§ 2º Na hipótese de suspensão do contrato por ordem ou inadimplemento da Administração, o contratado ficará desobrigado de renovar a garantia ou de endossar a apólice de seguro até a ordem de reinício da execução ou o adimplemento pela Administração.

§ 3º O edital fixará prazo mínimo de 1 (um) mês, contado da data de homologação da licitação e anterior à assinatura do contrato, para a prestação da garantia pelo contratado quando optar pela modalidade prevista no inciso II do § 1º deste artigo.

Art. 97. O seguro-garantia tem por objetivo garantir o fiel cumprimento das obrigações assumidas pelo contratado perante à Administração, inclusive as multas, os prejuízos e as indenizações decorrentes de inadimplemento, observadas as seguintes regras nas contratações regidas por esta Lei:

I - o prazo de vigência da apólice será igual ou superior ao prazo estabelecido no contrato principal e deverá acompanhar as modificações referentes à vigência deste mediante a emissão do respectivo endosso pela seguradora;

II - o seguro-garantia continuará em vigor mesmo se o contratado não tiver pago o prêmio nas datas convencionadas.

Parágrafo único. Nos contratos de execução continuada ou de fornecimento contínuo de bens e serviços, será permitida a substituição da apólice de seguro-garantia na data de renovação ou de aniversário, desde que mantidas as mesmas condições e coberturas da apólice vigente e desde que nenhum período fique descoberto, ressalvado o disposto no § 2º do art. 96 desta Lei.

Art. 98. Nas contratações de obras, serviços e fornecimentos, a garantia poderá ser de até 5% (cinco por cento) do valor inicial do contrato, autorizada a majoração desse percentual para até 10% (dez por cento), desde que justificada mediante análise da complexidade técnica e dos riscos envolvidos.

Parágrafo único. Nas contratações de serviços e fornecimentos contínuos com vigência superior a 1 (um) ano, assim como nas subsequentes prorrogações, será utilizado o valor anual do contrato para definição e aplicação dos percentuais previstos no *caput* deste artigo.

Art. 99. Nas contratações de obras e serviços de engenharia de grande vulto, poderá ser exigida a prestação de garantia, na modalidade seguro-garantia, com cláusula de retomada prevista no art. 102 desta Lei, em percentual equivalente a até 30% (trinta por cento) do valor inicial do contrato.

Art. 100. A garantia prestada pelo contratado será liberada ou restituída após a fiel execução do contrato ou após a sua extinção por culpa exclusiva da Administração e, quando em dinheiro, atualizada monetariamente.

Art. 101. Nos casos de contratos que impliquem a entrega de bens pela Administração, dos quais o contratado ficará depositário, o valor desses bens deverá ser acrescido ao valor da garantia.

Art. 102. Na contratação de obras e serviços de engenharia, o edital poderá exigir a prestação da garantia na modalidade seguro-garantia e prever a obrigação de a seguradora, em caso de inadimplemento pelo contratado, assumir a execução e concluir o objeto do contrato, hipótese em que:

I - a seguradora deverá firmar o contrato, inclusive os aditivos, como interveniente anuente e poderá:

a) ter livre acesso às instalações em que for executado o contrato principal;

b) acompanhar a execução do contrato principal;

c) ter acesso a auditoria técnica e contábil;

d) requerer esclarecimentos ao responsável técnico pela obra ou pelo fornecimento;

II - a emissão de empenho em nome da seguradora, ou a quem ela indicar para a conclusão do contrato, será autorizada desde que demonstrada sua regularidade fiscal;

III - a seguradora poderá subcontratar a conclusão do contrato, total ou parcialmente.

Parágrafo único. Na hipótese de inadimplemento do contratado, serão observadas as seguintes disposições:

I - caso a seguradora execute e conclua o objeto do contrato, estará isenta da obrigação de pagar a importância segurada indicada na apólice;

II - caso a seguradora não assuma a execução do contrato, pagará a integralidade da importância segurada indicada na apólice.

CAPÍTULO III
DA ALOCAÇÃO DE RISCOS

Art. 103. O contrato poderá identificar os riscos contratuais previstos e presumíveis e prever matriz de alocação de riscos, alocando-os entre contratante e contratado, mediante indicação daqueles a serem assumidos pelo setor público ou pelo setor privado ou daqueles a serem compartilhados.

§ 1º A alocação de riscos de que trata o *caput* deste artigo considerará, em compatibilidade com as obrigações e os encargos atribuídos às partes no contrato, a natureza do risco, o beneficiário das prestações a que se vincula e a capacidade de cada setor para melhor gerenciá-lo.

§ 2º Os riscos que tenham cobertura oferecida por seguradoras serão preferencialmente transferidos ao contratado.

§ 3º A alocação dos riscos contratuais será quantificada para fins de projeção dos reflexos de seus custos no valor estimado da contratação.

§ 4º A matriz de alocação de riscos definirá o equilíbrio econômico-financeiro inicial do contrato em relação a eventos supervenientes e deverá ser observada na solução de eventuais pleitos das partes.

§ 5º Sempre que atendidas as condições do contrato e da matriz de alocação de riscos, será considerado mantido o equilíbrio econômico-financeiro, renunciando as partes aos pedidos de restabelecimento do equilíbrio relacionados aos riscos assumidos, exceto no que se refere:

I - às alterações unilaterais determinadas pela Administração, nas hipóteses do inciso I do *caput* do art. 124 desta Lei;

II - ao aumento ou à redução, por legislação superveniente, dos tributos diretamente pagos pelo contratado em decorrência do contrato.

§ 6º Na alocação de que trata o *caput* deste artigo, poderão ser adotados métodos e padrões usualmente utilizados por entidades públicas e privadas, e os ministérios e secretarias supervisores dos órgãos e das entidades da Administração Pública poderão definir os parâmetros e o detalhamento dos procedimentos necessários a sua identificação, alocação e quantificação financeira.

CAPÍTULO IV
DAS PRERROGATIVAS DA ADMINISTRAÇÃO

Art. 104. O regime jurídico dos contratos instituído por esta Lei confere à Administração, em relação a eles, as prerrogativas de:

I - modificá-los, unilateralmente, para melhor adequação às finalidades de interesse público, respeitados os direitos do contratado;

II - extingui-los, unilateralmente, nos casos especificados nesta Lei;

III - fiscalizar sua execução;

IV - aplicar sanções motivadas pela inexecução total ou parcial do ajuste;

V - ocupar provisoriamente bens móveis e imóveis e utilizar pessoal e serviços vinculados ao objeto do contrato nas hipóteses de:

a) risco à prestação de serviços essenciais;

b) necessidade de acautelar apuração administrativa de faltas contratuais pelo contratado, inclusive após extinção do contrato.

§ 1º As cláusulas econômico-financeiras e monetárias dos contratos não poderão ser alteradas sem prévia concordância do contratado.

§ 2º Na hipótese prevista no inciso I do *caput* deste artigo, as cláusulas econômico-financeiras do contrato deverão ser revistas para que se mantenha o equilíbrio contratual.

CAPÍTULO V
DA DURAÇÃO DOS CONTRATOS

Art. 105. A duração dos contratos regidos por esta Lei será a prevista em edital, e deverão ser observadas, no momento da contratação e a cada exercício financeiro, a disponibilidade de créditos orçamentários, bem como a previsão no plano plurianual, quando ultrapassar 1 (um) exercício financeiro.

Art. 106. A Administração poderá celebrar contratos com prazo de até 5 (cinco) anos nas hipóteses de serviços e fornecimentos contínuos, observadas as seguintes diretrizes:

I - a autoridade competente do órgão ou entidade contratante deverá atestar a maior vantagem econômica vislumbrada em razão da contratação plurianual;

II - a Administração deverá atestar, no início da contratação e de cada exercício, a existência de créditos orçamentários vinculados à contratação e a vantagem em sua manutenção;

III - a Administração terá a opção de extinguir o contrato, sem ônus, quando não dispuser de créditos orçamentários para sua continuidade ou quando entender que o contrato não mais lhe oferece vantagem.

§ 1º A extinção mencionada no inciso III do *caput* deste artigo ocorrerá apenas na próxima data de aniversário do contrato e não poderá ocorrer em prazo inferior a 2 (dois) meses, contado da referida data.

§ 2º Aplica-se o disposto neste artigo ao aluguel de equipamentos e à utilização de programas de informática.

Art. 107. Os contratos de serviços e fornecimentos contínuos poderão ser prorrogados sucessivamente, respeitada a vigência máxima decenal, desde que haja previsão em edital e que a autoridade competente ateste que as condições e os preços permanecem vantajosos para a Administração, permitida a negociação com o contratado ou a extinção contratual sem ônus para qualquer das partes.

Art. 108. A Administração poderá celebrar contratos com prazo de até 10 (dez) anos nas hipóteses previstas nas alíneas "f" e "g" do inciso IV e nos incisos V, VI, XII e XVI do *caput* do art. 75 desta Lei.

Art. 109. A Administração poderá estabelecer a vigência por prazo indeterminado nos contratos em que seja usuária de serviço público oferecido em regime de monopólio, desde que comprovada, a cada exercício financeiro, a existência de créditos orçamentários vinculados à contratação.

Art. 110. Na contratação que gere receita e no contrato de eficiência que gere economia para a Administração, os prazos serão de:

I - até 10 (dez) anos, nos contratos sem investimento;

II - até 35 (trinta e cinco) anos, nos contratos com investimento, assim considerados aqueles que impliquem a elaboração de benfeitorias permanentes, realizadas exclusivamente a expensas do contratado, que serão revertidas ao patrimônio da Administração Pública ao término do contrato.

Art. 111. Na contratação que previr a conclusão de escopo predefinido, o prazo de vigência será automaticamente prorrogado quando seu objeto não for concluído no período firmado no contrato.

Parágrafo único. Quando a não conclusão decorrer de culpa do contratado:

I - o contratado será constituído em mora, aplicáveis a ele as respectivas sanções administrativas;

II - a Administração poderá optar pela extinção do contrato e, nesse caso, adotará as medidas admitidas em lei para a continuidade da execução contratual.

Art. 112. Os prazos contratuais previstos nesta Lei não excluem nem revogam os prazos contratuais previstos em lei especial.

Art. 113. O contrato firmado sob o regime de fornecimento e prestação de serviço associado terá sua vigência máxima definida pela soma do prazo relativo ao fornecimento inicial ou à entrega da obra com o prazo relativo ao serviço de operação e manutenção, este limitado a 5 (cinco) anos contados da data de recebimento do objeto inicial, autorizada a prorrogação na forma do art. 107 desta Lei.

Art. 114. O contrato que previr a operação continuada de sistemas estruturantes de tecnologia da informação poderá ter vigência máxima de 15 (quinze) anos.

CAPÍTULO VI
DA EXECUÇÃO DOS CONTRATOS

Art. 115. O contrato deverá ser executado fielmente pelas partes, de acordo com as cláusulas avençadas e as normas desta Lei, e cada parte responderá pelas consequências de sua inexecução total ou parcial.

§ 1º É proibido à Administração retardar imotivadamente a execução de obra ou serviço, ou de suas parcelas, inclusive na hipótese de posse do respectivo chefe do Poder Executivo ou de novo titular no órgão ou entidade contratante.

§ 2º (VETADO).

§ 3º (VETADO).

§ 4º Nas contratações de obras e serviços de engenharia, sempre que a responsabilidade pelo licenciamento ambiental for da Administração, a manifestação prévia ou licença prévia, quando cabíveis, deverão ser obtidas antes da divulgação do edital.

§ 5º Em caso de impedimento, ordem de paralisação ou suspensão do contrato, o cronograma de execução será prorrogado automaticamente pelo tempo correspondente, anotadas tais circunstâncias mediante simples apostila.

§ 6º Nas contratações de obras, verificada a ocorrência do disposto no § 5º deste artigo por mais de 1 (um) mês, a Administração deverá divulgar, em sítio eletrônico oficial e em placa a ser afixada em local da obra de fácil visualização pelos cidadãos, aviso público de obra paralisada, com o motivo e o responsável pela inexecução temporária do objeto do contrato e a data prevista para o reinício da sua execução.

§ 7º Os textos com as informações de que trata o § 6º deste artigo deverão ser elaborados pela Administração.

Art. 116. Ao longo de toda a execução do contrato, o contratado deverá cumprir a reserva de cargos prevista em lei para pessoa com deficiência, para reabilitado da Previdência Social ou para aprendiz, bem como as reservas de cargos previstas em outras normas específicas.

Parágrafo único. Sempre que solicitado pela Administração, o contratado deverá comprovar o cumprimento da reserva de cargos a que se refere o *caput* deste artigo, com a indicação dos empregados que preencherem as referidas vagas.

Art. 117. A execução do contrato deverá ser acompanhada e fiscalizada por 1 (um) ou mais fiscais do contrato, representantes da Administração especialmente designados conforme requisitos estabelecidos no art. 7º desta Lei, ou pelos respectivos substitutos, permitida a contratação de terceiros para assisti-los e subsidiá-los com informações pertinentes a essa atribuição.

§ 1º O fiscal do contrato anotará em registro próprio todas as ocorrências relacionadas à execução do contrato, determinando o que for necessário para a regularização das faltas ou dos defeitos observados.

§ 2º O fiscal do contrato informará a seus superiores, em tempo hábil para a adoção das medidas convenientes, a situação que demandar decisão ou providência que ultrapasse sua competência.

§ 3º O fiscal do contrato será auxiliado pelos órgãos de assessoramento jurídico e de controle interno da Administração, que deverão dirimir dúvidas e subsidiá-lo com informações relevantes para prevenir riscos na execução contratual.

§ 4º Na hipótese da contratação de terceiros prevista no *caput* deste artigo, deverão ser observadas as seguintes regras:

I - a empresa ou o profissional contratado assumirá responsabilidade civil objetiva pela veracidade e pela precisão das informações prestadas, firmará termo de compromisso de confidencialidade e não poderá exercer atribuição própria e exclusiva de fiscal de contrato;

II - a contratação de terceiros não eximirá de responsabilidade o fiscal do contrato, nos limites das informações recebidas do terceiro contratado.

Art. 118. O contratado deverá manter preposto aceito pela Administração no local da obra ou do serviço para representá-lo na execução do contrato.

Art. 119. O contratado será obrigado a reparar, corrigir, remover, reconstruir ou substituir, a suas expensas, no total ou em parte, o objeto do contrato em que se verificarem vícios, defeitos ou incorreções resultantes de sua execução ou de materiais nela empregados.

Art. 120. O contratado será responsável pelos danos causados diretamente à Administração ou a terceiros em razão da execução do contrato, e não excluirá nem reduzirá essa responsabilidade a fiscalização ou o acompanhamento pelo contratante.

Art. 121. Somente o contratado será responsável pelos encargos trabalhistas, previdenciários, fiscais e comerciais resultantes da execução do contrato.

§ 1º A inadimplência do contratado em relação aos encargos trabalhistas, fiscais e comerciais não transferirá à Administração a responsabilidade pelo seu pagamento e não poderá onerar o objeto do contrato nem restringir a regularização e o uso das obras e das edificações, inclusive perante o registro de imóveis, ressalvada a hipótese prevista no § 2º deste artigo.

§ 2º Exclusivamente nas contratações de serviços contínuos com regime de dedicação exclusiva de mão de obra, a Administração responderá solidariamente pelos encargos previdenciários e subsidiariamente pelos encargos trabalhistas se comprovada falha na fiscalização do cumprimento das obrigações do contratado.

§ 3º Nas contratações de serviços contínuos com regime de dedicação exclusiva de mão de obra, para assegurar o cumprimento de obrigações trabalhistas pelo contratado, a Administração, mediante disposição em edital ou em contrato, poderá, entre outras medidas:

I - exigir caução, fiança bancária ou contratação de seguro-garantia com cobertura para verbas rescisórias inadimplidas;

II - condicionar o pagamento à comprovação de quitação das obrigações trabalhistas vencidas relativas ao contrato;

III - efetuar o depósito de valores em conta vinculada;

IV - em caso de inadimplemento, efetuar diretamente o pagamento das verbas trabalhistas, que serão deduzidas do pagamento devido ao contratado;

V - estabelecer que os valores destinados a férias, a décimo terceiro salário, a ausências legais e a verbas rescisórias dos empregados do contratado que participarem da execução dos serviços contratados serão pagos pelo contratante ao contratado somente na ocorrência do fato gerador.

§ 4º Os valores depositados na conta vinculada a que se refere o inciso III do § 3º deste artigo são absolutamente impenhoráveis.

§ 5º O recolhimento das contribuições previdenciárias observará o disposto no art. 31 da Lei nº 8.212, de 24 de julho de 1991.

Art. 122. Na execução do contrato e sem prejuízo das responsabilidades contratuais e legais, o contratado poderá subcontratar partes da obra, do serviço ou do fornecimento até o limite autorizado, em cada caso, pela Administração.

§ 1º O contratado apresentará à Administração documentação que comprove a capacidade técnica do subcontratado, que será avaliada e juntada aos autos do processo correspondente.

§ 2º Regulamento ou edital de licitação poderão vedar, restringir ou estabelecer condições para a subcontratação.

§ 3º Será vedada a subcontratação de pessoa física ou jurídica, se aquela ou os dirigentes desta mantiverem vínculo de natureza técnica, comercial, econômica, financeira, trabalhista ou civil com dirigente do órgão ou entidade contratante ou com agente público que desempenhe função na licitação ou atue na fiscalização ou na gestão do contrato, ou se deles forem cônjuge, companheiro ou parente em linha reta, colateral, ou por afinidade, até o terceiro grau, devendo essa proibição constar expressamente do edital de licitação.

Art. 123. A Administração terá o dever de explicitamente emitir decisão sobre todas as solicitações e reclamações relacionadas à execução dos contratos regidos por esta Lei, ressalvados os requerimentos manifestamente impertinentes, meramente protelatórios ou de nenhum interesse para a boa execução do contrato.

Parágrafo único. Salvo disposição legal ou cláusula contratual que estabeleça prazo específico, concluída a instrução do requerimento, a Administração terá o prazo de 1 (um) mês para decidir, admitida a prorrogação motivada por igual período.

CAPÍTULO VII
DA ALTERAÇÃO DOS CONTRATOS E DOS PREÇOS

Art. 124. Os contratos regidos por esta Lei poderão ser alterados, com as devidas justificativas, nos seguintes casos:

I - unilateralmente pela Administração:

a) quando houver modificação do projeto ou das especificações, para melhor adequação técnica a seus objetivos;

b) quando for necessária a modificação do valor contratual em decorrência de acréscimo ou diminuição quantitativa de seu objeto, nos limites permitidos por esta Lei;

II - por acordo entre as partes:

a) quando conveniente a substituição da garantia de execução;

b) quando necessária a modificação do regime de execução da obra ou do serviço, bem como do modo de fornecimento, em face de verificação técnica da inaplicabilidade dos termos contratuais originários;

c) quando necessária a modificação da forma de pagamento por imposição de circunstâncias supervenientes, mantido o valor inicial atualizado e vedada a antecipação do pagamento em relação ao cronograma financeiro fixado sem a correspondente contraprestação de fornecimento de bens ou execução de obra ou serviço;

d) para restabelecer o equilíbrio econômico-financeiro inicial do contrato em caso de força maior, caso fortuito ou fato do príncipe ou em decorrência de fatos imprevisíveis ou previsíveis de consequências incalculáveis, que inviabilizem a execução do contrato tal como pactuado, respeitada, em qualquer caso, a repartição objetiva de risco estabelecida no contrato.

§ 1º Se forem decorrentes de falhas de projeto, as alterações de contratos de obras e serviços de engenharia ensejarão apuração de responsabilidade do responsável técnico e adoção das providências necessárias para o ressarcimento dos danos causados à Administração.

§ 2º Será aplicado o disposto na alínea "d" do inciso II do *caput* deste artigo às contratações de obras e serviços de engenharia, quando a execução for obstada pelo atraso na conclusão de procedimentos de desapropriação, desocupação, servidão administrativa ou licenciamento ambiental, por circunstâncias alheias ao contratado.

Art. 125. Nas alterações unilaterais a que se refere o inciso I do *caput* do art. 124 desta Lei, o contratado será obrigado a aceitar, nas mesmas condições contratuais, acréscimos ou supressões de até 25% (vinte e cinco por cento) do valor inicial atualizado do contrato que se fizerem nas obras, nos serviços ou nas compras, e, no caso de reforma de edifício ou de equipamento, o limite para os acréscimos será de 50% (cinquenta por cento).

Art. 126. As alterações unilaterais a que se refere o inciso I do *caput* do art. 124 desta Lei não poderão transfigurar o objeto da contratação.

Art. 127. Se o contrato não contemplar preços unitários para obras ou serviços cujo aditamento se fizer necessário, esses serão fixados por meio da aplicação da relação geral entre os valores da proposta e o do orçamento-base da Administração sobre os preços referenciais ou de mercado vigentes na data do aditamento, respeitados os limites estabelecidos no art. 125 desta Lei.

Art. 128. Nas contratações de obras e serviços de engenharia, a diferença percentual entre o valor global do contrato e o preço global de referência não poderá ser reduzida em favor do contratado em decorrência de aditamentos que modifiquem a planilha orçamentária.

Art. 129. Nas alterações contratuais para supressão de obras, bens ou serviços, se o contratado já houver adquirido os materiais e os colocado no local dos trabalhos, estes deverão ser pagos pela Administração pelos custos de aquisição regularmente comprovados e monetariamente reajustados, podendo caber indenização por outros danos eventualmente decorrentes da supressão, desde que regularmente comprovados.

Art. 130. Caso haja alteração unilateral do contrato que aumente ou diminua os encargos do contratado, a Administração deverá restabelecer, no mesmo termo aditivo, o equilíbrio econômico-financeiro inicial.

Art. 131. A extinção do contrato não configurará óbice para o reconhecimento do desequilíbrio econômico-financeiro, hipótese em que será concedida indenização por meio de termo indenizatório.

Parágrafo único. O pedido de restabelecimento do equilíbrio econômico-financeiro deverá ser formulado durante a vigência do contrato e antes de eventual prorrogação nos termos do art. 107 desta Lei.

Art. 132. A formalização do termo aditivo é condição para a execução, pelo contratado, das prestações determinadas pela Administração no curso da execução do contrato, salvo nos casos de justificada necessidade de antecipação de seus efeitos, hipótese em que a formalização deverá ocorrer no prazo máximo de 1 (um) mês.

Art. 133. Nas hipóteses em que for adotada a contratação integrada ou semi-integrada, é vedada a alteração dos valores contratuais, exceto nos seguintes casos:

I - para restabelecimento do equilíbrio econômico-financeiro decorrente de caso fortuito ou força maior;

II - por necessidade de alteração do projeto ou das especificações para melhor adequação técnica aos objetivos da contratação, a pedido da Administração, desde que não decorrente de erros ou omissões por parte do contratado, observados os limites estabelecidos no art. 125 desta Lei;

III - por necessidade de alteração do projeto nas contratações semi-integradas, nos termos do § 5º do art. 46 desta Lei;

IV - por ocorrência de evento superveniente alocado na matriz de riscos como de responsabilidade da Administração.

Art. 134. Os preços contratados serão alterados, para mais ou para menos, conforme o caso, se houver, após a data da apresentação da proposta, criação, alteração ou extinção de quaisquer tributos ou encargos legais ou a superveniência de disposições legais, com comprovada repercussão sobre os preços contratados.

Art. 135. Os preços dos contratos para serviços contínuos com regime de dedicação exclusiva de mão de obra ou com predominância de mão de obra serão repactuados para manutenção do equilíbrio econômico-financeiro, mediante demonstração analítica da variação dos custos contratuais, com data vinculada:

I - à da apresentação da proposta, para custos decorrentes do mercado;

II - ao acordo, à convenção coletiva ou ao dissídio coletivo ao qual a proposta esteja vinculada, para os custos de mão de obra.

§ 1º A Administração não se vinculará às disposições contidas em acordos, convenções ou dissídios coletivos de trabalho que tratem de matéria não trabalhista, de pagamento de participação dos trabalhadores nos lucros ou resultados do contratado, ou que estabeleçam direitos não previstos em lei, como valores ou índices obrigatórios de encargos sociais ou previdenciários, bem como de preços para os insumos relacionados ao exercício da atividade.

§ 2º É vedado a órgão ou entidade contratante vincular-se às disposições previstas nos acordos, convenções ou dissídios coletivos de trabalho que tratem de obrigações e direitos que somente se aplicam aos contratos com a Administração Pública.

§ 3º A repactuação deverá observar o interregno mínimo de 1 (um) ano, contado da data da apresentação da proposta ou da data da última repactuação.

§ 4º A repactuação poderá ser dividida em tantas parcelas quantas forem necessárias, observado o princípio da anualidade do reajuste de preços da contratação, podendo ser realizada em momentos distintos para discutir a variação de custos que tenham sua anualidade resultante em datas diferenciadas, como os decorrentes de mão de obra e os decorrentes dos insumos necessários à execução dos serviços.

§ 5º Quando a contratação envolver mais de uma categoria profissional, a repactuação a que se refere o inciso II do *caput* deste artigo poderá ser dividida em tantos quantos forem os acordos, convenções ou dissídios coletivos de trabalho das categorias envolvidas na contratação.

§ 6º A repactuação será precedida de solicitação do contratado, acompanhada de demonstração analítica da variação dos custos, por meio de apresentação da planilha de custos e formação de preços, ou do novo acordo, convenção ou sentença normativa que fundamenta a repactuação.

Art. 136. Registros que não caracterizam alteração do contrato podem ser realizados por simples apostila, dispensada a celebração de termo aditivo, como nas seguintes situações:

I - variação do valor contratual para fazer face ao reajuste ou à repactuação de preços previstos no próprio contrato;

II - atualizações, compensações ou penalizações financeiras decorrentes das condições de pagamento previstas no contrato;

III - alterações na razão ou na denominação social do contratado;

IV - empenho de dotações orçamentárias.

CAPÍTULO VIII
DAS HIPÓTESES DE EXTINÇÃO DOS CONTRATOS

Art. 137. Constituirão motivos para extinção do contrato, a qual deverá ser formalmente motivada nos autos do processo, assegurados o contraditório e a ampla defesa, as seguintes situações:

I - não cumprimento ou cumprimento irregular de normas editalícias ou de cláusulas contratuais, de especificações, de projetos ou de prazos;

II - desatendimento das determinações regulares emitidas pela autoridade designada para acompanhar e fiscalizar sua execução ou por autoridade superior;

III - alteração social ou modificação da finalidade ou da estrutura da empresa que restrinja sua capacidade de concluir o contrato;

IV - decretação de falência ou de insolvência civil, dissolução da sociedade ou falecimento do contratado;

V - caso fortuito ou força maior, regularmente comprovados, impeditivos da execução do contrato;

VI - atraso na obtenção da licença ambiental, ou impossibilidade de obtê-la, ou alteração substancial do anteprojeto que dela resultar, ainda que obtida no prazo previsto;

VII - atraso na liberação das áreas sujeitas a desapropriação, a desocupação ou a servidão administrativa, ou impossibilidade de liberação dessas áreas;

VIII - razões de interesse público, justificadas pela autoridade máxima do órgão ou da entidade contratante;

IX - não cumprimento das obrigações relativas à reserva de cargos prevista em lei, bem como em outras normas específicas, para pessoa com deficiência, para reabilitado da Previdência Social ou para aprendiz.

§ 1º Regulamento poderá especificar procedimentos e critérios para verificação da ocorrência dos motivos previstos no *caput* deste artigo.

§ 2º O contratado terá direito à extinção do contrato nas seguintes hipóteses:

I - supressão, por parte da Administração, de obras, serviços ou compras que acarrete modificação do valor inicial do contrato além do limite permitido no art. 125 desta Lei;

II - suspensão de execução do contrato, por ordem escrita da Administração, por prazo superior a 3 (três) meses;

III - repetidas suspensões que totalizem 90 (noventa) dias úteis, independentemente do pagamento obrigatório de indenização pelas sucessivas e contratualmente imprevistas desmobilizações e mobilizações e outras previstas;

IV - atraso superior a 2 (dois) meses, contado da emissão da nota fiscal, dos pagamentos ou de parcelas de pagamentos devidos pela Administração por despesas de obras, serviços ou fornecimentos;

V - não liberação pela Administração, nos prazos contratuais, de área, local ou objeto, para execução de obra, serviço ou fornecimento, e de fontes de materiais naturais especificadas no projeto, inclusive devido a atraso ou descumprimento das obrigações atribuídas pelo contrato à Administração relacionadas a desapropriação, a desocupação de áreas públicas ou a licenciamento ambiental.

§ 3º As hipóteses de extinção a que se referem os incisos II, III e IV do § 2º deste artigo observarão as seguintes disposições:

I - não serão admitidas em caso de calamidade pública, de grave perturbação da ordem interna ou de guerra, bem como quando decorrerem de ato ou fato que o contratado tenha praticado, do qual tenha participado ou para o qual tenha contribuído;

II - assegurarão ao contratado o direito de optar pela suspensão do cumprimento das obrigações assumidas até a normalização da situação, admitido o restabelecimento do equilíbrio econômico-financeiro do contrato, na forma da alínea "d" do inciso II do *caput* do art. 124 desta Lei.

§ 4º Os emitentes das garantias previstas no art. 96 desta Lei deverão ser notificados pelo contratante quanto ao início de processo administrativo para apuração de descumprimento de cláusulas contratuais.

Art. 138. A extinção do contrato poderá ser:

I - determinada por ato unilateral e escrito da Administração, exceto no caso de descumprimento decorrente de sua própria conduta;

II - consensual, por acordo entre as partes, por conciliação, por mediação ou por comitê de resolução de disputas, desde que haja interesse da Administração;

III - determinada por decisão arbitral, em decorrência de cláusula compromissória ou compromisso arbitral, ou por decisão judicial.

§ 1º A extinção determinada por ato unilateral da Administração e a extinção consensual deverão ser precedidas de autorização escrita e fundamentada da autoridade competente e reduzidas a termo no respectivo processo.

§ 2º Quando a extinção decorrer de culpa exclusiva da Administração, o contratado será ressarcido pelos prejuízos regularmente comprovados que houver sofrido e terá direito a:

I - devolução da garantia;

II - pagamentos devidos pela execução do contrato até a data de extinção;

III - pagamento do custo da desmobilização.

Art. 139. A extinção determinada por ato unilateral da Administração poderá acarretar, sem prejuízo das sanções previstas nesta Lei, as seguintes consequências:

I - assunção imediata do objeto do contrato, no estado e local em que se encontrar, por ato próprio da Administração;

II - ocupação e utilização do local, das instalações, dos equipamentos, do material e do pessoal empregados na execução do contrato e necessários à sua continuidade;

III - execução da garantia contratual para:

a) ressarcimento da Administração Pública por prejuízos decorrentes da não execução;

b) pagamento de verbas trabalhistas, fundiárias e previdenciárias, quando cabível;

c) pagamento das multas devidas à Administração Pública;

d) exigência da assunção da execução e da conclusão do objeto do contrato pela seguradora, quando cabível;

IV - retenção dos créditos decorrentes do contrato até o limite dos prejuízos causados à Administração Pública e das multas aplicadas.

§ 1º A aplicação das medidas previstas nos incisos I e II do *caput* deste artigo ficará a critério da Administração, que poderá dar continuidade à obra ou ao serviço por execução direta ou indireta.

§ 2º Na hipótese do inciso II do *caput* deste artigo, o ato deverá ser precedido de autorização expressa do ministro de Estado, do secretário estadual ou do secretário municipal competente, conforme o caso.

CAPÍTULO IX
DO RECEBIMENTO DO OBJETO DO CONTRATO

Art. 140. O objeto do contrato será recebido:

I - em se tratando de obras e serviços:

a) provisoriamente, pelo responsável por seu acompanhamento e fiscalização, mediante termo detalhado, quando verificado o cumprimento das exigências de caráter técnico;

b) definitivamente, por servidor ou comissão designada pela autoridade competente, mediante termo detalhado que comprove o atendimento das exigências contratuais;

II - em se tratando de compras:

a) provisoriamente, de forma sumária, pelo responsável por seu acompanhamento e fiscalização, com verificação posterior da conformidade do material com as exigências contratuais;

b) definitivamente, por servidor ou comissão designada pela autoridade competente, mediante termo detalhado que comprove o atendimento das exigências contratuais.

§ 1º O objeto do contrato poderá ser rejeitado, no todo ou em parte, quando estiver em desacordo com o contrato.

§ 2º O recebimento provisório ou definitivo não excluirá a responsabilidade civil pela solidez e pela segurança da obra ou serviço nem a responsabilidade ético-profissional pela perfeita execução do contrato, nos limites estabelecidos pela lei ou pelo contrato.

§ 3º Os prazos e os métodos para a realização dos recebimentos provisório e definitivo serão definidos em regulamento ou no contrato.

§ 4º Salvo disposição em contrário constante do edital ou de ato normativo, os ensaios, os testes e as demais provas para aferição da boa execução do objeto do contrato exigidos por normas técnicas oficiais correrão por conta do contratado.

§ 5º Em se tratando de projeto de obra, o recebimento definitivo pela Administração não eximirá o projetista ou o consultor da responsabilidade objetiva por todos os danos causados por falha de projeto.

§ 6º Em se tratando de obra, o recebimento definitivo pela Administração não eximirá o contratado, pelo prazo mínimo de 5 (cinco) anos, admitida a previsão de prazo de garantia superior no edital e no contrato, da responsabilidade objetiva pela solidez e pela segurança dos materiais e dos serviços executados e pela funcionalidade da construção, da reforma, da recuperação ou da ampliação do bem imóvel, e, em caso de vício, defeito ou incorreção identificados, o contratado ficará responsável pela reparação, pela correção, pela reconstrução ou pela substituição necessárias.

CAPÍTULO X
DOS PAGAMENTOS

Art. 141. No dever de pagamento pela Administração, será observada a ordem cronológica para cada fonte diferenciada de recursos, subdividida nas seguintes categorias de contratos:

I - fornecimento de bens;

II - locações;

III - prestação de serviços;

IV - realização de obras.

§ 1º A ordem cronológica referida no *caput* deste artigo poderá ser alterada, mediante prévia justificativa da autoridade competente e posterior comunicação ao órgão de controle interno da Administração e ao tribunal de contas competente, exclusivamente nas seguintes situações:

I - grave perturbação da ordem, situação de emergência ou calamidade pública;

II - pagamento a microempresa, empresa de pequeno porte, agricultor familiar, produtor rural pessoa física, microempreendedor individual e sociedade cooperativa, desde que demonstrado o risco de descontinuidade do cumprimento do objeto do contrato;

III - pagamento de serviços necessários ao funcionamento dos sistemas estruturantes, desde que demonstrado o risco de descontinuidade do cumprimento do objeto do contrato;

IV - pagamento de direitos oriundos de contratos em caso de falência, recuperação judicial ou dissolução da empresa contratada;

V - pagamento de contrato cujo objeto seja imprescindível para assegurar a integridade do patrimônio público ou para manter o funcionamento das atividades finalísticas do órgão ou entidade, quando demonstrado o risco de descontinuidade da prestação de serviço público de relevância ou o cumprimento da missão institucional.

§ 2º A inobservância imotivada da ordem cronológica referida no *caput* deste artigo ensejará a apuração de responsabilidade do agente responsável, cabendo aos órgãos de controle a sua fiscalização.

§ 3º O órgão ou entidade deverá disponibilizar, mensalmente, em seção específica de acesso à informação em seu sítio na internet, a ordem cronológica de seus pagamentos, bem como as justificativas que fundamentarem a eventual alteração dessa ordem.

Art. 142. Disposição expressa no edital ou no contrato poderá prever pagamento em conta vinculada ou pagamento pela efetiva comprovação do fato gerador.

Parágrafo único. (VETADO).

Art. 143. No caso de controvérsia sobre a execução do objeto, quanto a dimensão, qualidade e quantidade, a parcela incontroversa deverá ser liberada no prazo previsto para pagamento.

Art. 144. Na contratação de obras, fornecimentos e serviços, inclusive de engenharia, poderá ser estabelecida remuneração variável vinculada ao desempenho do contratado, com base em metas, padrões de qualidade, critérios de sustentabilidade ambiental e prazos de entrega definidos no edital de licitação e no contrato.

§ 1º O pagamento poderá ser ajustado em base percentual sobre o valor economizado em determinada despesa, quando o objeto do contrato visar à implantação de processo de racionalização, hipótese em que as despesas correrão à conta dos mesmos créditos orçamentários, na forma de regulamentação específica.

§ 2º A utilização de remuneração variável será motivada e respeitará o limite orçamentário fixado pela Administração para a contratação.

Art. 145. Não será permitido pagamento antecipado, parcial ou total, relativo a parcelas contratuais vinculadas ao fornecimento de bens, à execução de obras ou à prestação de serviços.

§ 1º A antecipação de pagamento somente será permitida se propiciar sensível economia de recursos ou se representar condição indispensável para a obtenção do bem ou para a prestação do serviço, hipótese que deverá ser previamente justificada no processo licitatório e expressamente prevista no edital de licitação ou instrumento formal de contratação direta.

§ 2º A Administração poderá exigir a prestação de garantia adicional como condição para o pagamento antecipado.

§ 3º Caso o objeto não seja executado no prazo contratual, o valor antecipado deverá ser devolvido.

Art. 146. No ato de liquidação da despesa, os serviços de contabilidade comunicarão aos órgãos da administração tributária as características da despesa e os valores pagos, conforme o disposto no art. 63 da Lei nº 4.320, de 17 de março de 1964.

CAPÍTULO XI
DA NULIDADE DOS CONTRATOS

Art. 147. Constatada irregularidade no procedimento licitatório ou na execução contratual, caso não seja possível o saneamento, a decisão sobre a suspensão da execução ou sobre a declaração de nulidade do contrato somente será adotada na hipótese em que se revelar medida de interesse público, com avaliação, entre outros, dos seguintes aspectos:

I - impactos econômicos e financeiros decorrentes do atraso na fruição dos benefícios do objeto do contrato;

II - riscos sociais, ambientais e à segurança da população local decorrentes do atraso na fruição dos benefícios do objeto do contrato;

III - motivação social e ambiental do contrato;

IV - custo da deterioração ou da perda das parcelas executadas;

V - despesa necessária à preservação das instalações e dos serviços já executados;

VI - despesa inerente à desmobilização e ao posterior retorno às atividades;

VII - medidas efetivamente adotadas pelo titular do órgão ou entidade para o saneamento dos indícios de irregularidades apontados;

VIII - custo total e estágio de execução física e financeira dos contratos, dos convênios, das obras ou das parcelas envolvidas;

IX - fechamento de postos de trabalho diretos e indiretos em razão da paralisação;

X - custo para realização de nova licitação ou celebração de novo contrato;

XI - custo de oportunidade do capital durante o período de paralisação.

Parágrafo único. Caso a paralisação ou anulação não se revele medida de interesse público, o poder público deverá optar pela continuidade do contrato e pela solução da irregularidade por meio de indenização por perdas e danos, sem prejuízo da apuração de responsabilidade e da aplicação de penalidades cabíveis.

Art. 148. A declaração de nulidade do contrato administrativo requererá análise prévia do interesse público envolvido, na forma do art. 147 desta Lei, e operará retroativamente, impedindo os efeitos jurídicos que o contrato deveria produzir ordinariamente e desconstituindo os já produzidos.

§ 1º Caso não seja possível o retorno à situação fática anterior, a nulidade será resolvida pela indenização por perdas e danos, sem prejuízo da apuração de responsabilidade e aplicação das penalidades cabíveis.

§ 2º Ao declarar a nulidade do contrato, a autoridade, com vistas à continuidade da atividade administrativa, poderá decidir que ela só tenha eficácia em momento futuro, suficiente para efetuar nova contratação, por prazo de até 6 (seis) meses, prorrogável uma única vez.

Art. 149. A nulidade não exonerará a Administração do dever de indenizar o contratado pelo que houver executado até a data em que for declarada ou tornada eficaz, bem como por outros prejuízos regularmente comprovados, desde que não lhe seja imputável, e será promovida a responsabilização de quem lhe tenha dado causa.

Art. 150. Nenhuma contratação será feita sem a caracterização adequada de seu objeto e sem a indicação dos créditos orçamentários para pagamento das parcelas contratuais vincendas no exercício em que for realizada a contratação, sob pena de nulidade do ato e de responsabilização de quem lhe tiver dado causa.

CAPÍTULO XII
DOS MEIOS ALTERNATIVOS DE RESOLUÇÃO DE CONTROVÉRSIAS

Art. 151. Nas contratações regidas por esta Lei, poderão ser utilizados meios alternativos de prevenção e resolução de controvérsias, notadamente a conciliação, a mediação, o comitê de resolução de disputas e a arbitragem.

Parágrafo único. Será aplicado o disposto no *caput* deste artigo às controvérsias relacionadas a direitos patrimoniais disponíveis, como as questões relacionadas ao restabelecimento do equilíbrio econômico-financeiro do contrato, ao inadimplemento de obrigações contratuais por quaisquer das partes e ao cálculo de indenizações.

Art. 152. A arbitragem será sempre de direito e observará o princípio da publicidade.

Art. 153. Os contratos poderão ser aditados para permitir a adoção dos meios alternativos de resolução de controvérsias.

Art. 154. O processo de escolha dos árbitros, dos colegiados arbitrais e dos comitês de resolução de disputas observará critérios isonômicos, técnicos e transparentes.

TÍTULO IV
DAS IRREGULARIDADES

CAPÍTULO I
DAS INFRAÇÕES E SANÇÕES ADMINISTRATIVAS

Art. 155. O licitante ou o contratado será responsabilizado administrativamente pelas seguintes infrações:

I - dar causa à inexecução parcial do contrato;

II - dar causa à inexecução parcial do contrato que cause grave dano à Administração, ao funcionamento dos serviços públicos ou ao interesse coletivo;

III - dar causa à inexecução total do contrato;

IV - deixar de entregar a documentação exigida para o certame;

V - não manter a proposta, salvo em decorrência de fato superveniente devidamente justificado;

VI - não celebrar o contrato ou não entregar a documentação exigida para a contratação, quando convocado dentro do prazo de validade de sua proposta;

VII - ensejar o retardamento da execução ou da entrega do objeto da licitação sem motivo justificado;

VIII - apresentar declaração ou documentação falsa exigida para o certame ou prestar declaração falsa durante a licitação ou a execução do contrato;

IX - fraudar a licitação ou praticar ato fraudulento na execução do contrato;

X - comportar-se de modo inidôneo ou cometer fraude de qualquer natureza;

XI - praticar atos ilícitos com vistas a frustrar os objetivos da licitação;

XII - praticar ato lesivo previsto no art. 5º da Lei nº 12.846, de 1º de agosto de 2013.

Art. 156. Serão aplicadas ao responsável pelas infrações administrativas previstas nesta Lei as seguintes sanções:

I - advertência;

II - multa;

III - impedimento de licitar e contratar;

IV - declaração de inidoneidade para licitar ou contratar.

§ 1º Na aplicação das sanções serão considerados:

I - a natureza e a gravidade da infração cometida;

II - as peculiaridades do caso concreto;

III - as circunstâncias agravantes ou atenuantes;

IV - os danos que dela provierem para a Administração Pública;

V - a implantação ou o aperfeiçoamento de programa de integridade, conforme normas e orientações dos órgãos de controle.

§ 2º A sanção prevista no inciso I do *caput* deste artigo será aplicada exclusivamente pela infração administrativa prevista no inciso I do *caput* do art. 155 desta Lei, quando não se justificar a imposição de penalidade mais grave.

§ 3º A sanção prevista no inciso II do *caput* deste artigo, calculada na forma do edital ou do contrato, não poderá ser inferior a 0,5% (cinco décimos por cento) nem superior a 30% (trinta por cento) do valor do contrato licitado ou celebrado com contratação direta e será aplicada ao responsável por qualquer das infrações administrativas previstas no art. 155 desta Lei.

§ 4º A sanção prevista no inciso III do *caput* deste artigo será aplicada ao responsável pelas infrações administrativas previstas nos incisos II, III, IV, V, VI e VII do *caput* do art. 155 desta Lei, quando não se justificar a imposição de penalidade mais grave, e impedirá o responsável de licitar ou contratar no âmbito da Administração Pública direta e indireta do ente federativo que tiver aplicado a sanção, pelo prazo máximo de 3 (três) anos.

§ 5º A sanção prevista no inciso IV do *caput* deste artigo será aplicada ao responsável pelas infrações administrativas previstas nos incisos VIII, IX, X, XI e XII do *caput* do art. 155 desta Lei, bem como pelas infrações administrativas previstas nos incisos II, III, IV, V, VI e VII do *caput* do referido artigo que justifiquem a imposição de penalidade mais grave que a sanção referida no § 4º deste artigo, e impedirá o responsável de licitar ou contratar no âmbito da Administração Pública direta e indireta de todos os entes federativos, pelo prazo mínimo de 3 (três) anos e máximo de 6 (seis) anos.

§ 6º A sanção estabelecida no inciso IV do *caput* deste artigo será precedida de análise jurídica e observará as seguintes regras:

I - quando aplicada por órgão do Poder Executivo, será de competência exclusiva de ministro de Estado, de secretário estadual ou de secretário municipal e, quando aplicada por autarquia ou fundação, será de competência exclusiva da autoridade máxima da entidade;

II - quando aplicada por órgãos dos Poderes Legislativo e Judiciário, pelo Ministério Público e pela Defensoria Pública no desempenho da função administrativa, será de competência exclusiva de autoridade de nível hierárquico equivalente às autoridades referidas no inciso I deste parágrafo, na forma de regulamento.

§ 7º As sanções previstas nos incisos I, III e IV do *caput* deste artigo poderão ser aplicadas cumulativamente com a prevista no inciso II do *caput* deste artigo.

§ 8º Se a multa aplicada e as indenizações cabíveis forem superiores ao valor de pagamento eventualmente devido pela Administração ao contratado, além da perda desse valor, a diferença será descontada da garantia prestada ou será cobrada judicialmente.

§ 9º A aplicação das sanções previstas no *caput* deste artigo não exclui, em hipótese alguma, a obrigação de reparação integral do dano causado à Administração Pública.

Art. 157. Na aplicação da sanção prevista no inciso II do *caput* do art. 156 desta Lei, será facultada a defesa do interessado no prazo de 15 (quinze) dias úteis, contado da data de sua intimação.

Art. 158. A aplicação das sanções previstas nos incisos III e IV do *caput* do art. 156 desta Lei requererá a instauração de processo de responsabilização, a ser conduzido por comissão composta de 2 (dois) ou mais servidores estáveis, que avaliará fatos e circunstâncias conhecidos e intimará o licitante ou o contratado para, no prazo de 15 (quinze) dias úteis, contado da data de intimação, apresentar defesa escrita e especificar as provas que pretenda produzir.

§ 1º Em órgão ou entidade da Administração Pública cujo quadro funcional não seja formado de servidores estatutários, a comissão a que se refere o *caput* deste artigo será composta de 2 (dois) ou mais empregados públicos pertencentes aos seus quadros permanentes, preferencialmente com, no mínimo, 3 (três) anos de tempo de serviço no órgão ou entidade.

§ 2º Na hipótese de deferimento de pedido de produção de novas provas ou de juntada de provas julgadas indispensáveis pela comissão, o licitante ou o contratado poderá apresentar alegações finais no prazo de 15 (quinze) dias úteis, contado da data da intimação.

§ 3º Serão indeferidas pela comissão, mediante decisão fundamentada, provas ilícitas, impertinentes, desnecessárias, protelatórias ou intempestivas.

§ 4º A prescrição ocorrerá em 5 (cinco) anos, contados da ciência da infração pela Administração, e será:

I - interrompida pela instauração do processo de responsabilização a que se refere o *caput* deste artigo;

II - suspensa pela celebração de acordo de leniência previsto na Lei nº 12.846, de 1º de agosto de 2013;

III - suspensa por decisão judicial que inviabilize a conclusão da apuração administrativa.

Art. 159. Os atos previstos como infrações administrativas nesta Lei ou em outras leis de licitações e contratos da Administração Pública que também sejam tipificados como atos lesivos na Lei nº 12.846, de 1º de agosto de 2013, serão apurados e julgados conjuntamente, nos mesmos autos, observados o rito procedimental e a autoridade competente definidos na referida Lei.

Parágrafo único. (VETADO).

Art. 160. A personalidade jurídica poderá ser desconsiderada sempre que utilizada com abuso do direito para facilitar, encobrir ou dissimular a prática dos atos ilícitos previstos nesta Lei ou para provocar confusão patrimonial, e, nesse caso, todos os efeitos das sanções aplicadas à pessoa jurídica serão estendidos aos seus administradores e sócios com poderes de administração, a pessoa jurídica sucessora ou a empresa do mesmo ramo com relação de coligação ou controle, de fato ou de direito, com o sancionado, observados, em todos os casos, o contraditório, a ampla defesa e a obrigatoriedade de análise jurídica prévia.

Art. 161. Os órgãos e entidades dos Poderes Executivo, Legislativo e Judiciário de todos os entes federativos deverão, no prazo máximo 15 (quinze) dias úteis, contado da data de aplicação da sanção, informar e manter atualizados os dados relativos às sanções por eles aplicadas, para fins de publicidade no Cadastro Nacional de Empresas Inidôneas e Suspensas (Ceis) e no Cadastro Nacional de Empresas Punidas (Cnep), instituídos no âmbito do Poder Executivo federal.

Parágrafo único. Para fins de aplicação das sanções previstas nos incisos I, II, III e IV do *caput* do art. 156 desta Lei, o Poder Executivo regulamentará a forma de cômputo e as consequências da soma de diversas sanções aplicadas a uma mesma empresa e derivadas de contratos distintos.

Art. 162. O atraso injustificado na execução do contrato sujeitará o contratado a multa de mora, na forma prevista em edital ou em contrato.

Parágrafo único. A aplicação de multa de mora não impedirá que a Administração a converta em compensatória e promova a extinção unilateral do contrato com a aplicação cumulada de outras sanções previstas nesta Lei.

Art. 163. É admitida a reabilitação do licitante ou contratado perante a própria autoridade que aplicou a penalidade, exigidos, cumulativamente:

I - reparação integral do dano causado à Administração Pública;

II - pagamento da multa;

III - transcurso do prazo mínimo de 1 (um) ano da aplicação da penalidade, no caso de impedimento de licitar e contratar, ou de 3 (três) anos da aplicação da penalidade, no caso de declaração de inidoneidade;

IV - cumprimento das condições de reabilitação definidas no ato punitivo;

V - análise jurídica prévia, com posicionamento conclusivo quanto ao cumprimento dos requisitos definidos neste artigo.

Parágrafo único. A sanção pelas infrações previstas nos incisos VIII e XII do *caput* do art. 155 desta Lei exigirá, como condição de reabilitação do licitante ou contratado, a implantação ou aperfeiçoamento de programa de integridade pelo responsável.

CAPÍTULO II
DAS IMPUGNAÇÕES, DOS PEDIDOS DE ESCLARECIMENTO E DOS RECURSOS

Art. 164. Qualquer pessoa é parte legítima para impugnar edital de licitação por irregularidade na aplicação desta Lei ou para solicitar esclarecimento sobre os seus termos, devendo protocolar o pedido até 3 (três) dias úteis antes da data de abertura do certame.

Parágrafo único. A resposta à impugnação ou ao pedido de esclarecimento será divulgada em sítio eletrônico oficial no prazo de até 3 (três) dias úteis, limitado ao último dia útil anterior à data da abertura do certame.

Art. 165. Dos atos da Administração decorrentes da aplicação desta Lei cabem:

I - recurso, no prazo de 3 (três) dias úteis, contado da data de intimação ou de lavratura da ata, em face de:

a) ato que defira ou indefira pedido de pré-qualificação de interessado ou de inscrição em registro cadastral, sua alteração ou cancelamento;

b) julgamento das propostas;

c) ato de habilitação ou inabilitação de licitante;

d) anulação ou revogação da licitação;

e) extinção do contrato, quando determinada por ato unilateral e escrito da Administração;

II - pedido de reconsideração, no prazo de 3 (três) dias úteis, contado da data de intimação, relativamente a ato do qual não caiba recurso hierárquico.

§ 1º Quanto ao recurso apresentado em virtude do disposto nas alíneas "b" e "c" do inciso I do *caput* deste artigo, serão observadas as seguintes disposições:

I - a intenção de recorrer deverá ser manifestada imediatamente, sob pena de preclusão, e o prazo para apresentação das razões recursais previsto no inciso I do *caput* deste artigo será iniciado na data de intimação ou de lavratura da ata de habilitação ou inabilitação ou, na hipótese de adoção da inversão de fases prevista no § 1º do art. 17 desta Lei, da ata de julgamento;

II - a apreciação dar-se-á em fase única.

§ 2º O recurso de que trata o inciso I do *caput* deste artigo será dirigido à autoridade que tiver editado o ato ou proferido a decisão recorrida, que, se não reconsiderar o ato ou a decisão no prazo de 3 (três) dias úteis, encaminhará o recurso com a sua motivação à autoridade superior, a qual deverá proferir sua decisão no prazo máximo de 10 (dez) dias úteis, contado do recebimento dos autos.

§ 3º O acolhimento do recurso implicará invalidação apenas de ato insuscetível de aproveitamento.

§ 4º O prazo para apresentação de contrarrazões será o mesmo do recurso e terá início na data de intimação pessoal ou de divulgação da interposição do recurso.

§ 5º Será assegurado ao licitante vista dos elementos indispensáveis à defesa de seus interesses.

Art. 166. Da aplicação das sanções previstas nos incisos I, II e III do *caput* do art. 156 desta Lei caberá recurso no prazo de 15 (quinze) dias úteis, contado da data da intimação.

Parágrafo único. O recurso de que trata o *caput* deste artigo será dirigido à autoridade que tiver proferido a decisão recorrida, que, se não a reconsiderar no prazo de 5 (cinco) dias úteis, encaminhará o recurso com sua motivação à autoridade superior, a qual deverá proferir sua decisão no prazo máximo de 20 (vinte) dias úteis, contado do recebimento dos autos.

Art. 167. Da aplicação da sanção prevista no inciso IV do *caput* do art. 156 desta Lei caberá apenas pedido de reconsideração, que deverá ser apresentado no prazo de 15 (quinze) dias úteis, contado da data da intimação, e decidido no prazo máximo de 20 (vinte) dias úteis, contado do seu recebimento.

Art. 168. O recurso e o pedido de reconsideração terão efeito suspensivo do ato ou da decisão recorrida até que sobrevenha decisão final da autoridade competente.

Parágrafo único. Na elaboração de suas decisões, a autoridade competente será auxiliada pelo órgão de assessoramento jurídico, que deverá dirimir dúvidas e subsidiá-la com as informações necessárias.

CAPÍTULO III
DO CONTROLE DAS CONTRATAÇÕES

Art. 169. As contratações públicas deverão submeter-se a práticas contínuas e permanentes de gestão de riscos e de controle preventivo, inclusive mediante adoção de recursos de tecnologia da informação, e, além de estar subordinadas ao controle social, sujeitar-se-ão às seguintes linhas de defesa:

I - primeira linha de defesa, integrada por servidores e empregados públicos, agentes de licitação e autoridades que atuam na estrutura de governança do órgão ou entidade;

II - segunda linha de defesa, integrada pelas unidades de assessoramento jurídico e de controle interno do próprio órgão ou entidade;

III - terceira linha de defesa, integrada pelo órgão central de controle interno da Administração e pelo tribunal de contas.

§ 1º Na forma de regulamento, a implementação das práticas a que se refere o *caput* deste artigo será de responsabilidade da alta administração do órgão ou entidade e levará em consideração os custos e os benefícios decorrentes de sua implementação, optando-se pelas medidas que promovam relações íntegras e confiáveis, com segurança jurídica para todos os envolvidos, e que produzam o resultado mais vantajoso para a Administração, com eficiência, eficácia e efetividade nas contratações públicas.

§ 2º Para a realização de suas atividades, os órgãos de controle deverão ter acesso irrestrito aos documentos e às informações necessárias à realização dos trabalhos, inclusive aos documentos classificados pelo órgão ou entidade nos termos da Lei nº 12.527, de 18 de novembro de 2011, e o órgão de controle com o qual foi compartilhada eventual informação sigilosa tornar-se-á corresponsável pela manutenção do seu sigilo.

§ 3º Os integrantes das linhas de defesa a que se referem os incisos I, II e III do *caput* deste artigo observarão o seguinte:

I - quando constatarem simples impropriedade formal, adotarão medidas para o seu saneamento e para a mitigação de riscos de sua nova ocorrência, preferencialmente com o aperfeiçoamento dos controles preventivos e com a capacitação dos agentes públicos responsáveis;

II - quando constatarem irregularidade que configure dano à Administração, sem prejuízo das medidas previstas no inciso I deste § 3º, adotarão as providências necessárias para a apuração das infrações administrativas, observadas a segregação de funções e a necessidade de individualização das condutas, bem como remeterão ao Ministério Público competente cópias dos documentos cabíveis para a apuração dos ilícitos de sua competência.

Art. 170. Os órgãos de controle adotarão, na fiscalização dos atos previstos nesta Lei, critérios de oportunidade, materialidade, relevância e risco e considerarão as razões apresentadas pelos órgãos e entidades responsáveis e os resultados obtidos com a contratação, observado o disposto no § 3º do art. 169 desta Lei.

§ 1º As razões apresentadas pelos órgãos e entidades responsáveis deverão ser encaminhadas aos órgãos de controle até a conclusão da fase de instrução do processo e não poderão ser desentranhadas dos autos.

§ 2º A omissão na prestação das informações não impedirá as deliberações dos órgãos de controle nem retardará a aplicação de qualquer de seus prazos de tramitação e de deliberação.

§ 3º Os órgãos de controle desconsiderarão os documentos impertinentes, meramente protelatórios ou de nenhum interesse para o esclarecimento dos fatos.

§ 4º Qualquer licitante, contratado ou pessoa física ou jurídica poderá representar aos órgãos de controle interno ou ao tribunal de contas competente contra irregularidades na aplicação desta Lei.

Art. 171. Na fiscalização de controle será observado o seguinte:

I - viabilização de oportunidade de manifestação aos gestores sobre possíveis propostas de encaminhamento que terão impacto significativo nas rotinas de trabalho dos órgãos e entidades fiscalizados, a fim de que eles disponibilizem subsídios para avaliação prévia da relação entre custo e benefício dessas possíveis proposições;

II - adoção de procedimentos objetivos e imparciais e elaboração de relatórios tecnicamente fundamentados, baseados exclusivamente nas evidências obtidas e organizados de acordo com as normas de auditoria do respectivo órgão de controle, de modo a evitar que interesses pessoais e interpretações tendenciosas interfiram na apresentação e no tratamento dos fatos levantados;

III - definição de objetivos, nos regimes de empreitada por preço global, empreitada integral, contratação semi-integrada e contratação integrada, atendidos os requisitos técnicos, legais, orçamentários e financeiros, de acordo com as finalidades da contratação, devendo, ainda, ser perquirida a conformidade do preço global com os parâmetros de mercado para o objeto contratado, considerada inclusive a dimensão geográfica.

§ 1º Ao suspender cautelarmente o processo licitatório, o tribunal de contas deverá pronunciar-se definitivamente sobre o mérito da irregularidade que tenha dado causa à suspensão no prazo de 25 (vinte e cinco) dias úteis, contado da data do recebimento das informações a que se refere o § 2º deste artigo, prorrogável por igual período uma única vez, e definirá objetivamente:

I - as causas da ordem de suspensão;

II - o modo como será garantido o atendimento do interesse público obstado pela suspensão da licitação, no caso de objetos essenciais ou de contratação por emergência.

§ 2º Ao ser intimado da ordem de suspensão do processo licitatório, o órgão ou entidade deverá, no prazo de 10 (dez) dias úteis, admitida a prorrogação:

I - informar as medidas adotadas para cumprimento da decisão;

II - prestar todas as informações cabíveis;

III - proceder à apuração de responsabilidade, se for o caso.

§ 3º A decisão que examinar o mérito da medida cautelar a que se refere o § 1º deste artigo deverá definir as medidas necessárias e adequadas, em face das alternativas possíveis, para o saneamento do processo licitatório, ou determinar a sua anulação.

§ 4º O descumprimento do disposto no § 2º deste artigo ensejará a apuração de responsabilidade e a obrigação de reparação do prejuízo causado ao erário.

Art. 172. (VETADO).

Art. 173. Os tribunais de contas deverão, por meio de suas escolas de contas, promover eventos de capacitação para os servidores efetivos e empregados públicos designados para o desempenho das funções essenciais à execução desta Lei, incluídos cursos presenciais e a distância, redes de aprendizagem, seminários e congressos sobre contratações públicas.

TÍTULO V
DISPOSIÇÕES GERAIS

CAPÍTULO I
DO PORTAL NACIONAL DE CONTRATAÇÕES PÚBLICAS (PNCP)

Art. 174. É criado o Portal Nacional de Contratações Públicas (PNCP), sítio eletrônico oficial destinado à:

I - divulgação centralizada e obrigatória dos atos exigidos por esta Lei;

II - realização facultativa das contratações pelos órgãos e entidades dos Poderes Executivo, Legislativo e Judiciário de todos os entes federativos.

§ 1º O PNCP será gerido pelo Comitê Gestor da Rede Nacional de Contratações Públicas, a ser presidido por representante indicado pelo Presidente da República e composto de:

I - 3 (três) representantes da União indicados pelo Presidente da República;

II - 2 (dois) representantes dos Estados e do Distrito Federal indicados pelo Conselho Nacional de Secretários de Estado da Administração;

III - 2 (dois) representantes dos Municípios indicados pela Confederação Nacional de Municípios.

§ 2º O PNCP conterá, entre outras, as seguintes informações acerca das contratações:

I - planos de contratação anuais;

II - catálogos eletrônicos de padronização;

III - editais de credenciamento e de pré-qualificação, avisos de contratação direta e editais de licitação e respectivos anexos;

IV - atas de registro de preços;

V - contratos e termos aditivos;

VI - notas fiscais eletrônicas, quando for o caso.

§ 3º O PNCP deverá, entre outras funcionalidades, oferecer:

I - sistema de registro cadastral unificado;

II - painel para consulta de preços, banco de preços em saúde e acesso à base nacional de notas fiscais eletrônicas;

III - sistema de planejamento e gerenciamento de contratações, incluído o cadastro de atesto de cumprimento de obrigações previsto no § 4º do art. 88 desta Lei;

IV - sistema eletrônico para a realização de sessões públicas;

V - acesso ao Cadastro Nacional de Empresas Inidôneas e Suspensas (Ceis) e ao Cadastro Nacional de Empresas Punidas (Cnep);

VI - sistema de gestão compartilhada com a sociedade de informações referentes à execução do contrato, que possibilite:

a) envio, registro, armazenamento e divulgação de mensagens de texto ou imagens pelo interessado previamente identificado;

b) acesso ao sistema informatizado de acompanhamento de obras a que se refere o inciso III do *caput* do art. 19 desta Lei;

c) comunicação entre a população e representantes da Administração e do contratado designados para prestar as informações e esclarecimentos pertinentes, na forma de regulamento;

d) divulgação, na forma de regulamento, de relatório final com informações sobre a consecução dos objetivos que tenham justificado a contratação e eventuais condutas a serem adotadas para o aprimoramento das atividades da Administração.

§ 4º O PNCP adotará o formato de dados abertos e observará as exigências previstas na Lei nº 12.527, de 18 de novembro de 2011.

§ 5º (VETADO).

Art. 175. Sem prejuízo do disposto no art. 174 desta Lei, os entes federativos poderão instituir sítio eletrônico oficial para divulgação complementar e realização das respectivas contratações.

§ 1º Desde que mantida a integração com o PNCP, as contratações poderão ser realizadas por meio de sistema eletrônico fornecido por pessoa jurídica de direito privado, na forma de regulamento.

§ 2º Até 31 de dezembro de 2023, os Municípios deverão realizar divulgação complementar de suas contratações mediante publicação de extrato de edital de licitação em jornal diário de grande circulação local.

Art. 176. Os Municípios com até 20.000 (vinte mil) habitantes terão o prazo de 6 (seis) anos, contado da data de publicação desta Lei, para cumprimento:

I - dos requisitos estabelecidos no art. 7º e no *caput* do art. 8º desta Lei;

II - da obrigatoriedade de realização da licitação sob a forma eletrônica a que se refere o § 2º do art. 17 desta Lei;

III - das regras relativas à divulgação em sítio eletrônico oficial.

Parágrafo único. Enquanto não adotarem o PNCP, os Municípios a que se refere o *caput* deste artigo deverão:

I - publicar, em diário oficial, as informações que esta Lei exige que sejam divulgadas em sítio eletrônico oficial, admitida a publicação de extrato;

II - disponibilizar a versão física dos documentos em suas repartições, vedada a cobrança de qualquer valor, salvo o referente ao fornecimento de edital ou de cópia de documento, que não será superior ao custo de sua reprodução gráfica.

CAPÍTULO II
DAS ALTERAÇÕES LEGISLATIVAS

Art. 177. O *caput* do art. 1.048 da Lei nº 13.105, de 16 de março de 2015 (Código de Processo Civil), passa a vigorar acrescido do seguinte inciso IV:

"Art.1.048. ....

....

IV - em que se discuta a aplicação do disposto nas normas gerais de licitação e contratação a que se refere o inciso XXVII do *caput* do art. 22 da Constituição Federal.

...." (NR)

Art. 178. O Título XI da Parte Especial do Decreto-Lei nº 2.848, de 7 de dezembro de 1940 (Código Penal), passa a vigorar acrescido do seguinte Capítulo II-B:

"CAPÍTULO II-B

DOS CRIMES EM LICITAÇÕES E CONTRATOS ADMINISTRATIVOS

Contratação direta ilegal

Art. 337-E. Admitir, possibilitar ou dar causa à contratação direta fora das hipóteses previstas em lei:

Pena - reclusão, de 4 (quatro) a 8 (oito) anos, e multa.

Frustração do caráter competitivo de licitação

Art. 337-F. Frustrar ou fraudar, com o intuito de obter para si ou para outrem vantagem decorrente da adjudicação do objeto da licitação, o caráter competitivo do processo licitatório:

Pena - reclusão, de 4 (quatro) anos a 8 (oito) anos, e multa.

Patrocínio de contratação indevida

Art. 337-G. Patrocinar, direta ou indiretamente, interesse privado perante a Administração Pública, dando causa à instauração de licitação ou à celebração de contrato cuja invalidação vier a ser decretada pelo Poder Judiciário:

Pena - reclusão, de 6 (seis) meses a 3 (três) anos, e multa.

Modificação ou pagamento irregular em contrato administrativo

Art. 337-H. Admitir, possibilitar ou dar causa a qualquer modificação ou vantagem, inclusive prorrogação contratual, em favor do contratado, durante a execução dos contratos celebrados com a Administração Pública, sem autorização em lei, no edital da licitação ou nos respectivos instrumentos contratuais, ou, ainda, pagar fatura com preterição da ordem cronológica de sua exigibilidade:

Pena - reclusão, de 4 (quatro) anos a 8 (oito) anos, e multa.

Perturbação de processo licitatório

Art. 337-I. Impedir, perturbar ou fraudar a realização de qualquer ato de processo licitatório:

Pena - detenção, de 6 (seis) meses a 3 (três) anos, e multa.

Violação de sigilo em licitação

Art. 337-J. Devassar o sigilo de proposta apresentada em processo licitatório ou proporcionar a terceiro o ensejo de devassá-lo:

Pena - detenção, de 2 (dois) anos a 3 (três) anos, e multa.

Afastamento de licitante

Art. 337-K. Afastar ou tentar afastar licitante por meio de violência, grave ameaça, fraude ou oferecimento de vantagem de qualquer tipo:

Pena - reclusão, de 3 (três) anos a 5 (cinco) anos, e multa, além da pena correspondente à violência.

Parágrafo único. Incorre na mesma pena quem se abstém ou desiste de licitar em razão de vantagem oferecida.

Fraude em licitação ou contrato

Art. 337-L. Fraudar, em prejuízo da Administração Pública, licitação ou contrato dela decorrente, mediante:

I - entrega de mercadoria ou prestação de serviços com qualidade ou em quantidade diversas das previstas no edital ou nos instrumentos contratuais;

II - fornecimento, como verdadeira ou perfeita, de mercadoria falsificada, deteriorada, inservível para consumo ou com prazo de validade vencido;

III - entrega de uma mercadoria por outra;

IV - alteração da substância, qualidade ou quantidade da mercadoria ou do serviço fornecido;

V - qualquer meio fraudulento que torne injustamente mais onerosa para a Administração Pública a proposta ou a execução do contrato:

Pena - reclusão, de 4 (quatro) anos a 8 (oito) anos, e multa.

Contratação inidônea

Art. 337-M. Admitir à licitação empresa ou profissional declarado inidôneo:

Pena - reclusão, de 1 (um) ano a 3 (três) anos, e multa.

§ 1º Celebrar contrato com empresa ou profissional declarado inidôneo:

Pena - reclusão, de 3 (três) anos a 6 (seis) anos, e multa.

§ 2º Incide na mesma pena do *caput* deste artigo aquele que, declarado inidôneo, venha a participar de licitação e, na mesma pena do § 1º deste artigo, aquele que, declarado inidôneo, venha a contratar com a Administração Pública.

Impedimento indevido

Art. 337-N. Obstar, impedir ou dificultar injustamente a inscrição de qualquer interessado nos registros cadastrais ou promover indevidamente a alteração, a suspensão ou o cancelamento de registro do inscrito:

Pena - reclusão, de 6 (seis) meses a 2 (dois) anos, e multa.

Omissão grave de dado ou de informação por projetista

Art. 337-O. Omitir, modificar ou entregar à Administração Pública levantamento cadastral ou condição de contorno em relevante dissonância com a realidade, em frustração ao caráter competitivo da licitação ou em detrimento da seleção da proposta mais vantajosa para a Administração Pública, em contratação para a elaboração de projeto básico, projeto executivo ou anteprojeto, em diálogo competitivo ou em procedimento de manifestação de interesse:

Pena - reclusão, de 6 (seis) meses a 3 (três) anos, e multa.

§ 1º Consideram-se condição de contorno as informações e os levantamentos suficientes e necessários para a definição da solução de projeto e dos respectivos preços pelo licitante, incluídos sondagens, topografia, estudos de demanda, condições ambientais e demais elementos ambientais impactantes, considerados requisitos mínimos ou obrigatórios em normas técnicas que orientam a elaboração de projetos.

§ 2º Se o crime é praticado com o fim de obter benefício, direto ou indireto, próprio ou de outrem, aplica-se em dobro a pena prevista no *caput* deste artigo.

Art. 337-P. A pena de multa cominada aos crimes previstos neste Capítulo seguirá a metodologia de cálculo prevista neste Código e não poderá ser inferior a 2% (dois por cento) do valor do contrato licitado ou celebrado com contratação direta."

Art. 179. Os incisos II e III do *caput* do art. 2º da Lei nº 8.987, de 13 de fevereiro de 1995, passam a vigorar com a seguinte redação:

"Art. 2º ....

....

II - concessão de serviço público: a delegação de sua prestação, feita pelo poder concedente, mediante licitação, na modalidade concorrência ou diálogo competitivo, a pessoa jurídica ou consórcio de empresas que demonstre capacidade para seu desempenho, por sua conta e risco e por prazo determinado;

III - concessão de serviço público precedida da execução de obra pública: a construção, total ou parcial, conservação, reforma, ampliação ou melhoramento de quaisquer obras de interesse público, delegados pelo poder concedente, mediante licitação, na modalidade concorrência ou diálogo competitivo, a pessoa jurídica ou consórcio de empresas que demonstre capacidade para a sua realização, por sua conta e risco, de forma que o investimento da concessionária seja remunerado e amortizado mediante a exploração do serviço ou da obra por prazo determinado;

...." (NR)

Art. 180. O *caput* do art. 10 da Lei nº 11.079, de 30 de dezembro de 2004, passa a vigorar com a seguinte redação:

"Art. 10. A contratação de parceria público-privada será precedida de licitação na modalidade concorrência ou diálogo competitivo, estando a abertura do processo licitatório condicionada a:

...." (NR)

CAPÍTULO III
DISPOSIÇÕES TRANSITÓRIAS E FINAIS

Art. 181. Os entes federativos instituirão centrais de compras, com o objetivo de realizar compras em grande escala, para atender a diversos órgãos e entidades sob sua competência e atingir as finalidades desta Lei.

Parágrafo único. No caso dos Municípios com até 10.000 (dez mil) habitantes, serão preferencialmente constituídos consórcios públicos para a realização das atividades previstas no *caput* deste artigo, nos termos da Lei nº 11.107, de 6 de abril de 2005.

Art. 182. O Poder Executivo federal atualizará, a cada dia 1º de janeiro, pelo Índice Nacional de Preços ao Consumidor Amplo Especial (IPCA-E) ou por índice que venha a substituí-lo, os valores fixados por esta Lei, os quais serão divulgados no PNCP.

Art. 183. Os prazos previstos nesta Lei serão contados com exclusão do dia do começo e inclusão do dia do vencimento e observarão as seguintes disposições:

I - os prazos expressos em dias corridos serão computados de modo contínuo;

II - os prazos expressos em meses ou anos serão computados de data a data;

III - nos prazos expressos em dias úteis, serão computados somente os dias em que ocorrer expediente administrativo no órgão ou entidade competente.

§ 1º Salvo disposição em contrário, considera-se dia do começo do prazo:

I - o primeiro dia útil seguinte ao da disponibilização da informação na internet;

II - a data de juntada aos autos do aviso de recebimento, quando a notificação for pelos correios.

§ 2º Considera-se prorrogado o prazo até o primeiro dia útil seguinte se o vencimento cair em dia em que não houver expediente, se o expediente for encerrado antes da hora normal ou se houver indisponibilidade da comunicação eletrônica.

§ 3º Na hipótese do inciso II do *caput* deste artigo, se no mês do vencimento não houver o dia equivalente àquele do início do prazo, considera-se como termo o último dia do mês.

Art. 184. Aplicam-se as disposições desta Lei, no que couber e na ausência de norma específica, aos convênios, acordos, ajustes e outros instrumentos congêneres celebrados por órgãos e entidades da Administração Pública, na forma estabelecida em regulamento do Poder Executivo federal.

Art. 185. Aplicam-se às licitações e aos contratos regidos pela Lei nº 13.303, de 30 de junho de 2016, as disposições do Capítulo II-B do Título XI da Parte Especial do Decreto-Lei nº 2.848, de 7 de dezembro de 1940 (Código Penal).

Art. 186. Aplicam-se as disposições desta Lei subsidiariamente à Lei nº 8.987, de 13 de fevereiro de 1995, à Lei nº 11.079, de 30 de dezembro de 2004, e à Lei nº 12.232, de 29 de abril de 2010.

Art. 187. Os Estados, o Distrito Federal e os Municípios poderão aplicar os regulamentos editados pela União para execução desta Lei.

Art. 188. (VETADO).

Art. 189. Aplica-se esta Lei às hipóteses previstas na legislação que façam referência expressa à Lei nº 8.666, de 21 de junho de 1993, à Lei nº 10.520, de 17 de julho de 2002, e aos arts. 1º a 47-A da Lei nº 12.462, de 4 de agosto de 2011.

Art. 190. O contrato cujo instrumento tenha sido assinado antes da entrada em vigor desta Lei continuará a ser regido de acordo com as regras previstas na legislação revogada.

Art. 191. Até o decurso do prazo de que trata o inciso II do *caput* do art. 193, a Administração poderá optar por licitar ou contratar diretamente de acordo com esta Lei ou de acordo com as leis citadas no referido inciso, e a opção escolhida deverá ser indicada expressamente no edital ou no aviso ou instrumento de contratação direta, vedada a aplicação combinada desta Lei com as citadas no referido inciso.

Parágrafo único. Na hipótese do *caput* deste artigo, se a Administração optar por licitar de acordo com as leis citadas no inciso II do *caput* do art. 193 desta Lei, o contrato respectivo será regido pelas regras nelas previstas durante toda a sua vigência.

Art. 192. O contrato relativo a imóvel do patrimônio da União ou de suas autarquias e fundações continuará regido pela legislação pertinente, aplicada esta Lei subsidiariamente.

Art. 193. Revogam-se:

I - os arts. 89 a 108 da Lei nº 8.666, de 21 de junho de 1993, na data de publicação desta Lei;

II - a Lei nº 8.666, de 21 de junho de 1993, a Lei nº 10.520, de 17 de julho de 2002, e os arts. 1º a 47-A da Lei nº 12.462, de 4 de agosto de 2011, após decorridos 2 (dois) anos da publicação oficial desta Lei.

Art. 194. Esta Lei entra em vigor na data de sua publicação.

Brasília, 1º de abril de 2021; 200o da Independência e 133º da República.

LEI FEDERAL Nº 14.182, DE 12 DE JULHO DE 2021

– DISPÕE SOBRE A DESESTATIZAÇÃO DA EMPRESA CENTRAIS ELÉTRICAS BRASILEIRAS S.A. (ELETROBRAS)

ÍNDICE

CAPÍTULO I
DA DESESTATIZAÇÃO DA ELETROBRAS

Art. 1º A desestatização da companhia Centrais Elétricas Brasileiras S.A. (Eletrobras) ocorrerá nos termos da Lei nº 9.491, de 9 de setembro de 1997, e do § 1º deste artigo e estará condicionada à outorga de novas concessões de geração de energia elétrica para os Contratos de Concessão nº 007/2004-Aneel-Eletronorte, firmado pela União e Centrais Elétricas do Norte do Brasil S.A. (Eletronorte), e nº 004/2004-Aneel/Furnas, especificamente para a Usina Hidrelétrica (UHE) Mascarenhas de Moraes, firmado pela União e Furnas Centrais Elétricas S.A. (Furnas), observadas as regras e as condições estabelecidas nesta Lei.

§ 1º A desestatização da Eletrobras será executada na modalidade de aumento do capital social, por meio da subscrição pública de ações ordinárias com renúncia do direito de subscrição pela União, e será realizada a outorga de novas concessões de geração de energia elétrica pelo prazo de 30 (trinta) anos, contado da data de assinatura dos novos contratos referidos no *caput* deste artigo, e será realizada a contratação de geração termelétrica movida a gás natural pelo poder concedente, na modalidade de leilão de reserva de capacidade referida nos arts. 3º e 3º-A da Lei nº 10.848, de 15 de março de 2004, no montante de 1.000 MW (mil megawatts) na Região Nordeste nas regiões metropolitanas das unidades da Federação que não possuam na sua capital ponto de suprimento de gás natural na data de publicação desta Lei, no montante de 2.500 MW (dois mil e quinhentos megawatts) na Região Norte distribuídos nas capitais dos Estados ou região metropolitana onde seja viável a utilização das reservas provadas de gás natural nacional existentes na Região Amazônica, garantindo, pelo menos, o suprimento a duas capitais que não possuam ponto de suprimento de gás natural na data de publicação desta Lei, no montante de 2.500 MW (dois mil e quinhentos megawatts) na Região Centro-Oeste nas capitais dos Estados ou região metropolitana que não possuam ponto de suprimento de gás natural na data de publicação desta Lei, com inflexibilidade de, no mínimo, 70% (setenta por cento) para o gás natural, para entrega da geração térmica a gás natural de 1.000 MW (mil megawatts) no ano de 2026, de 2.000 MW (dois mil megawatts) no ano de 2027, e de 3.000 MW (três mil megawatts) no ano de 2028, com período de suprimento de 15 (quinze) anos, ao preço máximo equivalente ao preço-teto para geração a gás natural do Leilão A-6 de 2019, com atualização desse valor até a data de publicação do edital específico pelo mesmo critério de correção do Leilão A-6 de 2019, e no montante de 2.000 MW (dois mil megawatts) na Região Sudeste, dos quais 1.250 MW (mil duzentos e cinquenta megawatts) para Estados que possuam ponto de suprimento de gás natural na data de publicação desta Lei e 750 MW (setecentos e cinquenta megawatts) para Estados na Região Sudeste na área de influência da Superintendência do Desenvolvimento do Nordeste (Sudene) que não possuam ponto de suprimento de gás natural na data de publicação desta Lei, com inflexibilidade de, no mínimo, 70% (setenta por cento) para o gás natural, para entrega da geração térmica a gás natural de 1.000 MW (mil megawatts) no ano de 2029, para Estados que possuam ponto de suprimento de gás natural na data de publicação desta Lei, e de 1.000 MW (mil megawatts) no ano de 2030, dos quais 250 MW (duzentos e cinquenta megawatts) para Estados que possuam ponto de suprimento de gás natural na data de publicação desta Lei e 750 MW (setecentos e cinquenta megawatts) para Estados na Região Sudeste na área de influência da Sudene que não possuam ponto de suprimento de gás natural na data de publicação desta Lei, com período de suprimento de 15 (quinze) anos, ao preço máximo equivalente ao preço-teto para geração a gás natural do Leilão A-6 de 2019, com atualização desse valor até a data de publicação do edital específico pelo mesmo critério de correção do Leilão A-6 de 2019, e a prorrogação dos contratos do Programa de Incentivos às Fontes Alternativas de Energia Elétrica (Proinfa) por 20 (vinte) anos, assim como à contratação nos Leilões A-5 e A-6 de, no mínimo, 50% (cinquenta por cento) da demanda declarada das distribuidoras, de centrais hidrelétricas até 50 MW (cinquenta megawatts), ao preço máximo equivalente ao teto estabelecido para geração de Pequena Central Hidrelétrica (PCH) do Leilão A-6 de 2019 para empreendimentos sem outorga, com atualização desse valor até a data de publicação do edital específico pelo mesmo critério de correção do Leilão A-6 de 2019, conforme estabelecido nos arts. 20 e 21 desta Lei.

§ 2º O aumento do capital social da Eletrobras poderá ser acompanhado de oferta pública secundária de ações de propriedade da União ou de empresa por ela controlada, direta ou indiretamente, respeitado o previsto no § 6º deste artigo.

§ 3º Fica o Banco Nacional de Desenvolvimento Econômico e Social (BNDES) responsável pela execução e pelo acompanhamento do processo de desestatização da Eletrobras.

§ 4º O BNDES poderá contratar os serviços técnicos especializados necessários ao processo de desestatização da Eletrobras.

§ 5º O Conselho do Programa de Parcerias de Investimentos (CPPI) da Presidência da República poderá estabelecer atribuições ao BNDES e à Eletrobras, necessárias ao processo de desestatização de que trata esta Lei.

§ 6º (VETADO).

§ 7º (VETADO).

§ 8º (VETADO).

§ 9º A desestatização da Eletrobras de que trata o *caput* deste artigo não impedirá a continuidade das obras de infraestrutura destinadas à geração de energia elétrica do Linhão de Tucuruí, e caberá à União promover a interligação de sistemas isolados dos Estados ao Sistema Interligado Nacional (SIN).

§ 10. Para os fins de que trata o § 9º deste artigo, uma vez concluído o Plano Básico Ambiental-Componente Indígena (PBA-CI), traduzido na língua originária e apresentado aos indígenas, fica a União autorizada a iniciar as obras do Linhão de Tucuruí.

§ 11. Cumprida a formalidade de que trata o § 10 deste artigo, em razão do disposto na Resolução nº 1, de 27 de fevereiro de 2019, do Conselho de Defesa Nacional, fica a União autorizada a iniciar imediatamente as obras do Linhão de Tucuruí para atendimento do interesse da defesa nacional.

Art. 2º Para a promoção da desestatização de que trata esta Lei, a União fica autorizada a conceder, pelo prazo previsto no § 1º do art. 1º desta Lei, contado da data de assinatura dos novos contratos, novas outorgas de concessões de geração de energia elétrica sob titularidade ou controle, direto ou indireto, da Eletrobras, que:

I - tenham sido prorrogadas nos termos do art. 1º da Lei nº 12.783, de 11 de janeiro de 2013;

II - sejam alcançadas pelo disposto no inciso II do § 2º do art. 22 da Lei nº 11.943, de 28 de maio de 2009;

III – sejam alcançadas pelo disposto no § 3º do art. 10 da Lei nº 13.182, de 3 de novembro de 2015;

IV – tenham sido outorgadas por meio do Contrato de Concessão nº 007/2004-Aneel-Eletronorte; e

V – tenham sido outorgadas por meio do Contrato de Concessão nº 004/2004-Aneel-Furnas, especificamente para a UHE Mascarenhas de Moraes.

CAPÍTULO II
DAS CONDIÇÕES PARA A DESESTATIZAÇÃO DA ELETROBRAS

Art. 3º A desestatização da Eletrobras fica condicionada à aprovação, por sua assembleia geral de acionistas, das seguintes condições:

I - reestruturação societária para manter sob o controle, direto ou indireto da União, empresas, instalações e participações, detidas ou gerenciadas pela Eletrobras, especificamente Eletrobras Termonuclear S.A. (Eletronuclear) e Itaipu Binacional;

II - celebração dos novos contratos de concessão de geração de energia elétrica de que trata o art. 2º desta Lei, em substituição aos contratos vigentes na data de publicação desta Lei, com a alteração do regime de exploração para produção independente, nos termos da Lei nº 9.074, de 7 de julho de 1995, inclusive quanto às condições de extinção das outorgas, da encampação das instalações e das indenizações, bem como a assunção, a contratação e a administração, pela empresa resultante da reestruturação societária definida no inciso I deste *caput*, das obrigações relativas aos contratos do Proinfa;

III - alteração do estatuto social da Eletrobras para:

a) vedar que qualquer acionista ou grupo de acionistas exerça votos em número superior a 10% (dez por cento) da quantidade de ações em que se dividir o capital votante da Eletrobras;

b) vedar a realização de acordos de acionistas para o exercício de direito de voto, exceto para a formação de blocos com número de votos inferior ao limite de que trata a alínea a deste inciso; e

c) criar ação preferencial de classe especial, de propriedade exclusiva da União, nos termos do § 7º do art. 17 da Lei nº 6.404, de 15 de dezembro de 1976, que dará o poder de veto nas deliberações sociais relacionadas às matérias de que trata este inciso;

IV - manutenção do pagamento das contribuições associativas ao Centro de Pesquisas de Energia Elétrica (Cepel), pelo prazo de 6 (seis) anos, contado da data da desestatização;

V - desenvolvimento de projetos que comporão os programas de:

a) revitalização dos recursos hídricos das bacias do Rio São Francisco e do Rio Parnaíba, diretamente pela Eletrobras ou, indiretamente, por meio de sua subsidiária Companhia Hidrelétrica do São Francisco (Chesf) ou de unidades do Exército brasileiro;

b) redução estrutural de custos de geração de energia na Amazônia Legal e para navegabilidade do Rio Madeira e do Rio Tocantins, diretamente pela Eletrobras ou, indiretamente, por meio de sua subsidiária Eletronorte; e

c) revitalização dos recursos hídricos das bacias hidrográficas, definidas conforme o inciso V do *caput* do art. 1º da Lei nº 9.433, de 8 de janeiro de 1997, na área de influência dos reservatórios das usinas hidrelétricas de Furnas, cujos contratos de concessão são afetados por esta Lei, diretamente pela Eletrobras ou, indiretamente, por meio de sua subsidiária Furnas;

VI - assunção de responsabilidade subsidiária quanto ao cumprimento dos programas estabelecidos nos arts. 6º, 7º e 8º desta Lei; e

VII – (VETADO).

§ 1º O CPPI, no uso da competência de que trata o inciso II do *caput* do art. 6º da Lei nº 9.491, de 9 de setembro de 1997, poderá estabelecer condições adicionais às previstas no *caput* deste artigo para aprovação pela assembleia geral da Eletrobras para a sua desestatização, sem, contudo, alterar os princípios estabelecidos nesta Lei.

§ 2º A eficácia das medidas estabelecidas no *caput* e no § 1º deste artigo fica condicionada à desestatização de que trata o art. 1º desta Lei.

§ 3º A Eletrobras permanecerá responsável pela recomposição de dívida e de recursos perante a Reserva Global de Reversão (RGR), de que trata o art. 21-A da Lei nº 12.783, de 11 de janeiro de 2013.

§ 4º A contribuição associativa de que trata o inciso IV do *caput* deste artigo deverá:

I - no primeiro ano após a entrada em vigor desta Lei, corresponder, no mínimo, ao valor efetivamente pago pela Eletrobras e por suas subsidiárias no ano de 2019 corrigido pelo Índice Nacional de Preços ao Consumidor Amplo (IPCA), divulgado pela Fundação Instituto Brasileiro de Geografia e Estatística (IBGE), ou por outro índice que vier a substituí-lo;

II - ser reduzida, a partir do segundo ano após a entrada em vigor desta Lei, em até 1/6 (um sexto) ao ano, aplicado o critério de correção indicado no inciso I deste parágrafo.

§ 5º Será dado à contribuição associativa de que trata o inciso IV do *caput* deste artigo o mesmo tratamento a que se refere o § 3º do art. 4º da Lei nº 9.991, de 24 de julho de 2000.

§ 6º Fica vedado à União exercer, direta ou indiretamente, nas deliberações da assembleia geral de acionistas da Eletrobras que antecedam a desestatização, o direito de voto nas matérias de que tratam os incisos II, III, IV, V, VI e VII do *caput* e os §§ 1º e 4º deste artigo.

Art. 4º São condições para as novas outorgas de concessão de geração de energia elétrica de que trata o art. 2º desta Lei:

I - o pagamento pela Eletrobras ou por suas subsidiárias, na forma definida pelo Conselho Nacional de

Política Energética (CNPE), à Conta de Desenvolvimento Energético (CDE), de que trata a Lei nº 10.438, de 26 de abril de 2002, correspondente a 50% (cinquenta por cento) do valor adicionado à concessão pelos novos contratos;

II - o pagamento pela Eletrobras ou por suas subsidiárias de bonificação pela outorga de novos contratos de concessão de geração de energia elétrica correspondente a 50% (cinquenta por cento) do valor adicionado à concessão pelos novos contratos abatidos das seguintes parcelas:

a) despesas relacionadas à revitalização dos recursos hídricos das bacias do Rio São Francisco e do Rio Parnaíba, nos termos da alínea a do inciso V do *caput* do art. 3º desta Lei;

b) despesas relacionadas ao desenvolvimento de projetos na Amazônia Legal com vistas a reduzir estruturalmente os custos de geração de energia e para a navegabilidade do Rio Madeira e do Rio Tocantins, de acordo com o disposto na alínea b do inciso V do *caput* do art. 3º desta Lei;

c) despesas relacionadas aos projetos na área de influência dos reservatórios das usinas hidrelétricas de Furnas, cujos contratos de concessão sejam afetados por esta Lei, nos termos da alínea c do inciso V do *caput* do art. 3º desta Lei; e

d) despesas para ressarcir o valor econômico do fornecimento de energia elétrica para o Projeto de Integração do Rio São Francisco com Bacias Hidrográficas do Nordeste Setentrional (PISF), conforme tratado no § 6º do art. 6º desta Lei;

III - a alteração do regime de exploração para produção independente, nos termos da Lei nº 9.074, de 7 de julho de 1995, inclusive quanto às condições da extinção das outorgas, da encampação das instalações e das indenizações; e

IV - a assunção da gestão do risco hidrológico, vedada a repactuação nos termos da Lei nº 13.203, de 8 de dezembro de 2015.

§ 1º O novo contrato de concessão de geração das usinas alcançadas pelo disposto no inciso II do § 2º do art. 22 da Lei nº 11.943, de 28 de maio de 2009, e no § 3º do art. 10 da Lei nº 13.182, de 3 de novembro de 2015, preservará as obrigações estabelecidas no art. 22 da Lei nº 11.943, de 28 de maio de 2009, e no art. 10 da Lei nº 13.182, de 3 de novembro de 2015, respeitadas as condições e a vigência dos atuais contratos de venda de energia elétrica de que tratam os referidos artigos, observado que a energia proveniente das obrigações estabelecidas no art. 22 da Lei nº 11.943, de 28 de maio de 2009, e no art. 10 da Lei nº 13.182, de 3 de novembro de 2015, não poderá ser objeto de revenda, de comercialização ou de cessão no Ambiente de Contratação Livre (ACL), e o seu uso deverá restringir-se aos consumidores integrantes dos contratos de venda de energia elétrica de que tratam os referidos artigos.

§ 2º O disposto no art. 7º da Lei nº 9.648, de 27 de maio de 1998, não se aplica aos novos contratos de concessão de geração de energia elétrica de que trata este artigo, e a quota de que trata o inciso I do *caput* deste artigo será creditada integralmente em favor das concessionárias e permissionárias de distribuição de energia elétrica, para fins de modicidade tarifária no Ambiente de Contratação Regulada (ACR), distribuída de forma proporcional aos montantes descontratados em decorrência da alteração do regime de exploração para produção independente de que trata o inciso III do *caput* deste artigo.

Art. 5º Caberá ao CNPE estabelecer o valor adicionado pelos novos contratos de concessão de geração de energia elétrica e fixar os valores de que tratam os incisos I e II do *caput* do art. 4º desta Lei.

§ 1º Para o cálculo do valor adicionado à concessão, serão consideradas:

I - a alteração do regime de exploração para produção independente;

II – a dedução dos créditos relativos ao reembolso pelas despesas comprovadas com aquisição de combustível, incorridas até 30 de junho de 2017, pelas concessionárias que foram controladas pela Eletrobras e titulares das concessões de que trata o art. 4º-A da Lei nº 12.111, de 9 de dezembro de 2009, que tenham sido comprovadas, porém não reembolsadas, por força das exigências de eficiência econômica e energética de que trata o § 12 do art. 3º da referida Lei, incluídas as atualizações monetárias, hipótese em que a compensação ficará limitada a R$ 3.500.000.000,00 (três bilhões e quinhentos milhões de reais);

III - a descontratação da energia elétrica contratada nos termos do art. 1º da Lei nº 12.783, de 11 de janeiro de 2013, para atender ao estabelecido no inciso III do *caput* do art. 4º desta Lei, de forma gradual e uniforme, no prazo mínimo de 5 (cinco) anos e máximo de 10 (dez) anos; e

IV - (VETADO).

§ 2º Para o cálculo do valor adicionado à concessão, poderão ser considerados os ajustes de que trata a alínea b do inciso II do *caput* do art. 6º da Lei nº 9.491, de 9 de setembro de 1997, desde que sejam relativos a obrigações reconhecidas pela União perante a Eletrobras.

§ 3º O reconhecimento dos créditos de que trata o inciso II do § 1º deste artigo implicará a sua quitação.

§ 4º Caberá ao Ministério de Minas e Energia e ao Ministério da Economia propor os valores que serão fixados de acordo com o estabelecido no *caput* deste artigo.

Art. 6º Constituirá obrigação das concessionárias de geração de energia elétrica localizadas na bacia do Rio São Francisco, cujos contratos de concessão sejam afetados por esta Lei, para o cumprimento da medida de que trata a alínea a do inciso V do *caput* do art. 3º desta Lei, o aporte de R$ 350.000.000,00 (trezentos e cinquenta milhões de reais) anuais, pelo prazo de 10 (dez) anos, atualizados pelo IPCA, divulgado pelo IBGE, ou por outro índice que vier a substituí-lo, a partir do mês de assinatura dos novos contratos de concessão.

§ 1º A forma de aplicação do valor a que se refere o *caput* deste artigo e os projetos que irão compor o programa de revitalização dos recursos hídricos das bacias do Rio São Francisco e do Rio Parnaíba que receberão o aporte de recursos para o cumprimento da medida de que trata a alínea a do inciso V do *caput* do art. 3º desta Lei serão estabelecidos por comitê gestor, presidido por representante indicado pelo Ministro de Estado do Desenvolvimento Regional, a ser instituído em regulamento do Poder Executivo federal, com foco em ações que gerem recarga das vazões afluentes e ampliem a flexibilidade operativa dos reservatórios, sem prejudicar o uso prioritário e o uso múltiplo dos recursos hídricos.

§ 2º A Eletrobras fica obrigada a aportar anualmente a totalidade do valor a que se refere o *caput* deste artigo em conta específica em instituição financeira autorizada a funcionar pelo Banco Central do Brasil.

§ 3º A conta de que trata o § 2º deste artigo não integrará o patrimônio da Eletrobras para nenhum fim.

§ 4º As obrigações do aporte do valor a que se refere o *caput* deste artigo e da efetiva implementação dos projetos estabelecidos pelo comitê gestor constarão dos contratos de concessão de geração de energia elétrica relativos aos empreendimentos localizados nas bacias do Rio São Francisco e do Rio Parnaíba e estarão sujeitas à regulação e à fiscalização pela Agência Nacional de Energia Elétrica (Aneel), nos termos da Lei nº 9.427, de 26 de dezembro de 1996.

§ 5º Ao final de 15 (quinze) anos, contados a partir do mês de assinatura dos novos contratos de concessão, os recursos da conta de que trata o § 2º deste artigo não comprometidos com projetos contratados ou aprovados pelo comitê gestor serão revertidos em favor da CDE, de que trata o art. 13 da Lei nº 10.438, de 26 de abril de 2002, sem prejuízo das penalidades administrativas aplicadas pela Aneel.

§ 6º Em adição ao aporte especificado no *caput* deste artigo, as concessionárias de geração de energia elétrica localizadas nas bacias do Rio São Francisco, cujos contratos de concessão sejam afetados por esta Lei, deverão disponibilizar energia elétrica em um montante anual de 85 MWmed (oitenta e cinco megawatts médios), pelo prazo de 20 (vinte) anos, a partir da data de publicação desta Lei, pelo preço de R$ 80,00/MWh (oitenta reais por megawatt-hora), a ser corrigido pelo IPCA, ou por outro índice que vier a substituí-lo, por meio de contrato específico diretamente ao Operador Federal das instalações do PISF.

§ 7º O montante anual previsto no § 6º deste artigo poderá ser modulado ao longo dos meses de cada ano, para atender à otimização da operação do uso da água pelas operadoras estaduais das bacias receptoras abastecidas pelo PISF.

§ 8º (VETADO).

Art. 7º Constituirá obrigação da concessionária signatária do Contrato de Concessão nº 007/2004-Aneel-Eletronorte, observado o disposto no *caput* do art. 1º desta Lei, para o cumprimento da medida de que trata a alínea b do inciso V do *caput* do art. 3º desta Lei, o aporte de R$ 295.000.000,00 (duzentos e noventa e cinco milhões de reais) anuais, pelo prazo de 10 (dez) anos, atualizados pelo IPCA, divulgado pelo IBGE, ou por outro índice que vier a substituí-lo, a partir do mês de assinatura do novo contrato de concessão, para aplicação no programa de redução estrutural de custos de geração de energia na Amazônia Legal e, no mínimo, 20% (vinte por cento) em ações para garantir a navegabilidade do Rio Madeira e 10% (dez por cento) em ações para garantir a navegabilidade do Rio Tocantins.

§ 1º A forma de aplicação do valor a que se refere o *caput* deste artigo e os projetos que irão compor o programa de redução estrutural de custos de geração de energia na Amazônia Legal e de navegabilidade do Rio Madeira e do Rio Tocantins que receberão o aporte de recursos para o cumprimento da medida de que trata a alínea b do inciso V do *caput* do art. 3º desta Lei serão estabelecidos por comitê gestor, presidido por representante indicado pelo Ministro de Estado de Minas e Energia, a ser instituído em regulamento do Poder Executivo federal, considerados, para a geração de energia na Amazônia Legal, para o desenvolvimento de projetos de energia renovável ou a partir de combustível renovável e para as interligações de localidades isoladas e remotas.

§ 2º A Eletrobras fica obrigada a aportar anualmente a totalidade do valor a que se refere o *caput* deste artigo em conta específica em instituição financeira autorizada a funcionar pelo Banco Central do Brasil.

§ 3º A conta de que trata o § 2º deste artigo não integrará o patrimônio da Eletrobras para nenhum fim.

§ 4º As obrigações de aporte do valor a que se refere o *caput* deste artigo e da efetiva implementação dos projetos estabelecidos pelo comitê gestor constarão do novo contrato de concessão de que trata o *caput* deste artigo e estarão sujeitas à regulação e à fiscalização pela Aneel, nos termos da Lei nº 9.427, de 26 de dezembro de 1996.

§ 5º Ao final de 15 (quinze) anos, contados a partir do mês de assinatura dos novos contratos de concessão, os recursos da conta de que trata o § 2º deste artigo não comprometidos com projetos contratados ou aprovados pelo comitê gestor serão revertidos em favor da CDE, de que trata o art. 13 da Lei nº 10.438, de 26 de abril de 2002, sem prejuízo das penalidades administrativas aplicadas pela Aneel.

Art. 8º Constituirá obrigação das concessionárias de geração de energia elétrica localizadas na área de influência dos reservatórios das usinas hidrelétricas de Furnas, cujos contratos de concessão são afetados por esta Lei, para o cumprimento da medida de que trata a alínea c do inciso V do *caput* do art. 3º desta Lei, o aporte de R$ 230.000.000,00 (duzentos e trinta milhões de reais) anuais, pelo prazo de 10 (dez) anos, atualizados pelo IPCA, divulgado pelo IBGE, ou por outro índice que vier a substituí-lo, a partir do mês de assinatura dos novos contratos de concessão.

§ 1º A forma de aplicação do valor a que se refere o *caput* deste artigo e os projetos que irão compor o programa de revitalização dos recursos hídricos das bacias hidrográficas na área de influência dos reservatórios das usinas hidrelétricas de Furnas, cujos contratos de concessão sejam afetados por esta Lei, que receberão o aporte de recursos para o cumprimento da medida de que trata a alínea c do inciso V do *caput* do art. 3º desta Lei serão estabelecidos por comitê gestor, presidido por representante indicado pelo Ministro de Estado do Desenvolvimento Regional, a ser instituído em regulamento do Poder Executivo federal, com foco em ações que gerem recarga das vazões afluentes e ampliem a flexibilidade operativa dos reservatórios, sem prejudicar o uso prioritário e o uso múltiplo dos recursos hídricos.

§ 2º A Eletrobras fica obrigada a aportar anualmente a totalidade do valor a que se refere o *caput* deste artigo em conta específica em instituição financeira autorizada a funcionar pelo Banco Central do Brasil.

§ 3º A conta de que trata o § 2º deste artigo não integrará o patrimônio da Eletrobras para nenhum fim.

§ 4º As obrigações do aporte do valor a que se refere o *caput* deste artigo e da efetiva implementação dos projetos estabelecidos por comitê gestor constarão dos contratos de concessão das usinas hidrelétricas de Furnas afetados por esta Lei e estarão sujeitas à regulação e à fiscalização pela Aneel, nos termos da Lei nº 9.427, de 26 de dezembro de 1996.

§ 5º Ao final de 15 (quinze) anos, contados a partir do mês de assinatura dos novos contratos de concessão, os recursos da conta de que trata o § 2º deste artigo não comprometidos com projetos contratados ou aprovados pelo comitê gestor serão revertidos em favor da CDE, de que trata o art. 13 da Lei nº 10.438, de 26 de abril de 2002, sem prejuízo das penalidades administrativas aplicadas pela Aneel.

§ 6º O programa de revitalização de que trata o § 1º deste artigo deve contemplar a execução das obras de derrocamento do canal de navegação a jusante da UHE de Nova Avanhandava, que deverá ser realizada até o primeiro semestre de 2024.

Art. 9º Para fins do disposto no inciso I do *caput* do art. 3º desta Lei, a União fica autorizada a criar sociedade de economia mista ou empresa pública, caso não exerça o controle direto das empresas.

§ 1º A sociedade de economia mista ou a empresa pública a que se refere o *caput* deste artigo terá por finalidade:

I - manter sob o controle da União a operação de usinas nucleares, nos termos do inciso V do *caput* do art. 177 da Constituição Federal;

II - manter a titularidade do capital social e a aquisição dos serviços de eletricidade da Itaipu Binacional por órgão ou por entidade da administração pública federal, para atender ao disposto no Tratado entre a República Federativa do Brasil e a República do Paraguai para o Aproveitamento Hidrelétrico dos Recursos Hídricos do Rio Paraná, Pertencentes em Condomínio aos Dois Países, desde e Inclusive o Salto Grande de Sete Quedas ou Salto de Guairá até a Foz do Rio Iguaçu, promulgado pelo Decreto nº 72.707, de 28 de agosto de 1973;

III - gerir contratos de financiamento que utilizem recursos da RGR celebrados até 17 de novembro de 2016 e administrar os bens da União sob administração da

Eletrobras previstos no Decreto-Lei nº 1.383, de 26 de dezembro de 1974, e manter direitos e obrigações relativos ao Proinfa e sua prorrogação; e

IV - administrar a conta-corrente denominada Programa Nacional de Conservação de Energia Elétrica (Procel), de que trata a Lei nº 9.991, de 24 de julho de 2000.

§ 2º A Eletronuclear fica autorizada a incluir nas suas finalidades aquelas estabelecidas no § 1º deste artigo, na hipótese de a União não criar a empresa pública ou a sociedade de economia mista de que trata o *caput* deste artigo.

§ 3º A sociedade de economia mista ou a empresa pública de que trata o *caput* deste artigo fica autorizada a se associar ao Cepel.

Art. 10. Atendidas as condições estabelecidas no art. 3º desta Lei, fica vedado à União subscrever novas ações da Eletrobras na sua desestatização, direta ou indiretamente, por meio de empresa por ela controlada.

Art. 11. Para fins do disposto no inciso III do § 1º do art. 9º desta Lei, a sociedade de economia mista ou a empresa pública de que trata o *caput* do art. 9º desta Lei reembolsará à RGR, no prazo de 5 (cinco) dias, contado da data de pagamento estabelecida em cada contrato de financiamento, os recursos referentes à:

I - amortização;

II - taxa de juros contratual; e

III - taxa de reserva de crédito.

§ 1º Durante a vigência dos contratos de financiamento de que trata o *caput* deste artigo, a sociedade de economia mista ou a empresa pública responsável por sua gestão fará jus à taxa de administração contratual.

§ 2º Na hipótese de eventual inadimplemento contratual por parte do agente devedor, o reembolso à RGR deverá ocorrer após o pagamento efetivo pelo agente devedor à sociedade de economia mista ou à empresa pública gestora dos contratos de financiamento de que trata o *caput* deste artigo, e o valor será acrescido dos juros e da multa, recolhidos conforme previsão contratual, devidos até a data do pagamento.

§ 3º Na hipótese de não ser efetuado o reembolso das parcelas no prazo estabelecido, a sociedade de economia mista ou a empresa pública gestora dos contratos de financiamento de que trata o *caput* deste artigo restituirá à RGR os valores devidos, acrescidos dos juros e da multa previstos em contrato, observado o disposto no § 2º deste artigo.

§ 4º Eventuais responsabilidades e obrigações relativas à gestão da RGR originárias de fatos anteriores à data de entrada em vigor desta Lei não serão assumidas pela sociedade de economia mista ou pela empresa pública gestora dos contratos de financiamento de que trata o *caput* deste artigo.

§ 5º A sociedade de economia mista ou a empresa pública gestora dos contratos de financiamento de que trata o *caput* deste artigo não será responsável pela recomposição de dívida ou pelos eventuais valores de que trata o art. 21-A da Lei nº 12.783, de 11 de janeiro de 2013.

§ 6º A sociedade de economia mista ou a empresa pública gestora dos contratos de financiamento de que trata o *caput* deste artigo não será responsável, em qualquer hipótese, pelo risco de crédito relativo aos empréstimos que usem recursos da RGR.

CAPÍTULO III
DISPOSIÇÕES FINAIS

Art. 12. Ficam mantidas as garantias concedidas pela União à Eletrobras e às suas subsidiárias e à sociedade de economia mista ou à empresa pública de que trata o *caput* do art. 9º desta Lei, ficando a Eletrobras e as suas subsidiárias obrigadas a manter a garantia oferecida a terceiros, em contratos firmados anteriormente à desestatização de que trata esta Lei.

Art. 13. O art. 4º da Lei nº 5.899, de 5 de julho de 1973, passa a vigorar com a seguinte redação:

> "Art. 4º Fica a União autorizada a designar órgão ou entidade da administração pública federal para a aquisição da totalidade dos serviços de eletricidade da Itaipu Binacional, do Proinfa e sua prorrogação.
>
> Parágrafo único. O órgão ou a entidade da administração pública federal de que trata o *caput* deste artigo será o agente comercializador de energia e ficará encarregado de realizar a comercialização da totalidade dos serviços de eletricidade, nos termos da regulação da Agência Nacional de Energia Elétrica (Aneel)." (NR)

Art. 14. Os arts. 4º e 5º-A da Lei nº 9.991, de 24 de julho de 2000, passam a vigorar com as seguintes alterações:

> "Art. 4º ....
>
> ....
>
> § 5º As empresas que atuam nos segmentos de geração, de transmissão e de distribuição de energia elétrica, no atendimento de sua obrigação regulatória de aplicação em pesquisa e desenvolvimento, poderão destinar, alternativamente a investimentos em projetos nos termos do inciso II do *caput* deste artigo, percentual de sua opção dos recursos de que trata o referido inciso, na forma de aporte para suporte e desenvolvimento de instituições de pesquisas e tecnologia vinculadas ao setor elétrico, assim reconhe-

cidas pela Aneel, não se aplicando nesta hipótese o disposto no inciso II do *caput* do art. 5º desta Lei." (NR)

"Art. 5º-A ....

....

§ 6º Os recursos previstos na alínea b do inciso I do *caput* do art. 5º desta Lei serão depositados pelas concessionárias e permissionárias de serviços públicos de distribuição de energia elétrica na conta-corrente denominada Procel, a ser administrada pela sociedade de economia mista ou pela empresa pública originada da reestruturação de que trata o *caput* do art. 9º da lei resultante da conversão da Medida Provisória nº 1.031, de 23 de fevereiro de 2021, e fiscalizada pela Aneel, conforme regulamentado em ato do Poder Executivo federal." (NR)

Art. 15. O art. 13 da Lei nº 10.438, de 26 de abril de 2002, passa a vigorar com as seguintes alterações:

"Art. 13 ....

....

XV - prover recursos para fins de modicidade tarifária no Ambiente de Contratação Regulada (ACR) por meio de créditos em favor das concessionárias e permissionárias de distribuição de energia elétrica;

XVI – promover incentivo ao agrupamento de outorgas de que trata o art. 4º-E da Lei nº 9.074, de 7 de julho de 1995.

§ 1º ....

....

V - das quotas anuais pagas por concessionárias de geração de energia elétrica cuja obrigação esteja prevista nos respectivos contratos de concessão de que trata a lei resultante da conversão da Medida Provisória nº 1.031, de 23 de fevereiro de 2021;

VI - (VETADO).

....

§ 15. Os recursos de que trata o inciso V do § 1º deste artigo somente poderão ser destinados à finalidade especificada no inciso XV do *caput* deste artigo, na forma do § 2º do art. 4º da lei resultante da conversão da Medida Provisória nº 1.031, de 23 de fevereiro de 2021." (NR)

Art. 16. Os arts. 2º e 2º-B da Lei nº 10.848, de 15 de março de 2004, passam a vigorar com as seguintes alterações:

"Art. 2º ....

....

§ 8º ....

....

II - ....

a) geração oriunda de empreendimentos concessionários, permissionários, autorizados e aqueles de que trata o art. 8º da Lei nº 9.074, de 7 de julho de 1995, conectados no sistema elétrico da distribuidora compradora, observados, nos termos definidos em regulamento, as condições técnicas, as formas de contratação e os limites de repasse às tarifas;

...." (NR)

"Art. 2º-B Na contratação da geração prevista na alínea a do inciso II do § 8º do art. 2º desta Lei, para fins de repasse de custo devem ser observados os Valores Anuais de Referência Específicos (VRES) definidos pelo Ministério de Minas e Energia e a regulação da Aneel, não podendo a concessionária ou permissionária de distribuição contratar nessa modalidade mais que 10% (dez por cento) da sua necessidade de expansão anual.

§ 1º O VRES será calculado pela Empresa de Pesquisa Energética (EPE), considerados as condições técnicas, os preços de mercado e as características de cada fonte de geração, e será aprovado pelo Ministério de Minas e Energia.

§ 2º O VRES será definido para cada fonte de geração, entre as quais as seguintes:

I - biogás;

II - biomassa dedicada;

III - biomassa residual;

IV - cogeração a gás natural;

V - eólica;

VI - pequenas centrais hidrelétricas e centrais geradoras hidrelétricas;

VII - resíduos sólidos; e

VIII - solar fotovoltaica.

§ 3º A Aneel, para fins de repasse dos custos de aquisição de energia elétrica prevista na alínea a do inciso II do § 8º do art. 2º desta Lei, estabelecerá regulação específica, considerado o preço resultante da chamada pública.

§ 4º A contratação da geração pelo agente de distribuição ao qual está conectado o empreendimento deverá ser efetuada por meio de chamada pública, observadas:

I – a competição entre empreendimentos instalados em qualquer local na área de concessão ou permissão da distribuidora;

II – a possibilidade de escolha das fontes de geração concorrentes;

III – a definição do preço-teto do certame em conformidade com o disposto nos §§ 2º e 3º deste artigo; e

IV – a atualização monetária do contrato com base no Índice Nacional de Preços ao Consumidor Amplo (IPCA) ou em outro índice que vier a substituí-lo.

§ 5º Para fins do disposto no inciso III do § 4º deste artigo, será considerado o VRES vigente no ano de realização da chamada pública.

§ 6º O preço resultante da chamada pública será atualizado monetariamente nos termos do inciso IV do § 4º deste artigo, até a data de início de suprimento." (NR)

Art. 17. (VETADO).

Art. 18. A Lei nº 13.203, de 8 de dezembro de 2015, passa a vigorar com as seguintes alterações:

"Art. 2º-A ....

....

§ 4º A compensação de que trata o *caput* deste artigo, a ser promovida para todos os titulares das usinas hidrelétricas participantes do MRE na proporção dos montantes de energia assegurada fixados para as respectivas usinas, incluídas aquelas que foram qualificadas como empreendimentos estruturantes, deverá considerar a atualização do capital despendido, tanto pelo IPCA como pela taxa de desconto de que trata o § 2º do art. 1º desta Lei, e dar-se-á mediante extensão do prazo de outorga dos empreendimentos participantes do MRE, limitada a 7 (sete) anos, calculada com base nos valores dos parâmetros aplicados pela Aneel para as extensões decorrentes do inciso II do § 2º do art. 1º desta Lei, dispondo o gerador livremente da energia.

...." (NR)

"Art. 2º-B ....

....

§ 9º Para o período anterior ao início de vigência da repactuação de risco hidrológico, a integralidade da garantia física da usina será considerada como parcela de energia não repactuada para fins de aplicação do inciso II do *caput* deste artigo.

...." (NR)

Art. 19. (VETADO).

Art. 20. O poder concedente contratará reserva de capacidade, referida nos arts. 3º e 3º-A da Lei nº 10.848, de 15 de março de 2004, no montante de 1.000 MW (mil megawatts) na Região Nordeste nas regiões metropolitanas das unidades da Federação que não possuam na sua capital ponto de suprimento de gás natural na data de publicação desta Lei, no montante de 2.500 MW (dois mil e quinhentos megawatts) na Região Norte distribuídos nas capitais dos Estados ou região metropolitana onde seja viável a utilização das reservas provadas de gás natural nacional existentes na Região Amazônica, garantindo, pelo menos, o suprimento a duas capitais que não possuam ponto de suprimento de gás natural na data de publicação desta Lei, no montante de 2.500 MW (dois mil e quinhentos megawatts) na Região Centro-Oeste nas capitais dos Estados ou região metropolitana que não possuam ponto de suprimento de gás natural na data de publicação desta Lei, com inflexibilidade de, no mínimo, 70% (setenta por cento) para o gás natural, para entrega da geração térmica a gás natural de 1.000 MW (mil megawatts) no ano de 2026, de 2.000 MW (dois mil megawatts) no ano de 2027, e de 3.000 MW (três mil megawatts) no ano de 2028, com período de suprimento de 15 (quinze) anos, ao preço máximo equivalente ao preço-teto para geração a gás natural do Leilão A-6 de 2019, com atualização desse valor até a data de publicação do edital específico pelo mesmo critério de correção do Leilão A-6 de 2019, e no montante de 2000 MW (dois mil megawatts) na região Sudeste, dos quais 1.250 MW (mil duzentos e cinquenta megawatts) para Estados que possuam ponto de suprimento de gás natural na data de publicação desta Lei e 750 MW (setecentos e cinquenta megawatts) para Estados na Região Sudeste na área de influência da Sudene que não possuam ponto de suprimento de gás natural na data de publicação desta Lei, com inflexibilidade de, no mínimo, 70% (setenta por cento) para o gás natural, para entrega da geração térmica a gás natural de 1.000 MW (mil megawatts) no ano de 2029, para Estados que possuam ponto de suprimento de gás natural na data de publicação desta Lei, e de 1.000 MW (mil megawatts) no ano de 2030, dos quais 250 MW (duzentos e cinquenta megawatts) para Estados que possuam ponto de suprimento de gás natural na data de publicação desta Lei e 750 MW (setecentos e cinquenta megawatts) para Estados na Região Sudeste na área de influência da Sudene que não possuam ponto de suprimento de gás natural na data de publicação desta Lei, com período de suprimento de 15 (quinze) anos, ao preço máximo equivalente ao preço-teto para geração a gás natural do Leilão A-6 de 2019, com atualização desse valor até a data de publicação do edital específico pelo mesmo critério de correção do Leilão A-6 de 2019.

§ 1º O leilão para entrega de geração termelétrica movida a gás natural em 2026 de 1.000 MW (mil megawatts) por 15 (quinze) anos deverá privilegiar o consumo de gás nacional produzido na Região Amazônica.

§ 2º O leilão para entrega de geração termelétrica movida a gás natural em 2027 de 2.000 MW (dois mil megawatts) por 15 (quinze) anos deverá privilegiar a Região Nordeste e a Região Norte, nessa ordem, garantindo preferência à contratação térmica com gás natural de origem nacional na Região Nordeste e gás natural produzido na Região Amazônica para a Região Norte, assegurando a instalação de térmicas objeto desta Lei, em duas capitais ou regiões metropolitanas de Estados que não possuam ponto de suprimento de gás natural na data de publicação desta Lei.

§ 3º O leilão para entrega de geração termelétrica movida a gás natural em 2028 de 3.000 MW (três mil megawatts) por 15 (quinze) anos deverá privilegiar a instalação de 2.500 MW (dois mil e quinhentos megawatts) na Região Centro-Oeste divididos igualmente nas capitais dos Estados ou regiões metropolitanas que ainda não possuam suprimento de gás na data de publicação desta Lei, e a instalação de 500 MW (quinhentos megawatts) na Região Norte, assegurando a instalação de térmicas objeto desta Lei, em capital ou região metropolitana de Estado que não possua ponto de suprimento de gás natural na data de publicação desta Lei, deverá garantir a preferência de contratação com a utilização de gás produzido no Brasil.

§ 4º Os leilões para entrega de geração termelétrica movida a gás natural em 2029 e em 2030, de 2.000 MW (dois mil megawatts) por 15 (quinze) anos na região Sudeste, dos quais 1.250 MW (mil duzentos e cinquenta megawatts) para Estados que possuam ponto de suprimento de gás natural na data de publicação desta Lei e 750 MW (setecentos e cinquenta megawatts) para Estados na Região Sudeste na área de influência da Sudene que não possuam ponto de suprimento de gás natural na data de publicação desta Lei, deverão garantir a preferência de contratação com a utilização de gás produzido no Brasil.

Art. 21. Os Leilões A-5 e A-6 deverão destinar, no mínimo, 50% (cinquenta por cento) da demanda declarada pelas distribuidoras à contratação de centrais hidrelétricas até 50 MW (cinquenta megawatts), até o atingimento de 2.000 MW (dois mil megawatts).

§ 1º Após a contratação dos 2.000 MW (dois mil megawatts) estabelecidos no *caput* deste artigo, o percentual de destinação deverá ser reduzido para 40% (quarenta por cento) da demanda declarada pelas distribuidoras dos Leilões A-5 e A-6 realizados até 2026.

§ 2º As contratações estabelecidas no *caput* deste artigo serão por 20 (vinte) anos, ao preço máximo equivalente ao teto estabelecido para geração de PCH do Leilão A-6 de 2019, atualizado esse valor até a data de publicação do edital específico pelo mesmo critério de correção do Leilão A-6 de 2019.

§ 3º Os leilões de que trata o *caput* deste artigo deverão ter critérios de contratação que priorizem, preferencialmente, os Estados com maior número de projetos habilitados, não podendo nenhum Estado ter mais de 25% (vinte e cinco por cento) da capacidade total contratada.

§ 4º Os empreendimentos contratados nos leilões referidos no *caput* deste artigo não terão direito aos descontos previstos no § 1º do art. 26 da Lei nº 9.427, de 26 de dezembro de 1996.

Art. 22. Eventual excedente econômico oriundo da revisão do Anexo C ao Tratado referido no inciso II do § 1º do art. 9º desta Lei, será direcionado:

I – até o ano de 2032:

a) 75% (setenta e cinco por cento) dos recursos para a CDE;

b) 25% (vinte e cinco por cento) dos recursos para a União aplicar em programa de transferência de renda do governo federal; e

II - do ano de 2033 em diante:

a) 25% (vinte e cinco por cento) dos recursos para a sociedade de economia mista ou para a empresa pública de que trata o *caput* do art. 9º desta Lei com vistas à execução das obrigações estabelecidas nos arts. 6º, 7º e 8º desta Lei;

b) 50% (cinquenta por cento) dos recursos para a CDE; e

c) 25% (vinte e cinco por cento) para a União aplicar em programa de transferência de renda do governo federal.

Art. 23. A sociedade de economia mista ou a empresa pública de que trata o *caput* do art. 9º desta Lei deverá assumir a titularidade dos contratos de compra de energia do Proinfa, de que trata o art. 3º da Lei nº 10.438, de 26 de abril de 2002, vigentes na data de publicação desta Lei, observado que:

I - caso haja a manifestação de concordância do gerador contratado, em até 90 (noventa) dias após a publicação desta Lei, os contratos poderão ser prorrogados por período de 20 (vinte) anos após a data de vencimento atual, mediante apuração pela Aneel dos benefícios tarifários;

II - caso ocorra a prorrogação dos contratos de que trata o inciso I deste *caput*, os atos de outorga deverão ser prorrogados pelo órgão competente, pelo mesmo período de vigência dos contratos prorrogados;

III - os contratos resultantes da prorrogação de que trata o inciso I deste *caput* terão preço igual ao preço-teto do Leilão A-6 de 2019, corrigido pelo IPCA até a data de publicação desta Lei, e, a partir dessa data, serão reajustados pelo mesmo índice ou outro que vier a substituí-lo;

IV - os empreendimentos que aderirem à prorrogação dos contratos existentes não terão direito aos descontos previstos no § 1º do art. 26 da Lei nº 9.427, de 26 de dezembro de 1996; e

V - a aceitação da prorrogação prevista no inciso I deste *caput* implicará a renúncia da correção dos contratos existentes ao Índice Geral de Preços do Mercado (IGP-M) de 2020 para 2021, que deverá ser substituído pelo IPCA.

Art. 24. Os comitês gestores de que tratam os arts. 6º, 7º e 8º desta Lei deverão enviar, com periodicidade semestral, ao Tribunal de Contas da União e à Controladoria-Geral da União, relatórios de prestação de contas com informações sobre a destinação dos valores, sobre os critérios utilizados para seleção de projetos e sobre os resultados das ações no âmbito dos respectivos programas de que tratam os arts. 6º, 7º e 8º desta Lei.

Art. 25. Fica o Poder Executivo autorizado a realizar, nos termos da Lei nº 6.404, de 15 de dezembro de 1976, a incorporação das Indústrias Nucleares do Brasil S.A. (INB) pela empresa resultante da reestruturação acionária prevista no inciso I do *caput* do art. 3º desta Lei.

Art. 26. (VETADO).

Art. 27. As desestatizações de empresas controladas diretamente pela União, pelos Estados e pelos Municípios poderão ser executadas mediante alienação de participação societária, inclusive de controle acionário, abertura ou aumento de capital, com renúncia ou cessão, total ou parcial, de direitos de subscrição, desde que a operação seja realizada mediante pregão em bolsa de valores ou oferta pública de distribuição de valores mobiliários nos mercados primário ou secundário, observadas as normas expedidas pela Comissão de Valores Mobiliários (CVM), respeitada a exigência de autorização legislativa nos casos que couber.

Art. 28. A ANA estabelecerá as regras operativas dos reservatórios de usinas hidrelétricas do SIN, situados no Rio Grande e no Rio Paranaíba, a começar pelos reservatórios de cabeceira com capacidade de regularização sazonal, anual e plurianual, observado o disposto no § 3º do art. 4º da Lei 9.984, de 17 de julho de 2000.

§ 1º A ANA publicará, no prazo de 60 (sessenta) dias, sua agenda regulatória a fim de atender ao disposto no *caput* deste artigo.

§ 2º As regras operativas de que trata o *caput* deste artigo serão definidas com base nas seguintes faixas:

I - faixa de operação normal: corresponde à porção superior do reservatório, definida pelo percentual do volume útil acima do qual há garantia de atendimento pleno à geração hidrelétrica e demais usos múltiplos;

II - faixa de operação de atenção: corresponde à porção intermediária do reservatório, limitada pelos percentuais do volume útil em que há restrição à geração hidrelétrica e aos demais usos múltiplos;

III - faixa de operação de restrição: corresponde à porção inferior do reservatório, definida pelo percentual do volume útil do reservatório abaixo do qual a geração hidrelétrica será autorizada de forma excepcional.

§ 3º (VETADO).

§ 4º (VETADO).

§ 5º (VETADO).

Art. 29. (VETADO).

Art. 30. Sem prejuízo das regras desta Lei aplicáveis ao Rio Grande e ao Rio Paranaíba, o Poder Executivo deverá elaborar, em até 12 (doze) meses a contar da data de vigência desta Lei, plano para viabilizar a recuperação dos reservatórios de regularização do País, ao longo de até 10 (dez) anos.

§ 1º Para elaboração do plano de que trata o *caput* deste artigo deverão ser consideradas as seguintes diretrizes:

I - priorização para a dessedentação humana e animal;

II - garantia da segurança energética do SIN;

III - segurança dos usos múltiplos da água;

IV - curva de armazenamento de cada reservatório de acumulação a ser definida anualmente; e

V - flexibilização da curva de armazenamento dos reservatórios em condições de escassez definida pela ANA, em articulação com o ONS.

§ 2º Para a execução do plano de que trata o *caput* deste artigo, poderão ser utilizados os recursos previstos nos arts. 6º e 8º desta Lei para as bacias hidrográficas alcançadas pelos respectivos dispositivos.

Art. 31. A Lei nº 9.074, de 7 de julho de 1995, passa a vigorar acrescida do seguinte art. 4º-E:

> "Art. 4º-E A concessionária de serviço público de distribuição de energia elétrica que adquirir prestadora de serviço público de distribuição de energia elétrica com mercado próprio inferior a 700 GWh/ano (setecentos gigawatts por ano), da qual é supridora, total ou parcialmente, terá direito, pelo prazo de 10 (dez) anos, a:
>
> I - 25% (vinte e cinco por cento) do valor da subvenção de que trata o inciso XIII do *caput* do art. 13 da Lei nº 10.438, de 26 de abril de 2002, recebida pela prestadora de serviço público de distribuição de energia elétrica adquirida; ou

II – 55% (cinquenta e cinco por cento) do ganho econômico proporcionado aos consumidores atendidos pela prestadora de serviço público de distribuição de energia elétrica adquirida.

§ 1º O ganho econômico de que trata o inciso II do *caput* deste artigo corresponde ao resultado da multiplicação do mercado anual da prestadora de serviço público de distribuição de energia elétrica adquirida pela diferença entre a sua tarifa média de fornecimento e a tarifa média, considerando todo o País, de fornecimento das concessionárias do serviço público de distribuição de energia elétrica.

§ 2º Os valores de que tratam os incisos I e II do *caput* deste artigo serão:

I – apurados no ano em que ocorrer a aquisição; e

II – corrigidos pela variação média anual das tarifas, considerando todo o País, de fornecimento de energia elétrica praticadas pelas concessionárias do serviço público de distribuição de energia elétrica.

§ 3º O incentivo de que trata este artigo é condicionado ao agrupamento das outorgas na forma do art. 4º-B desta Lei."

Art. 32. Ficam revogados:

I - os seguintes dispositivos da Lei nº 3.890-A, de 25 de abril de 1961:

a) art. 7º; e

b) art. 12; e

II – o § 1º do art. 31 da Lei nº 10.848, de 15 de março de 2004.

Art. 33. Esta Lei entra em vigor na data de sua publicação.

LEI FEDERAL Nº 14.210, DE 30 DE SETEMBRO DE 2021

– ACRESCENTA O CAPÍTULO XI-A À LEI Nº 9.784, DE 29 DE JANEIRO DE 1999, PARA DISPOR SOBRE A DECISÃO COORDENADA NO ÂMBITO DA ADMINISTRAÇÃO PÚBLICA FEDERAL

Art. 1º A Lei nº 9.784, de 29 de janeiro de 1999, passa a vigorar acrescida do seguinte Capítulo XI-A:

"CAPÍTULO XI-A

DA DECISÃO COORDENADA

Art. 49-A. No âmbito da Administração Pública federal, as decisões administrativas que exijam a participação de 3 (três) ou mais setores, órgãos ou entidades poderão ser tomadas mediante decisão coordenada, sempre que:

I - for justificável pela relevância da matéria; e

II - houver discordância que prejudique a celeridade do processo administrativo decisório.

§ 1º Para os fins desta Lei, considera-se decisão coordenada a instância de natureza interinstitucional ou intersetorial que atua de forma compartilhada com a finalidade de simplificar o processo administrativo mediante participação concomitante de todas as autoridades e agentes decisórios e dos responsáveis pela instrução técnico-jurídica, observada a natureza do objeto e a compatibilidade do procedimento e de sua formalização com a legislação pertinente.

§ 2º (VETADO).

§ 3º (VETADO).

§ 4º A decisão coordenada não exclui a responsabilidade originária de cada órgão ou autoridade envolvida.

§ 5º A decisão coordenada obedecerá aos princípios da legalidade, da eficiência e da transparência, com utilização, sempre que necessário, da simplificação do procedimento e da concentração das instâncias decisórias.

§ 6º Não se aplica a decisão coordenada aos processos administrativos:

I - de licitação;

II - relacionados ao poder sancionador; ou

III - em que estejam envolvidas autoridades de Poderes distintos.

Art. 49-B. Poderão habilitar-se a participar da decisão coordenada, na qualidade de ouvintes, os interessados de que trata o art. 9º desta Lei.

Parágrafo único. A participação na reunião, que poderá incluir direito a voz, será deferida por decisão irrecorrível da autoridade responsável pela convocação da decisão coordenada.

Art. 49-C. (VETADO).

Art. 49-D. Os participantes da decisão coordenada deverão ser intimados na forma do art. 26 desta Lei.

Art. 49-E. Cada órgão ou entidade participante é responsável pela elaboração de documento específico sobre o tema atinente à respectiva competência, a fim de subsidiar os trabalhos e integrar o processo da decisão coordenada.

Parágrafo único. O documento previsto no *caput* deste artigo abordará a questão objeto da decisão coordenada e eventuais precedentes.

Art. 49-F. Eventual dissenso na solução do objeto da decisão coordenada deverá ser manifestado durante as reuniões, de forma fundamentada, acompanhado das propostas de solução e de alteração necessárias para a resolução da questão.

Parágrafo único. Não poderá ser arguida matéria estranha ao objeto da convocação.

Art. 49-G. A conclusão dos trabalhos da decisão coordenada será consolidada em ata, que conterá as seguintes informações:

I - relato sobre os itens da pauta;

II - síntese dos fundamentos aduzidos;

III - síntese das teses pertinentes ao objeto da convocação;

IV - registro das orientações, das diretrizes, das soluções ou das propostas de atos governamentais relativos ao objeto da convocação;

V - posicionamento dos participantes para subsidiar futura atuação governamental em matéria idêntica ou similar; e

VI - decisão de cada órgão ou entidade relativa à matéria sujeita à sua competência.

§ 1º Até a assinatura da ata, poderá ser complementada a fundamentação da decisão da autoridade ou do agente a respeito de matéria de competência do órgão ou da entidade representada.

§ 2º (VETADO).

§ 3º A ata será publicada por extrato no Diário Oficial da União, do qual deverão constar, além do registro referido no inciso IV do *caput* deste artigo, os dados identificadores da decisão coordenada e o órgão e o local em que se encontra a ata em seu inteiro teor, para conhecimento dos interessados."

Art. 2º Esta Lei entra em vigor na data de sua publicação.

Brasília, 30 de setembro de 2021; 200o da Independência e 133º da República.

DIREITO TRIBUTÁRIO

LEI ESTADUAL Nº 12.023, DE 20 DE NOVEMBRO DE 1992

– DISPÕE SOBRE O IMPOSTO SOBRE A PROPRIEDADE DE VEÍCULOS AUTOMOTORES - IPVA

ATUALIZADA ATÉ A LEI Nº 17.563, DE 16-07-2021.

Art. 1º O Imposto sobre a Propriedade de Veículos Automotores - IPVA, devido anualmente, tem como fato gerador a propriedade de veículo automotor.

§ 1º Ocorre o fato gerador do imposto em 1º (primeiro) de janeiro de cada exercício.

§ 2º Em se tratando de veículo novo, ocorre o fato gerador na data de sua aquisição por consumidor final ou quando da incorporação ao ativo permanente.

§ 3º Em se tratando de veículo usado não registrado e não licenciado neste Estado, ocorre o fato gerador na data da aquisição, quando não houver comprovação do pagamento do IPVA em outra unidade da Federação.

§ 4º Em se tratando de veículo de procedência estrangeira, novo ou usado, para efeito da primeira tributação, ocorre o fato gerador:

I - na data do desembaraço aduaneiro, quando importado por consumidor final;

II - na data da aquisição por consumidor final, quando importado por empresa revendedora;

III - no momento da incorporação ao ativo permanente da empresa importadora.

§ 5º Ocorre também o fato gerador no momento da perda da condição que fundamentava a isenção ou a não-incidência.

§ 6º Em se tratando de veículo de propriedade de empresa locadora, ocorre o fato gerador: (Parágrafo acrescentado pela Lei Nº 17080 de 23/10/2019)

I - no dia 1º de janeiro de cada ano, em se tratando de veículo usado, que esteja registrado ou licenciado neste Estado;

II - na data em que vier a ser locado ou disponibilizado para locação no território deste Estado, em se tratando de veículo usado registrado anteriormente em outro Estado;

III - na data de sua aquisição para integrar a frota destinada à locação neste Estado, em se tratando de veículo novo.

§ 7º Na hipótese prevista no inciso II do § 6º deste artigo, não se considera ocorrido o fato gerador do imposto quando se tratar de veículo disponibilizado temporariamente para locação no território deste Estado. (Parágrafo acrescentado pela Lei Nº 17080 DE 23/10/2019).

§ 8º Considera-se disponibilizado temporariamente para locação neste Estado o veículo que seja objeto de, no máximo, um contrato de locação que envolva a entrega desse veículo ao locatário em território cearense. (Parágrafo acrescentado pela Lei Nº 17080 de 23/10/2019).

§ 9º Na hipótese dos incisos II e III do § 6º, o imposto será cobrado proporcionalmente ao período que faltar para completar 12 (doze) meses do respectivo exercício. (Parágrafo acrescentado pela Lei Nº 17080 de 23/10/2019).

Art. 2º O imposto será devido no local do domicílio do proprietário do veículo.

§ 1º O disposto no § 6º do art. 1º aplica-se às empresas locadoras de veículos qualquer que seja o seu domicílio. (Parágrafo acrescentado pela Lei Nº 17080 de 23/10/2019).

§ 2º Para os efeitos do disposto no § 1º deste artigo, considerar-se-á domicílio: (Parágrafo acrescentado pela Lei Nº 17080 de 23/10/2019)

I - o estabelecimento situado no território deste Estado, quanto aos veículos automotores que a ele estejam vinculados na data da ocorrência do fato gerador;

II - o estabelecimento onde o veículo estiver disponível para entrega ao locatário na data da ocorrência do fato gerador, na hipótese de contrato de locação avulsa;

III - o local do domicílio do locatário ao qual estiver vinculado o veículo na data da ocorrência do fato gerador, na hipótese de locação de veículo para integrar sua frota;

IV - o local de qualquer órgão da Administração Pública Estadual de todos os Poderes, quando esse for o locatário.

§ 3º Para os efeitos do inciso II do § 2º deste artigo, equipara-se a estabelecimento da empresa locadora neste Estado o lugar de situação dos veículos mantidos ou colocados à disposição para locação. (Parágrafo acrescentado pela Lei Nº 17080 de 23/10/2019).

Art. 3º O imposto não incide sobre os veículos automotores de propriedade:

I - da União, dos Estados, dos Municípios, do Distrito Federal e das respectivas autarquias e fundações instituídas ou mantidas integralmente pelo poder público;

II - dos partidos políticos, inclusive suas fundações;

III - das entidades sindicais dos trabalhadores;

IV - das instituições de educação ou de assistência social que:

a) não distribuam qualquer parcela do seu patrimônio ou de suas rendas, a título de lucro ou participação no seu resultado;

b) não restrinjam a prestação de serviços a associados ou contribuintes;

c) apliquem integralmente os seus recursos na manutenção de seus objetivos institucionais no País;

d) mantenham escrituração de suas receitas em livros revestidos de formalidades capazes de assegurar sua exatidão.

V - dos templos de qualquer culto.

Parágrafo único. A não incidência prevista neste artigo restringe-se aos veículos relacionados com as finalidades da instituição ou delas decorrentes.

Art. 4º São isentas do pagamento do imposto:

I - o veículo de propriedade de embaixada, consulado ou órgão equivalente e de membros ou representantes do Corpo Diplomático, acreditados junto ao Governo brasileiro; (Redação dada ao inciso pela Lei nº 14.559, de 21.12.2009, DOE CE de 28.12.2009)

II - as máquinas agrícolas e de terraplenagem;

III - os veículos destinados à condução de passageiros, desde que de propriedade de profissional autônomo, registrados na categoria de aluguel - TáXI;

IV - o veículo com potência inferior a 50 cilindradas;

V - o ônibus, inclusive adquirido através de contrato de arrendamento mercantil, seja qual for a sua natureza, e embarcações, quando empregados no serviço público de transporte coletivo, desde que os estabelecimentos proprietários dos bens estejam em situação regular perante o Fisco e o Departamento Estadual de Rodagem - DER; (Redação dada ao inciso pela Lei nº 14.559, de 21.12.2009)

VI - o veículo de propriedade de pessoa portadora de deficiência física, visual, mental severa ou profunda, ou autista e outras, conforme definido em regulamento. (Redação dada ao inciso pela Lei nº 15.066, de 20.12.2011)

VII - a embarcação pertencente a pescador profissional, pessoa física, utilizada na atividade pesqueira artesanal ou de subsistência, comprovada por entidade representativa da classe, limitada a um veículo por beneficiário;

VIII - os veículos de uso rodoviário com mais de quinze anos de fabricação, contados a partir do primeiro mês do exercício seguinte ao do registro em órgão de trânsito. (Redação dada ao inciso pela Lei nº 12.659, de 27.12.1996, DOE CE de 30.12.1996)

IX - os veículos movidos a motor elétrico.

X - máquina de terraplenagem, empilhadeira, guindaste e demais máquinas utilizadas na construção civil ou por estabelecimentos industriais ou comerciais, para monte e desmonte de cargas. (Inciso acrescentado pela Lei nº 15.066, de 20.12.2011, DOE CE de 27.12.2011)

XI - os veículos do tipo micro-ônibus, vans e topics, inclusive os adquiridos através de contrato de arrendamento mercantil, quando empregados no Serviço Regular Complementar de Transporte Rodoviário Intermunicipal de Passageiros do Estado do Ceará e no Serviço Regular Complementar de Transporte Público

Urbano de Passageiros de Fortaleza, desde que estejam em situação regular perante o Fisco e a Agência Reguladora do Estado do Ceará - ARCE; (Redação do inciso dada pela Lei Nº 17563 DE 16/07/2021).

XII - veículos destinados à condução de passageiros desde que de propriedade de profissional autônomo registrado na categoria de aluguel - mototaxi; (Inciso acrescentado pela Lei Nº 15893 DE 27/11/2015).

§ 1º Relativamente à isenção prevista no inciso I do *caput* deste artigo, em se tratando de veículos de propriedade de membros ou representantes do Corpo Diplomático, a dispensa do imposto fica limitada a um único veículo por cada membro ou representante. (Parágrafo acrescentado pela Lei nº 14.559, de 21.12.2009)

§ 2º Em relação à isenção prevista nos incisos III e VI do *caput* deste artigo, a dispensa do imposto fica limitada a um único veículo da propriedade do condutor. (Parágrafo acrescentado pela Lei nº 14.559, de 21.12.2009)

§ 3º As condições para a fruição das isenções previstas neste artigo deverão ser especificadas em decreto regulamentar, a ser editado pelo Chefe do Poder Executivo. (Parágrafo acrescentado pela Lei nº 14.559, de 21.12.2009)

§ 4º a isenção prevista no inciso X do *caput* deste artigo aplica-se desde 1º de janeiro de 2008, sem autorização para compensação ou restituição de importâncias já pagas. (Parágrafo acrescentado pela Lei nº 15.066, de 20.12.2011).

§ 5º Compete ao DETRAN-CE remeter à Secretaria da Fazenda - SEFAZ, anualmente, na forma e nos termos previstos em regulamento, a relação dos veículos que preencham os requisitos para o gozo do benefício previsto no inciso XI do *caput* deste artigo. (Redação dada pela Lei Nº 15193 de 19/07/2012).

§ 6º Na hipótese do inciso VI do *caput* deste artigo, a isenção do imposto ou, quando recolhido, a sua compensação ou restituição, somente se fará se o respectivo processo for protocolizado no mesmo exercício. (Redação dada pela Lei Nº 15193 DE 19/07/2012).

§ 7º A isenção de que trata o inciso IX do *caput* deste artigo terá vigência até 31 de dezembro de 2020. (Parágrafo acrescentado pela Lei Nº 16735 de 26/12/2018).

§ 8º A condicionante de que trata o inciso XI do *caput* deste artigo fica dispensada no exercício de 2021, em virtude da decretação de calamidade pública, conforme Decreto Legislativo nº 543, de 3 de abril de 2020". (Parágrafo acrescentado pela Lei Nº 17563 de 16/07/2021).

Art. 5º Verificado pelo Fisco ou autoridade responsável pelo registro e licenciamento, inscrição ou matrícula do veículo, que o requerente não preenchia ou deixou de preencher as condições exigidas para o gozo da isenção ou não incidência, e desde que não tenha havido dolo, fraude ou simulação, o interessado será notificado a recolher o imposto devido, na forma do artigo 15, no prazo de 30 (trinta) dias, a contar do recebimento da notificação fiscal, sob pena de sujeitar-se à lavratura de Auto de Infração.

Art. 6º Aos veículos abaixo discriminados aplicar-se-ão as seguintes alíquotas: (Redação dada pela Lei nº 14.559, de 21.12.2009)

I - ônibus, microônibus, caminhões e cavalos mecânicos: 1,0% (um por cento); (Redação dada ao inciso pela Lei nº 14.559, de 21.12.2009)

II - aeronaves: 2,5% (dois vírgula cinco por cento). (Redação do inciso dada pela Lei Nº 15893 de 27/11/2015).

III - motocicletas, motonetas, ciclomotores e triciclos com potência: (Redação do inciso dada pela Lei Nº 15893 DE 27/11/2015)

a) de até 125 cilindradas, 2,0% (dois por cento);

b) superior a 125 e até 300 cilindradas, 3,0% (três por cento);

c) superior a 300 cilindradas, 3,5% (três vírgula cinco por cento);

IV – automóveis, camionetas, caminhonetes e utilitários com potência:

a) de até 100cv, 2,5% (dois vírgula cinco por cento);

b) superior a 100cv e até 180cv, 3,0% (três por cento);

c) superior a 180cv, 3,5 (três vírgula cinco por cento);

IV-A - embarcações, 3,5% (três vírgula cinco por cento); (Inciso acrescentado pela Lei Nº 15893 DE 27/11/2015).

V - outros veículos automotores não especificados nos demais incisos do *caput* deste artigo, 2,5% (dois vírgula cinco por cento). (Redação do inciso dada pela Lei Nº 15893 DE 27/11/2015).

(Redação do inciso dada pela Lei Nº 17352 DE 14/12/2020):

VI - 1,0% (um por cento) para veículos automotores de propriedade de:

a) estabelecimentos exclusivamente locadores de veículos, desde que utilizados na atividade de locação;

b) pessoa jurídica enquadrada como Centro de Formação de Condutores (CFC), desde que devidamente credenciada junto ao Departamento Estadual de Trânsito do Ceará (Detran-CE).

§ 1º Na hipótese de desincorporação de veículo automotor de propriedade de estabelecimentos exclusivamente locadores após a quitação do IPVA no exercício considerado, caberá a estes o recolhimento da diferença entre a alíquota prevista no inciso VI e a prevista nos incisos III, IV e V do *caput* deste artigo, proporcionalmente ao período que faltar para completar 12 (doze) meses. (Parágrafo acrescentado pela Lei nº 13.414, de 26.12.2003, com efeitos a partir de 01.01.2004)

§ 2º Para os efeitos do inciso I do *caput* deste artigo, entende-se por caminhão o veículo destinado ao transporte de carga com peso bruto total acima de 3.500 (três mil e quinhentos) quilogramas. (Redação do parágrafo dada pela Lei Nº 16735 de 26/12/2018).

§ 3º Os veículos automotores de propriedade de estabelecimentos exclusivamente locadores, desde que utilizados na atividade de locação, aplicar-se-á a alíquota equivalente a 1% (um por cento). (Parágrafo acrescentado pela Lei nº 14.559, de 21.12.2009)

§ 4º Aos veículos de até 125cc, de que trata o inciso III do *caput* deste artigo, aplicar-se-á uma redução de 50% (cinquenta por cento) da alíquota correspondente, para o exercício de 2010. (Parágrafo acrescentado pela Lei nº 14.559, de 21.12.2009, DOE CE de 28.12.2009)

§ 5º O disposto no § 4º aplica-se a partir do ano de 2011, desde que não constatado junto ao DETRAN-CE, qualquer infração registrada no cadastro do veículo, nos últimos 12 (doze) meses anteriores ao exercício do benefício, conforme disposto em ato do Secretário da Fazenda. (Parágrafo acrescentado pela Lei nº 14.559, de 21.12.2009)

§ 6º Na hipótese de desincorporação de veículos automotores de que trata o inciso VI do *caput* deste artigo, sem prejuízo do pagamento do IPVA devido relativamente ao exercício em que ocorrer a desincorporação, caberá a cobrança do imposto complementar correspondente à diferença entre a alíquota de 1% (um por cento) e as previstas nos incisos III, IV e V do *caput*, conforme o caso. (Redação do parágrafo dada pela Lei Nº 17352 de 14/12/2020).

§ 7º Relativamente ao disposto na alínea "b" do inciso VI do *caput* deste artigo, observar-se-á o seguinte: (Parágrafo acrescentado pela Lei Nº 17352 de 14/12/2020):

I - o veículo deverá manter todas as características de que trata o *caput* do art. 154 da Lei Federal nº 9.503, de 23 de setembro de 1997 (Código de Trânsito Brasileiro);

II - não se aplica ao veículo autorizado para utilização eventual na aprendizagem, referido no parágrafo único do art. 154 do Código de Trânsito Brasileiro;

III - o veículo deverá ser utilizado exclusivamente para fins de instrução de alunos por instrutor devidamente habilitado para o exercício da profissão, na forma da Lei Federal nº 12.302, de 2 de agosto de 2010;

IV - a pessoa jurídica deverá possuir credenciamento que a habilite ao ensino prático de direção veicular ou, cumulativamente, ensino teórico-técnico e prático de direção veicular;

V - é extensível até o limite de 15 (quinze) veículos pertencentes à mesma pessoa jurídica".

Art. 6º-A A partir de 1º de janeiro de 2021, os veículos movidos a motor elétrico sujeitar-se-ão a uma alíquota de 0,5% (zero vírgula cinco por cento), a qual será acrescida dessa mesma percentagem a cada 1º de janeiro dos exercícios subsequentes, dentro de cada categoria de veículo, até alcançar as alíquotas dispostas no art. 6º desta Lei. (Artigo acrescentado pela Lei Nº 16735 de 26/12/2018).

§ 1º Aos veículos das espécies motocicleta, motoneta, ciclomotor e triciclo movidos a motor elétrico aplicar-se-á a alíquota de 0,5% (zero vírgula cinco por cento) a partir do exercício de 2021, a qual será acrescida dessa mesma percentagem a cada 1º de janeiro dos exercícios subsequentes, até alcançar os seguintes limites: (Parágrafo acrescentado pela Lei Nº 17352 DE 14/12/2020)

a) até 3kw de potência: alíquota de 2,0% (dois por cento);

b) superior a 3kw e até 6kw: alíquota de 3,0% (três por cento);

c) superior a 6kw: alíquota de 3,5% (três vírgula cinco por cento).

§ 2º Aos veículos de que trata a alínea "a" do art. 1º deste artigo aplicar-se-á uma redução de 50% (cinquenta por cento) da alíquota correspondente, a partir do exercício de 2024, desde que não constatada junto ao Detran-CE qualquer infração registrada no cadastro do veículo nos últimos 12 (doze) meses anteriores ao exercício do benefício". (Parágrafo acrescentado pela Lei Nº 17352 DE 14/12/2020).

Art. 7º A base de cálculo do imposto é o valor corrente do veículo automotor, levando-se em conta os preços praticados no mercado e os divulgados em publicações especializadas.

§ 1º No caso de veículo novo, a base de cálculo será o valor venal constante da nota fiscal ou do documento que represente a transmissão da propriedade, não podendo o valor ser inferior ao preço de mercado e os divulgados em publicações especializadas.

§ 2º Em se tratando de veículo de procedência estrangeira, a base de cálculo, para efeito do primeiro lançamento, será:

I - nas importações realizadas por usuário final, o valor constante do documento relativo ao desembaraço aduaneiro, acrescido dos tributos e demais gravames devidos pela importação, ainda que não recolhidos pelo importador;

II - nos demais casos, o preço final de venda efetuado pelo importador.

§ 3º A Secretaria da Fazenda divulgará tabela em valor constante do imposto a ser recolhido, levando em conta a marca, modelo, espécie e ano de fabricação, bem como a forma e os prazos de recolhimento.

§ 4º O registro inicial de veículos automotores, quando feito a partir do mês de fevereiro, inclusive, determinará uma relação correspondente a tantos doze avos do valor do imposto quantos forem os meses vincendos.

Art. 8º A Secretaria da Fazenda dispensará o pagamento do imposto quando ocorrer perda total do veículo por furto, roubo, sinistro ou outro motivo que descaracterize seu domínio ou posse, segundo normas estabelecidas em legislação específica.

Art. 9º Contribuinte do imposto é o proprietário do veículo automotor.

Art. 10. São responsáveis solidariamente pelo pagamento do imposto e, conforme o caso, pelos acréscimos incidentes: (Redação do *caput* dada pela Lei Nº 15893 de 27/11/2015).

I - o adquirente, em relação ao veículo adquirido sem o pagamento do imposto do exercício ou exercícios anteriores;

II - o titular do domínio ou o possuidor a qualquer título;

III - o proprietário de veículo automotor que o alienar e não comunicar a ocorrência ao órgão público encarregado do registro e licenciamento, inscrição ou matrícula;

IV - o servidor que autorizar ou efetuar o registro e licenciamento, inscrição, matrícula, inspeção, vistoria ou transferência de veículo de qualquer espécie, sem a prova de pagamento ou do reconhecimento de isenção ou não incidência do imposto.

V - o estabelecimento vendedor, inclusive concessionário, que entregar veículo a consumidor final sem o devido emplacamento e sem o consequente recolhimento do imposto. (Inciso acrescentado pela Lei Nº 15893 DE 27/11/2015).

Parágrafo único. A solidariedade prevista neste artigo não comporta benefício de ordem.

Art. 11. O lançamento do imposto será efetuado mediante emissão de documento de arrecadação pela Secretaria da Fazenda, podendo ser expedido conjuntamente com o licenciamento, registro, inscrição ou matrícula nos órgãos competentes.

Parágrafo único. O imposto devido pelas locadoras relativamente aos fatos geradores definidos nos incisos II e III do § 6º do art. 1º deverá ser recolhido até o 5º (quinto) dia útil do 2º (segundo) mês subsequente ao da ocorrência do fato gerador. (Parágrafo acrescentado pela Lei Nº 17080 de 23/10/2019).

Art. 12. O IPVA resultará da aplicação da alíquota correspondente sobre a respectiva base de cálculo.

§ 1º A Secretaria da Fazenda divulgará no mês de dezembro tabela com valores do imposto no exercício subsequente. (Parágrafo acrescentado pela Lei nº 12.397, de 23.12.1994)

§ 2º Ocorrendo o pagamento em parcela única, até o prazo fixado pela legislação, será concedido desconto de 5% (cinco por cento) sobre o valor do imposto devido. (Redação dada ao parágrafo pela Lei nº 12.659, de 27.12.1996)

§ 3º O imposto pago fora do prazo regulamentar será monetariamente atualizado pelo mesmo indexador utilizado pelo Governo Federal para atualização de seus débitos fiscais. (Parágrafo acrescentado pela Lei nº 12.397, de 23.12.1994)

Art. 13. Nenhum veículo será registrado, inscrito ou matriculado perante as repartições competentes sem a prova do pagamento do imposto ou amparado por isenção ou não incidência.

Parágrafo único. O disposto neste artigo aplica-se igualmente aos casos de inspeção, renovação, vistoria, transferência, averbação, cancelamento e quaisquer outros atos que impliquem alteração no registro, inscrição ou matrícula do veículo.

Art. 14. O imposto é vinculado ao veículo, não se exigindo, nos casos de transferência, novo pagamento do imposto já solvido neste Estado ou em outra Unidade da Federação, observado, sempre, o respectivo exercício.

Parágrafo único. Na hipótese deste artigo, o comprovante do pagamento do imposto transmite-se ao novo proprietário do veículo para efeito de registro, inscrição, matrícula ou averbação de qualquer alteração desses assentamentos.

Art. 15. O pagamento espontâneo do imposto feito fora do prazo regulamentar sujeita-se à atualização monetária de seu valor, a juros de mora de 1% (um por cento) ao mês ou fração de mês, e aos seguintes acréscimos moratórios:

I - 10% (dez por cento), até 30 (trinta) dias da data prevista para o pagamento;

II - 15% (quinze por cento), de 31 (trinta e um) a 60 (sessenta) dias;

III - 20% (vinte por cento), depois de 60 (sessenta) dias.

Parágrafo único. Os juros de mora e os acréscimos moratórios de que trata este artigo serão calculados sobre valores atualizados monetariamente.

Art. 16. A inobservância dos dispositivos desta Lei sujeitará o infrator às seguintes penalidades:

I - a ocorrência de fraude, dolo ou simulação no preenchimento do documento de arrecadação, de reconhecimento de isenção ou não incidência: multa de 5% (cinco por cento) do valor venal do veículo, sem prejuízo do pagamento do imposto;

II - demais infrações: multa de 100% (cem por cento) do valor do imposto, sem prejuízo do pagamento deste.

§ 1º As infrações serão apuradas de acordo com as formalidades processuais específicas, não se podendo aplicar penalidade senão através da autuação competente.

§ 2º As penalidades previstas no artigo são impostas por exercício, cumulativamente.

§ 3º A empresa locadora que, quando obrigada, deixar de fornecer documentos ou de prestar informações, ou prestá-las de forma inexata ou incompleta, nos termos do art. 20-A, fica sujeita à aplicação de multa correspondente a 50 (cinquenta) UFIRCEs por veículo, sem prejuízo do pagamento do imposto, quando devido. (Parágrafo acrescentado pela Lei Nº 17080 DE 23/10/2019).

Art. 17. As multas previstas no artigo anterior serão reduzidas nos seguintes percentuais:

I - 50% (cinquenta por cento), se o sujeito passivo renunciar expressamente à impugnação e liquidar o crédito tributário devido no prazo de vinte dias, contados da data da lavratura do auto de infração;

II - 40% (quarenta por cento), se o sujeito passivo renunciar, expressamente, ao recurso para o Conselho de Recursos Tributários e liquidar o crédito tributário devido no prazo de vinte dias, contados da data da recepção da intimação.

III - 30 % (trinta por cento), se o sujeito passivo liquidar o crédito tributário no prazo fixado na intimação da decisão condenatória do Conselho de Recursos Tributários;

IV - 20% (vinte por cento), se o sujeito passivo liquidar o crédito tributário devido antes do ajuizamento da ação de execução fiscal. (Redação dada ao artigo pela Lei nº 12.397, de 23.12.1994, DOE CE de 23.12.1994)

Parágrafo único. Condiciona-se o benefício ao pagamento integral do imposto devido."

Art. 18. Aplicam-se ao IPVA, no que couber, as disposições da Lei nº 11.530, de 18 de janeiro de 1989.

Art. 19. Do produto da arrecadação do imposto, inclusive os acréscimos moratórios correspondentes, 50% (cinquenta por cento) constituirão receita do Estado e 50% (cinquenta por cento) do município onde estiver licenciado, inscrito ou matriculado o veículo.

Parágrafo único. A Secretaria da Fazenda providenciará o estorno da importância indevidamente repassada ao município, em função da repartição do indébito.

Art. 20. A Secretaria da Fazenda poderá firmar convênios com o Departamento Estadual de Trânsito - DETRAN e com órgãos dos Ministérios da Marinha e da Aeronáutica para efeito de controle e cadastramento dos automóveis, das embarcações e das aeronaves, visando a tributação dos referidos veículos.

Art. 20-A. A empresa locadora de veículos que operar neste Estado fica obrigada a fornecer a relação de todos os veículos que vierem a ser locados ou colocados à disposição para locação neste Estado, inclusive os veículos a que se refere o § 7º do art. 1º. (Artigo acrescentado pela Lei Nº 17080 de 23/10/2019)

§ 1º A empresa locadora deverá encaminhar à Secretaria da Fazenda, até o dia 10 (dez) de cada mês, a relação dos veículos cuja propriedade tenha configurado fato gerador do imposto, na forma dos incisos II e III do § 6º do art. 1º, relativamente ao mês antecedente.

§ 2º Para fins de desoneração da cobrança do imposto relativamente aos exercícios subsequentes à ocorrência do fato gerador, conforme definida nos incisos II e III do § 6º do art. 1º, a locadora deverá fornecer à Secretaria da Fazenda, até o dia 30 de novembro de cada exercício, relação dos veículos que não permaneçam à disposição para locação no Estado do Ceará.

§ 3º A Secretaria da Fazenda poderá firmar convênios com o Departamento Estadual de Trânsito - DETRAN e com órgãos de Trânsito Municipais e Federais visando criar no ferramentas para viabilizar a comunicação imediata às locadoras das multas de trânsito no âmbito do Estado do Ceará.

Art. 20-B. A Secretaria da Fazenda poderá firmar convênios com os órgãos e as entidades componentes do Sistema Nacional de Trânsito para a troca de informações, no interesse da Administração Tributária. (Artigo acrescentado pela Lei Nº 17080 de 23/10/2019).

Art. 20-C. Todo aquele a quem forem solicitadas informações de interesse da fiscalização está obrigado a prestá-las. (Artigo acrescentado pela Lei Nº 17080 de 23/10/2019)

§ 1º Os contribuintes e terceiros que tenham informações sobre fatos relacionados ao imposto não poderão embaraçar a ação fiscalizadora e, mediante notificação, serão obrigados a exibir documentos, guias, impressos ou arquivos magnéticos relacionados à administração e à arrecadação.

§ 2º Os veículos objeto de contrato de locação que circularem no território deste Estado deverão estar acompanhados do respectivo contrato de locação, para apresentação à autoridade de trânsito, quando solicitado.

Art. 20-D. As disposições desta Lei relativas às empresas locadoras serão aplicáveis aos veículos de propriedade de empresas de arrendamento mercantil (leasing) quando o arrendatário for empresa locadora. (Artigo acrescentado pela Lei Nº 17080 DE 23/10/2019).

Art. 20-E. A Secretaria da Fazenda poderá fornecer para instituições financeiras com as quais tenha celebrado convênio voltado a conferir maior eficiência à arrecadação do IPVA informações relativas à base de dados de veículos, bem como de seus respectivos proprietários, utilizada na constituição de créditos tributários do imposto, desde que o respectivo convênio contenha cláusula de confidencialidade que assegure a preservação do sigilo das informações a serem fornecidas, observado o disposto na Lei Nacional nº 13.709, de 2018. (Artigo acrescentado pela Lei Nº 17362 de 21/12/2020).

Art. 21. Esta Lei entrará em vigor na data de sua publicação.

Art. 22. Revogam-se as disposições em contrário, especialmente a Lei nº 11.779, de 28 de dezembro de 1990.

PALÁCIO DO GOVERNO DO ESTADO DO CEARÁ, em Fortaleza, aos 20 de novembro de 1992.

LEI ESTADUAL Nº 12.670, DE 30 DE DEZEMBRO DE 1996

– DISPÕE ACERCA DO IMPOSTO SOBRE OPERAÇÕES RELATIVAS À CIRCULAÇÃO DE MERCADORIAS E SOBRE PRESTAÇÕES DE SERVIÇOS DE TRANSPORTE INTERESTADUAL E INTERMUNICIPAL E DE COMUNICAÇÃO - ICMS

ATUALIZADA ATÉ A LEI Nº 17.440, DE 09-04-2021.

ÍNDICE

CAPÍTULO I
DO IMPOSTO

Art. 1º - Esta Lei consolida as disposições legais referentes ao Imposto sobre Operações relativas à Circulação de Mercadorias e sobre Prestações de Serviços de Transportes Interestadual e Intermunicipal e de Comunicação - ICMS -, de que tratam o Inciso II do Artigo 155, da Constituição da República Federativa do Brasil, e a Lei Complementar Nº 87, de 13 de setembro de 1996.

SEÇÃO I
DA HIPÓTESE DE INCIDÊNCIA

Art. 2º - São hipóteses de incidência do ICMS:

I - as operações relativas à circulação de mercadorias, inclusive o fornecimento de alimentação e bebidas em bares, restaurantes e estabelecimentos similares;

II - o fornecimento de mercadorias com prestação de serviços não compreendidos na competência tributária dos Municípios;

III - o fornecimento de mercadorias com prestação de serviços compreendidos na competência tributária dos Municípios, com indicação expressa da incidência do ICMS, como definido na Lei Complementar Federal nº 116, de 31 de julho de 2003, que dispõe sobre o Imposto Sobre Serviços de Qualquer Natureza, de competência dos Municípios e do Distrito Federal (ISS); (Nova redação dada pela lei n.º 16.735, de 26.12.18)

IV - a entrada de mercadoria ou bem importados do Exterior por pessoa física ou jurídica, ainda que não seja contribuinte habitual do imposto, qualquer que seja a sua finalidade; (Nova redação dada pela Lei n.º 15.726, de 29.12.14)

V - a entrada, neste Estado, decorrente de operação interestadual, de:

a) mercadoria sujeita ao regime de pagamento antecipado do ICMS na forma que dispuser o Regulamento;

b) mercadoria, bem ou serviço destinados a contribuinte do ICMS, para serem utilizados, consumidos ou incorporados ao Ativo Permanente;

c) energia elétrica e petróleo, inclusive lubrificantes e combustíveis líquidos e gasosos dele derivados, quando não destinados à comercialização ou à industrialização;

VI - as prestações de serviço de transporte interestadual e intermunicipal, por qualquer via, de pessoas, bens, mercadorias ou valores;

VII - as prestações onerosas de serviço de comunicação, por qualquer meio, inclusive a geração, a emissão, a recepção, a transmissão, a retransmissão, a repetição e a ampliação de comunicação de qualquer natureza;

VIII - o serviço prestado no exterior.

IX - as operações e prestações iniciadas em outra unidade da Federação que destinem bens ou serviços a consumidor final não contribuinte do imposto localizado neste Estado. (Redação dada pela Lei n.º 15.863, de 13.10.15)

§ 1º - Para efeito da incidência do ICMS, a energia elétrica considera-se mercadoria.

§ 2º - O ICMS incide ainda sobre as operações e as prestações que se iniciem no exterior.

§ 3º Na hipótese do inciso IX deste artigo, o remetente da mercadoria ou prestador do serviço recolherá o imposto correspondente à diferença entre a alíquota interna deste Estado e a interestadual da unidade federada de origem, no prazo estabelecido em regulamento.

§ 4º O disposto no § 3º deste artigo aplica-se, inclusive, nas operações e prestações praticadas por contribuintes optantes pelo Simples Nacional. (Redação da pela Lei nº 15.863, de 13.10.15)

SEÇÃO II
DO FATO GERADOR

Art. 3º - Considera-se ocorrido o fato gerador do ICMS no momento:

I - da saída de mercadoria de estabelecimento de contribuinte, ainda que para outro estabelecimento do mesmo titular;

II - do fornecimento de alimentação, bebidas e outras mercadorias, incluídos os serviços prestados, por qualquer estabelecimento;

III - da transmissão a terceiro de mercadoria depositada em armazém geral ou em depósito fechado;

IV - da transmissão de propriedade de mercadoria ou de título que a represente, quando a mercadoria não houver transitado pelo estabelecimento transmitente;

V - do fornecimento de mercadoria com prestação de serviços:

a) não compreendidos na competência tributária dos Municípios;

b) compreendidos na competência tributária dos Municípios e com indicação expressa de incidência do ICMS, como definida em Lei Complementar;

VI – do desembaraço aduaneiro da mercadoria ou bem importados do exterior por pessoa física ou jurídica, ainda que não seja contribuinte habitual do imposto; (Nova redação dada pela Lei n.º 15.726, de 29.12.14)

VII - da aquisição, em licitação promovida pelo Poder Público, de mercadorias ou bens importados do exterior e apreendidos ou abandonados;

VIII - da entrada, neste Estado, de energia elétrica, petróleo, lubrificantes e combustíveis líquidos e gasosos dele derivados, quando não destinados à comercialização ou à industrialização;

IX - do início da prestação de serviços de transporte interestadual e intermunicipal, por qualquer via;

X - do ato final do serviço de transporte iniciado no exterior;

XI - do recebimento, pelo destinatário, de serviço prestado no exterior;

XII - das prestações onerosas de serviços de comunicação, feitas por qualquer meio, inclusive a geração, a emissão, a recepção, a transmissão, a retransmissão, a repetição e a ampliação de comunicação de qualquer natureza;

XIII - da utilização, por contribuinte, de serviço cuja prestação se tenha iniciado em outro Estado e não esteja vinculada a operação ou prestação subsequente;

XIV - da entrada, no estabelecimento de contribuinte, de mercadoria ou bem oriundo de outra unidade da Federação, destinado a consumo ou Ativo Permanente;

XV - da entrada de mercadoria neste Estado, na hipótese da Alínea "a" do Inciso V do Artigo 2º.

XVI – da entrada, neste Estado, de mercadoria, bem ou serviço, destinado a não contribuinte do ICMS. (Redação dada pela Lei n.º 15.863, de 13.10.15)

§ 1º - Na hipótese do Inciso VI, após o desembaraço aduaneiro, a entrega, pelo depositário, de mercadoria ou bem importados do exterior deverá ser autorizada pelo órgão responsável pelo seu desembaraço, que somente se fará, salvo disposição em contrário, mediante a comprovação do pagamento do ICMS devido no ato do despacho aduaneiro.

§ 2º - Na hipótese do Inciso XII, quando o serviço for prestado mediante pagamento em ficha, cartão ou assemelhados, considera-se ocorrido o fato gerador do ICMS por ocasião do fornecimento desses instrumentos ao usuário.

§ 3º - A caracterização do fato gerador independe da natureza jurídica da operação ou prestação que o constitua.

§ 4º - A definição legal do fato gerador é interpretada abstraindo-se:

I - da validade jurídica dos atos efetivamente praticados pelos contribuintes, responsáveis ou terceiros, bem como da natureza do seu objeto ou dos seus efeitos;

II - dos efeitos dos fatos efetivamente ocorridos.

§ 5.º Na hipótese de entrega ao destinatário de mercadoria ou bem importados do exterior antes do desembaraço aduaneiro, considera-se ocorrido o fato gerador neste momento, devendo a autoridade responsável, salvo disposição em contrário, exigir a comprovação do pagamento do imposto. (Redação dada pela Lei n.º 16.735, de 26.12.18)

SEÇÃO III
DA NÃO-INCIDÊNCIA

Art. 4º - O ICMS não incide sobre:

I - operações com livros, jornais, periódicos e o papel destinado à sua impressão;

II - operações e prestações que destinem ao exterior mercadorias, inclusive produtos primários e produtos industrializados semi-elaborados, ou serviços;

III - operações interestaduais com energia elétrica e petróleo, inclusive lubrificantes e combustíveis líquidos e gasosos dele derivados, quando destinados à industrialização ou à comercialização;

IV - operações com ouro, quando definido em Lei como ativo financeiro ou instrumento cambial;

V - operações de remessa ou retorno de bens ou mercadorias utilizados pelo próprio autor da saída na prestação de serviço de qualquer natureza definido em Lei Complementar como sujeito ao imposto sobre serviços de competência dos Municípios, ressalvadas as hipóteses previstas em Lei Complementar;

VI - operações de qualquer natureza decorrentes da transferência de propriedade de estabelecimento industrial, comercial ou de outra espécie;

VII - operações decorrentes de alienação fiduciária em garantia, inclusive a operação efetuada pelo credor em decorrência do inadimplemento do devedor;

VIII - operações resultantes de comodato, locação ou arrendamento mercantil, não compreendida a venda do bem arrendado ao arrendatário;

IX - operações de qualquer natureza decorrentes de transferência de bens móveis salvados de sinistro para companhias seguradoras;

X - operações de remessa de mercadorias destinadas a armazém geral ou depósito fechado e de retorno ao estabelecimento remetente, quando situados neste Estado;

XI - operação de fornecimento de energia elétrica para consumidor;

a) da classe residencial com consumo mensal igual ou inferior a 50 KWh;

b) da classe de produtor rural;

c) enquadrado na classe "Residencial Baixa Renda", com consumo mensal de 51 a 140 KWh, na forma e condições definidas pelo órgão federal regulador das operações com energia elétrica. (Acrescido pela Lei nº 12.945, de 27.09.99)

XII - prestações gratuitas de radiodifusão sonora e televisão;

XIII - realizada entre mini produtor rural e o mercado consumidor, desde que o produtor seja membro de entidade associativa comunitária, cujo objeto seja o fomento à produção e reconhecida em lei Estadual de Utilidade Pública;

XIV – operações de saída de impressos gráficos personalizados, tais como folhetos, catálogos, faixas, cartazes, painéis, folders e banners, destinados ao uso exclusivo do encomendante. (Redação dada pela Lei n.º 16.735, de 26.12.18)

§ 1º - O disposto no Inciso I do *caput* deste Artigo não se aplica às operações com:

I - livros em branco ou simplesmente pautados, bem como os utilizados para escrituração de qualquer natureza, ainda que gravados em meio eletrônico;

II - agendas e similares.

§ 2º - Equipara-se às operações de que trata o Inciso II do *caput* deste Artigo a saída de mercadoria realizada com o fim específico de exportação para o exterior, destinada a:

I - empresa comercial exportadora, inclusive trading companie, ou outro estabelecimento da mesma empresa, na forma disposta em regulamento.

II - armazém alfandegado ou entreposto aduaneiro;

III - consórcios de micro-empresas, organizados pelo SEBRAE-CE.

§ 3º - A classificação do mini produtor rural será feita obedecendo-se as normas de crédito rural vigente e outros critérios estabelecidos em regulamento.

§ 4º A não incidência prevista no inciso XIV do *caput* deste artigo não se aplica quando da confecção de bulas, rótulos, etiquetas, caixas, cartuchos, embalagens e manuais técnicos e de instrução, quando incorporados de qualquer forma a outra mercadoria objeto de operação de comercialização ou industrialização realizada por contribuintes do ICMS. (Redação dada pela Lei n.º 16.735, de 26.12.18)

SEÇÃO IV
DAS ISENÇÕES, DOS INCENTIVOS E OUTROS BENEFÍCIOS FISCAIS

Art. 5º - As hipóteses de isenção, incentivos e outros benefícios fiscais serão concedidos ou revogados mediante deliberação dos Estados e do Distrito Federal, na forma disposta em Lei Complementar à Constituição Federal.

Art. 6º - A isenção, o incentivo ou o benefício fiscal, quando não concedidos em caráter geral, são efetivados, em cada caso, por despacho da autoridade administrativa competente, em requerimento no qual o interessado faça prova do preenchimento das condições e do cumprimento dos requisitos previstos na legislação respectiva.

§ 1º - O despacho referido neste Artigo não gera direito adquirido, devendo a concessão ser revogada de ofício sempre que se apure que o beneficiado não satisfazia ou deixou de satisfazer as condições, ou não cumprira ou deixou de cumprir os requisitos para a sua concessão, cobrando-se o ICMS com os acréscimos legais:

I - com imposição da penalidade cabível, nos casos de dolo, fraude ou simulação do beneficiado, ou de terceiro em benefício daquele;

II - sem imposição de penalidade nos demais casos.

§ 2º - A Secretaria da Fazenda remeterá anualmente à Comissão de Orçamento, Finanças e Tributação da Assembléia Legislativa, relatório contendo os valores relativos ao ICMS objeto de isenções, incentivos e benefícios concedidos mediante despacho.

Art. 7º - A isenção, o incentivo ou o benefício fiscal cujo reconhecimento depender de condição posterior não prevalecerão quando esta não for satisfeita, hipótese em que o ICMS será exigido a partir do momento da ocorrência do fato gerador, sem prejuízo da cobrança dos acréscimos legais.

Art. 8º - A concessão de isenção, incentivo ou benefício fiscal, salvo disposição em contrário na legislação, não é extensiva às obrigações acessórias relacionadas com a obrigação principal alcançada pela exoneração fiscal.

Parágrafo Único - São isentos do ICMS, nas operações e prestações internas, os produtos feijão, farinha e rapadura.

Art. 9º - É hipótese de isenção do ICMS, quando realizada por mini produtor rural, a operação na aquisição de materiais e equipamentos, destinados à irrigação e eletrificação de sua propriedade, desde que não seja possuidor de outro imóvel rural.

Art. 9º-A. Ficam isentas do ICMS as operações internas e de importação, do Exterior do País, inclusive em relação ao diferencial de alíquotas, de milho em grão nos períodos em que for declarada situação de emergência ou de calamidade pública, em razão de estiagem que venha a atingir o território cearense, conforme se dispuser em regulamento. (Redação acrescida pela Lei n.º 15.383, de 25.07.13)

Parágrafo único. O disposto neste artigo poderá ser estendido a: (Redação acrescida pela Lei n.º 15.383, de 25.07.13)

I – outras situações de escassez do produto, quando destinado à alimentação animal ou à utilização como insumo na fabricação de ração animal;

II - outros produtos primários destinados à ração animal.

Art. 9.º-B. Fica isenta do ICMS a saída de energia elétrica da distribuidora à unidade consumidora, na quantidade correspondente à soma da energia elétrica injetada na rede de distribuição pela mesma unidade consumidora com os créditos de energia ativa originados na própria unidade consumidora no mesmo mês, em meses anteriores ou em outra unidade consumidora do mesmo titular, decorrentes da microgeração e minigeração, nos termos de Resolução da Agência Nacional de Energia Elétrica - ANEEL. (Artigo acrescentado pela Lei Nº 15892 de 27/11/2015)

§ 1º O benefício previsto no *caput* deste artigo:

I - aplica-se somente à compensação de energia elétrica produzida por microgeração e minigeração;

II - não se aplica ao custo de disponibilidade, à energia reativa, à demanda de potência, aos encargos de conexão ou uso do sistema de distribuição, e a quaisquer outros valores cobrados pela distribuidora;

III - fica condicionado à observância pelas distribuidoras e pelos microgeradores e minigeradores dos procedimentos previstos em Ajuste SINIEF.

§ 2º Não se exigirá o estorno do crédito fiscal previsto no art. 54.

Art. 9.º-C. Ficam isentas do ICMS as vendas internas e interestaduais de veículos novos quando adquiridos por pessoas portadoras de deficiência física, visual, mental severa ou profunda, ou autistas, diretamente ou por intermédio de seu representante legal.

§ 1º Tal hipótese somente se aplica a veículo novo cujo preço de venda sugerido pelo fabricante, incluídos os tributos incidentes, não seja superior a R$ 70.000,00 (setenta mil reais), cujo benefício deverá ser transferido ao adquirente mediante redução no preço de venda do veículo, conforme Decreto nº 31.206/2013. (Nova redação dada pela Lei n.º 15.892, de 27.11.15)

Art. 9°-C-1. Ficam isentas do ICMS as operações internas e de importação de máquinas, aparelhos e equipamentos, suas partes e peças, destinados à instalação de Estações de Tratamento de Água de Reúso e Estações Elevatórias de Uso Exclusivo para Água de Reúso, conforme disposto em regulamento, desde que, cumulativamente, o estabelecimento produtor de água de reúso: (Nova redação dada pela Lei n.º 16.034, DE 20.06.16)

I - seja consumidor de água bruta ou tratada, ou esgoto, com média mensal de vazão igual ou superior à 4 L/s (quatro litros por segundo);

II - possua projeto de estação de tratamento de água de reúso e de estações elevatórias de uso exclusivo para água de reúso autorizado pela Secretaria de Recursos Hídricos - SRH, devendo constar expressamente no projeto as máquinas, aparelhos e equipamentos, suas partes e peças, e respectivos códigos de classificação na Nomenclatura Comercial do Mercosul - NCM/SH, a serem utilizados;

III - possua Outorga de Direito de Uso de Recursos Hídricos, nos termos da Lei n.° 14.843, de 28 de dezembro de 2010;

IV - possua Licença Ambiental;

V - utilize equipamento específico para a hidrometração da água de reúso.

§ 1° A isenção de que trata este artigo aplica-se, também, ao ICMS relativo ao diferencial de alíquotas nas entradas procedentes de outras unidades da Federação. (Nova redação dada pela Lei n.º 16.034, DE 20.06.16)

§ 2º A isenção das operações de importação de que trata o *caput* deste artigo fica condicionada a não existência de produto similar produzido neste Estado. (Nova redação dada pela Lei n.º 16.034, DE 20.06.16)

Art. 9.º-D. Ficam isentas do ICMS as operações internas que envolvam protetores, filtros ou bloqueadores solares. (Nova redação dada pela Lei n.º 15.892, de 27.11.15)

Art. 9.º-E. Só poderão ser beneficiárias de isenção, incentivo e outros benefícios fiscais, nos quais haja previsão de celebração de regime especial de tributação com a Secretaria da Fazenda, as empresas que comprovarem, anualmente, o cumprimento da Lei de Aprendizagem (Lei Federal n.º 10.097, de 19 de dezembro de 2000), sob pena da perda dos benefícios, conforme disposto em ato do Poder Executivo. (Acrescido pela Lei n° 16.904, de 03.06.2019)

§ 1.º Não haverá retroatividade da regra. (Acrescido pela Lei n° 16.904, de 03.06.2019)

§ 2.º O prazo para a aplicação da Norma será de até 180 (cento e oitenta) dias. (Acrescido pela Lei n° 16.904, de 03.06.2019)

§ 3.º A isenção, o incentivo e outros benefícios ficais de que tratam o *caput* desde artigo não serão destinados às empresas que contratem, direta ou indiretamente, crianças e adolescentes com idade inferior a 16 (dezesseis) anos, salvo na condição de aprendiz, a partir dos 14 (quatorze) anos, ou que contratem adolescentes para atividades noturnas, perigosas ou insalubres, ou ainda, para quaisquer das atividades relacionadas nas listas das piores formas de trabalho infantil, aprovadas pelo Decreto Federal n.º 6.481/2008, na forma da Convenção 182 da Organização Internacional do Trabalho. (Acrescido pela Lei n° 16.904, de 03.06.2019)

SEÇÃO V
DO DIFERIMENTO

Art. 10 - O regulamento poderá dispor que o pagamento do ICMS sobre determinadas operações ou prestações seja diferido para etapas posteriores.

§ 1º - Ocorrendo o diferimento, atribuir-se-á responsabilidade pelo pagamento do ICMS diferido ao adquirente ou destinatário da mercadoria ou ao tomador do serviço.

§ 2º - Encerrada a etapa do diferimento, salvo disposição em contrário na legislação, o ICMS diferido será exigido ainda que a operação ou a prestação final do diferimento não esteja sujeita ao pagamento do ICMS.

§ 3º - Na Hipótese da etapa do diferimento encerrar-se por ocasião de operação de saída de mercadorias destinadas a exportação para o exterior, não será exigido o recolhimento do ICMS diferido. (Acrescido pela Lei n° 12.992, DE 30.12.99)

Art. 11 - Interrompe o diferimento a ocorrência de qualquer fato que altere o curso da operação ou da prestação subordinada a esse regime, antes de encerrada a etapa do diferimento.

Parágrafo Único. Na hipótese deste Artigo, a responsabilidade pelo recolhimento do ICMS diferido fica atribuída ao contribuinte em cujo estabelecimento ocorra a interrupção.

Art. 11-A. Fica diferido o pagamento do ICMS nas operações de importação de carvão mineral e nas operações internas com cal, quando destinados à empresa geradora de energia termoelétrica, pelo prazo e nas condições estabelecidos em regulamento. (Redação acrescida pela Lei n.º 15.383, de 25.07.13)

Parágrafo único. O recolhimento do imposto diferido nos termos do *caput* deste artigo deverá ser efetuado pelo destinatário, na condição de contribuinte substituto, até o décimo dia do mês subsequente ao da entrada da mercadoria no estabelecimento, sendo o seu valor equivalente à carga tributária líquida de 4% (quatro por cento) sobre o valor da operação. (Redação acrescida pela Lei n.º 15.383, de 25.07.13)

CAPÍTULO II
DO LOCAL DA OPERAÇÃO E DA PRESTAÇÃO

Art. 12 - O local da operação ou da prestação, para efeito da cobrança do ICMS e definição do estabelecimento responsável, é:

I - tratando-se de mercadoria ou bem:

a) o do estabelecimento onde se encontre, no momento da ocorrência do fato gerador;

b) onde se encontre, quando em situação irregular por falta de documentação fiscal ou quando acompanhado de documentação inidônea, como dispuser a legislação tributária;

c) o do estabelecimento que transfira a propriedade, ou o título que a represente, de mercadoria por ele adquirida no País e que não tenha por ele transitado;

d) importado do Exterior, o do estabelecimento do destinatário ou o do domicílio do adquirente, quando este não for estabelecido; (Nova redação dada pela Lei n.º 16.735, de 26.12.18)

e) aquele onde seja realizada a licitação, no caso de arrematação de mercadoria ou bem importado do exterior e apreendido ou abandonado;

f) o do Estado onde estiver localizado o adquirente ou destinatário, inclusive consumidor final, nas operações interestaduais com energia elétrica, petróleo e lubrificantes e combustíveis líquidos e gasosos dele derivados, quando não destinados à comercialização ou à industrialização;

g) o do Estado onde o ouro tenha sido extraído, quando não considerado como ativo financeiro ou instrumento cambial;

h) o de desembarque do produto, na hipótese de captura de peixes, crustáceos e moluscos;

i) o do estabelecimento adquirente, na hipótese do Inciso XIV do Artigo 3º;

II - tratando-se de prestação de serviço de transporte:

a) aquele onde tenha início a prestação;

b) aquele onde se encontre o transportador, quando em situação irregular pela falta de documentação fiscal ou quando acompanhada de documentação inidônea, como dispuser a legislação tributária;

c) o do estabelecimento destinatário do serviço, na hipótese do Inciso XIII do Artigo 3º;

III - tratando-se de prestação onerosa de serviço de comunicação:

a) o da prestação do serviço de radiodifusão sonora e de som e imagem, assim entendido o da geração, emissão, transmissão e retransmissão, repetição, ampliação e recepção;

b) o do estabelecimento da concessionária ou da permissionária que forneça ficha, cartão ou assemelhados com que o serviço é pago;

c) o do estabelecimento destinatário do serviço, na hipótese e para efeito do Inciso XIII do Artigo 3º;

c- 1) o do estabelecimento ou domicílio do tomador do serviço, quando prestado por meio de satélite; (Redação dada pela Lei nº 13.076, de 04.12.00)

d) onde seja cobrado o serviço, nos demais casos;

IV- tratando-se de serviços prestados ou iniciados no exterior, o do estabelecimento ou do domicílio do destinatário".

§ 1º - O disposto na Alínea "c" do Inciso I não se aplica às mercadorias recebidas em regime de depósito de contribuinte de Estado que não o do depositário.

§ 2º - Para efeito da Alínea "g" do Inciso I, o ouro, quando definido como ativo financeiro ou instrumento cambial, deve ter sua origem identificada.

§ 3º Na hipótese do inciso III do *caput* deste artigo, tratando-se de serviços não medidos, que envolvam localidades situadas em diferentes unidades da Federação e cujo preço seja cobrado por períodos definidos, o imposto devido será recolhido em partes iguais para as unidades da Federação onde estiverem localizados o prestador e o tomador. (Redação dada pela Lei nº 13.076, de 04.12.00)

Art. 13 - Para efeito desta Lei, estabelecimento é o local, privado ou público, edificado ou não, próprio ou de terceiro, onde pessoas físicas ou jurídicas exerçam suas atividades em caráter temporário ou permanente, bem como onde se encontrem armazenadas mercadorias ou bens, observado, ainda, o seguinte:

I - na impossibilidade de determinação do estabelecimento, considera-se como tal o local em que tenha sido efetuada a operação ou prestação, encontrada a mercadoria ou bem ou constatada a prestação;

II - é autônomo cada estabelecimento do mesmo titular.

§ 1º - Quando a mercadoria for remetida para armazém geral ou para depósito fechado do próprio contribuinte, no mesmo Estado, a posterior saída considerar-se-á ocorrida no estabelecimento do depositante, salvo se para retornar ao estabelecimento remetente.

§ 2º - O veículo usado no comércio ambulante, bem como a embarcação utilizada na captura de peixes, crustáceos e moluscos, consideram-se extensão do estabelecimento.

§ 3º - Para efeito do disposto neste Capítulo, a plataforma continental, o mar territorial e a zona econômica exclusiva integram o território do Estado na parte que lhe é confrontante.

CAPÍTULO III
DA SUJEIÇÃO PASSIVA

SEÇÃO I
DO CONTRIBUINTE

Art. 14 - Contribuinte é qualquer pessoa física ou jurídica, que realize, com habitualidade ou em volume que caracterize intuito comercial, operações de circulação de mercadorias ou prestações de serviços de transporte interestadual e intermunicipal e de comunicação, ainda que as operações e as prestações se iniciem no exterior.

§ 1º - É também contribuinte a pessoa que, mesmo sem habitualidade:

I - importe mercadoria ou bem do exterior, ainda que os destine a consumo ou ao Ativo Permanente do estabelecimento;

II - seja destinatária de serviço prestado ou cuja prestação se tenha iniciado no exterior;

III - adquira, em licitação, mercadorias ou bens apreendidos ou abandonados;

IV - adquira energia elétrica e petróleo, inclusive lubrificantes e combustíveis líquidos ou gasosos dele derivados, oriundos de outra unidade da Federação, quando não destinados à comercialização ou à industrialização.

§ 2º - Incluem-se entre os contribuintes do ICMS:

I - o importador, o arrematante ou adquirente, o produtor, o extrator, o industrial e o comerciante;

II - o prestador de serviço de transporte interestadual e intermunicipal e de comunicação;

III - a cooperativa;

IV - a instituição financeira e a seguradora;

V - a sociedade civil de fim econômico;

VI - a sociedade civil de fim não econômico que explore a extração de substância mineral ou fóssil, a produção agropecuária, industrial ou que comercialize mercadorias ou bens que para esse fim adquira ou produza, bem como serviços de transporte e de comunicação;

VII - os órgãos da administração pública, as entidades da administração indireta e as fundações instituídas e mantidas pelo Poder Público;

VIII - a concessionária ou permissionária de serviço público de transporte, de comunicação e de energia elétrica;

IX - o prestador de serviço não compreendido na competência tributária dos Municípios, que envolva fornecimento de mercadoria;

X - o prestador de serviço compreendido na competência tributária dos Municípios, desde que envolva fornecimento de mercadoria ressalvada em Lei Complementar;

XI - o fornecedor de alimentação, bebidas e outras mercadorias em qualquer estabelecimento;

XII – qualquer pessoa indicada nos incisos anteriores que, na condição de contribuinte ou não, consumidor final, adquira mercadoria, bem ou serviço em operações interestaduais. (Nova redação dada pela Lei n.º 15.863, de 13.10.15)

SEÇÃO II
DO RESPONSÁVEL

Art. 15 - A responsabilidade pelo pagamento do ICMS e acréscimos devidos pelo contribuinte ou responsável poderá ser atribuída a terceiros, quando os atos ou omissões destes concorrerem para o não recolhimento do imposto.

Art. 16 - São responsáveis pelo pagamento do ICMS:

I - os armazéns gerais e estabelecimentos depositários congêneres:

a) na saída de mercadoria depositada por contribuinte de outro Estado;

b) na transmissão de propriedade de mercadoria depositada por contribuinte de outro Estado;

c) no recebimento para depósito ou na saída de mercadoria sem documento fiscal ou com documento fiscal inidôneo.

II - o transportador em relação à mercadoria:

a) proveniente de outro Estado para entrega em território deste a destinatário não designado;

b) negociada em território deste Estado durante o transporte;

c) que aceitar para despacho ou transportar sem documento fiscal, ou acompanhada de documento fiscal inidôneo ou com destino a contribuinte não identificado ou baixado do Cadastro Geral da Fazenda - CGF; (Redação dada pela Lei nº 13.082, de 29.12.00)

d) que entregar a destinatário ou em local diverso do indicado no documento fiscal.

e) que transportar com documento fiscal sem o selo fiscal de trânsito; (Redação dada pela Lei nº 13.082, de 29.12.00)

f) ou o bem objeto de remessa expressa internacional porta a porta que transportar na condição de empresa de courier; (Acrescido pela Lei nº 16.904, de 03.06.2019)

III - o remetente, o destinatário, o depositário, ou qualquer possuidor ou detentor de mercadoria ou bem desacompanhados de documento fiscal, ou acompanhados de documento fiscal inidôneo ou sem o selo fiscal de trânsito; (Redação dada pela Lei nº 13.418, de 30.12.03)

IV - o contribuinte, ou destinatário, no recebimento de mercadorias ou bens e na prestação de serviços cujo ICMS não tenha sido pago, no todo ou em parte. (Redação dada pela Lei nº 13.418, de 30.12.03)

V - os contribuintes, em relação a operações ou prestações cuja etapa de diferimento tenha sido encerrada ou interrompida;

VI - os síndicos, comissários, inventariantes ou liquidantes, em relação ao ICMS devido sobre a saída de mercadoria decorrente de sua alienação, respectivamente, em falência, concordata, inventário ou dissolução de sociedade;

VII - os leiloeiros, em relação ao ICMS devido sobre a saída de mercadoria ou bem decorrente de arrematação em leilão, salvo o referente a mercadoria ou bem importados e apreendidos ou abandonados;

VIII - o prestador de serviços, em relação às prestações de serviço de comunicação iniciadas no exterior e destinadas a este Estado.

IX – o tomador do serviço de comunicação, referente à transmissão das informações relativas à captação de jogos lotéricos, à efetuação de pagamentos de contas e outras transmissões que utilizem o mesmo canal lotérico. (Redação dada pela Lei nº 13.569, de 30.12.04)

X – o depositário estabelecido em recinto alfandegado, relativamente à mercadoria ou bem importados, por ele entregues sem a prévia apresentação, pelo importador, do comprovante de recolhimento do ICMS ou do comprovante de exoneração do imposto, se for o caso, e de outros documentos exigidos pela legislação. (Redação dada pela Lei n.º 16.735, de 26.12.18)

XI – o intermediador das operações relativas à circulação de mercadorias que promova arranjos de pagamento ou que desenvolva atividades de marketplace, desde que o contribuinte do ICMS não tenha emitido documento fiscal para acobertar a operação de circulação; (Acrescido pela Lei nº 16.904, de 03.06.2019)

XII - o transportador que realizar prestação de serviço de transporte de gás natural por meio de gasoduto. (Acrescido pela Lei nº 16.904, de 03.06.2019)

Parágrafo único. Na hipótese dos incisos II e III, caso as pessoas ali indicadas não tenham domicílio neste Estado, a responsabilidade poderá ser atribuída a estabelecimento pertencente à mesma pessoa jurídica, inclusive do remetente, domiciliado neste Estado. (Redação dada pela Lei nº 13.418, de 30.12.03)

SEÇÃO III
DA RESPONSABILIDADE SOLIDÁRIA

Art. 17 - Respondem solidariamente pelo pagamento do ICMS:

I - o entreposto aduaneiro, entreposto industrial e o depósito aduaneiro de distribuição, ou qualquer pessoa que promova; (Redação dada pela Lei nº 13.268, de 27.12.02)

a) a saída de mercadoria ou bem de origem estrangeira com destino ao mercado interno sem a documentação fiscal correspondente ou com destino a estabelecimento de titular diverso daquele que os houver importado ou arrematado ou, ainda, sem a comprovação do pagamento do imposto; (Redação dada pela Lei nº 13.268, de 27.12.02)

b) a reintrodução, no mercado interno, de mercadoria depositada para o fim específico de exportação.

c) reintrodução, no mercado interno, de mercadoria depositada para o fim específico de exportação. (Redação dada pela Lei nº 13.268, de 27.12.02)

II - o representante, mandatário ou gestor de negócio, em relação à operação ou prestação realizada por seu intermédio, e o despachante aduaneiro, em relação às operações de importação ou exportação por ele despachadas. (Redação dada pela Lei nº 13.268, de 27.12.02)

III - os contribuintes que receberem mercadoria ou bem contemplados com isenção condicionada, quando não ocorrer a implementação da condição prevista;

IV - os estabelecimentos industrializadores, nas saídas de mercadorias recebidas para industrialização, quando destinadas a pessoa ou estabelecimento que não o de origem;

V - os estabelecimentos gráficos, relativamente ao débito do ICMS decorrente da utilização indevida, por terceiros, de documentos fiscais e formulários contínuos que imprimirem, quando:

a) não houver o prévio credenciamento do estabelecimento;

b) não houver a prévia autorização de autoridade fazendária para a sua impressão;

c) a impressão for vedada pela legislação tributária.

VI - os estabelecimentos transportadores, pelo pagamento do ICMS devido pelos destinatários de mercadorias ou bens que transportarem, quando signatários de Termo de Acordo com a Secretaria da Fazenda - SEFAZ;

VII - todos aqueles que concorrerem para a sonegação do ICMS, mediante qualquer das seguintes práticas: (Nova redação dada pela Lei n.º 16.086, de 27.07.16)

a) omissão quanto à observância das informações geradas quando do processamento de pagamentos eletrônicos, autorizando transações financeiras ou as intermediando, sem a correspondente emissão de documento fiscal;

b) conluio.

VIII - o remetente ou o destinatário na hipótese do inciso III do art. 16; (Redação dada pela Lei nº 13.418, de 30.12.03)

IX - qualquer pessoa, física ou jurídica, que obtiver liberação de mercadoria retida, mediante decisão judicial ou por meio de qualquer procedimento administrativo. (Redação dada pela Lei nº 14.277, de 23.12.08)

X – os estabelecimentos abatedores de animais, pelo ICMS devido por ocasião das operações de entrada interestadual, que não tenha sido recolhido no todo ou em parte. (Redação dada pela Lei n.º 16.735, de 26.12.18)

§ 1º - A solidariedade referida neste Artigo não comporta benefício de ordem.

§ 2º - Respondem pelo crédito tributário todos os estabelecimentos da mesma pessoa jurídica.

SEÇÃO IV
DA SUBSTITUIÇÃO TRIBUTÁRIA

Art. 18 - A responsabilidade pelo pagamento do ICMS na condição de substituto tributário poderá ser atribuída em relação ao ICMS incidente sobre uma ou mais operações ou prestações, sejam antecedentes, concomitantes ou subsequentes, inclusive ao valor decorrente da diferença entre as alíquotas interna e interestadual, nas operações e prestações interestaduais que destinem bens e serviços a consumidor final localizado neste Estado, que seja contribuinte do ICMS.

§ 1º - O regime de substituição tributária nas operações interestaduais dependerá de acordo entre este Estado e as demais unidades da Federação interessadas.

§ 2º - O contribuinte substituto sub-roga-se em todas as obrigações do contribuinte substituído, relativamente às operações internas.

§ 3º - A substituição tributária não exclui a responsabilidade do contribuinte substituído, além de outras hipóteses previstas na legislação, quando o documento fiscal próprio não indicar o valor do ICMS objeto da substituição exigido pela legislação tributária.

§ 4º - As mercadorias sujeitas ao regime de substituição tributária são aquelas relacionadas no Anexo Único desta Lei.

Art. 19 - A responsabilidade de que trata o Artigo anterior poderá ser atribuída:

I - ao contribuinte que realizar operação interestadual com petróleo, inclusive lubrificantes, combustíveis líquidos e gasosos dele derivados, em relação às operações subsequentes;

II - às empresas geradoras ou distribuidoras de energia elétrica, nas operações internas e interestaduais, na condição de contribuinte ou de substituto tributário, pelo pagamento do ICMS, desde a produção ou importação até a última operação, sendo seu cálculo efetuado sobre o preço praticado na operação final realizada neste Estado, ao qual se assegurará o seu recolhimento.

Parágrafo Único - Será devido a este Estado e recolhido pelo remetente o ICMS incidente sobre as operações interestaduais com as mercadorias de que tratam os Incisos I e II deste Artigo, quando o destinatário for consumidor final aqui domiciliado ou estabelecido.

Art. 20 - Para efeito de exigência do ICMS por substituição tributária, inclui-se também como fato gerador a entrada de mercadoria no estabelecimento do adquirente ou em outro por ele indicado.

Art. 21 - Na hipótese de responsabilidade tributária em relação às operações ou prestações antecedentes, o ICMS devido pelas referidas operações ou prestações será pago pelo responsável quando:

I - da entrada da mercadoria ou do recebimento do serviço;

II - da saída subsequente por ele promovida, ainda que isenta ou não tributada;

III - ocorrer qualquer saída ou evento que impossibilite a ocorrência do fato determinante do pagamento do ICMS.

Art. 22 - É assegurado ao contribuinte substituído o direito à restituição do valor do ICMS pago em razão da substituição tributária, correspondente ao fato gerador presumido que não se realizar, alternativamente, através dos seguintes procedimentos:

I - emissão de documento fiscal constando o valor correspondente à restituição a ser aproveitada como crédito fiscal;

II - emissão de documento fiscal, pelo valor a ser ressarcido, tendo como destinatário o contribuinte que promoveu a retenção do ICMS;

III - requerimento, ao Secretário da Fazenda, do valor a ser restituído.

§ 1º O contribuinte substituído terá, ainda, direito à restituição do ICMS pago em valor maior que o devido decorrente da utilização, no cálculo do imposto relativo à substituição tributária progressiva, de base de cálculo presumida superior à base de cálculo do real valor de venda do produto ao consumidor final. (Acrescido pela Lei nº 17.440, de 09.04.2021)

§ 2º Na hipótese do § 1º, caberá ao Fisco constituir, relativamente às operações praticadas durante os mesmos períodos a que se refiram as operações tributadas em valor maior que o devido, créditos tributários de ICMS complementar quando ficar constatada a utilização, no cálculo do imposto devido por substituição tributária progressiva, de base de cálculo presumida inferior à base de cálculo do real valor de venda do produto ao consumidor final, podendo inclusive ser realizada a compensação de ofício do crédito tributário complementar com valores a serem restituídos ao contribuinte. (Acrescido pela Lei nº 17.440, de 09.04.2021)

§ 3º Ato normativo do Chefe do Poder Executivo disciplinará os procedimentos de restituição e de compensação de que tratam os §§ 1º e 2º deste artigo. (Acrescido pela Lei nº 17.440, de 09.04.2021)

Art. 23 - Fica atribuída a condição de contribuinte substituto, na forma disposta em regulamento, ao:

I - industrial, comerciante ou outra categoria de contribuinte, pelo pagamento do ICMS devido na operação ou operações anteriores;

II - produtor, extrator, gerador, inclusive de energia, industrial, distribuidor ou comerciante, pelo pagamento do ICMS devido nas operações subsequentes;

III - contratante de serviço ou terceiro que participe da prestação de serviços de transportes interestadual e intermunicipal e de comunicação.

Art. 24 - A responsabilidade pelo pagamento do ICMS devido nas operações entre associado e cooperativa de produtores de que aquele faça parte, situada neste Estado, fica transferida para a destinatária.

§ 1º - O disposto neste Artigo é aplicável às mercadorias remetidas pelo estabelecimento de cooperativa de produtores para estabelecimento, neste Estado, da própria cooperativa, de cooperativa central ou de federação de cooperativas de que a cooperativa remetente faça parte.

§ 2º - O ICMS devido pelas saídas mencionadas neste Artigo será recolhido pela destinatária, na condição de contribuinte substituto, quando da saída subsequente, esteja esta sujeita ou não ao pagamento do Imposto.

Art. 25 - O Poder Executivo poderá, a qualquer momento, suspender a aplicação do regime de substituição tributária quando este, no todo ou em parte, for lesivo ao erário estadual.

Parágrafo Único - A responsabilidade pelo recolhimento do ICMS, a partir das operações ou prestações subsequentes à suspensão da aplicação do regime, ficará transferida para o adquirente da mercadoria ou o tomador do serviço, conforme se dispuser em regulamento.

SEÇÃO V
DAS DISPOSIÇÕES GERAIS SOBRE SUJEIÇÃO PASSIVA

Art. 26 - São irrelevantes para excluir a responsabilidade pelo cumprimento da obrigação tributária ou a decorrente de sua inobservância:

I - a causa que, de acordo com o direito privado, exclua a capacidade civil da pessoa natural;

II - o fato de achar-se a pessoa natural sujeita a medidas que importem privação ou limitação do exercício de atividades civis, comerciais ou profissionais, ou da administração direta de seus bens ou negócios;

III - a irregularidade formal na constituição da pessoa jurídica de direito privado ou de firma individual, bastando que configure uma unidade econômica ou profissional;

IV - a inexistência de estabelecimento fixo e a sua clandestinidade, ou a precariedade de suas instalações.

Art. 27 - As convenções particulares relativas à responsabilidade pelo pagamento do ICMS não podem ser opostas à Fazenda Pública para modificar a definição legal do sujeito passivo das obrigações tributárias correspondentes.

CAPÍTULO IV
DO CÁLCULO DO IMPOSTO

SEÇÃO I
DA BASE DE CÁLCULO

Art. 28 - A base de cálculo do ICMS é:

I - na saída de mercadoria prevista nos Incisos I, III e IV do Artigo 3º, o valor da operação;

II - na hipótese do Inciso II do Artigo 3º, o valor da operação, compreendendo mercadoria e serviço;

III - na prestação de serviço de transporte interestadual e intermunicipal e de comunicação, o preço do serviço;

IV - no fornecimento de que trata o Inciso V do Artigo 3º:

a) o valor da operação, compreendidos a mercadoria e o serviço, na hipótese da Alínea "a";

b) o preço corrente da mercadoria fornecida ou empregada, na hipótese da Alínea "b";

V - na hipótese do Inciso VI do Artigo 3º, a soma das seguintes parcelas:

a) o valor da mercadoria ou bem constante dos documentos de importação, observado o disposto no Artigo 29;

b) imposto de importação;

c) imposto sobre produtos industrializados (IPI);

d) imposto sobre operações de câmbio, quando for o caso;

e) quaisquer despesas aduaneiras, assim entendidas aquelas efetivamente pagas à repartição alfandegária até o momento do desembaraço aduaneiro;

f) o montante do próprio ICMS; (Acrescido pela Lei nº 13.418, de 30.12.03)

VI - na hipótese do Inciso VII do Artigo 3º, o valor da operação acrescido dos valores dos impostos de importação e sobre produtos industrializados e de todas as despesas cobradas ou debitadas ao adquirente;

VII - na hipótese do Inciso VIII do Artigo 3º, o valor da operação de que decorra a entrada;

VIII - na hipótese do Inciso XII do Artigo 3º, o valor da prestação do serviço, acrescido, se for o caso, de todos os encargos relacionados com a sua utilização;

IX – na hipótese dos incisos XIII, XIV e XVI do art. 3º, o valor, respetivamente, da prestação ou da operação sobre o qual foi cobrado o ICMS no Estado de origem. (Nova redação dada pela Lei n.º 15.863, de 13.10.15)

X - na hipótese do Inciso XV do Artigo 3º, o montante correspondente ao valor da operação de entrada da mercadoria, nele incluído o IPI, se incidente na operação, acrescido de percentual de agregação fixado em regulamento, até o limite máximo de 30% (trinta por cento).

§ 1º - Integra a base de cálculo do ICMS:

I – o montante do próprio imposto, inclusive na hipótese do inciso IV do *caput* do art. 2º desta Lei, constituindo o respectivo destaque indicação para fins de controle do cumprimento da obrigação tributária; (Nova redação dada pela Lei n.º 15.726, de 29.12.14)

II - o valor correspondente a:

a) seguros, juros e demais importâncias pagas, recebidas ou debitadas, bonificações, bem como descontos concedidos sob condição;

b) frete, caso o transporte seja efetuado pelo próprio remetente ou por sua conta e ordem, e seja cobrado em separado.

§ 2º - Não integra a base de cálculo do ICMS o montante do IPI, quando a operação, realizada entre contribuintes e relativa a produto destinado à industrialização ou à comercialização, configurar fato gerador de ambos os impostos.

§ 3º - Na hipótese dos Incisos XIII e XIV do Artigo 3º, o ICMS a pagar será o valor resultante da aplicação, sobre a base de cálculo ali prevista, do percentual equivalente à diferença entre a alíquota interna e a interestadual.

§ 4º - Na saída de mercadoria para estabelecimento pertencente ao mesmo titular, a base de cálculo do ICMS é:

I - o valor correspondente à entrada mais recente da mercadoria;

II - o custo da mercadoria produzida, assim entendida a soma do custo da matéria-prima, material secundário, mão-de-obra e acondicionamento;

III - tratando-se de mercadorias não industrializadas, o seu preço corrente no mercado atacadista do estabelecimento remetente.

§ 5º - Nas operações e prestações interestaduais entre estabelecimentos de contribuintes diferentes, caso haja reajuste do valor depois da remessa ou da prestação, a diferença fica sujeita ao ICMS no estabelecimento do remetente ou do prestador.

Art. 29 - O preço de importação expresso em moeda estrangeira será convertido em moeda nacional pela mesma taxa de câmbio utilizada no cálculo do imposto de importação, sem qualquer acréscimo ou devolução posterior se houver variação da taxa de câmbio até o pagamento efetivo do preço.

Parágrafo Único - O valor fixado pela autoridade aduaneira para base de cálculo do imposto de importação, nos termos da Lei aplicável, substituirá o preço declarado.

Art. 30. Na falta do valor a que se referem os Incisos I e VIII do Artigo 3º, a base de cálculo do ICMS é:

I - o preço corrente da mercadoria, ou de seu similar, no mercado atacadista do local da operação ou, na sua falta, no mercado atacadista regional, caso o remetente seja produtor, extrator ou gerador, inclusive de energia;

II - o preço FOB estabelecimento industrial à vista, caso o remetente seja industrial;

III - o preço FOB estabelecimento comercial à vista, na venda a outros comerciantes ou industriais, caso o remetente seja comerciante.

§ 1º Para aplicação dos Incisos II e III do *caput*, adotar-se-á sucessivamente:

I - o preço efetivamente cobrado pelo estabelecimento remetente na operação mais recente;

II - caso o remetente não tenha efetuado venda de mercadoria, o preço corrente da mercadoria ou de seu similar no mercado atacadista do local da operação ou, na falta deste, no mercado atacadista regional.

§ 2º - Na hipótese do Inciso III do *caput*, se o estabelecimento remetente não efetuar vendas a outros comerciantes ou industriais ou, em qualquer caso, se não houver mercadoria similar, a base de cálculo será equivalente a 75% (setenta e cinco por cento) do preço de venda corrente no varejo.

Art. 31 - Nas prestações sem valor determinado, a base de cálculo do ICMS é o valor corrente do serviço no local da prestação.

Art. 32 - A base de cálculo do ICMS para fins de substituição tributária será:

I - em relação às operações ou prestações antecedentes ou concomitantes, o valor da operação ou prestação praticado pelo contribuinte substituído;

II - em relação às operações ou prestações subsequentes com as mercadorias elencadas no Anexo Único, obtida pelo somatório das seguintes parcelas:

a) o valor da operação ou prestação própria realizada pelo substituto tributário ou pelo substituído intermediário;

b) o montante dos valores de seguro, de frete e de outros encargos cobrados ou transferíveis aos adquirentes ou tomadores de serviço;

c) a margem de valor agregado, inclusive lucro, relativa às operações ou prestações subsequentes, fixada em ato do chefe do Poder Executivo.

§ 1º - Na hipótese de responsabilidade tributária em relação às operações ou prestações antecedentes, o ICMS incidente nas referidas operações ou prestações será pago pelo responsável, quando:

I - da entrada da mercadoria ou do recebimento do serviço;

II - da saída subsequente por ele promovida, ainda que isenta ou não tributada;

III - ocorrer qualquer saída ou evento que impossibilite a ocorrência do fato determinante do pagamento do ICMS.

§ 2º - Tratando-se de mercadoria ou serviço cujo preço final, único ou máximo, a consumidor ou tomador, seja fixado por órgão público competente, a base de cálculo do ICMS, para fins de substituição tributária, é o preço por ele estabelecido.

§ 3º - Existindo preço final a consumidor sugerido pelo fabricante ou importador, poderá ser tomado como base de cálculo este preço.

§ 4º - A margem a que se refere a Alínea "c" do Inciso II do *caput* será estabelecida com base em preços usualmente praticados no mercado considerado, obtidos por levantamento, ainda que por amostragem ou através de informações e outros elementos fornecidos por entidades representativas dos respectivos setores, adotando-se a média ponderada dos preços coletados.

§ 5º - Os critérios adotados para a fixação da margem, de que trata o parágrafo anterior, serão, entre outros previstos na legislação:

a) preço à vista;

b) especificação das características do produto, tais como modelo, tipo, espécie, rotatividade de estoque;

c) levantamento de preços praticados no comércio varejista, exceto aqueles relativos a promoções;

d) período não superior a 30 (trinta) dias em relação aos preços referenciais, de entradas e saídas utilizados.

§ 6º - O ICMS a ser pago por substituição tributária, na hipótese do Inciso II do *caput* deste Artigo, corresponderá à diferença entre o valor resultante da aplicação da alíquota prevista para as operações ou prestações internas sobre a respectiva base de cálculo, e o valor do ICMS devido pela operação ou prestação própria do substituto, quando for o caso.

Art. 33 - Quando o valor do frete, cobrado por estabelecimento pertencente ao mesmo titular da mercadoria ou por outro estabelecimento de empresa que com aquele mantenha relação de interdependência, exceder os níveis normais de preços em vigor, no mercado local, para serviço semelhante, constantes de tabelas elaboradas pelos órgãos competentes, o valor excedente será havido como parte do preço da mercadoria.

Parágrafo Único - Considerar-se-ão interdependentes duas empresas quando:

I - uma delas, por si, seus sócios ou acionistas, e respectivos cônjuges ou companheiros reconhecidos por Lei ou filhos menores, for titular de mais de 50% (cinquenta por cento) do capital de outra;

II - uma mesma pessoa fizer parte de ambas, na qualidade de diretor ou sócio com funções de gerência, ainda que exercidas sob outra denominação;

III - uma delas locar ou transferir a outra, a qualquer título, veículo destinado ao transporte de mercadorias.

Art. 34 - Quando o cálculo do ICMS tenha por base ou tome em consideração o valor ou o preço de mercadorias, bens, serviços e título que os represente, a autoridade lançadora, mediante processo regular, arbitrará aquele valor ou preço, sempre que sejam omissas ou não mereçam fé as declarações ou os esclarecimentos prestados, ou os documentos expedidos pelo sujeito passivo ou pelo terceiro legalmente obrigado, ressalvada, em caso de contestação, a avaliação contraditória, administrativa ou judicial.

Art. 35 - A base de cálculo do ICMS devido pelas empresas distribuidoras de energia elétrica, responsáveis pelo pagamento do imposto relativamente às operações anteriores e posteriores, na condição de contribuinte substituto, é o valor da operação da qual decorra a entrega ao consumidor.

Art. 36 - O Poder Executivo, mediante ato normativo, poderá manter atualizada tabela de preços correntes de mercadorias e serviços para efeito de observância como base de cálculo do ICMS quando:

I - o preço declarado pelo contribuinte for inferior ao de mercado;

II - ocorrer a hipótese prevista no Inciso I do Artigo 32, relativamente às operações realizadas por produtores ou extratores.

Parágrafo Único - Nas operações interestaduais, a aplicação do disposto neste Artigo dependerá da celebração de acordo entre os Estados envolvidos na operação.

Art. 36-A. Fica instituído o Catálogo Eletrônico de Valores de Referência - CEVR, elaborado a partir das informações das operações e prestações praticadas pelos contribuintes quando da emissão da Nota Fiscal Eletrônica (NF-e), do Conhecimento de Transporte Eletrônico (CT-e) e demais documentos fiscais, bem como seus registros na Escrituração Fiscal Digital - EFD, para efeito de observância como base de cálculo do ICMS, conforme o disposto em regulamento, quando: (Redação acrescida pela Lei n.º 15.383, de 25.07.13)

I - o preço da mercadoria ou do serviço declarado pelo contribuinte for inferior ao de mercado;

II - ocorrerem as hipóteses previstas no art. 32.

§ 1º A implementação do CEVR poderá ocorrer de forma gradativa por segmento econômico, por Classificação Nacional de Atividade Econômica (CNAE-Fiscal), por produto e Código Fiscal de Operações e Prestações - CFOP, na forma disciplinada em regulamento. (Redação acrescida pela Lei n.º 15.383, de 25.07.13)

§ 2º Os valores de referência para efeito de base de cálculo do ICMS, incidente sobre os produtos constantes do CEVR, serão calculados tomando por base a média aritmética ponderada dos valores de mercado coletados na forma do *caput* deste artigo, considerando-se, inclusive, o desvio padrão, podendo-se adicioná-lo como medida de dispersão, em até duas vezes para efeito de valores de referência. (Redação acrescida pela Lei n.º 15.383, de 25.07.13)

§ 3º O CEVR poderá ser utilizado por órgãos e instituições públicas, inclusive para formação dos preços nas compras governamentais, na forma disciplinada em regulamento. (Redação acrescida pela Lei n.º 15.383, de 25.07.13)

Art. 37 - Nos seguintes casos especiais, o valor das operações ou das prestações poderá ser arbitrado pela autoridade fiscal, sem prejuízo das penalidades cabíveis:

I - não exibição ou entrega, à fiscalização, dentro do prazo da intimação, dos elementos necessários à comprovação do valor real da operação ou da prestação, nos casos de perda ou extravio de livros ou documentos fiscais;

II - fundada suspeita de que os documentos fiscais não refletem o valor real da operação ou da prestação;

III - declaração nos documentos fiscais, sem motivo justificado, de valores notoriamente inferiores ao preço corrente no mercado local ou regional das mercadorias ou dos serviços;

IV - transporte ou estocagem de mercadorias desacompanhadas de documentos fiscais ou sendo estes inidôneos.

Art. 38 - Nas hipóteses dos Artigos 36 e 37, havendo discordância em relação ao valor fixado ou arbitrado, caberá ao contribuinte comprovar a exatidão do valor por ele declarado, que prevalecerá, nessa hipótese, como base de cálculo.

Art. 39 - A critério do Fisco, o ICMS devido por contribuintes de pequeno porte cujo volume ou modalidade de negócios aconselhe tratamento tributário simplificado, poderá ser adotada forma diversa de apuração, conforme se dispuser em regulamento.

Parágrafo Único - Na hipótese do *caput*, verificada no final do período qualquer diferença entre o ICMS devido e o calculado, esta será:

I - quando desfavorável ao contribuinte, recolhida na forma regulamentar, sem acréscimo de multa;

II - quando favorável ao contribuinte:

a) compensada para o período seguinte;

b) restituída no caso de encerramento de atividade.

Art. 40 - Nas entradas de mercadorias trazidas por contribuintes de outras unidades da Federação sem destinatário certo neste Estado, a base de cálculo será o valor constante do documento fiscal de origem, inclusive as parcelas correspondentes ao Imposto sobre Produtos Industrializados e às despesas acessórias, acrescido de percentual de agregação específico para as mercadorias respectivas, até o limite de 30% (trinta por cento).

§ 1º - O disposto neste Artigo aplica-se às mercadorias trazidas por comerciantes ambulantes ou não-estabelecidos.

§ 2º - Ocorrendo a situação descrita neste Artigo, deduzir-se-á, para fins de cálculo do ICMS devido a este Estado, o montante devido ao Estado de origem.

Art. 41 - Quando a fixação de preços ou a apuração do valor tributável depender de fatos ou condições verificáveis após a saída da mercadoria, tais como pesagem, medições, análise e classificação, o ICMS será calculado inicialmente sobre preço corrente da mercadoria e, após essa verificação, sobre a diferença, se houver, atendidas as normas fixadas em regulamento.

Art. 42 - Quando, em virtude de contrato ocorrer reajustamento de preço, o ICMS correspondente ao acréscimo do valor será recolhido juntamente com o montante devido no período em que for apurado, atendidas as normas fixadas em regulamento.

SUBSEÇÃO I
DA REDUÇÃO DA BASE DE CÁLCULO DOS PRODUTOS DA CESTA BÁSICA

Art. 43. Nas operações internas e de importação com os produtos da cesta básica, a base de cálculo do Imposto sobre Operações relativas à Circulação de Mercadorias e sobre Prestações de Serviços de Transporte Interestadual e Intermunicipal e de Comunicação – ICMS, será reduzida em: (Redação dada pela Lei N° 14. 036, de 19.12.07)

I – 61,11% (sessenta e um vírgula onze por cento) para os seguintes produtos: (Nova redação dada pela Lei n.º 16.177, de 27.12.16)

a) arroz;

b) açúcar;

c) aves e ovos;

d) banana, mamão, abacate, jaca, manga, laranja, melão, melancia, maracujá, abóbora, tomate e pimentão;

e) banha de porco;

f) café torrado e moído;

g) carne bovina, bufalina, caprina, ovina e suína;

h) farinha e fubá de milho;

i) fécula de mandioca;

j) leite in natura e pasteurizado do tipo longa vida;

l) margarina e creme vegetal;

m) mel de abelha em estado natural (NCM 0409.00.00);

n) óleo comestível de soja, de algodão e de palma;

o) pescado, exceto molusco, crustáceo, salmão, bacalhau, hadoque e rã; (Nova redação dada pela Lei n.º 15.155, de 09.05.12)

p) queijo de coalho produzido artesanalmente por pequeno produtor cadastrado pelo Fisco, conforme dispuser o regulamento;

q) sabão em pó e em barra; (Redação dada pela Lei n.º 14.818, de 20.12.10)

r) sal;

s) leite em pó;

t) sardinha (NCM 1604.13.10);

u) areia e cal virgem (NCM 2519.10);

v) telha (NCM 6905.10.00), exceto de amianto, tijolo (NCM 6904.10-00), exceto os de PM-furado e cerâmica tipo “c” (NCM 6908.10.00); (Inciso acrescentado pela Lei nº 14.036, de 19.12.2007)

x) material escolar especificado abaixo: (Redação dada pela Lei nº 14.579, de 21.12.09)

1. caderno (NCM 4820.20.00);
2. caneta (NCM 9608.10.00);
3. lápis comum e de cor (NCM 9609.10.00);
4. borracha de apagar (NCM 4016.92.00);
5. apontador;
6. lapiseira (NCM 9608.40.00);
7. agenda escolar;
8. cartolina;
9. papel;
10. régua;
11. compasso;
12. esquadro;

13. transferidor;

z) antenas parabólicas; (Redação dada pela Lei n.º 14.818, de 20.12.10)

z.1) produtos resultantes de reciclagem de plásticos, papel, papelão, resíduos sólidos da construção civil e outros materiais recicláveis conforme se dispuser em regulamento, desde que possuam a Certificação do Selo Verde emitida pela Superintendência Estadual do Meio Ambiente - SEMACE;

z.2) produtos de informática, definidos em regulamento. (Nova redação dada pela Lei n. º 15.228, de 08.11.12)

z-3) bicicleta para uso em vias públicas, com valor até 1.000 (mil) Ufirces;

z-4) peças para bicicletas, com valor até 100 (cem) Ufirces;

z-5) capacete para motos;

z-6) protetor dianteiro e traseiro para motos;

z-7) creme dental;

z-8) escova dental;

z-9) fraldas;

z-10) papel higiênico;

z-11) soro fisiológico;

z-12) insulina NPH;

z-13) dipirona (genérico);

z-14) ácido acetilsalicílico (genérico);

z-15) água sanitária;

z-16) detergente;

z-17) desinfetante;

z-18) álcool em gel antisséptico;

z-19) produtos orgânicos com Selo Verde, conforme o disposto em regulamento. (Nova redação dada pela Lei n.º 15.892, de 27.11.15)

z-20) água mineral natural e água adicionada de sais envasadas em embalagens retornáveis com capacidade entre 10 (dez) e 20 (vinte) litros. (Acrescido pela Lei nº 16.904, DE 03.06.2019)

II – 33,33% (trinta e três vírgula trinta e três por cento) para os seguintes produtos: (Nova redação dada pela Lei n.º 16.177, de 27.12.16)

a) absorvente;

b) ~~creme dental~~; (Revogado pela Lei n.º 15.892, de 27.11.15)

c) ~~escova dental~~; (Revogado pela Lei n.º 15.892, de 27.11.15)

d) papel higiênico;

e) sabonete sólido;

f) ~~fraldas~~; (Revogado pela Lei n.º 15.892, de 27.11.15)

g) soro fisiológico;

h) insulina NPH;

i) dipirona (genérico);

j) ácido acetilsalicílico (genérico);

k) água sanitária;

l) detergente;

m) desinfetante;

n) desodorante para uso axilar; (Nova redação dada pela Lei n.º 15.892, de 27.11.15)

o) xampu;

p) ~~capacete para moto~~; (Revogado pela Lei n.º 15.892, de 27.11.15)

q) ~~protetor dianteiro e traseiro para moto~~; (Revogado pela Lei n.º 15.892, de 27.11.15)

§ 1º A utilização da redução de base de cálculo prevista neste artigo, salvo disposição em contrário, não exclui benefícios fiscais do ICMS concedidos através de convênios celebrados pelo Conselho Nacional de Política Fazendária - CONFAZ.

§ 2º Na hipótese da redução de base de cálculo de que trata este artigo, o estabelecimento vendedor grafará, no documento que acobertar a operação, a declaração "Produto da cesta básica, seguido da indicação do percentual de redução do ICMS correspondente, exceto para os estabelecimentos usuários de Emissor Cupom Fiscal - ECF.

§ 3º Aplica-se o mesmo percentual estabelecido no inciso I do *caput* aos produtos industrializados neste Estado, derivados de carne bovina, bufalina, caprina, ovina, suína e de aves.

§ 4º A redução de base de cálculo prevista no inciso I deste artigo estende-se aos cortes especiais e aos "miúdos" dos produtos arrolados em suas alíneas "c", "g" e "o".

§ 5º Nas saídas interestaduais de carne e demais produtos comestíveis frescos, resfriados, congelados, salgados, secos ou temperados, resultantes do abate de aves, leporídeos e gado bovino, bufalino, caprino, ovino e suíno, será reduzida a base de cálculo de forma que a carga tributária resulte em 7% (sete por cento) - Convênio ICMS nº 89/05.

§ 6º Nas operações de que trata o § 5º será estornado o valor do crédito fiscal da entrada que ultrapassar o limite de 7% (sete por cento) - Convênio ICMS nº 89/05.

§ 7º A redução da base de cálculo do ICMS prevista na alínea "x" do inciso I do *caput* deste artigo aplica-se independentemente da destinação dos produtos, exceto em relação ao "papel" constante no item 9, quando destinado à confecção de livros, jornais e periódicos, a qual sujeita-se à não-incidência prevista no inciso I do *caput* do art. 4º.

§ 8º Entende-se por antenas parabólicas, para os efeitos deste artigo, as antenas refletoras utilizadas para a recepção de sinais de televisão.

§ 9º Ficam convalidados os procedimentos praticados pelos contribuintes nas operações com sabão em pó antes da vigência desta Lei, desde que não tenha resultado em recolhimento do imposto em valor inferior à carga tributária estabelecida no inciso I do *caput* deste artigo.

§ 10. O disposto no § 9º deste artigo não confere ao sujeito passivo qualquer direito à restituição ou compensação de importâncias já pagas. (Redação dada pela Lei n.º 14.818, de 20.12.10)

SUBSEÇÃO II
DA REDUÇÃO DA BASE DE CÁLCULO NAS PRESTAÇÕES DE SERVIÇO DE TRANSPORTE

Art. 43-A. A base de cálculo do imposto poderá ser também reduzida em 58,82% (cinquenta e oito inteiros e oitenta e dois centésimos por cento) nas prestações de serviço de transporte de passageiros, vedada a utilização de quaisquer créditos fiscais. (Redação dada pela Lei nº 13.076, de 04.12.00)

Parágrafo único. A redução referida no *caput* será aplicada, opcionalmente, pelo contribuinte, em substituição ao sistema de tributação previsto na legislação estadual, mediante celebração de Termo de Acordo entre a Secretaria da Fazenda e o interessado. (Redação dada pela Lei nº 13.076, de 04.12.00)

SUBSEÇÃO III
DA REDUÇÃO DA BASE DE CÁLCULO NAS PRESTAÇÕES DE SERVIÇO DE COMUNICAÇÃO

» *(Subseção acrescentada pela Lei Nº 15383 de 25/07/2013).*

Art. 43-B Fica o Chefe do Poder Executivo, conforme se dispuser em regulamento, autorizado a aplicar a carga tributária líquida de 8% (oito por cento), em substituição à sistemática normal de tributação, nas prestações de serviço de telecomunicação destinadas a empresas de telemarketing localizadas a, no mínimo, 60 (sessenta) km de Fortaleza e com a geração mínima de 1.000 (mil) empregos diretos, observadas, ainda, as seguintes condições: (Nova redação dada pela Lei n.º 15.473, de 04.12.13)

I – a sistemática prevista neste artigo somente se aplica aos contribuintes detentores de Resolução do Conselho Estadual de Desenvolvimento Industrial - CEDIN;

II – não fica dispensada a cobrança da parcela do imposto relativo ao Fundo Estadual de Combate à Pobreza - FECOP;

III – o benefício previsto neste artigo será deduzido do valor do serviço prestado, demonstrando-se na Nota Fiscal de Serviço de Comunicação à respectiva redução;

IV – não poderá ser utilizado qualquer crédito fiscal para compensar com o imposto devido na forma do *caput* deste artigo.

§ 1º Fica o Chefe do Poder Executivo, conforme se dispuser em regulamento, autorizado a reduzir a carga tributária líquida estabelecida no *caput* deste artigo em até 100% (cem por cento), proporcionalmente ao aumento da distância em relação à capital do Estado e à geração de empregos diretos, observadas as condições e os critérios previstos nos incisos I a III, e em regulamento. (Nova redação dada pela Lei n.º 15.473, de 04.12.13)

§ 2º Fica dispensada a exigência do ICMS devido nas aquisições interestaduais e de importação de mercadorias ou bens destinados ao ativo imobilizado das empresas de telemarketing enquadradas na sistemática estabelecida no *caput* deste artigo. (Nova redação dada pela Lei n.º 15.473, de 04.12.13)

SEÇÃO II
DAS ALÍQUOTAS

Art. 44 - As alíquotas do ICMS são:

I - nas operações internas: (Redação dada pela Lei nº 12.770, de 24.12.97)

a) 25% (vinte e cinco por cento) para bebidas alcoólicas, armas e munições, fogos de artifício, fumo, cigarros e demais artigos de tabacaria, jóias, aviões ultra-leves, asas-delta, energia elétrica, gasolina, querosene de aviação, óleo diesel e álcool anidro e álcool hidratado para fins combustíveis; (Redação dada pela Lei nº 12.770, de 24.12.97)

b) 28% (vinte e oito por cento) para rodas esportivas de automóveis, partes e peças de ultraleves e asas-delta, e para os seguintes produtos, suas partes e peças: drones, embarcações esportivas e de recreio e jet-skis; (Nova redação dada pela Lei n.º 16.735, de 26.12.18)

c) 18% (dezoito por cento) para as demais mercadorias ou bens;

d) 12% (doze por cento) para as operações realizadas com contadores de líquido (NCM 9028.20) e medidor digital de vazão (NCM 9026.20.90). (Nova redação dada pela Lei n.º 16.177, de 27.12.16)

II - nas prestações internas:

a) 28% (vinte e oito por cento) para serviços de comunicação; (Nova redação dada pela Lei n.º 15.892, de 27.11.15)

b) 18% (dezoito por cento) para os serviços de transporte intermunicipal; (Nova redação dada pela Lei n.º 16.177, de 27.12.16)

III – nas operações e prestações interestaduais: (Nova redação dada pela Lei n.º 15.863, de 13.10.15)

a) 4% (quatro por cento), nas prestações de serviço de transporte aéreo de passageiro, carga e mala postal;

b) 4% (quatro por cento), para as mercadorias ou bens importados do Exterior por contribuintes do imposto, nos termos da Resolução nº 13, de 25 de abril de 2012, do Senado Federal, desde que:

1. não tenham sido submetidos a processo de industrialização; ou

2. ainda que submetidos a processo de industrialização, resultem em mercadorias ou bens com conteúdo de importação superior a 40% (quarenta por cento);

c) 12% (doze por cento) para as demais prestações e operações com mercadorias ou bens destinados a contribuintes ou não do imposto.

§ 1º Ficam convalidados os procedimentos previstos na alínea "c" do inciso I do *caput* deste artigo, com a redação dada pela Lei nº 13.268, de 27 de dezembro de 2002, realizados no período de 29 de setembro de 2003, até a publicação desta Lei.

§ 2º Nos termos e condições definidos em regulamento, em relação às mercadorias importadas do exterior do País e destinadas à comercialização em outra unidade da Federação, conforme a Resolução nº 13, de 25 de abril de 2012, do Senado Federal, poderá ser aplicada, por ocasião do desembaraço aduaneiro, a alíquota do ICMS equivalente a 4% (quatro por cento).

§ 3º O disposto no § 2º deste artigo, nas importações realizadas por empresa enquadrada nas disposições da Lei nº 14.237, de 10 de novembro de 2008, conforme se dispuser em regulamento, poderá ser aplicado cumulativamente com as disposições da Lei nº 13.025, de 20 de junho de 2000. (Redação acrescida pela Lei n.º 15.383, de 25.07.13)

§ 4º O disposto na alínea "b" do inciso III do *caput* deste artigo não se aplica: (Redação dada pela Lei n.º 15.863, de 13.10.15)

I – aos bens e mercadorias importados do exterior do País que não tenham similar nacional, a serem definidos em lista editada pelo Conselho de Ministros da Câmara de Comércio Exterior -CAMECE;

II – aos bens produzidos em conformidade com os processos produtivos básicos de que tratam o Decreto-Lei nº 288, de 28 de fevereiro de 1967, e as Leis nºs 8.248, de 23 de outubro de 1991, 8.387, de 30 de dezembro de 1991, 10.176, de 11 de janeiro de 2001, e 11.484, de 31 de maio de 2007;

III – às operações que destinem gás natural importado do exterior do País a outros Estados.

§ 5º Nas operações internas com os seguintes produtos, serão adicionados pontos percentuais à alíquota estabelecida na alínea 'a' do inciso I do *caput* deste artigo, como segue: (Redação dada pela Lei n.º 15.892, de 27.11.15)

I – 2% (dois pontos percentuais) para gasolina e 3% (três pontos percentuais) para as bebidas alcoólicas;

II – 3% (três pontos percentuais) para armas e munições, fogos de artifício, fumo, cigarros e demais artigos de tabacaria, aviões ultraleves e asas-delta.

§ 6.º A alíquota de que trata a alínea "c" do inciso I do *caput* deste artigo aplica-se às operações de importação de mercadorias ou bens integrantes de remessa postal ou encomenda aérea internacional, observado o disposto no Decreto-Lei Federal nº 1.804, de 3 de setembro de 1980, e no Convênio ICMS nº 18, de 1995, ou outros atos normativos que venham a substituí-los. (Redação dada pela Lei n.º 16.735, de 26.12.18)

Art. 45 - As alíquotas internas são aplicadas quando:

I - o remetente ou o prestador e o destinatário de mercadorias ou serviços estiverem situados neste Estado;

II - da entrada de mercadorias ou bens importados do exterior;

III - da entrada, neste Estado, de energia elétrica, petróleo e lubrificantes e combustíveis líquidos e gasosos dele derivados, quando não destinados à comercialização ou à industrialização;

IV - das prestações de serviço de transporte iniciado ou contratado no exterior, e de comunicação transmitida ou emitida no estrangeiro e recebida neste Estado;

V - ~~o destinatário de mercadoria ou serviço, localizado em outro Estado, não for contribuinte do ICMS~~; (Revogado pela Lei n.º 15.863, de 13.10.15)

VI - da arrematação de mercadorias ou bens;

CAPÍTULO V
DA SISTEMÁTICA DE APURAÇÃO DO ICMS

SEÇÃO I
DA NÃO-CUMULATIVIDADE

Art. 46 - O ICMS é não-cumulativo, compensando-se o que for devido em cada operação relativa à circulação de mercadorias ou prestação de serviços de transporte interestadual e intermunicipal e de comunicação com o montante cobrado nas anteriores por este ou por outro Estado.

§ 1º Não se considera como montante cobrado, para efeito da compensação referida no *caput* deste artigo, a parcela do ICMS destacado em documento fiscal emitido por contribuinte situado em outra unidade da Federação, correspondente à vantagem econômica resultante da concessão de quaisquer incentivos ou benefícios fiscais em desacordo com o disposto no art. 155, § 2º, inciso XII, alínea "g", da Constituição Federal. (Redação dada pela LEI N° 14.447, DE 01.02.09)

§ 2º O disposto no § 1º aplica-se aos contribuintes, atividades econômicas ou produtos, relacionados em ato específico da Secretaria da Fazenda. (Redação dada pela LEI N° 14.447, DE 01.02.09)

§ 3º A autoridade fiscal que constatar, no exercício de suas atividades, apropriação indevida de crédito fiscal por contribuinte do imposto, na forma do § 1º deste artigo, deverá adotar os seguintes procedimentos: (Redação dada pela LEI N° 14.447, DE 01.02.09)

I – quando da fiscalização no trânsito de mercadorias, caso haja cobrança do ICMS, considerar como crédito fiscal, a ser deduzido do imposto a recolher, o limite estabelecido no §1º deste artigo; (Redação dada pela LEI N° 14.447, DE 01.02.09)

II – quando da fiscalização de estabelecimento, expedir notificação ao contribuinte que se tenha apropriado de crédito fiscal em desacordo com o estabelecido no §1º. deste artigo, no sentido de efetuar, de forma espontânea, o estorno do crédito considerado indevido no prazo de 10 (dez) dias, contado a partir do dia seguinte ao da respectiva ciência, nos termos do art. 125. (Redação dada pela LEI N° 14.447, DE 01.02.09)

Art. 47 - O mês será o período considerado para efeito de apuração e lançamento do ICMS, com base na escrituração em conta gráfica.

Parágrafo Único - Excepcionalmente, e atendendo a peculiaridades de determinadas operações ou prestações, o ICMS poderá ser apurado por mercadoria ou serviço, à vista de cada operação ou prestação, ou, ainda, por período diverso do estabelecido no *caput*, na forma disposta em regulamento.

Art. 48 - O montante do ICMS a recolher resultará da diferença positiva, no período considerado, do confronto entre o débito e o crédito.

§ 1º Para efeito de aplicação deste artigo, os débitos e créditos devem ser apurados em cada estabelecimento, compensando-se os saldos credores e devedores entre os estabelecimentos do mesmo sujeito passivo localizados neste Estado, conforme previsto em regulamento. (Redação dada pela Lei n° 13.076, de 04.12.00)

§ 2º - No total do débito, em cada período considerado, devem estar compreendidas as importâncias relativas a:

I - saídas e prestações com débito;

II - outros débitos;

III - estornos de créditos.

§ 3º No total do crédito, em cada período considerado, devem estar compreendidas as importâncias relativas a:

I - entradas e prestações com crédito;

II - outros créditos;

III - estornos de débitos;

IV - eventual saldo credor anterior.

§ 4º - As obrigações consideram-se vencidas na data em que termina o período de apuração, e são liquidadas por compensação ou mediante pagamento em moeda corrente.

§ 5º - A liquidação das obrigações por compensação dar-se-á até o montante dos créditos escriturados no mesmo período, inclusive o saldo credor oriundo do período anterior, se for o caso.

§ 6º - Quando o montante dos débitos do período superar o dos créditos, a diferença será liquidada dentro do prazo estabelecido em regulamento.

§ 7º - O saldo credor é transferível para o período ou períodos seguintes.

§ 8º - Na hipótese de créditos oriundos de transferências, a escrituração obedecerá às regras estabelecidas em regulamento.

SEÇÃO II
DO CRÉDITO DO ICMS

Art. 49 - Para a compensação a que se refere o Artigo 46, é assegurado ao sujeito passivo o direito de creditar-se do ICMS anteriormente cobrado em operações de que tenha resultado a entrada de mercadoria, real ou simbólica, no estabelecimento, inclusive a destinada ao seu consumo ou ao Ativo Permanente, ou o recebimento de serviços de transporte interestadual e intermunicipal ou de comunicação.

§ 1º. Para efeito do disposto no *caput*, dão direito também ao crédito, a partir de 1º. de novembro de 1996, as entradas de mercadorias destinadas ao Ativo Permanente do estabelecimento e de energia elétrica nele usada ou consumida. (Redação dada pela Lei nº 12.771, de 24.12.97)

I - 1º de novembro de 1996, as entradas de mercadorias destinadas ao Ativo Permanente do estabelecimento e de energia elétrica nele usada ou consumida;

II - a partir de 1º de janeiro de 2020, nas demais hipóteses.(Nova redação dada pela Lei n.º 14.873, de 25.01.11)

§ 2º Somente dará direito a crédito a entrada de energia elétrica no estabelecimento: (Redação dada pela Lei nº 13.076, de 04.12.00)

I - a partir de 1º de janeiro de 2001:

a) quando for objeto de operação de saída de energia elétrica;

b) quando consumida no processo de industrialização; e

c) quando seu consumo resultar em operação de saída ou prestação para o exterior, na proporção destas sobre as saídas ou prestações totais;

II – a partir da data prevista em lei complementar nacional, nas demais hipóteses. (Redação dada pela Lei nº 17.239, de 14.07.2020)

§ 3º Somente dará direito a crédito o recebimento de serviços de comunicação utilizados pelo estabelecimento: (Redação dada pela Lei nº 13.076, de 04.12.00)

I - a partir de 1º de janeiro de 2001:

a) ao qual tenham sido prestados na execução de serviços da mesma natureza;

b) quando sua utilização resultar em operação de saída ou prestação para o exterior, na proporção desta sobre as saídas ou prestações totais; e

II - a partir da data prevista em lei complementar nacional, nas demais hipóteses. (Redação dada pela Lei nº 17.239, de 14.07.2020)

§ 4º Para efeito do disposto no *caput* deste artigo, relativamente aos créditos decorrentes de entrada de mercadorias no estabelecimento destinadas ao ativo permanente, deverá ser observado: (Redação dada pela Lei nº 13.076, de 04.12.00)

I - a apropriação será feita à razão de um quarenta e oito avos por mês, devendo a primeira fração ser apropriada no mês em que ocorrer a entrada no estabelecimento;

II - em cada período de apuração do imposto só será admitido o creditamento de que trata o inciso I, proporcionalmente às operações de saídas ou prestações tributadas, efetuadas no mesmo período;

III - para aplicação do disposto nos incisos I e II, o montante do crédito a ser apropriado será obtido multiplicando-se o valor total do respectivo crédito pelo fator igual a um quarenta e oito avos da relação entre o valor das operações de saídas e prestações tributadas e o total das operações de saídas e prestações do período, equiparando-se às tributadas, para fins deste inciso, as saídas e prestações com destino ao exterior;

IV - o quociente de um quarenta e oito avos será proporcionalmente aumentado ou diminuído, "Pro rata die", caso o período de apuração seja superior ou inferior a um mês;

V - na hipótese de alienação dos bens do ativo permanente, antes de decorrido o prazo de quatro anos contado da data de sua aquisição, não será admitido, a partir da data da alienação, o creditamento de que trata este parágrafo em relação à fração que corresponderia ao restante do quadriênio;

VI - serão objeto de outro lançamento, além do lançamento em conjunto com os demais créditos, para efeito da compensação prevista neste artigo e no art. 46, em livro próprio ou de outra forma que a legislação determinar, para aplicação do disposto nos incisos I a V deste parágrafo; e

VII - ao final do quadragésimo oitavo mês contados da data da entrada do bem no estabelecimento, o saldo remanescente do crédito será cancelado.

§ 5º O crédito relativo à aquisição de bens de uso ou de consumo do estabelecimento, bem como os respectivos serviços de transporte, somente será permitido a partir da data prevista em lei complementar nacional. (Redação dada pela Lei nº 17.239, de 14.07.2020)

Art. 50 - Operações tributadas, posteriores às saídas de que tratam os Incisos I e II do Artigo 54, dão ao estabelecimento que as praticar o direito a creditar-se do ICMS cobrado nas operações anteriores às isentas ou não tributadas, sempre que estas sejam relativas a produtos agropecuários na forma prevista em regulamento.

Art. 51 - O direito ao crédito, para efeito de compensação com o débito do ICMS, reconhecido ao estabelecimento que tenha recebido as mercadorias ou para o qual tenham sido prestados os serviços, está condicionado à idoneidade da documentação e, se for o caso, à escrituração nos prazos e condições estabelecidos na legislação.

§ 1º - Os créditos tributários poderão ser compensados com outros créditos da mesma espécie, líquidos e certos, desde que vencidos, do sujeito passivo contra a Fazenda Pública, na forma disciplinada em regulamento.

§ 2º - A compensação a que se refere o parágrafo anterior poderá ser efetuada quando da comprovação, por parte do sujeito passivo, da liquidez dos créditos compensáveis;

§ 3º - Quando o ICMS destacado no documento fiscal for maior do que o exigível na forma da Lei, o seu aproveitamento como crédito terá por limite o valor correto, observadas as normas sobre correção previstas em regulamento.

§ 4º - O direito de aproveitar o crédito extingue-se depois de decorridos cinco anos contados da data de emissão do documento.

SEÇÃO III
DA VEDAÇÃO AO CRÉDITO

Art. 52 - Salvo disposição em contrário, não dão direito a crédito as entradas de mercadorias ou utilização de serviços resultantes de operações ou prestações isentas ou não tributadas, ou que se refiram a mercadorias ou serviços alheios à atividade do estabelecimento, conforme definidos em regulamento.

Art. 53 - É vedado o crédito relativo a mercadoria entrada no estabelecimento ou a prestação de serviços a ele efetuada:

I - para integração ou consumo em processo de industrialização ou produção rural, quando a saída do produto resultante não for tributada ou estiver isenta do ICMS, exceto as saídas para o exterior;

II - para comercialização ou prestação de serviço, quando a saída ou a prestação subsequente não forem tributadas ou estiverem isentas do ICMS, exceto as destinadas ao exterior;

III - acobertadas por documento fiscal em que o estabelecimento destinatário seja diverso do nele indicado;

IV - cujo ICMS destacado no documento fiscal tiver sido devolvido, no todo ou em parte, pela entidade tributante sob a forma de prêmio ou estímulo, salvo se esse benefício houver sido concedido nos termos de convênio celebrado com base em Lei Complementar.

V - quando a operação ou a prestação não estiver acobertada pela primeira via do documento fiscal, salvo comprovação do registro da operação ou da prestação no livro Registro de Saídas do contribuinte que a promoveu.

Parágrafo Único - Ressalvadas as hipóteses do Inciso IV do Artigo 3º e os casos previstos em regulamento, é vedado ao contribuinte creditar-se do ICMS antes do recebimento do serviço ou da entrada da mercadoria em seu estabelecimento.

SEÇÃO IV
DO ESTORNO DO CRÉDITO

Art. 54 - O sujeito passivo deverá efetuar o estorno do ICMS de que se tiver creditado sempre que o serviço tomado ou a mercadoria entrada no estabelecimento:

I - for objeto de saída ou prestação de serviço não tributada ou isenta, sendo esta circunstância imprevisível na data da entrada ou da utilização do serviço;

II - for integrada ou consumida em processo de industrialização, quando a saída do produto resultante não for tributada ou estiver isenta do ICMS;

III - vier a ser utilizada em fim alheio à atividade do estabelecimento;

IV - quando da inexistência, por qualquer motivo, de operação ou prestação subsequente;

V - for objeto de operação ou prestação subsequente com redução de base de cálculo, hipótese em que o estorno será proporcional à redução;

§ 1º - ~~Devem ser também estornados, com a devida atualização monetária, os créditos referentes a bens do Ativo Permanente alienados antes de decorrido o prazo de cinco anos contados da data da sua aquisição, hipótese em que o estorno será de 20% (vinte por cento) por ano ou fração que faltar para completar o quinquênio.~~ (Revogado pela Lei nº 13.076, de 04.12.00)

§ 2º - Não se estornam créditos referentes a mercadorias e serviços que venham a ser objeto de operações ou prestações destinadas ao exterior.

§ 3º - O não creditamento ou o estorno a que se referem os Incisos I e II do Artigo 53 e o *caput* deste Artigo não impedem a utilização dos mesmos créditos em operações posteriores, sujeitas ao ICMS, com a mesma mercadoria.

§ 4º - ~~Em qualquer período de apuração do ICMS, se bens do Ativo Permanente forem utilizados para produção ou comercialização de mercadorias cuja saída resulte de operações ou prestações isentas ou não tributadas, haverá estorno dos créditos escriturados conforme o § 2º do Artigo 49.~~ (Revogado pela Lei nº 13.076, de 04.12.00)

§ 5º - ~~Em cada período, o montante do estorno previsto no parágrafo anterior será o que se obtiver multiplicando-se o respectivo crédito pelo fator igual a um sessenta avos da relação entre a soma das saídas e prestações isentas e não tributadas, excetuadas as que se destinem ao exterior, e o total das saídas e prestações no mesmo período~~. (Revogado pela Lei nº 13.076, de 04.12.00)

§ 6º - ~~O quociente de um sessenta avos será proporcionalmente aumentado ou diminuído, pro rata dia, caso o período de apuração seja superior ou inferior a um mês~~. (Revogado pela Lei nº 13.076, de 04.12.00)

§ 7º - ~~O valor do montante do estorno será lançado como estorno de crédito~~. (Revogado pela Lei nº 13.076, de 04.12.00)

§ 8º - ~~Ao fim do quinto ano contado da data do lançamento a que se refere o § 2º do Artigo 49, o saldo remanescente do crédito será estornado~~. (Revogado pela Lei nº 13.076, de 04.12.00)

SEÇÃO V
DA TRANSFERÊNCIA DO CRÉDITO

Art. 55 - Os saldos credores acumulados, a partir de 16 de setembro de 1996, por estabelecimentos que realizem operações e prestações de exportação para o exterior, podem ser, na proporção que essas saídas representem do total das saídas realizadas por estabelecimento:

I - imputados pelo sujeito passivo a qualquer outro estabelecimento de sua propriedade neste Estado;

II - havendo ainda saldo remanescente, transferidos pelo sujeito passivo a outros contribuintes deste Estado, mediante prévia manifestação do Fisco, conforme dispuser o regulamento.

Art. 55-A. A apropriação dos valores dos créditos fiscais, recebidos a título de transferência, fica limitada a 20% (vinte por cento) do valor total do ICMS a ser recolhido, mensalmente, pelo contribuinte recebedor. (Artigo acrescido pela Lei nº 13.879, de 14.03.07)

§ 1º Do valor do imposto a ser recolhido, referido no *caput* deste artigo, exclui-se, quando for o caso, o valor destinado ao Fundo Estadual de Combate à Pobreza - FECOP, instituído pela Lei Complementar Estadual n.º 37, de 26 de novembro de 2003. (Acrescido pela Lei nº 13.879, de 14.03.07)

§ 2º Ocorrendo saldos remanescentes dos créditos fiscais recebidos a título de transferência, os mesmos poderão ser transferidos para o mês ou meses subsequentes, até a sua efetiva e total apropriação pelo estabelecimento recebedor, sempre respeitada a limitação estabelecida no *caput* deste artigo. (Acrescido pela Lei nº 13.879, de 14.03.07)

§ 3º O estabelecimento beneficiário do FDI, lançará o valor recebido a título de transferência de créditos no campo "deduções", do livro Registro de Apuração do ICMS, conforme dispuser o regulamento. (Redação dada pela Lei nº 14.277, de 23.12.08)

Art. 55-B. Opcionalmente à sistemática estabelecida nos arts. 55 e 55-A desta Lei, e conforme se dispuser em regulamento, os saldos credores acumulados a partir de 16 de setembro de 1996 por estabelecimentos que realizem operações e prestações de exportação para o exterior poderão ser adquiridos, mediante leilão, pela Fazenda Pública, com deságio mínimo de: (Redação dada pela Lei nº 17.440, de 09.04.2021)

I - 2% (dois por cento), quando se tratar de empresa exclusivamente exportadora;

II - 4% (quatro por cento), quanto aos demais contribuintes.

§ 1º O Conselho Estadual de Desenvolvimento Econômico - CEDE, realizará o pagamento no prazo de 30 (trinta) dias contados a partir do parecer homologatório dos créditos, emitido pela Secretaria da Fazenda - SEFAZ,

§ 2º Para atender o disposto no *caput* deste artigo, fica o Chefe do Poder Executivo autorizado a abrir, no vigente orçamento do Estado, crédito adicional no valor de R$60.000.000,00 (sessenta milhões de reais) à conta do Conselho Estadual de Desenvolvimento Econômico - CEDE.

§ 3º O arrematante do lote poderá, de forma alternativa ao pagamento de que trata este artigo, ser autorizado a transferir o crédito objeto do deságio para terceiros, que será registrado na Escrituração Fiscal Digital (EFD) do respectivo adquirente, conforme se dispuser em regulamento. (Acrescido pela Lei nº 17.440, de 09.04.2021)

§ 4º Para os fins do disposto no inciso I do *caput* deste artigo, considera-se empresa exclusivamente exportadora aquela cujas operações de saída de mercadorias para o exterior representem no mínimo 90% (noventa por cento) do total das saídas praticadas pelo respectivo estabelecimento. (Acrescido pela Lei nº 17.440, de 09.04.2021)

§ 5º Excluem-se do total das saídas de que trata o § 4º as operações internas ou interestaduais que envolvam simples deslocamento físico de mercadorias ou bens, as quais são realizadas a título provisório, sem que haja transferência definitiva de titularidade, não implicando redução de estoque ou alterações de ordem patrimonial, tais como: (Acrescido pela Lei nº 17.440, de 09.04.2021)

I - remessa, para estabelecimento de terceiros, de mercadoria ou bem para fins de industrialização, beneficiamento, conserto ou reparo, bem como para demonstração e armazenamento, desde que retornem ao estabelecimento remetente nos prazos previstos na legislação; (Acrescido pela Lei nº 17.440, de 09.04.2021)

II - saída de bem do ativo imobilizado, quando a operação não for tributada. (Acrescido pela Lei nº 17.440, de 09.04.2021)

Art. 56 - ~~Os demais saldos credores acumulados a partir da data de vigência desta Lei poderão também ser transferidos pelo sujeito passivo para qualquer estabelecimento de sua propriedade neste Estado, ou para outros contribuintes aqui sediados, mediante prévia manifestação do Secretário da Fazenda com base em parecer técnico emitido pelo órgão fazendário competente, conforme dispuser o regulamento.~~ (Revogado pela Lei n° 12.800, de 20.04.98)

Art. 57 - É vedada a devolução de crédito para a origem ou a sua retransferência para terceiro.

CAPÍTULO VI
DO RECOLHIMENTO DO ICMS

SEÇÃO I
DA FORMA E DOS PRAZOS

Art. 58 - Os prazos fixados na legislação serão contínuos, excluindo-se da sua contagem o dia de início e incluindo-se o de vencimento.

Parágrafo Único - Os prazos só se iniciam ou vencem em dia de expediente normal na repartição onde o contribuinte tenha domicílio fiscal.

Art. 59 - Quando o pagamento do ICMS estiver sujeito a regime de substituição tributária ou de diferimento, o regulamento poderá dispor que o seu recolhimento seja feito independentemente do prazo de pagamento relativo às operações normais do responsável.

Art. 60 - O encerramento das atividades do contribuinte é a data para recolhimento do ICMS, relativamente às mercadorias constantes do estoque final do estabelecimento.

§ 1º - Na hipótese deste Artigo, o ICMS a ser recolhido será calculado mediante aplicação, no que couber, das regras do Artigo 32.

§ 2º - Não existindo prazo determinado para o recolhimento do ICMS, o seu vencimento ocorre trinta dias após a data em que se considere o sujeito passivo notificado do lançamento.

SEÇÃO II
DOS ACRÉSCIMOS MORATÓRIOS

Art. 61. O pagamento espontâneo do tributo, fora dos prazos previstos na legislação e antes de qualquer procedimento do Fisco, ficará sujeito à mora de 0,15% (zero vírgula quinze por cento) por dia de atraso, até o limite máximo de 15% (quinze por cento). (Acrescido pela Lei n° 16.904, DE 03.06.2019)

Parágrafo único. O acréscimo de que trata o *caput* será calculado sobre o valor originário do tributo. (Acrescido pela Lei n° 16.904, DE 03.06.2019)

Art. 62 - Os débitos fiscais do ICMS, quando não pagos na data de seu vencimento, serão acrescidos de juros de mora equivalentes à taxa referencial do Sistema Especial de Liquidação e Custódia - SELIC -, acumulada mensalmente, ou a qualquer outra taxa que vier a substituí-la.

§ 1º. Os juros moratórios incidirão a partir do primeiro dia do mês subsequente ao do vencimento do débito. (Redação dada pela Lei n° 13.569, de 30.12.04)

§ 2º - ~~O percentual de juros de mora relativo ao mês, ou sua fração, em que o pagamento estiver sendo efetuado será de 1% (um por cento).~~ (Revogado pela Lei n° 13.569, de 30.12.04)

§ 3º - ~~O disposto no § 2º aplica-se, inclusive, às hipóteses de pagamento parcelado.~~ (Revogado pela Lei n° 13.569, de 30.12.04)

§ 4º - Para efeito da aplicação dos juros de mora previstos no *caput*, a SEFAZ utilizará a taxa divulgada pelo Banco Central do Brasil.

§ 5º. O crédito tributário, inclusive o decorrente de multa, fica acrescido dos juros de que trata o *caput*, exceto na parte relativa à mora de que trata o art. 61. (Redação dada pela Lei n° 13.569, de 30.12.04)

SEÇÃO III
DO PARCELAMENTO

Art. 63 - Os créditos tributários poderão ser pagos parceladamente, conforme critérios fixados em regulamento.

CAPÍTULO VII
DA RESTITUIÇÃO

Art. 64 - O ICMS indevidamente recolhido será restituído, no todo ou em parte, a requerimento do sujeito passivo.

Parágrafo único. A Secretaria da Fazenda, ao verificar que o titular do crédito a ser restituído tem débito de ICMS, inscrito na Dívida Ativa do Estado, poderá efetuar a compensação de ofício. (Redação acrescida pela Lei n.º 15.383, de 25.07.13)

Art. 65 - A restituição será autorizada pelo Secretário da Fazenda e somente será feita a quem prove haver assumido o referido encargo, ou, no caso de tê-lo transferido a terceiro, estar por este expressamente autorizado a recebê-lo.

§ 1º - Formulado o pedido de restituição, e não tendo o Secretário da Fazenda deliberado a respeito no prazo de 90 (noventa dias), o contribuinte poderá compensar o valor pago indevidamente no período de apuração seguinte, salvo quanto aos recolhimentos decorrentes de Auto de Infração.

§ 2º - Na hipótese do parágrafo anterior, sobrevindo decisão contrária irrecorrível, o contribuinte, no prazo de quinze dias da respectiva notificação, procederá ao estorno dos créditos lançados, devidamente atualizados, com o pagamento dos acréscimos legais cabíveis.

§ 3º Caso o valor nominal da restituição postulada seja inferior a 5.000 (cinco mil) UFIRCEs, o Secretário da Fazenda poderá delegar a competência para autorizar a restituição à outra autoridade da Administração Tributária, conforme disposto em regulamento.

§ 4º O pedido de restituição, de que trata este artigo, poderá ser operacionalizado através de sistema informatizado específico, inclusive mediante acesso via internet, conforme dispuser o regulamento. (Redação acrescida pela Lei n.º 15.383, de 25.07.13)

Art. 66 - A restituição total ou parcial do ICMS dá lugar à restituição, na mesma proporção, dos juros de mora e das penalidades pecuniárias, salvo se referentes a infrações de caráter formal não prejudicadas pela causa da restituição.

Parágrafo Único - A importância a ser restituída será atualizada, observados os mesmos critérios aplicáveis à cobrança de crédito tributário.

CAPÍTULO VIII
DOS REGIMES ESPECIAIS DE TRIBUTAÇÃO

Art. 67 - Em casos peculiares e objetivando facilitar o cumprimento das obrigações tributárias, poder-se-á adotar regime especial de tributação, mediante prévia manifestação de órgão técnico fazendário.

Parágrafo Único - Regime Especial de Tributação, para efeito deste Capítulo, é o que se caracteriza por qualquer tratamento diferenciado em relação às regras gerais de exigência do ICMS e de cumprimento das obrigações acessórias, sem que dele resulte desoneração da carga tributária.

Art. 68 - Os regimes especiais serão concedidos:

I - através da celebração de acordo entre a Secretaria da Fazenda e o representante legal da empresa;

II - com base no que se dispuser em regulamento, quando a situação peculiar abranger vários contribuintes ou responsáveis.

§ 1º - Fica proibida qualquer concessão de regime especial por meio de instrumento diverso dos indicados neste Artigo.

§ 2º - O regime especial concedido na forma do Inciso I pode ser revogado a qualquer tempo, podendo ser rescindido isoladamente ou por ambas as partes.

§ 3º - Incorrerá em crime de responsabilidade o Secretário da Fazenda que celebrar Regime Especial de Tributação que resulte em desoneração de carga tributária, sem prejuízo de outras cominações legais.

Art. 69 - Incumbe às autoridades fiscais, atendendo às conveniências da administração fazendária, propor ao Secretário da Fazenda a reformulação ou revogação das concessões.

CAPÍTULO IX
DAS OBRIGAÇÕES ACESSÓRIAS

SEÇÃO I
DO CADASTRAMENTO DOS CONTRIBUINTES

Art. 70 - Os contribuintes definidos nesta Lei são obrigados a inscrever seus estabelecimentos no Cadastro Geral da Fazenda (C.G.F.) antes de iniciar as suas atividades, na forma como dispuser o regulamento.

SEÇÃO II
DA SUSPENSÃO E DA CASSAÇÃO

Art. 71 - Os contribuintes terão suas inscrições suspensas do C.G.F. por ato específico do Secretário da Fazenda, mediante instauração de processo administrativo com amplo direito de defesa, quando praticarem irregularidades fiscais, com as respectivas lavraturas de autos de infração, nas hipóteses abaixo:

I - fraudar ou adulterar livros ou documentos fiscais, bem como agir em conluio com o fim de iludir o Fisco, fugindo ao pagamento do ICMS ou retardando-o;

II - confeccionar, utilizar ou possuir notas fiscais ou documentos fiscais equivalentes ou impressos sem a autorização do Fisco;

III - reter e não recolher o ICMS de sua responsabilidade, na hipótese de substituição tributária prevista na legislação.

§ 1º Terão ainda suspensas as inscrições, mediante a instauração de processo administrativo, com amplo direito de defesa, os contribuintes que praticarem de forma reiterada irregularidades fiscais, com as respectivas lavraturas de autos de infração, nas seguintes hipóteses: (Redação dada pela Lei nº 14.277, de 23.12.08)

I - falta de exibição da documentação fiscal, quando solicitada pelas autoridades fazendárias competentes, salvo motivo justificado;

II - negar ou deixar de fornecer nota fiscal ou documento equivalente relativo a saída de mercadoria ou prestação de serviço;

III - receber ou estocar mercadoria sem a devida documentação fiscal ou com documentação fiscal inidônea.

§ 2º Fica o Poder Executivo autorizado a disciplinar os procedimentos relativos à cassação sumária de inscrição do contribuinte no Cadastro Geral da Fazenda quando esta for declarada inapta pela autoridade competente da Secretaria da Fazenda, ante a sua inexistência de fato. (Redação dada pela Lei nº 14.277, de 23.12.08)

§ 3º Considera-se inexistente de fato a pessoa: (Redação dada pela Lei nº 14.277, de 23.12.08)

I - que não disponha de patrimônio e capacidade operacional necessários à realização de seu objeto;

II - que tenha cedido seu nome, inclusive mediante a disponibilidade de documentos próprios, para a realização de operações de terceiros, com vistas ao acobertamento de seus reais beneficiários.

Art. 71-A. Os contribuintes que se omitirem em transmitir a Escrituração Fiscal Digital (EFD), por 2 (dois) meses consecutivos a cada exercício, terão suas inscrições suspensas do CGF por ato específico do Secretário da Fazenda, após regular encaminhamento de notificação do descumprimento da obrigação acessória por meio do domicílio fiscal eletrônico do contribuinte, ou meio equivalente.

§ 1.º Enquadram-se no disposto no *caput* deste artigo os contribuintes que, possuindo documentos fiscais de entrada ou de saída, ou valores referentes a pagamentos das operações e prestações de ICMS realizados com cartões de crédito, de débito ou similar informados pelas administradoras de cartão de crédito ou de débito, transmitirem a EFD sem informar os dados relativos ao Bloco C (Documentos Fiscais I – Mercadorias) ou Bloco D (Documentos Fiscais II – Serviços), durante 2 (dois) meses consecutivos a cada exercício.

§ 2.º Podem ter ainda as inscrições do CGF suspensas os contribuintes enquadrados como Microempreendedores Individuais (MEI), Microempresa (ME) e Empresa de Pequeno Porte (EPP), desde que regularmente notificados, caso se constate que:

I – durante o ano-calendário, o valor das aquisições de mercadorias para comercialização ou industrialização for superior a 80% (oitenta por cento) dos ingressos de recursos no mesmo período, excluído o ano de início de atividade;

II - durante o ano-calendário, o valor das despesas pagas superar em 20% (vinte por cento) o valor de ingressos de recursos no mesmo período, excluído o ano de início de atividade. (Redação dada pela Lei n.º 16.735, de 26.12.18)

Art. 72. As suspensões previstas nos arts. 71 e 71-A não poderão ultrapassar o prazo de 60 (sessenta) dias, ao fim do qual dar-se-á a cassação da inscrição, na hipótese de não resolução das pendências pelo contribuinte. (Redação dada pela Lei n.º 16.735, de 26.12.18)

Art. 73. Quando da suspensão, cassação ou anulação de ofício, o contribuinte deverá entregar, mediante notificação do Fisco, no prazo de 5 (cinco) dias, a documentação fiscal em seu poder, a qual lhe será devolvida após a regularização das respectivas pendências.(Nova redação dada pela Lei n.º 15.066, de 27.12.11)

§ 1º - A cassação implicará na inidoneidade dos documentos fiscais, repercutindo na imediata irregularidade fiscal dos estoques remanescentes e das mercadorias que estiverem em trânsito, que ficarão sujeitos à autuação e retenção, a partir da data da publicação do Ato do Secretário da Fazenda no Diário Oficial do Estado.

§ 2º Os titulares, sócios ou diretores de empresas cujas inscrições tenham sido cassadas ou anuladas de ofício, e que venham a participar de outra empresa, terão que resolver as pendências para posterior liberação da inscrição cadastral pelo Fisco.(Nova redação dada pela Lei n.º 15.066, de 27.12.11)

Art. 73-A. Fica o Secretário da Fazenda autorizado a anular de ofício, mediante Ato Declaratório, inscrição do contribuinte no Cadastro Geral da Fazenda quando esta for homologada com base em documentos falsificados ou adulterados, incapazes de produzir atos jurídicos válidos. (Artigo acrescentado pela Lei nº 15.066, de 20.12.2011)

§1º O regulamento disporá sobre o procedimento administrativo destinado à decretação da anulação da inscrição do contribuinte com base no *caput* deste artigo, devendo prever prazo de, no mínimo, 5 (cinco) dias para a apresentação de defesa escrita pelo contribuinte.

§ 2º Havendo indícios suficientes de ocorrência das situações previstas no *caput*, poderá o Secretário da Fazenda, mediante decisão fundamentada, suspender, cautelarmente, a inscrição do contribuinte, desde que vislumbre a possibilidade de iminente dano grave ao Erário ou à ordem pública.

§ 3º Como fundamentação da decisão a que se refere o parágrafo anterior, pode o Secretário da Fazenda acolher as informações prestadas pelos órgãos da Secretaria da Fazenda, fazendo-lhes expressa remissão.

§ 4º A suspensão cautelar da inscrição, autoriza, de logo, a apreensão de todos os livros e documentos fiscais, dos bens e das mercadorias em estoques, bem como dos que estiverem em trânsito, podendo aplicar o disposto no parágrafo único do art. 73-B.

Art. 73-B. A anulação de ofício nos termos do art. 73-A, produzirá efeitos "ex tunc" e implicará desde o momento da homologação da inscrição, na inidoneidade de todos os documentos fiscais, caracterizando o perdimento, em favor do Estado do Ceará, dos bens e das mercadorias em estoques, bem como dos que estiverem em trânsito, repercutindo, desde então, nos créditos fiscais apropriados, inclusive por terceiros. (Artigo acrescentado pela Lei nº 15.066, de 20.12.2011)

Parágrafo único. O Estado do Ceará, por meio da Secretaria da Fazenda, poderá usar, gozar e dispor dos bens e mercadorias perdidos, na forma do *caput* deste artigo. (Redação dada pela Lei n.º 15.066, de 27.12.11)

Art. 74. A Secretaria da Fazenda poderá solicitar força policial para recuperação de livros e documentos contábeis e fiscais, bem como dos estoques remanescentes de empresas suspensas, cassadas ou com inscrição anulada, mediante abertura de inquérito policial nos termos da Lei Federal nº 8.137, de 27 de dezembro de 1990, que define crimes contra a ordem tributária, econômica e contra as relações de consumo. (Nova redação dada pela Lei n.º 15.066, de 27.12.11)

SEÇÃO III
DA DOCUMENTAÇÃO E DA ESCRITURAÇÃO FISCAL

Art. 75 - As pessoas definidas nesta Lei como contribuintes, quando da realização de operações relativas à circulação de mercadorias ou prestação de serviços, estão obrigadas à emissão de documentos fiscais próprios bem como ao cumprimento das demais obrigações acessórias previstas na legislação.

Parágrafo Único - A forma, modelo, série, emissão, registro e demais requisitos dos documentos fiscais serão disciplinados em regulamento.

Art. 76 - A impressão de documentos fiscais só poderá ser efetuada mediante autorização prévia da autoridade fazendária competente, na forma disposta em regulamento.

Art. 77 - Os contribuintes definidos nesta Lei deverão utilizar, para cada um dos estabelecimentos obrigados à inscrição, livros fiscais distintos, que servirão ao registro das operações e prestações que realizarem, ainda que isentas ou não tributadas, na forma disposta em regulamento.

§ 1º O livro Caixa Analítico também será de uso obrigatório para os contribuintes a que se refere o *caput* para cada um dos estabelecimentos obrigados a inscrição, devendo nele ser registrada toda a movimentação financeira, representada pelas contas do "Ativo Disponível", em lançamentos individualizados, de forma diária. (Redação dada pela Lei nº 13.082, de 29.12.00)

§ 2º Na hipótese de o contribuinte ser obrigado a manter escrita contábil regular, deverá apresentar ao Fisco, quando solicitado, os livros Diário, Razão Analítico, bem como as Demonstrações Contábeis previstas na Lei nº 6.404/76 ou outra que vier a substituí-la. (Redação dada pela Lei nº 13.082, de 29.12.00)

§ 3º O modelo, forma e prazo de escrituração e manutenção dos livros fiscais, como também o cumprimento dos demais requisitos, serão estabelecidos em regulamento. (Redação dada pela Lei nº 13.082, de 29.12.00)

Art. 78 - Os livros e os documentos que servirem de base à escrituração serão conservados durante o prazo de cinco anos para serem entregues ou exibidos à fiscalização, quando exigidos, ressalvado o disposto em regulamento.

Parágrafo único. Quando os livros e documentos fiscais e contábeis tiverem servido de base a levantamentos fiscais que motivaram a lavratura de auto de infração, deverão ser conservados até a solução definitiva do processo administrativo-tributário respectivo ou, se for o caso, até que ocorra a prescrição do crédito tributário decorrente das operações ou prestações a que se refiram. (Redação dada pela Lei nº 13.082, de 29.12.00)

Art. 79. Considerar-se-á inidônea a documentação fiscal e contábil que não preencher os seus requisitos fundamentais de validade e eficácia ou for, comprovadamente, expedida com dolo, fraude ou simulação, conforme o disposto em regulamento. (Redação dada pela Lei nº 13.082, de 29.12.00)

CAPÍTULO X
DA FISCALIZAÇÃO

SEÇÃO I
DA COMPETÊNCIA

Art. 80. A fiscalização do ICMS compete aos servidores do Grupo Ocupacional Tributação, Arrecadação e

Fiscalização da Secretaria da Fazenda, com as atribuições previstas na Lei n.º 12.582, de 30 de abril de 1996.

Parágrafo único. Os procedimentos relativos à ação fiscal, inclusive a constituição do crédito tributário, serão definidos em regulamento. (Redação dada pela Lei nº 13.418, de 30.12.03)

SEÇÃO II
DA AÇÃO FISCAL

Art. 81 - A fiscalização será exercida sobre todos os sujeitos de obrigações tributárias previstas na legislação do ICMS, inclusive os que gozarem de isenção, forem imunes ou não estejam sujeitos ao pagamento do imposto.

Art. 82 - Mediante intimação escrita, são obrigados a exibir ou entregar, conforme o caso, mercadoria, documentos, livros, papéis ou arquivos eletrônicos, de natureza fiscal ou comercial relacionados com o ICMS, bem como prestar informações solicitadas pelo Fisco:

I - as pessoas inscritas ou obrigadas à inscrição no C.G.F. e todas as que tomarem parte em operações ou prestações relacionadas ao ICMS;

II - os serventuários da justiça;

III - os servidores da administração pública estadual, direta e indireta, inclusive suas autarquias e fundações;

V - os bancos e demais instituições financeiras e as empresas seguradoras;

V - os síndicos, comissários, liquidantes e inventariantes;

VI - os leiloeiros, corretores e despachantes;

VII - os armazéns gerais;

VIII - as empresas de administração de bens.

IX - as empresas administradoras de centros comerciais, feiras, exposições e as demais empresas administradoras de empreendimentos, ou assemelhadas que pratiquem a mesma atividade, quer sejam pessoas físicas ou jurídicas, e que firmem contratos de locação com base no faturamento da empresa locatária, relativamente às informações que disponham a respeito dos contribuintes localizados nos respectivos empreendimentos, inclusive sobre valor locatício, nas condições previstas em regulamento; (Redação dada pela Lei nº 13.975, de 14.09.07)

X - as administradoras de cartões de crédito ou débito, ou estabelecimento similar; (Redação dada pela Lei nº 13.975, de 14.09.07)

XI - as empresas de informática que desenvolvam programas aplicativos para usuários de Equipamento Emissor de Cupom Fiscal – ECF. (Redação dada pela Lei nº 13.975, de 14.09.07)

§ 1º - A obrigação prevista neste Artigo não abrange a prestação de informações relativas a fatos sobre os quais o informante esteja obrigado a guardar sigilo profissional.

§ 2º As diligências necessárias à ação fiscal serão exercidas sobre documentos, papéis, livros, equipamentos e arquivos eletrônicos, de natureza comercial ou fiscal, sendo franqueados aos agentes do Fisco os estabelecimentos, depósitos, dependências, arquivos, móveis e veículos, a qualquer hora do dia ou da noite, se estiverem em funcionamento. (Redação dada pela Lei nº 13.082, de 29.12.00)

Art. 82-A. Sem prejuízo do disposto no inciso X do art. 82, as administradoras de cartões de crédito ou débito, ou estabelecimento similar, ficam obrigadas a fornecer à Secretaria da Fazenda do Estado, nas condições previstas em regulamento específico, as informações sobre as operações e prestações realizadas pelos estabelecimentos de contribuintes cujos pagamentos sejam feitos por meio de seus sistemas de crédito, débito ou similares. (Redação dada pela Lei nº 13.975, de 14.09.07)

§ 1º As administradoras de cartões de crédito ou de débito e os estabelecimentos similares ficam obrigados a promover a integração de seus sistemas operacionais de crédito, débito ou similares, quando da disponibilização dos equipamentos aos contribuintes do ICMS, conforme estabelecido em regulamento do Chefe do Poder Executivo. (Parágrafo acrescentado pela Lei Nº 15892 de 27/11/2015).

§ 2º No que se refere aos equipamentos já em uso, a integração prevista no §1.º deste artigo deverá ocorrer em até 90 (noventa) dias contados da data de publicação do referido regulamento. (Parágrafo acrescentado pela Lei Nº 15892 de 27/11/2015).

§ 3º A solução de integração dos sistemas operacionais de crédito, débito ou similares deverá ser homologada pela Secretaria da Fazenda do Estado do Ceará. (Redação dada pela Lei n.º 15.892, de 27.11.15)

§ 4.º Enquadram-se na obrigatoriedade prevista no *caput* deste artigo as adquirentes, subadquirentes, gateways, empresas que promovam arranjos de pagamento ou que desenvolvam atividades de market place, as quais intervenham, direta ou indiretamente, nos pagamentos feitos por meio de cartões de crédito, de débito ou similares. (Parágrafo acrescentado pela Lei Nº 16735 de 26/12/2018).

§ 5.º A obrigatoriedade do fornecimento de informações por parte das empresas previstas no § 4.º deste artigo estende-se aos pagamentos feitos a pessoas físicas ou jurídicas por meio de cartões de crédito, de débito ou similares, cujas operações possam ser enquadradas como operações relativas à circulação de mercadorias ou prestações de serviços de transporte interestadual e intermunicipal e de comunicação, por meio da utilização indevida de Terminal de Pagamento Eletrônico (POS) ou similar, autorizado para aquelas pessoas, nos estabelecimentos de contribuintes de ICMS. . (Parágrafo acrescentado pela Lei Nº 16735 de 26/12/2018).

§ 6.º Fica vedada a utilização, por contribuintes do ICMS, de equipamentos ou meios de pagamento eletrônico similares que processem pagamentos efetuados por meio de cartão de crédito, de débito ou similar, autorizados para uso em outro estabelecimento, ainda que da mesma empresa, ou autorizados para pessoa física, ou cujas transações financeiras sejam destinadas a estes. (Parágrafo acrescentado pela Lei Nº 16735 de 26/12/2018).

Art. 83. A recusa por parte do contribuinte ou responsável, da apresentação de livros, documentos, papéis, equipamentos e arquivos eletrônicos necessários à ação fiscal, ensejará ao agente do Fisco o lacre dos móveis e arquivos onde presumivelmente se encontrem tais elementos, exigindo-se, para tanto, lavratura de termo com indicação dos motivos que levaram a esse procedimento, do qual será entregue uma cópia ao contribuinte ou responsável. (Redação dada pela Lei nº 13.082, de 29.12.00)

Parágrafo Único - Configurada a hipótese prevista neste Artigo, o setor competente da SEFAZ providenciará, de imediato, por intermédio da Procuradoria Geral do Estado (PGE), medidas judiciais com vistas à exibição dos livros, documentos, papéis e arquivos eletrônicos omitidos, sem prejuízo da lavratura de auto de infração por embaraço à fiscalização.

Art. 84 - Os agentes do Fisco, quando vítimas de desacato ou da manifestação de embaraço ao exercício de suas funções ou quando, de qualquer forma, se fizer necessário a efetivação de medida prevista na legislação tributária, poderão solicitar o auxílio da autoridade policial a fim de que as diligências pretendidas possam ser consumadas.

SEÇÃO III
DAS DILIGÊNCIAS ESPECIAIS

Art. 85. Quando, através dos elementos apresentados pela pessoa fiscalizada, não se apurar convenientemente o movimento do estabelecimento, colher-se-ão os elementos necessários através de livros, documentos, papéis ou arquivos eletrônicos de outros estabelecimentos que com o fiscalizado transacionaram, assim como nos despachos, nos livros documentos, papéis ou arquivos eletrônicos de transportadores, suas estações ou agências, estabelecimentos gráficos, ou em outras fontes subsidiárias. (Redação dada pela Lei nº 13.082, de 29.12.00)

Art. 86. Mediante ato do Secretário da Fazenda, quaisquer diligências de fiscalização poderão ser repetidas, em relação a um mesmo fato e período de tempo simultâneos, enquanto não atingido pela decadência o direito de lançar o crédito tributário. (Redação dada pela Lei nº 13.418, de 30.12.03)

§ 1º. A decadência prevista neste artigo não se aplica aos atos praticados com dolo, fraude ou simulação. (Redação dada pela Lei nº 13.418, de 30.12.03)

§ 2º. As disposições a que se refere este artigo aplicam-se, inclusive, aos casos em que o crédito tributário correspondente já tenha sido lançado e arrecadado. (Redação dada pela Lei nº 13.418, de 30.12.03)

§ 3º. O Secretário da Fazenda poderá delegar a um dos coordenadores da Coordenadoria de Administração Fazendária - CATRI, a competência para determinar, mediante emissão de ordem de serviço, as ações fiscais de repetição de fiscalização. (Redação dada pela Lei nº 13.418, de 30.12.03)

§ 4º. Não caracteriza repetição de fiscalização as ações fiscais desenvolvidas visando constituir créditos tributários lançados por intermédio de autos de infração julgados nulos, sem análise de mérito, por vício formal. (Redação dada pela Lei nº 13.418, de 30.12.03)

SEÇÃO IV
DO DESENVOLVIMENTO DA AÇÃO FISCAL

Art. 87 - Antes de qualquer diligência de fiscalização, os agentes do Fisco exibirão ao contribuinte, ou a seu preposto, identidade funcional que os credencie ao exercício da ação fiscal.

Art. 88. As ações fiscais começarão com a lavratura do Termo de Início de Fiscalização, do qual constará a identificação:

I - do ato designatório;

II - do projeto de fiscalização;

III - do contribuinte;

IV - da hora e data do início do procedimento;

V - de livros, documentos e arquivos eletrônicos necessários à ação fiscal, e do prazo em que estes deverão ser apresentados.

§1°. Lavrado o termo de início de fiscalização, o agente do Fisco terá o prazo de até cento e oitenta dias para conclusão dos trabalhos, contados da data da ciência ao sujeito passivo, conforme disposto em regulamento. (Redação dada pela Lei n° 13.537, de 11.11.04)

§ 2º. Esgotado o prazo previsto no § 1.º deste artigo, sem que o sujeito passivo seja cientificado da conclusão dos trabalhos, poderá ser emitido novo ato designatório para continuidade da ação fiscal. (Redação dada pela Lei n° 13.537, de 11.11.04)

Art. 89 - Encerrados os trabalhos, será lavrado o Termo de Conclusão de Fiscalização, no qual, dentre outras indicações, serão mencionados o período fiscalizado, a situação do contribuinte perante as exigências legais e, se lavrado auto de infração, os elementos que o identifiquem.

Art. 90 - Quando os termos de fiscalização corresponderem a mais de uma autuação, tirar-se-ão quantas cópias forem necessárias para acompanhar os respectivos autos de infração.

Art. 91 - É dispensável a lavratura de termos de início e de conclusão de fiscalização nos casos de:

I - auto de infração com retenção de mercadorias em trânsito ou depositadas em situação irregular;

II - auto de infração lavrado por funcionário no exercício de fiscalização de mercadorias em trânsito;

III - atraso de recolhimento;

IV - descumprimento de obrigações acessórias;

V - falta de recolhimento em decorrência de não escrituração de documento fiscal;

VI - funcionamento irregular de equipamento fiscal;

VII - procedimento relativo à baixa do contribuinte no CGF, nas hipóteses previstas em regulamento.

VIII - saída de mercadoria ou prestação de serviço desacompanhadas de documento fiscal ou, quando emitido, com valor deliberadamente inferior ao preço real da operação ou prestação.

§ 1º. O disposto no Inciso VIII deste Artigo somente se aplicará aos casos em que houver declaração formal emitida pelo detentor ou possuidor da mercadoria, responsabilizando o contribuinte pela irregularidade fiscal praticada.

§ 2º. Considera-se mercadoria em trânsito, para fins de fiscalização do imposto, aquela encontrada em terminais de passageiros, de encomendas ou de cargas, em recintos de feiras, exposições, leilões ou similares, ou em estabelecimentos em situação cadastral irregular ou em veículos dentro do estabelecimento, quando da entrega ou recebimento de mercadorias. (Redação dada pela Lei n° 13.418, de 30.12.03)

SEÇÃO V
DO LEVANTAMENTO FISCAL

Art. 92. O movimento real tributável, realizado pelo estabelecimento em determinado período, poderá ser apurado através de levantamento fiscal e contábil, em que serão considerados o valor de entradas e saídas de mercadorias, o dos estoques inicial e final, as despesas, outros gastos, outras receitas e lucros do estabelecimento, inclusive levantamento unitário com identificação das mercadorias e outros elementos informativos. (Redação dada pela Lei n° 13.082, de 29.12.00)

§ 1º Na apuração do movimento real tributável, poderão ser aplicados coeficientes médios de lucro bruto ou de valor agregado e de preços unitários, levando-se em consideração a atividade econômica do contribuinte. (Redação dada pela Lei n° 13.082, de 29.12.00)

§ 2º Constituem elementos subsidiários para o cálculo do custo da produção dos estabelecimentos industriais e correspondente cobrança do imposto devido, o valor e a quantidade de matérias-primas, dos produtos intermediários e das embalagens adquiridas e empregadas na industrialização e acondicionamento dos produtos, a mão-de-obra empregada, os gastos gerais de fabricação e dos demais componentes do custo de produção, assim como as variações dos estoques inicial e final dos produtos acabados, dos produtos em elaboração e dos insumos. (Redação dada pela Lei n° 13.082, de 29.12.00)

§ 3º Constituem elementos subsidiários para o cálculo do custo dos serviços prestados o material aplicado, a remuneração de dirigentes, o custo do pessoal, os serviços prestados por terceiros pessoas físicas ou jurídicas, os encargos de depreciação e amortização, arrendamento mercantil, o valor do saldo inicial e final dos serviços em andamento e outros custos aplicados na prestação de serviços. (Redação dada pela Lei n° 13.082, de 29.12.00)

§ 4º Em casos de impossibilidade de detectar-se as alíquotas específicas aplicáveis a operações e prestações de entradas e saídas poderá ser aplicada a média de alíquotas dos produtos, mercadorias e serviços do período analisado. (Redação dada pela Lei n° 13.082, de 29.12.00)

§ 5º Para efeito de cobrança do ICMS serão desconsiderados os livros fiscais e contábeis quando contiverem vícios ou irregularidades que comprovem a sonegação de tributos. (Redação dada pela Lei nº 13.082, de 29.12.00)

§ 6º Caracterizada a situação prevista no parágrafo anterior, o valor das saídas promovidas pelo contribuinte no período examinado poderá ser arbitrado pelo Fisco, na forma disposta em regulamento. (Redação dada pela Lei nº 13.082, de 29.12.00)

§ 7º. Havendo a necessidade de arbitramento do valor do ICMS a ser recolhido, este será calculado tendo como base de cálculo a média aritmética dos valores constantes dos documentos compreendidos entre o número inicial de toda a sequência impressa e o maior número de emissão identificado. (Redação dada pela Lei nº 13.418, de 30.12.03)

§ 8º Caracteriza-se omissão de receita a ocorrência dos seguintes fatos: (Redação dada pela Lei nº 13.082, de 29.12.00)

I - suprimento de caixa sem comprovação da origem do numerário;

II - saldo credor de caixa, apresentado na escrituração ou apurado na ação fiscal após inclusão de operações não declaradas, assim como a manutenção no passivo de obrigações já pagas ou inexistentes;

III - diferença apurada pelo cotejo entre as saídas registradas e o valor das saídas efetivamente praticadas ou através do confronto entre os registros contábil e fiscal;

IV - montante da receita líquida inferior ao custo dos produtos vendidos, ao custo das mercadoria vendidas e ao custo dos serviços prestados no período analisado;

V - diferença a maior entre o preço médio ponderado das mercadorias adquiridas ou produzidas e os seus respectivos valores unitários registrados no livro de Inventário;

VI - déficit financeiro resultante do confronto entre o saldo das disponibilidades no início do período fiscalizado, acrescido dos ingressos de numerários e deduzidos os desembolsos e o saldo final das disponibilidades, considerando-se, ainda, os gastos indispensáveis à manutenção do estabelecimento, mesmo que não escrituradas.

VII - A diferença apurada no confronto do movimento diário do caixa com os valores registrados nos arquivos magnéticos dos equipamentos utilizados pelo contribuinte e com o total dos documentos fiscais emitidos.

§ 9º O disposto neste artigo aplica-se, no que couber, às prestações de serviços. (Redação dada pela Lei nº 13.082, de 29.12.00)

Art. 93. Todos os documentos, livros, impressos, papéis, inclusive arquivos eletrônicos que serviram de base à ação fiscal devem ser mencionados na informação complementar e anexados ao auto de infração, respeitada a indisponibilidade dos originais, se for o caso. (Redação dada pela Lei nº 13.418, de 30.12.03)

§ 1°. Os arquivos eletrônicos compreendem, inclusive, programas e arquivos armazenados em meio magnético ou em qualquer outro meio utilizado pelo contribuinte para a guarda de dados. (Redação dada pela Lei nº 13.418, de 30.12.03)

§ 2°. Para fins do disposto neste artigo, presumem-se de natureza comercial quaisquer livros, documentos, impressos, papéis de qualquer natureza, programas e arquivos armazenados em meio magnético ou qualquer outro meio pertencente ao contribuinte. (Redação dada pela Lei nº 13.418, de 30.12.03)

§ 3°. Os anexos utilizados no levantamento de que resultar autuação deverão ser entregues, mediante cópia ou arquivo magnético, ao contribuinte, juntamente com a via correspondente ao Auto de Infração e ao Termo de Conclusão de Fiscalização que lhes couber. (Redação dada pela Lei nº 13.418, de 30.12.03)

§ 4°. Os documentos, a que se refere o *caput* e os anexos citados no parágrafo anterior, quando constituírem prova de infração à legislação tributária, deverão ser retidos temporariamente pelas autoridades administrativas, mediante termo específico, sendo entregue cópia para o sujeito passivo. (Redação dada pela Lei nº 13.418, de 30.12.03)

SEÇÃO VI
DAS DISPOSIÇÕES GERAIS SOBRE FISCALIZAÇÃO

Art. 94 - Sempre que for identificada infração a dispositivo da legislação tributária, o agente do Fisco deverá adotar as providências legais acautelatórias aos interesses do Estado, e, se for o caso, promover a autuação do infrator, sob pena de responsabilidade por omissão ao cumprimento do dever.

Parágrafo Único - Quando da constituição do crédito tributário através de lançamento em auto de infração que venha a ser julgado nulo ou extinto, pelo órgão de julgamento administrativo, em razão de desídia, abuso de autoridade ou manifesta inobservância às normas legais, o servidor poderá responder a processo administrativo com vistas à apuração da responsabilidade funcional.

Art. 95 - Os agentes do Fisco não deverão apor "visto" em documentos que devam acompanhar mercadorias sem que estas estejam em sua presença e sob sua imediata fiscalização.

Art. 96 - Nos casos de prática reiterada de desrespeito à legislação com vistas ao descumprimento de obrigação tributária, é facultado ao Secretário da Fazenda aplicar ao contribuinte faltoso regime especial de fiscalização e controle, sem prejuízo de outras penalidades cabíveis, que compreenderá o seguinte:

I - execução, pelo órgão competente, em caráter prioritário, de todos os débitos fiscais;

II - fixação de prazo especial e sumário para recolhimento dos tributos devidos;

III - manutenção de agente ou grupo fiscal, em constante rodízio, com o fim de acompanhar todas as operações ou negócios do contribuinte faltoso, no estabelecimento ou fora dele, a qualquer hora do dia e da noite, durante o período fixado no ato que instituir o regime especial;

IV - cancelamento de todos os benefícios fiscais de que, porventura, goze o contribuinte faltoso.

V - recolhimento antecipado do ICMS incidente sobre as operações e prestações internas e interestaduais.

§ 1º - Relativamente ao Inciso V deste Artigo, a base de cálculo será o montante correspondente ao valor da operação ou da prestação, nele incluídos o IPI, quando incidente, e demais despesas debitadas ao adquirente, acrescido do percentual de agregação previsto em regulamento.

§ 2º - Na hipótese do parágrafo primeiro, o ICMS a ser recolhido será a diferença entre o valor resultante da aplicação da alíquota interna sobre a base de cálculo definida no parágrafo anterior e o crédito destacado na documentação fiscal de origem.

CAPÍTULO XI
DA RETENÇÃO DE MERCADORIAS EM SITUAÇÃO IRREGULAR

SEÇÃO I
DO CONCEITO DE MERCADORIA EM SITUAÇÃO FISCAL IRREGULAR

Art. 97. Entende-se por mercadoria em situação fiscal irregular aquela que, depositada ou em trânsito, for encontrada desacompanhada de documentação fiscal própria ou com documentação que acoberte o trânsito de mercadoria destinada a contribuinte não identificado ou excluído do CGF ou, ainda, com documentação fiscal inidônea, na forma do Art. 79. (Redação dada pela Lei nº 12.992, DE 30.12.99)

Art. 98 - Sempre que forem encontradas mercadorias em situação fiscal irregular, na forma como define o Artigo anterior, excetuando-se aquelas desacompanhadas de documenção fiscal própria, deverão os agentes do Fisco retê-las para fins de averiguação quanto à sua origem ou destino.

Art. 99 - Se da averiguação a que se refere o Artigo anterior resultar a possibilidade de legalização das mercadorias e desde que, atendida essa hipótese, fique assegurado o crédito tributário respectivo, o agente do Fisco colaborará, no que legalmente lhe couber, para que as mesmas sejam restituídas ao depósito ou à circulação.

SEÇÃO II
DA RETENÇÃO DE MERCADORIAS EM SITUAÇÃO IRREGULAR

Art. 100 - Esgotadas as hipóteses de legalização das mercadorias retidas para averiguação, ou quando ficar evidenciado o propósito de fraude por parte do condutor ou depositário, será lavrado o competente auto de infração.

Art. 101 - Esgotadas as hipóteses de legalização das mercadorias retidas para averiguação ou quando ficar evidenciado o propósito de fraude por parte do condutor ou depositário ou, ainda, quando as mercadorias estiverem desacompanhadas de documentação fiscal, será lavrado o competente auto de infração.

Parágrafo Único - Deverão ser igualmente objeto de retenção as mercadorias que forem encontradas ou sendo entregues em local diverso do indicado na documentação fiscal, bem como aquelas que constituam prova material de infração à legislação tributária.

Art. 102 - Ficam também sujeitos à retenção, isoladamente ou em conjunto com as mercadorias em situação irregular, os documentos fiscais que se prestem a comprovar a infração cometida ou a instruir processo administrativo-tributário.

Parágrafo Único - Havendo retenção de documentos fiscais, o agente do Fisco entregará ao contribuinte ou responsável uma ressalva, na forma como se dispuser em regulamento.

Art. 103 - Qualquer pessoa que detiver ou conduzir mercadorias ou documentos em situação fiscal irregular poderá ser intimada pela autoridade competente a apresentá-los ao Fisco, no prazo que lhe for assinalado.

Parágrafo Único - O não atendimento à intimação de que trata este Artigo ensejará à autoridade fazendária competente requerer as providências necessárias à busca e retenção das mercadorias e dos documentos.

SEÇÃO III
DA GUARDA E DO DEPÓSITO DAS MERCADORIAS RETIDAS

Art. 104 - Ficam sob a guarda e proteção do Estado as mercadorias retidas, a partir do momento em que o agente fazendário exercitar os atos de sua competência.

§ 1º - Quando no local da retenção não existir acomodação adequada, deverá o agente do Fisco, quando for o caso, promover o deslocamento das mercadorias para instalações que ofereçam condições de guarda e segurança.

§ 2º. Na falta de local público adequado à acomodação das mercadorias, ou por conveniência administrativa do Fisco, a autoridade fazendária poderá nomear a empresa transportadora, o destinatário ou o remetente, se pessoa cadastrada na SEFAZ e idônea, como fiel depositário da mercadoria, competindo a esta total responsabilidade pelas mercadorias. (Redação dada pela Lei nº 13.418, de 30.12.03)

§ 3º - O depositário responderá, nesta e noutras hipóteses, pelos prejuízos que, por dolo ou culpa, causar à Fazenda Pública ou a terceiros, em razão do desvio, perecimento ou avaria das mercadorias que estiverem sob sua guarda.

§ 4º. A empresa de transporte de carga estabelecida neste Estado, regularmente inscrita no CGF, autorizará o condutor do veículo, devidamente identificado no manifesto de carga, a assinar o Certificado de Guarda de Mercadorias ou Termo de Retenção de Mercadorias. (Redação dada pela Lei nº 13.418, de 30.12.03)

Art. 105 - O servidor fazendário que retiver ou exercer a guarda de mercadorias apreendidas, para salvaguardar direitos do Fisco ou de terceiros, emitirá certificado de guarda de mercadorias, conforme se dispuser em regulamento.

Art. 106 - O agente do Fisco que promover a retenção não encaminhará a depósito em órgão fazendário as mercadorias que:

I - pelo seu grau de perecibilidade, sujeitem-se a deterioração, se não acondicionadas adequadamente;

II - por seu porte ou volume, não possam ser depositadas em órgãos fazendários ou quando estes estiverem impossibilitados de acolhê-las.

Art. 107 - Consumada a hipótese prevista no Artigo anterior, a guarda e o depósito das mercadorias retidas poderão ser confiados, por indicação do autuado, a terceiro, desde que contribuinte devidamente inscrito no CGF, na forma como disposta em regulamento.

Parágrafo Único - Com vistas a acautelar os interesses do Fisco, na hipótese do *caput*, será exigido como garantia do ICMS, da multa e dos demais acréscimos legais, fiança idônea, com a devida anuência da autoridade fazendária, ou depósito do valor correspondente.

Art. 108 - No caso de falência ou concordata do fiador, deverá o autuado, no prazo de cinco dias, contados da data de publicação da sentença que determinar aquelas providências judiciais, oferecer nova fiança.

Parágrafo Único - Semelhantes providências deverão ser adotadas nos casos em que o fiador, de fato ou de direito, vier a encerrar as atividades empresariais.

Art. 109 - Excluem-se da massa falida ou do patrimônio do concordatário as mercadorias de terceiros, retidas e submetidas à sua guarda.

Parágrafo Único - Configurado qualquer dos procedimentos judiciais previstos nesta seção, as mercadorias serão removidas para outro local, a requerimento da autoridade competente.

SEÇÃO IV
DA LIBERAÇÃO DAS MERCADORIAS

Art. 110. As mercadorias retidas poderão ser liberadas, no todo em parte, antes do trânsito em julgado do processo administrativo tributário, a requerimento do interessado e a critério da autoridade fazendária, mediante um dos seguintes procedimentos: (Redação dada pela Lei nº 14.277, de 23.12.08)

I - extinção total do crédito tributário pelo pagamento;

II - extinção parcial do crédito tributário pelo pagamento da parte incontroversa;

III - depósito do montante do crédito tributário ou da parte controversa;

IV - fiança idônea.

§ 1º Para efeito do disposto neste artigo, entende-se por crédito tributário, o somatório dos valores correspondentes ao ICMS, multa, juros e demais acréscimos legais, bem como a atualização monetária, quando for o caso, observadas as regras de descontos previstas no art. 127. (Redação dada pela Lei nº 14.277, de 23.12.08)

§ 2º O disposto no inciso II do *caput* aplica-se a qualquer das modalidades de lançamento por parte do Fisco, mediante auto de infração. (Redação dada pela Lei nº 14.277, de 23.12.08)

§ 3º Os procedimentos indicados nos incisos III e IV do *caput* não extinguem o crédito tributário e pode ser contestado, pelo contribuinte, na forma da legislação processual administrativo-tributária. (Redação dada pela Lei nº 14.277, de 23.12.08)

§ 4º O depósito do crédito tributário de que trata o inciso III do *caput*, poderá ser utilizado pelo Tesouro Estadual, ficando o Estado responsável pela restituição ao contribuinte nas hipóteses dos incisos I e II do art. 112. (Redação dada pela Lei nº 14.277, de 23.12.08)

§ 5º O pedido de liberação das mercadorias mediante utilização de qualquer das garantias referidas nos incisos do *caput* deve ser apresentado, pelo contribuinte ou responsável, nos prazos a seguir especificados: (Redação dada pela Lei nº 14.277, de 23.12.08)

I - 48 (quarenta e oito) horas, ao da lavratura do auto de infração, no caso de produtos perecíveis ou de fácil deterioração ou de animais vivos;

II - 10 (dez) dias, a contar da lavratura do auto de infração, quanto aos demais produtos.

§ 6º Decorridos os prazos definidos nos incisos I e II do § 5º sem que o contribuinte ou responsável tenha apresentado garantia para liberação das mercadorias, a Secretaria da Fazenda poderá adotar os seguintes procedimentos: (Redação dada pela Lei nº 14.277, de 23.12.08)

I - doação, na hipótese do inciso I do § 5º;

II - leilão ou doação, nas hipóteses dos incisos I e II do § 5º.

§ 7º O pedido de liberação de mercadorias retidas impetrado após o decurso dos prazos previstos nos incisos do § 5º, poderá ser deferido, na hipótese de não haver se consumado um dos procedimentos consignados nos incisos do § 6º.Art. 111 - A liberação de mercadorias retidas, em qualquer caso, somente poderá ocorrer mediante determinação expressa da autoridade fazendária competente. (Redação dada pela Lei nº 14.277, de 23.12.08)

Art. 111. A liberação de mercadorias retidas, em qualquer caso, somente poderá ocorrer mediante determinação expressa da autoridade fazendária competente.

SEÇÃO V
DA RESTITUIÇÃO OU CONVERSÃO DO DEPÓSITO EM RENDA

Art. 112. Esgotadas as instâncias administrativas, conforme decisão final dada ao processo, a restituição do depósito em garantia, de que tratam o inciso III do art. 110, será realizada da seguintes formas: (Redação dada pela Lei nº 14.277, de 23.12.08)

I - integral, devidamente atualizada com base nos índices aplicáveis aos depósitos judiciais se absolutória a decisão, declaratória de nulidade ou de extinção processual;

II - o montante que exceder ao crédito tributário, atualizado nos termos do inciso I, se parcialmente condenatória a decisão.

§ 1º - Sendo o valor do depósito superior ao da obrigação, a diferença favorável ao depositante ser-lhe-á restituída, corrigida monetariamente.

§ 2º - O contribuinte ou responsável deverá ser intimado, qualquer que seja o resultado do julgamento.

CAPÍTULO XII
DO PROCEDIMENTO ADMINISTRATIVO, DA RESTITUIÇÃO OU PERDA, DO LEILÃO, DA DOAÇÃO E DA INCINERAÇÃO DE MERCADORIAS RETIDAS

SEÇÃO I
DA RESTITUIÇÃO OU PERDA DAS MERCADORIAS RETIDAS

Art. 113. As mercadorias retidas que, mediante laudo técnico de entidade competente, forem consideradas falsificadas, adulteradas, inservíveis ou deterioradas, não serão objeto de leilão. (Redação dada pela Lei nº 14.277, de 23.12.08)

Parágrafo único. Na hipótese do *caput* deste artigo, os créditos tributários correspondentes deverão ser extintos, sem prejuízo das providências junto aos órgãos competentes, se for o caso. (Redação dada pela Lei nº 14.277, de 23.12.08)

Art. 113-A. A Secretaria da Fazenda - Sefaz poderá notificar o sujeito passivo que possua mercadorias apreendidas pelo Fisco para que manifeste interesse na manutenção da guarda pelo Estado. (Acrescido pela Lei nº 17.440, de 09.04.2021)

§ 1º Caso o sujeito passivo não venha a se manifestar no prazo de até 30 (trinta) dias contados da data da ciência da notificação, poderá ficar sujeito ao perdimento das mercadorias apreendidas, devendo o respectivo crédito tributário ser extinto. (Acrescido pela Lei nº 17.440, de 09.04.2021)

§ 2º A notificação de que trata o *caput* deste artigo poderá ocorrer inclusive por meio de edital, a ser divulgado em jornal de grande circulação ou por meio eletrônico, conforme se dispuser em regulamento. (Acrescido pela Lei nº 17.440, de 09.04.2021)

§ 3º A Sefaz poderá doar as mercadorias perdidas para instituições de assistência social sem fins lucrativos devidamente cadastradas no Programa sua Nota tem

Valor, instituído pelo Poder Executivo do Estado do Ceará com base na Lei nº 13.568 , de 30 de dezembro de 2004, para o Programa Mais Infância Ceará, de que trata a Lei nº 17.380, de 5 de janeiro de 2021, ou para órgão da Administração Pública Direta deste Estado. (Acrescido pela Lei nº 17.440, de 09.04.2021)

§ 4º Ato normativo do Secretário da Fazenda disciplinará o disposto neste artigo. (Acrescido pela Lei nº 17.440, de 09.04.2021)

SEÇÃO II
DO PROCEDIMENTO ADMINISTRATIVO DO LEILÃO E DA DOAÇÃO DE MERCADORIAS ABANDONADAS

Art. 114. O leilão ou a doação de mercadorias, nos termos do § 6º do art. 110, será sempre precedido de avaliação administrativa e publicação de edital. (Redação dada pela Lei n° 14.277, de 23.12.08)

§ 1º A designação do avaliador não poderá recair na pessoa do agente do fisco que tenha participado da retenção da mercadoria ou da lavratura do auto de infração. (Redação dada pela Lei n° 14.277, de 23.12.08)

§ 2º Fica o Poder Executivo autorizado a realizar o certame mediante leiloeiro oficial. (Redação dada pela Lei n° 14.277, de 23.12.08)

Art. 115. Realizado o leilão, sendo o crédito tributário: (Redação dada pela Lei n° 14.277, de 23.12.08)

I - inferior ao valor da arrematação, a diferença apurada será restituída ao contribuinte ou responsável; (Redação dada pela Lei n° 14.277, de 23.12.08)

II - superior ao valor da arrematação, a diferença apurada não será inscrita em dívida ativa e, no caso que já esteja, dar-se-á ciência à Procuradoria Geral do Estado para efetivar o seu cancelamento. (Redação dada pela Lei n° 14.277, de 23.12.08)

Art. 116 - O regulamento disporá sobre as normas procedimentais relativas a esta Seção.

CAPÍTULO XIII
DAS INFRAÇÕES E PENALIDADES

SEÇÃO I
DAS INFRAÇÕES

Art. 117 - Infração é toda ação ou omissão, voluntária ou não, praticada por qualquer pessoa, que resulte em inobservância de norma estabelecida pela legislação pertinente ao ICMS.

Art. 118 - Não haverá definição de infração, nem cominação de penalidade sem expressa previsão em Lei.

Art. 119. As infrações serão apuradas de acordo com as formalidades processuais específicas, aplicando-se as penalidades respectivas, por intermédio da competente autuação. (Acrescido pela Lei n° 16.904, de 03.06.2019)

§ 1.º Fica dispensada a lavratura de auto de infração: (Acrescido pela Lei n° 16.904, DE 03.06.2019)

I - nos casos de atraso de recolhimento de crédito declarado pelo contribuinte, em documento que formalizar o cumprimento de obrigação acessória;

II - na hipótese do art. 127-A, 127-B e 127-C; (Redação dada pela Lei nº 17.440, de 09.04.2021)

III - quando o contribuinte deixar de utilizar o Módulo Fiscal Eletrônico - MFE, ou utilizá-lo em desacordo com as especificações técnicas adotadas pela legislação pertinente, conforme a infração definida no art. 123, inciso VII, alínea "q".

§ 2.º Ato do Chefe do Poder Executivo disciplinará os procedimentos para a aplicação das penalidades de que trata este artigo. (Acrescido pela Lei n° 16.904, de 03.06.2019)

§3.º Às multas aplicadas na forma do inciso III do § 1º deste artigo poderão ser concedidos descontos de 70% (setenta por cento), conforme se dispuser em regulamento. (Redação dada pela Lei nº 17.440, de 09.04.2021)

§ 4.º Serão aplicadas às infrações da legislação do ICMS as seguintes penalidades isoladas ou cumulativamente: (Acrescido pela Lei n° 16.904, de 03.06.2019)

I - multa;

II - sujeição a regime de fiscalização;

III - cancelamento de benefícios fiscais;

IV - cassação de regime especial para pagamento, emissão de documentos fiscais ou escrituração de livros fiscais.

Art. 120. As multas serão calculadas tomando-se por base: (Redação dada pela Lei n° 13.418, de 30.12.03)

I - o valor do ICMS;

II - o valor da operação ou da prestação;

III - o valor do faturamento do estabelecimento;

IV - o valor da Unidade Fiscal de Referência do Estado do Ceará - Ufirce, ou qualquer outro índice que venha a substituí-la.

SEÇÃO II
DA RESPONSABILIDADE

Art. 121 - Salvo disposição expressa em contrário, a responsabilidade por infrações à legislação tributária independe da intenção do agente ou do responsável e da efetividade, natureza e extensão dos efeitos do ato.

Art. 122 - Respondem pela infração, conjunta ou isoladamente, todos os que, de qualquer forma, concorram para a sua prática ou dela se beneficiem.

SEÇÃO III
DAS PENALIDADES

Art. 123 - As infrações à legislação do ICMS sujeitam o infrator às seguintes penalidades, sem prejuízo do pagamento do imposto, quando for o caso:

I - com relação ao recolhimento do ICMS:

a) utilizar documentos fiscais ou livros fiscais, inclusive eletrônicos, fraudados: multa equivalente a 2 (duas) vezes o valor do imposto;

a.1) utilizar documentos fiscais ou livros fiscais, inclusive eletrônicos, fraudados, nas hipóteses de não incidência, isenção, diferimento, suspensão ou regime de substituição tributária cujo imposto já tenha sido recolhido: multa equivalente a 30% (trinta por cento) do valor da operação ou da prestação; (Nova redação dada pela Lei n.º 16.258, de 09.06.17)

b) (Revogada pela Lei nº 13.418, de 30.12.2003)

c) falta de recolhimento do imposto, no todo ou em parte, inclusive o devido por substituição tributária, na forma e nos prazos regulamentares, em todos os casos não compreendidos nas alíneas "d" e "e" deste inciso: multa equivalente a uma vez o valor do imposto; (Redação dada pela Lei n° 13.418, de 30.12.03)

d) falta de recolhimento, no todo ou em parte, na forma e nos prazos regulamentares, quando as operações, as prestações e o imposto a recolher estiverem regularmente escriturados: multa equivalente a 50% (cinquenta por cento) do imposto devido;

e) falta de recolhimento, no todo ou em parte, do imposto de responsabilidade do contribuinte substituto que o houver retido: multa equivalente a duas vezes o valor do imposto retido e não recolhido; (Redação dada pela Lei n° 13.418, de 30.12.03)

f) ~~deixar de reter o imposto nas hipóteses de substituição tributária previstas na legislação: multa equivalente a 2 (duas) vezes o valor do imposto não retido~~; (Revogado pela Lei n° 13.418, de 30.12.03)

g) omitir documentos ou informações, necessários à fixação do imposto a ser recolhido em determinado período, quando sujeito ao recolhimento do tributo na forma prevista no Artigo 39: multa equivalente a 1 (uma) vez o valor do imposto não recolhido em decorrência da omissão;

h) simular saída para outra unidade da Federação de mercadoria efetivamente internada no território cearense: multa equivalente a uma vez o valor do imposto devido; (Redação dada pela Lei n.º 16.258, de 09.06.17)

i) internar no território cearense mercadoria indicada como "em trânsito" para outra unidade da Federação: multa equivalente a 30% (trinta por cento) do valor da operação; (Redação dada pela Lei n° 13.418, de 30.12.03)

j) simular saída de mercadoria para o exterior, inclusive por intermédio de empresa comercial exportadora, trading companie, armazém alfandegado, entreposto aduaneiro e consórcios de microempresas: multa equivalente a 30% (trinta por cento) do valor da operação; (Redação dada pela Lei n° 13.418, de 30.12.03)

II - com relação ao crédito do ICMS:

a) crédito indevido, assim considerado todo aquele escriturado na conta-gráfica do ICMS em desacordo com a legislação ou decorrente da não-realização de estorno, nos casos exigidos pela legislação: multa equivalente a uma vez o valor do crédito indevidamente aproveitado ou não estornado; (Redação dada pela Lei n° 13.418, de 30.12.03)

b) aproveitar crédito antecipadamente: multa equivalente a 50% (cinquenta por cento) do valor do crédito indevidamente apropriado; (Nova redação dada pela Lei n.º 16.258, de 09.06.17)

c) ~~registro antecipado de crédito, quando não tenha havido o seu aproveitamento por antecipação: multa equivalente a 10 % (dez por cento) do valor do crédito antecipadamente registrado~~; (Revogado pela Lei n° 13.418, de 30.12.03)

d) transferência de crédito nos casos não previstos na legislação, ou sem atender às exigências nela estabelecidas, ou, ainda, em montante superior aos limites permitidos: multa equivalente a uma vez o valor do crédito irregularmente transferido; (Redação dada pela Lei n° 13.418, de 30.12.03)

e) crédito indevido proveniente da hipótese de transferência prevista na alínea "d": multa equivalente a uma vez o valor do crédito recebido. (Redação dada pela Lei n° 13.418, de 30.12.03)

III - relativamente à documentação e à escrituração:

a) entregar, remeter, transportar, receber, estocar ou depositar mercadorias, bem como prestar ou utilizar serviços: (Redação da alínea dada pela Lei Nº 16258 de 09/06/2017)

1. sem documentação fiscal: multa equivalente a 30% (trinta por cento) do valor da operação ou da prestação;

2. com documentação fiscal inidônea: multa equivalente a uma vez o valor do imposto devido;

b) deixar de emitir documento fiscal: (Redação da alínea dada pela Lei Nº 16258 de 09/06/2017)

1. em operações e prestações tributadas: multa equivalente a 30% (trinta por cento) do valor da operação ou da prestação;

2. em operações e prestações tributadas pelo regime de substituição tributária cujo imposto já tenha sido recolhido, bem como as amparadas por não incidência ou isenção incondicionada: multa equivalente a 10% (dez por cento) do valor da operação ou da prestação;

b.1) deixar de emitir documento fiscal na venda a consumidor, inclusive em sua modalidade eletrônica, fato este constatado in loco por agente do Fisco: multa equivalente a: (Redação da alínea dada pela Lei Nº 16258 de 09/06/2017)

1. 2.000 (duas mil) UFIRCEs, quando se tratar de contribuinte inscrito no Regime Normal de recolhimento;

2. 1.000 (mil) UFIRCEs, quando se tratar de contribuinte inscrito nos demais regimes de recolhimento, inclusive quando optante pelo Simples Nacional, nos termos da Lei Complementar Federal n.º 123, de 14 de dezembro de 2006;

c) ~~emitir documento fiscal em modelo ou série que não sejam os legalmente exigidos para a operação ou prestação: multa equivalente a 2% (dois por cento) do valor da operação ou da prestação~~; (Redação dada pela Lei nº 13.418, de 30.12.03) (Revogado pela Lei n.º 16.258, de 09.06.17)

d) emitir documento fiscal para destinatário diverso do que efetivamente adquiriu a mercadoria: multa equivalente a 50% (cinquenta por cento) do valor do imposto devido; (Nova redação dada pela Lei n.º 16.258, de 09.06.17)

e) emitir documento fiscal com preço da mercadoria ou do serviço deliberadamente inferior ao que alcançaria, na mesma época, mercadoria ou serviço similar, no mercado do domicílio do emitente, sem motivo devidamente justificado: multa equivalente a uma vez o valor do imposto que deixou de ser recolhido; (Redação dada pela Lei nº 13.418, de 30.12.03)

f) promover saída de mercadoria ou prestação de serviço acompanhada de documento fiscal já utilizado em operação ou prestação anterior, inclusive quando se tratar de documento fiscal eletrônico ou sua respectiva representação gráfica impressa: multa equivalente a 30% (trinta por cento) do valor da operação ou da prestação; (Nova redação dada pela Lei n.º 16.258, de 09.06.17)

g) deixar de escriturar no livro fiscal próprio para registro de entradas, inclusive em sua modalidade eletrônica, conforme dispuser a legislação, documento fiscal relativo a operação ou prestação: multa equivalente a 10% (dez por cento) do valor da operação ou prestação; (Nova redação dada pela Lei n.º 16.258, de 09.06.17)

h) ~~emitir nota fiscal nas hipóteses de retorno simulado de mercadoria não efetivamente remetida para depósito fechado próprio do remetente ou em quantidades superiores ou inferiores às remetidas: multa equivalente a 30% (trinta por cento) do valor do referido documento~~; (Revogado pela Lei n.º 16.258, de 09.06.17)

i) ~~deixar de escriturar, quando obrigado à escrita fiscal, no livro próprio para registro de saídas, dentro do período de apuração do imposto, documento fiscal de operações ou prestações neste realizadas: multa equivalente a 1 (uma) vez o valor do imposto~~; (Revogado pela Lei nº 13.418, de 30.12.03)

j) ~~entregar ou remeter mercadoria depositada por terceiros a pessoa diversa do depositante, quando este não tenha emitido o documento fiscal correspondente: multa equivalente a 30% (trinta por cento) do valor da operação~~; (Redação dada pela Lei nº 13.418, de 30.12.03) (Revogado pela Lei n.º 16.258, de 09.06.17)

k) entregar, remeter, transportar ou receber mercadorias destinados a contribuintes baixados do C.G.F.: multa equivalente a 20% (vinte por cento) do valor da operação;

l) transportar mercadorias em quantidade divergente da descrita no documento fiscal, quando verificado in loco pelo agente do Fisco: multa equivalente a 20% (vinte por cento) do valor da operação; (Nova redação dada pela Lei n.º 16.258, de 09.06.17)

m) entregar, transportar, receber, estocar ou depositar mercadoria acompanhada de documento fiscal sem o selo fiscal de trânsito ou virtual ou registro eletrônico equivalente, quando oriunda do exterior do País ou de outra unidade da Federação, não se aplicando às operações de saídas interestaduais: multa equivalente a 20% (vinte por cento) do valor da operação; (Nova redação dada pela Lei n.º 16.258, de 09.06.17)

n) cancelar documento fiscal, inclusive de natureza eletrônica, que tenha acobertado uma real operação relativa à circulação de mercadoria ou bem, ou uma efetiva prestação de serviço de transporte interestadual ou intermunicipal ou de comunicação: multa equivalente a 30% (trinta por cento) do valor da operação ou prestação; (Nova redação dada pela Lei n.º 16.258, de 09.06.17)

o) entregar ao adquirente ou destinatário documento diferente de documento fiscal exigido pela legislação: multa equivalente a 30% (trinta por cento) do valor da operação ou prestação; (Nova redação dada pela Lei n.º 16.258, de 09.06.17)

p) deixar o contribuinte de emitir o Manifesto Eletrônico de Documentos Fiscais (MDF-e), quando obrigado nos termos da legislação pertinente: multa equivalente a 200 (duzentas) UFIRCEs por cada MDF-e não emitido; (Redação da alínea dada pela Lei Nº 16735 de 26/12/2018).

q) transportar mercadoria ou bem desacompanhado do Documento Auxiliar do Manifesto Eletrônico de Documentos Fiscais (DAMDFE): multa equivalente a 200 (duzentas) UFIRCEs por documento; (Redação da alínea dada pela Lei Nº 16735 de 26/12/2018).

r) transportar mercadoria ou bem cujo documento fiscal não esteja relacionado no Documento Auxiliar do Manifesto Eletrônico de Documentos Fiscais (DAMDFE) que acompanha a carga: multa equivalente a 50 (cinquenta) UFIRCEs por cada documento omitido; (Nova redação dada pela Lei n.º 16.735, de 26.12.18)

s) omissão de entradas de mercadorias decorrente de levantamento quantitativo de estoque de mercadorias: multa equivalente a 30% (trinta por cento) do valor das entradas omitidas; (Alínea acrescentada pela Lei Nº 16258 DE 09/06/2017).

t) deixar o contribuinte de transmitir o Cupom Fiscal Eletrônico (CF-e) na forma e nos prazos previstos na legislação pertinente: multa equivalente a 100 (cem) UFIRCEs por cada CF-e não transmitido, nunca superior a 30%(trinta por cento) do valor da operação ou prestação; (Alínea acrescentada pela Lei Nº 16258 DE 09/06/2017).

u) deixar o contribuinte de registrar os eventos da manifestação do destinatário nas Notas Fiscais Eletrônicas quando a este destinadas, na forma e nos prazos previstos na legislação: multa equivalente a 5 (cinco) UFIRCEs por Nota Fiscal Eletrônica não manifestada, limitada a 1.000 (mil) UFIRCEs por período de apuração. (Nova redação dada pela Lei n.º 16.258, de 09.06.17)

IV - relativamente a impressos e documentos fiscais:

a) falta de aposição do selo fiscal de autenticidade no correspondente documento pelo estabelecimento gráfico, conforme estabelecido em Autorização para Impressão de Documentos Fiscais AIDF: multa equivalente a 50 (cinquenta) UFIR por documento irregular;

b) efetuar o estabelecimento gráfico aposição indevida de selo fiscal de autenticidade em documento fiscal autorizado através de AIDF: multa equivalente a 10 (dez) UFIR por documento irregular;

c) ~~deixar de comunicar ao Fisco de irregularidade que deveria ter sido constatada na conferência dos documentos pelo contribuinte: multa equivalente 180 (cento e oitenta) UFIR por AIDF~~; (Revogado pela Lei nº 13.418, de 30.12.03)

d) extraviar selo fiscal de autenticidade pelo estabelecimento gráfico ou transportador: multa equivalente a 100 (cem) UFIR por selo, sem prejuízo da instauração de processo administrativo pela SEFAZ, para fins de suspensão ou cassação do credenciamento, quando se tratar de estabelecimento gráfico;

e) deixar o estabelecimento gráfico credenciado de devolver à SEFAZ selo fiscal de autenticidade inutilizado: multa equivalente a 50 (cinquenta) UFIR por unidade inutilizada e não devolvida;

f) imprimir selos fiscais sem autorização do Fisco, fora das especificações técnicas, em paralelo, ou em quantidade superior à prevista em documento autorizativo: multa equivalente 90 (noventa) UFIR por selo, nunca inferior a 18.000 (dezoito mil) UFIR, sem prejuízo da suspensão ou cassação do credenciamento;

g) deixar o estabelecimento remetente de comprovar a efetiva exportação de mercadoria ou bem remetido para terceiros com esse fim específico, na forma e nos prazos previstos na legislação: multa equivalente a 100 (cem) UFIRCEs por operação, limitada a 1.000 (mil) UFIRCEs por período de apuração; (Nova redação dada pela Lei n.º 16.735, de 26.12.18)

h) deixar o estabelecimento gráfico credenciado à confecção de selos fiscais de adotar as medidas de segurança relativas a pessoal, produto, processo e patrimônio, na forma disposta em regulamento: multa equivalente a 18.000 (dezoito mil) UFIR;

i) extravio de documento fiscal selado, inclusive formulário contínuo, pelo transportador: multa equivalente a 90 (noventa) UFIR por documento;

j) deixar o estabelecimento gráfico credenciado de devolver à SEFAZ saldo de selos fiscais remanescentes: multa equivalente a 180 (cento e oitenta) UFIR por selo não devolvido;

k) extravio, pelo contribuinte, de documento fiscal, de selo fiscal, de formulário contínuo, de Formulário de Segurança (FS) ou de Formulário de Segurança de Documento Auxiliar Eletrônico (FS-DA): multa equivalente a 20% (vinte por cento) do valor arbitrado; na impossibilidade de arbitramento, multa equivalente a 10 (dez) UFIRCEs por documento extraviado; na hipótese de contribuinte optante pelo Simples Nacional, nos termos da Lei Complementar Federal n.º 123, de 2006, a penalidade será reduzida em 50% (cinquenta por cento); (Nova redação dada pela Lei n.º 16.258, de 09.06.17)

l) deixar o fabricante de selos fiscais ou o estabelecimento gráfico autorizado para confecção de documentos fiscais, de comunicar ao Fisco alteração contratual ou estatutária, no prazo estabelecido em regulamento: multa equivalente a 350 (trezentas e cinquenta) UFIR;

m) deixar o contribuinte de entregar ao órgão fazendário competente, na forma e prazo regulamentares, a Guia Informativa de Documentos Fiscais Emitidos ou Cancelados -GIDEC-, ou documento que a substitua: multa equivalente a 180 (cento e oitenta) UFIR por mês de atraso;

n) omissão ou indicação incorretas de dados informados na GIDEC ou documento que a substitua: multa equivalente a 90 (noventa) UFIR por documento.

o) emitir documento fiscal com destaque do imposto em operações ou prestações isentas ou não tributadas, com vedação do destaque do imposto, e naquelas com redução de base de cálculo, relativamente à parcela reduzida: multa equivalente a uma vez o valor do imposto destacado, salvo se este tiver sido recolhido pelo emitente; (Nova redação dada pela Lei n.º 16.258, de 09.06.17)

p) ~~fornecer, possuir ou confeccionar para si ou para outrem documento fiscal inidôneo: multa equivalente a 05 (cinco) UFIR por documento~~; (Revogado pela Lei n.º 16.258, de 09.06.17)

q) ~~deixar documentos fiscais fora do estabelecimento, sem a prévia autorização da repartição competente: multa equivalente a 01 (uma) UFIR, por documento~~; (Revogado pela Lei n.º 16.258, de 09.06.17)

r) vender, adquirir, transferir ou utilizar Formulário de Segurança (FS) ou Formulário de Segurança de Documento Auxiliar Eletrônico (FS-DA) sem autorização do Fisco: multa equivalente a 10 (dez) UFIRCEs por formulário;

s) deixar de transmitir o documento fiscal emitido em contingência ou de obter a autorização do Fisco, quando exigida pela legislação: multa de 20% (vinte por cento) sobre o valor da operação ou prestação indicada no respectivo documento fiscal. (Redação dada pela Lei n.º 16.258, de 09.06.17)

V - relativamente aos livros fiscais:

a) inexistência de livros fiscais ou contábeis, quando exigidos pela legislação, exceto os livros fiscais eletrônicos transmitidos ao Fisco: multa equivalente a 600 (seiscentas) UFIRCEs por livro;

b) atraso de escrituração dos livros fiscais ou contábeis, quando exigidos pela legislação, exceto os livros fiscais eletrônicos transmitidos ao Fisco: multa equivalente a 60 (sessenta) UFIRCEs por livro e período de apuração; (Nova redação dada pela Lei n.º 16.258, de 09.06.17)

c) ~~utilização de livro fiscal sem autenticação, pela repartição fiscal competente: multa equivalente a 10 (dez) UFIR, por livro~~; (Revogado pela Lei nº 13.418, de 30.12.03)

d) extravio, perda ou inutilização de livro fiscal ou contábil: multa equivalente a 800 (oitocentas) UFIRCEs por livro;

e) inexistência, perda, extravio ou não escrituração do Inventário de Mercadorias no livro Registro de Inventário, inclusive o seu não registro na DIEF ou na Escrituração Fiscal Digital, no prazo previsto: multa equivalente a 1.200 (mil e duzentas) UFIRCEs, reduzida em 50% (cinquenta por cento) no caso de empresas optantes pelo Simples Nacional;

e-1) falta de transmissão, para a Escrituração Fiscal Digital (EFD), na forma, condições e prazo previstos na legislação, dos dados relativos ao livro Registro de Controle da Produção e do Estoque: multa equivalente a 1.200 (mil e duzentas) UFIRCEs, reduzida em 50% (cinquenta por cento) no caso de empresas optantes pelo Simples Nacional; (Nova redação dada pela Lei n.º 16.258, de 09.06.17)

f) ~~deixar de registrar no livro Registro de Inventário mercadoria de que tenha posse, mas que pertença a terceiros, ou, ainda, mercadoria de sua propriedade em poder de terceiros: multa equivalente a 50 (cinquenta) UFIR~~; (Revogado pela Lei n.º 16.258, de 09.06.17)

g) deixar de informar na EFD as informações relativas a documentos fiscais denegados ou cancelados: multa equivalente a 1 (uma) UFIRCE por documento fiscal; (Nova redação dada pela Lei n.º 16.258, de 09.06.17)

VI - faltas relativas à apresentação de informações econômico-fiscais:

a) deixar o contribuinte, na forma e prazos regulamentares, de entregar ao Fisco os documentos que esteja obrigado a remeter, em decorrência da legislação: multa equivalente a 90 (noventa) Ufirces por documento; (Redação dada pela Lei nº 13.418, de 30.12.03)

b) ~~deixar o contribuinte, na forma e prazos regulamentares, de entregar ao Fisco a Guia Anual de Informações Fiscais - GIEF, a Guia Informativa Mensal do ICMS – GIM, ou documentos que venham a substituí-las: multa equivalente a 450 (quatrocentas e cinquenta) Ufirces por documento~~; (Redação dada pela Lei nº 13.418, de 30.12.03) (Revogado pela Lei n.º 16.258, de 09.06.17)

c) deixar o contribuinte, na forma e prazos regulamentares, de entregar ao Fisco as Demonstrações Contá-

TRIBUTÁRIO

beis a que esteja obrigado, por força da Lei n.º 6.404, de 15 de dezembro de 1976 (Lei das Sociedades Anônimas), ou outra que a substituir: multa equivalente a 3.000 (três mil) UFIRCEs; (Nova redação dada pela Lei n.º 16.258, de 09.06.17)

d) deixar o contribuinte, quando enquadrado no regime de microempresa e microempresa social, de entregar ao Fisco a Guia de Informação Anual de Microempresa - GIAME, ou outra que venha a substituí-la: multa equivalente a 250 (duzentas e cinquenta) Ufirces por documento; (Redação dada pela Lei nº 13.418, de 30.12.03)

e) deixar o contribuinte, na forma e nos prazos regulamentares, de transmitir a Escrituração Fiscal Digital (EFD), a Declaração de Informações Econômico Fiscais (DIEF) ou outro documento que venha a substituí-la: multa equivalente a: (Redação da alínea dada pela Lei Nº 16258 DE 09/06/2017)

1. 500 (quinhentas) UFIRCEs por período de apuração, quando se tratar de contribuinte inscrito no Regime Normal de recolhimento;

2. 150 (cento e cinquenta) UFIRCEs por período de apuração, quando se tratar de contribuinte inscrito nos demais regimes de recolhimento, inclusive quando optante do Simples Nacional, nos termos da Lei Complementar Federal n.º 123, de 14 de dezembro de 2006;

f) deixar o importador de apresentar ao Fisco a documentação comprobatória de extinção do Regime Aduaneiro Especial de Admissão Temporária ou de sua prorrogação antes do término do referido regime, nos termos previstos na legislação: multa equivalente a 400 (quatrocentas) UFIRCEs por regime não apresentado ao Fisco; (Alínea acrescentada pela Lei Nº 16258 DE 09/06/2017).

g) deixar o estabelecimento remetente de comprovar a efetiva exportação de mercadoria ou bem remetido para terceiros com esse fim específico, na forma e nos prazos previstos na legislação; multa equivalente a 100 (cem) UFIRCEs, limitada a 1.000 (mil) UFIRCEs por período de apuração; (Redaçaõ da alínea dada pela Lei Nº 16735 DE 26/12/2018).

h) deixar o importador de apresentar ao Fisco a documentação comprobatória de exoneração do ICMS Importação em decorrência de Regime Especial de Drawback, na forma e nos prazos previstos na legislação: multa equivalente a 300 (trezentas) UFIRCEs por importação realizada com base no referido regime. (Nova redação dada pela Lei n.º 16.258, de 09.06.17)

VII - faltas relativas ao uso irregular de equipamento de uso fiscal:

a) deixar de emitir, nas hipóteses previstas na legislação, ou ainda extraviar, omitir, bem como emitir de forma ilegível documento fiscal de controle, dificultando a identificação de seus registros, na forma e prazos regulamentares: multa equivalente a 5 (cinco) UFIRCEs por documento; (Redação da alínea dada pela Lei Nº 16258 DE 09/06/2017);

b) utilizar equipamento de uso fiscal sem a devida autorização do Fisco: multa equivalente a 800 (oitocentas) UFIRCEs por equipamento; (Redação da alínea dada pela Lei Nº 16258 DE 09/06/2017);

c) utilizar ou manter no estabelecimento equipamento de uso fiscal deslacrado, com lacre violado, danificado ou aposto de forma a possibilitar o acesso aos disp (Redação da alínea dada pela Lei Nº 16258 DE 09/06/2017);ositivos por ele assegurados: multa equivalente a 200 (duzentas) UFIRCEs por equipamento;

d) utilizar ou manter no estabelecimento equipamento de uso fiscal sem afixação da etiqueta de identificação relativa à autorização de uso do equipamento, ou estando ela danificada ou rasurada: multa equivalente a 50 (cinquenta) UFIRCEs por equipamento; (Redação da alínea dada pela Lei Nº 16258 DE 09/06/2017);

e) utilizar ou manter no recinto de atendimento ao público, sem a devida autorização do Fisco, equipamento diverso daquele de uso fiscal, que processe ou registre dados referentes a operações com mercadorias ou prestações de serviços, ou, ainda, que possibilite emitir cupom ou documento que possa ser confundido com Cupom Fiscal ou Cupom Fiscal Eletrônico (CF-e), multa equivalente a: (Redação da alínea dada pela Lei Nº 16258 DE 09/06/2017);

1. 4.000 (quatro mil) UFIRCEs por equipamento, quando se tratar de contribuinte inscrito no Regime Normal de Recolhimento;

2. 2.000 (duas mil) UFIRCEs por equipamento, quando se tratar de contribuinte inscrito no Regime de Empresa de Pequeno Porte (EPP);

3. 500 (quinhentas) UFIRCEs por equipamento, quando se tratar de contribuinte inscrito no Regime de Microempresa;

f) extraviar ou inutilizar equipamento de uso fiscal autorizado pelo Fisco, multa equivalente a: (Redação da alínea dada pela Lei Nº 16258 DE 09/06/2017);

1. 400 (quatrocentas) UFIRCEs por equipamento, quando se tratar de contribuinte inscrito no Regime Normal de Recolhimento;

2. 200 (duzentas) UFIRCEs por equipamento, quando se tratar de contribuinte inscrito no Regime de Empresa de Pequeno Porte (EPP);

3. 50 (cinquenta) UFIRCEs por equipamento, quando se tratar de contribuinte inscrito no Regime de Microempresa; (Nova redação dada pela Lei n.º 16.258, de 09.06.17)

g) utilizar programas aplicativos, teclas ou funções que permitam o registro de vendas sem a impressão concomitante do cupom fiscal: multa equivalente a 450 (quatrocentas e cinquenta) Ufirces por equipamento; (Redação dada pela Lei nº 13.418, de 30.12.03)

h) deixar de escriturar o Mapa Resumo ECF: multa equivalente a 5 (cinco) Ufirces por documento não escriturado; (Redação dada pela Lei nº 13.418, de 30.12.03)

i) utilizar dispositivo ou programa aplicativo que permita omitir ou reduzir os valores registrados ou acumulados em equipamento de uso fiscal: multa equivalente a 2 (duas) vezes o valor do imposto calculado com base na média aritmética das vendas brutas registradas nos demais equipamentos de uso fiscal autorizados para o estabelecimento ou, na impossibilidade desse cálculo, multa equivalente a 40% (quarenta por cento) do faturamento bruto auferido pelo estabelecimento; (Redação da alínea dada pela Lei Nº 16258 DE 09/06/2017);

j) retirar do estabelecimento equipamento de uso fiscal sem prévia autorização do Fisco, exceto no caso de remessa a estabelecimento autorizado a intervir no equipamento: multa equivalente a 2.000 (duas mil) UFIRCEs por equipamento; (Redação da alínea dada pela Lei Nº 16258 DE 09/06/2017);

k) remover memória fiscal ou outro dispositivo equivalente que contenha o software básico de equipamento de uso fiscal, em desacordo com o previsto na legislação, que interfira em seu regular funcionamento: multa equivalente a 4.000 (quatro mil) UFIRCEs por equipamento; (Redação da alínea dada pela Lei Nº 16258 DE 09/06/2017);

l) deixar de proceder à atualização da versão do software básico homologada ou registrada por meio de parecer ou ato da Comissão Técnica Permanente do ICMS (COTEPE/ICMS), na forma e prazos previstos na legislação: multa equivalente a 300 (trezentas) UFIRCEs por equipamento; (Nova redação dada pela Lei n.º 16.258, de 09.06.17)

m) ~~emitir documento fiscal por meio diverso, quando obrigado à sua emissão por equipamento Emissor de Cupom Fiscal – ECF, multa equivalente a 5% (cinco por cento) do valor da operação ou da prestação~~; (Redação dada pela Lei nº 13.418, de 30.12.03) (Revogado pela Lei n.º 16.258, de 09.06.17)

n) possuir ou manter equipamento para emissão de comprovante de pagamento efetuado por meio de cartão de crédito, de débito ou similar, autorizado para uso em outro estabelecimento, ainda que da mesma empresa, ou autorizado para pessoa física, ou que não esteja devidamente adaptado à obrigatoriedade de utilização do Integrador Fiscal: multa equivalente a: (Redação da alínea dada pela Lei Nº 16735 DE 26/12/2018)

1. 2.000 (duas mil) UFIRCEs por equipamento, sem prejuízo da apuração do imposto devido, quando se tratar de contribuinte inscrito no Regime Normal de Recolhimento;

2. 1.500 (mil e quinhentas) UFIRCEs por equipamento, sem prejuízo da apuração do imposto devido, quando se tratar de contribuinte inscrito no Regime de Empresa de Pequeno Porte (EPP);

3. 1.000 (mil) UFIRCEs por equipamento, sem prejuízo da apuração do imposto devido, quando se tratar de contribuinte inscrito no Regime de Microempresa. (Nova redação dada pela Lei n.º 16.735, de 26.12.18)

n.1) utilizar equipamento para emissão de comprovante de pagamento efetuado por meio de cartão de crédito ou de débito, ou similar, sem a devida emissão do documento fiscal respectivo: multa equivalente a 30% (trinta por cento) do valor da operação ou prestação; (Subalínea acrescentada pela Lei Nº 16258 DE 09/06/2017).

n.2) utilizar-se de meios de pagamento eletrônico que processem pagamentos efetuados por meio de cartão de crédito, de débito ou similar, cujas transações financeiras sejam destinadas a outros estabelecimentos, ainda que da mesma empresa, ou a pessoas físicas, ou que não esteja devidamente adaptado à obrigatoriedade de utilização do Integrador Fiscal: multa equivalente a: (Subalínea acrescentada pela Lei Nº 16735 DE 26/12/2018)

1. 2.000 (duas mil) UFIRCEs por período de apuração, sem prejuízo da apuração do imposto devido, quando se tratar de contribuinte inscrito no Regime Normal de Recolhimento;

2. 1.500 (mil e quinhentas) UFIRCEs por período de apuração, sem prejuízo da apuração do imposto devido, quando se tratar de contribuinte inscrito no Regime de Empresa de Pequeno Porte (EPP);

3. 1.000 (mil) UFIRCEs por período de apuração, sem prejuízo da apuração do imposto devido, quando se tratar de contribuinte inscrito no Regime de Microempresa. (Redação dada pela Lei n.º 16.735, de 26.12.18)

o) desenvolver ou comercializar ferramentas de automação comercial que estabeleçam regras tributárias automatizadas em desconformidade com a legislação, sem prejuízo da perda do credenciamento: multa equivalente a 30.000 (trinta mil) UFIRCEs; sendo constatada por qualquer meio idôneo, inclusive auto de infração, a redução ou a supressão de tributo de contribuinte ou responsável mediante utilização da ferramenta desenvolvida ou comercializada, a multa será equivalente a 100% (cem por cento) do montante do imposto reduzido ou suprimido; (Alínea acrescentada pela Lei Nº 16258 DE 09/06/2017);

p) suprimir ou reduzir tributo de contribuinte ou responsável, constatado por qualquer meio idôneo, mediante utilização da ferramenta desenvolvida ou comercializada a que se refere a alínea "o": multa equivalente a uma vez do valor do imposto reduzido ou suprimido; (Alínea acrescentada pela Lei Nº 16258 DE 09/06/2017)

q) deixar de utilizar o contribuinte Módulo Fiscal Eletrônico (MFE), ou utilizá-lo em desacordo com as especificações técnicas adotadas pela legislação pertinente: multa equivalente a 1.500 (mil e quinhentas) UFIRCEs por equipamento; (Alínea acrescentada pela Lei Nº 16258 DE 09/06/2017)

r) utilizar o contribuinte serviços de empresas que prestem serviço de sistema de automação comercial ou de instituições financeiras que possibilitem transações de pagamento com cartão de crédito ou qualquer outro meio eletrônico que não tenham credenciamento perante a Secretaria da Fazenda, multa equivalente a: (Alínea acrescentada pela Lei Nº 16258 DE 09/06/2017)

1. 3.000 (três mil) UFIRCEs quando se tratar de contribuinte inscrito no Regime Normal de recolhimento;

2. 1.500 (mil e quinhentas) UFIRCEs quando se tratar de contribuinte inscrito nos demais regimes de recolhimento;

s) utilizar o Módulo Fiscal Eletrônico (MFE) ativado em nome de outro estabelecimento do mesmo ou de outro contribuinte: multa equivalente a 500 (quinhentas) UFIRCEs por equipamento MFE utilizado indevidamente; (Alínea acrescentada pela Lei Nº 16258 DE 09/06/2017)

t) utilizar com o Módulo Fiscal Eletrônico (MFE) componente de comunicação diverso do estabelecido pela legislação pertinente: multa equivalente a 30% (trinta por cento) das operações ou prestações discriminadas no MFE nos últimos 12 (doze) meses anteriores ao período fiscalizado, reduzida em 50% (cinquenta por cento) no caso de empresas optantes pelo Simples Nacional. (Nova redação dada pela Lei n.º 16.258, de 09.06.17)

VII-A - faltas relativas à utilização irregular de equipamento de uso fiscal, de responsabilidade da empresa fabricante ou da credenciada a intervir em equipamento: (Redação dada pela Lei nº 13.975, de 14.09.2007)

a) remover EPROM ou outro dispositivo equivalente, que contém o software básico ou a memória fiscal de equipamento de uso fiscal, em desacordo com o previsto na legislação: multa equivalente a 5.000 (cinco mil) Ufirces por equipamento, sem prejuízo da instauração de processo administrativo, com vista à suspensão ou cassação do credenciamento; (Redação dada pela Lei nº 13.418, de 30.12.03)

b) habilitar tecla ou função vedadas ou não autorizadas ou alterar hardware ou software de equipamento de uso fiscal, em desacordo com a legislação, parecer ou ato da COTEPE/ICMS: multa equivalente a 5.000 (cinco mil) Ufirces, sem prejuízo da instauração de processo administrativo, com vista à suspensão ou cassação do credenciamento; (Redação dada pela Lei nº 13.418, de 30.12.03)

c) manter adulterados os dados acumulados no Totalizador Geral – GT, ou na memória fiscal do equipamento ou contribuir para adulteração destes: multa equivalente a 5.000 (cinco mil) Ufirces, sem prejuízo da instauração de processo administrativo, com vista à suspensão ou cassação do credenciamento; (Redação dada pela Lei nº 13.418, de 30.12.03)

d) deixar de lacrar, lacrar de forma irregular ou retirar o lacre de equipamento de uso fiscal nas hipóteses não previstas na legislação, ou liberá-lo para uso, sem observância dos requisitos legais: multa equivalente a 1.000 (uma mil) Ufirces por equipamento; (Redação dada pela Lei nº 13.418, de 30.12.03)

e) deixar de devolver ao Fisco o estoque de lacres não utilizados, ou de entregar os Atestados de Intervenção não utilizados, nas hipóteses de baixa de CGF, cessação de atividade ou descredenciamento: multa equivalente a 10 (dez) Ufirces por lacre não devolvido ou documento não entregue; (Redação dada pela Lei nº 13.418, de 30.12.03)

f) ~~deixar de comunicar ao Fisco qualquer mudança nos dados relativos ao corpo técnico e aos equipamentos autorizados: multa equivalente a 450 (quatrocentas e cinquenta) Ufirces por cada alteração não comunicada~~; (Redação dada pela Lei nº 13.418, de 30.12.03) (Revogado pela Lei n.º 16.258, de 09.06.17)

g) ~~deixar de comunicar previamente ao Fisco a remessa de equipamento de uso fiscal autorizado pelo Fisco, para o estabelecimento fabricante ou importador: multa equivalente a 1.000 (uma mil) Ufirces~~; (Redação dada pela Lei n° 13.418, de 30.12.03) (Revogado pela Lei n.º 16.258, de 09.06.17)

h) deixar de comunicar ao Fisco a saída de equipamento de uso fiscal para outro estabelecimento, exceto no caso de remessa para conserto ao fabricante ou importador, bem como o correspondente retorno ao estabelecimento de origem: multa equivalente a 200 (duzentas) UFIRCEs por equipamento; (Nova redação dada pela Lei n.º 16.258, de 09.06.17)

i) extraviar, antes de sua utilização, lacre de segurança de ECF, ou deixar de devolvê-lo ao órgão fazendário competente quando de sua inutilização: multa de 50 (cinquenta) Ufirces por lacre não devolvido ou extraviado. (Redação dada pela Lei n° 13.633, de 30.12.03)

j) deixar o fabricante ou credenciado, ou estabelecimento similar, de informar ao Fisco, na forma e no prazo estabelecidos na legislação, relação de todos os equipamentos ECF comercializados no mês anterior: multa de 250 (duzentos e cinqüenta) Ufirces por período não informado. (Alínea acrescentada pela Lei nº 13.975, de 14.09.2007, DOE CE de 28.09.2007)

VII-B - faltas relativas ao uso irregular de sistema eletrônico de processamento de dados: (Redação dada pela Lei n° 13.418, de 30.12.03)

a) ~~utilizar sistema eletrônico de processamento de dados para emissão e impressão de documentos fiscais e escrituração de livros fiscais, sem prévia autorização do Fisco: multa equivalente a 5% (cinco por cento) do valor das operações e prestações do período em que a utilização foi indevida~~; (Redação dada pela Lei n° 13.418, de 30.12.03) (Revogado pela Lei n.º 16.258, de 09.06.17)

b) ~~emitir documento fiscal por meio diverso, quando obrigado à sua emissão por sistema eletrônico de processamento de dados: multa equivalente a 5% (cinco por cento) do valor da operação ou da prestação~~; (Redação dada pela Lei n° 13.418, de 30.12.03) (Revogado pela Lei n.º 16.258, de 09.06.17)

c) ~~deixar de comunicar ao Fisco alteração ou cessação de uso de sistema eletrônico de processamento de dados nos prazos previstos em legislação: multa equivalente a 450 (quatrocentas e cinquenta) Ufirces~~; (Redação dada pela Lei n° 13.418, de 30.12.03) (Revogado pela Lei n.º 16.258, de 09.06.17)

d) ~~deixar de encadernar as vias de formulários contínuo ou de segurança quando inutilizados, bem como dos documentos fiscais emitidos ou dos livros fiscais escriturados, nos prazos e nas condições previstas na legislação: multa equivalente a 200 (duzentas) Ufirces, por espécie de documento ou de livro e por exercício de apuração~~; (Redação dada pela Lei n° 13.418, de 30.12.03) (Revogado pela Lei n.º 16.258, de 09.06.17)

e) deixar de manter, pelo prazo decadencial, o arquivo eletrônico com registro fiscal dos documentos emitidos por qualquer meio, referente à totalidade das operações de entrada e de saída e das aquisições e prestações de serviço realizadas no exercício de apuração, nos prazos, condições e padrão previstos na legislação: multa equivalente a 2% (dois por cento) do valor das operações de saída, limitada a 1.000 (mil) UFIRCEs por período; (Nova redação dada pela Lei n.º 16.258, de 09.06.17)

f) vender, adquirir ou utilizar formulário de segurança, sem prévia autorização do Fisco: multa equivalente a 90 (noventa) Ufirces por formulário, aplicável tanto ao fabricante quanto ao usuário; (Redação dada pela Lei n° 13.418, de 30.12.03)

g) emitir documentos fiscais em formulário contínuo ou de segurança, que não contenham numeração tipográfica: multa equivalente a 10 (dez) Ufirces por documento; (Redação dada pela Lei n° 13.418, de 30.12.03)

h) deixar de imprimir em código de barras os dados exigidos na legislação pertinente, quando da utilização do formulário de segurança: multa equivalente a 10 (dez) Ufirces por formulário; (Redação dada pela Lei n° 13.418, de 30.12.03)

i) deixar o fabricante do formulário de segurança de comunicar ao Fisco, na forma e prazo regulamentares, a numeração e seriação de cada lote fabricado: multa equivalente a 1.000 (uma mil) Ufirces por lote não informado; (Redação dada pela Lei n° 13.418, de 30.12.03)

j) deixar o fabricante do formulário de segurança de enviar ao Fisco, na forma e prazo determinados em legislação, as informações referentes às transações comerciais efetuadas com formulário de segurança: multa equivalente a 450 (quatrocentas e cinquenta) Ufirces por período não informado; (Redação dada pela Lei n° 13.418, de 30.12.03)

o) desenvolver ou comercializar ferramentas de automação comercial que estabeleçam regras tributárias automatizadas em desconformidade com a legislação: multa equivalente a 30.000 (trinta mil) Ufirces; sendo constatada, por qualquer meio idôneo, inclusive auto de infração, a redução ou a supressão de tributo de contribuinte ou responsável mediante utilização da ferramenta desenvolvida ou comercializada, a multa será equivalente a 100 % (cem por cento) do montante do imposto reduzido ou suprimido. (Redação dada pela Lei n.º 16.086, de 27.07.16)

» *A lei passa da alínea "j" diretamente para a alínea "o".*

» *LEI N.º 16.086, DE 27.07.16 - Art. 2º O inciso VII-B do art. 123, da Lei n.º 12.670, de 27 de dezembro de 1996, passa a vigorar com o acréscimo da seguinte alínea "o":*

VIII - outras faltas:

a) ~~falta de comunicação de qualquer ato registrado na Junta Comercial que implique em alteração nos dados constantes do formulário de inscrição no CGF: multa equivalente a 50 (cinquenta) UFIR~~; (Revogado pela Lei nº 13.418, de 30.12.03)

b) falta de retorno, total ou parcial, dentro dos prazos regulamentares, do gado enviado para recurso de pasto ou para fins de exposição em outro Estado: multa equivalente a 1 (uma) vez o valor do imposto, salvo a existência prévia de depósito, caso em que este será convertido em renda;

c) embaraçar a ação fiscal, quando decorrente da não entrega de livros ou documentos fiscais nos prazos previstos na legislação, previamente solicitados pelo agente do Fisco: multa equivalente a 900 (novecentas) UFIRCEs;

c.1) resistir ou impedir a ação fiscal por qualquer meio ou forma: multa equivalente a 1.800 (mil e oitocentas) UFIRCEs, sem prejuízo dos procedimentos previstos nos arts. 83 e 84 desta Lei; (Nova redação dada pela Lei n.º 16.258, de 09.06.17)

d) faltas decorrentes apenas do não-cumprimento de formalidades previstas na legislação, para as quais não haja penalidades específicas: multa equivalente a 200 (duzentas) Ufirces; (Redação dada pela Lei nº 13.418, de 30.12.03)

e) na hipótese de o contribuinte promover o rompimento do lacre previsto no Artigo 83: multa equivalente a 9.000 (nove mil) UFIR;

f) falta decorrente do não cumprimento de disposições previstas em Regime Especial de Tributação, Termo de Acordo ou Termo de Credenciamento firmados com a SEFAZ: multa equivalente a 900 (novecentas) UFIRCEs; (Nova redação dada pela Lei n.º 16.258, de 09.06.17)

g) romper lacre da SEFAZ, aposto pela fiscalização no trânsito de mercadorias, sem prévia autorização da autoridade fazendária: multa equivalente a 450 (quatrocentas e cinquenta) UFIR.

h) seccionar a bobina que contém a fita-detalhe, exceto no caso de intervenção técnica que implique necessidade de seccionamento: multa equivalente a 50 (cinquenta) Ufirces por seccionamento; (Redação dada pela Lei nº 13.418, de 30.12.03)

i) deixar o contribuinte usuário de sistema eletrônico de processamento de dados, de Nota Fiscal Eletrônica (NF-e), de equipamento ECF ou de MFE de entregar ao Fisco arquivo eletrônico referente a operações ou prestações ou entregá-lo em padrão diferente do estabelecido pela legislação ou, ainda, em condições que impossibilitem a leitura dos dados nele contidos: multa equivalente a 2% (dois por cento) do valor das operações de saída ou prestações de cada período irregular, limitada a 1.000 (mil) UFIRCEs por período de apuração;

j) extraviar ou deixar de manter arquivada, por equipamento, durante o prazo decadencial, a bobina que contém a fita-detalhe, na forma prevista na legislação: multa equivalente a 1% (um por cento) do total do valor das operações ou prestações registradas no período correspondente ou do valor arbitrado;

l) omitir informações em arquivos eletrônicos ou nestes informar dados divergentes dos constantes nos documentos fiscais: multa equivalente a 2% (dois por cento) do valor das operações ou prestações omitidas ou informadas incorretamente, limitada a 1.000 (mil) UFIRCEs por período de apuração; (Nova redação dada pela Lei n.º 16.258, de 09.06.17)

m) deixar a administradora de cartão de crédito ou de débito, ou estabelecimento similar, de entregar, na forma e no prazo estabelecidos na legislação, as informações sobre as operações ou prestações realizadas por estabelecimentos de contribuintes cujos pagamentos sejam feitos por meio de seus sistemas de crédito, débito ou similares: multa de 300 (trezentas) Ufirces por contribuinte e por período não informado. (Redação dada pela Lei nº 13.975, de 14.09.07)

n) perdimento, em favor do Estado, de mercadorias ou bens na hipótese de anulação da inscrição de contribuinte na forma prevista no art.73-B desta Lei. (Nova redação dada pela Lei n.º 16.258, de 09.06.17)

§ 1º Considera-se extravio o desaparecimento, em qualquer hipótese, de documento fiscal, formulário contínuo, Formulário de Segurança (FS), Formulário de Segurança de Documento Auxiliar Eletrônico (FS-DA), selo fiscal, equipamento de uso fiscal ou livro fiscal. (Redação dada pela Lei nº 17.440, de 09.04.2021)

§ 2º Não se configura a irregularidade a que se refere o § 1º deste artigo nas hipóteses de caso fortuito ou de força maior, devidamente comprovado, ou quando houver a apresentação dos documentos supostamente extraviados. (Redação do parágrafo dada pela Lei Nº 16258 de 09/06/2017).

§ 3º O Secretário da Fazenda poderá, conforme se dispuser em regulamento, excluir a culpabilidade nos casos de extravio previstos no § 1º deste artigo, exceto quando: (Redação dada pela Lei nº 17.440, de 09.04.2021)

I - a denúncia relativa ao extravio:

a) não for considerada espontânea, nos termos do § 1º do art. 125;

b) houver sido apresentada após a baixa de ofício da inscrição no CGF do contribuinte, conforme se dispuser em regulamento;

c) estiver relacionada ao extravio de selo fiscal ou de documento fiscal ou formulário contínuo que contenham selos fiscais;

d) envolver documento fiscal que permita a transferência de crédito do imposto nele destacado;

e) não puder ser acolhida em razão de demais vedações constantes em regulamento.

II - o sujeito passivo não efetuar o pagamento tempestivo do ICMS arbitrado, quando for o caso, na forma da legislação.

§ 3.º-A. A exclusão da culpabilidade por extravio não impede o Fisco de realizar ação fiscal concernente ao imposto nos casos de documentos fiscais emitidos e extraviados, nos termos previstos em decreto regulamentar. (Parágrafo acrescentado pela Lei Nº 16258 de 09/06/2017).

§ 4º Na hipótese da alínea "k" do inciso IV deste artigo, caso o documento fiscal extraviado seja Nota Fiscal de Venda a Consumidor ou Bilhete de Passagem, a multa aplicável será equivalente a 5 (cinco) UFIRCEs por documento. (Redação do parágrafo dada pela Lei Nº 16258 DE 09/06/2017).

§ 5.º Relativamente às penalidades previstas nas alíneas "a" e "e" do inciso II do *caput* deste artigo, observar-se-á o seguinte: (Nova redação dada pela Lei n.º 16.258, de 09.06.17)

I - se o crédito não tiver sido aproveitado, a multa será reduzida para 10% (dez por cento) do valor do crédito registrado, sem prejuízo da realização do estorno pelo contribuinte;

II - se o crédito tiver sido parcialmente aproveitado, a multa será integral, mas somente incidirá sobre a parcela efetivamente utilizada, hipótese em que se exigirá:

a) o pagamento do ICMS que deixou de ser recolhido em razão do aproveitamento parcial do crédito;

b) o estorno do crédito relativo à parcela não aproveitada.

§ 6º - Na hipótese do Inciso VII do *caput* deste Artigo, independentemente das penalidades nele previstas, o contribuinte ficará obrigado, no prazo assinalado para defesa do auto de infração, regularizar, junto à SEFAZ, a utilização de seu equipamento de uso fiscal ou adotar, em substituição a esta, a emissão de documento fiscal pertinente.

§ 7º. - A. Constatadas as infrações previstas nas alíneas "b" a "e" do inciso VII, poderá o agente do Fisco reter o equipamento para fins de averiguação dos valores armazenados. (Redação dada pela Lei nº 13.418, de 30.12.03)

I - lavratura de termo de retenção do equipamento de uso fiscal em situação irregular;

II - representação ao Secretário da Fazenda para aplicar contra o autuado o regime especial de fiscalização previsto no Artigo 96 desta Lei.

§ 8º - Na hipótese de reincidência do disposto na Alínea "c" do Inciso VIII, a multa será aplicada em dobro a cada prazo estabelecido e não cumprido, de que tratam os Artigos 82 e 88 desta Lei.

§ 9º - Para efeito do disposto no Inciso VII, entende-se como equipamento de uso fiscal todo aquele eletromecânico ou eletro-eletrônico utilizado na emissão de documentos fiscais acobertadores de operações ou prestações sujeitas à incidência do ICMS.

§ 10. Na hipótese da alínea "l" do inciso III do *caput* deste artigo, observar-se-á o seguinte: (Redação do parágrafo dada pela Lei Nº 16258 de 09/06/2017)

I – na hipótese de excesso de mercadorias em relação à quantidade descrita no documento fiscal, a multa será cobrada sobre o valor da quantidade excedente;

II – na hipótese de mercadorias em quantidade inferior à descrita no documento fiscal, a multa será cobrada sobre o valor das mercadorias faltantes. (Nova redação dada pela Lei n.º 16.258, de 09.06.17)

§ 11. Na hipótese da alínea "a" do inciso VII, considera-se documento fiscal de controle os seguintes documentos: (Redação dada pela Lei nº 13.418, de 30.12.03)

I - Redução Z;

II - Leitura X;

III - Leitura da Memória Fiscal;

IV - Mapa Resumo de Viagem;

V - Registro de Venda;

VI - Atestado de Intervenção Técnica em ECF.

§ 12. A penalidade prevista na alínea "m" do inciso III deste artigo será reduzida para 2% (dois por cento) do valor da operação ou prestação quando o imposto houver sido devidamente recolhido e as operações ou prestações estiverem regularmente escrituradas nos livros fiscais ou transmitidas na EFD do sujeito passivo. (Redação dada pela Lei n.º 16.258, de 09.06.17)

Art. 124 - Continuarão sujeitos às multas previstas nas Alíneas "c" e "e" do Inciso I do Artigo anterior o contribuinte ou responsável que, por qualquer motivo, apenas recolher o imposto, salvo se, antes de qualquer procedimento fiscal, recolher os acréscimos moratórios previstos no Artigo 61 desta Lei.

Art. 125. A responsabilidade é excluída pela denúncia espontânea da infração, acompanhada, se for o caso, do pagamento do tributo devido e dos acréscimos moratórios, ou do depósito da importância arbitrada pela autoridade administrativa, quando o montante do tributo dependa de apuração. (Redação dada pela Lei nº 17.440, de 09.04.2021)

§ 1º Sem prejuízo de outras hipóteses previstas em regulamento, não se considera espontânea a denúncia apresentada após o início de ação fiscal, exceto se instaurada especificamente para a apuração de infração não relacionada ao objeto da denúncia apresentada pelo contribuinte. (Redação dada pela Lei nº 17.440, de 09.04.2021)

§ 2º Nos casos em que a legislação reconhecer a espontaneidade no cumprimento de obrigações tributárias por parte do sujeito passivo, a não aplicação da penalidade ficará condicionada, quando for o caso, ao saneamento da irregularidade no prazo de até 10 (dez) dias contados da data em que o sujeito passivo tomar ciência da notificação emitida em decorrência de análises e acompanhamentos efetuados pelo Fisco. (Redação dada pela Lei nº 17.440, de 09.04.2021)

§ 3º O prazo de que trata o § 2º deste artigo aplica-se também no caso de saneamento espontâneo de irregularidade constatada por ocasião da análise pelo Fisco de pedido de alteração cadastral apresentado pelo contribuinte ou responsável. (Redação dada pela Lei nº 17.440, de 09.04.2021)

§ 4º Salvo disposição em contrário constante de regulamento, o disposto neste artigo não se aplica à denúncia espontânea relativa ao descumprimento de obrigações acessórias. (Redação dada pela Lei nº 17.440, de 09.04.2021)

§ 5º Nas hipóteses das alíneas "b", "c", "d" e "e" do inciso I do § 3º do art. 123, bem como do § 4º deste artigo, caso a denúncia tenha sido realizada antes do início de ação fiscal, permitir-se-á o pagamento da respectiva multa por meio de DAE, sem a lavratura de auto de infração, com redução de até 70% (setenta por cento) do valor efetivamente devido nos termos da legislação, conforme se dispuser em regulamento. (Redação dada pela Lei nº 17.440, de 09.04.2021)

§ 6º O sujeito passivo perderá o direito à redução especificada no § 5º deste artigo caso não efetue o pagamento tempestivo da multa, devendo ser lavrado o respectivo auto de infração para aplicação da penalidade cabível, salvo disposição em contrário constante da legislação. (Redação dada pela Lei nº 17.440, de 09.04.2021)

§ 7º O reconhecimento da espontaneidade ficará condicionado, quando for o caso, ao pagamento do ICMS arbitrado na forma da legislação, que deverá ser recolhido no prazo de até 10 (dez) dias, contados da data em que o sujeito passivo tomar ciência da notificação para pagamento decorrente da análise efetuada pelo Fisco da denúncia espontânea. (Redação dada pela Lei nº 17.440, de 09.04.2021)

§ 8º Ato normativo do Chefe do Poder Executivo poderá: (Redação dada pela Lei nº 17.440, de 09.04.2021)

I - delegar aos servidores da SEFAZ integrantes do Grupo Tributação, Arrecadação e Fiscalização - TAF a análise de processos envolvendo denúncia espontânea do cometimento de infrações, inclusive quando relacionados com pedidos de exclusão de culpabilidade referentes ao disposto no § 3º do art. 123;

II - estabelecer disposições complementares ao disposto neste artigo.

Art. 126. As infrações decorrentes de operações com mercadoria ou prestações de serviços tributados pelo regime de substituição tributária cujo imposto já tenha sido retido, bem como as amparadas por não incidência ou contempladas com isenção incondicionada, ficam sujeitas à multa de 10% (dez por cento) sobre o valor da operação ou prestação. (Redação do artigo dada pela Lei Nº 16258 de 09/06/2017)

Parágrafo único. A penalidade prevista no *caput* deste artigo será reduzida para 1% (um por cento) do valor das operações ou prestações quando estas estiverem regularmente escrituradas nos livros fiscais ou transmitidas na EFD do sujeito passivo. (Nova redação dada pela Lei n.º 16.258, de 09.06.17)

SEÇÃO IV
DOS DESCONTOS NO PAGAMENTO DE MULTAS

Art. 127 - Haverá os seguintes descontos no pagamento da multa, desde que recolhida com o principal, se este houver:

I – se o contribuinte ou responsável renunciar à defesa e pagar a multa no prazo desta: (Redação dada pela Lei nº 13.418, de 30.12.03)

a) 79% (setenta e nove por cento) nos casos não compreendidos na alínea "b" deste inciso; (Redação dada pela Lei nº 13.418, de 30.12.03)

b) 50% (cinquenta por cento) nas infrações capituladas nas alíneas "a", "b", "d" e "e" do inciso I do art. 123, as decorrentes exclusivamente de penalidades por descumprimento de obrigações acessórias e as decorrentes de fiscalizações de trânsito de mercadorias. (Redação dada pela Lei nº 13.418, de 30.12.03)

II - de 30% (trinta por cento) se o contribuinte ou responsável renunciar, expressamente, ao recurso para o Conselho de Recursos Tributários, desde que pague a multa no prazo deste;

III - de 20% (vinte por cento) se o contribuinte ou responsável recolher a multa no prazo de liquidação fixado na intimação da decisão condenatória do Conselho de Recursos Tributários.

Parágrafo Único - Na hipótese do pagamento do débito através da modalidade de parcelamento, a aplicação dos descontos será feita na forma abaixo especificada:

I - quando o devedor renunciar, expressamente, à impugnação e requerer o parcelamento, pagando a primeira prestação no prazo regulamentar:

a) na primeira prestação do débito parcelado: (Redação dada pela Lei nº 13.418, de 30.12.03)

1 – 79% (setenta e nove por cento) nos casos não compreendidos no item 2 desta alínea. (Redação dada pela Lei nº 13.418, de 30.12.03)

2 – 50% (cinquenta por cento) nas infrações capituladas nas alíneas "a" "b" "d" e "e" do inciso I do art. 123, as decorrentes exclusivamente de penalidades por descrumprimento de obrigações acessórias e as decorrentes de fiscalizações de transito de mercadorias. (Redação dada pela Lei nº 13.418, de 30.12.03)

b) 40% (quarenta por cento) da multa inclusa nas prestações seguintes, aplicável somente aos parcelamentos realizados até o limite de 6 (seis) parcelas;

c) 30% (trinta por cento) da multa inclusa nas prestações seguintes, aplicável somente aos parcelamentos realizados até o limite de 12 (doze) parcelas;

II - quando o contribuinte renunciar expressamente ao recurso perante o Conselho de Recursos Tributários e requerer parcelamento, pagando a primeira prestação no prazo regulamentar:

a) 30% (trinta por cento) da multa inclusa na primeira prestação do débito parcelado;

b) 20% (vinte por cento) da multa inclusa nas prestações seguintes, aplicável somente aos parcelamentos realizados até o limite de 6 (seis) parcelas;

c) 10% (dez por cento) da multa inclusa nas prestações seguintes, aplicável somente aos parcelamentos realizados até o limite de 12 (doze) parcelas;

III - quando, esgotadas as instâncias administrativas, o contribuinte requerer o benefício e pagar a primeira prestação no prazo de liquidação fixado na intimação da decisão condenatória do Conselho de Recursos Tributários:

a) 20% (vinte por cento) da multa inclusa na primeira prestação do débito parcelado;

b) 10% (dez por cento) da multa inclusa nas prestações seguintes, aplicável somente aos parcelamentos realizados até o limite de 6 (seis) parcelas;

c) 5% (cinco por cento) da multa inclusa nas prestações seguintes, aplicável somente aos parcelamentos realizados até o limite de 12 (doze) parcelas.

Art. 127-A. Nos termos e nas condições definidos em regulamento, a multa prevista no art. 123, inciso VI, alínea "e", será reduzida em 70% (setenta por cento) nos casos em que o contribuinte, antes do início de ação fiscal, vier a transmitir, de forma extemporânea, a EFD, ficando dispensada a lavratura de auto de infração. (Acrescido pela Lei nº 16.904, de 03.06.2019)

§ 1.º Por ocasião do cumprimento da obrigação acessória, poderá ser lançada, via sistema informatizado, a multa autônoma de que trata o *caput* deste artigo, momento em que será realizada a notificação do lançamento respectivo. (Acrescido pela Lei nº 16.904, de 03.06.2019)

§ 2.º Caso o pagamento da multa não seja efetuado no prazo de 30 (trinta) dias, contados da data do cumprimento da obrigação acessória respectiva, o débito será remetido diretamente para inscrição em Dívida Ativa, independente da lavratura de auto de infração. (Acrescido pela Lei nº 16.904, de 03.06.2019)

§ 3.º Na hipótese do § 2.º, não incidirá o desconto de que trata o *caput* na composição do débito. (Acrescido pela Lei nº 16.904, de 03.06.2019)

Art. 127-B. Sem prejuízo da ação fiscal individual, quando for o caso, na hipótese de autorregularização de diferenças de valores verificadas em operações com cartões de crédito ou de débito, ou similares, existentes entre as informações prestadas ao Fisco pelo contribuinte e as informações prestadas pelas empresas administradoras de cartões de crédito, de débito, ou similares, das quais resultem ou não em falta de recolhimento do imposto pela não emissão de documentos fiscais relacionados com essas operações, o contribuinte poderá efetuar o pagamento, por meio de DAE, da penalidade prevista no art. 123, inciso III, alínea "b", itens 1 e 2, desta Lei, conforme o caso, com redução de até 90% (noventa por cento), sem a lavratura de auto de infração, na forma prevista em regulamento. (Acrescido pela Lei nº 17.440, de 09.04.2021)

Art. 127-C. A empresa optante pelo Simples Nacional cujo valor das despesas pagas, durante o ano-calendário, tenha superado em 20% (vinte por cento) o valor de ingresso de recursos no mesmo período, excluído o ano de início de atividade, ou quando o valor das aquisições de mercadorias para comercialização ou industrialização for superior a 80% (oitenta por cento) dos ingressos de recursos no mesmo período, excluído o ano de início de atividade, poderá, através de autorregularização, por meio de DAE, sem a lavratura de auto de infração, efetuar o pagamento da penalidade prevista no art. 123, inciso III, alínea "b", item 2, desta Lei, com redução de até 70%(setenta por cento), na forma prevista em regulamento. (Acrescido pela Lei nº 17.440, de 09.04.2021)

CAPÍTULO XIV
DAS DISPOSIÇÕES FINAIS E TRANSITÓRIAS

Art. 128 - É assegurado ao sujeito passivo, por si ou por suas entidades representativas, o direito de consulta sobre a aplicação da legislação relativa aos tributos de competência impositiva estadual, como se dispuser em regulamento.

Parágrafo único. Nos casos em que a solução da consulta envolva questão juridicamente relevante, que, ultrapassando o interesse subjetivo do consulente, seja considerada de interesse geral, poderão ser atribuídos efeitos normativos à resposta ofertada, na forma definida em regulamento, hipótese em que vinculará a todos os contribuintes, bem como os órgãos e agentes fiscais. (Redação dada pela Lei n.º 16.735, de 26.12.18)

Art. 129 - Não será aplicado selo fiscal de trânsito nos documentos fiscais de pequeno valor econômico, bem como naqueles acobertadores de operações ou prestações de serviços, conforme o disposto em regulamento.

Art. 130 - O Estado do Ceará deverá prestar assistência judicial ao servidor do Grupo Ocupacional Tributação, Arrecadação e Fiscalização (TAF) da Secretaria da Fazenda, quando este for parte em ações decorrentes do exercício do cargo, na forma disposta em regulamento.

Art. 131 - Os servidores a que se refere o Artigo anterior, quando em exercício de atividades de fiscalização neste Estado, poderão portar arma para defesa pessoal.

Art. 132 - O Chefe do Poder Executivo expedirá os atos regulamentares necessários à execução desta Lei.

Parágrafo Único - Enquanto não forem expedidos os atos a que se refere este Artigo, continuam em vigor, no que não colidirem com esta Lei, os atos normativos que regulamentam a Lei Nº 11.530, de 27 de janeiro de 1989, e suas alterações.

Art. 133 - Ficam convalidados os regimes de recolhimento por substituição tributária concedidos na forma prevista na legislação anterior.

Art. 134 - Esta Lei entra em vigor a partir de 1º de janeiro de 1997, exceto em relação:

I - ao Inciso II do Artigo 4º e § 2º do Artigo 54, que produzem efeitos desde 16 de setembro de 1996;

II - ao Inciso I do § 1º do Artigo 49, que produz efeito desde 1º de novembro de 1996.

Art. 135 - Revogam-se as disposições seguintes:

I - do Artigo 2º ao Artigo 127 da Lei Nº 11.530, de 27 de janeiro de 1989;

II - a Lei Nº 11.532, de 13 de março de 1989;

III - o Artigo 5º da Lei Nº 11.961, de 10 de junho de 1992;

IV - a Lei Nº 12.385, de 09 de dezembro de 1994;

V - a Lei Nº 12.446, de 1º de junho de 1995;

VII - a Lei Nº 12.474, de 21 de julho de 1995;

VIII - a Lei Nº 12.540, de 27 de dezembro de 1995;

PALÁCIO DO GOVERNO DO ESTADO DO CEARÁ, em Fortaleza, aos 30 de dezembro de 1996.

LEI COMPLEMENTAR ESTADUAL Nº 37, DE 26 DE NOVEMBRO DE 2003

- INSTITUI O FUNDO ESTADUAL DE COMBATE À POBREZA - FECOP, NOS TERMOS DA EMENDA CONSTITUCIONAL FEDERAL Nº 31, DE 14 DE DEZEMBRO DE 2000, CRIA O CONSELHO CONSULTIVO DE POLÍTICAS DE INCLUSÃO SOCIAL, EXTINGUE OS FUNDOS QUE INDICA

ATUALIZADA ATÉ A LEI COMPLEMENTAR Nº 246, DE 15-06-2021.

Art. 1º É instituído, no âmbito do Poder Executivo Estadual, o Fundo Estadual de Combate à Pobreza - Fecop, de natureza contábil, com o objetivo de viabilizar, a toda a população do Ceará, acesso a níveis dignos de subsistência, cujos recursos serão aplicados exclusivamente em ações suplementares de assistência social, nutrição, habitação, educação, saúde, saneamento básico, reforço de renda familiar, combate à seca, desenvolvimento infantil e outros programas de relevante interesse social, voltados para a melhoria da qualidade de vida, conforme disposto no art. 82 do Ato das Disposições Constitucionais Transitórias - ADCT, da Constituição Federal. (Redação do *caput* dada pela Lei Complementar Nº 217 de 07/05/2020).

§ 1º O Fundo será gerido financeiramente pela Secretaria da Fazenda, segundo programação estabelecida pelo Conselho Consultivo de Políticas de Inclusão Social.

§2°. Os recursos que compõem o Fundo Estadual de Combate à Pobreza - FECOP serão, ainda, utilizados na aquisição de sementes agrícolas a serem distribuídas com a população de baixa renda no âmbito do Estado do Ceará, na forma do *Caput* deste artigo. (Redação do parágrafo dada pela Resolução Nº 2 DE 22/02/2016).

§ 3º Os programas, projetos e atividades financiados pelo Fundo Estadual de Combate à Pobreza - FECOP, terão suas dotações orçamentárias consignadas nos órgãos e entidades executores, com fonte de recursos identificada por código próprio, denominado "Recursos Provenientes do FECOP. (Parágrafo acrescentado pela Lei Complementar nº 76, de 21.05.2009, DOE CE de 25.05.2009)

§ 4º Semestralmente o Poder Executivo enviará relatório circunstanciado à Assembleia Legislativa sobre o montante dos recursos arrecadados pelo FECOP, sua aplicação e resultados obtidos. (NR). (Parágrafo acrescentado pela Lei Complementar nº 76, de 21.05.2009, DOE CE de 25.05.2009)

§ 5° Os recursos que compõem o Fundo Estadual de Combate à Pobreza - FECOP, também poderão ser utilizados: (Redação do parágrafo dada pela Lei Complementar Nº 148 DE 24/12/2014)

I - em ações voltadas à Educação Profissional e outras modalidades de preparação para o trabalho integrados ao Ensino Médio, inclusive por meio de Organizações Sociais, devidamente qualificadas pelo Poder Executivo Estadual, na forma prevista no art.7° da Lei n° 12.781, de 30 de dezembro de 1997;

II - pelo Chefe do Poder Executivo para ressarcimento aos cofres públicos relativamente ao valor do ICMS dispensado no exercício de 2014, nas operações incentivadas, com:

a) energia elétrica destinada aos consumidores da classe residencial com consumo mensal igual ou inferior a 50 KWh e da classe residencial baixa renda com consumo mensal de 51 a 140 KWh, nos termos do inciso XI do art.4° da Lei n° 12.670, de 27 de dezembro de 1996;

b) óleo diesel destinado ao transporte coletivo urbano e metropolitano de passageiros, conforme Lei n° 14.091, de 14 de março de 2008;

c) medicamentos destinados à prestação de serviços de saúde, nos termos dos Convênios ICMS n° 162/94 e 87/02 ou em cumprimento de mandado judicial.

III - em ações da assistência social organizadas pelo Sistema Único de Assistência Social - SUAS, destinadas à oferta de programas, projetos, serviços e benefícios a indivíduos e famílias em situação de vulnerabilidade social, após aprovação pelo Conselho Consultivo de Políticas de Inclusão Social - CCPIS. (Inciso acrescentado pela Lei Complementar Nº 246 de 15/06/2021).

§ 6º Os recursos destinados ao combate à seca serão utilizados preferencialmente para a aquisição de máquina perfuratriz e perfuração de poços profundos. (Parágrafo acrescentado pela Lei Complementar Nº 152 DE 27/07/2015).

§ 7º Os recursos advindos do incremento da arrecadação do ICMS Fecop relativo às alíneas "i", "j", "k", "l" e "m", serão aplicados, preferencialmente, em ações de urgência e emergência em saúde. (Parágrafo acrescentado pela Lei Complementar Nº 152 de 27/07/2015).

§ 8º Os recursos do Fundo Estadual de Combate à Pobreza - Fecop serão também destinados aos objetivos da Lei nº 8.742 , de 7 de dezembro de 1993, que instituiu o Sistema Único de Assistência Social e da Política Nacional de Segurança Alimentar e Nutricional - PNSAN, instituído pelo Decreto nº 7.272 , de 25 de agosto de 2010". (Parágrafo acrescentado pela Lei Complementar Nº 204 de 30/08/2019).

§ 9º Os recursos do Fundo Estadual de Combate à Pobreza - Fecop também serão destinados a financiar ações e programas relacionados aos objetivos do Fundo de Investimentos de Microcrédito Produtivo do Ceará. (Parágrafo acrescentado pela Lei Complementar Nº 230 DE 07/01/2021).

Art. 2º Compõem o Fundo Estadual de Combate à Pobreza - FECOP:

I - a parcela do produto da arrecadação correspondente ao adicional de 2 (dois) pontos percentuais nas alíquotas previstas no art. 44 da Lei nº 12.670 , de 27 de dezembro de 1996, do Imposto sobre Operações relativas à Circulação de Mercadorias e sobre Prestações de Serviços de Transporte Interestadual e Intermunicipal e de Comunicação - ICMS, ou do imposto que vier a substituí-lo, incidentes sobre os produtos e serviços abaixo especificados: (Redação do inciso dada pela Lei Complementar Nº 161 DE 23/03/2016)

a) bebidas alcoólicas;

b) armas e munições;

c) embarcações esportivas;

d) fumo, cigarros e demais artigos de tabacaria;

e) aviões ultraleves e asas-deltas;

f) energia elétrica;

g) gasolina;

h) serviços de comunicação, exceto cartões telefônicos de telefonia fixa;

i) joias;

j) isotônicos, bebidas gaseificadas não alcoólicas e refrigerantes;

k) perfumes, extratos, águas-de-colônia e produtos de beleza ou de maquiagem, desde que o valor unitário da mercadoria seja superior a 50 (cinquenta) Ufirces;

l) artigos e alimentos para animais de estimação, exceto medicamentos e vacinas;

m) inseticidas, fungicidas, formicidas, herbicidas, parasiticidas, germicidas, acaricidas, nematicidas, raticidas, desfolhantes, dessecantes, espalhantes adesivos, estimuladores e inibidores de crescimento (reguladores);

II - dotações orçamentárias, em limites definidos, anualmente, na Lei de Diretrizes Orçamentárias;

III - doações, auxílios, subvenções e legados, de qualquer natureza, de pessoas físicas ou jurídicas do País ou do exterior;

IV - receitas decorrentes da aplicação dos seus recursos;

V - outras receitas que vierem a ser destinadas ao Fundo.

§ 1º Os recursos do Fundo serão recolhidos em conta única e específica, no Banco do Estado do Ceará ou, no caso de sua privatização, em outra instituição financeira oficial, autorizada pelo Poder Executivo.

§ 2º Não se aplica sobre o adicional do ICMS, de que trata este artigo, o disposto nos arts. 158, inciso IV, e 167, inciso IV, da Constituição Federal, bem como qualquer desvinculação orçamentária, conforme previsto no art. 82, § 1º, combinado com o art. 80, § 1º, ambos do Ato das Disposições Constitucionais Transitórias - ADCT da Constituição Federal.

§ 3º O cálculo do ICMS com base na aplicação da alíquota adicionada de dois pontos percentuais, de que trata o inciso I deste artigo, poderá ser realizado somente nas operações destinadas ao consumo final, ou por ocasião da cobrança do ICMS sob a modalidade da substituição tributária, conforme definido em regulamento.

§ 4º O recolhimento do imposto com o adicional de dois pontos percentuais a que se refere o inciso I deste artigo será efetuado por meio de documento de arrecadação específico e será calculado com base nos procedimentos definidos em regulamento.

§ 5º Ficam excluídas da incidência do adicional, a que se refere o *caput* deste artigo, as prestações de serviços de telefonia fixa residencial e não residencial com faturamento igual ou inferior ao valor da tarifa ou preço da assinatura.

Art. 3º A parcela adicional do ICMS, a que se refere o inciso I do artigo anterior, não poderá ser utilizada nem considerada para efeito do cálculo de quaisquer benefícios ou incentivos fiscais, inclusive em relação ao previsto na Lei Estadual nº 10.367, de 7 de dezembro de 1979.

Art. 4º Os recursos do FECOP não poderão ser objeto de remanejamento, transposição ou transferência de finalidade diversa daquela prevista nesta Lei Complementar.

§ 1º É vedada a utilização dos recursos do Fecop para o pagamento de despesas de pessoal e de encargos sociais relativos à remuneração de servidores públicos, exceto na forma de concessão de bolsa para ocupantes de cargos do Grupo Magistério 1º e 2º Graus - MAG, da Secretaria da Educação e professores do Grupo Magistério Superior - MAS, da Secretaria da Ciência, Tecnologia e Ensino Superior, quando na atuação em programa de formação e qualificação educacional de professores leigos, não podendo ser superior a 3 (três) anos de concessão. (Redação do parágrafo dada pela Lei Complementar Nº 217 de 07/05/2020).

§ 2º Fica autorizada a utilização dos recursos do FECOP para o pagamento de bolsas do Programa Agente Rural, instituído pela Lei nº 15.170 , de 18 de junho de 2012. (Parágrafo acrescentado pela Lei Complementar Nº 161 de 23/03/2016).

§ 3º Fica autorizada a utilização dos recursos do FECOP para pagamento, nos termos da legislação aplicável, de bolsas no âmbito do Programa Ceará Atleta e do Programa de Apoio ao Esporte Educacional no Ceará - PAEC. (Redação do parágrafo dada pela Lei Complementar Nº 246 de 15/06/2021).

§ 4º Fica autorizada a utilização dos recursos do Fundo Estadual de Combate à Pobreza - Fecop para o pagamento de bolsas do Programa Bolsa Catador, nos termos da Lei nº 16.032 , de 20 de junho de 2016. (Parágrafo acrescentado pela Lei Complementar Nº 204 de 30/08/2019).

§ 5º Fica autorizada a utilização dos recursos do Fundo Estadual de Combate à Pobreza - Fecop para o custeio de bolsas universitárias ofertadas pelas instituições públicas de ensino superior, no Estado do Ceará aos estudantes pobres, na forma da Lei nº 14.859, de 28 de dezembro de 2010, que dispõe sobre o conceito e a comprovação de pobreza. (Parágrafo acrescentado pela Lei Complementar Nº 204 de 30/08/2019).

§ 6º Fica autorizada a utilização dos recursos do Fundo Estadual de Combate à Pobreza - Fecop para a implementação de equipamentos públicos para atendimentos da população mais vulnerável (Parágrafo acrescentado pela Lei Complementar Nº 204 de 30/08/2019).

Art. 5º Fica criado o Conselho Consultivo de Políticas de Inclusão Social, presidido pelo Secretário do Planejamento e Gestão do Estado, com a finalidade de: (Redação dada pela Lei Complementar nº 76, de 21.05.2009)

I - coordenar a formulação de políticas e diretrizes dos programas e ações governamentais voltados para a redução da pobreza e das desigualdades sociais;

II - coordenar e estabelecer, em articulação com os órgãos responsáveis pela execução dos programas, a programação a ser financiada com recursos provenientes do Fundo Estadual de Combate à Pobreza - FECOP.

§ 1º O Conselho Consultivo de Políticas de Inclusão Social terá a seguinte composição:

I - Secretário do Planejamento e Gestão; (Redação dada ao inciso pela Lei Complementar nº 76, de 21.05.2009)

II - Secretário da Fazenda;

III - Secretário da Proteção Social, Justiça, Cidadania, Mulheres e Direitos Humanos; (Redação do inciso dada pela Lei Complementar Nº 217 de 07/05/2020).

IV - Secretário da Saúde; (Redação dada ao inciso pela Lei Complementar nº 76, de 21.05.2009)

V - Secretário da Educação; (Redação dada ao inciso pela Lei Complementar nº 76, de 21.05.2009, DOE CE de 25.05.2009)

VI - Secretário da Cultura; (Redação dada ao inciso pela Lei Complementar nº 76, de 21.05.2009)

VII - Secretário da Ciência, Tecnologia e Ensino Superior; (Redação dada ao inciso pela Lei Complementar nº 76, de 21.05.2009)

VIII - Secretário do Esporte e Juventude; (Redação do inciso dada pela Lei Complementar Nº 217 DE 07/05/2020).

IX - Secretário do Desenvolvimento Agrário; (Redação dada ao inciso pela Lei Complementar nº 76, de 21.05.2009)

X - Secretário das Cidades; (Redação dada ao inciso pela Lei Complementar nº 76, de 21.05.2009)

XI - Secretário da Casa Civil; (Redação dada ao inciso pela Lei Complementar nº 76, de 21.05.2009)

XII - Cinco representantes da sociedade civil; (Redação dada ao inciso pela Lei Complementar nº 76, de 21.05.2009)

XIII - Um representante da Associação dos Prefeitos do Ceará - APRECE. (Inciso acrescentado pela Lei Complementar nº 76, de 21.05.2009)

§ 2º Os membros do Conselho e seus suplentes serão nomeados pelo Governador.

§ 3º Os representantes da sociedade civil, e seus respectivos suplentes serão escolhidos entre os representantes da sociedade civil junto ao:

I - Conselho Estadual da Assistência Social;

II - Conselho Estadual dos Direitos da Criança e do Adolescente;

III - Conselho Estadual da Educação;

IV - Conselho Estadual da Saúde;

V - Conselho Estadual de Segurança Alimentar. (Redação dada ao parágrafo pela Lei Complementar nº 76, de 21.05.2009, DOE CE de 25.05.2009)

§ 4º Os membros do Conselho não perceberão qualquer remuneração, sendo consideradas de relevante interesse público as funções por eles exercidas.

§ 5º Os recursos que compõem o Fundo Estadual de Combate à Pobreza – FECOP, também poderão ser utilizados: (Nova redação dada pela Lei Complementar n.º 148, de 24.12.14)

I - em ações voltadas à Educação Profissional e outras modalidades de preparação para o trabalho integrados ao Ensino Médio, inclusive por meio de Organizações Sociais, devidamente qualificadas pelo Poder Executivo Estadual, na forma prevista no art. 7º da Lei nº 12.781, de 30 de dezembro de 1997;

II – pelo Chefe do Poder Executivo para ressarcimento aos cofres públicos relativamente ao valor do ICMS dispensado no exercício de 2014, nas operações incentivadas, com:

a) energia elétrica destinada aos consumidores da classe residencial com consumo mensal igual ou inferior a 50 KWh e da classe residencial baixa renda com consumo mensal de 51 a 140 KWh, nos termos do inciso XI do art. 4º da Lei nº 12.670, de 27 de dezembro de 1996;

b) óleo diesel destinado ao transporte coletivo urbano e metropolitano de passageiros, conforme Lei nº 14.091, de 14 de março de 2008;

c) medicamentos destinados à prestação de serviços de saúde, nos termos dos Convênios ICMS nºs 162/94 e 87/02 ou em cumprimento de mandado judicial.

Art. 6º Compete ao Conselho Consultivo de Políticas de Inclusão Social:

I - coordenar a formulação das políticas e diretrizes gerais que orientarão as aplicações do FECOP;

II. Selecionar programas, serviços, projetos e benefícios e ações a serem financiadas com recursos do FECOP.

III - coordenar, em articulação com os órgãos responsáveis pela execução dos programas e das ações financiadas pelo FECOP, a elaboração das propostas orçamentárias a serem encaminhadas à Secretaria do Planejamento e Gestão. (NR). (Redação dada ao inciso pela Lei Complementar nº 76, de 21.05.2009)

IV - publicar, trimestralmente no Diário Oficial do Estado do Ceará, relatório circunstanciado, discriminando as receitas e as aplicações dos recursos do FECOP;

V - dar publicidade aos critérios de alocação e de uso dos recursos do Fundo, encaminhando, semestralmente à Assembléia Legislativa do Estado do Ceará, prestação de contas.

Art. 7º Os projetos financiados com recursos do Fundo Estadual de Combate à Pobreza observarão as seguintes diretrizes: (NR). (Redação dada pela Lei Complementar nº 76, de 21.05.2009)

I - atenção integral para superação da pobreza e redução das desigualdades sociais;

II - acesso de pessoas, famílias e comunidades a oportunidades de desenvolvimento integral;

III - fortalecimento de oportunidades econômicas e de inserção de pessoas na faixa economicamente ativa no setor produtivo;

IV - combate aos mecanismos de geração da pobreza e de desigualdades sociais.

Art. 8º Os recursos do FECOP para projetos multisetoriais serão alocados diretamente nos órgãos e entidades responsáveis pela execução das respectivas ações, observando-se a competência institucional. (NR). (Redação dada ao artigo pela Lei Complementar nº 76, de 21.05.2009)

Art. 9º Ficam extintos os Fundos Especiais instituídos pelas:

I - Lei nº 7.190, de 16 de abril de 1964;

II - Lei nº 8.012, de 12 de maio de 1965;

III - Lei nº 9.617, de 13 de setembro de 1972;

IV - Lei nº 10.791, de 4 de maio de 1983;

V - Lei nº 11.380, de 15 de dezembro de 1987;

VI - Lei nº 12.622, de 18 de setembro de 1996.

Art. 10. Os saldos financeiros, patrimoniais e de dotação orçamentária pertencentes ao Fundo Especial de que trata a Lei nº 12.183, de 5 de outubro de 1993, reverterão para o Fundo Estadual de Combate à Pobreza - FECOP.

Art. 11. O saldo de almoxarifado contabilizado em nome do Fundo Especial do Corpo de Bombeiros Militar, extinto pelo art. 20 da Lei nº 13.084, de 29 de dezembro de 2000, será revertido para o patrimônio do Corpo de Bombeiros Militar.

Art. 12. Os saldos financeiros, patrimoniais pertencentes ao Fundo Especial de que tratam as Leis nºs 9.617, de 13 de setembro de 1972, e 12.622, de 18 de setembro de 1996, reverterão para o Fundo Estadual de Combate à Pobreza - FECOP.

Art. 13. Os saldos financeiros, patrimoniais e de dotação orçamentária pertencentes ao Fundo Especial de que trata a Lei nº 10.791, de 4 de maio de 1983, reverterão para o Fundo Estadual de Combate à Pobreza - FECOP.

Art. 14. Os bens patrimoniais, móveis e imóveis, pertencentes ao Fundo Especial de que trata a Lei nº 8.012, de 12 de maio de 1965, reverterão para o Fundo Estadual de Combate à Pobreza - FECOP.

Art. 15. Os saldos financeiro e patrimonial pertencente ao Fundo Especial de que trata a Lei nº 11.380, de 15 de dezembro de 1987, reverterão para o Fundo Estadual de Combate à Pobreza - FECOP.

Art. 16. Ficam anistiadas as dívidas contraídas pelos produtores rurais na forma do disposto no Decreto nº 19.499, de 22 de agosto de 1988.

Art. 17. O art. 46 da Lei nº 12.670, de 27 de dezembro de 1996, fica acrescido de um parágrafo único com a seguinte redação:

> "Art. 46. .....
>
> Parágrafo único. Não se considera como montante cobrado a parcela do ICMS contida no valor destacado no documento fiscal emitido por contribuinte estabelecido em outra unidade da federação, que corresponda à vantagem econômica resultante da concessão de quaisquer benefícios ou incentivos fiscais concedidos em desacordo com o art. 155, § 2º, inciso XII, alínea "g" da Constituição Federal."

Art. 18. Deverá ser estabelecido tratamento especial de tributação do ICMS às microempresas e empresas de pequeno porte, com atividade industrial, com o objetivo de tornar seus produtos competitivos e evitar desequilíbrios da concorrência de mercado.

Parágrafo único. Decreto do Poder Executivo regulamentará os procedimentos e implementação de normas de que trata este artigo.

Art. 19. VETADO.

Art. 20. O Poder Executivo regulamentará as matérias de que trata esta Lei Complementar, cabendo à Secretaria da Fazenda - SEFAZ, baixar as normas tributárias necessárias ao fiel cumprimento da matéria regulamentada. (NR) (Redação dada ao *caput* pela Lei Complementar nº 76, de 21.05.2009)

Parágrafo único. A regulamentação a ser editada pelo Poder Executivo deverá estabelecer procedimentos necessários à redução do impacto da cobrança do adicional do ICMS referente ao fornecimento de energia elétrica na empresa com atividade industrial especificamente com relação aos produtos:

a) exportados para o exterior;

b) tributados pelo regime de substituição tributária.

Art. 21. Observado o disposto no art. 150, inciso III, letras "a" e "b", da Constituição Federal, esta Lei Complementar entra em vigor na data de sua publicação, revogadas as demais disposições em contrário.

PALÁCIO DO GOVERNO DO ESTADO DO CEARÁ, em Fortaleza, 26 de novembro de 2003.

LEI ESTADUAL Nº 13.568, DE 30 DE DEZEMBRO DE 2004

– INSTITUI O PROGRAMA DE INCENTIVO AO CONSUMIDOR DE EXIGÊNCIA DO DOCUMENTO FISCAL

ATUALIZADA ATÉ A LEI Nº 17.352, DE 14-12-2020.

Art. 1º Fica o Chefe do Poder Executivo autorizado a instituir programa visando estimular, educar e conscientizar os consumidores quanto a importância social dos tributos e o direito da exigência dos documentos fiscais nas aquisições de bens e serviços.

Parágrafo único. Fica autorizada a criação de um Conselho Consultivo, composto por cinco membros, presidido pelo Secretário da Fazenda, sendo três indicados pelo presidente e um representante da Procuradoria--geral do Estado, com atribuição para opinar e avaliar as ações necessárias à execução do programa de que trata esta Lei.

Art. 2º O programa de que trata esta Lei poderá contemplar a concessão de prêmios em dinheiro ou em bens, de bônus, a realização de sorteios e outros instrumentos promocionais e de motivação, de forma direta ou por meio de instituições sem fins econômicos, como dispuser o regulamento. (Nova redação dada pela Lei nº 13.612, de 28.06.05).

Parágrafo único. O programa poderá contemplar, ainda, a concessão de desconto sobre crédito tributário de Imposto sobre a Propriedade de Veículos Automotores (IPVA) relativo a veículo de propriedade de pessoa física participante, até o limite de 5% (cinco por cento), o qual pode ser cumulado com o desconto de que trata o § 2º do art. 12 da Lei nº 12.023, de 20 de novembro de 1992, conforme se dispuser em regulamento. (Parágrafo acrescentado pela Lei Nº 17.352 de 14/12/2020).

Art. 3°. As despesas resultantes da aplicação do programa correrão por conta dos Encargos Gerais do Estado. (Nova redação dada pela Lei nº 13.612, de 28.06.05).

Art. 4º Esta Lei entra em vigor na data de sua publicação.

Art. 5º Revogam-se, a partir de 1º de março de 2005, a Lei nº 13.314, de 2 de julho de 2003.

PALÁCIO IRACEMA DO ESTADO DO CEARÁ, em Fortaleza, 30 de dezembro de 2004.

LEI ESTADUAL Nº 15.614, DE 29 DE MAIO DE 2014

– ESTABELECE A ESTRUTURA, ORGANIZAÇÃO E COMPETÊNCIA DO CONTENCIOSO ADMINISTRATIVO TRIBUTÁRIO, INSTITUI O RESPECTIVO PROCESSO ELETRÔNICO

ATUALIZADA ATÉ A LEI Nº 17.670, DE 16-09-2021.

ÍNDICE

TÍTULO I
DO CONTENCIOSO ADMINISTRATIVO TRIBUTÁRIO

CAPÍTULO I
DA JURISDIÇÃO ADMINISTRATIVA E COMPETÊNCIA

Art. 1º O Contencioso Administrativo Tributário - CONAT, órgão de julgamento de processos administrativo-tributários, integrante da estrutura da Secretaria da Fazenda do Estado do Ceará - SEFAZ, diretamente vinculado ao Titular da Pasta, tem sua estrutura, organização e competência definidas na presente Lei.

Parágrafo único. O CONAT tem sede em Fortaleza e duplo grau de jurisdição administrativa em relação à matéria de sua competência em todo o território do Estado do Ceará.

Art. 2º Compete ao CONAT decidir as seguintes questões, todas relacionadas com a lavratura de auto de infração: (Redação do artigo dada pela Lei Nº 17251 DE 27/07/2020)

I - exigência de tributos estaduais;

II - aplicação de penalidade pecuniária;

III - imputação de responsabilidade por infração à legislação tributária;

IV - Procedimento Especial de Restituição nos litígios fiscais entre sujeitos passivos de obrigação tributária e o Estado do Ceará.

CAPÍTULO II
DA ESTRUTURA E DA ORGANIZAÇÃO

SEÇÃO I
DA ESTRUTURA DO CONAT

Art. 3º O CONAT compõe-se de:

I - Presidência;

II - Vice-Presidências;

III - Conselho de Recursos Tributários - CRT, composto por:

a) Câmara Superior - CS;

b) Câmaras de Julgamento - CJ;

IV - Secretaria Geral do Contencioso Administrativo Tributário - SECAT;

V - Célula de Julgamento de 1ª Instância - CEJUL;

VI - Célula de Assessoria Processual-Tributária - CEAPRO;

VII - ~~Célula de Controle Administrativo e Instrução Processual - CECAP~~; (Revogado pela Lei Nº 16258 DE 09/06/2017)

VIII - Célula de Perícias-Fiscais e Diligências - CEPED.

§ 1º São órgãos de julgamento do CONAT:

I - em primeira instância: Célula de Julgamento - CEJUL;

II - em segunda instância, o Conselho de Recursos Tributários - CRT, formado por:

a) Câmaras de Julgamento - CJ;

b) Câmara Superior - CS, órgão especial de instância recursal.

§ 2º Poderão ser instituídas, por ato do Chefe do Poder Executivo, Câmaras de Julgamento temporárias, para funcionarem em períodos definidos e nas condições preestabelecidas no Regulamento que as instituir.

SEÇÃO II
DA ORGANIZAÇÃO DO CONAT

SUBSEÇÃO I
DA PRESIDÊNCIA

Art. 4º O CONAT será dirigido por um Presidente dentre os servidores da SEFAZ, integrante do Grupo Tributação, Arrecadação e Fiscalização – TAF, em efetivo exercício, graduado em curso de nível superior, de preferência em Direito e pós-graduação lato sensu de natureza jurídico tributária, contábil ou empresarial, reconhecida experiência em matéria e processo tributário, notória idoneidade moral, escolhido e nomeado pelo Chefe do Poder Executivo para exercer cargo, em mandato de 2 (dois) anos, sendo permitida a recondução uma vez. (Redação dada pela Lei no 17.670, de 16-09-2021)

Parágrafo único. O Presidente do CONAT investe-se também, nas funções de Presidente do CRT e de Presidente da CS.

Art. 5º Compete ao Presidente do CONAT:

I - representá-lo e expedir os atos administrativos necessários à sua administração;

II - decidir, em despacho fundamentado, sobre a admissibilidade do Recurso Extraordinário;

III - presidir as sessões deliberativas do CRT, as sessões de julgamento da CS e proferir, quando for o caso, voto de desempate;

IV - resolver os pedidos de reconsideração nos casos de arguição de suspeição ou de impedimento, e neste caso, observar o disposto no art. 56, § 4º desta Lei;

V - homologar a jurisprudência administrativo-tributária sumulada, nos termos da legislação, e encaminhar para a devida publicação oficial; (Redação do inciso dada pela Lei Nº 17251 de 27/07/2020).

VI - designar:

a) os Secretários das CJs, observado o disposto no parágrafo único do art. 29;

b) os Conselheiros titulares para compor as CJs que funcionarem permanentemente;

c) os Conselheiros integrantes da CS, observado o disposto do art. 10 desta Lei.

d) dentre os Conselheiros suplentes - representantes do fisco e de entidades -, os que atuarão nas CJs temporárias, quando do seu funcionamento, na forma estabelecida em Regulamento;

VII - estabelecer metas de desempenho de servidores e órgãos do CONAT;

VIII - implementar treinamentos internos ou atividades similares que contribuam para o aperfeiçoamento dos servidores e, quando for o caso, solicitar a realização de cursos externos tendentes ao fim estabelecido neste inciso;

IX - apresentar trimestralmente relatório de atividades, com mensuração de resultados, ao Secretário da Fazenda;

X - submeter ao Secretário da Fazenda o expediente que depender de sua decisão;

XI - praticar demais atribuições inerentes às funções de seu cargo, na forma estabelecida em Regulamento e Regimento.

XII – solicitar ao Secretário da Fazenda a autorização para instalação e funcionamento das Câmaras de Julgamento, a cada exercício. (Acrescido pela Lei no 17.670, de 16-09-2021)

SUBSEÇÃO II
DA VICE-PRESIDÊNCIA DO CONAT E DA PRESIDÊNCIA DAS CÂMARAS DE JULGAMENTO

Art. 6º As CJs serão presididas por Conselheiros-Presidentes, com mandatos e critérios de escolha e nomeação iguais ao do Presidente do CONAT, estabelecidos no art. 4º desta Lei, dentre os servidores em efetivo exercício, integrantes do Grupo TAF, nomeados pelo Chefe do Poder Executivo.

§ 1º Os Presidentes da Primeira e da Segunda CJs investem-se, respectivamente, nas funções de Primeiro e Segundo Vice-Presidentes do CONAT e exercerão atribuições judicantes, administrativas e de assessoramento ao Presidente do CONAT.

§ 2º A Terceira e Quarta CJs, serão conduzidas por Conselheiros-Presidentes que exercerão atribuições judicantes circunscritas aos órgãos que presidirem, observado o disposto no parágrafo único do art. 7º desta Lei.

Art. 7º Compete aos Vice-Presidentes:

I - aprovar cronogramas das sessões de julgamento e elaborar pautas de processos administrativo-tributários a serem julgados pelas respectivas CJs;

II - presidir sessões de julgamento de processos administrativo-tributários e proferir, quando for o caso, voto de desempate;

III - assessorar o Presidente do CONAT na administração do órgão;

IV - substituir eventualmente o Presidente do CONAT, do CRT e da CS, quando de sua ausência momentânea ou temporária, quando ocorrer afastamento ou impedimento e, ainda, em caráter definitivo, até a conclusão do mandato, em caso de morte ou renúncia, observada a ordem indicada no § 1º do art. 6º desta Lei;

V - assessorar, nas sessões de julgamento de processos administrativo-tributários da CS, o respectivo Presidente em matéria de natureza processual;

VI - atuar na condição de Conselheiro, nas sessões deliberativas do CRT, exceto quando estiver no exercício da presidência do colegiado ou em substituição ao Presidente;

VII - organizar e promover, por designação do Presidente do CONAT, cursos, atividades e treinamentos internos que contribuam para o aperfeiçoamento dos integrantes do CRT;

VIII - conceder licença aos Conselheiros das CJs que presidirem e convocar respectivos suplentes;

IX - praticar demais atribuições inerentes às funções de seu cargo, na forma estabelecida em Regulamento e Regimento.

Parágrafo único. Os Conselheiros-Presidentes da Terceira CJ, da Quarta CJ e das CJs temporárias quando for o caso, elaborarão as pautas de julgamento das respectivas CJs, observarão o disposto nos incisos I, II e IX do *caput* e atuarão nas sessões deliberativas do CRT na condição de Conselheiros.

SUBSEÇÃO III
DO CONSELHO DE RECURSOS TRIBUTÁRIOS - CRT

Art. 8º O CRT, composto pelo Presidente do CONAT, dos Conselheiros- Presidentes das CJs e dos Conselheiros titulares, é o órgão de deliberação coletiva em assuntos de natureza administrativa tributária, e quando for o caso, de julgamento de recursos interpostos em processos administrativo-tributários, observada a competência específica dos órgãos a que se referem os arts.9º, 11 e 16 desta Lei.

§ 1º A composição do CRT será renovada de 2 (dois) em 2 (dois) anos, observado o critério de representação paritária. (Redação dada pela Lei no 17.670, de 16-09-2021)

§ 2º Cada uma das entidades a que se referem os incisos I a VIII do art. 22 desta Lei terá representante no CRT, sendo titulares os que nesta condição, nas CJs permanentes, e suplentes os que lhe tenham sido designados, regularmente convocados em ordem sequencial.

§ 3º As matérias de natureza administrativa tributária serão deliberadas em sessão plenária e os recursos processuais a serem julgados pelos órgãos integrantes do CRT observarão em seu trâmite, a seguinte distinção:

I - o recurso ordinário, pelas CJs permanentes e temporárias quando for o caso;

II - o recurso extraordinário, pela CS.

§ 4º Participará das sessões deliberativas e das sessões de julgamento do CRT um Procurador do Estado, na forma estabelecida nesta Lei e no Regulamento.

Art. 9º Compete ao CRT, em sua composição plena:

I - editar provimento relativo à matéria processual;

II - sumular a jurisprudência resultante de suas reiteradas decisões, na forma estabelecida em Regulamento e no seu Regimento;

III - discutir e aprovar sugestões de modificação da legislação tributária, material e processual;

IV - propor alteração e melhoria no sistema de dados inerentes à plataforma do Processo Administrativo-Tributário eletrônico - PAT-e;

V - analisar desempenho dos órgãos julgadores e sugerir formas de incremento e melhoria de resultados;

VI - sugerir a realização de eventos, cursos e atividades que contribuam para o aperfeiçoamento de seus integrantes e melhoria do processo administrativo-tributário;

VII - elaborar e emendar o Regimento do CRT, submetendo a aprovação do Secretário da Fazenda.

SUBSEÇÃO IV
DA CÂMARA SUPERIOR - CS

Art. 10. A CS é instância especial paritária sob a direção do Presidente do CONAT, constituída por 12 (doze) Conselheiros, sendo 6 (seis) representantes do fisco e 6 (seis) representantes de entidades, no exercício do segundo mandato e na condição de titular em CJs permanentes, preenchendo-se vagas que remanescerem, dentre os demais Conselheiros titulares e, neste caso, observada ainda a paridade de representação na forma estabelecida em Regimento.

§ 1º Definida a composição da CS, em ato do Presidente do CONAT, a substituição temporária ou definitiva de seus membros darse- á dentre os Conselheiros titulares das CJs que estiverem no exercício do primeiro mandato, observada a origem e a paridade de representação.

§ 2º Quando a providência a que se refere o § 1º do *caput*, recair sobre representante indicado por entidade, a substituição do Conselheiro titular da CS ficará vinculada ao outro Conselheiro indicado pela mesma entidade a que pertence o Conselheiro substituído.

§ 3º Os critérios e a ordem de substituição, temporária ou definitiva, de Conselheiros integrantes da CS oriundos da representação fiscal, serão estabelecidos em regimento, considerados, neste caso, o tempo de efetivo exercício na SEFAZ, a atividade e a experiência em matéria tributária.

Art. 11. Compete à CS decidir sobre:

I - o Recurso Extraordinário interposto pelo sujeito passivo ou pelo Procurador do Estado;

II - o pedido de restituição em grau de recurso interposto pelo sujeito passivo, ou pelo requerente expressamente autorizado.

Parágrafo único. O Regimento do CRT regulará a forma e o modo de funcionamento da CS.

SUBSEÇÃO V
DAS CÂMARAS DE JULGAMENTO - CJS

Art. 12. As CJs denominadas, respectivamente, como Primeira Câmara, Segunda Câmara, Terceira Câmara e Quarta Câmara de Julgamento, serão compostas, cada uma, por Conselheiro - Presidente, Conselheiros titulares, Procurador do Estado e Secretário.

Parágrafo único. Compete ao Secretário da Fazenda autorizar a instalação e o funcionamento das Câmaras de Julgamento do CONAT, a cada exercício, e ainda, determinar a suspensão temporária das atividades destas, observados os critérios de oportunidade e conveniência. (Acrescido pela Lei no 17.670, de 16-09-2021)

Art. 13. Atuarão em cada CJ 6 (seis) Conselheiros, observada a representação paritária a que se refere o art. 14 desta Lei e os critérios de escolha e nomeação definidos no art. 20 desta Lei e no Regulamento.

Art. 14. A composição paritária em cada CJ será constituída por 3 (três) representantes do fisco e 3 (três) representantes de contribuintes, definida através de Ato do Presidente do CONAT, aprovado pelo Secretário da Fazenda, após publicada a nomeação dos Conselheiros.

Parágrafo único. Atuarão nas CJs, em substituição aos Conselheiros titulares, os respectivos Conselheiros suplentes convocados, regularmente, em ordem sequencial.

Art. 15. A composição de cada CJ será renovada a cada 3 (três) anos, observado o critério de representação paritária, na forma estabelecida em Regimento.

Art. 16. Compete as CJs conhecerem e decidirem sobre:

I - reexame necessário interposto por Julgadores Administrativo-Tributários;

II - o recurso ordinário interposto pelo sujeito passivo, seu representante legal e pelo requerente ou a quem por este for expressamente autorizado, em Procedimento Especial de Restituição;

Art. 17. A distribuição entre as CJs, de processos administrativo-tributários far-se-á sequencialmente e, quando for o caso, com observância do critério de especialização, conforme estabelecer o regimento do CRT.

SUBSEÇÃO VI
DAS CÂMARAS DE JULGAMENTO TEMPORÁRIAS

Art. 18. Observado o disposto no § 2º do art. 3º, quando instituída, a CJ temporária será composta de forma paritária de 6 (seis) conselheiros suplentes das CJs permanentes, sendo 3 (três) representantes do fisco e 3 (três) dentre os que representam as entidades a que se referem os incisos I a VIII do art. 22, para exercerem as competências a que se referem os arts.16 e 17 desta Lei.

Art. 19. Observados os critérios e condições estabelecidas em Regulamento, Ato motivado do Presidente do CONAT, aprovado pelo Secretário da Fazenda, definirá o Presidente e dentre os Conselheiros suplentes representantes do fisco e de entidades, os que atuarão, quando for o caso, na CJ temporária.

§ 1º A presidência da CJ a que se refere o *caput*, quando instituída, será atribuída a conselheiro representante do fisco, podendo recair sobre os que exercerem a titularidade do mandato.

§ 2º Atuarão nas sessões da CJ temporária, 1 (um) Procurador do Estado e 1 (um) Secretário.

SUBSEÇÃO VII
DOS CONSELHEIROS

Art. 20. Os Conselheiros, titulares e suplentes, representantes do fisco e de entidades, serão escolhidos dentre pessoas com idoneidade moral, reputação ilibada, notória experiência em assuntos tributários, graduação em curso de nível superior, de preferência em Direito e pós-graduação lato sensu de natureza jurídico-tributária, contábil ou empresarial, para exercer mandato de 2 (dois) anos, sendo permitida a recondução uma vez. (Redação dada pela Lei no 17.670, de 16-09-2021)

Art. 21. Os conselheiros suplentes serão nomeados em dobro à quantidade de titulares, ocorrendo, em ordem sequencial, pelo 1º e 2º suplentes, a substituição em caso de afastamentos, sendo que, nas hipóteses de vacância, novo conselheiro será indicado e nomeado para a função, na forma e nas condições de escolha previstas nos arts. 20 e 22 desta Lei. (Redação do *caput* dada pela Lei Nº 17251 de 27/07/2020).

Parágrafo único. Os Conselheiros suplentes, representantes do Fisco, quando no exercício da titularidade, terão as mesmas prerrogativas do Conselheiro titular, inclusive quanto ao seu afastamento do cargo de origem no dia em que participarem das sessões de julgamento.

Art. 22. Os Conselheiros, titulares e suplentes representantes de contribuintes, serão indicados pelas seguintes entidades:

I - Federação do Comércio de Bens, Serviços e Turismo do Estado do Ceará - FECOMÉRCIO;

II - Federação da Agricultura do Estado do Ceará - FAEC;

III - Federação das Indústrias do Estado do Ceará - FIEC;

IV - Federação Cearense das Micro e Pequenas Empresas - FECEMPE;

V - Federação das Associações Comerciais do Estado do Ceará - FACC;

VI - Federação das Câmaras de Dirigentes Lojistas do Ceará - FCDL;

VII - Ordem dos Advogados do Brasil/Seccional do Estado do Ceará - OAB/CE;

VIII - Federação das Empresas de Transporte de Cargas e Logística do Nordeste - Fetranslog Nordeste; (Redação do inciso dada pela Lei Nº 17.435 de 31/03/2021, efeitos após o encerramento do atual mandato do Conselho de Recursos Tributários).

§ 1º As indicações das entidades a que se referem os incisos I a IV, dar-se-á por meio de duas listas tríplices, sendo nomeado pelo Chefe do Poder Executivo, em cada lista, o Conselheiro titular e, em ordem sequencial, o primeiro e o segundo suplente, respectivamente.

§ 2º As indicações das entidades a que se referem os incisos V a VIII, dar-se-á por meio de uma lista tríplice, sendo nomeado pelo Chefe do Poder Executivo, o Conselheiro titular e, em ordem sequencial, o primeiro e o segundo suplente, respectivamente.

§ 3º As listas tríplices a que se referem os §§ 1º e 2º não poderão ser compostas por cônjuge, companheiro ou pessoa que tenha relação de parentesco, em linha reta ou colateral, por consanguinidade ou afinidade, até o terceiro grau, com membros da diretoria executiva, conselho fiscal ou órgão equivalente das entidades referidas nos incisos I a VIII do *caput*.

§ 4º A indicação de conselheiros representantes de entidades observará, além do que estabelecem os §§ 1º, 2º e 3º do *caput*, o disposto em Regulamento e Regimento do CRT.

Art. 23. Enquanto exercerem o mandato, os Conselheiros - titulares e suplentes - representantes de contribuintes e indicados pelas entidades assinaladas no art. 22 desta Lei, não poderão postular, pessoalmente ou em nome de terceiros, perante as instâncias de julgamento de processo administrativo-tributário do CONAT.

Art. 24. Os Conselheiros representantes do fisco - titulares e suplentes - serão indicados pelo Secretário da Fazenda, em lista tríplice e escolhidos e

nomeados pelo Chefe do Poder Executivo, observados os critérios estabelecidos nos arts. 20 e 21 desta Lei.

§ 1º Dentre os Conselheiros titulares representantes do fisco, um quarto das vagas, em cada mandato, será preenchida por servidores que desempenham no CONAT, preferencialmente, as funções de Julgador Administrativo-Tributário, Assessor Processual-Tributário, Perito-Fiscal, Orientador de Célula ou Secretário Geral.

§ 2º Os Conselheiros suplentes representantes do fisco, serão escolhidos preferencialmente dentre os servidores que desempenham no CONAT, as funções de Julgador Administrativo-Tributário, Assessor Processual-Tributário, Perito-Fiscal, Orientador de Célula ou Secretário Geral.

§ 3º Os Conselheiros titulares, representantes do Fisco, poderão ausentar-se das sessões de julgamento nas hipóteses de férias, licenças ou autorizações previstas nos arts.78, 80 e 110 da Lei nº 9.826, de 14 de maio de 1974 (Estatuto dos Servidores Públicos Civis do Ceará).

§ 4º O Presidente do CONAT poderá autorizar afastamento temporário dos Presidentes de CJ, podendo estes autorizar, também, em casos excepcionais e fundamentados, o afastamento de Conselheiros representantes do fisco, nos órgãos que presidirem, observado o disposto em Regimento do CRT, aprovado pelo Secretário da Fazenda.

§ 5º Ocorrendo às hipóteses previstas nos §§ 3º e 4º, será convocado o Conselheiro Suplente para atuar em substituição ao Conselheiro Titular.

§ 6º As hipóteses de substituição, licença e afastamento dos Conselheiros representantes de contribuintes serão disciplinadas no Regimento a que se refere o § 4º do *caput*.

§ 7º Os Conselheiros-Presidentes de Câmara de Julgamento, não detentores de cargos comissionados, e Conselheiros representantes do Fisco no Conselho de Recurso Administrativo Tributário podem ser designados por ato da Presidência do CONAT para exercer as atividades previstas no art. 37 desta Lei. (Parágrafo acrescentado pela Lei Nº 16257 de 09/06/2017).

SUBSEÇÃO VIII
DOS PROCURADORES DO ESTADO

Art. 25. A representação dos interesses do Estado junto ao CONAT é atribuída à Procuradoria-Geral do Estado - PGE, conforme o art. 151, inciso II, da Constituição do Estado do Ceará, competindo-lhe:

I - manifestar-se, acerca da legalidade dos atos da Administração Fazendária, por meio da aprovação e emissão de pareceres, nos processos submetidos a julgamento pelos órgãos do CRT, bem como requerer a realização de perícia e diligência, quando necessária;

II - recorrer, quando considerar cabível e oportuno aos interesses do Estado, das decisões contrárias, no todo ou em parte, à Fazenda Estadual;

III - apresentar contra razões, escrita ou oralmente em sessão, ao recurso extraordinário e ao Procedimento Especial de Restituição;

IV - representar administrativamente contra agentes do fisco que, por ação ou omissão, dolosa ou culposa, devidamente verificadas no processo administrativo-tributário, causarem prejuízo ao Erário;

V - sugerir às autoridades competentes, por meio da presidência do CONAT, a adoção de medidas administrativas ou judiciais que visem resguardar a Fazenda Estadual de danos que possam ser causados por qualquer sujeito passivo de obrigações tributárias;

VI - manifestar-se oralmente em sessão.

Parágrafo único. Os Procuradores do Estado que atuarem nas CJs permanentes ou temporárias participarão também das sessões de julgamento da CS e das sessões deliberativas do CRT, na forma estabelecida em regimento.

SUBSEÇÃO IX
DA SECRETARIA GERAL DO CONTENCIOSO ADMINISTRATIVO TRIBUTÁRIO

Art. 26. Compete à SECAT, sob a direção do Secretário-Geral: (Redação do artigo dada pela Lei Nº 16258 de 09/06/2017):

I - receber, protocolizar e controlar os processos administrativo-tributários que tramitarem às instâncias de julgamento, adotando providências necessárias ao funcionamento dos órgãos de julgamento;

II - exercer gestão de pessoas, guarda e conservação do patrimônio do CONAT e realizar procedimentos inerentes à instrução processual, promovendo, quando for o caso, a inscrição no Cadastro de Inadimplentes da Fazenda Pública Estadual (CADINE).

Art. 27. As funções de Secretário-Geral do CONAT serão exercidas por servidor integrante do Grupo TAF, em efetivo exercício, idoneidade moral, reconhecida experiência com processo administrativo-tributário e graduação superior, nomeado pelo Chefe do Poder Executivo.

Art. 28. São atribuições do Secretário-Geral:

I - gerenciar o ingresso de processos administrativo-tributários, defesas, recursos processuais e outros documentos que lhe são inerentes;

II - expedir, quando necessário, intimações com vistas à participação do autuado ou seu representante legal, nas sessões de julgamento;

III - encaminhar à CECAP, após o julgamento em segunda instância, os processos administrativo-tributários com respectivas resoluções;

IV - apresentar trimestralmente ao Presidente do CONAT, relatório das atividades da SECAT e dos órgãos do CRT;

V - acompanhar o cumprimento das metas de desempenho dos servidores da SECAT;

VI - praticar as atribuições inerentes às suas funções, na forma estabelecida no Regulamento e no Regimento.

VII - gerenciar os procedimentos inerentes à instrução processual desde a intimação, os prazos e o trâmite processual, inclusive o de inscrição de sujeitos passivos e fiadores no CADINE; (Inciso acrescentado pela Lei Nº 16258 DE 09/06/2017);

VIII - controlar a atividade de digitalização e virtualização dos processos administrativo-tributários; (Inciso acrescentado pela Lei Nº 16258 DE 09/06/2017);

IX - exercer o controle administrativo dos servidores do CONAT relativamente à frequência, escala de férias, licenças e afastamentos; (Inciso acrescentado pela Lei Nº 16258 DE 09/06/2017);

X - exercer controle sobre material de expediente e zelar pela guarda e conservação do patrimônio do CONAT; (Inciso acrescentado pela Lei Nº 16258 DE 09/06/2017);

XI - exercer o gerenciamento das atividades e dos servidores da SECAT, com avaliação de desempenho, objetivando o cumprimento das metas e dos prazos estabelecidos, visando à obtenção da eficiência administrativa; (Inciso acrescentado pela Lei Nº 16258 DE 09/06/2017);

XII - incluir em sistema de dados da SEFAZ informações relativas aos valores dos autos de infração que devem compor os índices de participação dos municípios na arrecadação; (Inciso acrescentado pela Lei Nº 16258 DE 09/06/2017);

XIII - promover e desenvolver atividades com intercâmbio de informações e dados entre servidores e colaboradores, tendentes à uniformidade e padronização de procedimentos, visando à celeridade e eficiência de prazos e cumprimento de metas; (Inciso acrescentado pela Lei Nº 16258 de 09/06/2017);

XIV - encaminhar para o órgão fazendário competente as decisões definitivas proferidas nos processos relativos a fatos que possam constituir crimes contra a ordem tributária, tipificados na Lei nº 8.137 , de 27 de dezembro de 1990, e suas alterações posteriores. (Inciso acrescentado pela Lei Nº 16258 de 09/06/2017).

§1º. O Secretário-Geral, quando necessário, delegará atribuições específicas aos servidores da SECAT. (Antigo parágrafo único, renumerado pela Lei Nº 16258 de 09/06/2017).

§ 2º Nas ausências simultâneas do Presidente do CONAT e de seus Vice-Presidentes, as questões administrativas serão resolvidas pelo Orientador da SECAT. (Parágrafo acrescentado pela Lei Nº 16258 de 09/06/2017).

Art. 29. São atribuições dos servidores da SECAT:

I - protocolizar processos administrativo-tributários, impugnações, recursos e quaisquer outros documentos relativos à instrução e tramitação destes;

II - cadastrar os processos no sistema informatizado do CONAT e controlar sua tramitação;

III - diligenciar com vistas à juntada de documentos e adotar providências que resultem em saneamento processual;

IV - preparar e publicar as pautas das sessões deliberativas do CRT e das sessões das CJs;

V - informar as partes sobre o andamento do processo;

VI - secretariar os trabalhos quando do funcionamento dos órgãos de julgamento;

VII - elaborar atas com os registros das deliberações e efetuar a leitura destas para fins de aprovação pelos integrantes dos respectivos órgãos de julgamento;

VIII - auxiliar na elaboração de relatório de atividades e de mensuração de resultados;

IX - praticar as atribuições inerentes às suas funções, na forma estabelecida no Regulamento e no Regimento.

X - proceder à intimação dos sujeitos passivos ou seus representantes legais, em sede de processos administrativo-tributários; (Inciso acrescentado pela Lei Nº 16258 DE 09/06/2017);

XI - controlar os prazos referentes aos processos, lavrar despachos e termos pertinentes; (Inciso acrescentado pela Lei Nº 16258 DE 09/06/2017);

XII - realizar reabertura de prazos processuais por determinação das instâncias julgadoras e da presidência do CRT; (Inciso acrescentado pela Lei Nº 16258 DE 09/06/2017);

XIII - diligenciar com vistas à juntada de documentos e adotar providências que resultem em saneamento processual; (Inciso acrescentado pela Lei Nº 16258 DE 09/06/2017);

XIV - efetuar a inclusão, nos sistemas informatizados, do resultado do julgamento e do valor do crédito tributário, se houver, nos processos julgados em primeira e segunda instância e na CS; (Inciso acrescentado pela Lei Nº 16258 DE 09/06/2017);

XV - proceder à inscrição de sujeitos passivos e fiadores no CADINE, conforme estabelecer o regulamento; (Inciso acrescentado pela Lei Nº 16258 DE 09/06/2017);

XVI - encaminhar processos administrativo-tributários que tenham o seu trâmite finalizado aos respectivos órgãos de destino; (Inciso acrescentado pela Lei Nº 16258 DE 09/06/2017);

XVII - requisitar bens patrimoniais e o material de expediente. (Inciso acrescentado pela Lei Nº 16258 de 09/06/2017).

Parágrafo único. Dentre os servidores da SECAT, serão designados os Secretários das CJs e seus substitutos poderão ser designados dentre os servidores de quaisquer das Células do CONAT.

SUBSEÇÃO X
DA CÉLULA DE JULGAMENTO DE PRIMEIRA INSTÂNCIA - CEJUL

Art. 30. Compete à CEJUL conhecer e decidir, por meio dos Julgadores Administrativo-Tributários, sobre a exigência do crédito tributário e do Procedimento Especial de Restituição de tributos estaduais decorrentes de autos de infração.

Art. 31. As funções de Orientador da CEJUL e de Julgador Administrativo-Tributário serão exercidas por servidores integrantes do Grupo TAF, em efetivo exercício, graduado em curso de nível superior, de preferência em Direito, reconhecida experiência em matéria tributária e notória idoneidade moral, designados pelo Secretário da Fazenda, e, no primeiro caso, nomeado pelo Chefe do Poder Executivo.

Art. 32. São atribuições do Orientador da CEJUL:

I - controlar, distribuir e analisar os processos para os Julgadores Administrativo-Tributários;

II - orientar e subsidiar com fundamentos técnicos e jurídicos os Julgadores Administrativo-Tributários na elaboração de seus atos;

III - verificar a adequação aos requisitos legais, dos pedidos de diligência e perícia elaborados pelos Julgadores Administrativo-Tributários e quando aquiescer, apor rubrica;

IV - acompanhar o desenvolvimento das atividades dos Julgadores Administrativo-Tributários promovendo troca de informações e conhecimentos entre estes, com vista à eficiência, celeridade e uniformidade nas decisões;

V - apresentar, trimestralmente, relatório das atividades da CEJUL à presidência do CONAT;

VI - exercer o gerenciamento administrativo dos servidores na CEJUL, objetivando o cumprimento das metas e prazos estabelecidos e a eficiência daqueles, com vista à respectiva avaliação de desempenho;

VII - praticar as atribuições inerentes às suas funções, na forma estabelecida no Regulamento e no Regimento.

Art. 33. São atribuições do Julgador Administrativo--Tributário:

I - conhecer e decidir sobre a exigência do crédito tributário e sobre pedidos de restituição de tributos estaduais recolhidos a maior ou indevidamente;

II - submeter a reexame necessário, perante as CJs, as decisões contrárias, no todo ou em parte, à Fazenda Estadual, ressalvadas as hipóteses previstas nos incisos I e II, § 3º do art. 104 desta Lei;

III - diligenciar com vistas à juntada de documentos e adotar providências que resultem em saneamento processual;

IV - converter, quando necessário, o julgamento do processo em realização de perícia, ou, quando for o caso, em diligência nos termos da Resolução do Conselho Federal de Contabilidade - CFC nº 1.243/2009 e suas alterações posteriores, mediante ciência do orientador da CEJUL;

V - submeter os julgamentos de sua lavra à apreciação do Orientador da CEJUL para fins de observância dos aspectos técnicojurídicos;

VI - praticar as atribuições inerentes às suas funções, na forma estabelecida no Regulamento e no Regimento.

Parágrafo único. O Regulamento disporá sobre os casos de dispensa de reexame necessário no Procedimento Especial de Restituição a que se refere o inciso I deste artigo.

SUBSEÇÃO XI
DA CÉLULA DE ASSESSORIA PROCESSUAL-TRIBUTÁRIA - CEAPRO

Art. 34. Compete à CEAPRO prestar assessoria jurídica por meio da elaboração de pareceres e informações aos órgãos que integram a estrutura do CONAT.

Art. 35. As funções de Orientador da CEAPRO e de Assessor Processual-Tributário serão exercidas por servidores integrantes do Grupo TAF, em efetivo exercício, graduados em curso de nível superior, de preferência em Direito, notória idoneidade moral, reconhecido saber jurídico e experiência em assuntos tributários, designados pelo Secretário da Fazenda, e, no primeiro caso, nomeado pelo Chefe do Poder Executivo.

Art. 36. São atribuições do Orientador da CEAPRO:

I - resolver as questões processuais nas ausências simultâneas do Presidente e dos Vice-Presidentes do CONAT;

II - receber, analisar e distribuir os processos com os Assessores Processual-Tributários;

III - orientar e subsidiar com fundamentos técnicos e jurídicos os Assessores Processual-Tributários na elaboração de pareceres e apor rubrica de ciência em tais instrumentos;

IV - acompanhar as atividades dos Assessores Processual-Tributários e promover intercâmbio de informações e dados, entre estes, com vista à eficiência, celeridade e uniformidade de prazos e cumprimento de metas;

V - exercer o gerenciamento administrativo dos servidores da CEAPRO, com vista ao cumprimento das metas e prazos estabelecidos e a eficiência daqueles, com vista à respectiva avaliação de desempenho;

VI - apresentar, trimestralmente, relatórios das atividades da CEAPRO à Presidência do CONAT;

VII - praticar as atribuições inerentes às suas funções, na forma estabelecida no Regulamento e no Regimento.

Parágrafo único. Nas ausências simultâneas do Presidente do CONAT e de seus Vice-Presidentes, as questões processuais serão resolvidas pelo Orientador da CEAPRO.

Art. 37. São atribuições do Assessor Processual-Tributário:

I - prestar assessoramento jurídico à presidência do CONAT, aos Procuradores do Estado e aos órgãos integrantes de sua estrutura, e de modo específico, nos processos que tramitem ao CRT;

II - emitir informações, despachos, requerer a realização de perícia e diligência, nos processos em tramitação na CEAPRO, com rubrica de aquiescência do Orientador da Célula;

III - manifestar-se em parecer, submetendo-o à aprovação do Procurador do Estado;

IV - diligenciar com vistas à juntada de documentos e adotar providências que resultem em saneamento processual;

V - converter, quando necessário, o julgamento do processo em realização de perícia, ou, quando for o caso, em diligência nos termos da Resolução do Conselho Federal de Contabilidade - CFC, nº 1.243/2009 e suas alterações posteriores mediante rubrica de aprovação e ciência do Orientador da CEAPRO;

VI - participar das sessões deliberativas do CRT e das sessões de julgamento da CS, das CJs, permanentes e temporárias, na ausência do Procurador do Estado ou quando convocado;

VII - participar da elaboração de anteprojetos relativos às normas processuais e tributárias;

VIII - praticar as atribuições inerentes às suas funções, na forma estabelecida no Regulamento e no Regimento.

SUBSEÇÃO XII
DA CÉLULA DE CONTROLE ADMINISTRATIVO E INSTRUÇÃO PROCESSUAL - CECAP

» *(Revogado pela Lei Nº 16258 de 09/06/2017)*

Art. 38 ao 41 (Revogados pela Lei Nº 16258 de 09/06/2017)

SUBSEÇÃO XIII
DA CÉLULA DE PERÍCIAS-FISCAIS E DILIGÊNCIAS - CEPED

Art. 42. Compete à CEPED esclarecer e dirimir dúvida de natureza contábil, fiscal e financeira com vistas a subsidiar o descobrimento da verdade dos fatos objeto de controvérsia nos autos do processo administrativo-tributário.

Art. 43. As funções de Orientador da CEPED e de Perito-Fiscal serão exercidas por servidores integrantes do Grupo TAF, em efetivo exercício, graduados em Ciências Contábeis, com inscrição regular no Conselho Regional de Contabilidade - CRC, e comprovada experiência em assuntos contábeis e notória idoneidade moral, indicados pelo Secretário da Fazenda, e no primeiro caso, nomeado pelo Chefe do Poder Executivo.

Art. 44. São atribuições do Orientador da CEPED:

I - receber, analisar, classificar os processos em função do nível de complexidade e distribuir aos Peritos-Fiscais;

II - analisar laudos periciais e diligências, observando o atendimento da solicitação e o cumprimento dos aspectos formais e encaminhá-los aos órgãos solicitantes;

III - acompanhar e controlar o prazo para manifestação sobre laudo pericial;

IV - acompanhar as atividades dos Peritos-Fiscais, promovendo intercâmbio de conhecimentos, informações e dados, entre estes, com vista à eficiência, celeridade, e uniformidade de procedimentos de prazos e cumprimento de metas;

V - exercer o gerenciamento administrativo dos servidores da CEPED, objetivando o cumprimento das metas e prazos estabelecidos e a eficiência daqueles, com vista à respectiva avaliação de desempenho;

VI - fazer intimação por edital, quando necessário;

VII - apresentar, trimestralmente, relatório das atividades da CEPED à Presidência do CONAT;

VIII - praticar as atribuições inerentes às suas funções, na forma estabelecida no Regulamento e no Regimento.

Parágrafo único. Na realização das atividades de Perícias e Diligências, observar-se-á as disposições constantes das resoluções do Conselho Federal de Contabilidade - CFC, especialmente o disposto na Resolução nº 1.243/2009 e suas alterações posteriores mediante rubrica de aprovação e ciência do Orientador da CEPED;

Art. 45. São atribuições do Perito-Fiscal:

I - analisar os processos em função da solicitação de perícia;

II - realizar perícia na escrita fiscal e contábil do contribuinte quando solicitada;

III - realizar diligências in loco quando solicitadas na forma desta Lei;

IV - solicitar a realização de laudos técnicos para subsidiar perícias;

V - solicitar da autoridade lançadora e do autuado, quando for o caso, informações e documentos referentes a processo administrativo-tributário;

VI - elaborar laudo pericial e cientificar o contribuinte ou responsável do resultado;

VII - diligenciar com vistas à juntada de documentos e adotar providências que resultem em saneamento processual;

VIII - submeter ao Orientador da CEPED para fins de análise e encaminhamentos necessários, laudos periciais, relatórios e diligências que forem designados à realização;

IX - praticar as atribuições inerentes às suas funções, na forma estabelecida no Regulamento e no Regimento.

TÍTULO II
DO PROCESSO ADMINISTRATIVO-TRIBUTÁRIO

CAPÍTULO I
DAS DISPOSIÇÕES PRELIMINARES

Art. 46. Além dos princípios referidos no art. 37 da Constituição Federal de 1988, o processo administrativo-tributário pautar-se-á, também, dentre outros, pelos princípios do Contraditório, da Ampla Defesa, da Celeridade, da Simplicidade, da Economia Processual e da Verdade Material.

Art. 47. O processo administrativo-tributário proveniente de lançamento de crédito tributário relativo a tributo estadual será organizado em mídia eletrônica, com numeração de partes, folhas ou atos, observada a ordem cronológica de produção ou juntada, nos termos estabelecidos em Regulamento.

§ 1º Os processos administrativo-tributários no CONAT são gratuitos e não dependem de garantia de qualquer espécie.

§ 2º Quando solicitada pelo sujeito passivo ou seu representante legal habilitado, o CONAT disponibilizará meio de acesso de gravação digital de peça processual ou de todo o processo administrativo-tributário.

§ 3º Somente ocorrerá fornecimento de cópia de peça processual ou de todo o processo administrativo-tributário por meio reprográfico quando do recolhimento, ao Erário, do valor correspondente ao custo de impressão ou de mídia eletrônica.

CAPÍTULO II
DAS DISPOSIÇÕES GERAIS SOBRE O JULGAMENTO

Art. 48. O julgamento de processo administrativo-tributário no CONAT é da competência inicial dos Julgadores Administrativo-Tributários sob a forma monocrática, observado o disposto no art. 121 desta Lei, e quando em grau de recurso, dos órgãos do CRT, em deliberação coletiva.

§ 1º Serão priorizados, para fins de julgamento, os processos administrativo-tributários que:

I - configurem aspectos ou elementos de crime contra a ordem tributária;

II - decorram da lavratura de auto de infração com retenção de mercadoria perecível ou deteriorável;

III - tenham garantia decorrente de carta de fiança bancária;

IV - na relação processual apresentem sujeito passivo detentor de Regime Especial de Tributação concedido pela SEFAZ, ou beneficiário do Fundo de Desenvolvimento Industrial do Estado do Ceará - FDI, instituído pela Lei nº 10.367, de 7 de dezembro de 1979, e alterações posteriores;

V - envolvam autos de infração com valores de grande monta, a critério do Presidente do CONAT; (Redação do inciso dada pela Lei Nº 17251 DE 27/07/2020).

VI - o sujeito passivo tenha efetuado depósito administrativo, na forma estabelecida na legislação tributária estadual;

VII - versem sobre restituição.

§ 2º Não se inclui na competência da autoridade julgadora afastar a aplicação de norma sob o fundamento de inconstitucionalidade, ressalvada a hipótese em que tenha sido declarada inconstitucional pelo Supremo Tribunal Federal - STF, observado:

I - em Ação Direta de Inconstitucionalidade ou Declaratória de Constitucionalidade, após a publicação da decisão;

II - em Ação Direta de Inconstitucionalidade, por via incidental, após a publicação da resolução que suspender a execução do ato, pelo Senado Federal;

III - em Súmula Vinculante aprovada pelo Supremo Tribunal Federal, nos termos do art. 103-A da Constituição Federal.

§ 3º A distribuição de processos aos Julgadores Administrativo-Tributários e o sorteio aos Conselheiros, bem como a elaboração de pautas das sessões de julgamento observará às disposições do Regulamento e do Regimento do CRT.

§ 4º ao 8º (Revogados pela Lei Nº 16258 de 09/06/2017)

Art. 49. As decisões no CRT observarão o quórum regimental e serão tomadas por maioria simples de votos ou em voto de desempate do Presidente.

Art. 50. Os votos proferidos pelos Conselheiros e as decisões prolatadas devem ser fundamentadas, de forma clara e precisa.

Art. 51. A autoridade julgadora de primeira instância observará o disposto no art. 50 e quando, sob a forma expressa ou por meio magnético lavrar a decisão, encerrará o ofício judicante, podendo alterá-la, somente para corrigir, de ofício, inexatidões materiais.

Parágrafo único. Aplica-se o disposto no *caput* às decisões em grau de recurso, materializadas sob a forma de Resolução, não se constituindo as inexatidões materiais objeto de alterações, embargos ou outra modalidade recursal.

Art. 52. Os julgamentos em quaisquer das instâncias do CONAT serão, quando possíveis, emitidos eletronicamente e certificados digitalmente, conforme estabelecido em Regulamento.

Art. 53. As decisões exaradas pelo CONAT em primeira e segunda instância serão publicadas em sítio eletrônico e disponibilizadas na rede mundial de computadores - internet - na forma e prazos estabelecidos em Regulamento ou Regimento.

Parágrafo único. Ao ser cientificado da decisão proferida no Processo Administrativo Tributário, deverá ser fornecida ao sujeito passivo, cópia integral do julgamento.

Art. 54. A autoridade lançadora poderá ser intimada para esclarecer, informar, entregar documento ou produzir relatório, inclusive por meio eletrônico, quando necessário à instrução processual e à livre convicção do julgador.

Parágrafo único. Cumprida a providência a que se refere o *caput*, far-se-á a juntada aos autos e dar-se-á ao sujeito passivo ou ao requerente em processo especial de restituição ciência da providência, para fins de manifestação, se for o caso, no prazo previsto na legislação.

CAPÍTULO III
DA SUSPEIÇÃO E DO IMPEDIMENTO DOS JULGADORES

Art. 55. Poderá ser arguida a suspeição de julgadores de quaisquer das instâncias administrativas que tenha amizade íntima ou inimizade notória com o sujeito passivo ou o requerente em Procedimento Especial de Restituição.

Art. 56. Poderá ser arguido o impedimento de julgadores de quaisquer das instâncias administrativas, sendo-lhes vedado atuarem, nesta condição, nos processos administrativo-tributários em que tenham:

I - constituído o lançamento tributário pela lavratura de auto de infração;

II - atuado no processo como consultor, parecerista, perito ou julgador de primeira instância;

III - atuado na qualidade de mandatário do sujeito passivo;

IV - interesse econômico, ou quando esta situação alcance seus cônjuges, companheiros, parentes e afins, em linha reta ou colateral, até o terceiro grau, inclusive;

V - em curso, litígio judicial ou administrativo com o sujeito passivo ou requerente em Procedimento Especial de Restituição ou estejam nessa condição;

VI - vínculo empregatício, contratual ou societário com a sociedade de advogados, de contabilistas ou de entidade de assessoria tributária a que esteja vinculado o processo em julgamento;

VII - interesses, diretos ou indiretos, de pessoa jurídica de direito privado, de que sejam titulares, sócios, acionistas, membros da diretoria executiva, conselho fiscal ou órgãos equivalentes.

§ 1º A parte que arguir suspeição ou impedimento deverá fazê-lo por meio de requerimento fundamentado, na primeira oportunidade em que se manifestar nos autos.

§ 2º Quando a suspeição ou impedimento for arguido oralmente, em sessão, o pedido deverá ser reduzido a termo em ata, indicando-se as razões em que se ampara, com o sobrestamento do julgamento para fins do disposto no § 8º deste artigo.

§ 3º Os julgadores de quaisquer das instâncias de julgamento poderão, ainda, declarar-se impedidos em razão de foro íntimo.

§ 4º Os julgadores de quaisquer das instâncias que incorrerem em suspeição e nas hipóteses de impedimento a que se referem os incisos I ao V do *caput*, comunicarão o impedimento:

I - ao Orientador da CEJUL;

II - ao Presidente da CS ou da CJ.

§ 5º O incidente será decidido em preliminar pelas autoridades administrativas referidas nos incisos I e II do § 4º do *caput*, ouvindo-se o arguido, se necessário.

§ 6º Caso seja denegada a arguição de suspeição ou impedimento, caberá Pedido de Reconsideração à Presidência do CONAT.

§ 7º Aquiescendo em suspeição ou impedimento, as autoridades administrativas a que se referem os incisos I e II do § 4º e do § 6º do *caput*, distribuirão o processo administrativo-tributário que tramitar em primeira instância a outro Julgador Administrativo-Tributário e, tramitando em segunda instância, a outro Conselheiro mediante sorteio em sessão.

§ 8º Consignada a suspeição ou o impedimento de Conselheiro, será convocado o respectivo suplente, na ordem sequencial, para participar da sessão de julgamento, em substituição ao titular.

CAPÍTULO IV
DA INFORMATIZAÇÃO DO PROCESSO ADMINISTRATIVO-TRIBUTÁRIO

SEÇÃO I
DO PROCESSO ADMINISTRATIVO-TRIBUTÁRIO ELETRÔNICO

Art. 57. É instituído no âmbito do CONAT o Processo Administrativo-Tributário eletrônico - PAT-e, pela admissão de uso do respectivo meio na produção, comunicação, remessa ou transmissão de atos e peças processuais, nos termos desta Lei.

Parágrafo único. As disposições desta Lei que tratam de processo administrativo-tributário sem o emprego da expressão "eletrônico" aplicam-se indistintamente a estes e aos processos físicos já instaurados.

SEÇÃO II
DISPOSIÇÕES GERAIS

Art. 58. Os atos e peças processuais praticados por meio eletrônico, no CONAT, dar-se-ão mediante uso de assinatura eletrônica ou digital e quando realizado pelo sujeito passivo, ou seu representante legal, estarão condicionados a prévio credenciamento junto à Administração Fazendária, na forma estabelecida em Regulamento.

§ 1º Ao credenciado será atribuído registro e meio de acesso ao sistema e o credenciamento a que se refere o *caput* preservará o sigilo, assegurará a identificação do interessado, a autenticidade e a não recusa das comunicações que lhe forem enviadas.

§ 2º A Administração Fazendária informará no ato do credenciamento as normas e condições referentes à utilização da transmissão eletrônica dos atos processuais.

§ 3º A assinatura digital a que se refere o *caput* se dará com base em certificado emitido por autoridade certificadora credenciada, observadas as disposições legais e regulamentares que lhes forem inerentes.

§ 4º Para fins desta Lei, considera-se:

I - meio eletrônico, qualquer forma de armazenamento ou tráfego de documentos ou arquivos digitais;

II - transmissão eletrônica, toda forma de comunicação à distância com a utilização de redes de comunicação, preferencialmente a rede mundial de computadores;

III - assinatura eletrônica, aquela que possibilite a identificação inequívoca do signatário e utilize certificado digital:

a) emitido por autoridade certificadora integrante da hierarquia da Infraestrutura de Chaves Públicas Brasileira - ICP Brasil;

b) emitido ou reconhecido pela SEFAZ e aceito pelo sujeito passivo de obrigações tributárias para com a SEFAZ.

§ 5º Os autos do PAT-e deverão ser protegidos por meio de sistemas de segurança de acesso e armazenados de forma que garanta a preservação e integridade de dados.

§ 6º Observado o disposto no § 5º do *caput* e sem prejuízo do que dispõe o § 7º do *caput*, poderão ser adotados requisitos adicionais de segurança que considerem a marcação de eventos temporais relevantes por meio da utilização de mecanismos digitais.

§ 7º Ao PAT-e aplica-se, no que couber, as regras sobre informatização do processo judicial contidas na Lei nº 11.419, de 19 de dezembro de 2006 e suas alterações posteriores;

Art. 59. O envio de impugnação, recursos, manifestações sobre laudo pericial e a realização de atos processuais em geral dar-se-ão por meio eletrônico, no prazo legal e na forma disposta em Regulamento.

§ 1º Consideram-se realizados os atos processuais por meio eletrônico no dia e hora do seu envio ou incorporação ao sistema da SEFAZ.

§ 2º A incorporação de peças processuais a que se refere o *caput*, transmitidas em formato digital, dar-se-á de forma automática, com a emissão de recibo eletrônico.

§ 3º Havendo problema técnico no sistema de acesso ao PAT-e que o torne indisponível, fica o prazo automaticamente prorrogado para o primeiro dia útil subsequente à resolução do problema.

§ 4º Excepcionalmente ou por motivo técnico, quando for inviável o uso do meio eletrônico para a realização de intimação e de atos processuais em geral, estes poderão ser praticados segundo as regras ordinárias, digitalizando-se o documento físico para inserção no processo.

§ 5º Os documentos e peças digitalizados têm a força probante dos originais, salvo nos casos de comprovada falsificação ou adulteração, antes ou durante o processo de digitalização.

§ 6º Os documentos cuja digitalização seja tecnicamente inviável devido ao grande volume, ou por se encontrarem ilegíveis, deverão ser apresentados ao CONAT no prazo e na forma estabelecida na legislação.

§ 7º Os documentos digitalizados e juntados aos autos do PAT-e estarão disponíveis para as partes processuais na forma estabelecida em Regulamento.

§ 8º Tratando-se de cópia digital de documento relevante à instrução processual, o órgão julgador poderá determinar o seu depósito nas dependências do CONAT.

§ 9º Os originais dos documentos digitalizados deverão ser preservados pelo seu detentor até o trânsito em julgado do PAT-e.

§ 10. O CONAT poderá disponibilizar às partes processuais, em sua sede, a utilização de equipamentos de digitalização e de acesso à tramitação e consulta ao sistema PAT-e conforme estabelecer o Regulamento.

§ 11. Será concedida nas dependências do CONAT vista ao processo administrativo-tributário ao sujeito passivo, ao requerente em Procedimento Especial de Restituição ou aos seus representantes legais, devidamente habilitados.

§ 12. Será considerada, como concessão de vista sob os mesmos efeitos do § 11 do *caput*, a disponibilização de acesso ao PAT-e, por meio eletrônico.

Art. 60. O órgão julgador poderá, mediante despacho, requerer por meio eletrônico ao sujeito passivo e ao requerente em Procedimento Especial de Restituição, esclarecimento, informação ou ainda exibir, entregar ou enviar dados e documentos necessários à instrução processual e à livre convicção do julgador.

CAPÍTULO V
DA FORMAÇÃO DO PROCESSO ADMINISTRATIVOTRIBUTÁRIO

SEÇÃO I
DA INSTAURAÇÃO DO PROCESSO

Art. 61. A interposição tempestiva de impugnação ao Auto de Infração instaura a fase litigiosa e suspende a exigibilidade do crédito tributário. (Redação do artigo dada pela Lei Nº 16257 de 09/06/2017)

§ 1º Na hipótese de a exigência fiscal não ser adimplida nem impugnada, e sem que seja ofertada garantia do crédito, a autoridade competente deverá adotar as seguintes providências: (Redação do parágrafo dada pela Lei Nº 16904 de 03/06/2019)

I - proceder ao saneamento processual, que consiste na verificação dos requisitos formais do lançamento tributário e na intimação do contribuinte;

II - declarar o contribuinte revel mediante lavratura do Termo de Revelia;

III - encaminhar os autos à Célula da Dívida Ativa da Procuradoria-Geral do Estado para as providências relativas à inscrição do crédito tributário em Dívida Ativa do Estado, salvo nos casos em que o processo se refira a Auto de Infração e Notificação Fiscal (AINF) relativo a impostos e contribuições abrangidos pelo Simples Nacional, hipótese em que os autos serão encaminhados à Dívida Ativa da União.

§ 1º-A. O saneamento a que se refere o inciso I do § 1º deste artigo deverá ser realizado por agente diverso da autoridade lançadora do tributo e homologado pela chefia imediata do autuante. (Parágrafo acrescentado pela Lei Nº 16904 DE 03/06/2019).

§ 2º A impugnação apresentada fora do prazo não instaura a fase litigiosa nem suspende a exigibilidade do crédito tributário.

§ 3º Relativamente aos processos administrativo-tributários em trâmite no CONAT que tenham sido instaurados antes da publicação desta Lei em virtude da revelia do sujeito passivo, observar-se-á o seguinte:

I - deverá o contribuinte ser intimado para, no prazo de 30 (trinta) dias, efetuar o pagamento ou parcelamento do crédito tributário com os descontos legais, ou apresentar impugnação ao feito fiscal, sem prejuízo do pagamento, se for o caso, da Taxa de Fiscalização e Prestação de Serviço Público prevista no item 1.9 do anexo IV da Lei nº 15.838 , de 27 de julho de 2015;

II - findo o prazo a que se refere o inciso I deste parágrafo sem que tenham sido adotadas as providências nele previstas, a Secretaria-Geral do CONAT deverá declarar a extinção ou a suspensão do processo ou providenciar o seu encaminhamento para fins de inscrição do crédito tributário na Dívida Ativa do Estado.

III - O Contencioso Administrativo Tributário do Estado do Ceará - CONAT, publicará até o último dia útil do mês posterior ao encerramento do trimestre civil, em sua página eletrônica, o Relatório Quantitativo e Estatístico de Processos Julgados procedentes, improcedentes, parcialmente procedentes, nulos e extintos, por cada Câmara de Julgamento.

§ 4º Não se aplica o disposto no § 3º aos processos administrativotributários que contenham qualquer manifestação da autoridade julgadora de 1ª Instância".

Art. 62. Considerar-se-á revel o autuado que não apresentar impugnação no prazo legal.

§ 1º Não instaura o processo administrativo-tributário a ocorrência de revelia na hipótese em que o sujeito passivo, em detrimento da via administrativa, optar por ingresso de ação judicial.

§ 2º Excetuada a situação a que se refere o § 1º do *caput*, a revelia não impedirá a presença da parte no feito, que o receberá no estado em que se encontrar, vedada à reabertura de fases preclusas.

Art. 63. A impugnação deverá conter:

I - a indicação da autoridade julgadora a quem é dirigida;

II - a qualificação do impugnante;

III - as razões de fato e de direito em que se fundamenta;

IV - a documentação probante de suas alegações;

V - a indicação das provas cuja produção é pretendida.

Parágrafo único. Quando requerida prova pericial, constarão do pedido a formulação dos quesitos e a qualificação do assistente técnico, se indicado.

SEÇÃO II
DAS PARTES E DA CAPACIDADE PROCESSUAL

Art. 64. São partes no processo administrativo-tributário o Estado do Ceará, representado pelo Procurador do Estado, o sujeito passivo da obrigação tributária ou a quem a lei atribuir responsabilidade pelo seu cumprimento e o requerente em Procedimento Especial de Restituição.

Art. 65. Equipara-se ao sujeito passivo, nos termos do art. 64, aquele que, por ato voluntário aceitar, perante a Administração, a condição de fiador ou em decorrência de ação judicial, manifestar interesse na situação que constitua o fato gerador da obrigação tributária.

Art. 66. O sujeito passivo comparecerá ao processo administrativo-tributário, em qualquer de suas fases, pessoalmente para postular em causa própria, por procurador devidamente constituído ou através de advogado com mandato regularmente outorgado.

SEÇÃO III
DA FORMA, DO TEMPO E DO LOCAL DA REALIZAÇÃO DOS ATOS

Art. 67. Os atos e termos não dependem de forma determinada, senão quando expressamente exigida pela legislação, devendo ser produzidos com a indicação da data, do local da realização e assinatura ou identificação de quem o tenha praticado.

Parágrafo único. Mesmo quando exigida determinada forma, a autoridade julgadora poderá considerar como válido o ato que, realizado de outra maneira, alcançar a sua finalidade.

Art. 68. Os atos serão realizados em dias úteis e no horário normal de funcionamento da unidade administrativa que os expedir, exceto quando esta opere de modo contínuo em todos os turnos e dias da semana.

Parágrafo único. Poderão ser concluídos depois do horário normal os atos já iniciados, cujo adiamento prejudique o curso regular do procedimento ou cause dano ao interessado ou à Fazenda Estadual.

Art. 69. Salvo determinação legal, o reconhecimento de firma somente será exigido quando houver dúvida de autenticidade, podendo a autenticação dos documentos exigidos em cópia efetuar-se no órgão administrativo que o emitir ou recepcionar.

Parágrafo único. Os documentos juntados aos autos, inclusive os que tenham sido objeto de retenção para fins de comprovar a irregularidade, poderão ser restituídos em qualquer fase do processo a requerimento do interessado, desde que não haja prejuízo à instrução e dele constem cópias autenticadas ou conferidas nos autos, lavrando-se o devido termo.

SEÇÃO IV
DOS PRAZOS PROCESSUAIS

Art. 70. Na contagem dos prazos do Processo Administrativo Tributário computar-se-ão somente os dias úteis, excluindo-se o dia do início e incluindo-se o dia do vencimento. (Redação do *caput* dada pela Lei Nº 17251 de 27/07/2020).

§ 1º Os prazos só se iniciam ou se vencem em dia de expediente normal no órgão em que tramite o processo administrativo-tributário ou onde deva ser praticado o ato.

§ 2º Consideram-se prorrogados os prazos até o primeiro dia útil subsequente quando o expediente for encerrado antes da hora normal, independentemente do motivo, ou nos casos de atos processuais realizados na forma eletrônica, quando estes ocorrerem em dia não útil.

§ 3º Dar-se-á por concluído o prazo processual concedido às partes quando estas praticarem o respectivo ato antes do vencimento, resguardadas as garantias que lhes são inerentes.

§ 4º Quando o ato processual tiver que ser praticado em determinado prazo, por meio eletrônico, este será considerado tempestivo se efetivado até às 24 (vinte e quatro) horas do último dia.

§ 5º Ocorrendo problema técnico no sistema de acesso ao PATe que o torne indisponível, na data de encerramento do prazo para interpor defesa ou recurso, apresentar contrarrazões a laudo pericial ou providência decorrente de intimação, fica o prazo prorrogado para o primeiro dia útil subsequente à resolução do problema.

§ 6º O disposto no *caput* aplica-se, ainda, à contagem do prazo de que dispõe o sujeito passivo para efetuar o pagamento ou parcelamento do crédito tributário com os descontos legais especificados no art. 127, inciso I, da Lei nº 12.670, de 27 de dezembro de 1996, ou apresentar a impugnação de que trata o art. 102 desta Lei". (Parágrafo acrescentado pela Lei Nº 17352 de 14/12/2020).

Art. 71. A impugnação ou recurso interposto tempestivamente, relativo a processo administrativo-tributário instaurado em meio físico, quando apresentados a qualquer órgão fazendário, será remetido de imediato ao CONAT.

Art. 72. Será de 5 (cinco) dias o prazo para que a autoridade lançadora entregue ao agente responsável de sua unidade, o auto de infração com os documentos que lhes devam acompanhar, contados da data do ciente ou da recusa do autuado.

§ 1º O prazo para interpor impugnação, recurso ordinário ou extraordinário será de 30 (trinta) dias, contados da data em que se considerar efetuada a intimação.

§ 2º Não será apreciada a impugnação ou o recurso interposto fora do prazo e, mesmo no prazo, por quem não tenha legitimidade, hipóteses em que deverá ser desentranhada dos autos.

Art. 73. O sujeito passivo ou terceiro interessado poderá manifestar-se sobre laudo pericial no prazo de 20 (vinte) dias.

Parágrafo único. Será de 10 (dez) dias, o prazo para a apresentação de quesitos complementares, na hipótese em que se admitir o aditamento ao pedido de perícia, na forma do art. 96, contados a partir da data da intimação.

Art. 74. Salvo determinação em contrário, os prazos para a realização dos atos processuais previstos nesta Lei são improrrogáveis, sem prejuízo de outros especialmente previstos na legislação tributária, no Regulamento e no Regimento do CRT.

Art. 75. Não havendo prazos expressamente previstos nesta Lei, na legislação tributária, no Regulamento ou no Regimento do CRT, o ato processual será praticado no prazo de 5 (cinco) dias.

SEÇÃO V
DO DEPÓSITO ADMINISTRATIVO

Art. 76. O sujeito passivo poderá fazer cessar a aplicação dos acréscimos dos juros de mora e da atualização monetária mediante depósito do crédito tributário, na forma disposta na legislação tributária.

CAPÍTULO VI
DAS INTIMAÇÕES

Art. 77. Intimação é o ato pelo qual se dá ciência a alguém dos atos e termos do processo administrativo-tributário para que faça ou deixe de fazer alguma coisa.

Art. 78. A intimação far-se-á sempre na pessoa do sujeito passivo ou responsável e do fiador, ou do requerente em Procedimento Especial de Restituição, podendo ser efetivada pelo titular, sócio, acionista, mandatário, administrador, preposto, ou advogado regularmente constituído nos autos do processo administrativo-tributário.

Parágrafo único. Considera-se preposto, para fins do disposto no *caput*, qualquer dirigente ou empregado vinculado ao estabelecimento, ao titular, ao sócio, ao acionista, ao mandatário, ao advogado regularmente constituído, ou à edificação residencial ou ao endereço informado por seu procurador regularmente constituído.

Art. 79. As intimações serão feitas por comunicação eletrônica ao sujeito passivo ou a pessoa a quem este tenha outorgado poderes para representá-lo, nos termos desta Lei do Regulamento.

§ 1º A Administração Fazendária poderá, observados os critérios de conveniência e oportunidade, efetuar intimações nas seguintes formas:

I - pessoalmente, mediante entrega de comunicação subscrita por autoridade fazendária competente ou por agente do órgão de julgamento, na repartição ou fora dela, provada com a assinatura do intimado indicado no art. 78 ou, no caso de recusa, com declaração escrita de quem o intimar;

II - pelo comparecimento espontâneo ao CONAT do sujeito passivo, do requerente em Procedimento Especial de Restituição, ou do representante legal destes, ocasião em que será formalizada a intimação, passando desde então a fluir o prazo assinalado;

III - por via postal, com Aviso de Recebimento, no domicílio tributário do sujeito passivo ou a quem a este se equiparar e ao requerente em Procedimento Especial de Restituição, nos termos do Regulamento;

IV - por edital, quando não se efetivar pela forma indicada no *caput*, ou por uma das formas indicadas nos incisos I a III do § 1º do *caput*, ou ainda na hipótese do intimado encontrar-se em local incerto ou não sabido.

§ 2º As intimações feitas na forma do *caput* serão consideradas pessoais para todos os efeitos legais.

§ 3º A SEFAZ poderá instituir em seu sítio eletrônico o portal do PAT-e para publicação, dentre outros, dos atos administrativos a que se refere o inciso IV do § 1º do *caput*, nos termos do Regulamento.

§ 4º O edital de que trata o inciso IV, do § 1º do *caput*, será disponibilizado no sítio eletrônico referido no § 3º do *caput*, nos termos do Regulamento, ou conforme o caso, através de publicação no Diário Oficial do Estado - DOE.

§ 5º O edital publicado em meio eletrônico substitui qualquer outro meio de publicação oficial, para quaisquer efeitos legais.

§ 6º Realizada a intimação na forma a que se refere o *caput*, ou na forma dos incisos III e IV, constará dos autos comprovação de sua remessa ou da publicação.

§ 7º Os meios de intimação previstos nos incisos I a III do § 1º do *caput* não estão sujeitos à ordem de preferência nem ao exaurimento de suas modalidades.

§ 8º Para fins de intimação por meio das formas previstas no *caput* e nos incisos I e III do § 1º do *caput*, considera-se domicílio tributário do sujeito passivo:

I - o endereço fornecido à Administração Fazendária, para fins cadastrais;

II - o endereço eletrônico atribuído pela Administração Fazendária objeto de credenciamento, nos termos do art. 58, *caput*, e seus §§º 1º ao 3º, desta Lei.

§ 9º A intimação ao Procurador do Estado será realizada na forma do § 1º inciso I, conforme dispuser o regimento.

Art. 80. Considera-se feita a intimação:

I - por meio eletrônico:

a) na data em que o intimado consultar o teor da intimação eletrônica que lhe for encaminhada, ou;

b) 15 (quinze) dias, contados da data da respectiva comprovação da remessa sem que o intimado tenha, por qualquer motivo, consultado o teor da intimação eletrônica encaminhada;

II - pessoalmente:

a) na data da ciência do intimado ou da lavratura da declaração de recusa por quem tentara materializar a providência, ou;

b) na data em que ocorrer o comparecimento espontâneo, obtida à vista dos autos ou quando nele se manifestar;

III - por via postal: (Redação do inciso dada pela Lei Nº 16904 de 03/06/2019)

a) na data da efetiva recepção pelo intimado do Aviso de Recebimento - AR;

b) quando houver recusa do intimado, na data constante no AR, firmada por empregado da Empresa Brasileira de Correios e Telégrafos (EBCT);

c) se omitida a data a que se referem as alíneas "a" e "b" deste inciso, a data de juntada do AR no processo administrativo ou a data que constar na consulta efetuada ao sistema de rastreamento de objeto dos correios, no sítio eletrônico http://www.correios.com.br".

IV - Por edital, 15 (quinze) dias após a data da sua disponibilização ou publicação, na forma do que dispõe o inciso IV do § 1º do art. 79 desta Lei.

Art. 81. A intimação do processo administrativo-tributário deverá conter:

I - a identificação do auto de infração e do processo administrativo-tributário;

II - a identificação e o endereço do intimado;

III - o prazo para pagamento, apresentação de defesa ou interposição de recurso;

IV - a indicação a quem deve ser dirigida a defesa ou o recurso e o endereço do CONAT;

V - a indicação de sua finalidade;

VI - a identificação do responsável pela intimação.

Parágrafo único. A intimação que cientificar o sujeito passivo do resultado do julgamento deverá, quando for o caso, conter a exigência do crédito tributário.

Art. 82. As regras relativas à intimação que não foram tratadas nesta Lei serão estabelecidas no Regulamento.

CAPÍTULO VII
DAS NULIDADES PROCESSUAIS E DA SUSPENSÃO DO PROCESSO ADMINISTRATIVO TRIBUTÁRIO

Art. 83. São absolutamente nulos os atos praticados por autoridade incompetente ou impedida, ou com preterição de quaisquer das garantias processuais constitucionais, devendo a nulidade ser declarada de ofício pela autoridade julgadora.

Parágrafo único. A participação de autoridade fiscal incompetente ou impedida não dará causa a nulidade do ato por ela praticado, desde que tenha, na consecução do ato, a participação de autoridade fiscal em efetivo exercício e plena competência de suas funções.

Art. 84. As irregularidades ou omissões passíveis de correção não serão declaradas nulas.

§ 1º Quando corrigida a irregularidade ou provida a omissão, e dependendo dos atos subsequentes atingidos, far-se-á a reabertura do prazo ao autuado, para fins de pagamento com o desconto previsto à época da lavratura do auto de infração ou para apresentar impugnação, podendo a defesa que tenha sido interposta, ser aditada, caso em que o aditamento será circunscrito ao tópico ou itens objeto da retificação.

§ 2º Considerar-se-á sanada a irregularidade se a parte a quem aproveite deixar de argui-la na primeira ocasião em que se manifestar no processo.

§ 3º A parte não poderá arguir nulidade a que haja dado causa, ou para a qual tenha concorrido.

§ 4º No pronunciamento da nulidade, a autoridade declarará os atos a que ela se estende chamando o feito à ordem para fins de regularização do processo.

§ 5º A nulidade de qualquer ato só prejudicará os atos posteriores que dele sejam dependentes ou consequentes.

§ 6º As incorreções ou omissões do auto de infração e a inobservância de exigências meramente formais que não constituam prejuízo à defesa não acarretam a nulidade do ato administrativo, desde que haja elementos suficientes e possíveis à determinação do sujeito passivo, a natureza da infração e o montante do crédito tributário.

§ 7º Estando o processo administrativo-tributário em fase de julgamento, a ausência ou o erro na indicação dos dispositivos legais e regulamentares infringidos e dos que cominem a respectiva penalidade, constantes do auto de infração, serão corrigidos pela autoridade julgadora, de ofício ou em razão de defesa ou recurso, não ensejando a declaração de nulidade do lançamento, quando a infração estiver devidamente determinada.

§ 8º Nenhum ato será declarado nulo se da nulidade não resultar prejuízo para as partes.

§ 9º Quando puder decidir no mérito a favor da parte a quem aproveite, a autoridade julgadora não pronunciará a nulidade.

§ 10. A apreciação das nulidades, quando possível, deve preceder ao pedido de perícia.

Art. 85. Quando a CJ não acolher a decisão de primeira instância que declarar a nulidade ou extinção, determinará o retorno do processo à instância singular para a realização de novo julgamento.

Parágrafo único. Não se aplica o disposto no *caput*, estando o processo administrativo-tributário em condições de imediato julgamento, decidindo, desde logo, se a causa versar sobre questão que aproveite, no mérito, ao sujeito passivo.

Art. 86. Suspende-se o processo administrativo-tributário pela morte ou perda da capacidade processual do impugnante, requerente no Procedimento Especial de Restituição, do recorrente ou do seu representante legal, promovendo-se a imediata intimação do sucessor para integrar o processo.

Parágrafo único. Durante a suspensão, é defeso à autoridade competente praticar qualquer ato no processo, ressalvado aquele de natureza urgente, a fim de evitar dano irreparável.

CAPÍTULO VIII
DA EXTINÇÃO DO PROCESSO

Art. 87. Extingue-se o processo administrativo-tributário:

I - Sem julgamento de mérito:

a) pelo pagamento integral;

b) pela remissão;

c) pela anistia, quando o crédito tributário se referir apenas à multa;

d) quando a autoridade julgadora acolher a alegação de coisa julgada;

e) quando não ocorrer à possibilidade jurídica, a legitimidade da parte ou o interesse processual;

II - Com julgamento de mérito:

a) pela decadência;

b) quando confirmada em segunda instância a decisão absolutória exarada em primeira instância, objeto de reexame necessário;

c) com a extinção do crédito tributário, pelo pagamento, quando confirmada em segunda instância à decisão parcialmente condenatória de primeira instância, objeto de reexame necessário.

CAPÍTULO IX
DAS PROVAS, DA PERÍCIA E DA DILIGÊNCIA FISCAL

SEÇÃO I
DISPOSIÇÕES GERAIS

Art. 88. No processo administrativo-tributário serão admitidas as provas obtidas e produzidas por meios legais, pertinentes à matéria objeto do auto de infração, desprezando-se as ilícitas, desnecessárias e protelatórias.

Parágrafo único. A autoridade julgadora de qualquer instância, o Assessor Processual-Tributário e o Procurador do Estado que atuar no processo administrativo-tributário poderão solicitar a produção de provas e informações que entenderem necessárias à sua livre convicção.

Art. 89. Os documentos produzidos eletronicamente juntar-seão, com idêntico teor, ao respectivo processo administrativo-tributário, observando-se as exigências de segurança deste e de sistemas de dados, considerados originais, para todos os efeitos legais, mediante assinatura digital.

Art. 90. O sujeito passivo, quando intimado, deverá exibir ou entregar livros, documentos e arquivos, em qualquer meio, inclusive eletrônico, que esteja ou deva estar na sua guarda, presumindo-se a recusa injustificada na veracidade da acusação fiscal.

Parágrafo único. O dever previsto no *caput* não abrange a prestação de informações a respeito das quais o informante esteja legalmente obrigado a guardar sigilo em razão do cargo, função ou ofício.

Art. 91. A autoridade julgadora apreciará livremente as provas, devendo indicar expressamente os motivos de seu convencimento.

SEÇÃO II
DO PEDIDO DE PERÍCIA E DE DILIGÊNCIA

Art. 92. A realização de perícia e de diligência será requerida pelo sujeito passivo por ocasião de defesa, sustentação oral ou da interposição de recurso.

Art. 93. As providências assinaladas no *caput* do art. 92 poderão também ser interpostas quando da apresentação de recurso pelo requerente em Procedimento Especial de Restituição, observadas às disposições desta Lei.

§ 1º O pedido de perícia ou de diligência deverá ser fundamentado e indicar:

I - o motivo que a justifique;

II - os pontos controversos e as contraprovas respectivas, quando for o caso;

III - os quesitos necessários à elucidação dos fatos;

IV - a identificação do assistente técnico, caso queira indicar.

Art. 94. Não se admitirá aditamento ao pedido de perícia nem apresentação de quesitos complementares, exceto nas hipóteses de caso fortuito ou força maior devidamente comprovada.

Art. 95. A autoridade julgadora determinará a realização de diligência ou de perícia, quando necessária à solução do litígio, em despacho que conterá os motivos que as justifique e, em caso de perícia, os quesitos que lhe são pertinentes.

Parágrafo único. Aplica-se o disposto no *caput* aos pedidos formulados pelo Assessor Processual-Tributário e pelo Procurador do Estado.

SEÇÃO III
DO DEFERIMENTO OU INDEFERIMENTO DO PEDIDO DE PERÍCIA

Art. 96. Deferido o pedido de realização de perícia, a autoridade lançadora poderá ser convocada para subsidiar o trabalho pericial na forma estabelecida em Regulamento.

Art. 97. O julgador indeferirá, de forma fundamentada, o pedido de realização de perícia, quando:

I - formulado de modo genérico;

II - não observada a pertinência dos quesitos formulados aos fatos imputados na autuação;

III - os fatos forem incontroversos e os elementos contidos nos autos forem suficientes à formação de seu convencimento;

IV - tratar-se de fatos notórios, verossímeis e compatíveis com a realidade e as provas constantes dos autos;

V - a verificação for prescindível ou relacionada com documentos cuja juntada ou modo de realização seja impraticável;

VI - a prova do fato não dependa de conhecimento técnico especializado.

Parágrafo único. Quando da realização de perícia requerida por Julgadores Administrativo-Tributários, Assessores Processual-Tributários, Procuradores do Estado e Conselheiros, estes deverão observar o disposto nos incisos I a VI do *caput* deste artigo.

SEÇÃO IV
DA REALIZAÇÃO DE PERÍCIA

Art. 98. O trabalho pericial-contábil pautar-se-á nas Normas Brasileiras de Contabilidade, editadas pelo Conselho Federal de Contabilidade, quando da realização de exame, vistoria ou avaliação e consistirá de laudo circunstanciado.

§ 1º Para realização das providências assinaladas no *caput*, o sujeito passivo apresentará os documentos originais, podendo, conforme o caso, serem aceitas cópias autenticadas por servidor fazendário, mediante apresentação dos originais.

§ 2º Poderá ser elaborado laudo com base em dados de nota técnica ou documentos equivalentes expedidos, preferencialmente, por órgão oficial.

§ 3º A perícia não modificará metodologia utilizada na autuação. (Parágrafo acrescentado pela Lei Nº 16257 de 09/06/2017).

Art. 99. Quando a prova do fato não estiver circunscrita ao exame fiscal ou contábil, ensejando a manifestação de técnico ou demandar conhecimento especializado ou científico, a realização desta providência correrá às custas do sujeito passivo, caso este seja o requerente, na forma estabelecida em Regulamento.

SUBSEÇÃO ÚNICA
DO LANÇAMENTO COMPLEMENTAR

Art. 100. Quando no curso do processo administrativo-tributário e através de realização de diligência ou perícia for verificado agravamento da exigência inicial, será efetuado lançamento complementar pela autoridade competente, conforme estabelecer o Regulamento.

CAPÍTULO X
DA INTERVENÇÃO DO SUJEITO PASSIVO NO PROCESSO

SEÇÃO I
DISPOSIÇÃO PRELIMINAR

Art. 101. A impugnação, recursos e demais atos praticados pelo sujeito passivo, responsável ou a estes equiparados deverão ser dirigidos à autoridade ou órgão competente para apreciar a matéria, observado o disposto no art. 63 desta Lei.

Parágrafo único. O Regulamento disporá sobre as hipóteses de admissão de Defensor Público no PAT-e, em defesa do contribuinte, desde que atendida a hipossuficiência e o regime de recolhimento em que estiver enquadrado.

SEÇÃO II
DA DEFESA EM PRIMEIRA INSTÂNCIA

Art. 102. É assegurado ao sujeito passivo, na condição de contribuinte, responsável ou a ele equiparado, impugnar o lançamento com as razões de fato e de direito, fazendo-o com as provas que entender necessárias ao esclarecimento da controvérsia, no prazo improrrogável de 30 (trinta) dias, contados da intimação, observada a forma estabelecida no art. 63 desta Lei.

Parágrafo único. A matéria que constituir o objeto da lide será apresentada na impugnação, precluindo o direito de apresentação em momento processual posterior, exceto quando:

I - ficar demonstrada a impossibilidade de sua apresentação oportuna, por motivo de força maior;

II - referir-se a fato ou a direito superveniente;

III - destinar-se a contrapor fatos ou razões posteriormente trazidas aos autos.

SEÇÃO III
DOS RECURSOS

Art. 103. São cabíveis os seguintes recursos perante o CONAT:

I - reexame necessário, pelo julgador de primeira instância;

II - recurso ordinário;

III - recurso extraordinário.

Parágrafo único. Interpostos os recursos previstos nos incisos I e II, será facultado a autoridade lançadora manifestar-se sobre estes, prestando esclarecimentos, no prazo de 10 (dez) dias, contados de sua respectiva ciência, na forma estabelecida em Regulamento (Revogado pela Lei Nº 16735 de 26/12/2018)

SUBSEÇÃO I
DO REEXAME NECESSÁRIO

Art. 104. A decisão proferida em primeira instância contrária à Fazenda Estadual, no todo ou em parte, estará sujeita ao reexame necessário.

§ 1º Consideram-se decisões contrárias no todo à Fazenda Estadual, as absolutórias e declaratórias de nulidades ou de extinção do processo administrativo-tributário.

§ 2º Consideram-se decisões contrárias, em parte, à Fazenda Estadual, aquelas que reduzirem de qualquer forma o crédito tributário.

§ 3º Não se aplica o disposto no *caput*:

I - sempre que o valor originariamente lançado no auto de infração não exceder a 10 (dez) mil Unidades Fiscais de Referência do Estado do Ceará - UFIRCE, ou outro índice que a substitua;

II - quando declarada a extinção do processo administrativotributário, sem julgamento de mérito, pelo comprovado pagamento do valor integral exigido no auto de infração;

III - quando a decisão fundamentar-se em aplicação de Súmula do CRT.

§ 4º A interposição do reexame necessário será efetuada de ofício, no corpo da própria decisão.

SUBSEÇÃO II
DO RECURSO ORDINÁRIO

Art. 105. Das decisões exaradas em primeira instância, contrárias ao sujeito passivo ou ao requerente, no todo ou em parte, caberá Recurso Ordinário para as CJs.

Parágrafo único. O prazo para interposição do recurso a que se refere o *caput* será de 30 (trinta) dias, contados da data em que se considerar feita a intimação da decisão.

SUBSEÇÃO III
DO RECURSO EXTRAORDINÁRIO

Art. 106. Das decisões exaradas em segunda instância pelas CJs caberá Recurso Extraordinário para a CS, em caso de divergência entre a resolução recorrida e outra da mesma CJ, de CJ diversa ou da própria CS, quando tiverem apreciado matéria semelhante.

§ 1º O recurso de que trata o *caput* deverá ser instruído com cópia da decisão tida como divergente e indicando a sua origem.

§ 2º Deve o recorrente fundamentar o Recurso Extraordinário demonstrando o nexo de identidade entre a decisão recorrida e a decisão que indicar como paradigma.

§ 3º Somente serão consideradas para fins de indicação de divergência entre as decisões a que se refere o § 1º do *caput*, as resoluções que tenham sido aprovadas pelo respectivo órgão de julgamento, a partir da vigência da Lei Complementar nº 87, de 13 de setembro de 1996.

§ 4º Na hipótese de ato infracional anterior à vigência da Lei Complementar nº 87, de 13 de setembro de 1996, somente serão consideradas para fins de indicação de divergência, as resoluções fundadas em norma vigente à época da ocorrência da infração.

SUBSEÇÃO IV
DAS DISPOSIÇÕES FINAIS SOBRE RECURSOS

Art. 107. O Recurso Extraordinário será dirigido ao Presidente do CONAT, que decidirá em despacho fundamentado, quanto à sua admissibilidade.

Art. 108. O recurso ordinário será recebido nos efeitos suspensivo e devolutivo.

Parágrafo único. O recurso extraordinário será recebido somente no efeito suspensivo.

Art. 109. Somente serão admitidos no processo administrativo-tributário os recursos previstos nesta Lei.

CAPÍTULO XI
DAS SÚMULAS

Art. 110. Serão propostas pelo CRT súmulas relativas às decisões reiteradas proferidas no âmbito das CJs e da CS, para fins de observância obrigatória pelos julgadores de quaisquer das instâncias e demais autoridades fazendárias, visando orientar de modo uniforme procedimentos relativos ao lançamento do crédito tributário, padronização de julgamentos com celeridade e razoável duração do processo, conforme estabelecido em Regulamento.

Parágrafo único. A jurisprudência administrativo-tributária do CONAT, após sumulada, será submetida ao Secretário da Fazenda para fins de aprovação.

CAPÍTULO XII
DA COBRANÇA ADMINISTRATIVA E INSCRIÇÃO EM DÍVIDA ATIVA

Art. 111. Exaurido o prazo para cobrança administrativa do crédito tributário constituído no processo administrativo-tributário, este será encaminhado à Procuradoria-Geral do Estado - PGE, para fins de inscrição na Dívida Ativa do Estado.

Parágrafo único. Serão definitivas as decisões:

I - de primeira instância que não estiverem sujeitas a reexame necessário ou quando esgotado o prazo para interpor o recurso ordinário, sem que o tenha sido interposto;

II - de segunda instância que não caiba Recurso Extraordinário, ou se cabível, quando decorrido o prazo para recorrer ou quando este for indeferido.

Art. 111-A. Exaurido o prazo para cobrança administrativa do crédito tributário constituído mediante a lavratura de Auto de Infração e Notificação (AINF) relativo a impostos e contribuições abrangidos pelo Simples Nacional, emitido por meio do Sistema Único de Fiscalização, Lançamento e Contencioso (SEFISC), este será encaminhado à Dívida Ativa da União para cobrança judicial pela Procuradoria-Geral da Fazenda Nacional. (Artigo acrescentado pela Lei Nº 16904 de 03/06/2019).

TÍTULO III
DO PROCEDIMENTO ESPECIAL DE RESTITUIÇÃO

CAPÍTULO I
DISPOSIÇÃO PRELIMINAR

Art. 112. O Procedimento Especial de Restituição rege-se pelo disposto nesta Lei e na forma estabelecida em Regulamento, observandose, ainda, as determinações contidas na Lei nº 12.670, de 27 de dezembro de 1996 e seu respectivo Regulamento.

CAPÍTULO II
DAS HIPÓTESES DE RESTITUIÇÃO E SEUS PROCEDIMENTOS

Art. 113. Os tributos, as penalidades pecuniárias e seus acréscimos legais, bem como as atualizações monetárias oriundas de autos de infração tidos como indevidamente recolhidos ao Erário poderão ser restituídos, no todo ou em parte, a requerimento do interessado, nas seguintes hipóteses:

I - pagamento de imposto manifestamente indevido em face da legislação tributária aplicável, ou da natureza ou circunstâncias materiais do fato gerador efetivamente ocorrido;

II - erro na identificação do sujeito passivo, na determinação da alíquota aplicável, no cálculo do montante do débito ou na elaboração ou conferência de qualquer documento relativo ao pagamento;

III - reforma, anulação ou revogação de decisão condenatória, observado o disposto em Regulamento.

Art. 114. Julgado definitivamente o pedido, total ou parcialmente deferido, observar-se-á o seguinte:

I - a restituição total ou parcial de imposto dá lugar à restituição, na mesma proporção, da multa, dos juros e demais acréscimos legais recolhidos;

II - a importância a ser restituída será atualizada monetariamente pelos mesmos critérios aplicáveis à cobrança do crédito tributário.

§ 1º A restituição poderá ser efetuada em moeda corrente, na impossibilidade de aproveitamento como crédito fiscal do valor a ser restituído.

§ 2º Aplicam-se ao Procedimento Especial de Restituição as disposições constantes do art. 85 desta Lei, no que couber.

TÍTULO IV
DAS DISPOSIÇÕES GERAIS E TRANSITÓRIAS

Art. 115. Até que seja implementado o processo administrativo-tributário sob o formato eletrônico, as intimações efetuadas por este meio serão impressas, juntando-se cópia aos autos.

Art. 116. Ocorrendo, por qualquer motivo, o extravio de autos, será promovida imediata restauração, inclusive com a juntada de peças suplementares, promovendo-se, também, prioritário julgamento do processo, na forma estabelecida em Regulamento.

Art. 117. Aplicam-se, supletivamente aos processos administrativo-tributários as normas do Código de Processo Civil, excetuando-se as modalidades recursais neste previstas e as regras que lhe são pertinentes.

Art. 118. O Presidente do CONAT, Vice-Presidentes, Conselheiros e Procuradores do Estado farão jus à retribuição pecuniária por efetiva participação em cada sessão de julgamento, do valor correspondente a 120 (cento e vinte) UFIRCES.

§ 1º O Assessor Processual-Tributário que atuar em substituição ao Procurador do Estado nas sessões de julgamento perceberá, pela participação, 75% (setenta e cinco) por cento do valor atribuído ao Procurador do Estado.

§ 2º Os Secretários de Câmara de Julgamento perceberão 50% (cinquenta) por cento do valor atribuído aos ocupantes das funções indicadas no *caput*.

§ 3º A retribuição pecuniária de que trata o *caput*, decorrente de efetiva participação nas sessões de julgamento, tem caráter indenizatório e transitório e não será considerada para fins de limites remuneratórios e do cálculo de adicional de férias e de décimo terceiro salário, sendo atualizada monetariamente na proporção e sempre que ocorrer majoração da UFIRCE ou outro indexador que a substitua.

§ 4º Aplica-se o disposto nos §§ 4º e 5º do art. 17 do Decreto nº 27.439, de 3 de maio de 2004 aos ocupantes das funções de Vice-Presidente do CONAT, tendo como base os valores correspondentes aos percebidos pelos servidores que exercem o cargo de Orientador de Célula no CONAT.

§ 5º Para efeito do disposto no *caput*, o expediente de cada turno de trabalho corresponderá a uma sessão de julgamento.

Art. 119. O Presidente, os Vice-Presidentes, o Secretário-Geral e os Orientadores de Células do CONAT farão jus à gratificação comissionada, na forma estabelecida no Regulamento que trata da estrutura organizacional da SEFAZ.

Art. 120. Os servidores fazendários lotados no CONAT no efetivo exercício das funções de Presidente, Vice-presidente, Julgador, Assessor Processual Tributário e Perito desempenharão atividades inerentes ao processo administrativo-tributário. (Redação do artigo dada pela Lei Nº 16257 de 09/06/2017)

§ 1º Aos servidores lotados no CONAT fica assegurado o tempo de serviço integral para todos os efeitos legais e a percepção dos vencimentos e vantagens do cargo.

§ 2º Os Conselheiros-Presidentes de Câmara de Julgamento, não detentores de cargos comissionados e Conselheiros representantes do Fisco no Conselho de Recurso Administrativo Tributário - CRT, têm sua lotação efetiva no CONAT, preservando a imparcialidade dos membros e podendo, a critério do Secretário da Fazenda, serem convocados para realizar atividades fazendárias, excetuando as diretamente relacionadas à constituição do crédito tributário, fiscalização, lançamento e monitoramento dos procedimentos que julgarão no âmbito do CONAT.

§ 3º O Conselheiro comparecerá ao CONAT quando devidamente convocado, em local e data previamente agendados para realização das sessões de julgamento, nos termos do disposto no Regimento Interno do CRT.

§ 4º No dia da realização da sessão de julgamento, o Conselheiro convocado, nos termos do § 3º deste artigo ficará com dedicação exclusiva ao CONAT.

Art. 121. A CEJUL atuará de forma monocrática nos termos desta Lei, podendo organizar-se de modo colegiado, em Turmas Julgadoras, para decidir, em razão da complexidade da matéria ou de conhecimento técnico-especializado, conforme o disposto em Regulamento e ato do Presidente.

Art. 122. Vagando os cargos de Presidente, Vice-Presidente e de Conselheiro, o Chefe do Poder Executivo nomeará seus substitutos, outorgando-lhes as atribuições para completar o período relativo aos mandatos de seus antecessores.

Art. 123. O Presidente, os Vice-Presidentes e Conselheiros perderão o mandato em caso de prevaricação ou de desídia, caracterizada pela inobservância de prazos, faltas, atrasos e ausências reiteradas no decorrer das sessões, conforme o disposto em regimento.

Art. 124. Os mandatos de Presidente, Vice-Presidentes e Conselheiros iniciarão no dia 2 de janeiro e encerrarão, ao final de cada triênio, em 31 de dezembro.

§ 1º Os atos de nomeação dos ocupantes das funções a que se refere o *caput* serão publicados no DOE, no mínimo, 30 (trinta) dias anteriores à data de encerramento dos mandatos.

§ 2º Para fins do *caput* e do § 1º do art. 8º desta Lei, o primeiro triênio contar-se-á a partir de janeiro de 2016.

§ 3º Fica assegurado aos integrantes do CRT que exerceram o primeiro mandato nos termos da Lei nº 12.732, de 24 de setembro de 1997 e permanecerem em continuidade, a teor do art. 125 desta Lei, o direito à recondução, uma vez, para fins do disposto nos arts.4º e 20, in fine, desta Lei.

Art. 125. Os integrantes do CRT que exerceram suas funções nos termos da Lei nº 12.732, de 24 de setembro de 1997, até 31 de março de 2014, continuarão exercendo suas atribuições até 31 de dezembro de 2015.

Parágrafo único. Expirado o mandato, o Conselheiro continuará a exercê-lo, pelo prazo máximo de 3 (três) meses, até a designação de outro Conselheiro.

Art. 126. Aplicam-se, a partir da vigência desta Lei, as regras previstas nos §§ 1º e 2º do art. 61 aos processos administrativo-tributários em tramitação no CONAT que tenham sido:

I - instaurados em razão da revelia e ainda não julgados em primeira instância;

II - julgados no mérito pela parcial procedência ou total procedência, em segunda instância.

§ 1º Na hipótese do inciso II do *caput*, antes de promover a inscrição em Dívida Ativa, intimar-se-á ao sujeito passivo para pagamento do crédito tributário.

§ 2º Não se aplica o disposto no *caput* aos processos administrativo-tributários em tramitação no CONAT, objeto de:

I - recurso de ofício ao qual tenham sido interpostas contrarrazões ao respectivo recurso;

II - recurso voluntário às CJs e ainda pendente de julgamento;

III - recurso Especial ou Extraordinário ainda não julgado pelo CRT.

Art. 127. Esta Lei entra em vigor na data de sua publicação, exceto em relação às disposições relativas:

I - à Secretaria Geral e a Terceira e Quarta CJ, que entrarão em vigor 90 (noventa) dias, contados da data da publicação desta Lei;

II - ao PAT-e, que entrará em vigor em 180 (cento e oitenta) dias após a data da publicação desta Lei.

§ 1º Para fins do disposto no art. 125, os efeitos desta Lei retroagem a 1º de abril de 2014.

§ 2º Enquanto não for implementada a estrutura organizacional prevista no inciso I, *caput*, os processos de competência da CS e das CJs previstos nesta Lei serão julgados na forma e pelos órgãos de julgamento definidos e previstos na Lei nº 12.732, de 24 de setembro de 1997.

Art. 128. Ficam revogadas as disposições inerentes ao art. 1º ao art. 78 da Lei nº 12.732, de 24 de setembro de 1997, ressalvado o disposto no § 2º do art. 127 desta Lei.

Art. 129. O Chefe do Poder Executivo expedirá os atos necessários à execução desta Lei.

PALÁCIO DA ABOLIÇÃO, DO GOVERNO DO ESTADO DO CEARÁ, em Fortaleza, 29 de maio de 2014.

LEI ESTADUAL Nº 15.812, DE 20 DE JULHO DE 2015

– DISPÕE ACERCA DO IMPOSTO SOBRE TRANSMISSÃO *CAUSA MORTIS* E DOAÇÃO, DE QUAISQUER BENS OU DIREITOS - ITCD

ATUALIZADA ATÉ A LEI Nº 17.563, DE 16-07-2021.

ÍNDICE

CAPÍTULO I
DA COMPETÊNCIA

Art. 1º O Imposto sobre Transmissão Causa Mortis e Doação - ITCD, compete a este Estado nas seguintes situações:

I - relativamente a bens imóveis situados em seu território e respectivos direitos, na transmissão de propriedade ou domínio útil;

II - relativamente a bens móveis, títulos e créditos, desde que nele se tenha processado o inventário ou arrolamento;

III - relativamente a bens móveis, títulos e créditos, desde que nele tenha domicílio o doador.

Art. 2º Tratando-se de bens, títulos e créditos, o ITCD compete a este Estado quando o donatário, o herdeiro ou o legatário estiver nele domiciliado, nas hipóteses em que:

I - o doador resida ou tenha domicílio no exterior;

II - o de cujus possuía bens, era residente ou domiciliado ou teve seu inventário processado fora do país.

CAPÍTULO II
DAS HIPÓTESES DE INCIDÊNCIA

Art. 3º Constitui hipótese de incidência do ITCD a transmissão de quaisquer bens ou direitos:

I - decorrente de sucessão legítima ou testamentária, inclusive na sucessão provisória, nos termos definidos na Lei Federal nº 10.406, de 10 de janeiro de 2002 (Código Civil);

II - mediante doação.

§ 1º Para os efeitos deste artigo, considera-se doação o ato ou fato em que o doador, por liberalidade, transmitir bem, vantagem ou direito de seu patrimônio ao donatário, que o aceitará expressa, tácita ou presumidamente, incluindo a doação efetuada com encargo ou ônus e o adiantamento da legítima.

§ 2º Nas transmissões de que trata este artigo, ocorrem tantos fatos geradores distintos quantos forem os herdeiros, legatários, donatários e usufrutuários, ainda que o bem ou direito seja indivisível.

§ 3º Ficam sujeitos à incidência do ITCD a herança e o legado, ainda que gravados nos termos da lei civil.

§ 4º Está compreendida na incidência do ITCD a transmissão de bens e direitos que, na divisão de patrimônio comum, na partilha ou na adjudicação, forem atribuídos a um dos cônjuges, a um dos companheiros, ou a qualquer herdeiro, acima do valor da meação ou do respectivo quinhão.

§ 5º Haverá nova incidência do imposto quando as partes se retratarem de contrato ou qualquer outro instrumento que importe em transmissão não onerosa, observado o disposto no art. 117 do Código Tributário Nacional.

§ 6º Considera-se também como doação a renúncia, a cessão não onerosa e a desistência de herança, com identificação do respectivo beneficiário.

§ 7º Tendo sido feita a renúncia, a cessão não onerosa e a desistência de herança em favor do monte, e não de alguém particularmente, não incide o ITCD.

Art. 4º Sujeita-se à incidência do ITCD a transmissão causa mortis ou mediante doação de:

I - bem imóvel e direitos a ele relativos;

II - bem móvel, mesmo que representado por título, crédito, certificado ou registro, inclusive:

a) semovente, joia, obra de arte e mercadoria;

b) qualquer título ou direito representativo do patrimônio ou capital de sociedade e companhia, tal como ação, quota, quinhão, participação civil ou comercial, nacional ou estrangeira, direito societário, debênture e dividendo;

c) dinheiro, em moeda nacional ou estrangeira, depósito bancário, em conta corrente, em caderneta de poupança e a prazo fixo, quota ou participação em fundo mútuo de ações, de renda fixa, de curto prazo, e qualquer outra aplicação financeira e de risco, seja qual for o prazo e a forma de garantia;

d) bem incorpóreo em geral, direitos autorais e qualquer direito ou ação que deva ser exercido;

e) desincorporação de bens e direitos do patrimônio de pessoa jurídica, que implique redução de capital social, nos termos definidos em regulamento.

CAPÍTULO III
DO MOMENTO DA OCORRÊNCIA DO FATO GERADOR

Art. 5º Ocorre o fato gerador do ITCD:

I - quando da transmissão causa mortis, na data da:

a) abertura da sucessão legítima ou testamentária, mesmo no caso de sucessão provisória;

b) substituição de fideicomisso;

II - quando da transmissão por doação, na data:

a) da doação, ainda que a título de adiantamento da legítima;

b) da instituição de usufruto convencional ou de qualquer outro direito real;

c) da renúncia à herança ou ao legado em favor de pessoa determinada;

d) da homologação da partilha ou adjudicação, decorrente de inventário, separação, divórcio ou dissolução de união estável, em relação aos excedentes de meação e quinhão que beneficiar uma das partes;

e) da lavratura da escritura pública de partilha ou adjudicação extrajudicial, decorrente de inventário, divórcio ou dissolução de união estável, em relação aos excedentes de meação e quinhão que beneficiar uma das partes;

f) do arquivamento na Junta Comercial, na hipótese de:

1. transmissão de quotas de participação em empresas ou do patrimônio de empresário individual;

2. desincorporação do patrimônio de pessoa jurídica, que implique em redução de capital social;

g) da formalização do ato ou negócio jurídico, nos casos não previstos nas alíneas "a" a "f" deste inciso.

Parágrafo único. O disposto na alínea "a" do inciso II do *caput* deste artigo aplica-se, inclusive, na hipótese de doação declarada no Imposto de Renda.

Art. 6º Considera-se iniciada a contagem do prazo decadencial, nos termos do art. 173 da Lei Federal nº 5.172, de 25 de outubro de 1966 (Código Tributário Nacional), após a comunicação ao Fisco, pelos respectivos interessados, da concretização dos fatos geradores previstos no art. 5º desta Lei.

CAPÍTULO IV
DA NÃO INCIDÊNCIA

Art. 7º O ITCD não incide sobre a transmissão causa mortis ou por doação:

I - em que figurem como adquirentes ou beneficiários:

a) a União, os Estados, o Distrito Federal e os Municípios;

b) autarquias e fundações instituídas e mantidas pelo Poder Público;

c) partido político, inclusive suas fundações;

d) templo de qualquer culto;

e) entidade sindical de trabalhadores, instituição de educação e de assistência social, sem fins lucrativos;

II - de livro, jornal, periódico e de papel destinado a sua impressão;

III - de fonogramas e videofonogramas musicais produzidos no Brasil, contendo obras musicais ou literomusicais de autores brasileiros e/ou obras em geral interpretadas por artistas brasileiros, bem como os suportes materiais ou arquivos digitais que os contenham.

§ 1º O ITCD também não incide:

I - sobre a transmissão em que o herdeiro ou legatário renuncie à herança ou ao legado, somente quando feita sem ressalva ou condição, em benefício do monte, configurando renúncia pura e simples e que não tenha o renunciante praticado qualquer ato que demonstre aceitação da herança ou do legado;

II - no recebimento de capital estipulado de seguro de vida ou pecúlio por morte;

III - na extinção de usufruto ou de qualquer outro direito real que resulte na consolidação da propriedade plena;

IV - sobre o fruto e rendimento do bem do espólio havidos após o falecimento do autor da herança ou do legado.

§ 2º As hipóteses de não incidência, previstas para as entidades mencionadas nas alíneas "b" e "d" do inciso I do *caput* deste artigo, aplicam-se às transmissões de bens ou direitos vinculados a suas finalidades essenciais ou às delas decorrentes.

§ 3º A não incidência de que tratam as alíneas "c" e "e" do inciso I do *caput* deste artigo:

I - compreende somente bens ou direitos relacionados às finalidades essenciais das entidades ali mencionadas, ou às delas decorrentes;

II - condiciona-se à observância dos seguintes requisitos pelas entidades nelas referidas:

a) não distribuir qualquer parcela de seu patrimônio ou de sua renda, a qualquer título;

b) aplicar integralmente, no país, os seus recursos na manutenção dos seus objetivos institucionais;

c) manter escrituração de suas receitas e despesas em livros revestidos de formalidades capazes de assegurar sua exatidão.

§ 4º O disposto neste artigo não dispensa a prática de atos assecuratórios do cumprimento das obrigações acessórias quando previstas na legislação tributária alusiva ao ITCD.

§ 5º A não incidência a que se refere à alínea "e" do inciso I do *caput* deste artigo aplica-se à instituição de educação ou de assistência social, sem fins lucrativos, que preste os serviços para os quais foi instituída e os coloque à disposição da população em geral, em caráter complementar às atividades do Estado.

§ 6º Para os efeitos de aplicação da não incidência a que se refere a alínea "e" do inciso I do *caput* deste artigo, as entidades e as organizações de assistência social deverão estar registradas no órgão competente e ser detentoras do respectivo certificado.

CAPÍTULO V
DAS ISENÇÕES

Art. 8º São isentas do ITCD:

I - a transmissão causa mortis:

a) do patrimônio transmitido pelo de cujus ao herdeiro ou legatário cujo valor do respectivo quinhão ou legado não ultrapasse 7.000 (sete mil) Ufirces;

II - as transmissões causa mortis ou por doação:

a) imóveis estabelecidos em núcleos oficiais ou reconhecidos pelo Governo, em atendimento à política de redistribuição de terras, e de habitação de interesse social, desde que feita à pessoa que não seja proprietária de imóvel de qualquer natureza no município da doação;

b) bens e direitos a associações comunitárias de moradores de habitação de interesse social, atendidas as condições estabelecidas nas alíneas "a", "b" e "c" do inciso II do § 3º do art. 7º desta Lei.

c) bens, direitos e dinheiro, em moeda nacional ou estrangeira, quando destinados ao enfrentamento da pandemia causada pelo Novo Coronavírus (COVID-19), realizadas por pessoas físicas ou jurídicas, ainda que recebidos por terceiro para posterior encaminhamento, desde que destinados ao Estado do Ceará. (Alínea acrescentada pela Lei Nº 17193 de 27/03/2020).

III - a transmissão causa mortis de imóvel rural de área não superior a 3 (três) módulos rurais, assim caracterizados na forma de legislação pertinente, desde que feitas a quem não seja proprietário de imóvel de qualquer natureza.

IV - transmissão por doação de valores até R$ 50,00 (cinquenta reais). (Inciso acrescentado pela Lei Nº 17457 de 30/04/2021).

V - a transmissão por doação de valores efetuada por pessoa física ou jurídica a pessoa física, destinatária final dos valores doados, cadastrada em projeto de complementação de renda voltado a amenizar os efeitos decorrentes da crise provocada pela Covid-19, no montante mensal de até R$ 350,00 (trezentos e cinquenta reais). (Inciso acrescentaado pela Lei Nº 17563 de 16/07/2021).

§ 1º O valor alcançado pela isenção será deduzido da base de cálculo para fins de aplicação da alíquota do imposto de que trata esta Lei. (Redação do parágrafo dada pela Lei Nº 17563 de 16/07/2021).

§ 2º A isenção de que trata o inciso V aplica-se ainda que a doação seja operacionalizada com a interveniência de associações, instituições financeiras e correspondentes bancários encarregados da arrecadação, depósito, gerenciamento, controle e distribuição dos recursos à pessoa física destinatária final dos valores doados. (Parágrafo acrescentado pela Lei Nº 17563 de 16/07/2021).

§ 3º A isenção de que trata o inciso V do *caput* deste artigo somente produzirá efeitos enquanto perdurar neste Estado a situação de emergência em saúde pública decorrente da pandemia ocasionada pelo novo coronavírus - Covid-19. (Parágrafo acrescentado pela Lei Nº 17563 de 16/07/2021).

CAPÍTULO VI
DA SUJEIÇÃO PASSIVA

SEÇÃO I
DO CONTRIBUINTE

Art. 9º São contribuintes do ITCD:

I - o herdeiro ou o legatário, na transmissão causa mortis;

II - o donatário, na doação;

III - o beneficiário, na desistência de quinhão ou de direito, por herdeiro ou legatário;

IV - o cessionário, na cessão de herança ou de bem ou direito a título não oneroso;

V - o fiduciário, na instituição do fideicomisso;

VI - o fideicomissário, na substituição do fideicomisso;

VII - o beneficiário, na instituição de direito real.

Parágrafo único. Na hipótese de doação, se o donatário não residir nem for domiciliado neste Estado, o contribuinte do imposto será o doador residente ou domiciliado neste Estado.

SEÇÃO II
DA RESPONSABILIDADE SOLIDÁRIA

Art. 10. Nos casos de impossibilidade de exigir do contribuinte o pagamento do ITCD, respondem solidariamente com este nos atos que intervierem ou pelas omissões de que forem responsáveis:

I - o doador, o cedente de bem ou direito, ou, no caso do parágrafo único do art. 9º desta Lei, o donatário;

II - os notários, os registradores, os escrivães e os demais servidores do Poder Judiciário, em relação aos atos praticados por eles ou perante eles, em razão de seu ofício, bem como a autoridade judicial que não exigir o cumprimento do disposto nesta Lei;

III - a sociedade empresária, a instituição financeira ou bancária e todo aquele a quem caiba a responsabilidade pelo registro ou pela prática de ato que implique na transmissão de bem móvel ou imóvel e respectivos direitos e ações;

IV - o inventariante ou o testamenteiro, em relação aos atos que praticarem;

V - o titular, o administrador e o servidor dos demais órgãos ou entidades de direito público ou privado onde se processe o registro, a anotação ou a averbação de doação;

VI - qualquer pessoa natural ou jurídica que detenha a posse do bem transmitido ou doado;

VII - a pessoa natural ou jurídica que tenha interesse comum na situação que constitua o fato gerador da obrigação principal;

VIII - o doador, na inadimplência do donatário.

CAPÍTULO VII
DO CÁLCULO DO IMPOSTO

SEÇÃO I
DA BASE DE CÁLCULO

Art. 11. A base de cálculo do ITCD é o valor venal dos bens ou direitos transmitidos, expresso em moeda nacional.

§ 1º O valor venal do bem ou do direito transmitido será apurado na data da declaração ou da avaliação

TRIBUTÁRIO

pelo Fisco deste Estado, e atualizado nos termos definidos nesta Lei.

§ 2º O valor venal do bem ou direito transmitido, declarado pelo contribuinte ou responsável, fica sujeito à avaliação pelo Fisco deste Estado.

§ 3º O valor mínimo dos bens e direitos para efeito de base de cálculo do ITCD poderá ser estabelecido pelo Fisco deste Estado por meio de valores de referência, conforme definido em regulamento.

Art. 12. Na hipótese de desmembramento da propriedade, a base de cálculo do ITCD será:

I - de 2/3 (dois terços) do valor venal do bem, em se tratando de disposição da nua propriedade;

II - de 1/3 (um terço) do valor venal do bem, em se tratando dos demais direitos reais.

Art. 13. No caso de bem móvel ou direito não abrangido pelo disposto nos arts.11 e 12 desta Lei, a base de cálculo é o valor corrente de mercado do bem, título, crédito ou direito, na data da constituição do crédito tributário.

§ 1º Na falta do valor de que trata este artigo, admitir-se-á o que for declarado pelo interessado, ressalvada a revisão do lançamento pela autoridade competente, nos termos do art. 149 do Código Tributário Nacional - CTN, e do art. 14 desta Lei.

§ 2º Em se tratando de ações representativas do capital de sociedade, a base de cálculo é determinada por sua cotação média na Bolsa de Valores na data da transmissão, ou na data imediatamente anterior quando não houver pregão ou quando estas não tiverem sido negociadas naquele dia, regredindo-se, se for o caso, até o máximo de 180 (cento e oitenta) dias.

§ 3º No caso em que a ação, quota, participação ou qualquer título representativo do capital de sociedade não tenha sido objeto de negociação nos últimos 180 (cento e oitenta) dias, admitir-se-á seu valor patrimonial na data da transmissão, nos termos do regulamento.

§ 4º Na hipótese em que o capital da sociedade tiver sido integralizado em prazo inferior a 5 (cinco) anos, mediante incorporação de bens móveis e imóveis ou de direitos a eles relativos, a base de cálculo do imposto não será inferior ao valor venal atualizado dos referidos bens e direitos.

Art. 14. O contribuinte ou responsável que discordar do valor atribuído pelo Fisco deste Estado poderá impugná-lo administrativamente no prazo de até 30 (trinta) dias, contado a partir da ciência da notificação expedida pelo Fisco, nos termos definidos em regulamento.

§ 1º Em relação à decisão proferida após análise da impugnação:

I - sendo indeferida, o contribuinte ou responsável será notificado para recolher o crédito tributário no prazo de até 30 (trinta) dias, contados a partir do primeiro dia útil subsequente ao da ciência da notificação;

II - sendo deferida, no todo ou em parte, o contribuinte ou responsável será notificado para recolher no prazo de até 30 (trinta) dias, contados a partir do primeiro dia útil subsequente ao da ciência da notificação, nos termos da decisão.

§ 2º As disposições constantes deste artigo, inclusive a competência para análise da impugnação e do recurso, serão regulamentadas pelo Poder Executivo.

Art. 15. No caso de sobrepartilha, à base de cálculo original serão acrescentados os novos bens, conforme definido em regulamento.

SEÇÃO II
DAS ALÍQUOTAS

Art. 16. As alíquotas do ITCD, considerando-se o valor da respectiva base de cálculo, são:

I - nas transmissões causa mortis:

a) 2% (dois por cento), até 10.000 (dez mil) Ufirces;

b) 4% (quatro por cento), acima de 10.000 (dez mil) e até 20.000 (vinte mil) Ufirces;

c) 6% (seis por cento), acima de 20.000 (vinte mil) e até 40.000 (quarenta mil) Ufirces;

d) 8% (oito por cento), acima de 40.000 (quarenta mil) Ufirces;

II - nas transmissões por doação:

a) 2% (dois por cento), até 25.000 (vinte e cinco mil) Ufirces;

b) 4% (quatro por cento), acima de 25.000 (vinte e cinco mil) e até 150.000 (cem mil) Ufirces;

c) 6% (seis por cento), acima de 150.000 (cinquenta mil) e até 250.000 (duzentas e cinquenta mil) Ufirces;

d) 8% (oito por cento), acima de 250.000 (duzentas e cinquenta mil) Ufirces;

Art. 17. A apuração do imposto devido será efetuada mediante a decomposição em faixas de valores totais dos bens e direitos transmitidos, que será convertida em Ufirce, ou outro índice que a substitua, sendo que a cada uma das faixas será aplicada a respectiva alíquota.

§ 1º As alíquotas deste imposto serão definidas com base no resultado da soma do valor da totalidade dos bens e direitos transmitidos, inclusive na hipótese de liberação de parte dos bens do espólio, por meio de autorização ou alvará judicial.

§ 2º O imposto de transmissão causa mortis é devido pela alíquota vigente ao tempo da abertura da sucessão, nos termos do art. 1.784 da Lei nº 10.406, de 10 de janeiro de 2002, que institui o Código Civil Brasileiro.

CAPÍTULO VIII DA CONSTITUIÇÃO DO CRÉDITO TRIBUTÁRIO, DO LANÇAMENTO, DOS PRAZOS DE RECOLHIMENTO E DO PARCELAMENTO

SEÇÃO I DA CONSTITUIÇÃO DO CRÉDITO TRIBUTÁRIO

Art. 18. Na constituição do crédito tributário relativo ao ITCD, sem prejuízo das normas constantes do Código Tributário Nacional (Lei nº 5.172, de 25 de outubro de 1965), observar-se-á o disposto nesta Lei.

SEÇÃO II DO LANÇAMENTO

Art. 19. O lançamento do ITCD ocorre no momento da apuração do tributo pela autoridade fazendária, conforme definido em regulamento.

Art. 20. São modalidades de lançamento, visando à constituição do crédito tributário relativo ao ITCD:

I - lançamento de ofício, mediante intimação formalizada pelo Fisco, com ou sem lavratura de auto de infração, e regularmente notificada ao contribuinte ou responsável;

II - lançamento por declaração, efetuado pelo Fisco mediante informações prestadas pelo contribuinte ou responsável ou, conforme o caso, pela autoridade judicial.

III - lançamento, por homologação, nos casos dispostos em ato do Poder Executivo, para as hipóteses em que o sujeito passivo tenha o dever de antecipar o pagamento do tributo sem prévio exame da autoridade administrativa. (Inciso acrescentado pela Lei Nº 16904 de 03/06/2019).

§ 1º O lançamento efetuado de ofício poderá ser contestado pelo contribuinte ou responsável nos termos definidos em regulamento.

§ 2º O Fisco poderá desconsiderar o valor declarado pelo contribuinte ou responsável caso este não seja compatível com o valor de mercado, nos termos definidos em regulamento.

§ 3º O Fisco, mediante processo administrativo regular, poderá arbitrar o valor da base de cálculo do ITCD nos casos omissos ou quando não mereçam fé as informações prestadas ou os documentos apresentados pelo contribuinte ou responsável ou, ainda, do terceiro obrigado.

Art. 21. O regulamento deverá definir a forma e os prazos para contestação do valor apurado ou arbitrado pelo Fisco, concedendo-se ao contribuinte ou responsável o contraditório e a ampla defesa.

SEÇÃO III DO RECOLHIMENTO

Art. 22. Nas transmissões causa mortis, o imposto deve ser recolhido em até 60 (sessenta) dias, contados da notificação, ao sujeito passivo, pela autoridade fazendária.

Parágrafo único. Na hipótese da ocorrência de desistência ou renúncia à herança, o imposto deve ser recolhido no mesmo prazo definido no *caput* deste artigo.

Art. 23. Nas transmissões por doação, o imposto deve ser recolhido:

I - em até 30 (trinta) dias do seu lançamento pela autoridade fazendária e antes da lavratura do instrumento público;

II - em até 30 (trinta) dias do trânsito em julgado da sentença ou antes da lavratura da escritura pública, no caso de partilha de bem ou divisão do patrimônio comum;

III - em até 30 (trinta) dias após a lavratura do instrumento particular.

Art. 24. Nas transmissões formalizadas por quaisquer instrumentos, públicos ou particulares, lavrados fora do Estado, o imposto deverá ser recolhido em até 60 (sessenta) dias, contados da lavratura do ato ou contrato ou da ciência do fato pelo Fisco.

Art. 25. Não tendo o contribuinte recolhido o imposto lançado no prazo previsto nos arts.22, 23 e 24, a autoridade competente inscreverá o crédito tributário na Dívida Ativa do Estado.

SEÇÃO IV DO PARCELAMENTO

Art. 26. O crédito tributário relativo ao ITCD não recolhido nos prazos regulamentares, inclusive o inscrito em Dívida Ativa do Estado, poderá ser parcelado em até 30 (trinta) parcelas mensais e sucessivas, desde que o valor de cada parcela não seja inferior a 50 (cinquenta) Ufirces.

§ 1º Aplicam-se ao ITCD, no que couber, as disposições relativas ao parcelamento de ICMS, inclusive quanto à competência para a concessão.

§ 2º O parcelamento implicará confissão irretratável e irrevogável do débito.

CAPÍTULO IX
DA FISCALIZAÇÃO, DAS INFRAÇÕES E DAS PENALIDADES

SEÇÃO I
DA FISCALIZAÇÃO

Art. 27. A fiscalização do ITCD compete aos servidores do Grupo Ocupacional Tributação, Arrecadação e Fiscalização da Secretaria da Fazenda, nos termos definidos em regulamento.

Parágrafo único. São competentes para designar servidores para procederem a diligências de fiscalização, objetivando constituir o crédito tributário decorrente do ITCD:

I - quaisquer dos coordenadores da Coordenadoria de Administração Tributária;

II - exercentes de funções gerenciais na Célula de Execução da Administração Tributária (CEXAT).

Art. 28. A ação fiscal de que trata o art. 27 desta Lei será precedida de ato designatório expedido pela respectiva autoridade competente, devendo ser concluída no prazo máximo de 90 (noventa) dias, conforme o disposto em regulamento.

§ 1º Os procedimentos relativos à ação fiscal, inclusive a constituição do crédito tributário decorrente do ITCD, quando for o caso, serão definidos em regulamento.

§ 2º O desatendimento das normas previstas nesta seção não resultará em nulidade dos atos de fiscalização, autuação e cobrança, salvo se o contribuinte comprovar prejuízo para sua defesa ou para a lisura do procedimento fiscalizatório.

SEÇÃO II
DAS INFRAÇÕES

Art. 29. Considera-se infração à legislação tributária relacionada com o ITCD toda ação ou omissão, voluntária ou involuntária, praticada por pessoa física ou jurídica, que resulte em descumprimento de obrigação tributária principal ou acessória.

Art. 30. As infrações serão apuradas de acordo com as formalidades processuais específicas, no âmbito administrativo, com ou sem lavratura de auto de infração, nos termos definidos em regulamento.

Art. 31. Considerando a natureza da infração, as multas poderão ser calculadas tendo como base de cálculo:

I - o valor do ITCD;

II - valor da Ufirce.

Art. 32. A responsabilidade por infração à legislação tributária relativa ao ITCD independe da intenção do contribuinte ou responsável, bem como da efetividade, natureza ou extensão dos efeitos do ato praticado.

Parágrafo único. Respondem pela infração todos aqueles que, em conjunto ou isoladamente, concorram para a sua prática.

SEÇÃO III
DAS PENALIDADES

Art. 33. Nas transmissões causa mortis ou por doação, o contribuinte ou responsável que recolher o imposto fora dos prazos legais, antes de qualquer procedimento do Fisco, fica sujeito à multa de 0,15% (zero vírgula quinze por cento) ao dia, limitada ao total de 15% (quinze por cento).

Art. 34. As infrações relacionadas com as transmissões causa mortis são punidas com a aplicação das seguintes penalidades, sem prejuízo da cobrança do imposto, quando for o caso:

I - multa equivalente a 10% (dez por cento) sobre o valor do imposto devido, pelo atraso no requerimento do inventário ou arrolamento, que deverá dar-se no prazo previsto na legislação processual civil, aumentada para 20% (vinte por cento) quando o atraso ultrapassar 180 (cento e oitenta) dias;

II - multa equivalente a 3 (três) vezes o valor do imposto devido, pela falta de seu recolhimento, decorrente de fraude, dolo ou simulação.

Parágrafo único. Relativamente ao disposto no inciso I do *caput* deste artigo, de forma excepcional, tratando-se de fatos geradores ocorridos até 31 de dezembro de 2020, o prazo de tolerância para requerimento do inventário ou arrolamento, judicial ou extrajudicial, será de 180 (cento e oitenta) dias. (Parágrafo acrescentado pela Lei Nº 17251 de 27/07/2020).

Art. 35. As infrações relacionadas com as transmissões por doação são punidas com a aplicação das seguintes penalidades, sem prejuízo da cobrança do imposto, quando for o caso:

I - multa equivalente a 10% (dez por cento) sobre o valor do imposto devido, pelo atraso na comunicação, ao Fisco, da transmissão do bem ou direito, que se dará dentro de 60 (sessenta) dias, contados da concretização da doação, aumentada para 20% (vinte por cento) quando o atraso ultrapassar 180 (cento e oitenta) dias;

II - multa equivalente a 3 (três) vezes o valor do imposto, na falta de seu recolhimento, decorrente de fraude, dolo ou simulação.

CAPÍTULO X
DAS DISPOSIÇÕES GERAIS

Art. 36. O reconhecimento da não incidência ou da isenção será verificado em processo administrativo, mediante requerimento do interessado ao órgão da administração fazendária que recebeu o pedido de lançamento do tributo, nos termos definidos em regulamento.

Art. 37. O imposto recolhido a maior ou indevidamente será restituído, no todo ou em parte, a requerimento do sujeito passivo.

Parágrafo único. O procedimento, os termos e as condições da restituição de que trata o *caput* deste artigo serão definidos em regulamento.

Art. 38. A pessoa jurídica cujo sócio venha a falecer disponibilizará à autoridade fazendária os haveres apurados do sócio falecido, por meio de balanço patrimonial ou outros documentos exigidos pela fiscalização.

Parágrafo único. O disposto no *caput* deste artigo aplica-se, ainda, nos casos de doação de quotas ou ações.

Art. 39. A Junta Comercial do Estado do Ceará - Jucec, enviará mensalmente à Secretaria da Fazenda informações sobre todos os atos relativos à constituição, modificação e extinção de pessoas jurídicas, bem como de empresários, realizados no mês imediatamente anterior, que constituam fato gerador do imposto.

Parágrafo único. A comunicação de que trata o *caput* deste artigo deverá ser efetuada até o dia 10 (dez) do mês subsequente àquele em que ocorrer a referida entrada.

Art. 40. Os titulares de Cartórios de Notas, de Registro de Pessoas Jurídicas, Registro de Títulos e Documentos, de Cartórios de Registro de Imóveis e de Cartórios de Registro Civil das Pessoas Naturais prestarão informações referentes à escritura ou registro de doação, de constituição de usufruto ou de fideicomisso, de formalização ou registro de qualquer instrumento que altere a participação societária de sócios, em razão de transferência por cessão, doação, renúncia ou falecimento, ou do qual decorra a transferência de imóveis, desde que constitua fato gerador do imposto, sob pena de responder solidariamente pela omissão.

§ 1º Para a comunicação de que trata o *caput* deste artigo, aplicase o prazo de até 30 (trinta) dias, contados do primeiro dia útil após a alteração de participação societária ou transferência de imóveis.

§ 2º Os titulares mencionados neste artigo exibirão à autoridade fazendária, quando solicitados, livros, registros, fichas e quaisquer outros instrumentos que estiverem em seu poder, inclusive produzindo, se for o caso, fotocópias ou certidões de inteiro teor dos documentos exigidos pela fiscalização.

Art. 41. O valor devido pelo sujeito passivo a título de ITCD, decorrente da transmissão causa mortis, poderá ser compensado, mediante prévia autorização da Procuradoria-Geral do Estado, com precatório devido ao de cujus, nos termos definidos em regulamento.

CAPÍTULO XI
DAS DISPOSIÇÕES FINAIS

Art. 42. Fica o Chefe do Poder Executivo autorizado a editar as normas regulamentares necessárias à fiel execução desta Lei.

Art. 43. Compete ao Secretário da Fazenda editar atos normativos complementares necessários ao cumprimento desta Lei e do seu regulamento.

Art. 44. Esta Lei entra em vigor em 1º de janeiro de 2016.

Art. 45. Ficam revogadas todas as disposições em contrário, em especial a Lei nº 13.417, de 30 de dezembro de 2003.

PALÁCIO DA ABOLIÇÃO, DO GOVERNO DO ESTADO DO CEARÁ, em Fortaleza, 20 de julho de 2015.

LEI ESTADUAL Nº 16.259, DE 9 DE JUNHO DE 2017

– DISPÕE SOBRE A ANISTIA DE CRÉDITOS TRIBUTÁRIOS RELACIONADOS COM O IMPOSTO SOBRE OPERAÇÕES RELATIVAS À CIRCULAÇÃO DE MERCADORIAS E SOBRE AS PRESTAÇÕES DE SERVIÇOS DE TRANSPORTES INTERESTADUAL E INTERMUNICIPAL E DE COMUNICAÇÃO - ICMS, COM O IMPOSTO SOBRE A PROPRIEDADE DE VEÍCULOS AUTOMOTORES - IPVA, E COM O IMPOSTO DE TRANSMISSÃO *CAUSA MORTIS* E DOAÇÕES - ITCD, E DO DEPARTAMENTO ESTADUAL DE TRÂNSITO DO ESTADO DO CEARÁ (DETRAN), INSCRITOS OU NÃO EM DÍVIDA ATIVA DO ESTADO, NA FORMA QUE ESPECIFICA

ATUALIZADA ATÉ A LEI Nº 16.443, DE 08-12-2017.

ÍNDICE

Art. 1º Esta Lei estabelece os procedimentos para a anistia de créditos tributários oriundos do Imposto sobre Operações Relativas à Circulação de Mercadorias e sobre Prestações de Serviços de Transporte Interestadual e Intermunicipal e de Comunicação - ICMS, do Imposto sobre a Propriedade de Veículos Automotores - IPVA, e do Imposto de Transmissão Causa mortis e Doação, de quaisquer Bens ou Direitos - ITCD, e dos créditos não tributários do Departamento Estadual de Trânsito do Estado do Ceará (DETRAN-CE), inscritos ou não em Dívida Ativa do Estado, na forma que especifica.

CAPÍTULO I
DA ANISTIA DOS CRÉDITOS DE NATUREZA TRIBUTÁRIA

Art. 2º As pessoas físicas ou jurídicas, contribuintes ou não do ICMS, IPVA e ITCD ficam dispensadas do pagamento total ou parcial de multas e juros, nos percentuais abaixo indicados, relativos aos créditos tributários respectivos, inscritos ou não em Dívida Ativa do Estado, ajuizados ou não, parcelados ou não, inclusive aqueles com exigibilidade suspensa, nos termos do art. 151 do Código Tributário Nacional (Lei nº 5.172 , de 25 de outubro de 1966) decorrentes de fatos geradores ocorridos até 31 de dezembro de 2016, desde que realizado o pagamento da obrigação tributária principal e os acréscimos, quando for o caso, em moeda corrente, com a observância dos seguintes critérios:

I - sem quaisquer acréscimos, se o valor da obrigação tributária principal for pago, à vista, até o dia 30 de junho de 2017;

I-A - sem quaisquer acréscimos, se o valor da obrigação tributária principal for pago, à vista, do dia 11 ao dia 27 de dezembro de 2017; (Inciso acrescentado pela Lei Nº 16443 de 08/12/2017).

II - com redução de 95% (noventa e cinco por cento) das multas punitivas, moratórias e dos juros de mora, se o valor da obrigação tributária principal for pago, à vista, até 31 de julho de 2017;

III - com redução de 90% (noventa por cento) das multas punitivas, moratórias e dos juros de mora, se os respectivos valores forem pagos em até 30 (trinta) parcelas iguais, desde que a primeira seja recolhida até o dia 31 de julho de 2017 e as demais até o último dia útil dos meses seguintes, devidamente corrigidas pela taxa referencial do Sistema Especial de Liquidação e de Custódia - Selic;

III-A - com redução de 90% (noventa por cento) das multas punitivas, moratórias e dos juros de mora, se os respectivos valores forem pagos em até 30 (trinta) parcelas iguais, desde que a primeira seja recolhida entre os dias 11 e 27 de dezembro de 2017 e as demais até o último dia útil dos meses seguintes, devidamente corrigidas pela taxa referencial do Sistema Especial de Liquidação e de Custódia - Selic; (Inciso acrescentado pela Lei Nº 16443 de 08/12/2017).

IV - com redução de 75% (setenta e cinco por cento) das multas punitivas, moratórias e dos juros de mora, se os respectivos valores forem pagos em até 60 (sessenta) parcelas iguais, desde que a primeira seja recolhida até o dia 31 de julho de 2017 e as demais até o último dia útil dos meses seguintes, devidamente corrigidas pela taxa Selic quando de seus respectivos pagamentos;

IV-A - com redução de 75% (setenta e cinco por cento) das multas punitivas, moratórias e dos juros de mora, se os respectivos valores forem pagos em até 60 (sessenta) parcelas iguais, desde que a primeira seja recolhida entre os dias 11 e 27 de dezembro de 2017 e as demais até o último dia útil dos meses seguintes, devidamente corrigidas pela taxa Selic quando de seus respectivos pagamentos; (Inciso acrescentado pela Lei Nº 16443 de 08/12/2017).

V - com redução de 55% (cinquenta e cinco por cento) das multas punitivas, moratórias e dos juros de mora, se os respectivos valores forem pagos em até 120 (cento e vinte) parcelas iguais, desde que a primeira seja recolhida até o dia 31 de julho de 2017 e as demais até o último dia útil dos meses seguintes, devidamente corrigidas pela taxa Selic quando de seus respectivos pagamentos.

V-A - com redução de 55% (cinquenta e cinco por cento) das multas punitivas, moratórias e dos juros de mora, se os respectivos valores forem pagos em até 120 (cento e vinte) parcelas iguais, desde que a primeira seja recolhida entre os dias 11 e 27 de dezembro de 2017 e as demais até o último dia útil dos meses seguintes, devidamente corrigidas pela taxa Selic quando de seus respectivos pagamentos. (Inciso acrescentado pela Lei Nº 16443 de 08/12/2017).

§ 1º Os créditos tributários de ICMS decorrentes exclusivamente de penalidades pecuniárias por descumprimento de obrigação tributária de natureza acessória e de multa autônoma, cujos fatos geradores tenham ocorrido até 31 de dezembro de 2016, poderão ser pagos com base nos seguintes critérios:

I - com redução de 85% (oitenta e cinco por cento), do seu valor original, se pago, à vista, até o dia 30 de junho de 2017, com redutor de 100% (cem por cento) dos acréscimos;

I-A - com redução de 85% (oitenta e cinco por cento), do seu valor original, se pago, à vista, do dia 11 ao dia 27 de dezembro de 2017, com redutor de 100% (cem por cento) dos acréscimos; (Inciso acrescentado pela Lei Nº 16443 DE 08/12/2017).

II - com redução de 80% (oitenta por cento), do seu valor original, se pago, à vista, até o dia 31 de julho de 2017, com redutor de 100% (cem por cento) dos acréscimos;

III - com redução de 75% (setenta e cinco por cento) do seu valor original corrigido pela taxa Selic, se pago em até 30 (trinta) parcelas iguais, mensais e sucessivas, desde que a primeira seja recolhida até o dia 31 de julho de 2017 e as demais até o último dia útil dos meses seguintes, corrigidas pela taxa Selic quando dos respectivos pagamentos;

III-A - com redução de 75% (setenta e cinco por cento) do seu valor original corrigido pela taxa Selic, se pago em até 30 (trinta) parcelas iguais, mensais e sucessivas, desde que a primeira seja recolhida entre os dias 11 e 27 de dezembro de 2017 e as demais até o último dia útil dos meses seguintes, corrigidas pela taxa Selic quando dos respectivos pagamentos; (Inciso acrescentado pela Lei Nº 16443 de 08/12/2017).

IV - com redução de 65% (sessenta e cinco por cento) do seu valor original corrigido pela taxa Selic, se pago em até 60 (sessenta) parcelas iguais, mensais e sucessivas, desde que a primeira seja recolhida até o dia 31 de julho de 2017 e as demais até o último dia útil dos meses subsequentes, corrigidas pela taxa Selic quando dos respectivos pagamentos.

IV-A - com redução de 65% (sessenta e cinco por cento) do seu valor original corrigido pela taxa Selic, se pago em até 60 (sessenta) parcelas iguais, mensais e sucessivas, desde que a primeira seja recolhida entre os dias 11 e 27 de dezembro de 2017 e as demais até o último dia útil dos meses subsequentes, corrigidas pela taxa Selic quando dos respectivos pagamentos. (Inciso acrescentado pela Lei Nº 16443 de 08/12/2017).

§ 2º A redução prevista nos incisos III e IV do *caput* deste artigo será aplicada na mesma proporção, também, no valor referente a juros de mora.

§ 3º A anistia prevista neste artigo aplica-se, inclusive, a créditos tributários de ICMS de microempreendedores individuais, microempresas e empresas de pequeno porte.

Art. 3º As empresas beneficiárias dos programas FDI/PROVIN, estabelecidos na Lei nº 10.367 , de 7 de dezembro de 1979, poderão quitar seus débitos relativos a fatos geradores ocorridos até 31 de dezembro de 2016, à vista, até 30 de junho de 2017, ou entre 11 e 27 de dezembro de 2017, observando nos seguintes casos: (Redação do *caput* dada pela Lei Nº 16443 de 08/12/2017).

I - a parcela não diferida ou desembolso, cujo valor mensal, seja igual ou inferior a 40.000 (quarenta mil) UFIRCEs, pode ser quitada, pelo seu valor nominal, ficando homologado o benefício correspondente estabelecido no contrato de mútuo ou termo de acordo, celebrado com o Conselho Estadual de Desenvolvimento Econômico - CEDIN;

II - o débito inscrito na Dívida Ativa do Estado poderá ser quitado, pelo seu valor nominal, deduzido o valor do desconto constante do contrato de mútuo ou termo de acordo celebrado com o CEDIN.

III - O contribuinte que atrasou a parcela não diferida ou desembolso no prazo máximo de 2 (dois) dias e cujo valor mensal seja entre 40.000 (quarenta mil) e 72.000 (setenta e dois mil) UFIRCEs gozará também da homologação da parcela diferida ou benefícios previstos no inciso I, devendo também ser aplicado o § 1º deste artigo, ainda que o contribuinte já tenha aderido ao parcelamento do benefício perdido ou da parcela diferida.

III-A - a parcela não diferida ou desembolso, cujo valor mensal esteja compreendido entre 40.000 (quarenta mil) e 72.000 (setenta e dois mil) UFIRCEs pode ser quitada, pelo seu valor nominal, ficando homologado o benefício correspondente estabelecido no contrato de mútuo ou termo de acordo, celebrado com o Conselho Estadual de Desenvolvimento Econômico - CEDIN, devendo também ser aplicado o § 1º deste artigo, ainda que o contribuinte já tenha aderido ao parcelamento do benefício perdido ou da parcela diferida. (Inciso acrescentado pela Lei Nº 16443 DE 08/12/2017).

§ 1º O disposto no inciso I do *caput*, aplica-se, inclusive nos casos em que o pagamento tenha ocorrido antes da vigência desta Lei.

§ 2º O percentual do desconto a que se refere o inciso II do *caput* será informado pela Secretaria de Desenvolvimento Econômico à Célula de Dívida Ativa do Estado - CEDAT.

§ 3º O disposto neste artigo aplica-se exclusivamente ao imposto decorrente de apuração do FDI, inclusive, no que couber, o PCDM. (Redação do parágrafo dada pela Lei Nº 16443 de 08/12/2017).

Art. 4º As empresas beneficiárias dos programas de incentivos às atividades portuárias e industriais do Ceará - FDI/PROAPI, poderão quitar seus débitos, à vista, até 30 de junho de 2017, pelo valor nominal da parcela em atraso, sem os benefícios do programa, com redução de:

I - 100% (cem por cento) dos juros de mora;

II - 50% (cinquenta por cento) da correção monetária.

Art. 5º O disposto nos arts.3º e 4º desta Lei não autorizam a restituição ou a compensação de importância pagas de forma diversa.

Art. 6º Para os efeitos desta Lei, considera-se:

I - crédito tributário a soma do imposto, da multa, dos juros e da atualização monetária e, conforme o caso, de outros acréscimos previstos na legislação tributária;

II - penalidade pecuniária por descumprimento de obrigação tributária de natureza acessória e multa autônoma aquela desacompanhada do valor do imposto.

Parágrafo único. Os descontos concedidos nos termos desta Lei não excluem aqueles previstos no art. 127 da Lei nº 12.670 , de 27 de dezembro de 1996, que dispõe acerca do ICMS.

Art. 7º O disposto nesta Lei aplica-se a quaisquer débitos fiscais decorrentes de infrações praticadas pelo sujeito passivo, inclusive os decorrentes de Multa autônoma e ICMS retido por Substituição Tributária.

Art. 8º O valor de cada parcela não poderá ser inferior a R$ 200,00 (duzentos reais).

CAPÍTULO II
DOS CRÉDITOS DE NATUREZA NÃO TRIBUTÁRIA INSCRITOS OU NÃO EM DÍVIDA ATIVA DO DEPARTAMENTO ESTADUAL DE TRÂNSITO DO ESTADO DO CEARÁ

Art. 9º Fica concedida remissão dos créditos de natureza não tributária, inscritos ou não em Dívida Ativa, referentes ao Departamento Estadual de Trânsito do Estado do Ceará (DETRAN-CE), cujos fatos geradores tenham ocorrido até 31 de dezembro de 2015, até o valor total de 1.000 (uma mil) UFIRCEs por pessoa física e jurídica, condicionada ao pagamento de 20% (vinte por cento) deste valor.

§ 1º A pessoa física ou jurídica que possuir débito de natureza não tributária cuja soma supere o valor de 1.000 (uma mil) UFIRCEs poderá obter o benefício da remissão prevista neste artigo, desde que pague o valor excedente, à vista ou parcelado, juntamente com o valor de 20% (vinte por cento) de que trata o *caput* deste artigo.

§ 2º O beneficiário da remissão prevista na forma do § 2º deste artigo poderá solicitar o parcelamento da dívida remanescente, nos termos do art. 6º da Lei nº 13.877 , de 15 de fevereiro de 2007, ou por intermédio de instituições financeiras credenciadas para esta finalidade.

§ 3º O benefício de que trata este artigo deverá ser pago pelo interessado até o último dia útil do mês de dezembro de 2017 nas seguintes modalidades:

I - à vista, diretamente no sítio eletrônico do DETRAN-CE;

II - parcelado, junto à sede em Fortaleza ou às unidades regionais do DETRAN-CE.

§ 4º O disposto neste artigo não autoriza a restituição ou compensação de importância paga.

§ 5º Para os fins deste artigo, os créditos inscritos ou não em Dívida Ativa do DETRAN-CE que tenham sido pagos até a data da publicação desta Lei não são alcançados pela remissão prevista neste Capítulo.

§ 6º Nas motocicletas de até 150 (cento e cinquenta) cilindradas cujo valor de avaliação não ultrapasse R$ 5.000,00 (cinco mil reais), com base na avaliação constante na tabela do IPVA 2017 da SEFAZ, que estejam apreendidas ou removidas a qualquer título aos depósitos do DETRAN, a remissão de que trata este artigo será de 100% (cem por cento).

CAPÍTULO III
DAS DISPOSIÇÕES GERAIS

Art. 10. O sujeito passivo que possuir ação judicial em curso que tenha por objeto o débito incluído no pagamento, deverá, como condição para se valer do tratamento previsto nesta Lei, desistir da respectiva ação judicial e renunciar a qualquer alegação de direito sobre a qual se funda a referida ação, protocolizando requerimento de extinção do processo com resolução de mérito nos termos da alínea "c", inciso II do *caput* do art. 487 da Lei nº 13.105 , de 16 de março de 2015, Código de Processo Civil , e apresentando à Procuradoria-Geral do Estado -PGE, ou à Secretaria da Fazenda deste Estado - SEFAZ, o respectivo comprovante, até o dia 30 de junho de 2017, condicionando o sujeito passivo à aceitação plena e irretratável de todas as condições desta Lei.

§ 1º No caso das ações promovidas por substituto processual, a desistência da ação judicial prevista no *caput* deste artigo deverá ser formulada em relação ao substituído.

§ 2º O não atendimento da condição prevista no *caput* deste artigo, implicará na anulação do tratamento concedido nos termos desta Lei, restaurando-se o débito ao seu valor original atualizado, com a inclusão de juros e multas, deduzindo-se os valores das parcelas que tenham sido eventualmente pagas.

Art. 11. Os recolhimentos realizados nos termos desta Lei constituem-se em confissão irretratável da dívida, não conferindo ao sujeito passivo quaisquer direitos à restituição ou compensação de importâncias já pagas com o tratamento ora disciplinado.

Parágrafo único. A vedação de que trata o *caput* aplica-se, também, ao Procedimento Especial de Restituição disciplinado na Lei nº 15.614 , de 29 de maio de 2014, que estabelece a estrutura, organização e competência do Contencioso Administrativo Tributário - CONAT, bem como institui o respectivo processo eletrônico.

Art. 12. O Poder Executivo deverá destinar 5% (cinco por cento) dos débitos efetivamente recolhidos por força da aplicação desta Lei, a título de honorários de adesão, na forma disciplinada nos arts. 44 e 45 da Lei Complementar nº 134 , de 7 de abril de 2014.

§ 1º O valor de que trata o *caput* deste artigo será transferido até o 12º (décimo segundo) dia do mês subsequente ao recolhimento.

§ 2º A Secretaria da Fazenda informará mensalmente à Procuradoria-Geral do Estado -PGE, os valores arrecadados nos termos desta Lei.

§ 3º A Secretaria da Fazenda informará bimestralmente à Comissão de Fiscalização e Controle da Assembleia Legislativa do Estado do Ceará os valores arrecadados nos termos da Lei, o número detalhado de adesões ao Programa, discriminando prazos e valores.

Art. 13. O contribuinte que aderir à sistemática desta Lei fica dispensado do pagamento do encargo legal, pela inscrição em Dívida Ativa, previsto no art. 6º da Lei Complementar nº 70 , de 10 de novembro de 2008, e dos honorários advocatícios relativos à execução fiscal e aos respectivos embargos do devedor.

Art. 14. Deverá ser inserida ao orçamento da Secretaria da Fazenda do Estado do Ceará, dotação orçamentária correspondente a 10% (dez por cento), calculado sobre o valor dos débitos efetivamente recolhidos por força da aplicação desta Lei, para fins de cumprimento da Lei nº 13.439 , de 16 de janeiro de 2004.

Art. 15. Na hipótese de o contribuinte aderir ao tratamento previsto nesta Lei e efetuar o pagamento do crédito tributário nos termos da decisão do julgamento de 1ª Instância do Contencioso Administrativo Tributário - CONAT, e havendo modificação, em virtude de interposição de recurso de ofício, conforme disposto no art. 33 , inciso II da Lei nº 15.614 , de 29 de maio de 2014, o tratamento aplicar-se-á aos eventuais acréscimos decorrentes da decisão final recorrida.

Parágrafo único. A adesão do contribuinte à decisão de julgamento de 1ª Instância do CONAT não cabe qualquer alteração negativa de seu valor.

Art. 16. Os créditos tributários lançados pela SEFAZ em Autos de Infração que tenham sido julgados nulos pelo CONAT, sem análise do mérito, poderão ser liquidados pelos contribuintes nos termos desta Lei com a apresentação de denúncia espontânea pelo sujeito passivo, relativa à infração eventualmente cometida.

Art. 17. O inadimplemento superior a 90 (noventa) dias dos créditos tributários parcelados, na forma e prazos definidos nesta Lei, implicará na perda dos benefícios em relação ao saldo remanescente.

Parágrafo único. O inadimplemento da obrigação tributária principal por 3 (três) meses, consecutivos, com os fatos geradores ocorridos após 1º de agosto de 2017, implica também a perda dos benefícios em relação ao remanescente.

Art. 18. Para fruição dos benefícios previstos nesta Lei, não serão exigidas garantias à execução fiscal em relação aos créditos tributários ajuizados nem é necessário estar quite com as obrigações tributárias principal e acessória.

Art. 19. O Chefe do Poder Executivo poderá expedir os atos regulamentares necessários ao fiel cumprimento desta Lei.

Art. 20. Esta Lei entra em vigor na data de sua publicação, produzindo efeitos em relação ao art. 12, até o último dia útil do mês subsequente ao do trânsito em julgado da decisão administrativa do CONAT.

PALÁCIO DA ABOLIÇÃO, DO GOVERNO DO ESTADO DO CEARÁ, em Fortaleza, 09 de junho de 2017.

DECRETO ESTADUAL Nº 33.657, DE 8 DE JULHO DE 2020

– REGULAMENTA A LEI ESTADUAL Nº 13.568, DE 30 DE DEZEMBRO DE 2004, QUE "INSTITUI O PROGRAMA DE INCENTIVO AO CONSUMIDOR DE EXIGÊNCIA DE DOCUMENTO FISCAL", CRIA O PROGRAMA DENOMINADO "SUA NOTA TEM VALOR"

ATUALIZADO ATÉ O DECRETO Nº 34.055, DE 30-04-2021.

ÍNDICE

O Governador do Estado do Ceará, no uso das atribuições que lhe confere o art. 88, incisos IV e VI, da Constituição Estadual;

Considerando que a Lei Estadual nº 13.568 , de 30 de dezembro de 2004, que autoriza o Chefe do Poder Executivo a instituir programa de incentivo à exigência de documento fiscal;

Considerando a Lei Estadual nº 16.697 , de 17 de dezembro de 2018, que instituiu o Programa de Educação Fiscal do Estado do Ceará, e prevê um conjunto de ações mediante os quais o indivíduo e a coletividade constroem valores, conhecimentos e atitudes, voltados para o planejamento, a gestão e o controle dos recursos públicos, de forma responsável, com base no exercício da cidadania e da corresponsabilidade, visando ao bem comum, à melhoria da qualidade de vida e à sustentabilidade social;

Considerando, também, a necessidade de estruturar e modernizar um programa com o objetivo de estimular, educar e conscientizar os cidadãos quanto à importância social dos tributos e o direito à exigência dos documentos fiscais nas aquisições de bens e serviços, nos termos autorizados pela Lei Estadual nº 13.568 , de 30 de dezembro de 2004;

Considerando a Lei Estadual nº 17.087 , de 29 de outubro de 2019, que instituiu o Programa de Conformidade Tributária "Contribuinte Pai D'Égua", que prevê benefícios para os contribuintes que adotarem boas práticas no campo tributário, e, com isso, alcançar uma maior eficiência na arrecadação e melhorar o ambiente de negócio, além de promover a educação fiscal.

Decreta:

CAPÍTULO I
DAS DISPOSIÇÕES PRELIMINARES

Art. 1º Fica instituído, conforme Lei Estadual nº 13.568, de 30 de dezembro de 2004, o Programa denominado "Sua Nota Tem Valor".

CAPÍTULO II
DOS OBJETIVOS

Art. 2º São objetivos do Programa "Sua Nota Tem Valor":

I - conscientizar a população sobre a importância do tributo e sua função social;

II - promover a participação direta dos cidadãos em ações que tenham por finalidade contribuir para o incremento da arrecadação tributária do Estado e dos municípios;

III - promover a participação dos cidadãos em ações que envolvam controle social;

IV - incentivar atividades assistenciais, desportivas, de saúde, educacionais, culturais, de apoio aos animais e demais atividades de interesse coletivo desenvolvidas por instituições sem fins econômicos;

V - proporcionar a conscientização sobre a importância da emissão de documento fiscal por parte do contribuinte do Imposto sobre Operações relativas à Circulação de Mercadorias e sobre Prestações de Serviços de Transportes Interestadual e Intermunicipal e de Comunicação (ICMS), nos casos previstos em Lei;

VI - estimular a regularização cadastral das empresas perante a Secretaria da Fazenda do Estado do Ceará (Sefaz);

VII - alinhar-se com o Programa de Educação Fiscal, previsto na Lei Estadual nº 16.697 , de 17 de dezembro de 2018, na promoção da cidadania fiscal.

CAPÍTULO III
DA PARTICIPAÇÃO NO PROGRAMA

Art. 3º Podem participar do Programa:

I - o consumidor final, pessoa física, regularmente inscrito no Cadastro de Pessoas Físicas (CPF) da Receita Federal do Brasil;

II - as instituições sem fins econômicos, regularmente constituídas e estabelecidas neste Estado, que desenvolvam programas de assistência social, promoção social e de melhoria na qualidade de vida da população, saúde, educação, esporte, cultura ou de apoio aos animais e outras atividades de relevante interesse público em proveito da população vulnerável do Estado, tais como associações, fundações, organizações religiosas, organizações não governamentais e demais instituições sem fins lucrativos.

§ 1º Os participantes de que trata este artigo deverão estar previamente cadastrados no Programa junto à Sefaz.

§ 2º O participante pessoa física deverá indicar uma instituição sem fins econômicos, dentre as cadastradas no Programa, com a qual pretende colaborar a cada documento fiscal emitido com seu CPF.

§ 3º As instituições sem fins econômicos participam do Programa como beneficiárias da pontuação gerada pelos documentos fiscais emitidos com o CPF do consumidor final participante.

§ 4º Os dados pessoais dos participantes serão utilizados para os fins institucionais da Secretaria da Fazenda, podendo ser compartilhados com outros órgãos estaduais com a finalidade exclusiva de realização de políticas públicas no Estado.

CAPÍTULO IV
DOS DOCUMENTOS FISCAIS

Art. 4º Os documentos fiscais regularmente autorizados e transmitidos são válidos para geração de pontos e apuração na premiação do Programa "Sua Nota Tem Valor", devendo atender aos requisitos previstos em ato normativo do Secretário da Fazenda do Estado do Ceará.

§ 1º Os pontos gerados, para sorteio e rateio, só poderão ser utilizados no mês de sua competência, não sendo possível acúmulo para fins de premiação nos meses subsequentes. (Redação do parágrafo dada pelo Decreto Nº 34055 DE 30/04/2021).

§ 2º Os pontos gerados poderão ser acumulados, desde que estabelecidos em ações específicas, conforme ato normativo do Secretário da Fazenda. (Parágrafo acrescentado pelo Decreto Nº 34055 DE 30/04/2021).

CAPÍTULO V
DAS PREMIAÇÕES

» *(Redação do título do capítulo dada pelo Decreto Nº 34055 DE 30/04/2021).*

Art. 5º O Programa "Sua Nota Tem Valor" terá as seguintes premiações: (Redação do artigo dada pelo Decreto Nº 34055 DE 30/04/2021)

I - sorteios aos cidadãos e às instituições sem fins econômicos que atendam aos critérios estabelecidos em ato do Secretário da Fazenda;

II - rateios regionalizados às instituições sem fins econômicos que atendam aos critérios estabelecidos em ato do Secretário da Fazenda;

III - desconto do IPVA de veículos registrados no Ceará, conforme disposto em regulamento;

IV - outros prêmios não monetários definidos em regulamento.

Parágrafo único. Os sorteios e rateios serão regionalizados de acordo com ato normativo do Secretário da Fazenda, conforme as regiões estabelecidas no art. 10 deste Decreto.

Art. 6º A Sefaz, em relação aos prêmios mensais de que trata o art. 6º, deste Decreto, estabelecerá:

I - o cronograma dos sorteios e rateios;

II - os valores totais das premiações;

III - os valores mínimos e máximos das premiações.

Parágrafo único. O pagamento dos prêmios previstos no Programa será bloqueado caso o participante:

I - possua CPF ou CNPJ bloqueado;

II - informe dados bancários incorretos ou conta bancária inativa;

III - esteja com inscrição ativa na Dívida Ativa Estadual ou no Cadine.

IV - não tenha perfil de consumidor final. (Inciso acrescentado pelo Decreto Nº 34055 de 30/04/2021).

Art. 7º A Sefaz poderá atribuir pontuação diferenciada aos documentos fiscais emitidos por contribuintes de segmentos econômicos, tipo de fornecedor e regiões específicas, conforme disposto em ato normativo emitido pelo Secretário da Fazenda. (Redação do artigo dada pelo Decreto Nº 34055 de 30/04/2021).

Art. 8º A Sefaz poderá atribuir pontuação diferenciada aos documentos fiscais emitidos por contribuintes de segmentos econômicos específicos, conforme disposto em ato normativo emitido pelo Secretário da Fazenda.

Art. 9º Compete à Sefaz:

I - estabelecer o cronograma de aplicação dos recursos destinados à premiação;

II - definir a forma de entrega dos prêmios aos contemplados;

III - manter os registros completos dos sorteios por um prazo de 5 (cinco) anos.

Art. 10. Os sorteios deverão ser gerais e regionalizados em três áreas exclusivas, considerando as regiões de planejamento e sua população estimada pelo Instituto Brasileiro de Geografia e Estatística (IBGE), de modo a garantir uma aproximação do mesmo tamanho da população em cada uma dessas três áreas, conforme tabela especificada a seguir: (Redação do artigo dada pelo Decreto Nº 34055 de 30/04/2021)

Tabela 1: Áreas para sorteio

ÁREA PARA SORTEIO	REGIÕES DE PLANEJAMENTO
1	a) GRANDE FORTALEZA e
	b) LITORAL OESTE/VALE DO CURU.
	c) LITORAL NORTE;
	d) SERRA DA IBIAPABA;
	e) SERTÃO DOS INHAMUNS;
2	f) SERTÃO DOS CRATEÚS;
	g) SERTÃO DE SOBRAL;
	h) MACIÇO DO BATURITÉ; e
	i) VALE DO JAGUARIBE.
	j) CARIRI; CENTRO SUL;
3	k) SERTÃO DE CANINDÉ;
	l) SERTÃO CENTRAL; e
	m) LITORAL LESTE.

Art. 11. Os participantes, pessoa física e pessoa jurídica, perderão o direito de receber o prêmio após 180 (cento e oitenta dias) dias contados da data de sua divulgação, caso não regularize seus dados bancários e/ou cadastrais". (Redação do artigo dada pelo Decreto Nº 34055 de 30/04/2021).

SEÇÃO I
DAS REGIÕES

» *(Seção acrescentada pelo Decreto Nº 34055 de 30/04/2021)*

Art. 11-A. Os valores para rateio mensal estabelecidos no art. 5º, inciso II, serão distribuídos pelas 14 regiões de planejamento definidas pela Lei Complementar nº 154/2015, com municípios especificadas no Anexo I, na seguinte proporção:

Tabela II Regiões para rateio

REGIÃO PARA RATEIO	DESCRIÇÃO	PROPORÇÃO
1	Cariri	12,51%
2	Centro-Sul	5,25%
3	Grande Fortaleza	33,73%
4	Litoral Leste	3,00%
5	Litoral Norte	7,68%
6	Litoral Oeste/Vale Do Curu	4,95%
7	Maciço Do Baturité	2,89%
8	Serra Da Ibiapaba	4,57%
9	Sertão Central	4,97%
10	Sertão De Canindé	4,14%
11	Sertão De Sobral	7,16%
12	Sertão De Crateús	4,10%
13	Sertão Dos Inhamus	2,22%
14	Vale Do Jaguaribe	2,83%
SOMA		100,00%

Parágrafo Único. A Tabela II tem como referência a análise do IG4, dimensão do Índice de Desenvolvimento Humano Municipal (IDHM), apurado pelo Instituto de Pesquisa e Estratégia Econômica do Ceará (IPECE) e pela a população estimada pelo Instituto Brasileiro de Geografia e Estatística (IBGE), sendo arbitrado os percentuais por faixa de valores do IG4 para distribuição dos percentuais em cada região de planejamento.

CAPÍTULO VI
DOS IMPEDIMENTOS

Art. 12. Estão impedidos de participar do sorteio do Programa "Sua Nota Tem Valor":

I - o Governador e Vice-governador do Estado do Ceará;

II - os Secretários de Estado e seus substitutos;

III - os dirigentes de órgãos da administração indireta estadual;

IV - os servidores públicos ativos, terceirizados e comissionados da Secretaria da Fazenda do Estado do Ceará.

§ 1º Os pontos do participante impedido, nos termos do *caput* deste artigo, serão destinados exclusivamente para as premiações por rateio para a instituição por ele indicada.

§ 2º Os participantes a que se refere o *caput* não poderão indicar instituição na qual seja membro da gerência ou administração.

Art. 13. As entidades associativas e representativas dos servidores fazendários do Ceará estão impedidas de participar do sorteio, mas poderão ser indicadas pelo cidadão para premiação por rateio.

Art. 14. Os participantes impedidos, nos termos do art. 12, deverão declarar esta condição no próprio sistema do Programa.

CAPÍTULO VII
DAS ATRIBUIÇÕES DA SEFAZ

Art. 15. A Sefaz será responsável pelo planejamento, execução e gestão das atividades do Programa "Sua Nota Tem Valor", sem prejuízo da fiscalização pela sociedade e pelos órgãos de controle.

§ 1º No exercício das competências previstas no *caput*, a Sefaz poderá:

I - suspender a realização dos sorteios, a concessão dos prêmios ou a participação no Programa, quando houver indícios de irregularidades;

II - cancelar a concessão dos prêmios ou a participação no Programa, se a ocorrência de irregularidades for confirmada após regular processo administrativo, assegurada a ampla defesa.

§ 2º Na hipótese de, ao final do processo administrativo, não se confirmar a ocorrência de irregularidades, será restabelecida a concessão dos prêmios ou a participação no Programa, salvo em relação à participação em sorteio, a qual ficará prejudicada caso ocorra o encerramento do Programa.

Art. 16. A Sefaz prestará contas à sociedade acerca da execução e dos resultados do Programa "Sua Nota Tem Valor" mediante ampla e irrestrita divulgação de documentos e relatórios no endereço eletrônico suanotatemvalor.sefaz.ce.gov.br, bem como em seus demais canais de comunicação.

CAPÍTULO VIII
DAS DISPOSIÇÕES FINAIS

Art. 17. Os participantes do Programa poderão autorizar o uso de sua imagem, nome, som de voz, em filmes, vídeos, spot's para rádios, fotos e cartazes, anúncios em jornais e revistas, na divulgação do resultado das premiações para fortalecer a essência da educação fiscal.

Art. 18. O Governo do Estado desenvolverá campanha publicitária com a finalidade de sensibilizar a sociedade civil para a necessidade de emissão dos documentos fiscais.

Art. 19. O pagamento dos prêmios do Programa está vinculado à dotação orçamentária prevista na respectiva Lei Orçamentária Anual e em consonância com a Lei de Diretrizes Orçamentárias vigente à época do desembolso.

Art. 20. O contribuinte inscrito no Cadastro Geral da Fazenda (CGF) poderá ser avaliado no Programa de Conformidade Tributária "Contribuinte Pai D'Égua, levando em consideração as informações relativas ao Programa "Sua Nota Tem Valor".

Art. 21. Fica o Secretário da Fazenda autorizado a:

I - expedir os atos necessários à execução e operacionalização do Programa;

II - celebrar convênio de colaboração técnica com órgãos e entidades públicas e privadas para promover e ampliar as ações do Programa Sua Nota Tem Valor.

Art. 22. Este Decreto entra em vigor na data da sua publicação.

PALÁCIO DA ABOLIÇÃO, GOVERNO DO ESTADO DO CEARÁ, em Fortaleza, aos 08 de julho de 2020.

LEI COMPLEMENTAR FEDERAL Nº 160, DE 7 DE AGOSTO DE 2017

– DISPÕE SOBRE CONVÊNIO QUE PERMITE AOS ESTADOS E AO DISTRITO FEDERAL DELIBERAR SOBRE A REMISSÃO DOS CRÉDITOS TRIBUTÁRIOS, CONSTITUÍDOS OU NÃO, DECORRENTES DAS ISENÇÕES, DOS INCENTIVOS E DOS BENEFÍCIOS FISCAIS OU FINANCEIRO-FISCAIS INSTITUÍDOS EM DESACORDO COM O DISPOSTO NA ALÍNEA "G" DO INCISO XII DO § 2º DO ART. 155 DA CONSTITUIÇÃO FEDERAL E A REINSTITUIÇÃO DAS RESPECTIVAS ISENÇÕES, INCENTIVOS E BENEFÍCIOS FISCAIS OU FINANCEIRO-FISCAIS; E ALTERA A LEI Nº 12.973, DE 13 DE MAIO DE 2014

Art. 1º Mediante convênio celebrado nos termos da Lei Complementar no 24, de 7 de janeiro de 1975, os Estados e o Distrito Federal poderão deliberar sobre:

I - a remissão dos créditos tributários, constituídos ou não, decorrentes das isenções, dos incentivos e dos benefícios fiscais ou financeiro-fiscais instituídos em desacordo com o disposto na alínea "g" do inciso XII do § 2º do art. 155 da Constituição Federal por legislação estadual publicada até a data de início de produção de efeitos desta Lei Complementar;

II - a reinstituição das isenções, dos incentivos e dos benefícios fiscais ou financeiro-fiscais referidos no inciso I deste artigo que ainda se encontrem em vigor.

Art. 2º O convênio a que se refere o art. 1º desta Lei Complementar poderá ser aprovado e ratificado com o voto favorável de, no mínimo:

I - 2/3 (dois terços) das unidades federadas; e

II - 1/3 (um terço) das unidades federadas integrantes de cada uma das 5 (cinco) regiões do País.

Art. 3º O convênio de que trata o art. 1º desta Lei Complementar atenderá, no mínimo, às seguintes condicionantes, a serem observadas pelas unidades federadas:

I - publicar, em seus respectivos diários oficiais, relação com a identificação de todos os atos normativos relativos às isenções, aos incentivos e aos benefícios fiscais ou financeiro-fiscais abrangidos pelo art. 1º desta Lei Complementar;

II - efetuar o registro e o depósito, na Secretaria Executiva do Conselho Nacional de Política Fazendária (Confaz), da documentação comprobatória correspondente aos atos concessivos das isenções, dos incentivos e dos benefícios fiscais ou financeiro-fiscais mencionados no inciso I deste artigo, que serão publicados no Portal Nacional da Transparência Tributária, que será instituído pelo Confaz e disponibilizado em seu sítio eletrônico.

§ 1º O disposto no art. 1º desta Lei Complementar não se aplica aos atos relativos às isenções, aos incentivos e aos benefícios fiscais ou financeiro-fiscais vinculados ao Imposto sobre Operações Relativas à Circulação de Mercadorias e sobre Prestações de Serviços de Transporte Interestadual e Intermunicipal e de Comunicação (ICMS) cujas exigências de publicação, registro e depósito, nos termos deste artigo, não tenham sido atendidas, devendo ser revogados os respectivos atos concessivos.

§ 2º A unidade federada que editou o ato concessivo relativo às isenções, aos incentivos e aos benefícios fiscais ou financeiro-fiscais vinculados ao ICMS de que trata o art. 1º desta Lei Complementar cujas exigências de publicação, registro e depósito, nos termos deste artigo, foram atendidas é autorizada a concedê-los e a prorrogá-los, nos termos do ato vigente na data de publicação do respectivo convênio, não podendo seu prazo de fruição ultrapassar:

I – 31 de dezembro do décimo quinto ano posterior à produção de efeitos do respectivo convênio, quanto àqueles destinados ao fomento das atividades agropecuária e industrial, inclusive agroindustrial, e ao investimento em infraestrutura rodoviária, aquaviária, ferroviária, portuária, aeroportuária e de transporte urbano, bem como quanto àqueles destinados a templos de qualquer culto e a entidades beneficentes de assistência social; (Redação dada pela Lei Complementar nº 170, de 2019)

II - 31 de dezembro do oitavo ano posterior à produção de efeitos do respectivo convênio, quanto àqueles destinados à manutenção ou ao incremento das atividades portuária e aeroportuária vinculadas ao comércio internacional, incluída a operação subsequente à da importação, praticada pelo contribuinte importador;

III - 31 de dezembro do quinto ano posterior à produção de efeitos do respectivo convênio, quanto àqueles destinados à manutenção ou ao incremento das atividades comerciais, desde que o beneficiário seja o real remetente da mercadoria;

IV - 31 de dezembro do terceiro ano posterior à produção de efeitos do respectivo convênio, quanto àqueles destinados às operações e prestações interestaduais com produtos agropecuários e extrativos vegetais in natura;

V - 31 de dezembro do primeiro ano posterior à produção de efeitos do respectivo convênio, quanto aos demais.

§ 3º Os atos concessivos cujas exigências de publicação, registro e depósito, nos termos deste artigo, foram atendidas permanecerão vigentes e produzindo efeitos como normas regulamentadoras nas respectivas unidades federadas concedentes das isenções, dos incentivos e dos benefícios fiscais ou financeiro-fiscais vinculados ao ICMS, nos termos do § 2º deste artigo.

§ 4º A unidade federada concedente poderá revogar ou modificar o ato concessivo ou reduzir o seu alcance ou o montante das isenções, dos incentivos e dos benefícios fiscais ou financeiro-fiscais antes do termo final de fruição.

§ 5º O disposto no § 4º deste artigo não poderá resultar em isenções, incentivos ou benefícios fiscais ou financeiro-fiscais em valor superior ao que o contribuinte podia usufruir antes da modificação do ato concessivo.

§ 6º As unidades federadas deverão prestar informações sobre as isenções, os incentivos e os benefícios fiscais ou financeiro-fiscais vinculados ao ICMS e mantê-las atualizadas no Portal Nacional da Transparência Tributária a que se refere o inciso II do *caput* deste artigo.

§ 7º As unidades federadas poderão estender a concessão das isenções, dos incentivos e dos benefícios fiscais ou financeiro-fiscais referidos no § 2º deste artigo a outros contribuintes estabelecidos em seu território, sob as mesmas condições e nos prazos-limites de fruição.

§ 8º As unidades federadas poderão aderir às isenções, aos incentivos e aos benefícios fiscais ou financeiro-fiscais concedidos ou prorrogados por outra unidade federada da mesma região na forma do § 2º, enquanto vigentes.

Art. 4º São afastadas as restrições decorrentes da aplicação do art. 14 da Lei Complementar no 101, de 4 de maio de 2000, que possam comprometer a implementação das disposições desta Lei Complementar.

Art. 5º A remissão ou a não constituição de créditos concedidas por lei da unidade federada de origem da mercadoria, do bem ou do serviço afastam as sanções previstas no art. 8º da Lei Complementar nº 24, de 7 de janeiro de 1975, retroativamente à data original de concessão da isenção, do incentivo ou do benefício fiscal ou financeiro-fiscal, vedadas a restituição e a compensação de tributo e a apropriação de crédito extemporâneo por sujeito passivo.

Art. 6º Ressalvado o disposto nesta Lei Complementar, a concessão ou a manutenção de isenções, incentivos e benefícios fiscais ou financeiro-fiscais em desacordo com a Lei Complementar nº 24, de 7 de janeiro de 1975, implica a sujeição da unidade federada responsável aos impedimentos previstos nos incisos I, II e III do § 3º do art. 23 da Lei Complementar nº 101, de 4 de maio de 2000, pelo prazo em que perdurar a concessão ou a manutenção das isenções, dos incentivos e dos benefícios fiscais ou financeiro-fiscais.

§ 1º A aplicação do disposto no *caput* deste artigo é condicionada ao acolhimento, pelo Ministro de Estado da Fazenda, de representação apresentada por Governador de Estado ou do Distrito Federal.

§ 2º Admitida a representação e ouvida, no prazo de 30 (trinta) dias, a unidade federada interessada, o Ministro de Estado da Fazenda, em até 90 (noventa) dias:

I - determinará o arquivamento da representação, caso não seja constatada a infração;

II - editará portaria declarando a existência da infração, a qual produzirá efeitos a partir de sua publicação.

§ 3º Compete ao Tribunal de Contas da União verificar a aplicação, pela União, da sanção prevista no *caput* deste artigo.

Art. 7º Para fins de aprovação e de ratificação do convênio previsto no art. 1º desta Lei Complementar, aplicam-se os demais preceitos contidos na Lei Complementar nº 24, de 7 de janeiro de 1975, que não sejam contrários aos dispositivos desta Lei Complementar.

Art. 8º O convênio de que trata o art. 1º desta Lei Complementar deverá ser aprovado pelo Confaz no prazo de 180 (cento e oitenta) dias, a contar da data de publicação desta Lei Complementar, sob pena de perderem eficácia as disposições dos arts. 1º a 6º desta Lei Complementar.

Art. 9º O art. 30 da Lei no 12.973, de 13 de maio de 2014, passa a vigorar acrescido dos seguintes §§ 4º e 5º: (Parte mantida pelo Congresso Nacional)

"Art. 30. ....

....

§ 4º Os incentivos e os benefícios fiscais ou financeiro-fiscais relativos ao imposto previsto no inciso II do *caput* do art. 155 da Constituição Federal, concedidos pelos Estados e pelo Distrito Federal, são considerados subvenções para investimento, vedada a exigência de outros requisitos ou condições não previstos neste artigo.

§ 5º O disposto no § 4º deste artigo aplica-se inclusive aos processos administrativos e judiciais ainda não definitivamente julgados."

Art. 10. O disposto nos §§ 4º e 5º do art. 30 da Lei no 12.973, de 13 de maio de 2014, aplica-se inclusive aos incentivos e aos benefícios fiscais ou financeiro-fiscais de ICMS instituídos em desacordo com o disposto na alínea 'g' do inciso XII do § 2º do art. 155 da Constituição Federal por legislação estadual publicada até a data de início de produção de efeitos desta Lei Complementar, desde que atendidas as respectivas exigências de registro e depósito, nos termos do art. 3º desta Lei Complementar. (Parte mantida pelo Congresso Nacional)

Art. 11. Esta Lei Complementar entra em vigor na data de sua publicação.

LEI FEDERAL Nº 183, DE 22 DE SETEMBRO DE 2021

– ALTERA A LEI COMPLEMENTAR Nº 116, DE 31 DE JULHO DE 2003, PARA EXPLICITAR A INCIDÊNCIA DO IMPOSTO SOBRE SERVIÇOS DE QUALQUER NATUREZA (ISS) SOBRE O MONITORAMENTO E RASTREAMENTO DE VEÍCULOS E CARGA

Art. 1º O inciso II do § 2º do art. 6º da Lei Complementar nº 116, de 31 de julho de 2003, passa a vigorar com a seguinte redação:

"Art. 6º ....

....

§ 2º ....

....

II – a pessoa jurídica, ainda que imune ou isenta, tomadora ou intermediária dos serviços descritos nos subitens 3.05, 7.02, 7.04, 7.05, 7.09, 7.10, 7.12, 7.16, 7.17, 7.19, 11.02, 17.05 e 17.10 da lista anexa a esta Lei Complementar, exceto na hipótese dos serviços do subitem 11.05, relacionados ao monitoramento e rastreamento a distância, em qualquer via ou local, de veículos, cargas, pessoas e semoventes em circulação ou movimento, realizados por meio de telefonia móvel, transmissão de satélites, rádio ou qualquer outro meio, inclusive pelas empresas de Tecnologia da Informação Veicular, independentemente de o prestador de serviços ser proprietário ou não da infraestrutura de telecomunicações que utiliza;

...." (NR)

Art. 2º O item 11 da lista de serviços anexa à Lei Complementar nº 116, de 31 de julho de 2003, passa a vigorar acrescido do seguinte subitem 11.05:

"11 – ....

....

11.05 – Serviços relacionados ao monitoramento e rastreamento a distância, em qualquer via ou local, de veículos, cargas, pessoas e semoventes em circulação ou movimento, realizados por meio de telefonia móvel, transmissão de satélites, rádio ou qualquer outro meio, inclusive pelas empresas de Tecnologia da Informação Veicular, independentemente de o prestador de serviços ser proprietário ou não da infraestrutura de telecomunicações que utiliza."

Art. 3º Esta Lei Complementar entra em vigor na data de sua publicação.

Brasília, 22 de setembro de 2021; 200o da Independência e 133º da República.

DIREITO

AMBIENTAL

LEI ESTADUAL Nº 12.488, DE 13 DE SETEMBRO DE 1995

- DISPÕE SOBRE A POLÍTICA FLORESTAL DO ESTADO DO CEARÁ

NÃO HOUVE ATUALIZAÇÕES POSTERIORES.

ÍNDICE

CAPÍTULO I
DA POLÍTICA FLORESTAL

Art. 1º - As Florestas, suas formações sucessoras e demais formas de vegetação natural existentes no território do Estado do Ceará, reconhecidas de utilidade ao meio ambiente em geral e em especial às terras que revestem, são consideradas bens de interesse comum a todos os habitantes do Estado, exercendo-se os direitos de propriedade com as limitações em geral e especialmente as estabelecidas por esta Lei.

Art. 2º - A Política Florestal do Estado tem por fim o uso sustentável adequado e racional dos recursos florestais com base em conhecimentos técnico-científico de ordem econômica, social e ecológica, visando a melhoria de qualidade de vida da população e a campatibilização do desenvolvimento sócio-econômico, com a conservação e preservação do ambiente.

Art. 3º - São objetivos específicos da Política Florestal do Estado do Ceará.

I - Identificar, implantar, gerenciar e manter um sistema estadual de unidades de conservação, de forma a proteger comunidades biológicas representativas dos ecossistemas naturais florestal;

II - Facilitar e promover o desenvolvimento e difusão de pesquisas e tecnologias voltadas à atividade florestal;

III - Promover o inventário e o monitoramento da utilização e do potencial dos recursos florestais do Estado, com a divulgação de dados, de forma a permitir o planejamento e racionalização das atividades florestais;

IV - Fomentar a oferta de produtos florestais energéticos e não energéticos através do manejo florestal, agrosilvipastoril, e plantios de essências florestais de uso múltiplo, preferencialmente nativas, de maneira que estas ações associem-se ao modelo produtivo com bases conservacionistas;

V - Exercer conjuntamente com a União e Municípios o poder de fiscalização e polícia florestal no território Estadual, quer em áreas públicas ou privadas;

VI - Instituir programas de recuperação ambiental, atráves de revegetação, florestamento, reflorestamento, manejo florestal e agrosilvipastoril, considerando as características ambientais e sócio-econômicas das direfentes regiões do Estado;

VII - Instituir e difundir programas de educação ambiental, formal e informal, visando a formação de consciência ecológica, quanto a necessidade de uso racional e conservação do patrimônio florestal;

VIII - Promover e facilitar a conservação, proteção e recuperação dos solos, recursos hídricos e da diversidade biológica;

IX - Promover a recuperação de áreas degradadas e em processos de degradação, especialmente nas áreas de preservação permanente e reserva legal, bem como proteger as áreas ameaçadas de degradação;

X - Instituir programas de proteção que permitam orientar, prevenir e controlar pragas, doenças e incêndios florestais;

XI - Identificar e monitorar as associações vegetais relevantes, espécies raras ou endêmicas e ameaçadas de extinção objetivando sua proteção e perpetuação;

XII - Implantar banco de dados que reúna todas as informações existentes na área florestal, inclusive efetuar o controle estatístico da oferta e procura de matéria-prima florestal em níveis

XIII - Manter cadastro de produtores, comerciantes e consumidores de produtos florestais no Estado.

XIV - Planejar, implantar e orientar ações que permitam encontrar o equilíbrio dinâmico entre a oferta e a procura de matéria-prima florestal em níveis Estadual, Regional e Municipal, com base no princípio do regime sustentável e uso múltiplo;

XV - Integrar as ações florestais com os demais órgãos e entidades ambientais que atuam no Estado.

XVI - Preservar a biodiversidade e a integridade do patrimônio dos diversos biomas e ecossistemas do Estado do Ceará;

XVII - Criar mecanismos de incentivo ao cultivo de essências florestais, para os diversos fins previstos na presente Lei.

Parágrafo Único - As diretrizes da Política Florestal do Estado do Ceará serão formuladas e implantadas em consonância com as diretrizes da Política Nacional do Meio Ambiente, através dos instrumentos de gerenciamento da produção e uso das florestas e demais formas de vegetação.

Art. 4º - São instrumentos da Política Florestal do Estado do Ceará:

I - o diagnóstico do setor florestal do Estado do Ceará;

II - o Programa de Desenvolvimento Florestal Sustentável;

III - os Planos de Manejo Florestal Sustentável;

IV - a lista das espécies de flora e fauna raras, endêmicas e ameaçadas de extinção;

V - o estabelecimento de critérios, padrões e normas relativas ao uso, e o manejo dos recursos naturais, de exploração econômica das florestas e demais formas de vegetação;

VI - os espaços territoriais especialmente protegidos, criados pelo Poder Público;

VII - o Zoneamento Agro-Ecológico/Econômico-Florestal;

VIII - os Estudos Prévios de Impactos Ambientais e seus Relatórios (RIMAs);

IX - o monitoramento das florestas e demais formas de vegetação;

X - o licenciamento e revisão de atividades utilizadoras de recursos naturais efetivas ou potencialmente degradadoras das florestas e demais formas de vegetação;

XI - a fiscalização, a aplicação de penalidades, ações disciplinares e compensatórias das medidas necessárias à preservação dos recursos naturais, ou a correção da degradação do meio ambiente;

XII - os incentivos à produção, pesquisa e preservação;

XIII - a Educação Ambiental formal e informal;

XIV - o Sistema Estadual de Informações Florestais;

XV - a Extensão Florestal;

XVI - a Cooperação Institucional, técnica e científica, em níveis nacionais e internacionais;

XVII - O Sistema Estadual de Unidades de Conservação.

Art. 5º - Fica a SUPERINTENDÊNCIA ESTADUAL DO MEIO AMBIENTE-SEMACE responsável pela Política Florestal no Estado do Ceará e pela aplicação do disposto nesta Lei.

CAPÍTULO II
DA EXPLORAÇÃO FLORESTAL

Art. 6º - As florestas nativas, suas formações sucessoras e demais formas de vegetação natural, existentes no território Estadual, são consideradas bens de interesse comum, sendo proibida a exploração e a erradicação parcial ou total dessas formações sem autorização prévia da SEMACE.

Art. 7º - A autorização para a exploração das florestas nativas, suas formações sucessoras e demais formas de vegetação, somente será concedida através das seguintes modalidades.

I - Planos de Manejo Florestal Sustentável;

II - Planos de Manejo Agroflorestal Sustentável;

III - Planos de Manejo Silvipastoril Sustentável; e

IV - Planos de Manejo Integrado Agrosilvipastoril Sustentável.

§ 1º - O Plano de Manejo Florestal, Agroflorestal, Silvipastoril será projetado e executado com o objetivo de promover o manejo ecológico das espécies e ecossistemas locais, e assegurar o meio ambiente ecologicamente produtivo e equilibrado, e será subscrito por técnico competente, com a devida Anotação de Responsabilidade Técnica-Art;

§ 2º - Nas florestas, suas formações sucessoras e demais formas de vegetação nativa, de que trata este Artigo, será proibida a destoca parcial ou total, sendo apenas em casos especiais,previstos no regulamento desta Lei, permitida mediante a aprovação do órgão competente, desde que não ocorra em solos com pequena profundidade efetiva (rasos), pedregosos e com aforamentos rochosos;

§ 3º - O proprietário para obter a autorização para a finalidade prevista neste Artigo deverá formalizar sua solicitação junto ao órgão Estadual Competente, iniciado com o pedido de vistoria de propriedade;

§ 4º - O órgão Estadual Competente fixará normas para elaboração e execução do estabelecido pelo Art. 6º, e seus incisos, no prazo máximo de 90 (noventa) dias a partir da promulgação desta Lei.

Art. 8º - A comercialização ou venda de madeira, lenha e a produção de carvão vegetal só será permitida a partir de florestas plantadas, ou provenientes de atividades previstas no Art. 6º desta Lei, ressalvadas as autorizações concedidas nos termos do Capítulo VI desta Lei.

Art. 9º - A autorização para a utilização dos recursos florestais, fica condicionada ao cumprimento desta Lei, inclusive vistoria prévia e a quitação de débitos oriundos de infrações florestais, comprovadas através de certidão negativa de dívidas florestais.

Art. 10 - Nas florestas plantadas com recursos próprios e não consideradas de preservação permanente é livre a exploração, transporte e comercialização de matéria-prima florestal desde que, acompanhada de documento fiscal e através de laudo técnico resultante de vistoria prévia, apreciado pela SEMACE.

Art. 11 - Uma vez autorizado o corte de árvores, nos termos desta Lei, será obrigatória a comunicação do início da exploração, para que a SEMACE diretamente ou através de entidades conveniadas, possa exercer a fiscalização, sendo obrigatória a vistoria após a realização da exploração.

CAPÍTULO III
DA REPOSIÇÃO FLORESTAL

Art. 12 - Fica obrigado à reposição florestal a pessoa física ou jurídica que explore, utilize, transforme ou consuma matéria-prima florestal.

§ 1º - A reposição, de que trata o "*caput*" deste Artigo, será efetuada neste Estado, mediante o Plantio de espécies preferencialmente florestais nativas, ou exóticas, comprovadamente adaptadas às condições regionais, de acordo com critérios técnicos estabelecidos pela SEMACE, cuja produção seja no mínimo igual ao volume médio dos últimos 24 meses, necessário à plena sustentação de atividade desenvolvida.

§ 2º - A pessoa física ou jurídica que comprovadamente venha se prover dos resíduos ou de matéria-prima florestal a seguir mencionados, fica isento à reposição florestal relativa a esse suprimento.

I - Matéria-prima proveniente de área submetida a manejo florestal sustentável;

II - matéria-prima florestal plantada com recursos próprios e não vinculada aos órgãos florestais;

III - matéria-prima oriunda de projetos de interesse público devidamente comprovada;

IV - resíduos de desmatamentos devidamente autorizados pela SEMACE;

V - resíduos provenientes de atividades industrial;

VI - resíduos provenientes de práticas agrícolas.

Art. 13 - A pessoa física ou jurídica obrigada a reposição florestal pode optar por quaisquer das seguintes modalidades:

AMBIENTAL

I - Pela execução ou participação em programas de fomento florestal, com essências florestais nativas ou exóticas adaptadas às condições ambientais da região onde serão implantados os reflorestamentos/florestamentos;

II - Pela apresentação de levantamentos circunstanciados de florestas plantadas próprias ou de terceiros para fins de vinculação;

III - pela execução ou participação em plano de manejo florestal, manejo agroflorestal, manejo silvipastoril e manejo agrosilvipastoril, em terras próprias ou de terceiros.

CAPÍTULO IV
DOS GRANDES CONSUMIDORES

Art. 14 - As empresas industriais que, por sua natureza consumirem em grandes quantidades de matéria-prima florestal, serão obrigadas a manter, dentro de um raio em que a exploração e o transporte sejam julgados econômicos, um serviço organizado que assegure o plantio e/ou o manejo de novas áreas em terras próprias ou pertencentes a terceiros, cuja produção, sob exploração racional, seja equivalente ao consumo médio anual para o seu abastecimento.

Parágrafo Único - Quaisquer empresas que utilizem como fonte energética para o funcionamento de suas unidades, o carvão vegetal, lenha ou outra matéria-prima vegetal, são obrigadas a manter florestas próprias para exploração racional ou a formar, diretamente ou por intermédio de empreendimentos dos quais participem, florestas destinadas ao seu suprimento.

CAPÍTULO V
DOS PEQUENOS E MÉDIOS CONSUMIDORES

Art. 15 - As pessoas físicas e jurídicas não enquadradas no Artigo 14 e que utilizam matéria-prima florestal, obrigadas à reposição florestal, deverão optar pelas modalidades previstas no Artigo 13 desta Lei.

CAPÍTULO VI
DO USO ALTERNATIVO DO SOLO

Art. 16 - Depende de prévia autorização da SEMACE, qualquer tipo de alteração da cobertura florestal nativa visando o uso alternativo do solo.

Parágrafo Único - Enquanto não for estabelecido o zoneamento agro-ecológico/econômico-florestal para o uso alternativo do solo, a substituição da coberta florestal nativa, só será permitida desde que permaneça com cobertura arbórea de no mínimo 20%, correspondente à área de reserva legal, e após vistoria prévia solicitada para desmate, observando fatores limitantes, tais como:

a) Potencial dos recursos florestais;

b) fragilidade do solo;

c) diversidades biológica;

d) sítios arqueológicos;

e) populações tradicionais;

f) recursos hídricos.

g) topografia

Art. 17 - A área de Reserva legal de que trata o Parágrafo Único do Art. 16 onde não é permitido o corte raso, deverá ser averbada a margem da inscrição da matrícula do imóvel, no registro de imóveis competente, ficando vedada a alteração de sua destinação nos casos de transcrição a qualquer título ou desmembramento da área.

Art. 18 - O aproveitamento do material lenhoso ou de outros produtos e resíduos florestais decorrentes do desmatamento, a que se refere o Parágrafo Único do Art. 16, será fiscalizado e monitorado pela SEMACE.

Art. 19 - A autorização do desmate, visando a alteração de uso do solo, é de competência da SEMACE.

CAPÍTULO VII
DA PROTEÇÃO FLORESTAL

Art. 20 - É proibida a supressão parcial ou total da cobertura florestal nas áreas de preservação permanente de que trata a Lei Federal Nº 4.771/65, salvo quando necessário à execução de obras, planos ou projetos de utilidade pública ou interesse social, mediante prévia autorização do Poder Público Federal e elaboração do EIA-RIMA e licenciamento dos órgãos competentes.

Parágrafo Único - A supressão da vegetação, de que trata este Artigo, será compensada com a recuperação de ecossistema semelhante em área mínima de duas vezes a área degradada para que garanta a evolução e a ocorrência de processos ecológicos.

Art. 21 - No parcelamento do solo de Área destinada à agricultura, em planos de assentamentos, colonização e de reforma agrária, devem ser excluídas as áreas de Reserva Legal e de Preservação Permanente de que trata esta Lei, e o Código Florestal e as formações florestais necessárias ao abastecimento de matéria-prima florestal e outros produtos.

Art. 22 - A SEMACE fica autorizada a criar, manter e estimular diretamente ou através de convênio com os municípios ou entidades oficialmente reconhecidas, hortos florestais, estações experimentais, áreas de proteção ambiental e jardins botânicos, com assistência técnica voltada para a recuperação, prioritariamente das formações florestais degradadas e para a implantação de reflorestamentos.

§ 1º - Os projetos de assentamento, reassentamento, colonização e reforma agrária, delimitarão as áreas de proteção, preservação e conservação ambiental.

§ 2º - O Estado estimulará a criação de unidades particulares de conservação.

Art. 23 - O Estado estimulará a pesquisa de espécies nativas a serem utilizadas para projetos de proteção e recuperação ambiental.

Art. 24 - O Poder Público Estadual, em projetos de manejo de bacias hidrográficas, deverá priorizar a proteção da cobertura vegetal dos mananciais de abastecimento público.

Art. 25 - O Corte de espécies vegetais consideradas em via de extinção, raras, ou endêmicas, será regulamentado pela SEMACE.

Art. 26 - Os remanescentes das florestas nativas e suas formações sucessoras e demais formas de vegetação natural que recobrem as "serras úmidas" e "planaltos sedimentares", somente poderão ser utilizadas, segundo plano de manejo florestal ou manejo agroflorestal, necessário para assegurar a conservação, garantindo a estabilidade e a perpetuidade desses ecossitemas, proibindo o corte raso da área total da propriedade ou da área florestal susceptível de exploração.

Art. 27 - Qualquer árvore poderá ser declarada imune de corte por ato do Poder Público, ouvida a SEMACE, por motivo de localização, raridade, beleza, importância científica, interesse cultural ou histórico.

CAPÍTULO VIII
DO INVENTÁRIO E MONITORAMENTO FLORESTAL

Art. 28 - A SEMACE iniciará, no prazo máximo de 36 (tinta e seis) meses da promulgação desta Lei, a atualização do mapeamento e do inventário da utilização e da produção dos recursos florestais do Estado e implantará a infra-estrutura necessária para o seu monitoramento, visando a adoção de medidas especiais de proteção.

CAPÍTULO IX
DO REGISTRO DE PESSOAS FÍSICAS E JURÍDICAS

Art. 29 - São obrigadas ao registro junto à SEMACE e sua renovação anual, para fins cadastrais, as pessoas físicas e jurídicas que produzam, coletem, extraiam, beneficiem, desdobrem, industrializem, comercializem, armazenem e consumam produtos, subprodutos ou matéria-prima originária de qualquer formação florestal.

§ 1º - Ficam isentas do registro as pessoas físicas que utilizam produtos e subprodutos florestais para uso doméstico, trabalho artesanal e aqueles que tenham por atividade a apicultura.

Art. 30 - À SEMACE definirá os valores devidos pelas pessoas físicas e jurídicas, bem como a documentação necessária ao registro e sua atualização anual.

CAPÍTULO X
DA APLICAÇÃO DOS RECURSOS

Art. 31 - Os recursos arrecadados das pessoas físicas ou jurídicas, que explorem, utilizem, transformem ou consumam produtos e subprodutos florestais, serão aplicados pela SEMACE, conforme a seguir:

I - 50% (cinqüenta por cento) para recomposição florestal e formação de florestas sociais, esta última definindo-se como as matas ordenadas nativas e/ou cultivadas de espécies de alta produtividade, como tal declarada pelo Poder Público Estadual, visando suprir necessidade, sócio-econômicas das populações carentes;

II - 50% (cinqüenta por cento) para desapropriação, implantação e manutenção de unidades de conservação estaduais e municipais.

§ 1º - Ficam isentos do recolhimento o uso de lenha para consumo doméstico, madeiras serradas, aparelhadas e produtos acabados, pronto para uso final, desde que procedentes de pessoas físicas ou jurídicas que tenham cumprido as obrigações estabelecidas por esta Lei.

§ 2º - À SEMACE caberá fomentar associações de produtores e consumidores de produtos oriundos das florestas sociais.

CAPÍTULO XI
DOS CONVÊNIOS

Art. 32 - O Estado, através da SEMACE, poderá participar de consórcios e celebrar convênios, ajustes com a União, Estados e Municípios, e demais entes públicos e privados, nacionais e estrangeiros, objetivando a execução desta Lei e seu regulamento e dos serviços dele decorrentes.

CAPÍTULO XII
DAS LICENÇAS E AUTORIZAÇÕES

Art. 33 - Nas áreas legalmente susceptíveis de exploração florestal e uso alternativo do solo, ressalvadas as áreas de Preservação Permanente, os prazos para concessão de licença, autorização, registro, bem como, para outros prodecimentos administrativos, previstos nesta Lei, serão fixados em regulamento e são improrrogáveis.

§ 1º - Após o vencimento do prazo para a concessão solicitada, contado a partir do protocolo do pedido fica autorizada a execução, sujeitando-se o executor a acatar a vistoria técnica posterior, para constatação do cumprimento da legislação aplicável.

§ 2º - O atendimento do pedido de renovação depende de aprovação, pós laudo de vistoria, observado o disposto no "*caput*" deste Artigo.

Art. 34 - A comprovação de exploração autorizada se faz:

I - quanto aos desmate, destocamento e demais atos que dependam da autorização formal do órgão competente, mediante licença, sua certidão ou fotocópia autenticada;

II - quanto ao transporte, estoque, consumo ou uso, pela nota fiscal com menção expressa dos dados constantes de licença concedida, que pode constar de carimbo na nota fiscal.

CAPÍTULO XIII
DOS EMOLUMENTOS E CUSTOS OPERACIONAIS

Art. 35 - A regulamentação desta Lei fixará os respectivos preços para prestação dos serviços e outros valores pecuniários necessários à sua aplicação.

CAPÍTULO XIV
DA FISCALIZAÇÃO, INFRAÇÕES E PENALIDADES

Art. 36 - No exercício da ação fiscalizadora ficam assegurados aos agentes de fiscalização o desempenho pleno das atividades concernentes às instalações industriais, comerciais, agropecuárias ou outros empreendimentos privados ou públicos.

§ 1º - A Entidade fiscalizada deve colocar à disposição dos agentes de fiscalização todas as informações necessárias a promover os meios adequados à perfeita execução dos trabalhos de fiscalização.

§ 2º - Os agentes de fiscalização, quando obstados, poderão requisitar através da SEMACE, força policial para exercício de suas atribuições em qualquer parte do território do Estado.

Art. 37 - Caberá à SEMACE exigir que os responsáveis pelas atividades florestais adotem medidas de segurança para evitar os riscos ou a efetiva degradação das águas, do ar, do solo, assim como outros efeitos indesejáveis ao bem-estar da comunidade, observando as normas técnicas pertinentes.

Art. 38 - As ações ou omissões contrárias às disposições desta Lei sujeitam os infratores às penalidades ora definidas, sem prejuízo da reparação do dano ambiental e das sansões previstas nos Artigos 26 a 33 da Lei Federal Nº 4.771, de 15 de setembro de 1965:

I - Advertência;

II - multa;

III - interdição temporária ou definitiva;

IV - apreensão;

V - embargo;

VI - cancelamento de autorização, licença ou registro;

VII - perda ou restrição de incentivos e benefícios fiscais concedidos pelo Poder Público Estadual;

VIII - perda ou suspensão de participação em linhas de financiamento em estabelecimentos oficiais de crédito.

§ 1º - As penalidades previstas neste Artigo, serão regulamentadas pelo órgão Estadual Competente e incidirão sobre os infratores, sejam eles;

a) autores diretos, quando, por qualquer forma, se beneficiem da prática da infração;

b) autores indiretos, assim compreendidos àqueles que, de qualquer forma, concorram, por ação ou omissão, para a prática da infração ou dela se beneficiem.

§ 2º - Na hipótese das infrações caracterizadas neste Artigo, o Poder Público considerará, para efeito de graduação e imposição de penalidades:

a) o grau de desconformidade da execução, utilização ou exploração com as normas legais e regulamentares;

b) a intensidade do dano efetivo ou potencial ao ambiente florestal;

c) as circunstâncias atenuantes ou agravantes;

d) os antecedentes do infrator.

§ 3º - Para efeito do disposto na Alínea "c" do § 2º serão atenuantes as seguintes circunstâncias:

a) menor grau de compreensão e escolaridade do infrator;

b) arrependimento eficaz do infrator manifestado pela espontânea reparação ou limitação do dano ambiental causado;

c) comunicação prévia do infrator às autoridades competentes, em relação a perigo iminente de dano ambiental causado;

d) colaboração com os agentes encarregados da fiscalização e do controle florestal;

§ 4º - Para efeito do disposto na Alínea "c" do § 2º, serão agravantes as seguintes circunstâncias:

a) a reincidência específica;

b) a maior extensão do dano ambiental causado;

c) a culpa ou dolo, mesmo eventual;

d) a ocorrência de efeitos sobre a propriedade alheia;

e) a infração ter ocorrido em zona urbana;

f) danos permanentes à saúde humana;

g) a infração atingir área sob proteção legal;

h) impedir ou causar dificuldade ou embaraço à fiscalização;

i) utilizar-se, o infrator, da condição de técnica responsável para a prática da infração;

j) utilizar-se, o infrator, da condição de agente público para a prática de infração;

l) tentativa de se eximir da responsabilidade atribuindo-a a outrem;

m) ação sobre espécies raras, endêmicas, vulneráveis ou em perigo de extinção;

§ 5º - Nos casos de reincidência a multa corresponderá ao dobro da anteriormente imposta.

§ 6º - Caracteriza-se a reincidência quando o infrator cometer nova infração da mesma natureza.

§ 7º - Poderá a autoridade competente impor a penalidade de interdição, temporária ou definitiva, a partir da terceira reincidência.

§ 8º - A autoridade florestal competente poderá impor a penalidade de interdição, temporária ou definitiva, desde a primeira infração, objetivando a recuperação e regeneração da área degradada.

§ 9º - A imposição da penalidade de interdição implica, quando couber, na suspensão ou na cassação das licenças e autorizações, conforme o caso.

§ 10 - No caso de interdição definitiva, serão os responsáveis submetidos às penalidades dispostas na Lei Nº 4.771, de 15 de setembro de 1965.

Art. 39 - As infrações referidas no Artigo 38 serão objeto de auto de infração, com a indicação do fato, do seu enquadramento legal, da penalidade e de prazo de defesa, além de outras formalidades previstas em Lei.

Art. 40 - Os materiais e instrumentos, cuja utilização é terminantemente proibida com relação à atividade fiscalizada, bem como os produtos dela originados, poderão ser apreendidos e destinados a órgão ou entidade pública, destruídos ou vendidos, sendo o produto da sua comercialização destinado à SEMACE para utilização específica ao que dispõe o Inciso I do Art. 31, desta Lei.

§ 1º - Os materiais e instrumentos utilizados em atividades consideradas irregulares poderão ser apreendidos e destinados nos termos deste Artigo.

§ 2º - Toda apreensão de produtos considerados perecíveis deverá ser seguida, imediatamente, de doação ou destruição, a critério da autoridade competente.

§ 3º - Os materiais doados conforme o disposto neste Artigo não poderão ser comercializados.

Art. 41 - As multas não pagas administrativamente serão inscritas na dívida ativa do Estado, para posterior cobrança judicial.

CAPÍTULO XV
DA EDUCAÇÃO AMBIENTAL FLORESTAL

Art. 42 - A SEMACE promoverá, por todos os meios pedagógicos disponíveis, a educação ambiental florestal, especialmente no nível fundamental de ensino.

Art. 43 - O Estado, através de seus órgãos, promoverá a conscientização pública para proteção do patrimônio florestal.

Art. 44 - A Comunidade participará das discuss·es, colaborando com sugestões e tomando conhecimento dos planos de manejo elaborados para as unidades de conservação definidas pelo Poder Público.

CAPÍTULO XVI
DAS DISPOSIÇÕES FINAIS

Art. 45 - Fica criado na estrutura jurídica, técnico-administrativa e financeira da Superintendência Estadual do Meio Ambiente-SEMACE, o Departamento Florestal.

Parágrafo Único - Através de Decreto do Poder Executivo, no prazo de 90 dias da sua promulgação, será regulamentada a presente Lei, inclusive, estruturado o Departamento Florestal, ora criado.

Art. 46 - O Estado entre outras atribuições, fiscalizará as florestas nativas, suas formações sucessoras e demais formações florísticas, em colaboração com outras entidades de direito público e privado.

Art. 47 - Nos mapas e cartas oficiais do Estado serão obrigatoriamente assinaladas as unidades de conservação e áreas indígenas.

Art. 48 - Fica revogada a Lei Nº 9.686, de 03 de abril de 1973.

Art. 49 - Esta Lei entrará em vigor na data de sua publicação, revogadas as disposições em contrário.

PALÁCIO DO GOVERNO DO ESTADO DO CEARÁ, em Fortaleza, aos 13 de setembro de 1995.

DECRETO FEDERAL Nº 99.274, DE 6 DE JUNHO DE 1990

– REGULAMENTA A LEI Nº 6.902, DE 27 DE ABRIL DE 1981, E A LEI Nº 6.938, DE 31 DE AGOSTO DE 1981, QUE DISPÕEM, RESPECTIVAMENTE SOBRE A CRIAÇÃO DE ESTAÇÕES ECOLÓGICAS E ÁREAS DE PROTEÇÃO AMBIENTAL E SOBRE A POLÍTICA NACIONAL DO MEIO AMBIENTE

ÍNDICE

O PRESIDENTE DA REPÚBLICA, no uso das atribuições que lhe confere o art. 84, incisos IV e VI, da Constituição, e tendo em vista o disposto na Lei nº 6.902, de 27 de abril de 1981, e na Lei nº 6.938, de 31 de agosto de 1981, alterada pelas Leis nºs 7.804, de 18 de julho de 1989, e 8.028, de 12 de abril de 1990, DECRETA:

TÍTULO I
DA EXECUÇÃO DA POLÍTICA NACIONAL DO MEIO AMBIENTE

CAPÍTULO I
DAS ATRIBUIÇÕES

Art. 1º Na execução da Política Nacional do Meio Ambiente cumpre ao Poder Público, nos seus diferentes níveis de governo:

I - manter a fiscalização permanente dos recursos ambientais, visando à compatibilização do desenvolvimento econômico com a proteção do meio ambiente e do equilíbrio ecológico;

II - proteger as áreas representativas de ecossistemas mediante a implantação de unidades de conservação e preservação ecológica;

III - manter, através de órgãos especializados da Administração Pública, o controle permanente das atividades potencial ou efetivamente poluidoras, de modo a compatibilizá-las com os critérios vigentes de proteção ambiental;

IV - incentivar o estudo e a pesquisa de tecnologias para o uso racional e a proteção dos recursos ambientais, utilizando nesse sentido os planos e programas regionais ou setoriais de desenvolvimento industrial e agrícola;

V - implantar, nas áreas críticas de poluição, um sistema permanente de acompanhamento dos índices locais de qualidade ambiental;

VI - identificar e informar, aos órgãos e entidades do Sistema Nacional do Meio Ambiente, a existência de áreas degradadas ou ameaçadas de degradação, propondo medidas para sua recuperação; e

VII - orientar a educação, em todos os níveis, para a participação ativa do cidadão e da comunidade na defesa do meio ambiente, cuidando para que os currículos escolares das diversas matérias obrigatórias contemplem o estudo da ecologia.

Art. 2º A execução da Política Nacional do Meio Ambiente, no âmbito da Administração Pública Federal, terá a coordenação do Secretário do Meio Ambiente.

CAPÍTULO II *DA ESTRUTURA DO SISTEMA NACIONAL DO MEIO AMBIENTE*

Art. 3º O Sistema Nacional do Meio Ambiente (Sisnama), constituído pelos órgãos e entidades da União, dos Estados, do Distrito Federal, dos Municípios e pelas fundações instituídas pelo Poder Público, responsáveis pela proteção e melhoria da qualidade ambiental, tem a seguinte estrutura:

I - Órgão Superior: o Conselho de Governo;

II - Órgão Consultivo e Deliberativo: o Conselho Nacional do Meio Ambiente (Conama);

III - Órgão Central: a Secretaria do Meio Ambiente da Presidência da República (Semam/PR);

IV - Órgãos Executores: o Instituto Brasileiro do Meio Ambiente e dos Recursos Naturais Renováveis - IBAMA e o Instituto Chico Mendes de Conservação da Biodiversidade - Instituto Chico Mendes; (Redação dada pelo Decreto nº 6.792, de 2009)

V - Órgãos Seccionais: os órgãos ou entidades da Administração Pública Federal direta e indireta, as fundações instituídas pelo Poder Público cujas atividades estejam associadas às de proteção da qualidade ambiental ou àquelas de disciplinamento do uso de recursos ambientais, bem assim os órgãos e entidades estaduais responsáveis pela execução de programas e projetos e pelo controle e fiscalização de atividades capazes de provocar a degradação ambiental; e

VI - Órgãos Locais: os órgãos ou entidades municipais responsáveis pelo controle e fiscalização das atividades referidas no inciso anterior, nas suas respectivas jurisdições.

SEÇÃO I *DA CONSTITUIÇÃO E FUNCIONAMENTO DO CONSELHO NACIONAL DO MEIO AMBIENTE*

Art. 4º O CONAMA compõe-se de: (Redação dada pelo Decreto nº 6.792, de 2009)

I - Plenário; (Redação dada pelo Decreto nº 6.792, de 2009)

II - (Revogado pelo Decreto nº 9.806, de 2019)

III - Comitê de Integração de Políticas Ambientais; (Redação dada pelo Decreto nº 6.792, de 2009)

IV - Câmaras Técnicas; (Redação dada pelo Decreto nº 6.792, de 2009)

V - Grupos de Trabalho; e (Redação dada pelo Decreto nº 6.792, de 2009)

VI - Grupos Assessores. (Redação dada pelo Decreto nº 6.792, de 2009)

Art. 5º Integram o Plenário do Conama:(Redação dada pelo Decreto nº 99.355, de 1990)

I - o Ministro de Estado do Meio Ambiente, que o presidirá; (Redação dada pelo Decreto nº 3.942, de 2001)

II - o Secretário-Executivo do Ministério do Meio Ambiente, que será o seu Secretário-Executivo; (Redação dada pelo Decreto nº 3.942, de 2001)

III - o Presidente do Ibama; (Redação dada pelo Decreto nº 9.806, de 2019)

IV - um representante dos seguintes Ministérios, indicados pelos titulares das respectivas Pastas: (Redação dada pelo Decreto nº 9.806, de 2019)

a) Casa Civil da Presidência da República;(Incluída pelo Decreto nº 9.806, de 2019)

b) Ministério da Economia; (Incluída pelo Decreto nº 9.806, de 2019)

c) Ministério da Infraestrutura; (Incluída pelo Decreto nº 9.806, de 2019)

d) Ministério da Agricultura, Pecuária e Abastecimento; (Incluída pelo Decreto nº 9.806, de 2019)

e) Ministério de Minas e Energia; (Incluída pelo Decreto nº 9.806, de 2019)

f) Ministério do Desenvolvimento Regional; e(Incluída pelo Decreto nº 9.806, de 2019)

g) Secretaria de Governo da Presidência da República; (Incluída pelo Decreto nº 9.806, de 2019)

V - um representante de cada região geográfica do País indicado pelo governo estadual; (Redação dada pelo Decreto nº 9.806, de 2019) (Vide Decreto nº 10.483, de 2020)

VI - dois representantes de Governos municipais, dentre as capitais dos Estados; (Redação dada pelo Decreto nº 9.806, de 2019) (Vide Decreto nº 10.483, de 2020)

VII - quatro representantes de entidades ambientalistas de âmbito nacional inscritas, há, no mínimo, um ano, no Cadastro Nacional de Entidades Ambientalistas -Cnea, mediante carta registrada ou protocolizada junto ao Conama; e(Redação dada pelo Decreto nº 9.806, de 2019) (Vide Decreto nº 10.483, de 2020)

VIII - dois representantes indicados pelas seguintes entidades empresariais: (Redação dada pelo Decreto nº 9.806, de 2019) (Vide Decreto nº 10.483, de 2020)

a) Confederação Nacional da Indústria; (Redação dada pelo Decreto nº 9.806, de 2019)

b) Confederação Nacional do Comércio; (Redação dada pelo Decreto nº 9.806, de 2019)

c) Confederação Nacional de Serviços; (Redação dada pelo Decreto nº 9.806, de 2019)

d) Confederação Nacional da Agricultura; e (Redação dada pelo Decreto nº 9.806, de 2019)

e) Confederação Nacional do Transporte.(Redação dada pelo Decreto nº 9.806, de 2019)

IX - (Revogado pelo Decreto nº 9.806, de 2019)

X - (Revogado pelo Decreto nº 9.806, de 2019)

§ 1º (Revogado pelo Decreto nº 9.806, de 2019)

§ 2º Os representantes a que se referem os incisos IV a VIII do *caput* e o § 12, os seus respectivos suplentes e o suplente do Presidente do Ibama serão designados pelo Ministro de Estado do Meio Ambiente. (Redação dada pelo Decreto nº 9.938, de 2019)

§ 3º (Revogado pelo Decreto nº 9.806, de 2019)

§ 4º (Revogado pelo Decreto nº 9.806, de 2019)

§ 5º (Revogado pelo Decreto nº 9.806, de 2019)

§ 6º (Revogado pelo Decreto nº 9.806, de 2019)

§ 7º (Revogado pelo Decreto nº 9.806, de 2019)

§ 8º Os representantes a que se referem os incisos V, VI e VIII do *caput* terão mandato de um ano e serão escolhidos de forma sequencial conforme lista estabelecida por sorteio. (Incluído pelo Decreto nº 9.806, de 2019)

§ 9º Cada entidade ou órgão integrante do Plenário do Conama deverá indicar, além do membro titular, um membro suplente para representá-lo em suas ausências e seus impedimentos. (Incluído pelo Decreto nº 9.806, de 2019)

§ 10. Os representantes a que se refere o inciso VII do *caput* terão mandato de um ano e serão escolhidos por sorteio anual, vedada a participação das entidades ambientalistas detentoras de mandato. (Incluído pelo Decreto nº 9.806, de 2019)

§ 11. O Distrito Federal será incluído no sorteio do representante dos Governos estaduais da região Centro-Oeste. (Incluído pelo Decreto nº 9.806, de 2019)

§ 12. O Ministério Público Federal poderá indicar um representante, titular e suplente, para participar do Plenário do Conama na qualidade de membro convidado, sem direito a voto. (Incluído pelo Decreto nº 9.939, de 2019)

Art. 6º O Plenário do CONAMA reunir-se-á, em caráter ordinário, a cada três meses, no Distrito Federal, e, extraordinariamente, sempre que convocado pelo seu Presidente, por iniciativa própria ou a requerimento de pelo menos dois terços de seus membros.

§ 1º (Revogado pelo Decreto nº 9.806, de 2019)

§ 2º O Plenário do CONAMA reunir-se-á em sessão pública, com a presença de pelo menos a metade mais um dos seus membros e deliberará por maioria simples dos membros presentes no Plenário, cabendo ao Presidente da sessão, além do voto pessoal, o de qualidade. (Redação dada pelo Decreto nº 3.942, de 2001)

§ 3º O Presidente do Conama será substituído, em suas ausências e seus impedimentos, pelo Secretário-Executivo do Conama. (Redação dada pelo Decreto nº 9.806, de 2019)

§ 4º A participação dos membros do CONAMA é considerada serviço de natureza relevante e não será remunerada, cabendo às instituições representadas o custeio das despesas de deslocamento e estadia.

§ 5º Os representantes de que trata o inciso VII do *caput* do art. 5º poderão ter as despesas de deslocamento e estada pagas à conta de recursos orçamentários do Ministério do Meio Ambiente.(Redação dada pelo Decreto nº 9.806, de 2019)

Art. 6º-A. (Revogado pelo Decreto nº 9.806, de 2019)

Art. 6º-B. (Revogado pelo Decreto nº 9.806, de 2019)

Art. 6º-C O Conama poderá realizar reuniões regionais, de caráter não deliberativo, com a participação de representantes dos Estados, do Distrito Federal e das capitais dos Estados das respectivas regiões. (Incluído pelo Decreto nº 9.806, de 2019)

SEÇÃO II
DA COMPETÊNCIA DO CONSELHO NACIONAL DO MEIO AMBIENTE

Art. 7º Compete ao CONAMA: (Redação dada pelo Decreto nº 3.942, de 2001)

I - estabelecer, mediante proposta do IBAMA, normas e critérios para o licenciamento de atividades efetiva ou potencialmente poluidoras, a ser concedido pela União, Estados, Distrito Federal e Municípios e supervisionada pelo referido Instituto; (Redação dada pelo Decreto nº 3.942, de 2001)

II - determinar, quando julgar necessário, a realização de estudos das alternativas e das possíveis conseqüências ambientais de projetos públicos ou privados, requisitando aos órgãos federais, estaduais e municipais, bem assim a entidades privadas, as informações indispensáveis para apreciação dos estudos de impacto ambiental, e respectivos relatórios, no caso de obras ou atividades de significativa degradação ambiental, especialmente nas áreas consideradas patrimônio nacional; (Redação dada pelo Decreto nº 3.942, de 2001)

III - (Revogado pelo Decreto nº 9.806, de 2019)

IV - determinar, mediante representação do IBAMA, a perda ou restrição de benefícios fiscais concedidos pelo Poder Público, em caráter geral ou condicional, e a perda ou suspensão de participação em linhas de financiamento em estabelecimentos oficiais de crédito; (Redação dada pelo Decreto nº 3.942, de 2001)

V - estabelecer, privativamente, normas e padrões nacionais de controle da poluição causada por veículos automotores, aeronaves e embarcações, mediante audiência dos Ministérios competentes; (Redação dada pelo Decreto nº 3.942, de 2001)

VI - estabelecer normas, critérios e padrões relativos ao controle e à manutenção da qualidade do meio ambiente com vistas ao uso racional dos recursos ambientais, principalmente os hídricos; (Redação dada pelo Decreto nº 3.942, de 2001)

VII - assessorar, estudar e propor ao Conselho de Governo diretrizes de políticas governamentais para o meio ambiente e os recursos naturais; (Redação dada pelo Decreto nº 3.942, de 2001)

VIII - deliberar, no âmbito de sua competência, sobre normas e padrões compatíveis com o meio ambiente ecologicamente equilibrado e essencial à sadia qualidade de vida; (Redação dada pelo Decreto nº 3.942, de 2001)

IX - estabelecer os critérios técnicos para declaração de áreas críticas, saturadas ou em vias de saturação; (Redação dada pelo Decreto nº 3.942, de 2001)

X - acompanhar a implementação do Sistema Nacional de Unidades de Conservação da Natureza-SNUC, conforme disposto no inciso I do art. 6º da Lei no 9.985, de 18 de julho de 2000; (Redação dada pelo Decreto nº 3.942, de 2001)

XI - propor sistemática de monitoramento, avaliação e cumprimento das normas ambientais; (Redação dada pelo Decreto nº 3.942, de 2001)

XII - incentivar a instituição e o fortalecimento institucional dos Conselhos Estaduais e Municipais de Meio Ambiente, de gestão de recursos ambientais e dos Comitês de Bacia Hidrográfica; (Redação dada pelo Decreto nº 3.942, de 2001)

XIII - avaliar a implementação e a execução da política ambiental do País; (Redação dada pelo Decreto nº 3.942, de 2001)

XIV - recomendar ao órgão ambiental competente a elaboração do Relatório de Qualidade Ambiental, previsto no art. 9º inciso X da Lei no 6.938, de 31 de agosto de 1981; (Redação dada pelo Decreto nº 3.942, de 2001)

XV - estabelecer sistema de divulgaçao de seus trabalhos; (Incluído pelo Decreto nº 3.942, de 2001)

XVI - promover a integração dos órgãos colegiados de meio ambiente; (Incluído pelo Decreto nº 3.942, de 2001)

XVII - elaborar, aprovar e acompanhar a implementação da Agenda Nacional de Meio Ambiente, a ser proposta aos órgãos e às entidades do SISNAMA, sob a forma de recomendação; (Incluído pelo Decreto nº 3.942, de 2001)

XVIII - deliberar, sob a forma de resoluções, proposições, recomendações e moções, visando o cumprimento dos objetivos da Política Nacional de Meio Ambiente; e (Incluído pelo Decreto nº 3.942, de 2001)

XIX - elaborar o seu regimento interno. (Incluído pelo Decreto nº 3.942, de 2001)

§ 1º As normas e os critérios para o licenciamento de atividades potencial ou efetivamente poluidoras deverão estabelecer os requisitos necessários à proteção ambiental. (Redação dada pelo Decreto nº 3.942, de 2001)

§ 2º As penalidades previstas no inciso IV deste artigo somente serão aplicadas nos casos previamente definidos em ato específico do CONAMA, assegurando-se ao interessado a ampla defesa. (Redação dada pelo Decreto nº 3.942, de 2001)

§ 3º Na fixação de normas, critérios e padrões relativos ao controle e à manutenção da qualidade do meio ambiente, o CONAMA levará em consideração a capacidade de auto-regeneração dos corpos receptores e a necessidade de estabelecer parâmetros genéricos mensuráveis. (Redação dada pelo Decreto nº 3.942, de 2001)

§ 4º A Agenda Nacional de Meio Ambiente de que trata o inciso XVII deste artigo constitui-se de documento a ser dirigido ao SISNAMA, recomendando os temas, programas e projetos considerados prioritários para a melhoria da qualidade ambiental e o desenvolvimento sustentável do País, indicando os objetivos a serem alcançados num período de dois anos. (Incluído pelo Decreto nº 3.942, de 2001)

SEÇÃO III
DAS CÂMARAS TÉCNICAS

Art. 8º O Conama poderá dividir-se em Câmaras Técnicas, para examinar e relatar ao Plenário assuntos de sua competência.

§ 1º A competência, a composição e o prazo de funcionamento de cada uma das Câmaras Técnicas constará do ato do Conama que a criar.

§ 2º (Revogado pelo Decreto nº 9.806, de 2019)

Art. 9º Em caso de urgência, o Presidente do Conama poderá criar Câmaras Técnicas ad referendum do Plenário.

SEÇÃO IV
DO ÓRGÃO CENTRAL

Art. 10. Caberá ao Ministério do Meio Ambiente, por intermédio de sua Secretaria-Executiva, prover os serviços de apoio técnico e administrativo do CONAMA. (Redação dada pelo Decreto nº 3.942, de 2001)

Art. 11. Para atender ao suporte técnico e administrativo do CONAMA, a Secretaria-Executiva do Ministério do Meio Ambiente deverá: (Redação dada pelo Decreto nº 3.942, de 2001)

I - solicitar colaboração, quando necessário, aos órgãos específicos singulares, ao Gabinete e às entidades vinculadas ao Ministério do Meio Ambiente; (Redação dada pelo Decreto nº 3.942, de 2001)

II - coordenar, por meio do Sistema Nacional de Informações sobre o Meio Ambiente-SINIMA, o intercâmbio de informações entre os órgãos integrantes do SISNAMA; e (Redação dada pelo Decreto nº 3.942, de 2001)

III - promover a publicação e divulgação dos atos do CONAMA. (Redação dada pelo Decreto nº 3.942, de 2001)

SEÇÃO V
DA COORDENAÇÃO DOS ÓRGÃOS SECCIONAIS FEDERAIS

Art. 12. Os Órgãos Seccionais, de que trata o art. 3º, inciso V, primeira parte, serão coordenados, no que se referir à Política Nacional do Meio Ambiente, pelo Secretário do Meio Ambiente.

SEÇÃO VI
DOS ÓRGÃOS SECCIONAIS ESTADUAIS E DOS ÓRGÃOS LOCAIS

Art. 13. A integração dos Órgãos Setoriais Estaduais (art. 30, inciso V, segunda parte) e dos Órgãos Locais ao Sisnama, bem assim a delegação de funções do nível federal para o estadual poderão ser objeto de convênios celebrados entre cada Órgão Setorial Estadual e a Semam/PR, admitida a interveniência de Órgãos Setoriais Federais do Sisnama.

CAPÍTULO III
DA ATUAÇÃO DO SISTEMA NACIONAL DO MEIO AMBIENTE

Art. 14. A atuação do Sisnama efetivar-se-á mediante articulação coordenada dos órgãos e entidades que o constituem, observado o seguinte:

I - o acesso da opinião pública às informações relativas às agressões ao meio ambiente e às ações de proteção ambiental, na forma estabelecida pelo Conama; e

II - caberá aos Estados, ao Distrito Federal e aos Municípios a regionalização das medidas emanadas do Sisnama, elaborando normas e padrões supletivos e complementares.

Parágrafo único. As normas e padrões dos Estados, do Distrito Federal e dos Municípios poderão fixar parâmetros de emissão, ejeção e emanação de agentes poluidores, observada a legislação federal.

Art. 15. Os Órgãos Seccionais prestarão ao Conama informações sobre os seus planos de ação e programas em execução, consubstanciadas em relatórios anuais, sem prejuízo de relatórios parciais para atendimento de solicitações específicas.

Parágrafo único. A Semam/PR consolidará os relatórios mencionados neste artigo em um relatório anual sobre a situação do meio ambiente no País, a ser publicado e submetido à consideração do Conama, em sua segunda reunião do ano subseqüente.

Art. 16. O Conama, por intermédio da Semam/PR, poderá solicitar informações e pareceres dos Órgão Seccionais e Locais, justificando, na respectiva requisição, o prazo para o seu atendimento.

1º Nas atividades de licenciamento, fiscalização e controle deverão ser evitadas exigências burocráticas excessivas ou pedidos de informações já disponíveis.

2º Poderão ser requeridos à Semam/PR, bem assim aos Órgãos Executor, Seccionais e Locais, por pessoa física ou jurídica que comprove legítimo interesse, os resultados das análises técnicas de que disponham.

3º Os órgãos integrantes do Sisnama, quando solicitarem ou prestarem informações, deverão preservar o sigilo industrial e evitar a concorrência desleal, correndo o processo, quando for o caso, sob sigilo administrativo, pelo qual será responsável a autoridade dele encarregada.

CAPÍTULO IV
DO LICENCIAMENTO DAS ATIVIDADES

Art. 17. A construção, instalação, ampliação e funcionamento de estabelecimento de atividades utilizadoras de recursos ambientais, consideradas efetiva ou potencialmente poluidoras, bem assim os empreendimentos capazes, sob qualquer forma, de causar degradação ambiental, dependerão de prévio licenciamento do órgão estadual competente integrante do Sisnama, sem prejuízo de outras licenças legalmente exigíveis.

§ 1º Caberá ao Conama fixar os critérios básicos, segundo os quais serão exigidos estudos de impacto ambiental para fins de licenciamento, contendo, entre outros, os seguintes itens:

a) diagnóstico ambiental da área;

b) descrição da ação proposta e suas alternativas; e

c) identificação, análise e previsão dos impactos significativos, positivos e negativos.

2º O estudo de impacto ambiental será realizado por técnicos habilitados e constituirá o Relatório de Impacto Ambiental Rima, correndo as despesas à conta do proponente do projeto.

3º Respeitada a matéria de sigilo industrial, assim expressamente caracterizada a pedido do interessado, o Rima, devidamente fundamentado, será acessível ao público.

4º Resguardado o sigilo industrial, os pedidos de licenciamento, em qualquer das suas modalidades, sua renovação e a respectiva concessão da licença serão objeto de publicação resumida, paga pelo interessado, no jornal oficial do Estado e em um periódico de grande circulação, regional ou local, conforme modelo aprovado pelo Conama.

Art. 18. O órgão estadual do meio ambiente e o Ibama, este em caráter supletivo, sem prejuízo das penalidades pecuniárias cabíveis, determinarão, sempre que necessário, a redução das atividades geradoras de poluição, para manter as emissões gasosas ou efluentes líquidos e os resíduos sólidos nas condições e limites estipulados no licenciamento concedido.

Art. 19. O Poder Público, no exercício de sua competência de controle, expedirá as seguintes licenças:

I - Licença Prévia (LP), na fase preliminar do planejamento de atividade, contendo requisitos básicos a serem atendidos nas fases de localização, instalação e operação, observados os planos municipais, estaduais ou federais de uso do solo;

II - Licença de Instalação (LI), autorizando o início da implantação, de acordo com as especificações constantes do Projeto Executivo aprovado; e

III - Licença de Operação (LO), autorizando, após as verificações necessárias, o início da atividade licenciada e o funcionamento de seus equipamentos de controle de poluição, de acordo com o previsto nas Licenças Prévia e de Instalação.

1º Os prazos para a concessão das licenças serão fixados pelo Conama, observada a natureza técnica da atividade.

2º Nos casos previstos em resolução do Conama, o licenciamento de que trata este artigo dependerá de homologação do Ibama.

3º Iniciadas as atividades de implantação e operação, antes da expedição das respectivas licenças, os dirigentes dos Órgãos Setoriais do Ibama deverão, sob pena de responsabilidade funcional, comunicar o fato às entidades financiadoras dessas atividades, sem prejuízo da imposição de penalidades, medidas administrativas de interdição, judiciais, de embargo, e outras providências cautelares.

4º O licenciamento dos estabelecimentos destinados a produzir materiais nucleares ou a utilizar a energia nuclear e suas aplicações, competirá à Comissão Nacional de Energia Nuclear (CENEN), mediante parecer do Ibama, ouvidos os órgãos de controle ambiental estaduais ou municipais.

5º Excluída a competência de que trata o parágrafo anterior, nos demais casos de competência federal o Ibama expedirá as respectivas licenças, após considerar o exame técnico procedido pelos órgãos estaduais e municipais de controle da poluição.

Art. 20. Caberá recurso administrativo:

I - para o Secretário de Assuntos Estratégicos, das decisões da Comissão Nacional de Energia Nuclear (CNEN); e

II - para o Secretário do Meio Ambiente, nos casos de licenciamento da competência privativa do Ibama, inclusive nos de denegação de certificado homologatório.

Parágrafo único. No âmbito dos Estados, do Distrito Federal e dos Municípios, o recurso de que trata este artigo será interposto para a autoridade prevista na respectiva legislação.

Art. 21. Compete à Semam/PR propor ao Conama a expedição de normas gerais para implantação e fiscalização do licenciamento previsto neste decreto.

1º A fiscalização e o controle da aplicação de critérios, normas e padrões de qualidade ambiental serão exercidos pelo Ibama, em caráter supletivo à atuação dos Órgãos Seccionais Estaduais e dos Órgãos Locais.

2º Inclui-se na competência supletiva do Ibama a análise prévia de projetos, de entidades públicas ou privadas, que interessem à conservação ou à recuperação dos recursos ambientais.

3º O proprietário de estabelecimento ou o seu preposto responsável permitirá, sob a pena da lei, o ingresso da fiscalização no local das atividades potencialmente poluidoras para a inspeção de todas as suas áreas.

4º As autoridades policiais, quando necessário, deverão prestar auxílio aos agentes fiscalizadores no exercício de suas atribuições.

Art. 22. O Ibama, na análise dos projetos submetidos ao seu exame, exigirá, para efeito de aprovação, que sejam adotadas, pelo interessado, medidas capazes de assegurar que as matérias-primas, insumos e bens produzidos tenham padrão de qualidade que elimine ou reduza, o efeito poluente derivado de seu emprego e utilização.

CAPÍTULO V
DOS INCENTIVOS

Art. 23. As entidades governamentais de financiamento ou gestoras de incentivos, condicionarão a sua concessão à comprovação do licenciamento previsto neste decreto.

CAPÍTULO VI
DO CADASTRAMENTO

Art. 24. O Ibama submeterá à aprovação do Conama as normas necessárias à implantação do Cadastro Técnico Federal de Atividades e Instrumentos de Defesa Ambiental.

TÍTULO II
DAS ESTAÇÕES ECOLÓGICAS E DAS ÁREAS DE PROTEÇÃO AMBIENTAL

CAPÍTULO I
DAS ESTAÇÕES ECOLÓGICAS

Art. 25. As Estações Ecológicas Federais serão criadas por Decreto do Poder Executivo, mediante proposta do Secretário do Meio Ambiente, e terão sua administração coordenada pelo Ibama.

§ 1º O ato de criação da Estação Ecológica definirá os seus limites geográficos, a sua denominação, a entidade responsável por sua administração e o zoneamento a que se refere o art. 1º, § 2º, da Lei nº 6.902, de 27 de abril de 1981.

§ 2º Para a execução de obras de engenharia que possam afetar as estações ecológicas, será obrigatória a audiência prévia do Conama.

Art. 26. Nas Estações Ecológicas Federais, o zoneamento a que se refere o art. 1º, § 2º, da Lei nº 6.902, de 1981, será estabelecido pelo Ibama.

Art. 27. Nas áreas circundantes das Unidades de Conservação, num raio de dez quilômetros, qualquer atividade que possa afetar a biota ficará subordinada às normas editadas pelo Conama.

CAPÍTULO II
DAS ÁREAS DE PROTEÇÃO AMBIENTAL

Art. 28. No âmbito federal, compete ao Secretário do Meio Ambiente, com base em parecer do Ibama, propor ao Presidente da República a criação de Áreas de Proteção Ambiental.

Art. 29. O decreto que declarar a Área de Proteção Ambiental mencionará a sua denominação, limites geográficos, principais objetivos e as proibições e restrições de uso dos recursos ambientais nela contidos.

Art. 30. A entidade supervisora e fiscalizadora da Área de Proteção Ambiental deverá orientar e assistir os proprietários, a fim de que os objetivos da legislação pertinente sejam atingidos.

Parágrafo único. Os proprietários de terras abrangidas pelas Áreas de Proteção Ambiental poderão mencionar os nomes destas nas placas indicadoras de propriedade, na promoção de atividades turísticas, bem assim na indicação de procedência dos produtos nela originados.

Art. 31. Serão considerados de relevância e merecedores do reconhecimento público os serviços prestados, por qualquer forma, à causa conservacionista.

Art. 32. As instituições federais de crédito e financiamento darão prioridade aos pedidos encaminhados com apoio da Semam/PR, destinados à melhoria do uso racional do solo e das condições sanitárias e habitacionais das propriedades situadas nas Áreas de Proteção Ambiental.

TÍTULO III
DAS PENALIDADES

Art. 33. Constitui infração, para os efeitos deste decreto, toda ação ou omissão que importe na inobservância de preceitos nele estabelecidos ou na desobediência às determinações de caráter normativo dos órgãos ou das autoridades administrativas competentes.

Art. 34. Serão impostas multas diárias de 61,70 a 6.170 Bônus do Tesouro Nacional (BTN), proporcionalmente à degradação ambiental causada, nas seguintes infrações:

I - contribuir para que um corpo d'água fique em categoria de qualidade inferior à prevista na classificação oficial;

II - contribuir para que a qualidade do ar ambiental seja inferior ao nível mínimo estabelecido em resolução;

III - emitir ou despejar efluentes ou resíduos sólidos, líquidos ou gasosos causadores de degradação ambiental, em desacordo com o estabelecido em resolução ou licença especial;

IV - exercer atividades potencialmente degradadoras do meio ambiente, sem a licença ambiental legalmente exigível ou em desacordo com a mesma;

V - causar poluição hídrica que torne necessária a interrupção do abastecimento público de água de uma comunidade;

VI - causar poluição de qualquer natureza que provoque destruição de plantas cultivadas ou silvestres;

VII - ferir, matar ou capturar, por quaisquer meios, nas Unidades de Conservação, exemplares de espécies consideradas raras da biota regional;

VIII - causar degradação ambiental mediante assoreamento de coleções d'àgua ou erosão acelerada, nas Unidades de Conservação;

IX - desrespeitar interdições de uso, de passagem e outras estabelecidas administrativamente para a proteção contra a degradação ambiental;

X - impedir ou dificultar a atuação dos agentes credenciados pelo Ibama, para inspecionar situação de perigo potencial ou examinar a ocorrência de degradação ambiental;

XI - causar danos ambientais, de qualquer natureza, que provoquem destruição ou outros efeitos desfavoráveis à biota nativa ou às plantas cultivadas e criações de animais;

XII - descumprir resoluções do Conama.

Art. 35. Serão impostas multas de 308,50 a 6.170 BTN, proporcionalmente à degradação ambiental causada, nas seguintes infrações:

I - realizar em Área de Proteção Ambiental, sem licença do respectivo órgão de controle ambiental, abertura de canais ou obras de terraplanagem, com movimentação de areia, terra ou material rochoso, em volume superior a 100m3, que possam causar degradação ambiental;

II - causar poluição de qualquer natureza que possa trazer danos à saúde ou ameaçar o bem-estar.

Art. 36. Serão impostas multas de 617 a 6.170 BTN nas seguintes infrações:

I - causar poluição atmosférica que provoque a retirada, ainda que momentânea, dos habitantes de um quarteirão urbano ou localidade equivalente;

II - causar poluição do solo que torne uma área, urbana ou rural, imprópria para a ocupação humana;

III - causar poluição de qualquer natureza, que provoque mortandade de mamíferos, aves, répteis, anfíbios ou peixes.

Art. 37. O valor das multas será graduado de acordo com as seguintes circunstâncias:

I - atenuantes:

a) menor grau de compreensão e escolaridade do infrator;

b) reparação espontânea do dano ou limitação da degradação ambiental causada;

c) comunicação prévia do infrator às autoridades competentes, em relação a perigo iminente de degradação ambiental;

d) colaboração com os agentes encarregados da fiscalização e do controle ambiental;

II - agravantes:

a) reincidência específica;

b) maior extensão da degradação ambiental;

c) dolo, mesmo eventual;

d) ocorrência de efeitos sobre a propriedade alheia;

e) infração ocorrida em zona urbana;

f) danos permanentes à saúde humana;

g) atingir área sob proteção legal;

h) emprego de métodos cruéis na morte ou captura de animais.

Art. 38. No caso de infração continuada, caracterizada pela permanência da ação ou omissão inicialmente punida, será a respectiva penalidade aplicada diariamente até cessar a ação degradadora.

Art. 39. Quando a mesma infração for objeto de punição em mais de um dispositivo deste decreto, prevalecerá o enquadramento no item mais específico em relação ao mais genérico.

Art. 40. Quando as infrações forem causadas por menores ou incapazes, responderá pela multa quem for juridicamente responsável pelos mesmos.

Art. 41. A imposição de penalidades pecuniárias, por infrações à legislação ambiental, pelos Estados, pelo Distrito Federal e pelos Municípios, excluirá a exigência de multas federais, na mesma hipótese de incidência. (Redação dada pelo Decreto nº 122, de 1991)

Art. 42. As multas poderão ter a sua exigibilidade suspensa quando o infrator, por termo de compromisso aprovado pela autoridade ambiental que aplicou a penalidade, se obrigar à adoção de medidas específicas para cessar e corrigir a degradação ambiental.

Parágrafo único. Cumpridas as obrigações assumidas pelo infrator, a multa será reduzida em até noventa por cento.

Art. 43. (Revogado pelo Decreto nº 9.806, de 2019)

Art. 44. O Ibama poderá celebrar convênios com entidades oficiais dos Estados, delegando-lhes, em casos determinados, o exercício das atividades de fiscalização e controle.

TÍTULOS IV
DAS DISPOSIÇÕES FINAIS

Art. 45. Este decreto entra em vigor na data de sua publicação.

Art. 46. Revogam-se os Decretos nºs 88.351, de 1º de junho de 1983, 89.532, de 6 de abril de 1984, 91.305, de 3 de junho de 1985, 93.630, de 28 de novembro de 1986, 94.085, de 10 de março de 1987, 94.764 de 11 de agosto de 1987, 94.998, de 5 de outubro de 1987, 96.150 de 13 de junho de 1988, 97.558, de 7 de março de 1989, 97.802, de 5 de junho de 1989, e 98.109, de 31 de agosto de 1989.

Brasília, 6 de junho de 1990; 169º da Independência e 102º da República.

RESOLUÇÃO CONAMA Nº 1, DE 23 DE JANEIRO DE 1986

– DISPÕE SOBRE CRITÉRIOS BÁSICOS E DIRETRIZES GERAIS PARA A AVALIAÇÃO DE IMPACTO AMBIENTAL

O Conselho Nacional do Meio Ambiente - CONAMA, no uso das atribuições que lhe confere o art. 48 do Decreto nº 88.351, de 1º de junho de 1983, para efetivo exercício das responsabilidades que lhe são atribuídas pelo art. 18 do mesmo decreto, e

Considerando a necessidade de se estabelecerem as definições, as responsabilidades, os critérios básicos e as diretrizes gerais para uso e implementação da Avaliação de Impacto Ambiental como um dos instrumentos da Política Nacional do Meio Ambiente,

Resolve:

Art. 1º Para efeito desta Resolução, considera-se impacto ambiental qualquer alteração das propriedades físicas, químicas e biológicas do meio ambiente, causada por qualquer forma de matéria ou energia resultante das atividades humanas que, direta ou indiretamente, afetam:

I - a saúde, a segurança e o bem-estar da população;

II - as atividades sociais e econômicas;

III - a biota;

IV - as condições estéticas e sanitárias do meio ambiente;

V - a qualidade dos recursos ambientais.

Art. 2º Dependerá de elaboração de estudo de impacto ambiental e respectivo relatório de impacto ambiental - RIMA, a serem submetidos à aprovação do órgão estadual competente, e do SEMA em caráter supletivo, o licenciamento de atividades modificadoras do meio ambiente, tais como:

I - Estradas de rodagem com duas ou mais faixas de rolamento;

II - Ferrovias;

III - Portos e terminais de minério, petróleo e produtos químicos;

IV - Aeroportos, conforme definidos pelo inciso I, art. 48, do Decreto-Lei nº 32, de 18.11.1966;

V - Oleodutos, gasodutos, minerodutos, troncos coletores e emissários de esgotos sanitários;

VI - Linhas de transmissão de energia elétrica, acima de 230 Kv;

VII - Obras hidráulicas para exploração de recursos hídricos, tais como:

barragem para fins hidrelétricos, acima de 10 MW, de saneamento ou de irrigação, abertura de canais para navegação, drenagem e irrigação, retificação de cursos d'água, abertura de barras e embocaduras, transposição de bacias, diques;

VIII - Extração de combustível fóssil (petróleo, xisto, carvão);

IX - Extração de minério, inclusive os da classe II, definidas no Código de Mineração;

X - Aterros sanitários, processamento e destino final de resíduos tóxicos ou perigosos;

XI - Usinas de geração de eletricidade, qualquer que seja a fonte de energia primária, acima de 10 MW;

XII - Complexo e unidades industriais e agroindustriais (petroquímicos, siderúrgicos, cloroquímicos, destilarias de álcool, hulha, extração e cultivo de recursos hídricos);

XIII - Distritos industriais e zonas estritamente industriais - ZEI;

XIV - Exploração econômica de madeira ou de lenha, em áreas acima de 100 hectares ou menores, quando atingir áreas significativas em termos percentuais ou de importância do ponto de vista ambiental;

XV - Projetos urbanísticos, acima de 100 ha ou em áreas consideradas de relevante interesse ambiental a critério da SEMA e dos órgãos municipais e estaduais competentes;

XVI - Qualquer atividade que utilizar carvão vegetal, derivados ou produtos similares, em quantidade superior a dez toneladas por dia. (Redação dada ao inciso pela Resolução CONAMA nº 11, de 18.03.1986, DOU 02.05.1986)

XVII - Projetos Agropecuários que contemplem áreas acima de 1.000 ha ou menores, neste caso, quando se tratar de áreas significativas em termos percentuais ou de importância do ponto de vista ambiental, inclusive nas áreas de proteção ambiental. (Inciso acrescentado pela Resolução CONAMA nº 11, de 18.03.1986, DOU 02.05.1986)

Art. 3º (Revogado pela Resolução CONAMA nº 237, de 19.12.1997, DOU 22.12.1997)

Art. 4º Os órgãos ambientais competentes e os órgãos setoriais do SISNAMA deverão compatibilizar os processos de licenciamento com as etapas de planejamento e implantação das atividades modificadoras do meio Ambiente, respeitados os critérios e diretrizes estabelecidos por esta Resolução e tendo por base a natureza, o porte e as peculiaridades de cada atividade.

Art. 5º O estudo de impacto ambiental, além de atender à legislação, em especial os princípios e objetivos expressos na Lei de Política Nacional do Meio Ambiente, obedecerá às seguintes diretrizes gerais:

I - Contemplar todas as alternativas tecnológicas e de localização do projeto, confrontando-as com a hipótese de não execução do projeto;

II - Identificar e avaliar sistematicamente os impactos ambientais gerados nas fases de implantação e operação da atividade;

III - Definir os limites da área geográfica a ser direta ou indiretamente afetada pelos impactos, denominada área de influência do projeto, considerando, em todos os casos, a bacia hidrográfica na qual se localiza;

IV - Considerar os planos e programas governamentais, propostos e em implantação na área de influência do projeto, e sua compatibilidade.

Parágrafo único. Ao determinar a execução do estudo de impacto ambiental, o órgão estadual competente, ou a SEMA ou, quando couber, o Município, fixará as diretrizes adicionais que, pelas peculiaridades do projeto e características ambientais da área, forem julgadas necessárias, inclusive os prazos para conclusão e análise dos estudos.

Art. 6º O estudo de impacto ambiental desenvolverá, no mínimo, as seguintes atividades técnicas:

I - Diagnóstico ambiental da área de influência do projeto completa descrição e análise dos recursos ambientais e suas interações, tal como existem, de modo a caracterizar a situação ambiental da área, antes da implantação do projeto, considerando:

a) o meio físico - o subsolo, as águas, o ar e o clima, destacando os recursos minerais, a topografia, os tipos e aptidões do solo, os corpos d'água, o regime hidrológico, as correntes marinhas, as correntes atmosféricas;

b) o meio biológico e os ecossistemas naturais - a fauna e a flora, destacando as espécies indicadoras da qualidade ambiental, de valor científico e econômico, raras e ameaçadas de extinção e as áreas de preservação permanente;

c) o meio socioeconômico - o uso e ocupação do solo, os usos da água e a sócio economia, destacando os sítios e monumentos arqueológicos, históricos e culturais da comunidade, as relações de dependência entre a sociedade local, os recursos ambientais e a potencial utilização futura desses recursos.

II - Análise dos impactos ambientais do projeto e de suas alternativas, através de identificação, previsão da magnitude e interpretação da importância dos prováveis impactos relevantes, discriminando: os impactos positivos e negativos (benéficos e adversos), diretos e indiretos, imediatos e a médio e longo prazos, temporários e permanentes; seu grau de reversibilidade; suas propriedades cumulativas e sinérgicas; a distribuição dos ônus e benefícios sociais.

III - Definição das medidas mitigadoras dos impactos negativos, entre elas os equipamentos de controle e sistemas de tratamento de despejos, avaliando a eficiência de cada uma delas.

IV - Elaboração do programa de acompanhamento e monitoramento dos impactos positivos e negativos, indicando os fatores e parâmetros a serem considerados.

Parágrafo único. Ao determinar a execução do estudo de impacto ambiental, o órgão estadual competente, ou a SEMA ou, quando couber, o Município fornecerá as instruções adicionais que se fizerem necessárias, pelas peculiaridades do projeto e características ambientais da área.

Art. 7º (Revogado pela Resolução CONAMA nº 237, de 19.12.1997, DOU 22.12.1997)

Art. 8º Correrão por conta do proponente do projeto todas as despesas e custos referentes à realização do estudo de impacto ambiental, tais como: coleta e aquisição dos dados e informações, trabalhos e inspeções de campo, análises de laboratório, estudos técnicos e científicos e acompanhamento e monitoramento dos impactos, elaboração do RIMA e fornecimento de pelo menos 5 (cinco) cópias.

Art. 9º O relatório de impacto ambiental - RIMA refletirá as conclusões do estudo de impacto ambiental e conterá, no mínimo:

I - Os objetivos e justificativas do projeto, sua relação e compatibilidade com as políticas setoriais, planos e programas governamentais;

II - A descrição do projeto e suas alternativas tecnológicas e locacionais, especificando para cada um deles, nas fases de construção e operação a área de influência, as matérias primas, e mão-de-obra, as fontes de energia, os processos e técnicas operacionais, os prováveis efluentes, emissões, resíduos e perdas de energia, os empregos diretos e indiretos a serem gerados;

III - A síntese dos resultados dos estudos de diagnósticos ambiental da área de influência do projeto;

IV - A descrição dos prováveis impactos ambientais da implantação e operação da atividade, considerando o projeto, suas alternativas, os horizontes de tempo de incidência dos impactos e indicando os métodos, técnicas e critérios adotados para sua identificação, quantificação e interpretação;

V - A caracterização da qualidade ambiental futura da área de influência, comparando as diferentes situações da adoção do projeto e suas alternativas, bem como com a hipótese de sua não realização;

VI - A descrição do efeito esperado das medidas mitigadoras previstas em relação aos impactos negativos, mencionando aqueles que não puderem ser evitados, e o grau de alteração esperado;

VII - O programa de acompanhamento e monitoramento dos impactos;

VIII - Recomendação quanto à alternativa mais favorável (conclusões e comentários de ordem geral).

Parágrafo único. O RIMA deve ser apresentado de forma objetiva e adequada à sua compreensão. As informações devem ser traduzidas em linguagem acessível, ilustradas por mapas, cartas, quadros, gráficos e demais técnicas de comunicação visual, de modo que se possam entender as vantagens e desvantagens do projeto, bem como todas as consequências ambientais de sua implementação.

Art. 10. O órgão estadual competente, ou a SEMA ou, quando couber, o Município terá um prazo para se manifestar de forma conclusiva sobre o RIMA apresentado.

Parágrafo único. O prazo a que se refere o *caput* deste artigo terá o seu termo inicial na data do recebimento pelo órgão estadual competente ou pela SEMA do estudo do impacto ambiental e seu respectivo RIMA.

Art. 11. Respeitado o sigilo industrial, assim solicitando e demonstrando pelo interessado o RIMA será acessível ao público. Suas cópias permanecerão à disposição dos interessados, nos centros de documentação ou bibliotecas da SEMA e do órgão estadual de controle ambiental correspondente, inclusive durante o período de análise técnica.

§ 1º Os órgãos públicos que manifestarem interesse, ou tiverem relação direta com o projeto, receberão cópia do RIMA, para conhecimento e manifestação.

§ 2º Ao determinar a execução do estudo de impacto ambiental e apresentação do RIMA, o órgão estadual competente ou a SEMA ou, quando couber o Município, determinará o prazo para recebimento dos comentários a serem feitos pelos órgãos públicos e demais interessados e, sempre que julgar necessário, promoverá a realização de audiência pública para informação sobre o projeto e seus impactos ambientais e discussão do RIMA.

Art. 12. Esta Resolução entra em vigor na data de sua publicação.

RESOLUÇÃO CONAMA Nº 237, DE 19 DE DEZEMBRO DE 1997

– DISPÕE SOBRE CONCEITOS, SUJEIÇÃO, E PROCEDIMENTO PARA OBTENÇÃO DE LICENCIAMENTO AMBIENTAL

O Conselho Nacional do Meio Ambiente - CONAMA, no uso das atribuições e competências que lhe são conferidas pela Lei nº 6.938, de 31 de agosto de 1981, regulamentadas pelo Decreto nº 99.274, de 06 de junho de 1990, e tendo em vista o disposto em seu Regimento Interno, e

Considerando a necessidade de revisão dos procedimentos e critérios utilizados no licenciamento ambiental, de forma a efetivar a utilização do sistema de licenciamento como instrumento de gestão ambiental, instituído pela Política Nacional do Meio Ambiente;

Considerando a necessidade de se incorporar ao sistema de licenciamento ambiental os instrumentos de gestão ambiental, visado o desenvolvimento sustentável e a melhoria contínua;

Considerando as diretrizes estabelecidas na Resolução CONAMA nº 011/94, que determina a necessidade de revisão no sistema de licenciamento ambiental;

Considerando a necessidade de regulamentação de aspectos do licenciamento ambiental estabelecidos na Política Nacional de Meio Ambiente que ainda não foram definidos;

Considerando a necessidade de ser estabelecido critério para exercício da competência para o licenciamento a que se refere o artigo 10 da Lei nº 6.938, de 31 de agosto de 1981;

Considerando a necessidade de se integrar a atuação dos órgãos competentes do Sistema Nacional de Meio Ambiente - SISNAMA na execução da Política Nacional do Meio Ambiente, em conformidade com as respectivas competências, resolve:

Art. 1º. Para efeito desta Resolução são adotadas as seguintes definições:

I - Licenciamento Ambiental: procedimento administrativo pelo qual o órgão ambiental competente licencia a localização, instalação, ampliação e a operação de empreendimentos e atividades utilizadoras de recursos ambientais consideradas efetiva ou potencialmente poluidoras ou daquelas que, sob qualquer forma, possam causar degradação ambiental, considerando as disposições legais e regulamentares e as normas técnicas aplicáveis ao caso;

II - Licença Ambiental: ato administrativo pelo qual o órgão ambiental competente estabelece as condições, restrições e medidas de controle ambiental que deverão ser obedecidas pelo empreendedor, pessoa física ou jurídica, para localizar, instalar, ampliar e operar empreendimentos ou atividades utilizadoras dos recursos ambientais consideradas efetiva ou potencialmente poluidoras ou aquelas que, sob qualquer forma, possam causar degradação ambiental;

III - Estudos Ambientais: são todos e quaisquer estudos relativos aos aspectos ambientais relacionados à localização, instalação, operação e ampliação de uma atividade ou empreendimento, apresentado como subsídio para a análise da licença requerida, tais como: relatório ambiental, plano e projeto de controle ambiental, relatório ambiental preliminar, diagnóstico ambiental, plano de manejo, plano de recuperação de área degradada e análise preliminar de risco;

IV - Impacto Ambiental Regional: é todo e qualquer impacto ambiental que afete diretamente (área de influência direta do projeto), no todo ou em parte, o território de dois ou mais Estados.

Art. 2º. A localização, construção, instalação, ampliação, modificação e operação de empreendimentos e atividades utilizadoras de recursos ambientais consideradas efetiva ou potencialmente poluidoras, bem como os empreendimentos capazes, sob qualquer forma, de causar degradação ambiental, dependerão de prévio licenciamento do órgão ambiental competente, sem prejuízo de outras licenças legalmente exigíveis.

§ 1º. Estão sujeitos ao licenciamento ambiental os empreendimentos e as atividades relacionadas no Anexo I, parte integrante desta Resolução.

§ 2º. Caberá ao órgão ambiental competente definir os critérios de exigibilidade, o detalhamento e a complementação do Anexo I, levando em consideração as especificidades, os riscos ambientais, o porte e outras características do empreendimento ou atividade.

Art. 3º. A licença ambiental para empreendimentos e atividades consideradas efetiva ou potencialmente causadoras de significativa degradação do meio dependerá de prévio estudo de impacto ambiental e respectivo relatório de impacto sobre o meio ambiente (EIA/RIMA), ao qual dar-se-á publicidade, garantida a realização de audiências públicas, quando couber, de acordo com a regulamentação.

Parágrafo único. O órgão ambiental competente, verificando que a atividade ou empreendimento não é potencialmente causador de significativa degradação do meio ambiente, definirá os estudos ambientais pertinentes ao respectivo processo de licenciamento.

Art. 4º. Compete ao Instituto Brasileiro do Meio Ambiente e dos Recursos Naturais Renováveis - IBAMA, órgão executor do SISNAMA, o licenciamento ambiental, a que se refere o artigo 10 da Lei nº 6.938, de 31 de agosto de 1981, de empreendimentos e atividades com significativo impacto ambiental de âmbito nacional ou regional, a saber:

I - localizadas ou desenvolvidas conjuntamente no Brasil e em país limítrofe; no mar territorial; na plataforma continental; na zona econômica exclusiva; em terras indígenas ou em unidades de conservação do domínio da União;

II - localizadas ou desenvolvidas em dois ou mais Estados;

III - cujos impactos ambientais diretos ultrapassem os limites territoriais do País ou de um ou mais Estados;

IV - destinados a pesquisar, lavrar, produzir, beneficiar, transportar, armazenar e dispor material radioativo, em qualquer estágio, ou que utilizem energia nuclear em qualquer de suas formas e aplicações, mediante parecer da Comissão Nacional de Energia Nuclear - CNEN;

V - bases ou empreendimentos militares, quando couber, observada a legislação específica.

§ 1º. O IBAMA fará o licenciamento de que trata este artigo após considerar o exame técnico procedido pelos órgãos ambientais dos Estados e Municípios em que se localizar a atividade ou empreendimento, bem como, quando couber, o parecer dos demais órgãos competentes da União, dos Estados, do Distrito Federal e dos Municípios, envolvidos no procedimento de licenciamento.

§ 2º. O IBAMA, ressalvada sua competência supletiva, poderá delegar aos Estados o licenciamento de atividade com significativo impacto ambiental de âmbito regional, uniformizando, quando possível, as exigências.

Art. 5º. Compete ao órgão ambiental estadual ou do Distrito Federal o licenciamento ambiental dos empreendimentos e atividades:

I - localizados ou desenvolvidos em mais de um Município ou em unidades de conservação de domínio estadual ou do Distrito Federal;

II - localizados ou desenvolvidos nas florestas e demais formas de vegetação natural de preservação permanente relacionadas no artigo 2º da Lei nº 4.771, de 15 de setembro de 1965, e em todas as que assim forem consideradas por normas federais, estaduais ou municipais;

III - cujos impactos ambientais diretos ultrapassem os limites territoriais de um ou mais Municípios;

IV - delegados pela União aos Estados ou ao Distrito Federal, por instrumento legal ou convênio.

Parágrafo único. O órgão ambiental estadual ou do Distrito Federal fará o licenciamento de que trata este artigo após considerar o exame técnico procedido pelos órgãos ambientais dos Municípios em que se localizar a atividade ou empreendimento, bem como, quando couber, o parecer dos demais órgãos competentes da União, dos Estados, do Distrito Federal e dos Municípios, envolvidos no procedimento de licenciamento.

Art. 6º. Compete ao órgão ambiental municipal, ouvidos os órgãos competentes da União, dos Estados e do Distrito Federal, quando couber, o licenciamento ambiental de empreendimentos e atividades de impacto ambiental local e daquelas que lhe forem delegadas pelo Estado por instrumento legal ou convênio.

Art. 7º. Os empreendimentos e atividades serão licenciados em um único nível de competência, conforme estabelecido nos artigos anteriores.

Art. 8º. O Poder Público, no exercício de sua competência de controle, expedirá as seguintes licenças:

I - Licença Prévia (LP) - concedida na fase preliminar do planejamento do empreendimento ou atividade aprovando sua localização e concepção, atestando a viabilidade ambiental e estabelecendo os requisitos básicos e condicionantes, a serem atendidos nas próximas fases de sua implementação;

II - Licença de Instalação (LI) - autoriza a instalação do empreendimento ou atividade de acordo com as especificações constantes dos planos, programas e projetos aprovados, incluindo as medidas de controle ambiental e demais condicionantes da qual constituem motivo determinante;

III - Licença de Operação (LO) - autoriza a operação da atividade ou empreendimento, após a verificação do efetivo cumprimento do que consta das licenças anteriores, com as medidas de controle ambiental e condicionantes determinados para a operação.

Parágrafo único. As licenças ambientais poderão ser expedidas isolada ou sucessivamente, de acordo com a natureza, características e fase do empreendimento ou atividade.

Art. 9º. O CONAMA definirá, quando necessário, licenças ambientais específicas, observadas a natureza, características e peculiaridades da atividade ou empreendimento e, ainda, a compatibilização do processo de licenciamento com as etapas de planejamento, implantação e operação.

Art. 10. O procedimento de licenciamento ambiental obedecerá às seguintes etapas:

I - definição pelo órgão ambiental competente, com a participação do empreendedor, dos documentos, projetos e estudos ambientais, necessários ao início do processo de licenciamento correspondente à licença a ser requerida;

II - requerimento da licença ambiental pelo empreendedor, acompanhado dos documentos, projetos e estudos ambientais pertinentes, dando-se a devida publicidade;

III - análise pelo órgão ambiental competente, integrante do SISNAMA, dos documentos, projetos e estudos ambientais apresentados e a realização de vistorias técnicas, quando necessárias;

IV - solicitação de esclarecimentos e complementações pelo órgão ambiental competente, integrante do SISNAMA, uma única vez, em decorrência da análise dos documentos, projetos e estudos ambientais apresentados, quando couber, podendo haver a reiteração da mesma solicitação caso os esclarecimentos e complementações não tenham sido satisfatórios;

V - audiência pública, quando couber, de acordo com a regulamentação pertinente;

VI - solicitação de esclarecimentos e complementações pelo órgão ambiental competente, decorrente de audiências públicas, quando couber, podendo haver reiteração da solicitação quando os esclarecimentos e complementações não tenham sido satisfatórios;

VII - emissão de parecer técnico conclusivo e, quando couber, parecer jurídico;

VIII - deferimento ou indeferimento do pedido de licença, dando-se a devida publicidade.

§ 1º No procedimento de licenciamento ambiental deverá constar, obrigatoriamente, a certidão da Prefeitura Municipal, declarando que o local e o tipo de empreendimento ou atividade estão em conformidade com a legislação aplicável ao uso e ocupação do solo e, quando for o caso, a autorização para supressão de vegetação e a outorga para o uso da água, emitidas pelos órgãos competentes.

§ 2º No caso de empreendimentos e atividades sujeitos ao estudo do impacto ambiental - EIA, se verificada a necessidade de nova complementação em decorrência de esclarecimentos já prestados, conforme incisos IV e VI, o órgão ambiental competente, mediante decisão motivada e com a participação do empreendedor, poderá formular novo pedido de complementação.

Art. 11. Os estudos necessários ao processo de licenciamento deverão ser realizados por profissionais legalmente habilitados, às expensas do empreendedor.

Parágrafo único. O empreendedor e os profissionais que subscrevem os estudos previstos no *caput* deste artigo serão responsáveis pelas informações apresentadas, sujeitando-se às sanções administrativas, civis e penais.

Art. 12. O órgão ambiental competente definirá, se necessário, procedimentos específicos para as licenças ambientais, observadas a natureza, características e peculiaridades da atividade ou empreendimento e, ainda, a compatibilização do processo de licenciamento com as etapas de planejamento, implantação e operação.

§ 1º Poderão ser estabelecidos procedimentos simplificados para as atividades e empreendimentos de pequeno potencial de impacto ambiental, que deverão ser aprovados pelos respectivos Conselhos de Meio Ambiente.

§ 2º Poderá ser admitido um único processo de licenciamento ambiental para pequenos empreendimentos e atividades similares e vizinhos ou para aqueles integrantes de planos de desenvolvimento aprovados, previamente, pelo órgão governamental competente, desde que definida a responsabilidade legal pelo conjunto de empreendimentos ou atividades.

§ 3º Deverão ser estabelecidos critérios para agilizar e simplificar os procedimentos de licenciamento ambiental das atividades e empreendimentos que implementem planos e programas voluntários de gestão ambiental, visando a melhoria contínua e o aprimoramento do desempenho ambiental.

Art. 13. O custo de análise para a obtenção da licença ambiental deverá ser estabelecido por dispositivo legal, visando o ressarcimento, pelo empreendedor, das despesas realizadas pelo órgão ambiental competente.

Parágrafo único. Facultar-se-á ao empreendedor acesso à planilha de custos realizados pelo órgão ambiental para a análise da licença.

Art. 14. O órgão ambiental competente poderá estabelecer prazos de análise diferenciados para cada modalidade de licença (LP, LI e LO), em função das peculiaridades da atividade ou empreendimento, bem como para a formulação de exigências complementares, desde que observado o prazo máximo de 6 (seis) meses a contar do ato de protocolar o requerimento até seu deferimento ou indeferimento, ressalvados os casos em que houver EIA/RIMA e/ou audiência pública, quando o prazo será de até 12 (doze) meses.

§ 1º A contagem do prazo previsto no *caput* deste artigo será suspensa durante a elaboração dos estudos ambientais complementares ou preparação de esclarecimentos pelo empreendedor.

§ 2º Os prazos estipulados no *caput* poderão ser alterados, desde que justificados e com a concordância do empreendedor e do órgão ambiental competente.

Art. 15. O empreendedor deverá atender à solicitação de esclarecimentos e complementações formuladas pelo órgão ambiental competente, dentro do prazo máximo de 4 (quatro) meses, a contar do recebimento da respectiva notificação.

Parágrafo único. O prazo estipulado no *caput* poderá ser prorrogado, desde que justificado e com a concordância do empreendedor e do órgão ambiental competente.

Art. 16. O não cumprimento dos prazos estipulados nos artigos 14 e 15, respectivamente, sujeitará o licenciamento à ação do órgão que detenha competência para atuar supletivamente e o empreendedor ao arquivamento de seu pedido de licença.

Art. 17. O arquivamento do processo de licenciamento não impedirá a apresentação de novo requerimento de licença, que deverá obedecer aos procedimentos estabelecidos no artigo 10, mediante novo pagamento de custo de análise.

Art. 18. O órgão ambiental competente estabelecerá os prazos de validade de cada tipo de licença, especificando-os no respectivo documento, levando em consideração os seguintes aspectos:

I - o prazo de validade da Licença de Prévia (LP) deverá ser, no mínimo, o estabelecido pelo cronograma de elaboração dos planos, programas e projetos relativos ao empreendimento ou atividade, não podendo ser superior a 5 (cinco) anos;

II - o prazo de validade da Licença de Instalação (LI) deverá ser, no mínimo, o estabelecido pelo cronograma de instalação do empreendimento ou atividade, não podendo ser superior a 6 (seis) anos;

III - o prazo de validade da Licença de Operação (LO) deverá considerar os planos de controle ambiental e será de, no mínimo, 4 (quatro) anos e, no máximo, 10 (dez) anos.

§ 1º A Licença Prévia (LP) e a Licença de Instalação (LI) poderão ter os prazos de validade prorrogados, desde que não ultrapassem os prazos máximos estabelecidos nos incisos I e II.

§ 2º O órgão ambiental competente poderá estabelecer prazos de validade específicos para a Licença de Operação (LO) de empreendimentos ou atividades que, por sua natureza e peculiaridades, estejam sujeitos a encerramento ou modificação em prazos inferiores.

§ 3º Na renovação da Licença de Operação (LO) de uma atividade ou empreendimento, o órgão ambiental competente poderá, mediante decisão motivada, aumentar ou diminuir o seu prazo de validade, após avaliação do desempenho ambiental da atividade ou empreendimento no período de vigência anterior, respeitados os limites estabelecidos no inciso III.

§ 4º A renovação da Licença de Operação (LO) de uma atividade ou empreendimento deverá ser requerida com antecedência mínima de 120 (cento e vinte) dias da expiração de seu prazo de validade, fixado na respectiva licença, ficando este automaticamente prorrogado até a manifestação definitiva do órgão ambiental competente.

Art. 19. O órgão ambiental competente, mediante decisão motivada, poderá modificar os condicionantes e as medidas de controle e adequação, suspender ou cancelar uma licença expedida, quando ocorrer:

I - violação ou inadequação de quaisquer condicionantes ou normas legais;

II - omissão ou falsa descrição de informações relevantes que subsidiaram a expedição da licença;

III - superveniência de graves riscos ambientais e de saúde.

Art. 20. Os entes federados, para exercerem suas competências licenciatórias, deverão ter implementados os Conselhos de Meio Ambiente, com caráter deliberativo e participação social e, ainda, possuir em seus quadros ou a sua disposição profissionais legalmente habilitados.

Art. 21. Esta Resolução entra em vigor na data de sua publicação, aplicando seus efeitos aos processos de licenciamento em tramitação nos órgãos ambientais competentes, revogadas as disposições em contrário, em especial os artigo 3º e 7º da Resolução CONAMA nº 001, de 23 de janeiro de 1986 .

Gustavo Krause Gonçalves Sobrinho - Presidente do Conselho

Raimundo Deusdará Filho - Secretário Executivo

ANEXO I
ATIVIDADES OU EMPREENDIMENTOS SUJEITOS AO LICENCIAMENTO AMBIENTAL

Extração e tratamento de minerais

- pesquisa mineral com guia de utilização
- lavra a céu aberto, inclusive de aluvião, com ou sem beneficiamento
- lavra subterrânea com ou sem beneficiamento
- lavra garimpeira
- perfuração de poços e produção de petróleo e gás natural

Indústria de produtos minerais não metálicos

- beneficiamento de minerais não metálicos, não associados à extração
- fabricação e elaboração de produtos minerais não metálicos tais como: produção de material cerâmico, cimento, gesso, amianto e vidro, entre outros

Indústria metalúrgica

- fabricação de aço e de produtos siderúrgicos
- produção de fundidos de ferro e aço/forjados/arames/relaminados com ou sem tratamento de superfície,

inclusive galvanoplastia

- metalurgia dos metais não-ferrosos, em formas primárias e secundárias, inclusive ouro
- produção de laminados/ligas/artefatos de metais não-ferrosos com ou sem tratamento de superfície,

inclusive galvanoplastia

- relaminação de metais não-ferrosos, inclusive ligas
- produção de soldas e anodos
- metalurgia de metais preciosos
- metalurgia do pó, inclusive peças moldadas
- fabricação de estruturas metálicas com ou sem tratamento de superfície, inclusive galvanoplastia
- fabricação de artefatos de ferro/aço e de metais não-ferrosos com ou sem tratamento de superfície,

inclusive galvanoplastia

- têmpera e cementação de aço, recozimento de arames, tratamento de superfície

Indústria mecânica

- fabricação de máquinas, aparelhos, peças, utensílios e acessórios com e sem tratamento térmico e/ou

de superfície

Indústria de material elétrico, eletrônico e comunicações

- fabricação de pilhas, baterias e outros acumuladores
- fabricação de material elétrico, eletrônico e equipamentos para telecomunicação e informática
- fabricação de aparelhos elétricos e eletrodomésticos

Indústria de material de transporte

- fabricação e montagem de veículos rodoviários e ferroviários, peças e acessórios
- fabricação e montagem de aeronaves
- fabricação e reparo de embarcações e estruturas flutuantes

Indústria de madeira

- serraria e desdobramento de madeira
- preservação de madeira
- fabricação de chapas, placas de madeira aglomerada, prensada e compensada
- fabricação de estruturas de madeira e de móveis

Indústria de papel e celulose

- fabricação de celulose e pasta mecânica
- fabricação de papel e papelão
- fabricação de artefatos de papel, papelão, cartolina, cartão e fibra prensada

Indústria de borracha

- beneficiamento de borracha natural
- fabricação de câmara de ar e fabricação e recondicionamento de pneumáticos
- fabricação de laminados e fios de borracha
- fabricação de espuma de borracha e de artefatos de espuma de borracha, inclusive látex

Indústria de couros e peles

- secagem e salga de couros e peles
- curtimento e outras preparações de couros e peles
- fabricação de artefatos diversos de couros e peles
- fabricação de cola animal

Indústria química

- produção de substâncias e fabricação de produtos químicos
- fabricação de produtos derivados do processamento de petróleo, de rochas betuminosas e da madeira
- fabricação de combustíveis não derivados de petróleo
- produção de óleos/gorduras/ceras vegetais-animais/óleos essenciais vegetais e outros produtos da destilação da madeira
- fabricação de resinas e de fibras e fios artificiais e sintéticos e de borracha e látex sintéticos
- fabricação de pólvora/explosivos/detonantes/munição para caça-desporto, fósforo de segurança e artigos pirotécnicos
- recuperação e refino de solventes, óleos minerais, vegetais e animais
- fabricação de concentrados aromáticos naturais, artificiais e sintéticos
- fabricação de preparados para limpeza e polimento, desinfetantes, inseticidas, germicidas e fungicidas
- fabricação de tintas, esmaltes, lacas, vernizes, impermeabilizantes, solventes e secantes
- fabricação de fertilizantes e agroquímicos
- fabricação de produtos farmacêuticos e veterinários
- fabricação de sabões, detergentes e velas
- fabricação de perfumarias e cosméticos
- produção de álcool etílico, metanol e similares

Indústria de produtos de matéria plástica

- fabricação de laminados plásticos
- fabricação de artefatos de material plástico

Indústria têxtil, de vestuário, calçados e artefatos de tecidos

- beneficiamento de fibras têxteis, vegetais, de origem animal e sintéticos
- fabricação e acabamento de fios e tecidos
- tingimento, estamparia e outros acabamentos em peças do vestuário e artigos diversos de tecidos
- fabricação de calçados e componentes para calçados

Indústria de produtos alimentares e bebidas

- beneficiamento, moagem, torrefação e fabricação de produtos alimentares
- matadouros, abatedouros, frigoríficos, charqueadas e derivados de origem animal
- fabricação de conservas
- preparação de pescados e fabricação de conservas de pescados
- preparação, beneficiamento e industrialização de leite e derivados
- fabricação e refinação de açúcar.
- refino/preparação de óleo e gorduras vegetais
- produção de manteiga, cacau, gorduras de origem animal para alimentação
- fabricação de fermentos e leveduras
- fabricação de rações balanceadas e de alimentos preparados para animais
- fabricação de vinhos e vinagre
- fabricação de cervejas, chopes e maltes
- fabricação de bebidas não alcoólicas, bem como engarrafamento e gaseificação de águas minerais
- fabricação de bebidas alcoólicas

Indústria de fumo

- fabricação de cigarros/charutos/cigarrilhas e outras atividades de beneficiamento do fumo

Indústrias diversas

- usinas de produção de concreto
- usinas de asfalto
- serviços de galvanoplastia

Obras civis

- rodovias, ferrovias, hidrovias, metropolitanos
- barragens e diques

- canais para drenagem
- retificação de curso de água
- abertura de barras, embocaduras e canais
- transposição de bacias hidrográficas
- outras obras de arte.

Serviços de utilidade

- produção de energia termelétrica
- transmissão de energia elétrica
- estações de tratamento de água
- interceptores, emissários, estação elevatória e tratamento de esgoto sanitário
- tratamento e destinação de resíduos industriais (líquidos e sólidos)
- tratamento/disposição de resíduos especiais, tais como: de agroquímicos e suas embalagens usadas e de serviço de saúde, entre outros
- tratamento e destinação de resíduos sólidos urbanos, inclusive aqueles provenientes de fossas
- dragagem e derrocamentos em corpos d'água
- recuperação de áreas contaminadas ou degradadas

Transporte, terminais e depósitos

- transporte de cargas perigosas
- transporte por dutos
- marinas, portos e aeroportos
- terminais de minério, petróleo e derivados e produtos químicos
- depósitos de produtos químicos e produtos perigosos

Turismo

- complexos turísticos e de lazer, inclusive parques temáticos e autódromos

Atividades diversas

- parcelamento do solo
- distrito e polo industrial

Atividades agropecuárias

- projeto agrícola
- criação de animais
- projetos de assentamentos e de colonização

Uso de recursos naturais

- silvicultura
- exploração econômica da madeira ou lenha e subprodutos florestais
- atividade de manejo de fauna exótica e criadouro de fauna silvestre
- utilização do patrimônio genético natural
- manejo de recursos aquáticos vivos
- introdução de espécies exóticas e/ou geneticamente modificadas
- uso da diversidade biológica pela biotecnologia

RESOLUÇÃO CONAMA Nº 302, DE 20 DE MARÇO DE 2002

– DISPÕE SOBRE OS PARÂMETROS, DEFINIÇÕES E LIMITES DE ÁREAS DE PRESERVAÇÃO PERMANENTE DE RESERVATÓRIOS ARTIFICIAIS E O REGIME DE USO DO ENTORNO

O Conselho Nacional do Meio Ambiente-CONAMA, no uso das competências que lhe são conferidas pela Lei nº 6.938, de 31 de agosto de 1981, regulamentada pelo Decreto nº 99.274, de 6 de junho de 1990, e tendo em vista o disposto nas Leis nºs 4.771, de 15 de setembro de 1965, 9.433, de 8 de janeiro de 1997, e no seu Regimento Interno, e

Considerando que a função socioambiental da propriedade prevista nos arts. 5º, inciso XXIII, 170, inciso VI, 182, § 2º, 186, inciso II e 225 da Constituição, os princípios da prevenção, da precaução e do poluidor-pagador;

Considerando a necessidade de regulamentar o art. 2º da Lei nº 4.771, de 1965, no que concerne às áreas de preservação permanente no entorno dos reservatórios artificiais;

Considerando as responsabilidades assumidas pelo Brasil por força da Convenção da Biodiversidade, de 1992, da Convenção de Ramsar, de 1971 e da Convenção de Washington, de 1940, bem como os compromissos derivados da Declaração do Rio de Janeiro, de 1992;

Considerando que as Áreas de Preservação Permanente e outros espaços territoriais especialmente protegidos, como instrumento de relevante interesse ambiental, integram o desenvolvimento sustentável, objetivo das presentes e futuras gerações;

Considerando a função ambiental das Áreas de Preservação Permanente de preservar os recursos hídricos, a paisagem, a estabilidade geológica, a biodiversidade, o fluxo gênico de fauna e flora, proteger o solo e assegurar o bem-estar das populações humanas, resolve:

Art. 1º Constitui objeto da presente Resolução o estabelecimento de parâmetros, definições e limites para as Áreas de Preservação Permanente de reservatório artificial e a instituição da elaboração obrigatória de plano ambiental de conservação e uso do seu entorno.

Art. 2º Para efeito desta Resolução são adotadas as seguintes definições:

I - Reservatório artificial: acumulação não natural de água destinada a quaisquer de seus múltiplos usos;

II - Área de Preservação Permanente: a área marginal ao redor do reservatório artificial e suas ilhas, com a função ambiental de preservar os recursos hídricos, a paisagem, a estabilidade geológica, a biodiversidade, o fluxo gênico de fauna e flora, proteger o solo e assegurar o bem-estar das populações humanas;

III - Plano Ambiental de Conservação e Uso do Entorno de Reservatório Artificial: conjunto de diretrizes e proposições com o objetivo de disciplinar a conservação, recuperação, o uso e ocupação do entorno do reservatório artificial, respeitados os parâmetros estabelecidos nesta Resolução e em outras normas aplicáveis;

IV - Nível Máximo Normal: é a cota máxima normal de operação do reservatório;

V - Área Urbana Consolidada: aquela que atende aos seguintes critérios:

a) definição legal pelo poder público;

b) existência de, no mínimo, quatro dos seguintes equipamentos de infraestrutura urbana:

1. malha viária com canalização de águas pluviais;
2. rede de abastecimento de água;
3. rede de esgoto;
4. distribuição de energia elétrica e iluminação pública;
5. recolhimento de resíduos sólidos urbanos;
6. tratamento de resíduos sólidos urbanos; e

c) densidade demográfica superior a cinco mil habitantes por km².

Art. 3º Constitui Área de Preservação Permanente a área com largura mínima, em projeção horizontal, no entorno dos reservatórios artificiais, medida a partir do nível máximo normal de:

I - trinta metros para os reservatórios artificiais situados em áreas urbanas consolidadas e cem metros para áreas rurais;

II - quinze metros, no mínimo, para os reservatórios artificiais de geração de energia elétrica com até dez hectares, sem prejuízo da compensação ambiental;

III - quinze metros, no mínimo, para reservatórios artificiais não utilizados em abastecimento público ou geração de energia elétrica, com até vinte hectares de superfície e localizados em área rural.

§ 1º Os limites da Área de Preservação Permanente, previstos no inciso I, poderão ser ampliados ou reduzidos, observando-se o patamar mínimo de trinta metros, conforme estabelecido no licenciamento ambiental e no plano de recursos hídricos da bacia onde o reservatório se insere, se houver.

§ 2º Os limites da Área de Preservação Permanente, previstos no inciso II, somente poderão ser ampliados, conforme estabelecido no licenciamento ambiental, e, quando houver, de acordo com o plano de recursos hídricos da bacia onde o reservatório se insere.

§ 3º A redução do limite da Área de Preservação Permanente, prevista no § 1º deste artigo não se aplica às áreas de ocorrência original da floresta ombrófila densa - porção amazônica, inclusive os cerradões e aos reservatórios artificiais utilizados para fins de abastecimento público.

§ 4º A ampliação ou redução do limite das Áreas de Preservação Permanente, a que se refere o § 1º, deverá ser estabelecida considerando, no mínimo, os seguintes critérios:

I - características ambientais da bacia hidrográfica;

II - geologia, geomorfologia, hidrogeologia e fisiografia da bacia hidrográfica;

III - tipologia vegetal;

IV - representatividade ecológica da área no bioma presente dentro da bacia hidrográfica em que está inserido, notadamente a existência de espécie ameaçada de extinção e a importância da área como corredor de biodiversidade;

V - finalidade do uso da água;

VI - uso e ocupação do solo no entorno;

VII - o impacto ambiental causado pela implantação do reservatório e no entorno da Área de Preservação Permanente até a faixa de cem metros.

§ 5º Na hipótese de redução, a ocupação urbana, mesmo com parcelamento do solo através de loteamento ou subdivisão em partes ideais, dentre outros mecanismos, não poderá exceder a dez por cento dessa área, ressalvadas as benfeitorias existentes na área urbana consolidada, à época da solicitação da licença prévia ambiental.

§ 6º Não se aplicam as disposições deste artigo às acumulações artificiais de água, inferiores a cinco hectares de superfície, desde que não resultantes do barramento ou represamento de cursos d'água e não localizadas em Área de Preservação Permanente, à exceção daquelas destinadas ao abastecimento público.

Art. 4º O empreendedor, no âmbito do procedimento de licenciamento ambiental, deve elaborar o plano ambiental de conservação e uso do entorno de reservatório artificial em conformidade com o termo de referência expedido pelo órgão ambiental competente, para os reservatórios artificiais destinados à geração de energia e abastecimento público.

§ 1º Cabe ao órgão ambiental competente aprovar o plano ambiental de conservação e uso do entorno dos reservatórios artificiais, considerando o plano de recursos hídricos, quando houver, sem prejuízo do procedimento de licenciamento ambiental.

§ 2º A aprovação do plano ambiental de conservação e uso do entorno dos reservatórios artificiais deverá ser precedida da realização de consulta pública, sob pena de nulidade do ato administrativo, na forma da Resolução CONAMA nº 09, de 3 de dezembro de 1987, naquilo que for aplicável, informando-se ao Ministério Público com antecedência de trinta dias da respectiva data.

§ 3º Na análise do plano ambiental de conservação e uso de que trata este artigo, será ouvido o respectivo comitê de bacia hidrográfica, quando houver.

§ 4º O plano ambiental de conservação e uso poderá indicar áreas para implantação de polos turísticos e lazer no entorno do reservatório artificial, que não poderão exceder a dez por cento da área total do seu entorno.

§ 5º As áreas previstas no parágrafo anterior somente poderão ser ocupadas respeitadas a legislação municipal, estadual e federal, e desde que a ocupação esteja devidamente licenciada pelo órgão ambiental competente.

Art. 5º Aos empreendimentos objeto de processo de privatização, até a data de publicação desta Resolução, aplicam-se às exigências ambientais vigentes à época da privatização, inclusive os cem metros mínimos de Área de Preservação Permanente.

Parágrafo único. Aos empreendimentos que dispõem de licença de operação aplicam-se as exigências nela contidas.

Art. 6º Esta Resolução entra em vigor na data de sua publicação, incidindo, inclusive, sobre os processos de licenciamento ambiental em andamento.

RESOLUÇÃO CONAMA Nº 303, DE 20 DE MARÇO DE 2002

– DISPÕE SOBRE PARÂMETROS, DEFINIÇÕES E LIMITES DE ÁREAS DE PRESERVAÇÃO PERMANENTE

O Conselho Nacional do Meio Ambiente-CONAMA, no uso das competências que lhe são conferidas pela Lei nº 6.938, de 31 de agosto de 1981, regulamentada pelo Decreto nº 99.274, de 6 de junho de 1990, e tendo em vista o disposto nas Leis nºs 4.771, de 15 de setembro e 1965, 9.433, de 8 de janeiro de 1997, e o seu Regimento Interno, e

Considerando a função socioambiental da propriedade prevista nos arts. 5º, inciso XXIII, 170, inciso VI, 182, § 2º, 186, inciso II e 225 da Constituição e os princípios da prevenção, da precaução e do poluidor-pagador;

Considerando a necessidade de regulamentar o art. 2º da Lei nº 4.771, de 15 de setembro de 1965, no que concerne às Áreas de Preservação Permanente;

Considerando as responsabilidades assumidas pelo Brasil por força da Convenção da Biodiversidade, de 1992, da Convenção Ramsar, de 1971 e da Convenção de Washington, de 1940, bem como os compromissos derivados da Declaração do Rio de Janeiro, de 1992;

Considerando que as Áreas de Preservação Permanente e outros espaços territoriais especialmente protegidos, como instrumentos de relevante interesse ambiental, integram o desenvolvimento sustentável, objetivo das presentes e futuras gerações;

Considerando a conveniência de regulamentar os arts. 2º e 3º da Lei nº 4.771, de 15 de setembro de 1965, no que concerne às Áreas de Preservação Permanente; (Considerando acrescentado pela Resolução CONAMA nº 341, de 25.09.2003, DOU 03.11.2003)

Considerando ser dever do Poder Público e dos particulares preservar a biodiversidade, notadamente a flora, a fauna, os recursos hídricos, as belezas naturais e o equilíbrio ecológico, evitando a poluição das águas, solo e ar, pressuposto intrínseco ao reconhecimento e exercício do direito de propriedade, nos termos dos arts. 5º, *caput* (direito à vida) e inciso XXIII (função social da propriedade), 170, VI, 186, II, e 225, todos da Constituição Federal, bem como do art. 1.299, do Código Civil, que obriga o proprietário e posseiro a respeitarem os regulamentos administrativos; (Considerando acrescentado pela Resolução CONAMA nº 341, de 25.09.2003, DOU 03.11.2003)

Considerando a função fundamental das dunas na dinâmica da zona costeira, no controle dos processos erosivos e na formação e recarga de aqüíferos; (Considerando acrescentado pela Resolução CONAMA nº 341, de 25.09.2003, DOU 03.11.2003)

Considerando a excepcional beleza cênica e paisagística das dunas, e a importância da manutenção dos seus atributos para o turismo sustentável; resolve: (Considerando acrescentado pela Resolução CONAMA nº 341, de 25.09.2003, DOU 03.11.2003)

Art. 1º Constitui objeto da presente Resolução o estabelecimento de parâmetros, definições e limites referentes às Áreas de Preservação Permanente.

Art. 2º Para os efeitos desta Resolução, são adotadas as seguintes definições:

I - nível mais alto: nível alcançado por ocasião da cheia sazonal do curso d'água perene ou intermitente;

II - nascente ou olho d'água: local onde aflora naturalmente, mesmo que de forma intermitente, a água subterrânea;

III - vereda: espaço brejoso ou encharcado, que contém nascentes ou cabeceiras de cursos d'água, onde há ocorrência de solos hidromórficos, caracterizado predominantemente por renques de buritis do brejo (Mauritia flexuosa) e outras formas de vegetação típica;

IV - morro: elevação do terreno com cota do topo em relação a base entre cinqüenta e trezentos metros e encostas com declividade superior a trinta por cento (aproximadamente dezessete graus) na linha de maior declividade;

V - montanha: elevação do terreno com cota em relação a base superior a trezentos metros;

VI - base de morro ou montanha: plano horizontal definido por planície ou superfície de lençol d'água adjacente ou, nos relevos ondulados, pela cota da depressão mais baixa ao seu redor;

VII - linha de cumeada: linha que une os pontos mais altos de uma seqüência de morros ou de montanhas, constituindo-se no divisor de águas;

VIII - restinga: depósito arenoso paralelo a linha da costa, de forma geralmente alongada, produzido por processos de sedimentação, onde se encontram diferentes comunidades que recebem influência marinha, também consideradas comunidades edáficas por dependerem mais da natureza do substrato do que do clima. A cobertura vegetal nas restingas ocorrem mosaico, e encontra-se em praias, cordões arenosos, dunas e depressões, apresentando, de acordo com o estágio sucessional, estrato herbáceo, arbustivos e arbóreo, este último mais interiorizado;

IX - manguezal: ecossistema litorâneo que ocorre em terrenos baixos, sujeitos à ação das marés, formado por vasas lodosas recentes ou arenosas, às quais se associa, predominantemente, a vegetação natural conhecida como mangue, com influência flúvio-marinha, típica de solos limosos de regiões estuarinas e com dispersão descontínua ao longo da costa brasileira, entre os estados do Amapá e Santa Catarina;

X - duna: unidade geomorfológica de constituição predominante arenosa, com aparência de cômoro ou colina, produzida pela ação dos ventos, situada no litoral ou no interior do continente, podendo estar recoberta, ou não, por vegetação;

XI - tabuleiro ou chapada: paisagem de topografia plana, com declividade média inferior a dez por cento, aproximadamente seis graus e superfície superior a dez hectares, terminada de forma abrupta em escarpa, caracterizando-se a chapada por grandes superfícies a mais de seiscentos metros de altitude;

XII - escarpa: rampa de terrenos com inclinação igual ou superior a quarenta e cinco graus, que delimitam relevos de tabuleiros, chapadas e planalto, estando limitada no topo pela ruptura positiva de declividade (linha de escarpa) e no sopé por ruptura negativa de declividade, englobando os depósitos de colúvio que localizam-se próximo ao sopé da escarpa;

XIII - área urbana consolidada: aquela que atende aos seguintes critérios:

a) definição legal pelo poder público;

b) existência de, no mínimo, quatro dos seguintes equipamentos de infraestrutura urbana:

1. malha viária com canalização de águas pluviais;
2. rede de abastecimento de água;
3. rede de esgoto;
4. distribuição de energia elétrica e iluminação pública;
5. recolhimento de resíduos sólidos urbanos;
6. tratamento de resíduos sólidos urbanos; e

c) densidade demográfica superior a cinco mil habitantes por km2.

Art. 3º Constitui Área de Preservação Permanente a área situada:

I - em faixa marginal, medida a partir do nível mais alto, em projeção horizontal, com largura mínima, de:

a) trinta metros, para o curso d'água com menos de dez metros de largura;

b) cinqüenta metros, para o curso d'água com dez a cinqüenta metros de largura;

c) cem metros, para o curso d'água com cinqüenta a duzentos metros de largura;

d) duzentos metros, para o curso d'água com duzentos a seiscentos metros de largura;

e) quinhentos metros, para o curso d'água com mais de seiscentos metros de largura;

II - ao redor de nascente ou olho d'água, ainda que intermitente, com raio mínimo de cinqüenta metros de tal forma que proteja, em cada caso, a bacia hidrográfica contribuinte;

III - ao redor de lagos e lagoas naturais, em faixa com metragem mínima de:

a) trinta metros, para os que estejam situados em áreas urbanas consolidadas;

b) cem metros, para as que estejam em áreas rurais, exceto os corpos d'água com até vinte hectares de superfície, cuja faixa marginal será de cinqüenta metros;

IV - em vereda e em faixa marginal, em projeção horizontal, com largura mínima de cinqüenta metros, a partir do limite do espaço brejoso e encharcado;

V - no topo de morros e montanhas, em áreas delimitadas a partir da curva de nível correspondente a dois terços da altura mínima da elevação em relação a base;

VI - nas linhas de cumeada, em área delimitada a partir da curva de nível correspondente a dois terços da altura, em relação à base, do pico mais baixo da cumeada, fixando-se a curva de nível para cada segmento da linha de cumeada equivalente a mil metros;

VII - em encosta ou parte desta, com declividade superior a cem por cento ou quarenta e cinco graus na linha de maior declive;

VIII - nas escarpas e nas bordas dos tabuleiros e chapadas, a partir da linha de ruptura em faixa nunca inferior a cem metros em projeção horizontal no sentido do reverso da escarpa;

IX - nas restingas:

a) em faixa mínima de trezentos metros, medidos a partir da linha de preamar máxima;

b) em qualquer localização ou extensão, quando recoberta por vegetação com função fixadora de dunas ou estabilizadora de mangues;

X - em manguezal, em toda a sua extensão;

XI - em duna;

XII - em altitude superior a mil e oitocentos metros, ou, em Estados que não tenham tais elevações, à critério do órgão ambiental competente;

XIII - nos locais de refúgio ou reprodução de aves migratórias;

XIV - nos locais de refúgio ou reprodução de exemplares da fauna ameaçadas de extinção que constem de lista elaborada pelo Poder Público Federal, Estadual ou Municipal;

XV - nas praias, em locais de nidificação e reprodução da fauna silvestre.

Parágrafo único. Na ocorrência de dois ou mais morros ou montanhas cujos cumes estejam separados entre si por distâncias inferiores a quinhentos metros, a Área de Preservação Permanente abrangerá o conjunto de morros ou montanhas, delimitada a partir da curva de nível correspondente a dois terços da altura em relação à base do morro ou montanha de menor altura do conjunto, aplicando-se o que segue:

I - agrupam-se os morros ou montanhas cuja proximidade seja de até quinhentos metros entre seus topos;

II - identifica-se o menor morro ou montanha;

III - traça-se uma linha na curva de nível correspondente a dois terços deste; e

IV - considera-se de preservação permanente toda a área acima deste nível.

Art. 4º O CONAMA estabelecerá, em Resolução específica, parâmetros das Áreas de Preservação Permanente de reservatórios artificiais e o regime de uso de seu entorno.

Art. 5º Esta Resolução entra em vigor na data de sua publicação, revogando-se a Resolução CONAMA 004, de 18 de setembro de 1985.

RESOLUÇÃO CONAMA Nº 378, DE 19 DE OUTUBRO DE 2006

– DEFINE OS EMPREENDIMENTOS POTENCIALMENTE CAUSADORES DE IMPACTO AMBIENTAL NACIONAL OU REGIONAL PARA FINS DO DISPOSTO NO INCISO III, § 1º, ART. 19 DA LEI Nº 4.771, DE 15 DE SETEMBRO DE 1965

O CONSELHO NACIONAL DO MEIO AMBIENTE-CONAMA, no uso de suas competências previstas na Lei nº 6.938, de 31 de agosto de 1981, regulamentada pelo Decreto nº 99.274, de 6 de julho de 1990, e tendo em vista o disposto em seu Regimento Interno, anexo à Portaria nº 168, de 10 de junho de 2005; e

Considerando a necessidade de se definir quais são os empreendimentos potencialmente causadores de impacto ambiental nacional ou regional para fins do disposto no inciso III, § 1º, do art. 19 da Lei nº 4.771, de 15 de setembro de 1965, alterado pelo art. 83 da Lei nº 11.284, de 2 de março de 2006, que estabelece as competências dos entes federados para autorizar a exploração de florestas e formações sucessoras, resolve:

Art. 1º Para fins do disposto no inciso III, § 1º, art. 19 da Lei nº 4.771, de 15 de setembro de 1965, com redação dada pelo art. 83 da Lei nº 11.284, de 2 de março de 2006, compete ao Instituto Brasileiro do Meio Ambiente e dos Recursos Naturais Renováveis - IBAMA a aprovação dos seguintes empreendimentos:

I - exploração de florestas e formações sucessoras que envolvam manejo ou supressão de espécies enquadradas no Anexo II da Convenção sobre Comércio Internacional das Espécies da Flora e Fauna Selvagens em Perigo de Extinção - CITES, promulgada pelo Decreto nº 76.623, de 17 de novembro de 1975, com texto aprovado pelo Decreto Legislativo nº 54, de 24 de junho de 1975;

II - exploração de florestas e formações sucessoras que envolvam manejo ou supressão de florestas e formações sucessoras em imóveis rurais que abranjam dois ou mais Estados;

III - supressão de florestas e outras formas de vegetação nativa em área maior que:

a) dois mil hectares em imóveis rurais localizados na Amazônia Legal;

b) mil hectares em imóveis rurais localizados nas demais regiões do país;

IV - supressão de florestas e formações sucessoras em obras ou atividades potencialmente poluidoras licenciadas pelo IBAMA;

V - manejo florestal em área superior a cinqüenta mil hectares.

Parágrafo único. A exploração de florestas e formações sucessoras deverá respeitar as regras e limites dispostos em normas específicas para o bioma.

Art. 2º Os entes federados poderão celebrar instrumentos de cooperação para exercerem as competências previstas no art. 19 da Lei nº 4.771, de 1965, com redação dada pelo art. 83 da Lei nº 11.284, de 2006.

Art. 3º A autorização para manejo ou supressão de florestas e formações sucessoras em zona de amortecimento de unidade de conservação e nas Áreas de Proteção Ambiental - APAs somente poderá ser concedida pelo órgão competente mediante prévia manifestação do órgão responsável por sua administração.

Parágrafo único. (Revogado pela Resolução CONAMA nº 428, de 17.12.2010, DOU 20.12.2010)

Art. 4º A autorização para exploração de florestas e formações sucessoras que envolva manejo ou supressão de florestas e formações sucessoras em imóveis rurais numa faixa de dez quilômetros no entorno de terra indígena demarcada deverá ser precedida de informação georreferenciada à Fundação Nacional do Índio - FUNAI, exceto no caso da pequena propriedade rural ou posse rural familiar, definidas no art. 1º, § 2º, inciso I da Lei nº 4.771, de 1965.

Art. 5º Aplicam-se a esta Resolução, no que couber, as disposições da Resolução CONAMA nº 237, de 19 de dezembro de 1997.

Art. 6º Esta Resolução entra em vigor na data de sua publicação.

RESOLUÇÃO CNRH Nº 16, DE 8 DE MAIO DE 2001

– DISPÕE SOBRE A OUTORGA DE DIREITO DE USO DE RECURSOS HÍDRICOS

O Conselho Nacional de Recursos Hídricos, no uso das competências que lhe são conferidas pelo art. 13 da Lei nº 9.433, de 08 de janeiro de 1997 , pelo art. 1º do Decreto nº 2.612, de 03 de junho de 1998 , e conforme o disposto em seu Regimento Interno, e:

Considerando a necessidade da atuação integrada dos órgãos componentes do SNGRH na execução da Política Nacional de Recursos Hídricos, em conformidade com as respectivas competências, resolve:

Art. 1º A outorga de direito de uso de recursos hídricos é o ato administrativo mediante o qual a autoridade outorgante faculta ao outorgado previamente ou mediante o direito de uso de recurso hídrico, por prazo determinado, nos termos e nas condições expressas no respectivo ato, consideradas as legislações específicas vigentes.

§ 1º A outorga não implica alienação total ou parcial das águas, que são inalienáveis, mas o simples direito de uso.

§ 2º A outorga confere o direito de uso de recursos hídricos condicionado à disponibilidade hídrica e ao regime de racionamento, sujeitando o outorgado à suspensão da outorga.

§ 3º O outorgado é obrigado a respeitar direitos de terceiros.

§ 4º A análise dos pleitos de outorga deverá considerar a interdependência das águas superficiais e subterrâneas e as interações observadas no ciclo hidrológico visando a gestão integrada dos recursos hídricos.

Art. 2º A transferência do ato de outorga a terceiros deverá conservar as mesmas características e condições da outorga original e poderá ser feita total ou parcialmente quando aprovada pela autoridade outorgante e será objeto de novo ato administrativo indicando o(s) titular(es).

Art. 3º O outorgado poderá disponibilizar ao outorgante, a critério deste, por prazo igual ou superior a um ano, vazão parcial ou total de seu direito de uso, devendo o outorgante emitir novo ato administrativo.

Art. 4º Estão sujeitos à outorga:

I - a derivação ou captação de parcela de água existente em um corpo de água, para consumo final, inclusive abastecimento público ou insumo de processo produtivo;

II - extração de água de aqüífero subterrâneo para consumo final ou insumo de processo produtivo;

III - lançamento em corpo de água de esgotos e demais resíduos líquidos ou gasosos, tratados ou não, com o fim de sua diluição, transporte ou disposição final;

IV - o uso para fins de aproveitamento de potenciais hidrelétricos; e

V - outros usos e/ou interferências, que alterem o regime, a quantidade ou a qualidade da água existente em um corpo de água.

Parágrafo único. A outorga poderá abranger direito de uso múltiplo e/ou integrado de recursos hídricos, superficiais e subterrâneos, ficando o outorgado responsável pela observância concomitante de todos os usos a ele outorgados.

Art. 5º Independem de outorga:

I - o uso de recursos hídricos para a satisfação das necessidades de pequenos núcleos populacionais distribuídos no meio rural;

II - as derivações, captações e lançamentos considerados insignificantes, tanto do ponto de vista de volume quanto de carga poluente; e

III - as acumulações de volumes de água consideradas insignificantes.

Parágrafo único. Os critérios específicos de vazões ou acumulações de volumes de água consideradas insignificantes serão estabelecidos nos planos de recursos hídricos, devidamente aprovados pelos correspondentes comitês de bacia hidrográfica ou, na inexistência destes, pela autoridade outorgante.

Art. 6º A outorga de direito de uso de recursos hídricos terá o prazo máximo de vigência de trinta e cinco anos, contados da data da publicação do respectivo ato administrativo, respeitados os seguintes limites de prazo:

I - até dois anos, para o início da implantação do empreendimento objeto da outorga;

II - até seis anos, para conclusão da implantação do empreendimento projetado.

§ 1º O prazo de que trata o *caput* poderá ser prorrogado, pela respectiva autoridade outorgante, respeitando-se as prioridades estabelecidas nos Planos de Recursos Hídricos.

§ 2º Os prazos de vigência das outorgas de direito de uso e recursos hídricos serão fixados em função da natureza, finalidade e do porte do empreendimento, levando-se em consideração, quando for o caso, o período de retorno do investimento.

§ 3º Os prazos a que se referem os incisos I e II deste artigo, poderão ser ampliados quando o porte e a importância social e econômica do empreendimento o justificar, ouvido o Conselho de Recursos Hídricos competente.

§ 4º A outorga de direito de uso de recursos hídricos para concessionárias e autorizadas de serviços públicos e de geração de energia hidrelétrica, bem como suas prorrogações, vigorará por prazo coincidente com o do correspondente contrato de concessão ou ato administrativo de autorização.

Art. 7º A autoridade outorgante poderá emitir outorgas preventivas de uso de recursos hídricos, instituídas pelo art. 6º da Lei nº 9.984, de 17 de julho de 2000 , mediante requerimento, com a finalidade de declarar a disponibilidade de água para os usos requeridos, observado o disposto no art. 13 da Lei nº 9.433 de 08 de janeiro de 1997 .

§ 1º A outorga preventiva não confere direito de uso de recursos hídricos e se destina a reservar a vazão passível de outorga, possibilitando, aos investidores, o planejamento de empreendimentos que necessitem desses recursos.

§ 2º O prazo de validade da outorga preventiva será fixado levando-se em conta a complexidade do planejamento do empreendimento, limitando-se ao máximo de três anos, findo o qual será considerado o disposto nos incisos I e II do artigo anterior.

§ 3º A outorga de que trata este artigo deverá observar as prioridades estabelecidas nos Planos de Recursos Hídricos e os prazos requeridos no procedimento de licenciamento ambiental.

Art. 8º A autoridade outorgante deverá estabelecer prazos máximos de análise dos procedimentos de outorga preventiva e de outorga de direito de uso, considerando as peculiaridades da atividade ou empreendimento, a contar da data da protocolização do requerimento, ressalvada a necessidade da formulação de exigências complementares.

Art. 9º As outorgas preventiva e de direito de uso dos recursos hídricos relativas a atividades setoriais, poderão ser objeto de resolução, em consonância com o disposto nesta Resolução.

Art. 10. A autoridade outorgante deverá assegurar ao público o acesso aos critérios que orientaram as tomadas de decisão referentes a outorga.

Art. 11. Para licitar a concessão ou autorizar o uso de potencial de energia hidráulica, a Agência Nacional de Energia Elétrica - ANEEL deverá promover, junto à autoridade outorgante competente, a prévia obtenção de declaração de reserva de disponibilidade hídrica, observando o período de transição conforme estipulado na Lei nº 9.984, de 2000 .

§ 1º A declaração de reserva de disponibilidade hídrica será transformada, pela respectiva autoridade outorgante, em outorga de direito de uso de recursos hídricos à entidade que receber da ANEEL a concessão ou a autorização de uso do potencial de energia hidráulica.

§ 2º A declaração de reserva de disponibilidade hídrica obedecerá ao disposto no art. 13 da Lei nº 9.433, de 1997 , e será fornecida em prazos a serem regulamentados.

Art. 12. A outorga deverá observar os planos de recursos hídricos e, em especial:

I - as prioridades de uso estabelecidas;

II - a classe em que o corpo de água estiver enquadrado, em consonância com a legislação ambiental;

III - a preservação dos usos múltiplos previstos; e

IV - a manutenção das condições adequadas ao transporte aquaviário, quando couber.

§ 1º As vazões e os volumes outorgados poderão ficar indisponíveis, total ou parcialmente, para outros usos no corpo de água, considerando o balanço hídrico e a capacidade de autodepuração para o caso de diluição de efluentes.

§ 2º A vazão de diluição poderá ser destinada a outros usos no corpo de água, desde que não agregue carga poluente adicional.

Art. 13. A emissão da outorga obedecerá, no mínimo, às seguintes prioridades:

I - o interesse público;

II - a data da protocolização do requerimento, ressalvada a complexidade de análise do uso ou interferência pleiteados e a. necessidade de complementação de informações.

Art. 14. Os Planos de Recursos Hídricos de Bacias Hidrográficas deverão considerar as outorgas existentes em suas correspondentes áreas de abrangência e recomendar às autoridades outorgantes, quando for o caso, a realização de ajustes e adaptações nos respectivos atos.

Art. 15. A outorga de direito de uso da água para o lançamento de efluentes será dada em quantidade de água necessária para a diluição da carga poluente, que pode variar ao longo do prazo de validade da outorga, com base nos padrões de qualidade da água correspondentes à classe de enquadramento do respectivo corpo receptor e/ou em critérios específicos definidos no correspondente plano de recursos hídricos ou pelos órgãos competentes.

Art. 16. O requerimento de outorga, de uso de recursos hídricos será formulado por escrito, à autoridade competente e instruído com, no mínimo, as seguintes informações:

I - em todos os casos:

a) identificação do requerente;

b) localização geográfica do(s) ponto(s) característico(s) objeto do pleito de outorga, incluindo nome do corpo de água e da bacia hidrográfica principal;

c) especificação da finalidade do uso da água;

II - quando se tratar de derivação ou captação de água oriunda de corpo de água superficial ou subterrâneo:

a) razão máxima instantânea e volume diário que se pretenda derivar;

b) regime de variação em termos de número de dias de captação, em cada mês, e de número de horas de captação, em cada dia;

III - quando se tratar de lançamento de esgotos e demais resíduos líquidos ou gasosos, tratados ou não, com o fim de sua diluição, transporte ou disposição final:

a) vazão máxima instantânea e volume diário a ser lançado no corpo de água receptor e regime de variação do lançamento;

b) concentrações e cargas de poluentes físicos, químicos e biológicos.

Parágrafo único. Os estudos e projetos hidráulicos, geológicos, hidrológicos e hidrogeológicos, correspondentes às atividades necessárias ao uso dos recursos hídricos, deverão ser executados sob a responsabilidade de profissional devidamente habilitado junto ao Conselho Regional de Engenharia, Arquitetura e Agronomia - CREA.

Art. 17. O requerimento de outorga e seus anexos deverão ser protocolizados junto à autoridade outorgante competente, de acordo com a jurisdição onde se localizarem os corpos de água objetos da outorga.

Art. 18. O processo objeto do requerimento de outorga de direito de uso de recursos hídricos, poderá ser arquivado quando o requerente deixar de apresentar as informações ou documentos solicitados pela autoridade outorgante, após três meses contados da data da solicitação.

Art. 19. Os pedidos de outorga poderão ser indeferidos em função do não-cumprimento das exigências técnicas ou legais ou do interesse público, mediante decisão devidamente fundamentada, devendo ser publicada na forma de extrato no Diário Oficial.

Art. 20. Do ato administrativo da outorga, deverão constar, no mínimo, as seguintes informações:

I - identificação do outorgado;

II - localização geográfica e hidrográfica, quantidade, e finalidade a que se destinem as águas;

III - prazo de vigência;

IV - obrigação, nos termos da legislação, de recolher os valores da cobrança pelo uso dos recursos hídricos, quando exigível, que será definida mediante regulamento específico;

V - condição em que a outorga poderá cessar seus efeitos legais, observada a legislação pertinente; e

VI - situações ou circunstâncias em que poderá ocorrer a suspensão da outorga em observância ao art. 15 da Lei nº 9.433, de 1997 e do art. 24 desta Resolução.

Art. 21. A autoridade outorgante manterá cadastro dos usuários de recursos hídricos contendo, para cada corpo de água, no mínimo:

I - registro das outorgas emitidas e dos usos que independem de outorga;

II - vazão máxima instantânea e volume diário outorgado no corpo de água e em todos os corpos de água localizados a montante e a jusante;

III - vazão máxima instantânea e volume diário disponibilizados no corpo de água e nos corpos de água localizados a montante e a jusante, para atendimento aos usos que independem de outorga; e

IV - vazão mínima do corpo de água necessária à prevenção da degradação ambiental, à manutenção dos ecossistemas aquáticos e à manutenção de condições adequadas ao transporte aquaviário, quando couber, dentre outros usos.

§ 1º As informações sobre o cadastro e o registro das outorgas integrarão o Sistema Nacional de Informações sobre Recursos Hídricos.

§ 2º A cada emissão de nova outorga a autoridade outorgante fará o registro do aumento da vazão e do volume outorgados no respectivo corpo de água.

§ 3º Será obrigatório o cadastro para qualquer tipo de uso de recurso hídrico e deverá ser efetuada a comunicação à autoridade outorgante, da paralisação temporária de uso por período superior a seis meses, bem como da desistência do(s) uso(s) outorgado(s).

Art. 22. O outorgado interessado em renovar a outorga deverá apresentar requerimento à autoridade outorgante competente com antecedência mínima de noventa dias da data de término da outorga.

§ 1º O pedido de renovação somente será atendido se forem observadas as normas, critérios e prioridades vigentes na época da renovação.

§ 2º Cumpridos os termos do *caput*, se a autoridade outorgante não houver se manifestado expressamente a respeito do pedido de renovação até a data de término da outorga, fica esta automaticamente prorrogada até que ocorra deferimento ou indeferimento do referido pedido.

Art. 23. As outorgas emitidas serão publicadas no Diário Oficial da União, do Estado ou do Distrito Federal, conforme o caso, na forma de extrato, no qual deverá constar, no mínimo, as informações constantes do art. 20, desta Resolução.

§ 1º Fica facultada às autoridades outorgantes a adoção de sistema eletrônico para requerimento das outorgas, podendo dispensar a apresentação dos originais da documentação exigível, desde que seja assegurada sua disponibilidade a qualquer tempo, para fins de verificação e fiscalização.

§ 2º Caso a autoridade outorgante verifique inexatidão quanto à documentação apresentada pelo requerente, serão aplicadas as sanções cabíveis, previstas em lei.

Art. 24. A outorga de. uso de recursos hídricos poderá ser suspensa pela autoridade outorgante, parcial ou totalmente, em definitivo ou por prazo determinado, sem qualquer direito de indenização ao usuário, nas seguintes circunstâncias:

I - não-cumprimento pelo outorgado dos termos da outorga;

II - ausência de uso por três anos consecutivos;

III - necessidade premente de água para atender a situações de calamidade, inclusive as decorrentes de condições climáticas adversas;

IV - necessidade de se prevenir ou reverter grave degradação ambiental;

V - necessidade de se atender a usos prioritários de interesse coletivo para os quais não se disponha de fontes alternativas;

VI - necessidade de serem mantidas as características de navegabilidade do corpo de água; e

VII - indeferimento ou cassação da licença ambiental.

§ 1º A suspensão da outorga só poderá ser efetivada se devidamente fundamentada em estudos técnicos que comprovem a necessidade do ato.

§ 2º A suspensão de outorga de uso de recursos hídricos, prevista neste artigo, implica automaticamente no corte ou na redução dos usos outorgados.

Art. 25. A outorga de direito de uso de recursos hídricos extingue-se, sem qualquer direito de indenização ao usuário, nas seguintes circunstâncias:

I - morte do usuário - pessoa física;

II - liquidação judicial ou extrajudicial do usuário - pessoa jurídica; e

III - término do prazo de validade de outorga sem que tenha havido tempestivo pedido de renovação.

Parágrafo único. No caso do inciso I deste artigo, os herdeiros ou inventariantes do usuário outorgado, se interessados em prosseguir com a utilização da outorga, deverão solicitar em até cento e oitenta dias da data do óbito, a retificação do ato administrativo da portaria, que manterá seu prazo e condições originais, quando da definição do(s) legítimo(s) herdeiro(s), sendo emitida nova portaria, em nome deste(s).

Art. 26. Quando da ocorrência de eventos críticos na bacia hidrográfica, a autoridade outorgante poderá instituir regime de racionamento de água para os usuários, pelo período que se fizer necessário, ouvido o respectivo Comitê.

§ 1º Serão prioritariamente assegurados os volumes mínimos necessários para consumo humano e dessedentação de animais.

§ 2º Em caso onde haja o não-atendimento da vazão outorgada, poderá o usuário prejudicado solicitar providências à autoridade outorgante, de modo a garantir providências que assegure o seu direito de uso ou o tratamento eqüitativo.

§ 3º Poderão ser racionadas, indistintamente, as captações de água e/ou as diluições de efluentes, sendo que, neste último caso, o racionamento poderá implicar restrição ao lançamento de efluentes que comprometam a qualidade de água do corpo receptor.

Art. 27. As Unidades da Federação a quem compete a emissão das outorgas dos recursos hídricos subterrâneos, deverão manter os serviços indispensáveis à avaliação destes recursos, ao comportamento hidrológico dos aquíferos e ao controle da qualidade e quantidade.

Art. 28. Em caso de conflito no uso das águas subterrâneas de aquíferos que se estendam a mais de uma Unidade da Federação, caberá ao Conselho Nacional de Recursos Hídricos arbitrá-lo.

Art. 29. A autoridade outorgante poderá delegar às Agências de Água o exercício das seguintes atividades relacionadas à outorga de uso dos recursos hídricos situados em suas respectivas áreas de atuação:

I - recepção dos requerimentos de outorga;

II - análise técnica dos pedidos de outorga;

III - emissão de parecer sobre os pedidos de outorga.

Art. 30. O ato administrativo de outorga não exime o outorgado do cumprimento da legislação ambiental pertinente ou das exigências que venham a ser feitas por outros órgãos e entidades competentes.

Art. 31. O outorgado deverá implantar e manter o monitoramento da vazão captada e/ou lançada e da qualidade do efluente, encaminhando à autoridade outorgante os dados observados ou medidos na forma preconizada no ato da outorga.

Art. 32. O não-cumprimento ao disposto nesta Resolução acarretará aos infratores as sanções previstas na Lei nº 9.433, de 1997 , e na legislação correlata.

Art. 33. Esta Resolução entra em vigor na data de sua publicação.

DIREITO

PREVIDENCIÁRIO

LEI COMPLEMENTAR ESTADUAL Nº 12, DE 23 DE JUNHO DE 1999

– DISPÕE SOBRE A INSTITUIÇÃO DO SISTEMA ÚNICO DE PREVIDÊNCIA SOCIAL DOS SERVIDORES PÚBLICOS CIVIS E MILITARES, DOS AGENTES PÚBLICOS E DOS MEMBROS PODER DO ESTADO DO CEARÁ - SUPSEC E DA RESPECTIVA CONTRIBUIÇÃO PREVIDENCIÁRIA, EXTINGUE OS BENEFÍCIOS PREVIDENCIÁRIOS E DE MONTEPIO QUE INDICA E DÁ OUTRAS PROVIDÊNCIAS

ATUALIZADA ATÉ A LEI COMPLEMENTAR Nº 183, DE 21-11-2018.

ÍNDICE

CAPÍTULO I
DA INSTITUIÇÃO E FINANCIAMENTO DO SISTEMA

Art. 1º Ficam instituídos o Sistema Único de Previdência Social do Estado do Ceará – SUPSEC, e a respectiva contribuição previdenciária para o custeio do sistema, destinado a prover os benefícios previdenciários dos segurados, seus dependentes e pensionistas, observadas as normas gerais de contabilidade e atuária e critérios que preservem o equilíbrio financeiro e atuarial, conforme art. 330 da Constituição Estadual. [Redação dada pela LC nº 159, de 14/01/2016]

Art. 2º A previdência social mantida pelo Sistema Único de Previdência Social do Estado do Ceará – SUPSEC, será financiada com recursos provenientes do orçamento do Estado e das contribuições previdenciárias dos segurados, compreendendo o pessoal civil, ativo, inativo e seus pensionistas, o militar do serviço ativo, da reserva remunerada e reformado e seus pensionistas, e os beneficiários dos montepios civis e pensão policial militar extintos de acordo com o art. 12 desta Lei Complementar. [Redação dada pela LC nº 159, de 14/01/2016]

CAPÍTULO II
DAS CONTRIBUIÇÕES E CONTRIBUINTES DO SISTEMA

Art. 3º A contribuição do Estado, de suas autarquias e fundações para o custeio do Sistema Único de Previdência Social do Estado do Ceará – SUPSEC, será o dobro da contribuição do servidor ativo, devendo o produto de sua arrecadação ser contabilizado em conta do Sistema. [Redação dada pela LC nº 159, de 14/01/2016]

Parágrafo único. O Estado é responsável pela cobertura de eventuais insuficiências financeiras do SUPSEC, decorrentes do pagamento de benefícios previdenciários. [Redação dada pela LC nº 159, de 14/01/2016]

Art. 4º São contribuintes obrigatórios do Sistema Único de Previdência Social do Estado do Ceará – SUPSEC: [Redação dada pela LC nº 159, de 14/01/2016]

I - os servidores públicos civis, ativos e inativos de todos os Poderes, do Ministério Público, dos Tribunais de Contas do Estado e dos Municípios, dos órgãos e entidades da administração pública estadual, direta, autárquica e fundacional, exceto os exclusivamente ocupantes de cargo de provimento em comissão; [Redação dada pela LC nº 159, de 14/01/2016]

II - os militares ativos, da reserva remunerada e da reforma; [Redação dada pela LC nº 159, de 14/01/2016]

III – os servidores detentores de funções considerados estáveis no serviço público, segundo o art. 19 do Ato das Disposições Constitucionais Transitórias da Constituição Federal, e os admitidos até 5 de outubro de 1988, que não tenham cumprido, naquela data, o tempo previsto para aquisição da estabilidade no serviço público, desde que sujeitos ao regime jurídico estatutário; [Redação dada pela LC nº 159, de 14/01/2016]

IV - os Magistrados, os membros do Ministério Público e os Conselheiros dos Tribunais de Contas do Estado e dos Municípios; [Redação dada pela LC nº 159, de 14/01/2016]

V - os pensionistas do Estado, inclusive dos contribuintes indicados nos incisos anteriores, bem como os atuais beneficiários dos montepios civis e da pensão policial militar extintos nesta Lei Complementar. [Redação dada pela LC nº 159, de 14/01/2016]

Parágrafo único. Permanecem inscritos no SUPSEC, excepcionalmente, os serventuários da Justiça não remunerados pelos cofres públicos que se aposentaram ou que implementaram os requisitos para a aposentadoria antes da vigência da Emenda Constitucional nº 20, de 15 de dezembro de 1998, deles sendo gerada pensão a dependentes, independente da data do óbito. [Redação dada pela LC nº 159, de 14/01/2016]

Art. 5º A contribuição previdenciária dos contribuintes do Sistema Único de Previdência Social do Estado do Ceará - SUPSEC, será calculada sobre a remuneração, proventos e pensão, observando o disposto no §18, do art.40 da Constituição Federal e neste artigo. [Redação dada pela LC nº 159, de 14/01/2016]

§ 1º A contribuição social do servidor público estadual ativo, de quaisquer dos Poderes do Estado, do Ministério Público e da Defensoria Pública, incluídas as autarquias e fundações, bem como dos militares, dos agentes públicos e dos membros de Poder, será de 12% (doze por cento) em 2017, 13% (treze por cento) em 2018 e 14% (quatorze por cento) em 2019, para a manutenção do SUPSEC, incidente sobre a totalidade da base de contribuição definida em lei. [Redação dada pela LC nº 167, de 28/12/2016]

§ 2º A contribuição social dos aposentados e militares da reserva remunerada e reforma, bem como dos respectivos pensionistas de quaisquer dos Poderes do Estado, incluídas suas autarquias e fundações, para a manutenção do SUPSEC, será de 12% (doze por cento) em 2017, 13% (treze por cento) em 2018 e 14% (quatorze por cento) em 2019, incidente sobre a parcela que ultrapassar o limite máximo de contribuição e benefício do Regime Geral de Previdência Social – RGPS. [Redação dada pela LC nº 167, de 28/12/2016]

§ 3º A alíquota especial de contribuição previdenciária será de 24% (vinte e quatro por cento) em 2017, 26% (vinte e seis por cento) em 2018 e 28% (vinte e oito por cento) em 2019, sobre o valor total da base de cálculo da contribuição. [Redação dada pela LC nº 167, de 28/12/2016]

§ 4º A contribuição a que se refere este artigo, no caso de beneficiários portadores de doenças incapacitantes, incidirá unicamente sobre as parcelas dos proventos de aposentadoria e de pensão por morte que sejam superiores ao dobro do limite máximo dos benefícios do regime geral da previdência, estabelecido pelo art. 201 da Constituição Federal. [Redação dada pela LC nº 159, de 14/01/2016]

§ 5º O direito a que se refere o § 4º fica condicionado à edição de lei complementar federal, na forma do art. 40, § 21, da Constituição Federal. [Redação dada pela LC nº 159, de 14/01/2016]

Art. 5º-A. A contribuição previdenciária do SUPSEC, decorrente de valores pagos em cumprimento de decisão judicial, ainda que derivada de homologação de acordo, será retida na fonte, antes do pagamento ao beneficiário ou seu representante legal, pelo órgão do Poder Judiciário responsável pelo pagamento, mediante a aplicação da alíquota prevista nesta Lei sobre o valor pago, devendo ser recolhida à conta do SUPSEC. [Redação dada pela LC nº 159, de 14/01/2016]

Art. 5º-B. A não retenção das contribuições pelo órgão pagador, inclusive nas hipóteses previstas no art. 5º-A, sujeitará o responsável às sanções penais e administrativas, cabendo a esse órgão apurar os valores não retidos e proceder ao desconto na folha de pagamento dos segurados civis e militares, ativos e inativos, e dos pensionistas, em rubrica e classificação contábil específica. [Redação dada pela LC nº 159, de 14/01/2016]

CAPÍTULO III
DA COBERTURA PREVIDENCIÁRIA DO SISTEMA

SEÇÃO I
DOS BENEFICIÁRIOS

Art. 6º O Sistema Único de Previdência Social do Estado do Ceará – SUPSEC, de que trata esta Lei Complementar, de caráter contributivo, proporcionará cobertura exclusiva aos segurados, contribuintes do Sistema, e seus respectivos dependentes, vedado o pagamento de benefícios mediante convênios entre o Estado e seus Municípios. [Redação dada pela LC nº 159, de 14/01/2016]

§ 1º Os dependentes previdenciários, de que trata o *caput* deste artigo, são: [Redação dada pela LC nº 159, de 14/01/2016]

I - o cônjuge supérstite, o companheiro ou a companheira que vivam em união estável como entidade familiar, inclusive por relação homoafetiva, e o ex-cônjuge separado, inclusive de fato, ou divorciado, desde que, nos 2 (dois) últimos casos, na data do falecimento do segurado, esteja percebendo pensão alimentícia devidamente comprovada, observado o percentual fixado, que incidirá sobre a cota que couber ao cônjuge ou companheiro no rateio da pensão com os dependentes indicados nos incisos II e III deste artigo;

II – o filho que atenda a um dos seguintes requisitos:

a) tenha idade de até 21 (vinte e um) anos;

b) seja inválido, observadas as condições estabelecidas nesta Lei;

c) tenha deficiência grave, inclusive o autista, devidamente atestada por laudo médico pericial, que o inabilite aos atos da vida cotidiana, e desde que comprovada a dependência econômica; [Redação dada pela LC nº 167, de 28/12/2016]

III – o tutelado nesta condição na data do óbito do segurado, provada a dependência econômica, hipótese em que passa a ser equiparado a filho, para efeito de percepção da pensão;

IV – a mãe e o pai que comprovem dependência econômica do servidor, desde que inexistam, na data do óbito, os dependentes previdenciários referidos nos incisos I, II e III deste parágrafo.

§ 2º A dependência econômica é requisito para o reconhecimento do direito dos dependentes indicados no § 1º, deste artigo, ao benefício de pensão, sendo presumida, de forma absoluta, em relação ao cônjuge supérstite, companheiro, companheira e ao filho de até 21 (vinte e um) anos de idade, ressalvado o disposto nesta Lei Complementar. [Redação dada pela LC nº 159, de 14/01/2016]

§ 3º Para os fins do disposto nesta Lei, a dependência econômica poderá ser demonstrada na via administrativa: [Redação dada pela LC nº 159, de 14/01/2016]

I - pela comprovação da percepção de pensão alimentícia, nas hipóteses de cônjuge separado, inclusive de fato, ou divorciado, cabendo à Administração, a seu critério, exigir a apresentação de outros documentos comprobatórios;

II - por prova documental consistente em declarações de Imposto de Renda, certidões, ou qualquer outro meio assemelhado que comprovem a ausência de percepção de outro benefício ou renda suficiente para mantença própria, no momento da concessão, nas situações referentes a filho inválido com mais de 21 (vinte e um) anos de idade e ao tutelado.

§ 4º Para os efeitos desta Lei, cessa, a qualquer tempo, a condição de dependente previdenciário: [Redação dada pela LC nº 159, de 14/01/2016]

I - no caso de cônjuge supérstite, companheiro ou companheira, inclusive por relação homoafetiva, quando alcançados os prazos fixados nos incisos I e II do § 5º deste artigo ou quando contrair casamento ou união estável;

II – no caso de filho com idade superior a 21 (vinte e um) anos, inválido, quando provada a percepção, após a verificação da causa ensejadora da invalidez, de renda suficiente para sua manutenção;

III - no caso de cônjuge separado de fato há mais de 2 (dois) anos, quando não comprovada a percepção de verba alimentícia do segurado, mediante a apresentação de documentação idônea, a critério da Administração;

IV – em se tratando de filho com idade superior a 21 (vinte e um) anos, inválido, quando cessada a condição de invalidez, circunstância a ser apurada em perícia médica do órgão oficial do Estado do Ceará, a cuja submissão periódica, sob pena de suspensão do pagamento da pensão, está obrigado o beneficiário nessa condição, no prazo de até 12 (doze) meses, para a primeira reavaliação, a contar da concessão provisória ou definitiva do benefício, observado, para as reavaliações seguintes, o intervalo de 6 (seis) meses;

V - em relação a quaisquer dependentes, com o falecimento.

§ 5º Em relação aos dependentes de que trata o inciso I do § 1º deste artigo, a pensão será devida observando os critérios abaixo: [Redação dada pela LC nº 159, de 14/01/2016]

I - pelo período de 4 (quatro) meses, se o óbito ocorrer sem que o segurado tenha vertido 18 (dezoito) contribuições mensais ou se o casamento ou a união estável tiverem sido iniciados em menos de 2 (dois) anos antes da data do óbito do segurado;

II - pelos seguintes períodos, caso o segurado tenha recolhido 18 (dezoito) contribuições mensais, havendo o seu óbito ocorrido, pelo menos 2 (dois) anos após o início do casamento ou união estável:

a) por 3 (três) anos, se o pensionista contar com menos de 21 (vinte e um) anos completos de idade;

b) por 6 (seis) anos, se o pensionista contar com idade entre 21 (vinte e um) e 26 (vinte e seis) anos completos;

c) por 10 (dez) anos, se o pensionista contar com idade entre 27 (vinte e sete) e 29 (vinte e nove) anos completos;

d) por 15 (quinze) anos, se o pensionista contar com idade entre 30 (trinta) e 40 (quarenta) anos completos;

e) por 20 (vinte) anos, se o pensionista contar com idade entre 41 (quarenta e um) e 43 (quarenta e três) anos completos;

III - será vitalícia a pensão se o pensionista contar com 44 (quarenta e quatro) anos completos ou mais de idade na data do óbito do segurado ou na hipótese de falecimento estritamente relacionado ao serviço. [Redação dada pela LC nº 159, de 14/01/2016]

§ 6º A perda ou a não comprovação da condição de dependente previdenciário, inclusive em relação à dependência econômica, resulta na negativa de concessão de benefício ou em sua cessação, caso esteja em fruição, garantido o contraditório administrativo antes da efetivação financeira da decisão, ressalvados os casos em que a perda da condição de dependente previdenciário ocorrer em razão da idade do beneficiário ou do transcurso do tempo indicado no § 5º, casos em que a cessação do benefício poderá ocorrer imediatamente. [Redação dada pela LC nº 159, de 14/01/2016]

§ 7º A prova da união estável como entidade familiar se faz mediante a apresentação da documentação admitida para tais fins pelo Regime Geral de Previdência Social, nos termos e condições previstos na legislação específica, cabendo à Procuradoria-Geral do Estado, a seu critério, entendê-la insuficiente, mediante parecer fundamentado, hipótese na qual a comprovação dependerá de decisão judicial transitada em julgado em procedimento contencioso de reconhecimento da relação. [Redação dada pela LC nº 159, de 14/01/2016]

§ 8º A pensão previdenciária será paga por metade aos dependentes indicados no inciso I do § 1º deste artigo, limitada a quota do ex-cônjuge ao percentual da pensão alimentícia percebida e devidamente comprovada, desde que esse percentual não seja superior à quota do cônjuge supérstite, companheiro ou companheira, cabendo aos elencados nos demais incisos, em quotas iguais, a outra metade. [Redação dada pela LC nº 159, de 14/01/2016]

§ 9º Não havendo dependentes aptos à percepção de uma das metades indicadas no § 8º deste artigo, a totalidade da pensão será rateada entre os demais, observadas as proporções estabelecidas neste artigo e vedado ao cônjuge separado, inclusive de fato, e ao divorciado perceber parcela superior ao percentual fixado na separação ou no divórcio como pensão alimentícia a que tenha direito. [Redação dada pela LC nº 159, de 14/01/2016]

§ 10. O tempo de contribuição a Regime Próprio de Previdência Social – RPPS, ou ao Regime Geral de Previdência Social – RGPS, será considerado na contagem das 18 (dezoito) contribuições mensais referidas nos incisos I e II do § 5º deste artigo. [Redação dada pela LC nº 159, de 14/01/2016]

§ 11. Havendo indícios de simulação ou fraude na constituição do casamento ou da união estável, para fins de pensionamento, apurados a partir dos documentos iniciais apresentados no processo de pensão, não será devida a concessão de benefício provisório ao interessado, cujo reconhecimento do direito fica condicionado à comprovação, perante a Administração, e pelos meios de prova admitidos, da efetiva relação conjugal ou união estável anteriores ao óbito do segurado. [Redação dada pela LC nº 159, de 14/01/2016]

§ 12. Para os fins previstos no inciso II do § 5º deste artigo, as idades serão automaticamente adequadas, mediante ato do Secretário do Planejamento e Gestão do Estado, às que vierem a ser fixadas no âmbito federal, pelo Ministério do Planejamento, Orçamento e Gestão. [Redação dada pela LC nº 159, de 14/01/2016]

SEÇÃO II
DO ROL E PAGAMENTO DE BENEFÍCIOS PREVIDENCIÁRIOS

Art. 7º O Sistema Único de Previdência Social do Estado do Ceará – SUPSEC, assegurará, exclusivamente, a partir da data em que se tornar exigível a respectiva contribuição previdenciária, os seguintes benefícios: [Redação dada pela LC nº 159, de 14/01/2016]

I - aposentadoria, reserva remunerada ou reforma;

II - pensão previdenciária por morte do segurado;

III - salário-família do segurado inativo.

Parágrafo único. Os benefícios de aposentadoria, reserva remunerada, reforma e pensão previdenciária concedidos pelo SUPSEC não poderão ter valor inferior ao salário-mínimo federal. [Redação dada pela LC nº 159, de 14/01/2016]

Art. 8º Os benefícios de aposentadoria do SUPSEC, por ocasião de sua concessão, não poderão exceder a remuneração ou subsídio do respectivo segurado, no cargo efetivo ou equivalente em que se der a aposentadoria ou que serviu de referência para a concessão da pensão, respeitado o teto remuneratório aplicável. [Redação dada pela LC nº 159, de 14/01/2016]

Parágrafo único. Os serventuários da Justiça não remunerados pelos cofres públicos, inscritos na previdência social estadual anteriormente ao advento da Lei Federal nº 8.935, de 18 de novembro de 1994, e que implementaram as condições para a aposentadoria até a vigência da Emenda Constitucional nº 20, de 15 de dezembro de 1998, terão os respectivos proventos fixados de acordo com a média das remunerações que serviram de base de cálculo para as 96 (noventa e seis) últimas contribuições efetivamente recolhidas, sendo tais proventos e pensões reajustados na mesma época e índice dos reajustes gerais dos servidores do Estado. [Redação dada pela LC nº 159, de 14/01/2016]

Art. 9º A pensão por morte será calculada com base na totalidade do subsídio, vencimentos ou proventos do servidor, observado o disposto no art. 40, § 7º, da Constituição Federal e respeitado o teto remuneratório aplicável, sendo devida a partir: [Redação dada pela LC nº 159, de 14/01/2016]

I -da data do óbito, se requerido o benefício em até 90 (noventa) dias do falecimento do segurado;

II - da data do requerimento, no caso de inclusão postmortem, qualquer que seja a condição do dependente;

III - da data do requerimento, se requerido o benefício de pensão, por qualquer motivo, após 90 (noventa) dias da data do falecimento do segurado;

IV - do trânsito em julgado da sentença judicial, comprovado mediante apresentação de certidão, no caso de morte presumida ou ausência do segurado.

§ 1º Considera-se inclusão postmortem aquela não comprovável de imediato por ocasião do óbito do segurado, em razão da necessidade de demonstração de elementos adicionais, não demonstráveis no momento do falecimento do segurado, como o reconhecimento judicial de união estável, a investigação de paternidade ou maternidade e outros atos assemelhados. [Redação dada pela LC nº 159, de 14/01/2016]

§ 2º Cessa o pagamento da pensão previdenciária por morte: [Redação dada pela LC nº 159, de 14/01/2016]

I - em relação ao cônjuge supérstite, companheira ou companheiro, inclusive por relação homoafetiva, e ao ex-cônjuge separado, inclusive de fato, ou divorciado, beneficiário de pensão alimentícia, na data em que contraírem novas núpcias ou constituírem nova união estável;

II - em relação ao filho, na data em que atingir 21 (vinte e um) anos de idade, salvo se inválido, hipótese em que deverá ser observado o seguinte:

a) a invalidez seja total para qualquer trabalho e anterior à maioridade do dependente previdenciário, mediante reconhecimento ou comprovação pela perícia médica oficial do Estado; e

b) a dependência econômica em relação ao segurado seja devidamente comprovada, nos termos desta Lei;

III - em relação ao tutelado habilitado nos termos do inciso III do § 1º do art. 6º desta Lei, nas mesmas condições do inciso II, § 2º, deste artigo;

IV - em relação a todos os beneficiários da pensão, com o falecimento;

V - em relação a qualquer dos beneficiários da pensão, se verificado o disposto no § 4º do art. 6º desta Lei;

VI - em relação ao dependente condenado pela prática de crime de que tenha dolosamente resultado a morte do segurado instituidor da pensão, após o trânsito em julgado da decisão condenatória;

VII - em relação ao cônjuge, ao companheiro ou à companheira, inclusive por relação homoafetiva, se comprovada, a qualquer tempo, simulação ou fraude no casamento ou na união estável, ou a formalização desses com o fim exclusivo de constituir benefício previdenciário, apuradas em processo no qual será assegurado o direito ao contraditório e à ampla defesa;

VIII - em relação a qualquer dos beneficiários da pensão, por renúncia expressa.

§ 3º Serão aplicados, conforme o caso, os prazos previstos no inciso II do § 5º do art. 6º desta Lei, se o óbito do segurado decorrer de acidente de qualquer natureza ou de doença profissional ou do trabalho, independentemente do recolhimento de 18 (dezoito) contribuições mensais ao SUPSEC ou da comprovação de 2 (dois) anos de casamento ou de união estável até a data do óbito do segurado instituidor da pensão. [Redação dada pela LC nº 159, de 14/01/2016]

§ 4º Ressalvado o direito de opção, é vedada a percepção cumulada de pensão deixada por mais de um cônjuge ou companheiro ou companheira e, em qualquer caso, de mais de 2 (duas) pensões a cargo do SUPSEC. [Redação dada pela LC nº 159, de 14/01/2016]

CAPÍTULO IV
DAS DISPOSIÇÕES GERAIS

Art. 10. Ao Sistema Único de Previdência Social do Estado do Ceará – SUPSEC, aplicam-se, além das disposições da Constituição Federal, da legislação previdenciária estadual e nacional, as disposições de caráter geral previstas nos parágrafos deste artigo. [Redação dada pela LC nº 159, de 14/01/2016]

§ 1º As contribuições patronais e dos beneficiários destinadas aos respectivos fundos contábil-financeiros do Sistema Único de Previdência Social do Estado do Ceará – SUPSEC, recolhidas com atraso, observado o prazo disposto no art. 24 da Lei Complementar nº 123, de 16 de setembro de 2013, sofrerão acréscimos de juros compensatórios a partir do primeiro dia do mês subsequente ao vencimento, equivalentes à taxa referencial do Sistema Especial de Liquidação e Custódia - SELIC, acumulada mensalmente, até o mês anterior ao do recolhimento, e de 1% (um por cento) relativamente ao mês em que o recolhimento estiver sendo efetuado, ficando, ainda, os Poderes, Instituições, Órgãos ou Entidades, responsáveis pelo recolhimento, sujeitos a sanções aplicáveis na forma e condições que dispuser lei estadual. [Redação dada pela LC nº 183, de 21/11/2018]

§ 2º Para fins previdenciários, no que respeita às aposentadorias que tenham por base de cálculo a última remuneração do segurado, notadamente segundo as regras do art. 6º da Emenda Constitucional Federal nº 41/2003, as regras de transição dos arts. 2º e 3º da Emenda Constitucional Federal nº 47/2005 e o disposto na Emenda Constitucional nº 70/2012, deverá ser observado que: [Redação dada pela LC nº 159, de 14/01/2016]

I – o valor das gratificações ou adicionais por titulação concedidos no âmbito funcional aos servidores estaduais, observado o tipo de titulação, somente poderá ser considerado no cálculo do valor inicial dos proventos se decorrido o lapso temporal de, no mínimo, 60 (sessenta) meses de efetiva contribuição ao SUPSEC sobre referido valor até a data do requerimento do benefício;

II – o valor de quaisquer outras gratificações ou adicionais concedidos no âmbito funcional, os quais possam ser incorporados na aposentadoria, integrará o cálculo do valor inicial dos proventos e pensões na exata proporção do número de meses de efetiva contribuição do segurado ao SUPSEC, incidente sobre a gratificação ou o adicional, em relação ao mínimo necessário de 60 (sessenta) meses para incorporação integral, vedado qualquer arredondamento.

§ 3º O segurado do SUSPEC, quando cedido a órgão ou entidade de outro ente da federação, com ou sem ônus para o cessionário, ou afastado para o exercício de mandato eletivo, continuará vinculado ao Sistema, permanecendo obrigatório o recolhimento das contribuições previdenciárias em relação ao seu cargo efetivo, cabendo ao órgão cessionário a responsabilidade pelo desconto, recolhimento e repasse das contribuições previdenciárias ao SUPSEC, conforme valores informados mensalmente pelo órgão ou entidade de origem do segurado. [Redação dada pela LC nº 159, de 14/01/2016]

§ 4º A edição dos atos regulamentares relativos à gestão do SUPSEC, ressalvada a competência do Governador do Estado, caberá ao representante legal do Sistema, observado o disposto no art. 11 desta Lei. [Redação dada pela LC nº 159, de 14/01/2016]

Art. 11. O Sistema Único de Previdência Social do Estado do Ceará - SUPSEC, enquanto não constituída pessoa jurídica para esse fim, será gerido pela Secretaria do Planejamento e Gestão, cabendo a esta o planejamento, a coordenação, a execução, a supervisão e o controle das atividades do Sistema. [Redação dada pela LC nº 159, de 14/01/2016]

Art. 12. Ressalvando-se a manutenção e o pagamento dos benefícios atualmente concedidos, que passam a ser suportados pelo Sistema Único de Previdência Social dos Servidores Públicos Civis e Militares, dos Agentes Públicos e dos Membros de Poder do Estado do Ceará - SUPSEC, ficam extintos, a partir da data em que se tornar exigível a contribuição instituída nesta Lei Complementar para o custeio do SUPSEC:

I -a pensão policial militar, regulada pela Lei nº 10.972, de 10 de dezembro de 1984;

II - a pensão instituída pela Lei nº 8.425, de 3 de fevereiro de 1966;

III - a pensão de que trata a Lei nº 9.381, de 27 de julho de 1970;

IV - a pensão de que trata a Lei nº 7.072 de 27 de dezembro de 1963;

V - a pensão especial de que trata o Art. 151 da Lei 9.826, de 14 de maio de 1974, com suas atualizações;

VI - as pensões pagas pelo Instituto de Previdência do Estado do Ceará - IPEC e a respectiva contribuição.

Vll - o Montepio do Ministério Público e do Serviço Jurídico Estaduais, regulado pela Lei nº 11.001, de 2 de janeiro de 1985, e alterado pelas Leis nºs. 11.060, de 15 de julho de 1985, e nº 11.289, de 6 de janeiro de 1987, inclusive a respectiva contribuição;

VIII- o Montepio de que trata a Lei nº 12.342, de 28 de julho de 1994, com alterações posteriores, inclusive a respectiva contribuição.

Parágrafo único. Os atuais contribuintes do Montepio de que trata o inciso VII deste artigo, farão jus à restituição mensal das contribuições recolhidas, em igual prazo e número de parcelas que contribuíram, sendo cada parcela restituída no valor igual a 1/30 (hum trinta avos) do valor da remuneração do servidor na data da restituição, podendo o Chefe do Poder Executivo, através de Decreto, dispor sobre outros prazos de restituição para situações consideradas especiais.

Art. 13. Ficam revogadas as disposições contrárias a esta Lei Complementar, especialmente as constantes das Leis indicadas no Art. 12, bem como a Lei nº 8.430, de 3 de fevereiro de 1966, e as alíneas "a" e "b" do inciso I do Art. 2º da Lei nº 10.776, de 17 de dezembro de 1982.

Art. 14. Fica o Poder Executivo, autorizado a constituir fundo integrado por bens, direitos e outros ativos, com finalidade previdenciária, baseado em normas gerais e contabilidade e atuária, de modo a garantir o seu equilíbrio financeiro e atuarial, observado o disposto no Art. 6º da LeiFederal nº 9.717, de 27 de novembro de 1998.

Art. 15. Esta Lei Complementar entrará em vigor na data de sua publicação, observando-se quanto à contribuição social instituída o disposto no § 6º do Art. 195 da Constituição Federal.

PALÁCIO DO GOVERNO DO ESTADO DO CEARÁ, em Fortaleza, aos 23 de junho de 1999.

LEI COMPLEMENTAR ESTADUAL Nº 13, DE 20 DE JULHO DE 1999

– DISPÕE SOBRE A INSTITUIÇÃO DO SISTEMA DE PREVIDÊNCIA PARLAMENTAR DOS DEPUTADOS E EX-DEPUTADOS ESTADUAIS DO CEARÁ

ATUALIZADA ATÉ A LEI COMPLEMENTAR Nº 249, DE 28-06-2021.

Art. 1º. Fica instituído, no âmbito da Assembleia Legislativa do Estado do Ceará, o Sistema de Previdência Parlamentar, mantido por fundo específico, destinado a prover os benefícios previdenciários dos segurados, seus dependentes e pensionistas, regulados nos termos desta Lei Complementar.

Art. 2º. O Sistema Previdenciário, de que trata esta Lei Complementar, será financiado com recursos provenientes do orçamento da Assembleia Legislativa e das contribuições dos segurados e dos pensionistas.

Art. 3º A contribuição social da Assembleia Legislativa do Estado do Ceará para o custeio do fundo do Sistema de Previdência Parlamentar será equivalente à do segurado obrigatório. (Redação dada pela Lei Complementar no 249, de 28-06-2021)

§ 1º. Excepcionalmente, uma vez configurado caso fortuito que provoque desequilíbrio atuarial no Sistema de Previdência Parlamentar, a Assembleia Legislativa poderá aportar quantia superior à prevista no *caput* deste artigo, até o montante necessário ao restabelecimento do equilíbrio atuarial.

§ 2º . Não está compreendido na hipótese do parágrafo anterior, o desequilíbrio atuarial originado da falta de pagamento das contribuições dos segurados do Sistema.

§ 3º. Configurado o caso fortuito, a Assembleia Legislativa efetuará a antecipação de capitalização do Sistema, até que ocorra a revisão anual em que serão atualizados os valores das contribuições para manutenção do equilíbrio financeiro e atuarial do Sistema de Previdência Parlamentar.

Art. 4º. São segurados do Sistema de Previdência Parlamentar todos os contribuintes obrigatórios e facultativos.

Art. 5º. São contribuintes obrigatórios do Sistema de Previdência Parlamentar:

I - os Deputados Estaduais no exercício de mandato parlamentar;

II - os beneficiários de aposentadorias e pensão definidos nesta Lei Complementar.

§ 1º. Para os efeitos desta Lei Complementar, considera-se como em efetivo exercício parlamentar o Deputado Estadual licenciado para o exercício de cargo ou função pública, na estrutura administrativa do Poder Executivo do Estado do Ceará, desde que continue contribuinte do Sistema de Previdência Parlamentar.

§ 2º. Se o cargo ou a função pública for integrante da estrutura administrativa da União ou de Município, o aporte devido pela Assembleia Legislativa será repassado pelo cessionário, cuja condição será especificada no ato de cessão.

§ 3º. Não é contribuinte do Sistema de Previdência Parlamentar o Suplente de Deputado, no exercício do mandato em caráter temporário.

§ 4º. O Suplente de Deputado Estadual que se efetivar no mandato, poderá contar o tempo de exercício temporário no parlamento, desde que contribua para o Sistema de Previdência Parlamentar pelo período que integralizar, com os valores de contribuição vigentes à data da solicitação.

§ 5º. Excetua-se da obrigadoriedade de que trata o *caput* deste artigo, o Deputado Estadual no exercício de mandato parlamentar que fizer opção por outro regime de previdência ou pelo Regime Geral de Previdência Social, devendo comprovar, obrigatoriamente, junto a Assembleia Legislativa, a filiação ao sistema escolhido, data em que cessa a condição de segurado do Sistema de Previdência instituído por esta Lei Complementar.

Art. 6º. São contribuintes facultativos os ex-Deputados Estaduais não beneficiários da Carteira Parlamentar, extinta pela Lei nº 11.778, de 28 de dezembro de 1990.

Art. 7º. A contribuição previdenciária dos segurados e pensionistas do Sistema de Previdência Parlamentar será a mesma aplicada aos servidores públicos ativos, inativos e pensionistas do Estado do Ceará, calculada em igual forma.

§ 1º. Os percentuais de contribuição serão revistos, periodicamente, objetivando a preservação do equilíbrio atuarial e financeiro do Sistema. (Nova redação dada pela Lei Complementar n.º 19, de 29.12.99)

§ 2º. Somente será considerado inadimplente com o Sistema de Previdência Parlamentar, para fins de obtenção dos benefícios previstos nesta Lei Complementar, o segurado que deixar de contribuir por período superior a 90 (noventa dias) dias corridos, sendo obrigatório, para o efetivo recebimento do benefício, o pagamento de qualquer contribuição, corrigida monetariamente, que não tiver sido paga pontualmente, desde que referente ao limite de tempo acima estabelecido.

Art. 7º-A. A contribuição dos segurados indicados no art. 6º desta Lei Complementar será obrigatoriamente o dobro daquela devida por contribuinte obrigatório, excetuando-se desta obrigatoriedade o contribuinte facultativo que esteja na condição de suplente de Deputado em exercício. (Nova redação dada pela Lei Complementar n.º 174, de 03.08.17)

Art. 7º-B. Fica criado o parcelamento de contribuições concedido aos segurados indicados no art. 6º desta Lei Complementar, referente às contribuições patronais por eles não recolhidas, anteriormente à data da publicação desta Lei Complementar, de modo a adequá-las ao disposto no art. 7º-A, em até 4 (quatro) competências, iguais e sucessivas, por parcela, desde que o total não exceda o limite máximo de 60 (sessenta) parcelas. (Redação dada pela Lei Complementar n.º 138, de 06.06.14)

Art. 8º. O Sistema de Previdência Parlamentar proporcionará cobertura exclusivamente aos seus segurados e em favor de seus dependentes, ficando vedado o pagamento de benefícios mediante convênios ou consórcios entre a União, o Estado e seus Municípios.

Art. 9º. São dependentes dos segurados:

I - o cônjuge supérstite, companheiro ou companheira;

II - os filhos menores ou inválidos, sob dependência econômica do segurado;

III - o menor sob tutela judicial, que viva sob comprovada dependência econômica do segurado.

Parágrafo único. A invalidez a que se refere o inciso II deste artigo deverá já existir quando do falecimento do segurado, salvo se esta vier a ocorrer em decorrência de acidente que venha a causar o falecimento do segurado.

Art. 10. O Sistema de Previdência Parlamentar assegurará, a partir da data em que se tornar exigível a respectiva contribuição previdenciária, os seguintes benefícios:

I - pagamento de proventos de aposentadoria normal;

II - pagamento de proventos de aposentadoria por invalidez permanente;

III - pagamento de pensão por morte do segurado.

Art. 11. No cálculo dos proventos de aposentadoria dos segurados do Sistema de Previdência Parlamentar, será considerada a média aritmética simples das maiores remunerações, utilizadas como base para as contribuições do segurado aos regimes de previdência a que esteve vinculado, correspondentes a 90% (noventa por cento) de todo o período contributivo desde a competência julho de 1994 ou desde a do início da contribuição, se posterior àquela competência, e serão reajustados na mesma data e no índice em que se der o reajuste dos benefícios do Regime Geral de Previdência Social. (Redação dada pela Lei Complementar no 249, de 28-06-2021)

Parágrafo único. As remunerações consideradas no cálculo do valor inicial dos proventos terão os seus valores atualizados mês a mês de acordo com a variação integral do índice fixado para a atualização dos salários-de-contribuição considerados no cálculo dos benefícios do Regime Geral de Previdência Social. (Nova redação dada pela Lei Complementar n.º 138, de 06.06.14)

Art. 12. A pensão devida aos beneficiários do segurado que não estiver no efetivo exercício parlamentar será proporcional ao tempo de contribuição do segurado, observado para efeito de fixação do valor do benefício a regra do inciso II do Art. 18 desta Lei Complementar.

Art. 13. Aplicam-se às pensões as regras previstas no art. 23 da Emenda Constitucional n.º 103, de 12 de novembro de 2019, com a seguinte especificidade: (Redação dada pela Lei Complementar no 249, de 28-06-2021)

I – quanto ao art. 23, § 2.º, inciso II: a cota por dependente a que se refere este inciso será de 20 (vinte) pontos percentuais por dependente, limitada a cota máxima de 100% (cem por cento). (Redação dada pela Lei Complementar no 249, de 28-06-2021)

» *A Lei Complementar 249, de 28-06-2021, acresceu apenas o inciso I ao art. 13, sem mencionar qualquer outro inciso.*

» *Redação anterior: Art. 13. A pensão por morte devida aos dependentes de que trata o Art. 9º, somente será paga pela metade ao cônjuge supérstite, companheiro ou companheira, e metade, em parte iguais, aos filhos menores ou inválidos e o menor sob tutela judicial, sendo vedada a designação legal ou indicação de quaisquer outros beneficiários, inclusive netos, ressalvados os casos de tutela judicial e o disposto no parágrafo único do Art. 9º desta Lei Complementar.*

§ 1º. Na falta dos filhos menores, ou quando por qualquer motivo cessar o pagamento a estes, a pensão será paga integralmente ao cônjuge supérstite, companheiro ou companheira, assim como na falta destes, a pensão será paga integralmente aos filhos menores, cessando na forma do parágrafo seguinte.

§ 2º. Cessa o pagamento da pensão:

I - em relação ao cônjuge supérstite, companheiro ou companheira, na data em que contrair núpcias, constituir nova união estável ou falecer;

II - em relação a filho, filha ou tutelado, na data em que atingir a maioridade ou quando de sua emancipação, salvo se inválido (a) totalmente para o trabalho até o falecimento do segurado, comprovada, neste caso, a dependência econômica em relação ao segurado.

Art. 14. O Sistema de Previdência Parlamentar, enquanto não for constituído ente jurídico para este fim, será gerido pela Secretaria da Fazenda do Estado, cabendo a esta o planejamento, a coordenação, a execução, a supervisão e o controle das atividades do sistema.

Parágrafo único. O gestor do Sistema de Previdência Parlamentar ordenará, anualmente, auditoria externa para aferição da regularidade das contribuições e preservação do equilíbrio atuarial, ficando à disposição dos demais poderes e do Tribunal de Contas do Estado todos os dados relativos ao sistema.

Art. 15. Será considerado tempo de contribuição ao Sistema de Previdência Parlamentar para fins de concessão dos benefícios dele decorrentes, o período de mandato parlamentar compreendido entre a vigência da Lei nº 11.778, de 28 de dezembro de 1990 e o início do pagamento da contribuição prevista no Art. 7º desta Lei Complementar, do Deputado Estadual e ex-Deputado Estadual que seja contribuinte do Sistema instituído por esta Lei Complementar.

Art. 16. O Deputado e ex-Deputado Estadual contribuinte da previdência instituída por esta Lei Complementar somente poderá requerer aposentadoria normal quando completar:

a) trinta e cinco anos de tempo de contribuição, dos quais vinte anos de contribuição para o Sistema de Previdência Parlamentar;

b) contar com 65 (sessenta e cinco) anos de idade, se homem, e 62 (sessenta e dois) anos de idade, se mulher. (Redação dada pela Lei Complementar nº 249, de 28-06-2021)

§ 1º. Ao segurado ex-Deputado Estadual a que alude este artigo é lícita a complementação do período de contribuição como contribuinte facultativo do Sistema, para os fins de obtenção dos benefícios dele decorrentes, desde que não tenha integralizado o tempo de contribuição necessário no exercício de mandato parlamentar e efetue a contribuição prevista no Art. 7º desta Lei Complementar, devendo requerer à Mesa Diretora da Assembleia Legislativa, no prazo máximo de noventa dias, sob pena de prescrição. (Nova redação dada pela Lei Complementar n.º 19, de 29.12.99)

§ 2º O segurado que integralizar o tempo de contribuição ao Sistema de Previdência Parlamentar estabelecido neste artigo e que não conte com o tempo de contribuição mínimo exigido para a concessão da aposentadoria nele definida contribuirá para qualquer sistema previdenciário pelo tempo necessário à complementação do período, para efeito de concessão da aposentadoria, preservados os benefícios definidos no Sistema instituído por esta Lei Complementar, devendo o segurado que esteja no exercício do mandato parlamentar contribuir obrigatoriamente para o Sistema de Previdência Parlamentar. (Nova redação dada pela Lei Complementar n.º 138, de 06.06.14)

§ 3.º Ainda que integralizados os 35 (trinta e cinco) anos de contribuição de que trata a alínea "a" deste artigo, fica o segurado no exercício de mandato de

Deputado Estadual obrigado a manter suas contribuições ao Sistema de Previdência Parlamentar até completar a idade mínima necessária à concessão da aposentadoria. (Redação dada pela Lei Complementar nº 249, de 28-06-2021)

§ 4º. O tempo de serviço considerado pela legislação vigente para efeito de aposentadoria será contado como tempo de contribuição, nos termos do Art. 4º da Emenda à Constituição Federal nº 20, de 15 de dezembro de 1998.

§ 5º. O Sistema de Previdência Parlamentar ressarcirá ao segurado não optante pela hipótese do § 1º as contribuições por ele recolhidas, atualizadas monetariamente, mês a mês, pelos índices de remuneração da caderneta de poupança, no prazo de doze meses, contados a partir da opção do requerente, deduzidas as taxas remuneratórias do Sistema e proporcionalmente em função da capacidade de pagamento do fundo e das normas atuariais.

Art. 16-A. Observado o disposto na Emenda Constitucional n.º 103, de 12 de novembro de 2019, é assegurado o direito de opção de aposentadoria por idade aos segurados do regime de que trata esta Lei Complementar, quando o Deputado ou ex-Deputado Estadual, cumulativamente: (Acrescido pela Lei Complementar nº 249, de 28-06-2021)

I – tiver 65 (sessenta e cinco) anos de idade, se homem, e 62 (sessenta e dois) anos de idade, se mulher;

II – tiver 20 (vinte) anos de tempo de contribuição para o regime de previdência de que trata esta Lei Complementar.

Art. 16-B. O valor do benefício da aposentadoria de que trata o art. 16-A desta Lei corresponderá a 60% (sessenta por cento) da média aritmética definida na forma prevista no art. 11 desta Lei, com acréscimo de 2 (dois) pontos percentuais para cada ano de contribuição que exceder o tempo de 20 (vinte) anos de contribuição. (Acrescido pela Lei Complementar nº 249, de 28-06-2021)

Art. 17. Aos dependentes dos contribuintes obrigatórios e facultativos que vierem a falecer no transcorrer do período de contribuição, serão assegurados os benefícios previdenciários decorrentes desta Lei Complementar.

Parágrafo único. Aplica-se a norma prevista no Art. 23 desta Lei Complementar, no caso do falecimento do Deputado ou do ex-Deputado, ocorrer no período compreendido entre a vigência desta Lei Complementar e a data de início da contribuição devida.

Art. 18. O segurado fará jus a aposentadoria por invalidez permanente:

I - com proventos integrais, quando esta ocorrer do exercício do mandato parlamentar, considerando como tal a norma dos §§ 1º e 2º do Art. 5º, e decorrer de acidente, moléstia profissional ou doença grave, contagiosa ou incurável, na forma da legislação da previdência social; e

II - com proventos proporcionais, nos casos de invalidez permanente previstos no inciso anterior, tomando-se como base de cálculo a remuneração fixada para os membros da Assembleia Legislativa, não podendo os proventos serem inferiores ao equivalente a quatro anos de contribuição, desde que a invalidez não ocorra no exercício do mandato.

§ 1º. A concessão da aposentadoria prevista nos incisos I e II deste artigo deverá ser instruída com laudo expedido por junta médica competente da Secretaria de Saúde do Estado.

§ 2º. VETADO

Art. 19. O processo de concessão dos benefícios decorrentes desta Lei Complementar, será instruído com requerimento do beneficiário dirigido à Assembleia Legislativa, cabendo a esta encaminhá-lo à Procuradoria Jurídica e ao ente gestor do Sistema de Previdência Parlamentar para se manifestar sobre a legalidade, cujos pareceres serão submetidos à deliberação da Mesa Diretora que decidirá sobre o assunto.

§ 1º O benefício a que se refere o *caput* deste artigo será concedido por Ato da Mesa Diretora, em caráter provisório, no percentual de 80% (oitenta por cento) do valor do cálculo dos proventos de aposentadorias mensais apurado na forma do art. 11 desta Lei Complementar, até que o benefício definitivo tenha o seu valor estabelecido e a sua regularidade reconhecida, ou negada, pelos órgãos competentes.

§ 2º Decidindo pela concessão do benefício, cabe à Assembleia Legislativa publicar o Ato de aposentadoria ou pensão, ordenando a respectiva implantação a partir da data em que o segurado tenha requerido formalmente sua concessão, nos termos e na forma estabelecidos nesta Lei Complementar, submetendo-o, após as formalidades legais e regulamentares, à apreciação do Tribunal de Contas do Estado. (Nova redação dada pela Lei Complementar n.º 138, de 06.06.14)

§ 3º Caso o Tribunal de Contas do Estado do Ceará não realize o registro do ato de aposentadoria ou pensão no prazo de 180 (cento e oitenta) dias, contados da data do recebimento do respectivo processo pelo Tribunal, o segurado passará a receber benefício correspondente a 100% (cem por cento) do valor a que teria direito, em caráter provisório (Acrescido pela Lei Complementar nº 249, de 28-06-2021)

Art. 20. A Assembleia Legislativa regulamentará o Sistema de Previdência Parlamentar, mediante resolução, no prazo de noventa dias de sua publicação.

Art. 21. O Sistema de Previdência Parlamentar terá previsão no orçamento da Assembleia Legislativa, mediante abertura de crédito especial ao vigente orçamento de 1999, cujo pedido de autorização será encaminhado no prazo de até noventa dias por Mensagem do Governador do Estado.

Art. 22. Os Ex-Deputados beneficiários da extinta carteira parlamentar serão contribuintes obrigatórios do Sistema Único de Previdência Social dos Servidores Públicos Civis e Militares, dos Agentes Públicos e dos Membros de Poder do Estado do Ceará - SUPSEC e dele receberão sua pensão.

§ 1º. Os benefícios da pensão de que trata este artigo e da pensão por morte do ex-Deputado beneficiário da extinta carteira parlamentar, concedidos proporcionalmente, na forma da legislação anterior, serão revistos nos mesmos índices, na mesma data e na mesma norma que estipular o reajuste dos subsídios do Deputado em efetivo exercício parlamentar.

§ 2º. Ao Deputado Estadual em exercício do mandato parlamentar na data da publicação desta Lei Complementar, que seja beneficiário da extinta carteira parlamentar, é facultado, no prazo de 90 (noventa) dias do término do mandato, contribuir para complementação do tempo necessário de contribuição para o Sistema de Previdência Parlamentar, sendo vedada a percepção cumulativa da pensão paga pelo Sistema Único de Previdência Social dos Servidores Públicos Civis e Militares, dos Agentes Públicos e dos Membros de Poder do Estado do Ceará – SUPSEC, com a prevista na Lei Complementar nº 13, de 20 de julho de 1999, contando-se o tempo referido no Art. 15 daquela legislação e o de maior contribuição para a extinta carteira parlamentar. (Nova redação dada pela Lei Complementar n.º 19, de 29.12.99)

Art. 23. A instituição do Sistema de Previdência de que trata esta Lei Complementar, prevista na Emenda Constitucional nº 39/99, dar-se-á no prazo de noventa dias, da publicação desta Lei Complementar, em cujo período será aplicada a legislação até então vigente.

Art. 24. Instituído o Sistema de Previdência Parlamentar a que se refere esta Lei Complementar, respeitados os atos jurídicos perfeitos, os direitos adquiridos e a coisa julgada, conforme o Art. 5º, XXXVI, da CF/88, ficam extintas as Leis nºs. 1.776, de 16 de maio de 1953 e suas alterações e 11.778, de 28 de dezembro de 1990.

Art. 25 Esta Lei Complementar, observado o Art. 24, entrará em vigor na data de sua publicação, revogadas as disposições em contrário.

PALACIO DO GOVERNO DO ESTADO DO CEARÁ, em Fortaleza, aos 20 de julho de 1999.

LEI COMPLEMENTAR ESTADUAL Nº 14, DE 15 DE SETEMBRO DE 1999

– DISPÕE SOBRE CONTRATAÇÃO, POR TEMPO DETERMINADO, PARA ATENDER A NECESSIDADE TEMPORÁRIA DE EXCEPCIONAL INTERESSE PÚBLICO PELAS UNIVERSIDADES ESTADUAIS

ATUALIZADA ATÉ A LEI COMPLEMENTAR Nº 244, DE 31.05.2021.

Art. 1º. Esta Lei Complementar, nos termos do inciso XIV do Art. 154 da Constituição do Estado do Ceará, dispõe sobre os casos de contratação de pessoal, por tempo determinado, pelas Universidades Estaduais, para atender a necessidade temporária de excepcional interesse público.

Art. 2º. A Fundação Universidade Estadual do Ceará - FUNECE, a Fundação Universidade Vale do Acaraú - UVA e a Fundação Universidade Vale do Cariri - URCA, ficam autorizadas, nos termos desta Lei Complementar, a realizar contratação de pessoal por tempo determinado, restringindo-se a atender aos casos de necessidade temporária e excepcional interesse público, consideradas nestas hipóteses de:

a) admissão de professor visitante;

b) admissão de professor e pesquisador visitante estrangeiro;

c) admissão de professores substitutos para suprir carências que causem real prejuízo ao ensino, decorrentes de afastamento em razão de: a) licença para tratamento de saúde; b) licença gestante; c) licença por motivo de doença em pessoa da família; d) licença para o trato de interesse particular; e) curso de mestrado e doutorado.

d) admissão de professores temporários, necessários a demandas de urgência das Universidades Estaduais, nas hipóteses em que não houverem sido ainda criados cargos efetivos para provimento ou até que se ultimem as providências necessárias à realização de concurso público, nomeação e posse dos aprovados para provimento de cargos efetivos.(Acrescido pela Lei Complementar n.º 105, de 26.12.11)

§ 1º. Ficam vedadas contratações fora das hipóteses previstas neste artigo, cumprindo ser observada a existência de dotação orçamentária específica, mediante prévia justificação e autorização do Secretário do Estado sob cuja supervisão se encontrar a entidade contratante.

§ 2º. A contratação de pessoal, nos casos das alíneas "a" e "b" deste artigo, deverá ser efetivada à vista de notória capacidade técnica ou científica do profissional, mediante análise de "Curriculum Vitae".

§ 3º A contratação prevista nas alíneas "c" e "d" deste artigo será precedida de seleção pública simplificada, constante de provas escrita e oral.(Nova redação dada pela Lei Complementar n.º 105, de 26.12.11)

§ 4º. É proibida a contratação, nos termos desta Lei Complementar, de servidores da Administração direta ou indireta da União, dos Estados, do Distrito Federal e dos Municípios, bem como de empregados ou servidores de suas subsidiárias e contratadas, sob pena de nulidade do contrato e apuração da responsabilidade administrativa da Contratante e do Contratado, inclusive solidariedade quando a devolução dos valores pagos ao Contratado.

§ 5º. A proibição prevista no § 4º deste artigo não se aplica àqueles casos em que o contratado ocupe cargo, emprego ou função de natureza técnico ou científico ou de professor e comprove a compatibilidade de horários com o cargo acumulável, excetuando-se os casos em que o contratado seja ocupante de cargo efetivo da carreira do magistério das instituições estaduais de ensino.

§ 6º. Não será permitida a contratação, em caráter temporário, de professor quando existirem candidatos concursados para cargos de natureza efetiva que se encontrarem vagos e não providos junto às Universidades Estaduais.

§ 7.º A seleção de que trata o § 3.º deste artigo poderá, em caso de impedimento à realização presencial, ser procedida na modalidade à distância, por meio de plataformas virtuais, sendo o candidato avaliado, no mínimo, pelos seguintes instrumentos: (Redação dada pela Lei Complementar nº 244, de 31.05.2021)

I – prova escrita de caráter subjetivo;

II – exposição prática de aula..

§ 8.º As universidades estaduais poderão, ainda, a seu critério, adotar cumulativamente aos instrumentos previstos nos incisos I e II do § 7.º deste artigo, a análise curricular, a qual deverá considerar, de forma objetiva, a formação do candidato, sua produção acadêmica e experiência profissional. (Redação dada pela Lei Complementar nº 244, de 31.05.2021)

§ 9.º A análise curricular de que trata o § 8.º deste artigo poderá, a critério das universidades, ser aplicada também aos processos de seleção realizados na forma presencial. (Acrescido pela Lei Complementar nº 244, de 31.05.2021)

Art. 3º. O prazo máximo da contratação por tempo determinado tratada nesta Lei Complementar, será o previsto no inciso XIV do Art. 154 da Constituição do Estado do Ceará.

Art. 4º. Os contratos abrangidos pelas disposições contidas nesta Lei Complementar observarão o regime previsto na Consolidação das Leis do Trabalho - CLT.

Parágrafo único. A remuneração mensal do pessoal contratado nos termos desta Lei Complementar observará o disposto no seu anexo único. (Nova redação dada pela Lei Complementar n.º 176, de 15.03.18)

Art. 5º. O pessoal contratado nos termos desta Lei Complementar não poderá:

I - receber atribuições, funções ou encargos não previstos no respectivo contrato.

II - ser nomeado ou designado, ainda que a título precário ou em substituição, para o exercício de cargo em comissão ou função de confiança.

Art. 6º. O contrato firmado de acordo com esta Lei Complementar extinguir-se-á, sem direito a indenização, no término do prazo contratual.

Art. 7º. O contrato de que trata esta Lei Complementar poderá ser rescindido, sem direito a indenizações, nas seguintes situações:

I - por iniciativa do Contratado, cumprindo nesta hipótese, a prévia comunicação à Contratante, com antecedência mínima de 30(trinta) dias;

II - em decorrência de avaliação do corpo discente, declarada em Assembleia-Geral da categoria, considerando inconveniente a permanência do professor na cátedra.

Art. 8º. Esta Lei Complementar entrará em vigor na data de sua publicação, revogadas as disposições em contrário.

PALÁCIO DO GOVERNO DO ESTADO DO CEARÁ, em Fortaleza, aos 15 de setembro de 1999.

ANEXO ÚNICO A QUE SE REFERE O ART. 2º, DA LEI COMPLEMENTAR N.º 176, DE 15 DE MARÇO DE 2018.

REMUNERAÇÃO DE PROFESSORES SUBSTITUTOS E VISITANTES, EM CARÁTER TEMPORÁRIO, DA EDUCAÇÃO SUPERIOR DO ESTADO DO CEARÁ

JORNADA SEMANAL	**TABELA I – REMUNERAÇÃO (R$) JANEIRO/2018**				
	PROFESSOR GRADUADO	PROFESSOR ESPECIALISTA	PROFESSOR MESTRE	PROFESSOR DOUTOR	PROFESSOR VISITANTE
20(vinte) horas	919,19	1.247,48	1.969,69	2.626,24	
40(quarenta) horas	1.838,38	2.494,95	3.939,38	5.252,47	6.565,60

JORNADA SEMANAL	**TABELA II – REMUNERAÇÃO (R$) JANEIRO/2019**				
	PROFESSOR GRADUADO	PROFESSOR ESPECIALISTA	PROFESSOR MESTRE	PROFESSOR DOUTOR	PROFESSOR VISITANTE
20(vinte) horas	987,28	1.339,88	2.115,60	2.820,77	
40(quarenta) horas	1.974,55	2.679,76	4.231,19	5.641,54	7.051,94

LEI COMPLEMENTAR ESTADUAL Nº 17, DE 20 DE DEZEMBRO DE 1999

- REVOGA E ALTERA DISPOSITIVOS DA LEI COMPLEMENTAR Nº 12, DE 23 DE JUNHO DE 1999, QUE DISPÕE SOBRE A INSTITUIÇÃO DO SISTEMA ÚNICO DE PREVIDÊNCIA SOCIAL DOS SERVIDORES PÚBLICOS CIVIS E MILITARES, DOS AGENTES PÚBICOS E DOS MEMBROS DE PODER DO ESTADO DO CEARÁ - SUPSEC E DA RESPECTIVA CONTRIBUIÇÃO PREVIDENCIÁRIA, EXTINGUE OS BENEFÍCIOS PREVIDENCIÁRIOS E DE MONTEPIO QUE INDICA

NÃO HOUVE ATUALIZAÇÕES POSTERIORES.

Art. 1º. Fica revogado o § 1º do Art. 5º da Lei Complementar nº 12, de 23 de junho de 1999.

Art. 2º. O Art. 4º da Lei Complementar nº 12, de 23 de junho de 1999, passa a vigorar com a seguinte redação:

"Art. 4º. São contribuintes obrigatórios do Sistema Único de Previdência Social dos Servidores Públicos Civis e Militares, dos Agentes Públicos e dos Membros de Poder do Estado do Ceará - SUPSEC:

I - os servidores públicos ativos de todos os Poderes, do Ministério Público, dos Tribunais de Contas do Estado e dos Municípios, dos órgãos e entidades da administração pública estadual direta, autárquica e fundacional, exceto os exclusivamente ocupantes de cargo de provimento em comissão;

II - o Governador, o Vice-Governador, os Secretários e Subsecretários de Estado e os que lhes são equiparados, desde que ocupantes de cargo efetivo no serviço público estadual;

III - os Magistrados, os membros do Ministério Público e os Conselheiros dos Tribunais de Contas do Estado e dos Municípios;

IV - os serventuários da Justiça indicados na parte final do § 8º do Art. 331 da Constituição Estadual.

§ 1º. Ao servidor ocupante exclusivamente de cargo de provimento em comissão, bem como de outro cargo temporário ou de emprego público, aplica-se o regime geral de previdência social.

§ 2º. A contribuição previdenciária de que trata o Art. 1º desta Lei Complementar não incidirá sobre o valor da representação relativa a cargo de provimento em comissão, quando percebida por servidor público estadual em exercício de cargo de provimento em comissão, bem como sobre o valor da gratificação de execução de trabalho relevante, técnico ou científico e da retribuição pelo exercício de função à nível de cargo de provimento em comissão".

Art. 3º. Observado o disposto no artigo anterior, quanto à redação do Art. 4º, o § 2º do Art. 5º da Lei Complementar nº 12, de 23 de junho de 1999, passa a vigorar com a seguinte redação:

"Art. 5º. ...

...

§ 2º. A contribuição previdenciária dos contribuintes indicados no inciso IV do Art. 4º desta Lei Complementar, será de 22% (vinte e dois por cento) sobre o valor total da base de cálculo da contribuição."

Art. 4º. Os militares do Estado, da ativa, da reserva remunerada e os reformados, bem como seus pensionistas, ficam excluídos do disposto na Lei Complementar nº 12, de 23 de junho de 1999, permanecendo no regime previdenciário anterior, até a edição da Lei de que trata o Art. 42, § 1º, combinado com Art. 142, § 3º, inciso X, ambos da Constituição Federal.

Art. 5º. Os efeitos desta Lei Complementar retroagem a 1º de outubro de 1999, observando-se quanto à contribuição social prevista no § 2º do Art. 5º da Lei Complementar nº 12, de 23 de junho de 1999, com a redação dada nesta Lei Complementar, o disposto no § 6º do Art. 195 da Constituição Federal.

PALÁCIO DO GOVERNO DO ESTADO DO CEARÁ, em Fortaleza, aos 20 de dezembro de 1999.

LEI COMPLEMENTAR ESTADUAL Nº 21, DE 29 DE JUNHO DE 2000

– DISPÕE SOBRE O SISTEMA DE PREVIDÊNCIA DOS MILITARES DO ESTADO DO CEARÁ - O SISTEMA ÚNICO DE PREVIDÊNCIA SOCIAL DOS SERVIDORES PÚBLICOS CIVIS E MILITARES, DOS AGENTES PÚBLICOS E DOS MEMBROS DE PODER DO ESTADO DO CEARÁ – SUPSEC -, INSTITUI A RESPECTIVA CONTRIBUIÇÃO PREVIDENCIÁRIA, EXTINGUE OS BENEFÍCIOS PREVIDENCIÁRIOS E DE MONTEPIO QUE INDICA

ATUALIZADA ATÉ A LEI COMPLEMENTAR Nº 159, DE 14.01.16.

Art. 1º. O sistema de previdência dos Militares do Estado do Ceará é o Sistema Único de Previdência Social dos Servidores Públicos Civis e Militares, dos Agentes Públicos e dos Membros de Poder do Estado do Ceará – SUPSEC, instituído pela Lei Complementar nº 12, de 23 de junho de 1999, observadas as disposições previstas nesta Lei Complementar.

Art. 2º. A previdência social mantida pelo Sistema Único de Previdência Social dos Servidores Públicos Civis e Militares, dos Agentes Públicos e dos Membros de Poder do Estado do Ceará - SUPSEC, será financiada com recursos provenientes do orçamento do Estado e das contribuições previdenciárias dos segurados, compreendendo o militar estadual do serviço ativo.

Art. 3º. Os militares estaduais ativos da Polícia Militar do Ceará e do Corpo de Bombeiros Militar são contribuintes obrigatórios do Sistema Único de Previdência Social dos Servidores Públicos Civis e Militares, dos Agentes Públicos e dos Membros de Poder do Estado do Ceará - SUPSEC.

Art. 4º. A contribuição previdenciária dos Militares estaduais para o Sistema Único de Previdência Social dos Servidores Públicos Civis e Militares, dos Agentes Públicos e dos Membros de Poder do Estado do Ceará - SUPSEC, será de 11% (onze por cento), calculada sobre a remuneração.

Parágrafo único. Entende-se como remuneração para fins de contribuição o soldo do posto ou graduação, acrescido das vantagens pecuniárias permanentes estabelecidas em Lei e os adicionais de caráter individual, ou quaisquer vantagens, excluídas:

I – as diárias para viagem;

II – a ajuda de custo em razão de mudança de sede ou de viagem;

III – o salário-família;

IV – o valor da representação pagos aos militares estaduais, quando em exercício de cargo de provimento em comissão.

Art. 5º. O Sistema Único de Previdência Social de que trata esta Lei Complementar, de caráter contributivo, proporcionará cobertura exclusiva aos segurados e seus respectivos dependentes. (Redação dada pela Lei Complementar nº 38, de 31.12.03)

§ 1º Os dependentes previdenciários, de que trata o *caput* deste artigo, são: (Redação dada pela Lei Complementar nº 159, de 14.01.16)

I - o cônjuge supérstite, o companheiro ou a companheira que vivam em união estável como entidade familiar, inclusive por relação homoafetiva, e o ex-cônjuge separado, inclusive de fato, ou divorciado, desde que, nos três últimos casos, na data do falecimento do segurado, esteja percebendo pensão alimentícia devidamente comprovada, observado o percentual fixado, que incidirá sobre a cota que couber ao cônjuge ou companheiro no rateio da pensão com os dependentes indicados nos incisos II e III deste artigo;

II – o filho que atenda a um dos seguintes requisitos:

a) tenha idade de até 21 (vinte e um) anos;

b) seja inválido, observadas as condições estabelecidas nesta Lei;

c) tenha deficiência grave, devidamente atestada por laudo médico oficial, comprovada a dependência econômica;

III – o tutelado nesta condição na data do óbito do segurado, provada a dependência econômica, hipótese em que passa a ser equiparado a filho, para efeito de percepção da pensão;

IV – a mãe e o pai que comprovem dependência econômica do servidor, desde que inexistam, na data do óbito, os dependentes previdenciários referidos nos incisos I, II e III deste parágrafo.

§ 2º A dependência econômica é requisito para o reconhecimento do direito dos dependentes indicados no §1º, deste artigo, ao benefício de pensão, sendo presumida, de forma absoluta, em relação ao cônjuge supérstite, companheiro, companheira e ao filho de até 21 (vinte e um) anos de idade, ressalvado o disposto nesta Lei Complementar. (Redação dada pela Lei Complementar nº 159, de 14.01.16)

§ 3º Para os fins do disposto nesta Lei, a dependência econômica poderá ser demonstrada na via administrativa: (Redação dada pela Lei Complementar nº 159, de 14.01.16)

I - pela comprovação da percepção de pensão alimentícia, nas hipóteses de cônjuge separado, inclusive de fato, ou divorciado, cabendo à Administração, a seu critério, exigir a apresentação de outros documentos comprobatórios;

II - por prova documental consistente em declarações de Imposto de Renda, certidões, ou qualquer outro meio assemelhado que comprovem a ausência de percepção de outro benefício ou renda suficiente para mantença própria, no momento da concessão, nas situações referentes a filho inválido com mais de 21 (vinte e um) anos de idade e ao tutelado.

§ 4º Para os efeitos desta Lei, cessa, a qualquer tempo, a condição de dependente previdenciário: (Redação dada pela Lei Complementar nº 159, de 14.01.16)

I - no caso de cônjuge supérstite, companheiro ou companheira, inclusive por relação homoafetiva, quando contrair casamento ou união estável;

II – no caso de filho com idade superior a 21 (vinte e um) anos, inválido, quando provada a percepção, após a verificação da causa ensejadora da invalidez, de renda suficiente para sua manutenção;

III - no caso de cônjuge separado de fato há mais de 2 (dois) anos, quando não comprovada a percepção de verba alimentícia do segurado, mediante a apresentação de documentação idônea, a critério da Administração;

IV – em se tratando de filho com idade superior a 21 (vinte e um) anos, inválido, quando cessada a condição de invalidez, circunstância a ser apurada em perícia médica do órgão oficial do Estado do Ceará, a cuja submissão periódica, sob pena de suspensão do pagamento da pensão, está obrigado o beneficiário nessa condição, no prazo de até 12 (doze) meses, para a primeira reavaliação, a contar da concessão provisória ou definitiva do benefício, observado, para as reavaliações seguintes, o intervalo de 6 (seis) meses;

V - em relação a quaisquer dependentes, com o falecimento.

§ 5º A perda ou a não comprovação da condição de dependente previdenciário, inclusive em relação à dependência econômica, resulta na negativa de concessão de beneficio ou em sua imediata cessação, caso já esteja em fruição. (Redação dada pela Lei Complementar nº 159, de 14.01.16)

§ 6º A prova da união estável como entidade familiar se faz mediante a apresentação da documentação admitida para tais fins pelo Regime Geral de Previdência Social, nos termos e condições previstos na legislação específica, cabendo à Procuradoria-Geral do Estado, a seu critério, entendê-la insuficiente, mediante parecer fundamentado, hipótese na qual a comprovação dependerá de decisão judicial transitada em julgado em procedimento contencioso de reconhecimento da relação. (Redação dada pela Lei Complementar nº 159, de 14.01.16)

§ 7º A pensão previdenciária será paga por metade, à totalidade dos dependentes indicados no inciso I do § 1º deste artigo, cabendo aos elencados nos incisos II e III, em quotas iguais, a outra metade. (Redação dada pela Lei Complementar nº 159, de 14.01.16)

§ 8º A pensão previdenciária será paga por metade aos dependentes indicados no inciso I do § 1º deste artigo, limitada a quota do ex-cônjuge ao percentual da pensão alimentícia percebida e devidamente com-

PREVIDENCIÁRIO

provada, desde que esse percentual não seja superior à quota do cônjuge supérstite, companheiro ou companheira, cabendo aos elencados nos demais incisos, em quotas iguais, a outra metade. (Redação dada pela Lei Complementar nº 159, de 14.01.16)

§ 9º Não havendo dependentes aptos à percepção de uma das metades indicadas no § 7º deste artigo, a totalidade da pensão será rateada entre os demais, observadas as proporções estabelecidas neste artigo e vedado ao cônjuge separado, inclusive de fato, e ao divorciado perceber parcela superior ao percentual fixado na separação ou no divórcio como pensão alimentícia a que tenha direito. (Redação dada pela Lei Complementar nº 159, de 14.01.16)

Art. 6º. O Sistema Único de Previdência Social dos Servidores Públicos Civis e Militares, dos Agentes Públicos e dos Membros de Poder do Estado do Ceará - SUPSEC, assegurará, a partir da data em que se tornar exigível a respectiva contribuição previdenciária, os seguintes benefícios :

I - pagamento de proventos referentes à reserva remunerada ou reforma;

II - pensão por morte do militar estadual;

III - auxílio-reclusão aos dependentes do militar estadual.

IV - salário-família. (Acrescido pela Lei Complementar nº 38, de 31.12.03)

V - salário-maternidade. (Acrescido pela Lei Complementar nº 38, de 31.12.03)

Art. 7º. O pagamento dos proventos referentes à reserva remunerada ou reforma serão calculados com base na remuneração do militar estadual no posto ou graduação em que se der a sua reserva ou reforma e corresponderão à totalidade do subsídio ou remuneração, quando em atividade, respeitado o teto remuneratório aplicável.

Art. 8º A pensão por morte será calculada com base na totalidade da remuneração ou proventos do militar falecido, respeitado o teto remuneratório aplicável, sendo devida a partir: (Redação dada pela Lei Complementar nº 159, de 14.01.16)

I - da data do óbito, se requerido o benefício em até 90 (noventa) dias do falecimento do segurado;

II - da data do requerimento, no caso de inclusão post mortem, qualquer que seja a condição do dependente;

III - da data do requerimento, se requerido o benefício de pensão, por qualquer motivo, após 90 (noventa) dias da data do falecimento do segurado;

IV - do trânsito em julgado da sentença judicial, comprovado mediante apresentação de certidão, no caso de morte presumida ou ausência do segurado.

§ 1º Considera-se inclusão post mortem aquela não comprovável de imediato por ocasião do óbito do segurado, em razão da necessidade de demonstração de elementos adicionais, não demonstráveis no momento do falecimento do segurado, como o reconhecimento judicial de união estável, a investigação de paternidade ou maternidade e outros atos assemelhados. (Redação dada pela Lei Complementar nº 159, de 14.01.16)

§ 2º Cessa o pagamento da pensão previdenciária por morte: (Redação dada pela Lei Complementar nº 159, de 14.01.16)

I - em relação ao cônjuge supérstite, companheira ou companheiro, inclusive por relação homoafetiva, e ao ex-cônjuge separado, inclusive de fato, ou divorciado, beneficiário de pensão alimentícia, na data em que contraírem novas núpcias ou constituírem nova união estável;

II - em relação ao filho, na data em que atingir 21 (vinte e um) anos de idade, salvo se inválido, hipótese em que deverá ser observado o seguinte:

a) a invalidez seja total para qualquer trabalho e anterior à maioridade do dependente previdenciário, mediante reconhecimento ou comprovação pela perícia médica oficial do Estado; e

b) a dependência econômica em relação ao segurado seja devidamente comprovada, nos termos desta Lei;

III - em relação ao tutelado habilitado nos termos do inciso III do §1º do art. 5º desta Lei, nas mesmas condições de que trata o inciso II, §2º, deste artigo;

IV - em relação a todos os beneficiários da pensão, com o falecimento;

V - em relação a qualquer dos beneficiários da pensão, se verificado o disposto no § 4º do art. 5º desta Lei;

VI - em relação ao dependente condenado pela prática de crime de que tenha dolosamente resultado a morte do segurado instituidor da pensão, após o trânsito em julgado da decisão condenatória;

VII - em relação ao cônjuge, ao companheiro ou à companheira, inclusive por relação homoafetiva, se comprovada, a qualquer tempo, simulação ou fraude no casamento ou na união estável, ou a formalização desses com o fim exclusivo de constituir benefício previdenciário, apuradas em processo no qual será assegurado o direito ao contraditório e à ampla defesa;

VIII - em relação a qualquer dos beneficiários da pensão, por renúncia expressa.

§ 3º Ressalvado o direito de opção, é vedada a percepção cumulada de pensão deixada por mais de um cônjuge ou companheiro ou companheira e, em qualquer caso, de mais de 2 (duas) pensões a cargo do SUPSEC. (Redação dada pela Lei Complementar nº 159, de 14.01.16)

Art. 9º O auxílio-reclusão será pago pelo órgão de origem aos dependentes do militar nas mesmas condições fixadas para os dependentes do servidor público civil do Estado do Ceará. (Redação dada pela Lei Complementar nº 159, de 14.01.16)

Art. 10. Respeitadas a manutenção e o pagamento dos benefícios atualmente concedidos, que passam a ser suportados pelo Sistema Único de Previdência Social dos Servidores Públicos Civis e Militares, dos Agentes Públicos e dos Membros de Poder do Estado do Ceará - SUPSEC, fica extinta, a partir da data em que se tornar exigida a contribuição instituída nesta Lei Complementar para custeio do SUPSEC, a pensão policial militar, regulada pela Lei nº 10.972, de 10 de dezembro de 1984.

§ 1º. A concessão de pensão por morte do militar estadual contribuinte do SUPSEC dar-se-á por ato do Secretário da Fazenda. (Redação dada pela Lei Complementar nº 38, de 31.12.03)

§ 2º. Relativamente a óbitos ocorridos antes do prazo previsto no *caput* deste artigo, havendo previsão de concessão do benefício de pensão nesta Lei Complementar e ausência de previsão na legislação anterior, será concedida, por ato do Secretário da Fazenda, pensão pelo SUPSEC somente a partir da data do requerimento.

§ 3º. Os pedidos de concessão de pensão relativa a óbitos ocorridos antes do prazo previsto no *caput* deste artigo, serão examinados de acordo com a legislação da época do óbito, cabendo a decisão e expedição do ato à autoridade ali indicada e, somente após aquele prazo, será a pensão absorvida automaticamente pelo SUPSEC, observada agora a legislação deste e respeitado o direito adquirido, inclusive para efeito de eventual ajuste aos termos desta Lei Complementar.

Art. 11. Ficam revogadas as disposições contrárias a esta Lei Complementar, especialmente o Art. 4º da Lei Complementar nº 17, de 20 de dezembro de 1999.

Art. 12. Esta Lei Complementar entrará em vigor na data de sua publicação, observando-se quanto à contribuição social instituída, o disposto no § 6º do Art. 195 da Constituição Federal.

PALÁCIO DO GOVERNO DO ESTADO DO CEARÁ. em Fortaleza, aos 29 de junho de 2000.

LEI COMPLEMENTAR ESTADUAL Nº 23, DE 21 DE NOVEMBRO DE 2000

– DISPÕE SOBRE O APROVEITAMENTO DO TEMPO DE SERVIÇO PÚBLICO DOS MAGISTRADOS DO PODER JUDICIÁRIO DO ESTADO DO CEARÁ PARA FINS DE APOSENTADORIA

ATUALIZADA ATÉ A LEI COMPLEMENTAR Nº 38, DE 31.12.03.

Art. 1º. Aos magistrados, em atividade, do Poder Judiciário do Estado do Ceará que tenham satisfeito as exigências para a aposentadoria integral à data de início da vigência da Emenda nº 20 à Constituição da República, segundo as normas legais e constitucionais então vigentes, são aplicadas as regras dispostas nesta Lei Complementar, para fins de aproveitamento de tempo de serviço e de aposentadoria, calculado o valor dos proventos em igual valor à totalidade do respectivo subsídio.

Art. 2º. Fica assegurado aos magistrados, de que trata o artigo anterior, bem como aos já aposentados, o direito à pensão por morte dos segurados do Sistema Único de Previdência Social, de que trata a Lei Complementar n.º 12, de 23 de junho de 1999, a ser paga aos dependentes indicados em seu art. 6.º, parágrafo único, ficando dispensados do pagamento de qualquer contribuição previdenciária àquele Sistema, a partir de outubro de 1999. (Redação dada pela Lei Complementar no 38, de 31.12.03)

Parágrafo único. A concessão e a cessação do benefício de que trata o *caput* deste artigo dar-se-á na forma do disposto no art. 9.º, *caput*, e seu parágrafo único, da Lei Complementar n.º 12, de 23 de junho de 1999. (Redação dada pela Lei Complementar no 38, de 31.12.03)

Art. 3º. Os magistrados do Poder Judiciário do Estado do Ceará que, à data do início da vigência da Emenda Constitucional nº 20, de 15 de dezembro de 1998, não hajam satisfeito os requisitos necessários à obtenção da aposentadoria integral, segundo os dispositivos legais e constitucionais então em vigor, aposentar-se-ão segundo as normas atuais vigentes, sendo-lhes assegurados a contagem do tempo de serviço prestado, na forma da legislação então vigorante, e seu cômputo como de efetiva contribuição previdenciária, assim como o direito à pensão por morte do segurado do SUPSEC, na forma indicada nesta Lei Complementar.

Parágrafo único. Os magistrados referidos no *caput* deste artigo ficam obrigados ao recolhimento da contribuição previdenciária ao SUPSEC, no percentual de 11% (onze por cento) de seus subsídios, a partir de 1º de outubro de 1999, considerados quitados os períodos pretéritos, em decorrência das contribuições pagas e pertinentes ao anterior regime de contribuição previdenciária do Montepio Civil da Magistratura.

Art. 4º. O tribunal de Justiça do Estado do Ceará providenciará, no prazo de 30 (trinta) dias, contados da data de publicação desta Lei Complementar, a contagem do tempo de serviço prestado pelos magistrados em atividade, até a data do início de vigência da Emenda nº 20 à Constituição da República, remetendo os dados ao órgão responsável pelo gerenciamento do SUPSEC.

Art. 5º. Esta Lei Complementar entrará em vigor na data de sua publicação, revogadas as disposições em contrário.

PALÁCIO DO GOVERNO DO ESTADO DO CEARÁ, em Fortaleza, 21 de novembro de 2000.

LEI COMPLEMENTAR ESTADUAL Nº 24, DE 23 DE NOVEMBRO DE 2000

– DISPÕE SOBRE REGRAS DE TRANSIÇÃO NA CONCESSÃO E AJUSTE DE PENSÕES DO SISTEMA ORIGINÁRIO EXTINTO PARA O SISTEMA ÚNICO DE PREVIDÊNCIA SOCIAL DOS SERVIDORES PÚBLICOS CIVIS E MILITARES, DOS AGENTES PÚBLICOS E DOS MEMBROS DE PODER DO ESTADO DO CEARÁ – SUPSEC, INSTITUÍDO PELA LEI COMPLEMENTAR Nº 12, DE 23 DE JUNHO DE 1999

NÃO HOUVE ATUALIZAÇÕES POSTERIORES.

Art. 1º. A concessão de pensão por morte do contribuinte do Sistema Único de Previdência Social dos Servidores Públicos Civis e Militares, dos Agentes Públicos e dos Membros de Poder do Estado do Ceará – SUPSEC, dar-se-á por ato do Secretário da Fazenda, em relação a óbito ocorrido a partir de 1º de outubro de 1999, data em que se tornou exigida a contribuição de que trata o Art. 5º da Lei Complementar nº 12, de 23 de junho de 1999.

Art. 2º. O pedido de concessão ou de ajuste de pensão relativa a óbito ocorrido em data anterior à indicada no Art. 1º desta Lei Complementar, será apreciado com base na legislação ordinária previdenciária aplicável na época do falecimento, competindo a decisão e expedição do ato à autoridade nela indicada, limitado o ato concessivo às prestações compreendidas no período situado entre a data do óbito e 30 de setembro de 1999, sendo as prestações posteriores da pensão absorvidas automaticamente pelo Sistema Único de Previdência Social dos Servidores Públicos Civis e Militares, dos Agentes Públicos e dos Membros de Poder do Estado do Ceará – SUPSEC, observada agora a legislação deste, inclusive para efeito de eventual ajuste aos termos da Lei Complementar nº 12, de 23 de junho de 1999 e suas alterações.

Parágrafo único. Fica autorizada a suplementação orçamentária necessária ao cumprimento do disposto no *caput* deste artigo.

Art. 3º. Face à competência residual reconhecida no artigo anterior ao Instituto de Previdência do Estado do Ceará – IPEC, compete à Procuradoria dessa autarquia atuar nos processos judiciais relativos à discussão de pensão decorrente de fato gerador antecedente a 1º de outubro de 1999, exclusivamente com relação às prestações compreendidas até 30 de setembro de 1999, podendo a Procuradoria-Geral do Estado agir em litisconsórcio, quando houver interesse relativo ao SUPSEC ou outro interesse do Estado, observada sempre a legislação processual aplicável.

Art. 4º. Os pensionistas de ex-Deputados beneficiários da extinta Carteira de Previdência Parlamentar e os pensionistas da Lei Estadual nº 1.776, de 16 de maio de 1953, não são segurados do Sistema Único de Previdência Social dos Servidores Públicos Civis e Militares, dos Agentes Públicos e dos Membros de Poder do Estado do Ceará – SUPSEC, sendo filiados finais deste Sistema a título de distributividade na prestação de benefícios previdenciários, nos termos do Art. 194, III, da Constituição Federal, observado o disposto no § 6º do art. 331 da Constituição Estadual.

Art. 5º. A concessão de pensão por morte de ex-Deputado beneficiário da extinta Carteira de Previdência Parlamentar, em relação a óbito ocorrido a partir de 28 de janeiro de 2000, data da instituição do Sistema de Previdência Parlamentar, com a publicação da Resolução nº 429, de 14 de novembro de 1999, dar-se-á por ato do Secretário da Fazenda, com fundamento da Lei Complementar nº 12, de 23 de junho de 1999, e alterações posteriores, respeitado o disposto no § 1º do Art. 22 da Lei Complementar nº 13, de 20 de julho de 1999, acrescido e alterado pela Lei Complementar nº 19, de 29 de dezembro de 1999.

Art. 6º. O pedido de concessão ou de ajuste de pensão relativa a óbito de ex-Parlamentar, ou de seus beneficiários, ocorrido em data antecedente à indicada no artigo anterior, será apreciado com base na legislação ordinária previdenciária aplicável na época do falecimento, competindo a decisão e expedição do ato às autoridades nela indicadas, limitado o ato concessivo às prestações compreendidas no período situado entre a data do óbito e 27 de janeiro de 2000, sendo as prestações posteriores da pensão absorvidas automaticamente pelo Sistema Único de Previdência Social dos Servidores Públicos Civis e Militares, dos Agentes Públicos e dos Membros de Poder do Estado do Ceará – SUPSEC, observada agora a legislação deste, inclusive quanto ao previsto no Art. 4º desta Lei Complementar, e ao disposto no § 1º do Art. 22 da Lei Complementar nº 13, de 20 de julho de 1999, acrescido e alterado pela Lei Complementar nº 19, de 29 de dezembro de 1999.

Art. 7º. Decidindo a Administração Pública Estadual pela concessão do benefício, cabe às autoridades referidas nos Arts. 1º, 2º, 5º e 6º desta Lei Complementar, publicar o Ato de pensão, para fins da respectiva implantação a partir da data em que se torne exigível o direito, nos termos e na forma estabelecidos na legislação aplicável, submetendo-o somente após à apreciação do Tribunal de Contas do Estado.

Art. 8º. As contribuições devidas pelos serventuários ativos da Justiça, indicados na parte final do § 8º do Art. 331 da Constituição Estadual, serão recolhidas junto à rede bancária arrecadadora credenciada, por meio de Documento de Arrecadação Estadual – DAE, até o quinto dia útil do mês subseqüente ao do mês de referência da contribuição, instruído com a correspondente documentação discriminativa.

§ 1º. As contribuições recolhidas com atraso serão atualizadas monetariamente e sofrerão acréscimos de juros de mora equivalente à taxa referencial do Sistema Especial de Liquidação e Custódia (SELIC).

§ 2º. No mês de pagamento ou vencimento, a taxa referencial será de 1% (um por cento).

§ 3º. O atraso das contribuições devidas, por período superior a 12 (doze) meses consecutivos, acarretará o automático desligamento do SUPSEC, sem direito à restituição das quantias recolhidas pelo tempo em que o serventuário permaneceu na condição de segurado.

§ 4º. Em nenhuma hipótese o valor do recolhimento de contribuição em atraso poderá exceder o valor da última contribuição recolhida no prazo de vencimento.

Art. 9º. O disposto nesta Lei Complementar não se aplica aos benefícios regidos pelas Leis Complementares nº 13, de 20 de julho de 1999, e nº 19, de 29 de dezembro de 1999.

Art. 10. Permanecem em vigor as disposições constantes das Leis Complementares nº 12, de 23 de junho de 1999, e nº 17, de 20 de dezembro de 1999, salvo no que forem contrárias a esta Lei Complementar, que entrará em vigor na data de sua publicação.

PALÁCIO DO GOVERNO DO ESTADO DO CEARÁ, em Fortaleza, 23 de novembro de 2000.

LEI COMPLEMENTAR ESTADUAL Nº 38, DE 31 DE DEZEMBRO DE 2003

– ALTERA DISPOSITIVOS DAS LEIS COMPLEMENTARES Nº 12, DE 23 JUNHO DE 1999, Nº 21, DE 29 DE JUNHO DE 2000, E Nº 23, DE 21 DE NOVEMBRO DE 2000

ATUALIZADA ATÉ A LEI COMPLEMENTAR Nº 159, DE 14.01.16.

Art. 1º. Ficam acrescidos os incisos IV e V ao art. 7º. da Lei Complementar n.º 12, de 23 de junho de 1999, com as seguintes redações:

"Art. 7º. ...

IV - salário-família

V - salário-maternidade."

Art. 2º. Ficam acrescidos os incisos IV e V ao art. 6º da Lei Complementar nº 21, de 29 de junho de 2000, com as seguintes redações:

"ART. 6º. ...
IV - SALÁRIO-FAMÍLIA
V - SALÁRIO-MATERNIDADE."

Art. 3º. ~~O salário-maternidade será pago à segurada gestante, por cento e vinte dias consecutivos, com início entre vinte e oito dias antes do parto e a data de ocorrência deste, e corresponderá ao último subsídio ou remuneração da segurada~~. (Revogado pela Lei Complementar n.º 159/16)

§ 1º. ~~Em casos excepcionais, os períodos de repouso anterior e posterior ao parto poderão ser aumentados de mais duas semanas, mediante inspeção médica a cargo da perícia oficial do Estado~~. (Revogado pela Lei Complementar n.º 159/16)

§ 2º. ~~Em caso de aborto não criminoso, comprovado mediante atestado médico, a segurada terá direito ao salário-maternidade correspondente a duas semanas~~. (Revogado pela Lei Complementar n.º 159/16)

§ 3º. ~~O salário-maternidade não poderá ser acumulado com benefício por incapacidade~~. (Revogado pela Lei Complementar n.º 159/16)

Art. 4º. À segurada que adotar ou obtiver guarda judicial para fins de adoção de criança é devido salário-maternidade pelos seguintes períodos:

I - 120(cento e vinte) dias, se a criança tiver até l (um) ano de idade;

II - 60 (sessenta) dias, se a criança tiver entre 1 (um) e 4 (quatro) anos de idade; e

III - 30 (trinta) dias, se a criança tiver de 4 (quatro) a 8 (oito) anos de idade.

Parágrafo único. A licença-maternidade só será concedida à adotante ou guardiã mediante apresentação do respectivo termo judicial.

Art. 5º. Ao segurado, homem ou mulher, será devido o salário-família, mensalmente e no mesmo valor do salário-família estabelecido para os segurados do Regime Geral de Previdência Social, desde que tenha remuneração ou subsídio igual ou inferior a 3 salários mínimos de referência do Regime Geral de Previdência Social, na proporção do número de filhos ou equiparados, de qualquer condição, de até quatorze anos ou inválidos.

Parágrafo único. O valor limite referido no *caput* será corrigido pelos mesmos índices aplicados aos benefícios do Regime Geral de Previdência Social.

Art. 6º. Quando pai e mãe forem segurados do SUPSEC, ambos terão direito ao salário- família.

Parágrafo único. Em caso de divórcio, separação judicial ou de fato dos pais, ou em caso de abandono legalmente caracterizado ou perda do poder familiar, o salário-família passará a ser pago diretamente àquele a quem recair o sustento do menor.

Art. 7º. O pagamento do salário-família é condicionado à apresentação da certidão de nascimento do filho ou da documentação relativa ao equiparado ou ao inválido e à apresentação anual de atestado de vacinação obrigatória e de comprovação de freqüência à escola do filho ou equiparado.

Art. 8º. O salário-família não se incorporará ao subsídio ou à remuneração para qualquer efeito.

Art. 9º. O art. 6.º e seu Parágrafo único da Lei Complementar nº 12, de 23 de junho de 1999, passam a vigorar com as seguintes redações:

> "Art. 6º. O Sistema Único de Previdência Social de que trata esta Lei Complementar, de caráter contributivo, proporcionará cobertura exclusiva aos segurados e seus respectivos dependentes, vedado o pagamento de benefícios mediante convênios entre o Estado e seus Municípios.
>
> Parágrafo único. Os dependentes, de que trata o *caput* deste artigo, são:
>
> I - o cônjuge supérstite, o companheiro ou a companheira e o ex-cônjuge separado judicialmente ou divorciado, desde que, na data do falecimento do segurado, esteja percebendo pensão alimentícia por força de decisão judicial definitiva ou acordo judicial homologado e transitado em julgado, observado o percentual judicialmente fixado, que incidirá sobre a cota que couber ao cônjuge no rateio da pensão com os beneficiários de outras classes;
>
> II - o filho menor;
>
> III - o filho inválido e o tutelado desde que, em qualquer caso, viva sob a dependência econômica do segurado."

Art. 10. O art. 9.º da Lei Complementar n.º 12, de 23 de junho de 1999, é acrescido de parágrafo único e passa a vigorar com a seguinte redação:

> "Art. 9º. A pensão por morte, observado o disposto nos §§ 5º e 6º do art. 331 da Constituição Estadual, corresponderá à totalidade do subsídio, vencimentos ou proventos do segurado, respeitado o teto remuneratório aplicável, e será devida a partir:
>
> I - do óbito;
>
> II - do requerimento, no caso de inclusão post-mortem, qualquer que seja a condição do dependente;
>
> III - do trânsito em julgado da sentença judicial, no caso de morte presumida ou ausência.
>
> Parágrafo único. Cessa o pagamento da pensão por morte:
>
> I - em relação ao cônjuge supérstite, companheira ou companheiro, e ao ex-cônjuge separado judicialmente ou divorciado, beneficiário de pensão alimentícia, na data em que contraírem novas núpcias, constituírem nova união estável ou falecerem;
>
> II - em relação ao filho, filha ou tutelado, na data em que atingir a maioridade ou quando de sua emancipação, salvo se inválido(a) totalmente para o trabalho até o falecimento do segurado, comprovada, neste caso, a dependência econômica em relação a este."

Art. 11. O art. 5º da Lei Complementar nº 21, de 29 de junho de 2000, passa a vigorar com as seguintes redações:

> "Art. 5º. O Sistema Único de Previdência Social de que trata esta Lei Complementar, de caráter contributivo, proporcionará cobertura exclusiva aos segurados e seus respectivos dependentes.
>
> Parágrafo único. Os dependentes de que trata o *caput* deste artigo são:
>
> I - o cônjuge supérstite, o companheiro ou a companheira e o ex-cônjuge separado judicialmente ou divorciado, desde que, na data do falecimento do segurado, esteja percebendo pensão alimentícia por força de decisão judicial definitiva ou acordo judicial homologado e transitado em julgado, observado o percentual judicialmente fixado, que incidirá sobre a cota que couber ao cônjuge no rateio da pensão com os benefícios de outras classes;
>
> II - o filho menor;
>
> III - a filho inválido e o tutelado desde que, em qualquer caso, viva sob a dependência econômica do segurado."

Art. 12. O § 1º do art. 10 da Lei Complementar nº 21, de 29 de junho de 2000, passa a vigorar com a seguinte redação:

> "Art. 10. ...
>
> § 1º. A concessão de pensão por morte do militar estadual contribuinte do SUPSEC dar-se-á por ato do Secretário da Fazenda.

Art. 13. O art. 2º e seu parágrafo único da Lei Complementar nº 23, de 21 de novembro de 2000, passam a vigorar com as seguintes redações.

> "Art. 2º. Fica assegurado aos magistrados, de que trata o artigo anterior, bem como aos já aposentados, o direito à pensão por morte dos segurados do Sis-

tema Único de Previdência Social, de que trata a Lei Complementar n.º 12, de 23 de junho de 1999, a ser paga aos dependentes indicados em seu art. 6.º, parágrafo único, ficando dispensados do pagamento de qualquer contribuição previdenciária àquele Sistema, a partir de outubro de 1999.

Parágrafo único. A concessão e a cessação do benefício de que trata o *caput* deste artigo dar-se-á na forma do disposto no art. 9.º, *caput*, e seu parágrafo único, da Lei Complementar n.º 12, de 23 de junho de 1999."

Art. 14. O segurado detentor de cargo efetivo, quando cedido a órgão ou entidade de outro ente federativo, com ou sem ônus para o cessionário, permanecerá vinculado ao SUPSEC.

Parágrafo único. Em qualquer hipótese prevista no *caput* deste artigo, deverá ser observada a contribuição patronal, conforme ocorrer a respectiva cessão.

Art. 15. À Secretaria da Administração compete, exclusivamente, a emissão de certidão para fins previdenciários.

Art. 16. Esta Lei Complementar entrará em vigor na data de sua publicação, revogadas as disposições em contrário.

PALÁCIO DO GOVERNO DO ESTADO DO CEARÁ, em Fortaleza, 31 de dezembro de 2003.

LEI COMPLEMENTAR ESTADUAL Nº 40, DE 29 DE JANEIRO DE 2004

– ALTERA OS ARTS. 2º, 4º E 5º DA LEI COMPLEMENTAR Nº 12, DE 23 DE JUNHO DE 1999

NÃO HOUVE ATUALIZAÇÕES POSTERIORES.

Art. 1º. Os arts. 2.º, 4.º e 5.º da Lei Complementar n.º 12, de 23 de junho de 1999, passam a vigorar com as seguintes redações:

"Art. 2º. A previdência social mantida pelo Sistema Único de Previdência Social dos Servidores Públicos Civis e Militares, dos Agentes Públicos e dos Membros de Poder do Estado do Ceará – SUPSEC, será financiada com recursos provenientes do orçamento do Estado e das contribuições previdenciárias dos segurados, compreendendo o pessoal civil, ativo, inativo e seus pensionistas, o militar do serviço ativo, da reserva remunerada e reformado e seus pensionistas, e os beneficiários dos montepios civis e pensão policial militar extintos de acordo com o art. 12 desta Lei Complementar.

Art. 4º. São contribuintes obrigatórios do Sistema Único de Previdência Social dos Servidores Públicos Civis e Militares dos Agentes Públicos e dos Membros de Poder do Estado do Ceará:

I - os servidores públicos, ativos e inativos de todos os Poderes, do Ministério Público, dos Tribunais de Contas do Estado e dos Municípios, dos órgãos e entidades da administração pública estadual, direta, autárquica e fundacional, exceto os exclusivamente ocupantes de cargo de provimento em comissão;

II - os militares ativos, da reserva remunerada, reformados e seus pensionistas;

III - o Governador, o Vice-Governador, os Secretários e Secretários Adjuntos e os que lhes são equiparados, desde que ocupantes de cargo de natureza efetiva no serviço público estadual;

IV - os Magistrados, os Membros do Ministério Público e os Conselheiros dos Tribunais de Contas e dos Municípios;

V - os pensionistas do Estado, inclusive dos contribuintes enumerados nos incisos anteriores, bem como os atuais beneficiários dos montepios civis e da pensão policial militar extintos nesta Lei Complementar.

§ 1º. ...

§ 2º. ...

§ 3º. Os serventuários da justiça não remunerados pelos cofres públicos não contribuirão para o Sistema Único de Previdência Social do Estado do Ceará, de que trata este artigo, ressalvados os inscritos anteriormente ao advento da Lei Federal n.º 8.935, de 18 de novembro de 1994, que não tenham interrompido suas contribuições e que poderão continuar a contribuir nas condições especiais previstas em Lei, inclusive quanto ao valor da contribuição e ao desligamento.

...

Art. 5º. A contribuição previdenciária dos contribuintes do Sistema Único de Previdência Social dos Servidores Públicos Civis e Militares, dos Agentes Públicos e dos Membros de Poder do Estado do Ceará – SUPSEC, será de 11% (onze por cento), calculada sobre a totalidade da remuneração, dos proventos ou da pensão, observando o disposto no § 18, do art. 40 da

Constituição Federal e no art. 4.º da Emenda Constitucional Federal n.º 41, de 19 de dezembro de 2003.

Parágrafo único. A contribuição especial dos contribuintes indicados no § 3.º do art. 4.º desta Lei Complementar, e de seus pensionistas, será de 22% (vinte e dois por cento) sobre o valor total da base de cálculo da contribuição."

Art. 2º. Esta Lei Complementar entrará em vigor na data de sua publicação, observando-se, quanto à contribuição social instituída para os inativos e pensionistas, o disposto no § 6.º do art. 195 da Constituição Federal.

PALÁCIO DO GOVERNO DO ESTADO DO CEARÁ, em Fortaleza, 29 de janeiro de 2004.

LEI COMPLEMENTAR ESTADUAL Nº 41, DE 28 DE JANEIRO DE 2004

– ALTERA DISPOSITIVO DA LEI COMPLEMENTAR, Nº 12, DE 23 DE JUNHO DE 1999, COM REDAÇÃO DADA PELA LEI COMPLEMENTAR Nº 38, DE 31 DE DEZEMBRO DE 2003

NÃO HOUVE ATUALIZAÇÕES POSTERIORES.

Art. 1º. O parágrafo único, do art. 9.º da Lei Complementar n.º 12, de 23 de junho de 1999, com redação dada pela Lei Complementar n.º 38, de 31 de dezembro de 2003, passa a vigorar com a seguinte redação:

"Art. 9º. ...

Parágrafo único. Cessa o pagamento da pensão por morte :

I - em relação ao cônjuge, companheiro, companheira e ao ex-cônjuge separado judicialmente ou divorciado, beneficiário de pensão alimentícia, na data em que contraírem novas núpcias, ou nova união estável;

II - em relação a filhos, de qualquer condição, ao atingirem a maioridade, salvo se inválidos, ou pela emancipação, ainda que inválido, exceto, neste caso, se a emancipação for decorrente de colação de grau científico em curso de ensino superior;

III - para os dependentes em geral:

a) pela cessação da invalidez; ou

b) pelo falecimento."

Art. 2º. Esta Lei Complementar entrará em vigor na data de sua publicação.

LEI COMPLEMENTAR ESTADUAL Nº 91, DE 20 DE DEZEMBRO DE 2010

– ALTERA A LEI COMPLEMENTAR Nº 06, DE 28 DE ABRIL DE 1997

NÃO HOUVE ATUALIZAÇÕES POSTERIORES.

Art. 1º Fica incluído no art. 6º da Lei Complementar nº 06, de 28 de abril de 1997, o inciso IV com a seguinte redação:

"Art.6º ...

IV - órgão auxiliar: Ouvidoria-Geral da Defensoria Pública do Estado." (NR).

Art. 2º Ficam acrescidos os arts. 8º-A e 8º-B à Lei Complementar nº 06, de 28 de abril de 1997, com a seguinte redação:

"Art. 8º-A A Ouvidoria-Geral é órgão auxiliar da Defensoria Pública do Estado, de promoção da qualidade dos serviços prestados pela Instituição, contando com servidores da Defensoria Pública do Estado e com a estrutura definida pelo Conselho Superior após proposta do Ouvidor-Geral, competindo-lhe:

I - receber e encaminhar ao Corregedor-Geral representação contra membros e servidores da Defensoria Pública do Estado, assegurada a defesa preliminar;

II - propor aos órgãos de administração superior da Defensoria Pública do Estado medidas e ações que visem à consecução dos princípios institucionais e ao aperfeiçoamento dos serviços prestados;

III - elaborar e divulgar relatório semestral de suas atividades, que conterá também as medidas propostas aos órgãos competentes e a descrição dos resultados obtidos;

IV - participar, com direito a voz, do Conselho Superior da Defensoria Pública do Estado;

V - promover atividades de intercâmbio com a sociedade civil;

VI - estabelecer meios de comunicação direta entre a Defensoria Pública e a sociedade, para receber sugestões e reclamações, adotando as providências pertinentes e informando o resultado aos interessados;

VII - contribuir para a disseminação das formas de participação popular no acompanhamento e na fiscalização da prestação dos serviços realizados pela Defensoria Pública;

VIII - manter contato permanente com os vários órgãos da Defensoria Pública do Estado, estimulando-os a atuar em permanente sintonia com os direitos dos usuários;

IX - coordenar a realização de pesquisas periódicas e produzir estatísticas referentes ao índice de satisfação dos usuários, divulgando os resultados.

Parágrafo único. As representações podem ser apresentadas por qualquer pessoa, inclusive pelos próprios membros e servidores da Defensoria Pública do Estado, entidade ou órgão público.

Art. 8º-B O Ouvidor-Geral será escolhido pelo Conselho Superior, dentre cidadãos de reputação ilibada, não integrante da Carreira, indicados em lista tríplice formada pela sociedade civil, para mandato de 2 (dois) anos, permitida 1 (uma) recondução.

§1º O Conselho Superior editará normas regulamentando a forma de elaboração da lista tríplice.

§2º O Ouvidor-Geral será nomeado pelo Defensor Público-Geral do Estado.

§3º O cargo de Ouvidor-Geral será exercido em regime de dedicação exclusiva, nas dependências da Defensoria Pública Geral do Estado.

§4º A proposta de regimento interno da Ouvidoria Geral será apresentada pelo Ouvidor-Geral para análise, discussão e votação do Conselho Superior." (NR).

Art. 3º Fica criado e incluído no Quadro da Defensoria Pública Geral do Estado 1 (um) cargo de Ouvidor-Geral, de simbologia DNS-2.

Art. 4º A Defensoria Pública Geral do Estado do Ceará disponibilizará servidores para o desempenho de funções de apoio à Ouvidoria Geral.

Art. 5º Esta Lei Complementar entra em vigor na data de sua publicação.

Art. 6º Revogam-se as disposições em contrário.

PAÇO DA ASSEMBLEIA LEGISLATIVA DO ESTADO DO CEARÁ, em Fortaleza, 20 de dezembro de 2010.

LEI COMPLEMENTAR ESTADUAL Nº 92, DE 25 DE JANEIRO DE 2011

– DISCIPLINA O PROCEDIMENTO DE APOSENTADORIA DOS SERVIDORES PÚBLICOS CIVIS

ATUALIZADA ATÉ A LEI COMPLEMENTAR Nº 183, DE 21.11.18.

Art. 1º Os arts. 61, parágrafo único, e 153 da Lei nº 9.826, de 14 de maio de 1974, passam a vigorar com a seguinte redação:

"Art. 61 ...

Parágrafo único. ...

d) ~~que o início do processo de aposentadoria, nos termos do art. 153 desta Lei, tenha se dado em até 2 (dois) anos~~." (Revogado pela Lei Complementar n.º 159, de 14.01.16)

Art. 153. O processo de aposentadoria se inicia:

I - com o requerimento do interessado, no caso de inatividade voluntária;

II - automaticamente, quando o servidor atinge a idade de 70 (setenta) anos;

III - automaticamente, quando o servidor for considerado inválido, na data fixada em laudo emitido pela Perícia Médica Oficial do Estado ou na ocasião, em que verificadas as demais hipóteses do art. 152, parágrafo único, desta Lei."(NR).

Art. 2º O processo de aposentadoria, no âmbito do Sistema Único de Previdência Social do Estado do Ceará – SUPSEC, instituído pela Lei Complementar nº 12, de 23 de junho de 1999, observará os seguintes procedimentos: (Nova redação dada pela Lei Complementar n.º 183, de 21.11.18)

I – será iniciado e instruído pelo Poder, Instituição, Órgão ou Entidade de origem do segurado, contendo todos os elementos necessários à comprovação dos requisitos para a inatividade, no tocante à contagem do tempo de contribuição, ao cálculo dos proventos respectivos e às demais condições previstas em lei;

II – será analisado nos aspectos administrativos pelo órgão ou entidade do Poder Executivo, instituído como unidade gestora única do SUPSEC, consoante previsto no art. 40, § 20, da Constituição Federal, e art. 331, *caput*, da Constituição do Estado do Ceará;

III – será analisado nos aspectos legais e jurídicos pela Procuradoria-Geral do Estado, ou órgão incumbido de assessoria jurídica dos Poderes Legislativo e Judiciário, incluído o Ministério Público, para emissão de parecer jurídico e validação do ato de inativação;

IV – será apreciado pelo Tribunal de Contas do Estado, observado o cumprimento do disposto nos incisos II e III, para os fins previstos no art. 76, inciso III, da Constituição do Estado do Ceará.

§ 1º O disposto no inciso I deste artigo compreende o Poder Executivo, abrangendo Administração direta, autárquica e fundacional, os Poderes Legislativo e Judiciário, o Tribunal de Contas do Estado, a Procuradoria-Geral de Justiça e a Defensoria Pública Geral do Estado. (Nova redação dada pela Lei Complementar n.º 183, de 21.11.18)

§ 2º A unidade gestora única do SUPSEC, a Procuradoria-Geral do Estado ou órgão incumbido de assessoria jurídica dos Poderes Legislativo e Judiciário, incluído o Ministério Público e o Tribunal de Contas do

Estado poderão, para fins de exame do processo de aposentadoria, realizar diligências para esclarecimento de eventuais dúvidas ou complemento de informações. (Nova redação dada pela Lei Complementar n.º 183, de 21.11.18)

Art. 3º O Poder, Instituição, Órgão ou Entidade de origem do segurado, observará, para início do processo de aposentadoria, os seguintes procedimentos: (Nova redação dada pela Lei Complementar n.º 183, de 21.11.18)

I - em caso de aposentadoria por invalidez ou compulsória, o processo será iniciado de ofício, sendo o segurado afastado de suas atividades, respectivamente, na data prevista no laudo médico oficial atestando a invalidez para o serviço ou na data em que atingida a idade-limite para a permanência no serviço público ativo, conforme previsto no art. 40, §1º, inciso II, da Constituição Federal;

II - em caso de aposentadoria voluntária:

a) deverá o segurado, previamente à formalização do seu pedido de inativação, requerer formalmente ao setor competente do Poder, Instituição, Órgão ou Entidade de origem, com a antecedência mínima necessária, conforme estabelecido pelo referido setor, a análise de sua situação funcional, no tocante ao cumprimento dos requisitos para requerer a aposentadoria, inclusive quanto à atualização do seu cadastro funcional com os devidos registros e averbações de todas as ocorrências funcionais que repercutirão na sua inativação;

b) o Poder, Instituição, Órgão ou Entidade de origem adotará as providências cabíveis para solução das possíveis pendências funcionais do segurado acaso existentes e, observando instruções da unidade gestora do SUPSEC e da Procuradoria-Geral do Estado, uma vez constatado o atendimento dos requisitos necessários para a inativação com base em dados funcionais devidamente atualizados, informará ao interessado o resultado da análise do pedido de que trata a alínea "a" deste inciso;

c) verificando não ser o caso de rejeição imediata do benefício de aposentadoria, por falta de preenchimento dos requisitos legais, estando a situação funcional do segurado devidamente atualizada, sem a existência de pendência que inviabilize, prejudique ou atrase a regular tramitação do processo de inativação, o Poder, Instituição, Órgão ou Entidade de origem emitirá documento comprovando e atestando o cumprimento, pelo interessado, dos tempos mínimos necessários e demais condições para o pedido de aposentadoria;

d) emitido o documento indicado na alínea "c" deste inciso, o Poder, Instituição, Órgão ou Entidade de origem, imediatamente à apresentação do pedido de inativação, deverá instaurar o processo de aposentadoria com a juntada do aludido documento, situação em que o segurado deverá afastar-se de suas atividades, no primeiro dia seguinte à instauração do processo.

§1º Em qualquer das hipóteses previstas nos incisos I e II deste artigo, competirá à setorial, operando sistema informatizado, proceder a ajuste nos valores da remuneração, subsídios ou vencimentos do segurado, que passará a perceber, a partir da data do afastamento, valor equivalente aos dos respectivos proventos de aposentadoria e a recolher a respectiva contribuição previdenciária segundo as regras aplicáveis à sua inativação, sem prejuízo de posteriores compensações ou cobranças em caso de divergências de valores, apurando-se, em qualquer caso, a eventual responsabilidade pela inadequação do afastamento ou do ajuste na remuneração para cálculo dos proventos. (Nova redação dada pela Lei Complementar n.º 183, de 21.11.18)

§2º Na hipótese do §1º deste artigo, o segurado passará a ser considerado como inativo, sob condição resolutiva, para todos os efeitos legais, independentemente da publicação do ato de aposentadoria. (Nova redação dada pela Lei Complementar n.º 183, de 21.11.18)

§3º Em caso de manifestação negativa, quanto à inativação, em qualquer das instâncias previstas nos incisos II a IV do art. 2º desta Lei Complementar: (Nova redação dada pela Lei Complementar n.º 183, de 21.11.18)

a) o segurado deverá ser notificado, em 10 (dez) dias, pelo respectivo Poder, Instituição, Órgão ou Entidade de origem para retomar às suas atividades em até 30 (trinta) dias da notificação, sob pena da instauração do competente procedimento administrativo disciplinar;

b) será retomada a cobrança das contribuições previdenciárias do segurado na condição de ativo, imediatamente após o retorno às suas atividades, sem prejuízo de eventual cobrança de valores pertinentes ao período de afastamento indevido, e observado o disposto no §10 deste artigo.

§4º Manifestando-se favoravelmente à concessão do benefício, a Procuradoria-Geral do Estado ou órgão incumbido de assessoria jurídica dos Poderes Legislativo e Judiciário, incluído o Ministério Público, validará o respectivo ato de concessão. (Nova redação dada pela Lei Complementar n.º 183, de 21.11.18)

§5º O Tribunal de Contas do Estado, para fins de registro e controle de sua legalidade, receberá processo de inativação com as manifestações da unidade gestora única do SUPSEC e da Procuradoria-Geral do Estado, ou órgão incumbido de assessoria jurídica dos Poderes Legislativo e Judiciário, incluído o Ministério Público, inclusive com o ato de aposentadoria devidamente assinado e publicado, chancelado por estes últimos órgãos. (Nova redação dada pela Lei Complementar n.º 183, de 21.11.18)

§6º Não sendo registrada a aposentadoria pelo Tribunal de Contas do Estado, o processo será encaminhado à unidade gestora única do SUPSEC, a qual remeterá, se for o caso, os autos à Procuradoria-Geral do Estado, que, após reexame do processo, orientará as instâncias administrativas como proceder em relação à aposentadoria, mantendo ou reformando o ato não registrado, com a possibilidade, sendo a hipótese, de retorno do servidor à atividade, cumpridas as providências previstas no §3º deste artigo. (Nova redação dada pela Lei Complementar n.º 183, de 21.11.18)

§7º Registrada a aposentadoria pelo Tribunal de Contas do Estado, a unidade gestora única do SUPSEC: (Nova redação dada pela Lei Complementar n.º 183, de 21.11.18)

a) realizará a compensação previdenciária, prevista na Lei nº 9.796, de 5 de maio de 1999, caso passível; e

b) adotará os procedimentos pertinentes quanto aos ajustes em folha de pagamento, inclusive no que se refere à cobrança ou ao ressarcimento de valores acaso existentes, oriundos, embora não exclusivamente, de divergência entre o valor dos proventos percebidos, durante a tramitação do processo de aposentadoria, conforme previsto no §1º deste artigo, e aquele efetivamente registrado pelo Tribunal de Contas.

§8º Em caso de retorno do segurado ao serviço, por motivo de indeferimento, em qualquer das instâncias previstas nos incisos II a IV do art. 2º desta Lei Complementar, todos os períodos de afastamento, sem exceção, não serão considerados ou contabilizados para quaisquer fins, inclusive para complementação dos requisitos temporais da aposentadoria ou aquisição de direitos vinculados a fatores cronológicos. (Nova redação dada pela Lei Complementar n.º 183, de 21.11.18)

§9º O disposto nos §§ 3º e 6º deste artigo não obsta a que se instaure procedimento disciplinar para apurar eventual má-fé no exercício do direito à aposentadoria, bem como que se proceda de igual modo diante de lesão ao Erário ocasionada por ato doloso de outro servidor. (Nova redação dada pela Lei Complementar n.º 183, de 21.11.18)

§10. Constitui falta grave a conduta dolosa consistente na instauração de processo de aposentadoria sem que o segurado tenha implementado todas as condições para requerer o benefício ou sem fazer a juntada de algum documento indispensável à abertura do processo, segundo orientação da unidade gestora do SUPSEC e da Procuradoria-Geral do Estado ou órgão incumbido de assessoria jurídica dos Poderes Legislativo e Judiciário, incluído o Ministério Público, assim como, instaurado o processo, a injustificada demora no cumprimento das diligências requeridas e destinadas à sua conclusão, ficando o responsável, em qualquer dos casos, sujeito à punição, nos termos da lei. (Nova redação dada pela Lei Complementar n.º 183, de 21.11.18)

§11. Salvo comprovada má-fé, decai em 5 (cinco) anos, contados da data em que registrada, o direito de revisar ou anular ato administrativo que repercuta na inativação do segurado, inclusive no que é pertinente a composição dos proventos de aposentadoria, não se aplicando esse prazo em relação a atos praticados quando já instaurado o processo de inativação. (Nova redação dada pela Lei Complementar n.º 183, de 21.11.18)

§12. Para efeito do disposto no §11 deste artigo, considera-se iniciado o procedimento de revisão ou anulação do ato administrativo e, portanto, interrompido o prazo decadencial, a partir da prática de qualquer ato destinado a apontar ou apurar o fato ensejador da revisão ou anulação. (Nova redação dada pela Lei Complementar n.º 183, de 21.11.18)

§13. Se for inviável, por qualquer motivo, o desconto ou compensação dos valores devidos em razão da aplicação do disposto no §3º, alínea "b", deste artigo, o segurado, os seus pensionistas ou sucessores serão notificados para, em 30 (trinta) dias, proceder ao imediato pagamento do débito, atualizado pela taxa SELIC, ou qualquer outra que legalmente a substitua, podendo parcelar a dívida em até 60 (sessenta) prestações mensais e sucessivas, atualizadas na forma e índices adotados para o parcelamento da dívida ativa do Estado, sob pena de inscrição do total devido na mesma dívida ativa do Estado, servindo o respectivo demonstrativo de débito de documento hábil para a promoção da competente ação de cobrança. (Nova redação dada pela Lei Complementar n.º 183, de 21.11.18)

§14. A responsabilidade dos sucessores, quanto à reposição dos recursos previdenciários, obedecerá aos limites da legislação civil. (Nova redação dada pela Lei Complementar n.º 183, de 21.11.18)

§15. Não será admitida a desistência do processo de aposentadoria voluntária após a sua instauração, ressalvada a hipótese de retorno ao serviço pelo segurado, se comprovado, posteriormente, o não atendimento de requisitos por quaisquer modalidades de inativação, observado o disposto nos §§ 3º, 6º, 9º e 10 deste artigo. (Nova redação dada pela Lei Complementar n.º 183, de 21.11.18)

§16. Para os fins do disposto no inciso II deste artigo, cumpridos os requisitos de tempos mínimos para a inativação, qualquer discussão jurídica pendente de resolução no Estado, por provocação da unidade gestora do SUPSEC, com reflexo financeiro no cálculo do valor inicial dos proventos, não obsta o pedido de inativação e a instauração do processo, devendo ter, nessa hipótese, regular tramitação, com a devida anotação do impasse, sendo pago ao servidor, após início do processo, exclusivamente as parcelas incontroversas que comporão os respectivos proventos, garantido o direito à reformulação ou revisão do benefício uma vez finalizada a discussão jurídica e contada a prescrição a partir da data da finalização do impasse, fixada em parecer da Procuradoria-Geral do Estado. (Nova redação dada pela Lei Complementar n.º 183, de 21.11.18)

Art. 4º Os processos de aposentadoria em trâmite na Procuradoria-Geral do Estado em até 180 (cento e oitenta) dias da data da publicação desta Lei Complementar serão remetidos aos órgãos de origem, onde, verificando-se não ser o caso de rejeição imediata do benefício será procedida a confecção dos respectivos atos ou portarias de aposentadoria adotando-se, a partir de então, e no que couber, o procedimento previsto no art. 3º desta Lei, executando-se o disposto em seu §2º.

§1º Passados 90 (noventa) dias após o retorno dos processos aos órgãos de origem sem que tenha ocorrido a publicação do ato de aposentadoria a que se refere o inciso II do art. 3º desta Lei, serão adequadas, independentemente de requerimento do interessado, a cobrança da contribuição previdenciária do servidor e a percepção dos valores a título de remuneração, subsídios ou proventos, sem prejuízo de posteriores compensações ou cobranças, apurando-se, em qualquer caso, a eventual responsabilidade pela inadequação do afastamento.

§2º O ato de aposentadoria a ser confeccionado pelo órgão de origem deverá guardar observância às diligências da Procuradoria-Geral do Estado que estejam pendentes de cumprimento na data da publicação desta Lei.

Art. 5º Os processos de aposentadoria em trâmite na Procuradoria-Geral do Estado a mais de 180 (cento e oitenta) dias na data da publicação desta Lei Complementar serão sujeitos ao procedimento previsto neste artigo, aplicando-se, em caráter subsidiário, o disposto no art. 3º desta Lei, inclusive quanto à caracterização de faltas graves e definição de prazos decadenciais para revisão de atos administrativos.

§1º Os processos de que cuida o *caput* deste artigo serão, em até 30 (trinta) dias da publicação desta Lei Complementar remetidos aos órgãos de origem, onde, verificando-se não ser o caso de rejeição imediata do benefício, será procedida a confecção dos respectivos atos ou portarias de aposentadorias.

§2º A minuta do ato de aposentadoria, devidamente assinada pela autoridade competente, será publicada em Diário Oficial, passando o servidor a ser considerado como inativo, sob condição resolutiva, para todos os efeitos legais, inclusive quanto ao pagamento de contribuições ao Sistema Único de Previdência Social dos Servidores Públicos Civis e Militares, dos Agentes Públicos e dos Membros de Poder do Estado do Ceará – SUPSEC, e a percepção de valores a título de remuneração, subsídios ou proventos, a partir da publicação respectiva.

§3º Passados 90 (noventa) dias após o retorno dos processos aos órgãos de origem sem que tenha ocorrido a publicação do ato ou portaria de aposentadoria a que se refere o §2º deste artigo, serão adequadas, independentemente de requerimento do interessado, a cobrança da contribuição previdenciária do servidor e a percepção dos valores a título de remuneração, subsídios ou proventos, sem prejuízo de posteriores compensações ou cobranças apurando-se, em qualquer caso, a eventual responsabilidade pela inadequação do afastamento.

§4º Após a publicação referida no parágrafo anterior, o processo já contendo o ato de aposentadoria com a devida publicação, será, conforme condições, limites e prazos estabelecidos em portarias do Procurador-Geral do Estado, remetido ao Tribunal de Contas do Estado, para fins de registro e controle de sua legalidade.

§ 5º Enquanto não sobrevir a Portaria referida no §4º deste artigo, será necessária a prévia aprovação do ato de aposentadoria pela Procuradoria-Geral do Estado antes de sua remessa ao Tribunal de Contas do Estado, aplicando-se, no que couber, o disposto no art. 3º desta Lei Complementar.

§6º Não registrada a aposentadoria pelo Tribunal de Contas do Estado, o servidor será notificado, em 10 (dez) dias, para retomar suas atividades em até 30 (trinta) dias, sob pena da instauração do competente procedimento disciplinar.

§7º Registrada a aposentadoria, o setor previdenciário verificará se o processo é passível de compensação previdenciária ou qualquer forma de cobrança ou ressarcimento de valores, decorrentes, embora, não exclusivamente, de divergência entre o ato original de aposentadoria publicado pela Administração e aquele efetivamente registrado pelo Tribunal de Contas, e, em caso afirmativo, adotará as providências necessárias à sua realização.

§8º O ato de aposentadoria, a ser confeccionado pelo órgão de origem, deverá guardar observância a diligências da Procuradoria-Geral do Estado que estejam pendentes de cumprimento na data da publicação desta Lei.

Art. 6º O disposto nos artigos antecedentes quanto à adequação da contribuição previdenciária do servidor à condição de aposentado é extensivo, no que couber, aos servidores já inativados, que poderão requerer a devolução de contribuições previdenciárias a que façam jus administrativamente, respeitados os prazos prescricionais e sem prejuízo de compensações, descontos ou cobranças autorizados segundo a legislação pertinente.

Parágrafo único. Havendo processo judicial em curso, o requerimento administrativo previsto no *caput* deste artigo terá sua tramitação suspensa até que sobrevenha a decisão judicial definitiva respectiva, cuja aplicação terá prevalência sobre o disposto neste artigo, facultando-se ao servidor interessado instruir o pleito com a prova da desistência da ação, situação na qual o processamento administrativo terá curso regular.

Art. 7º Os arts. 6º e 9º da Lei Complementar nº. 12, de 23 de junho de 1999, com a redação que lhes foi dada pela Lei Complementar nº. 38, de 31 de dezembro de 2003, passam a vigorar com as seguintes redações:

"Art. 6º ...

§1º. Os dependentes, de que trata o *caput* deste artigo, são:

I - o cônjuge supérstite, o companheiro ou a companheira e o ex-cônjuge separado juridicamente ou divorciado, desde que, nos dois últimos casos, na data do falecimento do segurado, esteja percebendo pensão alimentícia devidamente comprovada, observado o percentual fixado, que incidirá sobre a cota que couber ao cônjuge ou companheiro no rateio da pensão com os beneficiários de outras classes;

II - o filho até completar 21 (vinte e um) anos de idade;

III - o filho inválido e o tutelado.

§2º A dependência econômica é requisito para o reconhecimento do direito a benefício previsto nesta Lei Complementar das pessoas indicadas no §1º deste artigo, sendo presumida, de forma absoluta, ressalvado o disposto nesta Lei Complementar, nas situações referentes a cônjuge supérstite, companheiro, companheira, filho até 21 (vinte e um) anos de idade.

§3º Nos casos não abrangidos pelo §2º deste artigo, a dependência econômica poderá ser demonstrada na via administrativa:

I - exclusivamente pela comprovação da percepção de pensão alimentícia, nas hipóteses de cônjuge separado juridicamente ou divorciado;

II - por prova documental consistente em declarações de Imposto de Renda, certidões, ou qualquer outro meio assemelhado que comprovem a ausência de percepção de outro benefício ou renda suficiente para mantença própria, no momento da concessão, nas situações referentes a filho inválido com mais de 21 (vinte e um) anos de idade e tutelado.

§4º Para os efeitos desta Lei, cessa, a qualquer tempo, a condição de dependente:

I - se o cônjuge supérstite, companheiro ou companheira contrair casamento ou união estável;

II - provada a percepção de renda suficiente para sua manutenção pelo filho maior inválido após a verificação da causa ensejadora da invalidez;

III - se o cônjuge estiver separado de fato há mais de 2 (dois) anos, sem comprovação de que perceba verba alimentícia do segurado;

IV - cessada a invalidez nos casos de filho maior inválido, circunstância a ser apurada em perícia médica do órgão oficial do Estado do Ceará, a cuja submissão periódica está obrigado o beneficiário nessa condição, em intervalos não superiores há 6 (seis) meses, pena de suspensão do pagamento do benefício;

V - com o falecimento dos beneficiários.

§5º A perda ou a não comprovação da condição de dependente, inclusive com relação ao critério de dependência econômica, resulta na negativa de concessão de beneficio ou em sua imediata cessação, caso já esteja em fruição.

§6º A prova da união estável se faz mediante a apresentação da documentação admitida para tais fins pelo Regime Geral de Previdência Social, nos termos e condições previstos na legislação específica, cabendo à Procuradoria-Geral do Estado, a seu critério, entendê-la insuficiente, mediante parecer fundamentado, hipótese na qual a comprovação dependerá de decisão judicial transitada em julgado em procedimento contencioso de reconhecimento da relação.

§7º A pensão será paga, por metade, à totalidade dos beneficiários indicados no inciso I do §1º deste artigo, cabendo aos elencados nos incisos II e III, em quotas iguais, a outra metade.

§8º Não havendo dependentes ou beneficiários aptos à percepção de uma das metades indicadas no §7º deste artigo, a totalidade da pensão será rateada entre os demais, observadas as proporções estabelecidas neste artigo e vedado ao cônjuge separado juridicamente e ao divorciado perceber parcela superior ao percentual fixado como pensão alimentícia a que tenha direito."

Art. 9º A pensão por morte, observado o disposto nos arts. 331, da Constituição Estadual, e 40, §7o, da Constituição Federal, corresponderá à totalidade do subsídio, vencimentos ou proventos do segurado, na forma da Lei e respeitado o teto remuneratório aplicável, e será devida a partir:

I - do óbito, se requerido o benefício em até 90 (noventa) dias do falecimento;

II - do requerimento, no caso de inclusão post-mortem, qualquer que seja a condição do dependente;

III - do requerimento, se requerido o benefício, por qualquer motivo, após 90 (noventa) dias do falecimento;

IV - do trânsito em julgado da sentença judicial, no caso de morte presumida ou ausência.

§1º considera-se inclusão post-mortem aquela não comprovável de imediato por ocasião do óbito do segurado, em razão da necessidade de demonstração de elementos adicionais, não demonstráveis no momento do falecimento do servidor, como o reconhecimento judicial de união estável, a investigação de paternidade ou maternidade e outros atos assemelhados.

§2º Cessa o pagamento da pensão por morte:

I - em relação ao cônjuge supérstite, companheira ou companheiro, e ao ex-cônjuge separado juridicamente ou divorciado, beneficiário de pensão alimentícia na data em que contraírem novas núpcias ou constituírem nova união estável;

II - em relação ao filho ou filha, na data em que atingir 21 (vinte e um) anos, salvo se inválido(a) totalmente para qualquer trabalho até o falecimento do segurado, comprovada, neste caso, a dependência econômica em relação a este;

III - em relação ao tutelado, na data em que atingir 21 (vinte e um) anos, ainda que cessada a tutela com o óbito do segurado;

IV - com o falecimento dos beneficiários;

V - em relação a qualquer dos dependentes, se verificado o disposto no §4º do art. 5º desta Lei."(NR).

Art. 8º As despesas decorrentes da aplicação desta Lei correrão por conta das dotações orçamentárias dos respectivos órgãos e entes, bem como, no que couber, pelo Sistema Único de Previdência Social dos Servidores Públicos Civis e Militares, dos Agentes Públicos e dos Membros de Poder do Estado do Ceará - SUPSEC.

Art. 9º A elevação do limite etário de percepção do benefício da pensão por morte de 18 (dezoito) para 21 (vinte e um) anos, no caso dos filhos válidos, operada pelas alterações efetuadas por esta Lei no texto da Lei Complementar nº 12, de 23 de junho de 1999, atinge as pensões ainda em curso quando de sua entrada em vigor, mas não retroagem para revigorar benefícios já findos.

Art. 9º-A. Postergado o exame da legalidade da aposentadoria e da pensão pelo Tribunal de Contas do Estado para realização de diligências por ele determinadas, o processo respectivo só poderá ser novamente submetido a registro após ser reexaminado, no que lhe couber, pela Procuradoria-Geral do Estado ou órgão incumbido de assessoria jurídica dos Poderes Legislativo e Judiciário, incluído Ministério Público. (Nova redação dada pela Lei Complementar n.º 183, de 21.11.18)

Parágrafo único. Conforme o caso, notadamente na hipótese de alteração na redação do ato de inativação ou de pensão, ou no respectivo valor dos proventos, a Procuradoria-Geral do Estado diligenciará à unidade gestora única do SUPSEC, para adoção dos procedimentos de sua competência, sem prejuízo do encaminhamento, se necessário, ao Poder, Instituição, Órgão ou Entidade de origem. (Redação dada pela Lei Complementar n.º 183, de 21.11.18)

Art. 10. Os procedimentos de aposentadoria dos entes da Administração Indireta continuam disciplinados pelas regras anteriores a esta Lei Complementar, sem necessidade de prévia aprovação das portarias de inativação pela Procuradoria-Geral do Estado.

Art. 11. Revogam-se as disposições em contrário, especialmente os incisos e parágrafos da redação anterior do art. 153 da Lei nº 9.826, de 14 de maio de 1974.

Art. 12. Esta Lei Complementar entra em vigor 45 (quarenta e cinco) dias após a sua publicação.

PALÁCIO IRACEMA, DO GOVERNO DO ESTADO DO CEARÁ, em Fortaleza, 25 de janeiro de 2011.

LEI COMPLEMENTAR ESTADUAL Nº 123, DE 16 DE SETEMBRO DE 2013

– DISPÕE SOBRE O EQUACIONAMENTO DO DÉFICIT ATUARIAL DO SISTEMA ÚNICO DE PREVIDÊNCIA SOCIAL DOS SERVIDORES PÚBLICOS CIVIS E MILITARES, DOS AGENTES PÚBLICOS E DOS MEMBROS DE PODER DO ESTADO DO CEARÁ – SUPSEC, E INSTITUI O REGIME DE PREVIDÊNCIA COMPLEMENTAR DO ESTADO DO CEARÁ

ATUALIZADA ATÉ A LEI COMPLEMENTAR Nº 227, 16.12.2020.

ÍNDICE

CAPÍTULO I
DO EQUACIONAMENTO DO DÉFICIT ATUARIAL DO SUPSEC

SEÇÃO I
DAS DISPOSIÇÕES PRELIMINARES

Art. 1º O Sistema Único de Previdência Social dos Servidores Públicos Civis e Militares, dos Agentes Públicos e dos Membros de Poder do Estado do Ceará – SUPSEC, Regime Básico de Previdência Social do Estado do Ceará, doravante redenominado para Sistema Único de Previdência Social do Estado do Ceará – SUPSEC, terá, para fins de equacionamento de déficit atuarial, seu Plano Geral de Custeio composto de um Plano de Custeio Previdenciário, de um Plano de Custeio Financeiro e de um Plano de Custeio Militar, sendo as respectivas fontes de recursos e obrigações de pagamento de benefícios distribuídas entre os Planos conforme determinado por esta Lei Complementar, observados os parâmetros técnicos fixados nas normas nacionais vigentes sobre equacionamento de déficit atuarial dos Regimes Próprios de Previdência Social e sobre benefícios de inatividade de militares, mantidas as demais normas que disciplinam a matéria não modificada expressamente por esta Lei Complementar, inclusive, mas não exclusivamente, aquelas pertinentes às alíquotas de contribuição ao SUPSEC, aplicáveis indistintamente aos três Planos de Custeio tratados nesta Lei Complementar.

SEÇÃO II
DAS DEFINIÇÕES

Art. 2º Para os efeitos deste Capítulo desta Lei Complementar, consideram-se as seguintes definições, observadas as disposições da legislação nacional vigente:

I – beneficiário: a pessoa física amparada pela cobertura previdenciária do SUPSEC, abrangendo o segurado e seus dependentes;

II – segurado: as pessoas a seguir relacionadas, vinculadas diretamente ao SUPSEC:

a) o servidor titular de cargo efetivo, ativo e aposentado, no âmbito da Administração Pública Estadual direta, autárquica e fundacional;

b) o militar integrante das Corporações Militares do Estado do Ceará, ativo, da reserva remunerada e reformado;

c) o servidor titular de cargo efetivo, ativo e aposentado, do Poder Legislativo;

d) o servidor titular de cargo efetivo e o membro, ativo e aposentado, do Poder Judiciário, dos Tribunais de Contas do Estado e dos Municípios e do Ministério Público Estadual;

III - dependente: a pessoa física que mantenha vinculação previdenciária com o segurado do SUPSEC, na forma da lei;

IV - pensionista: o dependente em gozo de pensão previdenciária por morte do segurado ao qual se vinculava;

V - plano de benefícios: descrição do conjunto de benefícios previdenciários destinados aos beneficiários do SUPSEC, segundo as regras constitucionais e legais previstas, destinado aos servidores públicos civis e aos militares estaduais;

VI - plano de custeio: descrição das fontes de recursos necessárias ao adequado financiamento do Plano de Benefícios do SUSPEC, contendo a especificação das alíquotas de contribuição do ente federativo, dos segurados ativos, dos segurados inativos e dos pensionistas, bem como a indicação, quando for o caso, dos demais aportes necessários ao atingimento do equilíbrio financeiro e atuarial do Sistema;

VII - provisões matemáticas previdenciárias: montante calculado atuarialmente, na data da avaliação atuarial, que expressa, em valor presente, o total dos recursos necessários ao pagamento de todos os compromissos futuros do Plano de Benefícios do SUPSEC a todos os beneficiários do Sistema, líquidos das respectivas contribuições regulamentares e compensações previdenciárias;

VIII - avaliação atuarial: estudo técnico elaborado com base nas características biométricas, demográficas e econômicas da população analisada de beneficiários do SUPSEC, estabelecendo, de forma suficiente e adequada, os recursos necessários para a garantia do financiamento do Plano de Benefícios do Sistema;

IX - recursos previdenciários: recursos decorrentes de contribuições e quaisquer valores, bens, ativos e seus rendimentos vinculados aos fundos de natureza previdenciária do SUPSEC, bem como oriundos da compensação previdenciária entre os diversos regimes previdenciários nacionais;

X - reservas financeiras: montante de recursos acumulados nos fundos de natureza previdenciária do SUPSEC, destinados ao financiamento do Plano de Benefícios do Sistema.

SEÇÃO III
DOS PLANOS E FUNDOS DE NATUREZA PREVIDENCIÁRIA PARA O CUSTEIO DO SUPSEC

Art. 3º O Plano de Custeio Previdenciário, o Plano de Custeio Financeiro e o Plano de Custeio Militar do SUPSEC serão financiados por fundos contábil-financeiros de natureza previdenciária, autônomos e distintos, conforme previsto nesta Lei Complementar.

Parágrafo único. Os planos de custeio, previstos neste artigo, serão revistos anualmente, observadas as normas gerais de atuária dispostas na legislação nacional vigente, objetivando a manutenção do equilíbrio financeiro e atuarial do SUPSEC, conforme requerido pela Constituição Federal.

SUBSEÇÃO I
DO PLANO DE CUSTEIO PREVIDENCIÁRIO E DO FUNDO PREVIDENCIÁRIO PREVID

Art. 4º O Plano de Custeio Previdenciário do SUPSEC financiará os benefícios previdenciários do Sistema garantidos aos segurados ativos civis ingressos no serviço público estadual a contar do dia 1º de janeiro de 2014, bem como aos seus respectivos dependentes previdenciários.

§ 1º O Plano de Custeio Previdenciário terá o objetivo de formar reservas financeiras capitalizadas para honrar o pagamento dos benefícios futuros a serem concedidos aos beneficiários civis a ele vinculados, adotando o regime de acumulação de recursos.

§ 2º As reservas financeiras do Plano de Custeio Previdenciário serão devidamente aplicadas nas condições de mercado, observando necessariamente regras de segurança, solvência, liquidez, rentabilidade, proteção e prudência financeira própria à natureza previdenciária dessas reservas, conforme diretrizes fixadas em norma específica do Conselho Monetário Nacional – CMN, e legislação aplicável.

Art. 5º Para fins de operacionalização do Plano de Custeio Previdenciário, em observância ao disposto no art. 249 da Constituição Federal de 1988 e legislação nacional decorrente, fica criado o Fundo Previdenciário PREVID, com prazo indeterminado de funcionamento.

Parágrafo único. O PREVID será administrado pela unidade gestora do SUPSEC e terá por finalidade arrecadar, reunir e acumular recursos econômicos de qualquer natureza a serem utilizados no pagamento de benefícios previdenciários aos beneficiários civis a ele vinculados.

Art. 6º Constituem receitas do Fundo Previdenciário PREVID:

I - as contribuições previdenciárias mensais dos segurados civis, ativos e inativos, e dos pensionistas vinculados ao Plano de Custeio Previdenciário, a título de contribuição regular, conforme alíquota prevista na legislação estadual vigente;

II - as contribuições previdenciárias mensais dos órgãos e entidades integrantes dos Poderes Executivo, inclusive suas autarquias e fundações, Legislativo e Judiciário, bem como dos Tribunais de Contas do Estado e dos Municípios e do Ministério Público Estadual, a título de contribuição regular patronal referente aos respectivos beneficiários civis indicados no inciso I deste artigo, conforme alíquota prevista na legislação estadual vigente;

III - os valores decorrentes da compensação previdenciária entre os regimes de previdência social, na forma estabelecida na Constituição Federal e legislação aplicável, relativos aos beneficiários vinculados ao Plano de Custeio Previdenciário;

IV - os recursos provenientes de dotações orçamentárias;

V - a reversão de saldos não aplicados;

VI - as receitas provenientes de:

a) resultados financeiros de convênios ou contratos, conforme expressa previsão nos instrumentos respectivos;

b) renda de juros e de administração de seus capitais;

c) produto da utilização do seu patrimônio;

d) doações e legados que lhe sejam feitos;

e) bens e direitos que, a qualquer título, lhe sejam adjudicados, doados ou transferidos, observado o disposto na legislação pertinente;

f) outros recursos extraordinários ou eventuais que lhe sejam atribuídos;

VII - outras receitas previstas em lei.

SUBSEÇÃO II
DO PLANO DE CUSTEIO FINANCEIRO E DO FUNDO FINANCEIRO FUNAPREV

Art. 7º O Plano de Custeio Financeiro do SUPSEC financiará os benefícios previdenciários do Sistema que forem destinados:

I - aos segurados ativos civis que hajam ingressado no Serviço Público Estadual até o dia 31 de dezembro de 2013;

II - aos segurados inativos civis e aos pensionistas de segurados civis em fruição de benefício na data de 31 de dezembro de 2013.

§ 1º O plano de custeio, de que trata este artigo, abrangerá, ainda, todos os benefícios previdenciários a serem concedidos a dependentes dos segurados civis indicados nos incisos I e II deste artigo.

§ 2º O Plano de Custeio Financeiro terá o objetivo de honrar o pagamento corrente de benefícios previdenciários aos beneficiários civis a ele vinculados, sem ter como objetivo primordial a formação de reservas financeiras.

§ 3º O Plano de Custeio Financeiro não recepcionará, em hipótese alguma, outros segurados além daqueles indicados no *caput* deste artigo, e vigorará enquanto existir beneficiário a ele vinculado.

Art. 8º Para fins de operacionalização do Plano de Custeio Financeiro, fica redenominado o atual Fundo Especial de Natureza Contábil, previsto no art. 11 da Lei Complementar nº 12, de 23 de junho de 1999, inscrito no CNPJ sob o nº 04.108.594/0001-00, para Fundo Financeiro FUNAPREV.

§ 1º O Fundo Financeiro FUNAPREV será administrado pela unidade gestora do SUPSEC; vigorará pelo prazo de duração previsto no art. 7º, § 3º desta Lei Complementar e terá a finalidade de arrecadar, reunir e gerenciar recursos econômicos de qualquer natureza a serem utilizados no pagamento dos benefícios previdenciários aos beneficiários civis vinculados ao Plano de Custeio Financeiro.

§ 2º Quando da extinção do Plano de Custeio Financeiro e do respectivo Fundo Financeiro FUNAPREV, o eventual saldo financeiro positivo desse fundo será automaticamente incorporado ao Fundo Previdenciário PREVID do Plano de Custeio Previdenciário.

Art. 9º Constituem receitas do Fundo Financeiro FUNAPREV:

I - as contribuições previdenciárias regulares mensais dos segurados civis, ativos e inativos, e dos pensionistas vinculados ao Plano de Custeio Financeiro, conforme alíquota prevista na legislação estadual vigente;

II - as contribuições previdenciárias regulares mensais dos órgãos e entidades integrantes dos Poderes Executivo, inclusive suas autarquias e fundações, Legislativo e Judiciário, bem como dos Tribunais de Contas do Estado e dos Municípios e do Ministério Público Estadual, referentes aos respectivos beneficiários civis indicados no inciso I deste artigo, conforme alíquota prevista na legislação estadual vigente;

III - os valores decorrentes de aportes extraordinários do Tesouro Estadual para honrar o pagamento dos benefícios em fruição aos beneficiários civis vinculados ao Plano de Custeio Financeiro, conforme previsto nas regras nacionais gerais para a organização e o funcionamento de Regimes Próprios de Previdência Social;

IV - os valores da compensação previdenciária entre os regimes de previdência social, na forma estabelecida na Constituição Federal e legislação aplicável, relativos aos beneficiários civis vinculados ao Plano de Custeio Financeiro;

V - os recursos provenientes de dotações orçamentárias;

VI - a reversão de saldos não aplicados;

VII - outras receitas provenientes de:

a) resultados financeiros de convênios ou contratos, conforme expressa previsão nos instrumentos respectivos;

b) renda de juros e de administração de seus capitais;

c) produto da utilização do seu patrimônio, inclusive alienação de imóveis;

d) doações e legados que lhe sejam feitos;

e) bens e direitos que, a qualquer título, lhe sejam adjudicados, doados ou transferidos, observado o disposto na legislação pertinente;

f) outros recursos extraordinários ou eventuais que lhe sejam atribuídos;

VIII - outras receitas previstas em lei.

SUBSEÇÃO III
DO PLANO DE CUSTEIO MILITAR E DO FUNDO FINANCEIRO PREVMILITAR

Art. 10. O Plano de Custeio Militar do SUPSEC financiará os benefícios previdenciários do Sistema, que forem destinados aos militares estaduais e a seus dependentes, independentemente da data de ingresso no serviço militar estadual.

§ 1º O plano de custeio, de que trata este artigo, terá o objetivo de honrar o pagamento de benefícios previdenciários aos beneficiários militares a ele vinculados, sem ter como objetivo primordial a formação de reservas financeiras.

§ 2º O Plano de Custeio Militar não recepcionará, em hipótese alguma, outros segurados além daqueles indicados no *caput* deste artigo e vigorará por prazo indeterminado.

Art. 11. Para fins de operacionalização do Plano de Custeio Militar, fica criado o Fundo Financeiro PREVMILITAR, com prazo indeterminado de funcionamento.

Parágrafo único. O PREVMILITAR será administrado pela unidade gestora do SUPSEC e terá por finalidade arrecadar, reunir e acumular recursos econômicos de qualquer natureza a serem utilizados no pagamento de benefícios previdenciários aos beneficiários militares a ele vinculados e respectivos dependentes.

Art. 12. Constituem receitas do PREVMILITAR:

I - as contribuições previdenciárias regulares mensais dos segurados militares, ativos e inativos, e dos pensionistas vinculados ao Plano de Custeio Militar, conforme alíquota prevista na legislação estadual vigente;

II - as contribuições previdenciárias regulares mensais das Corporações Militares do Estado, referentes aos respectivos beneficiários militares indicados no inciso I deste artigo, conforme alíquota prevista na legislação estadual vigente;

III - os valores decorrentes de aportes extraordinários do Tesouro Estadual para honrar o pagamento dos benefícios em fruição aos beneficiários militares vinculados ao Plano de Custeio Militar;

IV - os valores da compensação previdenciária entre os regimes de previdência social, na forma estabelecida na Constituição Federal e legislação aplicável, relativos aos beneficiários militares vinculados ao Plano de Custeio Militar;

V - os recursos provenientes de dotações orçamentárias;

VI - a reversão de saldos não aplicados;

VII - outras receitas provenientes de:

a) resultados financeiros de convênios ou contratos, conforme expressa previsão nos instrumentos respectivos;

b) renda de juros e de administração de seus capitais;

c) produto da utilização do seu patrimônio, inclusive alienação de imóveis;

d) doações e legados que lhe sejam feitos;

e) bens e direitos que, a qualquer título, lhe sejam adjudicados, doados ou transferidos, observado o disposto na legislação pertinente;

f) outros recursos extraordinários ou eventuais que lhe sejam atribuídos;

VIII - outras receitas previstas em lei.

SEÇÃO IV
DA GESTÃO DOS PLANOS E FUNDOS DE NATUREZA PREVIDENCIÁRIA

Art. 13. O Plano de Custeio Previdenciário, o Plano de Custeio Financeiro e o Plano de Custeio Militar, bem como seus respectivos fundos de natureza previdenciária, PREVID, FUNAPREV e PREVMILITAR, serão administrados com observância às diretrizes estabelecidas para a gestão do Sistema Único de Previdência Social do Estado do Ceará – SUPSEC, na forma da legislação vigente.

§ 1º Os fundos de natureza previdenciária referidos no *caput* deste artigo serão autônomos e distintos, com separação orçamentária, financeira e contábil dos recursos e obrigações correspondentes, inexistindo entre eles qualquer espécie de solidariedade, subsidiariedade ou supletividade.

§ 2º É vedada qualquer forma de transferência de segurados, recursos ou obrigações previdenciárias entre o Plano de Custeio Previdenciário, o Plano de Custeio Financeiro e o Plano de Custeio Militar, não sendo permitida ainda qualquer destinação de contribuições de um grupo de beneficiários de um plano para o financiamento de benefícios do outro plano.

§ 3º Excetuam-se das disposições do parágrafo anterior deste artigo, exclusivamente, os recursos resultantes do eventual saldo positivo quando da extinção do Plano de Custeio Financeiro e respectivo FUNAPREV, observado o disposto no art. 8º, §2º desta Lei Complementar.

Art. 14. É vedada a utilização dos recursos do PREVID, do FUNAPREV e do PREVMILITAR para a concessão de empréstimos de qualquer natureza, inclusive a entes federativos, a entidades da Administração Pública Indireta e aos respectivos segurados ou dependentes, sendo vedada a aplicação desses recursos para custear ações de assistência social, saúde e para a concessão de verbas indenizatórias, ainda que por acidente em serviço.

Art. 15. As contas do PREVID, do FUNAPREV e do PREVMILITAR, inclusive bancárias, serão distintas entre si e da conta do Tesouro Estadual.

Art. 16. Os recursos do PREVID, do FUNAPREV e do PREVMILITAR serão utilizados, exclusivamente, para o pagamento dos benefícios previdenciários aos respectivos beneficiários a eles vinculados, salvo valores destinados a custeio administrativo através de Taxa de Administração que venha a ser instituída em lei, conforme disciplinado na legislação nacional vigente sobre a matéria.

Art. 17. As aplicações financeiras dos recursos do PREVID, bem como dos recursos acaso existentes do FUNAPREV e do PREVMILITAR serão realizadas diretamente pela unidade gestora do SUPSEC ou por intermédio de instituições especializadas, credenciadas mediante critérios técnicos, observadas as normas estabelecidas pelo Conselho Monetário Nacional e, ainda, regras de segurança, solvência, liquidez, rentabilidade e prudência própria à natureza previdenciária desses fundos.

Art. 18. A execução orçamentária e a prestação de contas anuais do PREVID, do FUNAPREV e do PREVMILITAR obedecerão às normas legais de controle e administração financeira.

Art. 19. O PREVID, o FUNAPREV e o PREVMILITAR terão contabilidade própria, cujo plano de contas discriminará as receitas realizadas, as despesas incorridas e as respectivas provisões matemáticas previdenciárias, conforme o caso, de forma a possibilitar o acompanhamento da sua situação financeira e atuarial.

Art. 20. O saldo positivo do PREVID, do FUNAPREV e do PREVMILITAR, apurado em balanço contábil ao final de cada exercício financeiro, será transferido para o exercício seguinte, a crédito dos respectivos fundos, constituindo-se nas suas reservas financeiras.

SEÇÃO V
DAS DISPOSIÇÕES GERAIS

Art. 21. O segurado do SUPSEC, vinculado ao Plano de Custeio Financeiro na data de início de vigência desta Lei Complementar, que, em razão de concurso público, for investido em novo cargo efetivo estadual, permanecerá vinculado a este Plano de Custeio Financeiro, observado o disposto no parágrafo único deste artigo.

Parágrafo único. A manutenção da vinculação do segurado ao Plano de Custeio Financeiro, na forma do *caput* deste artigo, não o excetua da incidência, quando cabível, da legislação pertinente ao regime de previdência complementar a que alude o art. 40, §§14 a

16, da Constituição Federal, inclusive do disposto nesta Lei Complementar sobre a matéria.

Art. 22. Comporá a prestação de contas anual do Plano de Custeio Previdenciário, do Plano de Custeio Financeiro e do Plano de Custeio Militar a avaliação atuarial anual correspondente, elaborada por entidades ou profissionais legalmente habilitados, observadas as normas legais e critérios técnicos aplicáveis a avaliações desta natureza.

Art. 23. Os órgãos e entidades integrantes dos Poderes Executivo, inclusive suas autarquias e fundações, Legislativo e Judiciário, bem como os Tribunais de Contas do Estado e dos Municípios e o Ministério Público Estadual deverão registrar em seus cadastros todo o tempo anterior de serviço ou contribuição do novo servidor titular de cargo efetivo ou militar que ingressar em seus quadros de pessoal após a publicação desta Lei Complementar, bem como dos atuais servidores ou militares, para fins gerenciais do SUPSEC, identificando as datas de início e de fim de cada período existente, independentemente de ter sido averbado ou não referido tempo.

Parágrafo único. Os órgãos e entidades mencionados no *caput* deste artigo disponibilizarão à unidade gestora do SUPSEC as informações de que trata este artigo, quando do envio dos dados cadastrais dos segurados do Sistema a eles vinculados.

Art. 24. As contribuições previdenciárias previstas no inciso II do art. 6º, no inciso II do art. 9º e no inciso II do art. 12 desta Lei Complementar serão repassadas aos respectivos Fundos, pelos órgãos e entidades, Poderes e instituições vinculados ao SUPSEC até o 5º (quinto) dia útil seguinte ao dia em que ocorrer o pagamento da remuneração dos segurados do Sistema.

Art. 25. Sem prejuízo das contribuições previstas no art. 24 desta Lei Complementar, o Estado do Ceará poderá propor, quando necessário, a abertura de créditos adicionais, visando assegurar ao PREVID, ao FUNAPREV e ao PREVMILITAR a alocação de recursos orçamentários destinados à cobertura de eventuais insuficiências financeiras.

CAPÍTULO II
DO REGIME DE PREVIDÊNCIA COMPLEMENTAR

Art. 26. Fica instituído, no âmbito do Serviço Público Estadual, o regime de previdência complementar a que se referem os §§ 14, 15 e 16 do art. 40 da Constituição da República Federativa do Brasil, que operará planos de benefícios na modalidade de contribuição definida, observado o disposto nesta Lei Complementar.

Art. 27. Os benefícios de aposentadoria e pensão a serem concedidos pelo regime próprio de previdência social do Estado do Ceará, aos segurados indicados no inciso I e na alínea "a" do inciso II do § 1º do art. 28 desta Lei Complementar, ficam limitados ao valor máximo estabelecido para os benefícios do regime geral de previdência social. (Nova redação dada pela Lei Complementar n.º 183, de 21.11.18)

Art. 28. O regime de previdência complementar de que trata esta Lei Complementar terá caráter facultativo quanto à adesão ao regime. (Nova redação dada pela Lei Complementar n.º 183, de 21.11.18)

§ 1º O regime de previdência complementar de que trata esta Lei Complementar observará o seguinte quanto a seus efeitos:

I - os novos servidores e Membros de Poder a que se refere o § 2º deste artigo que ingressarem no serviço público estadual a partir da data do efetivo início das atividades da entidade gestora do regime complementar terão os benefícios assegurados pelo regime básico SUPSEC limitados ao valor máximo estabelecido no art. 27 independentemente de adesão ou não ao regime complementar previsto no art. 26 desta Lei Complementar, observado o disposto em regulamento;

II – os servidores e Membros de Poder a que se refere o § 2º deste artigo que tenham ingressado no serviço público estadual até o dia anterior a data do efetivo início das atividades da entidade gestora do regime complementar e que tenham permanecido sem perda do vínculo de cargo efetivo, poderão:

a) exercer, prévia e expressamente, a opção prevista no § 16 do art. 40 da Constituição Federal, aderindo ao regime de previdência complementar previsto no art. 26, na forma do regulamento, sujeitando-se à limitação dos benefícios assegurados pelo SUPSEC ao valor máximo estabelecido no art. 27, sem prejuízo da contribuição patronal do Estado para o SUPSEC e para o regime de previdência complementar, observadas as disposições da Lei Complementar nº 12, de 23 de junho de 1999, combinadas com as disposições da Lei Complementar nº 123, de 16 de setembro de 2013;

b) exercer, alternativamente, prévia e expressamente, opção por aderir ao regime de previdência complementar previsto no art. 26, na forma do regulamento, garantidos os benefícios assegurados pelo SUPSEC sem a limitação ao valor máximo estabelecido no art. 27, hipótese em que não haverá contrapartida contributiva do Estado patrocinador no regime de previdência complementar. (Nova redação dada pela Lei Complementar n.º 183, de 21.11.18)

§ 2º São abrangidos pela previdência complementar dos servidores do Estado do Ceará, observado o disposto no §1º deste artigo:

I - os titulares de cargos efetivos de todos os Poderes Estaduais, do Ministério Público Estadual, dos Tribunais de Contas do Estado e dos Municípios, dos órgãos e entidades da Administração Pública Estadual direta, autárquica e fundacional;

II - os Magistrados, os membros do Ministério Público e os Conselheiros dos Tribunais de Contas do Estado e dos Municípios.

§ 3º Os valores a serem repassados à entidade gestora do regime de previdência complementar a título de contribuição do patrocinador deverão ser pagos com recursos do orçamento de cada um dos órgãos, entidades ou Poderes indicados no § 2º deste artigo.

§ 4º Os servidores e os Membros de Poder de que trata o inciso I do § 1º deste artigo serão automaticamente inscritos no respectivo plano de previdência complementar a partir da data de efetivo exercício no cargo público no qual foi investido, observado o disposto em regulamento, desde que percebam remuneração de contribuição acima do limite fixado para os benefícios do regime geral de previdência social. (Nova redação dada pela Lei Complementar n.º 183, 21.11.18)

§ 5º Fica vedado o aporte pelo Patrocinador de contribuições ou recursos de qualquer natureza referente a tempo de contribuição anterior à adesão ao regime de previdência complementar previsto nesta Lei.

§ 6º O prazo para a opção de que trata o inciso II, alínea "a" do § 1º deste artigo será de 36 (trinta e seis) meses, contados a partir da data de efetivo funcionamento da entidade gestora do regime instituído no art. 26 desta Lei Complementar, ficando garantido o direito a um benefício especial, observada a seguinte sistemática:

I - o benefício especial corresponderá a uma renda mensal paga adicionalmente a partir e enquanto perdurar o pagamento do benefício de aposentadoria ou pensão a ser concedido pelo SUPSEC, inclusive com a gratificação natalina;

II - o valor do benefício especial será calculado na data da opção do servidor prevista neste parágrafo, ficando o valor de direito sujeito, a partir do mês da opção, à atualização, mês a mês, de acordo com a variação integral do Índice Nacional de Preços ao Consumidor (INPC), ou outro que venha a substituí-lo, passando, a partir do mês de início de seu efetivo pagamento, à atualização nas mesmas datas e com os mesmos índices de revisão geral do Estado; (Redação dada pela Lei Complementar nº 227, de 16.12.2020)

III - o valor do benefício especial será equivalente à diferença entre a média aritmética simples das maiores remunerações de contribuição e o limite máximo a que se refere o art. 27, na data da opção ao regime de previdência complementar, multiplicada pelo fator de conversão de que trata o inciso V;

IV - as remunerações de que trata o inciso III serão aquelas utilizadas como base para as contribuições do servidor ao regime próprio de previdência social do Estado do Ceará, atualizadas mês a mês pelo índice fixado para a atualização dos salários de contribuição considerados no cálculo dos benefícios do regime geral de previdência social, correspondente a 80% (oitenta por cento) de todo período contributivo desde a competência de julho de 1994 ou desde a do início da contribuição ao regime próprio de previdência social do Estado do Ceará, se posterior àquela competência, até a data da opção pelo regime de previdência complementar;

V - o fator de conversão consiste na divisão da quantidade de meses de contribuição para o regime próprio de previdência social do Estado do Ceará, efetivamente pagas pelo segurado até a data da opção pelo regime de previdência complementar, exceto sobre 13º (décimo terceiro) pela quantidade total de meses de contribuição a seguir fixadas:

a) 420 (quatrocentos e vinte) meses de contribuição quando o servidor, se homem;

b) 360 (trezentos e sessenta) meses de contribuição quando o servidor, se mulher, ou professor do ensino fundamental e médio, e policial civil, ambos se homem;

c) 300 (trezentos) meses de contribuição quando professor do ensino fundamental e médio, e policial civil, ambos se mulher;

VI - o fator de conversão será ajustado pelo órgão gestor único do SUPSEC na data da concessão do benefício previdenciário do SUPSEC, quando o tempo de contribuição exigido para concessão da aposentadoria de que trata o § 4º do art. 40 da Constituição Federal for inferior à quantidade total de meses de contribuição de que trata o inciso V;

VII - o fator de conversão de que tratam os incisos V e VI será limitado a um inteiro;

VIII - ao benefício especial pago juntamente à pensão previdenciária do SUPSEC será aplicado redutor de 30 % (trinta por cento) e serão adotados os mesmos critérios de rateio utilizados para a concessão do benefício de pensão do SUPSEC;

IX - não será devido qualquer pagamento de benefício especial referente ao período entre a data do cálculo de que trata o inciso II deste parágrafo e a data do início de pagamento quando da concessão de benefício previdenciário pelo SUPSEC;

X – o benefício especial será encargo do Estado e terá a administração e o pagamento realizados pelo órgão gestor único do SUPSEC por meio de dotação orçamentária específica.

§7º O exercício da opção a que se refere o inciso II, alínea "a" do § 1º é irrevogável e irretratável, quanto à aplicação do limite previsto no art. 27, não sendo devida pelo Estado e suas autarquias e fundações públicas qualquer contrapartida referente ao valor dos descontos já efetuados sobre a base de contribuição acima do referido limite.

§8º A opção de que trata o inciso II, alínea "b" do § 1º deste artigo poderá ser exercida a qualquer tempo, na forma que dispuser o regulamento.

§9º O regime de previdência complementar instituído no art. 26 desta Lei Complementar poderá abranger também, em plano de benefício próprio, os empregados públicos celetistas, cujas atribuições, deveres e responsabilidades específicas estejam definidos em regulamento próprio e que tenham sido aprovados por meio de concurso público de provas, de provas e títulos ou de provas de seleção equivalentes ou recepcionados pela estabilidade, vinculados às autarquias, fundações, sociedades de economia mista e empresas públicas do Estado do Ceará.

§10. A entidade fechada a que se refere o art. 32 desta Lei Complementar poderá firmar convênio de adesão com os municípios do Estado do Ceará, para administrar plano de benefício na modalidade contribuição definida, desde que haja prévio estudo de viabilidade econômica, financeira e atuarial atestado por essa entidade, e que estejam autorizados por lei municipal que institua regime de previdência complementar para os seus servidores ou empregados, hipótese em que será facultado aos servidores e empregados públicos da administração direta, autarquias, fundações, sociedades de economia mista e empresas públicas daqueles entes a adesão aos referidos planos de benefícios.

§11. A entidade fechada a que se refere o art. 32 desta Lei Complementar fica autorizada a administrar plano de benefícios destinado a deputados estaduais, na forma da legislação federal e do regulamento.

§12. As contribuições poderão ter seu percentual alterado por opção do próprio participante, conforme regulamento do respectivo plano de benefício previdenciário.

§13. O participante poderá solicitar a portabilidade da reserva matemática constituída com base nas contribuições do participante e do patrocinador em seu nome, para qualquer outro plano de previdência complementar, desde que cumpra, cumulativamente, com os seguintes requisitos:

I – seja participante ativo há, no mínimo, 6 (seis) meses;

II – tenha o desligamento do vínculo com o patrocinador antes de estar em gozo do benefício;

III – não tenha optado pelo resgate de suas contribuições. (Redação dada pela Lei n.º 183, 21.11.18)

§14. O benefício especial previsto no §6.º deste artigo terá valor nulo para o servidor que tenha cumprido os requisitos para a concessão de benefício previdenciário de aposentadoria pelo regime próprio de previdência estadual até a data da opção a que se refere o §1.º, inciso II, alínea "a" deste artigo. (Acrescido pela Lei Complementar nº 227, de 16.12.2020)

Art. 28-A Fica assegurado ao participante o direito de requerer, a qualquer tempo, o cancelamento de sua inscrição, nos termos do regulamento do plano de benefícios.

§ 1º Na hipótese do cancelamento ser requerido no prazo de até 90 (noventa) dias da data da inscrição automática prevista no § 4º do art. 28, fica assegurado o direito à restituição integral das contribuições vertidas pelo participante, a ser paga em até 60 (sessenta) dias do pedido de cancelamento, corrigidas monetariamente.

§ 2º O cancelamento da inscrição previsto no § 1º deste artigo não constitui resgate e a contribuição aportada pelo patrocinador será devolvida à respectiva fonte pagadora no mesmo prazo da devolução da contribuição aportada pelo participante. (Redação dada pela Lei Complementar n.º 183, 21.11.18)

Art. 28-B. O exercício da livre e espontânea opção do servidor prevista na alínea "a" do inciso II do §1.º do art. 28 desta Lei Complementar implica, a partir da data da opção, a sua inscrição automática no regime de previdência complementar, aplicado o disposto no art. 28-A desta Lei Complementar. (Acrescido pela Lei Complementar nº 227, de 16.12.2020)

Art. 29. A alíquota de contribuição individual do participante do regime de previdência complementar instituído por esta Lei Complementar será por ele definida anualmente, observado o disposto no regulamento do plano de benefícios, sendo-lhe permitido fazer contribuições adicionais, porém sem contrapartida do patrocinador, também conforme dispuser o regulamento do plano de benefícios.

Art. 30. A alíquota de contribuição do patrocinador será igual à de contribuição individual do participante para o regime, respeitada, em qualquer hipótese, como limite máximo, a alíquota de 8,5% (oito vírgula cinco por cento). (Nova redação dada pela Lei Complementar n.º 183, 21.11.18)

Art. 31. A contribuição individual do participante e a contribuição do patrocinador incidirão sobre a parcela da remuneração de contribuição que exceder o limite máximo a que se refere o art. 27 desta Lei Complementar, observado o disposto no inciso XI do art. 37 da Constituição Federal e o regulamento do plano de benefícios respectivo.

Art. 32. Fica o Poder Executivo autorizado a criar entidade fechada de previdência complementar, de natureza pública, com a finalidade de administrar e executar planos de benefícios de caráter previdenciário complementar para acumular recursos capitalizados, nos termos das Leis Complementares Federais nºs 108 e 109, ambas de 29 de maio de 2001.

Parágrafo único. Independentemente da criação da entidade fechada de previdência complementar a que se refere o *caput* deste artigo, fica o Poder Executivo autorizado a contratar, na forma que dispuser a legislação federal e as normas regulamentares respectivas, a vinculação do regime de previdência complementar de que trata esta Lei Complementar aos planos de benefícios que vierem a ser instituídos, de âmbito nacional, para agregar os participantes do regime de previdência complementar de Estados e Municípios, bem como da administração do regime de previdência complementar do Estado do Ceará.

Art. 33. Cabe ao Órgão ou à Entidade responsável pela administração do regime próprio de previdência estadual, integrante da estrutura administrativa do Governo do Estado do Ceará, prover os meios necessários para articular as gestões e providências pertinentes à implementação e ao funcionamento do regime de previdência complementar de que trata esta Lei Complementar.

Art. 34. Esta Lei Complementar entra em vigor na data de 1º de janeiro de 2014.

PALÁCIO DA ABOLIÇÃO, DO GOVERNO DO ESTADO DO CEARÁ, em Fortaleza, 16 de setembro de 2013.

LEI COMPLEMENTAR ESTADUAL Nº 159, DE 14 DE JANEIRO DE 2016

– ALTERA AS LEIS COMPLEMENTARES Nº 12, DE 23 DE JUNHO DE 1999, Nº 21, DE 29 DE JUNHO DE 2000, Nº 38, DE 31 DE DEZEMBRO DE 2003, E NºS 92 E 93, DE 25 DE JANEIRO DE 2011, E A LEI Nº 9.826, DE 14 DE MAIO DE 1974

NÃO HOUVE ATUALIZAÇÕES POSTERIORES.

Art. 1º A Lei Complementar nº 12, de 23 de junho de 1999, passa a vigorar com as seguintes alterações:

"CAPÍTULO I

DA INSTITUIÇÃO E FINANCIAMENTO DO SISTEMA

Art. 1º Ficam instituídos o Sistema Único de Previdência Social do Estado do Ceará – SUPSEC, e a respectiva contribuição previdenciária para o custeio do sistema, destinado a prover os benefícios previdenciários dos segurados, seus dependentes e pensionistas, observadas as normas gerais de contabilidade e atuária e critérios que preservem o equilíbrio financeiro e atuarial, conforme art. 330 da Constituição Estadual.

Art. 2º A previdência social mantida pelo Sistema Único de Previdência Social do Estado do Ceará – SUPSEC, será financiada com recursos provenientes do orçamento do Estado e das contribuições previdenciárias dos segurados, compreendendo o pessoal civil, ativo, inativo e seus pensionistas, o militar do serviço ativo, da reserva remunerada e reformado e seus pensionistas, e os beneficiários dos montepios civis e pensão policial militar extintos de acordo com o art. 12 desta Lei Complementar.

CAPÍTULO II

DAS CONTRIBUIÇÕES E CONTRIBUINTES DO SISTEMA

Art. 3º A contribuição do Estado, de suas autarquias e fundações para o custeio do Sistema Único de Previdência Social do Estado do Ceará – SUPSEC, será o dobro da contribuição do servidor ativo, devendo o produto de sua arrecadação ser contabilizado em conta do Sistema.

Parágrafo único. O Estado é responsável pela cobertura de eventuais insuficiências financeiras do SUPSEC, decorrentes do pagamento de benefícios previdenciários.

Art. 4º São contribuintes obrigatórios do Sistema Único de Previdência Social do Estado do Ceará – SUPSEC:

I - os servidores públicos civis, ativos e inativos de todos os Poderes, do Ministério Público, dos Tribunais de Contas do Estado e dos Municípios, dos órgãos e entidades da administração pública estadual, direta, autárquica e fundacional, exceto os exclusivamente ocupantes de cargo de provimento em comissão;

II - os militares ativos, da reserva remunerada e da reforma;

III – os servidores detentores de funções considerados estáveis no serviço público, segundo o art. 19 do Ato das Disposições Constitucionais Transitórias da Constituição Federal, e os admitidos até 5 de outubro de 1988, que não tenham cumprido, naquela data, o tempo previsto para aquisição da estabilidade no serviço público, desde que sujeitos ao regime jurídico estatutário;

IV - os Magistrados, os membros do Ministério Público e os Conselheiros dos Tribunais de Contas do Estado e dos Municípios;

V - os pensionistas do Estado, inclusive dos contribuintes indicados nos incisos anteriores, bem como os atuais beneficiários dos montepios civis e da pensão policial militar extintos nesta Lei Complementar.

Parágrafo único. Permanecem inscritos no SUPSEC, excepcionalmente, os serventuários da Justiça não remunerados pelos cofres públicos que se aposentaram ou que implementaram os requisitos para a aposentadoria antes da vigência da Emenda Constitucional nº 20, de 15 de dezembro de 1998, deles sendo gerada pensão a dependentes, independente da data do óbito.

Art. 5º A contribuição previdenciária dos contribuintes do Sistema Único de Previdência Social do Estado do Ceará – SUPSEC, será calculada sobre a remuneração, proventos e pensão, observando o disposto no §18, do art.40 da Constituição Federal e neste artigo.

§ 1º A contribuição social do servidor público estadual ativo, de quaisquer dos Poderes do Estado, incluídas suas autarquias e fundações, bem como dos militares, dos agentes públicos e dos membros de Poder, será de 11% (onze por cento) para a manutenção do SUPSEC, incidente sobre a totalidade da base de contribuição definida em lei.

§ 2º A contribuição social dos aposentados e militares da reserva remunerada e reforma, bem como dos respectivos pensionistas de quaisquer dos Poderes do Estado, incluídas suas autarquias e fundações, para a manutenção do SUPSEC, será de 11% (onze por cento) incidente sobre a parcela que ultrapassar o limite máximo de contribuição e benefício do Regime Geral de Previdência Social – RGPS.

§ 3º A alíquota especial de contribuição previdenciária será de 22% (vinte e dois por cento) sobre o valor total da base de cálculo da contribuição.

§ 4º A contribuição a que se refere este artigo, no caso de beneficiários portadores de doenças incapacitantes, incidirá unicamente sobre as parcelas dos proventos de aposentadoria e de pensão por morte que sejam superiores ao dobro do limite máximo dos benefícios do regime geral da previdência, estabelecido pelo art. 201 da Constituição Federal.

§ 5º O direito a que se refere o § 4º fica condicionado à edição de lei complementar federal, na forma do art. 40, § 21, da Constituição Federal.

Art. 5º-A. A contribuição previdenciária do SUPSEC, decorrente de valores pagos em cumprimento de decisão judicial, ainda que derivada de homologação de acordo, será retida na fonte, antes do pagamento ao beneficiário ou seu representante legal, pelo órgão do Poder Judiciário responsável pelo pagamento, mediante a aplicação da alíquota prevista nesta Lei sobre o valor pago, devendo ser recolhida à conta do SUPSEC.

Art. 5º-B. A não retenção das contribuições pelo órgão pagador, inclusive nas hipóteses previstas no art. 5º-A, sujeitará o responsável às sanções penais e administrativas, cabendo a esse órgão apurar os valores não retidos e proceder ao desconto na folha de pagamento dos segurados civis e militares, ativos e inativos, e dos pensionistas, em rubrica e classificação contábil específica.

CAPÍTULO III

DA COBERTURA PREVIDENCIÁRIA DO SISTEMA

Seção I

Dos Beneficiários

Art. 6º O Sistema Único de Previdência Social do Estado do Ceará – SUPSEC, de que trata esta Lei Complementar, de caráter contributivo, proporcionará cobertura exclusiva aos segurados, contribuintes do Sistema, e seus respectivos dependentes, vedado o pagamento de benefícios mediante convênios entre o Estado e seus Municípios.

§ 1º Os dependentes previdenciários, de que trata o *caput* deste artigo, são:

I - o cônjuge supérstite, o companheiro ou a companheira que vivam em união estável como entidade familiar, inclusive por relação homoafetiva, e o ex-cônjuge separado, inclusive de fato, ou divorciado, desde que, nos 2 (dois) últimos casos, na data do falecimento do segurado, esteja percebendo pensão alimentícia devidamente comprovada, observado o percentual fixado, que incidirá sobre a cota que couber ao cônjuge ou companheiro no rateio da pensão com os dependentes indicados nos incisos II e III deste artigo;

II – o filho que atenda a um dos seguintes requisitos:

a) tenha idade de até 21 (vinte e um) anos;

b) seja inválido, observadas as condições estabelecidas nesta Lei;

c) tenha deficiência grave, devidamente atestada por laudo médico oficial, comprovada a dependência econômica;

III – o tutelado nesta condição na data do óbito do segurado, provada a dependência econômica, hipótese em que passa a ser equiparado a filho, para efeito de percepção da pensão;

IV – a mãe e o pai que comprovem dependência econômica do servidor, desde que inexistam, na data do óbito, os dependentes previdenciários referidos nos incisos I, II e III deste parágrafo.

§ 2º A dependência econômica é requisito para o reconhecimento do direito dos dependentes indicados no § 1º, deste artigo, ao benefício de pensão, sendo presumida, de forma absoluta, em relação ao cônjuge supérstite, companheiro, companheira e ao filho

PREVIDENCIÁRIO

de até 21 (vinte e um) anos de idade, ressalvado o disposto nesta Lei Complementar.

§ 3º Para os fins do disposto nesta Lei, a dependência econômica poderá ser demonstrada na via administrativa:

I - pela comprovação da percepção de pensão alimentícia, nas hipóteses de cônjuge separado, inclusive de fato, ou divorciado, cabendo à Administração, a seu critério, exigir a apresentação de outros documentos comprobatórios;

II - por prova documental consistente em declarações de Imposto de Renda, certidões, ou qualquer outro meio assemelhado que comprovem a ausência de percepção de outro benefício ou renda suficiente para mantença própria, no momento da concessão, nas situações referentes a filho inválido com mais de 21 (vinte e um) anos de idade e ao tutelado.

§ 4º Para os efeitos desta Lei, cessa, a qualquer tempo, a condição de dependente previdenciário:

I - no caso de cônjuge supérstite, companheiro ou companheira, inclusive por relação homoafetiva, quando alcançados os prazos fixados nos incisos I e II do § 5º deste artigo ou quando contrair casamento ou união estável;

II – no caso de filho com idade superior a 21 (vinte e um) anos, inválido, quando provada a percepção, após a verificação da causa ensejadora da invalidez, de renda suficiente para sua manutenção;

III - no caso de cônjuge separado de fato há mais de 2 (dois) anos, quando não comprovada a percepção de verba alimentícia do segurado, mediante a apresentação de documentação idônea, a critério da Administração;

IV – em se tratando de filho com idade superior a 21 (vinte e um) anos, inválido, quando cessada a condição de invalidez, circunstância a ser apurada em perícia médica do órgão oficial do Estado do Ceará, a cuja submissão periódica, sob pena de suspensão do pagamento da pensão, está obrigado o beneficiário nessa condição, no prazo de até 12 (doze) meses, para a primeira reavaliação, a contar da concessão provisória ou definitiva do benefício, observado, para as reavaliações seguintes, o intervalo de 6 (seis) meses;

V - em relação a quaisquer dependentes, com o falecimento.

§ 5º Em relação aos dependentes de que trata o inciso I do § 1º deste artigo, a pensão será devida observando os critérios abaixo:

I - pelo período de 4 (quatro) meses, se o óbito ocorrer sem que o segurado tenha vertido 18 (dezoito) contribuições mensais ou se o casamento ou a união estável tiverem sido iniciados em menos de 2 (dois) anos antes da data do óbito do segurado;

II - pelos seguintes períodos, caso o segurado tenha recolhido 18 (dezoito) contribuições mensais, havendo o seu óbito ocorrido, pelo menos 2 (dois) anos após o início do casamento ou união estável:

a) por 3 (três) anos, se o pensionista contar com menos de 21 (vinte e um) anos completos de idade;

b) por 6 (seis) anos, se o pensionista contar com idade entre 21 (vinte e um) e 26 (vinte e seis) anos completos;

c) por 10 (dez) anos, se o pensionista contar com idade entre 27 (vinte e sete) e 29 (vinte e nove) anos completos;

d) por 15 (quinze) anos, se o pensionista contar com idade entre 30 (trinta) e 40 (quarenta) anos completos;

e) por 20 (vinte) anos, se o pensionista contar com idade entre 41 (quarenta e um) e 43 (quarenta e três) anos completos;

III - será vitalícia a pensão se o pensionista contar com 44 (quarenta e quatro) anos completos ou mais de idade na data do óbito do segurado ou na hipótese de falecimento estritamente relacionado ao serviço.

§ 6º A perda ou a não comprovação da condição de dependente previdenciário, inclusive em relação à dependência econômica, resulta na negativa de concessão de benefício ou em sua cessação, caso esteja em fruição, garantido o contraditório administrativo antes da efetivação financeira da decisão, ressalvados os casos em que a perda da condição de dependente previdenciário ocorrer em razão da idade do beneficiário ou do transcurso do tempo indicado no § 5º, casos em que a cessação do benefício poderá ocorrer imediatamente.

§ 7º A prova da união estável como entidade familiar se faz mediante a apresentação da documentação admitida para tais fins pelo Regime Geral de Previdência Social, nos termos e condições previstos na legislação específica, cabendo à Procuradoria-Geral do Estado, a seu critério, entendê-la insuficiente, mediante parecer fundamentado, hipótese na qual a comprovação dependerá de decisão judicial transitada em julgado em procedimento contencioso de reconhecimento da relação.

§ 8º A pensão previdenciária será paga por metade aos dependentes indicados no inciso I do § 1º deste artigo, limitada a quota do ex-cônjuge ao percentual da pensão alimentícia percebida e devidamente comprovada, desde que esse percentual não seja superior à quota do cônjuge supérstite, companheiro ou companheira, cabendo aos elencados nos demais incisos, em quotas iguais, a outra metade.

§ 9º Não havendo dependentes aptos à percepção de uma das metades indicadas no § 8º deste artigo, a totalidade da pensão será rateada entre os demais, observadas as proporções estabelecidas neste artigo e vedado ao cônjuge separado, inclusive de fato, e ao divorciado perceber parcela superior ao percentual fixado na separação ou no divórcio como pensão alimentícia a que tenha direito.

§ 10. O tempo de contribuição a Regime Próprio de Previdência Social – RPPS, ou ao Regime Geral de Previdência Social – RGPS, será considerado na contagem das 18 (dezoito) contribuições mensais referidas nos incisos I e II do § 5º deste artigo.

§ 11. Havendo indícios de simulação ou fraude na constituição do casamento ou da união estável, para fins de pensionamento, apurados a partir dos documentos iniciais apresentados no processo de pensão, não será devida a concessão de benefício provisório ao interessado, cujo reconhecimento do direito fica condicionado à comprovação, perante a Administração, e pelos meios de prova admitidos, da efetiva relação conjugal ou união estável anteriores ao óbito do segurado.

§ 12. Para os fins previstos no inciso II do § 5º deste artigo, as idades serão automaticamente adequadas, mediante ato do Secretário do Planejamento e Gestão do Estado, às que vierem a ser fixadas no âmbito federal, pelo Ministério do Planejamento, Orçamento e Gestão.

Seção II

Do Rol e Pagamento de Benefícios Previdenciários

Art. 7º O Sistema Único de Previdência Social do Estado do Ceará – SUPSEC, assegurará, exclusivamente, a partir da data em que se tornar exigível a respectiva contribuição previdenciária, os seguintes benefícios:

I - aposentadoria, reserva remunerada ou reforma;

II - pensão previdenciária por morte do segurado;

III - salário-família do segurado inativo.

Parágrafo único. Os benefícios de aposentadoria, reserva remunerada, reforma e pensão previdenciária concedidos pelo SUPSEC não poderão ter valor inferior ao salário-mínimo federal.

Art. 8º Os benefícios de aposentadoria do SUPSEC, por ocasião de sua concessão, não poderão exceder a remuneração ou subsídio do respectivo segurado, no cargo efetivo ou equivalente em que se der a aposentadoria ou que serviu de referência para a concessão da pensão, respeitado o teto remuneratório aplicável.

Parágrafo único. Os serventuários da Justiça não remunerados pelos cofres públicos, inscritos na previdência social estadual anteriormente ao advento da Lei Federal nº 8.935, de 18 de novembro de 1994, e que implementaram as condições para a aposentadoria até a vigência da Emenda Constitucional nº 20, de 15 de dezembro de 1998, terão os respectivos proventos fixados de acordo com a média das remunerações que serviram de base de cálculo para as 96 (noventa e seis) últimas contribuições efetivamente recolhidas, sendo tais proventos e pensões reajustados na mesma época e índice dos reajustes gerais dos servidores do Estado.

Art. 9º A pensão por morte será calculada com base na totalidade do subsídio, vencimentos ou proventos do servidor, observado o disposto no art. 40, § 7º, da Constituição Federal e respeitado o teto remuneratório aplicável, sendo devida a partir:

I - da data do óbito, se requerido o benefício em até 90 (noventa) dias do falecimento do segurado;

II - da data do requerimento, no caso de inclusão post mortem, qualquer que seja a condição do dependente;

III - da data do requerimento, se requerido o benefício de pensão, por qualquer motivo, após 90 (noventa) dias da data do falecimento do segurado;

IV - do trânsito em julgado da sentença judicial, comprovado mediante apresentação de certidão, no caso de morte presumida ou ausência do segurado.

§ 1º Considera-se inclusão post mortem aquela não comprovável de imediato por ocasião do óbito do segurado, em razão da necessidade de demonstração de elementos adicionais, não demonstráveis no momento do falecimento do segurado, como o reconhecimento judicial de união estável, a investigação de paternidade ou maternidade e outros atos assemelhados.

§ 2º Cessa o pagamento da pensão previdenciária por morte:

I - em relação ao cônjuge supérstite, companheira ou companheiro, inclusive por relação homoafetiva, e ao ex-cônjuge separado, inclusive de fato, ou divorciado, beneficiário de pensão alimentícia, na data em que contraírem novas núpcias ou constituírem nova união estável;

II - em relação ao filho, na data em que atingir 21 (vinte e um) anos de idade, salvo se inválido, hipótese em que deverá ser observado o seguinte:

a) a invalidez seja total para qualquer trabalho e anterior à maioridade do dependente previdenciário, mediante reconhecimento ou comprovação pela perícia médica oficial do Estado; e

b) a dependência econômica em relação ao segurado seja devidamente comprovada, nos termos desta Lei;

III - em relação ao tutelado habilitado nos termos do inciso III do § 1º do art. 6º desta Lei, nas mesmas condições do inciso II, § 2º, deste artigo;

IV - em relação a todos os beneficiários da pensão, com o falecimento;

V - em relação a qualquer dos beneficiários da pensão, se verificado o disposto no § 4º do art. 6º desta Lei;

VI - em relação ao dependente condenado pela prática de crime de que tenha dolosamente resultado a morte do segurado instituidor da pensão, após o trânsito em julgado da decisão condenatória;

VII - em relação ao cônjuge, ao companheiro ou à companheira, inclusive por relação homoafetiva, se comprovada, a qualquer tempo, simulação ou fraude no casamento ou na união estável, ou a formalização desses com o fim exclusivo de constituir benefício previdenciário, apuradas em processo no qual será assegurado o direito ao contraditório e à ampla defesa;

VIII - em relação a qualquer dos beneficiários da pensão, por renúncia expressa.

§ 3º Serão aplicados, conforme o caso, os prazos previstos no inciso II do § 5º do art. 6º desta Lei, se o óbito do segurado decorrer de acidente de qualquer natureza ou de doença profissional ou do trabalho, independentemente do recolhimento de 18 (dezoito) contribuições mensais ao SUPSEC ou da comprovação de 2 (dois) anos de casamento ou de união estável até a data do óbito do segurado instituidor da pensão.

§ 4º Ressalvado o direito de opção, é vedada a percepção cumulada de pensão deixada por mais de um cônjuge ou companheiro ou companheira e, em qualquer caso, de mais de 2 (duas) pensões a cargo do SUPSEC.

CAPÍTULO IV

DAS DISPOSIÇÕES GERAIS

Art. 10. Ao Sistema Único de Previdência Social do Estado do Ceará – SUPSEC, aplicam-se, além das disposições da Constituição Federal, da legislação previdenciária estadual e nacional, as disposições de caráter geral previstas nos parágrafos deste artigo.

§ 1º As contribuições ao Sistema Único de Previdência Social do Estado do Ceará – SUPSEC, recolhidas com atraso, sofrerão acréscimos de juros equivalentes à taxa referencial do Sistema Especial de Liquidação e Custódia - SELIC, sendo considerada no mês de vencimento e no mês de pagamento a taxa referencial de 1% (um por cento), respeitando-se como limite mínimo a meta de investimento aplicada ao SUPSEC.

§ 2º Para fins previdenciários, no que respeita às aposentadorias que tenham por base de cálculo a última remuneração do segurado, notadamente segundo as regras do art. 6º da Emenda Constitucional Federal nº 41/2003, as regras de transição dos arts. 2º e 3º da Emenda Constitucional Federal nº 47/2005 e o disposto na Emenda Constitucional nº 70/2012, deverá ser observado que:

I – o valor das gratificações ou adicionais por titulação concedidos no âmbito funcional aos servidores estaduais, observado o tipo de titulação, somente poderá ser considerado no cálculo do valor inicial dos proventos se decorrido o lapso temporal de, no mínimo, 60 (sessenta) meses de efetiva contribuição ao SUPSEC sobre referido valor até a data do requerimento do benefício;

II – o valor de quaisquer outras gratificações ou adicionais concedidos no âmbito funcional, os quais possam ser incorporados na aposentadoria, integrará o cálculo do valor inicial dos proventos e pensões na exata proporção do número de meses de efetiva contribuição do segurado ao SUPSEC, incidente sobre a gratificação ou o adicional, em relação ao mínimo necessário de 60 (sessenta) meses para incorporação integral, vedado qualquer arredondamento.

§ 3º O segurado do SUSPEC, quando cedido a órgão ou entidade de outro ente da federação, com ou sem ônus para o cessionário, ou afastado para o exercício de mandato eletivo, continuará vinculado ao Sistema, permanecendo obrigatório o recolhimento das contribuições previdenciárias em relação ao seu cargo efetivo, cabendo ao órgão cessionário a responsabilidade pelo desconto, recolhimento e repasse das contribuições previdenciárias ao SUPSEC, conforme valores informados mensalmente pelo órgão ou entidade de origem do segurado.

§ 4º A edição dos atos regulamentares relativos à gestão do SUPSEC, ressalvada a competência do Governador do Estado, caberá ao representante legal do Sistema, observado o disposto no art. 11 desta Lei.

Art. 11. O Sistema Único de Previdência Social do Estado do Ceará - SUPSEC, enquanto não constituída pessoa jurídica para esse fim, será gerido pela Secretaria do Planejamento e Gestão, cabendo a esta o planejamento, a coordenação, a execução, a supervisão e o controle das atividades do Sistema." (NR)

Art. 2º Ficam acrescidos ao art. 62 da Lei nº 13.729, de 13 de janeiro de 2006, os §§ 8º, 9º e 10, bem como alterada a redação do inciso I do § 1º do referido artigo, nos seguintes termos:

"Art. 62. ...

...

§ 1º...

I – à gestante, por 120 (cento e vinte) dias, prorrogáveis por mais 60 (sessenta) dias, nos termos dos §§ 8º e 9º;

...

§ 8º A prorrogação da licença de que trata o inciso I do § 1º deste artigo será assegurada à militar estadual, mediante requerimento efetivado até o final do terceiro mês após o parto, e concedida imediatamente após a fruição da licença-maternidade de que trata o art. 7º, inciso XVIII da Constituição Federal.

§ 9º Durante o período de prorrogação da licença-maternidade, a militar estadual terá direito à sua remuneração, vedado o exercício de qualquer atividade remunerada pela beneficiária, não podendo também a criança ser mantida em creches ou organização similar, sob pena da perda do direito do benefício e consequente apuração da responsabilidade funcional.

§ 10. Em caso de aborto não criminoso, comprovado mediante atestado médico, a militar terá direito à licença remunerada correspondente a 2 (duas) semanas." (NR)

Art. 3º O *caput*, o inciso II e os §§ 1º, 11 e 12 do art. 3º da Lei Complementar nº 92, de 25 de janeiro de 2011, passam a vigorar com as seguintes alterações:

"Art. 3º O processo de aposentadoria da Administração Direta e Indireta terá a seguinte tramitação:

...

II - a minuta do ato ou portaria de aposentadoria, devidamente assinada pela autoridade competente e previamente analisada pelo setor previdenciário da Secretaria do Planejamento e Gestão, será publicada em Diário Oficial, passando o servidor a ser considerado como inativo, sob condição resolutiva, para todos os efeitos legais, inclusive quanto ao recebimento de proventos e ao pagamento de contribuições ao Sistema Único de Previdência Social do Estado do Ceará - SUPSEC, a partir da publicação respectiva;

...

§ 1º O servidor afastar-se-á de suas atividades:

I – em caso de invalidez ou alcance da idade-limite para permanência no serviço público, na data prevista no laudo médico oficial e na data em que atingida a idade-limite, respectivamente;

II - em caso de aposentadoria voluntária, no primeiro dia seguinte à abertura do processo de inativação, observados os seguintes passos:

a) previamente à abertura do processo de inativação, caberá ao órgão ou entidade de origem, a pedido do servidor, analisar, dentro do prazo estabelecido em ato do Secretário de Planejamento e Gestão do Estado do Ceará, a sua situação funcional, a partir de seus assentamentos funcionais atualizados em sistema específico, emitindo documento que comprove e ateste o cumprimento dos tempos mínimos necessários para a inativação;

b) de posse do documento indicado na alínea "a", o servidor deverá apresentar requerimento de aposentadoria, quando receberá do órgão ou entidade de origem autorização formal para o afastamento das atividades.

...

§ 11. Não será admitida a desistência do processo de aposentadoria voluntária após a sua abertura, ressalvada a hipótese de retorno ao serviço pelo servidor, se comprovado, posteriormente, o não atendimento dos requisitos para a inativação, observado o disposto nos incisos IV e VI e §§ 4º e 5º deste artigo.

§ 12. Para os fins do disposto no inciso II do § 1º deste artigo, cumpridos os requisitos de tempos mínimos para a inativação, qualquer discussão de natureza financeira quanto ao valor inicial dos proventos de aposentadoria não obsta o pedido de inativação, a abertura e a regular tramitação do processo." (NR)

Art. 4º O inciso II e os §§ 1º, 11 e 12 do art. 3º da Lei Complementar nº 93, de 25 de janeiro de 2011, passam a vigorar com as seguintes alterações:

"Art. 3º ...

II - a minuta do ato de reserva ou reforma, devidamente assinada pela autoridade competente e previamente analisada pelo setor previdenciário da Secretaria do Planejamento e Gestão, será publicada em Diário Oficial, passando o militar a ser considerado como inativo, sob condição resolutiva, para todos os efeitos legais, inclusive quanto ao recebimento de proventos e ao pagamento de contribuições ao Sistema Único de Previdência Social do Estado do Ceará - SUPSEC, a partir da publicação respectiva;

...

§ 1º O militar afastar-se-á de suas atividades:

I – em caso de invalidez, na data prevista no laudo médico oficial, e, nas hipóteses de inativação ex officio, imediatamente depois do seu marco inicial definido na legislação pertinente;

II - em caso de reserva remunerada a pedido, no primeiro dia seguinte à abertura do processo de inativação, observados os seguintes passos:

a) previamente à abertura do processo de inativação, caberá ao órgão ou entidade de origem, a pedido do militar, analisar a sua situação funcional, a partir de seus assentamentos funcionais atualizados em sistema específico, para, em seguida, emitir documento que comprove e ateste o cumprimento dos tempos mínimos necessários para a inativação;

b) de posse do documento indicado na alínea "a", o militar deverá apresentar requerimento de inativação, quando receberá do órgão ou entidade de origem autorização formal para o afastamento das atividades.

...

§ 11. Não será admitida a desistência do processo de reserva após a sua abertura, ressalvada a hipótese de retorno ao serviço pelo militar, se comprovado, posteriormente, o não atendimento dos requisitos para a inativação, observado o disposto nos incisos IV e VI e §§ 4º e 5º deste artigo.

§ 12. Para os fins do disposto no inciso II do § 1º deste artigo, cumpridos os requisitos de tempos mínimos para a inativação, qualquer discussão de natureza financeira quanto ao valor inicial dos proventos não obsta o pedido de inativação, a abertura e a regular tramitação do processo." (NR)

Art. 5º Os arts. 5º, 8º e 9º da Lei Complementar nº 21, de 29 de junho de 2000, passam a vigorar com as seguintes alterações:

"Art. 5º ...

§ 1º Os dependentes previdenciários, de que trata o *caput* deste artigo, são:

I - o cônjuge supérstite, o companheiro ou a companheira que vivam em união estável como entidade familiar, inclusive por relação homoafetiva, e o ex-cônjuge separado, inclusive de fato, ou divorciado, desde que, nos três últimos casos, na data do falecimento do segurado, esteja percebendo pensão alimentícia devidamente comprovada, observado o percentual fixado, que incidirá sobre a cota que couber ao cônjuge ou companheiro no rateio da pensão com os dependentes indicados nos incisos II e III deste artigo;

II – o filho que atenda a um dos seguintes requisitos:

a) tenha idade de até 21 (vinte e um) anos;

b) seja inválido, observadas as condições estabelecidas nesta Lei;

c) tenha deficiência grave, devidamente atestada por laudo médico oficial, comprovada a dependência econômica;

III – o tutelado nesta condição na data do óbito do segurado, provada a dependência econômica, hipótese em que passa a ser equiparado a filho, para efeito de percepção da pensão;

IV – a mãe e o pai que comprovem dependência econômica do servidor, desde que inexistam, na data do óbito, os dependentes previdenciários referidos nos incisos I, II e III deste parágrafo.

§ 2º A dependência econômica é requisito para o reconhecimento do direito dos dependentes indicados no §1º, deste artigo, ao benefício de pensão, sendo presumida, de forma absoluta, em relação ao cônjuge supérstite, companheiro, companheira e ao filho de até 21 (vinte e um) anos de idade, ressalvado o disposto nesta Lei Complementar.

§ 3º Para os fins do disposto nesta Lei, a dependência econômica poderá ser demonstrada na via administrativa:

I - pela comprovação da percepção de pensão alimentícia, nas hipóteses de cônjuge separado, inclusive de fato, ou divorciado, cabendo à Administração, a seu critério, exigir a apresentação de outros documentos comprobatórios;

II - por prova documental consistente em declarações de Imposto de Renda, certidões, ou qualquer outro meio assemelhado que comprovem a ausência de percepção de outro benefício ou renda suficiente para mantença própria, no momento da concessão, nas situações referentes a filho inválido com mais de 21 (vinte e um) anos de idade e ao tutelado.

§ 4º Para os efeitos desta Lei, cessa, a qualquer tempo, a condição de dependente previdenciário:

I - no caso de cônjuge supérstite, companheiro ou companheira, inclusive por relação homoafetiva, quando contrair casamento ou união estável;

II – no caso de filho com idade superior a 21 (vinte e um) anos, inválido, quando provada a percepção, após a verificação da causa ensejadora da invalidez, de renda suficiente para sua manutenção;

III - no caso de cônjuge separado de fato há mais de 2 (dois) anos, quando não comprovada a percepção de verba alimentícia do segurado, mediante a apresentação de documentação idônea, a critério da Administração;

IV – em se tratando de filho com idade superior a 21 (vinte e um) anos, inválido, quando cessada a condição de invalidez, circunstância a ser apurada em perícia médica do órgão oficial do Estado do Ceará, a cuja submissão periódica, sob pena de suspensão do pagamento da pensão, está obrigado o beneficiário nessa condição, no prazo de até 12 (doze) meses, para a primeira reavaliação, a contar da concessão provisória ou definitiva do benefício, observado, para as reavaliações seguintes, o intervalo de 6 (seis) meses;

V - em relação a quaisquer dependentes, com o falecimento.

§ 5º A perda ou a não comprovação da condição de dependente previdenciário, inclusive em relação à dependência econômica, resulta na negativa de concessão de beneficio ou em sua imediata cessação, caso já esteja em fruição.

§ 6º A prova da união estável como entidade familiar se faz mediante a apresentação da documentação admitida para tais fins pelo Regime Geral de Previdência Social, nos termos e condições previstos na legislação específica, cabendo à Procuradoria-Geral do Estado, a seu critério, entendê-la insuficiente, mediante parecer fundamentado, hipótese na qual a comprovação dependerá de decisão judicial transitada em julgado em procedimento contencioso de reconhecimento da relação.

§ 7º A pensão previdenciária será paga por metade, à totalidade dos dependentes indicados no inciso I do § 1º deste artigo, cabendo aos elencados nos incisos II e III, em quotas iguais, a outra metade.

§ 8º A pensão previdenciária será paga por metade aos dependentes indicados no inciso I do § 1º deste artigo, limitada a quota do ex-cônjuge ao percentual da pensão alimentícia percebida e devidamente comprovada, desde que esse percentual não seja superior à quota do cônjuge supérstite, companheiro ou companheira, cabendo aos elencados nos demais incisos, em quotas iguais, a outra metade.

§ 9º Não havendo dependentes aptos à percepção de uma das metades indicadas no § 7º deste artigo, a totalidade da pensão será rateada entre os demais, observadas as proporções estabelecidas neste artigo e vedado ao cônjuge separado, inclusive de fato, e ao divorciado perceber parcela superior ao percentual fixado na separação ou no divórcio como pensão alimentícia a que tenha direito.

...

Art. 8º A pensão por morte será calculada com base na totalidade da remuneração ou proventos do militar falecido, respeitado o teto remuneratório aplicável, sendo devida a partir:

I - da data do óbito, se requerido o benefício em até 90 (noventa) dias do falecimento do segurado;

II - da data do requerimento, no caso de inclusão post mortem, qualquer que seja a condição do dependente;

III - da data do requerimento, se requerido o benefício de pensão, por qualquer motivo, após 90 (noventa) dias da data do falecimento do segurado;

IV - do trânsito em julgado da sentença judicial, comprovado mediante apresentação de certidão, no caso de morte presumida ou ausência do segurado.

§ 1º Considera-se inclusão post mortem aquela não comprovável de imediato por ocasião do óbito do segurado, em razão da necessidade de demonstração de elementos adicionais, não demonstráveis no momento do falecimento do segurado, como o reconhecimento judicial de união estável, a investigação de paternidade ou maternidade e outros atos assemelhados.

§ 2º Cessa o pagamento da pensão previdenciária por morte:

I - em relação ao cônjuge supérstite, companheira ou companheiro, inclusive por relação homoafetiva, e ao ex-cônjuge separado, inclusive de fato, ou divorciado, beneficiário de pensão alimentícia, na data em que contraírem novas núpcias ou constituírem nova união estável;

II - em relação ao filho, na data em que atingir 21 (vinte e um) anos de idade, salvo se inválido, hipótese em que deverá ser observado o seguinte:

a) a invalidez seja total para qualquer trabalho e anterior à maioridade do dependente previdenciário, mediante reconhecimento ou comprovação pela perícia médica oficial do Estado; e

b) a dependência econômica em relação ao segurado seja devidamente comprovada, nos termos desta Lei;

III - em relação ao tutelado habilitado nos termos do inciso III do §1º do art. 5º desta Lei, nas mesmas condições de que trata o inciso II, §2º, deste artigo;

IV - em relação a todos os beneficiários da pensão, com o falecimento;

V - em relação a qualquer dos beneficiários da pensão, se verificado o disposto no § 4º do art. 5º desta Lei;

VI - em relação ao dependente condenado pela prática de crime de que tenha dolosamente resultado a morte do segurado instituidor da pensão, após o trânsito em julgado da decisão condenatória;

VII - em relação ao cônjuge, ao companheiro ou à companheira, inclusive por relação homoafetiva, se comprovada, a qualquer tempo, simulação ou fraude no casamento ou na união estável, ou a formalização desses com o fim exclusivo de constituir benefício previdenciário, apuradas em processo no qual será assegurado o direito ao contraditório e à ampla defesa;

VIII - em relação a qualquer dos beneficiários da pensão, por renúncia expressa.

§ 3º Ressalvado o direito de opção, é vedada a percepção cumulada de pensão deixada por mais de um cônjuge ou companheiro ou companheira e, em qualquer caso, de mais de 2 (duas) pensões a cargo do SUPSEC.

Art. 9º O auxílio-reclusão será pago pelo órgão de origem aos dependentes do militar nas mesmas condições fixadas para os dependentes do servidor público civil do Estado do Ceará." (NR)

Art. 6º O § 3º do art. 34, o § 2º do art. 100, a alínea "b" do inciso I, do art. 150, o art. 159 e o inciso III do art. 165 da Lei nº 9.826, de 14 de maio de 1974, passam a vigorar com as seguintes alterações:

"Art. 34. ...

...

§ 3º O funcionário afastado nos termos do parágrafo anterior terá direito à percepção do benefício do auxílio-reclusão, nos termos desta Lei.

...

Art. 100. ...

...

§ 2º - Durante o período de prorrogação da licença-maternidade, a servidora estadual terá direito à sua remuneração integral.

...

Art. 150. ...

I - ...

...

b) salário-família do servidor aposentado;"

...

Art. 159. O salário-família será pago ao servidor, em quotas, na proporção do respectivo número de filhos ou equiparados, aplicando-se os mesmos parâmetros adotados pelo Instituto Nacional do Seguro Social, quanto à referida prestação assistencial, conforme definido em lei.

...

Art. 165. ...

...

III - no caso de se tratar de maior de 14 (quatorze) anos, se total e permanentemente inválido para o trabalho, hipótese em que informará a causa e a espécie de invalidez;" (NR)

Art. 7º Aos arts. 97, 100 e 151 da Lei nº 9.826, de 14 de maio de 1974, acrescentam-se os seguintes dispositivos:

"Art. 97. ...

Parágrafo único. O pagamento dos vencimentos do servidor licenciado para tratamento de saúde é mantido por recursos do respectivo órgão de origem.

...

Art. 100. ...

...

§ 4º O pagamento dos vencimentos da servidora em licença-maternidade, inclusive no período de prorrogação, é mantido por recursos do respectivo órgão de origem.

...

Art. 151. ...

...

VI - auxílio-reclusão."

Art. 8º À Lei nº 9.826, de 14 de maio de 1974, acrescenta-se o Capítulo VI, do Auxílio-Reclusão, nos termos do art. 173-A, com a seguinte redação:

"CAPÍTULO VI

DO AUXÍLIO-RECLUSÃO

Art. 173-A O auxílio-reclusão é devido pelo órgão de origem aos dependentes do servidor de baixa renda recolhido à prisão e que, nessa condição, não esteja recebendo remuneração decorrente do seu cargo.

§ 1º Para fins de definição da baixa renda e da qualificação dos dependentes, aplicam-se os mesmos parâmetros adotados pelo Instituto Nacional do Seguro Social, quanto à referida prestação assistencial.

§ 2º O auxílio-reclusão corresponde ao valor da remuneração do servidor, observado o limite da baixa renda, sendo devido pelo período máximo de 12 (doze) meses e, somente, durante o tempo em que estiver recolhido à prisão sob regime fechado ou semiaberto, e enquanto for titular desse cargo.

§ 3º O pagamento do auxílio-reclusão deve estar fundamentado em certidão de efetivo recolhimento à prisão, sendo obrigatória, para a manutenção do pagamento, a apresentação de declaração de permanência na condição de presidiário." (NR)

Art. 9º Esta Lei Complementar entra em vigor na data da sua publicação.

Art. 10. Revogam-se os incisos III e V, do art. 6º da Lei Complementar n.º 21, de 29 de junho de 2009, e os seguintes dispositivos da Lei nº 9.826, de 14 de maio de 1974:

I - a alínea "d" do parágrafo único do art. 61, acrescentado pela Lei Complementar nº 92, de 25 de janeiro de 2011;

II - o inciso III do art. 66, com redação dada pela Lei nº 13.578, de 21 de janeiro de 2005;

III - o inciso XX do art. 68, as alíneas "c" e "d" do inciso I e a alínea "b" do inciso II do art. 150, os arts. 160 e 162 e o inciso IV do art. 165;

IV – o art. 3º da Lei Complementar nº 38, de 31 de dezembro de 2003.

PALÁCIO DA ABOLIÇÃO, DO GOVERNO DO ESTADO DO CEARÁ, em Fortaleza, 14 de janeiro de 2016.

LEI COMPLEMENTAR ESTADUAL Nº 210, DE 19 DE DEZEMBRO DE 2019

– DISPÕE SOBRE A APLICAÇÃO, EM ÂMBITO ESTADUAL, DA EMENDA CONSTITUCIONAL FEDERAL Nº 103, DE 12 DE NOVEMBRO DE 2019

NÃO HOUVE ATUALIZAÇÕES POSTERIORES.

Art. 1º Aos servidores públicos estaduais, bem como às pensões deles decorrentes, aplicam-se as regras previstas nos arts. 3.º, 4.º, 5.º, 8.º, 10, 20, 21, 22, 23 e 26 da Emenda Constitucional Federal n.º 103, de 12 de novembro de 2019, observadas, no âmbito do regime próprio de previdência do Estado, as seguintes especificidades:

I – quanto ao art. 4.º, inciso V: a partir de 1.º de janeiro de 2020, a pontuação a que se refere este inciso será acrescida a cada 1 (um) ano e 6 (seis) meses de 1 (um) ponto, até atingir o limite de 100 (cem) pontos, se mulher, e de 105 (cento e cinco) pontos, se homem, observado o § 5.º do referido artigo;

II – quanto ao art. 20, inciso IV: o período adicional de contribuição previsto neste inciso corresponderá a 60% (sessenta por cento) do tempo que, na data de entrada em vigor da Emenda Constitucional n.º 103, de 12 de novembro de 2019, faltaria para o servidor atingir o tempo mínimo de contribuição referido no inciso II do citado artigo;

III – quanto ao art. 26: a média aritmética simples dos salários de contribuição e das remunerações de que trata este artigo corresponderá a:

a) para quem cumprir os requisitos até dezembro/2021: 80% (oitenta por cento) dos maiores salários de contribuição do período contributivo desde a competência julho de 1994 ou desde o início de contribuição, se posterior àquela competência; e

b) para quem cumprir os requisitos a partir de janeiro/2022: 90% (noventa por cento) dos maiores salários de contribuição do período contributivo desde a competência julho de 1994 ou desde o início de contribuição, se posterior àquela competência;

IV – quanto ao art. 23, *caput*, e inciso II do § 2.º: a cota de pensão a que se refere estes dispositivos será de 20 (vinte) pontos percentuais por dependente, limitada à cota máxima de 100% (cem por cento) e observada a forma de distribuição prevista na legislação.

§ 1.º O cálculo da pensão devida a dependente de servidor público estadual dar-se-á mediante a incidência da cota definida na forma do inciso IV deste artigo, sobre o valor da aposentadoria recebida pelo segurado, se inativo, ou, se ativo quando do óbito, sobre o valor de 60% (sessenta por cento) da média aritmética do seu período de contribuição, com acréscimo de 1 (um) ponto percentual por cada ano de contribuição.

§ 2.º A média a que se refere o inciso III deste artigo será limitada ao valor máximo do salário de contribuição do Regime Geral de Previdência Social para o servidor que ingressar no serviço público em cargo efetivo após a implantação do regime de previdência complementar ou que exercer a opção correspondente, nos termos do disposto nos §§ 14 a 16 do art. 40 da Constituição Federal.

§ 3.º Na hipótese de existir dependente portador de paraplegia, tetraplegia, Síndrome de Down, Esclerose

Lateral Amiotrófica – ELA, paralisia irreversível, Atrofia Muscular Espinhal – AME, autismo ou alienação mental, o valor da pensão por morte será equivalente a 100% (cem por cento) da aposentadoria recebida pelo segurado ou servidor ou daquela a que teria direito se fosse aposentado por incapacidade permanente na data do óbito.

§ 4.º Para o professor do ensino público estadual que comprovar exclusivamente tempo de efetivo exercício das funções de magistérios na educação infantil e no ensino fundamental e médio, o percentual a que se refere no inciso II deste artigo corresponderá a 50% (cinquenta por cento).

Art. 2º As regras aplicáveis ao Policial Civil Federal e ao Agente Federal Penitenciário ou Socioeducativo, na forma dos arts. 5.º e 10, da Emenda Constitucional Federal n.º 103, de 12 de novembro de 2019, ficam estendidas aos policiais civis, agentes penitenciários e socioeducativos estaduais.

Art. 3º Ficam referendadas as alterações promovidas pelo art. 1.º da Emenda Constitucional Federal n.º 103, de 12 de novembro de 2019, no art. 149 da Constituição Federal e na alínea "a", do inciso I e nos incisos III e IV do art. 35 da referida Emenda.

Parágrafo único. Para os fins do *caput* deste artigo, e especificamente quanto ao disposto no § 1.º-A do art. 149 da Emenda Constitucional Federal n.º 103, de 12 de novembro de 2019, a contribuição ordinária prevista no referido parágrafo incidirá sobre a parcela dos proventos de aposentadoria e de pensões que supere o valor de 2 (dois) salários-mínimos.

Art. 4º Fica assegurado aos servidores públicos estaduais que, à data da publicação desta Lei, tenham cumprido os requisitos de aposentadoria previstos na legislação então vigente, o direito a sua concessão em conformidade com a referida legislação, em especial quanto à forma de cálculo e de reajuste, observadas, inclusive, as respectivas normas para a incorporação aos proventos de vantagens permanentes de valor variável, aplicando-se a mesma regra de direito adquirido à concessão da pensão por morte.

Art. 5º Ao servidor público que tenha ingressado no serviço público estadual em cargo efetivo até a data de entrada em vigor desta Lei e que apresente, na data de entrada em vigor da Emenda Constitucional nº 103, de 12 de novembro de 2019, um tempo faltante de até 3 (três) anos para o cumprimento dos requisitos de 60 (sessenta) anos de idade, se mulher, e 65 (sessenta e cinco) anos de idade, se homem, e de tempo de contribuição mínimo de 15 (quinze) anos ao regime próprio de previdência social estadual, para ambos os sexos, fica assegurado o direito de aposentar-se por idade, desde que cumprido o período adicional de 1 (um) ano e 6 (seis) meses a mais em relação aos requisitos de idade e de tempo de contribuição indicados neste artigo.

Parágrafo único. O valor do benefício de aposentadoria referido no *caput* deste artigo corresponderá a 60% (sessenta por cento) da média aritmética definida no art. 1.º, inciso III, desta Lei Complementar, com acréscimo de 2 (dois) pontos percentuais para cada ano de contribuição que exceder o tempo de 15 (quinze) anos de contribuição, sendo aplicada a proporcionalidade do resultado do tempo de contribuição dividido por 25 (vinte e cinco) anos, limitada a um inteiro.

Art. 6º Esta Lei Complementar entra em vigor na data de sua publicação.

Art. 7º Ficam revogados o inciso III do art. 7º da Lei Complementar n.º 12, de 23 de junho de 1999; a alínea "b" do inciso I do art. 150 da Lei n.º 9.826, de 14 de maio de 1974; a Lei n.º 16.175, de 27 de dezembro de 2016, bem como quaisquer outras disposições em contrário, observado, quanto à previsão do art. 3.º, parágrafo único, o disposto no art. 195, § 6.º, da Constituição Federal.

PALÁCIO DA ABOLIÇÃO, DO GOVERNO DO ESTADO DO CEARÁ, em Fortaleza, 19 de dezembro de 2019.

LEI COMPLEMENTAR ESTADUAL Nº 218, DE 3 DE JUNHO DE 2020

– ALTERA DISPOSITIVOS DA LEI COMPLEMENTAR Nº 184, DE 21 DE NOVEMBRO DE 2018, QUE CRIOU A FUNDAÇÃO DE PREVIDÊNCIA SOCIAL DO ESTADO DO CEARÁ – CEARAPREV

NÃO HOUVE ATUALIZAÇÕES POSTERIORES.

Art. 1º O *caput* do art. 2.º, o art. 6.º, o § 2.º do art. 8.º e o art. 21 da Lei Complementar n.º 184, de 21 de novembro de 2018, passam a vigorar com os seguintes acréscimos e alterações:

"Art. 2.º A Cearaprev, entidade fundacional com personalidade jurídica de direito público, integrante da Administração Indireta do Estado, exercerá as funções de unidade gestora única do Supsec, sendo responsável pela administração, pelo gerenciamento e pela operacionalização do Sistema, incluindo a arrecadação e a gestão dos recursos e fundos previdenciários, a análise dos processos previdenciários relativos à concessão, ao pagamento e à manutenção dos benefícios previdenciários.

....

Art. 6.º Sem o prejuízo de outras competências definidas em regulamento, caberá ao Presidente da Cearaprev:

I – gerenciar a execução dos planos, programas e projetos deliberados e distinguidos pelo Conselho Estadual de Políticas de Previdência Social – CEPPS para o Supsec;

II - conceder, negar e rever os benefícios de aposentadoria dos segurados do Supsec, compreendendo os órgãos e entidades da Administração Pública Estadual direta, autárquica e fundacional, mediante prévia análise técnica dos setores competentes da Cearaprev;

III - assinar, juntamente com o titular da pasta de segurança pública, os atos de transferência para a reserva remunerada e reforma dos militares estaduais, para efetivação da medida pelo Governador do Estado, mediante prévia análise técnica dos setores competentes da Cearaprev;

IV - conceder, negar e rever os benefícios de pensão previdenciária em favor dos dependentes previdenciários dos segurados, ativos e inativos, falecidos, vinculados ao Supsec, compreendendo os Poderes do Estado, instituições, órgãos e entidades autônomos que compõem o Sistema Previdenciário Estadual, mediante prévia análise técnica dos setores competentes da Cearaprev.

§ 1º As competências previstas neste artigo poderão ser delegadas por ato do Presidente da Cearaprev aos diretores superiores da entidade apenas em casos de afastamentos e impedimentos legais e regulamentares.

§ 2º À Secretaria do Planejamento e Gestão – Seplag compete supervisionar a execução dos planos, programas e projetos a que se refere o inciso I deste artigo.

....

Art. 8.º A organização básica da Cearaprev será constituída por:

....

§ 2.º A representação judicial e consultoria jurídica da Cearaprev competirão privativamente à Procuradoria-Geral do Estado, inclusive a análise jurídica dos atos de competência do Presidente da Cearaprev, estabelecidos nos incisos II a IV do art. 6.º desta Lei Complementar, nos termos de sua respectiva lei orgânica.

....

Art. 21. Os atos de concessão de benefícios do SUPSEC editados antes da vigência desta Lei Complementar permanecem válidos, sem prejuízo da competência do Presidente da Cearaprev prevista nesta Lei Complementar, quanto à possibilidade de revisão." (NR)

Art. 2º Esta Lei Complementar entra em vigor na data de sua publicação.

Art. 3º Revogam-se as disposições em contrário.

PALÁCIO DA ABOLIÇÃO DO GOVERNO DO ESTADO DO CEARÁ, em Fortaleza, 04 de junho de 2020.

LEI ESTADUAL Nº 13.578, DE 21 DE JANEIRO DE 2005

– DISPÕE SOBRE A APLICAÇÃO DA EMENDA CONSTITUCIONAL FEDERAL Nº 41, DE 19 DE DEZEMBRO DE 2003, E DA EMENDA CONSTITUCIONAL ESTADUAL Nº 56, DE 7 DE JANEIRO DE 2004, COM ADEQUAÇÃO DA LEGISLAÇÃO ESTADUAL PREVIDENCIÁRIA AO DISPOSTO NA LEI FEDERAL Nº 10.887, DE 18 DE JUNHO DE 2004, INCLUSIVE MODIFICANDO DISPOSITIVOS DA LEI Nº 9.826, DE 14 DE MAIO DE 1974

ATUALIZADA ATÉ A LEI COMPLEMENTAR Nº 159, DE 14.01.16.

Art. 1º. A aplicação dos dispositivos da Emenda Constitucional Federal n.º 41, de 19 de dezembro de 2003 e Emenda Constitucional Estadual n.º 56, de 7 de janeiro de 2004, relativas ao Regime Próprio de Previdência Social, obedecerá às disposições desta Lei.

Art. 2º. No cálculo dos proventos de aposentadoria dos servidores titulares de cargo efetivo de qualquer dos Poderes do Estado, incluídas suas autarquias e fundações, previsto no § 3.º do art. 40 da Constituição Federal, no art. 2.º da Emenda Constitucional Federal n.º 41, de 19 de dezembro de 2003, e no art. 3.º da Emenda Constitucional Estadual n.º 56, de 7 de janeiro de 2004, será considerada a média aritmética simples das maiores remunerações, utilizadas como base para as contribuições do servidor aos regimes de previdência a que esteve vinculado, correspondentes a 80% (oitenta por cento) de todo o período contributivo desde a competência julho de 1994 ou desde a do início da contribuição, se posterior àquela competência.

§ 1º. As remunerações consideradas no cálculo do valor inicial dos proventos terão os seus valores atualizados mês a mês de acordo com a variação integral do índice fixado para a atualização dos salários-de-contribuição considerados no cálculo dos benefícios do regime geral de previdência social.

§ 2º. A base de cálculo dos proventos será a remuneração do servidor no cargo efetivo nas competências a partir de julho de 1994 em que não tenha havido contribuição para regime próprio.

§ 3º. Os valores das remunerações a serem utilizadas no cálculo de que trata este artigo serão comprovados mediante documento fornecido pelos órgãos e entidades gestoras dos regimes de previdência aos quais o servidor esteve vinculado ou por outro documento público, na forma do regulamento.

§ 4º. Para os fins deste artigo, as remunerações consideradas no cálculo da aposentadoria, atualizadas na forma do § 1.º deste artigo, não poderão ser:

I - inferiores ao valor do salário-mínimo;

II - superiores ao limite máximo do salário-de-contribuição, quanto aos meses em que o servidor esteve vinculado ao regime geral de previdência social.

§ 5º. Os proventos calculados de acordo com o *caput* deste artigo, por ocasião de sua concessão, não poderão ser inferiores ao valor do salário-mínimo nem exceder a remuneração do respectivo servidor no cargo efetivo em que se deu a aposentadoria.

Art. 3º. Aos dependentes dos servidores titulares de cargo efetivo e dos aposentados de qualquer dos Poderes do Estado, incluídas suas autarquias e fundações, falecidos a partir da data de publicação desta Lei, será concedido o benefício de pensão por morte, que será igual:

I - à totalidade dos proventos percebidos pelo aposentado na data anterior à do óbito, até o limite máximo estabelecido para os benefícios do regime geral de previdência social, acrescida de 70% (setenta por cento) da parcela excedente a este limite; ou

II - à totalidade da remuneração do servidor no cargo efetivo na data anterior à do óbito, até o limite máximo estabelecido para os benefícios do regime geral de previdência social, acrescida de 70% (setenta por cento) da parcela excedente a este limite, se o falecimento ocorrer quando o servidor ainda estiver em atividade.

Parágrafo único. Aplica-se ao valor das pensões o limite previsto no art. 40, § 2.º, da Constituição Federal.

Art. 4º. Para os fins do disposto no inciso XI do art. 37 da Constituição Federal, a unidade gestora do Sistema Único de Previdência Social dos Servidores Públicos Civis e Militares, dos Agentes Públicos e dos Membros de Poder do Estado do Ceará – SUPSEC, instituirá sistema integrado de dados relativos às remunerações, proventos e pensões pagos aos respectivos servidores e militares, ativos e inativos, e pensionistas, na forma do regulamento.

Art. 5º A contribuição social do Servidor Público Estadual ativo, de quaisquer dos Poderes do Estado, incluídas suas autarquias e fundações, bem como dos militares, dos agentes públicos e dos membros de Poder, será de 11% (onze por cento) para a manutenção do Sistema Único de Previdência Social dos Servidores Públicos Civis e Militares, dos Agentes Públicos e dos Membros de Poder do Estado do Ceará – SUPSEC, incidente sobre a totalidade da base de contribuição.

§ 1º. Entende-se como base de contribuição o vencimento do cargo efetivo, acrescido das vantagens pecuniárias permanentes estabelecidas em Lei, os adicionais de caráter individual ou quaisquer outras vantagens, excluídas:

I - as diárias para viagens;

II - a ajuda de custo em razão de mudança de sede;

III - a indenização do transporte;

IV - o salário-família;

V - o auxílio-alimentação;

VI - o auxílio-creche;

VII - as parcelas remuneratórias pagas em decorrência do local de trabalho;

VIII - a parcela percebida em decorrência do exercício de cargo em comissão ou de função de confiança;

IX – o abono de permanência de que tratam o § 19 do art. 40 da Constituição Federal, o § 5.º do art 2.º e o § 1.º do art. 3.º da Emenda Constitucional Federal n.º 41, de 19 de dezembro de 2003, e o § 5.º do art. 3.º da Emenda Constitucional Estadual n.º 56, de 7 de janeiro de 2004.

§ 2º. O servidor ocupante de cargo efetivo poderá optar pela inclusão na base de contribuição de parcelas remuneratórias percebidas em decorrência de local de trabalho, do exercício de cargo em comissão ou função de confiança, para efeito de cálculo do benefício a ser concedido com fundamento no art. 40 da Constituição Federal, e art. 2º da Emenda Constitucional Federal n.º 41, de 19 de dezembro de 2003, respeitada, em qualquer hipótese, a limitação estabelecida no § 2.º do art. 40 da Constituição Federal.

Art. 6º. O servidor ocupante de cargo efetivo que tenha completado as exigências para a aposentadoria voluntária estabelecidas na alínea "a" do inciso III do § 1º do art. 40 da Constituição Federal, no § 5º do art. 2º ou no § 1º do art. 3º da Emenda Constitucional Federal nº 41, de 19 de dezembro de 2003, e que opte por permanecer em atividade fará jus a abono de permanência equivalente ao valor da sua contribuição previdenciária até completar as exigências para aposentadoria compulsória contidas no inciso II do § 1º do art. 40 da Constituição Federal.

Art. 7º. A unidade gestora do regime próprio de previdência dos servidores, prevista no art. 40, § 20, da Constituição Federal, bem como no art. 4º, da Emenda Constitucional Estadual nº 56, que alterou o art. 331 da Constituição Estadual:

I - contará com colegiado, com participação paritária de representantes e de servidores dos Poderes do Estado, cabendo-lhes acompanhar e fiscalizar sua administração, na forma do regulamento;

II - procederá, no mínimo a cada 5 (cinco) anos, a recenseamento previdenciário, abrangendo todos os aposentados e pensionistas do respectivo regime;

III - disponibilizará ao público, inclusive por meio de rede pública de transmissão de dados, informações atualizadas sobre as receitas e despesas do respectivo regime, bem como os critérios e parâmetros adotados para garantir o seu equilíbrio financeiro e atuarial.

Art. 8º. A contribuição do Estado, de suas autarquias e fundações para o custeio do regime de previdência, de que trata o art. 40 da Constituição Federal, será o dobro da contribuição do servidor ativo, devendo o produto de sua arrecadação ser contabilizado em conta do Sistema Único de Previdência Social dos Servidores Públicos Civis e Militares, dos Agentes Públicos e dos Membros de Poder do Estado do Ceará - SUPSEC.

Parágrafo único. O Estado é responsável pela cobertura de eventuais insuficiências financeiras do regime decorrentes do pagamento de benefícios previdenciários.

Art. 9º. Os artigos da Lei n.º 9.826, de 14 de maio de 1974, a seguir dispostos, ficam alterados, passando a vigorar com as seguintes redações:

"Art. 66. ...

I - ...

...

b - enquanto vigorar a suspensão do vínculo, o servidor não fará jus aos vencimentos do cargo desvinculado, não computando, quanto a este, para nenhum efeito, tempo de contribuição;

...

III - ~~no caso de disponibilidade, o servidor continuará sendo considerado como em atividade, computando-se o período de suspensão do vínculo para aposentadoria~~; (Revogado pela Lei Complementar n.º 159, de 14.01.16)

IV - na hipótese de autorização de afastamento para o trato de interesses particulares, o servidor não fará jus à percepção de vencimentos, tendo porém que recolher mensalmente o percentual de 33% (trinta e três por cento) incidente sobre o valor de sua última remuneração para fins de contribuição previdenciária, que será destinada ao Sistema Único de Previdência Social dos Servidores Públicos Civis e Militares, dos Agentes Públicos e dos Membros de Poder do Estado do Ceará - SUPSEC.

§ 1º. A autorização de afastamento, de que trata o inciso IV deste artigo, poderá ser concedido sem a obrigatoriedade do recolhimento mensal da alíquota de 33% (trinta e três por cento), não sendo, porém, o referido tempo computado para obtenção de qualquer benefício previdenciário, inclusive aposentadoria.

§ 2º. Os valores de contribuição, referidos no inciso IV deste artigo, serão reajustados nas mesmas proporções da remuneração do servidor no respectivo cargo.

...

Art. 69. Será computado para efeito de disponibilidade e aposentadoria:

I - o tempo de contribuição para o Regime Geral de Previdência Social - RGPS, bem como para os Regimes Próprios de Previdência Social - RPPS;

II - o período de serviço ativo das Forças Armadas;

III - o tempo de aposentadoria, desde que ocorra reversão;

IV - a licença por motivo de doença em pessoa da família, conforme previsto no art. 99 desta Lei, desde que haja contribuição.

§ 1º. No caso previsto no inciso IV, o afastamento superior a 6 (seis) meses obedecerá o previsto no inciso IV, do art. 66, desta Lei.

§ 2º. Na contagem do tempo, de que trata este artigo, deverá ser observado o seguinte:

I - não será admitida a contagem em dobro ou em outras condições especiais;

II - é vedada a contagem de tempo de contribuição, quando concomitantes;

III - não será contado, por um sistema, o tempo de contribuição utilizado para a concessão de algum benefício, por outro.

§ 3º. O tempo de contribuição, a que alude o inciso I deste artigo, será computado à vista de certidões passadas com base em folha de pagamento.

Art. 70. A apuração do tempo de contribuição será feita em anos, meses e dias.

§ 1º. O ano corresponderá a 365 (trezentos e sessenta e cinco) dias e o mês aos 30 (trinta) dias.

§ 2º. Para o cálculo de qualquer benefício, depois de apurado o tempo de contribuição, este será convertido em dias, vedado qualquer forma de arredondamento.

Art. 71. É vedado:

I - o cômputo de tempo fictício para o cálculo de benefício previdenciário;

II - a concessão de aposentadoria especial, nos termos do art. 40, § 4.º da Constituição Federal, até que Lei Complementar Federal discipline a matéria;

III - a percepção de mais de uma aposentadoria à conta do Sistema Único de Previdência Social dos Servidores Públicos Civis e Militares, dos Agentes Públicos e dos Membros de Poder do Estado do Ceará - SUPSEC, ressalvadas as decorrentes dos cargos acumuláveis previstos na Constituição Federal;

IV - a percepção simultânea de proventos de aposentadoria decorrente de regime próprio de servidor titular de cargo efetivo, com a remuneração de cargo, emprego ou função pública, ressalvados os cargos acumuláveis previstos na Constituição Federal, os eletivos e os cargos em comissão declarados em Lei de livre nomeação e exoneração.

§ 1º. Não se considera fictício o tempo definido em Lei como tempo de contribuição para fins de concessão de aposentadoria quando tenha havido, por parte do servidor, a prestação de serviço ou a correspondente contribuição.

§ 2º. A vedação prevista no inciso IV, não se aplica aos membros de Poder e aos inativos, servidores e militares que, até 16 de dezembro de 1998, tenham ingressado novamente no serviço público por concurso público de provas ou de provas e títulos, e pelas demais formas previstas na Constituição Federal, sendo-lhes proibida a percepção de mais de uma aposentadoria pelo Sistema Único de Previdência Social dos Servidores Públicos Civis e Militares, dos Agentes Públicos e dos Membros de Poder do Estado do Ceará - SUPSEC, exceto se decorrentes de cargos acumuláveis previstos na Constituição Federal.

§ 3º. O servidor inativo para ser investido em cargo público efetivo não acumulável com aquele que gerou a aposentadoria deverá renunciar aos proventos dessa.

§ 4º. O aposentado pelo Sistema Único de Previdência Social dos Servidores Públicos Civis e Militares, dos Agentes Públicos e dos Membros de Poder do Estado do Ceará - SUPSEC, que estiver exercendo ou que voltar a exercer atividade abrangida por este regime é segurado obrigatório em relação a essa atividade, ficando sujeito às contribuições, de que trata esta Lei, para fins de custeio da Previdência Social, na qualidade de contribuinte solidário.

Art. 72. Observadas as disposições do artigo anterior, o servidor poderá desaverbar, em qualquer época, total ou parcialmente, seu tempo de contribuição, desde que não tenha sido computado este tempo para a concessão de qualquer benefício.

...

Art. 77. ...

§ 1º. Extinto o cargo ou declarada sua desnecessidade, o servidor estável ficará em disponibilidade, percebendo remuneração proporcional ao tempo de serviço, não inferior a 20% (vinte por cento) da última remuneração percebida, sendo por cada dia de contribuição, à razão de:

I - (um doze mil, setecentos e setenta e cinco avos) da remuneração por cada dia trabalhado, se homem; e

II - (um dez mil, novecentos e cinqüenta avos) da remuneração por cada dia trabalhado, se mulher.

...

Art. 89. O servidor será compulsoriamente licenciado quando sofrer uma dessas doenças graves, contagiosas ou incuráveis: tuberculose ativa, alienação mental, neoplasia malígna, cegueira, hanseníase, paralisia irreversível e incapacitante, cardiopatia grave, doença de Parkson, espondiloartrose anquilosante, epilepsia vera, nefropatia grave, estado avançado da doença Paget (osteite deformante), sindrome da deficiência imunológica adquirida - Aids, contaminação por radiação, com base em conclusão da medicina especializada, hepatopatia e outras que forem disciplinadas em Lei.

...

Art. 91. ...

Parágrafo único. Na hipótese prevista neste artigo, o tempo necessário para a nova inspeção será considerado como de prorrogação da licença e, no caso de invalidez, a inspeção ocorrerá a cada 2 (dois) anos.

Art. 99. O servidor poderá ser licenciado por motivo de doença na pessoa dos pais, filhos, cônjuge do qual não esteja separado e de companheiro(a), desde que prove ser indispensável a sua assistência pessoal e esta não possa ser prestada simultaneamente com exercício funcional.

...

§ 3º. O funcionário licenciado, nos termos desta seção, perceberá vencimentos integrais até 6 (seis) meses. Após este prazo o servidor obedecerá o disposto no inciso IV, do art. 66 desta Lei, até o limite de 4 (quatro) anos, devendo retornar a suas atividades funcionais imediatamente ao fim do período.

Art. 100. A servidora gestante será licenciada por 120 (cento e vinte) dias, com remuneração integral, exceto as vantagens decorrentes de cargo comissionado.

...

Art. 101. ...

§ 1º. Ao servidor desincorporado conceder-se-á prazo não excedente a 30 (trinta) dias para que reassuma o exercício do cargo, sem perda de vencimentos.

§ 2º. O servidor, de que trata o *caput* deste artigo, contribuirá para o Sistema Único de Previdência Social dos Servidores Públicos Civis e Militares, dos Agentes Públicos e dos Membros de Poder do Estado do Ceará - SUPSEC, mesmo que faça opção pela retribuição financeira do serviço militar.

...

Art. 110. ...

I - ...

...

b) for estudar em outro ponto do território nacional ou no estrangeiro;

...

f) for realizar missão oficial em outro ponto do território nacional ou no estrangeiro.

§ 1º. Nos casos previstos nas alíneas a e b, o servidor só poderá solicitar exoneração após o seu retorno, desde que trabalhe no mínimo o dobro do tempo em que esteve afastado, ou reembolse o montante corrigido monetariamente que o Estado desembolsou durante seu afastamento.

§ 2º. Os dirigentes do Sistema Administrativo Estadual poderão, ainda, autorizar o servidor, ocupante do cargo efetivo ou em comissão, a integrar ou assessorar comissões, grupos de trabalho ou programas, com ou sem afastamento do exercício funcional e sem prejuízo dos vencimentos.

Art. 150. O Estado assegurará um sistema de previdência público que será mantido com a contribuição de seus servidores, ativos, inativos, pensionistas e do orçamento do Estado, o qual compreenderá os seguintes benefícios:

I – quanto ao servidor:

a) aposentadoria;

b) ~~salário-família~~; (Revogado pela Lei Complementar n.º 159, de 14.01.16)

c) salário maternidade;

d) auxílio-doença;

II – quanto ao dependente:

a) pensão por morte;

b) auxílio-reclusão.

Art. 151. O Estado assegurará a manutenção de um sistema de assistência que, dentre outros, preste os seguintes benefícios e serviços aos servidores e aos seus dependentes:

I - assistência médica;

II - assistência hospitalar;

III - assistência odontológica;

IV - assistência social;

V - auxílio funeral.

§ 1º. A triagem dos casos apresentados para internamento hospitalar e conseqüente fiscalização e controle será realizado por um Grupo de Trabalho, cuja composição e atribuições será determinado pelo Governo do Estado através do Instituto de Previdência do Estado – IPEC, mediante ato próprio.

§ 2º. É assegurado assistência médica gratuita ao servidor acidentado em serviço ou que tenha contraído doença profissional, através do Estado.

Art. 152. O servidor será aposentado, conforme as regras estabelecidas no art. 40 da Constituição Federal.

Parágrafo único. A aposentadoria por invalidez será sempre precedida de licença por período contínuo não inferior a 24 (vinte e quatro) meses, salvo quando a junta médica declarar a incapacidade definitiva para o serviço, ou na hipótese prevista no art. 68, inciso X.

Art. 153. O processo de aposentadoria, iniciado com o requerimento do interessado ou de ofício, nos casos de aposentadoria por invalidez, deverá ser devidamente informado pelo setor competente do órgão de origem do servidor, especialmente quanto à contagem do tempo de contribuição, às comprovações documentais necessárias, à indicação precisa dos respectivos proventos e a satisfação dos demais requisitos legais para a passagem à inatividade tendo, a partir daí, a seguinte tramitação:

I - o processo, já contendo a minuta da portaria ou do ato de aposentadoria, será encaminhado, respectivamente, ao setor jurídico da Entidade ou à Procuradoria Geral do Estado, para exame e parecer;

II - opinando o setor jurídico da Entidade ou a Procuradoria Geral do Estado – PGE, após cumpridas as diligências acaso requisitadas, favoravelmente encaminhará o processo ao setor previdenciário da Secretaria da Administração;

III - o setor previdenciário verificará se o processo é passivo de compensação previdenciária e, caso afirmativo, retirará cópia dos documentos necessários à compensação previdenciária e remeterá o processo à origem para assinatura do Ato ou Portaria de aposentadoria pelo Titular do Órgão e publicação no Diário Oficial do Estado;

IV - publicado Ato ou Portaria de aposentadoria, afastar-se-á o servidor da atividade e será o processo encaminhado ao Tribunal de Contas do Estado, para fins de registro e controle de sua legalidade.

...

§ 6º. No caso de aposentadoria compulsória, o processo inicia-se automaticamente aos 70 (setenta) anos de idade do servidor.

Art. 156. O servidor aposentado compulsoriamente por motivo de idade, ou nos termos do art. 154, terá os seus proventos proporcionais ao tempo de contribuição.

§ 1º. A proporcionalidade dos proventos, com base no tempo de contribuição, é a fração, cujo numerador corresponde ao total de dias de contribuição e o denominador, o tempo de dias necessário à respectiva aposentadoria voluntária com proventos integrais.

§ 2º. A fração de que trata o parágrafo anterior será aplicada sobre o valor dos proventos calculados conforme a média aritmética simples das maiores remunerações ou subsídios, observando-se, previamente, que o valor encontrado não poderá exceder à remuneração do servidor no cargo efetivo em que se der a aposentadoria.

Art. 157. Os proventos de aposentadoria e as pensões serão reajustados na mesma data em que se der o reajuste dos benefícios do regime geral de previdência social, ressalvadas as aposentadorias concedidas conforme arts. 6.º e 7.º da Emenda Constitucional Estadual n.º 56, de 7 de janeiro de 2004." (NR).

Art. 10. A contribuição social dos aposentados e dos pensionistas de qualquer dos Poderes do Estado, incluídos suas autarquias e fundações para a manutenção do Sistema Único de Previdência Social dos Servidores Públicos Civis e Militares, dos Agentes Públicos e dos Membros de Poder do Estado do Ceará – SUPSEC, será de 11% (onze por cento) incidente sobre a parcela que ultrapassar o limite máximo do benefício concedido pelo Regime Geral de Previdência Social – RGPS.

Art. 11. O pagamento do benefício de aposentadoria por invalidez decorrente de doença mental somente será feito ao curador do segurado, condicionado a apresentação do termo de curatela, ainda que provisório.

Art. 12. O servidor que voltar a exercer a atividade laboral terá a aposentadoria por invalidez cessada, a partir da data do retorno.

Art. 13. O professor, servidor público, que comprovar, exclusivamente, tempo de efetivo exercício das funções de magistério na educação infantil e no ensino fundamental e médio, quando da aposentadoria nos termos do art. 40, inciso III, § 5.º da Constituição Federal, terá os requisitos de idade e de tempo de contribuição reduzidos em 5 (cinco) anos, conforme o § 8.º, do art. 201 da Constituição Federal.

Parágrafo único. Considera-se como tempo de efetivo exercício na função do magistério a atividade docente do professor exercida exclusivamente em sala de aula, vedada a contagem de tempo relativo a qualquer outra atividade.

Art. 14. Quaisquer atos concessivos de benefícios trabalhistas aos seus servidores e que tenham reflexos nos benefícios previdenciários ou na base de cálculo destes, deverão ter o parecer da unidade gestora do Sistema Único de Previdência Social dos Servidores Públicos Civis e Militares, dos Agentes Públicos e dos Membros de Poder do Estado do Ceará – SUPSEC, e do setor previdenciário da Secretaria da Administração.

Art. 15. São também alcançados pelo disposto nesta Lei, os servidores de que trata o § 5.º do art. 330 da Constituição Estadual.

Art. 16. Ficam revogados:

I – os arts. 85, 98, §§ 1.º e 2.º do art. 150, § 1.º do art. 152 e art. 172, da Lei n.º 9.826, de 14 de maio de 1974;

II – a Lei nº 12.490, de 27 de setembro de 1995.

Art. 17. Esta Lei entra em vigor na data de sua publicação.

Art. 18. Revogam-se as disposições em contrário.

PALÁCIO IRACEMA DO ESTADO DO CEARÁ, em Fortaleza, 21 de janeiro de 2005.

LEI FEDERAL Nº 9.717, DE 27 DE NOVEMBRO DE 1998

– DISPÕE SOBRE REGRAS GERAIS PARA A ORGANIZAÇÃO E O FUNCIONAMENTO DOS REGIMES PRÓPRIOS DE PREVIDÊNCIA SOCIAL DOS SERVIDORES PÚBLICOS DA UNIÃO, DOS ESTADOS, DO DISTRITO FEDERAL E DOS MUNICÍPIOS, DOS MILITARES DOS ESTADOS E DO DISTRITO FEDERAL

Art. 1º Os regimes próprios de previdência social dos servidores públicos da União, dos Estados, do Distrito Federal e dos Municípios, dos militares dos Estados e do Distrito Federal deverão ser organizados, baseados em normas gerais de contabilidade e atuária, de modo a garantir o seu equilíbrio financeiro e atuarial, observados os seguintes critérios:

I - realização de avaliação atuarial inicial e em cada balanço utilizando-se parâmetros gerais, para a organização e revisão do plano de custeio e benefícios; (Redação dada pela Medida Provisória nº 2.187-13, de 2001)

II - financiamento mediante recursos provenientes da União, dos Estados, do Distrito Federal e dos Municípios e das contribuições do pessoal civil e militar, ativo, inativo e dos pensionistas, para os seus respectivos regimes;

III - as contribuições e os recursos vinculados ao Fundo Previdenciário da União, dos Estados, do Distrito Federal e dos Municípios e as contribuições do pessoal civil e militar, ativo, inativo, e dos pensionistas, somente poderão ser utilizadas para pagamento de benefícios previdenciários dos respectivos regimes, ressalvadas as despesas administrativas estabelecidas no art. 6º, inciso VIII, desta Lei, observado os limites de gastos estabelecidos em parâmetros gerais; (Redação dada pela Medida Provisória nº 2.187-13, de 2001)

IV - cobertura de um número mínimo de segurados, de modo que os regimes possam garantir diretamente a totalidade dos riscos cobertos no plano de benefícios, preservando o equilíbrio atuarial sem necessidade de resseguro, conforme parâmetros gerais;

V - cobertura exclusiva a servidores públicos titulares de cargos efetivos e a militares, e a seus respectivos dependentes, de cada ente estatal, vedado o pagamento de benefícios, mediante convênios ou consórcios entre Estados, entre Estados e Municípios e entre Municípios;

VI - pleno acesso dos segurados às informações relativas à gestão do regime e participação de representantes dos servidores públicos e dos militares, ativos e inativos, nos colegiados e instâncias de decisão em que os seus interesses sejam objeto de discussão e deliberação;

VII - registro contábil individualizado das contribuições de cada servidor e dos entes estatais, conforme diretrizes gerais;

VIII - identificação e consolidação em demonstrativos financeiros e orçamentários de todas as despesas fixas e variáveis com pessoal inativo civil, militar e pensionistas, bem como dos encargos incidentes sobre os proventos e pensões pagos;

IX - sujeição às inspeções e auditorias de natureza atuarial, contábil, financeira, orçamentária e patrimonial dos órgãos de controle interno e externo.

X - vedação de inclusão nos benefícios, para efeito de percepção destes, de parcelas remuneratórias pagas em decorrência de local de trabalho, de função de confiança ou de cargo em comissão, exceto quando tais parcelas integrarem a remuneração de contribuição do servidor que se aposentar com fundamento no art. 40 da Constituição Federal, respeitado, em qualquer hipótese, o limite previsto no § 2º do citado artigo; (Redação dada pela Lei nº 10.887, de 2004)

XI - vedação de inclusão nos benefícios, para efeito de percepção destes, do abono de permanência de que tratam o § 19 do art. 40 da Constituição Federal, o § 5º do art. 2º e o § 1º do art. 3º da Emenda Constitucional nº 41, de 19 de dezembro de 2003. (Redação dada pela Lei nº 10.887, de 2004)

§ 1º Aplicam-se adicionalmente aos regimes próprios de previdência social as disposições estabelecidas no art. 6º desta Lei relativas aos fundos com finalidade previdenciária por eles instituídos. (Renumerado do parágrafo único pela Lei nº 13.846, de 2019)

§ 2º Os regimes próprios de previdência social da União, dos Estados, do Distrito Federal e dos Municípios operacionalizarão a compensação financeira a que se referem o § 9º do art. 201 da Constituição Federal e a Lei nº 9.796, de 5 de maio de 1999, entre si e com o regime geral de previdência social, sob pena de incidirem nas sanções de que trata o art. 7º desta Lei. (Incluído pela Lei nº 13.846, de 2019)

Art. 1º-A. O servidor público titular de cargo efetivo da União, dos Estados, do Distrito Federal e dos Municípios ou o militar dos Estados e do Distrito Federal filiado a regime próprio de previdência social, quando cedido a órgão ou entidade de outro ente da federação, com ou sem ônus para o cessionário, permanecerá vinculado ao regime de origem. (Redação dada pela Medida Provisória nº 2.187-13, de 2001)

Art. 2º A contribuição da União, dos Estados, do Distrito Federal e dos Municípios, incluídas suas autarquias e fundações, aos regimes próprios de previdência social a que estejam vinculados seus servidores não poderá ser inferior ao valor da contribuição do servidor ativo, nem superior ao dobro desta contribuição.(Redação dada pela Lei nº 10.887, de 2004)

§ 1º A União, os Estados, o Distrito Federal e os Municípios são responsáveis pela cobertura de eventuais insuficiências financeiras do respectivo regime próprio, decorrentes do pagamento de benefícios previdenciários. (Redação dada pela Lei nº 10.887, de 2004)

§ 2º A União, os Estados, o Distrito Federal e os Municípios publicarão, até 30 (trinta) dias após o encerramento de cada bimestre, demonstrativo financeiro e orçamentário da receita e despesa previdenciárias acumuladas no exercício financeiro em curso.(Redação dada pela Lei nº 10.887, de 2004)

§ 3º (revogado) (Redação dada pela Lei nº 10.887, de 2004)

§ 4º (revogado) (Redação dada pela Lei nº 10.887, de 2004)

§ 5º (revogado) (Redação dada pela Lei nº 10.887, de 2004)

§ 6º (revogado) (Redação dada pela Lei nº 10.887, de 2004)

§ 7º (revogado) (Redação dada pela Lei nº 10.887, de 2004)

Art. 2º-A. (Revogado pela Lei nº 10.887, de 2004)

Art. 3º As alíquotas de contribuição dos servidores ativos dos Estados, do Distrito Federal e dos Municípios para os respectivos regimes próprios de previdência social não serão inferiores às dos servidores titulares de cargos efetivos da União, devendo ainda ser observadas, no caso das contribuições sobre os proventos dos inativos e sobre as pensões, as mesmas alíquotas aplicadas às remunerações dos servidores em atividade do respectivo ente estatal. (Redação dada pela Lei nº 10.887, de 2004)

Art. 4º (Revogado pela Lei nº 10.887, de 2004)

Art. 5º Os regimes próprios de previdência social dos servidores públicos da União, dos Estados, do Distrito Federal e dos Municípios, dos militares dos Estados e do Distrito Federal não poderão conceder benefícios distintos dos previstos no Regime Geral de Previdência Social, de que trata a Lei nº 8.213, de 24 de julho de 1991, salvo disposição em contrário da Constituição Federal.

Parágrafo único. Fica vedada a concessão de aposentadoria especial, nos termos do § 4º do art. 40 da Constituição Federal, até que lei complementar federal discipline a matéria. (Redação dada pela Medida Provisória nº 2.187-13, de 2001)

Art. 6º Fica facultada à União, aos Estados, ao Distrito Federal e aos Municípios, a constituição de fundos integrados de bens, direitos e ativos, com finalidade previdenciária, desde que observados os critérios de que trata o artigo 1º e, adicionalmente, os seguintes preceitos:

I - (Revogado pela Medida Provisória nº 2.187-13, de 2001)

II - existência de conta do fundo distinta da conta do Tesouro da unidade federativa;

III - (Revogado pela Medida Provisória nº 2.187-13, de 2001)

IV - aplicação de recursos, conforme estabelecido pelo Conselho Monetário Nacional;

V - vedação da utilização de recursos do fundo de bens, direitos e ativos para empréstimos de qualquer natureza, inclusive à União, aos Estados, ao Distrito Federal e aos Municípios, a entidades da administração indireta e aos respectivos segurados;

VI - vedação à aplicação de recursos em títulos públicos, com exceção de títulos do Governo Federal;

VII - avaliação de bens, direitos e ativos de qualquer natureza integrados ao fundo, em conformidade com a Lei 4.320, de 17 de março de 1964 e alterações subseqüentes;

VIII - estabelecimento de limites para a taxa de administração, conforme parâmetros gerais;

IX - constituição e extinção do fundo mediante lei.

Parágrafo único. No estabelecimento das condições e dos limites para aplicação dos recursos dos regimes próprios de previdência social, na forma do inciso IV do *caput* deste artigo, o Conselho Monetário Nacional deverá considerar, entre outros requisitos: (Incluído pela Lei nº 13.846, de 2019)

I - a natureza pública das unidades gestoras desses regimes e dos recursos aplicados, exigindo a observância dos princípios de segurança, proteção e prudência financeira; (Incluído pela Lei nº 13.846, de 2019)

II - a necessidade de exigência, em relação às instituições públicas ou privadas que administram, direta ou indiretamente por meio de fundos de investimento, os recursos desses regimes, da observância de critérios relacionados a boa qualidade de gestão, ambiente de controle interno, histórico e experiência de atuação, solidez patrimonial, volume de recursos sob administração e outros destinados à mitigação de riscos. (Incluído pela Lei nº 13.846, de 2019)

Art. 7º O descumprimento do disposto nesta Lei pelos Estados, Distrito Federal e Municípios e pelos respectivos fundos, implicará, a partir de 1º de julho de 1999:

I - suspensão das transferências voluntárias de recursos pela União;

II - impedimento para celebrar acordos, contratos, convênios ou ajustes, bem como receber empréstimos, financiamentos, avais e subvenções em geral de órgãos ou entidades da Administração direta e indireta da União;

III - suspensão de empréstimos e financiamentos por instituições financeiras federais.

IV - (Revogado pela Lei nº 13.846, de 2019)

Art. 8º Os responsáveis pelos poderes, órgãos ou entidades do ente estatal, os dirigentes da unidade gestora do respectivo regime próprio de previdência social e os membros dos seus conselhos e comitês respondem diretamente por infração ao disposto nesta Lei, sujeitando-se, no que couber, ao regime disciplinar estabelecido na Lei Complementar nº 109, de 29 de maio de 2001, e seu regulamento, e conforme diretrizes gerais. (Redação dada pela Lei nº 13.846, de 2019)

§ 1º As infrações serão apuradas mediante processo administrativo que tenha por base o auto, a representação ou a denúncia positiva dos fatos irregulares, assegurados ao acusado o contraditório e a ampla defesa, em conformidade com diretrizes gerais. (Renumerado do parágrafo único pela Lei nº 13.846, de 2019)

§ 2º São também responsáveis quaisquer profissionais que prestem serviços técnicos ao ente estatal e respectivo regime próprio de previdência social, diretamente ou por intermédio de pessoa jurídica contratada. (Incluído pela Lei nº 13.846, de 2019)

Art. 8º-A Os dirigentes do ente federativo instituidor do regime próprio de previdência social e da unidade gestora do regime e os demais responsáveis pelas ações de investimento e aplicação dos recursos previdenciários, inclusive os consultores, os distribuidores, a instituição financeira administradora da carteira, o fundo de investimentos que tenha recebido os recursos e seus gestores e administradores serão solidariamente responsáveis, na medida de sua participação, pelo ressarcimento dos prejuízos decorrentes de aplicação em desacordo com a legislação vigente a que tiverem dado causa. (Incluído pela Lei nº 13.846, de 2019)

Art. 8º-B Os dirigentes da unidade gestora do regime próprio de previdência social deverão atender aos seguintes requisitos mínimos: (Incluído pela Lei nº 13.846, de 2019)

I - não ter sofrido condenação criminal ou incidido em alguma das demais situações de inelegilidade previstas no inciso I do *caput* do art. 1º da Lei Complementar nº 64, de 18 de maio de 1990, observados os critérios e prazos previstos na referida Lei Complementar; (Incluído pela Lei nº 13.846, de 2019)

II - possuir certificação e habilitação comprovadas, nos termos definidos em parâmetros gerais; (Incluído pela Lei nº 13.846, de 2019)

III - possuir comprovada experiência no exercício de atividade nas áreas financeira, administrativa, contábil, jurídica, de fiscalização, atuarial ou de auditoria; (Incluído pela Lei nº 13.846, de 2019)

IV - ter formação superior. (Incluído pela Lei nº 13.846, de 2019)

Parágrafo único. Os requisitos a que se referem os incisos I e II do *caput* deste artigo aplicam-se aos membros dos conselhos deliberativo e fiscal e do comitê de investimentos da unidade gestora do regime próprio de previdência social. (Incluído pela Lei nº 13.846, de 2019)

Art. 9º Compete à União, por intermédio da Secretaria Especial de Previdência e Trabalho do Ministério da Economia, em relação aos regimes próprios de previdência social e aos seus fundos previdenciários: (Redação dada pela Lei nº 13.846, de 2019)

I - a orientação, a supervisão, a fiscalização e o acompanhamento; (Redação dada pela Lei nº 13.846, de 2019)

II - o estabelecimento e a publicação de parâmetros, diretrizes e critérios de responsabilidade previdenciária na sua instituição, organização e funcionamento, relativos a custeio, benefícios, atuária, contabilidade, aplicação e utilização de recursos e constituição e manutenção dos fundos previdenciários, para preservação do caráter contributivo e solidário e do equilíbrio financeiro e atuarial; (Redação dada pela Lei nº 13.846, de 2019)

III - a apuração de infrações, por servidor credenciado, e a aplicação de penalidades, por órgão próprio, nos casos previstos no art. 8º desta Lei; (Redação dada pela Lei nº 13.846, de 2019)

IV - a emissão do Certificado de Regularidade Previdenciária (CRP), que atestará, para os fins do disposto no art. 7º desta Lei, o cumprimento, pelos Estados, Distrito Federal e Municípios, dos critérios e exigências aplicáveis aos regimes próprios de previdência social e aos seus fundos previdenciários. (Incluído pela Lei nº 13.846, de 2019)

Parágrafo único. A União, os Estados, o Distrito Federal e os Municípios encaminharão à Secretaria Especial de Previdência e Trabalho do Ministério da Economia, na forma, na periodicidade e nos critérios por ela definidos, dados e informações sobre o regime próprio de previdência social e seus segurados. (Redação dada pela Lei nº 13.846, de 2019)

Art. 10. No caso de extinção de regime próprio de previdência social, a União, o Estado, o Distrito Federal e os Municípios assumirão integralmente a responsabilidade pelo pagamento dos benefícios concedidos durante a sua vigência, bem como daqueles benefícios cujos requisitos necessários a sua concessão foram implementados anteriormente à extinção do regime próprio de previdência social.

Art. 11. Esta Lei entra em vigor na data de sua publicação.

DECRETO FEDERAL Nº 3.048, DE 6 DE MAIO DE 1999

– APROVA O REGULAMENTO DA PREVIDÊNCIA SOCIAL

**ATUALIZADO ATÉ O DECRETO Nº 10.410, DE 30 DE JUNHO DE 2020*

ÍNDICE

LIVRO I
DA FINALIDADE E DOS PRINCÍPIOS BÁSICOS

TÍTULO I
DA SEGURIDADE SOCIAL

Art. 1º A seguridade social compreende um conjunto integrado de ações de iniciativa dos poderes públicos e da sociedade, destinado a assegurar o direito relativo à saúde, à previdência e à assistência social.

Parágrafo único. A seguridade social obedecerá aos seguintes princípios e diretrizes:

I - universalidade da cobertura e do atendimento;

II - uniformidade e equivalência dos benefícios e serviços às populações urbanas e rurais;

III - seletividade e distributividade na prestação dos benefícios e serviços;

IV - irredutibilidade do valor dos benefícios, de forma a preservar-lhe o poder aquisitivo;

V - eqüidade na forma de participação no custeio;

VI - diversidade da base de financiamento; e

VII - caráter democrático e descentralizado da administração, mediante gestão quadripartite, com participação dos trabalhadores, dos empregadores, dos aposentados e do governo nos órgãos colegiados.

TÍTULO II
DA SAÚDE

Art. 2º A saúde é direito de todos e dever do Estado, garantido mediante políticas sociais e econômicas que visem à redução do risco de doença e de outros agravos e ao acesso universal e igualitário às ações e serviços para sua promoção, proteção e recuperação.

Parágrafo único. As atividades de saúde são de relevância pública, e sua organização obedecerá aos seguintes princípios e diretrizes:

I - acesso universal e igualitário;

II - provimento das ações e serviços mediante rede regionalizada e hierarquizada, integrados em sistema único;

III - descentralização, com direção única em cada esfera de governo;

IV - atendimento integral, com prioridade para as atividades preventivas;

V - participação da comunidade na gestão, fiscalização e acompanhamento das ações e serviços de saúde; e

VI - participação da iniciativa privada na assistência à saúde, em obediência aos preceitos constitucionais.

TÍTULO III
DA ASSISTÊNCIA SOCIAL

Art. 3º A assistência social é a política social que provê o atendimento das necessidades básicas, traduzidas em proteção à família, à maternidade, à infância, à adolescência, à velhice e à pessoa portadora de deficiência, independentemente de contribuição à seguridade social.

Parágrafo único. A organização da assistência social obedecerá às seguintes diretrizes:

I - descentralização político-administrativa; e

II - participação da população na formulação e controle das ações em todos os níveis.

TÍTULO IV
DA PREVIDÊNCIA SOCIAL

Art. 4º A previdência social rege-se pelos seguintes princípios e objetivos:

I - universalidade de participação nos planos previdenciários;

II - uniformidade e equivalência dos benefícios e serviços às populações urbanas e rurais;

III - seletividade e distributividade na prestação dos benefícios;

IV - cálculo dos benefícios considerando-se os salários-de-contribuição corrigidos monetariamente;

V - irredutibilidade do valor dos benefícios, de forma a preservar-lhe o poder aquisitivo;

VI - valor da renda mensal dos benefícios substitutos do salário-de-contribuição ou do rendimento do trabalho do segurado não inferior ao do salário mínimo; e

VII - caráter democrático e descentralizado da administração, mediante gestão quadripartite, com participação dos trabalhadores, dos empregadores, dos aposentados e do governo nos órgãos colegiados.

Art. 5º A previdência social será organizada sob a forma de regime geral, de caráter contributivo e de filiação obrigatória, observados critérios que preservem o equilíbrio financeiro e atuarial, e atenderá a:

I - cobertura de eventos de incapacidade temporária ou permanente para trabalho e idade avançada; (Redação dada pelo Decreto nº 10.410, de 2020).

II - proteção à maternidade, especialmente à gestante;

III - proteção ao trabalhador em situação de desemprego involuntário;

IV - salário-família e auxílio-reclusão para os dependentes dos segurados de baixa renda; e

V - pensão por morte do segurado, homem ou mulher, ao cônjuge ou companheiro e dependentes.

LIVRO II
DOS BENEFÍCIOS DA PREVIDÊNCIA SOCIAL

TÍTULO I
DOS REGIMES DA PREVIDÊNCIA SOCIAL

Art. 6º A previdência social compreende:

I - o Regime Geral de Previdência Social; e

II - os regimes próprios de previdêcia social dos servidores públicos e dos militares.

Parágrafo único. O Regime Geral de Previdência Social garante a cobertura de todas as situações expressas no art. 5º, exceto a de desemprego involuntário, observado o disposto no art. 199-A quanto ao direito à aposentadoria por tempo de contribuição. (Redação dada pelo Decreto nº 6.042, de 2007).

Art. 7º A administração do Regime Geral de Previdência Social é atribuída ao Ministério da Previdência e Assistência Social, sendo exercida pelos órgãos e entidades a ele vinculados.

TÍTULO II
DO REGIME GERAL DE PREVIDÊNCIA SOCIAL

CAPÍTULO I
DOS BENEFICIÁRIOS

Art. 8º São beneficiários do Regime Geral de Previdência Social as pessoas físicas classificadas como segurados e dependentes, nos termos das Seções I e II deste Capítulo.

SEÇÃO I
DOS SEGURADOS

Art. 9º São segurados obrigatórios da previdência social as seguintes pessoas físicas:

I - como empregado:

a) aquele que presta serviço de natureza urbana ou rural a empresa, em caráter não eventual, sob sua subordinação e mediante remuneração, inclusive como diretor empregado;

b) aquele que, contratado por empresa de trabalho temporário, na forma prevista em legislação específica, por prazo não superior a cento e oitenta dias, consecutivos ou não, prorrogável por até noventa dias, presta serviço para atender a necessidade transitória de substituição de pessoal regular e permanente ou a acréscimo extraordinário de serviço de outras empresas; (Redação dada pelo Decreto nº 10.410, de 2020).

c) o brasileiro ou o estrangeiro domiciliado e contratado no Brasil para trabalhar como empregado no exterior, em sucursal ou agência de empresa constituída sob as leis brasileiras e que tenha sede e administração no País;

d) o brasileiro ou o estrangeiro domiciliado e contratado no Brasil para trabalhar como empregado em empresa domiciliada no exterior com maioria do capital votante pertencente a empresa constituída sob as leis brasileiras, que tenha sede e administração no País e cujo controle efetivo esteja em caráter permanente sob a titularidade direta ou indireta de pessoas físicas domiciliadas e residentes no País ou de entidade de direito público interno;

e) aquele que presta serviço no Brasil a missão diplomática ou a repartição consular de carreira estrangeira e a órgãos a elas subordinados, ou a membros dessas missões e repartições, excluídos o não-brasileiro sem residência permanente no Brasil e o brasileiro amparado pela legislação previdenciária do país da respectiva missão diplomática ou repartição consular;

f) o brasileiro civil que trabalha para a União no exterior, em organismos oficiais internacionais dos quais o Brasil seja membro efetivo, ainda que lá domiciliado e contratado, salvo se amparado por regime próprio de previdência social;

g) o brasileiro civil que presta serviços à União no exterior, em repartições governamentais brasileiras, lá domiciliado e contratado, inclusive o auxiliar local de que tratam os arts. 56 e 57 da Lei no 11.440, de 29 de dezembro de 2006, este desde que, em razão de proibição legal, não possa filiar-se ao sistema previdenciário local; (Redação dada pelo Decreto nº 6.722, de 2008).

h) o bolsista e o estagiário que prestam serviços a empresa, em desacordo com a Lei no 11.788, de 25 de setembro de 2008; (Redação dada pelo Decreto nº 6.722, de 2008).

i) o servidor da União, Estado, Distrito Federal ou Município, incluídas suas autarquias e fundações, ocupante, exclusivamente, de cargo em comissão declarado em lei de livre nomeação e exoneração;

j) o servidor do Estado, Distrito Federal ou Município, bem como o das respectivas autarquias e fundações, ocupante de cargo efetivo, desde que, nessa qualidade, não esteja amparado por regime próprio de previdência social;

l) o servidor contratado pela União, Estado, Distrito Federal ou Município, bem como pelas respectivas autarquias e fundações, por tempo determinado, para atender a necessidade temporária de excepcional interesse público, nos termos do inciso IX do art. 37 da Constituição Federal;

m) o servidor da União, Estado, Distrito Federal ou Município, incluídas suas autarquias e fundações, ocupante de emprego público;

n) (Revogada pelo Decreto nº 3.265, de 1999)

o) o escrevente e o auxiliar contratados por titular de serviços notariais e de registro a partir de 21 de novembro de 1994, bem como aquele que optou pelo Regime Geral de Previdência Social, em conformidade com a Lei nº 8.935, de 18 de novembro de 1994; e

p) aquele em exercício de mandato eletivo federal, estadual, distrital ou municipal, desde que não seja vinculado a regime próprio de previdência social; (Redação dada pelo Decreto nº 10.410, de 2020).

q) o empregado de organismo oficial internacional ou estrangeiro em funcionamento no Brasil, salvo quando coberto por regime próprio de previdência social; (Incluída pelo Decreto nº 3.265, de 1999)

r) o trabalhador rural contratado por produtor rural pessoa física, na forma do art. 14-A da Lei no 5.889, de 8 de junho de 1973, para o exercício de atividades de natureza temporária por prazo não superior a dois meses dentro do período de um ano; (Incluído pelo Decreto nº 6.722, de 2008).

s) aquele contratado como trabalhador intermitente para a prestação de serviços, com subordinação, de forma não contínua, com alternância de períodos de prestação de serviços e de inatividade, em conformidade com o disposto no § 3º do art. 443 da Consolidação das Leis do Trabalho, aprovada pelo Decreto-Lei nº 5.452, de 1º de maio de 1943;(Incluído pelo Decreto nº 10.410, de 2020).

II - como empregado doméstico - aquele que presta serviço de forma contínua, subordinada, onerosa e pessoal a pessoa ou família, no âmbito residencial desta, em atividade sem fins lucrativos, por mais de dois dias por semana; (Redação dada pelo Decreto nº 10.410, de 2020).

III - (Revogados pelo Decreto nº 3.265, de 1999)

IV - (Revogados pelo Decreto nº 3.265, de 1999)

V - como contribuinte individual: (Redação dada pelo Decreto nº 3.265, de 1999))

a) a pessoa física, proprietária ou não, que explora atividade agropecuária, a qualquer título, em caráter permanente ou temporário, em área, contínua ou descontínua, superior a quatro módulos fiscais; ou, quando em área igual ou inferior a quatro módulos fiscais ou atividade pesqueira ou extrativista, com auxílio de empregados ou por intermédio de prepostos; ou ainda nas hipóteses dos §§ 8º e 23 deste artigo; (Redação dada pelo Decreto nº 6.722, de 2008).

b) a pessoa física, proprietária ou não, que explora atividade de extração mineral - garimpo -, em caráter permanente ou temporário, diretamente ou por intermédio de prepostos, com ou sem o auxílio de empregados, utilizados a qualquer título, ainda que de forma não contínua; (Redação dada pelo Decreto nº 3.265, de 1999)

c) o ministro de confissão religiosa e o membro de instituto de vida consagrada, de congregação ou de ordem religiosa; (Redação dada pelo Decreto nº 4.079, de 2002)

d) o brasileiro civil que trabalha no exterior para organismo oficial internacional do qual o Brasil é membro efetivo, ainda que lá domiciliado e contratado, salvo quando coberto por regime próprio de previdência social; (Redação dada pelo Decreto nº 3.265, de 1999)

e) desde que receba remuneração decorrente de trabalho na empresa: (Redação dada pelo Decreto nº 10.410, de 2020).

1. o empresário individual e o titular de empresa individual de responsabilidade limitada, urbana ou rural; (Incluído pelo Decreto nº 10.410, de 2020).

2. o diretor não empregado e o membro de conselho de administração de sociedade anônima; (Incluído pelo Decreto nº 10.410, de 2020).

3. o sócio de sociedade em nome coletivo; e(Incluído pelo Decreto nº 10.410, de 2020).

4. o sócio solidário, o sócio gerente, o sócio cotista e o administrador, quanto a este último, quando não for empregado em sociedade limitada, urbana ou rural; (Incluído pelo Decreto nº 10.410, de 2020).

f) (Revogado pelo Decreto nº 10.410, de 2020).

g) (Revogado pelo Decreto nº 10.410, de 2020).

h) (Revogado pelo Decreto nº 10.410, de 2020).

i) o associado eleito para cargo de direção em cooperativa, associação ou entidade de qualquer natureza ou finalidade, bem como o síndico ou administrador eleito para exercer atividade de direção condominial, desde que recebam remuneração; (Incluída pelo Decreto nº 3.265, de 1999)

j) quem presta serviço de natureza urbana ou rural, em caráter eventual, a uma ou mais empresas, sem relação de emprego; (Incluída pelo Decreto nº 3.265, de 1999)

l) a pessoa física que exerce, por conta própria, atividade econômica de natureza urbana, com fins lucrativos ou não; (Incluída pelo Decreto nº 3.265, de 1999)

m) o aposentado de qualquer regime previdenciário nomeado magistrado classista temporário da Justiça do Trabalho, na forma dos incisos II do § 1º do art. 111 ou III do art. 115 ou do parágrafo único do art. 116 da Constituição Federal, ou nomeado magistrado da Justiça Eleitoral, na forma dos incisos II do art. 119 ou III do § 1º do art. 120 da Constituição Federal; (Incluída pelo Decreto nº 3.265, de 1999)

n) o cooperado de cooperativa de produção que, nesta condição, presta serviço à sociedade cooperativa mediante remuneração ajustada ao trabalho executado; e (Incluída pelo Decreto nº 4.032, de 2001)

o) (Revogado pelo Decreto nº 7.054, de 2009)

p) o Micro Empreendedor Individual - MEI de que tratam os arts. 18-A e 18-C da Lei Complementar no 123, de 14 de dezembro de 2006, que opte pelo recolhimento dos impostos e contribuições abrangidos pelo Simples Nacional em valores fixos mensais; (Incluído pelo Decreto nº 6.722, de 2008).

q) o médico participante do Projeto Mais Médicos para o Brasil, instituído pela Lei nº 12.871, de 22 de outubro de 2013, exceto na hipótese de cobertura securitária específica estabelecida por organismo internacional ou filiação a regime de seguridade social em seu país de origem, com o qual a República Federativa do Brasil mantenha acordo de seguridade social;(Incluído pelo Decreto nº 10.410, de 2020).

r) o médico em curso de formação no âmbito do Programa Médicos pelo Brasil, instituído pela Lei nº 13.958, de 18 de dezembro de 2019; (Incluído pelo Decreto nº 10.410, de 2020).

VI - como trabalhador avulso - aquele que: (Redação dada pelo Decreto nº 10.410, de 2020).

a) sindicalizado ou não, preste serviço de natureza urbana ou rural a diversas empresas, ou equiparados, sem vínculo empregatício, com intermediação obrigatória do órgão gestor de mão de obra, nos termos do disposto na Lei nº 12.815, de 5 de junho de 2013, ou do sindicato da categoria, assim considerados: (Redação dada pelo Decreto nº 10.410, de 2020).

1. o trabalhador que exerça atividade portuária de capatazia, estiva, conferência e conserto de carga e vigilância de embarcação e bloco; (Incluído pelo Decreto nº 10.410, de 2020).

2. o trabalhador de estiva de mercadorias de qualquer natureza, inclusive carvão e minério; (Incluído pelo Decreto nº 10.410, de 2020).

3. o trabalhador em alvarenga (embarcação para carga e descarga de navios); (Incluído pelo Decreto nº 10.410, de 2020).

4. o amarrador de embarcação; (Incluído pelo Decreto nº 10.410, de 2020).

5. o ensacador de café, cacau, sal e similares;(Incluído pelo Decreto nº 10.410, de 2020).

6. o trabalhador na indústria de extração de sal; (Incluído pelo Decreto nº 10.410, de 2020).

7. o carregador de bagagem em porto; (Incluído pelo Decreto nº 10.410, de 2020).

8. o prático de barra em porto; (Incluído pelo Decreto nº 10.410, de 2020).

9. o guindasteiro; e (Incluído pelo Decreto nº 10.410, de 2020).

10. o classificador, o movimentador e o empacotador de mercadorias em portos; e (Incluído pelo Decreto nº 10.410, de 2020).

b) exerça atividade de movimentação de mercadorias em geral, nos termos do disposto na Lei nº 12.023, de 27 de agosto de 2009, em áreas urbanas ou rurais, sem vínculo empregatício, com intermediação obrigatória do sindicato da categoria, por meio de acordo ou convenção coletiva de trabalho, nas atividades de: (Redação dada pelo Decreto nº 10.410, de 2020).

1. cargas e descargas de mercadorias a granel e ensacados, costura, pesagem, embalagem, enlonamento, ensaque, arrasto, posicionamento, acomodação, reordenamento, reparação de carga, amostragem, arrumação, remoção, classificação, empilhamento, transporte com empilhadeiras, paletização, ova e desova de vagões, carga e descarga em feiras livres e abastecimento de lenha em secadores e caldeiras; (Incluído pelo Decreto nº 10.410, de 2020).

2. operação de equipamentos de carga e descarga; e (Incluído pelo Decreto nº 10.410, de 2020).

3. pré-limpeza e limpeza em locais necessários às operações ou à sua continuidade; (Incluído pelo Decreto nº 10.410, de 2020).

c) (Revogado pelo Decreto nº 10.410, de 2020).

d) (Revogado pelo Decreto nº 10.410, de 2020).

e) (Revogado pelo Decreto nº 10.410, de 2020).

f) (Revogado pelo Decreto nº 10.410, de 2020).

g) (Revogado pelo Decreto nº 10.410, de 2020).

h) (Revogado pelo Decreto nº 10.410, de 2020).;

i) (Revogado pelo Decreto nº 10.410, de 2020).

j) (Revogado pelo Decreto nº 10.410, de 2020).

VII - como segurado especial: a pessoa física residente no imóvel rural ou em aglomerado urbano ou rural próximo que, individualmente ou em regime de economia familiar, ainda que com o auxílio eventual de terceiros, na condição de: (Redação dada pelo Decreto nº 6.722, de 2008).

a) produtor, seja ele proprietário, usufrutuário, possuidor, assentado, parceiro ou meeiro outorgados, comodatário ou arrendatário rurais, que explore atividade: (Incluído pelo Decreto nº 6.722, de 2008).

1. agropecuária em área contínua ou não de até quatro módulos fiscais; ou (Incluído pelo Decreto nº 6.722, de 2008).

2. de seringueiro ou extrativista vegetal na coleta e extração, de modo sustentável, de recursos naturais

renováveis, e faça dessas atividades o principal meio de vida; (Incluído pelo Decreto nº 6.722, de 2008).

b) pescador artesanal ou a este assemelhado, que faça da pesca profissão habitual ou principal meio de vida; e (Incluído pelo Decreto nº 6.722, de 2008).

c) cônjuge ou companheiro, bem como filho maior de dezesseis anos de idade ou a este equiparado, do segurado de que tratam as alíneas "a" e "b" deste inciso, que, comprovadamente, tenham participação ativa nas atividades rurais ou pesqueiras artesanais, respectivamente, do grupo familiar. (Redação dada pelo Decreto nº 8.499, de 2015)

§ 1º O aposentado pelo Regime Geral de Previdência Social que voltar a exercer atividade abrangida por este regime é segurado obrigatório em relação a essa atividade, ficando sujeito às contribuições de que trata este Regulamento.

§ 2º Considera-se diretor empregado aquele que, participando ou não do risco econômico do empreendimento, seja contratado ou promovido para cargo de direção das sociedades anônimas, mantendo as características inerentes à relação de emprego.

§ 3º Considera-se diretor não empregado aquele que, participando ou não do risco econômico do empreendimento, seja eleito, por assembléia geral dos acionistas, para cargo de direção das sociedades anônimas, não mantendo as características inerentes à relação de emprego.

§ 4º Entende-se por serviço prestado em caráter não eventual aquele relacionado direta ou indiretamente com as atividades normais da empresa.

§ 5º Entende-se como regime de economia familiar a atividade em que o trabalho dos membros da família é indispensável à própria subsistência e ao desenvolvimento socioeconômico do núcleo familiar e é exercido em condições de mútua dependência e colaboração, sem a utilização de empregados permanentes. (Redação dada pelo Decreto nº 6.722, de 2008).

§ 6º Entende-se como auxílio eventual de terceiros o que é exercido ocasionalmente, em condições de mútua colaboração, não existindo subordinação nem remuneração.

§ 7º Para efeito do disposto na alínea "a" do inciso VI do *caput*, entende-se por:

I - capatazia - a atividade de movimentação de mercadorias nas instalações dentro do porto, compreendidos o recebimento, a conferência, o transporte interno, a abertura de volumes para a conferência aduaneira, a manipulação, a arrumação e a entrega e o carregamento e a descarga de embarcações, quando efetuados por aparelhamento portuário; (Redação dada pelo Decreto nº 10.410, de 2020).

II - estiva - a atividade de movimentação de mercadorias nos conveses ou nos porões das embarcações principais ou auxiliares, incluindo transbordo, arrumação, peação e despeação, bem como o carregamento e a descarga das mesmas, quando realizados com equipamentos de bordo;

III - conferência de carga - a contagem de volumes, anotação de suas características, procedência ou destino, verificação do estado das mercadorias, assistência à pesagem, conferência do manifesto e demais serviços correlatos, nas operações de carregamento e descarga de embarcações;

IV - conserto de carga - o reparo e a restauração das embalagens de mercadoria, nas operações de carregamento e descarga de embarcações, reembalagem, marcação, remarcação, carimbagem, etiquetagem, abertura de volumes para vistoria e posterior recomposição;

V - vigilância de embarcações - a atividade de fiscalização da entrada e saída de pessoas a bordo das embarcações atracadas ou fundeadas ao largo, bem como da movimentação de mercadorias nos portalós, rampas, porões, conveses, plataformas e em outros locais da embarcação; e

VI - bloco - a atividade de limpeza e conservação de embarcações mercantes e de seus tanques, incluindo batimento de ferrugem, pintura, reparo de pequena monta e serviços correlatos.

§ 8º Não é segurado especial o membro de grupo familiar que possuir outra fonte de rendimento, exceto se decorrente de: (Redação dada pelo Decreto nº 6.722, de 2008).

I - benefício de pensão por morte, auxílio-acidente ou auxílio-reclusão, cujo valor não supere o do menor benefício da previdência social; (Redação dada pelo Decreto nº 10.410, de 2020).

I-A - benefício concedido ao segurado qualificado como segurado especial, independentemente do valor; (Incluído pelo Decreto nº 10.410, de 2020).

II - benefício previdenciário pela participação em plano de previdência complementar instituído nos termos do inciso III do § 18 deste artigo; (Redação dada pelo Decreto nº 6.722, de 2008).

III - exercício de atividade remunerada em período não superior a cento e vinte dias, corridos ou intercalados, no ano civil, observado o disposto no § 22; (Redação dada pelo Decreto nº 10.410, de 2020).

IV - exercício de mandato eletivo de dirigente sindical de organização da categoria de trabalhadores rurais; (Incluído pelo Decreto nº 6.722, de 2008).

V - exercício de mandato de vereador do município onde desenvolve a atividade rural, ou de dirigente de cooperativa rural constituída exclusivamente por segurados especiais, observado o disposto no § 22 deste artigo; (Incluído pelo Decreto nº 6.722, de 2008).

VI - parceria ou meação outorgada na forma e condições estabelecidas no inciso I do § 18 deste artigo; (Incluído pelo Decreto nº 6.722, de 2008).

VII - atividade artesanal desenvolvida com matéria-prima produzida pelo respectivo grupo familiar, podendo ser utilizada matéria-prima de outra origem, desde que, nesse caso, a renda mensal obtida na atividade não exceda ao menor benefício de prestação continuada da previdência social; e (Incluído pelo Decreto nº 6.722, de 2008).

VIII - atividade artística, desde que em valor mensal inferior ao menor benefício de prestação continuada da previdência social. (Incluído pelo Decreto nº 6.722, de 2008).

§ 9º Para os fins previstos nas alíneas "a" e "b" do inciso V do *caput*, entende-se que a pessoa física, proprietária ou não, explora atividade através de prepostos quando, na condição de parceiro outorgante, desenvolve atividade agropecuária, pesqueira ou de extração de minerais por intermédio de parceiros ou meeiros.

§ 10. O dirigente sindical mantém, durante o exercício do mandato, o mesmo enquadramento no Regime Geral de Previdência Social de antes da investidura no cargo.

§ 11. O magistrado da Justiça Eleitoral, nomeado na forma do inciso II do art. 119 ou III do § 1º do art. 120 da Constituição Federal, mantém o mesmo enquadramento no Regime Geral de Previdência Social de antes da investidura no cargo. (Redação dada pelo Decreto nº 4.729, de 2003)

§ 12. O exercício de atividade remunerada sujeita a filiação obrigatória ao Regime Geral de Previdência Social.

§ 13. Aquele que exerce concomitantemente mais de uma atividade remunerada sujeita ao RGPS é obrigatoriamente filiado no referido Regime em relação a cada uma dessas atividades, observado o disposto no inciso III do *caput* do art. 214. (Redação dada pelo Decreto nº 10.410, de 2020).

§ 14. Considera-se pescador artesanal aquele que, individualmente ou em regime de economia familiar, faz da pesca sua profissão habitual ou meio principal de vida, desde que: (Redação dada pelo Decreto nº 3.668, de 2000)

I - não utilize embarcação; ou (Redação dada pelo Decreto nº 8.424, de 2015)

II - utilize embarcação de pequeno porte, nos termos da Lei nº 11.959, de 29 de junho de 2009. (Redação dada pelo Decreto nº 8.424, de 2015)

III - (Revogado pelo Decreto nº 8.424, de 2015)

§ 14-A. Considera-se assemelhado ao pescador artesanal aquele que realiza atividade de apoio à pesca artesanal, exercendo trabalhos de confecção e de reparos de artes e petrechos de pesca e de reparos em embarcações de pequeno porte ou atuando no processamento do produto da pesca artesanal. (Incluído dada pelo Decreto nº 8.499, de 2015)

§ 15. Enquadram-se nas situações previstas nas alíneas "j" e "l" do inciso V do *caput*, entre outros: (Redação dada pelo Decreto nº 3.265, de 1999)

I - aquele que trabalha como condutor autônomo de veículo rodoviário, inclusive como taxista ou motorista de transporte remunerado privado individual de passageiros, ou como operador de trator, máquina de terraplenagem, colheitadeira e assemelhados, sem vínculo empregatício; (Redação dada pelo Decreto nº 10.410, de 2020).

II - aquele que exerce atividade de auxiliar de condutor autônomo de veículo rodoviário, em automóvel cedido em regime de colaboração, nos termos da Lei nº 6.094, de 30 de agosto de 1974;

III - aquele que, pessoalmente, por conta própria e a seu risco, exerce pequena atividade comercial em via pública ou de porta em porta, como comerciante ambulante, nos termos da Lei nº 6.586, de 6 de novembro de 1978;

IV - o trabalhador associado a cooperativa que, nessa qualidade, presta serviços a terceiros;

V - o membro de conselho fiscal de sociedade por ações;

VI - aquele que presta serviço de natureza não contínua, por conta própria, a pessoa ou família, no âmbito residencial desta, em atividade sem fins lucrativos, até dois dias por semana; (Redação dada pelo Decreto nº 10.410, de 2020).

VII - o notário ou tabelião e o oficial de registros ou registrador, titular de cartório, que detêm a delegação do exercício da atividade notarial e de registro, não remunerados pelos cofres públicos, admitidos a partir de 21 de novembro de 1994;

VIII - aquele que, na condição de pequeno feirante, compra para revenda produtos hortifrutigranjeiros ou assemelhados;

IX - a pessoa física que edifica obra de construção civil;

X - o médico residente de que trata a Lei nº 6.932, de 7 de julho de 1981. (Redação dada pelo Decreto nº 4.729, de 2003)

XI - o pescador que trabalha em regime de parceria, meação ou arrendamento, em embarcação de médio ou grande porte, nos termos da Lei nº 11.959, de 2009; (Redação dada pelo Decreto nº 8.424, de 2015)

XII - o incorporador de que trata o art. 29 da Lei nº 4.591, de 16 de dezembro de 1964.

XIII - o bolsista da Fundação Habitacional do Exército contratado em conformidade com a Lei nº 6.855, de 18 de novembro de 1980; e (Incluído pelo Decreto nº 3.265, de 1999)

XIV - o árbitro e seus auxiliares que atuam em conformidade com a Lei nº 9.615, de 24 de março de 1998. (Incluído pelo Decreto nº 3.265, de 1999)

XV - o membro de conselho tutelar de que trata o art. 132 da Lei nº 8.069, de 13 de julho de 1990, quando remunerado; (Incluído pelo Decreto nº 4.032, de 2001)

XVI - o interventor, o liquidante, o administrador especial e o diretor fiscal de instituição financeira, empresa ou entidade referida no § 6º do art. 201; (Redação dada pelo Decreto nº 10.410, de 2020).

XVII - o transportador autônomo de cargas e o transportador autônomo de cargas auxiliar, nos termos do disposto na Lei nº 11.442, de 5 de janeiro de 2007; (Incluído pelo Decreto nº 10.410, de 2020)

XVIII - o repentista de que trata a Lei nº 12.198, de 14 de janeiro de 2010, desde que não se enquadre na condição de empregado, prevista no inciso I do *caput*, em relação à referida atividade; e (Incluído pelo Decreto nº 10.410, de 2020)

XIX - o artesão de que trata a Lei nº 13.180, de 22 de outubro de 2015, desde que não se enquadre em outras categorias de segurado obrigatório do RGPS em relação à referida atividade. (Incluído pelo Decreto nº 10.410, de 2020)

§ 16. Aplica-se o disposto na alínea "i" do inciso I do *caput* ao ocupante de cargo de Ministro de Estado, de Secretário Estadual, Distrital ou Municipal, sem vínculo efetivo com a União, Estados, Distrito Federal e Municípios, suas autarquias, ainda que em regime especial, e fundações. (Incluído pelo Decreto nº 3.265, de 1999)

§ 17. (Revogado pelo Decreto nº 8.424, de 2015)

§ 18. Não descaracteriza a condição de segurado especial: (Redação dada pelo Decreto nº 6.722, de 2008).

I - a outorga, por meio de contrato escrito de parceria, meação ou comodato, de até cinqüenta por cento de imóvel rural cuja área total, contínua ou descontínua, não seja superior a quatro módulos fiscais, desde que outorgante e outorgado continuem a exercer a respectiva atividade, individualmente ou em regime de economia familiar; (Incluído pelo Decreto nº 6.722, de 2008).

II - a exploração da atividade turística da propriedade rural, inclusive com hospedagem, por não mais de cento e vinte dias ao ano; (Incluído pelo Decreto nº 6.722, de 2008).

III - a participação em plano de previdência complementar instituído por entidade classista a que seja associado, em razão da condição de trabalhador rural ou de produtor rural em regime de economia familiar; (Incluído pelo Decreto nº 6.722, de 2008).

IV - a participação como beneficiário ou integrante de grupo familiar que tem algum componente que seja beneficiário de programa assistencial oficial de governo; (Incluído pelo Decreto nº 6.722, de 2008).

V - a utilização pelo próprio grupo familiar de processo de beneficiamento ou industrialização artesanal, na exploração da atividade, de acordo com o disposto no § 25; e (Incluído pelo Decreto nº 6.722, de 2008).

VI - a associação a cooperativa agropecuária ou de crédito rural;(Redação dada pelo Decreto nº 10.410, de 2020).

VII - a incidência do Imposto sobre Produtos Industrializados - IPI sobre o produto das atividades desenvolvidas nos termos do disposto no inciso VIII; e (Incluído pelo Decreto nº 10.410, de 2020)

VIII - a participação do segurado especial em sociedade empresária ou em sociedade simples ou a sua atuação como empresário individual ou como titular de empresa individual de responsabilidade limitada de objeto ou âmbito agrícola, agroindustrial ou agroturístico, considerada microempresa nos termos do disposto na Lei Complementar nº 123, de 2006, desde que, mantido o exercício da sua atividade rural na forma prevista no inciso VII do *caput* e no § 5º, a pessoa jurídica seja composta apenas por segurados especiais e sediada no mesmo Município ou em Município limítrofe àquele em que ao menos um deles desenvolva as suas atividades.(Incluído pelo Decreto nº 10.410, de 2020)

§ 19. Os segurados de que trata o art. 199-A terão identificação específica nos registros da Previdência Social. (Incluído pelo Decreto nº 6.042, de 2007).

§ 20. Para os fins deste artigo, considera-se que o segurado especial reside em aglomerado urbano ou rural próximo ao imóvel rural onde desenvolve a atividade quando resida no mesmo município de situação do imóvel onde desenvolve a atividade rural, ou em município contíguo ao em que desenvolve a atividade rural. (Incluído pelo Decreto nº 6.722, de 2008).

§ 21. O grupo familiar poderá utilizar-se de empregado contratado por prazo determinado, inclusive daquele referido na alínea "r" do inciso I do *caput*, ou de trabalhador de que trata a alínea "j" do inciso V do *caput*, à razão de, no máximo, cento e vinte pessoas por dia no mesmo ano civil, em períodos corridos ou intercalados, ou, ainda, por tempo equivalente em horas de trabalho, à razão de oito horas por dia e quarenta e quatro horas por semana, hipóteses em que períodos de afastamento em decorrência de percepção de auxílio por incapacidade temporária não serão computados. (Redação dada pelo Decreto nº 10.410, de 2020).

§ 22. O disposto nos incisos III e V do § 8º e no inciso VIII do § 18 não dispensará o recolhimento da contribuição devida em relação ao exercício das atividades de que tratam os referidos incisos. (Redação dada pelo Decreto nº 10.410, de 2020).

§ 23. O segurado especial fica excluído dessa categoria: (Incluído pelo Decreto nº 6.722, de 2008).

I - a contar do primeiro dia do mês em que: (Incluído pelo Decreto nº 6.722, de 2008).

a) deixar de satisfazer as condições estabelecidas no inciso VII do *caput* deste artigo, sem prejuízo do disposto no art. 13, ou exceder qualquer dos limites estabelecidos no inciso I do § 18 deste artigo; (Incluído pelo Decreto nº 6.722, de 2008).

b) se enquadrar em qualquer outra categoria de segurado obrigatório do Regulamento da Previdência Social, exceto nas hipóteses previstas nos incisos III, V, VII e VIII do § 8º e no inciso VIII do § 18, sem prejuízo do disposto no art. 13; (Redação dada pelo Decreto nº 10.410, de 2020).

c) se tornar segurado obrigatório de outro regime previdenciário; ou(Redação dada pelo Decreto nº 10.410, de 2020).

d) na hipótese de descumprimento do disposto no inciso VIII do § 18: (Incluído pelo Decreto nº 10.410, de 2020)

1. participar de sociedade empresária ou de sociedade simples; ou (Incluído pelo Decreto nº 10.410, de 2020)

2. atuar como empresário individual ou como titular de empresa individual de responsabilidade limitada; ou(Incluído pelo Decreto nº 10.410, de 2020)

II - a contar do primeiro dia do mês subseqüente ao da ocorrência, quando o grupo familiar a que pertence exceder o limite de: (Incluído pelo Decreto nº 6.722, de 2008).

a) utilização de trabalhadores nos termos do § 21 deste artigo; (Incluído pelo Decreto nº 6.722, de 2008).

b) dias em atividade remunerada estabelecidos no inciso III do § 8º deste artigo; e (Incluído pelo Decreto nº 6.722, de 2008).

c) dias de hospedagem a que se refere o inciso II do § 18 deste artigo. (Incluído pelo Decreto nº 6.722, de 2008).

§ 24. Aplica-se o disposto na alínea "a" do inciso V do *caput* deste artigo ao cônjuge ou companheiro do produtor que participe da atividade rural por este explorada. (Incluído pelo Decreto nº 6.722, de 2008).

§ 25. Considera-se processo de beneficiamento ou industrialização artesanal aquele realizado diretamente pelo próprio produtor rural pessoa física, observado o disposto no § 5º do art. 200, desde que não esteja sujeito à incidência do Imposto Sobre Produtos Industrializados - IPI.§ 26. É considerado MEI o empresário individual a que se refere o art. 966 da Lei no 10.406, de 10 de janeiro de 2002 - Código Civil, que tenha auferido receita bruta, no ano-calendário anterior, de até R$ 36.000,00 (trinta e seis mil reais), optante pelo Simples Nacional e que não esteja impedido de optar pela sistemática de recolhimento mencionada na alínea "p" do inciso V do *caput*. (Incluído pelo Decreto nº 6.722, de 2008).

§ 26. É considerado microempreendedor individual - MEI o empresário individual a que se refere o art. 966 da Lei nº 10.406, de 2002 - Código Civil, ou o empreendedor que exerça as atividades de industrialização, comercialização e prestação de serviços no âmbito rural, que tenha auferido receita bruta no ano-calendário imediatamente anterior até o limite estabelecido no art. 18-A da Lei Complementar nº 123, de 2006, que tenha optado pelo Simples Nacional e não esteja impedido de optar pela sistemática de recolhimento a que se refere a alínea "p" do inciso V do *caput*. (Incluído pelo Decreto nº 10.410, de 2020)

§ 27. O vínculo empregatício mantido entre cônjuges ou companheiros não impede o reconhecimento da qualidade de segurado do empregado, excluído o doméstico, observado o disposto no art. 19-B. (Incluído pelo Decreto nº 10.410, de 2020)

Art. 10. O servidor civil ocupante de cargo efetivo ou o militar da União, Estado, Distrito Federal ou Município, bem como o das respectivas autarquias e fundações, são excluídos do Regime Geral de Previdência Social consubstanciado neste Regulamento, desde que amparados por regime próprio de previdência social. (Redação dada pelo Decreto nº 3.265, de 1999)

§ 1º Caso o servidor ou o militar, amparados por regime próprio de previdência social, sejam requisitados para outro órgão ou entidade cujo regime previdenciário não permita a filiação nessa condição, permanecerão vinculados ao regime de origem, obedecidas às regras que cada ente estabeleça acerca de sua contribuição. (Redação dada pelo Decreto nº 3.265, de 1999)

§ 2º Caso o servidor ou o militar venham a exercer, concomitantemente, uma ou mais atividades abrangidas pelo Regime Geral de Previdência Social, tornar-se-ão segurados obrigatórios em relação a essas atividades. (Redação dada pelo Decreto nº 3.265, de 1999)

§ 3º Entende-se por regime próprio de previdência social o que assegura pelo menos as aposentadorias e pensão por morte previstas no art. 40 da Constituição Federal. (Redação dada pelo Decreto nº 3.452, de 2000))

Art. 11. É segurado facultativo o maior de dezesseis anos de idade que se filiar ao Regime Geral de Previdência Social, mediante contribuição, na forma do art. 199, desde que não esteja exercendo atividade remunerada que o enquadre como segurado obrigatório da previdência social.

§ 1º Podem filiar-se facultativamente, entre outros:

I - aquele que se dedique exclusivamente ao trabalho doméstico no âmbito de sua residência; (Redação dada pelo Decreto nº 10.410, de 2020).

II - o síndico de condomínio, quando não remunerado;

III - o estudante;

IV - o brasileiro que acompanha cônjuge que presta serviço no exterior;

V - aquele que deixou de ser segurado obrigatório da previdência social;

VI - o membro de conselho tutelar de que trata o art. 132 da Lei nº 8.069, de 13 de julho de 1990, quando não esteja vinculado a qualquer regime de previdência social;

VII - o estagiário que preste serviços a empresa nos termos do disposto na Lei nº 11.788, de 2008;(Redação dada pelo Decreto nº 10.410, de 2020).

VIII - o bolsista que se dedique em tempo integral a pesquisa, curso de especialização, pós-graduação, mestrado ou doutorado, no Brasil ou no exterior, desde que não esteja vinculado a qualquer regime de previdência social;

IX - o presidiário que não exerce atividade remunerada nem esteja vinculado a qualquer regime de previdência social; (Redação dada pelo Decreto nº 7.054, de 2009)

X - o brasileiro residente ou domiciliado no exterior;(Redação dada pelo Decreto nº 10.410, de 2020).

XI - o segurado recolhido à prisão sob regime fechado ou semi-aberto, que, nesta condição, preste serviço, dentro ou fora da unidade penal, a uma ou mais empresas, com ou sem intermediação da organização carcerária ou entidade afim, ou que exerce atividade artesanal por conta própria. (Incluído pelo Decreto nº 7.054, de 2009)

XII - o atleta beneficiário da Bolsa-Atleta não filiado a regime próprio de previdência social ou não enquadrado em uma das hipóteses previstas no art. 9º. (Incluído pelo Decreto nº 10.410, de 2020)

§ 2º É vedada a filiação ao Regime Geral de Previdência Social, na qualidade de segurado facultativo, de pessoa participante de regime próprio de previdência social, salvo na hipótese de afastamento sem vencimento e desde que não permitida, nesta condição, contribuição ao respectivo regime próprio.

§ 3º A filiação na qualidade de segurado facultativo representa ato volitivo, gerando efeito somente a partir da inscrição e do primeiro recolhimento, não podendo retroagir e não permitindo o pagamento de contribuições relativas a competências anteriores à data da inscrição, ressalvado o § 3º do art. 28.

§ 4º Após a inscrição, o segurado facultativo somente poderá recolher contribuições em atraso quando não tiver ocorrido perda da qualidade de segurado, conforme o disposto no inciso VI do art. 13.

§ 5º O segurado poderá contribuir facultativamente durante os períodos de afastamento ou de inatividade, desde que não receba remuneração nesses períodos e não exerça outra atividade que o vincule ao RGPS ou a regime próprio de previdência social.(Incluído pelo Decreto nº 10.410, de 2020)

Art. 12. Consideram-se:

I - empresa - a firma individual ou a sociedade que assume o risco de atividade econômica urbana ou rural, com fins lucrativos ou não, bem como os órgãos e as entidades da administração pública direta, indireta e fundacional; e

II - empregador doméstico - aquele que admite a seu serviço, mediante remuneração, sem finalidade lucrativa, empregado doméstico.

Parágrafo único. Equiparam-se a empresa, para os efeitos deste Regulamento: (Redação dada pelo Decreto nº 3.265, de 1999)

I - o contribuinte individual, em relação a segurado que lhe presta serviço; (Redação dada pelo Decreto nº 3.265, de 1999)

II - a cooperativa, a associação ou a entidade de qualquer natureza ou finalidade, inclusive a missão diplomática e a repartição consular de carreiras estrangeiras;

III - o operador portuário e o órgão gestor de mão de obra de que trata a Lei nº 12.815, de 2013; e (Redação dada pelo Decreto nº 10.410, de 2020).

IV - o proprietário ou dono de obra de construção civil, quando pessoa física, em relação a segurado que lhe presta serviço.

SUBSEÇÃO ÚNICA
DA MANUTENÇÃO E DA PERDA DA QUALIDADE DE SEGURADO

Art. 13. Mantém a qualidade de segurado, independentemente de contribuições:

I - sem limite de prazo, o segurado que estiver em gozo de benefício, exceto na hipótese de auxílio-acidente; (Redação dada pelo Decreto nº 10.410, de 2020).

II - até doze meses após a cessação de benefício por incapacidade ou das contribuições, observado o disposto nos § 7º e § 8º e no art. 19-E;(Redação dada pelo Decreto nº 10.491, de 2020).

III - até doze meses após cessar a segregação, o segurado acometido de doença de segregação compulsória;

IV - até doze meses após o livramento, o segurado detido ou recluso;

V - até três meses após o licenciamento, o segurado incorporado às Forças Armadas para prestar serviço militar; e

VI - até seis meses após a cessação das contribuições, o segurado facultativo.

§ 1º O prazo do inciso II será prorrogado para até vinte e quatro meses, se o segurado já tiver pago mais de cento e vinte contribuições mensais sem interrupção que acarrete a perda da qualidade de segurado.

§ 2º O prazo do inciso II ou do § 1º será acrescido de doze meses para o segurado desempregado, desde que comprovada essa situação por registro no órgão próprio do Ministério do Trabalho e Emprego.

§ 3º Durante os prazos deste artigo, o segurado conserva todos os seus direitos perante a previdência social.

§ 4º Aplica-se o disposto no inciso II do *caput* e no § 1º ao segurado que se desvincular de regime próprio de previdência social. (Incluído pelo Decreto nº 3.265, de 1999)

§ 5º A perda da qualidade de segurado não será considerada para a concessão das aposentadorias por tempo de contribuição e especial. (Incluído pelo Decreto nº 4.729, de 2003)

§ 6º Aplica-se o disposto no § 5º à aposentadoria por idade, desde que o segurado conte com, no mínimo, o número de contribuições mensais exigido para efeito de carência na data do requerimento do benefício. (Incluído pelo Decreto nº 4.729, de 2003)

§ 7º Para o contribuinte individual, o período de manutenção da qualidade de segurado inicia-se no primeiro dia do mês subsequente ao da última contribuição com valor igual ou superior ao salário-mínimo. (Incluído pelo Decreto nº 10.410, de 2020)

§ 8º O segurado que receber remuneração inferior ao limite mínimo mensal do salário de contribuição somente manterá a qualidade de segurado se efetuar os ajustes de complementação, utilização e agrupamento a que se referem o § 1º do art. 19-E e o § 27-A do art. 216. (Incluído pelo Decreto nº 10.410, de 2020)

Art. 14. O reconhecimento da perda da qualidade de segurado no termo final dos prazos fixados no art. 13 ocorrerá no dia seguinte ao do vencimento da contribuição do contribuinte individual relativa ao mês imediatamente posterior ao término daqueles prazos. (Redação dada pelo Decreto nº 4.032, de 2001)

Art. 15. (Revogado pelo Decreto nº 4.032, de 2001)

SEÇÃO II
DOS DEPENDENTES

Art. 16. São beneficiários do Regime Geral de Previdência Social, na condição de dependentes do segurado:

I - o cônjuge, a companheira, o companheiro e o filho não emancipado, de qualquer condição, menor de vinte e um anos de idade ou inválido ou que tenha deficiência intelectual, mental ou grave; (Redação dada pelo Decreto nº 10.410, de 2020).

II - os pais; ou

III - o irmão não emancipado, de qualquer condição, menor de vinte e um anos de idade ou inválido ou que tenha deficiência intelectual, mental ou grave. (Redação dada pelo Decreto nº 10.410, de 2020).

§ 1º Os dependentes de uma mesma classe concorrem em igualdade de condições.

§ 2º A existência de dependente de qualquer das classes deste artigo exclui do direito às prestações os das classes seguintes.

§ 3º Equiparam-se a filho, na condição de dependente de que trata o inciso I do *caput*, exclusivamente o enteado e o menor tutelado, desde que comprovada a dependência econômica na forma estabelecida no § 3º do art. 22.(Redação dada pelo Decreto nº 10.410, de 2020).

§ 4º O menor sob tutela somente poderá ser equiparado aos filhos do segurado mediante apresentação de termo de tutela.

§ 5º Considera-se companheira ou companheiro a pessoa que mantenha união estável com o segurado ou segurada.

§ 6º Considera-se união estável aquela configurada na convivência pública, contínua e duradoura entre pessoas, estabelecida com intenção de constituição de família, observado o disposto no § 1º do art. 1.723 da Lei nº 10.406, de 2002 - Código Civil, desde que comprovado o vínculo na forma estabelecida no § 3º do art. 22. (Redação dada pelo Decreto nº 10.410, de 2020).

§ 6º-A As provas de união estável e de dependência econômica exigem início de prova material contemporânea dos fatos, produzido em período não superior aos vinte e quatro meses anteriores à data do óbito ou do recolhimento à prisão do segurado, não admitida a prova exclusivamente testemunhal, exceto na ocorrência de motivo de força maior ou caso fortuito, observado o disposto no § 2º do art. 143. (Incluído pelo Decreto nº 10.410, de 2020)

§ 7º A dependência econômica das pessoas de que trata o inciso I é presumida e a das demais deve ser comprovada.

§ 8º Para fins do disposto na alínea "c" do inciso V do *caput* do art. 114, em observância ao requisito previsto no § 6º-A, deverá ser apresentado, ainda, início de prova material que comprove união estável pelo período mínimo de dois anos antes do óbito do segurado. (Incluído pelo Decreto nº 10.410, de 2020)

§ 9º Será excluído definitivamente da condição de dependente aquele que tiver sido condenado criminalmente por sentença transitada em julgado, como autor, coautor ou partícipe de homicídio doloso, ou de tentativa desse crime, cometido contra a pessoa do segurado, ressalvados os absolutamente incapazes e os inimputáveis.(Incluído pelo Decreto nº 10.410, de 2020)

Art. 17. A perda da qualidade de dependente ocorre:

I - para o cônjuge, pelo divórcio ou pela separação judicial ou de fato, enquanto não lhe for assegurada a prestação de alimentos, pela anulação do casamento, pelo óbito ou por sentença judicial transitada em julgado; (Redação dada pelo Decreto nº 10.410, de 2020).

II - para a companheira ou companheiro, pela cessação da união estável com o segurado ou segurada, enquanto não lhe for garantida a prestação de alimentos;

III - ao completar vinte e um anos de idade, para o filho, o irmão, o enteado ou o menor tutelado, ou nas seguintes hipóteses, se ocorridas anteriormente a essa idade: (Redação dada pelo Decreto nº 10.410, de 2020).

a) casamento; (Redação dada pelo Decreto nº 10.410, de 2020).

b) início do exercício de emprego público efetivo; (Redação dada pelo Decreto nº 10.410, de 2020).

c) constituição de estabelecimento civil ou comercial ou pela existência de relação de emprego, desde que, em função deles, o menor com dezesseis anos completos tenha economia própria; ou (Redação dada pelo Decreto nº 10.410, de 2020).

d) concessão de emancipação, pelos pais, ou por um deles na falta do outro, por meio de instrumento público, independentemente de homologação judicial, ou por sentença judicial, ouvido o tutor, se o menor tiver dezesseis anos completos; e (Redação dada pelo Decreto nº 10.410, de 2020).

e) (Revogada pelo Decreto nº 10.410, de 2020).

IV - para os dependentes em geral:

a) pela cessação da invalidez ou da deficiência intelectual, mental ou grave; ou(Redação dada pelo Decreto nº 10.410, de 2020).

b) pelo falecimento.

§ 1º O filho, o irmão, o enteado e o menor tutelado, desde que comprovada a dependência econômica dos três últimos, se inválidos ou se tiverem deficiência intelectual, mental ou grave, não perderão a qualidade de dependentes desde que a invalidez ou a deficiência intelectual, mental ou grave tenha ocorrido antes de uma das hipóteses previstas no inciso III do *caput*. (Incluído pelo Decreto nº 10.410, de 2020)

§ 2º Para fins do disposto no § 1º, a data de início da invalidez ou da deficiência intelectual, mental ou grave será estabelecida pela Perícia Médica Federal. (Incluído pelo Decreto nº 10.410, de 2020)

SEÇÃO III
DAS INSCRIÇÕES

SUBSEÇÃO I
DO SEGURADO

Art. 18. Considera-se inscrição de segurado para os efeitos da previdência social o ato pelo qual o segurado é cadastrado no RGPS, por meio da comprovação dos dados pessoais, da seguinte forma: (Redação dada pelo Decreto nº 10.410, de 2020).

I - empregado - pelo empregador, por meio da formalização do contrato de trabalho e, a partir da obrigatoriedade do uso do Sistema de Escrituração Digital das Obrigações Fiscais, Previdenciárias e Trabalhistas - eSocial, instituído pelo Decreto nº 8.373, de 11 de dezembro de 2014, ou do sistema que venha a substituí-lo, por meio do registro contratual eletrônico realizado nesse Sistema; (Redação dada pelo Decreto nº 10.410, de 2020).

II - trabalhador avulso - pelo cadastramento e pelo registro no órgão gestor de mão de obra, no caso de trabalhador portuário, ou no sindicato, no caso de trabalhador não portuário, e a partir da obrigatoriedade do uso do eSocial, ou do sistema que venha a substituí-lo, por meio do cadastramento e do registro eletrônico realizado nesse Sistema; (Redação dada pelo Decreto nº 10.410, de 2020).

III - empregado doméstico - pelo empregador, por meio do registro contratual eletrônico realizado no eSocial; (Redação dada pelo Decreto nº 10.410, de 2020).

IV - contribuinte individual:(Redação dada pelo Decreto nº 10.410, de 2020).

a) por ato próprio, por meio do cadastramento de informações para identificação e reconhecimento da atividade, hipótese em que o Instituto Nacional do Seguro Social - INSS poderá solicitar a apresentação de documento que comprove o exercício da atividade declarada; (Incluído pelo Decreto nº 10.410, de 2020)

b) pela cooperativa de trabalho ou pela pessoa jurídica a quem preste serviço, no caso de cooperados ou contratados, respectivamente, se ainda não inscritos no RGPS; e (Incluído pelo Decreto nº 10.410, de 2020)

c) pelo MEI, por meio do sítio eletrônico do Portal do Empreendedor; (Incluído pelo Decreto nº 10.410, de 2020)

V - segurado especial - preferencialmente, pelo titular do grupo familiar que se enquadre em uma das condições previstas no inciso VII do *caput* do art. 9º, hipótese em que o INSS poderá solicitar a apresentação de documento que comprove o exercício da atividade declarada, observado o disposto no art. 19-D; e (Redação dada pelo Decreto nº 10.410, de 2020).

VI - segurado facultativo - por ato próprio, por meio do cadastramento de informações pessoais que permitam a sua identificação, desde que não exerça atividade que o enquadre na categoria de segurado obrigatório. (Redação dada pelo Decreto nº 10.410, de 2020).

§ 1º (Revogado pelo Decreto nº 10.410, de 2020).

§ 2º A inscrição do segurado em qualquer categoria mencionada neste artigo exige a idade mínima de dezesseis anos.

§ 3º Todo aquele que exercer, concomitantemente, mais de uma atividade remunerada sujeita ao Regime Geral de Previdência Social será obrigatoriamente inscrito em relação a cada uma delas.

§ 4º (Revogado pelo Decreto nº 6.722, de 2008).

§ 5º Presentes os pressupostos da filiação, admite-se a inscrição post mortem do segurado especial.(Incluído pelo Decreto nº 3.265, de 1999)

§ 5º-A Na hipótese prevista no § 5º, caso não seja comprovada a condição de segurado especial, poderá ser atribuído Número de Inscrição do Trabalhador - NIT especificamente para fins de requerimento do benefício previdenciário. (Incluído pelo Decreto nº 10.410, de 2020)

§ 5º-B Não será admitida a inscrição post mortem de segurado contribuinte individual e nem de segurado facultativo. (Incluído pelo Decreto nº 10.410, de 2020)

§ 6º A comprovação dos dados pessoais e de outros elementos necessários e úteis à caracterização do segurado poderá ser exigida pelo INSS, a qualquer tempo, para fins de atualização cadastral, inclusive para a concessão de benefício. (Redação dada pelo Decreto nº 10.410, de 2020).

§ 7º A inscrição do segurado especial será feita de forma a vinculá-lo ao seu grupo familiar e conterá, além das informações pessoais: (Redação dada pelo Decreto nº 10.410, de 2020).

I - a identificação da propriedade em que é desenvolvida a atividade e a informação de a que título ela é ocupada; (Incluído pelo Decreto nº 10.410, de 2020)

II - a informação sobre a residência ou não do segurado na propriedade em que é desenvolvida a atividade, e, em caso negativo, sobre o Município onde reside; e (Incluído pelo Decreto nº 10.410, de 2020)

III - quando for o caso, a identificação e a inscrição da pessoa responsável pelo grupo familiar. (Incluído pelo Decreto nº 10.410, de 2020)

§ 8º O segurado especial integrante de grupo familiar que não seja proprietário do imóvel rural ou da embarcação em que desenvolve sua atividade deve informar, no ato da inscrição, conforme o caso, o nome e o CPF do parceiro ou meeiro outorgante, arrendador, comodante ou assemelhado. (Incluído pelo Decreto nº 6.722, de 2008).

§ 9º A identificação do trabalhador no Cadastro Nacional de Informações Sociais - CNIS poderá ser feita: (Incluído pelo Decreto nº 10.410, de 2020)

I - pelo NIT, único, pessoal e intransferível, independentemente de alterações de categoria profissional; ou (Incluído pelo Decreto nº 10.410, de 2020)

II - pelo Cadastro de Pessoas Físicas - CPF. (Incluído pelo Decreto nº 10.410, de 2020)

§ 10. Ao segurado cadastrado no Programa de Integração Social - PIS, no Programa de Formação do Patrimônio do Servidor Público - Pasep ou no Número de Identificação Social - NIS não caberá novo cadastramento. (Incluído pelo Decreto nº 10.410, de 2020)

Art. 19. Os dados constantes do Cadastro Nacional de Informações Sociais - CNIS relativos a vínculos, remunerações e contribuições valem como prova de filiação à previdência social, tempo de contribuição e salários-de-contribuição. (Redação dada pelo Decreto nº 6.722, de 2008).

§ 1º O segurado poderá solicitar, a qualquer tempo, a inclusão, a exclusão, a ratificação ou a retificação de suas informações constantes do CNIS, com a apresentação de documentos comprobatórios dos dados divergentes, conforme critérios definidos pelo INSS, independentemente de requerimento de benefício, exceto na hipótese prevista no art. 142, observado o disposto nos art. 19-B e art. 19-C. (Redação dada pelo Decreto nº 10.410, de 2020).

§ 2º Informações inseridas extemporaneamente no CNIS, independentemente de serem inéditas ou retificadoras de dados anteriormente informados, somente serão aceitas se corroboradas por documentos que comprovem a sua regularidade, na forma prevista no art. 19-B. (Redação dada pelo Decreto nº 10.410, de 2020).

§ 3º Respeitadas as definições vigentes sobre a procedência e origem das informações, considera-se extemporânea a inserção de dados: (Redação dada pelo Decreto nº 6.722, de 2008).

I - relativos à data de início de vínculo empregatício, após o último dia do quinto mês subsequente ao mês da data da admissão do segurado; (Redação dada pelo Decreto nº 10.410, de 2020).

II - relativos à remuneração de trabalhador avulso ou contribuinte individual que preste serviços a empresa ou equiparado, após o último dia do quinto mês subsequente ao mês da data da prestação de serviço pelo segurado; ou (Redação dada pelo Decreto nº 10.410, de 2020).

a)(Revogado pelo Decreto nº 10.410, de 2020).

b) (Revogado pelo Decreto nº 10.410, de 2020).

III - relativos à contribuição, sempre que o recolhimento tiver sido feito sem observância ao disposto em lei. (Redação dada pelo Decreto nº 10.410, de 2020).

§ 4º A extemporaneidade de que trata o § 3º poderá ser desconsiderada depois de decorrido o prazo de um ano, contado da data de inserção das informações relativas a vínculos e remunerações, conforme critérios definidos pelo INSS.(Redação dada pelo Decreto nº 10.410, de 2020).

I - (Revogado pelo Decreto nº 10.410, de 2020).

II - (Revogado pelo Decreto nº 7.223, de 2010)

III - (Revogado pelo Decreto nº 10.410, de 2020).

§ 5º Ato do Secretário Especial de Previdência e Trabalho do Ministério da Economia poderá reduzir ou ampliar os prazos previstos nos § 3º e § 4º. (Redação dada pelo Decreto nº 10.410, de 2020).

§ 6º O INSS poderá definir critérios para a apuração das informações constantes da Guia de Recolhimento do Fundo de Garantia do Tempo de Serviço e Informações à Previdência Social - GFIP, ou do instrumento que venha a substituí-la, que ainda não tiver sido processada e para o recebimento de informações relativas a situações cuja regularidade dependa do cumprimento de critério estabelecido em lei. (Redação dada pelo Decreto nº 10.410, de 2020).

§ 7º Para os fins de que trata os §§ 2º a 6º, o INSS e a DATAPREV adotarão as providências necessárias para que as informações constantes do CNIS sujeitas à comprovação sejam identificadas e destacadas dos demais registros. (Incluído pelo Decreto nº 6.722, de 2008).

§ 8º Para o exercício de suas competências, o INSS terá acesso às informações do segurado relativas aos períodos em que tenha sido registrada deficiência leve, moderada ou grave, identificada em decorrência de avaliação biopsicossocial realizada por equipe multiprofissional e interdisciplinar, para fins de reconhecimento e manutenção de direitos. (Redação dada pelo Decreto nº 10.410, de 2020).

§ 9º Constarão do CNIS as informações dos segurados e beneficiários dos regimes próprios de previdência social para fins de verificação das situações previstas neste Regulamento que impactem no reconhecimento de direitos e na concessão e no pagamento de benefícios pelo RGPS. (Incluído pelo Decreto nº 10.410, de 2020)

§ 10. O empregado com contrato de trabalho intermitente terá identificação específica em instrumento de prestação de informações à previdência social, de forma a permitir a identificação dos períodos de prestação serviços e dos períodos de inatividade. (Incluído pelo Decreto nº 10.410, de 2020)

§ 11. A partir da obrigatoriedade do uso do eSocial, ou do sistema que venha a substituí-lo, será observado, para o segurado: (Incluído pelo Decreto nº 10.410, de 2020)

I - empregado e empregado doméstico - os registros eletrônicos gerados pelo eSocial equivalerão às anotações relativas ao contrato de trabalho, definidas pela Consolidação das Leis do Trabalho, aprovada pelo Decreto-Lei nº 5.452, de 1943, que serão incorporados ao CNIS e à Carteira de Trabalho Digital; (Incluído pelo Decreto nº 10.410, de 2020)

II - trabalhador avulso - os registros eletrônicos gerados pelo eSocial substituirão as informações relativas ao registro e às remunerações do trabalhador avulso portuário previstas no inciso II do *caput* do art. 32 e no § 2º do art. 33 da Lei nº 12.815, de 2013, e aquelas relativas ao trabalhador avulso não portuário previstas no art. 4º da Lei nº 12.023, de 2009, que serão incorporados ao CNIS; (Incluído pelo Decreto nº 10.410, de 2020)

III - contribuinte individual que preste serviços conforme o disposto no § 20 do art. 216 - os registros eletrônicos gerados pelo eSocial substituirão as informações prestadas sobre os valores da remuneração na forma prevista no § 21 do art. 216, que serão incorporados ao CNIS; e(Incluído pelo Decreto nº 10.410, de 2020)

IV - contribuinte individual que preste serviços a empresa ou equiparado a partir de abril de 2003, conforme o disposto no art. 4º da Lei nº 10.666, de 8 de maio de 2003 - os registros eletrônicos gerados pelo eSocial substituirão as informações prestadas sobre os valores da remuneração e do desconto feito a título de contribuição previdenciária, conforme previsto no inciso XII do *caput* do art. 216, que serão incorporados ao CNIS. (Incluído pelo Decreto nº 10.410, de 2020)

§ 12. Os recolhimentos efetuados na época apropriada constantes do CNIS serão reconhecidos automaticamente, observados a contribuição mínima mensal e o disposto no art. 19-E, dispensada a comprovação do exercício da atividade. (Incluído pelo Decreto nº 10.410, de 2020)

Art. 19-A. Para fins de benefícios de que trata este Regulamento, os períodos de vínculos que corresponderem a serviços prestados na condição de servidor estatutário somente serão considerados mediante apresentação de Certidão de Tempo de Contribuição fornecida pelo órgão público competente, salvo se o órgão de vinculação do servidor não tiver instituído regime próprio de previdência social. (Incluído pelo Decreto nº 6.722, de 2008).

Art. 19-B. Na hipótese de não constarem do CNIS as informações sobre atividade, vínculo, remunerações ou contribuições, ou de haver dúvida sobre a regularidade das informações existentes, o período somente será confirmado por meio da apresentação de documentos contemporâneos dos fatos a serem comprovados, com menção às datas de início e de término e, quando se tratar de trabalhador avulso, à duração do trabalho e à condição em que tiver sido prestada a atividade.(Redação dada pelo Decreto nº 10.410, de 2020).

§ 1º Além dos dados constantes do CNIS a que se refere o art. 19, observada a forma de filiação do trabalhador ao RGPS, os seguintes documentos serão considerados para fins de comprovação do tempo de contribuição de que trata o *caput*, desde que contemporâneos aos fatos a serem comprovados: (Incluído pelo Decreto nº 10.410, de 2020)

I - carteira profissional ou Carteira de Trabalho e Previdência Social; (Incluído pelo Decreto nº 10.410, de 2020)

II - contrato individual de trabalho;

III - contrato de trabalho por pequeno prazo, na forma prevista no § 3º do art. 14-A da Lei nº 5.889, de 1973; (Incluído pelo Decreto nº 10.410, de 2020)

IV - carteira de férias;(Incluído pelo Decreto nº 10.410, de 2020)

V - carteira sanitária;(Incluído pelo Decreto nº 10.410, de 2020)

VI - caderneta de matrícula; (Incluído pelo Decreto nº 10.410, de 2020)

VII - caderneta de contribuição dos extintos institutos de aposentadoria e pensões; (Incluído pelo Decreto nº 10.410, de 2020)

VIII - caderneta de inscrição pessoal visada: (Incluído pelo Decreto nº 10.410, de 2020)

a) pela Capitania dos Portos; (Incluído pelo Decreto nº 10.410, de 2020)

b) pela Superintendência do Desenvolvimento da Pesca; ou (Incluído pelo Decreto nº 10.410, de 2020)

c) pelo Departamento Nacional de Obras Contra as Secas; (Incluído pelo Decreto nº 10.410, de 2020)

IX - declaração da Secretaria Especial da Receita Federal do Brasil do Ministério da Economia; (Incluído pelo Decreto nº 10.410, de 2020)

X - certidão de inscrição em órgão de fiscalização profissional, acompanhada de documento que prove o exercício da atividade; (Incluído pelo Decreto nº 10.410, de 2020)

XI - contrato social, acompanhado de seu distrato, e, quando for o caso, ata de assembleia geral e registro de empresário; (Incluído pelo Decreto nº 10.410, de 2020)

XII - certificado de sindicato ou órgão gestor de mão de obra que agrupe trabalhadores avulsos; (Incluído pelo Decreto nº 10.410, de 2020)

XIII - extrato de recolhimento do FGTS; e(Incluído pelo Decreto nº 10.410, de 2020)

XIV - recibos de pagamento. (Incluído pelo Decreto nº 10.410, de 2020)

§ 2º Os documentos necessários à atualização do CNIS e à análise de requerimentos de benefícios e serviços poderão ser apresentados em cópias simples, em meio físico ou eletrônico, dispensada a sua autenticação, exceto nas hipóteses em que haja previsão legal expressa e de dúvida fundada quanto à autenticidade ou à integridade do documento, ressalvada a possibilidade de o INSS exigir, a qualquer tempo, os documentos originais para fins do disposto no art. 179, situação em que o responsável pela apresentação das cópias ficará sujeito às sanções administrativas, civis e penais aplicáveis. (Incluído pelo Decreto nº 10.410, de 2020)

§ 3º Caso os documentos apresentados não sejam suficientes para a comprovação de atividade, vínculo ou remunerações, estes poderão ser corroborados por pesquisa, na forma prevista no § 5º, ou justificação administrativa, conforme o caso. (Incluído pelo Decreto nº 10.410, de 2020)

§ 4º Na falta de documento contemporâneo, podem ser aceitos declaração do empregador ou de seu preposto, atestado de empresa ainda existente ou certificado ou certidão de entidade oficial dos quais constem os dados previstos no *caput*, desde que extraídos de registros existentes, que serão confirmados pelo INSS na forma prevista no § 5º, exceto se fornecidas por órgão público. (Incluído pelo Decreto nº 10.410, de 2020)

§ 5º A empresa disponibilizará a servidor designado por dirigente do INSS as informações e os registros de que dispuser, relativamente a segurado a seu serviço e previamente identificado, para fins de instrução ou revisão de processo de reconhecimento de direitos e outorga de benefícios do RGPS e para inclusão, exclusão, ratificação ou retificação das informações constantes do CNIS, conforme critérios definidos pelo INSS, independentemente de requerimento de benefício. (Incluído pelo Decreto nº 10.410, de 2020)

§ 6º Somente serão exigidos certidões ou documentos expedidos por órgãos públicos quando não for possível a sua obtenção diretamente do órgão ou da entidade responsável pela base de dados oficial. (Incluído pelo Decreto nº 10.410, de 2020)

§ 7º Serão realizados exclusivamente pela Secretaria Especial da Receita Federal do Brasil do Ministério da Economia os acertos de: (Incluído pelo Decreto nº 10.410, de 2020)

I - inclusão de recolhimento, alterações de valor autenticado ou data de pagamento da Guia da Previdência Social ou do documento que venha a substituí-la; (Incluído pelo Decreto nº 10.410, de 2020)

II - transferência de contribuição com identificador de pessoa jurídica ou equiparada para o CNIS; e (Incluído pelo Decreto nº 10.410, de 2020)

III - inclusão da contribuição liquidada por meio de parcelamento (Incluído pelo Decreto nº 10.410, de 2020)

Art. 19-C. Considera-se tempo de contribuição o tempo correspondente aos períodos para os quais tenha havido contribuição obrigatória ou facultativa ao RGPS, dentre outros, o período: (Incluído pelo Decreto nº 10.410, de 2020)

I - de contribuição efetuada por segurado que tenha deixado de exercer atividade remunerada que o enquadrasse como segurado obrigatório da previdência social; (Incluído pelo Decreto nº 10.410, de 2020)

II - em que a segurada tenha recebido salário-maternidade; (Incluído pelo Decreto nº 10.410, de 2020)

III - de licença remunerada, desde que tenha havido desconto de contribuições; (Incluído pelo Decreto nº 10.410, de 2020)

IV - em que o segurado tenha sido colocado em disponibilidade remunerada pela empresa, desde que tenha havido desconto de contribuições; (Incluído pelo Decreto nº 10.410, de 2020)

V - de atividade patronal ou autônoma, exercida anteriormente à vigência da Lei nº 3.807, de 26 de agosto de 1960, desde que tenha sido indenizado conforme o disposto no art. 122; (Incluído pelo Decreto nº 10.410, de 2020)

VI - de atividade na condição de empregador rural, desde que tenha havido contribuição na forma prevista na Lei nº 6.260, de 6 de novembro de 1975, e indenização do período anterior, conforme o disposto no art. 122; (Incluído pelo Decreto nº 10.410, de 2020)

VII - de exercício de mandato eletivo federal, estadual, distrital ou municipal, desde que tenha havido contribuição na época apropriada e este não tenha sido contado para fins de aposentadoria por outro regime de previdência social; (Incluído pelo Decreto nº 10.410, de 2020)

VIII - de licença, afastamento ou inatividade sem remuneração do segurado empregado, inclusive o doméstico e o intermitente, desde que tenha havido contribuição na forma prevista no § 5º do art. 11; e (Incluído pelo Decreto nº 10.410, de 2020)

IX - em que o segurado contribuinte individual e o segurado facultativo tenham contribuído na forma prevista no art. 199-A, observado o disposto em seu § 2º. (Incluído pelo Decreto nº 10.410, de 2020)

§ 1º Será computado o tempo intercalado de recebimento de benefício por incapacidade, na forma do disposto no inciso II do *caput* do art. 55 da Lei nº 8.213, de 24 de julho de 1991, exceto para efeito de carência. (Incluído pelo Decreto nº 10.410, de 2020)

§ 2º As competências em que o salário de contribuição mensal tenha sido igual ou superior ao limite mínimo serão computadas integralmente como tempo de contribuição, independentemente da quantidade de dias trabalhados. (Incluído pelo Decreto nº 10.410, de 2020)

§ 3º Na hipótese de o débito ser objeto de parcelamento, o período correspondente ao parcelamento somente será computado para fins de concessão de benefício no RGPS e de emissão de certidão de tempo de contribuição para fins de contagem recíproca após a comprovação da quitação dos valores devidos. (Incluído pelo Decreto nº 10.410, de 2020)

Art. 19-D. O Ministério da Economia manterá sistema de cadastro dos segurados especiais no CNIS, observado o disposto nos § 7º e § 8º do art. 18, e poderá firmar acordo de cooperação com o Ministério da Agricultura, Pecuária e Abastecimento e com outros órgãos da administração pública federal, estadual, distrital e municipal para a manutenção e a gestão do sistema de cadastro. (Incluído pelo Decreto nº 10.410, de 2020)

§ 1º O sistema de que trata o *caput* preverá a manutenção e a atualização anual do cadastro e conterá as informações necessárias à caracterização da condição de segurado especial. (Incluído pelo Decreto nº 10.410, de 2020)

§ 2º A manutenção e a atualização de que trata o § 1º ocorrerão por meio da apresentação, pelo segurado especial, de declaração anual ou de documento equivalente, conforme definido em ato do Secretário Especial de Previdência e Trabalho do Ministério da Economia. (Incluído pelo Decreto nº 10.410, de 2020)

§ 3º A aplicação do disposto neste artigo não poderá acarretar ônus para o segurado, sem prejuízo do disposto no § 4º. (Incluído pelo Decreto nº 10.410, de 2020)

§ 4º O INSS, no ato de habilitação ou de concessão de benefício, verificará a condição de segurado especial e, se for o caso, o pagamento da contribuição previdenciária, nos termos do disposto na Lei nº 8.212, de 24 de julho de 1991, de modo a considerar, dentre outras informações, aquelas constantes do CNIS. (Incluído pelo Decreto nº 10.410, de 2020)

§ 5º A atualização anual de que trata o § 1º será feita pelo segurado especial até 30 de junho do ano subsequente. (Incluído pelo Decreto nº 10.410, de 2020)

§ 6º É vedada a atualização anual de que trata o § 1º decorrido o prazo de cinco anos, contado da data a que se refere o § 5º. (Incluído pelo Decreto nº 10.410, de 2020)

§ 7º Decorrido o prazo de cinco anos de que trata o § 6º, o segurado especial somente poderá computar o período de trabalho rural se efetuados na época apropriada a comercialização da produção e o recolhimento da contribuição prevista no art. 25 da Lei nº 8.212, de 1991. (Incluído pelo Decreto nº 10.410, de 2020)

§ 8º O INSS utilizará as informações constantes do cadastro de que trata o *caput* para fins de comprovação da condição e do exercício da atividade rural do segurado especial e do seu grupo familiar. (Incluído pelo Decreto nº 10.410, de 2020)

§ 9º A partir de 1º de janeiro de 2023, a comprovação da condição e do exercício da atividade rural do segurado especial ocorrerá, exclusivamente, por meio das informações constantes do cadastro a que se refere o *caput*, observado o disposto no § 18. (Incluído pelo Decreto nº 10.410, de 2020)

§ 10. Para o período anterior a 1º de janeiro de 2023, o segurado especial comprovará o exercício da atividade rural por meio de autodeclaração ratificada por entidades públicas credenciadas, nos termos do disposto no art. 13 da Lei nº 12.188, de 11 de janeiro de 2010, e por outros órgãos públicos, observado o seguinte: (Incluído pelo Decreto nº 10.410, de 2020)

I - a autodeclaração será feita por meio do preenchimento de formulários que serão disponibilizados pelo INSS; (Incluído pelo Decreto nº 10.410, de 2020)

II - a ratificação da autodeclaração será realizada por meio de informações obtidas das bases de dados da Secretaria de Agricultura Familiar e Cooperativismo do Ministério da Agricultura, Pecuária e Abastecimento e de outras bases de dados a que o INSS tiver acesso; e (Incluído pelo Decreto nº 10.410, de 2020)

III - as informações obtidas por meio de consultas às bases de dados governamentais que forem consideradas insuficientes para o reconhecimento do exercício da atividade rural alegada poderão ser complementadas por prova documental contemporânea ao período informado. (Incluído pelo Decreto nº 10.410, de 2020)

§ 11. Complementarmente à autodeclaração de que trata o § 10 e ao cadastro de que trata o *caput*, a comprovação do exercício de atividade do segurado especial será feita por meio dos seguintes documentos, dentre outros: (Incluído pelo Decreto nº 10.410, de 2020)

I - contrato de arrendamento, de parceria ou de comodato rural; (Incluído pelo Decreto nº 10.410, de 2020)

II - Declaração de Aptidão ao Programa Nacional de Fortalecimento da Agricultura Familiar de que trata o inciso II do *caput* do art. 2º da Lei nº 12.188, de 2010, ou pelo documento que venha a substituí-la; (Incluído pelo Decreto nº 10.410, de 2020)

III - bloco de notas do produtor rural; (Incluído pelo Decreto nº 10.410, de 2020)

IV - documentos fiscais de entrada de mercadorias de que trata o § 7º do art. 30 da Lei nº 8.212, de 1991, emitidos pela empresa adquirente da produção, com indicação do nome do segurado como vendedor;(Incluído pelo Decreto nº 10.410, de 2020)

V - documentos fiscais relativos a entrega de produção rural a cooperativa agrícola, entreposto de pescado ou outros, com indicação do segurado como vendedor ou consignante; (Incluído pelo Decreto nº 10.410, de 2020)

VI - comprovantes de recolhimento de contribuição à previdência social decorrentes da comercialização de produção rural; (Incluído pelo Decreto nº 10.410, de 2020)

VII - cópia da declaração de imposto sobre a renda, com indicação de renda proveniente da comercialização de produção rural; ou (Incluído pelo Decreto nº 10.410, de 2020)

VIII - licença de ocupação ou permissão outorgada pelo Instituto Nacional de Colonização e Reforma Agrária - Incra. (Incluído pelo Decreto nº 10.410, de 2020)

§ 12. Sempre que o tipo de outorga informado na autodeclaração de que trata § 10 for de parceiro, meeiro, arrendatário, comodatário ou de outra modalidade de outorgado, o documento deverá identificar e qualificar o outorgante. (Incluído pelo Decreto nº 10.410, de 2020)

§ 13. A condição de segurado especial dos índios será comprovada por meio de certidão fornecida pela Fundação Nacional do Índio - Funai que: (Incluído pelo Decreto nº 10.410, de 2020)

I - conterá a identificação da entidade e de seu emitente, com a indicação do mandato, se for o caso; (Incluído pelo Decreto nº 10.410, de 2020)

II - será fornecida em duas vias, em papel timbrado, com numeração sequencial controlada e ininterrupta; (Incluído pelo Decreto nº 10.410, de 2020)

III - conterá a identificação, a qualificação pessoal do beneficiário e a categoria de produtor a que pertença; (Incluído pelo Decreto nº 10.410, de 2020)

IV - consignará os documentos e as informações que tenham servido de base para a sua emissão e, se for o caso, a origem dos dados extraídos de registros existentes na própria entidade declarante ou em outro órgão, entidade ou empresa, desde que idôneos e acessíveis à previdência social; (Incluído pelo Decreto nº 10.410, de 2020)

V - não conterá informação referente a período anterior ao início da atividade da entidade declarante, exceto se baseada em documento que constitua prova material do exercício dessa atividade; e (Incluído pelo Decreto nº 10.410, de 2020)

VI - consignará os dados relativos ao período e à forma de exercício da atividade rural nos termos estabelecidos pelo INSS. (Incluído pelo Decreto nº 10.410, de 2020)

§ 14. A homologação a que se refere o § 13 se restringirá às informações relativas à atividade rural e deverá atender aos seguintes critérios: (Incluído pelo Decreto nº 10.410, de 2020)

I - conterá a identificação do órgão e do emitente da declaração; (Incluído pelo Decreto nº 10.410, de 2020)

II - conterá a identificação, a qualificação pessoal do beneficiário e a categoria de produtor a que pertença; (Incluído pelo Decreto nº 10.410, de 2020)

III - consignará os documentos e as informações que tenham servido de base para a sua emissão e, se for o caso, a origem dos dados extraídos de registros existentes na própria entidade declarante ou em outro órgão, entidade ou empresa, desde que idôneos e acessíveis à previdência social; e (Incluído pelo Decreto nº 10.410, de 2020)

IV - consignará dados relativos ao período e à forma de exercício da atividade rural nos termos estabelecidos pelo INSS. (Incluído pelo Decreto nº 10.410, de 2020)

§ 15. Até 1º de janeiro de 2025, o cadastro de que trata o *caput* poderá ser efetuado, atualizado e corrigido sem prejuízo do prazo de que trata o § 9º e das regras permanentes estabelecidas nos § 5º e § 6º. (Incluído pelo Decreto nº 10.410, de 2020)

§ 16. Na hipótese de haver divergência de informações entre o cadastro de que trata o *caput* e as demais bases de dados, para fins de reconhecimento do direito ao benefício, o INSS poderá exigir a apresentação dos documentos referidos no § 11. (Incluído pelo Decreto nº 10.410, de 2020)

§ 17. As informações obtidas e acolhidas pelo INSS diretamente de bancos de dados disponibilizados por órgãos do Poder Público serão utilizadas para validar ou invalidar informação para o cadastramento do segurado especial e, quando for o caso, para deixar de reconhecer o segurado nessa condição. (Incluído pelo Decreto nº 10.410, de 2020)

§ 18. O prazo a que se refere o § 9º será prorrogado até que cinquenta por cento dos segurados especiais, apurados conforme quantitativo da Pesquisa Nacional por Amostra de Domicílios Contínua, estejam inseridos no sistema de cadastro dos segurados especiais de que trata o *caput*. (Incluído pelo Decreto nº 10.410, de 2020)

§ 19. O fim da prorrogação a que se refere o § 18 será definido em ato do Secretário Especial de Previdência e Trabalho do Ministério da Economia. (Incluído pelo Decreto nº 10.410, de 2020)

Art. 19-E. A partir de 13 de novembro de 2019, para fins de aquisição e manutenção da qualidade de segurado, de carência, de tempo de contribuição e de cálculo do salário de benefício exigidos para o reconhecimento do direito aos benefícios do RGPS e para fins de contagem recíproca, somente serão consideradas as competências cujo salário de contribuição seja igual ou superior ao limite mínimo mensal do salário de contribuição. (Incluído pelo Decreto nº 10.410, de 2020)

§ 1º Para fins do disposto no *caput*, ao segurado que, no somatório de remunerações auferidas no período de um mês, receber remuneração inferior ao limite mínimo mensal do salário de contribuição será assegurado: (Incluído pelo Decreto nº 10.410, de 2020)

I - complementar a contribuição das competências, de forma a alcançar o limite mínimo do salário de contribuição exigido; (Incluído pelo Decreto nº 10.410, de 2020)

II - utilizar o excedente do salário de contribuição superior ao limite mínimo de uma competência para completar o salário de contribuição de outra competência até atingir o limite mínimo; ou (Incluído pelo Decreto nº 10.410, de 2020)

III - agrupar os salários de contribuição inferiores ao limite mínimo de diferentes competências para aproveitamento em uma ou mais competências até que estas atinjam o limite mínimo. (Incluído pelo Decreto nº 10.410, de 2020)

§ 2º Os ajustes de complementação, utilização e agrupamento previstos no § 1º poderão ser efetivados, a qualquer tempo, por iniciativa do segurado, hipótese em que se tornarão irreversíveis e irrenunciáveis após processados. (Incluído pelo Decreto nº 10.410, de 2020)

§ 3º A complementação de que trata o inciso I do § 1º poderá ser recolhida até o dia quinze do mês subsequente ao da prestação do serviço e, a partir dessa data, com os acréscimos previstos no art. 35 da Lei nº 8.212, de 1991. (Incluído pelo Decreto nº 10.410, de 2020)

§ 4º Os ajustes de que tratam os incisos II e III do § 1º serão efetuados na forma indicada ou autorizada pelo segurado, desde que utilizadas as competências do mesmo ano civil definido no art. 181-E, em conformidade com o disposto nos § 27-A ao § 27-D do art. 216. (Incluído pelo Decreto nº 10.410, de 2020)

§ 5º A efetivação do ajuste previsto no inciso III do § 1º não impede o recolhimento da contribuição referente à competência que tenha o salário de contribuição transferido, em todo ou em parte, para agrupamento com outra competência a fim de atingir o limite mínimo mensal do salário de contribuição. (Incluído pelo Decreto nº 10.410, de 2020)

§ 6º Para complementação ou recolhimento da competência que tenha o salário de contribuição transferido, em todo ou em parte, na forma prevista no § 5º, será observado o disposto no § 3º. (Incluído pelo Decreto nº 10.410, de 2020)

§ 7º Na hipótese de falecimento do segurado, os ajustes previstos no § 1º poderão ser solicitados por seus dependentes para fins de reconhecimento de direito para benefício a eles devidos até o dia quinze do mês de janeiro subsequente ao do ano civil correspondente, observado o disposto no § 4º. (Incluído pelo Decreto nº 10.410, de 2020)

Art. 19-F. A obrigação do INSS de promover a instrução de requerimentos e a comprovação de requisitos legais para o reconhecimento de direitos não afasta a obrigação de o interessado ou o seu representante juntar ao requerimento toda a documentação útil à comprovação do direito, principalmente em relação aos fatos que não constem da base de dados da previdência social. (Incluído pelo Decreto nº 10.410, de 2020)

Art. 20. Filiação é o vínculo que se estabelece entre pessoas que contribuem para a previdência social e esta, do qual decorrem direitos e obrigações.

§ 1º A filiação à previdência social decorre automaticamente do exercício de atividade remunerada para os segurados obrigatórios, observado o disposto no § 2º, e da inscrição formalizada com o pagamento da primeira contribuição para o segurado facultativo. (Incluído pelo Decreto nº 6.722, de 2008).

§ 2º A filiação do trabalhador rural contratado por produtor rural pessoa física por prazo de até dois meses no período de um ano, para o exercício de atividades de natureza temporária, decorre automaticamente de sua inclusão em declaração prevista em ato do Secretário Especial da Receita Federal do Brasil do Ministério da Economia por meio de identificação específica. (Redação dada pelo Decreto nº 10.410, de 2020).

§ 3º O exercício de atividade prestada de forma gratuita e o serviço voluntário, nos termos do disposto na Lei nº 9.608, de 18 de fevereiro de 1998, não geram filiação obrigatória ao RGPS. (Incluído pelo Decreto nº 10.410, de 2020)

Art. 21. (Revogado pelo Decreto nº 10.410, de 2020).

SUBSEÇÃO II
DO DEPENDENTE

Art. 22. A inscrição do dependente do segurado será promovida quando do requerimento do benefício a que tiver direito, mediante a apresentação dos seguintes documentos: (Redação dada pelo Decreto nº 4.079, de 2002)

I - para os dependentes preferenciais:

a) cônjuge e filhos - certidões de casamento e de nascimento;

b) companheira ou companheiro - documento de identidade e certidão de casamento com averbação da separação judicial ou divórcio, quando um dos companheiros ou ambos já tiverem sido casados, ou de óbito, se for o caso; e

c) equiparado a filho - certidão judicial de tutela e, em se tratando de enteado, certidão de casamento do segurado e de nascimento do dependente, observado o disposto no § 3º do art. 16;

II - pais - certidão de nascimento do segurado e documentos de identidade dos mesmos; e

III - irmão - certidão de nascimento.

§ 1º (Revogado pelo Decreto nº 4.079, de 2002)

§ 2º (Revogado pelo Decreto nº 4.079, de 2002)

§ 3º Para comprovação do vínculo e da dependência econômica, conforme o caso, deverão ser apresentados, no mínimo, dois documentos, observado o disposto nos § 6º-A e § 8º do art. 16, e poderão ser aceitos, dentre outros: (Redação dada pelo Decreto nº 10.410, de 2020).

I - certidão de nascimento de filho havido em comum;

II - certidão de casamento religioso;

III - declaração do imposto de renda do segurado, em que conste o interessado como seu dependente;

IV - disposições testamentárias;

V - (Revogado pelo Decreto nº 5.699, de 2006)

VI - declaração especial feita perante tabelião;

VII - prova de mesmo domicílio;

VIII - prova de encargos domésticos evidentes e existência de sociedade ou comunhão nos atos da vida civil;

IX - procuração ou fiança reciprocamente outorgada;

X - conta bancária conjunta;

XI - registro em associação de qualquer natureza, onde conste o interessado como dependente do segurado;

XII - anotação constante de ficha ou livro de registro de empregados;

XIII - apólice de seguro da qual conste o segurado como instituidor do seguro e a pessoa interessada como sua beneficiária;

XIV - ficha de tratamento em instituição de assistência médica, da qual conste o segurado como responsável;

XV - escritura de compra e venda de imóvel pelo segurado em nome de dependente;

XVI - declaração de não emancipação do dependente menor de vinte e um anos; ou

XVII - quaisquer outros que possam levar à convicção do fato a comprovar.

§ 4º O fato superveniente que importe em exclusão ou inclusão de dependente deve ser comunicado ao Instituto Nacional do Seguro Social, com as provas cabíveis.

§ 5º (Revogado pelo Decreto nº 4.079, de 2002)

§ 6º Somente será exigida a certidão judicial de adoção quando esta for anterior a 14 de outubro de 1990, data da vigência da Lei nº 8.069, de 1990.

§§ 7º e 8º (Revogados pelo Decreto nº 3.668, de 2000)

§ 9º No caso de dependente inválido ou com deficiência intelectual, mental ou grave, para fins de inscrição e concessão de benefício, a invalidez será comprovada por meio de exame médico-pericial a cargo da Perícia Médica Federal e a deficiência, por meio de avaliação biopsicossocial realizada por equipe multiprofissional e interdisciplinar. (Redação dada pelo Decreto nº 10.410, de 2020).

§ 10. O dependente menor de vinte e um anos de idade apresentará declaração para atestar a não ocorrência das hipóteses previstas no inciso III do *caput* do art. 17. (Redação dada pelo Decreto nº 10.410, de 2020).

§ 11. (Revogado pelo Decreto nº 4.079, de 2002)

§ 12. Os dependentes excluídos de tal condição em razão de lei têm suas inscrições tornadas nulas de pleno direito.

§ 13. No caso de equiparado a filho, a inscrição será feita mediante a comprovação da equiparação por documento escrito do segurado falecido manifestando essa intenção, da dependência econômica e da declaração de que não tenha sido emancipado. (Incluído pelo Decreto nº 4.079, de 2002)

§ 14. Caso o dependente só possua um dos documentos a que se refere o § 3º produzido em período não superior a vinte e quatro meses anteriores à data do óbito ou do recolhimento à prisão, a comprovação de vínculo ou de dependência econômica para esse período poderá ser suprida por justificação administrativa, processada na forma prevista nos art. 142 ao art. 151. (Incluído pelo Decreto nº 10.410, de 2020)

Art. 23. (Revogado pelo Decreto nº 4.079, de 2002)

Art. 24. Os pais ou irmãos deverão, para fins de concessão de benefícios, comprovar a inexistência de dependentes preferenciais, mediante declaração firmada perante o Instituto Nacional do Seguro Social.

CAPÍTULO II
DAS PRESTAÇÕES EM GERAL

SEÇÃO I
DAS ESPÉCIES DE PRESTAÇÃO

Art. 25. O Regime Geral de Previdência Social compreende as seguintes prestações, expressas em benefícios e serviços:

I - quanto ao segurado:

a) aposentadoria por incapacidade permanente; (Redação dada pelo Decreto nº 10.410, de 2020).

b) aposentadoria programada; (Redação dada pelo Decreto nº 10.410, de 2020).

c) aposentadoria por idade do trabalhador rural;(Redação dada pelo Decreto nº 10.410, de 2020).

d) aposentadoria especial;

e) auxílio por incapacidade temporária; (Redação dada pelo Decreto nº 10.410, de 2020).

f) salário-família;

g) salário-maternidade; e

h) auxílio-acidente;

II - quanto ao dependente:

a) pensão por morte; e

b) auxílio-reclusão; e

III - quanto ao segurado e dependente: reabilitação profissional.

SEÇÃO II
DA CARÊNCIA

Art. 26. Período de carência é o tempo correspondente ao número mínimo de contribuições mensais indispensáveis para que o beneficiário faça jus ao benefício, consideradas as competências cujo salário de contribuição seja igual ou superior ao seu limite mínimo mensal. (Redação dada pelo Decreto nº 10.410, de 2020).

§ 1º Para o segurado especial, considera-se período de carência, para fins de concessão dos benefícios de que trata o inciso I do § 2º do art. 39, o tempo mínimo de efetivo exercício de atividade rural, ainda que de forma descontínua, igual à quantidade de meses necessária à concessão do benefício requerido. (Redação dada pelo Decreto nº 10.410, de 2020).

§ 2º Será considerado, para efeito de carência, o tempo de contribuição para o Plano de Seguridade Social do Servidor Público anterior à Lei nº 8.647, de 13 de abril de 1993, efetuado pelo servidor público ocupante de cargo em comissão sem vínculo efetivo com a União, autarquias, ainda que em regime especial, e fundações públicas federais.

§ 3º Não é computado para efeito de carência o tempo de atividade do trabalhador rural anterior à competência novembro de 1991.

§ 4º Para efeito de carência, considera-se presumido o recolhimento das contribuições do segurado empregado, do trabalhador avulso e, relativamente ao contribuinte individual, a partir da competência abril de 2003, as contribuições dele descontadas pela empresa na forma do art. 216. (Redação dada pelo Decreto nº 4.729, de 2003)

§ 4º-A Para fins de carência, no caso de segurado empregado doméstico, considera-se presumido o recolhimento das contribuições dele descontadas pelo empregador doméstico, a partir da competência junho de 2015, na forma prevista no art. 211. (Incluído pelo Decreto nº 10.410, de 2020)

§ 4º-B Para o segurado empregado doméstico filiado ao RGPS nessa condição até 31 de maio de 2015, o período de carência será contado a partir da data do efetivo recolhimento da primeira contribuição sem atraso.(Incluído pelo Decreto nº 10.410, de 2020)

§ 4º-C Para o período de filiação comprovado como empregado doméstico sem a comprovação do recolhimento ou sem a comprovação da primeira contribuição sem atraso, será reconhecido o direito ao benefício na forma prevista no § 2º do art. 36, independentemente da categoria do segurado na data do requerimento. (Incluído pelo Decreto nº 10.410, de 2020)

§ 5º Observado o disposto no § 4º do art. 13, as contribuições vertidas para regime próprio de previdência social serão consideradas para todos os efeitos, inclusive para os de carência.(Incluído pelo Decreto nº 3.265, de 1999)

§ 6º Para fins de carência, as contribuições anteriores à data de publicação da Emenda à Constituição nº 103, de 12 de novembro de 2019, serão consideradas em conformidade com a legislação vigente à época. (Incluído pelo Decreto nº 10.410, de 2020)

Art. 27. (Revogado pelo Decreto nº 5.399, de 2005)

Art. 27-A. Na hipótese de perda da qualidade de segurado, para fins da concessão dos benefícios de auxílio por incapacidade temporária, de aposentadoria por incapacidade permanente, de salário-maternidade e de auxílio-reclusão, as contribuições anteriores à perda somente serão computadas para fins de carência depois que o segurado contar, a partir da nova filiação ao RGPS, com metade do número de contribuições exigidas para o cumprimento do período de carência definido no art. 29. (Redação dada pelo Decreto nº 10.410, de 2020).

Parágrafo único. Aplica-se o disposto no *caput* ao segurado oriundo de regime próprio de previdência social que se filiar ao Regime Geral de Previdência Social após os prazos a que se refere o inciso II do *caput* e o § 1º do art. 13. (Incluído pelo Decreto nº 5.545, de 2005)

Art. 28. O período de carência é contado:

I - para o segurado empregado, inclusive o doméstico, e o trabalhador avulso, a partir da data de sua filiação ao RGPS; e (Redação dada pelo Decreto nº 10.410, de 2020).

II - para o segurado contribuinte individual, observado o disposto no § 4º do art. 26, e o segurado facultativo, inclusive o segurado especial que contribua na forma prevista no § 2º do art. 200, a partir da data do efetivo recolhimento da primeira contribuição sem atraso, e não serão consideradas, para esse fim, as contribuições recolhidas com atraso referentes a competências anteriores, observado, quanto ao segurado facultativo, o disposto nos § 3º e § 4º do art. 11. (Redação dada pelo Decreto nº 10.410, de 2020).

§ 1º Para o segurado especial que não contribui na forma do § 2º do art. 200, o período de carência de que trata o § 1º do art. 26 é contado a partir do efetivo exercício da atividade rural, mediante comprovação, na forma do disposto no art. 62. (Redação dada pelo Decreto nº 6.042, de 2007).

§ 2º O período a que se refere o inciso XVIII do art. 60 será computado para fins de carência.

§ 3º Para os segurados a que se refere o inciso II, optantes pelo recolhimento trimestral na forma prevista nos §§ 15 e 16 do art. 216, o período de carência é contado a partir do mês de inscrição do segurado, desde que efetuado o recolhimento da primeira contribuição no prazo estipulado no referido § 15.

§ 4º Para os segurados a que se refere o inciso II do *caput*, na hipótese de perda da qualidade de segurado, somente serão consideradas, para fins de carência, as contribuições efetivadas após novo recolhimento sem atraso, observado o disposto no art. 19-E. (Incluído pelo Decreto nº 10.410, de 2020)

Art. 29. A concessão das prestações pecuniárias do Regime Geral de Previdência Social, ressalvado o disposto no art. 30, depende dos seguintes períodos de carência:

I - doze contribuições mensais, nos casos de auxílio por incapacidade temporária e aposentadoria por incapacidade permanente; e (Redação dada pelo Decreto nº 10.410, de 2020).

II - cento e oitenta contribuições mensais, nos casos de aposentadoria programada, por idade do trabalhador rural e especial; (Redação dada pelo Decreto nº 10.410, de 2020).

III - dez contribuições mensais, no caso de salário-maternidade, para as seguradas contribuinte individual, especial e facultativa, respeitado o disposto no § 2º do art. 93 e no inciso II do art. 101. (Redação dada pelo Decreto nº 3.452, de 2000)

IV - vinte e quatro contribuições mensais, no caso de auxílio-reclusão. (Incluído pelo Decreto nº 10.410, de 2020)

Parágrafo único. Em caso de parto antecipado, o período de carência a que se refere o inciso III será reduzido em número de contribuições equivalente ao número de meses em que o parto foi antecipado. (Incluído pelo Decreto nº 3.265, de 1999)

Art. 30. Independe de carência a concessão das seguintes prestações:

I - pensão por morte, salário-família e auxílio-acidente de qualquer natureza, observado, quanto à pensão por morte, o disposto no inciso V do *caput* e nos § 3º e § 4º do art. 114; (Redação dada pelo Decreto nº 10.410, de 2020).

II - salário-maternidade, para as seguradas empregada, empregada doméstica e trabalhadora avulsa; (Redação dada pelo Decreto nº 3.265, de 1999)

III - auxílio por incapacidade temporária e aposentadoria por incapacidade permanente nos casos de acidente de qualquer natureza ou causa e de doença profissional ou do trabalho e nos casos de segurado que, após filiar-se ao RGPS, seja acometido de alguma das doenças ou afecções especificadas em lista elaborada pelos Ministérios da Saúde e da Economia, atualizada a cada três anos, de acordo com os critérios de estigma, deformação, mutilação, deficiência ou outro fator que lhe confira especificidade e gravidade que mereçam tratamento particularizado; (Redação dada pelo Decreto nº 10.410, de 2020).

IV - aposentadoria por idade ou por invalidez, auxílio-doença, auxílio-reclusão ou pensão por morte aos segurados especiais, desde que comprovem o exercício de atividade rural no período imediatamente anterior ao requerimento do benefício, ainda que de forma descontínua, igual ao número de meses correspondente à carência do benefício requerido; e

V - reabilitação profissional.

§ 1º Entende-se como acidente de qualquer natureza ou causa aquele de origem traumática e por exposição a agentes exógenos, físicos, químicos ou biológicos, que acarrete lesão corporal ou perturbação funcional que cause a morte ou a perda ou a redução permanente ou temporária da capacidade laborativa. (Incluído pelo Decreto nº 10.410, de 2020)

§ 2º Até que seja elaborada a lista de doenças ou afecções a que se refere o inciso III do *caput*, independerá de carência a concessão de auxílio por incapacidade temporária e de aposentadoria por incapacidade permanente ao segurado que, após filiar-se ao RGPS, seja acometido por alguma das seguintes doenças: (Incluído pelo Decreto nº 10.410, de 2020)

I - tuberculose ativa; (Incluído pelo Decreto nº 10.410, de 2020)

II - hanseníase;(Incluído pelo Decreto nº 10.410, de 2020)

III - alienação mental;(Incluído pelo Decreto nº 10.410, de 2020)

IV - esclerose múltipla; (Incluído pelo Decreto nº 10.410, de 2020)

V - hepatopatia grave;(Incluído pelo Decreto nº 10.410, de 2020)

VI - neoplasia maligna;(Incluído pelo Decreto nº 10.410, de 2020)

VII - cegueira; (Incluído pelo Decreto nº 10.410, de 2020)

VIII - paralisia irreversível e incapacitante; (Incluído pelo Decreto nº 10.410, de 2020)

IX - cardiopatia grave; (Incluído pelo Decreto nº 10.410, de 2020)

X - doença de Parkinson; (Incluído pelo Decreto nº 10.410, de 2020)

XI - espondiloartrose anquilosante; (Incluído pelo Decreto nº 10.410, de 2020)

XII - nefropatia grave; (Incluído pelo Decreto nº 10.410, de 2020)

XIII - estado avançado da doença de Paget (osteíte deformante); (Incluído pelo Decreto nº 10.410, de 2020)

XIV - síndrome da imunodeficiência adquirida (aids); ou (Incluído pelo Decreto nº 10.410, de 2020)

XV - contaminação por radiação, com base em conclusão da medicina especializada. (Incluído pelo Decreto nº 10.410, de 2020)

SEÇÃO III
DO SALÁRIO-DE-BENEFÍCIO

Art. 31. Salário de benefício é o valor básico utilizado para o cálculo da renda mensal dos benefícios de prestação continuada, inclusive aqueles regidos por normas especiais, exceto: (Redação dada pelo Decreto nº 10.410, de 2020).

I - o salário-família; (Incluído pelo Decreto nº 10.410, de 2020)

II - a pensão por morte; (Incluído pelo Decreto nº 10.410, de 2020)

III - o salário-maternidade; (Incluído pelo Decreto nº 10.410, de 2020)

IV - o auxílio-reclusão; e (Incluído pelo Decreto nº 10.410, de 2020)

V - os demais benefícios previstos em legislação especial. (Incluído pelo Decreto nº 10.410, de 2020)

Art. 32. O salário de benefício a ser utilizado para o cálculo dos benefícios de que trata este Regulamento, inclusive aqueles previstos em acordo internacional, consiste no resultado da média aritmética simples dos salários de contribuição e das remunerações adotadas como base para contribuições a regime próprio de previdência social ou como base para contribuições decorrentes das atividades militares de que tratam os art. 42 e art. 142 da Constituição, considerados para a concessão do benefício, atualizados monetariamente, correspondentes a cem por cento do período contributivo desde a competência julho de 1994 ou desde o início da contribuição, se posterior a essa competência. (Redação dada pelo Decreto nº 10.410, de 2020).

I - (Revogado pelo Decreto nº 10.410, de 2020).

II - (Revogado pelo Decreto nº 10.410, de 2020).

III - (Revogado pelo Decreto nº 5.545, de 2005)

§ 1º (Revogado pelo Decreto nº 3.265, de 1999)

§ 2º (Revogado pelo Decreto nº 5.399, de 2005)

§ 3º O valor do salário-de-benefício não será inferior ao de um salário mínimo, nem superior ao limite máximo do salário-de-contribuição na data de início do benefício.

§ 4º Serão considerados para o cálculo do salário de benefício os ganhos habituais do segurado empregado, a qualquer título, sob forma de moeda corrente ou de utilidades, sobre os quais tenha incidido contribuição previdenciária, exceto o décimo terceiro salário, observado o disposto no art. 19-E. (Redação dada pelo Decreto nº 10.410, de 2020).

§ 5º Não será considerado, no cálculo do salário-de-benefício, o aumento dos salários-de-contribuição que exceder o limite legal, inclusive o voluntariamente concedido nos trinta e seis meses imediatamente anteriores ao início do benefício, salvo se homologado pela Justiça do Trabalho, resultante de promoção regulada por normas gerais da empresa, admitida pela legislação do trabalho, de sentença normativa ou de reajustamento salarial obtido pela categoria respectiva.

§ 6º Se, no período básico de cálculo, o segurado tiver recebido benefício por incapacidade, considerar-se-á como salário-de-contribuição, no período, o salário-de-benefício que serviu de base para o cálculo da renda mensal, reajustado nas mesmas épocas e nas mesmas bases dos benefícios em geral, não podendo ser inferior ao salário mínimo nem superior ao limite máximo do salário-de-contribuição.

§ 7º Exceto para o salário-família e o auxílio-acidente, será pago o valor mínimo de benefício para as prestações referidas no art. 30, quando não houver salário-de-contribuição no período básico de cálculo.

§ 8º Para fins de apuração do salário-de-benefício de qualquer aposentadoria precedida de auxílio-acidente, o valor mensal deste será somado ao salário-de-contribuição antes da aplicação da correção a que se refere o art. 33, não podendo o total apurado ser superior ao limite máximo do salário-de-contribuição.

§ 9º Quando inexistirem salários de contribuição a partir de julho de 1994, as aposentadorias concedidas nos termos do disposto nos § 5º e § 6º do art. 13 terão o valor correspondente ao do salário-mínimo, observado, no caso de acordos internacionais, o disposto no § 1º do art. 35. (Redação dada pelo Decreto nº 10.410, de 2020).

§ 10. Para os segurados contribuinte individual e facultativo optantes pelo recolhimento trimestral na forma prevista no § 15 do art. 216, que tenham solicitado qualquer benefício previdenciário, o salário-de-benefício consistirá na média aritmética simples de todos os salários-de-contribuição integrantes da contribuição trimestral, desde que efetivamente recolhidos. (Redação dada pelo Decreto nº 3.265, de 1999)

§ 11. (Revogado pelo Decreto nº 10.410, de 2020).

§ 12. (Revogado pelo Decreto nº 10.410, de 2020).

§ 13. (Revogado pelo Decreto nº 10.410, de 2020).

§ 14. (Revogado pelo Decreto nº 10.410, de 2020).

I - (Revogado pelo Decreto nº 10.410, de 2020).

II - (Revogado pelo Decreto nº 10.410, de 2020).

§ 15. No cálculo do salário-de-benefício serão considerados os salário-de-contribuição vertidos para regime próprio de previdência social de segurado oriundo desse regime, após a sua filiação ao Regime Geral de Previdência Social, de acordo com o disposto no art. 214. (Incluído pelo Decreto nº 3.265, de 1999)

§ 16. (Revogado pelo Decreto nº 10.410, de 2020).

§ 17. (Revogado pelo Decreto nº 10.410, de 2020).

§ 18. Para fins de cálculo da renda mensal inicial teórica dos benefícios por totalização, no âmbito dos acordos internacionais, serão considerados os tempos de contribuição para a previdência social brasileira e para a do país acordante, observado o disposto no § 9º. (Redação dada pelo Decreto nº 10.410, de 2020).

I -(Revogado pelo Decreto nº 10.410, de 2020).

II -(Revogado pelo Decreto nº 10.410, de 2020).

III -(Revogado pelo Decreto nº 10.410, de 2020).

§ 19. (Revogado pelo Decreto nº 10.410, de 2020).

§ 20. (Revogado pelo Decreto nº 6.939, de 2009)

§ 21. O salário-de-benefício do segurado especial consiste no valor equivalente ao salário-mínimo, ressalvado o disposto no inciso II do § 2º do art. 39 deste Regulamento. (Incluído pelo Decreto nº 6.722, de 2008).

§ 22. Considera-se período contributivo: (Incluído pelo Decreto nº 6.939, de 2009)

I - para o empregado, inclusive o doméstico, e o trabalhador avulso - o conjunto de competências em que houve ou deveria ter havido contribuição em razão do exercício de atividade remunerada sujeita à filiação obrigatória ao RGPS, observado o disposto no art. 19-E; ou (Redação dada pelo Decreto nº 10.410, de 2020).

II - para os demais segurados, inclusive o facultativo: o conjunto de meses de efetiva contribuição ao regime de que trata este Regulamento. (Incluído pelo Decreto nº 6.939, de 2009)

§ 22-A. O período contributivo até 13 de novembro de 2019 será apurado em conformidade com o disposto no art. 188-G. (Incluído pelo Decreto nº 10.410, de 2020)

§ 23. O auxílio por incapacidade temporária não poderá exceder a média aritmética simples dos últimos doze salários de contribuição, inclusive no caso de remuneração variável, ou, se não houver doze salários de contribuição, a média aritmética simples dos salários de contribuição existentes, observado o disposto no art. 33. (Redação dada pelo Decreto nº 10.410, de 2020).

§ 24. Para fins do cálculo das aposentadorias programadas para as quais seja exigido tempo mínimo de contribuição, poderão ser excluídas do cálculo da média dos salários de contribuição e das remunerações adotadas como base para contribuições a regime próprio de previdência social ou como base para contribuições decorrentes das atividades militares de que tratam os art. 42 e art. 142 da Constituição, utilizado para definição do salário de benefício, as contribuições que resultem em redução do valor do benefício, observado o disposto nos § 25 e § 26. (Redação dada pelo Decreto nº 10.410, de 2020).

§ 26. A exclusão das contribuições de que trata o § 24 não altera o direito à aposentadoria previamente reconhecido, desde que mantida a quantidade de contribuições equivalentes ao período de carência e observado o tempo mínimo de contribuição necessário à elegibilidade da aposentadoria requerida. (Incluído pelo Decreto nº 10.410, de 2020)

§ 27. É vedada a utilização das contribuições excluídas na forma prevista no § 24 para qualquer finalidade, inclusive para: (Incluído pelo Decreto nº 10.410, de 2020)

I - o acréscimo do percentual da renda mensal; (Incluído pelo Decreto nº 10.410, de 2020)

II - o somatório de pontos das aposentadorias por tempo de contribuição e especial;(Incluído pelo Decreto nº 10.410, de 2020)

III - o cumprimento de período adicional exigido para as aposentadorias por tempo de contribuição;(Incluído pelo Decreto nº 10.410, de 2020)

IV - a averbação em outro regime previdenciário; ou (Incluído pelo Decreto nº 10.410, de 2020)

V - a obtenção dos proventos de inatividade de que tratam os art. 42 e art. 142 da Constituição. (Incluído pelo Decreto nº 10.410, de 2020)

§ 25. Para fins da exclusão a que se refere o § 24, consideram-se programadas as aposentadorias programada, especial e por idade do trabalhador rural e as aposentadorias transitórias por idade e por tempo de contribuição, para as quais se exige tempo mínimo de contribuição. (Incluído pelo Decreto nº 10.410, de 2020)

§ 26. A exclusão das contribuições de que trata o § 24 não altera o direito à aposentadoria previamente reconhecido, desde que mantida a quantidade de contribuições equivalentes ao período de carência e observado o tempo mínimo de contribuição necessário à elegibilidade da aposentadoria requerida. (Incluído pelo Decreto nº 10.410, de 2020)

§ 27. É vedada a utilização das contribuições excluídas na forma prevista no § 24 para qualquer finalidade, inclusive para: (Incluído pelo Decreto nº 10.410, de 2020)

I - o acréscimo do percentual da renda mensal; (Incluído pelo Decreto nº 10.410, de 2020)

II - o somatório de pontos das aposentadorias por tempo de contribuição e especial;(Incluído pelo Decreto nº 10.410, de 2020)

III - o cumprimento de período adicional exigido para as aposentadorias por tempo de contribuição;(Incluído pelo Decreto nº 10.410, de 2020)

IV - a averbação em outro regime previdenciário; ou (Incluído pelo Decreto nº 10.410, de 2020)

V - a obtenção dos proventos de inatividade de que tratam os art. 42 e art. 142 da Constituição. (Incluído pelo Decreto nº 10.410, de 2020)

Art. 33. Todos os salários-de-contribuição utilizados no cálculo do salário-de-benefício serão corrigidos, mês a mês, de acordo com a variação integral do Índice Nacional de Preço ao Consumidor - INPC, referente ao período decorrido a partir da primeira competência do salário-de-contribuição que compõe o período básico de cálculo até o mês anterior ao do início do benefício, de modo a preservar o seu valor real. (Redação dada pelo Decreto nº 5.545, de 2005)

Art. 34. O salário de benefício do segurado que contribuir em razão de atividades concomitantes será calculado com base na soma dos salários de contribuição das atividades exercidas na data do requerimento ou do óbito ou no período básico de cálculo, observado o disposto no art. 32. (Redação dada pelo Decreto nº 10.410, de 2020).

I -(Revogado pelo Decreto nº 10.410, de 2020).

II - (Revogado pelo Decreto nº 10.410, de 2020).

a)(Revogado pelo Decreto nº 10.410, de 2020).

b)(Revogado pelo Decreto nº 10.410, de 2020).

III - (Revogado pelo Decreto nº 10.410, de 2020).

§ 1º O disposto neste artigo não se aplica ao segurado que, em obediência ao limite máximo do salário-de-contribuição, contribuiu apenas por uma das atividades concomitantes.

§ 2º(Revogado pelo Decreto nº 10.410, de 2020).

§ 3º(Revogado pelo Decreto nº 10.410, de 2020).

§ 4º(Revogado pelo Decreto nº 10.410, de 2020).

§ 5º Na hipótese prevista no § 3º do art. 73, o salário de benefício do auxílio por incapacidade temporária será calculado com base na soma dos salários de contribuição referentes às atividades para as quais o segurado seja considerado incapacitado.(Redação dada pelo Decreto nº 10.410, de 2020).

I -(Revogado pelo Decreto nº 10.410, de 2020).

II -(Revogado pelo Decreto nº 10.410, de 2020).

§ 6º (Revogado pelo Decreto nº 10.410, de 2020).

SEÇÃO IV
DA RENDA MENSAL DO BENEFÍCIO

Art. 35. A renda mensal do benefício de prestação continuada que substituir o salário-de-contribuição ou o rendimento do trabalho do segurado não terá valor inferior ao do salário mínimo nem superior ao limite máximo do salário-de-contribuição, exceto no caso previsto no art. 45.

§ 1º A renda mensal inicial pro rata dos benefícios por totalização, concedidos com base em acordos internacionais, será proporcional ao tempo de contribuição para previdência social brasileira e poderá ter valor inferior ao do salário-mínimo. (Redação dada pelo Decreto nº 10.410, de 2020).

§ 2º(Revogado pelo Decreto nº 10.410, de 2020).

§ 3º Na hipótese de a média apurada na forma do art. 32 resultar superior ao limite máximo do salário-de-contribuição vigente no mês de início do benefício, a diferença percentual entre esta média e o referido limite será incorporada ao valor do benefício juntamente com o primeiro reajuste do mesmo após a concessão, observado que nenhum benefício assim reajustado poderá superar o limite máximo do salário-de-contribuição vigente na competência em que ocorrer o reajuste.

Art. 36. No cálculo do valor da renda mensal do benefício serão computados:

I - para o segurado empregado, inclusive o doméstico, e o trabalhador avulso, os salários de contribuição referentes aos meses de contribuições devidas, ainda que não recolhidas pela empresa ou pelo empregador doméstico, observado o disposto no art. 19-E, sem prejuízo da respectiva cobrança e da aplicação das penalidades cabíveis; e (Redação dada pelo Decreto nº 10.410, de 2020).

II - para o segurado empregado, inclusive o doméstico, o trabalhador avulso e o segurado especial, o valor do auxílio-acidente será considerado como salário de contribuição para fins de concessão de qualquer aposentadoria, nos termos do disposto no § 8º do art. 32. (Redação dada pelo Decreto nº 10.410, de 2020).

§ 1º Para os demais segurados, somente serão computados os salários de contribuição referentes aos meses de contribuição efetivamente recolhida, observado o disposto no art. 19-E. (Redação dada pelo Decreto nº 10.410, de 2020).

§ 2º No caso de segurado empregado, inclusive o doméstico, e de trabalhador avulso que tenham cumprido todas as condições para a concessão do benefício pleiteado, mas não possam comprovar o valor dos seus salários de contribuição no período básico de cálculo, será considerado, para o cálculo do benefício referente ao período sem comprovação do valor do salário de contribuição, o valor do salário-mínimo e essa renda será recalculada quando da apresentação de prova dos salários de contribuição. (Redação dada pelo Decreto nº 10.410, de 2020).

§ 3º Na hipótese de jornada de trabalho parcial ou intermitente, a aplicação do disposto no § 2º fica condicionada à apresentação do contrato de trabalho do qual conste a remuneração contratada ou a demonstração das remunerações auferidas que possibilite a verificação do valor do salário de contribuição para fins de aplicação do disposto no art. 19-E. (Redação dada pelo Decreto nº 10.410, de 2020).

§ 4º Na hipótese prevista no § 2º, após a concessão do benefício, o INSS notificará a Secretaria Especial da Receita Federal do Brasil do Ministério da Economia por meio eletrônico, para que esta adote as providências a que se referem os art. 238 ao art. 243, o art. 245 e o art. 246. (Redação dada pelo Decreto nº 10.410, de 2020).

§ 5º Sem prejuízo do disposto no § 2º, cabe à previdência social manter cadastro dos segurados com os informes necessários para o cálculo de sua renda mensal. (Redação dada pelo Decreto nº 10.410, de 2020).

§ 6º Para o segurado especial que não contribui facultativamente, o disposto no inciso II será aplicado somando-se ao valor da aposentadoria a renda mensal do auxílio-acidente vigente na data de início da referida aposentadoria, não sendo, neste caso, aplicada a limitação contida no inciso I do § 2º do art. 39 e do art. 183.

§ 7º(Revogado pelo Decreto nº 10.410, de 2020).

Art. 37. A renda mensal inicial, recalculada de acordo com o disposto nos §§ 2º e 3º do art. 36, deve ser reajustada como a dos benefícios correspondentes com igual data de início e substituirá, a partir da data do requerimento de revisão do valor do benefício, a renda mensal que prevalecia até então.

Parágrafo único. Para fins da substituição de que trata o *caput*, o requerimento de revisão deve ser aceito pelo Instituto Nacional do Seguro Social a partir da concessão do benefício em valor provisório e processado quando da apresentação de prova dos salários-de-contribuição ou de recolhimento das contribuições.

Art. 38.(Revogado pelo Decreto nº 10.410, de 2020).

Art. 39. A renda mensal inicial do benefício será calculada a partir da aplicação dos percentuais definidos neste Regulamento, para cada espécie, sobre o salário de benefício. (Redação dada pelo Decreto nº 10.410, de 2020).

§ 1º Para fins da aplicação dos percentuais a que se refere o *caput*, presume-se como efetivado o recolhimento correspondente, quando se tratar de segurado empregado, inclusive o doméstico, e de trabalhador avulso, observado o disposto no art. 19-E. (Redação dada pelo Decreto nº 10.410, de 2020).

§ 2º Para os segurados especiais, inclusive os com deficiência, é garantida a concessão, alternativamente:(Redação dada pelo Decreto nº 8.145, de 2013)

I - de aposentadoria por idade do trabalhador rural ou por incapacidade permanente, de auxílio por incapacidade temporária, de auxílio-reclusão ou de pensão por morte, no valor de um salário-mínimo, observado o disposto no inciso III do *caput* do art. 30, e de auxílio-acidente, observado o disposto no art. 104; ou (Redação dada pelo Decreto nº 10.410, de 2020).

II - dos benefícios especificados neste Regulamento, observados os critérios e a forma de cálculo estabelecidos, desde que contribuam, facultativamente, de acordo com o disposto no § 2º do art. 200.

§ 3º O valor mensal da pensão por morte e do auxílio-reclusão será apurado em conformidade com o disposto, respectivamente, nos art. 106 e art. 117. (Redação dada pelo Decreto nº 10.410, de 2020).

§ 4º Se, na data do óbito, o segurado estiver recebendo aposentadoria e auxílio-acidente, o valor mensal da pensão por morte será calculado conforme o disposto no art. 106, sem a incorporação do valor do auxílio-acidente. (Redação dada pelo Decreto nº 10.410, de 2020).

§ 5º Após a cessação do auxílio por incapacidade temporária decorrente de acidente de qualquer natureza ou causa, independentemente de o segurado ter retornado ou não ao trabalho, se houver agravamento ou sequela que resulte na reabertura do benefício, a renda mensal será igual a noventa e um por cento do valor do salário de benefício do auxílio por incapacidade temporária cessado, observado o disposto no § 23 do art. 32, corrigido até o mês anterior ao da reabertura do benefício pelos mesmos índices de correção empregados no cálculo dos benefícios em geral. (Redação dada pelo Decreto nº 10.410, de 2020).

§ 6º A renda mensal inicial das aposentadorias dos segurados que tenham contribuído exclusivamente na forma prevista no § 2º do art. 21 da Lei nº 8.212, de 1991, corresponderá ao salário-mínimo e, nas demais hipóteses, será aplicado o disposto no art. 32 ou no art. 188-E, conforme o caso. (Incluído pelo Decreto nº 10.410, de 2020)

SEÇÃO V
DO REAJUSTAMENTO DO VALOR DO BENEFÍCIO

Art. 40. É assegurado o reajustamento dos benefícios para preservar-lhes, em caráter permanente, o valor real da data de sua concessão.

§ 1º Os valores dos benefícios em manutenção serão reajustados, anualmente, na mesma data do reajuste do salário mínimo, pro rata, de acordo com suas respectivas datas de início ou do último reajustamento, com base no Índice Nacional de Preços ao Consumidor - INPC, apurado pela Fundação Instituto Brasileiro de Geografia e Estatística - IBGE. (Redação dada pelo Decreto nº 6.042, de 2007).

§ 2º Os benefícios com renda mensal superior a um salário mínimo serão pagos do primeiro ao quinto dia útil do mês subseqüente ao de sua competência, observada a distribuição proporcional do número de beneficiários por dia de pagamento. (Redação dada pelo Decreto nº 6.722, de 2008).

§ 3º (Revogado pelo Decreto nº 6.042, de 2007).

§ 4º Os benefícios com renda mensal no valor de até um salário mínimo serão pagos no período compreendido entre o quinto dia útil que anteceder o final do mês de sua competência e o quinto dia útil do mês subseqüente, observada a distribuição proporcional dos beneficiários por dia de pagamento. (Redação dada pelo Decreto nº 6.722, de 2008).

§ 5º Para os efeitos dos §§ 2º e 4º, considera-se dia útil aquele de expediente bancário com horário normal de atendimento. (Incluído pelo Decreto nº 6.722, de 2008).

§ 6º Para os benefícios que tenham sido majorados devido à elevação do salário mínimo, o referido aumento deverá ser compensado no momento da aplicação do disposto no § 1º, de acordo com normas a serem baixadas pelo Ministério da Previdência Social. (Incluído pelo Decreto nº 6.722, de 2008).

Art. 41. O valor mensal do abono de permanência em serviço, do auxílio-suplementar e do auxílio-acidente será reajustado na forma do disposto no art. 40 e não varia de acordo com o salário-de-contribuição do segurado.

Art. 42. Nenhum benefício reajustado poderá exceder o limite máximo do salário-de-benefício na data do reajustamento, respeitados os direitos adquiridos, nem inferior ao valor de um salário mínimo. (Redação dada pelo Decreto nº 6.722, de 2008).

Parágrafo único. O auxílio-acidente, o abono de permanência em serviço, o auxílio-suplementar, o salário-família e a parcela a cargo do Regime Geral de Previdência Social dos benefícios por totalização, concedidos com base em acordos internacionais de previdência social, poderão ter valor inferior ao do salário mínimo.

SEÇÃO VI
DOS BENEFÍCIOS

SUBSEÇÃO I
DA APOSENTADORIA POR INCAPACIDADE PERMANENTE (REDAÇÃO DADA PELO DECRETO Nº 10.410, DE 2020).

Art. 43. A aposentadoria por incapacidade permanente, uma vez cumprido o período de carência exigido, quando for o caso, será devida ao segurado que, em gozo ou não de auxílio por incapacidade temporária, for considerado incapaz para o trabalho e insuscetível de reabilitação para o exercício de atividade que lhe garanta a subsistência, que lhe será paga enquanto permanecer nessa condição. (Redação dada pelo Decreto nº 10.410, de 2020).

§ 1º A concessão de aposentadoria por incapacidade permanente dependerá da verificação da condição de incapacidade por meio de exame médico-pericial a cargo da Perícia Médica Federal, de modo que o segurado possa, às suas expensas, ser acompanhado por médico de sua confiança. (Redação dada pelo Decreto nº 10.410, de 2020).

§ 2º A doença ou lesão de que o segurado já era portador ao filiar-se ao RGPS não lhe conferirá direito à aposentadoria por incapacidade permanente, exceto quando a incapacidade sobrevier por motivo de progressão ou agravamento dessa doença ou lesão. (Redação dada pelo Decreto nº 10.410, de 2020).

Art. 44. A aposentadoria por incapacidade permanente será devida a partir do dia imediato ao da cessação do auxílio por incapacidade temporária, ressalvado o disposto no § 1º, e consistirá em renda mensal decorrente da aplicação dos seguintes percentuais incidentes sobre o salário de benefício, definido na forma do disposto no art. 32: (Redação dada pelo Decreto nº 10.410, de 2020).

I - sessenta por cento, com acréscimo de dois pontos percentuais para cada ano de contribuição que exceder o tempo de vinte anos de contribuição, para os homens, ou quinze anos de contribuição, para as mulheres; ou (Incluído pelo Decreto nº 10.410, de 2020)

II - cem por cento, quando a aposentadoria decorrer de:(Incluído pelo Decreto nº 10.410, de 2020)

a) acidente de trabalho; (Incluído pelo Decreto nº 10.410, de 2020)

b) doença profissional; ou (Incluído pelo Decreto nº 10.410, de 2020)

c) doença do trabalho. (Incluído pelo Decreto nº 10.410, de 2020)

§ 1º Na hipótese de a perícia médica inicial concluir pela existência de incapacidade total e definitiva para o trabalho, a aposentadoria por incapacidade permanente será devida: (Redação dada pelo Decreto nº 10.410, de 2020).

I - ao segurado empregado a contar do décimo sexto dia do afastamento da atividade ou a partir da data da entrada do requerimento, se entre o afastamento e a entrada do requerimento decorrerem mais de trinta dias; e (Redação dada pelo Decreto nº 3.265, de 1999)

II - ao segurado empregado doméstico, contribuinte individual, trabalhador avulso, especial ou facultativo, a contar da data do início da incapacidade ou da data da entrada do requerimento, se entre essas datas decorrerem mais de trinta dias. (Redação dada pelo Decreto nº 3.265, de 1999)

§ 2º Durante os primeiros quinze dias de afastamento consecutivos da atividade por motivo de invalidez, caberá à empresa pagar ao segurado empregado o salário. (Redação dada pelo Decreto nº 3.265, de 1999)

§ 3º A concessão de aposentadoria por incapacidade permanente, inclusive quando precedida de auxílio por incapacidade temporária concedido na forma prevista no art. 73, fica condicionada ao afastamento do segurado de todas as suas atividades. (Redação dada pelo Decreto nº 10.410, de 2020).

Art. 45. O valor da aposentadoria por incapacidade permanente do segurado que necessitar da assistência permanente de outra pessoa será acrescido de vinte e cinco por cento, observada a relação constante do Anexo I, e:(Redação dada pelo Decreto nº 10.410, de 2020).

I - devido ainda que o valor da aposentadoria atinja o limite máximo legal; e

II - recalculado quando o benefício que lhe deu origem for reajustado.

Parágrafo único. O acréscimo de que trata o *caput* cessará com a morte do aposentado, não sendo incorporado ao valor da pensão por morte.

Art. 46. O segurado aposentado por incapacidade permanente poderá ser convocado a qualquer momento para avaliação das condições que ensejaram o afastamento ou a aposentadoria, concedida judicial ou administrativamente, sem prejuízo do disposto no § 1º e sob pena de suspensão do benefício. (Redação dada pelo Decreto nº 10.410, de 2020).

§ 1º Observado o disposto no *caput*, o aposentado por incapacidade permanente fica obrigado, sob pena de suspensão do pagamento do benefício, a submeter-se a exame médico-pericial pela Perícia Médica Federal, a processo de reabilitação profissional a cargo do INSS e a tratamento dispensado gratuitamente, exceto o cirúrgico e a transfusão de sangue, que são facultativos. (Incluído pelo Decreto nº 10.410, de 2020)

§ 2º O aposentado por incapacidade permanente que não tenha retornado à atividade estará isento do exame médico-pericial de que trata este artigo: (Incluído pelo Decreto nº 10.410, de 2020)

I - após completar cinquenta e cinco anos de idade e quando decorridos quinze anos da data de concessão da aposentadoria por incapacidade permanente ou do auxílio por incapacidade temporária que a tenha precedido; ou (Incluído pelo Decreto nº 10.410, de 2020)

II - após completar sessenta anos de idade. (Incluído pelo Decreto nº 10.410, de 2020)

§ 3º A isenção de que trata o § 2º não se aplica quando o exame tem as seguintes finalidades: (Incluído pelo Decreto nº 10.410, de 2020)

I - verificação da necessidade de assistência permanente de outra pessoa para a concessão do acréscimo de vinte e cinco por cento sobre o valor do benefício, nos termos do disposto no art. 45; (Incluído pelo Decreto nº 10.410, de 2020)

II - verificação da recuperação da capacidade laborativa, por meio de solicitação do aposentado que se julgar apto; ou (Incluído pelo Decreto nº 10.410, de 2020)

III - subsídios à autoridade judiciária na concessão de curatela, observado o disposto no § 4º do art. 162. (Incluído pelo Decreto nº 10.410, de 2020)

§ 4º O aposentado por incapacidade permanente, ainda que tenha implementado as condições de que o trata o § 2º, será submetido ao exame médico-pericial de que trata este artigo quando necessário para apuração de fraude. (Incluído pelo Decreto nº 10.410, de 2020)

§ 5º O segurado com síndrome da imunodeficiência adquirida (aids) fica dispensado da avaliação de que trata o *caput*, observado o disposto nos § 3º e § 4º. (Incluído pelo Decreto nº 10.410, de 2020)

§ 6º A Perícia Médica Federal terá acesso aos prontuários médicos do segurado registrados no Sistema Único de Saúde - SUS, desde que haja anuência prévia do periciado e seja garantido o sigilo sobre os seus dados. (Incluído pelo Decreto nº 10.410, de 2020)

§ 7º O atendimento domiciliar e hospitalar é assegurado pela Perícia Médica Federal e pelo serviço social ao segurado com dificuldade de locomoção, quando o seu deslocamento, em razão de sua limitação funcional e de condições de acessibilidade, lhe impuser ônus desproporcional e indevido. (Incluído pelo Decreto nº 10.410, de 2020)

Art. 47. O aposentado por incapacidade permanente que se julgar apto a retornar à atividade deverá solicitar ao INSS a realização de nova avaliação médico-pericial. (Redação dada pelo Decreto nº 10.410, de 2020).

Parágrafo único. Na hipótese de a Perícia Médica Federal concluir pela recuperação da capacidade laborativa, a aposentadoria do segurado será cancelada, observado o disposto no art. 49. (Redação dada pelo Decreto nº 10.410, de 2020).

Art. 48. O aposentado por incapacidade permanente que retornar voluntariamente à atividade terá a sua aposentadoria automaticamente cessada, a partir da data de seu retorno, observado o disposto no art. 179.(Redação dada pelo Decreto nº 10.410, de 2020).

Art. 49. Verificada a recuperação da capacidade laborativa do aposentado por incapacidade permanente, exceto na hipótese prevista no art. 48, serão observadas as seguintes normas: (Redação dada pelo Decreto nº 10.410, de 2020).

I - quando a recuperação for total e ocorrer no prazo de cinco anos, contado da data de início da aposentadoria por incapacidade permanente ou do auxílio por incapacidade temporária que a antecedeu sem interrupção, o benefício cessará: (Redação dada pelo Decreto nº 10.410, de 2020).

a) de imediato, para o segurado empregado que tiver direito a retornar à função que desempenhava na empresa ao se aposentar, na forma da legislação trabalhista, valendo como documento, para tal fim, o certificado de capacidade fornecido pela previdência social; ou

b) após tantos b) após tantos meses quantos forem os anos de duração do auxílio por incapacidade temporária e da aposentadoria por incapacidade permanente, para os demais segurados; e (Redação dada pelo Decreto nº 10.410, de 2020).

II - quando a recuperação for parcial ou ocorrer após o período previsto no inciso I, ou ainda quando o segurado for declarado apto para o exercício de trabalho diverso do qual habitualmente exercia, a aposentadoria será mantida, sem prejuízo da volta à atividade:

a) pelo seu valor integral, durante seis meses contados da data em que for verificada a recuperação da capacidade;

b) com redução de cinqüenta por cento, no período seguinte de seis meses; e

c) com redução de setenta e cinco por cento, também por igual período de seis meses, ao término do qual cessará definitivamente.

Art. 50. O segurado que retornar à atividade poderá requerer, a qualquer tempo, novo benefício, tendo este processamento normal.

§ 1º Observado o disposto no art. 167, caso haja requerimento de novo benefício durante os períodos a que se refere o art. 49, caberá ao segurado optar por um dos benefícios, assegurada a opção pelo benefício mais vantajoso. (Incluído pelo Decreto nº 10.410, de 2020)

§ 2º Na hipótese de opção pelo recebimento de novo benefício nos termos do disposto no § 1º, cuja duração se encerre antes da cessação do benefício decorrente do disposto no art. 49, o pagamento deste poderá ser restabelecido pelo período remanescente, respeitadas as reduções correspondentes.(Incluído pelo Decreto nº 10.410, de 2020)

SUBSEÇÃO II
DA APOSENTADORIA PROGRAMADA
(REDAÇÃO DADA PELO
DECRETO Nº 10.410, DE 2020).

Art. 51. A aposentadoria programada, uma vez cumprido o período de carência exigido, será devida ao segurado que cumprir, cumulativamente, os seguintes requisitos: (Redação dada pelo Decreto nº 10.410, de 2020).

I - sessenta e dois anos de idade, se mulher, e sessenta e cinco anos de idade, se homem; e (Incluído pelo Decreto nº 10.410, de 2020)

II - quinze anos de tempo de contribuição, se mulher, e vinte anos de tempo de contribuição, se homem. (Incluído pelo Decreto nº 10.410, de 2020)

§ 1º Para fins de apuração do tempo de contribuição a que se refere o inciso II do *caput*, é vedada a inclusão de tempo fictício. (Redação dada pelo Decreto nº 10.410, de 2020).

§ 2º O período pelo qual os segurados contribuinte individual e facultativo tiverem contribuído na forma prevista no art. 199-A será considerado como tempo de contribuição, observada a restrição estabelecida em seu § 2º. (Redação dada pelo Decreto nº 10.410, de 2020).

§3º (Revogado pelo Decreto nº 10.410, de 2020).

§ 4º (Revogado pelo Decreto nº 10.410, de 2020)

Art. 52. A aposentadoria programada será devida: (Redação dada pelo Decreto nº 10.410, de 2020).

I - ao segurado empregado, inclusive o doméstico:

a) a partir da data do desligamento do emprego, quando requerida até noventa dias depois dela; ou

b) a partir da data do requerimento, quando não houver desligamento do emprego ou quando for requerida após o prazo da alínea "a"; e

II - para os demais segurados, a partir da data da entrada do requerimento.

Art. 53. O valor da aposentadoria programada corresponderá a sessenta por cento do salário de benefício definido na forma prevista no art. 32, com acréscimo de dois pontos percentuais para cada ano de contribuição que exceder o tempo de vinte anos de contribuição, para os homens, ou de quinze anos de contribuição, para as mulheres. (Redação dada pelo Decreto nº 10.491, de 2020).

SUBSEÇÃO II-A
DA APOSENTADORIA PROGRAMADA DO PROFESSOR (REDAÇÃO DADA PELO DECRETO Nº 10.410, DE 2020).

Art. 54. Para o professor que comprove, exclusivamente, tempo de efetivo exercício em função de magistério na educação infantil, no ensino fundamental ou no ensino médio, desde que cumprido o período de carência exigido, será concedida a aposentadoria de que trata esta Subseção quando cumprir, cumulativamente, os seguintes requisitos: (Redação dada pelo Decreto nº 10.410, de 2020).

I - cinquenta e sete anos de idade, se mulher, e sessenta anos de idade, se homem; e (Incluído pelo Decreto nº 10.410, de 2020)

II - vinte e cinco anos de contribuição, para ambos os sexos, em efetivo exercício na função a que se refere o *caput*. (Incluído pelo Decreto nº 10.410, de 2020)

§ 1º O valor da aposentadoria de que trata este artigo será apurado na forma prevista no art. 53. (Incluído pelo Decreto nº 10.410, de 2020)

§ 2º Para fins de concessão da aposentadoria de que trata este artigo, considera-se função de magistério aquela exercida por professor em estabelecimento de ensino de educação básica em seus diversos níveis e modalidades, incluídas, além do exercício da docência, as funções de direção de unidade escolar e de coordenação e assessoramento pedagógicos. (Incluído pelo Decreto nº 10.410, de 2020)

§ 3º A comprovação da condição de professor será feita por meio da apresentação: (Incluído pelo Decreto nº 10.410, de 2020)

I - do diploma registrado nos órgãos competentes federais e estaduais ou de documento que comprove a habilitação para o exercício do magistério, na forma prevista em lei específica; e (Incluído pelo Decreto nº 10.410, de 2020)

II - dos registros em carteira profissional ou Carteira de Trabalho e Previdência Social complementados, quando for o caso, por declaração do estabelecimento de ensino no qual tenha sido exercida a atividade, sempre que essa informação for necessária para caracterização do efetivo exercício da função de magistério, nos termos do disposto no *caput*. (Incluído pelo Decreto nº 10.410, de 2020)

§ 4º É vedada a conversão de tempo de serviço de magistério, exercido em qualquer época, em tempo de serviço comum. (Incluído pelo Decreto nº 10.410, de 2020)

§ 5º A aposentadoria de que trata este artigo será devida na forma prevista no art. 52. (Incluído pelo Decreto nº 10.410, de 2020)

Art. 55. (Revogado pelo Decreto nº 6.722, de 2008).

SUBSEÇÃO III
DA APOSENTADORIA POR IDADE DO TRABALHADOR RURAL (REDAÇÃO DADA PELO DECRETO Nº 10.410, DE 2020).

Art. 56. A aposentadoria por idade do trabalhador rural, uma vez cumprido o período de carência exigido, será devida aos segurados a que se referem a alínea "a" do inciso I, a alínea "j" do inciso V e os incisos VI e VII do *caput* do art. 9º e aos segurados garimpeiros que trabalhem, comprovadamente, em regime de economia familiar, conforme definido no § 5º do art. 9º, quando completarem cinquenta e cinco anos de idade, se mulher, e sessenta anos de idade, se homem. (Redação dada pelo Decreto nº 10.410, de 2020).

§ 1º Para fins do disposto no *caput*, o segurado a que se refere o inciso VII do *caput* do art. 9º comprovará o efetivo exercício de atividade rural, ainda que de forma descontínua, no período imediatamente anterior ao requerimento do benefício ou, conforme o caso, ao mês em que tiver cumprido o requisito etário, por tempo igual ao número de meses de contribuição correspondente à carência do benefício pretendido, computados os períodos pelos quais o segurado especial tenha recebido os rendimentos a que se referem os incisos III ao VIII do § 8º do art. 9º. (Redação dada pelo Decreto nº 10.410, de 2020).

§ 2º O valor da renda mensal da aposentadoria de que trata este artigo para os trabalhadores rurais a que se referem a alínea "a" do inciso I, a alínea "j" do inciso V e o inciso VI do *caput* do art. 9º, para o garimpeiro e para o segurado especial que contribua facultativamente corresponderá a setenta por cento do salário de benefício definido na forma prevista no art. 32, com acréscimo de um ponto percentual para cada ano de contribuição. (Redação dada pelo Decreto nº 10.410, de 2020).

§ 3º O valor da renda mensal do benefício de que trata este artigo para os trabalhadores rurais a que se refere o inciso VII do *caput* do art. 9º será de um salário-mínimo. (Redação dada pelo Decreto nº 10.410, de 2020).

§ 4º O segurado especial que contribui na forma prevista no § 2º do art. 200 somente fará jus à aposentadoria com valor apurado na forma prevista no § 2º deste artigo após o cumprimento do período de carência exigido, hipótese em que não será considerado como período de carência o tempo de atividade rural não contributivo. (Redação dada pelo Decreto nº 10.410, de 2020).

§ 5º A aposentadoria de que trata este artigo será devida na forma prevista no art. 52. (Redação dada pelo Decreto nº 10.410, de 2020).

Art. 57. Os trabalhadores rurais que não atendam ao disposto no art. 56 mas que satisfaçam essa condição, se considerados períodos de contribuição sob outras categorias de segurado, farão jus ao benefício ao atenderem os requisitos definidos nos incisos I e II do *caput* do art. 51.(Redação dada pelo Decreto nº 10.410, de 2020).

§ 1º Para fins do disposto no *caput*, o valor da renda mensal da aposentadoria será apurado na forma do disposto no art. 53, considerando-se como salário de contribuição mensal do período como segurado especial o salário-mínimo. (Incluído pelo Decreto nº 10.410, de 2020)

§ 2º O disposto neste artigo aplica-se ainda que, na oportunidade do requerimento da aposentadoria, o segurado não se enquadre como trabalhador rural. (Incluído pelo Decreto nº 10.410, de 2020)

Art. 58. (Revogado pelo Decreto nº 10.410, de 2020)

Art. 59. (Revogado pelo Decreto nº 10.410, de 2020)

Art. 60. (Revogado pelo Decreto nº 10.410, de 2020)

Art. 61. (Revogado pelo Decreto nº 10.410, de 2020)

Art. 62. (Revogado pelo Decreto nº 10.410, de 2020)

Art. 63. (Revogado pelo Decreto nº 10.410, de 2020)

SUBSEÇÃO IV
DA APOSENTADORIA ESPECIAL

Art. 64. A aposentadoria especial, uma vez cumprido o período de carência exigido, será devida ao segurado empregado, trabalhador avulso e contribuinte individual, este último somente quando cooperado filiado a cooperativa de trabalho ou de produção, que comprove o exercício de atividades com efetiva exposição a agentes químicos, físicos e biológicos prejudiciais à saúde, ou a associação desses agentes, de forma permanente, não ocasional nem intermitente, vedada a caracterização por categoria profissional ou ocupação, durante, no mínimo, quinze, vinte ou vinte e cinco anos, e que cumprir os seguintes requisitos: (Redação dada pelo Decreto nº 10.410, de 2020).

I - cinquenta e cinco anos de idade, quando se tratar de atividade especial de quinze anos de contribuição; (Incluído pelo Decreto nº 10.410, de 2020)

II - cinquenta e oito anos de idade, quando se tratar de atividade especial de vinte anos de contribuição; ou(Incluído pelo Decreto nº 10.410, de 2020)

III - sessenta anos de idade, quando se tratar de atividade especial de vinte e cinco anos de contribuição. (Incluído pelo Decreto nº 10.410, de 2020)

§ 1º A efetiva exposição a agente prejudicial à saúde configura-se quando, mesmo após a adoção das medidas de controle previstas na legislação trabalhista, a nocividade não seja eliminada ou neutralizada. (Redação dada pelo Decreto nº 10.410, de 2020).

§ 1º-A Para fins do disposto no § 1º, considera-se: (Incluído pelo Decreto nº 10.410, de 2020)

I - eliminação - a adoção de medidas de controle que efetivamente impossibilitem a exposição ao agente prejudicial à saúde no ambiente de trabalho; e (Incluído pelo Decreto nº 10.410, de 2020)

II - neutralização - a adoção de medidas de controle que reduzam a intensidade, a concentração ou a dose do agente prejudicial à saúde ao limite de tolerância previsto neste Regulamento ou, na sua ausência, na legislação trabalhista. (Incluído pelo Decreto nº 10.410, de 2020)

§ 2º Para fins do disposto no *caput*, a exposição aos agentes químicos, físicos e biológicos prejudiciais à saúde, ou a associação desses agentes, deverá superar os limites de tolerância estabelecidos segundo critérios quantitativos ou estar caracterizada de acordo com os critérios da avaliação qualitativa de que trata o § 2º do art. 68. (Incluído pelo Decreto nº 10.410, de 2020)

Art. 65. Considera-se tempo de trabalho permanente aquele que é exercido de forma não ocasional nem intermitente, no qual a exposição do empregado, do trabalhador avulso ou do cooperado ao agente nocivo seja indissociável da produção do bem ou da prestação do serviço. (Redação dada pelo Decreto nº 8.123, de 2013)

Parágrafo único. Aplica-se o disposto no *caput* aos períodos de descanso determinados pela legislação trabalhista, inclusive ao período de férias, e aos de percepção de salário-maternidade, desde que, à data do afastamento, o segurado estivesse exposto aos fatores de risco de que trata o art. 68. (Redação dada pelo Decreto nº 10.410, de 2020)

Art. 66. Para o segurado que houver exercido duas ou mais atividades sujeitas a agentes químicos, físicos e biológicos prejudiciais à saúde, ou a associação desses agentes, sem completar em quaisquer delas o prazo mínimo exigido para a aposentadoria especial, os respectivos períodos de exercício serão somados após conversão, hipótese em que será considerada a atividade preponderante para efeito de enquadramento. (Redação dada pelo Decreto nº 10.410, de 2020

§ 1º Para fins do disposto no *caput*, não serão considerados os períodos em que a atividade exercida não estava sujeita a condições especiais, observado, nesse caso, o disposto no art. 70. (Incluído pelo Decreto nº 8.123, de 2013)

§ 2º A conversão de que trata o *caput* será feita segundo a tabela abaixo: (Incluído pelo Decreto nº 8.123, de 2013)

Tempo a Converter	**Multiplicadores**		
	Para 15	**Para 20**	**Para 25**
De 15 anos	-	1,33	1,67
De 20 anos	0,75	-	1,25
De 25 anos	0,60	0,80	

§ 3º A atividade preponderante será aquela pela qual o segurado tenha contribuído por mais tempo, antes da conversão, e servirá como parâmetro para definir o tempo mínimo necessário para a aposentadoria especial e para a conversão. (Incluído pelo Decreto nº 10.410, de 2020)

Art. 67. O valor da aposentadoria especial corresponderá a sessenta por cento do salário de benefício definido na forma prevista no art. 32, com acréscimo de dois pontos percentuais para cada ano de contribuição que exceder o tempo de vinte anos de contribuição exceto no caso da aposentadoria a que se refere o inciso I do *caput* do art. 64 e das mulheres, cujo acréscimo será aplicado para cada ano de contribuição que exceder quinze anos de contribuição. (Redação dada pelo Decreto nº 10.410, de 2020)

Art. 68. A relação dos agentes nocivos químicos, físicos, biológicos ou associação de agentes prejudiciais à saúde ou à integridade física, considerados para fins de concessão de aposentadoria especial, consta do Anexo IV.

§ 1º A Secretaria Especial de Previdência e Trabalho do Ministério da Economia promoverá a elaboração de estudos com base em critérios técnicos e científicos para atualização periódica do disposto no Anexo IV. (Redação dada pelo Decreto nº 10.410, de 2020)

§ 2º A avaliação qualitativa de riscos e agentes prejudiciais à saúde será comprovada pela descrição: (Redação dada pelo Decreto nº 10.410, de 2020)

I - das circunstâncias de exposição ocupacional a determinado agente ou associação de agentes prejudiciais à saúde presentes no ambiente de trabalho durante toda a jornada de trabalho; (Redação dada pelo Decreto nº 10.410, de 2020)

II - de todas as fontes e possibilidades de liberação dos agentes mencionados no inciso I; e (Incluído pelo Decreto nº 8.123, de 2013)

III - dos meios de contato ou exposição dos trabalhadores, as vias de absorção, a intensidade da exposição, a frequência e a duração do contato. (Incluído pelo Decreto nº 8.123, de 2013)

§ 3º A comprovação da efetiva exposição do segurado a agentes prejudiciais à saúde será feita por meio de documento, em meio físico ou eletrônico, emitido pela empresa ou por seu preposto com base em laudo técnico de condições ambientais do trabalho expedido por médico do trabalho ou engenheiro de segurança do trabalho. (Redação dada pelo Decreto nº 10.410, de 2020)

§ 4º Os agentes reconhecidamente cancerígenos para humanos, listados pela Secretaria Especial de Previdência e Trabalho do Ministério da Economia, serão avaliados em conformidade com o disposto nos § 2º e § 3º deste artigo e no *caput* do art. 64 e, caso sejam adotadas as medidas de controle previstas na legislação trabalhista que eliminem a nocividade, será descaracterizada a efetiva exposição. (Redação dada pelo Decreto nº 10.410, de 2020)

§ 5º O laudo técnico a que se refere o § 3º conterá informações sobre a existência de tecnologia de proteção coletiva ou individual e sobre a sua eficácia e será elaborado com observância às normas editadas pela

Secretaria Especial de Previdência e Trabalho do Ministério Economia e aos procedimentos adotados pelo INSS.(Redação dada pelo Decreto nº 10.410, de 2020)

§ 6º A empresa que não mantiver laudo técnico atualizado com referência aos agentes existentes no ambiente de trabalho prejudiciais à saúde de seus trabalhadores ou que emitir documento de comprovação de efetiva exposição em desacordo com o referido laudo incorrerá na infração a que se refere a alínea "n" do inciso II do *caput* do art. 283.(Redação dada pelo Decreto nº 10.410, de 2020)

§ 7º O INSS estabelecerá os procedimentos para fins de concessão de aposentadoria especial, podendo, se necessário, confirmar as informações contidas nos documentos mencionados nos § 2º e 3º.

§ 8º A empresa deverá elaborar e manter atualizado o perfil profissiográfico previdenciário, ou o documento eletrônico que venha a substituí-lo, no qual deverão ser contempladas as atividades desenvolvidas durante o período laboral, garantido ao trabalhador o acesso às informações nele contidas, sob pena de sujeição às sanções previstas na alínea "h" do inciso I do *caput* do art. 283.(Redação dada pelo Decreto nº 10.410, de 2020)

§ 9º Para fins do disposto no § 8º, considera-se perfil profissiográfico previdenciário o documento que contenha o histórico laboral do trabalhador, elaborado de acordo com o modelo instituído pelo INSS. (Redação dada pelo Decreto nº 10.410, de 2020)

§ 10. O trabalhador ou o seu preposto terá acesso às informações prestadas pela empresa sobre o seu perfil profissiográfico previdenciário e poderá, inclusive, solicitar a retificação de informações que estejam em desacordo com a realidade do ambiente de trabalho, conforme orientação estabelecida em ato do Ministro de Estado da Economia. (Redação dada pelo Decreto nº 10.410, de 2020)

§ 11. A cooperativa de trabalho e a empresa contratada para prestar serviços mediante cessão ou empreitada de mão de obra atenderão ao disposto nos §§ 3º, 4º e 5º com base nos laudos técnicos de condições ambientais de trabalho emitidos pela empresa contratante, quando o serviço for prestado em estabelecimento da contratante. (Redação dada pelo Decreto nº 8.123, de 2013)

§ 12. Nas avaliações ambientais deverão ser considerados, além do disposto no Anexo IV, a metodologia e os procedimentos de avaliação estabelecidos pela Fundação Jorge Duprat Figueiredo de Segurança e Medicina do Trabalho - FUNDACENTRO. (Incluído pelo Decreto nº 8.123, de 2013)

§ 13. Na hipótese de não terem sido estabelecidos pela FUNDACENTRO a metodologia e os procedimentos de avaliação, caberá ao Ministério da Economia indicar outras instituições para estabelecê-los. (Redação dada pelo Decreto nº 10.410, de 2020)

Art. 69. A data de início da aposentadoria especial será fixada: (Redação dada pelo Decreto nº 8.123, de 2013)

I - para o segurado empregado: (Incluído pelo Decreto nº 8.123, de 2013)

a) a partir da data do desligamento do emprego, quando requerida a aposentadoria especial, até noventa dias após essa data; ou (Incluída pelo Decreto nº 8.123, de 2013)

b) a partir da data do requerimento, quando não houver desligamento do emprego ou quando a aposentadoria for requerida após o prazo estabelecido na alínea "a"; e (Incluída pelo Decreto nº 8.123, de 2013)

II - para os demais segurados, a partir da data da entrada do requerimento. (Incluído pelo Decreto nº 8.123, de 2013)

Parágrafo único. O segurado que retornar ao exercício de atividade ou operação que o sujeite aos riscos e agentes nocivos constantes do Anexo IV, ou nele permanecer, na mesma ou em outra empresa, qualquer que seja a forma de prestação do serviço ou categoria de segurado, será imediatamente notificado da cessação do pagamento de sua aposentadoria especial, no prazo de sessenta dias contado da data de emissão da notificação, salvo comprovação, nesse prazo, de que o exercício dessa atividade ou operação foi encerrado.

Art. 70. (Revogado pelo Decreto nº 10.410, de 2020)

SUBSEÇÃO IV-A
(INCLUÍDO PELO DECRETO Nº 8.145, DE 2013)
DAS APOSENTADORIAS POR TEMPO DE CONTRIBUIÇÃO E POR IDADE DO SEGURADO COM DEFICIÊNCIA

Art. 70-A. A concessão da aposentadoria por tempo de contribuição ou por idade ao segurado que tenha reconhecido, após ter sido submetido a avaliação biopsicossocial realizada por equipe multiprofissional e interdisciplinar, grau de deficiência leve, moderada ou grave está condicionada à comprovação da condição de pessoa com deficiência na data da entrada do requerimento ou na data da implementação dos requisitos para o benefício. (Redação dada pelo Decreto nº 10.410, de 2020)

Art. 70-B. A aposentadoria por tempo de contribuição do segurado com deficiência, cumprida a carência, é devida ao segurado empregado, inclusive o doméstico, trabalhador avulso, contribuinte individual e facultativo, observado o disposto no art. 199-A e os seguintes requisitos:(Incluído pelo Decreto nº 8.145, de 2013)

I - aos vinte e cinco anos de tempo de contribuição na condição de pessoa com deficiência, se homem, e vinte anos, se mulher, no caso de segurado com deficiência grave;(Incluído pelo Decreto nº 8.145, de 2013)

II - aos vinte e nove anos de tempo de contribuição na condição de pessoa com deficiência, se homem, e vinte e quatro anos, se mulher, no caso de segurado com deficiência moderada; e(Incluído pelo Decreto nº 8.145, de 2013)

III - aos trinta e três anos de tempo de contribuição na condição de pessoa com deficiência, se homem, e vinte e oito anos, se mulher, no caso de segurado com deficiência leve.(Incluído pelo Decreto nº 8.145, de 2013)

Parágrafo único. A aposentadoria de que trata o *caput* é devida aos segurados especiais que contribuam facultativamente, de acordo com o disposto no art. 199 e no § 2º do art. 200.(Incluído pelo Decreto nº 8.145, de 2013)

Art. 70-C. A aposentadoria por idade da pessoa com deficiência, cumprida a carência, é devida ao segurado aos sessenta anos de idade, se homem, e cinquenta e cinco anos de idade, se mulher.(Incluído pelo Decreto nº 8.145, de 2013)

§ 1º Para efeitos de concessão da aposentadoria de que trata o *caput*, o segurado deve contar com no mínimo quinze anos de tempo de contribuição, cumpridos na condição de pessoa com deficiência, independentemente do grau, observado o disposto no art. 70-D. (Incluído pelo Decreto nº 8.145, de 2013)

§ 2º Aplica-se ao segurado especial com deficiência o disposto nos §§ 1º a 4º do art. 51, e na hipótese do § 2º será considerada a idade prevista no *caput* deste artigo, desde que o tempo exigido para a carência da aposentadoria por idade seja cumprido na condição de pessoa com deficiência.(Incluído pelo Decreto nº 8.145, de 2013)

Art. 70-D. Para efeito de concessão da aposentadoria da pessoa com deficiência, a avaliação de que trata o art. 70-A deverá, entre outros aspectos: (Redação dada pelo Decreto nº 10.410, de 2020)

I - avaliar o segurado e fixar a data provável do início da deficiência e o seu grau; e (Incluído pelo Decreto nº 8.145, de 2013)

II - identificar a ocorrência de variação no grau de deficiência e indicar os respectivos períodos em cada grau. (Incluído pelo Decreto nº 8.145, de 2013)

§ 1º A comprovação da deficiência anterior à data da vigência da Lei Complementar nº 142, de 8 de maio de 2013, será instruída por documentos que subsidiem a avaliação de que trata o art. 70-A, vedada a prova exclusivamente testemunhal. (Redação dada pelo Decreto nº 10.410, de 2020)

§ 2º A avaliação da pessoa com deficiência será realizada para fazer prova dessa condição exclusivamente para fins previdenciários.(Incluído pelo Decreto nº 8.145, de 2013)

§ 3º Considera-se pessoa com deficiência aquela que tem impedimentos de longo prazo de natureza física, mental, intelectual ou sensorial, os quais, em interação com diversas barreiras, podem obstruir sua participação plena e efetiva na sociedade em igualdade de condições com as demais pessoas.(Incluído pelo Decreto nº 8.145, de 2013)

§ 4º (Revogado pelo Decreto nº 10.410, de 2020)

Art. 70-E. Para o segurado que, após a filiação ao RGPS, tornar-se pessoa com deficiência, ou tiver seu grau alterado, os parâmetros mencionados nos incisos I, II e III do *caput* do art. 70-B serão proporcionalmente ajustados e os respectivos períodos serão somados após conversão, conforme as tabelas abaixo, considerando o grau de deficiência preponderante, observado o disposto no art. 70-A:(Incluído pelo Decreto nº 8.145, de 2013)

MULHER				
TEMPO A CONVERTER	**MULTIPLICADORES**			
	Para 20	Para 24	Para 28	Para 30
De 20 anos	1,00	1,20	1,40	1,50
De 24 anos	0,83	1,00	1,17	1,25
De 28 anos	0,71	0,86	1,00	1,07
De 30 anos	0,67	0,80	0,93	1,00

HOMEM				
TEMPO A CONVERTER	MULTIPLICADORES			
	Para 25	Para 29	Para 33	Para 35
De 25 anos	1,00	1,16	1,32	1,40
De 29 anos	0,86	1,00	1,14	1,21
De 33 anos	0,76	0,88	1,00	1,06
De 35 anos	0,71	0,83	0,94	1,00

§ 1º O grau de deficiência preponderante será aquele em que o segurado cumpriu maior tempo de contribuição, antes da conversão, e servirá como parâmetro para definir o tempo mínimo necessário para a aposentadoria por tempo de contribuição da pessoa com deficiência e para a conversão.(Incluído pelo Decreto nº 8.145, de 2013)

§ 2º Quando o segurado contribuiu alternadamente na condição de pessoa sem deficiência e com deficiência, os respectivos períodos poderão ser somados, após aplicação da conversão de que trata o *caput*. (Incluído pelo Decreto nº 8.145, de 2013)

Art. 70-F. A redução do tempo de contribuição da pessoa com deficiência não poderá ser acumulada, no mesmo período contributivo, com a redução aplicada aos períodos de contribuição relativos a atividades exercidas sob condições especiais que prejudiquem a saúde ou a integridade física.(Incluído pelo Decreto nº 8.145, de 2013)

§ 1º É garantida a conversão do tempo de contribuição cumprido em condições especiais que prejudiquem a saúde ou a integridade física do segurado, inclusive da pessoa com deficiência, para fins da aposentadoria de que trata o art. 70-B, se resultar mais favorável ao segurado, conforme tabela abaixo:(Incluído pelo Decreto nº 8.145, de 2013)

MULHER					
	MULTIPLICADORES				
TEMPO A CONVERTER	Para 15	Para 20	Para 24	Para 25	Para 28
De 15 anos	1,00	1,33	1,60	1,67	1,87
De 20 anos	0,75	1,00	1,20	1,25	1,40
De 24 anos	0,63	0,83	1,00	1,04	1,17
De 25 anos	0,60	0,80	0,96	1,00	1,12
De 28 anos	0,54	0,71	0,86	0,89	1,00

HOMEM					
TEMPO A CONVERTER	MULTIPLICADORES				
	Para 15	Para 20	Para 25	Para 29	Para 33
De 15 anos	1,00	1,33	1,67	1,93	2,20
De 20 anos	0,75	1,00	1,25	1,45	1,65
De 25 anos	0,60	0,80	1,00	1,16	1,32
De 29 anos	0,52	0,69	0,86	1,00	1,14
De 33 anos	0,45	0,61	0,76	0,88	1,00

§ 2º É vedada a conversão do tempo de contribuição da pessoa com deficiência para fins de concessão da aposentadoria especial de que trata a Subseção IV da Seção VI do Capítulo II.(Incluído pelo Decreto nº 8.145, de 2013)

§ 3º (Revogado pelo Decreto nº 10.410, de 2020)

Art. 70-G. É facultado ao segurado com deficiência optar pela percepção de qualquer outra espécie de aposentadoria do RGPS que lhe seja mais vantajosa. (Incluído pelo Decreto nº 8.145, de 2013)

Art. 70-H. A critério do INSS, o segurado com deficiência deverá, a qualquer tempo, submeter-se à avaliação de que trata o art. 70-A.(Redação dada pelo Decreto nº 10.410, de 2020)

Parágrafo único. Após a concessão das aposentadorias na forma dos arts. 70-B e 70-C, será observado o disposto nos arts. 347 e 347-A.(Incluído pelo Decreto nº 8.145, de 2013)

Art. 70-I. Aplicam-se à pessoa com deficiência as demais normas relativas aos benefícios do RGPS.(Incluído pelo Decreto nº 8.145, de 2013)

Art. 70-J. A renda mensal da aposentadoria devida ao segurado com deficiência será calculada a partir da aplicação dos seguintes percentuais sobre o salário de benefício definido na forma prevista no art. 32: (Incluído pelo Decreto nº 10.410, de 2020)

I - cem por cento, na hipótese de aposentadoria por tempo de contribuição de que trata o art. 70-B; ou (Incluído pelo Decreto nº 10.410, de 2020)

II - setenta por cento, acrescido de um ponto percentual do salário de benefício por grupo de doze contribuições mensais até o máximo de trinta por cento, na hipótese de aposentadoria por idade de que trata o art. 70-C.(Incluído pelo Decreto nº 10.410, de 2020)

SUBSEÇÃO V
(REDAÇÃO DADA PELO DECRETO Nº 10.410, DE 2020)
DO AUXÍLIO POR INCAPACIDADE TEMPORÁRIA

Art. 71. O auxílio por incapacidade temporária será devido ao segurado que, uma vez cumprido, quando for o caso, o período de carência exigido, ficar incapacitado para o seu trabalho ou para a sua atividade habitual por mais de quinze dias consecutivos, conforme definido em avaliação médico-pericial. (Redação dada pelo Decreto nº 10.410, de 2020)

§ 1º Não será devido auxílio por incapacidade temporária ao segurado que se filiar ao RGPS já portador de doença ou lesão invocada como causa para a concessão do benefício, exceto quando a incapacidade sobrevier por motivo de progressão ou agravamento dessa doença ou lesão. (Redação dada pelo Decreto nº 10.410, de 2020)

§ 2º Será devido auxílio por incapacidade temporária, independentemente do cumprimento de período de carência, aos segurados obrigatório e facultativo quando sofrerem acidente de qualquer natureza. (Redação dada pelo Decreto nº 10.410, de 2020)

§ 3º Não será devido o auxílio por incapacidade temporária ao segurado recluso em regime fechado. (Incluído pelo Decreto nº 10.410, de 2020)

§ 4º O segurado em gozo de auxílio por incapacidade temporária na data do recolhimento à prisão terá o seu benefício suspenso. (Incluído pelo Decreto nº 10.410, de 2020)

§ 5º A suspensão prevista no § 4º será pelo prazo de até sessenta dias, contado da data do recolhimento à prisão, hipótese em que o benefício será cessado após o referido prazo. (Incluído pelo Decreto nº 10.410, de 2020)

§ 6º Na hipótese de o segurado ser colocado em liberdade antes do prazo previsto no § 5º, o benefício será restabelecido a partir da data de sua soltura. (Incluído pelo Decreto nº 10.410, de 2020)

§ 7º Em caso de prisão declarada ilegal, o segurado terá direito à percepção do benefício por todo o período devido, efetuado o encontro de contas na hipótese de ter havido pagamento de auxílio-reclusão com valor inferior ao do auxílio por incapacidade temporária no mesmo período.

§ 8º O disposto nos § 3º ao § 7º aplica-se somente aos benefícios dos segurados que tiverem sido recolhidos à prisão a partir da data de publicação da Lei nº 13.846, de 18 de junho de 2019. (Incluído pelo Decreto nº 10.410, de 2020)

§ 9º O segurado recluso em cumprimento de pena em regime aberto ou semiaberto fará jus ao auxílio por incapacidade temporária. (Incluído pelo Decreto nº 10.410, de 2020)

Art. 72. O auxílio por incapacidade temporária consiste em renda mensal correspondente a noventa e um por cento do salário de benefício definido na forma prevista no art. 32 e será devido: (Redação dada pelo Decreto nº 10.410, de 2020)

I - a contar do décimo sexto dia do afastamento da atividade para o segurado empregado, exceto o doméstico; (Redação dada pelo Decreto nº 3.265, de 1999)

II - a contar da data do início da incapacidade, para os demais segurados, desde que o afastamento seja superior a quinze dias; (Redação dada pelo Decreto nº 10.410, de 2020)

III - a contar da data de entrada do requerimento, quando requerido após o trigésimo dia do afastamento da atividade, para todos os segurados.

§ 1º Quando o acidentado não se afastar do trabalho no dia do acidente, os quinze dias de responsabilidade da empresa pela sua remuneração integral são contados a partir da data do afastamento.

§ 2º (Revogado pelo Decreto nº 3.668, de 2000)

§ 3º O auxílio por incapacidade temporária será devido durante o curso de reclamação trabalhista relacionada com a rescisão do contrato de trabalho, ou após a decisão final, desde que implementadas as condições mínimas para a concessão do benefício, observado o disposto nos § 2º e § 3º do art. 36. (Redação dada pelo Decreto nº 10.410, de 2020)

Art. 73. O auxílio por incapacidade temporária do segurado que exercer mais de uma atividade abrangida pela previdência social será devido mesmo no caso de incapacidade apenas para o exercício de uma delas, hipótese em que o segurado deverá informar a Perícia Médica Federal a respeito de todas as atividades que estiver exercendo.(Redação dada pelo Decreto nº 10.410, de 2020)

§ 1º Na hipótese prevista neste artigo, o auxílio por incapacidade temporária será concedido em relação à atividade para a qual o segurado estiver incapacitado, consideradas para fins de carência somente as contribuições relativas a essa atividade. (Redação dada pelo Decreto nº 10.410, de 2020)

§ 2º Se nas várias atividades o segurado exercer a mesma profissão, será exigido de imediato o afastamento de todas.

§ 3º Constatada durante o recebimento do auxílio por incapacidade temporária concedido nos termos do disposto neste artigo a incapacidade do segurado para cada uma das demais atividades, o valor do benefício deverá ser revisto com base nos salários de contribuição de cada uma das atividades, observado o disposto nos incisos I ao III do *caput* do art. 72. (Redação dada pelo Decreto nº 10.410, de 2020)

§ 4º Na hipótese prevista no § 1º, o valor do auxílio por incapacidade temporária poderá ser inferior ao salário-mínimo, desde que, se somado às demais remunerações recebidas, resulte em valor superior ao salário-mínimo. (Redação dada pelo Decreto nº 10.410, de 2020)

§ 5º O segurado que, durante o gozo do auxílio por incapacidade temporária, vier a exercer atividade remunerada que lhe garanta a subsistência poderá ter o benefício cancelado a partir do retorno à atividade, observado o disposto no art. 179. (Incluído pelo Decreto nº 10.410, de 2020)

§ 6º Na hipótese prevista no § 5º, caso a atividade remunerada exercida seja diversa daquela que gerou o benefício, deverá ser verificada a incapacidade para cada uma das atividades exercidas, observado o disposto no *caput* e nos § 1º, § 2º e § 3º. (Incluído pelo Decreto nº 10.410, de 2020)

Art. 74. Quando o segurado que exercer mais de uma atividade for considerado definitivamente incapacitado para uma delas, o auxílio por incapacidade temporária deverá ser mantido indefinidamente, hipótese em que não caberá a concessão de aposentadoria por incapacidade permanente enquanto a incapacidade não se estender às demais atividades. (Redação dada pelo Decreto nº 10.410, de 2020)

Parágrafo único. Na situação prevista no *caput*, o segurado somente poderá transferir-se das demais atividades que exerce após o conhecimento da reavaliação médico-pericial.

Art. 75. Durante os primeiros quinze dias consecutivos de afastamento da atividade por motivo de incapacidade temporária, compete à empresa pagar o salário ao segurado empregado. (Redação dada pelo Decreto nº 10.410, de 2020)

§ 1º Cabe à empresa que dispuser de serviço médico próprio ou em convênio o exame médico e o abono das faltas correspondentes aos primeiros quinze dias de afastamento.

§ 2º Quando a incapacidade ultrapassar o período de quinze dias consecutivos, o segurado será encaminhado ao INSS para avaliação médico-pericial. (Redação dada pelo Decreto nº 10.410, de 2020)

§ 3º Se concedido novo benefício decorrente do mesmo motivo que gerou a incapacidade no prazo de sessenta dias, contado da data da cessação do benefício anterior, a empresa ficará desobrigada do pagamento relativo aos quinze primeiros dias de afastamento, prorrogando-se o benefício anterior e descontando-se os dias trabalhados, se for o caso. (Redação dada pelo Decreto nº 10.410, de 2020)

§ 4º Se o segurado empregado, por motivo de incapacidade, afastar-se do trabalho durante o período de quinze dias, retornar à atividade no décimo sexto dia e voltar a se afastar no prazo de sessenta dias, contado da data de seu retorno, em decorrência do mesmo motivo que gerou a incapacidade, este fará jus ao auxílio por incapacidade temporária a partir da data do novo afastamento. (Redação dada pelo Decreto nº 10.410, de 2020)

§ 5º Na hipótese prevista no § 4º, se o retorno à atividade tiver ocorrido antes do período de quinze dias do afastamento, o segurado fará jus ao auxílio por incapacidade temporária a partir do dia seguinte ao que completar aquele período. (Redação dada pelo Decreto nº 10.410, de 2020)

§ 6º Na impossibilidade de realização do exame médico-pericial inicial antes do término do período de recuperação indicado pelo médico assistente em documentação, o empregado é autorizado a retornar ao trabalho no dia seguinte à data indicada pelo médico assistente, mantida a necessidade de comparecimento do segurado à perícia na data agendada. (Redação dada pelo Decreto nº 10.410, de 2020)

Art. 75-A. (Revogado pelo Decreto nº 10.410, de 2020)

Art. 75-B. (Revogado pelo Decreto nº 10.410, de 2020)

Art. 76. A previdência social processará, de ofício, o benefício quando tiver ciência da incapacidade do segurado sem que este tenha requerido auxílio por incapacidade temporária. (Redação dada pelo Decreto nº 10.410, de 2020)

Art. 76-A. É facultado à empresa protocolar requerimento de auxílio por incapacidade temporária ou documento dele originário de seu empregado ou de contribuinte individual a ela vinculado ou a seu serviço, na forma estabelecida pelo INSS. (Redação dada pelo Decreto nº 10.410, de 2020)

Art. 76-B. A empresa terá acesso às decisões administrativas de benefícios requeridos por seus empregados, resguardadas as informações consideradas sigilosas, na forma estabelecida em ato do INSS. (Incluído pelo Decreto nº 10.410, de 2020)

Art. 77. O segurado em gozo de auxílio por incapacidade temporária concedido judicial ou administrativamente está obrigado, independentemente de sua idade e sob pena de suspensão do benefício, a submeter-se a exame médico a cargo da Perícia Médica Federal, processo de reabilitação profissional a cargo do INSS e tratamento dispensado gratuitamente, exceto o cirúrgico e a transfusão de sangue, que são facultativos. (Redação dada pelo Decreto nº 10.410, de 2020)

Art. 77-A. O segurado em gozo de auxílio por incapacidade temporária concedido judicial ou administrativamente poderá ser convocado a qualquer tempo para avaliação das condições que ensejaram sua concessão ou manutenção. (Incluído pelo Decreto nº 10.410, de 2020)

Art. 78. O auxílio por incapacidade temporária cessa pela recuperação da capacidade para o trabalho, pela concessão de aposentadoria por incapacidade permanente ou, na hipótese de o evento causador da redução da capacidade laborativa ser o mesmo que gerou o auxílio por incapacidade temporária, pela concessão do auxílio acidente. (Redação dada pelo Decreto nº 10.410, de 2020)

§ 1º Sempre que possível, o ato de concessão ou de reativação de auxílio por incapacidade temporária, judicial ou administrativo, deverá estabelecer o prazo estimado para a duração do benefício. (Redação dada pelo Decreto nº 10.410, de 2020)

§ 2º Caso o prazo concedido para a recuperação se revele insuficiente, o segurado poderá solicitar a sua prorrogação, na forma estabelecida pelo INSS.(Redação dada pelo Decreto nº 8.691, de 2016)

§ 3º A comunicação da concessão do auxílio por incapacidade temporária conterá as informações necessárias ao requerimento de sua prorrogação. (Redação dada pelo Decreto nº 10.410, de 2020)

§ 4º Caso não seja estabelecido o prazo de que trata o § 1º, o benefício cessará após o prazo de cento e vinte dias, contado da data de concessão ou de reativação do auxílio por incapacidade temporária, exceto se o segurado requerer a sua prorrogação ao INSS, observado o disposto no art. 79. (Redação dada pelo Decreto nº 10.410, de 2020)

§ 5º O segurado que se considerar capaz antes do prazo estabelecido pela Perícia Médica Federal no ato da concessão ou da prorrogação do auxílio por incapacidade temporária somente retornará ao trabalho após nova avaliação médico-pericial. (Incluído pelo Decreto nº 10.410, de 2020)

§ 6º O segurado poderá desistir do requerimento de prorrogação antes da realização do exame médico-pericial, hipótese em que o benefício será mantido até a data da sua desistência, desde que posterior à data de cessação estabelecida pela Perícia Médica Federal. (Incluído pelo Decreto nº 10.410, de 2020)

§ 7º O segurado que não concordar com o resultado da avaliação a que se refere o § 1º poderá apresentar, no prazo de trinta dias, recurso da decisão proferida pela Perícia Médica Federal perante o Conselho de Recursos da Previdência Social - CRPS, cuja análise médico-pericial, se necessária, será feita por perito médico federal diverso daquele que tenha realizado o exame anterior. (Incluído pelo Decreto nº 10.410, de 2020)

Art. 79. O segurado em gozo de auxílio por incapacidade temporária insuscetível de recuperação para sua atividade habitual deverá submeter-se a processo de reabilitação profissional para o exercício de outra atividade. (Redação dada pelo Decreto nº 10.410, de 2020)

§ 1º O benefício a que se refere o *caput* será mantido até que o segurado seja considerado reabilitado para o desempenho de atividade que lhe garanta a subsistência ou, quando considerado não recuperável, seja aposentado por incapacidade permanente. (Incluído pelo Decreto nº 10.410, de 2020)

§ 2º A alteração das atribuições e responsabilidades do segurado compatíveis com a limitação que tenha sofrido em sua capacidade física ou mental não configura desvio de cargo ou função do segurado reabilitado ou que estiver em processo de reabilitação profissional a cargo do INSS. (Incluído pelo Decreto nº 10.410, de 2020)

Art. 80. O segurado empregado, inclusive o doméstico, em gozo de auxílio por incapacidade temporária será considerado pela empresa e pelo empregador doméstico como licenciado. (Redação dada pelo Decreto nº 10.410, de 2020)

Parágrafo único. A empresa que garantir ao segurado licença remunerada ficará obrigada a pagar-lhe, durante o período do auxílio por incapacidade temporária, a eventual diferença entre o valor do benefício recebido e a quantia garantida pela licença. (Redação dada pelo Decreto nº 10.410, de 2020)

SUBSEÇÃO VI
DO SALÁRIO-FAMÍLIA

Art. 81. O salário-família é devido, mensalmente, ao segurado empregado, inclusive o doméstico, e ao trabalhador avulso com salário de contribuição inferior ou igual a R$ 1.425,56 (mil quatrocentos e vinte e cinco reais e cinquenta e seis centavos), na proporção do respectivo número de filhos ou de enteados e de menores tutelados, desde que comprovada a dependência econômica dos dois últimos nos termos do disposto no art. 16, observado o disposto no art. 83. (Redação dada pelo Decreto nº 10.410, de 2020)

Art. 82. O salário-família será pago mensalmente:

I - ao empregado, inclusive o doméstico, pela empresa ou pelo empregador doméstico, juntamente com o salário, e ao trabalhador avulso, pelo sindicato ou órgão gestor de mão de obra, por meio de convênio; (Redação dada pelo Decreto nº 10.410, de 2020)

II - ao empregado, inclusive o doméstico, e ao trabalhador avulso aposentados por incapacidade permanente ou em gozo de auxílio por incapacidade temporária, pelo INSS, juntamente com o benefício; (Redação dada pelo Decreto nº 10.410, de 2020)

III - ao trabalhador rural aposentado por idade aos sessenta anos, se do sexo masculino, ou cinqüenta e cinco anos, se do sexo feminino, pelo Instituto Nacional do Seguro Social, juntamente com a aposentadoria; e

IV - aos demais empregados, inclusive os domésticos, e aos trabalhadores avulsos aposentados aos sessenta e cinco anos de idade, se homem, ou aos sessenta anos, se mulher, pelo INSS, juntamente com a aposentadoria. (Redação dada pelo Decreto nº 10.410, de 2020)

§ 1º No caso do inciso I, quando o salário do empregado não for mensal, o salário-família será pago juntamente com o último pagamento relativo ao mês.

§ 2º O salário-família do trabalhador avulso independe do número de dias trabalhados no mês, devendo o seu pagamento corresponder ao valor integral da cota.

§ 3º Quando o pai e a mãe são segurados empregados, inclusive domésticos, ou trabalhadores avulsos, ambos têm direito ao salário-família. (Redação dada pelo Decreto nº 10.410, de 2020)

§ 4º As cotas do salário-família pagas pela empresa ou pelo empregador doméstico serão deduzidas quando do recolhimento das contribuições. (Redação dada pelo Decreto nº 10.410, de 2020)

Art. 83. O valor da cota do salário-família por filho ou por enteado e por menor tutelado, desde que comprovada a dependência econômica dos dois últimos, até quatorze anos de idade ou inválido, é de R$ 48,62 (quarenta e oito reais e sessenta e dois centavos). (Redação dada pelo Decreto nº 10.410, de 2020)

Art. 84. O pagamento do salário-família será devido a partir da data de apresentação da certidão de nascimento do filho ou da documentação relativa ao enteado e ao menor tutelado, desde que comprovada a dependência econômica dos dois últimos , e fica condicionado à apresentação anual de atestado de vacinação obrigatória dos referidos dependentes, de até seis anos de idade, e de comprovação semestral de frequência à escola dos referidos dependentes, a partir de quatro anos de idade, observado, para o empregado doméstico, o disposto no § 5º. (Redação dada pelo Decreto nº 10.410, de 2020)

§ 1º A empresa e o empregador doméstico deverão conservar, durante o prazo decadencial de que trata o art. 348, os comprovantes dos pagamentos e as cópias das certidões correspondentes, para exame pela fiscalização. (Redação dada pelo Decreto nº 10.410, de 2020)

§ 2º Na hipótese de o segurado empregado ou de o trabalhador avulso não apresentar o atestado de vacinação obrigatória e a comprovação de frequência escolar do filho, do enteado ou do menor tutelado, desde que comprovada a dependência econômica dos dois últimos , nas datas definidas pelo INSS, o benefício do salário-família será suspenso até que a documentação seja apresentada. (Redação dada pelo Decreto nº 10.410, de 2020)

§ 3º Não é devido salário-família no período entre a suspensão do benefício motivada pela falta de comprovação da frequência escolar e o seu reativamento, exceto se provada a frequência escolar regular no período. (Redação dada pelo Decreto nº 10.410, de 2020)

§ 4º A comprovação semestral de frequência escolar de que trata o *caput* será feita por meio da apresentação de documento emitido pela escola, na forma estabelecida na legislação específica, em nome do aluno, de qual conste o registro de frequência regular, ou de atestado do estabelecimento de ensino que comprove a regularidade da matrícula e a frequência escolar do aluno. (Redação dada pelo Decreto nº 10.410, de 2020)

§ 5º Para recebimento do salário-família, o empregado doméstico apresentará ao seu empregador apenas a certidão de nascimento do filho ou a documentação relativa ao enteado e ao menor tutelado, desde que comprovada a dependência econômica dos dois últimos. (Incluído pelo Decreto nº 10.410, de 2020)

Art. 85. A invalidez do filho, do enteado ou do menor tutelado, desde que comprovada a dependência econômica dos dois últimos, maior de quatorze anos de idade será verificada em exame médico-pericial realizado pela Perícia Médica Federal. (Redação dada pelo Decreto nº 10.410, de 2020)

Art. 86. O salário-família correspondente ao mês de afastamento do trabalho será pago integralmente pela empresa, pelo empregador doméstico ou pelo sindicato ou pelo órgão gestor de mão de obra, conforme o caso, e, ao mês da cessação de benefício, pelo INSS. (Redação dada pelo Decreto nº 10.410, de 2020)

Art. 87. Tendo havido divórcio, separação judicial ou de fato dos pais, ou em caso de abandono legalmente caracterizado ou perda do pátrio-poder, o salário-família passará a ser pago diretamente àquele a cujo cargo ficar o sustento do menor, ou a outra pessoa, se houver determinação judicial nesse sentido.

Art. 88. O direito ao salário-família cessa automaticamente:

I - por morte do filho, do enteado ou do menor tutelado, a contar do mês seguinte ao do óbito; (Redação dada pelo Decreto nº 10.410, de 2020)

II - quando o filho, o enteado ou o menor tutelado completar quatorze anos de idade, exceto se inválido, a contar do mês seguinte ao da data do aniversário; (Redação dada pelo Decreto nº 10.410, de 2020)

III - pela recuperação da capacidade do filho, do enteado ou do menor tutelado inválido, a contar do mês seguinte ao da cessação da incapacidade; ou (Redação dada pelo Decreto nº 10.410, de 2020)

IV - pelo desemprego do segurado.

Art. 89. Para efeito de concessão e manutenção do salário-família, o segurado firmará termo de responsabilidade, no qual se comprometerá a comunicar à empresa, ao empregador doméstico ou ao INSS, conforme o caso, qualquer fato ou circunstância que determine a perda do direito ao benefício e ficará sujeito, em caso de descumprimento, às sanções penais e trabalhistas. (Redação dada pelo Decreto nº 10.410, de 2020)

Art. 90. A falta de comunicação oportuna de fato que implique cessação do salário-família e a prática, pelo segurado, de fraude de qualquer natureza para o seu recebimento autorizam a empresa, o empregador doméstico ou o INSS, conforme o caso, a descontar dos pagamentos de cotas devidas com relação a outros filhos, enteados ou menores tutelados ou, na falta delas, do próprio salário do segurado ou da renda mensal do seu benefício, o valor das cotas indevidamente recebidas, sem prejuízo das sanções penais cabíveis, observado o disposto no § 2º do art. 154. (Redação dada pelo Decreto nº 10.410, de 2020)

Art. 91. O empregado, inclusive o doméstico, ou o trabalhador avulso deve dar quitação à empresa ou ao empregador doméstico de cada recebimento mensal do salário-família, na própria folha de pagamento ou por outra forma admitida, de modo que a quitação fique claramente caracterizada. (Redação dada pelo Decreto nº 10.410, de 2020)

Art. 92. As cotas do salário-família não serão incorporadas, para qualquer efeito, ao salário ou ao benefício.

SUBSEÇÃO VII
DO SALÁRIO-MATERNIDADE

Art. 93. O salário-maternidade é devido à segurada da previdência social, durante cento e vinte dias, com início vinte e oito dias antes e término noventa e um dias depois do parto, podendo ser prorrogado na forma prevista no § 3º. (Redação dada pelo Decreto nº 4.862, de 2003)

§ 1º Para a segurada empregada, inclusive a doméstica, observar-se-á, no que couber, as situações e condições previstas na legislação trabalhista relativas à proteção à maternidade.

§ 2º Será devido o salário-maternidade à segurada especial, desde que comprove o exercício de atividade rural nos últimos dez meses imediatamente anteriores à data do parto ou do requerimento do benefício, quando requerido antes do parto, mesmo que de forma descontínua, aplicando-se, quando for o caso, o disposto no parágrafo único do art. 29. (Redação dada pelo Decreto nº 5.545, de 2005)

§ 3º Em casos excepcionais, os períodos de repouso anterior e posterior ao parto podem ser aumentados de mais duas semanas, por meio de atestado médico específico submetido à avaliação medico-pericial. (Redação dada pelo Decreto nº 10.410, de 2020)

§ 4º Em caso de parto antecipado ou não, a segurada tem direito aos cento e vinte dias previstos neste artigo.

§ 5º Em caso de aborto não criminoso, comprovado mediante atestado médico, a segurada terá direito ao salário-maternidade correspondente a duas semanas. (Redação dada pelo Decreto nº 3.668, de 2000)

§ 6º (Revogado pelo Decreto nº 4.032, de 2001)

Art. 93-A. O salário-maternidade é devido ao segurado ou à segurada da previdência social que adotar ou obtiver guarda judicial, para fins de adoção de criança de até doze anos de idade, pelo período de cento e vinte dias. (Redação dada pelo Decreto nº 10.410, de 2020)

§ 1º O salário-maternidade é devido ao segurado ou à segurada independentemente de a mãe biológica ter recebido o mesmo benefício quando do nascimento da criança.(Redação dada pelo Decreto nº 10.410, de 2020)

§ 2º O salário-maternidade não é devido quando o termo de guarda não contiver a observação de que é para fins de adoção ou só contiver o nome do cônjuge ou companheiro. (Incluído pelo Decreto nº 4.729, de 2003)

§ 3º Para a concessão do salário-maternidade é indispensável: (Redação dada pelo Decreto nº 10.410, de 2020)

I - que conste da nova certidão de nascimento da criança o nome do segurado ou da segurada adotante; ou (Incluído pelo Decreto nº 10.410, de 2020)

II - no caso do termo de guarda para fins de adoção, que conste o nome do segurado ou da segurada guardião. (Incluído pelo Decreto nº 10.410, de 2020)

§ 4º Na hipótese de haver adoção ou guarda judicial para adoção de mais de uma criança, será devido somente um salário-maternidade, observado o disposto no art. 98. (Redação dada pelo Decreto nº 10.410, de 2020)

§ 5º A renda mensal do salário-maternidade é calculada na forma do disposto nos arts. 94, 100 ou 101, de acordo com a forma de contribuição da segurada à Previdência Social. (Incluído pelo Decreto nº 4.729, de 2003)

§ 6º O salário-maternidade de que trata este artigo é pago diretamente pela previdência social. (Incluído pelo Decreto nº 4.862, de 2003)

§ 7º Ressalvadas as hipóteses de pagamento de salário-maternidade à mãe biológica e de pagamento ao cônjuge ou companheiro sobrevivente, nos termos do disposto no art. 93-B, não poderá ser concedido salário-maternidade a mais de um segurado ou segurada em decorrência do mesmo processo de adoção ou guarda, ainda que o cônjuge ou companheiro esteja vinculado a regime próprio de previdência social. (Incluído pelo Decreto nº 10.410, de 2020)

Art. 93-B. No caso de óbito do segurado ou da segurada que fazia jus ao recebimento do salário-maternidade, o benefício será pago, pelo tempo restante a que o segurado ou a segurada teria direito ou por todo o período, ao cônjuge ou companheiro sobrevivente que tenha a qualidade de segurado, exceto no caso de óbito do filho ou de seu abandono. (Incluído pelo Decreto nº 10.410, de 2020)

§ 1º O pagamento do benefício nos termos do disposto no *caput* deverá ser requerido até o último dia do prazo previsto para o término do salário-maternidade originário. (Incluído pelo Decreto nº 10.410, de 2020)

§ 2º Os requerimentos de salário-maternidade efetuados após a data prevista no § 1º serão indeferidos. (Incluído pelo Decreto nº 10.410, de 2020)

§ 3º O benefício de que trata o *caput* será pago diretamente pela previdência social durante o período entre a data do óbito e o último dia do término do salário-maternidade originário e corresponderá: (Incluído pelo Decreto nº 10.410, de 2020)

I - à remuneração integral, para o empregado e o trabalhador avulso, observado o disposto no art. 248 da Constituição e no art. 19-E; (Incluído pelo Decreto nº 10.410, de 2020)

II - ao último salário de contribuição, para o empregado doméstico, observado o disposto no art. 19-E; (Incluído pelo Decreto nº 10.410, de 2020)

III - a um doze avos da soma dos doze últimos salários de contribuição, apurados em período não superior a quinze meses, para o contribuinte individual, o facultativo ou o desempregado que mantenha a qualidade de segurado, nos termos do disposto no art. 13; e (Incluído pelo Decreto nº 10.410, de 2020)

IV - ao valor do salário-mínimo, para o segurado especial que não contribua facultativamente. (Incluído pelo Decreto nº 10.410, de 2020)

§ 4º Aplica-se o disposto neste artigo ao segurado ou à segurada que adotar ou obtiver guarda judicial para fins de adoção. (Incluído pelo Decreto nº 10.410, de 2020)

Art. 93-C. A percepção do salário-maternidade, inclusive nos termos do disposto no art. 93-B, está condicionada ao afastamento do trabalho ou da atividade desempenhada pelo segurado ou pela segurada, sob pena de suspensão do benefício. (Incluído pelo Decreto nº 10.410, de 2020)

Art. 94. O salário-maternidade para a segurada empregada consiste numa renda mensal igual à sua remuneração integral e será pago pela empresa, efetivando-se a compensação, observado o disposto no art. 248 da Constituição, quando do recolhimento das contribuições incidentes sobre a folha de salários e demais rendimentos pagos ou creditados, a qualquer título, à pessoa física que lhe preste serviço, devendo aplicar-se à renda mensal do benefício o disposto no art. 198. (Redação dada pelo Decreto nº 4.862, de 2003)

§§ 1º e 2º. (Revogados pelo Decreto nº 3.265, de 1999)

§ 3º A empregada deve dar quitação à empresa dos recolhimentos mensais do salário-maternidade na própria folha de pagamento ou por outra forma admitida, de modo que a quitação fique plena e claramente caracterizada.(Incluído pelo Decreto nº 4.862, de 2003)

§ 4º A empresa deve conservar, durante o prazo decadencial de que trata o art. 348, comprovantes dos pagamentos e atestados ou das certidões correspondentes para exame pela fiscalização. (Redação dada pelo Decreto nº 10.410, de 2020)

Art. 95. Compete à interessada instruir o requerimento do salário-maternidade com os atestados médicos necessários. (Redação dada pelo Decreto nº 3.668, de 2000)

Parágrafo único. Quando o benefício for requerido após o parto, o documento comprobatório é a Certidão de Nascimento, podendo, no caso de dúvida, a segurada ser submetida à avaliação pericial junto ao Instituto Nacional do Seguro Social. (Redação dada pelo Decreto nº 3.668, de 2000)

Art. 96. O início do afastamento do trabalho da segurada empregada, inclusive da doméstica, será determinado com base em atestado médico ou certidão de nascimento do filho. (Redação dada pelo Decreto nº 10.410, de 2020)

§§ 1º e 2º. (Revogado pelo Decreto nº 4.729, de 2003)

Art. 97. O salário-maternidade da segurada empregada será devido pela previdência social enquanto existir relação de emprego, observadas as regras quanto ao pagamento desse benefício pela empresa. (Redação dada pelo Decreto nº 6.122, de 2007)

Parágrafo único. Durante o período de graça a que se refere o art. 13, a segurada desempregada fará jus ao recebimento do salário-maternidade, situação em que o benefício será pago diretamente pela previdência social. (Redação dada pelo Decreto nº 10.410, de 2020)

Art. 98. A segurada que exerça atividades concomitantes fará jus ao salário-maternidade relativo a cada atividade para a qual tenha cumprido os requisitos exigidos, observadas as seguintes condições: (Redação dada pelo Decreto nº 10.410, de 2020)

I - na hipótese de uma ou mais atividades ter remuneração ou salário de contribuição inferior ao salário-mínimo mensal, o benefício somente será devido se o somatório dos valores auferidos em todas as atividades for igual ou superior a um salário-mínimo mensal; (Incluído pelo Decreto nº 10.410, de 2020)

II - o salário-maternidade relativo a uma ou mais atividades poderá ser inferior ao salário-mínimo mensal; e (Incluído pelo Decreto nº 10.410, de 2020)

III - o valor global do salário-maternidade, consideradas todas as atividades, não poderá ser inferior ao salário-mínimo mensal. (Incluído pelo Decreto nº 10.410, de 2020)

Art. 99. Nos meses de início e término do salário-maternidade da segurada empregada, inclusive da doméstica, o salário-maternidade será proporcional aos dias de afastamento do trabalho. (Redação dada pelo Decreto nº 10.410, de 2020)

Art. 100. O salário-maternidade da segurada trabalhadora avulsa, pago diretamente pela previdência social, consiste em renda mensal igual à sua remuneração integral, observado o disposto no art. 19-E, hipótese em que se aplica à renda mensal do benefício o disposto no art. 198. (Redação dada pelo Decreto nº 10.410, de 2020)

Art. 100-A. O salário-maternidade devido à empregada do MEI, de que trata o § 26 do art. 9º, será pago diretamente pela previdência social, e o valor da contribuição previdenciária será deduzido da renda mensal do benefício, nos termos do disposto no art. 198. (Incluído pelo Decreto nº 10.410, de 2020)

Parágrafo único. Caberá ao MEI recolher a contribuição previdenciária a seu cargo durante a percepção do salário-maternidade pela segurada a seu serviço. (Incluído pelo Decreto nº 10.410, de 2020)

Art. 100-B. O salário-maternidade devido à empregada intermitente será pago diretamente pela previdência social, observado o disposto no art. 19-E, e o valor da contribuição previdenciária será deduzido da renda mensal do benefício, nos termos do disposto no art. 198, e não será aplicado o disposto no art. 94. (Incluído pelo Decreto nº 10.410, de 2020)

§ 1º O salário-maternidade de que trata este artigo consiste na média aritmética simples das remunerações apuradas no período referente aos doze meses que antecederem o parto, a adoção ou a obtenção da guarda para fins de adoção. (Incluído pelo Decreto nº 10.410, de 2020)

§ 2º Na hipótese de empregos intermitentes concomitantes, a média aritmética a que se refere o § 1º será calculada em relação a todos os empregos e será pago somente um salário-maternidade. (Incluído pelo Decreto nº 10.410, de 2020)

§ 3º A contribuição previdenciária a cargo da empresa terá como base de cálculo a soma das remunerações pagas no período de doze meses anteriores à data de início do salário-maternidade, dividida pelo número de meses em que houve remuneração. (Incluído pelo Decreto nº 10.410, de 2020)

Art. 100-C. O salário-maternidade devido à empregada com jornada parcial cujo salário de contribuição seja inferior ao seu limite mínimo mensal , observado o disposto no art. 19-E, será pago diretamente pela previdência social, e o valor da contribuição previdenciária deverá ser deduzido da renda mensal do benefício, nos termos do disposto no art. 198. (Incluído pelo Decreto nº 10.410, de 2020)

§ 1º Na hipótese de empregos parciais concomitantes, se o somatório dos rendimentos auferidos em todos os empregos for igual ou superior ao limite mínimo mensal do salário de contribuição, o salário-maternidade será pago pelas empresas, observado o disposto no inciso II do *caput* do art. 98. (Incluído pelo Decreto nº 10.410, de 2020)

§ 2º Para fins do disposto no § 1º, a empresa que pagar remuneração inferior ao limite mínimo mensal do salário de contribuição deverá exigir da empregada cópia dos comprovantes de pagamento efetuado pelas demais empresas. (Incluído pelo Decreto nº 10.410, de 2020)

§ 3º Cabe à empresa recolher a contribuição previdenciária a seu cargo durante a percepção do salário-maternidade pela segurada a seu serviço, mesmo na hipótese de o benefício ser pago pela previdência social. (Incluído pelo Decreto nº 10.410, de 2020)

§4º A contribuição a que se refere o § 3º terá como base de cálculo a remuneração integral que a empresa pagava à empregada antes da percepção do salário-maternidade. (Incluído pelo Decreto nº 10.410, de 2020)

§ 5º Na hipótese prevista no *caput*, o valor do salário-maternidade será de um salário-mínimo. (Incluído pelo Decreto nº 10.410, de 2020)

§ 6º A empresa deverá conservar, durante o prazo decadencial de que trata o art. 348, os comprovantes de pagamento a que se refere o § 2º, para exame pela fiscalização. (Incluído pelo Decreto nº 10.410, de 2020)

Art. 101. O salário-maternidade, observado o disposto nos art. 35, art. 198, art. 199, art. 199-A ou art. 200, pago diretamente pela previdência social, consistirá: (Redação dada pelo Decreto nº 10.410, de 2020)

I - no valor correspondente ao do último salário de contribuição, para a segurada empregada doméstica, observado o disposto no art. 19-E; (Redação dada pelo Decreto nº 10.410, de 2020)

II - em um salário mínimo, para a segurada especial; (Incluído pelo Decreto nº 3.265, de 1999)

III - em um doze avos da soma dos doze últimos salários de contribuição, observado o disposto no art. 19-E, apurados em período não superior a quinze meses, para as seguradas contribuinte individual e facultativa e para a desempregada que mantenha a qualidade de segurada na forma prevista no art. 13. (Redação dada pelo Decreto nº 10.410, de 2020)

§§ 1º e 2º. (Revogados pelo Decreto nº 3.265, de 1999)

§ 3º O documento comprobatório para requerimento do salário-maternidade da segurada que mantenha esta qualidade é a certidão de nascimento do filho, exceto nos casos de aborto espontâneo, quando deverá ser apresentado atestado médico, e no de adoção ou guarda para fins de adoção, casos em que serão observadas as regras do art. 93-A, devendo o evento gerador do benefício ocorrer, em qualquer hipótese, dentro do período previsto no art. 13. (Incluído pelo Decreto nº 6.122, de 2007)

Art. 102. O salário-maternidade não pode ser acumulado com benefício por incapacidade.

Parágrafo único. Quando ocorrer incapacidade em concomitância com o período de pagamento do salário-maternidade, o benefício por incapacidade, conforme o caso, deverá ser suspenso enquanto perdurar o referido pagamento, ou terá sua data de início adiada para o primeiro dia seguinte ao término do período de cento e vinte dias.

Art. 103. A segurada aposentada que retornar à atividade fará jus ao pagamento do salário-maternidade, de acordo com o disposto no art. 93.

SUBSEÇÃO VIII DO AUXÍLIO-ACIDENTE

Art. 104. O auxílio-acidente será concedido, como indenização, ao segurado empregado, inclusive o doméstico, ao trabalhador avulso e ao segurado especial quando, após a consolidação das lesões decorrentes de acidente de qualquer natureza, resultar sequela definitiva que, a exemplo das situações discriminadas no Anexo III, implique redução da capacidade para o trabalho que habitualmente exercia. (Redação dada pelo Decreto nº 10.410, de 2020)

I - (Revogado pelo Decreto nº 10.410, de 2020)

II - (Revogado pelo Decreto nº 10.410, de 2020)

III - (Revogado pelo Decreto nº 10.410, de 2020)

§ 1º O auxílio-acidente mensal corresponderá a cinqüenta por cento do salário-de-benefício que deu origem ao auxílio-doença do segurado, corrigido até o mês anterior ao do início do auxílio-acidente e será devido até a véspera de início de qualquer aposentadoria ou até a data do óbito do segurado.

§ 2º O auxílio-acidente será devido a partir do dia seguinte ao da cessação do auxílio por incapacidade temporária, independentemente de qualquer remuneração ou rendimento auferido pelo acidentado, vedada a sua acumulação com qualquer aposentadoria. (Redação dada pelo Decreto nº 10.410, de 2020)

§ 3º O recebimento de salário ou concessão de outro benefício, exceto de aposentadoria, não prejudicará a continuidade do recebimento do auxílio-acidente.

§ 4º Não dará ensejo ao benefício a que se refere este artigo o caso:

I - que apresente danos funcionais ou redução da capacidade funcional sem repercussão na capacidade laborativa; e

II - de mudança de função, mediante readaptação profissional promovida pela empresa, como medida preventiva, em decorrência de inadequação do local de trabalho.

§ 5º A perda da audição, em qualquer grau, somente proporcionará a concessão do auxílio-acidente quando, além do reconhecimento do nexo entre o trabalho e o agravo, resultar, comprovadamente, na redução ou perda da capacidade para o trabalho que o segurado habitualmente exercia. (Redação dada pelo Decreto nº 6.939, de 2009)

§ 6º No caso de reabertura de auxílio por incapacidade temporária por acidente de qualquer natureza que tenha dado origem a auxílio-acidente, este será suspenso até a cessação do auxílio por incapacidade temporária reaberto, quando será reativado. (Redação dada pelo Decreto nº 10.410, de 2020)

§ 7º Cabe a concessão de auxílio-acidente oriundo de acidente de qualquer natureza ocorrido durante o período de manutenção da qualidade de segurado, desde que atendidas às condições inerentes à espécie. (Redação dada pelo Decreto nº 6.722, de 2008).

§ 8º Para fins do disposto no *caput* considerar-se-á a atividade exercida na data do acidente.(Incluído pelo Decreto nº 4.729, de 2003)

SUBSEÇÃO IX DA PENSÃO POR MORTE

Art. 105. A pensão por morte será devida ao conjunto dos dependentes do segurado que falecer, aposentado ou não, a contar da data:

I - do óbito, quando requerida em até cento e oitenta dias após o óbito, para os filhos menores de dezesseis anos, ou quando requerida no prazo de noventa dias, para os demais dependentes; (Redação dada pelo Decreto nº 10.410, de 2020)

II - do requerimento, quando requerida após o prazo previsto no inciso I; ou

III - da decisão judicial, no caso de morte presumida.

§ 1º No caso do disposto no inciso II, a data de início do benefício será a data do óbito, aplicados os devidos reajustamentos até a data de início do pagamento, não sendo devida qualquer importância relativa ao período anterior à data de entrada do requerimento. (Redação dada pelo Decreto nº 5.545, de 2005)

§ 2º (Revogado pelo Decreto nº 5.545, de 2005)

§ 3º O exercício de atividade remunerada, inclusive na condição de MEI, não impede a concessão ou a manutenção da parte individual da pensão do dependente com deficiência intelectual, mental ou grave. (Incluído pelo Decreto nº 10.410, de 2020)

§ 4º Perde o direito à pensão por morte o condenado criminalmente por sentença transitada em julgado, como autor, coautor ou partícipe de homicídio doloso, ou de tentativa desse crime, cometido contra a pessoa do segurado, ressalvados os absolutamente incapazes e os inimputáveis. (Incluído pelo Decreto nº 10.410, de 2020)

§ 5º Perde o direito à pensão por morte o cônjuge ou o companheiro ou a companheira se comprovada, a qualquer tempo, simulação ou fraude no casamento ou na união estável, ou a formalização desses com o fim exclusivo de constituir benefício previdenciário, apurada em processo judicial, assegurados os direitos ao contraditório e à ampla defesa. (Incluído pelo Decreto nº 10.410, de 2020)

§ 6º Ajuizada a ação judicial para reconhecimento da condição de dependente, este poderá requerer a sua habilitação provisória ao benefício de pensão por morte, exclusivamente para fins de rateio dos valores com outros dependentes, vedado o pagamento da cota respectiva até o trânsito em julgado da ação, ressalvada a existência de decisão judicial que disponha em sentido contrário. (Incluído pelo Decreto nº 10.410, de 2020)

§ 7º Nas ações judiciais em que o INSS for parte, este poderá proceder, de ofício, à habilitação excepcional da pensão objeto da ação apenas para efeitos de rateio, descontados os valores referentes à habilitação das demais cotas, vedado o pagamento da respectiva cota até o trânsito em julgado da ação, ressalvada a existência de decisão judicial que disponha em sentido contrário. (Incluído pelo Decreto nº 10.410, de 2020)

§ 8º Julgada improcedente a ação a que se referem os § 6º e § 7º, o valor retido para pagamento ao autor será corrigido pelos índices legais de reajustamento e será pago de forma proporcional aos demais dependentes, de acordo com as suas cotas e o tempo de duração de seus benefícios. (Incluído pelo Decreto nº 10.410, de 2020)

§ 9º Fica assegurada ao INSS a cobrança dos valores indevidamente pagos em decorrência da habilitação a que se referem os § 6º e § 7º (Incluído pelo Decreto nº 10.410, de 2020)

Art. 106. A pensão por morte consiste em renda mensal equivalente a uma cota familiar de cinquenta por cento do valor da aposentadoria recebida pelo segurado ou daquela a que teria direito se fosse aposentado por incapacidade permanente na data do óbito, acrescida de cotas de dez pontos percentuais por dependente, até o máximo de cem por cento. (Redação dada pelo Decreto nº 10.410, de 2020)

§ 1º O valor da pensão por morte, no caso de morte de segurado recluso que tenha contribuído para a previdência social durante o período de reclusão, será calculado de modo a considerar o tempo de contribuição adicional e os correspondentes salários de contribuição. (Incluído pelo Decreto nº 10.410, de 2020)

§ 2º Na hipótese de haver dependente inválido ou com deficiência intelectual, mental ou grave, o valor da pensão por morte será equivalente a cem por cento do valor da aposentadoria recebida pelo segurado ou daquela a que teria direito se fosse aposentado por incapacidade permanente na data do óbito, até o limite máximo do salário de benefício do RGPS, observado o disposto no § 1º do art. 113. (Incluído pelo Decreto nº 10.410, de 2020)

§ 3º O valor da pensão será recalculado na forma do disposto no *caput*, quando: (Incluído pelo Decreto nº 10.410, de 2020)

I - a invalidez ou deficiência intelectual, mental ou grave sobrevier à data do óbito, enquanto estiver mantida a qualidade de dependente; ou (Incluído pelo Decreto nº 10.410, de 2020)

II - deixar de haver dependente inválido ou com deficiência intelectual, mental ou grave. (Incluído pelo Decreto nº 10.410, de 2020)

Art. 107. A concessão da pensão por morte não será protelada pela falta de habilitação de outro possível dependente, e qualquer habilitação posterior que importe em exclusão ou inclusão de dependente somente produzirá efeito a contar da data da habilitação.

Art. 108. A pensão por morte será devida ao filho, ao enteado, ao menor tutelado e ao irmão, desde que comprovada a dependência econômica dos três últimos, que sejam inválidos ou que tenham deficiência intelectual, mental ou grave, cuja invalidez ou deficiência tenha ocorrido antes da data do óbito, observado o disposto no § 1º do art. 17. (Redação dada pelo Decreto nº 10.410, de 2020)

§ 1º A invalidez será reconhecida pela Perícia Médica Federal e a deficiência, por meio de avaliação biopsicossocial realizada por equipe multiprofissional e interdisciplinar. (Incluído pelo Decreto nº 10.410, de 2020)

§ 2º A condição do dependente inválido ou com deficiência intelectual, mental ou grave poderá ser reconhecida previamente ao óbito do segurado e, quando necessário, ser reavaliada quando da concessão do benefício. (Incluído pelo Decreto nº 10.410, de 2020)

Art. 109. O pensionista inválido fica obrigado, sob pena de suspensão do benefício, a submeter-se a exame médico a cargo da Perícia Médica Federal, processo de reabilitação profissional a cargo do INSS e tratamento dispensado gratuitamente, exceto o cirúrgico e a transfusão de sangue, que são facultativos. (Redação dada pelo Decreto nº 10.410, de 2020)

§ 1º O pensionista inválido que não tenha retornado à atividade estará isento do exame de que trata o *caput* a partir dos sessenta anos de idade.(Incluído pelo Decreto nº 10.410, de 2020)

§ 2º A isenção de que trata o § 1º não se aplica quando o exame tiver a finalidade de: (Incluído pelo Decreto nº 10.410, de 2020)

I - verificar a recuperação da capacidade de trabalho, em razão de solicitação do pensionista que se julgar apto; e (Incluído pelo Decreto nº 10.410, de 2020)

II - subsidiar autoridade judiciária na concessão de curatela, nos termos do disposto no art. 162. (Incluído pelo Decreto nº 10.410, de 2020)

§ 3º O pensionista inválido, ainda que tenha implementado a condição de que trata o § 1º, será submetido ao exame médico-pericial de que trata este artigo quando necessário para apuração de fraude. (Incluído pelo Decreto nº 10.410, de 2020)

Art. 110. O cônjuge ausente somente fará jus ao benefício a partir da data de sua habilitação e mediante prova de dependência econômica, não excluindo do direito a companheira ou o companheiro.

Art. 111. O cônjuge divorciado ou separado judicialmente ou de fato, que recebia pensão de alimentos, receberá a pensão em igualdade de condições com os demais dependentes referidos no inciso I do art. 16.

Parágrafo único. Na hipótese de o segurado estar, na data do seu óbito, obrigado por determinação judicial a pagar alimentos temporários a ex-cônjuge ou a ex-companheiro ou ex-companheira, a pensão por morte será devida pelo prazo remanescente na data do óbito, caso não incida outra hipótese de cancelamento anterior do benefício. (Incluído pelo Decreto nº 10.410, de 2020)

Art. 112. A pensão poderá ser concedida, em caráter provisório, por morte presumida:

I - mediante sentença declaratória de ausência, expedida por autoridade judiciária, a contar da data de sua emissão; ou

II - em caso de desaparecimento do segurado por motivo de catástrofe, acidente ou desastre, a contar da data da ocorrência, mediante prova hábil.

Parágrafo único. Verificado o reaparecimento do segurado, o pagamento da pensão cessa imediatamente, ficando os dependentes desobrigados da reposição dos valores recebidos, salvo má-fé.

Art. 113. A pensão por morte, havendo mais de um pensionista, será rateada entre todos, em partes iguais.

§ 1º Na hipótese prevista no § 2º do art. 106, enquanto o dependente inválido ou com deficiência intelectual, mental ou grave mantiver essa condição, independentemente do número de dependentes habilitados ao benefício, o valor da pensão será rateado entre todos os dependentes em partes iguais.(Incluído pelo Decreto nº 10.410, de 2020)

§ 2º Na hipótese de deixar de haver dependente inválido ou com deficiência intelectual, mental ou grave, o valor da pensão será recalculado na forma prevista no *caput* do art. 106 e rateado de acordo com o disposto no *caput*. (Incluído pelo Decreto nº 10.410, de 2020)

§ 3º As cotas por dependente cessarão com a perda dessa qualidade e não serão reversíveis aos demais dependentes, preservado o valor de cem por cento da pensão por morte quando o número de dependentes remanescentes for igual ou superior a cinco. (Incluído pelo Decreto nº 10.410, de 2020)

Art. 114. O pagamento da cota individual da pensão por morte cessa:

I - pela morte do pensionista;

II - para o filho, o enteado, o menor tutelado ou o irmão, de ambos os sexos, ao completar vinte e um anos de idade, exceto se o pensionista for inválido ou tiver deficiência intelectual, mental ou grave; (Redação dada pelo Decreto nº 10.410, de 2020)

III - para o filho, o enteado, o menor tutelado ou o irmão inválido, pela cessação da invalidez; (Redação dada pelo Decreto nº 10.410, de 2020)

III-A - para o filho, o enteado, o menor tutelado ou o irmão que tenha deficiência intelectual, mental ou grave, pelo afastamento da deficiência;(Incluído pelo Decreto nº 10.410, de 2020)

IV - pela adoção, para o filho adotado que receba pensão por morte dos pais biológicos. (Incluído pelo Decreto nº 5.545, de 2005)

V - para o cônjuge ou o companheiro ou a companheira: (Incluído pelo Decreto nº 10.410, de 2020)

a) se inválido ou com deficiência, pela cessação da invalidez ou pelo afastamento da deficiência, respeitados os períodos mínimos decorrentes da aplicação do disposto nas alíneas "b" e "c"; (Incluído pelo Decreto nº 10.410, de 2020)

b) em quatro meses, se o óbito ocorrer sem que o segurado tenha vertido dezoito contribuições mensais ou se o casamento ou a união estável tiver sido iniciado a menos de dois anos antes do óbito do segurado; ou(Incluído pelo Decreto nº 10.410, de 2020)

c) transcorridos os seguintes períodos, estabelecidos de acordo com a idade do beneficiário na data de óbito do segurado, se o óbito ocorrer depois de vertidas dezoito contribuições mensais e de, no mínimo, dois anos de casamento ou união estável: (Incluído pelo Decreto nº 10.410, de 2020)

1. três anos, com menos de vinte e um anos de idade; (Incluído pelo Decreto nº 10.410, de 2020)

2. seis anos, entre vinte e um e vinte e seis anos de idade; (Incluído pelo Decreto nº 10.410, de 2020)

3. dez anos, entre vinte e sete e vinte e nove anos de idade;(Incluído pelo Decreto nº 10.410, de 2020)

4. quinze anos, entre trinta e quarenta anos de idade;(Incluído pelo Decreto nº 10.410, de 2020)

5. vinte anos, entre quarenta e um e quarenta e três anos de idade; ou(Incluído pelo Decreto nº 10.410, de 2020)

6. vitalícia, com quarenta e quatro ou mais anos de idade; (Incluído pelo Decreto nº 10.410, de 2020)

VI - pela perda do direito na forma do disposto nos § 4º e § 5º do art. 105; e(Incluído pelo Decreto nº 10.410, de 2020)

VII - pelo decurso do prazo remanescente na data do óbito estabelecido na determinação judicial para recebimento de pensão de alimentos temporários para o ex-cônjuge ou o ex-companheiro ou a ex-companheira, caso não incida outra hipótese de cancelamento anterior do benefício. (Incluído pelo Decreto nº 10.410, de 2020)

§ 1º Com a extinção da cota do último pensionista, a pensão por morte será encerrada. (Incluído pelo Decreto nº 5.545, de 2005)

§ 2º Não se aplica o disposto no inciso IV do *caput* quando o cônjuge ou companheiro adota o filho do outro. (Incluído pelo Decreto nº 5.545, de 2005)

§ 3º Serão aplicados, conforme o caso, o disposto na alínea "a" ou na alínea "c" do inciso V do *caput* se o óbito do segurado decorrer de acidente de qualquer natureza ou de doença profissional ou do trabalho, independentemente do recolhimento de dezoito contribuições mensais ou da comprovação de dois anos de casamento ou de união estável. (Incluído pelo Decreto nº 10.410, de 2020)

§ 4º O tempo de contribuição para regime próprio de previdência social, utilizado na forma prevista no art. 125, será considerado na contagem das dezoito contribuições mensais de que tratam as alíneas "b" e "c" do inciso V do *caput*. (Incluído pelo Decreto nº 10.410, de 2020)

§ 5º Na hipótese de haver fundados indícios de autoria, coautoria ou participação de dependente, ressalvados os absolutamente incapazes e os inimputáveis, em homicídio, ou em tentativa desse crime, cometido contra a pessoa do segurado, será possível a suspensão provisória de sua parte no benefício de pensão por morte, por meio de processo administrativo próprio, respeitados os direitos à ampla defesa e ao contraditório, e, na hipótese de absolvição, serão devidas as parcelas corrigidas desde a data da suspensão e a reativação imediata do benefício. (Incluído pelo Decreto nº 10.410, de 2020)

§ 6º Para os fins do disposto na alínea "c" do inciso V do *caput*, após o transcurso de, no mínimo, três anos e desde que nesse período se verifique o incremento mínimo de um ano inteiro na média nacional única, para ambos os sexos, correspondente à expectativa de sobrevida da população brasileira ao nascer, poderão ser estabelecidos, em números inteiros, novas idades, em ato do Ministro de Estado da Economia, limitado o acréscimo à comparação com as idades anteriores ao referido incremento. (Incluído pelo Decreto nº 10.410, de 2020)

Art. 115. A cota do filho, do enteado, do menor tutelado ou do irmão dependente que se tornar inválido ou pessoa com deficiência intelectual, mental ou grave antes de completar vinte e um anos de idade não será extinta se confirmada a invalidez ou a deficiência nos termos do disposto no § 1º do art. 108. (Redação dada pelo Decreto nº 10.410, de 2020)

SUBSEÇÃO X
DO AUXÍLIO-RECLUSÃO

Art. 116. O auxílio-reclusão, cumprida a carência prevista no inciso IV do *caput* do art. 29, será devido, nas condições da pensão por morte, aos dependentes do segurado de baixa renda recolhido à prisão em regime fechado que não receber remuneração da empresa nem estiver em gozo de auxílio por incapacidade temporária, de pensão por morte, de salário-maternidade, de aposentadoria ou de abono de permanência em serviço.(Redação dada pelo Decreto nº 10.410, de 2020)

§ 1º Para fins de concessão do benefício de que trata este artigo, considera-se segurado de baixa renda aquele que tenha renda bruta mensal igual ou inferior a R$ 1.425,56 (um mil quatrocentos e vinte e cinco reais e cinquenta e seis centavos), corrigidos pelos mesmos índices de reajuste aplicados aos benefícios do RGPS, calculada com base na média aritmética simples dos salários de contribuição apurados no período dos doze meses anteriores ao mês do recolhimento à prisão.(Redação dada pelo Decreto nº 10.410, de 2020)

§ 2º O requerimento do auxílio-reclusão será instruído com certidão judicial que ateste o recolhimento efetivo à prisão e será obrigatória a apresentação de prova de permanência na condição de presidiário para a manutenção do benefício.(Redação dada pelo Decreto nº 10.410, de 2020)

§ 2º-A O INSS celebrará convênios com os órgãos públicos responsáveis pelo cadastro dos presos para obter informações sobre o recolhimento à prisão.(Incluído pelo Decreto nº 10.410, de 2020)

§ 2º-B A certidão judicial e a prova de permanência na condição de presidiário serão substituídas pelo acesso à base de dados, por meio eletrônico, a ser disponibilizada pelo Conselho Nacional de Justiça, com dados cadastrais que assegurem a identificação plena do segurado e da sua condição de presidiário. (Incluído pelo Decreto nº 10.410, de 2020)

§ 3º Aplicam-se ao auxílio-reclusão as normas referentes à pensão por morte e, no caso de qualificação de cônjuge ou companheiro ou companheira após a prisão do segurado, o benefício será devido a partir da data de habilitação, desde que comprovada a preexistência da dependência econômica. (Redação dada pelo Decreto nº 10.410, de 2020)

§ 4º A data de início do benefício será: (Redação dada pelo Decreto nº 10.410, de 2020)

I - a do efetivo recolhimento do segurado à prisão, se o benefício for requerido no prazo de cento e oitenta dias, para os filhos menores de dezesseis anos, ou de noventa dias, para os demais dependentes; ou (Incluído pelo Decreto nº 10.410, de 2020)

II - a do requerimento, se o benefício for requerido após os prazos a que se refere o inciso I. (Incluído pelo Decreto nº 10.410, de 2020)

§ 5º O auxílio-reclusão será devido somente durante o período em que o segurado estiver recolhido à prisão sob regime fechado. (Redação dada pelo Decreto nº 10.410, de 2020)

§ 6º O exercício de atividade remunerada iniciado após a prisão do segurado recluso em cumprimento de pena em regime fechado não acarreta a perda do direito ao recebimento do auxílio-reclusão para os seus dependentes. (Redação dada pelo Decreto nº 10.410, de 2020)

Art. 117. O valor do auxílio-reclusão será apurado na forma estabelecida para o cálculo da pensão por morte, não poderá exceder o valor de um salário-mínimo e será mantido enquanto o segurado permanecer em regime fechado. (Redação dada pelo Decreto nº 10.410, de 2020)

§ 1º Até que o acesso à base de dados a que se refere o § 2º-B do art. 116 seja disponibilizado pelo Conselho Nacional de Justiça, o beneficiário apresentará trimestralmente atestado de que o segurado continua em regime fechado, que deverá ser firmado pela autoridade competente. (Redação dada pelo Decreto nº 10.410, de 2020)

§ 2º No caso de fuga, o benefício será suspenso e, se houver recaptura do segurado, será restabelecido a contar da data em que esta ocorrer, desde que esteja ainda mantida a qualidade de segurado.

§ 3º Se houver exercício de atividade dentro do período de fuga, o mesmo será considerado para a verificação da perda ou não da qualidade de segurado.

Art. 118. Na hipótese de óbito do segurado recluso, o auxílio-reclusão que estiver sendo pago será cessado e será concedida a pensão por morte em conformidade com o disposto nos art. 105 ao art. 115. (Redação dada pelo Decreto nº 10.410, de 2020)

Parágrafo único. Não havendo concessão de auxílio-reclusão, em razão da não comprovação da baixa renda, será devida pensão por morte aos dependentes se o óbito do segurado tiver ocorrido no prazo previsto no inciso IV do *caput* do art. 13. (Redação dada pelo Decreto nº 10.410, de 2020)

Art. 119. É vedada a concessão do auxílio-reclusão após a soltura do segurado.

SUBSEÇÃO XI
DO ABONO ANUAL

Art. 120. Será devido abono anual ao segurado e ao dependente que, durante o ano, receberam auxílio por incapacidade temporária, auxílio-acidente, aposentadoria, salário-maternidade, pensão por morte ou auxílio-reclusão. (Redação dada pelo Decreto nº 10.410, de 2020)

§ 1º O abono anual será calculado, no que couber, da mesma forma que a gratificação natalina dos trabalhadores e terá por base o valor da renda mensal do benefício do mês de dezembro de cada ano e o seu pagamento será efetuado em duas parcelas, da seguinte forma: (Redação dada pelo Decreto nº 10.410, de 2020).(Vigência)

I - a primeira parcela corresponderá a até cinquenta por cento do valor do benefício devido no mês de agosto e será paga juntamente com os benefícios dessa competência; e (Incluído pelo Decreto nº 10.410, de 2020)(Vigência)

II - a segunda parcela corresponderá à diferença entre o valor total do abono anual e o valor da primeira parcela e será paga juntamente com os benefícios da competência de novembro. (Incluído pelo Decreto nº 10.410, de 2020).(Vigência)

§ 2º O valor do abono anual correspondente ao período de duração do salário-maternidade será pago, em cada exercício, juntamente com a última parcela do benefício nele devida. (Incluído pelo Decreto nº 4.032, de 2001)

CAPÍTULO III
DO RECONHECIMENTO DA FILIAÇÃO

SEÇÃO ÚNICA
(REDAÇÃO DADA PELO DECRETO Nº 10.410, DE 2020)
DO RECONHECIMENTO DO TEMPO DE CONTRIBUIÇÃO

Art. 121. Reconhecimento do tempo de contribuição é o direito de o segurado ter reconhecido, em qualquer época, o tempo de exercício de atividade anteriormente abrangida pela previdência social, observado o disposto no art. 122. (Redação dada pelo Decreto nº 10.410, de 2020)

SUBSEÇÃO I
DA INDENIZAÇÃO

Art. 122. O reconhecimento do tempo de contribuição no período em que o exercício de atividade remunerada não exigia filiação obrigatória à previdência social somente será feito por meio de indenização das contribuições relativas ao respectivo período, conforme o disposto no § 7º e nos § 9º ao § 14 do art. 216 e nos § 8º e § 8º-A do art. 239. (Redação dada pelo Decreto nº 10.410, de 2020)

§ 1º O valor a ser indenizado poderá ser objeto de parcelamento por solicitação do segurado à Secretaria Especial da Receita Federal do Brasil do Ministério da Economia, observado o disposto no § 1º do art. 128. (Redação dada pelo Decreto nº 10.410, de 2020)

§ 2º (Revogado pelo Decreto nº 10.410, de 2020)

Art. 123. Para fins de contagem recíproca, o tempo de serviço prestado pelo trabalhador rural anteriormente à competência novembro de 1991 somente será reconhecido por meio da indenização de que trata o § 13 do art. 216, observado o disposto nos § 8º e § 8º-A do art. 239. (Redação dada pelo Decreto nº 10.410, de 2020)

SUBSEÇÃO II
DA RETROAÇÃO DA DATA DO INÍCIO DAS CONTRIBUIÇÕES

Art. 124. Caso o segurado contribuinte individual manifeste interesse em recolher contribuições relativas a período anterior à sua inscrição, a retroação da data do início das contribuições será autorizada, desde que comprovado o exercício de atividade remunerada no respectivo período, observado o disposto no § 7º e nos § 9º ao § 14 do art. 216 e nos § 8º e § 8º-A do art. 239. (Redação dada pelo Decreto nº 10.410, de 2020)

Parágrafo único. O valor do débito poderá ser objeto de parcelamento desde que solicitado pelo segurado à Secretaria Especial da Receita Federal do Brasil do Ministério da Economia. (Redação dada pelo Decreto nº 10.410, de 2020)

CAPÍTULO IV
DA CONTAGEM RECÍPROCA DE TEMPO DE CONTRIBUIÇÃO

Art. 125. Para efeito de contagem recíproca, hipótese em que os diferentes sistemas de previdência social ou proteção social se compensarão financeiramente, fica assegurado: (Redação dada pelo Decreto nº 10.410, de 2020)

I - o cômputo do tempo de contribuição na administração pública e de serviço militar exercido nas atividades de que tratam os art. 42, art. 142 e art. 143 da Constituição, para fins de concessão de benefícios previstos no RGPS, inclusive de aposentadoria em decorrência de tratado, convenção ou acordo internacional; e (Redação dada pelo Decreto nº 10.410, de 2020)

II - para fins de emissão de certidão de tempo de contribuição, pelo INSS, para utilização no serviço público ou para inativação militar, o cômputo do tempo de contribuição na atividade privada, rural e urbana, observado o disposto nos § 4º e § 4º-A deste artigo, no art. 123, no § 13 do art. 216 e nos § 8º e § 8º-A do art. 239. (Redação dada pelo Decreto nº 10.410, de 2020)

§ 1º Para os fins deste artigo, é vedada: (Redação dada pelo Decreto nº 8.145, de 2013)

I - conversão do tempo de contribuição exercido em atividade sujeita à condições especiais, nos termos do disposto no art. 66; (Redação dada pelo Decreto nº 10.410, de 2020)

II - conversão do tempo cumprido pelo segurado com deficiência, reconhecida na forma do art. 70-D, em tempo de contribuição comum; e (Redação dada pelo Decreto nº 8.145, de 2013)

III - a contagem de qualquer tempo de serviço fictício. (Redação dada pelo Decreto nº 8.145, de 2013)

§ 2º Admite-se a aplicação da contagem recíproca de tempo de contribuição no âmbito dos tratados, convenções ou acordos internacionais de previdência social. (Redação dada pelo Decreto nº 6.042, de 2007).

§ 3º É permitida a emissão de certidão de tempo de contribuição para períodos de contribuição posteriores à data da aposentadoria no RGPS, observado o disposto no art. 19-E. (Redação dada pelo Decreto nº 10.410, de 2020)

§ 4º Para efeito de contagem recíproca, o período em que os segurados contribuinte individual e facultativo tiverem contribuído na forma prevista no art. 199-A só será computado se forem complementadas as contribuições na forma prevista no § 2º do referido artigo. (Redação dada pelo Decreto nº 10.410, de 2020)

§ 4º-A Para efeito de contagem recíproca, a partir de 14 de novembro de 2019, somente serão consideradas as competências cujos salários de contribuição tenham valor igual ou superior ao limite mínimo mensal do salário de contribuição para o RGPS, observado o disposto no art. 19-E. (Incluído pelo Decreto nº 10.410, de 2020)

§ 5º A certidão referente ao tempo de contribuição com deficiência deverá identificar os períodos com deficiência e seus graus.(Incluído pelo Decreto nº 8.145, de 2013)

Art. 126. O segurado terá direito de computar, para fins de concessão dos benefícios do Regime Geral de Previdência Social, o tempo de contribuição na administração pública federal direta, autárquica e fundacional". (Redação dada pelo Decreto nº 3.112, de 6.7.99)

Parágrafo único. Poderá ser contado o tempo de contribuição na administração pública direta, autárquica e fundacional dos Estados, do Distrito Federal e dos Municípios, desde que estes assegurem aos seus servidores, mediante legislação própria, a contagem de tempo de contribuição em atividade vinculada ao Regime Geral de Previdência Social.

Art. 127. O tempo de contribuição de que trata este Capítulo será contado de acordo com a legislação pertinente, observadas as seguintes normas:

I - não será admitida a contagem em dobro ou em outras condições especiais;

II - é vedada a contagem de tempo de contribuição no serviço público com o de contribuição na atividade privada, quando concomitantes;

III - não será contado por um regime o tempo de contribuição utilizado para concessão de aposentadoria por outro regime;

IV - o tempo de contribuição anterior ou posterior à obrigatoriedade de filiação à previdência social só será contado por meio de indenização da contribuição correspondente ao período respectivo, com acréscimo de juros moratórios de cinco décimos por cento ao mês, capitalizados anualmente, e multa de dez por cento, observado o disposto nos § 8º e § 8º-A do art. 239; (Redação dada pelo Decreto nº 10.410, de 2020)

V - é vedada a emissão de certidão de tempo de contribuição com o registro exclusivo de tempo de serviço sem a comprovação de contribuição efetiva, exceto para segurado empregado, empregado doméstico, trabalhador avulso e, a partir de 1º de abril de 2003, para o contribuinte individual que preste serviço a empresa obrigada a arrecadar a contribuição a seu cargo, observado o disposto no art. 5º da Lei nº 10.666, de 2003; (Redação dada pelo Decreto nº 10.410, de 2020)

VI - para ex-servidor público, a certidão de tempo de contribuição somente poderá ser emitida por regime próprio de previdência social; (Incluído pelo Decreto nº 10.410, de 2020)

VII - é vedada a contagem recíproca de tempo de contribuição do RGPS por regime próprio de previdência social sem a emissão da certidão de tempo de contribuição correspondente, ainda que o tempo de contribuição referente ao RGPS tenha sido prestado pelo servidor público ao próprio ente instituidor; (Incluído pelo Decreto nº 10.410, de 2020)

VIII - é vedada a desaverbação de tempo em regime próprio de previdência social quando o tempo averbado tiver gerado a concessão de vantagens remuneratórias ao servidor público em atividade; e (Incluído pelo Decreto nº 10.410, de 2020)

IX - para fins de elegibilidade às aposentadorias especiais referidas no § 4º do art. 40 e no § 1º do art. 201 da Constituição, os períodos reconhecidos pelo regime previdenciário de origem como de tempo especial sem conversão em tempo comum deverão estar incluídos nos períodos de contribuição compreendidos na certidão de tempo de contribuição e discriminados de data a data. (Incluído pelo Decreto nº 10.410, de 2020)

Parágrafo único. O disposto no inciso V do *caput* não se aplica ao tempo de serviço anterior à edição da Emenda Constitucional nº 20, de 15 de dezembro de

1998, que tenha sido equiparado por lei a tempo de contribuição. (Incluído pelo Decreto nº 10.410, de 2020)

Art. 128. A certidão de tempo de contribuição anterior ou posterior à filiação obrigatória à previdência social somente será expedida mediante a observância do disposto nos arts. 122 e 124.

§ 1º A certidão de tempo de contribuição, para fins de averbação do tempo em outros regimes de previdência, somente será expedida pelo Instituto Nacional do Seguro Social após a comprovação da quitação de todos os valores devidos, inclusive de eventuais parcelamentos de débito.

§ 2º (Revogado pelo Decreto nº 3.265, de 1999)

§ 3º A certidão de tempo de contribuição referente a período de atividade rural anterior à competência novembro de 1991 somente será emitida por meio da comprovação do recolhimento das contribuições correspondentes ou da indenização, na forma prevista nos § 13 e § 14 do art. 216, observado o disposto nos § 8º e § 8º-A do art. 239. (Redação dada pelo Decreto nº 10.410, de 2020)

Art. 129. O segurado em gozo de auxílio-acidente, auxílio-suplementar ou abono de permanência em serviço terá o benefício encerrado na data da emissão da certidão de tempo de contribuição. (Redação dada pelo Decreto nº 4.729, de 2003)

Art. 130. O tempo de contribuição para regime próprio de previdência social ou para Regime Geral de Previdência Social deve ser provado com certidão fornecida: (Redação dada pelo Decreto nº 6.722, de 2008).

I - pela unidade gestora do regime próprio de previdência social ou pelo setor competente da administração federal, estadual, do Distrito Federal e municipal, suas autarquias e fundações, desde que devidamente homologada pela unidade gestora do regime próprio, relativamente ao tempo de contribuição para o respectivo regime próprio de previdência social; ou (Redação dada pelo Decreto nº 6.722, de 2008).

II - pelo setor competente do Instituto Nacional do Seguro Social, relativamente ao tempo de contribuição para o Regime Geral de Previdência Social. (Redação dada pelo Decreto nº 3.668, de 2000)

§ 1º O setor competente do INSS promoverá o levantamento do tempo de contribuição ao RGPS, com base na documentação apresentada, observado o disposto no art. 19. (Redação dada pelo Decreto nº 10.410, de 2020)

§ 2º O setor competente do órgão federal, estadual, do Distrito Federal ou municipal deverá promover o levantamento do tempo de contribuição para o respectivo regime próprio de previdência social à vista dos assentamentos funcionais.

§ 3º Após as providências de que tratam os §§ 1º e 2º, e observado, quando for o caso, o disposto no § 9º, os setores competentes deverão emitir certidão de tempo de contribuição, sem rasuras, constando, obrigatoriamente: (Redação dada pelo Decreto nº 3.668, de 2000)

I - órgão expedidor;

II - nome do servidor, seu número de matrícula, RG, CPF, sexo, data de nascimento, filiação, número do PIS ou PASEP, e, quando for o caso, cargo efetivo, lotação, data de admissão e data de exoneração ou demissão; (Redação dada pelo Decreto nº 6.722, de 2008).

III - período de contribuição, de data a data, compreendido na certidão;

IV - fonte de informação;

V - discriminação da freqüência durante o período abrangido pela certidão, indicadas as várias alterações, tais como faltas, licenças, suspensões e outras ocorrências;

VI - soma do tempo líquido;

VII - declaração expressa do servidor responsável pela certidão, indicando o tempo líquido de efetiva contribuição em dias, ou anos, meses e dias;

VIII - assinatura do responsável pela certidão e do dirigente do órgão expedidor e, no caso de ser emitida por outro órgão da administração do ente federativo, homologação da unidade gestora do regime próprio de previdência social; (Redação dada pelo Decreto nº 6.722, de 2008).

IX - indicação da lei que assegure, aos servidores do Estado, do Distrito Federal ou do Município, aposentadorias por invalidez, idade, tempo de contribuição e compulsória, e pensão por morte, com aproveitamento de tempo de contribuição prestado em atividade vinculada ao Regime Geral de Previdência Social.

§ 4º A certidão de tempo de contribuição deverá ser expedida em duas vias, das quais a primeira será fornecida ao interessado, mediante recibo passado na segunda via, implicando sua concordância quanto ao tempo certificado.

§ 5º (Revogado pelo Decreto nº 6.722, de 2008).

§ 6º (Revogado pelo Decreto nº 6.722, de 2008).

§ 7º Quando solicitado pelo segurado que exerce cargos constitucionalmente acumuláveis, é permitida a emissão de certidão única com destinação do tempo de contribuição para, no máximo, dois órgãos distintos.

§ 8º Na situação do parágrafo anterior, a certidão de tempo de contribuição deverá ser expedida em três vias, das quais a primeira e a segunda serão fornecidas ao interessado, mediante recibo passado na terceira via, implicando sua concordância quanto ao tempo certificado.

§ 9º A certidão só poderá ser fornecida para os períodos de efetiva contribuição para o Regime Geral de Previdência Social, devendo ser excluídos aqueles para os quais não tenha havido contribuição, salvo se recolhida na forma dos §§ 7º a 14 do art. 216. (Incluído pelo Decreto nº 3.668, de 2000)

§ 10. Poderá ser emitida, por solicitação do segurado, certidão de tempo de contribuição para período fracionado. (Incluído pelo Decreto nº 3.668, de 2000)

§ 11. Na hipótese do parágrafo anterior, a certidão conterá informação de todo o tempo de contribuição ao Regime Geral de Previdência Social e a indicação dos períodos a serem aproveitados no regime próprio de previdência social.(Incluído pelo Decreto nº 3.668, de 2000)

§ 12. É vedada a contagem de tempo de contribuição de atividade privada com a do serviço público ou de mais de uma atividade no serviço público, quando concomitantes, ressalvados os casos de acumulação de cargos ou empregos públicos admitidos pela Constituição. (Redação dada pelo Decreto nº 6.722, de 2008).

§ 13. Em hipótese alguma será expedida certidão de tempo de contribuição para período que já tiver sido utilizado para a concessão de aposentadoria, em qualquer regime de previdência social. (Incluído pelo Decreto nº 3.668, de 2000)

§ 14. A certidão de que trata o § 3º deverá vir acompanhada de relação dos valores das remunerações, por competência, que serão utilizados para fins de cálculo dos proventos da aposentadoria. (Incluído pelo Decreto nº 6.722, de 2008).

§ 15. O tempo de serviço considerado para efeito de aposentadoria e cumprido até 15 de dezembro de 1998 será contado como tempo de contribuição. (Incluído pelo Decreto nº 6.722, de 2008).

§ 16. Caberá revisão da certidão de tempo de contribuição, inclusive de ofício, quando constatado erro material, vedada à destinação da certidão a órgão diverso daquele a que se destinava originariamente. (Incluído pelo Decreto nº 6.722, de 2008).

Art. 131. Concedido o benefício, caberá:

I - ao Instituto Nacional do Seguro Social comunicar o fato ao órgão público emitente da certidão, para as anotações nos registros funcionais e/ou na segunda via da certidão de tempo de contribuição; e

II - ao órgão público comunicar o fato ao Instituto Nacional do Seguro Social, para efetuar os registros cabíveis.

Art. 132. O tempo de contribuição na administração pública federal, estadual, distrital ou municipal de que trata este Capítulo será considerado para efeito do percentual de acréscimo previsto no inciso I do *caput* do art. 44, no art. 53, no § 1º do art. 54, no art. 67, no inciso II do *caput* do art. 70-J, no § 3º do art. 188-H, no § 4º do art. 188-I, no § 3º do art. 188-J, no § 4º do art. 188-M, no § 3º do art. 188-N e no § 3º do art. 188-P. (Redação dada pelo Decreto nº 10.410, de 2020)

Art. 133. O tempo de contribuição certificado na forma deste Capítulo produz, no Instituto Nacional do Seguro Social e nos órgãos ou autarquias federais, estaduais, do Distrito Federal ou municipais, todos os efeitos previstos na respectiva legislação pertinente.

Art. 134. As aposentadorias e demais benefícios resultantes da contagem de tempo de contribuição na forma deste Capítulo serão concedidos e pagos pelo regime a que o interessado pertencer ao requerê-los e o seu valor será calculado na forma da legislação pertinente.

Art. 135. (Revogado pelo Decreto nº 5.545, de 2005)

CAPÍTULO V
DA HABILITAÇÃO E DA REABILITAÇÃO PROFISSIONAL

Art. 136. A assistência (re)educativa e de (re)adaptação profissional, instituída sob a denominação genérica de habilitação e reabilitação profissional, visa proporcionar aos beneficiários, incapacitados parcial ou totalmente para o trabalho, em caráter obrigatório, independentemente de carência, e às pessoas portadoras de deficiência, os meios indicados para proporcionar o reingresso no mercado de trabalho e no contexto em que vivem.

§ 1º Cabe ao Instituto Nacional do Seguro Social promover a prestação de que trata este artigo aos segurados, inclusive aposentados, e, de acordo com as possibilidades administrativas, técnicas, financeiras e as condições locais do órgão, aos seus dependentes, preferencialmente mediante a contratação de serviços especializados.

§ 2º As pessoas portadoras de deficiência serão atendidas mediante celebração de convênio de cooperação técnico-financeira.

Art. 137. O processo de habilitação e de reabilitação profissional do beneficiário será desenvolvido por meio das funções básicas de:

I - avaliação do potencial laborativo; (Redação dada pelo Decreto nº 3.668, de 2000)

II - orientação e acompanhamento da programação profissional;

III - articulação com a comunidade, inclusive mediante a celebração de convênio para reabilitação física restrita a segurados que cumpriram os pressupostos de elegibilidade ao programa de reabilitação profissional, com vistas ao reingresso no mercado de trabalho; e (Redação dada pelo Decreto nº 4.729, de 2003)

IV - acompanhamento e pesquisa da fixação no mercado de trabalho.

§ 1º A execução das funções de que trata o *caput* será realizada, preferencialmente, por meio do trabalho de equipe multiprofissional especializada, sempre que possível, na localidade do domicílio do beneficiário, ressalvadas as situações excepcionais em que ele tenha direito à reabilitação profissional fora dela. (Redação dada pelo Decreto nº 10.410, de 2020)

§ 1º-A A avaliação da elegibilidade do segurado para encaminhamento à reabilitação profissional, a reavaliação da incapacidade de segurados em programa de reabilitação profissional e a prescrição de órteses, próteses e meios auxiliares de locomoção e acessórios serão realizadas pela Perícia Médica Federal. (Incluído pelo Decreto nº 10.410, de 2020)

§ 2º Quando indispensáveis ao desenvolvimento do processo de reabilitação profissional, o Instituto Nacional do Seguro Social fornecerá aos segurados, inclusive aposentados, em caráter obrigatório, prótese e órtese, seu reparo ou substituição, instrumentos de auxílio para locomoção, bem como equipamentos necessários à habilitação e à reabilitação profissional, transporte urbano e alimentação e, na medida das possibilidades do Instituto, aos seus dependentes.

§ 3º No caso das pessoas portadoras de deficiência, a concessão dos recursos materiais referidos no parágrafo anterior ficará condicionada à celebração de convênio de cooperação técnico-financeira.

§ 4º O Instituto Nacional do Seguro Social não reembolsará as despesas realizadas com a aquisição de órtese ou prótese e outros recursos materiais não prescritos ou não autorizados por suas unidades de reabilitação profissional.

Art. 138. Cabe à unidade de reabilitação profissional encaminhar para avaliação médico-pericial a ocorrência de que trata o § 2º do art. 337. (Redação dada pelo Decreto nº 10.410, de 2020)

Art. 139. A programação profissional será desenvolvida mediante cursos e/ou treinamentos, na comunidade, por meio de contratos, acordos e convênios com instituições e empresas públicas ou privadas, na forma do art. 317.

§ 1º O treinamento do reabilitando, quando realizado em empresa, não estabelece qualquer vínculo empregatício ou funcional entre o reabilitando e a empresa, bem como entre estes e o Instituto Nacional do Seguro Social.

§ 2º Compete ao reabilitando, além de acatar e cumprir as normas estabelecidas nos contratos, acordos ou convênios, pautar-se no regulamento daquelas organizações.

Art. 140. Concluído o processo de reabilitação profissional, o Instituto Nacional do Seguro Social emitirá certificado individual indicando a função para a qual o reabilitando foi capacitado profissionalmente, sem prejuízo do exercício de outra para a qual se julgue capacitado.

§ 1º Não constitui obrigação da previdência social a manutenção do segurado no mesmo emprego ou a sua colocação em outro para o qual foi reabilitado, cessando o processo de reabilitação profissional com a emissão do certificado a que se refere o *caput*.

§ 2º Cabe à previdência social a articulação com a comunidade, com vistas ao levantamento da oferta do mercado de trabalho, ao direcionamento da programação profissional e à possibilidade de reingresso do reabilitando no mercado formal.

§ 3º O acompanhamento e a pesquisa de que trata o inciso IV do art. 137 é obrigatório e tem como finalidade a comprovação da efetividade do processo de reabilitação profissional.

Art. 141. A empresa com cem ou mais empregados está obrigada a preencher de dois por cento a cinco por cento de seus cargos com beneficiários reabilitados ou pessoas portadoras de deficiência, habilitadas, na seguinte proporção:

I - até duzentos empregados, dois por cento;

II - de duzentos e um a quinhentos empregados, três por cento;

III - de quinhentos e um a mil empregados, quatro por cento; ou

IV - mais de mil empregados, cinco por cento.

§ 1º A dispensa de pessoa com deficiência ou de beneficiário reabilitado pela previdência social ao final de contrato por prazo determinado de mais de noventa dias e a dispensa imotivada em contrato por prazo indeterminado somente poderão ocorrer após a contratação de outro trabalhador com deficiência ou beneficiário reabilitado pela previdência social. (Redação dada pelo Decreto nº 10.410, de 2020)

§ 2º (Revogado pelo Decreto nº 3.298, de 1999)

§ 3º À Secretaria Especial de Previdência e Trabalho do Ministério da Economia compete estabelecer a sistemática de fiscalização e gerar dados e estatísticas sobre o total de empregados e as vagas preenchidas por pessoas com deficiência e por beneficiários reabilitados pela previdência social, além de fornecê-los, quando solicitados, aos sindicatos, às entidades representativas dos empregados ou aos cidadãos interessados. (Incluído pelo Decreto nº 10.410, de 2020)

§ 4º Para a reserva de cargos será considerada somente a contratação direta de pessoa com deficiência, excluído o aprendiz com deficiência de que trata a Consolidação das Leis do Trabalho, aprovada pelo Decreto-Lei nº 5.452, de 1943. (Incluído pelo Decreto nº 10.410, de 2020)

CAPÍTULO VI
DA JUSTIFICAÇÃO ADMINISTRATIVA

Art. 142. A justificação administrativa constitui recurso utilizado para suprir a falta ou insuficiência de documento ou produzir prova de fato ou circunstância de interesse dos beneficiários, perante a previdência social.

§ 1º Não será admitida a justificação administrativa quando o fato a comprovar exigir registro público de casamento, de idade ou de óbito, ou de qualquer ato jurídico para o qual a lei prescreva forma especial.

§ 2º A justificação administrativa é parte do processo de atualização de dados do CNIS ou de reconhecimento de direitos, vedada a sua tramitação na condição de processo autônomo. (Redação dada pelo Decreto nº 10.410, de 2020)

§ 3º Quando a concessão do benefício depender de documento ou de prova de ato ao qual o segurado não tenha acesso, exceto quanto a registro público ou início de prova material, a justificação administrativa será oportunizada, observado o disposto no art. 151. (Incluído pelo Decreto nº 10.410, de 2020)

§ 4º A prova material somente terá validade para a pessoa referida no documento, vedada a sua utilização por outras pessoas. (Incluído pelo Decreto nº 10.410, de 2020)

Art. 143. A justificação administrativa ou judicial, para fins de comprovação de tempo de contribuição, dependência econômica, identidade e relação de parentesco, somente produzirá efeito quando for baseada em início de prova material contemporânea dos fatos e não serão admitidas as provas exclusivamente testemunhais. (Redação dada pelo Decreto nº 10.410, de 2020)

§ 1º Será dispensado o início de prova material quando houver ocorrência de motivo de força maior ou de caso fortuito. (Redação dada pelo Decreto nº 10.410, de 2020)

§ 2º Caracteriza motivo de força maior ou caso fortuito a verificação de ocorrência notória, tais como incêndio, inundação ou desmoronamento, que tenha atingido a empresa na qual o segurado alegue ter trabalhado, devendo ser comprovada mediante registro da ocorrência policial feito em época própria ou apresentação de documentos contemporâneos dos fatos, e verificada a correlação entre a atividade da empresa e a profissão do segurado.

§ 3º Se a empresa não estiver mais em atividade, deverá o interessado juntar prova oficial de sua existência no período que pretende comprovar.

§ 4º No caso dos segurados empregado doméstico e contribuinte individual, após a homologação do processo, este deverá ser encaminhado ao setor competente de arrecadação para levantamento e cobrança do crédito. (Redação dada pelo Decreto nº 3.265, de 1999)

Art. 144. A homologação da justificação judicial processada com base em prova exclusivamente testemunhal dispensa a justificação administrativa, desde que complementada com início de prova material contemporânea dos fatos. (Redação dada pelo Decreto nº 10.410, de 2020)

Parágrafo único. A inclusão, a exclusão, a ratificação e a retificação de vínculos, remunerações e contribuições, ainda que reconhecidos em ação trabalhista transitada em julgado, dependerão da existência de início de prova material contemporânea dos fatos. (Incluído pelo Decreto nº 10.410, de 2020)

Art. 145. Para o processamento de justificação administrativa, o interessado deverá apresentar requerimento no qual exponha, clara e minuciosamente, os pontos que pretende justificar, além de indicar testemunhas idôneas, em número não inferior a dois nem superior a seis, cujos depoimentos possam levar à convicção da veracidade do que se pretende comprovar. (Redação dada pelo Decreto nº 10.410, de 2020)

Parágrafo único. As testemunhas, no dia e no horário marcados, serão inquiridas a respeito dos pontos que forem objeto da justificação de que trata o *caput*. (Redação dada pelo Decreto nº 10.410, de 2020)

Art. 146. Não podem ser testemunhas:

I - (Revogado pelo Decreto nº 10.410, de 2020)

II - (Revogado pelo Decreto nº 10.410, de 2020)

III - os menores de dezesseis anos; e

IV - o cônjuge, o companheiro ou a companheira, os ascendentes, os descendentes e os colaterais, até o terceiro grau, por consanguinidade ou afinidade. (Redação dada pelo Decreto nº 10.410, de 2020)

Parágrafo único. A pessoa com deficiência poderá testemunhar em igualdade de condições com as demais pessoas e lhe serão assegurados todos os recursos de tecnologia assistiva. (Incluído pelo Decreto nº 10.410, de 2020)

Art. 147. Não caberá recurso da decisão da autoridade competente do Instituto Nacional do Seguro Social que considerar eficaz ou ineficaz a justificação administrativa.

Art. 148. A justificação administrativa será avaliada globalmente quanto à forma e ao mérito, valendo perante o Instituto Nacional do Seguro Social para os fins especificamente visados, caso considerada eficaz.

Art. 149. A justificação administrativa será processada sem ônus para o interessado e nos termos das instruções do Instituto Nacional do Seguro Social.

Art. 150. Aos autores de declarações falsas, prestadas em justificações processadas perante a previdência social, serão aplicadas as penas previstas no art. 299 do Código Penal.

Art. 151. Somente será admitido o processamento de justificação administrativa quando necessário para corroborar o início de prova material apto a demonstrar a plausibilidade do que se pretende comprovar. (Redação dada pelo Decreto nº 10.410, de 2020)

CAPÍTULO VII
DAS DISPOSIÇÕES DIVERSAS RELATIVAS ÀS PRESTAÇÕES DO REGIME GERAL DE PREVIDÊNCIA SOCIAL

Art. 152. Nenhum benefício ou serviço da previdência social poderá ser criado, majorado ou estendido, sem a correspondente fonte de custeio total.

Art. 153. O benefício concedido a segurado ou dependente não pode ser objeto de penhora, arresto ou seqüestro, sendo nula de pleno direito a sua venda ou cessão, ou a constituição de qualquer ônus sobre ele, bem como a outorga de poderes irrevogáveis ou em causa própria para seu recebimento, ressalvado o disposto no art. 154.

Art. 153-A. A concessão de aposentadoria requerida a partir de 14 de novembro de 2019 com utilização de tempo de contribuição decorrente de cargo, emprego ou função pública acarretará o rompimento do vínculo que gerou o referido tempo de contribuição. (Incluído pelo Decreto nº 10.410, de 2020)

Parágrafo único. Para fins do disposto no *caput*, após a consolidação da aposentadoria, nos termos do disposto no art. 181-B, o INSS notificará a empresa responsável sobre a aposentadoria do segurado e constarão da notificação as datas de concessão e de início do benefício. (Incluído pelo Decreto nº 10.410, de 2020)

Art. 154. O Instituto Nacional do Seguro Social pode descontar da renda mensal do benefício:

I - contribuições devidas pelo segurado à previdência social;

II - pagamento administrativo ou judicial de benefício previdenciário ou assistencial indevido, ou além do devido, inclusive na hipótese de cessação do benefício pela revogação de decisão judicial, em valor que não exceda trinta por cento da importância da renda mensal do benefício, nos termos do disposto neste Regulamento; (Redação dada pelo Decreto nº 10.410, de 2020)

III - imposto de renda na fonte;

IV - alimentos decorrentes de sentença judicial; e

V - mensalidades de associações e de demais entidades de aposentados ou pensionistas legalmente reconhecidas, constituídas e em funcionamento, desde que autorizadas por seus filiados, observado o disposto nos § 1º ao § 1º-I; e (Redação dada pelo Decreto nº 10.537, de 2020)

VI - pagamento de empréstimos, financiamentos, cartões de crédito e operações de arrendamento mercantil concedidos por instituições financeiras e sociedades de arrendamento mercantil ou por entidades fechadas ou abertas de previdência complementar, públicas e privadas, quando expressamente autorizado pelo beneficiário, até o limite de trinta e cinco por cento do valor do benefício, dos quais cinco por cento serão destinados exclusivamente para: (Redação dada pelo Decreto nº 10.410, de 2020)

a) amortização de despesas contraídas por meio de cartão de crédito; ou (Incluído pelo Decreto nº 10.410, de 2020)

b) utilização com a finalidade de saque por meio do cartão de crédito. (Incluído pelo Decreto nº 10.410, de 2020)

§ 1º O INSS estabelecerá requisitos adicionais para a efetivação dos descontos de que trata este artigo, observados critérios de conveniência administrativa, segurança das operações, interesse dos beneficiários e interesse público. (Redação dada pelo Decreto nº 10.410, de 2020)

§ 1º-A Os benefícios previdenciários, uma vez concedidos, permanecerão bloqueados para os descontos previstos no inciso V do *caput* e somente serão desbloqueados por meio de autorização prévia, pessoal e específica por parte do beneficiário, conforme critérios e requisitos a serem definidos em ato do INSS. (Incluído pelo Decreto nº 10.410, de 2020)

§ 1º-B A autorização do segurado prevista no § 1º-A deverá, sob pena de os descontos serem excluídos automaticamente, ser revalidada a cada três anos, a partir de 31 de dezembro de 2021, segundo critérios e requisitos a serem definidos em ato do INSS. (Incluído pelo Decreto nº 10.410, de 2020)

§ 1º-C A autorização do segurado de que trata o inciso V do *caput* poderá ser revogada, a qualquer tempo, pelo próprio beneficiário. (Incluído pelo Decreto nº 10.410, de 2020)

§ 1º-D Considera-se associação ou entidade de aposentados ou pensionistas aquela formada por:(Redação dada pelo Decreto nº 10.537, de 2020)

I - aposentados ou pensionistas, com objetivos inerentes a essas categorias; ou (Redação dada pelo Decreto nº 10.537, de 2020)

II - pessoas de categoria profissional específica, cujo estatuto as preveja como associados ativos e inativos, e que tenha dentre os seus objetivos a representação de aposentados ou pensionistas. (Redação dada pelo Decreto nº 10.537, de 2020)

§ 1º-E Considera-se mensalidade de associações e de demais entidades de aposentados ou pensionistas a contribuição associativa, devida exclusivamente em razão da condição de associado, em decorrência de previsão estatutária ou definição pelas assembleias gerais, a qual não admite descontos de taxas extras, contribuições especiais, retribuição por serviços ou pacotes de serviços específicos, prêmios de seguros, empréstimos nem qualquer outro tipo de desconto, sujeita ao limite máximo de desconto estabelecido em ato do Presidente do INSS. (Redação dada pelo Decreto nº 10.537, de 2020)

§ 1º-F O INSS avaliará periodicamente a quantidade de reclamações de beneficiários, ações judiciais, processos de órgãos de controle e impacto em sua rede de atendimento, dentre outros elementos relacionados ao acordo de cooperação técnica celebrado, para fins do disposto no inciso V do *caput*, e poderá rescindir o referido acordo unilateralmente, a depender da quantidade de irregularidades identificadas. (Redação dada pelo Decreto nº 10.537, de 2020)

§ 1º-G Para fins de repasse do desconto efetuado pelo INSS, as entidades referidas no inciso V do *caput* deverão estar em situação regular perante as Fazendas nacional, estadual, distrital e municipal, a previdência social, FGTS, o Sistema Integrado de Administração Financeira do Governo Federal - Siafi, o Sistema de Cadastramento Unificado de Fornecedores - Sicaf e o Cadastro Informativo de Créditos não Quitados do Setor Público Federal - Cadin. (Incluído pelo Decreto nº 10.410, de 2020)

§ 1º-H Na hipótese de entidade confederativa que representa instituições a ela vinculadas, as exigências de que tratam os § 1º-D e § 1º-G deverão ser atendidas pela instituição que celebrar o acordo de cooperação técnica. (Incluído pelo Decreto nº 10.537, de 2020)

§ 1º-I O INSS deverá ser ressarcido das despesas realizadas em função da implementação e do controle do acordo de cooperação técnica de que trata o § 1º-F pela instituição que o celebrar. (Incluído pelo Decreto nº 10.537, de 2020)

§ 2º A restituição de importância recebida indevidamente por beneficiário da previdência social, nos casos comprovados de dolo, fraude ou má-fé, deverá ser atualizada nos moldes do art. 175, e feita de uma só vez ou mediante acordo de parcelamento na forma do art. 244, independentemente de outras penalidades legais. (Redação dada pelo Decreto nº 5.699, de 2006)

§ 3º Caso o débito seja originário de erro da previdência social, o segurado, usufruindo de benefício regularmente concedido, poderá devolver o valor de forma parcelada, atualizado nos moldes do art. 175, devendo cada parcela corresponder, no máximo, a trinta por cento do valor do benefício em manutenção, e ser descontado em número de meses necessários à liquidação do débito.

§ 4º Se o débito for originário de erro da previdência social e o segurado não usufruir de benefício, o valor deverá ser devolvido, com a correção de que trata o parágrafo anterior, da seguinte forma:

I - no caso de empregado, com a observância do disposto no art. 365; e

II - no caso dos demais beneficiários, será observado:

a) se superior a cinco vezes o valor do benefício suspenso ou cessado, no prazo de sessenta dias, contados da notificação para fazê-lo, sob pena de inscrição em Dívida Ativa; e

b) se inferior a cinco vezes o valor do benefício suspenso ou cessado, no prazo de trinta dias, contados da notificação para fazê-lo, sob pena de inscrição em Dívida Ativa.

§ 5º No caso de revisão de benefícios em que resultar valor superior ao que vinha sendo pago, em razão de erro da previdência social, o valor resultante da diferença verificada entre o pago e o devido será objeto de atualização nos mesmos moldes do art. 175.

§ 6º O INSS disciplinará o desconto e a retenção de valores de benefícios com fundamento no disposto no inciso VI do *caput*, observadas as seguintes condições: (Redação dada pelo Decreto nº 10.410, de 2020)

I - a habilitação das instituições consignatárias deverá ser definida de maneira objetiva e transparente; (Incluído pelo Decreto nº 4.862, de 2003)

II - o desconto somente poderá incidir sobre os benefícios de aposentadoria, qualquer que seja sua espécie, ou de pensão por morte, recebidos pelos seus respectivos titulares; (Incluído pelo Decreto nº 4.862, de 2003)

III - a prestação de informações aos titulares de benefícios em manutenção e às instituições consignatárias necessária à realização do desconto deve constar de rotinas próprias; (Incluído pelo Decreto nº 4.862, de 2003)

IV - os prazos para o início dos descontos autorizados e para o repasse das prestações às instituições consignatárias devem ser definidos de forma justa e eficiente; (Incluído pelo Decreto nº 4.862, de 2003)

V - (Revogado pelo Decreto nº 10.410, de 2020)

VI - o próprio titular do benefício deverá firmar autorização expressa para o desconto; (Incluído pelo Decreto nº 4.862, de 2003)

VII - o valor do desconto não poderá exceder trinta e cinco por cento do valor disponível do benefício, assim entendido o valor do benefício após a dedução das consignações de que tratam os incisos I ao V do *caput*, correspondente à última competência paga, excluídas aquelas que contenham o décimo terceiro salário ou sua parcela, estabelecido no momento da contratação;(Redação dada pelo Decreto nº 10.410, de 2020)

VIII - o empréstimo poderá ser concedido por qualquer instituição consignatária, independentemente de ser ou não responsável pelo pagamento de benefício; (Redação dada pelo Decreto nº 5.180, de 2004)

IX - os beneficiários somente poderão realizar as operações previstas no inciso VI do *caput* se receberem o benefício no Brasil; (Redação dada pelo Decreto nº 5.180, de 2004)

X - a retenção recairá somente sobre as parcelas mensais fixas integrais, vedada a administração de eventual saldo devedor; (Incluído pelo Decreto nº 4.862, de 2003)

XI - o titular de benefício poderá autorizar mais de um desconto em favor da mesma instituição consignatária, respeitados o limite consignável e a prevalência de retenção em favor dos contratos mais antigos; (Incluído pelo Decreto nº 4.862, de 2003)

XII - a eventual modificação no valor do benefício ou das consignações de que tratam os incisos I a V do *caput* que resulte margem consignável inferior ao valor da parcela pactuada, poderá ensejar a reprogramação da retenção, alterando-se o valor e o prazo do desconto, desde que solicitado pela instituição consignatária e sem acréscimo de custos operacionais; e (Incluído pelo Decreto nº 4.862, de 2003)

XIII - outras que se fizerem necessárias.(Incluído pelo Decreto nº 4.862, de 2003)

§ 7º Na hipótese de coexistência de descontos relacionados nos incisos II e VI do *caput*, prevalecerá o desconto do inciso II. (Incluído pelo Decreto nº 4.862, de 2003)

§ 7º-A Os benefícios previdenciários, uma vez concedidos, permanecerão bloqueados para os descontos previstos no inciso VI do *caput* e somente serão desbloqueados por meio de autorização prévia, pessoal e específica por parte do beneficiário, conforme critérios e requisitos a serem definidos em ato do INSS. (Incluído pelo Decreto nº 10.410, de 2020)

§ 7º-B A autorização do segurado de que trata o § 7º-A poderá ser revogada, a qualquer tempo, pelo próprio beneficiário. (Incluído pelo Decreto nº 10.410, de 2020)

§ 8º É facultado ao titular do benefício solicitar a substituição da instituição financeira pagadora do benefício por outra, para pagamento de benefício mediante crédito em conta corrente, exceto se já tiver realizado operação com a instituição pagadora na forma do § 9º e enquanto houver saldo devedor em amortização. (Redação dada pelo Decreto nº 5.699, de 2006)

§ 9º O titular de benefício de aposentadoria, independentemente de sua espécie, ou de pensão por morte concedida pelo RGPS poderá autorizar, de forma irrevogável e irretratável, que a instituição financeira na qual receba o seu benefício retenha valores referentes ao pagamento mensal de empréstimos, financiamentos, cartões de crédito e operações de arrendamento mercantil por ela concedidos, quando previstos em contrato, para fins de amortização, observadas as normas editadas pelo INSS. (Redação dada pelo Decreto nº 10.410, de 2020)

§ 10. O INSS não responde, em nenhuma hipótese, pelos débitos contratados pelos segurados, restringindo-se sua responsabilidade: (Incluído pelo Decreto nº 5.699, de 2006)

I - à retenção dos valores autorizados pelo beneficiário e seu repasse à instituição consignatária, em relação às operações contratadas na forma do inciso VI do *caput*; e (Incluído pelo Decreto nº 5.699, de 2006)

II - à manutenção dos pagamentos na mesma instituição financeira enquanto houver saldo devedor, desde que seja por ela comunicado, na forma estabelecida pelo INSS, e enquanto não houver retenção superior ao limite de trinta por cento do valor do benefício, em relação às operações contratadas na forma do § 9º. (Incluído pelo Decreto nº 5.699, de 2006)

§ 11. Serão inscritos em dívida ativa pela Procuradoria-Geral Federal os créditos constituídos pelo INSS em decorrência de benefício previdenciário ou assistencial pago indevidamente ou além do devido, inclusive na hipótese de cessação do benefício pela revogação de decisão judicial, nos termos do disposto na Lei nº 6.830, de 22 de setembro de 1980, para a execução judicial. (Incluído pelo Decreto nº 10.410, de 2020)

§ 12. Será objeto de inscrição em dívida ativa, para fins do disposto no § 11, em conjunto ou separadamente, o terceiro beneficiado que sabia ou deveria saber da origem do benefício pago indevidamente em razão de fraude, dolo ou coação, desde que devidamente identificado em procedimento administrativo de responsabilização. (Incluído pelo Decreto nº 10.410, de 2020)

§ 13. O procedimento administrativo de responsabilização de que trata o § 12 ocorrerá na forma prevista no art. 179 deste Regulamento e no art. 27 do Decreto-Lei nº 4.657, de 4 de setembro de 1942. (Incluído pelo Decreto nº 10.410, de 2020)

Art. 154-A. O INSS poderá arredondar, para a unidade de real imediatamente superior, os valores em centavos dos benefícios de prestação continuada pagos mensalmente a seus beneficiários. (Incluído pelo Decreto nº 4.032, de 2001)

Parágrafo único. Os valores recebidos a maior pelo beneficiário serão descontados no pagamento do abono anual ou do último valor do pagamento do benefício, na hipótese de sua cessação.(Incluído pelo Decreto nº 4.032, de 2001)

Art. 155. Será fornecido ao beneficiário demonstrativo minucioso das importâncias pagas, discriminando-se o valor da mensalidade, as diferenças eventualmente pagas, com o período a que se referem, e os descontos efetuados.

Art. 156. O benefício será pago diretamente ao beneficiário, salvo em caso de ausência, moléstia contagiosa ou impossibilidade de locomoção, quando será pago a procurador, cujo mandato não terá prazo superior a doze meses, podendo ser renovado ou revalidado pelos setores de benefícios do Instituto Nacional do Seguro Social.

Parágrafo único. O procurador do beneficiário deverá firmar, perante o Instituto Nacional do Seguro Social, termo de responsabilidade mediante o qual se comprometa a comunicar ao Instituto qualquer evento que possa anular a procuração, principalmente o óbito do outorgante, sob pena de incorrer nas sanções criminais cabíveis.

Art. 157. O Instituto Nacional do Seguro Social apenas poderá negar-se a aceitar procuração quando se manifestar indício de inidoneidade do documento ou do mandatário, sem prejuízo, no entanto, das providências que se fizerem necessárias.

Art. 158. Na constituição de procuradores, observar-se-á subsidiariamente o disposto no Código Civil.

§ 1º O dependente excluído na forma prevista no § 9º do art. 16 ou que tenha a parte provisoriamente suspensa na forma prevista no § 5º do art. 114 não poderá representar outro dependente para fins de recebimento e percepção do benefício. (Incluído pelo Decreto nº 10.410, de 2020)

§ 2º O dependente que perder o direito à pensão por morte na forma prevista no § 5º do art. 105 não poderá representar outro dependente para fins de percepção do benefício. (Incluído pelo Decreto nº 10.410, de 2020)

Art. 159. Somente será aceita a constituição de procurador com mais de uma procuração, ou procurações coletivas, nos casos de representantes credenciados de leprosários, sanatórios, asilos e outros estabelecimentos congêneres, nos casos de parentes de primeiro grau, ou, em outros casos, a critério do Instituto Nacional do Seguro Social.

Art. 160. Não poderão ser procuradores:

I - os servidores públicos civis ativos e os militares ativos, salvo se parentes até o segundo grau; e

II - os incapazes para os atos da vida civil, ressalvado o disposto no art. 666 do Código Civil. (Redação dada pelo Decreto nº 4.729, de 2003)

Parágrafo único. Podem outorgar procuração as pessoas maiores ou emancipadas, no gozo dos direitos civis.

Art. 161. O serviço social constitui atividade auxiliar do seguro social e visa prestar ao beneficiário orientação e apoio no que concerne à solução dos problemas pessoais e familiares e à melhoria da sua inter-relação com a previdência social, para a solução de questões referentes a benefícios, bem como, quando necessário, à obtenção de outros recursos sociais da comunidade.

§ 1º Será dada prioridade de atendimento a segurados em benefício por incapacidade temporária e atenção especial a aposentados e pensionistas. (Incluído pelo Decreto nº 6.722, de 2008).

§ 2º Para assegurar o efetivo atendimento aos beneficiários, poderão ser utilizados mecanismos de intervenção técnica, ajuda material, recursos sociais, intercâmbio com empresas, inclusive mediante celebração de convênios, acordos ou contratos, ou pesquisa social. (Incluído pelo Decreto nº 6.722, de 2008).

§ 3º O serviço social terá como diretriz a participação do beneficiário na implementação e fortalecimento da política previdenciária, em articulação com associações e entidades de classes. (Incluído pelo Decreto nº 6.722, de 2008).

§ 4º O serviço social prestará assessoramento técnico aos estados, Distrito Federal e municípios na elaboração de suas respectivas propostas de trabalho relacionadas com a previdência social. (Incluído pelo Decreto nº 6.722, de 2008).

§ 5º O Ministro de Estado da Previdência Social editará atos complementares para a aplicação do disposto neste artigo. (Incluído pelo Decreto nº 6.722, de 2008).

Art. 162. O benefício devido ao segurado ou dependente civilmente incapaz será pago ao cônjuge, pai, mãe, tutor ou curador, admitindo-se, na sua falta e por período não superior a seis meses, o pagamento a herdeiro necessário, mediante termo de compromisso firmado no ato do recebimento.

§ 1º (Revogado pelo Decreto nº 5.699, de 2006)v

§ 2º (Revogado pelo Decreto nº 5.699, de 2006)

§ 3º O período a que se refere o *caput* poderá ser prorrogado por iguais períodos, desde que comprovado o andamento regular do processo legal de tutela ou curatela. (Incluído pelo Decreto nº 10.410, de 2020)

§ 4º Na hipótese de interdição do beneficiário, para fins de curatela, a autoridade judiciária poderá utilizar-se de laudo médico-pericial da Perícia Médica Federal. (Incluído pelo Decreto nº 10.410, de 2020)

§ 5º No ato de requerimento de benefícios operacionalizados pelo INSS, não será exigida apresentação de termo de curatela de titular ou de beneficiário com deficiência, observados os procedimentos a serem estabelecidos em ato do INSS. (Incluído pelo Decreto nº 10.410, de 2020)

Art. 163. O segurado e o dependente, após dezesseis anos de idade, poderão firmar recibo de benefício, independentemente da presença dos pais ou do tutor.(Redação dada pelo Decreto nº 4.079, de 2002)

Art. 164. A impressão digital do beneficiário incapaz de assinar, aposta na presença de servidor da previdência social ou representante desta, vale como assinatura para quitação de pagamento de benefício.

Art. 165. O valor não recebido em vida pelo segurado somente será pago aos seus dependentes habilitados à pensão por morte ou, na falta deles, aos seus sucessores na forma da lei civil, independentemente de inventário ou arrolamento.

Art. 166. Os benefícios poderão ser pagos mediante depósito em conta corrente bancária em nome do beneficiário. (Redação dada pelo Decreto nº 4.729, de 2003)

§ 1º (Revogado pelo Decreto nº 3.265, de 1999)

§ 2º (Revogado pelo Decreto nº 4.729, de 2003)

§ 3º Na hipótese da falta de movimentação relativo a saque em conta corrente cujos depósitos sejam decorrentes exclusivamente de pagamento de benefícios, por prazo superior a sessenta dias, os valores dos benefícios remanescentes serão estornados e creditados à Conta Única do Tesouro Nacional, com a identificação de sua origem. (Incluído pelo Decreto nº 4.729, de 2003)

Art. 167. Exceto na hipótese de direito adquirido, não é permitido o recebimento conjunto dos seguintes benefícios do RGPS, inclusive quando decorrentes de acidente do trabalho: (Redação dada pelo Decreto nº 10.410, de 2020)

I - aposentadoria com auxílio por incapacidade temporária; (Redação dada pelo Decreto nº 10.410, de 2020)

II - mais de uma aposentadoria;

III - aposentadoria com abono de permanência em serviço;

IV - salário-maternidade com auxílio por incapacidade temporária; (Redação dada pelo Decreto nº 10.410, de 2020)

V - mais de um auxílio-acidente;

VI - mais de uma pensão deixada por cônjuge;

VII - mais de uma pensão deixada por companheiro ou companheira;

VIII - mais de uma pensão deixada por cônjuge e companheiro ou companheira; e

IX - auxílio-acidente com qualquer aposentadoria.

§ 1º Nas hipóteses de que tratam os incisos VI, VII e VIII do *caput*, fica facultado ao dependente optar pela pensão mais vantajosa, observado o disposto no art. 167-A. (Redação dada pelo Decreto nº 10.410, de 2020)

§ 2º É vedado o recebimento conjunto do seguro-desemprego com qualquer benefício de prestação continuada da previdência social, exceto pensão por morte, auxílio-reclusão, auxílio-acidente, auxílio-suplementar ou abono de permanência em serviço.

§ 3º É permitida a acumulação dos benefícios previstos neste Regulamento com o benefício de que trata a Lei nº 7.070, de 20 de dezembro de 1982, que não poderá ser reduzido em razão de eventual aquisição de capacidade laborativa ou de redução de incapacidade para o trabalho ocorrida após a sua concessão.

§ 4º O segurado recluso em regime fechado, durante a percepção, pelos dependentes, do benefício de auxílio-reclusão, não terá o direito aos benefícios de salário-maternidade e de aposentadoria reconhecido, exceto se manifestada a opção pelo benefício mais vantajoso também pelos dependentes. (Redação dada pelo Decreto nº 10.410, de 2020)

Art. 167-A. Será admitida a acumulação dos seguintes benefícios:(Incluído pelo Decreto nº 10.410, de 2020)

I - de pensão por morte deixada por cônjuge ou companheiro do RGPS com pensão por morte concedida por outro regime de previdência social ou com pensões decorrentes das atividades militares de que tratam o art. 42 e o art. 142 da Constituição;(Incluído pelo Decreto nº 10.410, de 2020)

II - de pensão por morte deixada por cônjuge ou companheiro do RGPS com aposentadoria do mesmo regime e de regime próprio de previdência social ou com proventos de inatividade decorrentes das atividades militares de que tratam o art. 42 e o art. 142 da Constituição; ou(Incluído pelo Decreto nº 10.410, de 2020)

III - de aposentadoria concedida no âmbito do RGPS com pensão deixada por cônjuge ou companheiro de regime próprio de previdência social ou com proventos de inatividade decorrentes das atividades militares de que tratam o art. 42 e o art. 142 da Constituição. (Incluído pelo Decreto nº 10.410, de 2020)

§ 1º Nas hipóteses de acumulação previstas no *caput*, fica assegurada a percepção do valor integral do benefício mais vantajoso e de uma parte de cada um dos demais benefícios, apurada cumulativamente de acordo com as seguintes faixas: (Incluído pelo Decreto nº 10.410, de 2020)

I - sessenta por cento do valor que exceder um salário-mínimo, até o limite de dois salários-mínimos; (Incluído pelo Decreto nº 10.410, de 2020)

II - quarenta por cento do valor que exceder dois salários-mínimos, até o limite de três salários-mínimos; (Incluído pelo Decreto nº 10.410, de 2020)

III - vinte por cento do valor que exceder três salários-mínimos, até o limite de quatro salários-mínimos; e (Incluído pelo Decreto nº 10.410, de 2020)

IV - dez por cento do valor que exceder quatro salários-mínimos. (Incluído pelo Decreto nº 10.410, de 2020)

§ 2º A aplicação do disposto no § 1º poderá ser revista a qualquer tempo, a pedido do interessado, em razão de alteração de algum dos benefícios.(Incluído pelo Decreto nº 10.410, de 2020)

§ 3º Na hipótese de recebimento de pensão desdobrada, para fins de aplicação do disposto no § 1º, em relação a esse benefício, será considerado o valor correspondente ao somatório da cota individual e da parcela da cota familiar, devido ao pensionista, que será revisto em razão do fim do desdobramento ou da alteração do número de dependentes. (Incluído pelo Decreto nº 10.410, de 2020)

§ 4º As restrições previstas neste artigo não se aplicam caso o direito aos benefícios tenha sido adquirido até 13 de novembro de 2019.(Incluído pelo Decreto nº 10.410, de 2020)

§ 5º Para fins do disposto neste artigo, no ato de habilitação ou concessão de benefício sujeito a acumulação, o INSS deverá: (Incluído pelo Decreto nº 10.410, de 2020)

I - verificar a filiação do segurado ao RGPS ou a regime próprio de previdência social; (Incluído pelo Decreto nº 10.410, de 2020)

II - solicitar ao segurado que manifeste expressamente a sua opção pelo benefício que lhe seja mais vantajoso; e (Incluído pelo Decreto nº 10.410, de 2020)

III - quando for o caso, verificar a condição do segurado ou pensionista, de modo a considerar, dentre outras, as informações constantes do CNIS.(Incluído pelo Decreto nº 10.410, de 2020)

§ 6º O Ministério da Economia manterá sistema de cadastro dos segurados do RGPS e dos servidores vinculados a regimes próprios de previdência social, e poderá, para tanto, firmar acordo de cooperação com outros órgãos da administração pública federal, estadual, distrital ou municipal para a manutenção e a gestão do referido sistema de cadastro.(Incluído pelo Decreto nº 10.410, de 2020)

§ 7º Até que o sistema de que trata o § 6º seja implementado, a comprovação de que o aposentado ou o pensionista cônjuge ou companheira ou companheiro do RGPS não recebe aposentadoria ou pensão de outro regime próprio de previdência social será feita por meio de autodeclaração, a qual o sujeitará às sanções administrativas, civis e penais aplicáveis caso seja constatada a emissão de declaração falsa.(Incluído pelo Decreto nº 10.410, de 2020)

§ 8º Caberá ao aposentado ou pensionista do RGPS informar ao INSS a obtenção de aposentadoria ou pensão de cônjuge ou companheira ou companheiro de outro regime, sob pena de suspensão do benefício. (Incluído pelo Decreto nº 10.410, de 2020)

Art. 168. Exceto nas hipóteses de aposentadoria por incapacidade permanente ou especial, observado quanto a esta última o disposto no parágrafo único do art. 69, o retorno do aposentado à atividade não prejudicará o recebimento de sua aposentadoria. (Redação dada pelo Decreto nº 10.410, de 2020)

Art. 169. Os pagamentos dos benefícios de prestação continuada não poderão ser antecipados.

§ 1º Excepcionalmente, nas hipóteses de estado de calamidade pública, reconhecidas por ato do Poder Executivo federal, o INSS poderá, nos termos estabelecidos em ato do Secretário Especial de Previdência e Trabalho do Ministério da Economia, antecipar aos beneficiários domiciliados nos respectivos Municípios: (Redação da pelo Decreto nº 9.700, de 2019)

I - o cronograma de pagamento dos benefícios de prestação continuada previdenciária e assistencial, enquanto perdurar o estado de calamidade; e (Incluído pelo Decreto nº 7.223, de 2010)

II - o valor correspondente a uma renda mensal do benefício devido, excetuados os temporários, mediante opção dos beneficiários. (Incluído pelo Decreto nº 7.223, de 2010)

§ 2º O valor antecipado de que trata o inciso II do § 1º será ressarcido de forma parcelada, mediante desconto da renda do benefício, para esse fim equiparado ao crédito de que trata o inciso II do *caput* do art. 154, nos termos do ato a que se refere o § 1º. (Incluído pelo Decreto nº 7.223, de 2010)

Art. 170. Compete exclusivamente aos servidores públicos ocupantes dos cargos de que trata o § 3º do art. 30 da Lei nº 11.907, de 2 de fevereiro de 2009, a realização das atividades médico-periciais relacionadas com o RGPS, sem prejuízo de outras disposições constantes no referido artigo. (Redação dada pelo Decreto nº 10.410, de 2020)

Parágrafo único. Os servidores de que trata o *caput* poderão solicitar ao médico assistente do beneficiário que forneça informações sobre antecedentes médicos a ele relativas, na forma disciplinada pela Secretaria Especial de Previdência e Trabalho do Ministério da Economia, para fins do disposto no § 2º do art. 43 e no § 1º do art. 71 ou para subsidiar emissão de laudo médico-pericial conclusivo. (Redação dada pelo Decreto nº 10.410, de 2020)

Art. 170-A. Incumbem privativamente aos servidores públicos da Carreira do Seguro Social de que trata a Lei nº 10.855, de 1º de abril de 2004, as atribuições previstas no inciso I do *caput* do art. 5º-B da referida Lei, e compete à Secretaria Especial de Previdência e Trabalho do Ministério da Economia a edição de atos complementares para a especificação e a definição das atividades acessórias ou preparatórias ao exercício das atribuições privativas e para a atuação no exame de matérias e processos administrativos de benefícios sociais.(Incluído pelo Decreto nº 10.410, de 2020)

Art. 171. Quando o segurado ou dependente deslocar-se por determinação do Instituto Nacional do Seguro Social para submeter-se a exame médico-pericial ou a processo de reabilitação profissional em localidade diversa da de sua residência, deverá a instituição custear o seu transporte e pagar-lhe diária no valor de R$ 24,57 (vinte e quatro reais e cinqüenta e sete centavos), ou promover sua hospedagem mediante contratação de serviços de hotéis, pensões ou similares.

§ 1º Caso o beneficiário, a critério do Instituto Nacional do Seguro Social, necessite de acompanhante, a viagem deste poderá ser autorizada, aplicando-se o disposto neste artigo.

§ 2º Quando o beneficiário ficar hospedado em hotéis, pensões ou similares contratados ou conveniados pelo Instituto Nacional do Seguro Social, não caberá pagamento de diária.

Art. 172. Fica o Instituto Nacional do Seguro Social obrigado a emitir e a enviar aos beneficiários aviso de concessão de benefício, além da memória de cálculo do valor dos benefícios concedidos.

Art. 173. O segurado em gozo de aposentadoria que voltar a exercer atividade abrangida pelo RGPS, observados o disposto no art. 168 e, nos casos de aposentadoria especial, o disposto no parágrafo único do art. 69, fará jus: (Redação dada pelo Decreto nº 10.491, de 2020)

I - ao salário-família e à reabilitação profissional, quando empregado, inclusive o doméstico, ou trabalhador avulso; e (Incluído pelo Decreto nº 10.491, de 2020)

II - ao salário-maternidade. (Incluído pelo Decreto nº 10.491, de 2020)

Art. 174. O primeiro pagamento do benefício será efetuado até quarenta e cinco dias após a data da apresentação, pelo segurado, da documentação necessária à sua concessão. (Redação dada pelo Decreto nº 6.722, de 2008).

Parágrafo único. O prazo fixado no *caput* fica prejudicado nos casos de justificação administrativa ou outras providências a cargo do segurado, que demandem a sua dilatação, iniciando-se essa contagem a partir da data da conclusão das mesmas.

Art. 175. O pagamento de parcelas relativas a benefícios efetuado com atraso, independentemente de ocorrência de mora e de quem lhe deu causa, deve ser corrigido monetariamente desde o momento em que restou devido, pelo mesmo índice utilizado para os reajustamentos dos benefícios do RGPS, apurado no período compreendido entre o mês que deveria ter sido pago e o mês do efetivo pagamento. (Redação dada pelo Decreto nº 6.722, de 2008).

Art. 176. A apresentação de documentação incompleta não constitui, por si só, motivo para recusa do requerimento de benefício ou serviço, ainda que seja possível identificar previamente que o segurado não faça jus ao benefício ou serviço pretendido. (Redação dada pelo Decreto nº 10.410, de 2020)

§ 1º Na hipótese de que trata o *caput*, o INSS deverá proferir decisão administrativa, com ou sem análise de mérito, em todos os pedidos administrativos formulados, e, quando for o caso, emitirá carta de exigência prévia ao requerente.(Incluído pelo Decreto nº 10.410, de 2020)

§ 2º Encerrado o prazo para cumprimento da exigência sem que os documentos solicitados tenham sido apresentados pelo requerente, o INSS:(Incluído pelo Decreto nº 10.410, de 2020)

I - decidirá pelo reconhecimento do direito, caso haja elementos suficientes para subsidiar a sua decisão; ou(Incluído pelo Decreto nº 10.410, de 2020)

II - decidirá pelo arquivamento do processo sem análise de mérito do requerimento, caso não haja elementos suficientes ao reconhecimento do direito nos termos do disposto no art. 40 da Lei nº 9.784, de 29 de janeiro de 1999.(Incluído pelo Decreto nº 10.410, de 2020)

§ 3º Não caberá recurso ao CRPS da decisão que determine o arquivamento do requerimento sem análise de mérito decorrente da não apresentação de documentação indispensável ao exame do requerimento. (Incluído pelo Decreto nº 10.410, de 2020)

§ 4º Caso haja manifestação formal do segurado no sentido de não dispor de outras informações ou documentos úteis, diversos daqueles apresentados ou disponíveis ao INSS, será proferida a decisão administrativa com análise de mérito do requerimento.(Incluído pelo Decreto nº 10.410, de 2020)

§ 5º O arquivamento do processo não inviabilizará a apresentação de novo requerimento pelo interessado, que terá efeitos a partir da data de apresentação da nova solicitação. (Incluído pelo Decreto nº 10.410, de 2020)

§ 6º O reconhecimento do direito ao benefício com base em documento apresentado após a decisão administrativa proferida pelo INSS considerará como data de entrada do requerimento a data de apresentação do referido documento. (Incluído pelo Decreto nº 10.410, de 2020)

§ 7º O disposto neste artigo aplica-se aos pedidos de revisão e recursos fundamentados em documentos não apresentados no momento do requerimento administrativo e, quanto aos seus efeitos financeiros, aplica-se o disposto no § 4º do art. 347.(Incluído pelo Decreto nº 10.410, de 2020)

Art. 176-A. O requerimento de benefícios e de serviços administrados pelo INSS será formulado por meio de canais de atendimento eletrônico, observados os procedimentos previstos em ato do INSS. (Incluído pelo Decreto nº 10.410, de 2020)

§ 1º O requerimento formulado será processado em meio eletrônico em todas as fases do processo administrativo, ressalvados os atos que exijam a presença do requerente.(Incluído pelo Decreto nº 10.410, de 2020)

§ 2º Excepcionalmente, caso o requerente não disponha de meios adequados para apresentação da solicitação pelos canais de atendimento eletrônico, o requerimento e o agendamento de serviços poderão ser feitos presencialmente nas Agências da Previdência Social.(Incluído pelo Decreto nº 10.410, de 2020)

Art. 176-B. O INSS poderá firmar acordo de cooperação técnica com entes públicos e demais entidades para fins de geração e recebimento de requerimentos de benefícios.(Incluído pelo Decreto nº 10.410, de 2020)

Art. 176-C. O requerente poderá, enquanto não proferida a decisão do INSS e por meio de manifestação escrita, desistir do requerimento formulado, nos termos do disposto no art. 51 da Lei nº 9.784, de 1999. (Incluído pelo Decreto nº 10.410, de 2020)

§ 1º Havendo vários interessados, a desistência a que se refere o *caput* atinge somente quem a tenha formulado.(Incluído pelo Decreto nº 10.410, de 2020)

§ 2º A desistência do requerimento não impede o INSS de analisar a matéria objeto do requerimento para fins de uniformização de entendimento, de forma geral e abstrata, ou para efeito de apuração de irregularidade. (Incluído pelo Decreto nº 10.410, de 2020)

Art. 176-D. Se, na data de entrada do requerimento do benefício, o segurado não satisfizer os requisitos para o reconhecimento do direito, mas implementá-los em momento posterior, antes da decisão do INSS, o requerimento poderá ser reafirmado para a data em que satisfizer os requisitos, que será fixada como início do benefício, exigindo-se, para tanto, a concordância formal do interessado, admitida a sua manifestação de vontade por meio eletrônico.(Incluído pelo Decreto nº 10.410, de 2020)

Art. 176-E. Caberá ao INSS conceder o benefício mais vantajoso ao requerente ou benefício diverso do requerido, desde que os elementos constantes do processo administrativo assegurem o reconhecimento desse direito.(Incluído pelo Decreto nº 10.410, de 2020)

Parágrafo único. Na hipótese de direito à concessão de benefício diverso do requerido, caberá ao INSS notificar o segurado para que este manifeste expressamente a sua opção pelo benefício, observado o disposto no art. 176-D.(Incluído pelo Decreto nº 10.410, de 2020)

Art. 177. (Revogado pelo Decreto nº 3.668, de 2000)

Art. 178. O pagamento mensal de benefícios de valor superior a vinte vezes o limite máximo de salário-de-contribuição deverá ser autorizado expressamente pelo Gerente-Executivo do Instituto Nacional do Seguro Social, observada a análise da Divisão ou Serviço de Benefícios. (Redação dada pelo Decreto nº 5.545, de 2005)

Parágrafo único. Os benefícios de valor inferior ao limite estipulado no *caput*, quando do reconhecimento do direito da concessão, revisão e manutenção de benefícios, serão supervisionados pelas Agências da Previdência Social e Divisões ou Serviços de Benefícios, sob critérios pré-estabelecidos pela Direção Central. (Redação dada pelo Decreto nº 5.545, de 2005)

Art. 179. O INSS manterá programa permanente de revisão da concessão e da manutenção dos benefícios por ele administrados, a fim de apurar irregularidades ou erros materiais. (Redação dada pelo Decreto nº 10.410, de 2020)

§ 1º Na hipótese de haver indícios de irregularidade ou erro material na concessão, na manutenção ou na revisão do benefício, o INSS notificará o beneficiário, o seu representante legal ou o seu procurador para apresentar defesa, provas ou os documentos dos quais dispuser, no prazo de: (Redação dada pelo Decreto nº 10.410, de 2020)

I - trinta dias, no caso de trabalhador urbano; ou (Incluído pelo Decreto nº 10.410, de 2020)

II - sessenta dias, no caso de: (Incluído pelo Decreto nº 10.410, de 2020)

a) trabalhador rural individual; (Incluída pelo Decreto nº 10.410, de 2020)

b) trabalhador rural avulso; (Incluída pelo Decreto nº 10.410, de 2020)

c) agricultor familiar; ou (Incluída pelo Decreto nº 10.410, de 2020)

d) segurado especial. (Incluída pelo Decreto nº 10.410, de 2020)

§ 2º A notificação a que se refere o § 1º será feita, preferencialmente: (Redação dada pelo Decreto nº 10.410, de 2020)

I - por rede bancária, conforme definido em ato do INSS; (Incluído pelo Decreto nº 10.410, de 2020)

II - por meio eletrônico, por meio de cadastramento prévio, na forma definida em ato do INSS, a ser realizado por procedimento em que seja assegurada a identificação adequada do interessado; (Incluído pelo Decreto nº 10.410, de 2020)

III - por via postal, por meio de carta simples destinada ao endereço constante do cadastro do segurado que requereu o benefício, hipótese em que o aviso de recebimento será considerado prova suficiente da sua notificação; (Incluído pelo Decreto nº 10.410, de 2020)

IV - pessoalmente, quando entregue ao interessado em mão; ou (Incluído pelo Decreto nº 10.410, de 2020)

V - por edital, na hipótese de o segurado não ter sido localizado por meio da comunicação a que se refere o inciso III. (Incluído pelo Decreto nº 10.410, de 2020)

§ 3º A defesa poderá ser apresentada pelo canal de atendimento eletrônico do INSS ou na Agência da Previdência Social do domicílio do beneficiário. (Redação dada pelo Decreto nº 10.410, de 2020)

§ 4º O benefício será suspenso nas seguintes hipóteses: (Redação dada pelo Decreto nº 10.410, de 2020)

I - de não apresentação da defesa no prazo estabelecido no § 1º; ou (Incluído pelo Decreto nº 10.410, de 2020)

II - de defesa considerada insuficiente ou improcedente pelo INSS. (Incluído pelo Decreto nº 10.410, de 2020)

§ 5º O INSS notificará o beneficiário quanto à suspensão do benefício de que trata o § 4º, que disporá do prazo de trinta dias, contado da data de notificação, para interposição de recurso. (Redação dada pelo Decreto nº 10.410, de 2020)

§ 6º Decorrido o prazo a que se refere o § 5º sem que o beneficiário, o seu representante legal ou o seu procurador apresente recurso administrativo aos canais de atendimento do INSS ou a outros canais autorizados, o benefício será cessado. (Redação dada pelo Decreto nº 10.410, de 2020)

§ 7º Para fins do disposto no *caput*, o INSS poderá realizar recenseamento para atualização do cadastro dos beneficiários e verificação dos benefícios administrados pelo INSS, observado o disposto nos incisos III, IV e V do § 8º. (Incluído pelo Decreto nº 10.410, de 2020)

§ 8º Aqueles que receberem benefícios realizarão anualmente a comprovação de vida nas instituições financeiras, por meio de atendimento eletrônico com uso de biometria ou por outro meio definido pelo INSS que assegure a identificação do beneficiário, observadas as seguintes disposições: (Incluído pelo Decreto nº 10.410, de 2020)

I - a prova de vida e a renovação de senha serão efetuadas por aquele que receber o benefício, que deverá ser identificado por funcionário da instituição, quando realizadas nas instituições financeiras; (Incluído pelo Decreto nº 10.410, de 2020)

II - o representante legal ou o procurador do beneficiário, legalmente cadastrado no INSS, poderá realizar a prova de vida no INSS ou na instituição financeira responsável pelo pagamento; (Incluído pelo Decreto nº 10.410, de 2020)

III - a prova de vida de segurados com idade igual ou superior a sessenta anos será disciplinada em ato do INSS; (Incluído pelo Decreto nº 10.410, de 2020)

IV - o INSS disporá de meios, incluída a realização de pesquisa externa, que garantam a identificação e o processo de prova de vida para pessoas com dificuldade de locomoção e idosos acima de oitenta anos que recebam benefícios; e (Incluído pelo Decreto nº 10.410, de 2020)

V - o INSS poderá bloquear o pagamento do benefício encaminhado às instituições financeiras até que o beneficiário atenda à convocação para a realização de prova de vida, permitida a liberação do pagamento automaticamente pela instituição financeira. (Incluído pelo Decreto nº 10.410, de 2020)

§ 8º-A A prova de vida para quem reside no exterior, a ser encaminhada obrigatoriamente ao INSS, deverá ser realizada nas embaixadas ou nos consulados brasileiros no exterior ou por meio de apostilamento de documento definido pelo INSS para esse fim. (Incluído pelo Decreto nº 10.410, de 2020)

§ 9º O recurso de que trata o § 5º não terá efeito suspensivo. (Incluído pelo Decreto nº 10.410, de 2020)

§ 10. Apurada irregularidade recorrente ou fragilidade nos procedimentos, reconhecida na forma prevista no *caput* ou pelos órgãos de controle, os procedimentos de análise e concessão de benefícios serão revistos, de modo a reduzir o risco de fraude e concessão irregular. (Incluído pelo Decreto nº 10.410, de 2020)

§ 11. Para fins do disposto no § 8º, preservados o sigilo e a integridade dos dados, o INSS: (Incluído pelo Decreto nº 10.410, de 2020)

I - terá acesso aos dados biométricos mantidos e administrados pelos órgãos públicos federais; e (Incluído pelo Decreto nº 10.410, de 2020)

II - poderá ter, por meio de convênio, acesso aos dados biométricos hospedados em sistemas: (Incluído pelo Decreto nº 10.410, de 2020)

a) da Justiça Eleitoral; e (Incluída pelo Decreto nº 10.410, de 2020)

b) de outros entes federativos. (Incluída pelo Decreto nº 10.410, de 2020)

Art. 179-A. O INSS implementará e manterá processo administrativo eletrônico para requerimento de benefícios e serviços e disponibilizará canais eletrônicos de atendimento. (Incluído pelo Decreto nº 10.410, de 2020)

§ 1º O INSS facilitará o requerimento, a concessão, a manutenção e a revisão de benefícios por meio eletrônico e implementará procedimentos automatizados de atendimento e prestação de serviços por meio telefônico ou por canais remotos. (Incluído pelo Decreto nº 10.410, de 2020)

§ 2º Poderão ser celebrados acordos de cooperação, na modalidade de adesão, com órgãos e entidades da União, dos Estados, do Distrito Federal e dos Municípios, para o recebimento de documentos e o apoio administrativo às atividades do INSS que demandem a prestação de serviços presenciais. (Incluído pelo Decreto nº 10.410, de 2020)

§ 3º A implementação de serviços eletrônicos pelo INSS preverá mecanismos de controle preventivos de fraude e de identificação segura do cidadão. (Incluído pelo Decreto nº 10.410, de 2020)

Art. 179-B. No exercício de suas competências, observado o disposto nos incisos XI e XII do *caput* do art. 5º da Constituição e na Lei nº 13.709, de 14 de agosto de 2018, o INSS terá acesso aos dados necessários para a análise, a concessão, a revisão e a manutenção de benefícios por ele administrados, em especial aos dados: (Incluído pelo Decreto nº 10.410, de 2020)

I - dos registros e dos prontuários eletrônicos do SUS, administrados pelo Ministério da Saúde; (Incluído pelo Decreto nº 10.410, de 2020)

II - dos documentos médicos mantidos por entidades públicas e privadas, e, no caso destas últimas, será necessária a celebração de convênio para que o acesso seja garantido; e (Incluído pelo Decreto nº 10.410, de 2020)

III - de movimentação das contas do FGTS, mantidas pela Caixa Econômica Federal. (Incluído pelo Decreto nº 10.410, de 2020)

§ 1º Para fins do cumprimento do disposto no *caput*, serão preservados o sigilo e a integridade dos dados acessados pelo INSS, eventualmente existentes, e, quanto aos dados dos prontuários eletrônicos do SUS e dos documentos médicos mantidos por entidades públicas e privadas, o acesso será franqueado exclusivamente aos peritos médicos federais designados pelo INSS. (Incluído pelo Decreto nº 10.410, de 2020)

§ 2º O Ministério da Economia terá acesso às bases de dados geridas ou administradas pelo INSS, incluída a folha de pagamento de benefícios detalhada. (Incluído pelo Decreto nº 10.410, de 2020)

§ 3º As bases de dados e as informações de que tratam o *caput* e o § 1º poderão ser compartilhadas com os regimes próprios de previdência social somente para fins de cumprimento de suas competências relacionadas à recepção, à análise, à concessão, à revisão e à manutenção de benefícios por eles administrados, preservados o sigilo e a integridade dos dados, na forma disciplinada em ato conjunto do Secretário Especial de Previdência e Trabalho do Ministério da Economia e do gestor dos dados. (Incluído pelo Decreto nº 10.410, de 2020)

§ 4º Fica dispensada a celebração de convênio, acordo de cooperação técnica ou instrumentos congêneres para a concessão do acesso aos dados de que trata o *caput* quando se tratar de dados hospedados por órgãos da administração pública federal e caberá ao INSS a responsabilidade de arcar com os custos envolvidos, quando houver, para o acesso ou a extração dos dados, exceto quando estabelecido de forma diversa entre os órgãos envolvidos. (Incluído pelo Decreto nº 10.410, de 2020)

§ 5º As solicitações de acesso a dados hospedados por entidades privadas têm característica de requisição, dispensados a celebração de convênio, acordo de cooperação técnica ou instrumentos congêneres para a concessão do acesso aos dados de que trata o *caput* e o ressarcimento de eventuais custos, vedado o compartilhamento dos referidos dados com outras entidades de direito privado. (Incluído pelo Decreto nº 10.410, de 2020)

Art. 179-C. O servidor responsável pela análise dos pedidos dos benefícios motivará suas decisões ou opiniões técnicas e responderá pessoalmente apenas nas hipóteses de dolo e de erro grosseiro. (Incluído pelo Decreto nº 10.410, de 2020)

Art. 179-D. A administração pública federal desenvolverá ações de segurança da informação e das comunicações, incluídas as de segurança cibernética, de segurança das infraestruturas, de qualidade dos dados e de segurança de interoperabilidade de bases governamentais, e efetuará a sua integração, inclusive com as bases de dados e informações dos Estados, do Distrito Federal e dos Municípios, com o objetivo de atenuar riscos e inconformidades em pagamentos de benefícios sociais. (Incluído pelo Decreto nº 10.410, de 2020)

Art. 179-E. Os benefícios administrados pelo INSS que forem objeto de apuração de irregularidade ou fraude pela Coordenação-Geral de Inteligência Previdenciária e Trabalhista da Secretaria Especial de Previdência e Trabalho do Ministério da Economia poderão ter o respectivo valor bloqueado cautelarmente pelo INSS, por meio de decisão fundamentada, quando houver risco iminente de prejuízo ao erário e restarem evidenciados elementos suficientes que indiquem a existência de irregularidade ou fraude na sua concessão ou manutenção, hipótese em que será facultado ao titular a apresentação de defesa, nos termos do disposto neste Regulamento. (Incluído pelo Decreto nº 10.410, de 2020)

§ 1º Para fins do disposto neste artigo, o bloqueio do valor do benefício consiste no comando bancário que impossibilita temporariamente a movimentação do valor referente ao benefício. (Incluído pelo Decreto nº 10.410, de 2020)

§ 2º Será dada prioridade à tramitação de processo no qual seja requerido o bloqueio do valor do benefício. (Incluído pelo Decreto nº 10.410, de 2020)

§ 3º Na hipótese prevista no § 2º, a tramitação do processo deverá ser concluída no prazo de trinta dias, contado da data de apresentação da defesa pelo titular do benefício. (Incluído pelo Decreto nº 10.410, de 2020)

§ 4º Encerrado o prazo de que trata o § 3º, independentemente de concluída a tramitação do processo, o benefício será desbloqueado automaticamente, ressalvada a hipótese prevista no § 5º.

§ 5º Na hipótese de o titular do benefício não apresentar defesa, o bloqueio será convertido automaticamente em suspensão do benefício. (Incluído pelo Decreto nº 10.410, de 2020)

§ 6º Ato conjunto da Secretaria Especial de Previdência e Trabalho do Ministério da Economia e do INSS disciplinará os procedimentos, os requisitos e a forma de encaminhamento das apurações de irregularidade ou fraude e de efetivação do bloqueio de que trata este artigo. (Incluído pelo Decreto nº 10.410, de 2020)

Art. 180. Ressalvado o disposto nos §§ 5º e 6º do art. 13, a perda da qualidade de segurado importa em caducidade dos direitos inerentes a essa qualidade. (Redação dada pelo Decreto nº 4.729, de 2003)

§ 1º A perda da qualidade de segurado não prejudica o direito à aposentadoria para cuja concessão tenham sido preenchidos todos os requisitos, segundo a legislação em vigor à época em que estes requisitos foram atendidos.

§ 2º Não será concedida pensão por morte aos dependentes do segurado que falecer após a perda desta qualidade, nos termos dos arts. 13 a 15, salvo se preenchidos os requisitos para obtenção de aposentadoria na forma do parágrafo anterior, observado o disposto no art. 105.

§ 3º No cálculo da aposentadoria de que trata o § 1º, será observado o disposto no § 9º do art. 32 e no art. 52.

Art. 181. Todo e qualquer benefício concedido pelo Instituto Nacional do Seguro Social, ainda que à conta do Tesouro Nacional, submete-se ao limite a que se refere o § 5º do art. 214.

Parágrafo único. Aos beneficiários de que trata o art. 150 da Lei nº 8.213, de 1991, aplicam-se as disposições previstas neste Regulamento, vedada a adoção de critérios diferenciados para a concessão de benefícios.

Art. 181-A. (Revogado pelo Decreto nº 10.410, de 2020)

Art. 181-B. As aposentadorias concedidas pela previdência social são irreversíveis e irrenunciáveis. (Redação dada pelo Decreto nº 10.410, de 2020)

§ 1º O disposto neste artigo não se aplica à concessão de aposentadoria por incapacidade permanente. (Redação dada pelo Decreto nº 10.410, de 2020)

§ 2º O segurado poderá desistir do seu pedido de aposentadoria desde que manifeste essa intenção e requeira o arquivamento definitivo do pedido antes da ocorrência de um dos seguintes atos: (Incluído pelo Decreto nº 10.410, de 2020)

I - recebimento do primeiro pagamento do benefício; ou (Incluído pelo Decreto nº 10.410, de 2020)

II - efetivação do saque do FGTS ou do PIS. (Incluído pelo Decreto nº 10.410, de 2020)

§ 3º O disposto no *caput* não impede a cessação dos benefícios não acumuláveis por força de disposição legal ou constitucional. (Incluído pelo Decreto nº 10.410, de 2020)

Art. 181-C. Na hipótese de o inventariante não tomar a iniciativa do pagamento das contribuições devidas pelo segurado falecido o Instituto Nacional do Seguro Social deverá requerer, no inventário ou arrolamento de bens por ele deixado, o pagamento da dívida. (Incluído pelo Decreto nº 4.729, de 2003)

Parágrafo único. Na hipótese de ter sido feita a partilha da herança sem a liquidação das contribuições devidas pelo segurado falecido, respondem os herdeiros, cada qual em proporção da parte que na herança lhe coube, aplicando-se, em relação aos herdeiros dependentes, o disposto no art. 154, inciso I, combinado com o § 3º do mesmo artigo. (Incluído pelo Decreto nº 4.729, de 2003)

Art. 181-D. Se mais vantajoso, fica assegurado o direito à aposentadoria, nas condições legalmente previstas na data do cumprimento de todos os requisitos ao segurado que tiver optado por permanecer em atividade. (Incluído pelo Decreto nº 10.410, de 2020)

§ 1º Para fins do disposto no *caput*, o valor inicial da aposentadoria, apurado conforme as regras vigentes na data em que todos os requisitos tiverem sido cumpridos, será comparado com o valor da aposentadoria calculada na data de entrada do requerimento, hipótese em que será mantido o benefício mais vantajoso e será considerada como data de início do benefício a data de entrada do requerimento, observado o disposto no art. 52. (Incluído pelo Decreto nº 10.410, de 2020)

§ 2º A renda mensal inicial, apurada na forma prevista no § 1º, será reajustada pelos índices de reajustamento aplicados aos benefícios até a data de entrada do requerimento e não será devido qualquer pagamento relativamente a período anterior a essa data. (Incluído pelo Decreto nº 10.410, de 2020)

Art. 181-E. Para fins do disposto neste Regulamento, considera-se ano civil o período de doze meses contados de 1º de janeiro a 31 de dezembro do respectivo ano. (Incluído pelo Decreto nº 10.410, de 2020)

CAPÍTULO VIII
DAS DISPOSIÇÕES TRANSITÓRIAS RELATIVAS ÀS PRESTAÇÕES DO REGIME GERAL DE PREVIDÊNCIA SOCIAL

Art. 182. A carência das aposentadorias por idade, tempo de contribuição e especial de que tratam os art. 188-H ao art. 188-P para os segurados inscritos na previdência social urbana até 24 de julho de 1991 e para os trabalhadores e empregadores rurais amparados pela previdência social rural obedecerá à seguinte tabela, considerado o ano em que o segurado tiver implementado todas as condições necessárias à obtenção do benefício, ressalvada a aposentadoria por idade, para a qual será considerado o ano em que o segurado tiver implementado a idade exigida: (Redação dada pelo Decreto nº 10.410, de 2020)

ANO DE IMPLEMENTAÇÃO DAS CONDIÇÕES	MESES DE CONTRIBUIÇÃO EXIGIDOS
1998	102 meses
1999	108 meses
2000	114 meses
2001	120 meses
2002	126 meses
2003	132 meses
2004	138 meses
2005	144 meses
2006	150 meses
2007	156 meses
2008	162 meses
2009	168 meses
2010	174 meses
2011	180 meses

Parágrafo único. Não se aplica a tabela de que trata o *caput* para os benefícios de aposentadoria por tempo de contribuição e por idade garantida aos segurados com deficiência, de que tratam os arts. 70-B e 70-C. (Incluído pelo Decreto nº 8.145, de 2013)

Art. 183. O trabalhador rural enquadrado como segurado obrigatório do RGPS, na forma da alínea "a" do inciso I ou da alínea "j" do inciso V do *caput* do art. 9º, pode requerer a aposentadoria por idade, no valor de um salário mínimo, até 31 de dezembro de 2010, desde que comprove o exercício de atividade rural, ainda que de forma descontínua, no período imediatamente anterior ao requerimento do benefício ou, conforme o caso, ao mês em que cumpriu o requisito etário, em número de meses idêntico à carência do referido benefício. (Redação dada pelo Decreto nº 6.722, de 2008).

Art. 183-A. Na concessão de aposentadoria por idade do empregado rural, em valor equivalente ao salário mínimo, serão contados para efeito de carência: (Incluído pelo Decreto nº 6.722, de 2008).

PREVIDENCIÁRIO

I - até 31 de dezembro de 2010, o período de atividade comprovado na forma do inciso II, letra "a", do § 2º do art. 62, observado o disposto no art. 183; (Incluído pelo Decreto nº 6.722, de 2008).

II - de janeiro de 2011 a dezembro de 2015, cada mês comprovado de emprego, multiplicado por três, limitado a doze meses dentro do respectivo ano civil; e (Incluído pelo Decreto nº 6.722, de 2008).

III - de janeiro de 2016 a dezembro de 2020, cada mês comprovado de emprego, multiplicado por dois, limitado a doze meses dentro do respectivo ano civil. (Incluído pelo Decreto nº 6.722, de 2008).

§ 1º O disposto no inciso I do *caput* aplica-se ao trabalhador rural que se enquadre na categoria de segurado contribuinte individual que comprovar a prestação de serviço de natureza rural, em caráter eventual, a uma ou mais empresas, sem relação de emprego. (Incluído pelo Decreto nº 10.410, de 2020)

§ 2º Para fins do disposto no inciso I do *caput*, a comprovação do tempo de contribuição até 31 de dezembro de 2010 do empregado rural e do contribuinte individual rural ocorrerá por meio dos documentos de que trata o § 1º do art. 19-B ou por justificação administrativa. (Incluído pelo Decreto nº 10.410, de 2020)

Art. 184. O segurado que recebe aposentadoria por idade, tempo de contribuição ou especial do Regime Geral de Previdência Social que permaneceu ou retornou à atividade e que vinha contribuindo até 14 de abril de 1994, véspera da vigência da Lei nº 8.870, de 15 de abril de 1994, receberá o pecúlio, em pagamento único, quando do desligamento da atividade que vinha exercendo.

§ 1º O pecúlio de que trata este artigo consistirá em pagamento único de valor correspondente à soma das importâncias relativas às contribuições do segurado, remuneradas de acordo com o índice de remuneração básica dos depósitos de poupança com data de aniversário no dia primeiro.

§ 2º O disposto no parágrafo anterior aplica-se a contar de 25 de julho de 1991, data da vigência da Lei nº 8.213, de 1991, observada, com relação às contribuições anteriores, a legislação vigente à época do seu recolhimento.

Art. 185. Serão mantidos, de acordo com a respectiva legislação específica, as prestações e o seu financiamento, referentes aos benefícios de ferroviário servidor público ou autárquico federal ou em regime especial que não optou pelo regime da Consolidação das Leis do Trabalho, na forma da Lei nº 6.184, de 11 de dezembro de 1974, bem como de seus dependentes.

Art. 186. (Revogado pelo Decreto nº 4.079, de 2002)

Art. 187. É assegurada a concessão de aposentadoria, a qualquer tempo, nas condições previstas na legislação anterior à Emenda Constitucional nº 20, de 1998, ao segurado do Regime Geral de Previdência Social que, até 16 de dezembro de 1998, tenha cumprido os requisitos para obtê-la.

§ 1º Quando da concessão de aposentadoria nos termos previstos no *caput*, o tempo de serviço será considerado até 16 de dezembro de 1998 e a renda mensal inicial será calculada com base nos trinta e seis últimos salários de contribuição anteriores àquela data, reajustada pelos mesmos índices aplicados aos benefícios, até a data de entrada do requerimento, hipótese em que não será devido qualquer pagamento relativamente a período anterior, observado, quando couber, o disposto no § 9º do art. 32. (Incluído pelo Decreto nº 10.410, de 2020)

§ 2º O segurado que, até 16 de dezembro de 1998, tenha cumprido os requisitos para obter a aposentadoria proporcional somente fará jus ao acréscimo de cinco por cento a que se refere o § 4º do art. 188 se cumprir o requisito previsto no inciso I do *caput* do art. 188. (Incluído pelo Decreto nº 10.410, de 2020)

Art. 187-A. O professor que tenha exercido atividade de magistério, em qualquer nível, e que até 16 de dezembro de 1998 não tenha implementado as condições para aposentadoria por tempo de serviço de professor, poderá ter contado esse tempo até aquela data acrescido de dezessete por cento, se homem, e de vinte por cento, se mulher, se optar pela aposentadoria transitória por tempo de contribuição, desde que cumpridos trinta e cinco anos de contribuição, se homem, e trinta anos, se mulher, exclusivamente em funções de magistério. (Incluído pelo Decreto nº 10.410, de 2020)

Art. 188. Ao segurado filiado ao RGPS até 16 de dezembro de 1998, uma vez cumprido o período de carência exigido, será assegurada, a qualquer tempo, a aposentadoria com valores proporcionais ao tempo de contribuição, quando cumpridos, cumulativamente, até 13 de novembro de 2019, os seguintes requisitos: (Redação dada pelo Decreto nº 10.410, de 2020)

I - contar cinqüenta e três anos ou mais de idade, se homem, e quarenta e oito anos ou mais de idade, se mulher; e

II - contar tempo de contribuição igual, no mínimo, à soma de:

a) trinta anos, se homem, e vinte e cinco anos, se mulher; e (Redação dada pelo Decreto nº 4.729, de 2003)

b) um período adicional de contribuição equivalente a, no mínimo, quarenta por cento do tempo que, em 16 de dezembro de 1998, faltava para atingir o limite de tempo constante da alínea "a". (Redação dada pelo Decreto nº 4.729, de 2003)

§ 1º (Revogado pelo Decreto nº 4.729, de 2003)

§ 2º Para o segurado que tenha cumprido os requisitos a que se refere o *caput* até 28 de novembro de 1999, a renda mensal inicial da aposentadoria será calculada com base nos trinta e seis últimos salários de contribuição anteriores àquela data, apurados no período de quarenta e oito meses, e reajustada pelos mesmos índices aplicados ao benefício a que o segurado fazia jus, até a data de entrada do requerimento. (Redação dada pelo Decreto nº 10.410, de 2020)

§ 3º Para o segurado que tenha cumprido os requisitos a que se refere o *caput* no período entre 29 de novembro de 1999 e 13 de novembro de 2019 e que optar pela aposentadoria em conformidade com as regras vigentes à época, a renda mensal inicial será calculada na forma prevista no art. 188-E e reajustada pelos mesmos índices aplicados aos benefícios do RGPS, até a data de entrada do requerimento. (Redação dada pelo Decreto nº 10.410, de 2020)

§ 4º O valor da renda mensal da aposentadoria proporcional será equivalente a setenta por cento da média apurada na forma prevista nos § 2º e § 3º, acrescida de cinco pontos percentuais por ano de contribuição que supere a soma a que se refere o inciso II do *caput*, até o limite de cem por cento. (Redação dada pelo Decreto nº 10.410, de 2020)

Art. 188-A. Será assegurada a concessão de aposentadoria, a qualquer tempo, ao segurado do RGPS, inclusive o oriundo de regime próprio de previdência social, que, até 13 de novembro de 2019, uma vez cumprido o período de carência exigido, tenha cumprido os seguintes requisitos: (Redação dada pelo Decreto nº 10.410, de 2020)

I - no caso de aposentadoria por idade - sessenta e cinco anos de idade, se homem, e sessenta anos de idade, se mulher; (Incluído pelo Decreto nº 10.410, de 2020)

II - no caso de aposentadoria por tempo de contribuição: (Incluído pelo Decreto nº 10.410, de 2020)

a) para os professores que comprovem tempo de efetivo exercício exclusivamente em função de magistério na educação infantil, no ensino fundamental ou no ensino médio: (Incluída pelo Decreto nº 10.410, de 2020)

1. trinta anos de contribuição, se homem; ou (Incluído pelo Decreto nº 10.410, de 2020)

2. vinte e cinco anos de contribuição, se mulher; e (Incluído pelo Decreto nº 10.410, de 2020)

b) para os demais segurados: (Incluída pelo Decreto nº 10.410, de 2020)

1. trinta e cinco anos de contribuição, se homem; e (Incluído pelo Decreto nº 10.410, de 2020)

2. trinta anos de contribuição, se mulher; ou (Incluído pelo Decreto nº 10.410, de 2020)

III - no caso de aposentadoria especial - quinze, vinte ou vinte e cinco anos de contribuição, conforme o caso, para os segurados sujeitos a condições especiais que prejudiquem a sua saúde ou a sua integridade física. (Incluído pelo Decreto nº 10.410, de 2020)

§ 1º (Revogado pelo Decreto nº 10.410, de 2020)

§ 2º (Revogado pelo Decreto nº 10.410, de 2020)

§ 3º (Revogado pelo Decreto nº 5.399, de 2005)

§ 4º (Revogado pelo Decreto nº 10.410, de 2020)

§ 5º O valor da renda mensal da aposentadoria concedida na forma prevista neste artigo será apurado na data de 13 de novembro de 2019, em conformidade com o disposto nos art. 188-E e art. 188-F, e reajustado pelos mesmos índices aplicados ao benefício até a data do requerimento. (Incluído pelo Decreto nº 10.410, de 2020)

Art. 188-B. (Revogado pelo Decreto nº 10.410, de 2020)

Art. 188-C. (Revogado pelo Decreto nº 4.729, de 2003)

Art. 188-D. (Revogado pelo Decreto nº 4.729, de 2003)

Art. 188-E. O salário de benefício a ser utilizado para apuração do valor da renda mensal dos benefícios concedidos com base em direito adquirido até 13 de novembro de 2019 consistirá: (Redação dada pelo Decreto nº 10.410, de 2020)

I - para as aposentadorias por idade e por tempo de contribuição, na média aritmética simples dos maiores salários de contribuição correspondentes a oitenta por cento de todo o período contributivo, multiplicada pelo fator previdenciário; e (Incluído pelo Decreto nº 10.410, de 2020)

II - para as aposentadorias por invalidez e especial, auxílio-doença e auxílio-acidente, na média aritmética simples dos maiores salários de contribuição correspondentes a oitenta por cento de todo o período contributivo. (Incluído pelo Decreto nº 10.410, de 2020)

§ 1º No caso das aposentadorias por idade, por tempo de contribuição e especial, o divisor considerado no cálculo da média a que se referem os incisos I e II do *caput* não poderá ser inferior a sessenta por cento do período decorrido da competência julho de 1994 até a data de início do benefício, limitado a cem por cento de todo o período contributivo. (Incluído pelo Decreto nº 10.410, de 2020)

§ 2º O fator previdenciário a que se refere o inciso I do *caput* será calculado com base na idade, na expectativa de sobrevida e no tempo de contribuição do segurado ao se aposentar, por meio da seguinte a fórmula: (Incluído pelo Decreto nº 10.410, de 2020)

$$f = \frac{Tcxa}{Es} x \left[1 + \frac{(Id + Tcxa)}{100}\right]$$

Em que:

f = fator previdenciário;

Es = expectativa de sobrevida no momento da aposentadoria;

Tc = tempo de contribuição até o momento da aposentadoria;

Id = idade no momento da aposentadoria; e

a = alíquota de contribuição correspondente a 0,31.

§ 3º Para fins do disposto no § 2º, a expectativa de sobrevida do segurado na idade da aposentadoria será obtida a partir da tábua completa de mortalidade construída pelo IBGE para toda a população brasileira, considerada a média nacional única para ambos os sexos. (Incluído pelo Decreto nº 10.410, de 2020)

§ 4º Os benefícios previdenciários requeridos a partir da data de publicação da tábua de mortalidade considerarão a nova expectativa de sobrevida. (Incluído pelo Decreto nº 10.410, de 2020)

§ 5º Para efeito da aplicação do fator previdenciário, ao tempo de contribuição do segurado serão adicionados: (Incluído pelo Decreto nº 10.410, de 2020)

I - cinco anos, se mulher; ou (Incluído pelo Decreto nº 10.410, de 2020)

II - no caso de professores que comprovem tempo de efetivo exercício exclusivamente em função de magistério na educação infantil, no ensino fundamental ou no ensino médio: (Incluído pelo Decreto nº 10.410, de 2020)

a) cinco anos, se homem; e (Incluída pelo Decreto nº 10.410, de 2020)

b) dez anos, se mulher. (Incluída pelo Decreto nº 10.410, de 2020)

§ 6º Fica garantida a aplicação do fator previdenciário no cálculo das aposentadorias por tempo de contribuição e por idade devidas ao segurado com deficiência, se resultar em renda mensal de valor mais elevado, hipótese em que caberá ao INSS, quando da concessão do benefício, proceder ao cálculo da renda mensal inicial com e sem a aplicação do fator previdenciário. (Incluído pelo Decreto nº 10.410, de 2020)

§ 7º Fica garantido ao segurado com direito à aposentadoria por idade na forma do disposto no art. 188-H a opção pela não aplicação do fator previdenciário e caberá ao INSS, quando da concessão do benefício, proceder ao cálculo da renda mensal inicial com e sem o fator previdenciário. (Incluído pelo Decreto nº 10.410, de 2020)

§ 8º O segurado que tiver cumprido os requisitos para a aposentadoria por tempo de contribuição poderá optar pela não incidência do fator previdenciário no cálculo de sua aposentadoria se o total resultante da soma de sua idade e de seu tempo de contribuição, incluídas as frações, tiver atingido o número de pontos: (Incluído pelo Decreto nº 10.410, de 2020)

I - a partir de 18 de junho de 2015 até 30 de dezembro de 2018: (Redação dada pelo Decreto nº 10.491, de 2020)

a) igual ou superior a noventa e cinco pontos, se homem, observado o tempo mínimo de contribuição de trinta e cinco anos; ou (Incluída pelo Decreto nº 10.410, de 2020)

b) igual ou superior a oitenta e cinco pontos, se mulher, observado o tempo mínimo de contribuição de trinta anos; e (Incluída pelo Decreto nº 10.410, de 2020)

II - de 31 de dezembro de 2018 até 13 de novembro de 2019: (Redação dada pelo Decreto nº 10.491, de 2020)

a) igual ou superior a noventa e seis pontos, se homem, observado o tempo mínimo de contribuição de trinta e cinco anos; ou (Incluída pelo Decreto nº 10.410, de 2020)

b) igual ou superior a oitenta e seis pontos, se mulher, observado o tempo mínimo de contribuição de trinta anos. (Incluída pelo Decreto nº 10.410, de 2020)

§ 9º Para fins de aplicação do disposto no *caput* e no § 8º, o tempo mínimo de contribuição dos professores que comprovarem tempo de efetivo exercício exclusivamente em função de magistério na educação infantil, no ensino fundamental ou no ensino médio será de trinta anos de contribuição, se homem, e vinte e cinco anos de contribuição, se mulher. (Incluído pelo Decreto nº 10.410, de 2020)

§ 10. Na hipótese prevista no § 9º, ao resultado da soma da idade do professor e de seu tempo de contribuição serão acrescidos cinco pontos. (Incluído pelo Decreto nº 10.410, de 2020)

Art. 188-F. A renda mensal do benefício concedido ao segurado de que trata o art. 188-A será calculada sobre o salário de benefício, apurado na forma prevista no art. 188-E, ao qual serão aplicados os seguintes percentuais: (Redação dada pelo Decreto nº 10.410, de 2020)

I - no caso de aposentadoria por idade - setenta por cento do salário de benefício, mais um ponto percentual por grupo de doze contribuições mensais, até o máximo de trinta por cento; (Incluído pelo Decreto nº 10.410, de 2020)

II - no caso de aposentadoria por tempo de contribuição: (Incluído pelo Decreto nº 10.410, de 2020)

a) cem por cento do salário de benefício aos trinta anos de contribuição, se mulher; (Incluída pelo Decreto nº 10.410, de 2020)

b) cem por cento do salário de benefício aos trinta e cinco anos de contribuição, se homem; e (Incluída pelo Decreto nº 10.410, de 2020)

c) no caso de professores que comprovem tempo de efetivo exercício exclusivamente em função de magistério na educação infantil, no ensino fundamental ou no ensino médio: (Incluída pelo Decreto nº 10.410, de 2020)

1. cem por cento do salário de benefício aos vinte e cinco anos de contribuição, se mulher; e (Incluído pelo Decreto nº 10.410, de 2020)

2. cem por cento do salário de benefício aos trinta anos de contribuição, se homem; e (Incluído pelo Decreto nº 10.410, de 2020)

III - no caso de aposentadoria especial - cem por cento do salário de benefício. (Incluído pelo Decreto nº 10.410, de 2020)

Parágrafo único. Para fins de cálculo do percentual de acréscimo de que trata o inciso I do *caput*, presume-se como efetivado o recolhimento correspondente quando se tratar de segurado empregado, empregado doméstico ou trabalhador avulso. (Incluído pelo Decreto nº 10.410, de 2020)

Art. 188-G. O tempo de contribuição até 13 de novembro de 2019 será contado de data a data, desde o início da atividade até a data do desligamento, considerados, além daqueles referidos no art. 19-C, os seguintes períodos: (Incluído pelo Decreto nº 10.410, de 2020)

I - o tempo de serviço militar, exceto se já contado para inatividade remunerada nas Forças Armadas ou auxiliares ou para aposentadoria no serviço público federal, estadual, distrital ou municipal, ainda que anterior à filiação ao RGPS, obrigatório, voluntário ou alternativo, assim considerado o tempo atribuído pelas Forças Armadas àqueles que, após o alistamento, alegaram imperativo de consciência, entendido como tal aquele decorrente de crença religiosa ou de convicção filosófica ou política, para se eximirem de atividades de caráter militar; (Incluído pelo Decreto nº 10.410, de 2020)

II - o tempo em que o anistiado político esteve compelido ao afastamento de suas atividades profissionais, em decorrência de punição ou de fundada ameaça de punição, por motivo exclusivamente político, situação que será comprovada nos termos do disposto na Lei nº 10.559, de 13 de novembro de 2002; (Incluído pelo Decreto nº 10.410, de 2020)

III - o tempo de serviço público federal, estadual, distrital ou municipal, inclusive aquele prestado a autarquia, sociedade de economia mista ou fundação instituída pelo Poder Público, regularmente certificado na forma prevista na Lei nº 3.841, de 15 de dezembro de 1960, desde que a certidão tenha sido requerida na entidade para a qual o serviço tenha sido prestado até 30 de setembro de 1975, data imediatamente anterior ao início da vigência da Lei nº 6.226, de 14 de junho de 1975; (Incluído pelo Decreto nº 10.410, de 2020)

IV - o tempo de serviço do segurado trabalhador rural anterior à competência novembro de 1991; (Incluído pelo Decreto nº 10.410, de 2020)

V - o tempo de exercício de mandato classista junto a órgão de deliberação coletiva em que, nessa qualidade, tenha havido contribuição para a previdência social; (Incluído pelo Decreto nº 10.410, de 2020)

VI - o tempo de serviço prestado à Justiça dos Estados, às serventias extrajudiciais e às escrivanias judiciais, desde que não tenha havido remuneração pelo erário e que a atividade não estivesse, à época, vinculada a regime próprio de previdência social; (Incluído pelo Decreto nº 10.410, de 2020)

VII - o tempo de atividade dos auxiliares locais de nacionalidade brasileira no exterior amparados pela Lei nº 8.745, de 9 de dezembro de 1993, anteriormente a 1º de janeiro de 1994, desde que a sua situação previdenciária esteja regularizada no INSS; (Incluído pelo Decreto nº 10.410, de 2020)

VIII - o tempo de contribuição efetuado pelo servidor público de que tratam as alíneas "i", "j" e "l" do inciso I do *caput* do art. 9º e o § 2º do art. 26, com fundamento do disposto nos art. 8º e art. 9º da Lei nº 8.162, de 8 de janeiro de 1991, e no art. 2º da Lei nº 8.688, de 21 de julho de 1993; e (Incluído pelo Decreto nº 10.410, de 2020)

IX - o tempo exercido na condição de aluno-aprendiz referente ao período de aprendizado profissional realizado em escola técnica, desde que comprovados a remuneração pelo erário, mesmo que indireta, e o vínculo empregatício. (Incluído pelo Decreto nº 10.410, de 2020)

Parágrafo único. O tempo de contribuição de que trata este artigo será considerado para fins de cálculo do valor da renda mensal de qualquer benefício. (Incluído pelo Decreto nº 10.410, de 2020)

Art. 188-H. Ressalvado o direito de opção pelas aposentadorias de que tratam os art. 51, art. 188-I, art. 188-J, art. 188-K e art. 188-L, a aposentadoria por idade será devida, a qualquer tempo, ao segurado filiado ao RGPS até 13 de novembro de 2019 que cumprir, cumulativamente, os seguintes requisitos: (Incluído pelo Decreto nº 10.410, de 2020)

I - sessenta anos de idade, se mulher, e sessenta e cinco anos de idade, se homem; (Incluído pelo Decreto nº 10.410, de 2020)

II - quinze anos de contribuição, para ambos os sexos; e (Incluído pelo Decreto nº 10.410, de 2020)

III - carência de cento e oitenta contribuições mensais, para ambos os sexos. (Incluído pelo Decreto nº 10.410, de 2020)

§ 1º A partir de 1º de janeiro de 2020, serão acrescidos seis meses a cada ano à idade considerada mínima para a aposentadoria por idade para as mulheres até atingir sessenta e dois anos de idade. (Incluído pelo Decreto nº 10.410, de 2020)

§ 2º A data do início da aposentadoria de que trata este artigo será estabelecida em conformidade com o disposto no art. 52. (Incluído pelo Decreto nº 10.410, de 2020)

§ 3º O valor da aposentadoria de que trata este artigo corresponderá a sessenta por cento do salário de benefício definido na forma prevista no art. 32, com acréscimo de dois pontos percentuais para cada ano de contribuição que exceder o tempo de vinte anos de contribuição, para os homens, e de quinze anos de contribuição, para as mulheres. (Incluído pelo Decreto nº 10.410, de 2020)

Art. 188-I. Ressalvado o direito de opção pelas aposentadorias de que tratam os art. 51, art. 188-H, art. 188-J, art. 188-K e art. 188-L, observado o disposto no art. 199-A, a aposentadoria por tempo de contribuição será devida, a qualquer tempo, ao segurado filiado ao RGPS até 13 de novembro de 2019 que cumprir cumulativamente, os seguintes requisitos : (Incluído pelo Decreto nº 10.410, de 2020)

I - trinta anos de contribuição, se mulher, e trinta e cinco anos de contribuição, se homem; (Incluído pelo Decreto nº 10.410, de 2020)

II - somatório da idade e do tempo de contribuição, incluídas as frações, equivalente a oitenta e seis pontos, se mulher, e noventa e seis pontos, se homem; e (Incluído pelo Decreto nº 10.410, de 2020)

III - carência de cento e oitenta contribuições mensais, para ambos os sexos. (Incluído pelo Decreto nº 10.410, de 2020)

§ 1º A partir de 1º de janeiro de 2020, será acrescido um ponto a cada ano ao somatório considerado mínimo, a que se refere o inciso II do *caput*, até atingir o limite de cem pontos, se mulher, e de cento e cinco pontos, se homem. (Incluído pelo Decreto nº 10.410, de 2020)

§ 2º A idade e o tempo de contribuição serão apurados em dias para o cálculo do somatório de pontos a que se refere o inciso II do *caput*. (Incluído pelo Decreto nº 10.410, de 2020)

§ 3º A data do início da aposentadoria de que trata este artigo será estabelecida em conformidade com o disposto no art. 52. (Incluído pelo Decreto nº 10.410, de 2020)

§ 4º O valor da aposentadoria de que trata este artigo será apurado na forma prevista no § 3º do art. 188-H. (Incluído pelo Decreto nº 10.410, de 2020)

Art. 188-J. Ressalvado o direito de opção pelas aposentadorias de que tratam os art. 51, art. 188-H, art. 188-I, art. 188-K e art. 188-L, observado o disposto no art. 199-A, a aposentadoria por tempo de contribuição será devida, a qualquer tempo, ao segurado filiado ao RGPS até 13 de novembro de 2019 que cumprir, cumulativamente, os seguintes requisitos: (Incluído pelo Decreto nº 10.410, de 2020)

I - cinquenta e seis anos de idade, se mulher, e sessenta e um anos de idade, se homem; (Incluído pelo Decreto nº 10.410, de 2020)

II - trinta anos de contribuição, se mulher, e trinta e cinco anos de contribuição, se homem; e (Incluído pelo Decreto nº 10.410, de 2020)

III - carência de cento e oitenta contribuições mensais, para ambos os sexos. (Incluído pelo Decreto nº 10.410, de 2020)

§ 1º A partir de 1º de janeiro de 2020, serão acrescidos seis meses a cada ano à idade considerada mínima para aposentadoria por tempo de contribuição até atingir sessenta e dois anos, para as mulheres, e sessenta e cinco anos, para os homens. (Incluído pelo Decreto nº 10.410, de 2020)

§ 2º A data do início da aposentadoria de que trata este artigo será estabelecida em conformidade com o disposto no art. 52. (Incluído pelo Decreto nº 10.410, de 2020)

§ 3º O valor da aposentadoria concedida em conformidade com o disposto neste artigo será apurado na forma prevista no § 3º do art. 188-H. (Incluído pelo Decreto nº 10.410, de 2020)

Art. 188-K. Ressalvado o direito de opção pelas aposentadorias de que tratam os art. 51, art. 188-H, art. 188-I, art. 188-J e art. 188-L, observado o disposto no art. 199-A, a aposentadoria por tempo de contribuição será devida, a qualquer tempo, ao segurado filiado ao RGPS até 13 de novembro de 2019 que contar com mais de vinte e oito anos de contribuição, se mulher, e com mais de trinta e três anos de contribuição, se homem, que cumprir, cumulativamente, os seguintes requisitos: (Incluído pelo Decreto nº 10.410, de 2020)

I - trinta anos de contribuição, se mulher, e trinta e cinco anos de contribuição, se homem; (Incluído pelo Decreto nº 10.410, de 2020)

II - cumprimento de período adicional de contribuição correspondente a cinquenta por cento do tempo que, em 13 de novembro de 2019, faltaria para atingir trinta anos de contribuição, se mulher, e trinta e cinco anos de contribuição, se homem; e (Incluído pelo Decreto nº 10.410, de 2020)

III - carência de cento e oitenta contribuições mensais, para ambos os sexos. (Incluído pelo Decreto nº 10.410, de 2020)

§ 1º A data do início da aposentadoria de que trata este artigo será estabelecida em conformidade com o disposto no art. 52. (Incluído pelo Decreto nº 10.410, de 2020)

§ 2º O valor da aposentadoria de que trata este artigo corresponderá ao valor do salário de benefício definido na forma prevista no art. 32, multiplicado pelo fator previdenciário, calculado na forma prevista nos § 2º ao § 5º do art. 188-E. (Incluído pelo Decreto nº 10.410, de 2020)

§ 3º A aplicação do fator previdenciário no cálculo do valor da aposentadoria de que trata este artigo é obrigatória, observado o disposto no art. 32, hipótese em que não se aplica o disposto no art. 29-C da Lei nº 8.213, de 1991. (Incluído pelo Decreto nº 10.410, de 2020)

Art. 188-L. Ressalvado o direito de opção pelas aposentadorias de que tratam os art. 51, art. 188-H, art. 188-I, art. 188-J e art. 188-K, a aposentadoria por tempo de contribuição será devida, a qualquer tempo, ao segurado filiado ao RGPS até 13 de novembro de 2019 que cumprir, cumulativamente, os seguintes requisitos: (Incluído pelo Decreto nº 10.410, de 2020)

I - cinquenta e sete anos de idade, se mulher, e sessenta anos de idade, se homem; (Incluído pelo Decreto nº 10.410, de 2020)

II - trinta anos de contribuição, se mulher, e trinta e cinco anos de contribuição, se homem; (Incluído pelo Decreto nº 10.410, de 2020)

III - cumprimento de período adicional de contribuição correspondente ao tempo que, em 13 de novembro de 2019, faltaria para atingir trinta anos de contribuição, se mulher, e trinta e cinco anos de contribuição, se homem; e (Incluído pelo Decreto nº 10.410, de 2020)

IV - carência de cento e oitenta contribuições mensais, para ambos os sexos. (Incluído pelo Decreto nº 10.410, de 2020)

§ 1º A data do início da aposentadoria de que trata este artigo será estabelecida em conformidade com o disposto no art. 52. (Incluído pelo Decreto nº 10.410, de 2020)

§ 2º O valor da aposentadoria de que trata este artigo corresponderá a cem por cento do salário de benefício definido na forma prevista no art. 32. (Incluído pelo Decreto nº 10.410, de 2020)

Art. 188-M. Ressalvado o direito de opção pelas aposentadorias de que tratam os art. 51, art. 54, art. 188-H ao art. 188-L, art. 188-N e art. 188-O, observado o disposto nos § 2º e § 3º do art. 54, a aposentadoria por tempo de contribuição será devida, a qualquer tempo, ao professor filiado ao RGPS até 13 de novembro de 2019 que comprovar tempo de efetivo exercício exclusivamente em função de magistério na educação infantil, no ensino fundamental ou no ensino médio e que cumprir, cumulativamente, os seguintes requisitos: (Incluído pelo Decreto nº 10.410, de 2020)

I - vinte e cinco anos de contribuição, se mulher, e trinta anos de contribuição, se homem; (Incluído pelo Decreto nº 10.410, de 2020)

II - somatório da idade e do tempo de contribuição, incluídas as frações, equivalente a oitenta e um pontos, se mulher, e noventa e um pontos, se homem; e (Incluído pelo Decreto nº 10.410, de 2020)

III - carência de cento e oitenta contribuições mensais, para ambos os sexos. (Incluído pelo Decreto nº 10.410, de 2020)

§ 1º A partir de 1º de janeiro de 2020, será acrescido um ponto a cada ano ao somatório considerado mínimo, a que se refere o inciso II do *caput*, até atingir o limite de noventa e dois pontos, se mulher, e de cem pontos, se homem. (Incluído pelo Decreto nº 10.410, de 2020)

§ 2º A idade e o tempo de contribuição serão apurados em dias para o cálculo do somatório de pontos a que se refere o inciso II do *caput*. (Incluído pelo Decreto nº 10.410, de 2020)

§ 3º A data do início da aposentadoria de que trata este artigo será estabelecida em conformidade com o disposto no art. 52. (Incluído pelo Decreto nº 10.410, de 2020)

§ 4º O valor da aposentadoria de que trata este artigo será apurado na forma prevista no § 3º do art. 188-H. (Incluído pelo Decreto nº 10.410, de 2020)

Art. 188-N. Ressalvado o direito de opção pelas aposentadorias de que tratam os art. 51, art. 54, art. 188-H ao 188-M e art. 188-O, observado o disposto no art. 199-A, a aposentadoria por tempo de contribuição será devida, a qualquer tempo, ao professor filiado ao RGPS até 13 de novembro de 2019 que comprovar tempo de efetivo exercício exclusivamente em função de magistério na educação infantil, no ensino fundamental ou no ensino médio e cumprir, cumulativamente, os seguintes requisitos: (Incluído pelo Decreto nº 10.410, de 2020)

I - cinquenta e um anos de idade, se mulher, e cinquenta e seis anos de idade, se homem; (Incluído pelo Decreto nº 10.410, de 2020)

II - vinte e cinco anos de contribuição, se mulher, e trinta anos de contribuição, se homem; e (Incluído pelo Decreto nº 10.410, de 2020)

III - carência de cento e oitenta contribuições mensais, para ambos os sexos. (Incluído pelo Decreto nº 10.410, de 2020)

§ 1º A partir de 1º de janeiro de 2020, serão acrescidos seis meses a cada ano à idade considerada mínima para aposentadoria por idade até atingir cinquenta e sete anos, para as mulheres, e sessenta anos de idade, para os homens. (Incluído pelo Decreto nº 10.410, de 2020)

§ 2º A data do início da aposentadoria de que trata este artigo será estabelecida em conformidade com o disposto no art. 52. (Incluído pelo Decreto nº 10.410, de 2020)

§ 3º O valor da aposentadoria de que trata este artigo será apurado na forma prevista no § 3º do art. 188-H. (Incluído pelo Decreto nº 10.410, de 2020)

Art. 188-O. Ressalvado o direito de opção pelas aposentadorias de que tratam os art. 51, art. 54 e art. 188-H ao 188-N, observado o disposto nos § 2º e § 3º do art. 54, a aposentadoria por tempo de contribuição será devida, a qualquer tempo, ao professor filiado ao RGPS até 13 de novembro de 2019 que comprovar tempo de efetivo exercício exclusivamente em função de magistério na educação infantil, no ensino fundamental ou no ensino médio e que cumprir, cumulativamente, os seguintes requisitos: (Incluído pelo Decreto nº 10.410, de 2020)

I - cinquenta e dois anos de idade, se mulher, e cinquenta e cinco anos de idade, se homem; (Incluído pelo Decreto nº 10.410, de 2020)

II - vinte e cinco anos de contribuição, se mulher, e trinta anos de contribuição, se homem; (Incluído pelo Decreto nº 10.410, de 2020)

III - cumprimento de período adicional de contribuição correspondente ao tempo que, em 13 de novembro de 2019, faltaria para atingir vinte e cinco anos de contribuição, se mulher, e trinta anos de contribuição, se homem; e (Incluído pelo Decreto nº 10.410, de 2020)

IV - carência de cento e oitenta contribuições mensais, para ambos os sexos. (Incluído pelo Decreto nº 10.410, de 2020)

§ 1º A data do início da aposentadoria de que trata este artigo será estabelecida em conformidade com o disposto no art. 52. (Incluído pelo Decreto nº 10.410, de 2020)

§ 2º O valor da aposentadoria de que trata este artigo corresponderá a cem por cento do salário de benefício definido na forma prevista no art. 32. (Incluído pelo Decreto nº 10.410, de 2020)

Art. 188-P. Ressalvado o direito de opção pelas aposentadorias de que tratam os art. 51, art. 64 e art. 188-I ao 188-L, uma vez cumprido o período de carência exigido, a aposentadoria especial será devida ao segurado empregado, trabalhador avulso e contribuinte individual, este último somente quando cooperado filiado a cooperativa de trabalho ou de produção, filiados ao RGPS até 13 de novembro de 2019, quando o somatório da sua idade e do seu tempo de contribuição e o tempo de efetiva exposição forem, respectivamente, de: (Incluído pelo Decreto nº 10.410, de 2020)

I - sessenta e seis pontos e quinze anos de efetiva exposição; (Incluído pelo Decreto nº 10.410, de 2020)

II - setenta e seis pontos e vinte anos de efetiva exposição; ou (Incluído pelo Decreto nº 10.410, de 2020)

III - oitenta e seis pontos e vinte e cinco anos de efetiva exposição. (Incluído pelo Decreto nº 10.410, de 2020)

§ 1º A idade e o tempo de contribuição serão apurados em dias para o cálculo do somatório de pontos a que se refere o *caput*. (Incluído pelo Decreto nº 10.410, de 2020)

§ 2º A data do início da aposentadoria de que trata este artigo será estabelecida em conformidade com o disposto no art. 52. (Incluído pelo Decreto nº 10.410, de 2020)

§ 3º O valor da aposentadoria de que trata este artigo corresponderá a sessenta por cento do salário de benefício definido na forma prevista no art. 32, com acréscimo de dois pontos percentuais para cada ano de contribuição que exceder o tempo de vinte anos de contribuição, exceto na hipótese prevista no inciso I do *caput*, e das mulheres, cujo acréscimo será aplicado para cada ano que exceder quinze anos de tempo de contribuição. (Incluído pelo Decreto nº 10.410, de 2020)

§ 4º A concessão da aposentadoria especial prevista neste artigo dependerá da comprovação, durante os períodos mínimos exigidos: (Incluído pelo Decreto nº 10.410, de 2020)

I - do tempo de trabalho permanente, não ocasional nem intermitente; e (Incluído pelo Decreto nº 10.410, de 2020)

II - da efetiva exposição do segurado a agentes químicos, físicos e biológicos prejudiciais à saúde ou à integridade física, ou a associação desses agentes, comprovada na forma prevista nos art. 64 ao art. 68. (Incluído pelo Decreto nº 10.410, de 2020)

§ 5º A conversão de tempo de atividade sob condições especiais em tempo de atividade comum aplica-se somente ao trabalho prestado até 13 de novembro de 2019, em conformidade com o disposto na seguinte tabela: (Incluído pelo Decreto nº 10.410, de 2020)

TEMPO A CONVERTER	MULTIPLICADORES	
	MULHER (30 ANOS DE CONTRIBUIÇÃO)	HOMEM (35 ANOS DE CONTRIBUIÇÃO)
DE 15 ANOS	2,00	2,33
DE 20 ANOS	1,50	1,75
DE 25 ANOS	1,20	1,40

§ 6º A caracterização e a comprovação do tempo de atividade sob condições especiais obedecerão ao disposto na legislação em vigor à época da prestação do serviço. (Incluído pelo Decreto nº 10.410, de 2020)

Art. 188-Q. Para a aposentadoria por idade concedida a pessoa com deficiência, será assegurada, exclusivamente para fins de cálculo do valor da renda mensal, a conversão do período de exercício de atividade sujeito a condições especiais que prejudiquem a sua saúde ou a sua integridade física, cumprido na condição de pessoa com deficiência até 13 de novembro de 2019, vedado o cômputo do tempo convertido para fins de carência. (Incluído pelo Decreto nº 10.410, de 2020)

Art. 189. Os benefícios de legislação especial pagos pela previdência social à conta do Tesouro Nacional e de ex-combatentes, iniciados até 16 de dezembro de 1998, serão reajustados com base nos mesmos índices aplicáveis aos benefícios de prestação continuada da previdência social.

Art. 190. A partir de 14 de outubro de 1996, não serão mais devidos os benefícios de legislação específica do jornalista profissional, do jogador profissional de futebol e do telefonista.

Parágrafo único. A aposentadoria especial do aeronauta nos moldes do Decreto-lei nº 158, de 10 de fevereiro de 1967, está extinta a partir de 16 de dezembro de 1998, passando a ser devida ao aeronauta os benefícios deste Regulamento.

Art. 191. É vedada a inclusão em regime próprio de previdência social do servidor de que tratam as alíneas "i", "l" e "m" do inciso I do *caput* do art. 9º, sendo automática sua filiação ao Regime Geral de Previdência Social a partir de 16 de dezembro de 1998.

Art. 192. Aos menores de dezesseis anos filiados ao Regime Geral de Previdência Social até 16 de dezembro de 1998 são assegurados todos os direitos previdenciários.

Art. 193. O Instituto Nacional do Seguro Social deverá rever:

I - as aposentadorias concedidas no período de 29 de abril de 1995 até a data da publicação deste Regulamento, com conversão de tempo de atividade sob condições especiais em tempo de atividade comum, considerando-se a legislação vigente quando do cumprimento dos requisitos necessários à concessão das referidas aposentadorias; e

II - as aposentadorias por tempo de serviço e especial e as certidões de tempo de serviço com cômputo de tempo de serviço rural concedidas ou emitidas a partir de 24 de julho de 1991 até a data da publicação deste Regulamento.

LIVRO III
DO CUSTEIO DA SEGURIDADE SOCIAL

TÍTULO I
DO FINANCIAMENTO DA SEGURIDADE SOCIAL

CAPÍTULO I
INTRODUÇÃO

Art. 194. A seguridade social é financiada por toda a sociedade, de forma direta e indireta, mediante recursos provenientes dos orçamentos da União, dos Estados, do Distrito Federal, dos Municípios e de contribuições sociais.

Art. 195. No âmbito federal, o orçamento da seguridade social é composto de receitas provenientes:

I - da União;

II - das contribuições sociais; e

III - de outras fontes.

Parágrafo único. Constituem contribuições sociais:

I - as das empresas, incidentes sobre a remuneração paga, devida ou creditada aos segurados e demais pessoas físicas a seu serviço, mesmo sem vínculo empregatício;

II - as dos empregadores domésticos, incidentes sobre o salário-de-contribuição dos empregados domésticos a seu serviço;

III - as dos trabalhadores, incidentes sobre seu salário-de-contribuição;

IV - as das associações desportivas que mantêm equipe de futebol profissional, incidentes sobre a receita bruta decorrente dos espetáculos desportivos de que participem em todo território nacional em qualquer modalidade desportiva, inclusive jogos internacionais, e de qualquer forma de patrocínio, licenciamento de uso de marcas e símbolos, publicidade, propaganda e transmissão de espetáculos desportivos;

V - as incidentes sobre a receita bruta proveniente da comercialização da produção rural;

VI - as das empresas, incidentes sobre a receita ou o faturamento e o lucro; e

VII - as incidentes sobre a receita de concursos de prognósticos.

CAPÍTULO II
DA CONTRIBUIÇÃO DA UNIÃO

Art. 196. A contribuição da União é constituída de recursos adicionais do Orçamento Fiscal, fixados obrigatoriamente na Lei Orçamentária anual.

Parágrafo único. A União é responsável pela cobertura de eventuais insuficiências financeiras da seguridade social, quando decorrentes do pagamento de benefícios de prestação continuada da previdência social, na forma da Lei Orçamentária anual.

Art. 197. Para pagamento dos encargos previdenciários da União poderão contribuir os recursos da seguridade social referidos no inciso VI do parágrafo único do art. 195, na forma da Lei Orçamentária anual, assegurada a destinação de recursos para as ações de saúde e assistência social.

CAPÍTULO III
DA CONTRIBUIÇÃO DO SEGURADO

SEÇÃO I
DA CONTRIBUIÇÃO DO SEGURADO EMPREGADO, EMPREGADO DOMÉSTICO E TRABALHADOR AVULSO

Art. 198. A contribuição do segurado empregado, inclusive o doméstico, e do trabalhador avulso é calculada por meio da aplicação da alíquota correspondente, de forma progressiva, sobre o seu salário de contribuição mensal, observado o disposto no art. 214, de acordo com a seguinte tabela, com vigência a partir de 1º de março de 2020: (Redação dada pelo Decreto nº 10.410, de 2020)

SALÁRIO DE CONTRIBUIÇÃO (R$)	ALÍQUOTA PARA FINS DE RECOLHIMENTO AO INSS
ATÉ UM SALÁRIO-MÍNIMO	7,5%
ACIMA DE UM SALÁRIO-MÍNIMO ATÉ 2.089,60	9%
DE 2.089,61 ATÉ 3.134,40	12%
DE 3.134,41 ATÉ 6.101,06	14%

Parágrafo único. A contribuição do segurado trabalhador rural a que se refere à alínea "r" do inciso I do art. 9º é de oito por cento sobre o respectivo salário-de-contribuição definido no inciso I do art. 214. (Incluído pelo Decreto nº 6.722, de 2008).

SEÇÃO II
DA CONTRIBUIÇÃO DOS SEGURADOS CONTRIBUINTE INDIVIDUAL E FACULTATIVO (REDAÇÃO DADA PELO DECRETO Nº 3.265, DE 1999)

Art. 199. A alíquota de contribuição dos segurados contribuinte individual e facultativo é de vinte por cento aplicada sobre o respectivo salário-de-contribuição, observado os limites a que se referem os §§ 3º e 5º do art. 214.(Redação dada pelo Decreto nº 3.265, de 1999)

Art. 199-A. A partir da competência em que o segurado fizer a opção pela exclusão do direito ao benefício de aposentadoria por tempo de contribuição, é de onze por cento, sobre o valor correspondente ao limite mínimo mensal do salário-de-contribuição, a alíquota de contribuição: (Incluído pelo Decreto nº 6.042, de 2007).

I - do segurado contribuinte individual, que trabalhe por conta própria, sem relação de trabalho com empresa ou equiparado; (Incluído pelo Decreto nº 6.042, de 2007).

II - do segurado facultativo, observado o disposto no inciso II do § 1º; e (Redação dada pelo Decreto nº 10.410, de 2020)

III - até a competência abril de 2011, do MEI, de que trata o § 26 do art. 9º, cuja contribuição deverá ser recolhida na forma regulamentada em ato do Comitê Gestor do Simples Nacional. (Redação dada pelo Decreto nº 10.410, de 2020)

§ 1º A alíquota de contribuição de que trata o *caput* é de cinco por cento: (Redação dada pelo Decreto nº 10.410, de 2020)

I - a partir da competência maio de 2011, para o MEI, de que trata o § 26 do art. 9º, cuja contribuição deverá ser recolhida na forma regulamentada em ato do Comitê Gestor do Simples Nacional; e (Incluído pelo Decreto nº 10.410, de 2020)

II - a partir da competência setembro de 2011, para o segurado facultativo sem renda própria que se dedique exclusivamente ao trabalho doméstico no âmbito de sua residência, desde que pertencente a família de baixa renda, observado o disposto no § 5º. (Incluído pelo Decreto nº 10.410, de 2020)

§ 2º O segurado, inclusive aquele com deficiência, que tenha contribuído na forma do *caput* e do § 1º e pretenda contar o tempo de contribuição correspondente para fins de obtenção de aposentadoria por tempo de contribuição ou de contagem recíproca do tempo de contribuição deverá complementar a contribuição mensal. (Redação dada pelo Decreto nº 10.410, de 2020)

§ 3º A complementação de que trata o § 2º será feita por meio do recolhimento da diferença entre o per-

PREVIDENCIÁRIO

centual pago e o de vinte por cento sobre o valor correspondente ao limite mínimo mensal do salário de contribuição em vigor na competência a ser complementada, acrescido dos juros moratórios de que trata o § 3º do art. 5º da Lei no 9.430, de 27 de dezembro de 1996. (Redação dada pelo Decreto nº 10.410, de 2020)

§ 4º A contribuição complementar referida nos § 2º e § 3º será exigida a qualquer tempo, sob pena do indeferimento ou do cancelamento da certidão emitida para fins de contagem recíproca ou da aposentadoria por tempo de contribuição, observado o disposto no art. 347-A. (Incluído pelo Decreto nº 10.410, de 2020)

§ 5º Para fins do disposto no inciso II do § 1º, considera-se de baixa renda a família inscrita no Cadastro Único para Programas Sociais do Governo Federal - CadÚnico cuja renda mensal seja de até dois salários-mínimos. (Incluído pelo Decreto nº 10.410, de 2020)

§ 6º O segurado facultativo que auferir renda própria não poderá recolher contribuição na forma prevista no § 1º, exceto se a renda for proveniente, exclusivamente, de auxílios assistenciais de natureza eventual e temporária e de valores oriundos de programas sociais de transferência de renda, observado o disposto no § 5º. (Incluído pelo Decreto nº 10.410, de 2020)

SEÇÃO III
DA CONTRIBUIÇÃO DO PRODUTOR RURAL PESSOA FÍSICA E DO SEGURADO ESPECIAL

Art. 200. A contribuição do empregador rural pessoa física, em substituição à contribuição de que tratam o inciso I do art. 201 e o art.202, e a do segurado especial, incidente sobre a receita bruta da comercialização da produção rural, é de: (Redação dada pelo Decreto nº 4.032, de 2001)

I - um inteiro e dois décimos por cento; e (Redação dada pelo Decreto nº 10.410, de 2020)

II - zero vírgula um por cento para o financiamento dos benefícios concedidos em razão do grau de incidência de incapacidade laborativa decorrente dos riscos ambientais do trabalho.

§ 1º (Revogado pelo Decreto nº 4.032, de 2001)

§ 2º O segurado especial referido neste artigo, além da contribuição obrigatória de que tratam os incisos I e II do *caput*, poderá contribuir, facultativamente, na forma do art. 199.(Redação dada pelo Decreto nº 6.042, de 2007).

§ 3º O produtor rural pessoa física de que trata a alínea "a" do inciso V do *caput* do art. 9º contribui, também, obrigatoriamente, na forma do art. 199, observando ainda o disposto nas alíneas "a" e "b" do inciso I do art. 216.

§ 4º Integra a receita bruta de que trata este artigo, além dos valores decorrentes da comercialização da produção relativa aos produtos a que se refere o § 5º, a receita proveniente: (Redação dada pelo Decreto nº 6.722, de 2008).

I - da comercialização da produção obtida em razão de contrato de parceria ou meação de parte do imóvel rural; (Incluído pelo Decreto nº 6.722, de 2008).

II - da comercialização de artigos de artesanato de que trata o inciso VII do § 8º do art. 9º; (Incluído pelo Decreto nº 6.722, de 2008).

III - de serviços prestados, de equipamentos utilizados e de produtos comercializados no imóvel rural, desde que em atividades turística e de entretenimento desenvolvidas no próprio imóvel, inclusive hospedagem, alimentação, recepção, recreação e atividades pedagógicas, bem como taxa de visitação e serviços especiais; (Incluído pelo Decreto nº 6.722, de 2008).

IV - do valor de mercado da produção rural dada em pagamento ou que tiver sido trocada por outra, qualquer que seja o motivo ou finalidade; e (Incluído pelo Decreto nº 6.722, de 2008).

V - de atividade artística de que trata o inciso VIII do § 8º do art. 9º. (Incluído pelo Decreto nº 6.722, de 2008).

§ 5º Integram a produção, para os efeitos dos incisos I e II do *caput*, observado o disposto no § 25 do art. 9º, os produtos de origem animal ou vegetal, em estado natural ou submetidos a processos de beneficiamento ou industrialização rudimentar, assim compreendidos, entre outros, os processos de lavagem, limpeza, descaroçamento, pilagem, descascamento, lenhamento, pasteurização, resfriamento, secagem, socagem, fermentação, embalagem, cristalização, fundição, carvoejamento, cozimento, destilação, moagem e torrefação, bem como os subprodutos e os resíduos obtidos por meio desses processos. (Redação dada pelo Decreto nº 6.722, de 2008).

§ 6º (Revogado pelo Decreto nº 6.722, de 2008).

§ 7º A contribuição de que trata este artigo será recolhida:

I - pela empresa adquirente, consumidora ou consignatária ou a cooperativa, que ficam sub-rogadas no cumprimento das obrigações do produtor rural pessoa física de que trata a alínea "a" do inciso V do *caput* do art. 9º e do segurado especial, independentemente de as operações de venda ou consignação terem sido realizadas diretamente com estes ou com intermediário pessoa física, exceto nos casos do inciso III;

II - pela pessoa física não produtor rural, que fica sub-rogada no cumprimento das obrigações do produtor rural pessoa física de que trata a alínea "a" do inciso V do *caput* do art. 9º e do segurado especial, quando adquire produção para venda, no varejo, a consumidor pessoa física; ou

III - pela pessoa física de que trata alínea "a" do inciso V do *caput* do art. 9º e pelo segurado especial, caso comercializem sua produção com adquirente domiciliado no exterior, diretamente, no varejo, a consumidor pessoa física, a outro produtor rural pessoa física ou a outro segurado especial.

§ 8º O produtor rural pessoa física continua obrigado a arrecadar e recolher ao Instituto Nacional do Seguro Social a contribuição do segurado empregado e do trabalhador avulso a seu serviço, descontando-a da respectiva remuneração, nos mesmos prazos e segundo as mesmas normas aplicadas às empresas em geral.

§ 9º Sem prejuízo do disposto no inciso III do § 7º, o produtor rural pessoa física e o segurado especial são obrigados a recolher, diretamente, a contribuição incidente sobre a receita bruta proveniente: (Incluído pelo Decreto nº 6.722, de 2008).

I - da comercialização de artigos de artesanato elaborados com matéria-prima produzida pelo respectivo grupo familiar; (Incluído pelo Decreto nº 6.722, de 2008).

II - de comercialização de artesanato ou do exercício de atividade artística, observado o disposto nos incisos VII e VIII do § 8º do art. 9º; e (Incluído pelo Decreto nº 6.722, de 2008).

III - de serviços prestados, de equipamentos utilizados e de produtos comercializados no imóvel rural, desde que em atividades turística e de entretenimento desenvolvidas no próprio imóvel, inclusive hospedagem, alimentação, recepção, recreação e atividades pedagógicas, bem como taxa de visitação e serviços especiais. (Incluído pelo Decreto nº 6.722, de 2008).

§ 10. O segurado especial é obrigado a arrecadar a contribuição de trabalhadores a seu serviço e a recolhê-la no prazo referido na alínea "b" do inciso I do art. 216. (Incluído pelo Decreto nº 6.722, de 2008).

§ 11. Não integram a base de cálculo da contribuição de que trata o *caput* a produção rural destinada ao plantio ou ao reflorestamento nem o produto animal destinado à reprodução ou à criação pecuária ou granjeira e à utilização como cobaia para fins de pesquisas científicas, quando vendido pelo próprio produtor a quem o utilize diretamente com essas finalidades e, no caso de produto vegetal, a pessoa ou entidade registrada no Ministério da Agricultura, Pecuária e Abastecimento que se dedique ao comércio de sementes e mudas no País. (Incluído pelo Decreto nº 10.410, de 2020)

§ 12. O produtor rural pessoa física poderá optar por contribuir na forma prevista no *caput* deste artigo ou na forma prevista no inciso I do *caput* do art. 201 e no art. 202, hipótese em que deverá manifestar a sua opção por meio do pagamento da contribuição incidente sobre a folha de salários relativa a janeiro de cada ano-calendário ou à primeira competência subsequente ao início da atividade rural. (Incluído pelo Decreto nº 10.410, de 2020)

§ 13. A opção de contribuição de que trata o § 12 será irretratável para todo o ano-calendário. (Incluído pelo Decreto nº 10.410, de 2020)

Art. 200-A. Equipara-se ao empregador rural pessoa física o consórcio simplificado de produtores rurais, formado pela união de produtores rurais pessoas físicas, que outorgar a um deles poderes para contratar, gerir e demitir trabalhadores rurais, na condição de empregados, para prestação de serviços, exclusivamente, aos seus integrantes, mediante documento registrado em cartório de títulos e documentos. (Incluído pelo Decreto nº 4.032, de 2001)

§ 1º O documento de que trata o *caput* deverá conter a identificação de cada produtor, seu endereço pessoal e o de sua propriedade rural, bem como o respectivo registro no Instituto Nacional de Colonização e Reforma Agrária ou informações relativas à parceria, arrendamento ou equivalente e à matrícula no INSS de cada um dos produtores rurais. (Incluído pelo Decreto nº 4.032, de 2001)

§ 2º O consórcio deverá ser matriculado no INSS, na forma por este estabelecida, em nome do empregador a quem hajam sido outorgados os mencionados poderes.(Incluído pelo Decreto nº 4.032, de 2001)

Art. 200-B. As contribuições de que tratam o inciso I do art. 201 e o art. 202, bem como a devida ao Serviço Nacional Rural, são substituídas, em relação à remuneração paga, devida ou creditada ao trabalhador rural contratado pelo consórcio simplificado de produtores rurais de que trata o art. 200-A, pela contribuição dos respectivos produtores rurais.(Incluído pelo Decreto nº 4.032, de 2001)

CAPÍTULO IV
DAS CONTRIBUIÇÕES DA EMPRESA E DO EMPREGADOR DOMÉSTICO

SEÇÃO I
DAS CONTRIBUIÇÕES DA EMPRESA

Art. 201. A contribuição a cargo da empresa, destinada à seguridade social, é de:

I - vinte por cento sobre o total das remunerações pagas, devidas ou creditadas, a qualquer título, no decorrer do mês, aos segurados empregado e trabalhador avulso, além das contribuições previstas nos arts. 202 e 204; (Redação dada pelo Decreto nº 3.265, de 1999)

II - vinte por cento sobre o total das remunerações ou retribuições pagas ou creditadas no decorrer do mês ao segurado contribuinte individual; (Redação dada pelo Decreto nº 3.265, de 1999)

III - (Revogado pelo Decreto nº 10.410, de 2020)

IV - um inteiro e sete décimos por cento sobre o total da receita bruta proveniente da comercialização da produção rural, em substituição às contribuições previstas no inciso I do *caput* e no art. 202, quando se tratar de pessoa jurídica que tenha como fim apenas a atividade de produção rural. (Redação dada pelo Decreto nº 10.410, de 2020)

§ 1º São consideradas remuneração as importâncias auferidas em uma ou mais empresas, assim entendida a totalidade dos rendimentos pagos, devidos ou creditados a qualquer título, durante o mês, destinados a retribuir o trabalho, qualquer que seja a sua forma, inclusive os ganhos habituais sob a forma de utilidades, ressalvado o disposto no § 9º do art. 214 e excetuado o lucro distribuído ao segurado empresário, observados os termos do inciso II do § 5º.

§ 2º Para fins do disposto no inciso II do *caput*, integra a remuneração a bolsa de estudos paga ou creditada ao médico-residente participante do programa de residência médica de que trata o art. 4º da Lei nº 6.932, de 1981. (Redação dada pelo Decreto nº 10.410, de 2020)

§ 3º Não havendo comprovação dos valores pagos ou creditados aos segurados de que tratam as alíneas "e" a "i" do inciso V do art. 9º, em face de recusa ou sonegação de qualquer documento ou informação, ou sua apresentação deficiente, a contribuição da empresa referente a esses segurados será de vinte por cento sobre: (Redação dada pelo Decreto nº 3.452, de 2000)

I - o salário-de-contribuição do segurado nessa condição; (Incluído pelo Decreto nº 3.452, de 2000)

II - a maior remuneração paga a empregados da empresa; ou (Incluído pelo Decreto nº 3.452, de 2000)

III - o salário mínimo, caso não ocorra nenhuma das hipóteses anteriores. (Incluído pelo Decreto nº 3.452, de 2000)

§ 4º Na contratação de serviços de transporte rodoviário de carga ou de passageiro ou de serviços prestados com a utilização de trator, máquina de terraplenagem, colheitadeira e assemelhados a base de cálculo da contribuição da empresa corresponde a vinte por cento do valor registrado na nota fiscal, na fatura ou no recibo, quando esses serviços forem prestados sem vínculo empregatício por condutor autônomo de veículo rodoviário, auxiliar de condutor autônomo de veículo rodoviário, inclusive por taxista e motorista de transporte remunerado privado individual de passageiros, e operador de máquinas. (Redação dada pelo Decreto nº 10.410, de 2020)

§ 5º No caso de sociedade civil de prestação de serviços profissionais relativos ao exercício de profissões legalmente regulamentadas, a contribuição da empresa referente aos segurados a que se referem as alíneas "g" a "i" do inciso V do art. 9º, observado o disposto no art. 225 e legislação específica, será de vinte por cento sobre: (Redação dada pelo Decreto nº 3.265, de 1999)

I - a remuneração paga ou creditada aos sócios em decorrência de seu trabalho, de acordo com a escrituração contábil da empresa; ou

II - os valores totais pagos ou creditados aos sócios, ainda que a título de antecipação de lucro da pessoa jurídica, quando não houver discriminação entre a remuneração decorrente do trabalho e a proveniente do capital social ou tratar-se de adiantamento de resultado ainda não apurado por meio de demonstração de resultado do exercício. (Redação dada pelo Decreto nº 4.729, de 2003)

§ 6º No caso de banco comercial, banco de investimento, banco de desenvolvimento, caixa econômica, sociedade de crédito, financiamento e investimento, sociedade de crédito imobiliário, inclusive associação de poupança e empréstimo, sociedade corretora, distribuidora de títulos e valores mobiliários, inclusive bolsa de mercadorias e de valores, empresa de arrendamento mercantil, cooperativa de crédito, empresa de seguros privados e de capitalização, agente autônomo de seguros privados e de crédito e entidade de previdência privada, aberta e fechada, além das contribuições referidas nos incisos I e II do *caput* e nos arts. 202 e 204, é devida a contribuição adicional de dois vírgula cinco por cento sobre a base de cálculo definida nos incisos I e II do *caput*. (Redação dada pelo Decreto nº 3.265, de 1999)

§ 7º A pessoa jurídica enquadrada na condição de microempresa ou de empresa de pequeno porte, na forma do art. 2º da Lei nº 9.317, de 5 de dezembro de 1996, que optar pela inscrição no Sistema Integrado de Pagamento de Impostos e Contribuições das Microempresas e Empresas de Pequeno Porte, contribuirá na forma estabelecida no art. 23 da referida Lei, em substituição às contribuições de que tratam os incisos

I a IV do *caput* e os arts. 201-A, 202 e 204. (Redação dada pelo Decreto nº 4.032, de 2001)

§ 8º A contribuição será sempre calculada na forma do inciso II do *caput* quando a remuneração ou retribuição for paga ou creditada a pessoa física, quando ausentes os requisitos que caracterizem o segurado como empregado, mesmo que não esteja inscrita no Regime Geral de Previdência Social. (Redação dada pelo Decreto nº 3.265, de 1999)

§§ 9º a 14. (Revogados pelo Decreto nº 3.265, de 1999)

§ 15. Para fins do disposto no inciso IV do *caput* e no § 8º do art. 202, considera-se receita bruta o valor recebido ou creditado pela comercialização da produção, assim entendida a operação de venda ou consignação, observadas as disposições constantes dos § 5º e § 11 do art. 200. (Redação dada pelo Decreto nº 10.410, de 2020)

§ 16. A partir de 14 de outubro de 1996, as contribuições de que tratam o inciso IV do *caput* e o § 8º do art. 202 são de responsabilidade do produtor rural pessoa jurídica, não sendo admitida a sub-rogação ao adquirente, consignatário ou cooperativa.

§ 17. O produtor rural pessoa jurídica continua obrigado a arrecadar e recolher ao Instituto Nacional do Seguro Social a contribuição do segurado empregado e do trabalhador avulso a seu serviço, descontando-a da respectiva remuneração, nos mesmos prazos e segundo as mesmas normas aplicadas às empresas em geral.

§ 18. (Revogado pelo Decreto nº 4.032, de 2001)

§ 19. A cooperativa de trabalho não está sujeita à contribuição de que trata o inciso II do *caput*, em relação às importâncias por ela pagas, distribuídas ou creditadas aos respectivos cooperados, a título de remuneração ou retribuição pelos serviços que, por seu intermédio, tenham prestado a empresas. (Redação dada pelo Decreto nº 3.452, de 2000))

§ 20. (Revogado pelo Decreto nº 10.410, de 2020)

§ 21. O disposto no inciso IV do *caput* não se aplica às operações relativas à prestação de serviços a terceiros, cujas contribuições previdenciárias continuam sendo devidas na forma deste artigo e do art. 202.(Incluído pelo Decreto nº 4.032, de 2001)

§ 22. A pessoa jurídica, exceto a agroindústria, que, além da atividade rural, explorar também outra atividade econômica autônoma, quer seja comercial, industrial ou de serviços, no mesmo ou em estabelecimento distinto, independentemente de qual seja a atividade preponderante, contribuirá de acordo com os incisos I, II e III do art. 201 e art. 202.(Incluído pelo Decreto nº 4.032, de 2001)

§ 23. Nos contratos de trabalho intermitente, a empresa recolherá as contribuições previdenciárias da empresa e do empregado e o valor devido ao FGTS, o qual será calculado com base nos valores pagos no período mensal, e fornecerá ao empregado o comprovante de cumprimento dessas obrigações. (Incluído pelo Decreto nº 10.410, de 2020)

§ 24. Não integram a base de cálculo da contribuição de que trata o inciso IV do *caput* a produção rural destinada ao plantio ou ao reflorestamento nem o produto animal destinado à reprodução ou à criação pecuária ou granjeira e à utilização como cobaia para fins de pesquisas científicas, quando vendido pelo próprio produtor a quem o utilize diretamente com essas finalidades e, no caso de produto vegetal, a pessoa ou entidade registrada no Ministério da Agricultura, Pecuária e Abastecimento que se dedique ao comércio de sementes e mudas no País. (Incluído pelo Decreto nº 10.410, de 2020)

§ 25. O empregador rural pessoa jurídica poderá optar por contribuir na forma prevista no inciso I do *caput* deste artigo e no *caput* do art. 202 ou na forma prevista no inciso IV do *caput* deste artigo e no § 8º do art. 202, hipótese em que deverá manifestar a sua opção por meio do pagamento da contribuição incidente sobre a folha de salários relativa a janeiro de cada ano-calendário ou à primeira competência subsequente ao início da atividade rural. (Incluído pelo Decreto nº 10.410, de 2020)

§ 26. A opção de contribuição de que trata o § 25 será irretratável para todo o ano-calendário. (Incluído pelo Decreto nº 10.410, de 2020)

§ 27. A empresa contratante de serviços de hidráulica, eletricidade, pintura, alvenaria, carpintaria e manutenção ou reparo de veículos, executados por intermédio de MEI, mantém, em relação a essa contratação, a obrigatoriedade de recolhimento da contribuição a que se referem o inciso II do *caput* e o § 6º. (Incluído pelo Decreto nº 10.410, de 2020)

Art. 201-A. A contribuição devida pela agroindústria, definida como sendo o produtor rural pessoa jurídica cuja atividade econômica seja a industrialização de produção própria ou de produção própria e adquirida de terceiros, incidente sobre o valor da receita bruta proveniente da comercialização da produção, em substituição às previstas no inciso I do art. 201 e art. 202, é de: (Incluído pelo Decreto nº 4.032, de 2001)

I - dois vírgula cinco por cento destinados à Seguridade Social; e (Incluído pelo Decreto nº 4.032, de 2001)

II - zero vírgula um por cento para o financiamento do benefício previsto nos arts. 64 a 70, e daqueles concedidos em razão do grau de incidência de incapacidade para o trabalho decorrente dos riscos ambientais da atividade. (Incluído pelo Decreto nº 4.032, de 2001)

§ 1º Para os fins deste artigo, entende-se por receita bruta o valor total da receita proveniente da comercialização da produção própria e da adquirida de terceiros, industrializada ou não. (Incluído pelo Decreto nº 4.032, de 2001)

§ 2º O disposto neste artigo não se aplica às operações relativas à prestação de serviços a terceiros, cujas contribuições previdenciárias continuam sendo devidas na forma do art. 201 e 202, obrigando-se a empresa a elaborar folha de salários e registros contábeis distintos. (Incluído pelo Decreto nº 4.032, de 2001)

§ 3º Na hipótese do § 2º, a receita bruta correspondente aos serviços prestados a terceiros não integram a base de cálculo da contribuição de que trata o *caput*. (Incluído pelo Decreto nº 4.032, de 2001)

§ 4º O disposto neste artigo não se aplica: (Redação dada pelo Decreto nº 4.862, de 2003)

I - às sociedades cooperativas e às agroindústrias de piscicultura, carcinicultura, suinocultura e avicultura; e(Incluído pelo Decreto nº 4.862, de 2003)

II - à pessoa jurídica que, relativamente à atividade rural, se dedique apenas ao florestamento e reflorestamento como fonte de matéria-prima para industrialização própria mediante a utilização de processo industrial que modifique a natureza química da madeira ou a transforme em pasta celulósica. (Incluído pelo Decreto nº 4.862, de 2003)

§ 5º Aplica-se o disposto no inciso II do § 4º ainda que a pessoa jurídica comercialize resíduos vegetais ou sobras ou partes da produção, desde que a receita bruta decorrente dessa comercialização represente menos de um por cento de sua receita bruta proveniente da comercialização da produção. (Incluído pelo Decreto nº 4.862, de 2003)

Art. 201-B. Aplica-se o disposto no artigo anterior, ainda que a agroindústria explore, também, outra atividade econômica autônoma, no mesmo ou em estabelecimento distinto, hipótese em que a contribuição incidirá sobre o valor da receita bruta dela decorrente. (Incluído pelo Decreto nº 4.032, de 2001)

Art. 201-C. Quando a cooperativa de produção rural contratar empregados para realizarem, exclusivamente, a colheita da produção de seus cooperados, as contribuições de que tratam o art. 201, I, e o art. 202, relativas à folha de salário destes segurados, serão substituídas pela contribuição devida pelos cooperados, cujas colheitas sejam por eles realizadas, incidentes sobre a receita bruta da comercialização da produção rural, na forma prevista no art. 200, se pessoa física, no inciso IV do *caput* do art. 201 e no § 8º do art. 202, se pessoa jurídica. (Incluído pelo Decreto nº 4.032, de 2001)

§ 1º A cooperativa deverá elaborar folha de salários distinta e apurar os encargos decorrentes da contratação de que trata o *caput* separadamente dos relativos aos seus empregados regulares, discriminadamente por cooperado, na forma definida pelo INSS.(Incluído pelo Decreto nº 4.032, de 2001)

§ 2º A cooperativa é diretamente responsável pela arrecadação e recolhimento da contribuição previdenciária dos segurados contratados na forma deste artigo. (Incluído pelo Decreto nº 4.032, de 2001)

§ 3º O disposto neste artigo aplica-se à contribuição devida ao Serviço Nacional Rural.(Incluído pelo Decreto nº 4.032, de 2001)

Art. 201-D. As alíquotas de que tratam os incisos I e II do art. 201, em relação às empresas que prestam serviços de tecnologia da informação - TI e de tecnologia da informação e comunicação - TIC, ficam reduzidas de acordo com a aplicação sucessiva das seguintes operações: (Incluído pelo Decreto nº 6.945, de 2009) (Produção de efeito)

I - subtrair do valor da receita bruta total de venda de bens e serviços relativa aos doze meses imediatamente anteriores ao trimestre-calendário o valor correspondente aos impostos e às contribuições incidentes sobre venda; (Incluído pelo Decreto nº 6.945, de 2009) (Produção de efeito)

II - identificar, no valor da receita bruta total resultante da operação prevista no inciso I, a parte relativa aos serviços mencionados nos §§ 3º e 4º que foram exportados; (Incluído pelo Decreto nº 6.945, de 2009) (Produção de efeito)

III - dividir a receita bruta de exportação resultante do inciso II pela receita bruta total resultante do inciso I; (Incluído pelo Decreto nº 6.945, de 2009) (Produção de efeito)

IV - multiplicar a razão decorrente do inciso III por um décimo; (Incluído pelo Decreto nº 6.945, de 2009) (Produção de efeito)

V - multiplicar o valor encontrado de acordo com a operação do inciso IV por cem, para que se chegue ao percentual de redução; (Incluído pelo Decreto nº 6.945, de 2009) (Produção de efeito)

VI - subtrair de vinte por cento o percentual resultante do inciso V, de forma que se obtenha a nova alíquota percentual a ser aplicada sobre a base de cálculo da contribuição previdenciária. (Incluído pelo Decreto nº 6.945, de 2009) (Produção de efeito)

§ 1º A alíquota apurada na forma do inciso VI do *caput* será aplicada uniformemente nos meses que compõem o trimestre-calendário. (Incluído pelo Decreto nº 6.945, de 2009) (Produção de efeito)

§ 2º No caso de empresa em início de atividades ou sem receita de exportação até a data de publicação da Lei no 11.774, de 17 de setembro de 2008, a apuração de que trata o *caput* poderá ser realizada com base em período inferior a doze meses, observado o mínimo de três meses anteriores. (Incluído pelo Decreto nº 6.945, de 2009) (Produção de efeito)

§ 3º Para efeito do *caput*, consideram-se serviços de TI e TIC: (Incluído pelo Decreto nº 6.945, de 2009) (Produção de efeito)

I - análise e desenvolvimento de sistemas; (Incluído pelo Decreto nº 6.945, de 2009) (Produção de efeito)

II - programação; (Incluído pelo Decreto nº 6.945, de 2009) (Produção de efeito)

III - processamento de dados e congêneres; (Incluído pelo Decreto nº 6.945, de 2009) (Produção de efeito)

IV - elaboração de programas de computadores, inclusive de jogos eletrônicos; (Incluído pelo Decreto nº 6.945, de 2009) (Produção de efeito)

V - licenciamento ou cessão de direito de uso de programas de computação; (Incluído pelo Decreto nº 6.945, de 2009) (Produção de efeito)

VI - assessoria e consultoria em informática; (Incluído pelo Decreto nº 6.945, de 2009) (Produção de efeito)

VII - suporte técnico em informática, inclusive instalação, configuração e manutenção de programas de computação e bancos de dados; e (Incluído pelo Decreto nº 6.945, de 2009) (Produção de efeito)

VIII - planejamento, confecção, manutenção e atualização de páginas eletrônicas. (Incluído pelo Decreto nº 6.945, de 2009) (Produção de efeito)

§ 4º O disposto neste artigo aplica-se também a empresas que prestam serviços de call center. (Incluído pelo Decreto nº 6.945, de 2009) (Produção de efeito)

§ 5º No caso das empresas que prestam serviços referidos nos §§ 3º e 4º, os valores das contribuições devidas a terceiros, denominados outras entidades ou fundos, com exceção do Fundo Nacional de Desenvolvimento da Educação - FNDE, ficam reduzidos no percentual resultante das operações referidas no *caput* e de acordo com a aplicação sucessiva das seguintes operações: (Incluído pelo Decreto nº 6.945, de 2009) (Produção de efeito)

I - calcular a contribuição devida no mês a cada entidade ou fundo, levando em consideração as regras aplicadas às empresas em geral; (Incluído pelo Decreto nº 6.945, de 2009) (Produção de efeito)

II - aplicar o percentual de redução, resultante do inciso V do *caput*, sobre o valor resultante do inciso I; (Incluído pelo Decreto nº 6.945, de 2009) (Produção de efeito)

III - subtrair, do valor apurado na forma do inciso I, o valor obtido no inciso II, o que resultará no valor a ser recolhido a cada entidade ou fundo no mês. (Incluído pelo Decreto nº 6.945, de 2009) (Produção de efeito)

§ 6º As reduções de que tratam o *caput* e o § 5º pressupõem o atendimento ao seguinte: (Incluído pelo Decreto nº 6.945, de 2009) (Produção de efeito)

I - até 31 de dezembro de 2009, a empresa deverá implementar o Programa de Prevenção de Riscos Ambientais e de Doenças Ocupacionais previsto em lei, caracterizado pela plena execução do Programa de Prevenção de Riscos Ambientais - PPRA e do Programa de Controle Médico de Saúde Ocupacional - PCMSO, conforme disciplinado nas normas regulamentadoras do Ministério do Trabalho e Emprego, devendo ainda estabelecer metas de melhoria das condições e do ambiente de trabalho que reduzam a ocorrência de benefícios por incapacidade decorrentes de acidentes do trabalho ou doenças ocupacionais em pelo menos cinco por cento em relação ao ano anterior; (Redação dada pelo Decreto nº 7.331, de 2010)

II - até 31 de dezembro de 2010, a empresa que comprovar estar executando o programa de prevenção de riscos ambientais e de doenças ocupacionais implantado nos prazo e forma estabelecidos no inciso I, terá presumido o atendimento à exigência fixada no inciso I do § 9º do art. 14 da Lei no 11.774, de 2008; (Incluído pelo Decreto nº 6.945, de 2009) (Produção de efeito) (Vide Decreto nº 6.945, de 2009)

III - a partir de 1º de janeiro de 2011, a empresa deverá comprovar a eficácia do respectivo programa de prevenção de riscos ambientais e de doenças ocupacionais, por meio de relatórios que atestem o atendimento da meta de redução de sinistralidade nele estabelecida; (Incluído pelo Decreto nº 6.945, de 2009) (Produção de efeito) (Vide Decreto nº 6.945, de 2009)

IV - (Revogado pelo Decreto nº 7.331, de 2010)

§ 7º Sem prejuízo do disposto no § 6º, as empresas dos setores de TI e de TIC só farão jus às reduções de que tratam o *caput* e o § 5º se aplicarem montante igual ou superior a dez por cento do benefício auferido, alternativa ou cumulativamente em despesas: (Incluído pelo Decreto nº 6.945, de 2009) (Produção de efeito)

I - para capacitação de pessoal, relacionada a aspectos técnicos associados aos serviços de TI e TIC, referidos no § 3º, bem como a serviços de call centers, aí incluída a capacitação em temas diretamente relacionados com qualidade de produtos, processos ou sistemas, bem como a proficiência em línguas estrangeiras; (Incluído pelo Decreto nº 6.945, de 2009) (Produção de efeito)

II - relacionadas ao desenvolvimento de atividades de avaliação de conformidade, incluindo certificação de produtos, serviços e sistemas, realizadas com entidades ou especialistas do País ou do exterior; (Incluído pelo Decreto nº 6.945, de 2009) (Produção de efeito)

III - realizadas com desenvolvimento tecnológico de produtos, processos e serviços, sendo consideradas atividades de pesquisa e desenvolvimento em TI aquelas dispostas nos arts. 24 e 25 do Decreto no 5.906, de 26 de setembro de 2006; ou (Incluído pelo Decreto nº 6.945, de 2009) (Produção de efeito)

IV - realizadas no apoio a projetos de desenvolvimento científico ou tecnológico, por instituições de pesquisa e desenvolvimento, conforme definidos nos arts. 27 e 28 do Decreto no 5.906, de 2006, devidamente credenciadas pelo Comitê da Área de Tecnologia da Informação - CATI ou pelo Comitê das Atividades de Pesquisa e Desenvolvimento da Amazônia - CAPDA. (Incluído pelo Decreto nº 6.945, de 2009) (Produção de efeito)

§ 8º O valor do benefício e a especificação das contrapartidas referidos no § 7º deverão ser declarados formalmente pelas empresas beneficiárias, a cada exercício, ao Ministério da Ciência e Tecnologia, na forma a ser definida em ato daquele Ministério. (Incluído pelo Decreto nº 6.945, de 2009) (Produção de efeito)

§ 9º Para fins do § 8º, as empresas beneficiadas pela Lei no 8.248, de 23 de outubro de 1991, poderão deduzir do montante previsto no § 7º as despesas efetivamente realizadas, no atendimento às exigências da referida Lei, observado o disposto no § 10. (Incluído pelo Decreto nº 6.945, de 2009) (Produção de efeito)

§ 10. O disposto no § 9º aplica-se exclusivamente às despesas de mesma natureza das previstas no § 7º. (Incluído pelo Decreto nº 6.945, de 2009) (Produção de efeito)

§ 11. A União compensará, mensalmente, o Fundo do Regime Geral de Previdência Social, de que trata o art. 68 da Lei Complementar no 101, de 4 de maio de 2000, no valor correspondente à renúncia previdenciária decorrente da desoneração de que trata este artigo, de forma a não afetar a apuração do resultado financeiro do Regime Geral de Previdência Social. (Incluído pelo Decreto nº 6.945, de 2009) (Produção de efeito)

§ 12. A renúncia de que trata o § 11 consistirá na diferença entre o valor da contribuição que seria devido, como se não houvesse incentivo, e o valor da contribuição efetivamente recolhido. (Incluído pelo Decreto nº 6.945, de 2009) (Produção de efeito)

§ 13. O valor estimado da renúncia será incluído na Lei Orçamentária Anual, sem prejuízo do repasse enquanto não constar na mencionada Lei. (Incluído pelo Decreto nº 6.945, de 2009) (Produção de efeito)

§ 14. O não-cumprimento das exigências de que tratam os §§ 6º e 7º implica a perda do direito das reduções de que tratam o *caput* e o § 5º, ensejando o recolhimento da diferença de contribuições com os acréscimos legais cabíveis. (Incluído pelo Decreto nº 6.945, de 2009) (Produção de efeito)

Art. 202. A contribuição da empresa, destinada ao financiamento da aposentadoria especial, nos termos dos arts. 64 a 70, e dos benefícios concedidos em razão do grau de incidência de incapacidade laborativa decorrente dos riscos ambientais do trabalho corresponde à aplicação dos seguintes percentuais, incidentes sobre o total da remuneração paga, devida ou creditada a qualquer título, no decorrer do mês, ao segurado empregado e trabalhador avulso:

I - um por cento para a empresa em cuja atividade preponderante o risco de acidente do trabalho seja considerado leve;

II - dois por cento para a empresa em cuja atividade preponderante o risco de acidente do trabalho seja considerado médio; ou

III - três por cento para a empresa em cuja atividade preponderante o risco de acidente do trabalho seja considerado grave.

§ 1º As alíquotas constantes do *caput* serão acrescidas de doze, nove ou seis pontos percentuais, respectivamente, se a atividade exercida pelo segurado a serviço da empresa ensejar a concessão de aposentadoria especial após quinze, vinte ou vinte e cinco anos de contribuição.

§ 2º O acréscimo de que trata o parágrafo anterior incide exclusivamente sobre a remuneração do segurado sujeito às condições especiais que prejudiquem a saúde ou a integridade física.

§ 3º Considera-se preponderante a atividade que ocupa, em cada estabelecimento da empresa, o maior número de segurados empregados e de trabalhadores avulsos. (Redação dada pelo Decreto nº 10.410, de 2020)

§ 3º-A Considera-se estabelecimento da empresa a dependência, matriz ou filial, que tenha número de Cadastro Nacional da Pessoa Jurídica - CNPJ próprio e a obra de construção civil executada sob sua responsabilidade. (Incluído pelo Decreto nº 10.410, de 2020)

§ 4º A atividade econômica preponderante da empresa e os respectivos riscos de acidentes do trabalho compõem a Relação de Atividades Preponderantes e correspondentes Graus de Risco, prevista no Anexo V.

§ 5º É de responsabilidade da empresa realizar o enquadramento na atividade preponderante, cabendo à Secretaria da Receita Previdenciária do Ministério da Previdência Social revê-lo a qualquer tempo. (Redação dada pelo Decreto nº 6.042, de 2007).

§ 6º Verificado erro no auto-enquadramento, a Secretaria da Receita Previdenciária adotará as medidas necessárias à sua correção, orientará o responsável pela empresa em caso de recolhimento indevido e procederá à notificação dos valores devidos. (Redação dada pelo Decreto nº 6.042, de 2007).

§ 7º O disposto neste artigo não se aplica à pessoa física de que trata a alínea "a" do inciso V do *caput* do art. 9º.

§ 8º Quando se tratar de produtor rural pessoa jurídica que se dedique à produção rural e contribua nos moldes do inciso IV do *caput* do art. 201, a contribuição referida neste artigo corresponde a zero vírgula um por cento incidente sobre a receita bruta proveniente da comercialização de sua produção.

§ 9º (Revogado pelo Decreto nº 3.265, de 1999)

§ 10. Será devida contribuição adicional de doze, nove ou seis pontos percentuais, a cargo da cooperativa de produção, incidente sobre a remuneração paga, devida ou creditada ao cooperado filiado, na hipótese de exercício de atividade que autorize a concessão de aposentadoria especial após quinze, vinte ou vinte e cinco anos de contribuição, respectivamente. (Incluído pelo Decreto nº 4.729, de 2003)

§ 11. Será devida contribuição adicional de nove, sete ou cinco pontos percentuais, a cargo da empresa tomadora de serviços de cooperado filiado a cooperativa de trabalho, incidente sobre o valor bruto da nota fiscal ou fatura de prestação de serviços, conforme a atividade exercida pelo cooperado permita a concessão de aposentadoria especial após quinze, vinte ou vinte e cinco anos de contribuição, respectivamente. (Incluído pelo Decreto nº 4.729, de 2003)

§ 12. Para os fins do § 11, será emitida nota fiscal ou fatura de prestação de serviços específica para a atividade exercida pelo cooperado que permita a concessão de aposentadoria especial. (Incluído pelo Decreto nº 4.729, de 2003)

§ 13. A empresa informará mensalmente, por meio da Guia de Recolhimento do Fundo de Garantia do Tempo de Serviço e Informações à Previdência Social - GFIP, a alíquota correspondente ao seu grau de risco, a respectiva atividade preponderante e a atividade do estabelecimento, apuradas de acordo com o disposto nos §§ 3º e 5º. (Incluído pelo Decreto nº 6.042, de 2007)

Art. 202-A. As alíquotas a que se refere o *caput* do art. 202 serão reduzidas em até cinquenta por cento ou aumentadas em até cem por cento em razão do desempenho da empresa, individualizada pelo seu CNPJ em relação à sua atividade econômica, aferido pelo Fator Acidentário de Prevenção - FAP. (Redação dada pelo Decreto nº 10.410, de 2020)

§ 1º O FAP consiste em multiplicador variável em um intervalo contínuo de cinco décimos a dois inteiros aplicado à respectiva alíquota, considerado o critério de truncamento na quarta casa decimal. (Redação dada pelo Decreto nº 10.410, de 2020)

§ 2º Para fins da redução ou da majoração a que se refere o *caput*, o desempenho da empresa, individualizada pelo seu CNPJ será discriminado em relação à sua atividade econômica, a partir da criação de índice composto pelos índices de gravidade, de frequência e de custo que pondera os respectivos percentis. (Redação dada pelo Decreto nº 10.410, de 2020)

§ 3º(Revogado pelo Decreto nº 6.957, de 2009)

§ 4º Os índices de freqüência, gravidade e custo serão calculados segundo metodologia aprovada pelo Conselho Nacional de Previdência Social, levando-se em conta: (Incluído pelo Decreto nº 6.042, de 2007).

I - para o índice de frequência, os registros de acidentes ou benefícios de natureza acidentária; (Redação dada pelo Decreto nº 10.410, de 2020)

II - para o índice de gravidade, as hipóteses de auxílio por incapacidade temporária, auxílio-acidente, aposentadoria por incapacidade permanente, pensão por morte e morte de natureza acidentária, aos quais são atribuídos pesos diferentes em razão da gravidade da ocorrência, da seguinte forma: (Redação dada pelo Decreto nº 10.410, de 2020)

a) pensão por morte e morte de natureza acidentária - peso de cinquenta por cento; (Redação dada pelo Decreto nº 10.410, de 2020)

PREVIDENCIÁRIO

b) aposentadoria por incapacidade permanente - peso de trinta por cento; e (Redação dada pelo Decreto nº 10.410, de 2020)

c) auxílio por incapacidade temporária e auxílio-acidente - peso de dez por cento para cada; e (Redação dada pelo Decreto nº 10.410, de 2020)

III - para o índice de custo, os valores dos benefícios de natureza acidentária pagos ou devidos pela previdência social. (Redação dada pelo Decreto nº 10.410, de 2020)

§ 5º O Ministério da Economia publicará, anualmente, no Diário Oficial da União, portaria para disponibilizar consulta ao FAP e aos róis dos percentis de frequência, gravidade e custo por subclasse da Classificação Nacional de Atividades Econômicas. (Redação dada pelo Decreto nº 10.410, de 2020)

§ 6º O FAP produzirá efeitos tributários a partir do primeiro dia do quarto mês subseqüente ao de sua divulgação. (Incluído pelo Decreto nº 6.042, de 2007).

§ 7º Para o cálculo anual do FAP, serão utilizados os dados de janeiro a dezembro de cada ano, até completar o período de dois anos, a partir do qual os dados do ano inicial serão substituídos pelos novos dados anuais incorporados. (Redação dada pelo Decreto nº 6.957, de 2009)

§ 8º O FAP será calculado a partir de 1º de janeiro do ano seguinte àquele ano em que o estabelecimento completar dois anos de sua constituição. (Redação dada pelo Decreto nº 10.410, de 2020)

§ 9º(Revogado pelo Decreto nº 10.410, de 2020)

§ 10. A metodologia aprovada pelo Conselho Nacional de Previdência indicará a sistemática de cálculo e a forma de aplicação de índices e critérios acessórios à composição do índice composto do FAP. (Redação dada pelo Decreto nº 10.410, de 2020)

§ 11. (Revogado pelo Decreto nº 10.410, de 2020)

§ 12. (Revogado pelo Decreto nº 10.410, de 2020)

Art. 202-B. (Revogado pelo Decreto nº 10.410, de 2020)

Art. 203. A fim de estimular investimentos destinados a diminuir os riscos ambientais no trabalho, o Ministério da Previdência e Assistência Social poderá alterar o enquadramento de empresa que demonstre a melhoria das condições do trabalho, com redução dos agravos à saúde do trabalhador, obtida através de investimentos em prevenção e em sistemas gerenciais de risco.

§ 1º A alteração do enquadramento estará condicionada à inexistência de débitos em relação às contribuições devidas ao Instituto Nacional do Seguro Social e aos demais requisitos estabelecidos pelo Ministério da Previdência e Assistência Social.

§ 2º O Instituto Nacional do Seguro Social, com base principalmente na comunicação prevista no art. 336, implementará sistema de controle e acompanhamento de acidentes do trabalho.

§ 3º Verificado o descumprimento por parte da empresa dos requisitos fixados pelo Ministério da Previdência e Assistência Social, para fins de enquadramento de que trata o artigo anterior, o Instituto Nacional do Seguro Social procederá à notificação dos valores devidos.

Art. 204. As contribuições a cargo da empresa, provenientes do faturamento e do lucro, destinadas à seguridade social, são arrecadadas, normatizadas, fiscalizadas e cobradas pela Secretaria da Receita Federal. (Redação dada pelo Decreto nº 4.729, de 2003)

I - até 31 de março de 1992, dois por cento sobre sua receita bruta, estabelecida segundo o disposto no § 1º do art. 1º do Decreto-lei nº 1.940, de 25 de maio de 1982, com a redação dada pelo art. 22 do Decreto-lei nº 2.397, de 21 de dezembro de 1987, e alterações posteriores; a partir de 1º de abril de 1992 até 31 de janeiro de 1999, dois por cento sobre o faturamento mensal, assim considerado a receita bruta das vendas de mercadorias, de mercadorias e serviços e de serviços de qualquer natureza, nos termos da Lei Complementar nº 70, de 30 de dezembro de 1991; a partir de 1º de fevereiro de 1999, três por cento sobre o faturamento, nos termos da Lei nº 9.718, de 27 de novembro de 1998; e

II - até 31 de dezembro de 1995, dez por cento sobre o lucro líquido do período-base, antes da provisão para o Imposto de Renda, ajustado na forma do art. 2º da Lei nº 8.034, de 12 de abril de 1990; a partir de 1º de janeiro de 1996, oito por cento sobre o lucro líquido, nos termos da Lei nº 9.249, de 26 de dezembro de 1995.

§§ 1º a 3º. (Revogado pelo Decreto nº 4.729, de 2003)

Art. 205. A contribuição empresarial da associação desportiva que mantém equipe de futebol profissional, destinada à seguridade social, em substituição às previstas no inciso I do *caput* do art. 201 e no art. 202, corresponde a cinco por cento da receita bruta decorrente dos espetáculos desportivos de que participe em todo território nacional, em qualquer modalidade desportiva, inclusive jogos internacionais, e de qualquer forma de patrocínio, licenciamento de uso de marcas e símbolos, publicidade, propaganda e transmissão de espetáculos desportivos.

§ 1º Cabe à entidade promotora do espetáculo a responsabilidade de efetuar o desconto de cinco por cento da receita bruta decorrente dos espetáculos desportivos e o respectivo recolhimento ao Instituto Nacional do Seguro Social, no prazo de até dois dias úteis após a realização do evento.

§ 2º Cabe à associação desportiva que mantém equipe de futebol profissional informar à entidade promotora do espetáculo desportivo todas as receitas auferidas no evento, discriminando-as detalhadamente.

§ 3º Cabe à empresa ou entidade que repassar recursos a associação desportiva que mantém equipe de futebol profissional, a título de patrocínio, licenciamento de uso de marcas e símbolos, publicidade, propaganda e transmissão de espetáculos, a responsabilidade de reter e recolher, no prazo estabelecido na alínea "b" do inciso I do art. 216, o percentual de cinco por cento da receita bruta, inadmitida qualquer dedução.

§ 4º O Conselho Deliberativo do Instituto Nacional de Desenvolvimento do Desporto informará ao Instituto Nacional do Seguro Social, com a antecedência necessária, a realização de todo espetáculo esportivo de que a associação desportiva referida no *caput* participe no território nacional.

§ 5º O não-recolhimento das contribuições a que se referem os §§ 1º e 3º nos prazos estabelecidos no § 1º deste artigo e na alínea "b" do inciso I do art. 216, respectivamente, sujeitará os responsáveis ao pagamento de atualização monetária, quando couber, juros moratórios e multas, na forma do art. 239.

§ 6º O não-desconto ou a não-retenção das contribuições a que se referem os §§ 1º e 3º sujeitará a entidade promotora do espetáculo, a empresa ou a entidade às penalidades previstas no art. 283.

§ 7º O disposto neste artigo não se aplica às demais entidades desportivas, que continuam a contribuir na forma dos arts. 201, 202 e 204, a partir da competência novembro de 1991.

§ 8º O disposto no *caput* e §§ 1º a 6º aplica-se à associação desportiva que mantém equipe de futebol profissional e que se organize na forma da Lei nº 9.615, de 24 de março de 1998.

SEÇÃO II
DA ISENÇÃO DE CONTRIBUIÇÕES

Art. 206. (Revogado pelo Decreto nº 7.237, de 2010).

Art. 207. (Revogado pelo Decreto nº 7.237, de 2010).

Art. 208. (Revogado pelo Decreto nº 7.237, de 2010).

Art. 209. (Revogado pelo Decreto nº 7.237, de 2010).

Art. 210. (Revogado pelo Decreto nº 7.237, de 2010).

SEÇÃO III
DA CONTRIBUIÇÃO DO EMPREGADOR DOMÉSTICO

Art. 211. A contribuição previdenciária do empregador doméstico sobre o salário de contribuição do empregado doméstico a seu serviço será de: (Redação dada pelo Decreto nº 10.410, de 2020)

I - oito por cento de contribuição patronal; e (Incluído pelo Decreto nº 10.410, de 2020)

II - oito décimos por cento de contribuição social para financiamento do seguro contra acidentes do trabalho. (Incluído pelo Decreto nº 10.410, de 2020)

Art. 211-A. O empregador doméstico não poderá contratar o MEI, de que trata o § 26 do art. 9º, quando existentes os elementos da relação de emprego doméstico, sob pena de ficar sujeito às obrigações dela decorrentes, inclusive trabalhistas, tributárias e previdenciárias. (Incluído pelo Decreto nº 10.410, de 2020)

Art. 211-B. O Simples Doméstico, instituído pela Lei Complementar nº 150, de 1º de junho de 2015, assegurará o recolhimento mensal por meio de documento único de arrecadação dos seguintes valores: (Incluído pelo Decreto nº 10.410, de 2020)

I - sete inteiros e cinco décimos por cento a quatorze por cento de contribuição previdenciária, a cargo do segurado empregado doméstico, nos termos do disposto no art. 198; (Incluído pelo Decreto nº 10.410, de 2020)

II - oito por cento de contribuição patronal previdenciária, a cargo do empregador doméstico, nos termos do disposto no art. 211; (Incluído pelo Decreto nº 10.410, de 2020)

III - oito décimos por cento de contribuição social para financiamento do seguro contra acidentes do trabalho, nos termos do disposto no art. 211; (Incluído pelo Decreto nº 10.410, de 2020)

IV - oito por cento de contribuição para o FGTS; (Incluído pelo Decreto nº 10.410, de 2020)

V - três inteiros e dois décimos por cento de contribuição para fins de aplicação do disposto no art. 22 da Lei Complementar nº 150, de 2015; e (Incluído pelo Decreto nº 10.410, de 2020)

VI - quando couber, percentual referente ao imposto sobre a renda retido na fonte de que trata o inciso I do *caput* do art. 7º da Lei nº 7.713, de 22 de dezembro de 1988. (Incluído pelo Decreto nº 10.410, de 2020)

§ 1º As contribuições, os depósitos e o imposto de que tratam os incisos I ao VI do *caput* incidem sobre a remuneração paga ou devida no mês anterior a cada empregado doméstico, incluída na remuneração a gratificação de natal. (Incluído pelo Decreto nº 10.410, de 2020)

§ 2º A contribuição e o imposto de que tratam os incisos I e VI do *caput* serão descontados da remuneração do empregado doméstico pelo empregador doméstico, que é responsável por seu recolhimento. (Incluído pelo Decreto nº 10.410, de 2020)

§ 3º O produto da arrecadação das contribuições, dos depósitos e do imposto de que trata o *caput* será centralizado na Caixa Econômica Federal. (Incluído pelo Decreto nº 10.410, de 2020)

§ 4º A Caixa Econômica Federal, com base nos elementos identificadores do recolhimento, disponíveis no sistema do Simples Doméstico, transferirá para a Conta Única do Tesouro Nacional o valor arrecadado das contribuições e do imposto de que tratam os incisos I, II, III e VI do *caput*. (Incluído pelo Decreto nº 10.410, de 2020)

§ 5º O recolhimento de que trata o *caput* será efetuado em instituições financeiras integrantes da rede arrecadadora de receitas federais. (Incluído pelo Decreto nº 10.410, de 2020)

§ 6º O empregador doméstico fornecerá, mensalmente, ao empregado doméstico cópia do documento a que se refere o *caput*. (Incluído pelo Decreto nº 10.410, de 2020)

§ 7º O recolhimento mensal, por meio de documento único de arrecadação, e a exigência das contribuições, dos depósitos e do imposto, nos valores definidos nos incisos I ao VI do *caput*, somente serão devidos a partir da competência outubro de 2015. (Incluído pelo Decreto nº 10.410, de 2020)

Art. 211-C. O empregador doméstico fica obrigado a pagar a remuneração devida ao empregado doméstico e a arrecadar e a recolher as contribuições, os depósitos e o imposto a que se referem os incisos I ao VI do *caput* do art. 211-B até o dia 7 do mês seguinte ao da competência. (Incluído pelo Decreto nº 10.410, de 2020)

§ 1º Os valores a que se referem os incisos I, II, III e VI do *caput* do art. 211-B não recolhidos até a data de vencimento estarão sujeitos à incidência de encargos legais na forma prevista na legislação do imposto sobre a renda. (Incluído pelo Decreto nº 10.410, de 2020)

§ 2º Os valores a que se referem os incisos IV e V do *caput* referentes ao FGTS não recolhidos até a data de vencimento serão corrigidos e terão a incidência de multa, observado o disposto na Lei nº 8.036, de 11 de maio de 1990. (Incluído pelo Decreto nº 10.410, de 2020)

CAPÍTULO V
DA CONTRIBUIÇÃO SOBRE A RECEITA DE CONCURSOS DE PROGNÓSTICOS

Art. 212. Constitui receita da seguridade social a renda líquida dos concursos de prognósticos, excetuando-se os valores destinados ao Programa de Crédito Educativo.

§ 1º Consideram-se concurso de prognósticos todo e qualquer concurso de sorteio de números ou quaisquer outros símbolos, loterias e apostas de qualquer natureza no âmbito federal, estadual, do Distrito Federal ou municipal, promovidos por órgãos do Poder Público ou por sociedades comerciais ou civis.

§ 2º A contribuição de que trata este artigo constitui-se de:

I - renda líquida dos concursos de prognósticos realizados pelos órgãos do Poder Público destinada à seguridade social de sua esfera de governo;

II - cinco por cento sobre o movimento global de apostas em prado de corridas; e

III - cinco por cento sobre o movimento global de sorteio de números ou de quaisquer modalidades de símbolos.

§ 3º Para o efeito do disposto no parágrafo anterior, entende-se como:

I - renda líquida - o total da arrecadação, deduzidos os valores destinados ao pagamento de prêmios, de impostos e de despesas com administração;

II - movimento global das apostas - total das importâncias relativas às várias modalidades de jogos, inclusive o de acumulada, apregoadas para o público no prado de corrida, subsede ou outra dependência da entidade; e

III - movimento global de sorteio de números - o total da receita bruta, apurada com a venda de cartelas, cartões ou quaisquer outras modalidades, para sorteio realizado em qualquer condição.

CAPÍTULO VI
DAS OUTRAS RECEITAS DA SEGURIDADE SOCIAL

Art. 213. Constituem outras receitas da seguridade social:

I - as multas, a atualização monetária e os juros moratórios;

II - a remuneração recebida pela prestação de serviços de arrecadação, fiscalização e cobrança prestados a terceiros;

III - as receitas provenientes de prestação de outros serviços e de fornecimento ou arrendamento de bens;

IV - as demais receitas patrimoniais, industriais e financeiras;

V- as doações, legados, subvenções e outras receitas eventuais;

VI - cinqüenta por cento da receita obtida na forma do parágrafo único do art. 243 da Constituição Federal, repassados pelo Instituto Nacional do Seguro Social aos órgãos responsáveis pelas ações de proteção à saúde e a ser aplicada no tratamento e recuperação de viciados em entorpecentes e drogas afins;

VII - quarenta por cento do resultado dos leilões dos bens apreendidos pela Secretaria da Receita Federal; e

VIII - outras receitas previstas em legislação específica.

Parágrafo único. As companhias seguradoras que mantém seguro obrigatório de danos pessoais causados por veículos automotores de vias terrestres, de que trata a Lei nº 6.194, de 19 de dezembro de 1974, deverão repassar à seguridade social cinqüenta por cento do valor total do prêmio recolhido, destinados ao Sistema Único de Saúde, para custeio da assistência médico-hospitalar dos segurados vitimados em acidentes de trânsito.(Redação dada pelo Decreto nº 3.265, de 1999)

CAPÍTULO VII
DO SALÁRIO-DE-CONTRIBUIÇÃO

Art. 214. Entende-se por salário-de-contribuição:

I - para o empregado e o trabalhador avulso: a remuneração auferida em uma ou mais empresas, assim entendida a totalidade dos rendimentos pagos, devidos ou creditados a qualquer título, durante o mês, destinados a retribuir o trabalho, qualquer que seja a sua forma, inclusive as gorjetas, os ganhos habituais sob a forma de utilidades e os adiantamentos decorrentes de reajuste salarial, quer pelos serviços efetivamente prestados, quer pelo tempo à disposição do empregador ou tomador de serviços, nos termos da lei ou do contrato ou, ainda, de convenção ou acordo coletivo de trabalho ou sentença normativa;

II - para o empregado doméstico: a remuneração registrada na Carteira Profissional e/ou na Carteira de Trabalho e Previdência Social, observados os limites mínimo e máximo previstos nos §§ 3º e 5º;

III - para o contribuinte individual: a remuneração auferida em uma ou mais empresas ou pelo exercício de sua atividade por conta própria, durante o mês, observados os limites a que se referem os §§ 3º e 5º; (Redação dada pelo Decreto nº 3.265, de 1999)

IV - para o dirigente sindical na qualidade de empregado: a remuneração paga, devida ou creditada pela entidade sindical, pela empresa ou por ambas; e

V - para o dirigente sindical na qualidade de trabalhador avulso: a remuneração paga, devida ou creditada pela entidade sindical.

VI - para o segurado facultativo: o valor por ele declarado, observados os limites a que se referem os §§ 3º e 5º; (Incluído pelo Decreto nº 3.265, de 1999)

§ 1º Quando a admissão, a dispensa, o afastamento ou a falta do empregado, inclusive o doméstico, ocorrer no curso do mês, o salário-de-contribuição será proporcional ao número de dias efetivamente trabalhados, observadas as normas estabelecidas pelo Instituto Nacional do Seguro Social.

§ 2º O salário-maternidade é considerado salário-de-contribuição.

§ 3º O limite mínimo do salário de contribuição corresponde: (Redação dada pelo Decreto nº 10.491, de 2020)

I - para os segurados contribuinte individual e facultativo, ao salário-mínimo, tomado no seu valor mensal; e (Redação dada pelo Decreto nº 10.491, de 2020)

II - para os segurados empregado, inclusive o doméstico, e trabalhador avulso, ao piso salarial legal ou normativo da categoria ou, inexistindo este, ao salário mínimo, tomado no seu valor mensal, diário ou horário, conforme o ajustado e o tempo de trabalho efetivo durante o mês. (Incluído pelo Decreto nº 3.265, de 1999)

§ 4º A remuneração adicional de férias de que trata o inciso XVII do art. 7º da Constituição Federal integra o salário-de-contribuição.

§ 5º O valor do limite máximo do salário-de-contribuição será publicado mediante portaria do Ministério da Previdência e Assistência Social, sempre que ocorrer alteração do valor dos benefícios.

§ 6º A gratificação natalina - décimo terceiro salário - integra o salário-de-contribuição, exceto para o cálculo do salário-de-benefício, sendo devida a contribuição quando do pagamento ou crédito da última parcela ou na rescisão do contrato de trabalho.

§ 7º A contribuição de que trata o § 6º incidirá sobre o valor bruto da gratificação, sem compensação dos adiantamentos pagos, mediante aplicação, em separado, da tabela de que trata o art. 198 e observadas as normas estabelecidas pelo Instituto Nacional do Seguro Social.

§ 8º (Revogado pelo Decreto nº 10.410, de 2020)

§ 9º Não integram o salário-de-contribuição, exclusivamente:

I - os benefícios da previdência social, nos termos e limites legais, ressalvado o disposto no § 2º;

II - a ajuda de custo e o adicional mensal recebidos pelo aeronauta, nos termos da Lei nº 5.929, de 30 de outubro de 1973;

III - a parcela in natura recebida de acordo com programa de alimentação aprovado pelo Ministério do Trabalho e Emprego, nos termos da Lei nº 6.321, de 14 de abril de 1976;

IV - as importâncias recebidas a título de férias indenizadas e respectivo adicional constitucional, inclusive o valor correspondente à dobra da remuneração de férias de que trata o art. 137 da Consolidação das Leis do Trabalho;

V - as importâncias recebidas a título de:

a) indenização compensatória de quarenta por cento do montante depositado no Fundo de Garantia do Tempo de Serviço, como proteção à relação de emprego contra despedida arbitrária ou sem justa causa, conforme disposto no inciso I do art. 10 do Ato das Disposições Constitucionais Transitórias;

b) indenização por tempo de serviço, anterior a 5 de outubro de 1988, do empregado não optante pelo Fundo de Garantia do Tempo de Serviço;

c) indenização por despedida sem justa causa do empregado nos contratos por prazo determinado, conforme estabelecido no art. 479 da Consolidação das Leis do Trabalho;

d) indenização do tempo de serviço do safrista, quando da expiração normal do contrato, conforme disposto no art. 14 da Lei nº 5.889, de 8 de junho de 1973;

e) incentivo à demissão;

f) (Revogado pelo Decreto nº 6.727, de 2009)

g) indenização por dispensa sem justa causa no período de trinta dias que antecede a correção salarial a que se refere o art. 9º da Lei nº 7.238, de 29 de outubro de 1984;

h) indenizações previstas nos arts. 496 e 497 da Consolidação das Leis do Trabalho;

i) abono de férias na forma dos arts. 143 e 144 da Consolidação das Leis do Trabalho;

j) ganhos eventuais expressamente desvinculados do salário por força de lei; (Redação dada pelo Decreto nº 10.410, de 2020)

k) licença-prêmio indenizada; (Incluído pelo Decreto nº 10.410, de 2020)

l) outras indenizações, desde que expressamente previstas em lei; e (Redação dada pelo Decreto nº 10.410, de 2020)

m) importâncias, ainda que habituais, pagas a título de ajuda de custo, auxílio-alimentação, vedado o seu pagamento em dinheiro, e diárias para viagem; e (Redação dada pelo Decreto nº 10.410, de 2020)

n) prêmios e abonos; (Incluído pelo Decreto nº 10.410, de 2020)

VI - a parcela recebida a título de vale-transporte, ainda que paga em dinheiro, na forma da legislação própria; (Redação dada pelo Decreto nº 10.410, de 2020)

VII - a ajuda de custo, em parcela única, recebida exclusivamente em decorrência de mudança de local de trabalho do empregado, na forma do art. 470 da Consolidação das Leis do Trabalho;

VIII - (Revogado pelo Decreto nº 10.410, de 2020)

IX - a importância recebida a título de bolsa de complementação educacional de estagiário, quando paga nos termos do disposto na Lei nº 11.788, de 2008; (Redação dada pelo Decreto nº 10.410, de 2020)

X - a participação do empregado nos lucros ou resultados da empresa, quando paga ou creditada de acordo com lei específica;

XI - o abono do Programa de Integração Social/Programa de Assistência ao Servidor Público;

XII - os valores correspondentes a transporte, alimentação e habitação fornecidos pela empresa ao empregado contratado para trabalhar em localidade distante da de sua residência, em canteiro de obras ou local que, por força da atividade, exija deslocamento e estada, observadas as normas de proteção estabelecidas pelo Ministério do Trabalho e Emprego;

XIII - a importância paga ao empregado a título de complementação ao valor do auxílio-doença desde que este direito seja extensivo à totalidade dos empregados da empresa;

XIV - as parcelas destinadas à assistência ao trabalhador da agroindústria canavieira de que trata o art. 36 da Lei nº 4.870, de 1º de dezembro de 1965;

XV - o valor das contribuições efetivamente pago pela pessoa jurídica relativo a programa de previdência complementar privada, aberta ou fechada, desde que disponível à totalidade de seus empregados e dirigentes, observados, no que couber, os arts. 9º e 468 da Consolidação das Leis do Trabalho;

XVI - o valor relativo à assistência prestada por serviço médico ou odontológico, próprio ou não, inclusive o reembolso de despesas com medicamentos, óculos, aparelhos ortopédicos, próteses, órteses, despesas médico-hospitalares e outras similares, mesmo quando concedido em diferentes modalidades de planos e coberturas; (Redação dada pelo Decreto nº 10.410, de 2020)

XVII - o valor correspondente a vestuários, equipamentos e outros acessórios fornecidos ao empregado e utilizados no local do trabalho para prestação dos respectivos serviços;

XVIII - o ressarcimento de despesas pelo uso de veículo do empregado, quando devidamente comprovadas; (Redação dada pelo Decreto nº 3.265, de 1999)

XIX - o valor relativo a plano educacional ou bolsa de estudo que vise à educação básica de empregados e de seus dependentes e, desde que vinculada às atividades desenvolvidas pela empresa, à educação profissional e tecnológica de empregados, nos termos do disposto na Lei nº 9.394, de 20 de dezembro de 1996, observados os seguintes requisitos: (Redação dada pelo Decreto nº 10.410, de 2020)

a) o valor não ser utilizado em substituição de parcela salarial; e (Incluída pelo Decreto nº 10.410, de 2020)

b) o valor mensal do plano educacional ou da bolsa de estudo, considerado individualmente, não ultrapassar cinco por cento do valor da remuneração do segurado a que se destina ou o valor correspondente a cento e cinquenta por cento do valor do limite mínimo mensal do salário de contribuição, o que for maior; (Incluída pelo Decreto nº 10.410, de 2020)

XX - (Revogado pelo Decreto nº 3.265, de 1999)

XXI - os valores recebidos em decorrência da cessão de direitos autorais; e

XXII - o valor da multa paga ao empregado em decorrência da mora no pagamento das parcelas constantes do instrumento de rescisão do contrato de trabalho, conforme previsto no § 8º do art. 477 da Consolidação das Leis do Trabalho.

XXIII - o reembolso creche pago em conformidade com a legislação trabalhista, observado o limite máximo de seis anos de idade da criança, quando devidamente comprovadas as despesas; (Incluído pelo Decreto nº 3.265, de 1999)

XXIV - o reembolso babá, limitado ao menor salário-de-contribuição mensal e condicionado à comprovação do registro na Carteira de Trabalho e Previdência Social da empregada, do pagamento da remuneração e do recolhimento da contribuição previdenciária, pago em conformidade com a legislação trabalhista, observado o limite máximo de seis anos de idade da criança; e (Incluído pelo Decreto nº 3.265, de 1999)

XXV - o valor das contribuições efetivamente pago pela pessoa jurídica relativo a prêmio de seguro de vida em grupo, desde que previsto em acordo ou convenção coletiva de trabalho e disponível à totalidade de seus empregados e dirigentes, observados, no que couber, os arts. 9º e 468 da Consolidação das Leis do Trabalho. (Incluído pelo Decreto nº 3.265, de 1999)

XXVI - o valor correspondente ao vale-cultura. (Incluído pelo Decreto nº 10.410, de 2020)

§ 10. As parcelas referidas no parágrafo anterior, quando pagas ou creditadas em desacordo com a legislação pertinente, integram o salário-de-contribuição para todos os fins e efeitos, sem prejuízo da aplicação das cominações legais cabíveis.

§ 11. Para a identificação dos ganhos habituais recebidos sob a forma de utilidades, deverão ser observados:

I - os valores reais das utilidades recebidas; ou

II - os valores resultantes da aplicação dos percentuais estabelecidos em lei em função do salário mínimo, aplicados sobre a remuneração paga caso não haja determinação dos valores de que trata o inciso I.

§ 12. O valor pago à empregada gestante, inclusive à doméstica, em função do disposto na alínea "b" do inciso II do art. 10 do Ato das Disposições Constitucionais Transitórias da Constituição Federal, integra o salário-de-contribuição, excluídos os casos de conversão em indenização previstos nos arts. 496 e 497 da Consolidação das Leis do Trabalho.

§ 13. (Revogado pelo Decreto nº 10.410, de 2020)

§ 14. A incidência da contribuição sobre a remuneração das férias ocorrerá no mês a que elas se referirem, mesmo quando pagas antecipadamente na forma da legislação trabalhista.

§ 15. O valor mensal do auxílio-acidente integra o salário-de-contribuição, para fins de cálculo do salário-de-benefício de qualquer aposentadoria, observado, no que couber, o disposto no art. 32.

§ 16. Não se considera remuneração direta ou indireta os valores despendidos pelas entidades religiosas e instituições de ensino vocacional com ministro de confissão religiosa, membros de instituto de vida consagrada, de congregação ou de ordem religiosa em face do seu mister religioso ou para sua subsistência, desde que fornecidos em condições que independam da natureza e da quantidade do trabalho executado. (Incluído pelo Decreto nº 4.032, de 2001)

§ 17. Para fins de aplicação do disposto no § 16: (Incluído pelo Decreto nº 10.410, de 2020)

I - os critérios informadores dos valores despendidos pelas entidades religiosas e instituições de ensino vocacional aos ministros de confissão religiosa, membros de vida consagrada, de congregação ou de ordem religiosa não são taxativos e, sim, exemplificativos; e (Incluído pelo Decreto nº 10.410, de 2020)

II - os valores despendidos, ainda que pagos de forma e em montante diferenciados, em pecúnia ou a título de ajuda de custo de moradia, transporte ou formação educacional, vinculados exclusivamente à atividade religiosa não configuram remuneração direta ou indireta. (Incluído pelo Decreto nº 10.410, de 2020)

§ 18. Para fins do disposto neste artigo, consideram-se prêmios as liberalidades concedidas pelo empregador em forma de bens, serviços ou valores em dinheiro a empregado ou a grupo de empregados, em razão de desempenho superior ao ordinariamente esperado no exercício de suas atividades. (Incluído pelo Decreto nº 10.410, de 2020)

§ 19. O salário de contribuição do condutor autônomo de veículo rodoviário, inclusive o taxista e o motorista de transporte remunerado privado individual de passageiros, do auxiliar de condutor autônomo e do operador de trator, máquina de terraplanagem, colheitadeira e assemelhados, sem vínculo empregatício, a que se referem os incisos I e II do § 15 do art. 9º, e do cooperado filiado a cooperativa de transportadores autônomos corresponde a vinte por cento do valor bruto auferido pelo frete, carreto ou transporte e não se admite a dedução de qualquer valor relativo aos dispêndios com combustível e manutenção do veículo. (Incluído pelo Decreto nº 10.491, de 2020)

§ 20. (Revogado pelo Decreto nº 10.491, de 2020)

Art. 215. (Revogado pelo Decreto nº 3.265, de 1999)

CAPÍTULO VIII DA ARRECADAÇÃO E RECOLHIMENTO DAS CONTRIBUIÇÕES

SEÇÃO I DAS NORMAS GERAIS DE ARRECADAÇÃO

Art. 216. A arrecadação e o recolhimento das contribuições e de outras importâncias devidas à seguridade social, observado o que a respeito dispuserem o Instituto Nacional do Seguro Social e a Secretaria da Receita Federal, obedecem às seguintes normas gerais:

I - a empresa é obrigada a:

a) arrecadar a contribuição do segurado empregado, do trabalhador avulso e do contribuinte individual a seu serviço, descontando-a da respectiva remuneração; (Redação dada pelo Decreto nº 4.729, de 2003)

b) recolher o produto arrecadado na forma da alínea "a" e as contribuições a seu cargo incidentes sobre as remunerações pagas, devidas ou creditadas, a qualquer título, inclusive adiantamentos decorrentes de reajuste salarial, acordo ou convenção coletiva, aos segurados empregado, contribuinte individual e trabalhador avulso a seu serviço, e sobre o valor bruto da nota fiscal ou fatura de serviço, relativo a serviços que lhe tenham sido prestados por cooperados, por intermédio de cooperativas de trabalho, até o dia vinte do mês seguinte àquele a que se referirem as remunerações, bem como as importâncias retidas na forma do art. 219, até o dia vinte do mês seguinte àquele da emissão da nota fiscal ou fatura, antecipando-se o vencimento para o dia útil imediatamente anterior quando não houver expediente bancário no dia vinte; (Redação dada pelo Decreto nº 6.722, de 2008).

c) recolher as contribuições de que trata o art. 204, na forma e prazos definidos pela legislação tributária federal; (Redação dada pelo Decreto nº 4.729, de 2003)

II - os segurados contribuinte individual, quando exercer atividade econômica por conta própria ou prestar serviço a pessoa física ou a outro contribuinte individual, produtor rural pessoa física, missão diplomática ou repartição consular de carreira estrangeiras, ou quando tratar-se de brasileiro civil que trabalha no exterior para organismo oficial internacional do qual o Brasil seja membro efetivo, ou ainda, na hipótese do § 28, e o facultativo estão obrigados a recolher sua contribuição, por iniciativa própria, até o dia quinze do mês seguinte àquele a que as contribuições se referirem, prorrogando-se o vencimento para o dia útil subseqüente quando não houver expediente bancário no dia quinze, facultada a opção prevista no § 15; (Redação dada pelo Decreto nº 4.729, de 2003)

III - a empresa adquirente, consumidora ou consignatária ou a cooperativa são obrigadas a recolher a contribuição de que trata o art. 200 no prazo referido na alínea "b" do inciso I, no mês subseqüente ao da operação de venda ou consignação da produção rural, independentemente de estas operações terem sido realizadas diretamente com o produtor ou com o intermediário pessoa física;

IV - o produtor rural pessoa física e o segurado especial são obrigados a recolher a contribuição de que trata o art. 200 no prazo referido na alínea "b" do inciso I, no mês subseqüente ao da operação de venda, caso comercializem a sua produção com adquirente domiciliado no exterior, diretamente, no varejo, a consumidor pessoa física, a outro produtor rural pessoa física ou a outro segurado especial;

V - (Revogado pelo Decreto nº 3.452, de 2000)

VI - a pessoa física não produtor rural que adquire produção para venda, no varejo, a consumidor pessoa física é obrigada a recolher a contribuição de que trata o art. 200 no prazo referido na alínea "b" do inciso I, no mês subseqüente ao da operação de venda;

VII - o produtor rural pessoa jurídica é obrigado a recolher a contribuição de que trata o inciso IV do *caput* do art. 201 e o § 8º do art. 202 no prazo referido na alínea "b" do inciso I, no mês subseqüente ao da operação de venda; (Redação dada pelo Decreto nº 3.452, de 2000))

VIII - o empregador doméstico fica obrigado a arrecadar a contribuição do segurado empregado doméstico a seu serviço e recolhê-la, além dos demais valores de que trata o *caput* do art. 211-B, até o dia 7 do mês seguinte ao da competência; (Redação dada pelo Decreto nº 10.410, de 2020)

VIII-A - durante o período da licença-maternidade da empregada doméstica, o empregador doméstico fica obrigado a recolher apenas os valores de que tratam os incisos II ao V do *caput* do art. 211-B; (Incluído pelo Decreto nº 10.410, de 2020)

IX - a empresa que remunera empregado licenciado para exercer mandato de dirigente sindical é obrigada a recolher a contribuição deste, bem como as parcelas a seu cargo, na forma deste artigo;

X - a entidade sindical que remunera dirigente que mantém a qualidade de segurado empregado, licenciado da empresa, ou trabalhador avulso é obrigada a recolher a contribuição destes, bem como as parcelas a seu cargo, na forma deste artigo; e

XI - a entidade sindical que remunera dirigente que mantém a qualidade de segurado contribuinte individual é obrigada a recolher a contribuição prevista no inciso II do *caput* do art. 201 na forma deste artigo, observado o disposto no § 26; (Redação dada pelo Decreto nº 4.729, de 2003)

XII - a empresa que remunera contribuinte individual é obrigada a fornecer a este comprovante do pagamento do serviço prestado consignando, além dos valores da remuneração e do desconto feito, o número da inscrição do segurado no Instituto Nacional do Seguro Social; (Redação dada pelo Decreto nº 4.729, de 2003)

XIII - cabe ao empregador, durante o período de licença-maternidade da empregada, recolher apenas a parcela da contribuição a seu cargo. (Incluído pelo Decreto nº 3.452, de 2000)

§ 1º O desconto da contribuição do segurado incidente sobre o valor bruto da gratificação natalina - décimo terceiro salário - é devido quando do pagamento ou crédito da última parcela e deverá ser calculado em separado, observado o § 7º do art. 214, e recolhida, juntamente com a contribuição a cargo da empresa, até o dia vinte do mês de dezembro, antecipando-se o vencimento para o dia útil imediatamente anterior se não houver expediente bancário no dia vinte. (Redação dada pelo Decreto nº 4.729, de 2003)

§ 1º-A. O empregador doméstico pode recolher a contribuição do segurado empregado a seu serviço e a parcela a seu cargo relativas à competência novembro até o dia 20 de dezembro, juntamente com a contribuição referente à gratificação natalina - décimo terceiro salário - utilizando-se de um único documento de arrecadação. (Incluído pelo Decreto nº 6.722, de 2008).

§ 2º Se for o caso, a contribuição de que trata o § 1º será atualizada monetariamente a partir da data prevista para o seu recolhimento, utilizando-se o mesmo indexador definido para as demais contribuições arrecadadas pelo Instituto Nacional do Seguro Social.

§ 3º No caso de rescisão de contrato de trabalho, as contribuições devidas serão recolhidas no mesmo prazo referido na alínea "b" do inciso I, do mês subseqüente à rescisão, computando-se em separado a parcela referente à gratificação natalina - décimo terceiro salário.

§ 4º A pessoa jurídica de direito privado beneficiada pela isenção de que tratam os arts. 206 ou 207 é obrigada a arrecadar a contribuição do segurado empregado e do trabalhador avulso a seu serviço, descontando-a da respectiva remuneração, e recolhê-la no prazo referido na alínea "b" do inciso I.

§ 5º O desconto da contribuição e da consignação legalmente determinado sempre se presumirá feito, oportuna e regularmente, pela empresa, pelo empregador doméstico, pelo adquirente, consignatário e cooperativa a isso obrigados, não lhes sendo lícito alegarem qualquer omissão para se eximirem do recolhimento, ficando os mesmos diretamente responsáveis pelas importâncias que deixarem de descontar ou tiverem descontado em desacordo com este Regulamento.

§ 6º Sobre os valores das contribuições arrecadadas pelo Instituto Nacional do Seguro Social e não recolhidas até a data de seu vencimento serão aplicadas na data do pagamento as disposições dos arts. 238 e 239.

§ 7º Para apuração e constituição dos créditos a que se refere o § 1º do art. 348, a seguridade social utilizará como base de incidência o valor da média aritmética simples dos maiores salários de contribuição correspondentes a oitenta por cento de todo o período contributivo decorrido desde a competência julho de 1994, corrigidos mês a mês pelos mesmos índices utilizados para a obtenção do salário de benefício, observado o limite máximo a que se refere o § 5º do art. 214. (Redação dada pelo Decreto nº 10.410, de 2020)

§ 7º-A O valor do salário de contribuição mensal, calculado na forma prevista no § 7º, sofrerá desindexação para apropriação no CNIS, conforme critérios definidos pelo INSS. (Incluído pelo Decreto nº 10.410, de 2020)

§ 8º (Revogado pelo Decreto nº 6.722, de 2008).

§ 9º No caso de o segurado manifestar interesse em indenizar contribuições relativas a período em que o exercício de atividade remunerada não exigia filiação obrigatória à previdência social, aplica-se, desde que a atividade tenha se tornado de filiação obrigatória, o disposto no § 7º. (Redação dada pelo Decreto nº 6.722, de 2008).

§ 10. O disposto no § 7º não se aplica aos casos de contribuições em atraso de segurado contribuinte individual não alcançadas pela decadência do direito de a previdência social constituir o respectivo crédito, obedecendo-se, em relação a elas, às disposições do *caput* e §§ 2º a 6º do art. 239. (Redação dada pelo Decreto nº 6.722, de 2008).

§ 11. Para o segurado recolher contribuições relativas a período anterior à sua inscrição, aplica-se o disposto nos §§ 7º a 10.

§ 12. Somente será feito o reconhecimento da filiação nas situações referidas nos §§ 7º, 9º e 11 após o efetivo recolhimento das contribuições relativas ao período em que for comprovado o exercício da atividade remunerada. (Redação dada pelo Decreto nº 3.265, de 1999)

§ 13. No caso de indenização relativa ao exercício de atividade remunerada para fins de contagem recíproca correspondente a período de filiação obrigatória ou não, na forma do inciso IV do art. 127, a base de incidência será a remuneração da data do requerimento sobre a qual incidem as contribuições para o regime próprio de previdência social a que estiver filiado o interessado, observados os limites a que se referem os §§ 3º e 5º do art. 214. (Redação dada pelo Decreto nº 3.265, de 1999)

§ 14. Sobre os salários-de-contribuição apurados na forma dos §§ 7º a 11 e 13 será aplicada a alíquota de vinte por cento, e o resultado multiplicado pelo número de meses do período a ser indenizado, observado o disposto no § 8º do art. 239.

§ 15. É facultado aos segurados contribuinte individual e facultativo, cujos salários-de-contribuição sejam iguais ao valor de um salário mínimo, optarem pelo recolhimento trimestral das contribuições previdenciárias, com vencimento no dia quinze do mês seguinte ao de cada trimestre civil, prorrogando-se o vencimento para o dia útil subseqüente quando não houver expediente bancário no dia quinze. (Redação dada pelo Decreto nº 3.265, de 1999)

§ 16. (Revogado pelo Decreto nº 10.410, de 2020)

§ 17. A inscrição do segurado no segundo ou terceiro mês do trimestre civil não altera a data de vencimento prevista no § 15, no caso de opção pelo recolhimento trimestral.

§ 18. (Revogado pelo Decreto nº 10.410, de 2020)

§ 19. Fica autorizada, nos termos deste Regulamento, a compensação de contribuições devidas ao Instituto Nacional do Seguro Social, pelos hospitais contratados ou conveniados com o Sistema Único de Saúde com parcela dos créditos correspondentes a faturas emitidas para recebimento de internações hospitalares, cujo valor correspondente será retido pelo órgão pagador do Sistema Único de Saúde para amortização de parcela do débito, nos termos da Lei nº 8.870, de 1994.

§ 20. Na hipótese de o contribuinte individual prestar serviço a outro contribuinte individual equiparado a empresa ou a produtor rural pessoa física ou a missão diplomática e repartição consular de carreira estrangeiras, poderá deduzir, da sua contribuição mensal, quarenta e cinco por cento da contribuição patronal do contratante, efetivamente recolhida ou declarada, incidente sobre a remuneração que este lhe tenha pago ou creditado, no respectivo mês, limitada a nove por cento do respectivo salário-de-contribuição. (Redação dada pelo Decreto nº 4.729, de 2003)

§ 21. Para efeito de dedução, considera-se contribuição declarada a informação prestada na Guia de Recolhimento do Fundo de Garantia do Tempo de Serviço e Informações à Previdência Social ou declaração fornecida pela empresa ao segurado, onde conste, além de sua identificação completa, inclusive com o número no Cadastro Nacional de Pessoas Jurídicas, o nome e o número da inscrição do contribuinte individual, o valor da retribuição paga e o compromisso de que esse valor será incluído na citada Guia de Recolhimento do Fundo de Garantia do Tempo de Serviço e Informações à Previdência Social e efetuado o recolhimento da correspondente contribuição. (Incluído pelo Decreto nº 3.265, de 1999)

§ 22. (Revogado pelo Decreto nº 4.729, de 2003)

§ 23. O contribuinte individual que não comprovar a regularidade da dedução de que tratam os §§ 20 e 21 terá glosado o valor indevidamente deduzido, devendo complementar as contribuições com os acréscimos legais devidos. (Redação dada pelo Decreto nº 4.729, de 2003)

§ 24. (Revogado pelo Decreto nº 6.722, de 2008).

§ 25. Relativamente aos que recebem salário variável, o recolhimento da contribuição decorrente de eventual diferença da gratificação natalina (13º salário) deverá ser efetuado juntamente com a competência dezembro do mesmo ano.(Incluído pelo Decreto nº 3.265, de 1999)

§ 26. A alíquota de contribuição a ser descontada pela empresa da remuneração paga, devida ou creditada ao contribuinte individual a seu serviço, observado o limite máximo do salário-de-contribuição, é de onze por cento no caso das empresas em geral e de vinte por cento quando se tratar de entidade beneficente de assistência social isenta das contribuições sociais patronais. (Incluído pelo Decreto nº 4.729, de 2003)

§ 27. O contribuinte individual contratado por pessoa jurídica obrigada a proceder à arrecadação e ao recolhimento da contribuição por ele devida, cuja remuneração recebida ou creditada no mês, por serviços prestados a ela, for inferior ao limite mínimo do salário-de-contribuição, é obrigado a complementar sua contribuição mensal, diretamente, mediante a aplicação da alíquota estabelecida no art. 199 sobre o valor resultante da subtração do valor das remunerações recebidas das pessoas jurídicas do valor mínimo do salário-de-contribuição mensal. (Incluído pelo Decreto nº 4.729, de 2003)

§ 27-A. O segurado que, no somatório de remunerações auferidas no período de um mês, receber remuneração inferior ao limite mínimo mensal do salário de contribuição poderá solicitar o ajuste das competências pertencentes ao mesmo ano civil, na forma por ele indicada, ou autorizar que os ajustes sejam feitos automaticamente, para que o limite mínimo mensal do salário de contribuição seja alcançado, por meio da opção por: (Incluído pelo Decreto nº 10.410, de 2020)

I - complementar a sua contribuição, observado que: (Incluído pelo Decreto nº 10.410, de 2020)

a) o recolhimento da complementação deverá ser efetuado pelo próprio segurado até o dia quinze do mês seguinte ao da competência de referência e, após essa data, com incidência dos acréscimos legais de que tratam os art. 238 e art. 239; (Incluída pelo Decreto nº 10.410, de 2020)

b) para o empregado, o empregado doméstico e o trabalhador avulso, a complementação será efetuada por meio da aplicação da alíquota de sete inteiros e cinco décimos por cento, inclusive para o mês em que exista contribuição concomitante na condição de contribuinte individual; e (Incluída pelo Decreto nº 10.410, de 2020)

c) para o contribuinte individual que preste serviço a empresa, de que trata o § 26, e que contribua exclusivamente nessa condição, a complementação será efetuada por meio da aplicação da alíquota de vinte por cento; (Incluída pelo Decreto nº 10.410, de 2020)

II - utilizar o valor da contribuição que exceder o limite mínimo de uma competência em outra, observado que: (Incluído pelo Decreto nº 10.410, de 2020)

a) para efeito de utilização da contribuição, serão considerados os salários de contribuição apurados por categoria, consolidados na competência de origem; (Incluída pelo Decreto nº 10.410, de 2020)

b) o salário de contribuição poderá ser utilizado para complementar uma ou mais competências com valor inferior ao limite mínimo, mesmo que em categoria distinta; (Incluída pelo Decreto nº 10.410, de 2020)

c) poderão ser utilizados valores excedentes ao limite mínimo do salário de contribuição de mais de uma competência para compor o salário de contribuição de apenas uma competência; e (Incluída pelo Decreto nº 10.410, de 2020)

d) utilizado o valor excedente, caso o salário de contribuição da competência favorecida ainda permaneça inferior ao limite mínimo, esse valor poderá ser complementado nos termos do disposto no inciso I; ou (Incluída pelo Decreto nº 10.410, de 2020)

III - agrupar contribuições inferiores ao limite mínimo de diferentes competências, para aproveitamento em contribuições mínimas mensais, observado que: (Incluído pelo Decreto nº 10.410, de 2020)

a) as competências que não atingirem o valor mínimo do salário de contribuição poderão ser agrupadas desde que o resultado do agrupamento não ultrapasse o valor mínimo do salário de contribuição; (Incluída pelo Decreto nº 10.410, de 2020)

b) na hipótese de o resultado do agrupamento ser inferior ao limite mínimo do salário de contribuição, o segurado poderá complementar na forma prevista no inciso I ou utilizar valores excedentes na forma prevista no inciso II; e (Incluída pelo Decreto nº 10.410, de 2020)

c) as competências em que tenha havido exercício de atividade e tenham sido zeradas em decorrência do agrupamento poderão ser objeto de recolhimento pelo segurado, respeitado o limite mínimo. (Incluída pelo Decreto nº 10.410, de 2020)

§ 27-B. Para fins do disposto no § 27-A, o valor da contribuição referente ao décimo terceiro salário não poderá ser utilizado em decorrência do disposto no § 6º do art. 214. (Incluído pelo Decreto nº 10.410, de 2020)

§ 27-C. É vedada a reversão da utilização e do agrupamento de que trata o § 27-A. (Incluído pelo Decreto nº 10.410, de 2020)

§ 27-D. Caso ocorram eventos posteriores que gerem inconsistências no cálculo da contribuição na competência favorecida por complementação, utilização ou agrupamento, essa competência ficará pendente de regularização. (Incluído pelo Decreto nº 10.410, de 2020)

§ 28. Cabe ao próprio contribuinte individual que prestar serviços, no mesmo mês, a mais de uma empresa, cuja soma das remunerações superar o limite mensal do salário-de-contribuição, comprovar às que sucederem à primeira o valor ou valores sobre os quais já tenha incidido o desconto da contribuição, de forma a se observar o limite máximo do salário-de-contribuição. (Incluído pelo Decreto nº 4.729, de 2003)

§ 29. Na hipótese do § 28, o Instituto Nacional do Seguro Social poderá facultar ao contribuinte individual que prestar, regularmente, serviços a uma ou mais empresas, cuja soma das remunerações seja igual ou superior ao limite mensal do salário-de-contribuição, indicar qual ou quais empresas e sobre qual valor deverá proceder o desconto da contribuição, de forma a respeitar o limite máximo, e dispensar as demais dessa providência, bem como atribuir ao próprio contribuinte individual a responsabilidade de complementar a respectiva contribuição até o limite máximo, na hipótese de, por qualquer razão, deixar de receber remuneração ou receber remuneração inferior às indicadas para o desconto. (Incluído pelo Decreto nº 4.729, de 2003)

§ 30. Aplica-se o disposto neste artigo, no que couber e observado o § 31, à cooperativa de trabalho em relação à contribuição devida pelo seu cooperado. (Incluído pelo Decreto nº 4.729, de 2003)

§ 31. A cooperativa de trabalho fica obrigada a descontar vinte por cento do valor da quota distribuída ao cooperado contribuinte individual por serviços por ele prestados por seu intermédio a empresas, a pessoas físicas e a entidades em gozo de isenção e recolher o produto dessa arrecadação até o dia vinte do mês subsequente ao da competência a que se referir ou até o dia útil imediatamente anterior, se não houver expediente bancário naquele dia. (Redação dada pelo Decreto nº 10.410, de 2020)

§ 32. Ficam excluídos da obrigação de descontar a contribuição do contribuinte individual que lhe preste serviço: (Redação dada pelo Decreto nº 10.410, de 2020)

I - o produtor rural pessoa física; (Incluído pelo Decreto nº 10.410, de 2020)

II - o contribuinte individual equiparado a empresa; (Incluído pelo Decreto nº 10.410, de 2020)

III - a missão diplomática e a repartição consular de carreiras estrangeiras; e (Incluído pelo Decreto nº 10.410, de 2020)

IV - o proprietário ou dono de obra de construção civil, quando pessoa física. (Incluído pelo Decreto nº 10.410, de 2020)

§ 33. Na hipótese prevista no § 32, cabe ao contribuinte individual recolher a própria contribuição, sendo a alíquota, neste caso, de vinte por cento, observado o disposto nos §§ 20, 21 e 23. (Redação dada pelo Decreto nº 6.722, de 2008).

§ 34. O recolhimento da contribuição do produtor rural pessoa física ou produtor rural pessoa jurídica, quando houver, será efetuado pela Companhia Nacional de Abastecimento - CONAB, à conta do Programa de Aquisição de Alimentos, instituído pelo art. 19 da Lei no 10.696, de 2 de julho de 2003, na aquisição de produtos agropecuários no âmbito do referido Programa. (Incluído pelo Decreto nº 6.722, de 2008).

§ 35. Na hipótese prevista no § 5º do art. 11, o segurado contribuirá com a mesma alíquota com a qual vinha contribuindo anteriormente. (Incluído pelo Decreto nº 10.410, de 2020)

§ 36. A Secretaria Especial da Receita Federal do Brasil do Ministério da Economia disponibilizará ao INSS as informações e os registros das contribuições referentes ao desconto dos empregados, inclusive o doméstico, e dos trabalhadores avulsos e às complementações previstas no § 27-A para fins de aplicação do disposto no § 9º do art. 19 sobre a contagem de tempo de contribuição, inclusive para instrução e revisão de direitos e outorga de benefícios. (Incluído pelo Decreto nº 10.410, de 2020)

§ 37.(Revogado pelo Decreto nº 10.491, de 2020)

Art. 216-A. Os órgãos da administração pública direta, indireta e fundações públicas da União, bem como as demais entidades integrantes do Sistema Integrado de Administração Financeira do Governo Federal ao contratarem pessoa física para prestação de serviços eventuais, sem vínculo empregatício, inclusive como integrante de grupo-tarefa, deverão obter dela a respectiva inscrição no Instituto Nacional do Seguro Social, como contribuinte individual, ou providenciá-la em nome dela, caso não seja inscrita, e proceder ao desconto e recolhimento da respectiva contribuição, na forma do art. 216. (Redação dada pelo Decreto nº 4.729, de 2003)

§ 1º Aplica-se o disposto neste artigo mesmo que o contratado exerça concomitantemente uma ou mais atividades abrangidas pelo Regime Geral de Previdência Social ou por qualquer outro regime de previdência social ou seja aposentado por qualquer regime previdenciário.(Incluído pelo Decreto nº 4.032, de 2001)

§ 2º O contratado que já estiver contribuindo para o Regime Geral de Previdência Social na condição de empregado ou trabalhador avulso sobre o limite máximo do salário-de-contribuição deverá comprovar esse fato e, se a sua contribuição nessa condição for inferior ao limite máximo, a contribuição como contribuinte individual deverá ser complementar, respeitando, no conjunto, aquele limite, procedendo-se, no caso, de conformidade com o disposto no § 28 do art. 216. (Redação dada pelo Decreto nº 4.729, de 2003)

§ 3º (Revogado pelo Decreto nº 4.729, de 2003)

§ 4º Aplica-se o disposto neste artigo às contratações feitas por organismos internacionais, em programas de cooperação e operações de mútua conveniência entre estes e o governo brasileiro.(Incluído pelo Decreto nº 4.032, de 2001)

Art. 217. Na requisição de mão de obra de trabalhador avulso efetuada em conformidade com o disposto na Lei nº 12.815, de 2013, e na Lei nº 9.719, de 27 de novembro de 1998, o responsável pelas obrigações previstas neste Regulamento, em relação aos segurados que lhe prestem serviços, é o operador portuário ou o tomador de mão de obra, inclusive o titular de instalação portuária de uso privativo, observadas as normas estabelecidas pelo INSS. (Redação dada pelo Decreto nº 10.410, de 2020)

§ 1º O operador portuário ou titular de instalação de uso privativo repassará ao órgão gestor de mão-de-obra, até vinte e quatro horas após a realização dos serviços:(Redação dada pelo Decreto nº 4.032, de 2001)

I - o valor da remuneração devida aos trabalhadores portuários avulsos, inclusive a referente às férias e à gratificação natalina; e (Incluído pelo Decreto nº 4.032, de 2001)

II - o valor da contribuição patronal previdenciária correspondente e o valor daquela devida a terceiros conforme o art. 274.(Incluído pelo Decreto nº 4.032, de 2001)

§ 2º O órgão gestor de mão-de-obra é responsável:(Redação dada pelo Decreto nº 4.032, de 2001)

I - pelo pagamento da remuneração ao trabalhador portuário avulso;(Incluído pelo Decreto nº 4.032, de 2001)

II - pela elaboração da folha de pagamento;(Incluído pelo Decreto nº 4.032, de 2001)

III - pelo preenchimento e entrega da Guia de Recolhimento do Fundo de Garantia do Tempo de Serviço e Informações à Previdência Social; e (Incluído pelo Decreto nº 4.032, de 2001)

IV - pelo recolhimento das contribuições de que tratam o art. 198, o inciso I do *caput* do art. 201 e os arts. 202 e 274, incidentes sobre a remuneração paga, devida ou creditada aos trabalhadores portuários avulsos, inclusive sobre férias e gratificação natalina, no prazo previsto na alínea "b" do inciso I do art. 216.(Incluído pelo Decreto nº 4.032, de 2001)

§ 3º (Revogado pelo Decreto nº 4.032, de 2001)

§ 4º O prazo previsto no § 1º pode ser alterado mediante convenção coletiva firmada entre entidades sindicais representativas dos trabalhadores e operadores portuários, observado o prazo legal para recolhimento dos encargos previdenciários.(Redação dada pelo Decreto nº 4.032, de 2001)

§ 5º A contribuição do trabalhador avulso, relativamente à gratificação natalina, será calculada com base na alíquota correspondente ao seu salário-de-contribuição mensal.(Redação dada pelo Decreto nº 4.032, de 2001)

§ 6º O salário-família devido ao trabalhador portuário avulso será pago pelo órgão gestor de mão-de-obra, mediante convênio, que se incumbirá de demonstrá-lo na folha de pagamento correspondente.

Art. 218. A empresa tomadora ou requisitante dos serviços de trabalhador avulso, cuja contratação de pessoal não seja abrangida pelo disposto na Lei nº 12.815, de 2013, e na Lei nº 9.719, de 1998, é responsável pelo cumprimento de todas as obrigações previstas neste Regulamento, além do preenchimento e da entrega da GFIP em relação aos segurados que lhe prestem serviços, observadas as normas estabelecidas pelo INSS. (Redação dada pelo Decreto nº 10.410, de 2020)

§ 1º O salário-família devido ao trabalhador avulso mencionado no *caput* será pago pelo sindicato de classe respectivo, mediante convênio, que se incumbirá de elaborar as folhas correspondentes.

§ 2º O tomador de serviços é responsável pelo recolhimento das contribuições de que tratam o art. 198, o inciso I do *caput* do art. 201 e os arts. 202 e 274, incidentes sobre a remuneração paga, devida ou creditada ao trabalhador avulso, inclusive sobre férias e gratificação natalina, no prazo previsto na alínea "b" do inciso I do art. 216.(Redação dada pelo Decreto nº 4.032, de 2001)

SEÇÃO II
DA RETENÇÃO E DA RESPONSABILIDADE SOLIDÁRIA

Art. 219. A empresa contratante de serviços executados mediante cessão ou empreitada de mão-de-obra, inclusive em regime de trabalho temporário, deverá reter onze por cento do valor bruto da nota fiscal, fatura ou recibo de prestação de serviços e recolher a importância retida em nome da empresa contratada, observado o disposto no § 5º do art. 216. (Redação dada pelo Decreto nº 4.729, de 2003)

§ 1º Exclusivamente para os fins deste Regulamento, entende-se como cessão de mão-de-obra a colocação à disposição do contratante, em suas dependências ou nas de terceiros, de segurados que realizem serviços contínuos, relacionados ou não com a atividade fim da empresa, independentemente da natureza e da forma de contratação, inclusive por meio de trabalho temporário na forma da Lei nº 6.019, de 3 de janeiro de 1974, entre outros.

§ 2º Enquadram-se na situação prevista no *caput* os seguintes serviços realizados mediante cessão de mão-de-obra:

I - limpeza, conservação e zeladoria;

II - vigilância e segurança;

III - construção civil;

IV - serviços rurais;

V - digitação e preparação de dados para processamento;

VI - acabamento, embalagem e acondicionamento de produtos;

VII - cobrança;

VIII - coleta e reciclagem de lixo e resíduos;

IX - copa e hotelaria;

X - corte e ligação de serviços públicos;

XI - distribuição;

XII - treinamento e ensino;

XIII - entrega de contas e documentos;

XIV - ligação e leitura de medidores;

XV - manutenção de instalações, de máquinas e de equipamentos;

XVI - montagem;

XVII - operação de máquinas, equipamentos e veículos;

XVIII - operação de pedágio e de terminais de transporte;

XIX - operação de transporte de passageiros, inclusive nos casos de concessão ou sub-concessão; (Redação dada pelo Decreto nº 4.729, de 2003)

XX - portaria, recepção e ascensorista;

XXI - recepção, triagem e movimentação de materiais;

XXII - promoção de vendas e eventos;

XXIII - secretaria e expediente;

XXIV - saúde; e

XXV - telefonia, inclusive telemarketing.

§ 3º Os serviços relacionados nos incisos I a V também estão sujeitos à retenção de que trata o *caput* quando contratados mediante empreitada de mão-de-obra.

§ 4º O valor retido de que trata este artigo deverá ser destacado na nota fiscal, fatura ou recibo de prestação de serviços, sendo compensado pelo respectivo estabelecimento da empresa contratada quando do recolhimento das contribuições destinadas à seguridade social devidas sobre a folha de pagamento dos segurados.

§ 5º O contratado deverá elaborar folha de pagamento e Guia de Recolhimento do Fundo de Garantia do Tempo de Serviço e Informações à Previdência Social distintas para cada estabelecimento ou obra de construção civil da empresa contratante do serviço.

§ 6º A empresa contratante do serviço deverá manter em boa guarda, em ordem cronológica e por contratada, as correspondentes notas fiscais, faturas ou recibos de prestação de serviços, Guias da Previdência Social e Guias de Recolhimento do Fundo de Garantia do Tempo de Serviço e Informações à Previdência Social com comprovante de entrega.

§ 7º Na contratação de serviços em que a contratada se obriga a fornecer material ou dispor de equipamentos, fica facultada ao contratado a discriminação, na nota fiscal, fatura ou recibo, do valor correspondente ao material ou equipamentos, que será excluído da retenção, desde que contratualmente previsto e devidamente comprovado.

§ 8º Cabe ao Instituto Nacional do Seguro Social normatizar a forma de apuração e o limite mínimo do valor do serviço contido no total da nota fiscal, fatura ou recibo, quando, na hipótese do parágrafo anterior, não houver previsão contratual dos valores correspondentes a material ou a equipamentos.

§ 9º Na impossibilidade de haver compensação integral na própria competência, o saldo remanescente poderá ser compensado nas competências subseqüentes, inclusive na relativa à gratificação natalina, ou ser objeto de restituição, não sujeitas ao disposto no § 3º do art. 247. (Redação dada pelo Decreto nº 4.729, de 2003)

§ 10. Para fins de recolhimento e de compensação da importância retida, será considerada como competência aquela a que corresponder à data da emissão da nota fiscal, fatura ou recibo.

§ 11. As importâncias retidas não podem ser compensadas com contribuições arrecadadas pelo Instituto Nacional do Seguro Social para outras entidades.

§ 12º O percentual previsto no *caput* será acrescido de quatro, três ou dois pontos percentuais, relativamente aos serviços prestados pelos segurados empregado, cuja atividade permita a concessão de aposentadoria especial, após quinze, vinte ou vinte e cinco anos de contribuição, respectivamente. (Incluído pelo Decreto nº 4.729, de 2003)

Art. 220. O proprietário, o incorporador definido na Lei nº 4.591, de 1964, o dono da obra ou condômino da unidade imobiliária cuja contratação da construção, reforma ou acréscimo não envolva cessão de mão-de-obra, são solidários com o construtor, e este e aqueles com a subempreiteira, pelo cumprimento das obrigações para com a seguridade social, ressalvado o seu direito regressivo contra o executor ou contratante da obra e admitida a retenção de importância a este devida para garantia do cumprimento dessas obrigações, não se aplicando, em qualquer hipótese, o benefício de ordem.

§ 1º Não se considera cessão de mão-de-obra, para os fins deste artigo, a contratação de construção civil em que a empresa construtora assuma a responsabilidade direta e total pela obra ou repasse o contrato integralmente.

§ 2º O executor da obra deverá elaborar, distintamente para cada estabelecimento ou obra de construção civil da empresa contratante, folha de pagamento, Guia de Recolhimento do Fundo de Garantia do Tempo de Serviço e Informações à Previdência Social e Guia da Previdência Social, cujas cópias deverão ser exigidas pela empresa contratante quando da quitação da nota fiscal ou fatura, juntamente com o comprovante de entrega daquela Guia.

§ 3º A responsabilidade solidária de que trata o *caput* será elidida:

I - pela comprovação, na forma do parágrafo anterior, do recolhimento das contribuições incidentes sobre a remuneração dos segurados, incluída em nota fiscal ou fatura correspondente aos serviços executados, quando corroborada por escrituração contábil; e

II - pela comprovação do recolhimento das contribuições incidentes sobre a remuneração dos segurados, aferidas indiretamente nos termos, forma e percentuais previstos pelo Instituto Nacional do Seguro Social.

III - pela comprovação do recolhimento da retenção permitida no *caput* deste artigo, efetivada nos termos do art. 219.(Incluído pelo Decreto nº 4.032, de 2001)

§ 4º Considera-se construtor, para os efeitos deste Regulamento, a pessoa física ou jurídica que executa obra sob sua responsabilidade, no todo ou em parte.

Art. 221. Exclui-se da responsabilidade solidária perante a seguridade social o adquirente de prédio ou unidade imobiliária que realize a operação com empresa de comercialização ou com incorporador de imóveis definido na Lei nº 4.591, de 1964, ficando estes solidariamente responsáveis com o construtor, na forma prevista no art. 220.

Art. 221-A. O instituto da responsabilidade solidária não se aplica à administração pública direta, autárquica e fundacional, quando contratante de serviços, inclusive de obra de construção civil, reforma ou acréscimo, independentemente da forma de contratação. (Incluído pelo Decreto nº 10.410, de 2020)

Parágrafo único. A administração pública contratante de serviços, inclusive de construção civil executados por meio de cessão de mão de obra ou empreitada parcial, efetuará a retenção prevista no art. 219. (Incluído pelo Decreto nº 10.410, de 2020)

Art. 222. As empresas que integram grupo econômico de qualquer natureza, bem como os produtores rurais integrantes do consórcio simplificado de que trata o art. 200-A, respondem entre si, solidariamente, pelas obrigações decorrentes do disposto neste Regulamento.(Redação dada pelo Decreto nº 4.032, de 2001)

Art. 222-A. As empresas integrantes de consórcio constituído nos termos do disposto nos art. 278 e art. 279 da Lei nº 6.404, de 15 de dezembro de 1976, respondem pelas contribuições devidas, em relação às operações praticadas pelo consórcio, na proporção de sua participação no empreendimento. (Incluído pelo Decreto nº 10.410, de 2020)

§ 1º O consórcio que realizar a contratação, em nome próprio, de pessoas jurídicas e físicas, com ou sem vínculo empregatício, poderá efetuar a retenção das contribuições e cumprir as respectivas obrigações acessórias, hipótese em que as empresas consorciadas serão solidariamente responsáveis. (Incluído pelo Decreto nº 10.410, de 2020)

§ 2º Na hipótese de a retenção das contribuições ou o cumprimento das obrigações acessórias relativas ao consórcio ser realizado por sua empresa líder, as empresas consorciadas também serão solidariamente responsáveis. (Incluído pelo Decreto nº 10.410, de 2020)

§ 3º O disposto neste artigo abrange as contribuições destinadas a outras entidades e fundos, além da multa por atraso no cumprimento das obrigações acessórias. (Incluído pelo Decreto nº 10.410, de 2020)

Art. 223. O operador portuário e o órgão gestor de mão-de-obra são solidariamente responsáveis pelo pagamento das contribuições previdenciárias e demais obrigações, inclusive acessórias, devidas à seguridade social, arrecadadas pelo Instituto Nacional do Seguro Social, relativamente à requisição de mão-de-obra de trabalhador avulso, vedada a invocação do benefício de ordem.

Art. 224. Os administradores de autarquias e fundações públicas, criadas ou mantidas pelo Poder Público, de empresas públicas e de sociedades de economia mista sujeitas ao controle da União, dos Estados, do Distrito Federal ou dos Municípios, que se encontrarem em mora por mais de trinta dias, no recolhimento das contribuições previstas neste Regulamento, tornam-se solidariamente responsáveis pelo respectivo pagamento, ficando ainda sujeitos às proibições do art. 1º e às sanções dos arts. 4º e 7º do Decreto-lei nº 368, de 19 de dezembro de 1968.

Art. 224-A. O disposto nesta Seção não se aplica à contratação de serviços por intermédio de cooperativa de trabalho. (Incluído pelo Decreto nº 3.265, de 1999)

SEÇÃO III
DAS OBRIGAÇÕES ACESSÓRIAS

Art. 225. A empresa é também obrigada a:

I - preparar folha de pagamento da remuneração paga, devida ou creditada a todos os segurados a seu serviço, devendo manter, em cada estabelecimento, uma via da respectiva folha e recibos de pagamentos;

II - lançar mensalmente em títulos próprios de sua contabilidade, de forma discriminada, os fatos geradores de todas as contribuições, o montante das quantias descontadas, as contribuições da empresa e os totais recolhidos;

III - prestar ao Instituto Nacional do Seguro Social e à Secretaria da Receita Federal todas as informações cadastrais, financeiras e contábeis de interesse dos mesmos, na forma por eles estabelecida, bem como os esclarecimentos necessários à fiscalização;

IV - informar mensalmente ao Instituto Nacional do Seguro Social, por intermédio da Guia de Recolhimento do Fundo de Garantia do Tempo de Serviço e Informações à Previdência Social, na forma por ele estabelecida, dados cadastrais, todos os fatos geradores de contribuição previdenciária e outras informações de interesse daquele Instituto;

V - (Revogado pelo Decreto nº 10.410, de 2020)

VI - afixar cópia da Guia da Previdência Social, relativamente à competência anterior, durante o período de um mês, no quadro de horário de que trata o art. 74 da Consolidação das Leis do Trabalho.

VII - informar, anualmente, à Secretaria da Receita Federal do Brasil, na forma por ela estabelecida, o nome, o número de inscrição na previdência social e o endereço completo dos segurados de que trata o inciso III do § 15 do art. 9º, por ela utilizados no período, a qualquer título, para distribuição ou comercialização de seus produtos, sejam eles de fabricação própria ou de terceiros, sempre que se tratar de empresa que realize vendas diretas. (Incluído pelo Decreto nº 6.722, de 2008).

VIII - comunicar, mensalmente, os empregados a respeito dos valores descontados de sua contribuição previdenciária e, quando for o caso, dos valores da contribuição do empregador incidentes sobre a remuneração do mês de competência por meio de contracheque, recibo de pagamento ou documento equivalente. (Incluído pelo Decreto nº 10.410, de 2020)

§ 1º As informações prestadas na Guia de Recolhimento do Fundo de Garantia do Tempo de Serviço e Informações à Previdência Social servirão como base de cálculo das contribuições arrecadadas pelo Instituto Nacional do Seguro Social, comporão a base de dados para fins de cálculo e concessão dos benefícios previdenciários, bem como constituir-se-ão em termo de confissão de dívida, na hipótese do não-recolhimento.

§ 2º A entrega da Guia de Recolhimento do Fundo de Garantia do Tempo de Serviço e Informações à Previdência Social deverá ser efetuada na rede bancária, conforme estabelecido pelo Ministério da Previdência e Assistência Social, até o dia sete do mês seguinte àquele a que se referirem as informações. (Redação dada pelo Decreto nº 3.265, de 1999)

§ 3º A Guia de Recolhimento do Fundo de Garantia do Tempo de Serviço e Informações à Previdência Social é exigida relativamente a fatos geradores ocorridos a partir de janeiro de 1999.

§ 4º O preenchimento, as informações prestadas e a entrega da Guia de Recolhimento do Fundo de Garantia do Tempo de Serviço e Informações à Previdência Social são de inteira responsabilidade da empresa.

§ 5º A empresa manterá arquivados os documentos comprobatórios do cumprimento das obrigações de que trata este artigo e os documentos comprobatórios do pagamento de benefícios previdenciários reembolsados até que ocorra a prescrição relativa aos créditos decorrentes das operações a que os documentos se refiram, observados o disposto no § 22 e nas normas estabelecidas pela Secretaria Especial da Receita Federal do Brasil do Ministério da Economia e pelo Conselho Curador do Fundo de Garantia do Tempo de Serviço. (Redação dada pelo Decreto nº 10.410, de 2020)

§ 6º O Instituto Nacional do Seguro Social e a Caixa Econômica Federal estabelecerão normas para disciplinar a entrega da Guia de Recolhimento do Fundo de Garantia do Tempo de Serviço e Informações à Previdência Social, nos casos de rescisão contratual.

§ 7º (Revogado pelo Decreto nº 10.410, de 2020)

§ 8º O disposto neste artigo aplica-se, no que couber, aos demais contribuintes e ao adquirente, consignatário ou cooperativa, sub-rogados na forma deste Regulamento.

§ 9º A folha de pagamento de que trata o inciso I do *caput*, elaborada mensalmente, de forma coletiva por estabelecimento da empresa, por obra de construção civil e por tomador de serviços, com a correspondente totalização, deverá:

I - discriminar o nome dos segurados, indicando cargo, função ou serviço prestado;

II - agrupar os segurados por categoria, assim entendido: segurado empregado, trabalhador avulso, contribuinte individual; (Redação dada pelo Decreto nº 3.265, de 1999)

III - destacar o nome das seguradas em gozo de salário-maternidade;

IV - destacar as parcelas integrantes e não integrantes da remuneração e os descontos legais; e

V - indicar o número de quotas de salário-família atribuídas a cada segurado empregado ou trabalhador avulso.

§ 10. No que se refere ao trabalhador portuário avulso, o órgão gestor de mão-de-obra elaborará a folha de pagamento por navio, mantendo-a disponível para uso da fiscalização do Instituto Nacional do Seguro Social, indicando o operador portuário e os trabalhadores que participaram da operação, detalhando, com relação aos últimos:

I - os correspondentes números de registro ou cadastro no órgão gestor de mão-de-obra;

II - o cargo, função ou serviço prestado;

III - os turnos em que trabalharam; e

IV - as remunerações pagas, devidas ou creditadas a cada um dos trabalhadores e a correspondente totalização.

§ 11. No que se refere ao parágrafo anterior, o órgão gestor de mão-de-obra consolidará as folhas de pagamento relativas às operações concluídas no mês anterior por operador portuário e por trabalhador portuário avulso, indicando, com relação a estes, os respectivos números de registro ou cadastro, as datas dos turnos trabalhados, as importâncias pagas e os valores das contribuições previdenciárias retidas.

§ 12. Para efeito de observância do limite máximo da contribuição do segurado trabalhador avulso, de que trata o art. 198, o órgão gestor de mão-de-obra manterá resumo mensal e acumulado, por trabalhador portuário avulso, dos valores totais das férias, do décimo terceiro salário e das contribuições previdenciárias retidas.

§ 13. Os lançamentos de que trata o inciso II do *caput*, devidamente escriturados nos livros Diário e Razão, serão exigidos pela fiscalização após noventa dias contados da ocorrência dos fatos geradores das contribuições, devendo, obrigatoriamente:

I - atender ao princípio contábil do regime de competência; e

II - registrar, em contas individualizadas, todos os fatos geradores de contribuições previdenciárias de forma a identificar, clara e precisamente, as rubricas integrantes e não integrantes do salário-de-contribuição, bem como as contribuições descontadas do segurado, as da empresa e os totais recolhidos, por estabelecimento da empresa, por obra de construção civil e por tomador de serviços.

§ 14. A empresa deverá manter à disposição da fiscalização os códigos ou abreviaturas que identifiquem as respectivas rubricas utilizadas na elaboração da folha de pagamento, bem como os utilizados na escrituração contábil.

§ 15. A exigência prevista no inciso II do *caput* não desobriga a empresa do cumprimento das demais normas legais e regulamentares referentes à escrituração contábil.

§ 16. São desobrigadas de apresentação de escrituração contábil: (Redação dada pelo Decreto nº 3.265, de 1999)

I - o pequeno comerciante, nas condições estabelecidas pelo Decreto-lei nº 486, de 3 de março de 1969, e seu Regulamento;

II - a pessoa jurídica tributada com base no lucro presumido, de acordo com a legislação tributária federal, desde que mantenha a escrituração do Livro Caixa e Livro de Registro de Inventário; e

III - a pessoa jurídica que optar pela inscrição no Sistema Integrado de Pagamento de Impostos e Contribuições das Microempresas e Empresas de Pequeno Porte, desde que mantenha escrituração do Livro Caixa e Livro de Registro de Inventário.

§ 17. A empresa, agência ou sucursal estabelecida no exterior deverá apresentar os documentos comprobatórios do cumprimento das obrigações referidas neste artigo à sua congênere no Brasil, observada a solidariedade de que trata o art. 222.

§ 18. Para o cumprimento do disposto no inciso V do *caput* serão observadas as seguintes situações:

I - caso a empresa possua mais de um estabelecimento localizado em base geográfica diversa, a cópia da Guia da Previdência Social será encaminhada ao sindicato representativo da categoria profissional mais numerosa entre os empregados de cada estabelecimento;

II - a empresa que recolher suas contribuições em mais de uma Guia da Previdência Social encaminhará cópia de todas as guias;

III - a remessa poderá ser efetuada por qualquer meio que garanta a reprodução integral do documento, cabendo à empresa manter, em seus arquivos, prova do recebimento pelo sindicato; e

IV - cabe à empresa a comprovação, perante a fiscalização do Instituto Nacional do Seguro Social, do cumprimento de sua obrigação frente ao sindicato.

§ 19. O órgão gestor de mão-de-obra deverá, quando exigido pela fiscalização do Instituto Nacional do Seguro Social, exibir as listas de escalação diária dos trabalhadores portuários avulsos, por operador portuário e por navio.

§ 20. Caberá exclusivamente ao órgão gestor de mão-de-obra a responsabilidade pela exatidão dos dados lançados nas listas diárias referidas no parágrafo anterior.

§ 21. Fica dispensado do cumprimento do disposto nos incisos V e VI do *caput* o contribuinte individual, em relação a segurado que lhe presta serviço. (Redação dada pelo Decreto nº 3.265, de 1999)

§ 22. A empresa que utiliza sistema de processamento eletrônico de dados para o registro de negócios e atividades econômicas, escrituração de livros ou produção de documentos de natureza contábil, fiscal, trabalhista e previdenciária fica obrigada a arquivar e conservar, devidamente certificados, os sistemas e os arquivos, em meio eletrônico ou assemelhado, durante o prazo decadencial de que trata o art. 348, os quais ficarão à disposição da fiscalização. (Redação dada pelo Decreto nº 10.410, de 2020)

§ 23. A cooperativa de trabalho e a pessoa jurídica são obrigadas a efetuar a inscrição no Instituto Nacional do Seguro Social dos seus cooperados e contratados, respectivamente, como contribuintes individuais, se ainda não inscritos. (Incluído pelo Decreto nº 4.729, de 2003)

§ 24. A empresa ou cooperativa adquirente, consumidora ou consignatária da produção fica obrigada a fornecer ao segurado especial cópia do documento fiscal de entrada da mercadoria, onde conste, além do registro da operação realizada, o valor da respectiva contribuição previdenciária. (Incluído pelo Decreto nº 6.722, de 2008).

§ 25. A contribuição do empregador de que trata o inciso VIII do *caput* compreende aquela destinada ao seguro de acidentes do trabalho e ao financiamento da aposentadoria especial, sem prejuízo de outras contribuições incidentes sobre a remuneração do empregado. (Incluído pelo Decreto nº 10.410, de 2020)

Art. 226. O Município, por intermédio do órgão competente, fornecerá ao Instituto Nacional do Seguro Social, para fins de fiscalização, mensalmente, relação de todos os alvarás para construção civil e documentos de "habite-se" concedidos, de acordo com critérios estabelecidos pelo referido Instituto.

§ 1º A relação a que se refere o *caput* será encaminhada ao INSS até o dia dez do mês seguinte àquele a que se referirem os documentos.(Redação dada pelo Decreto nº 4.032, de 2001)

§ 2º O encaminhamento da relação fora do prazo ou a sua falta e a apresentação com incorreções ou omissões sujeitará o dirigente do órgão municipal à penalidade prevista na alínea "f" do inciso I do art. 283.

Art. 227. (Revogado pelo Decreto nº 8.302, de 2014)

Art. 228. O titular do Cartório de Registro Civil de Pessoas Naturais remeterá ao INSS, no prazo de um dia útil, pelo Sistema Nacional de Informações de Registro Civil, ou pelo sistema que venha a substituí-lo, a relação dos nascimentos, dos natimortos, dos casamentos, dos óbitos, das averbações, das anotações e das retificações registradas na serventia. (Redação dada pelo Decreto nº 10.410, de 2020)

§ 1º Para os Municípios que não dispõem de provedor de conexão à internet ou de qualquer meio de acesso à internet, fica autorizada a remessa da relação no prazo de cinco dias úteis, conforme critérios definidos pelo INSS. (Incluído pelo Decreto nº 10.410, de 2020)

§ 2º Os registros de nascimento e de natimorto conterão, obrigatoriamente, as seguintes informações do registrado e da filiação: (Incluído pelo Decreto nº 10.410, de 2020)

I - nome completo; (Incluído pelo Decreto nº 10.410, de 2020)

II - número de inscrição no CPF; (Incluído pelo Decreto nº 10.410, de 2020)

III - sexo; e (Incluído pelo Decreto nº 10.410, de 2020)

IV - data e local de nascimento. (Incluído pelo Decreto nº 10.410, de 2020)

§ 3º Os registros de casamento e de óbito conterão, obrigatoriamente, as seguintes informações do registrado: (Incluído pelo Decreto nº 10.410, de 2020)

I - nome completo; (Incluído pelo Decreto nº 10.410, de 2020)

II - número de inscrição no CPF; (Incluído pelo Decreto nº 10.410, de 2020)

III - sexo; e (Incluído pelo Decreto nº 10.410, de 2020)

IV - data e local de nascimento do registrado. (Incluído pelo Decreto nº 10.410, de 2020)

§ 4º Além das informações a que se refere o § 3º, constarão dos registros de casamento e de óbito, caso estejam disponíveis, os seguintes dados: (Incluído pelo Decreto nº 10.410, de 2020)

I - número de inscrição no PIS ou no Pasep; (Incluído pelo Decreto nº 10.410, de 2020)

II - NIT; (Incluído pelo Decreto nº 10.410, de 2020)

III - número de benefício previdenciário ou assistencial, se o falecido for titular de qualquer benefício pago pelo INSS; (Incluído pelo Decreto nº 10.410, de 2020)

IV - número de registro da carteira de identidade e órgão emissor; (Incluído pelo Decreto nº 10.410, de 2020)

V - número do título de eleitor; e (Incluído pelo Decreto nº 10.410, de 2020)

VI - número de registro e série da Carteira de Trabalho e Previdência Social. (Incluído pelo Decreto nº 10.410, de 2020)

§ 5º Na hipótese de não haver sido registrado nascimento, natimorto, casamento, óbito ou averbação, anotação e retificação no mês, o titular do Cartório de Registro Civil de Pessoas Naturais comunicará este fato ao INSS até o quinto dia útil do mês subsequente, na forma estabelecida pelo INSS. (Incluído pelo Decreto nº 10.410, de 2020)

§ 6º O descumprimento de obrigação imposta por este artigo e o fornecimento de informação inexata sujeitarão o titular do Cartório de Registro Civil de Pessoas Naturais, além de outras penalidades, à penalidade prevista na alínea "e" do inciso I do *caput* do art. 283 e a ação regressiva, na forma estabelecida pelo INSS. (Incluído pelo Decreto nº 10.410, de 2020)

SEÇÃO IV
DA COMPETÊNCIA PARA ARRECADAR, FISCALIZAR E COBRAR

Art. 229. O Instituto Nacional do Seguro Social é o órgão competente para:

I - arrecadar e fiscalizar o recolhimento das contribuições sociais previstas nos incisos I, II, III, IV e V do parágrafo único do art. 195, bem como as contribuições incidentes a título de substituição;(Redação dada pelo Decreto nº 4.032, de 2001)

II - constituir seus créditos por meio dos correspondentes lançamentos e promover a respectiva cobrança;

III - aplicar sanções; e

IV - normatizar procedimentos relativos à arrecadação, fiscalização e cobrança das contribuições referidas no inciso I.

§ 1º Os Auditores Fiscais da Previdência Social terão livre acesso a todas as dependências ou estabelecimentos da empresa, com vistas à verificação física dos segurados em serviço, para confronto com os registros e documentos da empresa, podendo requisitar e apreender livros, notas técnicas e demais documentos necessários ao perfeito desempenho de suas funções, caracterizando-se como embaraço à fiscalização qualquer dificuldade oposta à consecução do objetivo. (Redação dada pelo Decreto nº 3.265, de 1999)

§ 2º Se o Auditor Fiscal da Previdência Social constatar que o segurado contratado como contribuinte individual, trabalhador avulso, ou sob qualquer outra denominação, preenche as condições referidas no inciso I do *caput* do art. 9º, deverá desconsiderar o vínculo pactuado e efetuar o enquadramento como segurado empregado. (Redação dada pelo Decreto nº 3.265, de 1999)

§ 3º A fiscalização das entidades fechadas de previdência privada, estabelecida na Lei nº 6.435, de 15 de julho de 1977, será exercida pelos Fiscais de Contribuições Previdenciárias do Instituto Nacional do Seguro Social, devidamente credenciados pelo órgão próprio, sem prejuízo das atribuições e vantagens a que fazem jus, conforme disposto no Decreto nº 1.317, de 29 de novembro de 1994.

§ 4º A fiscalização dos regimes próprios de previdência social dos servidores públicos e dos militares da União, dos Estados, do Distrito Federal e dos Municípios, nos termos da Lei nº 9.717, de 27 de novembro de 1998, será exercida pelos Fiscais de Contribuições Previdenciárias do Instituto Nacional do Seguro Social, devidamente credenciados pelo órgão próprio, sem prejuízo das atribuições e vantagens a que fazem jus, conforme orientação expedida pelo Ministério da Previdência e Assistência Social.

§ 5º Aplica-se à fiscalização de que tratam os §§ 3º e 4º o disposto na Lei nº 8.212, de 1991, neste Regulamento e demais dispositivos da legislação previdenciária, no que couber e não colidir com os preceitos das Leis nºs 6.435, de 1977, e 9.717, de 1998.

Art. 230. A Secretaria da Receita Federal é o órgão competente para:

I - arrecadar e fiscalizar o recolhimento das contribuições sociais previstas nos incisos VI e VII do parágrafo único do art. 195;

II - constituir seus créditos por meio dos correspondentes lançamentos e promover a respectiva cobrança;

III - aplicar sanções; e

IV - normatizar procedimentos relativos à arrecadação, fiscalização e cobrança das contribuições de que trata o inciso I.

SEÇÃO V
DO EXAME DA CONTABILIDADE

Art. 231. É prerrogativa do Ministério da Previdência e Assistência Social, do Instituto Nacional do Seguro Social e da Secretaria da Receita Federal o exame da contabilidade da empresa, não prevalecendo para esse efeito o disposto nos arts. 17 e 18 do Código Comercial, ficando obrigados a empresa e o segurado a prestarem todos os esclarecimentos e informações solicitados.

Art. 232. A empresa, o servidor de órgão público da administração direta e indireta, o segurado da previdência social, o serventuário da Justiça, o síndico ou seu representante legal, o comissário e o liquidante de empresa em liquidação judicial ou extrajudicial são obrigados a exibir todos os documentos e livros relacionados com as contribuições previstas neste Regulamento.

Art. 233. Ocorrendo recusa ou sonegação de qualquer documento ou informação, ou sua apresentação deficiente, o Instituto Nacional do Seguro Social e a Secretaria da Receita Federal podem, sem prejuízo da penalidade cabível nas esferas de sua competência, lançar de ofício importância que reputarem devida, cabendo à empresa, ao empregador doméstico ou ao segurado o ônus da prova em contrário.

Parágrafo único. Considera-se deficiente o documento ou informação apresentada que não preencha as formalidades legais, bem como aquele que contenha informação diversa da realidade, ou, ainda, que omita informação verdadeira.

Art. 234. Na falta de prova regular e formalizada, o montante dos salários pagos pela execução de obra de construção civil pode ser obtido mediante cálculo da mão-de-obra empregada, proporcional à área construída e ao padrão de execução da obra, de acordo com critérios estabelecidos pelo Instituto Nacional do Seguro Social, cabendo ao proprietário, dono da obra, incorporador, condômino da unidade imobiliária ou empresa co-responsável o ônus da prova em contrário.

Art. 235. Se, no exame da escrituração contábil e de qualquer outro documento da empresa, a fiscalização constatar que a contabilidade não registra o movimento real da remuneração dos segurados a seu serviço, da receita ou do faturamento e do lucro, esta será desconsiderada, sendo apuradas e lançadas de ofício as contribuições devidas, cabendo à empresa o ônus da prova em contrário.

Art. 236. Deverá ser dado tratamento especial ao exame da documentação que envolva operações ou assuntos de caráter sigiloso, ficando o fiscal responsável obrigado à guarda da informação e à sua utilização exclusivamente nos documentos elaborados em decorrência do exercício de suas atividades.

Art. 237. A autoridade policial prestará à fiscalização, mediante solicitação, o auxílio necessário ao regular desempenho dessa atividade.

SEÇÃO VI
DAS CONTRIBUIÇÕES E OUTRAS IMPORTÂNCIAS NÃO RECOLHIDAS ATÉ O VENCIMENTO

Art. 238. Os créditos de qualquer natureza da seguridade social, constituídos ou não, vencidos até 31 de dezembro de 1991 e não pagos até 2 de janeiro de 1992, serão atualizados monetariamente com base na legislação aplicável e convertidos, nessa data, em quantidade de Unidade Fiscal de Referência diária.

§ 1º Os juros de mora calculados até 2 de janeiro de 1992 serão, também, convertidos em Unidade Fiscal de Referência, na mesma data.

§ 2º Sobre a parcela correspondente à contribuição, convertida em quantidade de Unidade Fiscal de Referência, incidirão juros moratórios à razão de um por cento, ao mês-calendário ou fração, a partir de fevereiro de 1992, inclusive, além da multa variável pertinente.

§ 3º Os créditos calculados e expressos em quantidade de Unidade Fiscal de Referência conforme o disposto neste artigo serão reconvertidos para moeda corrente, com base no valor da Unidade Fiscal de Referência na data do pagamento.

Art. 239. As contribuições sociais e outras importâncias arrecadadas pela Secretaria Especial da Receita Federal do Brasil do Ministério da Economia, incluídas ou não em notificação fiscal de lançamento, pagas com atraso, objeto ou não de parcelamento, ficam sujeitas a: (Redação dada pelo Decreto nº 10.410, de 2020)

I - atualização monetária, quando exigida pela legislação de regência;

II - juros de mora, de caráter irrelevável, incidentes sobre o valor atualizado, equivalentes a:

a) um por cento no mês do vencimento;

b) taxa referencial do Sistema Especial de Liquidação e de Custódia nos meses intermediários; e

c) um por cento no mês do pagamento; e

III - multa variável, de caráter irrelevável, nos seguintes percentuais, para fatos geradores ocorridos a partir de 28 de novembro de 1999: (Redação dada pelo Decreto nº 3.265, de 1999)

a) para pagamento após o vencimento de obrigação não incluída em notificação fiscal de lançamento:

1. oito por cento, dentro do mês de vencimento da obrigação; (Redação dada pelo Decreto nº 3.265, de 1999)

2. quatorze por cento, no mês seguinte; ou (Redação dada pelo Decreto nº 3.265, de 1999)

3. vinte por cento, a partir do segundo mês seguinte ao do vencimento da obrigação; (Redação dada pelo Decreto nº 3.265, de 1999)

b) para pagamento de obrigação incluída em notificação fiscal de lançamento:

1. vinte e quatro por cento, até quinze dias do recebimento da notificação; (Redação dada pelo Decreto nº 3.265, de 1999)

2. trinta por cento, após o décimo quinto dia do recebimento da notificação;(Redação dada pelo Decreto nº 3.265, de 1999)

3. quarenta por cento, após apresentação de recurso desde que antecedido de defesa, sendo ambos tempestivos, até quinze dias da ciência da decisão do Conselho de Recursos da Previdência Social; ou (Redação dada pelo Decreto nº 3.265, de 1999)

4. cinqüenta por cento, após o décimo quinto dia da ciência da decisão do Conselho de Recursos da Previdência Social, enquanto não inscrita em Dívida Ativa; e (Redação dada pelo Decreto nº 3.265, de 1999)

c) para pagamento do crédito inscrito em Dívida Ativa:

1. sessenta por cento, quando não tenha sido objeto de parcelamento; (Redação dada pelo Decreto nº 3.265, de 1999)

2. setenta por cento, se houve parcelamento; (Redação dada pelo Decreto nº 3.265, de 1999)

3. oitenta por cento, após o ajuizamento da execução fiscal, mesmo que o devedor ainda não tenha sido citado, se o crédito não foi objeto de parcelamento; ou (Redação dada pelo Decreto nº 3.265, de 1999)

4. cem por cento, após o ajuizamento da execução fiscal, mesmo que o devedor ainda não tenha sido citado, se o crédito foi objeto de parcelamento. (Redação dada pelo Decreto nº 3.265, de 1999)

§ 1º (Revogado pelo Decreto nº 6.224, de 2007).

§ 2º Nas hipóteses de parcelamento ou de reparcelamento, incidirá um acréscimo de vinte por cento sobre a multa de mora a que se refere o inciso III.

§ 3º Se houver pagamento antecipado à vista, no todo ou em parte, do saldo devedor, o acréscimo previsto no parágrafo anterior não incidirá sobre a multa correspondente à parte do pagamento que se efetuar.

§ 4º O valor do pagamento parcial, antecipado, do saldo devedor de parcelamento ou do reparcelamento somente poderá ser utilizado para quitação de parcelas na ordem inversa do vencimento, sem prejuízo da que for devida no mês de competência em curso e sobre a qual incidirá sempre o acréscimo a que se refere o § 2º.

§ 5º É facultada a realização de depósito à disposição da seguridade social, sujeito ao mesmo percentual do item 1 da alínea "b" do inciso III, desde que dentro do prazo legal para apresentação de defesa.

§ 6º À correção monetária e aos acréscimos legais de que trata este artigo aplicar-se-á a legislação vigente em cada competência a que se referirem.

§ 7º Às contribuições de que trata o art. 204, devidas e não recolhidas até as datas dos respectivos vencimentos, aplicam-se multas e juros moratórios na forma da legislação pertinente.

§ 8º Sobre as contribuições devidas e apuradas com fundamento no inciso IV do *caput* do art. 127 e no § 1º do art. 348 incidirão juros moratórios de cinco décimos por cento ao mês, capitalizados anualmente, limitados ao percentual máximo de cinquenta por cento, e multa de dez por cento. (Redação dada pelo Decreto nº 10.410, de 2020)

§ 8º-A A incidência de juros moratórios e multa de que trata o § 8º será estabelecida para fatos geradores ocorridos a partir de 14 de outubro de 1996. (Incluído pelo Decreto nº 10.410, de 2020)

§ 9º Não se aplicam as multas impostas e calculadas como percentual do crédito por motivo de recolhimento fora do prazo das contribuições, nem quaisquer outras penas pecuniárias, às massas falidas de que trata o art. 192 da Lei no 11.101, de 9 de fevereiro de 2005, e às missões diplomáticas estrangeiras no Brasil e aos membros dessas missões quando assegurada a isenção em tratado, convenção ou outro acordo internacional de que o Estado estrangeiro ou organismo internacional e o Brasil sejam partes. (Redação dada pelo Decreto nº 6.042, de 2007).

§ 10. O disposto no § 8º não se aplica aos casos de contribuições em atraso a partir da competência abril de 1995, obedecendo-se, a partir de então, às disposições aplicadas às empresas em geral. (Incluído pelo Decreto nº 3.265, de 1999)

§ 11. Na hipótese de as contribuições terem sido declaradas no documento a que se refere o inciso IV do art. 225, ou quando se tratar de empregador doméstico ou de empresa ou segurado dispensados de apresentar o citado documento, a multa de mora a que se refere o *caput* e seus incisos será reduzida em cinqüenta por cento. (Incluído pelo Decreto nº 3.265, de 1999)

Art. 240. Os créditos de qualquer natureza da seguridade social, constituídos ou não, que forem objeto de parcelamento serão consolidados na data da concessão e expressos em moeda corrente.

§ 1º Os valores referentes a competências anteriores a 1º de janeiro de 1995 e expressos em Unidade Fiscal de Referência serão reconvertidos para moeda corrente, com base no valor da Unidade Fiscal de Referência na data do pagamento.

§ 2º O valor do crédito consolidado será dividido pela quantidade de parcelas mensais concedidas na forma da legislação pertinente.

§ 3º O valor de cada parcela mensal, por ocasião do pagamento, será acrescido de juros na forma da legislação pertinente.

§ 4º A parcela mensal com valores relativos a competências anteriores a janeiro de 1995 será determinada de acordo com as disposições do § 1º, acrescida de juros conforme a legislação pertinente.

Art. 241. No caso de parcelamento concedido administrativamente até o dia 31 de dezembro de 1991, cujo saldo devedor foi expresso em quantidade de Unidade Fiscal de Referência diária a partir de 1º de janeiro de 1992, mediante a divisão do débito, atualizado monetariamente, pelo valor da Unidade Fiscal de Referência diária no dia 1º de janeiro de 1992, terá o valor do débito ou da parcela expresso em Unidade Fiscal de Referência reconvertido para moeda corrente, multiplicando-se a quantidade de Unidade Fiscal de Referência pelo valor desta na data do pagamento.

Art. 242. Os valores das contribuições incluídos em notificação fiscal de lançamento e os acréscimos legais, observada a legislação de regência, serão expressos em moeda corrente.

§ 1º Os valores das contribuições incluídos na Guia de Recolhimento do Fundo de Garantia do Tempo de Serviço e Informações à Previdência Social, não recolhidos ou não parcelados, serão inscritos na Dívida Ativa do Instituto Nacional do Seguro Social, dispensando-se o processo administrativo de natureza contenciosa.

§ 2º Os juros e a multa serão calculados com base no valor da contribuição.

Art. 243. Constatada a falta de recolhimento de qualquer contribuição ou outra importância devida nos termos deste Regulamento, a fiscalização lavrará, de imediato, notificação fiscal de lançamento com discriminação clara e precisa dos fatos geradores, das contribuições devidas e dos períodos a que se referem, de acordo com as normas estabelecidas pelos órgãos competentes.

§ 1º Aplica-se o disposto neste artigo em caso de falta de pagamento de benefício reembolsado ou em caso de pagamento desse benefício sem observância das normas pertinentes estabelecidas pelo Instituto Nacional do Seguro Social.

§ 2º Recebida a notificação, o empregador doméstico, a empresa ou o segurado terão o prazo de trinta dias para efetuar o pagamento ou apresentar impugnação. (Redação dada pelo Decreto nº 6.103, de 2007)

§ 3º (Revogado pelo Decreto nº 6.722, de 2008).

§ 4º Após o prazo referido no parágrafo anterior, o crédito será inscrito em Dívida Ativa.

§ 5º Apresentada a defesa, o processo formado a partir da notificação fiscal de lançamento será submetido à autoridade competente, que decidirá sobre a procedência ou não do lançamento, cabendo recurso na forma da Subseção II da Seção II do Capítulo Único do Título I do Livro V.

§ 6º Ao lançamento considerado procedente aplicar-se-á o disposto no § 1º do art. 245, salvo se houver recurso tempestivo na forma da Subseção II da Seção II do Capítulo Único do Título I do Livro V.

§ 7º A liquidação de crédito incluído em notificação deve ser feita em moeda corrente, mediante documento próprio emitido exclusivamente pelo Instituto Nacional do Seguro Social.

Art. 244. (Revogado pelo Decreto nº 10.410, de 2020)

Art. 245. O crédito da seguridade social é constituído por meio de notificação fiscal de lançamento, auto-de-infração, confissão ou documento declaratório de valores devidos apresentado pelo contribuinte ou outro instrumento previsto em legislação própria.

§ 1º As contribuições, a atualização monetária, os juros de mora, as multas, bem como outras importâncias devidas e não recolhidas até o seu vencimento devem ser lançados em livro próprio destinado à inscrição em Dívida Ativa do Instituto Nacional do Seguro Social e da Fazenda Nacional, após a constituição do respectivo crédito.

§ 2º A certidão textual do livro de que trata este artigo serve de título para que o órgão competente, por intermédio de seu procurador ou representante legal, promova em juízo a cobrança da Dívida Ativa, segundo o mesmo processo e com as mesmas prerrogativas e privilégios da Fazenda Nacional, nos termos da Lei nº 6.830, de 22 de setembro de 1980.

§ 3º Os órgãos competentes podem, antes de ajuizar a cobrança da Dívida Ativa, promover o protesto de título dado em garantia de sua liquidação, ficando, entretanto, ressalvado que o título será sempre recebido pró solvendo.

§ 4º Considera-se Dívida Ativa o crédito proveniente de fato jurídico gerador das obrigações legais ou contratuais, desde que inscrito no livro próprio, de conformidade com os dispositivos da Lei nº 6.830, de 1980.

§ 5º As contribuições arrecadadas pelo Instituto Nacional do Seguro Social poderão, sem prejuízo da respectiva liquidez e certeza, ser inscritas em Dívida Ativa.

Art. 246. O crédito relativo a contribuições, atualização monetária, juros de mora, multas, bem como a outras importâncias, está sujeito, nos processos de falência, concordata ou concurso de credores, às disposições atinentes aos créditos da União, aos quais é equiparado.

Parágrafo único. O Instituto Nacional do Seguro Social reivindicará os valores descontados pela empresa do segurado empregado e trabalhador avulso, as decorrentes da sub-rogação de que tratam os incisos I e II do § 7º do art. 200 e as importâncias retidas na forma do art. 219 e não recolhidos, sendo que esses valores não estão sujeitos ao concurso de credores.

SEÇÃO VII
DA RESTITUIÇÃO E DA COMPENSAÇÃO DE CONTRIBUIÇÕES E OUTRAS IMPORTÂNCIAS

Art. 247. A restituição e a compensação de valores recolhidos indevidamente observarão os termos e as condições estabelecidos pela Secretaria Especial da Receita Federal do Brasil do Ministério da Economia. (Redação dada pelo Decreto nº 10.410, de 2020)

Art. 248. (Revogado pelo Decreto nº 10.410, de 2020)

Art. 249. (Revogado pelo Decreto nº 10.410, de 2020)

Art. 250. (Revogado pelo Decreto nº 10.410, de 2020)

Art. 251. (Revogado pelo Decreto nº 10.410, de 2020)

Art. 252. (Revogado pelo Decreto nº 10.410, de 2020)

Art. 253. (Revogado pelo Decreto nº 10.410, de 2020)

Art. 254. (Revogado pelo Decreto nº 10.410, de 2020)

SEÇÃO VIII
DO REEMBOLSO DE PAGAMENTO

Art. 255. A dedução e o reembolso relativos a quotas do salário-família e do salário-maternidade e a compensação do adicional de insalubridade a que se refere o § 2º do art. 394-A da Consolidação das Leis do Trabalho, aprovada pelo Decreto-Lei nº 5.452, de 1943, observarão os termos e as condições estabelecidos pela Secretaria Especial da Receita Federal do

Brasil do Ministério da Economia. (Redação dada pelo Decreto nº 10.410, de 2020)

§ 1º (Revogado pelo Decreto nº 10.410, de 2020)

§ 2º (Revogado pelo Decreto nº 3.265, de 1999)

§ 3º (Revogado pelo Decreto nº 10.410, de 2020)

CAPÍTULO IX
DA MATRÍCULA DA EMPRESA, DO PRODUTOR RURAL PESSOA FÍSICA E DO SEGURADO ESPECIAL (REDAÇÃO DADA PELO DECRETO Nº 6.722, DE 2008).

Art. 256. A matrícula da empresa será feita:

I - simultaneamente com a inscrição no Cadastro Nacional da Pessoa Jurídica; ou

II - perante o Instituto Nacional do Seguro Social, no prazo de trinta dias contados do início de suas atividades, quando não sujeita a inscrição no Cadastro Nacional da Pessoa Jurídica.

§ 1º Independentemente do disposto neste artigo, o Instituto Nacional do Seguro Social procederá à matrícula:

I - de ofício, quando ocorrer omissão; e

II - de obra de construção civil, mediante comunicação obrigatória do responsável por sua execução, no prazo do inciso II do *caput*.

§ 2º A unidade matriculada na forma do inciso II do *caput* e do § 1º receberá certificado de matrícula com número cadastral básico, de caráter permanente.

§ 3º O não cumprimento do disposto no inciso II do *caput* e no inciso II do § 1º sujeita o responsável à multa prevista no art. 283.

§ 4º O Departamento Nacional de Registro do Comércio, por intermédio das juntas comerciais, bem como os cartórios de registro civil de pessoas jurídicas, prestarão obrigatoriamente ao Instituto Nacional do Seguro Social todas as informações referentes aos atos constitutivos e alterações posteriores relativos a empresas neles registradas, sem ônus para o Instituto.

§ 5º São válidos perante o Instituto Nacional do Seguro Social os atos de constituição, alteração e extinção de empresa registrados nas juntas comerciais.

§ 6º O Ministério da Previdência e Assistência Social estabelecerá as condições em que o Departamento Nacional de Registro do Comércio, por intermédio das juntas comerciais, e os cartórios de registro civil de pessoas jurídicas cumprirão o disposto no § 4º.

Art. 256-A. A matrícula atribuída pela Secretaria da Receita Federal do Brasil ao produtor rural pessoa física ou segurado especial é o documento de inscrição do contribuinte, em substituição à inscrição no Cadastro Nacional de Pessoa Jurídica - CNPJ, a ser apresentado em suas relações: (Incluído pelo Decreto nº 6.722, de 2008).

I - com o Poder Público, inclusive para licenciamento sanitário de produtos de origem animal ou vegetal submetidos a processos de beneficiamento ou industrialização artesanal; (Incluído pelo Decreto nº 6.722, de 2008).

II - com as instituições financeiras, para fins de contratação de operações de crédito; e (Incluído pelo Decreto nº 6.722, de 2008).

III - com os adquirentes de sua produção ou fornecedores de sementes, insumos, ferramentas e demais implementos agrícolas. (Incluído pelo Decreto nº 6.722, de 2008).

§ 1º Para fins de recolhimento das contribuições previdenciárias, a matrícula de que trata o *caput* será atribuída ao grupo familiar no ato de sua inscrição. (Incluído pelo Decreto nº 6.722, de 2008).

§ 2º O disposto no *caput* não se aplica ao licenciamento sanitário de produtos sujeitos à incidência do IPI ou ao contribuinte cuja inscrição no CNPJ seja obrigatória. (Incluído pelo Decreto nº 6.722, de 2008).

CAPÍTULO X
DA PROVA DE INEXISTÊNCIA DE DÉBITO

Art. 257. (Revogado pelo Decreto nº 8.302, de 2014)

Art. 258. (Revogado pelo Decreto nº 8.302, de 2014)

Art. 259. (Revogado pelo Decreto nº 8.302, de 2014)

Art. 260. Serão aceitas as seguintes modalidades de garantia:

I - depósito integral e atualizado do débito em moeda corrente;

II - hipoteca de bens imóveis com ou sem seus acessórios;

III - fiança bancária;

IV - vinculação de parcelas do preço de bens ou serviços a serem negociados a prazo pela empresa;

V - alienação fiduciária de bens móveis; ou

VI - penhora.

Parágrafo único. A garantia deve ter valor mínimo de cento e vinte por cento do total da dívida, observado, em qualquer caso, o valor de mercado dos bens indicados, em conformidade com os critérios estabelecidos pelo Instituto Nacional do Seguro Social.

Art. 261. A autorização do órgão competente para outorga de instrumento em que se estipule o pagamento do débito da empresa no ato, ou apenas parte no ato e o restante em parcelas ou prestações do saldo do preço do bem a ser negociado pela empresa, com vinculação ao cumprimento das obrigações assumidas na confissão de dívida fiscal desta perante a seguridade social, na forma do inciso IV do art. 260, será dada mediante interveniência no instrumento.

Parágrafo único. A autorização para lavratura de instrumento de interesse da empresa em que a garantia oferecida pelo devedor não tem relação com o bem transacionado será dada mediante alvará.

Art. 262. (Revogado pelo Decreto nº 8.302, de 2014)

Art. 263. (Revogado pelo Decreto nº 8.302, de 2014)

Art. 264. A inexistência de débito em relação às contribuições devidas ao Instituto Nacional do Seguro Social é condição necessária para que os Estados, o Distrito Federal e os Municípios possam receber as transferências dos recursos do Fundo de Participação dos Estados e do Distrito Federal e do Fundo de Participação dos Municípios, celebrar acordo, contrato, convênio ou ajuste, bem como receber empréstimo, financiamento, aval ou subvenção em geral de órgão ou entidade da administração direta e indireta da União.

Parágrafo único. Para recebimento do Fundo de Participação dos Estados e do Distrito Federal e do Fundo de Participação dos Municípios e para a consecução dos demais instrumentos citados no *caput*, os Estados, o Distrito Federal e os Municípios deverão apresentar aos órgãos ou entidades responsáveis pela liberação dos fundos, celebração de acordos, contratos, convênios ou ajustes, concessão de empréstimos, financiamentos, avais ou subvenções em geral os comprovantes de recolhimento das suas contribuições ao Instituto Nacional do Seguro Social referentes aos três meses imediatamente anteriores ao mês previsto para a efetivação daqueles procedimentos.

Art. 265. Os Estados, o Distrito Federal e os Municípios serão, igualmente, obrigados a apresentar, para os fins do disposto no art. 264, comprovação de pagamento da parcela mensal referente aos débitos com o Instituto Nacional do Seguro Social objeto do parcelamento.

TÍTULO II
DAS DISPOSIÇÕES DIVERSAS RELATIVAS AO CUSTEIO DA SEGURIDADE SOCIAL

Art. 266. Os sindicatos poderão apresentar denúncia contra a empresa, junto ao Instituto Nacional do Seguro Social, nas seguintes hipóteses:

I - falta de envio da Guia da Previdência Social para o sindicato, na forma do inciso V do *caput* do art. 225;

II - não afixação da Guia da Previdência Social no quadro de horário, na forma do inciso VI do *caput* do art. 225;

III - divergência entre os valores informados pela empresa e pelo Instituto Nacional do Seguro Social sobre as contribuições recolhidas na mesma competência; ou

IV - existência de evidentes indícios de recolhimento a menor das contribuições devidas, constatados pela comparação com dados disponíveis sobre quantidade de empregados e de rescisões de contrato de trabalho homologadas pelo sindicato.

§ 1º As denúncias formuladas pelos sindicatos deverão identificar com precisão a empresa infratora e serão encaminhadas por seu representante legal, especificando nome, número no Cadastro Nacional da Pessoa Jurídica e endereço da empresa denunciada, o item infringido e outros elementos indispensáveis à análise dos fatos.

§ 2º A constatação da improcedência da denúncia apresentada pelo sindicato implicará a cessação do seu direito ao acesso às informações fornecidas pelas empresas e pelo Instituto Nacional do Seguro Social, pelo prazo de:

I - um ano, quando fundamentada nos incisos I, II e III do *caput*; e

II - quatro meses, quando fundamentada no inciso IV do *caput*.

§ 3º Os prazos mencionados no parágrafo anterior serão duplicados a cada reincidência, considerando-se esta a ocorrência de nova denúncia improcedente, dentro do período de cinco anos contados da data da denúncia não confirmada.

Art. 267. (Revogado pelo Decreto nº 4.032, de 2001)

Art. 268. O titular da firma individual e os sócios das empresas por cotas de responsabilidade limitada respondem solidariamente, com seus bens pessoais, pelos débitos junto à seguridade social.

Parágrafo único. Os acionistas controladores, os administradores, os gerentes e os diretores respondem solidariamente e subsidiariamente, com seus bens pessoais, quanto ao inadimplemento das obrigações para com a seguridade social, por dolo ou culpa.

Art. 269. Os orçamentos das entidades da administração pública direta e indireta devem consignar as dotações ao pagamento das contribuições devidas à seguridade social, de modo a assegurar a sua regular liquidação dentro do exercício.

Parágrafo único. O pagamento das contribuições devidas ao Instituto Nacional do Seguro Social terá prioridade absoluta nos cronogramas financeiros de desembolso dos órgãos da administração pública direta, das entidades de administração indireta e suas subsidiárias e das demais entidades sob controle acionário direto ou indireto da União, dos Estados, do Distrito Federal e dos Municípios, bem como de suas autarquias, e fundações instituídas ou mantidas pelo Poder Público.

Art. 270. A existência de débitos junto ao Instituto Nacional do Seguro Social, não renegociados ou renegociados e não saldados, nas condições estabelecidas em lei, importará na indisponibilidade dos recursos existentes, ou que venham a ingressar nas contas dos órgãos ou entidades devedoras de que trata o artigo anterior, abertas em quaisquer instituições financeiras, até o valor equivalente ao débito apurado na data de expedição de solicitação do Instituto Nacional do Seguro Social ao Banco Central do Brasil, incluindo o principal, corrigido monetariamente nos períodos em que a legislação assim dispuser, as multas e os juros.

Parágrafo único. Os Ministros da Fazenda e da Previdência e Assistência Social expedirão as instruções para aplicação do disposto neste artigo.

Art. 271. As contribuições referentes ao período de que trata o § 2º do art. 26, vertidas desde o início do vínculo do servidor com a administração pública ao Plano de Seguridade Social do Servidor Público, nos termos dos arts. 8º e 9º da Lei nº 8.162, de 1991, serão atualizadas monetariamente e repassadas de imediato ao Instituto Nacional do Seguro Social.

Art. 272. As alíquotas a que se referem o inciso II do art. 200 e os incisos I, II, III e § 8º do art. 202 são reduzidas em cinqüenta por cento de seu valor, a partir de 22 de janeiro de 1998, por sessenta meses, nos contratos de trabalho por prazo determinado, nos termos da Lei nº 9.601, de 21 de janeiro de 1998. (Redação dada pelo Decreto nº 4.032, de 2001)

Art. 273. A empresa é obrigada a preparar folha de pagamento dos trabalhadores contratados com base na Lei nº 9.601, de 1998, na forma do art. 225, agrupando-os separadamente.

Art. 274. O Instituto Nacional do Seguro Social poderá arrecadar e fiscalizar, mediante remuneração de três vírgula cinco por cento sobre o montante arrecadado, contribuição por lei devida a terceiros, desde que provenha de empresa, segurado, aposentado ou pensionista a ele vinculado, aplicando-se a essa contribuição, no que couber, o disposto neste Regulamento.

§ 1º O disposto neste artigo aplica-se às contribuições que tenham a mesma base utilizada para o cálculo das contribuições incidentes sobre a remuneração paga, devida ou creditada a segurados, bem como sobre as contribuições incidentes sobre outras bases a título de substituição.(Redação dada pelo Decreto nº 4.032, de 2001)

§ 2º As contribuições previstas neste artigo ficam sujeitas aos mesmos prazos, condições, sanções e privilégios das contribuições da seguridade social, inclusive no que se refere à cobrança judicial.

Art. 275. O Instituto Nacional do Seguro Social divulgará, trimestralmente, lista atualizada dos devedores com débitos inscritos na Dívida Ativa relativos às contribuições previstas nos incisos I, II, III, IV e V do parágrafo único do art. 195, acompanhada de relatório circunstanciado das medidas administrativas e judiciais adotadas para a cobrança e execução da dívida.

§ 1º O relatório a que se refere o *caput* será encaminhado aos órgãos da administração federal direta e indireta, às entidades controladas direta ou indiretamente pela União, aos registros públicos, cartórios de registro de títulos e documentos, cartórios de registro de imóveis e ao sistema financeiro oficial, para os fins do § 3º do art. 195 da Constituição Federal e da Lei nº 7.711, de 22 de dezembro de 1988.

§ 2º O Ministério da Previdência e Assistência Social fica autorizado a firmar convênio com os governos estaduais, do Distrito Federal e municipais para extensão, àquelas esferas de governo, das hipóteses previstas no art. 1º da Lei nº 7.711, de 1988.

Art. 276. Nas ações trabalhistas de que resultar o pagamento de direitos sujeitos à incidência de contribuição previdenciária, o recolhimento das importâncias devidas à seguridade social será feito no dia dois do mês seguinte ao da liquidação da sentença.

§ 1º No caso do pagamento parcelado, as contribuições devidas à seguridade social serão recolhidas na mesma data e proporcionalmente ao valor de cada parcela.

§ 2º Nos acordos homologados em que não figurarem, discriminadamente, as parcelas legais de incidência da contribuição previdenciária, esta incidirá sobre o valor total do acordo homologado.

§ 3º Não se considera como discriminação de parcelas legais de incidência de contribuição previdenciária a fixação de percentual de verbas remuneratórias e indenizatórias constantes dos acordos homologados, aplicando-se, nesta hipótese, o disposto no parágrafo anterior.

§ 4º A contribuição do empregado no caso de ações trabalhistas será calculada, mês a mês, aplicando-se as alíquotas previstas no art. 198, observado o limite máximo do salário-de-contribuição.

§ 5º Na sentença ou acordo homologado, cujo valor da contribuição previdenciária devida for inferior ao limite mínimo permitido para recolhimento na Guia da Previdência Social, é autorizado o recolhimento dos valores devidos cumulativamente com as contribuições normais de mesma competência. (Incluído pelo Decreto nº 4.032, de 2001)

§ 6º O recolhimento das contribuições do empregado reclamante deverá ser feito na mesma inscrição em que são recolhidas as contribuições devidas pela empresa.(Incluído pelo Decreto nº 4.032, de 2001)

§ 7º Se da decisão resultar reconhecimento de vínculo empregatício, deverão ser exigidas as contribuições, tanto do empregador como do reclamante, para todo o período reconhecido, ainda que o pagamento das remunerações a ele correspondentes não tenham sido reclamadas na ação, tomando-se por base de incidência, na ordem, o valor da remuneração paga, quando conhecida, da remuneração paga a outro empregado de categoria ou função equivalente ou semelhante, do salário normativo da categoria ou do salário mínimo mensal, permitida a compensação das contribuições patronais eventualmente recolhidas.(Incluído pelo Decreto nº 4.032, de 2001)

§ 8º Havendo reconhecimento de vínculo empregatício para empregado doméstico, tanto as contribuições do segurado empregado como as do empregador deverão ser recolhidas na inscrição do trabalhador.(Incluído pelo Decreto nº 4.032, de 2001)

§ 9º É exigido o recolhimento da contribuição previdenciária de que trata o inciso II do art. 201, incidente sobre o valor resultante da decisão que reconhecer a ocorrência de prestação de serviço à empresa, mas não o vínculo empregatício, sobre o valor total da condenação ou do acordo homologado, independentemente da natureza da parcela e forma de pagamento. (Incluído pelo Decreto nº 4.032, de 2001)

Art. 277. A autoridade judiciária deverá velar pelo fiel cumprimento do disposto no artigo anterior, executando, de ofício, quando for o caso, as contribuições devidas, fazendo expedir notificação ao Instituto Nacional do Seguro Social, para dar-lhe ciência dos termos da sentença, do acordo celebrado ou da execução.

Parágrafo único. O Instituto Nacional do Seguro Social fornecerá, quando solicitados, as orientações e dados necessários ao cumprimento do que dispõe este artigo.

Art. 278. Nenhuma contribuição é devida à seguridade social se a construção residencial for unifamiliar, com área total não superior a setenta metros quadrados, destinada a uso próprio, do tipo econômico e tiver sido executada sem a utilização de mão-de-obra assalariada.

Parágrafo único. Comprovado o descumprimento de qualquer das disposições do *caput*, tornam-se devidas as contribuições previstas neste Regulamento, sem prejuízo das cominações legais cabíveis.

TÍTULO III
DAS DISPOSIÇÕES TRANSITÓRIAS RELATIVAS AO CUSTEIO DA SEGURIDADE SOCIAL
(INCLUÍDO PELO DECRETO Nº 3.265, DE 1999)

Art. 278-A. (Revogado pelo Decreto nº 4.729, de 2003)

LIVRO IV
DAS PENALIDADES EM GERAL

TÍTULO I
DAS RESTRIÇÕES

Art. 279. A empresa que transgredir as normas deste Regulamento, além de outras sanções previstas, sujeitar-se-á às seguintes restrições:

I - suspensão de empréstimos e financiamentos, por instituições financeiras oficiais;

II - revisão de incentivo fiscal de tratamento tributário especial;

III - inabilitação para licitar e contratar com qualquer órgão ou entidade da administração pública direta ou indireta federal, estadual, do Distrito Federal ou municipal;

IV - interdição para o exercício do comércio, se for sociedade mercantil ou comerciante individual;

V - desqualificação para impetrar concordata; e

VI - cassação de autorização para funcionar no País, quando for o caso.

Art. 280. A empresa em débito para com a seguridade social não pode:

I - distribuir bonificação ou dividendo a acionista; e

II - dar ou atribuir cota ou participação nos lucros a sócio cotista, diretor ou outro membro de órgão dirigente, fiscal ou consultivo, ainda que a título de adiantamento.

TÍTULO II
DAS INFRAÇÕES E DAS PENALIDADES

CAPÍTULO I
DOS CRIMES

Art. 281. (Revogado pelo Decreto nº 4.032, de 2001)

CAPÍTULO II
DA APREENSÃO DE DOCUMENTOS

Art. 282. A seguridade social, por meio de seus órgãos competentes, promoverá a apreensão de comprovantes de arrecadação e de pagamento de benefícios, bem como de quaisquer documentos pertinentes, inclusive contábeis, mediante lavratura do competente termo, com a finalidade de apurar administrativamente a ocorrência dos crimes previstos em lei.

Parágrafo único. O Instituto Nacional do Seguro Social e a Secretaria da Receita Federal estabelecerão normas específicas para:

I - apreensão de comprovantes e demais documentos;

II - apuração administrativa da ocorrência de crimes;

III - devolução de comprovantes e demais documentos;

IV - instrução do processo administrativo de apuração;

V - encaminhamento do resultado da apuração referida no inciso IV à autoridade competente; e

VI - acompanhamento de processo judicial.

CAPÍTULO III
DAS INFRAÇÕES

Art. 283. Por infração a qualquer dispositivo das Leis nos 8.212 e 8.213, ambas de 1991, e 10.666, de 8 de maio de 2003, para a qual não haja penalidade expressamente cominada neste Regulamento, fica o responsável sujeito a multa variável de R$ 636,17 (seiscentos e trinta e seis reais e dezessete centavos) a R$ 63.617,35 (sessenta e três mil, seiscentos e dezessete reais e trinta e cinco centavos), conforme a gravidade da infração, aplicando-se-lhe o disposto nos arts. 290 a 292, e de acordo com os seguintes valores: (Redação dada pelo Decreto nº 4.862, de 2003)

I - a partir de R$ 636,17 (seiscentos e trinta e seis reais e dezessete centavos) nas seguintes infrações:

a) deixar a empresa de preparar folha de pagamento das remunerações pagas, devidas ou creditadas a todos os segurados a seu serviço, de acordo com este Regulamento e com os demais padrões e normas estabelecidos pelo Instituto Nacional do Seguro Social;

b) deixar a empresa de se matricular no Instituto Nacional do Seguro Social, dentro de trinta dias contados da data do início de suas atividades, quando não sujeita a inscrição no Cadastro Nacional da Pessoa Jurídica;

c) deixar a empresa de descontar da remuneração paga aos segurados a seu serviço importância proveniente de dívida ou responsabilidade por eles contraída junto à seguridade social, relativa a benefícios pagos indevidamente;

d) deixar a empresa de matricular no Instituto Nacional do Seguro Social obra de construção civil de sua propriedade ou executada sob sua responsabilidade no prazo de trinta dias do início das respectivas atividades;

e) deixar o Titular de Cartório de Registro Civil de Pessoas Naturais de comunicar ao Instituto Nacional do Seguro Social, até o dia dez de cada mês, a ocorrência ou a não-ocorrência de óbitos, no mês imediatamente anterior, bem como enviar informações inexatas, conforme o disposto no art. 228;

f) deixar o dirigente dos órgãos municipais competentes de prestar ao Instituto Nacional do Seguro Social as informações concernentes aos alvarás, "habite-se" ou documento equivalente, relativos a construção civil, na forma do art. 226; e

g) deixar a empresa de efetuar os descontos das contribuições devidas pelos segurados a seu serviço; (Redação dada pelo Decreto nº 4.862, de 2003)

h) deixar a empresa de elaborar e manter atualizado perfil profissiográfico abrangendo as atividades desenvolvidas pelo trabalhador e de fornecer a este, quando da rescisão do contrato de trabalho, cópia autêntica deste documento; e (Incluída pelo Decreto nº 4.862, de 2003)

II - a partir de R$ 6.361,73 (seis mil trezentos e sessenta e um reais e setenta e três centavos) nas seguintes infrações:

a) deixar a empresa de lançar mensalmente, em títulos próprios de sua contabilidade, de forma discriminada, os fatos geradores de todas as contribuições, o montante das quantias descontadas, as contribuições da empresa e os totais recolhidos;

b) deixar a empresa de apresentar ao Instituto Nacional do Seguro Social e à Secretaria da Receita Federal os documentos que contenham as informações cadastrais, financeiras e contábeis de interesse dos mesmos, na forma por eles estabelecida, ou os esclarecimentos necessários à fiscalização;

c) deixar o servidor, o serventuário da Justiça ou o titular de serventia extrajudicial de exigir documento comprobatório de inexistência de débito, quando da contratação com o poder público ou no recebimento de benefício ou de incentivo fiscal ou creditício;

d) deixar o servidor, o serventuário da Justiça ou o titular de serventia extrajudicial de exigir o documento comprobatório de inexistência de débito, quando da alienação ou oneração, a qualquer título, de bem imóvel ou direito a ele relativo;

e) deixar o servidor, o serventuário da Justiça ou o titular de serventia extrajudicial de exigir a apresentação do documento comprobatório de inexistência de débito na alienação ou oneração, a qualquer título, de bem móvel incorporado ao ativo permanente da empresa, de valor superior a R$ 15.904,18 (quinze mil novecentos e quatro reais e dezoito centavos);

f) deixar o servidor, o serventuário da Justiça ou o titular de serventia extrajudicial de exigir documento comprobatório de inexistência de débito no registro ou arquivamento, no órgão próprio, de ato relativo a baixa ou redução de capital de firma individual, redução de capital social, cisão total ou parcial, transformação ou extinção de entidade ou sociedade comercial ou civil e transferência de controle de cotas de sociedades de responsabilidade limitada;

g) deixar o servidor, o serventuário da Justiça ou o titular de serventia extrajudicial de exigir documento comprobatório de inexistência de débito do proprietário, pessoa física ou jurídica, de obra de construção civil, quando da averbação de obra no Registro de Imóveis;

h) deixar o servidor, o serventuário da Justiça ou o titular de serventia extrajudicial de exigir documento comprobatório de inexistência de débito do incorporador, quando da averbação de obra no Registro de Imóveis, independentemente do documento apresentado por ocasião da inscrição do memorial de incorporação;

i) deixar o dirigente da entidade da administração pública direta ou indireta de consignar as dotações necessárias ao pagamento das contribuições devidas à seguridade social, de modo a assegurar a sua regular liquidação dentro do exercício;

j) deixar a empresa, o servidor de órgão público da administração direta e indireta, o segurado da previdência social, o serventuário da Justiça ou o titular de serventia extrajudicial, o síndico ou seu representante, o comissário ou o liquidante de empresa em liquidação judicial ou extrajudicial, de exibir os documentos e livros relacionados com as contribuições previstas neste Regulamento ou apresentá-los sem atender às formalidades legais exigidas ou contendo informação diversa da realidade ou, ainda, com omissão de informação verdadeira;

l) deixar a entidade promotora do espetáculo desportivo de efetuar o desconto da contribuição prevista no § 1º do art. 205;

m) deixar a empresa ou entidade de reter e recolher a contribuição prevista no § 3º do art. 205;

n) deixar a empresa de manter laudo técnico atualizado com referência aos agentes nocivos existentes no ambiente de trabalho de seus trabalhadores ou emitir documento de comprovação de efetiva exposição em desacordo com o respectivo laudo; e (Redação dada pelo Decreto nº 6.722, de 2008).

o) (Revogada pelo Decreto nº 4.882, de 2003)

§ 1º Considera-se dirigente, para os fins do disposto neste Capítulo, aquele que tem a competência funcional para decidir a prática ou não do ato que constitua infração à legislação da seguridade social.

§ 2º A falta de inscrição do segurado sujeita o responsável à multa de R$ 1.254,89 (mil, duzentos e cinqüenta e quatro reais e oitenta e nove centavos), por segurado não inscrito. (Redação dada pelo Decreto nº 6.722, de 2008).

§ 3º As demais infrações a dispositivos da legislação, para as quais não haja penalidade expressamente cominada, sujeitam o infrator à multa de R$ 636,17 (seiscentos e trinta e seis reais e dezessete centavos).

Art. 284. A infração ao disposto no inciso IV do *caput* do art. 225 sujeitará o responsável às seguintes penalidades administrativas:

I - valor equivalente a um multiplicador sobre o valor mínimo previsto no *caput* do art. 283, em função do número de segurados, pela não apresentação da Guia de Recolhimento do Fundo de Garantia do Tempo de Serviço e Informações à Previdência Social, independentemente do recolhimento da contribuição, conforme quadro abaixo:

0 a 5 segurados	½ valor mínimo
6 a 15 segurados	1 x o valor mínimo
16 a 50 segurados	2 x o valor mínimo

PREVIDENCIÁRIO

51 a 100 segurados	5 x o valor mínimo
101 a 500 segurados	10 x o valor mínimo
501 a 1000 segurados	20 x o valor mínimo
1001 a 5000 segurados	35 x o valor mínimo
acima de 5000 segurados	50 x o valor mínimo

II - cem por cento do valor devido relativo à contribuição não declarada, limitada aos valores previstos no inciso I, pela apresentação da Guia de Recolhimento do Fundo de Garantia do Tempo de Serviço e Informações à Previdência Social com dados não correspondentes aos fatos geradores, seja em relação às bases de cálculo, seja em relação às informações que alterem o valor das contribuições, ou do valor que seria devido se não houvesse isenção ou substituição, quando se tratar de infração cometida por pessoa jurídica de direito privado beneficente de assistência social em gozo de isenção das contribuições previdenciárias ou por empresa cujas contribuições incidentes sobre os respectivos fatos geradores tenham sido substituídas por outras; e (Redação dada pelo Decreto nº 4.729, de 2003)

III - cinco por cento do valor mínimo previsto no *caput* do art. 283, por campo com informações inexatas, incompletas ou omissas, limitada aos valores previstos no inciso I, pela apresentação da Guia de Recolhimento do Fundo de Garantia do Tempo de Serviço e Informações à Previdência Social com erro de preenchimento nos dados não relacionados aos fatos geradores.

§ 1º A multa de que trata o inciso I, a partir do mês seguinte àquele em que o documento deveria ter sido entregue, sofrerá acréscimo de cinco por cento por mês calendário ou fração.

§ 2º O valor mínimo a que se refere o inciso I será o vigente na data da lavratura do auto-de-infração.

Art. 285. A infração ao disposto no art. 280 sujeita o responsável à multa de cinqüenta por cento das quantias que tiverem sido pagas ou creditadas, a partir da data do evento.

Art. 286. A infração ao disposto no art. 336 sujeita o responsável à multa variável entre os limites mínimo e máximo do salário-de-contribuição, por acidente que tenha deixado de comunicar nesse prazo.

§ 1º Em caso de morte, a comunicação a que se refere este artigo deverá ser efetuada de imediato à autoridade competente.

§ 2º A multa será elevada em duas vezes o seu valor a cada reincidência.

§ 3º A multa será aplicada no seu grau mínimo na ocorrência da primeira comunicação feita fora do prazo estabelecido neste artigo, ou não comunicada, observado o disposto nos arts. 290 a 292.

Art. 287. Pelo descumprimento das obrigações contidas nos incisos V e VI do *caput* do art. 225, e verificado o disposto no inciso III do *caput* do art. 266, será aplicada multa de R$ 99,74 (noventa e nove reais e setenta e quatro centavos) a R$ 9.974,34 (nove mil, novecentos e setenta e quatro reais e trinta e quatro centavos), para cada competência em que tenha havido a irregularidade. (Redação dada pelo Decreto nº 4.032, de 2001)

Parágrafo único. O descumprimento das disposições constantes do art. 227 e dos incisos V e VI do *caput* do art. 257, sujeitará a instituição financeira à multa de:

I - R$ 22.165,20 (vinte e dois mil, cento e sessenta e cinco reais e vinte centavos), no caso do art. 227; e (Redação dada pelo Decreto nº 4.032, de 2001)

II - R$ 110.826,01 (cento e dez mil, oitocentos e vinte e seis reais e um centavo), no caso dos incisos V e VI do *caput* do art. 257.(Redação dada pelo Decreto nº 4.032, de 2001)

Art. 288. O descumprimento do disposto nos §§ 19 e 20 do art. 225 sujeitará o infrator à multa de:

I - R$ 173,00 (cento e setenta e três reais) a R$ 1.730,00 (um mil setecentos e trinta reais), no caso do § 19; e

II - R$ 345,00 (trezentos e quarenta e cinco reais) a R$ 3.450,00 (três mil quatrocentos e cinqüenta reais), no caso do § 20.

Art. 289. O dirigente de órgão ou entidade da administração federal, estadual, do Distrito Federal ou municipal responde pessoalmente pela multa aplicada por infração a dispositivos deste Regulamento, sendo obrigatório o respectivo desconto em folha de pagamento, mediante requisição dos órgãos competentes e a partir do primeiro pagamento que se seguir à requisição.

Parágrafo único. Ao disposto neste artigo não se aplica a multa de que trata o inciso III do art. 239.

CAPÍTULO IV
DAS CIRCUNSTÂNCIAS AGRAVANTES DA PENALIDADE

Art. 290. Constituem circunstâncias agravantes da infração, das quais dependerá a gradação da multa, ter o infrator:

I - tentado subornar servidor dos órgãos competentes;

II - agido com dolo, fraude ou má-fé;

III - desacatado, no ato da ação fiscal, o agente da fiscalização;

IV - obstado a ação da fiscalização; ou

V - incorrido em reincidência.

Parágrafo único. Caracteriza reincidência a prática de nova infração a dispositivo da legislação por uma mesma pessoa ou por seu sucessor, dentro de cinco anos da data em que se tornar irrecorrível administrativamente a decisão condenatória, da data do pagamento ou da data em que se configurou a revelia, referentes à autuação anterior. (Redação dada pelo Decreto nº 6.032, de 2007)

CAPÍTULO V
DAS CIRCUNSTÂNCIAS ATENUANTES DA PENALIDADE

Art. 291. (Revogado pelo Decreto nº 6.727, de 2009)

CAPÍTULO VI
DA GRADAÇÃO DAS MULTAS

Art. 292. As multas serão aplicadas da seguinte forma:

I - na ausência de agravantes, serão aplicadas nos valores mínimos estabelecidos nos incisos I e II e no § 3º do art. 283 e nos arts. 286 e 288, conforme o caso;

II - as agravantes dos incisos I e II do art. 290 elevam a multa em três vezes;

III - as agravantes dos incisos III e IV do art. 290 elevam a multa em duas vezes;

IV - a agravante do inciso V do art. 290 eleva a multa em três vezes a cada reincidência no mesmo tipo de infração, e em duas vezes em caso de reincidência em infrações diferentes, observados os valores máximos estabelecidos no *caput* dos arts. 283 e 286, conforme o caso; e

V - (Revogado pelo Decreto nº 6.727, de 2009)

Parágrafo único. Na aplicação da multa a que se refere o art. 288, aplicar-se-á apenas as agravantes referidas nos incisos III a V do art. 290, as quais elevam a multa em duas vezes.

Art. 293. Constatada a ocorrência de infração a dispositivo deste Regulamento, será lavrado auto-de-infração com discriminação clara e precisa da infração e das circunstâncias em que foi praticada, contendo o dispositivo legal infringido, a penalidade aplicada e os critérios de gradação, e indicando local, dia e hora de sua lavratura, observadas as normas fixadas pelos órgãos competentes. (Redação dada pelo Decreto nº 6.103, de 2007)

§ 1º Recebido o auto-de-infração, o autuado terá o prazo de trinta dias, a contar da ciência, para efetuar o pagamento da multa de ofício com redução de cinqüenta por cento ou impugnar a autuação. (Redação dada pelo Decreto nº 6.103, de 2007)

§ 2º Impugnada a autuação, o autuado, após a ciência da decisão de primeira instância, poderá efetuar o pagamento da multa de ofício com redução de vinte e cinco por cento, até a data limite para interposição de recurso. (Redação dada pelo Decreto nº 6.103, de 2007)

§ 3º O recolhimento do valor da multa, com redução, implica renúncia ao direito de impugnar ou de recorrer.(Redação dada pelo Decreto nº 4.032, de 2001)

§ 4º Apresentada impugnação, o processo será submetido à autoridade competente, que decidirá sobre a autuação, cabendo recurso na forma da Subseção II da Seção II do Capítulo Único do Título I do Livro V deste Regulamento. (Redação dada pelo Decreto nº 6.032, de 2007)

§ 5º (Revogado pelo Decreto nº 6.032, de 2007)

§ 6º (Revogado pelo Decreto nº 6.032, de 2007)

LIVRO V
DA ORGANIZAÇÃO DA SEGURIDADE SOCIAL

TÍTULO I
DO SISTEMA NACIONAL DE SEGURIDADE SOCIAL

Art. 294. As ações nas áreas de saúde, previdência social e assistência social, conforme o disposto no Capítulo II do Título VIII da Constituição Federal, serão organizadas em Sistema Nacional de Seguridade Social.

Parágrafo único. As áreas de que trata este artigo organizar-se-ão em conselhos setoriais, com representantes da União, dos Estados, do Distrito Federal, dos Municípios e da sociedade civil.

CAPÍTULO ÚNICO
DOS ÓRGÃOS COLEGIADOS

SEÇÃO I
DO CONSELHO NACIONAL DE PREVIDÊNCIA SOCIAL

Art. 295. O Conselho Nacional de Previdência Social, órgão superior de deliberação colegiada, terá como membros:

I - seis representantes do Governo Federal; e

II - nove representantes da sociedade civil, sendo:

a) três representantes dos aposentados e pensionistas;

b) três representantes dos trabalhadores em atividade; e

c) três representantes dos empregadores.

§ 1º Os membros do Conselho Nacional de Previdência Social e seus respectivos suplentes serão nomeados pelo Presidente da República, tendo os representantes titulares da sociedade civil mandato de dois anos, podendo ser reconduzidos, de imediato, uma única vez.

§ 2º Os representantes dos trabalhadores em atividade, dos aposentados, dos empregadores e seus respectivos suplentes serão indicados pelas centrais sindicais e confederações nacionais.

§ 3º O Conselho Nacional de Previdência Social reunir-se-á, ordinariamente, uma vez por mês, por convocação de seu Presidente, não podendo ser adiada a reunião por mais de quinze dias se houver requerimento nesse sentido da maioria dos conselheiros.

§ 4º Poderá ser convocada reunião extraordinária por seu Presidente ou a requerimento de um terço de seus membros, conforme dispuser o regimento interno do Conselho Nacional de Previdência Social.

Art. 296. Compete ao Conselho Nacional de Previdência Social:

I - estabelecer diretrizes gerais e apreciar as decisões de políticas aplicáveis à previdência social;

II - participar, acompanhar e avaliar, sistematicamente, a gestão previdenciária;

III - apreciar e aprovar os planos e programas da previdência social;

IV - apreciar e aprovar as propostas orçamentárias da previdência social, antes de sua consolidação na proposta orçamentária da seguridade social;

V - acompanhar e apreciar, mediante relatórios gerenciais por ele definidos, a execução dos planos, programas e orçamentos no âmbito da previdência social;

VI - acompanhar a aplicação da legislação pertinente à previdência social;

VII - apreciar a prestação de contas anual a ser remetida ao Tribunal de Contas da União, podendo, se for necessário, contratar auditoria externa;

VIII - estabelecer os valores mínimos em litígio, acima dos quais será exigida a anuência prévia do Procurador-Geral ou do Presidente do Instituto Nacional do Seguro Social para formalização de desistência ou transigência judiciais, conforme o disposto no art. 353;

IX - elaborar e aprovar seu regimento interno;

X - aprovar os critérios de arrecadação e de pagamento dos benefícios por intermédio da rede bancária ou por outras formas; e

XI - acompanhar e avaliar os trabalhos de implantação e manutenção do Cadastro Nacional de Informações Sociais.

Art. 296-A. Ficam instituídos, como unidades descentralizadas do Conselho Nacional de Previdência Social - CNPS, Conselhos de Previdência Social - CPS, que funcionarão junto às Gerências-Executivas do INSS. (Redação dada pelo Decreto nº 5.699, de 2006)

§ 1º Os CPS serão compostos por dez conselheiros e respectivos suplentes, designados pelo titular da Gerência Executiva na qual for instalado, assim distribuídos: (Redação dada pelo Decreto nº 5.699, de 2006)

I - quatro representantes do Governo Federal; e (Incluído pelo Decreto nº 4.874, de 2003)

II - seis representantes da sociedade, sendo: (Incluído pelo Decreto nº 4.874, de 2003)

a) dois dos empregadores; (Incluída pelo Decreto nº 4.874, de 2003)

b) dois dos empregados; e (Incluída pelo Decreto nº 4.874, de 2003)

c) dois dos aposentados e pensionistas. (Incluído pelo Decreto nº 4.874, de 2003)

§ 2º O Governo Federal será representado:(Incluído pelo Decreto nº 4.874, de 2003)

I - nas cidades onde houver mais de uma Gerência-Executiva: (Redação dada pelo Decreto nº 5.699, de 2006)

a) pelo Gerente-Executivo da Gerência-Executiva a que se refere o § 1º; e (Redação dada pelo Decreto nº 6.722, de 2008).

b) outros Gerentes-Executivos; ou (Redação dada pelo Decreto nº 6.722, de 2008).

c) servidores da Divisão ou do Serviço Benefícios ou de Atendimento ou da Procuradoria Federal Especializada junto ao INSS de Gerência-Executiva sediadas na cidade, ou de representante da Secretaria da Receita Federal do Brasil, ou de representante da DATAPREV; (Redação dada pelo Decreto nº 6.722, de 2008).

d) (Revogado pelo Decreto nº 6.722, de 2008).

II - nas cidades onde houver apenas uma Gerência-Executiva: (Redação dada pelo Decreto nº 5.699, de 2006)

a) pelo Gerente-Executivo; (Redação dada pelo Decreto nº 5.699, de 2006)

b) servidores da Divisão ou do Serviço de Benefícios ou de Atendimento ou da Procuradoria Federal Especializada junto ao INSS da Gerência-Executiva, ou de representante da Secretaria da Receita Federal do Brasil, ou de representante da DATAPREV. (Redação dada pelo Decreto nº 6.722, de 2008).

c) (Revogado pelo Decreto nº 6.722, de 2008).

d) (Revogado pelo Decreto nº 6.722, de 2008).

III - (Revogado pelo Decreto nº 5.699, de 2006)

a) (Revogado pelo Decreto nº 5.699, de 2006)

b) (Revogado pelo Decreto nº 5.699, de 2006)

§ 3º As reuniões serão mensais ou bimensais, a critério do respectivo CPS, e abertas ao público, cabendo a sua organização e funcionamento ao titular da Gerência-Executiva na qual for instalado o colegiado. (Redação dada pelo Decreto nº 5.699, de 2006)

§ 4º Os representantes dos trabalhadores, dos aposentados e dos empregadores serão indicados pelas respectivas entidades sindicais ou associações representativas. (Redação dada pelo Decreto nº 6.722, de 2008).

§ 5º Os CPS terão caráter consultivo e de assessoramento, competindo ao CNPS disciplinar os procedimentos para o seu funcionamento, suas competências, os critérios de seleção dos representantes da sociedade e o prazo de duração dos respectivos mandatos, além de estipular por resolução o regimento dos CPS. (Incluído pelo Decreto nº 4.874, de 2003)

§ 6º As funções dos conselheiros dos CPS não serão remuneradas e seu exercício será considerado serviço público relevante. (Incluído pelo Decreto nº 4.874, de 2003)

§ 7º A Previdência Social não se responsabilizará por eventuais despesas com deslocamento ou estada dos conselheiros representantes da sociedade. (Incluído pelo Decreto nº 4.874, de 2003)

§ 8º Nas cidades onde houver mais de uma Gerência-Executiva, o Conselho será instalado naquela indicada pelo Gerente Regional do INSS cujas atribuições abranjam a referida cidade. (Redação dada pelo Decreto nº 6.722, de 2008).

§ 9º Cabe ao Gerente-Executivo a designação dos conselheiros. (Incluído pelo Decreto nº 6.722, de 2008).

§ 10. É facultado ao Gerente Regional do INSS participar das reuniões do CPS localizados em região de suas atribuições e presidi-las. (Incluído pelo Decreto nº 6.722, de 2008).

Art. 297. Compete aos órgãos governamentais:

I - prestar toda e qualquer informação necessária ao adequado cumprimento das competências do Conselho Nacional de Previdência Social, fornecendo inclusive estudos técnicos; e

II - encaminhar ao Conselho Nacional de Previdência Social, com antecedência mínima de dois meses do seu envio ao Congresso Nacional, a proposta orçamentária da previdência social, devidamente detalhada.

Art. 298. As resoluções tomadas pelo Conselho Nacional de Previdência Social deverão ser publicadas no Diário Oficial da União.

Art. 299. As reuniões do Conselho Nacional de Previdência Social serão iniciadas com a presença da maioria absoluta de seus membros, sendo exigida para deliberação a maioria simples de votos.

Art. 300. As ausências ao trabalho dos representantes dos trabalhadores em atividade, decorrentes das atividades do Conselho Nacional de Previdência Social, serão abonadas, computando-se como jornada efetivamente trabalhada para todos os fins e efeitos legais.

Art. 301. Aos membros do Conselho Nacional de Previdência Social, enquanto representantes dos trabalhadores em atividade, titulares e suplentes, é assegurada a estabilidade no emprego, da nomeação até um ano após o término do mandato de representação, somente podendo ser demitidos por motivo de falta grave, regularmente comprovada mediante processo judicial.

Art. 302. Compete ao Ministério da Previdência e Assistência Social proporcionar ao Conselho Nacional de Previdência Social os meios necessários ao exercício de suas competências, para o que contará com uma Secretaria Executiva do Conselho Nacional de Previdência Social.

SEÇÃO II
DO CONSELHO DE RECURSOS DA PREVIDÊNCIA SOCIAL

SUBSEÇÃO I
DA COMPOSIÇÃO

Art. 303. O Conselho de Recursos da Previdência Social - CRPS é órgão colegiado de julgamento, integrante da estrutura do Ministério da Economia. (Redação dada pelo Decreto nº 10.410, de 2020)

§ 1º O Conselho de Recursos da Previdência Social compreende os seguintes órgãos:

I - Juntas de Recursos, com a competência para julgar: (Redação dada pelo Decreto nº 10.491, de 2020)

a) os recursos das decisões proferidas pelo INSS nos processos de interesse de seus beneficiários; (Incluída pelo Decreto nº 10.410, de 2020)

b) os recursos das decisões proferidas pelo INSS relacionados à comprovação de atividade rural de segurado especial de que trata o art. art. 38-B da Lei nº 8.213, de 1991, ou às demais informações relacionadas ao CNIS de que trata o art. 29-A da referida Lei; (Incluída pelo Decreto nº 10.410, de 2020)

c) os recursos de decisões relacionadas à compensação financeira de que trata a Lei nº 9.796, de 5 de maio de 1999; (Incluída pelo Decreto nº 10.410, de 2020)

d) as contestações relativas à atribuição do FAP aos estabelecimentos da empresa; e (Incluída pelo Decreto nº 10.410, de 2020)

e) os recursos relacionados aos processos sobre irregularidades verificadas em procedimento de supervisão e de fiscalização nos regimes próprios de previdência social e aos processos sobre apuração de responsabilidade por infração às disposições da Lei nº 9.717, de 1998; (Incluída pelo Decreto nº 10.410, de 2020)

II - Câmaras de Julgamento, com sede em Brasília, Distrito Federal, com a competência para julgar os recursos interpostos contra as decisões proferidas pelas Juntas de Recursos; (Redação dada pelo Decreto nº 10.491, de 2020)

III - (Revogado pelo Decreto nº 3.668, de 2000)

IV - Conselho Pleno, com a competência para uniformizar a jurisprudência previdenciária mediante enunciados, podendo ter outras competências definidas no Regimento Interno do Conselho de Recursos da Previdência Social. (Redação dada pelo Decreto nº 6.857, de 2009).

§ 1º-A A quantidade de Juntas de Recursos e de Câmaras de Julgamento do CRPS será estabelecida no decreto que aprovar a estrutura regimental do Ministério da Economia. (Incluído pelo Decreto nº 10.491, de 2020)

§ 2º O CRPS é presidido por representante do Governo, com notório conhecimento da legislação previdenciária, nomeado pelo Ministro de Estado da Previdência Social, cabendo-lhe dirigir os serviços administrativos do órgão. (Redação dada pelo Decreto nº 6.722, de 2008).

§ 3º (Revogado pelo Decreto nº 3.668, de 2000)

§ 4º As Juntas de Recursos e as Câmaras de Julgamento, presididas por representante do Governo federal, são integradas por quatro conselheiros em cada turma, nomeados pelo Ministro de Estado da Economia, com a seguinte composição: (Redação dada pelo Decreto nº 10.410, de 2020)

I - para os órgãos com competência para processar e julgar as contestações ou os recursos de que tratam os incisos I, II e III do *caput* do art. 305: (Incluído pelo Decreto nº 10.410, de 2020)

a) dois representantes do Governo federal; (Incluída pelo Decreto nº 10.410, de 2020)

b) um representante das empresas; e (Incluída pelo Decreto nº 10.410, de 2020)

c) um representante dos trabalhadores; e (Incluída pelo Decreto nº 10.410, de 2020)

II - para os órgãos com competência para processar e julgar os recursos de que tratam os incisos IV e V do *caput* do art. 305: (Incluído pelo Decreto nº 10.410, de 2020)

a) dois representantes do Governo federal; (Incluída pelo Decreto nº 10.410, de 2020)

b) um representante dos entes federativos; e (Incluída pelo Decreto nº 10.410, de 2020)

c) um representante dos servidores públicos. (Incluída pelo Decreto nº 10.410, de 2020)

§ 5º O mandato dos conselheiros do CRPS é de três anos, permitida a recondução, cumpridos os seguintes requisitos: (Redação dada pelo Decreto nº 10.410, de 2020)

I - os representantes do Governo federal serão escolhidos entre servidores federais, preferencialmente do Ministério da Economia ou do INSS, ou de outro órgão da administração pública federal, estadual, municipal ou distrital, com graduação em Direito, os quais prestarão serviços exclusivos ao CRPS, sem prejuízo dos direitos e das vantagens percebidos no cargo de origem; (Redação dada pelo Decreto nº 10.410, de 2020)

II - os representantes das empresas e dos trabalhadores serão escolhidos entre os indicados em lista tríplice pelas entidades de classe ou sindicais das respectivas jurisdições, com graduação em Direito, e serão enquadrados como segurados obrigatórios do RGPS na condição de contribuintes individuais; (Redação dada pelo Decreto nº 10.410, de 2020)

III - os representantes dos entes federativos e dos servidores públicos serão escolhidos entre os indicados em lista tríplice pelo Conselho Nacional dos Regimes Próprios de Previdência Social, observadas as respectivas representações, com graduação em Direito, e manterão a qualidade de segurados do regime próprio a que estejam vinculados; e (Redação dada pelo Decreto nº 10.410, de 2020)

IV - os representantes não poderão incidir em situações que caracterizem conflito de interesses, nos termos do disposto no art. 10 da Lei nº 12.813, de 16 de maio de 2013. (Incluído pelo Decreto nº 10.410, de 2020)

§ 6º A gratificação dos membros de Câmara de Julgamento e Junta de Recursos será definida em ato do Ministro de Estado da Economia. (Redação dada pelo Decreto nº 10.410, de 2020)

I - (Revogado pelo Decreto nº 10.410, de 2020)

II - (Revogado pelo Decreto nº 10.410, de 2020)

III - (Revogado pelo Decreto nº 10.410, de 2020)

§ 7º Os servidores do Instituto Nacional do Seguro Social, mediante ato do Ministro de Estado da Previdência Social, poderão ser cedidos para terem exercício no Conselho de Recursos da Previdência Social, sem prejuízo dos direitos e das vantagens do respectivo cargo de origem, inclusive os previstos no art. 61 da Lei no 8.112, de 11 de dezembro de 1990. (Redação dada pelo Decreto nº 4.729, de 2003)

§ 8º (Revogado pelo Decreto nº 3.452, de 2000)

§ 9º O conselheiro afastado por qualquer das razões elencadas no Regimento Interno do Conselho de Recursos da Previdência Social, exceto quando decorrente de renúncia voluntária, nao poderá ser novamente designado para o exercício desta função antes do transcurso de cinco anos, contados do efetivo afastamento. (Redação dada pelo Decreto nº 5.699, de 2006)

§ 10. O limite máximo de composições por Câmara de Julgamento ou Junta de Recursos, do Conselho de Recursos da Previdência Social, será definido em ato do Ministro de Estado da Previdência Social, por proposta fundamentada do presidente do referido Conselho, em função da quantidade de processos em tramitação em cada órgão julgador. (Redação dada pelo Decreto nº 6496, de 2008)

§ 11. (Revogado pelo Decreto nº 6.857, de 2009).

§ 12. O afastamento do representante dos trabalhadores da empresa empregadora ou dos servidores do ente federativo não constitui motivo para alteração ou rescisão de seu vínculo contratual ou funcional. (Incluído pelo Decreto nº 10.410, de 2020)

Art. 304. Compete ao Ministro de Estado da Previdência Social aprovar o Regimento Interno do CRPS. (Redação dada pelo Decreto nº 6.722, de 2008).

SUBSEÇÃO II
DOS RECURSOS

Art. 305. Compete ao CRPS processar e julgar: (Redação dada pelo Decreto nº 10.410, de 2020)

I - os recursos das decisões proferidas pelo INSS nos processos de interesse de seus beneficiários; (Incluído pelo Decreto nº 10.410, de 2020)

II - as contestações e os recursos relativos à atribuição, pelo Ministério da Economia, do FAP aos estabelecimentos das empresas; (Incluído pelo Decreto nº 10.410, de 2020)

III - os recursos das decisões proferidas pelo INSS relacionados à comprovação de atividade rural de segurado especial de que trata o art. 19-D ou às demais informações relacionadas ao CNIS de que trata o art. 19; (Incluído pelo Decreto nº 10.410, de 2020)

IV - os recursos das decisões relacionadas à compensação financeira de que trata a Lei nº 9.796, de 1999; e (Incluído pelo Decreto nº 10.410, de 2020)

V - os recursos relacionados aos processos sobre irregularidades verificadas em procedimento de supervisão e de fiscalização nos regimes próprios de previdência social e aos processos sobre apuração de responsabilidade por infração às disposições da Lei nº 9.717, de 1998. (Incluído pelo Decreto nº 10.410, de 2020)

§ 1º O prazo para interposição de contestações e recursos ou para oferecimento de contrarrazões será de trinta dias, contado: (Redação dada pelo Decreto nº 10.410, de 2020)

I - no caso das contestações, da publicação no Diário Oficial da União das informações sobre a forma de consulta ao FAP; (Incluído pelo Decreto nº 10.410, de 2020)

II - no caso dos recursos, da ciência da decisão; e (Incluído pelo Decreto nº 10.410, de 2020)

III - no caso das contrarrazões, da interposição do recurso. (Incluído pelo Decreto nº 10.410, de 2020)

§ 2º (Revogado pelo Decreto nº 3.265, de 1999)

§ 3º O INSS, a Secretaria Especial de Previdência e Trabalho do Ministério da Economia e, quando for o caso, na hipótese prevista no inciso IV do *caput*, os entes federativos poderão reformar suas decisões e deixar de encaminhar, no caso de reforma favorável ao interessado, a contestação ou o recurso à instância competente ou de rever o ato para o não prosseguimento da contestação ou do recurso. (Redação dada pelo Decreto nº 10.410, de 2020)

§ 4º Se o reconhecimento do direito do interessado ocorrer na fase de instrução do recurso por ele interposto contra decisão de Junta de Recursos, ainda que de alçada, ou de Câmara de Julgamento, o processo, acompanhado das razões do novo entendimento, será encaminhado:

I - à Junta de Recursos, no caso de decisão dela emanada, para fins de reexame da questão; ou

II - à Câmara de Julgamento, se por ela proferida a decisão, para revisão do acórdão, na forma que dispuser o seu Regimento Interno.

§ 5º (Revogado pelo Decreto nº 6.722, de 2008).

§ 6º As contestações e os recursos a que se refere o inciso II do *caput* deverão dispor, exclusivamente, sobre razões relativas a divergências quanto aos elementos que compõem o cálculo do FAP. (Incluído pelo Decreto nº 10.410, de 2020)

§ 7º Exceto se houver disposição em contrário disciplinada em ato do INSS, as razões do indeferimento e os demais elementos que compõem o processo administrativo previdenciário substituirão as contrarrazões apresentadas pelo INSS, hipótese em que o processo poderá ser remetido ao CRPS imediatamente após a interposição do recurso pelo interessado, preferencialmente por meio eletrônico. (Incluído pelo Decreto nº 10.410, de 2020)

§ 8º Ato conjunto do INSS e do CRPS estabelecerá os procedimentos operacionais relativos à tramitação dos recursos das decisões proferidas pelo INSS. (Incluído pelo Decreto nº 10.410, de 2020)

Art. 306. (Revogado pelo Decreto nº 6.722, de 2008).

Art. 307. A propositura pelo interessado de ação judicial que tenha por objeto idêntico pedido sobre o qual verse o processo administrativo importará renúncia ao direito de contestar e recorrer na esfera administrativa, com a consequente desistência da contestação ou do recurso interposto. (Redação dada pelo Decreto nº 10.410, de 2020)

Art. 308. Os recursos interpostos tempestivamente contra decisões proferidas pelas Juntas de Recursos e pelas Câmaras de Julgamento do CRPS têm efeito suspensivo e devolutivo. (Redação dada pelo Decreto nº 10.410, de 2020)

§ 1º Para fins do disposto neste artigo, não se considera recurso o pedido de revisão de acórdão endereçado às Juntas de Recursos e Câmaras de Julgamento. (Incluído pelo Decreto nº 5.699, de 2006)

§ 2º É vedado ao INSS escusar-se de cumprir as diligências solicitadas pelo CRPS, bem como deixar de dar cumprimento às decisões definitivas daquele colegiado, reduzir ou ampliar o seu alcance ou executá-las de modo que contrarie ou prejudique seu evidente sentido. (Redação dada pelo Decreto nº 6.722, de 2008).

Art. 309. Na hipótese de haver controvérsia em matéria previdenciária, na aplicação de lei ou de ato normativo, entre órgãos do Ministério da Economia, entidades a ele vinculadas e, na hipótese prevista no inciso IV do *caput* do art. 305, entes federativos, ou ocorrência de questão previdenciária de relevante interesse público ou social, o órgão ministerial ou a entidade interessada poderá, por intermédio de seu dirigente, solicitar ao Ministro de Estado da Economia solução para a controvérsia ou questão. (Redação dada pelo Decreto nº 10.410, de 2020)

§ 1º A controvérsia na aplicação de lei ou ato normativo será relatada in abstracto e encaminhada com manifestações fundamentadas dos órgãos interessados, podendo ser instruída com cópias dos documentos que demonstrem sua ocorrência. (Incluído pelo Decreto nº 4.729, de 2003)

§ 2º A Procuradoria Geral Federal Especializada/INSS deverá pronunciar-se em todos os casos previstos neste artigo. (Incluído pelo Decreto nº 4.729, de 2003)

Art. 310. (Revogado pelo Decreto nº 6.722, de 2008).

TÍTULO II
DOS CONVÊNIOS, CONTRATOS, CREDENCIAMENTOS E ACORDOS

Art. 311. A empresa, o sindicato ou entidade de aposentados devidamente legalizada poderá, mediante convênio, encarregar-se, relativamente a seu empregado ou associado e respectivos dependentes, de processar requerimento de benefício, preparando-o e instruindo-o de maneira a ser despachado pela previdência social. (Redação dada pelo Decreto nº 6.722, de 2008).

Parágrafo único. Somente poderá optar pelo encargo de pagamento, as convenentes que fazem a complementação de benefícios, observada a conveniência administrativa do INSS. (Redação dada pelo Decreto nº 6.939, de 2009)

Art. 312. A concessão e manutenção de prestação devida a beneficiário residente no exterior devem ser efetuadas nos termos do acordo entre o Brasil e o país de residência do beneficiário ou, na sua falta, nos termos de instruções expedidas pelo Ministério da Previdência e Assistência Social.

Art. 313. Os convênios, credenciamentos e acordos da linha do seguro social deverão ser feitos pelos setores de acordos e convênios do Instituto Nacional do Seguro Social.

Parágrafo único. O Instituto Nacional do Seguro Social poderá ainda colaborar para a complementação das instalações e equipamentos de entidades de habilitação e reabilitação profissional, com as quais mantenha convênio, ou fornecer outros recursos materiais para a melhoria do padrão de atendimento aos beneficiários.

Art. 314. A prestação de serviços da entidade que mantém convênio, contrato, credenciamento ou acordo com o Instituto Nacional do Seguro Social não cria qualquer vínculo empregatício entre este e o prestador de serviço.

Art. 315. Os órgãos da administração pública direta, autárquica e fundacional dos Estados, do Distrito Federal e dos Municípios poderão, mediante convênio com a previdência social, encarregar-se, relativamente aos seus funcionários, de formalizar processo de pedido de certidão de tempo de contribuição para fins de contagem recíproca, preparando-o e instruindo-o de forma a ser despachado pelo Instituto Nacional do Seguro Social.

Art. 316. O Instituto Nacional do Seguro Social, de acordo com as possibilidades administrativas e técnicas das unidades executivas de reabilitação profissional, poderá estabelecer convênios e/ou acordos de cooperação técnico-financeira, para viabilizar o atendimento às pessoas portadoras de deficiência.

Art. 317. Nos casos de impossibilidade de instalação de órgão ou setor próprio competente do Instituto Nacional do Seguro Social, assim como de efetiva incapacidade física ou técnica de implementação das atividades e atendimento adequado à clientela da previdência social, as unidades executivas de reabilitação profissional poderão solicitar a celebração de convênios, contratos ou acordos com entidades públicas ou privadas de comprovada idoneidade financeira e técnica, ou seu credenciamento, para prestação de serviço, por delegação ou simples cooperação técnica, sob coordenação e supervisão dos órgãos competentes do Instituto Nacional do Seguro Social.

TÍTULO III
DA DIVULGAÇÃO DOS ATOS E DECISÕES DA PREVIDÊNCIA SOCIAL

Art. 318. A divulgação dos atos e decisões dos órgãos e autoridades da previdência social, sobre benefícios, tem como objetivo:

I - dar inequívoco conhecimento deles aos interessados, inclusive para efeito de recurso;

II - possibilitar seu conhecimento público; e

III - produzir efeitos legais quanto aos direitos e obrigações deles derivados.

Art. 319. O INSS notificará o interessado de sua decisão, preferencialmente por meio eletrônico, por meio de cadastramento prévio, na forma definida pelo INSS, realizado por procedimento em que seja assegurada a identificação adequada do interessado ou: (Redação dada pelo Decreto nº 10.410, de 2020)

I - por rede bancária, conforme definido em ato do INSS; (Incluído pelo Decreto nº 10.410, de 2020)

II - por via postal, por meio de carta simples destinada ao endereço constante do cadastro do segurado no INSS, hipótese em que o aviso de recebimento será considerado prova suficiente da notificação; ou (Incluído pelo Decreto nº 10.410, de 2020)

III - pessoalmente, quando entregue ao interessado em mão. (Incluído pelo Decreto nº 10.410, de 2020)

Art. 320. O conhecimento das decisões e demais atos dos órgãos do Ministério da Previdência e Assistência Social deve ser dado mediante publicação no Diário Oficial da União, boletim de serviço ou outro órgão de divulgação oficialmente reconhecido, ou na forma do art. 319.

Art. 321. O contrato, o convênio, o credenciamento e o acordo celebrados que impliquem pagamento de benefícios deverão ser publicados, em síntese, em boletim de serviço. (Redação dada pelo Decreto nº 10.410, de 2020)

Art. 322. O órgão do Instituto Nacional do Seguro Social, especialmente o pagador, só pode cumprir ato ou decisão de publicação obrigatória em boletim de serviço depois de atendida essa formalidade.

Parágrafo único. O administrador que determina e o servidor que realiza pagamento sem observar o disposto neste artigo são civilmente responsáveis por ele, ficando sujeitos também às penalidades administrativas cabíveis.

Art. 323. Os atos de que trata este Título serão publicados também no Diário Oficial da União, quando houver obrigação legal nesse sentido.

Art. 324. Os atos normativos ministeriais obrigam a todos os órgãos e entidades integrantes do Ministério da Previdência e Assistência Social, inclusive da administração indireta a ele vinculados.

Art. 325. Os atos e decisões normativas sobre benefícios dos órgãos e entidades da previdência social devem ser publicados na íntegra em boletim de serviço da entidade interessada, só tendo validade depois dessa publicação.

Parágrafo único. Os pareceres somente serão publicados quando aprovados pelas autoridades competentes e por determinação destas.

TÍTULO IV
DAS DISPOSIÇÕES DIVERSAS RELATIVAS À ORGANIZAÇÃO DA SEGURIDADE SOCIAL

Art. 326. O Instituto Nacional do Seguro Social, na forma da legislação específica, fica autorizado a contratar auditoria externa, periodicamente, para analisar e emitir parecer sobre demonstrativos econômico-financeiros e contábeis, arrecadação, cobrança e fiscalização de contribuições, bem como pagamento de benefícios, submetendo os resultados obtidos à apreciação do Conselho Nacional de Previdência Social.

Art. 327. A Auditoria e a Procuradoria do Instituto Nacional do Seguro Social deverão, a cada trimestre, elaborar relação das auditorias realizadas e dos trabalhos executados, bem como dos resultados obtidos, enviando-a à apreciação do Conselho Nacional de Previdência Social.

Art. 328. O Instituto Nacional do Seguro Social deverá implantar programa de qualificação e treinamento sistemático de pessoal, bem como promover reciclagem e redistribuição de funcionários conforme demandas dos órgãos regionais e locais, visando à melhoria da qualidade do atendimento, ao controle e à eficiência dos sistemas de arrecadação e fiscalização de contribuições, bem como de pagamento de benefícios.

Art. 329. O Cadastro Nacional de Informações Sociais é destinado a registrar informações de interesse da Administração Pública Federal e dos beneficiários da previdência social.

Parágrafo único. As contribuições aportadas pelos segurados e empresas terão o registro contábil individualizado, conforme dispuser o Ministério da Previdência e Assistência Social.

Art. 329-A. (Revogado pelo Decreto nº 10.410, de 2020)

Art. 329-B. (Revogado pelo Decreto nº 10.410, de 2020)

Art. 330. (Revogado pelo Decreto nº 10.410, de 2020)

Art. 331. O Instituto Nacional do Seguro Social fica autorizado a efetuar permuta de informações, em caráter geral ou específico, com qualquer órgão ou entidade da administração direta ou indireta da União, Estados, Distrito Federal ou Municípios, com a prestação, quando for o caso, de assistência mútua na fiscalização dos respectivos tributos.

§ 1º A permuta de informações sobre a situação econômica ou financeira dos sujeitos passivos ou de terceiros e sobre a natureza e o estado dos seus negócios ou atividades somente poderá ser efetivada com a Secretaria da Receita Federal ou com a Fazenda Pública dos Estados, do Distrito Federal ou dos Municípios.

§ 2º Até que seja totalmente implantado o Cadastro Nacional de Informações Sociais, as instituições e órgãos federais, estaduais, do Distrito Federal e municipais, detentores de cadastros de empresas e de contribuintes em geral, deverão colocar à disposição do Instituto Nacional do Seguro Social, mediante convênio, todos os dados necessários à permanente atualização dos seus cadastros.

§ 3º O convênio de que trata o parágrafo anterior estabelecerá, entre outras condições, a forma e a periodicidade de acesso ao cadastro e às alterações posteriores.

Art. 332. O INSS estabelecerá indicadores qualitativos e quantitativos para acompanhamento e avaliação das concessões de benefícios realizadas. (Redação dada pelo Decreto nº 10.410, de 2020)

Art. 333. O INSS adotará como prática o cruzamento das informações declaradas pelos segurados com as informações constantes das bases de dados de que dispuser quando da análise dos requerimentos dos benefícios. (Redação dada pelo Decreto nº 10.410, de 2020)

Art. 334. Haverá, no âmbito da previdência social, uma Ouvidoria-Geral, cujas atribuições serão definidas em regulamento específico.

Art. 335. Deverão ser enviadas ao Congresso Nacional, anualmente, acompanhando a proposta orçamentária da seguridade social, projeções atuariais relativas à seguridade social, abrangendo um horizonte temporal de, no mínimo, vinte anos, considerando hipóteses alternativas quanto às variações demográficas, econômicas e institucionais relevantes.

LIVRO VI
DAS DISPOSIÇÕES GERAIS

Art. 336. Para fins estatísticos e epidemiológicos, a empresa deverá comunicar à previdência social o acidente de que tratam os arts. 19, 20, 21 e 23 da Lei nº 8.213, de 1991, ocorrido com o segurado empregado, exceto o doméstico, e o trabalhador avulso, até o primeiro dia útil seguinte ao da ocorrência e, em caso de morte, de imediato, à autoridade competente, sob pena da multa aplicada e cobrada na forma do art. 286.(Redação dada pelo Decreto nº 4.032, de 2001)

§ 1º Da comunicação a que se refere este artigo receberão cópia fiel o acidentado ou seus dependentes, bem como o sindicato a que corresponda a sua categoria.

§ 2º Na falta do cumprimento do disposto no *caput*, caberá ao setor de benefícios do Instituto Nacional do

Seguro Social comunicar a ocorrência ao setor de fiscalização, para a aplicação e cobrança da multa devida.

§ 3º Na falta de comunicação por parte da empresa, ou quando se tratar de segurado especial, podem formalizá-la o próprio acidentado, seus dependentes, a entidade sindical competente, o médico que o assistiu ou qualquer autoridade pública, não prevalecendo nestes casos o prazo previsto neste artigo. (Redação dada pelo Decreto nº 4.032, de 2001)

§ 4º A comunicação a que se refere o § 3º não exime a empresa de responsabilidade pela falta do cumprimento do disposto neste artigo.

§ 5º (Revogado pelo Decreto nº 3.265, de 1999)

§ 6º Os sindicatos e entidades representativas de classe poderão acompanhar a cobrança, pela previdência social, das multas previstas neste artigo.

Art. 337. O acidente do trabalho será caracterizado tecnicamente pela Perícia Médica Federal, por meio da identificação do nexo entre o trabalho e o agravo. (Redação dada pelo Decreto nº 10.491, de 2020)

I - (Revogado pelo Decreto nº 10.410, de 2020)

II - (Revogado pelo Decreto nº 10.410, de 2020)

III - (Revogado pelo Decreto nº 10.410, de 2020)

§ 1º O setor de benefícios do Instituto Nacional do Seguro Social reconhecerá o direito do segurado à habilitação do benefício acidentário.

§ 2º Será considerado agravamento do acidente aquele sofrido pelo acidentado quanto estiver sob a responsabilidade da reabilitação profissional.

§ 3º Considera-se estabelecido o nexo entre o trabalho e o agravo quando se verificar nexo técnico epidemiológico entre a atividade da empresa e a entidade mórbida motivadora da incapacidade, elencada na Classificação Internacional de Doenças - CID em conformidade com o disposto na Lista C do Anexo II deste Regulamento. (Redação dada pelo Decreto nº 6.957, de 2009)

§ 4º Para os fins deste artigo, considera-se agravo a lesão, doença, transtorno de saúde, distúrbio, disfunção ou síndrome de evolução aguda, subaguda ou crônica, de natureza clínica ou subclínica, inclusive morte, independentemente do tempo de latência. (Incluído pelo Decreto nº 6.042, de 2007).

§ 5º Reconhecidos pela Perícia Médica Federal a incapacidade para o trabalho e o nexo entre o trabalho e o agravo, na forma prevista no § 3º, serão devidas as prestações acidentárias a que o beneficiário tiver direito. (Redação dada pelo Decreto nº 10.491, de 2020)

§ 6º A Perícia Médica Federal deixará de aplicar o disposto no § 3º quando demonstrada a inexistência de nexo entre o trabalho e o agravo, sem prejuízo do disposto no § 7º e no § 12. (Redação dada pelo Decreto nº 10.491, de 2020)

§ 7º A empresa poderá requerer ao INSS a não aplicação do nexo técnico epidemiológico ao caso concreto mediante a demonstração de inexistência de correspondente nexo entre o trabalho e o agravo. (Redação dada pelo Decreto nº 6.939, de 2009)

§ 8º O requerimento de que trata o § 7º poderá ser apresentado no prazo de quinze dias da data para a entrega, na forma do inciso IV do art. 225, da GFIP que registre a movimentação do trabalhador, sob pena de não conhecimento da alegação em instância administrativa. (Incluído pelo Decreto nº 6.042, de 2007).

§ 9º Caracterizada a impossibilidade de atendimento ao disposto no § 8º, motivada pelo não conhecimento tempestivo do diagnóstico do agravo, o requerimento de que trata o § 7º poderá ser apresentado no prazo de quinze dias, contado da data em que a empresa tomar ciência da decisão a que se refere o § 5º. (Redação dada pelo Decreto nº 10.410, de 2020)

§ 10. Juntamente com o requerimento de que tratam os §§ 8º e 9º, a empresa formulará as alegações que entender necessárias e apresentará as provas que possuir demonstrando a inexistência de nexo entre o trabalho e o agravo. (Redação dada pelo Decreto nº 6.939, de 2009)

§ 11. A documentação probatória poderá trazer, entre outros meios de prova, evidências técnicas circunstanciadas e tempestivas à exposição do segurado, podendo ser produzidas no âmbito de programas de gestão de risco, a cargo da empresa, que possuam responsável técnico legalmente habilitado. (Incluído pelo Decreto nº 6.042, de 2007).

§ 12. O INSS informará ao segurado sobre a contestação da empresa para que este, querendo, possa impugná-la, obedecendo, quanto à produção de provas, ao disposto no § 10, sempre que a instrução do pedido evidenciar a possibilidade de reconhecimento de inexistência do nexo entre o trabalho e o agravo. (Redação dada pelo Decreto nº 6.939, de 2009)

§ 13. Da decisão do requerimento de que trata o § 7º cabe recurso, com efeito suspensivo, por parte da empresa ou, conforme o caso, do segurado ao Conselho de Recursos da Previdência Social, nos termos dos arts. 305 a 310. (Incluído pelo Decreto nº 6.042, de 2007).

Art. 338. A empresa é responsável pela adoção e uso de medidas coletivas e individuais de proteção à segurança e saúde do trabalhador sujeito aos riscos ocupacionais por ela gerados.(Redação dada pelo Decreto nº 4.032, de 2001)

§ 1º É dever da empresa prestar informações pormenorizadas sobre os riscos da operação a executar e do produto a manipular.(Incluído pelo Decreto nº 4.032, de 2001)

§ 2º A Perícia Médica Federal terá acesso aos ambientes de trabalho e a outros locais onde se encontrem os documentos referentes ao controle médico de saúde ocupacional e aqueles que digam respeito ao programa de prevenção de riscos ocupacionais para verificar a eficácia das medidas adotadas pela empresa para a prevenção e o controle das doenças ocupacionais. (Redação dada pelo Decreto nº 10.410, de 2020)

§ 3º O INSS auditará a regularidade e a conformidade das demonstrações ambientais, incluindo-se as de monitoramento biológico, e dos controles internos da empresa relativos ao gerenciamento dos riscos ocupacionais, de modo a assegurar a veracidade das informações prestadas pela empresa e constantes do CNIS, bem como o cumprimento das obrigações relativas ao acidente de trabalho. (Redação dada pelo Decreto nº 4.882, de 2003)

§ 4º Sempre que a Perícia Médica Federal constatar o descumprimento do disposto neste artigo, esta comunicará formalmente aos demais órgãos interessados, inclusive para fins de aplicação e cobrança da multa devida. (Redação dada pelo Decreto nº 10.410, de 2020)

Art. 339. O Ministério do Trabalho e Emprego fiscalizará e os sindicatos e entidades representativas de classe acompanharão o fiel cumprimento do disposto nos arts. 338 e 343.

Art. 340. Por intermédio dos estabelecimentos de ensino, sindicatos, associações de classe, Fundação Jorge Duprat Figueiredo de Segurança e Medicina do Trabalho, órgãos públicos e outros meios, serão promovidas regularmente instrução e formação com vistas a incrementar costumes e atitudes prevencionistas em matéria de acidentes, especialmente daquele referido no art. 336.

Art. 341. O INSS ajuizará ação regressiva contra os responsáveis nas hipóteses de: (Redação dada pelo Decreto nº 10.410, de 2020)

I - negligência quanto às normas-padrão de segurança e higiene do trabalho indicadas para proteção individual e coletiva; e (Incluído pelo Decreto nº 10.410, de 2020)

II - violência doméstica e familiar contra a mulher, nos termos do disposto na Lei nº 11.340, de 7 de agosto de 2006. (Incluído pelo Decreto nº 10.410, de 2020)

§ 1º Os órgãos de fiscalização das relações de trabalho encaminharão à Procuradoria-Geral Federal os relatórios de análise de acidentes do trabalho com indícios de negligência quanto às normas-padrão de segurança e higiene do trabalho indicadas para proteção individual e coletiva. (Incluído pelo Decreto nº 10.410, de 2020)

§ 2º O pagamento de prestações pela previdência social em decorrência das hipóteses previstas nos incisos I e II do *caput* não exclui a responsabilidade civil da empresa, na hipótese de que trata o inciso I do *caput*, ou do responsável pela violência doméstica e familiar, na hipótese de que trata o inciso II do *caput*. (Incluído pelo Decreto nº 10.410, de 2020)

Art. 342. O pagamento pela previdência social das prestações decorrentes do acidente a que se refere o art. 336 não exclui a responsabilidade civil da empresa, do empregador doméstico ou de terceiros. (Redação dada pelo Decreto nº 10.410, de 2020)

Art. 343. Constitui contravenção penal, punível com multa, deixar a empresa de cumprir as normas de segurança e saúde do trabalho.

Art. 344. Os litígios e medidas cautelares relativos aos acidentes de que trata o art. 336 serão apreciados:

I - na esfera administrativa, pelos órgãos da previdência social, segundo as regras e prazos aplicáveis às demais prestações, com prioridade para conclusão; e

II - na via judicial, pela Justiça dos Estados e do Distrito Federal, segundo o rito sumaríssimo, inclusive durante as férias forenses, mediante petição instruída pela prova de efetiva notificação do evento à previdência social, através da Comunicação de Acidente do Trabalho.

Parágrafo único. O procedimento judicial de que trata o inciso II é isento do pagamento de quaisquer custas e de verbas relativas à sucumbência.

Art. 345. As ações referentes às prestações decorrentes do acidente de que trata o art. 336 prescrevem em cinco anos, observado o disposto no art. 347, contados da data:

I - do acidente, quando dele resultar a morte ou a incapacidade temporária verificada em perícia médica a cargo da Perícia Médica Federal; ou (Redação dada pelo Decreto nº 10.410, de 2020)

II - em que for reconhecido pela Perícia Médica Federal a incapacidade permanente ou o agravamento das sequelas do acidente. (Redação dada pelo Decreto nº 10.410, de 2020)

Art. 346. O segurado que houver sofrido o acidente a que se refere o art. 336 terá garantida, pelo prazo mínimo de doze meses, a manutenção de seu contrato de trabalho na empresa, após a cessação do auxílio por incapacidade temporária decorrente de acidente, independentemente da percepção de auxílio-acidente. (Redação dada pelo Decreto nº 10.410, de 2020)

Art. 347. É de dez anos o prazo de decadência de todo e qualquer direito ou ação do segurado ou beneficiário para a revisão dos atos de concessão, indeferimento, cancelamento ou cessação de benefício e dos atos de deferimento, indeferimento ou não concessão de revisão de benefício, contado: (Redação dada pelo Decreto nº 10.410, de 2020)

I - do primeiro dia do mês subsequente ao do recebimento da primeira prestação ou da data em que a prestação deveria ter sido paga com o valor revisto; ou (Incluído pelo Decreto nº 10.410, de 2020)

II - do dia em que o segurado tiver ciência da decisão de indeferimento, cancelamento ou cessação do seu pedido de benefício ou da decisão de deferimento ou indeferimento de revisão de benefício no âmbito administrativo.(Incluído pelo Decreto nº 10.410, de 2020)

§ 1º Prescreve em cinco anos, a contar da data em que deveriam ter sido pagas, toda e qualquer ação para haver prestações vencidas ou quaisquer restituições ou diferenças devidas pela previdência social, salvo o direito dos menores, incapazes e ausentes, na forma do Código Civil. (Incluído pelo Decreto nº 4.729, de 2003)

§ 2º Não é considerado pedido de revisão de decisão indeferitória definitiva, mas de novo pedido de benefício, o que vier acompanhado de outros documentos além dos já existentes no processo. (Incluído pelo Decreto nº 4.729, de 2003)

§ 3º Não terá seqüência eventual pedido de revisão de decisão indeferitória definitiva de benefício confirmada pela última instância do Conselho de Recursos da Previdência Social, aplicando-se, no caso de apresentação de outros documentos, além dos já existentes no processo, o disposto no § 2º. (Incluído pelo Decreto nº 4.729, de 2003)

§ 4º Nas hipóteses de requerimento de revisão de benefício em manutenção ou de recurso de decisão do INSS com apresentação de novos elementos extemporaneamente ao ato concessório, os efeitos financeiros serão fixados na data do pedido de revisão ou do recurso. (Redação dada pelo Decreto nº 10.410, de 2020)

Art. 347-A. O direito da Previdência Social de anular os atos administrativos de que decorram efeitos favoráveis para os seus beneficiários decai em dez anos, contados da data em que foram praticados, salvo comprovada má-fé. (Incluído pelo Decreto nº 5.545, de 2005)

§ 1º No caso de efeitos patrimoniais contínuos, o prazo decadencial contar-se-á da percepção do primeiro pagamento. (Incluído pelo Decreto nº 5.545, de 2005)

§ 2º Considera-se exercício do direito de anular qualquer medida de autoridade administrativa que importe impugnação à validade do ato. (Incluído pelo Decreto nº 5.545, de 2005)

Art. 348. O direito da seguridade social de apurar e constituir seus créditos extingue-se no prazo de cinco anos, contado: (Redação dada pelo Decreto nº 10.410, de 2020)

I - do primeiro dia do exercício seguinte àquele em que o crédito poderia ter sido constituído; ou

II - da data em que se tornar definitiva a decisão que houver anulado, por vício formal, a constituição de crédito anteriormente efetuado.

§ 1º Para comprovar o exercício de atividade remunerada, com vistas à concessão de benefícios, será exigido do contribuinte individual, a qualquer tempo, o recolhimento das correspondentes contribuições, observado o disposto nos §§ 7º a 14 do art. 216.(Redação dada pelo Decreto nº 3.265, de 1999)

§ 2º Na hipótese de ocorrência de dolo, fraude ou simulação, a seguridade social pode, a qualquer tempo, apurar e constituir seus créditos.

§ 3º O direito de pleitear judicialmente a desconstituição de exigência fiscal fixada pelo Instituto Nacional do Seguro Social no julgamento de litígio em processo administrativo fiscal extingue-se com o decurso do prazo de cento e oitenta dias, contado da intimação da referida decisão.

Art. 349. O direito da seguridade social de cobrar seus créditos, constituídos na forma prevista no art. 348, prescreverá no prazo de cinco anos, contado da data de sua constituição definitiva, observado o disposto nos art. 151 e art. 174 da Lei nº 5.172, de 25 de outubro de 1966 - Código Tributário Nacional. (Redação dada pelo Decreto nº 10.410, de 2020)

Art. 350. Será de responsabilidade da Procuradoria-Geral do Instituto Nacional do Seguro Social manter entendimentos com o Ministério Público, objetivando a agilização das causas judiciais necessárias à concessão e manutenção de benefícios.

Art. 351. O pagamento de benefícios decorrente de sentença judicial far-se-á com a observância da prioridade garantida aos créditos alimentícios.

Art. 352. Para fins de reconhecimento inicial de benefícios previdenciários, desde que este não acarrete revisão de ato administrativo anterior, o Presidente do INSS poderá editar súmulas administrativas, que terão caráter vinculante perante o INSS nas seguintes hipóteses: (Redação dada pelo Decreto nº 10.410, de 2020)

I - sobre tema a respeito do qual exista súmula ou parecer emitido pelo Advogado-Geral da União; e (Incluído pelo Decreto nº 10.410, de 2020)

II - sobre tema decidido pelo Supremo Tribunal Federal, em matéria constitucional, ou pelo Superior Tribunal de Justiça, no âmbito de suas competências, quando definido em sede de repercussão geral ou recurso repetitivo e não houver viabilidade de reversão da tese firmada em sentido desfavorável ao INSS, conforme disciplinado pelo Advogado-Geral da União, nos termos do disposto no § 2º do art. 19-D da Lei nº 10.522, de 19 de julho de 2002. (Incluído pelo Decreto nº 10.410, de 2020)

§ 1º A edição da súmula administrativa de que trata este artigo será precedida de avaliação de impacto orçamentário e financeiro pela Secretaria Especial de Previdência e Trabalho do Ministério da Economia. (Incluído pelo Decreto nº 10.410, de 2020)

§ 2º As súmulas administrativas serão numeradas em ordem cronológica e terão validade até que lei, decreto ou outra súmula discipline a matéria de forma diversa, e competirá ao INSS mantê-las atualizadas em seus sítios eletrônicos. (Incluído pelo Decreto nº 10.410, de 2020)

§ 3º Para fins do disposto neste artigo, a Procuradoria Federal Especializada junto ao INSS emitirá parecer conclusivo para propor a edição, a alteração ou o cancelamento de súmula administrativa, da qual deverá constar o fundamento para a sua edição. (Incluído pelo Decreto nº 10.410, de 2020)

Art. 353. A formalização de desistência ou transigência judiciais, por parte de procurador da previdência social, será sempre precedida da anuência, por escrito, do Procurador-Geral do Instituto Nacional do Seguro Social ou do Presidente deste órgão, quando os valores em litígio ultrapassarem os limites definidos pelo Conselho Nacional de Previdência Social.

Parágrafo único. Os valores, a partir dos quais se exigirá a anuência do Procurador-Geral ou do Presidente do Instituto Nacional do Seguro Social, serão definidos periodicamente pelo Conselho Nacional de Previdência Social, mediante resolução própria.

Art. 354. O Instituto Nacional do Seguro Social, nas causas em que seja interessado na condição de autor, réu, assistente ou oponente, gozará das mesmas prerrogativas e privilégios assegurados à Fazenda Pública, inclusive quanto à inalienabilidade e impenhorabilidade de seus bens.

§ 1º O Instituto Nacional do Seguro Social é isento do pagamento de custas, traslados, preparos, certidões, registros, averbações e quaisquer outros emolumentos, nas causas em que seja interessado na condição de autor, réu, assistente ou oponente, inclusive nas ações de natureza trabalhista, acidentária e de benefício.

§ 2º O Instituto Nacional do Seguro Social antecipará os honorários periciais nas ações de acidentes do trabalho.

Art. 355. O Instituto Nacional do Seguro Social poderá requisitar a qualquer órgão ou entidade da administração direta ou indireta da União, dos Estados, do Distrito Federal e dos Municípios, bem como das demais entidades sob seu controle, elementos de fato e de direito relativos às alegações e ao pedido do autor de ação proposta contra a previdência social, bem assim promover diligências para localização de devedores e apuração de bens penhoráveis, que serão atendidas prioritariamente e sob regime de urgência.

Art. 356. Nos casos de indenização na forma do art. 122 e da retroação da data do início das contribuições, conforme o disposto no art. 124, após a homologação do processo pelo setor de benefícios do Instituto Nacional do Seguro Social, este deverá ser encaminhado ao setor de arrecadação e fiscalização, para levantamento e cobrança do débito.

Art. 357. A Secretaria Especial de Previdência e Trabalho do Ministério da Economia e o INSS ficam autorizados a editar normas que disponham sobre os critérios e a forma de realização de pesquisas externas. (Redação dada pelo Decreto nº 10.410, de 2020)

Parágrafo único. Para efeito do disposto no *caput*, os servidores designados receberão, a título de indenização, o valor correspondente a um onze avos do valor mínimo do salário-de-contribuição do contribuinte individual, por deslocamento com pesquisa concluída. (Redação dada pelo Decreto nº 3.265, de 1999)

Art. 358. Na execução judicial da Dívida Ativa da União, suas autarquias e fundações públicas, será facultado ao exeqüente indicar bens à penhora, a qual será efetivada concomitantemente com a citação inicial do devedor.

§ 1º Os bens penhorados nos termos deste artigo ficam desde logo indisponíveis.

§ 2º Efetuado o pagamento integral da dívida executada, com seus acréscimos legais, no prazo de dois dias úteis contados da citação, independentemente da juntada aos autos do respectivo mandado, poderá ser liberada a penhora, desde que não haja outra execução pendente.

§ 3º O disposto neste artigo aplica-se também às execuções já processadas.

§ 4º Não sendo opostos embargos, no prazo legal, ou sendo eles julgados improcedentes, os autos serão conclusos ao juiz do feito, para determinar o prosseguimento da execução.

Art. 359. O Instituto Nacional do Seguro Social poderá contratar leiloeiros oficiais para promover a venda administrativa dos bens, adjudicados judicialmente ou que receber em dação de pagamento.

Parágrafo único. O Instituto Nacional do Seguro Social, no prazo de sessenta dias, providenciará alienação do bem por intermédio do leiloeiro oficial.

Art. 360. Nas execuções fiscais da Dívida Ativa do Instituto Nacional do Seguro Social, o leilão judicial dos bens penhorados realizar-se-á por leiloeiro oficial, indicado pelo credor, que procederá à hasta pública:

I - no primeiro leilão, pelo valor do maior lance, que não poderá ser inferior ao da avaliação; ou

II - no segundo leilão, por qualquer valor, excetuado o vil.

§ 1º Poderá o juiz, a requerimento do credor, autorizar seja parcelado o pagamento do valor da arrematação, na forma prevista para os parcelamentos administrativos de débitos previdenciários.

§ 2º Todas as condições do parcelamento deverão constar do edital de leilão.

§ 3º O débito do executado será quitado na proporção do valor de arrematação.

§ 4º O arrematante deverá depositar, no ato, o valor da primeira parcela.

§ 5º Realizado o depósito, será expedida carta de arrematação, contendo as seguintes disposições:

I - valor da arrematação, valor e número de parcelas mensais em que será pago;

II - constituição de hipoteca do bem adquirido, ou de penhor, em favor do credor, servindo a carta de título hábil para registro da garantia;

III - indicação do arrematante como fiel depositário do bem móvel, quando constituído penhor; e

IV - especificação dos critérios de reajustamento do saldo e das parcelas, que será sempre o mesmo vigente para os parcelamentos de créditos previdenciários.

§ 6º Se o arrematante não pagar no vencimento qualquer das parcelas mensais, o saldo devedor remanescente vencerá antecipadamente e será acrescido em cinqüenta por cento de seu valor a título de multa, devendo, de imediato, ser inscrito em Dívida Ativa e executado.

§ 7º Se no primeiro ou no segundo leilões a que se refere o *caput* não houver licitante, o Instituto Nacional do Seguro Social poderá adjudicar o bem por cinqüenta por cento do valor da avaliação.

§ 8º Se o bem adjudicado não puder ser utilizado pelo Instituto Nacional do Seguro Social e for de difícil venda, poderá ser negociado ou doado a outro órgão ou entidade pública que demonstre interesse na sua utilização.

§ 9º Não havendo interesse na adjudicação, poderá o juiz do feito, de ofício ou a requerimento do credor, determinar sucessivas repetições da hasta pública.

§ 10. O leiloeiro oficial, a pedido do credor, poderá ficar como fiel depositário dos bens penhorados e realizar a respectiva remoção.

Art. 361. O Instituto Nacional do Seguro Social poderá concordar com valores divergentes, para pagamento da dívida objeto de execução fiscal, quando a diferença entre os cálculos de atualização da dívida por ele elaborados ou levados a efeito pela contadoria do Juízo e os cálculos apresentados pelo executado for igual ou inferior a cinco por cento.

§ 1º O disposto neste artigo aplica-se somente a dívidas cuja petição inicial da execução tenha sido protocolada em Juízo até 31 de março de 1997.

§ 2º A extinção de processos de execução, em decorrência da aplicação do disposto neste artigo, não implicará condenação em honorários, custas e quaisquer outros ônus de sucumbência contra o exeqüente, oferecidos ou não embargos à execução, e acarretará a desistência de eventual recurso que tenha por razão a divergência de valores de atualização nos limites do percentual referido.

Art. 362. O Instituto Nacional do Seguro Social e a Secretaria da Receita Federal estabelecerão critérios para a dispensa de constituição ou exigência de crédito de valor inferior ao custo dessas medidas.

Art. 363. A arrecadação das receitas prevista nos incisos I, II, III, IV e V do parágrafo único do art. 195, bem como as contribuições incidentes a título de substituição, e o pagamento dos benefícios da seguridade social serão realizados pela rede bancária ou por outras formas, nos termos e condições aprovados pelo Conselho Nacional de Previdência Social. (Redação dada pelo Decreto nº 4.032, de 2001)

Art. 364. As receitas provenientes da cobrança de débitos dos Estados, do Distrito Federal e dos Municípios e da alienação, arrendamento ou locação de bens móveis ou imóveis pertencentes ao patrimônio do Instituto Nacional do Seguro Social deverão constituir reserva técnica, de longo prazo, que garantirá o seguro social instituído no Plano de Benefícios da Previdência Social.

Parágrafo único. É vedada a utilização dos recursos de que trata este artigo para cobrir despesas de custeio em geral, inclusive as decorrentes de criação, majoração ou extensão dos benefícios ou serviços da previdência social, admitindo-se sua utilização, excepcionalmente, em despesas de capital, conforme definido na lei orçamentária.

Art. 365. Mediante requisição do Instituto Nacional do Seguro Social, a empresa é obrigada a descontar, da remuneração paga aos segurados a seu serviço, a importância proveniente de dívida ou responsabilidade por eles contraída junto à seguridade social, relativa a benefícios pagos indevidamente, observado o disposto no art. 154.

Art. 366. O Presidente de Turma de Julgamento da Delegacia da Receita Federal do Brasil recorrerá de ofício sempre que a decisão: (Redação dada pelo Decreto nº 6.224, de 2007).

I - declarar indevida contribuição ou outra importância apurada pela fiscalização; e (Redação dada pelo Decreto nº 6.224, de 2007).

II - relevar ou atenuar multa aplicada por infração a dispositivos deste Regulamento. (Redação dada pelo Decreto nº 6.224, de 2007).

§ 1º (Revogado pelo Decreto nº 6.224, de 2007).

§ 2º O recurso de que trata o *caput* será interposto ao Segundo Conselho de Contribuintes do Ministério da Fazenda. (Redação dada pelo Decreto nº 6.224, de 2007).

§ 3º O Ministro de Estado da Fazenda poderá estabelecer limite abaixo do qual será dispensada a interposição do recurso de ofício previsto neste artigo. (Incluído pelo Decreto nº 6.224, de 2007).

Art. 367. O Instituto Nacional do Seguro Social e a Empresa de Processamento de Dados da Previdência Social confrontarão a relação dos óbitos com os cadastros da previdência social, determinando o cancelamento dos pagamentos, a partir da data do falecimento dos beneficiários identificados na comunicação a que se refere o art. 228.

Art. 368. Fica o Instituto Nacional do Seguro Social obrigado a:

I - enviar às empresas e aos contribuintes individuais, quando por eles solicitado, extrato de recolhimento das suas contribuições;

II - emitir automaticamente e enviar às empresas avisos de cobrança de débitos;

III - emitir e enviar aos beneficiários carta de concessão de benefícios, além da memória de cálculo do valor dos benefícios concedidos;

IV - reeditar versão atualizada da Carta dos Direitos dos Segurados;

V - divulgar, com a devida antecedência, pelos meios de comunicação, alterações das contribuições das empresas e dos segurados em geral;

VI - descentralizar, progressivamente, o processamento eletrônico das informações, mediante extensão dos programas de informatização aos Postos de Atendimento e às Gerências Regionais de Arrecadação e Fiscalização; e

VII - garantir a integração dos sistemas de processamento eletrônico de informações e sua compatibilidade com o Cadastro Nacional de Informações Sociais.

VIII - tornar disponível ao público, inclusive por meio de rede pública de transmissão de dados, informações atualizadas sobre as despesas do Regime Geral de Previdência Social, bem como os critérios e parâmetros adotados para garantir o seu equilíbrio financeiro e atuarial. (Incluído pelo Decreto nº 5.545, de 2005)

Parágrafo único. O fornecimento das informações a que se referem os incisos I e III do *caput* poderá ocorrer por meio da sua disponibilização pelos canais de atendimento do INSS previstos na Carta de Serviços ao Usuário do INSS. (Incluído pelo Decreto nº 10.410, de 2020)

Art. 369. Os depósitos judiciais e extrajudiciais referentes a contribuições sociais e outras importâncias arrecadadas pelo Instituto Nacional do Seguro Social serão efetuados na Caixa Econômica Federal mediante guia de recolhimento específica para essa finalidade, conforme modelo a ser aprovado pelo Instituto Nacional do Seguro Social e confeccionado e distribuído pela Caixa Econômica Federal.

§ 1º Quando houver mais de um interessado na ação, o depósito será efetuado, à ordem e disposição do Juízo, em nome de cada contribuinte, individualizadamente.

§ 2º A guia de recolhimento conterá, além de outros elementos fixados em ato normativo da autoridade competente, os dados necessários à identificação do órgão judicial em que tramita a ação.

§ 3º No caso de recebimento de depósito judicial, a Caixa Econômica Federal remeterá uma via da guia de recolhimento ao órgão judicial em que tramita a ação.

§ 4º A Caixa Econômica Federal tornará disponível para o Instituto Nacional do Seguro Social, por meio magnético, os dados referentes aos depósitos.

Art. 370. O valor dos depósitos recebidos será creditado pela Caixa Econômica Federal à Subconta da Previdência Social da Conta Única do Tesouro Nacional junto ao Banco Central do Brasil, no mesmo prazo fixado para recolhimento das contribuições arrecadadas pelo Instituto Nacional do Seguro Social.

Art. 371. Mediante ordem da autoridade judicial ou, no caso de depósito extrajudicial, da autoridade administrativa competente, o valor do depósito, após o encerramento da lide ou do processo litigioso, será:

I - devolvido ao depositante pela Caixa Econômica Federal, no prazo máximo de vinte e quatro horas, quando a sentença ou decisão lhe for favorável ou na proporção em que o for, acrescido de juros equivalentes à taxa referencial do Sistema Especial de Liquidação e de Custódia, para títulos federais, acumulada mensalmente, calculados a partir do mês subseqüente ao da efetivação do depósito até o mês anterior ao de seu levantamento, e de juros de um por cento relativamente ao mês em que estiver sendo efetivada a devolução; ou

II - transformado em pagamento definitivo, proporcionalmente à exigência do correspondente crédito, quando se tratar de sentença ou decisão favorável ao Instituto Nacional do Seguro Social.

§ 1º O documento contendo os dados relativos aos depósitos devolvidos ou transformados em pagamento definitivo, a ser confeccionado e preenchido pela Caixa Econômica Federal, deverá ser aprovado pelo Instituto Nacional do Seguro Social.

§ 2º O valor dos depósitos devolvidos pela Caixa Econômica Federal será debitado à Subconta da Previdência Social da Conta Única do Tesouro Nacional junto ao Banco Central do Brasil, a título de restituição, no mesmo dia em que ocorrer a devolução.

§ 3º O Banco Central do Brasil creditará, na conta de reserva bancária da Caixa Econômica Federal, no mesmo dia, os valores devolvidos.

§ 4º Os valores das devoluções, inclusive dos juros acrescidos, serão contabilizados como estorno da respectiva espécie de receita em que tiver sido contabilizado o depósito.

§ 5º No caso de transformação do depósito em pagamento definitivo, a Caixa Econômica Federal efetuará a baixa em seus controles e comunicará a ocorrência ao Instituto Nacional do Seguro Social.

§ 6º A Caixa Econômica Federal manterá controle dos valores depositados, devolvidos e transformados em pagamento definitivo, por contribuinte e por processo, devendo, relativamente aos valores depositados e respectivos acréscimos de juros, tornar disponível o acesso aos registros, emitir extratos mensais e remetê-los ao Instituto Nacional do Seguro Social.

§ 7º Os extratos referidos neste artigo conterão dados que permitam identificar o depositante, o processo administrativo ou judicial, a movimentação dos depósitos durante o mês, além de outros elementos considerados indispensáveis.

Art. 372. Pelo recebimento dos depósitos e pela prestação dos demais serviços previstos nos arts. 369 a 371, a Caixa Econômica Federal será remunerada pela tarifa fixada pelo Ministro de Estado da Fazenda, na forma do disposto no Decreto nº 2.850, de 27 de novembro de 1998.

Art. 373. Os valores expressos em moeda corrente referidos neste Regulamento, exceto aqueles referidos no art. 288, são reajustados nas mesmas épocas e com os mesmos índices utilizados para o reajustamento dos benefícios de prestação continuada da previdência social.

Art. 374. Serão aceitos os números de inscrição no Cadastro Geral de Contribuintes, até que seja concluída, pela Secretaria da Receita Federal, a implantação do Cadastro Nacional da Pessoa Jurídica.

Art. 375. Ficam anistiados, por força do art. 3º da Lei nº 9.476, de 23 de julho de 1997, os agentes políticos e os dirigentes de órgãos públicos estaduais, do Distrito Federal ou municipais, a quem foram impostas penalidades pecuniárias pessoais até 24 de julho de 1997, em decorrência do disposto no art. 289.

Art. 376. A multa de que trata a alínea "e" do inciso I do art. 283 retroagirá a 16 de abril de 1994, na que for mais favorável.

Art. 377. Os recursos a que se refere o Decreto nº 2.536, de 6 de abril de 1998, não têm efeito suspensivo.

Art. 378. (Revogado pelo Decreto nº 4.729, de 2003)

Art. 379. A pessoa jurídica de direito privado já beneficiária da isenção ou que já a tenha requerido e que atenda ao disposto nos arts. 206 ou 207 está dispensada do requerimento previsto no art. 208, devendo, até 30 de maio de 1999:

I - comunicar ao Instituto Nacional do Seguro Social que está enquadrada nos arts. 206 ou 207; e

II - apresentar ao Instituto Nacional do Seguro Social o plano de ação de atividades a serem desenvolvidas durante o ano em curso.

Parágrafo único. O Conselho Nacional de Assistência Social, mediante resolução que observe a natureza dos serviços assistenciais, poderá, por proposição da Secretaria de Estado de Assistência Social, considerar atendido o requisito de gratuidade, à vista de doações ou contribuições voluntárias feitas por terceiros, pelos responsáveis ou pelos próprios beneficiários dos serviços, desde que garantido o livre acesso a esses serviços, independentemente dessas doações e contribuições, não se lhes aplicando o disposto nos §§ 2º e 3º do art. 206.

Art. 380. Fica cancelada, a partir de 1º de abril de 1999, toda e qualquer isenção de contribuição para a seguridade social concedida, em caráter geral ou especial, em desacordo com os arts. 206 ou 207.

Art. 381. As normas deste Regulamento de natureza procedimental aplicam-se imediatamente a todos os processos pendentes no Ministério da Previdência e Assistência Social e no Instituto Nacional do Seguro Social.

Art. 382. Os tratados, convenções e outros acordos internacionais de que Estado estrangeiro ou organismo internacional e o Brasil sejam partes, e que versem sobre matéria previdenciária, serão interpretados como lei especial.(Incluído pelo Decreto nº 3.265, de 1999)

LEI FEDERAL Nº 14.199, DE 2 DE SETEMBRO DE 2021

– ALTERA AS LEIS NºS 8.212, DE 24 DE JULHO DE 1991, E 8.213, DE 24 DE JULHO DE 1991, PARA DISPOR SOBRE MEDIDAS ALTERNATIVAS DE PROVA DE VIDA PARA OS BENEFICIÁRIOS DA PREVIDÊNCIA SOCIAL DURANTE O ESTADO DE CALAMIDADE PÚBLICA RECONHECIDO PELO CONGRESSO NACIONAL; E DÁ OUTRAS PROVIDÊNCIAS

Art. 1º Fica suspensa, até 31 de dezembro de 2021, a comprovação de vida para os beneficiários do Instituto Nacional do Seguro Social (INSS), exigida nos termos do § 8º do art. 69 da Lei nº 8.212, de 24 de julho de 1991, em razão da Emergência em Saúde Pública de Importância Nacional (Espin) decorrente da infecção humana pelo coronavírus SARS-CoV-2.

Art. 2º A Lei nº 8.212, de 24 de julho de 1991, passa a vigorar com as seguintes alterações, numerado o parágrafo único do art. 76 como § 1º:

"Art. 68-A. A lavratura de procuração pública e a emissão de sua primeira via para fins exclusivos de recebimento de benefícios previdenciários ou assistenciais administrados pelo INSS são isentas do pagamento das custas e dos emolumentos."

"Art. 69. ....

....

§ 7º Para fins do disposto no *caput* deste artigo, o INSS poderá realizar recenseamento para atualização do cadastro dos beneficiários, abrangidos os benefícios administrados pelo INSS, observado o disposto no § 8º deste artigo.

§ 8º Aquele que receber benefício realizará anualmente, no mês de aniversário do titular do benefício, a comprovação de vida, preferencialmente por meio de atendimento eletrônico com uso de biometria, ou outro meio definido pelo INSS que assegure a identificação inequívoca do beneficiário, implementado pelas instituições financeiras pagadoras dos benefícios, observadas as seguintes disposições:

I - a prova de vida e a renovação de senha serão efetuadas pelo beneficiário, preferencialmente no mesmo ato, mediante identificação por funcionário da instituição financeira responsável pelo pagamento, quando não realizadas por atendimento eletrônico com uso de biometria;

II - a prova de vida poderá ser realizada por representante legal ou por procurador do beneficiário, legalmente cadastrado no INSS;

III - (revogado);

IV - os órgãos competentes deverão dispor de meios alternativos que garantam a realização da prova de vida do beneficiário com idade igual ou superior a 80 (oitenta) anos ou com dificuldade de locomoção, inclusive por meio de atendimento domiciliar quando necessário;

IV-A - as instituições financeiras deverão, obrigatoriamente, envidar esforços a fim de facilitar e auxiliar o beneficiário com idade igual ou superior a 80 (oitenta) anos ou com dificuldade de locomoção, de forma a evitar ao máximo o seu deslocamento até a agência bancária e, caso isso ocorra, dar-lhe preferência máxima de atendimento, para diminuir o tempo de permanência do idoso no recinto e evitar sua exposição a aglomeração;

IV-B - a instituição financeira, quando a prova de vida for nela realizada, deverá enviar as informações ao INSS, bem como divulgar aos beneficiários, de forma ampla, todos os meios existentes para efetuar o procedimento, especialmente os remotos, a fim de evitar o deslocamento dos beneficiários; e

V - o INSS poderá bloquear o pagamento do benefício encaminhado às instituições financeiras até que o beneficiário realize a prova de vida, permitida a liberação do pagamento automaticamente pela instituição financeira.

...." (NR)

"Art. 76. ....

§ 1º O documento de procuração deverá ser revalidado, anualmente, nos termos de norma definida pelo INSS.

§ 2º Na hipótese de pagamento indevido de benefício a pessoa não autorizada, ou após o óbito do titular do benefício, a instituição financeira é responsável pela devolução dos valores ao INSS, em razão do descumprimento das obrigações a ela impostas por lei ou por força contratual." (NR)

Art. 3º O art. 124-A da Lei nº 8.213, de 24 de julho de 1991, passa a vigorar acrescido do seguinte § 4º:

"Art. 124-A. ....

....

§ 4º As ligações telefônicas realizadas de telefone fixo ou móvel que visem à solicitação dos serviços referidos no § 1º deste artigo deverão ser gratuitas e serão consideradas de utilidade pública." (NR)

Art. 4º Esta Lei entra em vigor na data de sua publicação.

Brasília, 2 de setembro de 2021; 200o da Independência e 133º da República.

DIREITO CIVIL, PROCESSUAL CIVIL E EMPRESARIAL

LEI COMPLEMENTAR FEDERAL Nº 182, DE 1º DE JUNHO DE 2021

– INSTITUI O MARCO LEGAL DAS STARTUPS E DO EMPREENDEDORISMO INOVADOR; E ALTERA A LEI Nº 6.404, DE 15 DE DEZEMBRO DE 1976, E A LEI COMPLEMENTAR Nº 123, DE 14 DE DEZEMBRO DE 2006

ÍNDICE

CAPÍTULO I
DAS DEFINIÇÕES, DOS PRINCÍPIOS E DAS DIRETRIZES FUNDAMENTAIS

Art. 1º Esta Lei Complementar institui o marco legal das startups e do empreendedorismo inovador.

Parágrafo único. Esta Lei Complementar:

I – estabelece os princípios e as diretrizes para a atuação da administração pública no âmbito da União, dos Estados, do Distrito Federal e dos Municípios;

II - apresenta medidas de fomento ao ambiente de negócios e ao aumento da oferta de capital para investimento em empreendedorismo inovador; e

III - disciplina a licitação e a contratação de soluções inovadoras pela administração pública.

Art. 2º Para os efeitos desta Lei Complementar, considera-se:

I - investidor-anjo: investidor que não é considerado sócio nem tem qualquer direito a gerência ou a voto na administração da empresa, não responde por qualquer obrigação da empresa e é remunerado por seus aportes;

II - ambiente regulatório experimental (sandbox regulatório): conjunto de condições especiais simplificadas para que as pessoas jurídicas participantes possam receber autorização temporária dos órgãos ou das entidades com competência de regulamentação setorial para desenvolver modelos de negócios inovadores e testar técnicas e tecnologias experimentais, mediante o cumprimento de critérios e de limites previamente estabelecidos pelo órgão ou entidade reguladora e por meio de procedimento facilitado.

Art. 3º Esta Lei Complementar é pautada pelos seguintes princípios e diretrizes:

I - reconhecimento do empreendedorismo inovador como vetor de desenvolvimento econômico, social e ambiental;

II - incentivo à constituição de ambientes favoráveis ao empreendedorismo inovador, com valorização da segurança jurídica e da liberdade contratual como premissas para a promoção do investimento e do aumento da oferta de capital direcionado a iniciativas inovadoras;

III - importância das empresas como agentes centrais do impulso inovador em contexto de livre mercado;

IV - modernização do ambiente de negócios brasileiro, à luz dos modelos de negócios emergentes;

V - fomento ao empreendedorismo inovador como meio de promoção da produtividade e da competitividade da economia brasileira e de geração de postos de trabalho qualificados;

VI - aperfeiçoamento das políticas públicas e dos instrumentos de fomento ao empreendedorismo inovador;

VII - promoção da cooperação e da interação entre os entes públicos, entre os setores público e privado e entre empresas, como relações fundamentais para a conformação de ecossistema de empreendedorismo inovador efetivo;

VIII - incentivo à contratação, pela administração pública, de soluções inovadoras elaboradas ou desenvolvidas por startups, reconhecidos o papel do Estado no fomento à inovação e as potenciais oportunidades de economicidade, de benefício e de solução de problemas públicos com soluções inovadoras; e

IX - promoção da competitividade das empresas brasileiras e da internacionalização e da atração de investimentos estrangeiros.

CAPÍTULO II
DO ENQUADRAMENTO DE EMPRESAS STARTUPS

Art. 4º São enquadradas como startups as organizações empresariais ou societárias, nascentes ou em operação recente, cuja atuação caracteriza-se pela inovação aplicada a modelo de negócios ou a produtos ou serviços ofertados.

§ 1º Para fins de aplicação desta Lei Complementar, são elegíveis para o enquadramento na modalidade de tratamento especial destinada ao fomento de startup o empresário individual, a empresa individual de responsabilidade limitada, as sociedades empresárias, as sociedades cooperativas e as sociedades simples:

I - com receita bruta de até R$ 16.000.000,00 (dezesseis milhões de reais) no ano-calendário anterior ou de R$ 1.333.334,00 (um milhão, trezentos e trinta e três mil trezentos e trinta e quatro reais) multiplicado pelo número de meses de atividade no ano-calendário anterior, quando inferior a 12 (doze) meses, independentemente da forma societária adotada;

II - com até 10 (dez) anos de inscrição no Cadastro Nacional da Pessoa Jurídica (CNPJ) da Secretaria Especial da Receita Federal do Brasil do Ministério da Economia; e

III - que atendam a um dos seguintes requisitos, no mínimo:

a) declaração em seu ato constitutivo ou alterador e utilização de modelos de negócios inovadores para a geração de produtos ou serviços, nos termos do inciso IV do *caput* do art. 2º da Lei nº 10.973, de 2 de dezembro de 2004; ou

b) enquadramento no regime especial Inova Simples, nos termos do art. 65-A da Lei Complementar nº 123, de 14 de dezembro de 2006.

§ 2º Para fins de contagem do prazo estabelecido no inciso II do § 1º deste artigo, deverá ser observado o seguinte:

I - para as empresas decorrentes de incorporação, será considerado o tempo de inscrição da empresa incorporadora;

II - para as empresas decorrentes de fusão, será considerado o maior tempo de inscrição entre as empresas fundidas; e

III - para as empresas decorrentes de cisão, será considerado o tempo de inscrição da empresa cindida, na hipótese de criação de nova sociedade, ou da empresa que a absorver, na hipótese de transferência de patrimônio para a empresa existente.

CAPÍTULO III
DOS INSTRUMENTOS DE INVESTIMENTO EM INOVAÇÃO

Art. 5º As startups poderão admitir aporte de capital por pessoa física ou jurídica, que poderá resultar ou não em participação no capital social da startup, a depender da modalidade de investimento escolhida pelas partes.

§ 1º Não será considerado como integrante do capital social da empresa o aporte realizado na startup por meio dos seguintes instrumentos:

I - contrato de opção de subscrição de ações ou de quotas celebrado entre o investidor e a empresa;

II - contrato de opção de compra de ações ou de quotas celebrado entre o investidor e os acionistas ou sócios da empresa;

III - debênture conversível emitida pela empresa nos termos da Lei nº 6.404, de 15 de dezembro de 1976;

IV - contrato de mútuo conversível em participação societária celebrado entre o investidor e a empresa;

V - estruturação de sociedade em conta de participação celebrada entre o investidor e a empresa;

VI - contrato de investimento-anjo na forma da Lei Complementar nº 123, de 14 de dezembro 2006;

VII - outros instrumentos de aporte de capital em que o investidor, pessoa física ou jurídica, não integre formalmente o quadro de sócios da startup e/ou não tenha subscrito qualquer participação representativa do capital social da empresa.

§ 2º Realizado o aporte por qualquer das formas previstas neste artigo, a pessoa física ou jurídica somente será considerada quotista, acionista ou sócia da startup após a conversão do instrumento do aporte em efetiva e formal participação societária.

§ 3º Os valores recebidos por empresa e oriundos dos instrumentos jurídicos estabelecidos neste artigo serão registrados contabilmente, de acordo com a natureza contábil do instrumento.

Art. 6º A Comissão de Valores Mobiliários (CVM) estabelecerá em regulamento as regras para aporte de capital na forma do art. 5º desta Lei Complementar por parte de fundos de investimento.

Art. 7º (VETADO).

Art. 8º O investidor que realizar o aporte de capital a que se refere o art. 5º desta Lei Complementar:

I - não será considerado sócio ou acionista nem possuirá direito a gerência ou a voto na administração da empresa, conforme pactuação contratual;

II - não responderá por qualquer dívida da empresa, inclusive em recuperação judicial, e a ele não se estenderá o disposto no art. 50 da Lei nº 10.406, de 10 de janeiro de 2002 (Código Civil), no art. 855-A da Consolidação das Leis do Trabalho (CLT), aprovada pelo Decreto-Lei nº 5.452, de 1º de maio de 1943, nos arts. 124, 134 e 135 da Lei nº 5.172, de 25 de outubro de 1966 (Código Tributário Nacional), e em outras disposições atinentes à desconsideração da personalidade jurídica existentes na legislação vigente.

Parágrafo único. As disposições do inciso II do *caput* deste artigo não se aplicam às hipóteses de dolo, de fraude ou de simulação com o envolvimento do investidor.

CAPÍTULO IV
DO FOMENTO À PESQUISA, AO DESENVOLVIMENTO E À INOVAÇÃO

Art. 9º As empresas que possuem obrigações de investimento em pesquisa, desenvolvimento e inovação, decorrentes de outorgas ou de delegações firmadas por meio de agências reguladoras, ficam autorizadas a cumprir seus compromissos com aporte de recursos em startups por meio de:

I - fundos patrimoniais de que trata a Lei nº 13.800, de 4 de janeiro de 2019, destinados à inovação, na forma do regulamento;

II - Fundos de Investimento em Participações (FIP), autorizados pela CVM, nas categorias:

a) capital semente;

b) empresas emergentes; e

c) empresas com produção econômica intensiva em pesquisa, desenvolvimento e inovação; e

III - investimentos em programas, em editais ou em concursos destinados a financiamento, a aceleração e a escalabilidade de startups, gerenciados por instituições públicas, tais como empresas públicas direcionadas ao desenvolvimento de pesquisa, inovação e novas tecnologias, fundações universitárias, entidades paraestatais e bancos de fomento que tenham como finalidade o desenvolvimento de empresas de base tecnológica, de ecossistemas empreendedores e de estímulo à inovação.

§ 1º O disposto no *caput* deste artigo não se aplica aos percentuais mínimos legais ou contratuais estabelecidos para serem aportados em fundos públicos.

§ 2º O representante legal do FIP, do fundo patrimonial ou da instituição pública que receber recursos nos termos do *caput* deste artigo emitirá certificado comprobatório para fins de eficácia liberatória quanto às obrigações legais ou contratuais de investimento em pesquisa, desenvolvimento e inovação, na exata proporção do seu aporte, por ocasião:

I - da efetiva transferência do recurso ao fundo patrimonial, após a celebração de instrumento de transferência de recursos, no valor das despesas qualificadas para esse fim;

II - do efetivo comprometimento do recurso, após a assinatura do boletim de subscrição do FIP, nos termos do regulamento editado pela CVM; e

III - do efetivo recebimento do recurso pela instituição pública para efetivação de programas e de editais direcionados às atividades referidas no inciso III do *caput* do art. 9º desta Lei Complementar.

§ 3º Para que o fundo patrimonial ou o FIP capte recursos perante as empresas que possuem obrigações legais ou contratuais de investimento em pesquisa, desenvolvimento e inovação, e para que essa captação tenha eficácia liberatória quanto às obrigações, a sua destinação estará adstrita às diretivas indicadas pela entidade setorial responsável por fiscalizar tais obrigações.

Art. 10. Ato do Poder Executivo federal regulamentará a forma de prestação de contas do FIP, do fundo patrimonial ou da instituição pública que receber recursos nos termos do art. 9º desta Lei Complementar e a fiscalização das obrigações legais ou contratuais de investimento em pesquisa, desenvolvimento e inovação.

CAPÍTULO V DOS PROGRAMAS DE AMBIENTE REGULATÓRIO EXPERIMENTAL (SANDBOX REGULATÓRIO)

Art. 11. Os órgãos e as entidades da administração pública com competência de regulamentação setorial poderão, individualmente ou em colaboração, no âmbito de programas de ambiente regulatório experimental (sandbox regulatório), afastar a incidência de normas sob sua competência em relação à entidade regulada ou aos grupos de entidades reguladas.

§ 1º A colaboração a que se refere o *caput* deste artigo poderá ser firmada entre os órgãos e as entidades, observadas suas competências.

§ 2º Entende-se por ambiente regulatório experimental (sandbox regulatório) o disposto no inciso II do *caput* do art. 2º desta Lei Complementar.

§ 3º O órgão ou a entidade a que se refere o *caput* deste artigo disporá sobre o funcionamento do programa de ambiente regulatório experimental e estabelecerá:

I - os critérios para seleção ou para qualificação do regulado;

II - a duração e o alcance da suspensão da incidência das normas; e

III - as normas abrangidas.

CAPÍTULO VI DA CONTRATAÇÃO DE SOLUÇÕES INOVADORAS PELO ESTADO

SEÇÃO I DISPOSIÇÕES GERAIS

Art. 12. As licitações e os contratos a que se refere este Capítulo têm por finalidade:

I - resolver demandas públicas que exijam solução inovadora com emprego de tecnologia; e

II - promover a inovação no setor produtivo por meio do uso do poder de compra do Estado.

§ 1º Os órgãos e as entidades da administração pública direta, autárquica e fundacional de quaisquer dos Poderes da União, dos Estados, do Distrito Federal e dos Municípios subordinam-se ao regime disposto neste Capítulo.

§ 2º As empresas públicas, as sociedades de economia mista e suas subsidiárias poderão adotar, no que couber, as disposições deste Capítulo, nos termos do regulamento interno de licitações e contratações de que trata o art. 40 da Lei nº 13.303, de 30 de junho de 2016, e seus conselhos de administração poderão estabelecer valores diferenciados para os limites de que tratam o § 2º do art. 14 e o § 3º do art. 15 desta Lei Complementar.

§ 3º Os valores estabelecidos neste Capítulo poderão ser anualmente atualizados pelo Poder Executivo federal, de acordo com o Índice Nacional de Preços ao Consumidor Amplo (IPCA) ou outro que venha a substituí-lo.

SEÇÃO II DA LICITAÇÃO

Art. 13. A administração pública poderá contratar pessoas físicas ou jurídicas, isoladamente ou em consórcio, para o teste de soluções inovadoras por elas desenvolvidas ou a ser desenvolvidas, com ou sem risco tecnológico, por meio de licitação na modalidade especial regida por esta Lei Complementar.

§ 1º A delimitação do escopo da licitação poderá restringir-se à indicação do problema a ser resolvido e dos resultados esperados pela administração pública, incluídos os desafios tecnológicos a serem superados, dispensada a descrição de eventual solução técnica previamente mapeada e suas especificações técnicas, e caberá aos licitantes propor diferentes meios para a resolução do problema.

§ 2º O edital da licitação será divulgado, com antecedência de, no mínimo, 30 (trinta) dias corridos até a data de recebimento das propostas:

I - em sítio eletrônico oficial centralizado de divulgação de licitações ou mantido pelo ente público licitante; e

II - no diário oficial do ente federativo.

§ 3º As propostas serão avaliadas e julgadas por comissão especial integrada por, no mínimo, 3 (três) pessoas de reputação ilibada e reconhecido conhecimento no assunto, das quais:

I - 1 (uma) deverá ser servidor público integrante do órgão para o qual o serviço está sendo contratado; e

II – 1 (uma) deverá ser professor de instituição pública de educação superior na área relacionada ao tema da contratação.

§ 4º Os critérios para julgamento das propostas deverão considerar, sem prejuízo de outros definidos no edital:

I - o potencial de resolução do problema pela solução proposta e, se for o caso, da provável economia para a administração pública;

II - o grau de desenvolvimento da solução proposta;

III - a viabilidade e a maturidade do modelo de negócio da solução;

IV - a viabilidade econômica da proposta, considerados os recursos financeiros disponíveis para a celebração dos contratos; e

V - a demonstração comparativa de custo e benefício da proposta em relação às opções funcionalmente equivalentes.

§ 5º O preço indicado pelos proponentes para execução do objeto será critério de julgamento somente na forma disposta nos incisos IV e V do § 4º deste artigo.

§ 6º A licitação poderá selecionar mais de uma proposta para a celebração do contrato de que trata o art. 14 desta Lei Complementar, hipótese em que caberá ao edital limitar a quantidade de propostas selecionáveis.

§ 7º A análise da documentação relativa aos requisitos de habilitação será posterior à fase de julgamento das propostas e contemplará somente os proponentes selecionados.

§ 8º Ressalvado o disposto no § 3º do art. 195 da Constituição Federal, a administração pública poderá, mediante justificativa expressa, dispensar, no todo ou em parte:

I - a documentação de habilitação de que tratam os incisos I, II e III, bem como a regularidade fiscal prevista no inciso IV do *caput* do art. 27 da Lei nº 8.666, de 21 de junho de 1993; e

II - a prestação de garantia para a contratação.

§ 9º Após a fase de julgamento das propostas, a administração pública poderá negociar com os selecionados as condições econômicas mais vantajosas para a administração e os critérios de remuneração que serão adotados, observado o disposto no § 3º do art. 14 desta Lei Complementar.

§ 10. Encerrada a fase de julgamento e de negociação de que trata o § 9º deste artigo, na hipótese de o preço ser superior à estimativa, a administração pública poderá, mediante justificativa expressa, com base na demonstração comparativa entre o custo e o benefício da proposta, aceitar o preço ofertado, desde que seja superior em termos de inovações, de redução do prazo de execução ou de facilidade de manutenção ou operação, limitado ao valor máximo que se propõe a pagar.

SEÇÃO III
DO CONTRATO PÚBLICO PARA SOLUÇÃO INOVADORA

Art. 14. Após homologação do resultado da licitação, a administração pública celebrará Contrato Público para Solução Inovadora (CPSI) com as proponentes selecionadas, com vigência limitada a 12 (doze) meses, prorrogável por mais um período de até 12 (doze) meses.

§ 1º O CPSI deverá conter, entre outras cláusulas:

I - as metas a serem atingidas para que seja possível a validação do êxito da solução inovadora e a metodologia para a sua aferição;

II - a forma e a periodicidade da entrega à administração pública de relatórios de andamento da execução contratual, que servirão de instrumento de monitoramento, e do relatório final a ser entregue pela contratada após a conclusão da última etapa ou meta do projeto;

III - a matriz de riscos entre as partes, incluídos os riscos referentes a caso fortuito, força maior, risco tecnológico, fato do príncipe e álea econômica extraordinária;

IV - a definição da titularidade dos direitos de propriedade intelectual das criações resultantes do CPSI; e

V - a participação nos resultados de sua exploração, assegurados às partes os direitos de exploração comercial, de licenciamento e de transferência da tecnologia de que são titulares.

§ 2º O valor máximo a ser pago à contratada será de R$ 1.600.000,00 (um milhão e seiscentos mil reais) por CPSI, sem prejuízo da possibilidade de o edital de que trata o art. 13 desta Lei Complementar estabelecer limites inferiores.

§ 3º A remuneração da contratada deverá ser feita de acordo com um dos seguintes critérios:

I - preço fixo;

II - preço fixo mais remuneração variável de incentivo;

III - reembolso de custos sem remuneração adicional;

IV - reembolso de custos mais remuneração variável de incentivo; ou

V - reembolso de custos mais remuneração fixa de incentivo.

§ 4º Nas hipóteses em que houver risco tecnológico, os pagamentos serão efetuados proporcionalmente aos trabalhos executados, de acordo com o cronograma físico-financeiro aprovado, observado o critério de remuneração previsto contratualmente.

§ 5º Com exceção das remunerações variáveis de incentivo vinculadas ao cumprimento das metas contratuais, a administração pública deverá efetuar o pagamento conforme o critério adotado, ainda que os resultados almejados não sejam atingidos em decorrência do risco tecnológico, sem prejuízo da rescisão antecipada do contrato caso seja comprovada a inviabilidade técnica ou econômica da solução.

§ 6º Na hipótese de a execução do objeto ser dividida em etapas, o pagamento relativo a cada etapa poderá adotar critérios distintos de remuneração.

§ 7º Os pagamentos serão feitos após a execução dos trabalhos, e, a fim de garantir os meios financeiros para que a contratada implemente a etapa inicial do projeto, a administração pública deverá prever em edital o pagamento antecipado de uma parcela do preço anteriormente ao início da execução do objeto, mediante justificativa expressa.

§ 8º Na hipótese prevista no § 7º deste artigo, a administração pública certificar-se-á da execução da etapa inicial e, se houver inexecução injustificada, exigirá a devolução do valor antecipado ou efetuará as glosas necessárias nos pagamentos subsequentes, se houver.

SEÇÃO IV
DO CONTRATO DE FORNECIMENTO

Art. 15. Encerrado o contrato de que trata o art. 14 desta Lei Complementar, a administração pública poderá celebrar com a mesma contratada, sem nova licitação, contrato para o fornecimento do produto, do processo ou da solução resultante do CPSI ou, se for o caso, para integração da solução à infraestrutura tecnológica ou ao processo de trabalho da administração pública.

§ 1º Na hipótese prevista no § 6º do art. 13 desta Lei Complementar, quando mais de uma contratada cumprir satisfatoriamente as metas estabelecidas no CPSI, o contrato de fornecimento será firmado, mediante justificativa, com aquela cujo produto, processo ou solução atenda melhor às demandas públicas em termos de relação de custo e benefício com dimensões de qualidade e preço.

§ 2º A vigência do contrato de fornecimento será limitada a 24 (vinte e quatro) meses, prorrogável por mais um período de até 24 (vinte e quatro) meses.

§ 3º Os contratos de fornecimento serão limitados a 5 (cinco) vezes o valor máximo definido no § 2º do art. 14 desta Lei Complementar para o CPSI, incluídas as eventuais prorrogações, hipótese em que o limite poderá ser ultrapassado nos casos de reajuste de preços e dos acréscimos de que trata o § 1º do art. 65 da Lei nº 8.666, de 21 de junho de 1993.

CAPÍTULO VII
DISPOSIÇÕES FINAIS

Art. 16. A Lei nº 6.404, de 15 de dezembro de 1976, passa a vigorar com as seguintes alterações:

"Art. 143. A Diretoria será composta por 1 (um) ou mais membros eleitos e destituíveis a qualquer tempo pelo conselho de administração ou, se inexistente, pela assembleia geral, e o estatuto estabelecerá:

...." (NR)

"Art. 294. A companhia fechada que tiver receita bruta anual de até R$ 78.000.000,00 (setenta e oito milhões de reais) poderá:

I – (revogado);

II – (revogado);

III - realizar as publicações ordenadas por esta Lei de forma eletrônica, em exceção ao disposto no art. 289 desta Lei; e

IV - substituir os livros de que trata o art. 100 desta Lei por registros mecanizados ou eletrônicos.

....

§ 4º Na hipótese de omissão do estatuto quanto à distribuição de dividendos, estes serão estabelecidos livremente pela assembleia geral, hipótese em que não se aplicará o disposto no art. 202 desta Lei, desde que não seja prejudicado o direito dos acionistas preferenciais de receber os dividendos fixos ou mínimos a que tenham prioridade.

§ 5º Ato do Ministro de Estado da Economia disciplinará o disposto neste artigo."(NR)

"Art. 294-A. A Comissão de Valores Mobiliários regulamentará as condições facilitadas para o acesso de companhias de menor porte ao mercado de capitais, e será permitido dispensar ou modular a observância ao disposto:

I - no art. 161 desta Lei, quanto à obrigatoriedade de instalação do conselho fiscal a pedido de acionistas;

II - no § 5º do art. 170 desta Lei, quanto à obrigatoriedade de intermediação de instituição financeira em distribuições públicas de valores mobiliários, sem prejuízo da competência prevista no inciso III do § 3º do art. 2º da Lei nº 6.385, de 7 de dezembro de 1976;

III - no inciso I do *caput* do art. 109, nos §§ 1º e 2º do art. 111 e no art. 202 desta Lei, quanto ao recebimento de dividendo obrigatório;

IV - no art. 289 desta Lei, quanto à forma de realização das publicações ordenadas por esta Lei; e

V - (VETADO)."

"Art. 294-B. Para fins do disposto nesta Lei, considera-se companhia de menor porte aquela que aufira receita bruta anual inferior a R$ 500.000.000,00 (quinhentos milhões de reais).

§ 1º A regulamentação editada não prejudica o estabelecimento de procedimentos simplificados aplicáveis às companhias de menor porte, pela Comissão de Valores Mobiliários, com base nas competências previstas na Lei nº 6.385, de 7 de dezembro de 1976, especialmente quanto:

I - à obtenção de registro de emissor;

II - às distribuições públicas de valores mobiliários de sua emissão; e

III - à elaboração e à prestação de informações periódicas e eventuais.

§ 2º A Comissão de Valores Mobiliários poderá:

I - estabelecer a forma de atualização do valor previsto no *caput* deste artigo e os critérios adicionais para a manutenção da condição de companhia de menor porte após seu acesso ao mercado de capitais; e

II - disciplinar o tratamento a ser empregado às companhias abertas que se caracterizem como de menor porte nos termos do *caput* deste artigo."

Art. 17. A Lei Complementar nº 123, de 14 de dezembro de 2006, passa a vigorar com as seguintes alterações:

"Art. 61-A. ....

....

§ 2º O aporte de capital poderá ser realizado por pessoa física, por pessoa jurídica ou por fundos de investimento, conforme regulamento da Comissão de Valores Mobiliários, que serão denominados investidores-anjos.

....

§ 4º ....

I - não será considerado sócio nem terá qualquer direito a gerência ou a voto na administração da empresa, resguardada a possibilidade de participação nas deliberações em caráter estritamente consultivo, conforme pactuação contratual;

....

III - será remunerado por seus aportes, nos termos do contrato de participação, pelo prazo máximo de 7 (sete) anos;

IV - poderá exigir dos administradores as contas justificadas de sua administração e, anualmente, o inventário, o balanço patrimonial e o balanço de resultado econômico; e

V - poderá examinar, a qualquer momento, os livros, os documentos e o estado do caixa e da carteira da sociedade, exceto se houver pactuação contratual que determine época própria para isso.

....

§ 6º As partes contratantes poderão:

I - estipular remuneração periódica, ao final de cada período, ao investidor-anjo, conforme contrato de participação; ou

II - prever a possibilidade de conversão do aporte de capital em participação societária.

§ 7º O investidor-anjo somente poderá exercer o direito de resgate depois de decorridos, no mínimo, 2 (dois) anos do aporte de capital, ou prazo superior estabelecido no contrato de participação, e seus haveres serão pagos na forma prevista no art. 1.031 da Lei nº 10.406, de 10 de janeiro de 2002 (Código Civil), não permitido ultrapassar o valor investido devidamente corrigido por índice previsto em contrato.

.........." (NR)

"Art. 61-D. Os fundos de investimento poderão aportar capital como investidores-anjos em microempresas e em empresas de pequeno porte, conforme regulamentação da Comissão de Valores Mobiliários." (NR)

"Art. 65-A. Fica criado o Inova Simples, regime especial simplificado que concede às iniciativas empresariais de caráter incremental ou disruptivo que se autodeclarem como empresas de inovação tratamento diferenciado com vistas a estimular sua criação, formalização, desenvolvimento e consolidação como agentes indutores de avanços tecnológicos e da geração de emprego e renda.

§ 1º (Revogado).

§ 2º (Revogado).

....

§ 4º ....

....

II - descrição do escopo da intenção empresarial inovadora, que utilize modelos de negócios inovadores para a geração de produtos ou serviços, e definição do nome empresarial, que conterá a expressão 'Inova Simples (I.S.)';

....

§ 7º No portal da Redesim, no espaço destinado ao preenchimento de dados do Inova Simples, será disponibilizado ícone que direcionará a ambiente virtual do Instituto Nacional da Propriedade Industrial (INPI), do qual constarão orientações para o depósito de pedido de patente ou de registro de marca.

§ 8º O exame dos pedidos de patente ou de registro de marca, nos termos deste artigo, que tenham sido depositados por empresas participantes do Inova Simples será realizado em caráter prioritário.

§ 9º (Revogado).

...." (NR)

Art. 18. Ficam revogados os seguintes dispositivos:

I - incisos I e II do *caput* do art. 294 da Lei nº 6.404, de 15 de dezembro de 1976; e

II - os §§ 1º, 2º e 9º do art. 65-A da Lei Complementar nº 123, de 14 de dezembro de 2006.

Art. 19. Esta Lei Complementar entra em vigor após decorridos 90 (noventa) dias de sua publicação oficial.

LEI FEDERAL Nº 14.181, DE 1º DE JULHO DE 2021

– ALTERA A LEI Nº 8.078, DE 11 DE SETEMBRO DE 1990 (CÓDIGO DE DEFESA DO CONSUMIDOR), E A LEI Nº 10.741, DE 1º DE OUTUBRO DE 2003 (ESTATUTO DO IDOSO), PARA APERFEIÇOAR A DISCIPLINA DO CRÉDITO AO CONSUMIDOR E DISPOR SOBRE A PREVENÇÃO E O TRATAMENTO DO SUPERENDIVIDAMENTO

Art. 1º A Lei nº 8.078, de 11 de setembro de 1990 (Código de Defesa do Consumidor), passa a vigorar com as seguintes alterações:

"Art. 4º ....

....

IX - fomento de ações direcionadas à educação financeira e ambiental dos consumidores;

X - prevenção e tratamento do superendividamento como forma de evitar a exclusão social do consumidor." (NR)

"Art. 5º ....

....

VI - instituição de mecanismos de prevenção e tratamento extrajudicial e judicial do superendividamento e de proteção do consumidor pessoa natural;

VII - instituição de núcleos de conciliação e mediação de conflitos oriundos de superendividamento.

...." (NR)

"Art. 6º ....

....

XI - a garantia de práticas de crédito responsável, de educação financeira e de prevenção e tratamento de situações de superendividamento, preservado o mínimo existencial, nos termos da regulamentação, por meio da revisão e da repactuação da dívida, entre outras medidas;

XII - a preservação do mínimo existencial, nos termos da regulamentação, na repactuação de dívidas e na concessão de crédito;

XIII - a informação acerca dos preços dos produtos por unidade de medida, tal como por quilo, por litro, por metro ou por outra unidade, conforme o caso.

...." (NR)

"Art. 51. ....

....

XVII - condicionem ou limitem de qualquer forma o acesso aos órgãos do Poder Judiciário;

XVIII - estabeleçam prazos de carência em caso de impontualidade das prestações mensais ou impeçam o restabelecimento integral dos direitos do consumidor e de seus meios de pagamento a partir da purgação da mora ou do acordo com os credores;

XIX - (VETADO).

...." (NR)

"'CAPÍTULO VI-A

DA PREVENÇÃO E DO TRATAMENTO DO SUPERENDIVIDAMENTO'

'Art. 54-A. Este Capítulo dispõe sobre a prevenção do superendividamento da pessoa natural, sobre o crédito responsável e sobre a educação financeira do consumidor.

§ 1º Entende-se por superendividamento a impossibilidade manifesta de o consumidor pessoa natural, de boa-fé, pagar a totalidade de suas dívidas de consumo, exigíveis e vincendas, sem comprometer seu mínimo existencial, nos termos da regulamentação.

§ 2º As dívidas referidas no § 1º deste artigo englobam quaisquer compromissos financeiros assumidos decorrentes de relação de consumo, inclusive operações de crédito, compras a prazo e serviços de prestação continuada.

§ 3º O disposto neste Capítulo não se aplica ao consumidor cujas dívidas tenham sido contraídas mediante fraude ou má-fé, sejam oriundas de contratos celebrados dolosamente com o propósito de não realizar o pagamento ou decorram da aquisição ou contratação de produtos e serviços de luxo de alto valor.'

'Art. 54-B. No fornecimento de crédito e na venda a prazo, além das informações obrigatórias previstas no art. 52 deste Código e na legislação aplicável à matéria, o fornecedor ou o intermediário deverá informar o consumidor, prévia e adequadamente, no momento da oferta, sobre:

I - o custo efetivo total e a descrição dos elementos que o compõem;

II - a taxa efetiva mensal de juros, bem como a taxa dos juros de mora e o total de encargos, de qualquer natureza, previstos para o atraso no pagamento;

III - o montante das prestações e o prazo de validade da oferta, que deve ser, no mínimo, de 2 (dois) dias;

IV - o nome e o endereço, inclusive o eletrônico, do fornecedor;

V - o direito do consumidor à liquidação antecipada e não onerosa do débito, nos termos do § 2º do art. 52 deste Código e da regulamentação em vigor.

§ 1º As informações referidas no art. 52 deste Código e no *caput* deste artigo devem constar de forma clara e resumida do próprio contrato, da fatura ou de instrumento apartado, de fácil acesso ao consumidor.

§ 2º Para efeitos deste Código, o custo efetivo total da operação de crédito ao consumidor consistirá em taxa percentual anual e compreenderá todos os valores cobrados do consumidor, sem prejuízo do cálculo padronizado pela autoridade reguladora do sistema financeiro.

§ 3º Sem prejuízo do disposto no art. 37 deste Código, a oferta de crédito ao consumidor e a oferta de venda a prazo, ou a fatura mensal, conforme o caso, devem indicar, no mínimo, o custo efetivo total, o agente financiador e a soma total a pagar, com e sem financiamento.'

'Art. 54-C. É vedado, expressa ou implicitamente, na oferta de crédito ao consumidor, publicitária ou não:

I - (VETADO);

II - indicar que a operação de crédito poderá ser concluída sem consulta a serviços de proteção ao crédito ou sem avaliação da situação financeira do consumidor;

III - ocultar ou dificultar a compreensão sobre os ônus e os riscos da contratação do crédito ou da venda a prazo;

IV - assediar ou pressionar o consumidor para contratar o fornecimento de produto, serviço ou crédito, principalmente se se tratar de consumidor idoso, analfabeto, doente ou em estado de vulnerabilidade agravada ou se a contratação envolver prêmio;

V - condicionar o atendimento de pretensões do consumidor ou o início de tratativas à renúncia ou à desistência de demandas judiciais, ao pagamento de honorários advocatícios ou a depósitos judiciais.

Parágrafo único. (VETADO).'

'Art. 54-D. Na oferta de crédito, previamente à contratação, o fornecedor ou o intermediário deverá, entre outras condutas:

I - informar e esclarecer adequadamente o consumidor, considerada sua idade, sobre a natureza e a modalidade do crédito oferecido, sobre todos os custos incidentes, observado o disposto nos arts. 52 e 54-B deste Código, e sobre as consequências genéricas e específicas do inadimplemento;

II - avaliar, de forma responsável, as condições de crédito do consumidor, mediante análise das informações disponíveis em bancos de dados de proteção ao crédito, observado o disposto neste Código e na legislação sobre proteção de dados;

III - informar a identidade do agente financiador e entregar ao consumidor, ao garante e a outros coobrigados cópia do contrato de crédito.

Parágrafo único. O descumprimento de qualquer dos deveres previstos no *caput* deste artigo e nos arts. 52 e 54-C deste Código poderá acarretar judicialmente a redução dos juros, dos encargos ou de qualquer acréscimo ao principal e a dilação do prazo de pagamento previsto no contrato original, conforme a gravidade da conduta do fornecedor e as possibilidades financeiras do consumidor, sem prejuízo de outras sanções e de indenização por perdas e danos, patrimoniais e morais, ao consumidor.'

'Art. 54-E. (VETADO).

'Art. 54-F. São conexos, coligados ou interdependentes, entre outros, o contrato principal de fornecimento de produto ou serviço e os contratos acessórios de crédito que lhe garantam o financiamento quando o fornecedor de crédito:

I - recorrer aos serviços do fornecedor de produto ou serviço para a preparação ou a conclusão do contrato de crédito;

II - oferecer o crédito no local da atividade empresarial do fornecedor de produto ou serviço financiado ou onde o contrato principal for celebrado.

§ 1º O exercício do direito de arrependimento nas hipóteses previstas neste Código, no contrato principal ou no contrato de crédito, implica a resolução de pleno direito do contrato que lhe seja conexo.

§ 2º Nos casos dos incisos I e II do *caput* deste artigo, se houver inexecução de qualquer das obrigações e deveres do fornecedor de produto ou serviço, o consumidor poderá requerer a rescisão do contrato não cumprido contra o fornecedor do crédito.

§ 3º O direito previsto no § 2º deste artigo caberá igualmente ao consumidor:

I - contra o portador de cheque pós-datado emitido para aquisição de produto ou serviço a prazo;

II - contra o administrador ou o emitente de cartão de crédito ou similar quando o cartão de crédito ou similar e o produto ou serviço forem fornecidos pelo mesmo fornecedor ou por entidades pertencentes a um mesmo grupo econômico.

§ 4º A invalidade ou a ineficácia do contrato principal implicará, de pleno direito, a do contrato de crédito que lhe seja conexo, nos termos do *caput* deste artigo, ressalvado ao fornecedor do crédito o direito de obter do fornecedor do produto ou serviço a devolução dos valores entregues, inclusive relativamente a tributos.'

'Art. 54-G. Sem prejuízo do disposto no art. 39 deste Código e na legislação aplicável à matéria, é vedado ao fornecedor de produto ou serviço que envolva crédito, entre outras condutas:

I - realizar ou proceder à cobrança ou ao débito em conta de qualquer quantia que houver sido contestada pelo consumidor em compra realizada com cartão de crédito ou similar, enquanto não for adequadamente solucionada a controvérsia, desde que o consumidor haja notificado a administradora do cartão com antecedência de pelo menos 10 (dez) dias contados da data de vencimento da fatura, vedada a manutenção do valor na fatura seguinte e assegurado ao consumidor o direito de deduzir do total da fatura o valor em disputa e efetuar o pagamento da parte não contestada, podendo o emissor lançar como crédito em confiança o valor idêntico ao da transação contestada que tenha sido cobrada, enquanto não encerrada a apuração da contestação;

II - recusar ou não entregar ao consumidor, ao garante e aos outros coobrigados cópia da minuta do contrato principal de consumo ou do contrato de crédito, em papel ou outro suporte duradouro, disponível e acessível, e, após a conclusão, cópia do contrato;

III - impedir ou dificultar, em caso de utilização fraudulenta do cartão de crédito ou similar, que o consumidor peça e obtenha, quando aplicável, a anulação ou o imediato bloqueio do pagamento, ou ainda a restituição dos valores indevidamente recebidos.

§ 1º Sem prejuízo do dever de informação e esclarecimento do consumidor e de entrega da minuta do contrato, no empréstimo cuja liquidação seja feita mediante consignação em folha de pagamento, a formalização e a entrega da cópia do contrato ou do instrumento de contratação ocorrerão após o fornecedor do crédito obter da fonte pagadora a indicação sobre a existência de margem consignável.

§ 2º Nos contratos de adesão, o fornecedor deve prestar ao consumidor, previamente, as informações de que tratam o art. 52 e o *caput* do art. 54-B deste Código, além de outras porventura determinadas na legislação em vigor, e fica obrigado a entregar ao consumidor cópia do contrato, após a sua conclusão.'"

"'CAPÍTULO V

DA CONCILIAÇÃO NO SUPERENDIVIDAMENTO'

'Art. 104-A. A requerimento do consumidor superendividado pessoa natural, o juiz poderá instaurar processo de repactuação de dívidas, com vistas à realização de audiência conciliatória, presidida por ele ou por conciliador credenciado no juízo, com a presença de todos os credores de dívidas previstas no art. 54-A deste Código, na qual o consumidor apresentará proposta de plano de pagamento com prazo máximo de 5 (cinco) anos, preservados o mínimo existencial, nos termos da regulamentação, e as garantias e as formas de pagamento originalmente pactuadas.

§ 1º Excluem-se do processo de repactuação as dívidas, ainda que decorrentes de relações de consumo, oriundas de contratos celebrados dolosamente sem o propósito de realizar pagamento, bem como as dívidas provenientes de contratos de crédito com garantia real, de financiamentos imobiliários e de crédito rural.

§ 2º O não comparecimento injustificado de qualquer credor, ou de seu procurador com poderes especiais e plenos para transigir, à audiência de conciliação de que trata o *caput* deste artigo acarretará a suspensão da exigibilidade do débito e a interrupção dos encargos da mora, bem como a sujeição compulsória ao plano de pagamento da dívida se o montante devido ao credor ausente for certo e conhecido pelo consumidor, devendo o pagamento a esse credor ser estipulado para ocorrer apenas após o pagamento aos credores presentes à audiência conciliatória.

§ 3º No caso de conciliação, com qualquer credor, a sentença judicial que homologar o acordo descreverá o plano de pagamento da dívida e terá eficácia de título executivo e força de coisa julgada.

§ 4º Constarão do plano de pagamento referido no § 3º deste artigo:

I - medidas de dilação dos prazos de pagamento e de redução dos encargos da dívida ou da remuneração do fornecedor, entre outras destinadas a facilitar o pagamento da dívida;

II - referência à suspensão ou à extinção das ações judiciais em curso;

III - data a partir da qual será providenciada a exclusão do consumidor de bancos de dados e de cadastros de inadimplentes;

IV - condicionamento de seus efeitos à abstenção, pelo consumidor, de condutas que importem no agravamento de sua situação de superendividamento.

§ 5º O pedido do consumidor a que se refere o *caput* deste artigo não importará em declaração de insolvência civil e poderá ser repetido somente após decorrido o prazo de 2 (dois) anos, contado da liquidação das obrigações previstas no plano de pagamento homologado, sem prejuízo de eventual repactuação.'

'Art. 104-B. Se não houver êxito na conciliação em relação a quaisquer credores, o juiz, a pedido do consumidor, instaurará processo por superendividamento para revisão e integração dos contratos e repactuação das dívidas remanescentes mediante plano judicial compulsório e procederá à citação de todos os credores cujos créditos não tenham integrado o acordo porventura celebrado.

§ 1º Serão considerados no processo por superendividamento, se for o caso, os documentos e as informações prestadas em audiência.

§ 2º No prazo de 15 (quinze) dias, os credores citados juntarão documentos e as razões da negativa de aceder ao plano voluntário ou de renegociar.

§ 3º O juiz poderá nomear administrador, desde que isso não onere as partes, o qual, no prazo de até 30 (trinta) dias, após cumpridas as diligências eventualmente necessárias, apresentará plano de pagamento que contemple medidas de temporização ou de atenuação dos encargos.

§ 4º O plano judicial compulsório assegurará aos credores, no mínimo, o valor do principal devido, corrigido monetariamente por índices oficiais de preço, e preverá a liquidação total da dívida, após a quitação do plano de pagamento consensual previsto no art. 104-A deste Código, em, no máximo, 5 (cinco) anos, sendo que a primeira parcela será devida no prazo máximo de 180 (cento e oitenta) dias, contado de sua homologação judicial, e o restante do saldo será devido em parcelas mensais iguais e sucessivas.'

'Art. 104-C. Compete concorrente e facultativamente aos órgãos públicos integrantes do Sistema Nacional de Defesa do Consumidor a fase conciliatória e preventiva do processo de repactuação de dívidas, nos moldes do art. 104-A deste Código, no que couber, com possibilidade de o processo ser regulado por convênios específicos celebrados entre os referidos órgãos e as instituições credoras ou suas associações.

§ 1º Em caso de conciliação administrativa para prevenir o superendividamento do consumidor pessoa natural, os órgãos públicos poderão promover, nas reclamações individuais, audiência global de conciliação com todos os credores e, em todos os casos, facilitar a elaboração de plano de pagamento, preservado o mínimo existencial, nos termos da regulamentação, sob a supervisão desses órgãos, sem prejuízo das demais atividades de reeducação financeira cabíveis.

§ 2º O acordo firmado perante os órgãos públicos de defesa do consumidor, em caso de superendividamento do consumidor pessoa natural, incluirá a data a partir da qual será providenciada a exclusão do consumidor de bancos de dados e de cadastros de inadimplentes, bem como o condicionamento de seus efeitos à abstenção, pelo consumidor, de condutas que importem no agravamento de sua situação de superendividamento, especialmente a de contrair novas dívidas.'"

Art. 2º O art. 96 da Lei nº 10.741, de 1º de outubro de 2003 (Estatuto do Idoso), passa a vigorar acrescido do seguinte § 3º:

"Art. 96. ....

....

§ 3º Não constitui crime a negativa de crédito motivada por superendividamento do idoso." (NR)

Art. 3º A validade dos negócios e dos demais atos jurídicos de crédito em curso constituídos antes da entrada em vigor desta Lei obedece ao disposto em lei anterior, mas os efeitos produzidos após a entrada em vigor desta Lei subordinam-se aos seus preceitos.

Art. 4º (VETADO).

Art. 5º Esta Lei entra em vigor na data de sua publicação.

Brasília, 1º de julho de 2021; 200º da Independência e 133º da República.

LEI FEDERAL Nº 14.195, DE 26 DE AGOSTO DE 2021

– ALTERAÇÕES NAS LEIS Nº 10.406, DE 10 DE JANEIRO DE 2002 (CÓDIGO CIVIL); 6.404, DE 15 DE DEZEMBRO DE 1976 (SOCIEDADES POR AÇÕES) E 13.105, DE 16 DE MARÇO DE 2015 (CÓDIGO DE PROCESSO CIVIL)

CAPÍTULO I
DO OBJETO

Art. 1º Esta Lei dispõe sobre a facilitação para abertura de empresas, sobre a proteção de acionistas minoritários, sobre a facilitação do comércio exterior, sobre o Sistema Integrado de Recuperação de Ativos (Sira), sobre as cobranças realizadas pelos conselhos profissionais, sobre a profissão de tradutor e intérprete público, sobre a obtenção de eletricidade, sobre a desburocratização societária e de atos processuais e a prescrição intercorrente na Lei nº 10.406, de 10 de janeiro de 2002 (Código Civil).

[...]

CAPÍTULO III
DA PROTEÇÃO DE ACIONISTAS MINORITÁRIOS

Art. 5º A Lei nº 6.404, de 15 de dezembro de 1976, passa a vigorar com as seguintes alterações:

"Art. 15. ....

§ 1º As ações ordinárias e preferenciais poderão ser de uma ou mais classes, observado, no caso das ordinárias, o disposto nos arts. 16, 16-A e 110-A desta Lei.

...."

(NR)

"Art. 16. ....

....

IV - atribuição de voto plural a uma ou mais classes de ações, observados o limite e as condições dispostos no art. 110-A desta Lei.

Parágrafo único. A alteração do estatuto na parte em que regula a diversidade de classes, se não for expressamente prevista e regulada, requererá a concordância de todos os titulares das ações atingidas." (NR)

"Art. 16-A. Na companhia aberta, é vedada a manutenção de mais de uma classe de ações ordinárias, ressalvada a adoção do voto plural nos termos e nas condições dispostos no art. 110-A desta Lei."

"Art. 100. ....

....

§ 3º Nas companhias fechadas, os livros referidos nos incisos I, II, III, IV e V do *caput* deste artigo poderão ser substituídos por registros mecanizados ou eletrônicos, nos termos do regulamento." (NR)

"Art. 110-A. É admitida a criação de uma ou mais classes de ações ordinárias com atribuição de voto plural, não superior a 10 (dez) votos por ação ordinária:

I - na companhia fechada; e

II - na companhia aberta, desde que a criação da classe ocorra previamente à negociação de quaisquer ações ou valores mobiliários conversíveis em ações de sua emissão em mercados organizados de valores mobiliários.

§ 1º A criação de classe de ações ordinárias com atribuição do voto plural depende do voto favorável de acionistas que representem:

I - metade, no mínimo, do total de votos conferidos pelas ações com direito a voto; e

II - metade, no mínimo, das ações preferenciais sem direito a voto ou com voto restrito, se emitidas, reunidas em assembleia especial convocada e instalada com as formalidades desta Lei.

§ 2º Nas deliberações de que trata o § 1º deste artigo, será assegurado aos acionistas dissidentes o direito de se retirarem da companhia mediante reembolso do valor de suas ações nos termos do art. 45 desta Lei, salvo se a criação da classe de ações ordinárias com atribuição de voto plural já estiver prevista ou autorizada pelo estatuto.

§ 3º O estatuto social da companhia, aberta ou fechada, nos termos dos incisos I e II do *caput* deste artigo, poderá exigir quórum maior para as deliberações de que trata o § 1º deste artigo.

§ 4º A listagem de companhias que adotem voto plural e a admissão de valores mobiliários de sua emissão em segmento de listagem de mercados organizados sujeitar-se-ão à observância das regras editadas pelas respectivas entidades administradoras, que deverão dar transparência sobre a condição de tais companhias abertas.

§ 5º Após o início da negociação das ações ou dos valores mobiliários conversíveis em ações em mercados organizados de valores mobiliários, é vedada a alteração das características de classe de ações ordinárias com atribuição de voto plural, exceto para reduzir os respectivos direitos ou vantagens.

§ 6º É facultado aos acionistas estipular no estatuto social o fim da vigência do voto plural condicionado a um evento ou a termo, observado o disposto nos §§ 7º e 8º deste artigo.

§ 7º O voto plural atribuído às ações ordinárias terá prazo de vigência inicial de até 7 (sete) anos, prorrogável por qualquer prazo, desde que:

I - seja observado o disposto nos §§ 1º e 3º deste artigo para a aprovação da prorrogação;

II - sejam excluídos das votações os titulares de ações da classe cujo voto plural se pretende prorrogar; e

III - seja assegurado aos acionistas dissidentes, nas hipóteses de prorrogação, o direito previsto no § 2º deste artigo.

§ 8º As ações de classe com voto plural serão automaticamente convertidas em ações ordinárias sem voto plural na hipótese de:

I - transferência, a qualquer título, a terceiros, exceto nos casos em que:

a) o alienante permanecer indiretamente como único titular de tais ações e no controle dos direitos políticos por elas conferidos;

b) o terceiro for titular da mesma classe de ações com voto plural a ele alienadas; ou

c) a transferência ocorrer no regime de titularidade fiduciária para fins de constituição do depósito centralizado; ou

II - o contrato ou acordo de acionistas, entre titulares de ações com voto plural e acionistas que não sejam titulares de ações com voto plural, dispor sobre exercício conjunto do direito de voto.

§ 9º Quando a lei expressamente indicar quóruns com base em percentual de ações ou do capital social, sem menção ao número de votos conferidos pelas ações, o cálculo respectivo deverá desconsiderar a pluralidade de voto.

§ 10. (VETADO).

§ 11. São vedadas as operações:

I - de incorporação, de incorporação de ações e de fusão de companhia aberta que não adote voto plural, e cujas ações ou valores mobiliários conversíveis em ações sejam negociados em mercados organizados, em companhia que adote voto plural;

II - de cisão de companhia aberta que não adote voto plural, e cujas ações ou valores mobiliários conversíveis em ações sejam negociados em mercados organizados, para constituição de nova companhia com adoção do voto plural, ou incorporação da parcela cindida em companhia que o adote.

§ 12. Não será adotado o voto plural nas votações pela assembleia de acionistas que deliberarem sobre:

I - a remuneração dos administradores; e

II - a celebração de transações com partes relacionadas que atendam aos critérios de relevância a serem definidos pela Comissão de Valores Mobiliários.

§ 13. O estatuto social deverá estabelecer, além do número de ações de cada espécie e classe em que se divide o capital social, no mínimo:

I - o número de votos atribuído por ação de cada classe de ações ordinárias com direito a voto, respeitado o limite de que trata o *caput* deste artigo;

II - o prazo de duração do voto plural, observado o limite previsto no § 7º deste artigo, bem como eventual quórum qualificado para deliberar sobre as prorrogações, nos termos do § 3º deste artigo; e

III - se aplicável, outras hipóteses de fim de vigência do voto plural condicionadas a evento ou a termo, além daquelas previstas neste artigo, conforme autorizado pelo § 6º deste artigo.

§ 14. As disposições relativas ao voto plural não se aplicam às empresas públicas, às sociedades de economia mista, às suas subsidiárias e às sociedades controladas direta ou indiretamente pelo poder público."

"Art. 122. ....

....

VIII - deliberar sobre transformação, fusão, incorporação e cisão da companhia, sua dissolução e liquidação, eleger e destituir liquidantes e julgar as suas contas;

IX - autorizar os administradores a confessar falência e a pedir recuperação judicial; e

X - deliberar, quando se tratar de companhias abertas, sobre a celebração de transações com partes relacionadas, a alienação ou a contribuição para outra empresa de ativos, caso o valor da operação corresponda a mais de 50% (cinquenta por cento) do valor dos ativos totais da companhia constantes do último balanço aprovado.

Parágrafo único. Em caso de urgência, a confissão de falência ou o pedido de recuperação judicial poderá ser formulado pelos administradores, com a concordância do acionista controlador, se houver, hipótese em que a assembleia geral será convocada imediatamente para deliberar sobre a matéria." (NR)

"Art. 124. ....

§ 1º ....

....

II - na companhia aberta, com 21 (vinte e um) dias de antecedência, e a segunda convocação com 8 (oito) dias de antecedência.

....

§ 5º ....

I - determinar, fundamentadamente, o adiamento de assembleia geral por até 30 (trinta) dias, em caso de insuficiência de informações necessárias para a deliberação, contado o prazo da data em que as informações completas forem colocadas à disposição dos acionistas; e

...." (NR)

"Art. 125. Ressalvadas as exceções previstas em lei, a assembleia geral instalar-se-á, em primeira convocação, com a presença de acionistas que representem, no mínimo, 1/4 (um quarto) do total de votos conferidos pelas ações com direito a voto e, em segunda convocação, instalar-se-á com qualquer número.

...." (NR)

"Art. 135. A assembleia geral extraordinária que tiver por objeto a reforma do estatuto somente se instalará, em primeira convocação, com a presença de acionistas que representem, no mínimo, 2/3 (dois terços) do total de votos conferidos pelas ações com direito a voto, mas poderá instalar-se, em segunda convocação, com qualquer número.

...." (NR)

"Art. 136. É necessária a aprovação de acionistas que representem metade, no mínimo, do total de votos conferidos pelas ações com direito a voto, se maior quórum não for exigido pelo estatuto da companhia cujas ações não estejam admitidas à negociação em bolsa ou no mercado de balcão, para deliberação sobre:

....

§ 2º A Comissão de Valores Mobiliários pode autorizar a redução do quórum previsto neste artigo no caso de companhia aberta com a propriedade das ações dispersa no mercado e cujas 3 (três) últimas assembleias tenham sido realizadas com a presença de acionistas que representem menos da metade do total de votos conferidos pelas ações com direito a voto.

§ 2º-A Na hipótese do § 2º deste artigo, a autorização da Comissão de Valores Mobiliários será mencionada nos avisos de convocação e a deliberação com quórum reduzido somente poderá ser adotada em terceira convocação.

§ 3º O disposto nos §§ 2º e 2º-A deste artigo aplica-se também às assembleias especiais de acionistas preferenciais de que trata o § 1º deste artigo.

...." (NR)

"Art. 138. ....

....

§ 3º É vedada, nas companhias abertas, a acumulação do cargo de presidente do conselho de administração e do cargo de diretor-presidente ou de principal executivo da companhia. (Produção de efeitos)

§ 4º A Comissão de Valores Mobiliários poderá editar ato normativo que excepcione as companhias de menor porte previstas no art. 294-B desta Lei da vedação de que trata o § 3º deste artigo." (NR)

"Art. 140. ....

§ 1º O estatuto poderá prever a participação no conselho de representantes dos empregados, escolhidos pelo voto destes, em eleição direta, organizada pela empresa, em conjunto com as entidades sindicais que os representam.

§ 2º Na composição do conselho de administração das companhias abertas, é obrigatória a participação de conselheiros independentes, nos termos e nos prazos definidos pela Comissão de Valores Mobiliários." (NR)

"Art. 141. Na eleição dos conselheiros, é facultado aos acionistas que representem, no mínimo, 10% (dez por cento) do capital social com direito a voto, esteja ou não previsto no estatuto, requerer a adoção do processo de voto múltiplo, por meio do qual o número de votos de cada ação será multiplicado pelo número de cargos a serem preenchidos, reconhecido ao acionista o direito de cumular os votos em um só candidato ou distribuí-los entre vários.

....

§ 7º Sempre que, cumulativamente, a eleição do conselho de administração ocorrer pelo sistema do voto múltiplo e os titulares de ações ordinárias ou preferenciais exercerem a prerrogativa de eleger conselheiro, será assegurado a acionista ou a grupo de acionistas vinculados por acordo de votos que detenham mais de 50% (cinquenta por cento) do total de votos conferidos pelas ações com direito a voto o direito de eleger conselheiros em número igual ao dos eleitos pelos demais acionistas, mais um, independentemente do número de conselheiros que, segundo o estatuto, componha o órgão.

...." (NR)

"Art. 146. Apenas pessoas naturais poderão ser eleitas para membros dos órgãos de administração.

....

§ 2º A posse de administrador residente ou domiciliado no exterior fica condicionada à constituição de representante residente no País, com poderes para, até, no mínimo, 3 (três) anos após o término do prazo de gestão do administrador, receber:

I - citações em ações contra ele propostas com base na legislação societária; e

II - citações e intimações em processos administrativos instaurados pela Comissão de Valores Mobiliários, no caso de exercício de cargo de administração em companhia aberta." (NR)

"Art. 215. ....

§ 1º É facultado à assembleia geral aprovar, pelo voto de acionistas que representem, no mínimo, 90% (noventa por cento) dos votos conferidos pelas ações com direito a voto, depois de pagos ou garantidos os credores, condições especiais para a partilha do ativo remanescente, com a atribuição de bens aos sócios, pelo valor contábil ou outro por ela fixado.

...." (NR)

"Art. 243. ....

....

§ 5º É presumida influência significativa quando a investidora for titular de 20% (vinte por cento) ou mais dos votos conferidos pelo capital da investida, sem controlá-la." (NR)

"Art. 252. ....

....

§ 2º A assembleia geral da companhia cujas ações houverem de ser incorporadas somente poderá aprovar a operação por metade, no mínimo, do total de votos conferidos pelas ações com direito a voto e, se a aprovar, autorizará a diretoria a subscrever o aumento do capital da incorporadora, por conta dos seus acionistas, e os dissidentes da deliberação terão direito de se retirar da companhia, observado o disposto no inciso II do *caput* do art. 137 desta Lei, mediante o reembolso do valor de suas ações, nos termos do art. 230 desta Lei.

...." (NR)

"Art. 284. Não se aplica à sociedade em comandita por ações o disposto nesta Lei sobre voto plural, sobre conselho de administração, sobre autorização estatutária de aumento de capital e sobre emissão de bônus de subscrição." (NR)

[...]

CAPÍTULO IX
DA DESBUROCRATIZAÇÃO EMPRESARIAL E DOS ATOS PROCESSUAIS E DA PRESCRIÇÃO INTERCORRENTE

Art. 38. (VETADO).

Art. 39. (VETADO).

Art. 40. (VETADO).

Art. 41. As empresas individuais de responsabilidade limitada existentes na data da entrada em vigor desta Lei serão transformadas em sociedades limitadas unipessoais independentemente de qualquer alteração em seu ato constitutivo.

Parágrafo único. Ato do DREI disciplinará a transformação referida neste artigo.

Art. 42. (VETADO).

Art. 43. (VETADO):

"Art. 48-A. As pessoas jurídicas de direito privado, sem prejuízo do previsto em legislação especial e em seus atos constitutivos, poderão realizar suas assembleias gerais por meios eletrônicos, inclusive para os fins do art. 59 deste Código, respeitados os direitos previstos de participação e de manifestação."

"Art. 206-A. A prescrição intercorrente observará o mesmo prazo de prescrição da pretensão, observadas as causas de impedimento, de suspensão e de interrupção da prescrição previstas neste Código e observado o disposto no art. 921 da Lei nº 13.105, de 16 de março de 2015 (Código de Processo Civil)."

"Art. 981. (VETADO).

...." (NR)

"Art. 983. (VETADO).

...." (NR)

"Art. 986. (VETADO)."(NR)

"Art. 996. (VETADO).

...." (NR)

"Art. 997. ....

....

V - (VETADO);

....'' (NR)

"Art. 1.007. (VETADO)." (NR)

"Art. 1.053. (VETADO)." (NR)

"Art. 1.096. (VETADO)." (NR)

"Art. 1.142. ....

§ 1º O estabelecimento não se confunde com o local onde se exerce a atividade empresarial, que poderá ser físico ou virtual.

§ 2º Quando o local onde se exerce a atividade empresarial for virtual, o endereço informado para fins de registro poderá ser, conforme o caso, o do empresário individual ou o de um dos sócios da sociedade empresária.

§ 3º Quando o local onde se exerce a atividade empresarial for físico, a fixação do horário de funcionamento competirá ao Município, observada a regra geral do inciso II do *caput* do art. 3º da Lei nº 13.874, de 20 de setembro de 2019." (NR)

"Art. 1.150. (VETADO)." (NR)

"Art. 1.155. (VETADO)." (NR)

"Art. 1.160. A sociedade anônima opera sob denominação, integrada pelas expressões 'sociedade anônima' ou 'companhia', por extenso ou abreviadamente, facultada a designação do objeto social.

....'' (NR)

"Art. 1.161. A sociedade em comandita por ações pode, em lugar de firma, adotar denominação, aditada da expressão 'comandita por ações', facultada a designação do objeto social." (NR)

CAPÍTULO X
DA RACIONALIZAÇÃO PROCESSUAL

Art. 44. A Lei nº 13.105, de 16 de março de 2015 (Código de Processo Civil), passa a vigorar com as seguintes alterações:

"Art. 77. ....

....

VII - informar e manter atualizados seus dados cadastrais perante os órgãos do Poder Judiciário e, no caso do § 6º do art. 246 deste Código, da Administração Tributária, para recebimento de citações e intimações.

....'' (NR)

"Art. 231. ....

....

IX - o quinto dia útil seguinte à confirmação, na forma prevista na mensagem de citação, do recebimento da citação realizada por meio eletrônico.

....'' (NR)

"Art. 238. ....

Parágrafo único. A citação será efetivada em até 45 (quarenta e cinco) dias a partir da propositura da ação." (NR)

"Art. 246. A citação será feita preferencialmente por meio eletrônico, no prazo de até 2 (dois) dias úteis, contado da decisão que a determinar, por meio dos endereços eletrônicos indicados pelo citando no banco de dados do Poder Judiciário, conforme regulamento do Conselho Nacional de Justiça.

I - (revogado);

II - (revogado);

III - (revogado);

IV - (revogado);

V - (revogado).

§ 1º As empresas públicas e privadas são obrigadas a manter cadastro nos sistemas de processo em autos eletrônicos, para efeito de recebimento de citações e intimações, as quais serão efetuadas preferencialmente por esse meio.

§ 1º-A A ausência de confirmação, em até 3 (três) dias úteis, contados do recebimento da citação eletrônica, implicará a realização da citação:

I - pelo correio;

II - por oficial de justiça;

III - pelo escrivão ou chefe de secretaria, se o citando comparecer em cartório;

IV - por edital.

§ 1º-B Na primeira oportunidade de falar nos autos, o réu citado nas formas previstas nos incisos I, II, III e IV do § 1º-A deste artigo deverá apresentar justa causa para a ausência de confirmação do recebimento da citação enviada eletronicamente.

§ 1º-C Considera-se ato atentatório à dignidade da justiça, passível de multa de até 5% (cinco por cento) do valor da causa, deixar de confirmar no prazo legal, sem justa causa, o recebimento da citação recebida por meio eletrônico.

....

§ 4º As citações por correio eletrônico serão acompanhadas das orientações para realização da confirmação de recebimento e de código identificador que permitirá a sua identificação na página eletrônica do órgão judicial citante.

§ 5º As microempresas e as pequenas empresas somente se sujeitam ao disposto no § 1º deste artigo quando não possuírem endereço eletrônico cadastrado no sistema integrado da Rede Nacional para a Simplificação do Registro e da Legalização de Empresas e Negócios (Redesim).

§ 6º Para os fins do § 5º deste artigo, deverá haver compartilhamento de cadastro com o órgão do Poder

Judiciário, incluído o endereço eletrônico constante do sistema integrado da Redesim, nos termos da legislação aplicável ao sigilo fiscal e ao tratamento de dados pessoais." (NR)

"Art. 247. A citação será feita por meio eletrônico ou pelo correio para qualquer comarca do País, exceto:

...." (NR)

"Art. 397. ....

I - a descrição, tão completa quanto possível, do documento ou da coisa, ou das categorias de documentos ou de coisas buscados;

II - a finalidade da prova, com indicação dos fatos que se relacionam com o documento ou com a coisa, ou com suas categorias;

III - as circunstâncias em que se funda o requerente para afirmar que o documento ou a coisa existe, ainda que a referência seja a categoria de documentos ou de coisas, e se acha em poder da parte contrária." (NR)

"Art. 921. ....

....

III - quando não for localizado o executado ou bens penhoráveis;

....

§ 4º O termo inicial da prescrição no curso do processo será a ciência da primeira tentativa infrutífera de localização do devedor ou de bens penhoráveis, e será suspensa, por uma única vez, pelo prazo máximo previsto no § 1º deste artigo.

§ 4º-A A efetiva citação, intimação do devedor ou constrição de bens penhoráveis interrompe o prazo de prescrição, que não corre pelo tempo necessário à citação e à intimação do devedor, bem como para as formalidades da constrição patrimonial, se necessária, desde que o credor cumpra os prazos previstos na lei processual ou fixados pelo juiz.

§ 5º O juiz, depois de ouvidas as partes, no prazo de 15 (quinze) dias, poderá, de ofício, reconhecer a prescrição no curso do processo e extingui-lo, sem ônus para as partes.

§ 6º A alegação de nulidade quanto ao procedimento previsto neste artigo somente será conhecida caso demonstrada a ocorrência de efetivo prejuízo, que será presumido apenas em caso de inexistência da intimação de que trata o § 4º deste artigo.

§ 7º Aplica-se o disposto neste artigo ao cumprimento de sentença de que trata o art. 523 deste Código." (NR)

[...]

CAPÍTULO XIII
DISPOSIÇÕES FINAIS

Art. 57. Ficam revogados:

[...]

XX - o § 2º do art. 110 da Lei nº 6.404, de 15 de dezembro de 1976;

[...]

XXIX - os seguintes dispositivos da Lei nº 10.406, de 10 de janeiro de 2002 (Código Civil):

a) (VETADO);

b) (VETADO);

c) parágrafo único do art. 1.015;

d) inciso IV do *caput* e o parágrafo único do art. 1.033; e

e) (VETADO);

[...]

XXXII - os incisos I, II, III, IV e V do *caput* do art. 246 da Lei nº 13.105, de 16 de março de 2015 (Código de Processo Civil).

Art. 58. Esta Lei entra em vigor na data de sua publicação e produzirá efeitos:

I - em 3 (três) anos, contados da data de sua publicação, quanto ao inciso I do *caput* do art. 36, podendo a Aneel determinar a antecipação da produção de efeitos em cada área de concessão ou permissão;

II - em 360 (trezentos e sessenta) dias, contados da data de sua publicação, quanto à parte do art. 5º que altera o § 3º do art. 138 da Lei nº 6.404, de 15 de dezembro de 1976;

III - em 180 (cento e oitenta) dias, contados da data de sua publicação, quanto ao § 3º do art. 8º;

IV - no primeiro dia útil do primeiro mês subsequente ao da data de sua publicação, quanto aos arts. 8º, 9º, 10, 11 e 12 e aos incisos III a XV, XVIII, XXIII e XXXI do *caput* do art. 57; e

V - na data de sua publicação, quanto aos demais dispositivos.

Brasília, 26 de agosto de 2021; 200o da Independência e 133º da República.

LEI FEDERAL Nº 14.200, DE 2 DE SETEMBRO DE 2021

– ALTERA A LEI Nº 9.279, DE 14 DE MAIO DE 1996 (LEI DE PROPRIEDADE INDUSTRIAL), PARA DISPOR SOBRE A LICENÇA COMPULSÓRIA DE PATENTES OU DE PEDIDOS DE PATENTE NOS CASOS DE DECLARAÇÃO DE EMERGÊNCIA NACIONAL OU INTERNACIONAL OU DE INTERESSE PÚBLICO, OU DE RECONHECIMENTO DE ESTADO DE CALAMIDADE PÚBLICA DE ÂMBITO NACIONAL

Art. 1º Esta Lei altera a Lei nº 9.279, de 14 de maio de 1996 (Lei de Propriedade Industrial), para dispor sobre a licença compulsória de patentes ou de pedidos de patente nos casos de declaração de emergência nacional ou internacional ou de interesse público, ou de reconhecimento de estado de calamidade pública de âmbito nacional.

Art. 2º O art. 71 da Lei nº 9.279, de 14 de maio de 1996 (Lei de Propriedade Industrial), passa a vigorar com a seguinte redação, numerando-se o parágrafo único como § 1º:

"Art. 71. Nos casos de emergência nacional ou internacional ou de interesse público declarados em lei ou em ato do Poder Executivo federal, ou de reconhecimento de estado de calamidade pública de âmbito nacional pelo Congresso Nacional, poderá ser concedida licença compulsória, de ofício, temporária e não exclusiva, para a exploração da patente ou do pedido de patente, sem prejuízo dos direitos do respectivo titular, desde que seu titular ou seu licenciado não atenda a essa necessidade.

§ 1º ....

§ 2º Nos casos previstos no *caput* deste artigo, o Poder Executivo federal publicará lista de patentes ou de pedidos de patente, não aplicável o prazo de sigilo previsto no art. 30 desta Lei, potencialmente úteis ao enfrentamento das situações previstas no *caput* deste artigo, no prazo de até 30 (trinta) dias após a data de publicação da declaração de emergência ou de interesse público, ou do reconhecimento de estado de calamidade pública, excluídos as patentes e os pedidos de patente que forem objetos de acordos de transferência da tecnologia de produção ou de licenciamento voluntário capazes de assegurar o atendimento da demanda interna, nos termos previstos em regulamento.

§ 3º Entes públicos, instituições de ensino e pesquisa e outras entidades representativas da sociedade e do setor produtivo deverão ser consultados no processo de elaboração da lista de patentes ou de pedidos de patente que poderão ser objeto de licença compulsória, nos termos previstos em regulamento.

§ 4º Qualquer instituição pública ou privada poderá apresentar pedido para inclusão de patente ou de pedido de patente na lista referida no § 2º deste artigo.

§ 5º A lista referida no § 2º deste artigo conterá informações e dados suficientes para permitir a análise individualizada acerca da utilidade de cada patente e pedido de patente e contemplará, pelo menos:

I – o número individualizado das patentes ou dos pedidos de patente que poderão ser objeto de licença compulsória;

II – a identificação dos respectivos titulares;

III – a especificação dos objetivos para os quais será autorizado cada licenciamento compulsório.

§ 6º A partir da lista publicada nos termos do § 2º deste artigo, o Poder Executivo realizará, no prazo de 30 (trinta) dias, prorrogável por igual período, a avaliação individualizada das invenções e modelos de utilidade listados e somente concederá a licença compulsória, de forma não exclusiva, para produtores que possuam capacidade técnica e econômica comprovada para a produção do objeto da patente ou do pedido de patente, desde que conclua pela sua utilidade no enfrentamento da situação que a fundamenta.

§ 7º Patentes ou pedidos de patente que ainda não tiverem sido objeto de licença compulsória poderão ser excluídos da lista referida no § 2º deste artigo nos casos em que a autoridade competente definida pelo Poder Executivo considerar que seus titulares assumiram compromissos objetivos capazes de assegurar o atendimento da demanda interna em condições de volume, de preço e de prazo compatíveis com as necessidades de emergência nacional ou internacional, de interesse público ou de estado de calamidade pública de âmbito nacional por meio de uma ou mais das seguintes alternativas:

I – exploração direta da patente ou do pedido de patente no País;

II – licenciamento voluntário da patente ou do pedido de patente; ou

III – contratos transparentes de venda de produto associado à patente ou ao pedido de patente.

§ 8º (VETADO).

§ 9º (VETADO).

§ 10. (VETADO).

§ 11. As instituições públicas que possuírem informações, dados e documentos relacionados com o objeto da patente ou do pedido de patente ficam obrigadas a compartilhar todos os elementos úteis à reprodução do objeto licenciado, não aplicáveis, nesse caso, as normas relativas à proteção de dados nem o disposto no inciso XIV do *caput* do art. 195 desta Lei.

§ 12. No arbitramento da remuneração do titular da patente ou do pedido de patente, serão consideradas as circunstâncias de cada caso, observados, obrigatoriamente, o valor econômico da licença concedida, a duração da licença e as estimativas de investimentos necessários para sua exploração, bem como os custos de produção e o preço de venda no mercado nacional do produto a ela associado.

§ 13. A remuneração do titular da patente ou do pedido de patente objeto de licença compulsória será fixada em 1,5% (um inteiro e cinco décimos por cento) sobre o preço líquido de venda do produto a ela associado até que seu valor venha a ser efetivamente estabelecido.

§ 14. A remuneração do titular do pedido de patente objeto de licença compulsória somente será devida caso a patente venha a ser concedida, e o pagamento, correspondente a todo o período da licença, deverá ser efetivado somente após a concessão da patente.

§ 15. A autoridade competente dará prioridade à análise dos pedidos de patente que forem objeto de licença compulsória.

§ 16. Os produtos que estiverem sujeitos ao regime de vigilância sanitária deverão observar todos os requisitos previstos na legislação sanitária e somente poderão ser comercializados após a concessão de autorização, de forma definitiva ou para uso em caráter emergencial, pela autoridade sanitária federal, nos termos previstos em regulamento.

§ 17. (VETADO).

§ 18. Independentemente da concessão de licença compulsória, o poder público dará prioridade à celebração de acordos de cooperação técnica e de contratos com o titular da patente para a aquisição da tecnologia produtiva e de seu processo de transferência." (NR)

Art. 3º (VETADO).

Art. 4º A Lei nº 9.279, de 14 de maio de 1996 (Lei de Propriedade Industrial), passa a vigorar acrescida do seguinte art. 71-A:

> "Art. 71-A. Poderá ser concedida, por razões humanitárias e nos termos de tratado internacional do qual a República Federativa do Brasil seja parte, licença compulsória de patentes de produtos destinados à exportação a países com insuficiente ou nenhuma capacidade de fabricação no setor farmacêutico para atendimento de sua população."

Art. 5º A implementação do disposto nesta Lei não desobriga o Poder Executivo de envidar esforços junto aos demais países e organismos internacionais a fim de viabilizar a cooperação internacional para possibilitar o acesso universal aos produtos farmacêuticos, vacinas e terapias necessários para o combate ao novo coronavírus (SARS-CoV-2) e a outras epidemias ou graves crises de saúde pública.

Art. 6º Esta Lei entra em vigor na data de sua publicação.

Brasília, 2 de setembro de 2021; 200o da Independência e 133º da República.

DIREITO DO TRABALHO

CONVENÇÃO Nº 87 DA OIT

– LIBERDADE SINDICAL E PROTEÇÃO AO DIREITO DE SINDICALIZAÇÃO

ÍNDICE

"A Conferência Geral da Organização Internacional do Trabalho.

Convocada em São Francisco pelo Conselho de Administração da Repartição Internacional do Trabalho e ali reunida a 17 de junho de 1948, em sua 31ª Sessão.

Após ter decidido adotar sob forma de uma Convenção diversas propostas relativas à liberdade sindical e à proteção do direito sindical, assunto que constitui o sétimo ponto da ordem do dia da sessão.

Considerando que o Preâmbulo da Constituição da Organização Internacional do Trabalho enuncia, entre os meios suscetíveis de melhorar a condição dos trabalhadores e de assegurar a paz, 'a afirmação do princípio da liberdade sindical';

Considerando que a Declaração de Filadélfia proclamou novamente que 'a liberdade de expressão e de associação é uma condição indispensável a um progresso ininterrupto';

Considerando que a Conferência Internacional do Trabalho em sua 30ª Sessão adotou, por unanimidade, os princípios que devem constituir a base da regulamentação internacional;

Considerando que a Assembléia Geral das Nações Unidas, em sua Segunda Sessão, endossou esses princípios e convidou a Organização Internacional do Trabalho a prosseguir em todos os seus esforços no sentido de que seja possível adotar uma ou várias convenções internacionais;

Adota, aos nove dias de julho de mil novecentos e quarenta e oito, a Convenção seguinte, que será denominada 'Convenção sobre a Liberdade Sindical e à Proteção do Direito Sindical, 1948'.

PARTE I
LIBERDADE SINDICAL

Art. 1º – Cada Membro da Organização Internacional do Trabalho, para o qual a presente Convenção está em vigor, se compromete a tornar efetivas as disposições seguintes.

Art. 2º – Os trabalhadores e os empregadores, sem distinção de qualquer espécie, terão direito de constituir, sem autorização prévia, organizações de sua escolha, bem como o direito de se filiar a essas organizações, sob a única condição de se conformar com os estatutos das mesmas.

Art. 3º – 1. As organizações de trabalhadores e de empregadores terão o direito de elaborar seus estatutos e regulamentos administrativos, de eleger livremente seus representantes, de organizar a gestão e a atividade dos mesmos e de formular seu programa de ação.

2. As autoridades públicas deverão abster-se de qualquer intervenção que possa limitar esse direito ou entravar o seu exercício legal.

Art. 4º - As organizações de trabalhadores e de empregadores não estarão sujeitas à dissolução ou à suspensão por via administrativa.

Art. 5º - As organizações de trabalhadores e de empregadores terão o direito de constituir federações e confederações, bem como o de filiar-se às mesmas, e toda organização, federação ou confederação terá o direito de filiar-se às organizações internacionais de trabalhadores e de empregadores.

Art. 6º - As disposições dos arts. 2, 3 e 4 acima se aplicarão às federações e às confederações das organizações de trabalhadores e de empregadores.

Art. 7º - A aquisição de personalidade jurídica por parte das organizações de trabalhadores e de empregadores, suas federações e confederações, não poderá estar sujeita a condições de natureza a restringir a aplicação das disposições dos arts. 2, 3 e 4 acima.

Art. 8º - 1. No exercício dos direitos que lhe são reconhecidos pela presente convenção, os trabalhadores, os empregadores e suas respectivas organizações deverão da mesma forma que outras pessoas ou coletividades organizadas, respeitar a lei.

2. A legislação nacional não deverá prejudicar nem ser aplicada de modo a prejudicar as garantias previstas pela presente Convenção.

Art. 9º - 1. A medida segundo a qual as garantias previstas pela presente Convenção se aplicarão às forças armadas e à polícia será determinada pela legislação nacional.

2. De acordo com os princípios estabelecidos no § 8º do art. 19 da Constituição da Organização Internacional do Trabalho a ratificação desta Convenção, por parte de um Membro, não deverá afetar qualquer lei, sentença, costume ou acordo já existentes que concedam aos membros das forças armadas e da polícia garantias previstas pela presente Convenção.

Art. 10 - Na presente Convenção, o termo 'organização' significa qualquer organização de trabalhadores ou de empregadores que tenha por fim promover e defender os interesses dos trabalhadores ou dos empregadores.

PARTE II
PROTEÇÃO DO DIREITO SINDICAL

Art. 11 - Cada Membro da Organização Internacional do Trabalho para o qual a presente Convenção está em vigor, se compromete a tomar todas as medidas necessárias e apropriadas a assegurar aos trabalhadores e aos empregadores o livre exercício do direito sindical.

PARTE III
MEDIDAS DIVERSAS

Art. 12 - 1. No que se refere aos territórios mencionados no art. 35 da Constituição da Organização Internacional do Trabalho, tal como foi emendada pelo Instrumento de Emenda da Constituição da Organização Internacional do Trabalho, 1946, com exclusão dos territórios citados nos §§ 4º e 5º do dito artigo assim emendado, todo Membro da Organização que ratificar a presente Convenção deverá transmitir ao Diretor-Geral da Repartição Internacional do Trabalho com a ratificação, ou no mais breve prazo possível após a ratificação, uma declaração que estabeleça:

a) os territórios aos quais se compromete a aplicar as disposições da Convenção sem modificação;

b) os territórios aos quais se compromete a aplicar as disposições da Convenção com modificações, e em que consistem tais modificações;

c) os territórios aos quais a Convenção é inaplicável e, no caso, as razões pelas quais é ela Inaplicável.

2. Os compromissos mencionados nas alíneas a e b do parágrafo 1 do presente artigo serão considerados partes integrantes da ratificação e produzirão idênticos efeitos.

3. Qualquer Membro poderá, por nova declaração, retirar, no todo ou em parte, as reservas contidas na sua declaração anterior em virtude das alíneas b, c e d do parágrafo 1 do presente artigo.

4. Qualquer Membro poderá nos períodos durante os quais a presente Convenção pode ser denunciada de acordo com as disposições do art. 16, transmitir ao Diretor-Geral uma nova declaração que modifique em qualquer outro sentido os termos de qualquer declaração anterior e estabeleça a situação relativamente a determinados territórios.

Art. 13 - 1. Quando as questões tratadas pela presente Convenção forem da competência própria das autoridades de um território não metropolitano e Membro responsável pelas relações internacionais desse território, de acordo com o Governo do referido território, poderá comunicar ao Diretor-Geral da Repartição Internacional do Trabalho uma declaração de aceitação, em nome desse território, das obrigações da presente Convenção.

2. Uma declaração de aceitação das obrigações da presente Convenção será transmitida ao Diretor-Geral da Repartição Internacional do Trabalho:

a) por dois ou mais Membros da Organização, com relação a um território colocado sob sua autoridade conjunta;

b) por qualquer autoridade internacional responsável pela administração de um território em virtude das disposições da Carta das Nações Unidas ou de qualquer outra disposição em vigor, com relação a esse território.

3. As declarações transmitidas ao Diretor-Geral da Repartição Internacional do Trabalho de acordo com as disposições dos parágrafos precedentes do presente artigo, deverão indicar se as disposições da Convenção serão aplicadas no território com ou sem modificação; quando a declaração indicar que as disposições da Convenção sob reserva de modificações, ela deverá especificar em que consistem tais modificações.

4. O Membro ou os Membros ou a autoridade internacional interessados poderão, por uma declaração posterior, renunciar inteira ou parcialmente ao direito de invocar uma modificação indicada numa declaração anterior.

5. O Membro ou os Membros ou a autoridade internacional interessados poderão, nos períodos durante os quais a presente Convenção pode ser denunciada de acordo com as disposições do Artigo 16, transmitir ao Diretor-Geral da Repartição Internacional do Trabalho uma nova declaração que modifique em qualquer outro sentido os termos de qualquer declaração anterior e estabeleça a situação no que se refere à aplicação desta Convenção.

PARTE IV
DISPOSIÇÕES FINAIS

Art. 14 - As ratificações formais da presente Convenção serão transmitidas ao Diretor-Geral da Repartição Internacional do Trabalho e por ele registradas.

Art. 15 - 1. A presente Convenção obrigará somente os Membros da Organização Internacional do Trabalho cujas ratificações tenham sido registradas pelo Diretor-Geral.

2. Entrará em vigor doze meses após serem registradas pelo Diretor-Geral, as ratificações por parte de dois Membros.

3. Posteriormente esta Convenção entrará em vigor, para cada Membro, doze meses após a data de registro de sua ratificação.

Art. 16 - 1. Todo Membro que tenha ratificado a presente Convenção poderá denunciá-la ao expirar o prazo de dez anos, contados da data inicial da vigência da Convenção, por meio de um ato comunicado ao Diretor-Geral da Repartição Internacional do Trabalho e por ele registrado. A denúncia somente se tornará efetiva um ano após haver sido registrada.

2. Todo Membro que tenha ratificado a presente Convenção e que no prazo de um ano após o termo do período de dez anos, mencionado no parágrafo precedente, não houver feito uso da faculdade de denúncia prevista pelo presente artigo, ficará ligado por um novo período de dez anos e, posteriormente, poderá denunciar a presente Convenção ao termo de cada período de dez anos, nas condições previstas no presente artigo.

Art. 17 - 1. O Diretor-Geral da Repartição Internacional do Trabalho notificará a todos os Membros da Organização Internacional do Trabalho o registro de todas as ratificações, declarações e denúncias que lhe forem transmitidas pelos Membros da Organização.

2. Ao notificar aos Membros da Organização o registro da segunda ratificação que lhe tenha sido transmitida, o Diretor-Geral chamará a atenção dos Membros da Organização para a data na qual a presente Convenção entrará em vigor.

Art. 18 - O Diretor-Geral da Repartição Internacional do Trabalho transmitirá ao Secretário-Geral das Nações Unidas, para fins de registro de acordo com o artigo 102 da Carta das Nações Unidas, informações completas a respeito de todas as ratificações, declarações, e atos de denúncia que tenha registrado de acordo com os artigos precedentes.

Art. 19 - Ao termo de cada período de dez anos, contados da entrada em vigor da presente Convenção, o Conselho de Administração da Repartição Internacional do Trabalho deverá apresentar à Conferência Geral um relatório sobre a aplicação da presente Convenção e decidirá da conveniência de ser inscrita na ordem do dia da Conferência a questão de sua revisão total ou parcial.

Art. 20 - 1. Caso a Conferência adotar uma nova Convenção que implique revisão total ou parcial da presente Convenção e a menos que a nova Convenção não disponha de outro modo:

a) a ratificação, por parte de um Membro, da nova Convenção revista acarretará de pleno direito, não obstante o artigo 16 acima, denúncia imediata da presente Convenção desde que a nova Convenção revista tenha entrado em vigor;

b) a partir da data da entrada em vigor da nova Convenção revista, a presente Convenção cessará de estar aberta a ratificação por parte dos Membros.

2. A presente Convenção permanecerá, entretanto, em vigor na sua forma e teor para os Membros que a houverem ratificado e que não ratificarem a Convenção revista.

Art. 21 - As versões francesa e inglesa do texto da presente Convenção são igualmente autênticas."

DIREITO

PENAL

LEI FEDERAL Nº 14.188, DE 28 DE JULHO DE 2021

– DEFINE O PROGRAMA DE COOPERAÇÃO SINAL VERMELHO CONTRA A VIOLÊNCIA DOMÉSTICA COMO UMA DAS MEDIDAS DE ENFRENTAMENTO DA VIOLÊNCIA DOMÉSTICA E FAMILIAR CONTRA A MULHER PREVISTAS NA LEI Nº 11.340, DE 7 DE AGOSTO DE 2006 (LEI MARIA DA PENHA), E NO DECRETO-LEI Nº 2.848, DE 7 DE DEZEMBRO DE 1940 (CÓDIGO PENAL), EM TODO O TERRITÓRIO NACIONAL; E ALTERA O DECRETO-LEI Nº 2.848, DE 7 DE DEZEMBRO DE 1940 (CÓDIGO PENAL), PARA MODIFICAR A MODALIDADE DA PENA DA LESÃO CORPORAL SIMPLES COMETIDA CONTRA A MULHER POR RAZÕES DA CONDIÇÃO DO SEXO FEMININO E PARA CRIAR O TIPO PENAL DE VIOLÊNCIA PSICOLÓGICA CONTRA A MULHER

Art. 1º Esta Lei define o programa de cooperação Sinal Vermelho contra a Violência Doméstica como uma das medidas de enfrentamento da violência doméstica e familiar contra a mulher previstas na Lei nº 11.340, de 7 de agosto de 2006 (Lei Maria da Penha), e no Decreto-Lei nº 2.848, de 7 de dezembro de 1940 (Código Penal), altera a modalidade da pena da lesão corporal simples cometida contra a mulher por razões da condição do sexo feminino e cria o tipo penal de violência psicológica contra a mulher.

Art. 2º Fica autorizada a integração entre o Poder Executivo, o Poder Judiciário, o Ministério Público, a Defensoria Pública, os órgãos de segurança pública e as entidades privadas, para a promoção e a realização do programa Sinal Vermelho contra a Violência Doméstica como medida de ajuda à mulher vítima de violência doméstica e familiar, conforme os incisos I, V e VII do *caput* do art. 8º da Lei nº 11.340, de 7 de agosto de 2006.

Parágrafo único. Os órgãos mencionados no *caput* deste artigo deverão estabelecer um canal de comunicação imediata com as entidades privadas de todo o País participantes do programa, a fim de viabilizar assistência e segurança à vítima, a partir do momento em que houver sido efetuada a denúncia por meio do código "sinal em formato de X", preferencialmente feito na mão e na cor vermelha.

Art. 3º A identificação do código referido no parágrafo único do art. 2º desta Lei poderá ser feita pela vítima pessoalmente em repartições públicas e entidades privadas de todo o País e, para isso, deverão ser realizadas campanha informativa e capacitação permanente dos profissionais pertencentes ao programa, conforme dispõe o inciso VII do *caput* do art. 8º da Lei nº 11.340, de 7 de agosto de 2006 (Lei Maria da Penha), para encaminhamento da vítima ao atendimento especializado na localidade.

Art. 4º O Decreto-Lei nº 2.848, de 7 de dezembro de 1940 (Código Penal), passa a vigorar com as seguintes alterações:

"Art. 129 ....

....

§ 13. Se a lesão for praticada contra a mulher, por razões da condição do sexo feminino, nos termos do § 2º-A do art. 121 deste Código:

Pena - reclusão, de 1 (um) a 4 (quatro anos)." (NR)

"Violência psicológica contra a mulher

Art. 147-B. Causar dano emocional à mulher que a prejudique e perturbe seu pleno desenvolvimento ou que vise a degradar ou a controlar suas ações, comportamentos, crenças e decisões, mediante ameaça, constrangimento, humilhação, manipulação, isolamento, chantagem, ridicularização, limitação do direito de ir e vir ou qualquer outro meio que cause prejuízo à sua saúde psicológica e autodeterminação:

Pena - reclusão, de 6 (seis) meses a 2 (dois) anos, e multa, se a conduta não constitui crime mais grave."

Art. 5º O *caput* do art. 12-C da Lei nº 11.340, de 7 de agosto de 2006 (Lei Maria da Penha), passa a vigorar com a seguinte redação:

"Art. 12-C. Verificada a existência de risco atual ou iminente à vida ou à integridade física ou psicológica da mulher em situação de violência doméstica e familiar, ou de seus dependentes, o agressor será imediatamente afastado do lar, domicílio ou local de convivência com a ofendida:

...." (NR)

Art. 6º Esta Lei entra em vigor na data de sua publicação.

Brasília, 28 de julho de 2021; 200º da Independência e 133º da República.

LEI FEDERAL Nº 14.197, DE 1º DE SETEMBRO DE 2021

– ACRESCENTA O TÍTULO XII NA PARTE ESPECIAL DO DECRETO-LEI Nº 2.848, DE 7 DE DEZEMBRO DE 1940 (CÓDIGO PENAL), RELATIVO AOS CRIMES CONTRA O ESTADO DEMOCRÁTICO DE DIREITO; E REVOGA A LEI Nº 7.170, DE 14 DE DEZEMBRO DE 1983 (LEI DE SEGURANÇA NACIONAL), E DISPOSITIVO DO DECRETO-LEI Nº 3.688, DE 3 DE OUTUBRO DE 1941 (LEI DAS CONTRAVENÇÕES PENAIS)

Art. 1º Esta Lei acrescenta o Título XII na Parte Especial do Decreto-Lei nº 2.848, de 7 de dezembro de 1940 (Código Penal), relativo aos crimes contra o Estado Democrático de Direito, e revoga a Lei nº 7.170, de 14 de dezembro de 1983 (Lei de Segurança Nacional) e o art. 39 do Decreto-Lei nº 3.688, de 3 de outubro de 1941 (Lei das Contravenções Penais).

Art. 2º A Parte Especial do Decreto-Lei nº 2.848, de 7 de dezembro de 1940 (Código Penal), passa a vigorar acrescida do seguinte Título XII:

"TÍTULO XII

DOS CRIMES CONTRA O ESTADO DEMOCRÁTICO DE DIREITO

CAPÍTULO I

DOS CRIMES CONTRA A SOBERANIA NACIONAL

Atentado à soberania

Art. 359-I. Negociar com governo ou grupo estrangeiro, ou seus agentes, com o fim de provocar atos típicos de guerra contra o País ou invadi-lo:

Pena - reclusão, de 3 (três) a 8 (oito) anos.

§ 1º Aumenta-se a pena de metade até o dobro, se declarada guerra em decorrência das condutas previstas no *caput* deste artigo.

§ 2º Se o agente participa de operação bélica com o fim de submeter o território nacional, ou parte dele, ao domínio ou à soberania de outro país:

Pena - reclusão, de 4 (quatro) a 12 (doze) anos.

Atentado à integridade nacional

Art. 359-J. Praticar violência ou grave ameaça com a finalidade de desmembrar parte do território nacional para constituir país independente:

Pena - reclusão, de 2 (dois) a 6 (seis) anos, além da pena correspondente à violência.

Espionagem

Art. 359-K. Entregar a governo estrangeiro, a seus agentes, ou a organização criminosa estrangeira, em desacordo com determinação legal ou regulamentar, documento ou informação classificados como secretos ou ultrassecretos nos termos da lei, cuja revelação possa colocar em perigo a preservação da ordem constitucional ou a soberania nacional:

Pena - reclusão, de 3 (três) a 12 (doze) anos.

§ 1º Incorre na mesma pena quem presta auxílio a espião, conhecendo essa circunstância, para subtraí-lo à ação da autoridade pública.

§ 2º Se o documento, dado ou informação é transmitido ou revelado com violação do dever de sigilo:

Pena - reclusão, de 6 (seis) a 15 (quinze) anos.

§ 3º Facilitar a prática de qualquer dos crimes previstos neste artigo mediante atribuição, fornecimento ou empréstimo de senha, ou de qualquer outra forma de acesso de pessoas não autorizadas a sistemas de informações:

Pena - detenção, de 1 (um) a 4 (quatro) anos.

§ 4º Não constitui crime a comunicação, a entrega ou a publicação de informações ou de documentos com o fim de expor a prática de crime ou a violação de direitos humanos.

CAPÍTULO II

DOS CRIMES CONTRA AS INSTITUIÇÕES DEMOCRÁTICAS

Abolição violenta do Estado Democrático de Direito

Art. 359-L. Tentar, com emprego de violência ou grave ameaça, abolir o Estado Democrático de Direito, impedindo ou restringindo o exercício dos poderes constitucionais:

Pena - reclusão, de 4 (quatro) a 8 (oito) anos, além da pena correspondente à violência.

Golpe de Estado

Art. 359-M. Tentar depor, por meio de violência ou grave ameaça, o governo legitimamente constituído:

Pena - reclusão, de 4 (quatro) a 12 (doze) anos, além da pena correspondente à violência.

CAPÍTULO III

DOS CRIMES CONTRA O FUNCIONAMENTO DAS INSTITUIÇÕES DEMOCRÁTICAS NO PROCESSO ELEITORAL

Interrupção do processo eleitoral

Art. 359-N. Impedir ou perturbar a eleição ou a aferição de seu resultado, mediante violação indevida de mecanismos de segurança do sistema eletrônico de votação estabelecido pela Justiça Eleitoral:

Pena - reclusão, de 3 (três) a 6 (seis) anos, e multa.

(VETADO)

Art. 359-O. (VETADO).

Violência política

Art. 359-P. Restringir, impedir ou dificultar, com emprego de violência física, sexual ou psicológica, o exercício de direitos políticos a qualquer pessoa em razão de seu sexo, raça, cor, etnia, religião ou procedência nacional:

Pena - reclusão, de 3 (três) a 6 (seis) anos, e multa, além da pena correspondente à violência.

(VETADO)

Art. 359-Q. (VETADO).

CAPÍTULO IV

DOS CRIMES CONTRA O FUNCIONAMENTO DOS SERVIÇOS ESSENCIAIS

Sabotagem

Art. 359-R. Destruir ou inutilizar meios de comunicação ao público, estabelecimentos, instalações ou serviços destinados à defesa nacional, com o fim de abolir o Estado Democrático de Direito:

Pena - reclusão, de 2 (dois) a 8 (oito) anos.

CAPÍTULO V

(VETADO)

CAPÍTULO VI

DISPOSIÇÕES COMUNS

Art. 359-T. Não constitui crime previsto neste Título a manifestação crítica aos poderes constitucionais nem a atividade jornalística ou a reivindicação de direitos e garantias constitucionais por meio de passeatas, de reuniões, de greves, de aglomerações ou de qualquer outra forma de manifestação política com propósitos sociais.

(VETADO)

Art. 359-U. (VETADO)."

Art. 3º Os arts. 141 e 286 do Decreto-Lei nº 2.848, de 7 de dezembro de 1940 (Código Penal), passam a vigorar com a seguinte redação:

"Art. 141. ....

....

II - contra funcionário público, em razão de suas funções, ou contra os Presidentes do Senado Federal, da Câmara dos Deputados ou do Supremo Tribunal Federal;

...." (NR)

"Art. 286. ....

....

Parágrafo único. Incorre na mesma pena quem incita, publicamente, animosidade entre as Forças Armadas, ou delas contra os poderes constitucionais, as instituições civis ou a sociedade." (NR)

Art. 4º Revogam-se a Lei nº 7.170, de 14 de dezembro de 1983 (Lei de Segurança Nacional), e o art. 39 do Decreto-Lei nº 3.688, de 3 de outubro de 1941 (Lei das Contravenções Penais).

Art. 5º Esta Lei entra em vigor após decorridos 90 (noventa) dias de sua publicação oficial.

Brasília, 1º de setembro de 2021; 200º da Independência e 133º da República.

ANOTAÇÕES

ANOTAÇÕES

ANOTAÇÕES

ANOTAÇÕES

ANOTAÇÕES

ANOTAÇÕES

ANOTAÇÕES

EDITORA
JusPODIVM
www.editorajuspodivm.com.br

Impresso por:

Docuprint
CNPJ 01.036.332/0001-99